U0933070

中 国 统 计 年 鉴

STATISTICAL YEARBOOK OF CHINA

1 9 9 2

国 家 统 计 局 编

中国统计出版社

(京)新登字 041 号

中国统计年鉴

ZHONGGUO TONGJI NIANJIAN

1992

国家统计局 编

*

中国统计出版社出版

(北京复外三里河月坛南街 38 号)

新华书店北京发行所发行

国家统计局印刷厂印刷

(北大方正全仿真软件转换)

*

787×1092 毫米 16 开本 58.5 印张 158 万字

1992 年 8 月第 1 版 1992 年 8 月北京第 1 次印刷

印数:1—17000

ISBN 7-5037-0817-4/C·517

国内定价:48 元

《中国统计年鉴》编委会和编辑出版人员名单

编 者 说 明

一、《中国统计年鉴—1992》是一部全面反映中华人民共和国经济和社会发展情况的资料性年刊，本书收录了全国和各省、自治区、直辖市1991年经济和社会各方面大量的统计数据，以及历年全国主要统计数据。

二、全书内容分为十九个部分，即：1. 行政区划和自然资源；2. 综合；3. 人口；4. 劳动力和职工工资；5. 固定资产投资；6. 财政；7. 物价；8. 人民生活；9. 农业；10. 工业；11. 能源和物资；12. 运输和邮电；13. 建筑业；14. 商业；15. 对外经济贸易和旅游；16. 金融和保险；17. 城市概况；18. 教育、科技和文化；19. 体育、卫生、社会福利和其他。另附：台湾省主要经济指标；我国经济、社会统计指标同世界主要国家和地区比较。各篇末附有《主要统计指标解释》，对主要统计指标的含义、统计范围和统计方法，以及历史的变动情况作了简要说明。主要篇章还配有统计图表。

三、书中所涉及的全国性统计数据，除国土面积、森林资源外，均未包括台湾省和香港、澳门地区。

四、资料中所使用的度量衡单位除耕地、播种面积照顾我国使用习惯外，其他均采用国际统一标准计量单位。

五、本年鉴的资料来源大部分来自年度统计报表，一部分来自抽样调查。台湾省统计资料来自台湾省编印的《统计月报》。主要国家和地区统计资料来自联合国出版的有关统计资料。

六、本年鉴部分数据合计数或相对数由于单位取舍不同产生的计算误差均未作机械调整。

七、年鉴中凡带续表的资料，如有注解均加在最后一张续表下面，请读者使用时注意。

八、本年鉴表中的符号使用说明："…"表示数据不足本表最小单位数；"空格"表示该项统计指标数据不详或无该项数据；"#"表示其中的主要项；"*"或"①"表示本表下有注解。

目　　录

三、人　口

四、劳动力和职工工资

五、固定资产投资

九、农　业

十、工　业

十一、能源和物资

十二、运输和邮电

十三、建筑业

十四、商　业

十五、对外经济贸易和旅游

十六、金融和保险

十七、城市概况

十八、教育、科技和文化

十九、体育、卫生、社会福利和其他

附录一、台湾省主要经济指标

附录二、我国经济、社会统计指标同世界主要国家和地区比较

CONTENTS

Chapter 1 *ADMINISTRATIVE DIVISION AND NATURAL RESOURCES*

Chapter 2 *GENERAL SURVEY*

Statistical Graph

Chapter 3 *POPULATION*

Chapter 4 *LABOR FORCE AND WAGE*

Chapter 5 *INVESTMENT IN FIXED ASSETS*

Chapter 6 *PUBLIC FINANCE*

Chapter 7 *PRICE*

Chapter 8 *PEOPLE'S LIVELIHOOD*

Chapter 9 *AGRICULTURE*

Chapter 11 *ENERGY AND MATERIAL SUPPLIES*

Chapter 12 *TRANSPORTATION,POSTAL AND TELECOMMUNICATION SERVICES*

Chapter 13 *CONSTRUCTION*

Chapter 14 *DOMESTIC TRADE*

Chapter 15 *FOREIGN TRADE AND TOURISM*

Chapter 16 *BANKING AND INSURANCE*

Chapter 17 *DEVELOPMENT OF CITIES*

Chapter 18 *EDUCATION,SCIENCE AND CULTURE*

Chapter 19 *SPORTS,HEALTH CARE,WELFARE SERVICES AND OTHERS*

Appendix I *MAIN ECONOMIC INDICATORS OF TAIWAN PROVINCE*

Appendix Ⅱ *A COMPARISON OF INDICATORS OF ECONOMY AND SOCIETY BETWEEN THE PEOPLE'S REPUBLIC OF CHINA AND OTHER COUNTRIES OR REGIONS*

一
行政区划和自然资源

1-1 全国行政区划

（1991年底）　　　　单位：个

省级单位名称	地级单位数	市数			县级单位数	市辖区数
		合计	地级	县级		
全　　　国	151	476	187	289	1 894	650
北　京　市					8	10
天　津　市					5	13
河　北　省	8	25	10	15	124	33
山　西　省	6	13	6	7	93	18
内蒙古自治区	8	17	4	13	71	16
辽　宁　省		22	14	8	36	56
吉　林　省	2	22	6	16	25	18
黑 龙 江 省	4	25	10	15	54	63
上　海　市					9	12
江　苏　省		28	11	17	47	42
浙　江　省	2	26	9	17	50	19
安　徽　省	7	18	9	9	63	33
福　建　省	3	16	6	10	54	17
江　西　省	5	16	6	10	74	15
山　东　省	5	36	11	25	74	34
河　南　省	5	27	12	15	103	39
湖　北　省	7	30	8	22	49	27
湖　南　省	6	26	8	18	78	29
广　东　省		20	20		78	40
广西壮族自治区	8	12	5	7	76	21
海　南　省		3	2	1	16	3
四　川　省	10	24	11	13	168	36
贵　州　省	7	9	2	7	73	6
云　南　省	15	11	2	9	114	4
西 藏 自 治 区	6	2	1	1	76	1
陕　西　省	6	12	4	8	85	14
甘　肃　省	9	13	5	8	67	10
青　海　省	7	3	1	2	37	4
宁夏回族自治区	2	4	2	2	16	6
新疆维吾尔自治区	13	16	2	14	71	11
台　湾　省						

注：1.市数如包括北京、天津、上海三个直辖市共479个。

2.地级单位数不包括地级市，县级单位数不包括县级市。

3.台湾省资料暂缺。

1-2 自然状况及资源

项　　　　目	1991年	项　　　　目	1991年
一、自然状况		林业用地面积	26 743万公顷
1. 国土		#宜林荒山荒地	7 661.46万公顷
国土面积	960万平方公里	草地面积	40 000万公顷
海域面积	472.7万平方公里	#可利用草地	31 333万公顷
海洋平均深度	961米	2. 林木资源	
海洋最大深度	5 377米	活立木总蓄积量	108.68亿立方米
岸线总长度	32 000多公里	森林面积	12 863万公顷
大陆岸线长度	18 000多公里	森林蓄积量	93.1亿立方米
岛屿岸线长度	14 000多公里	森林覆盖率	13.40%
岛屿个数	5 000多个	3. 水利资源	
岛屿面积	8万平方公里以上	大陆	
2. 气候		地表水资源总量	26 500亿立方米
热量分布(积温>=0℃)		地表径流	19 800亿立方米
黑龙江北部及青藏高原	2 000-2 500℃	地下(浅层)水量	6 200亿立方米
东北平原	3 000-4 000℃	冰川融水量	500亿立方米
华北平原	4 000-5 000℃	水力资源蕴藏量	6.76亿千瓦
长江流域及以南地区	5 800-6 000℃	#可开发量	3.78亿千瓦
南岭以南地区	7 000-8 000℃	淡水总面积	1 664万公顷
降水量		#可养殖面积	503万公顷
台湾中部山区	≥4 000毫米	#已养殖面积	305万公顷
华南沿海	1 600-2 000毫米	海洋	
长江流域	1 000-1 500毫米	海洋能源理论蕴藏量	6.3亿千瓦
华北、东北	400-800毫米	海岸带面积	28万平方公里
西北内陆	100-200毫米	海涂面积	2.08万平方公里
塔里木盆地、吐鲁番盆地		海水可养殖面积	260.13万公顷
和柴达木盆地	≤25毫米	#已养殖面积	41.35万公顷
气候带面积比例(国土面积=100)		浅海滩涂可养殖面积	242.07万公顷
湿润地区(干燥度<1.0)	32%	#已养殖面积	27.77万公顷
半湿润地区(干燥度=1.0-1.5)	15%	4. 矿产资源(保有储量)	
半干旱地区(干燥度=1.5-2.0)	22%	煤	9 667.69亿吨
干旱地区(干燥度>2.0)	31%	铁矿石	500.71亿吨
二、自然资源		磷矿石	157.12亿吨
1. 土地资源		钾盐	3.96亿吨
耕地面积	9 565万公顷	盐	3 673.67亿吨
荒地面积	10 800万公顷		
#宜农荒地	3 535万公顷		

注：1.自然资源部分未包括台湾省；2.气候资料为多年平均值；3.土地、水利资源，均为以前清查数，有待进一步勘测；4.森林资源为1988-1991年调查数。

1-3 土 地 状 况

项　　　　目	面　　积	占总面积(%)
总 面 积	**960万平方公里**	100
1. 按地形分：		
山地	约320万平方公里	33.33
高原	约250万平方公里	26.04
盆地	约180万平方公里	18.75
平原	约115万平方公里	11.98
丘陵	约95万平方公里	9.90
2. 按地高分：		
500米以下	241.7万平方公里	25.18
500-1000米	162.5万平方公里	16.93
1000-2000米	239.9万平方公里	24.99
2000-3000米	67.6万平方公里	7.04
3000米以上	248.3万平方公里	25.86
3. 按特征分：		
耕地	9 565万公顷	9.96
森林	12 863万公顷	13.40
淡水	1 664万公顷	1.73
草地	40 000万公顷	41.67
#可利用草地	31 333万公顷	32.64
其他	31 908万公顷	33.24

注：本表数字多为过去清查数。其中耕地面积偏小，有待进一步核查。

1-4 主要山脉基本情况

名　　称	山峰高程（米）	雪线高程（米）	冰川面积（平方公里）
阿尔泰山	4 374	3 000—3 200	287
天山	7 435	3 600—4 400	9 548
祁连山	5 826	4 300—5 240	2 063
帕米尔	7 579		2 258
昆仑山			11 639
喀喇昆仑山	8 611	5 100—5 400	3 265
唐古拉山	6 137		2 082
羌塘高原	6 596		3 566
念青塘古拉山	7 111	4 500—5 700	7 536
横断山	7 556	4 600—5 500	1 456
喜玛拉雅山	8 848	4 300—6 200	11 055
冈底斯山	7 095	5 800—6 000	2 188

1-5 主要河流基本情况

名　　称	流域面积（平方公里）	河长（公里）	年径流量（亿立方米）
长　江	1 808 500	6 300	9 793
黄　河	752 443	5 464	560
黑龙江（中国境内）	896 756	3 101	1 192
珠　江	442 585	2 210	3 070
辽　河	228 960	1 390	145
海　河	264 647	1 090	284
淮　河	269 150	1 000	530

1-6 河流流域面积

流域名称	流域面积（平方公里）	占外流河、内陆河流域面积合计（%）
外流河内陆河合计	9 559 370	100.00
外流河	6 114 728	63.97
黑龙江及绥芬河	875 342	9.16
辽河、鸭绿江及沿海诸河	345 207	3.61
海滦河	319 029	3.34
黄河	752 443	7.87
淮河及山东沿海诸河	327 443	3.43
长江	1 808 500	18.92
浙闽台诸河	241 155	2.52
珠江及沿海诸河	578 141	6.05
元江及澜沧江	240 194	2.51
怒江及滇西诸河	154 756	1.62
雅鲁藏布江及藏南诸河	369 588	3.87
藏西诸河	52 930	0.55
额尔齐斯河	50 000	0.52
内陆河	3 444 642	36.03
内蒙内陆河	309 923	3.24
河西内陆河	517 822	5.42
准噶尔内陆河	322 316	3.37
中亚细亚内陆河	79 516	0.83
塔里木内陆河	1 121 636	11.73
青海内陆河	301 587	3.15
羌唐内陆河	701 489	7.34
松花江、黄河、藏南闭流区	90 353	0.95

注：本表所列面积系水利部门量算初步汇总数，有待进一步核实。

1-7 湖 泊 面 积

湖 区	湖水面积（平方公里）	湖水贮量（亿立方米）	#淡水贮量	占湖泊淡水总贮量（%）
总 计	75 610	7 510	2 150	100.0
青藏高原	36 560	5 460	880	40.9
东部平原	23 430	820	820	38.1
蒙新高原	8 670	760	20	0.9
东北平原	4 340	200	160	7.4
云南高原	1 100	240	240	11.2
其 他	1 510	30	30	1.4

1-8 海 洋 状 况

名 称	面 积（万平方公里）	深 度	
		平 均（米）	最 大（米）
总 计	472.7	961	
渤 海	7.7	18	70
黄 海	38.0	44	140
东 海	77.0	370	2 719
南 海	350.0	1 212	5 377

1-9 浅海滩涂分省情况

单位：万亩

地 区	浅海滩涂总面积	#可养殖面积
全 国	14 497	2 000
天 津	135	60
河 北	823	200
辽 宁	1 964	250
上 海	559	30
江 苏	2 907	300
浙 江	2 498	200
福 建	1 053	260
山 东	1 773	300
广 东	2 274	280
广 西	510	120

1-10 主要城市平均气温

(1991年)

单位：摄氏度

城　　市	1月	2月	3月	4月	5月	6月	7月	8月	9月	10月	11月	12月	年平均
北　京	-2.3	0.1	4.4	13.9	19.9	24.1	25.9	27.1	20.4	13.8	4.6	-1.8	12.5
天　津	-1.5	0.3	4.3	14.0	19.5	24.5	26.3	27.0	21.7	14.4	5.7	-1.1	12.9
石家庄	-1.1	1.3	4.3	14.3	20.0	25.0	27.0	26.4	21.5	14.5	5.6	-1.0	13.2
太　原	-3.9	-1.2	2.8	11.6	16.4	21.5	24.4	23.3	17.6	9.4	1.5	-3.9	10.0
呼和浩特	-8.9	-6.5	0.6	7.8	15.0	20.2	23.1	23.9	15.8	6.0	-2.2	-8.8	7.2
沈　阳	-12.9	-7.5	-0.3	9.9	16.6	21.0	23.5	25.0	17.5	9.1	1.1	-8.1	7.9
长　春	-15.7	-11.0	3.3	7.8	15.6	19.8	21.8	23.6	15.7	7.4	-1.8	-12.0	6.2
哈尔滨	-19.0	-12.4	-4.0	7.2	15.8	19.8	21.2	22.8	14.4	6.2	-3.4	-15.4	4.4
上　海	4.8	6.2	8.4	13.6	19.6	24.2	28.3	27.0	24.2	18.5	12.6	7.5	16.2
南　京	3.0	5.3	7.5	14.0	19.7	24.3	27.8	26.6	23.0	16.9	10.1	4.4	15.2
杭　州	4.5	6.9	9.0	14.7	20.5	24.5	29.0	27.4	23.7	18.0	12.1	6.8	16.4
合　肥	3.5	5.6	7.6	14.4	20.1	24.7	28.2	26.7	22.9	17.2	10.9	4.6	15.5
福　州	11.2	12.1	14.4	18.1	23.2	27.6	30.2	28.8	26.4	20.7	17.1	13.9	20.3
南　昌	5.4	8.4	10.1	16.3	22.1	26.4	30.5	29.1	25.0	19.1	13.2	7.3	17.7
济　南	0.8	2.7	5.8	15.7	20.4	25.8	28.4	26.1	22.6	16.1	9.2	1.7	14.6
郑　州	0.7	3.5	5.5	14.1	18.9	25.1	28.3	25.3	21.7	14.9	7.7	0.8	13.9
武　汉	4.8	6.6	8.5	15.3	20.5	26.0	28.4	27.7	23.9	17.7	11.8	6.0	16.4
长　沙	5.2	7.6	9.2	14.8	21.3	26.2	29.5	28.1	23.5	17.6	12.4	7.1	16.9
广　州	14.5	16.2	19.5	22.6	26.3	28.2	29.0	29.0	27.8	23.9	19.9	16.5	22.8
南　宁	12.8	16.4	18.7	23.3	26.4	28.2	28.4	28.3	28.2	23.7	19.0	16.3	22.5
海　口	20.0	19.9	24.8	25.6	28.1	28.1	28.7	28.3	28.0	25.5	22.2	19.9	24.9
成　都	6.1	8.0	12.6	16.0	20.2	25.1	25.6	24.1	21.8	16.1	11.9	7.0	16.2
贵　阳	4.2	8.1	12.1	15.9	19.5	22.7	23.2	23.1	20.7	14.6	11.2	8.6	15.3
昆　明	8.8	10.3	14.4	16.8	19.0	20.1	20.1	19.1	17.7	15.7	11.7	8.1	15.2
拉　萨	-2.9	2.9	6.1	9.3	12.8	15.4	15.9	14.4	12.8	9.6	2.4	-2.0	8.1
西　安	0.9	3.9	7.4	14.1	18.5	25.1	28.7	24.6	20.6	14.2	5.8	0.5	13.7
兰　州	-4.0	0.2	6.6	11.2	16.4	21.0	24.4	22.9	17.6	10.3	1.9	-3.9	10.4
西　宁	-6.7	-2.3	3.3	7.9	12.5	16.7	19.0	18.5	13.4	7.4	-0.8	-5.3	7.0
银　川	-5.7	-2.9	4.4	10.8	16.4	21.6	24.8	23.0	16.9	9.0	1.5	-5.1	9.6
乌鲁木齐	-11.2	-10.3	-2.9	10.7	18.3	22.2	24.6	21.9	18.1	9.8	-0.9	-8.5	7.7
台　北													
香　港	16.9	17.1	20.3	22.8	26.5	28.4		28.6	28.1	24.8	21.0	18.4	21.1

1-11 主要城市降水量

(1991年)　　　　　　　　　　　　　　　　　　　　单位：毫米

城　　市	1月	2月	3月	4月	5月	6月	7月	8月	9月	10月	11月	12月	全　年
北　京	0.3	0.8	25.1	17.1	214.6	236.3	198.0	124.7	72.0	12.2	1.0	4.7	906.8
天　津	0.0	0.0	10.2	45.2	47.7	69.8	178.6	97.3	118.2	11.3	2.0	4.9	585.2
石家庄	3.7	0.3	43.7	58.2	94.6	77.9	168.4	21.6	39.7	29.5	4.7	11.7	554.0
太　原	6.1	1.7	56.6	53.2	84.0	42.8	59.0	25.5	44.7	56.1	5.6	6.6	441.9
呼和浩特	2.0	4.6	49.9	18.3	49.5	108.4	59.3	26.6	26.8	17.5	0.0	4.6	367.5
沈　阳	1.5	2.6	12.2	58.0	39.3	164.4	298.4	28.5	38.1	66.9	31.1	7.9	748.9
长　春	4.9	0.9	21.6	21.7	20.8	135.7	313.0	24.4	107.9	29.8	15.6	3.6	699.9
哈尔滨	2.6	3.0	9.6	44.4	32.6	97.1	216.2	94.1	61.9	23.2	8.8	3.8	597.3
上　海	41.7	99.7	137.6	54.4	79.8	300.2	247.8	159.8	223.2	24.8	25.4	38.6	1 433.0
南　京	32.9	94.7	160.5	108.1	151.5	390.2	533.2	227.5	63.5	0.4	16.8	46.5	1 825.8
杭　州	66.7	77.6	145.2	168.6	170.0	204.5	192.1	90.0	174.5	27.1	42.9	38.1	1 397.3
合　肥	30.3	93.2	118.7	76.8	84.2	294.7	448.1	181.1	76.5	1.5	2.9	62.3	1 470.3
福　州	38.5	19.3	109.0	151.8	111.1	276.2	10.8	79.9	290.3	57.6	10.5	18.0	1 173.0
南　昌	117.8	84.1	366.0	255.0	258.7	170.2	29.5	141.1	67.6	38.8	58.7	36.9	1 624.4
济　南	1.6	18.0	31.4	39.0	53.1	24.0	329.0	161.5	86.1	23.7	7.7	17.1	792.2
郑　州	7.6	11.6	64.9	21.5	97.0	62.4	70.5	65.2	39.8	2.8	21.1	10.7	475.1
武　汉	53.8	115.4	126.0	171.0	212.0	192.9	720.3	115.0	35.5	5.2	23.0	45.8	1 815.9
长　沙	171.2	72.9	308.6	161.9	199.6	148.4	82.3	26.4	62.5	55.2	62.0	35.8	1 386.8
广　州	55.0	3.7	70.4	57.2	179.8	445.9	219.5	127.3	98.2	52.1	17.4	29.3	1 355.8
南　宁	17.9	3.1	51.7	18.6	64.0	295.2	392.6	193.7	3.4	47.4	72.8	35.7	1 196.1
海　口	3.7	8.3	54.2	18.8	169.8	375.2	130.2	248.3	81.7	156.8	10.4	41.1	1 298.5
成　都	11.2	7.4	14.2	20.1	76.7	128.9	49.9	165.1	76.9	36.1	5.7	1.7	593.9
贵　阳	46.7	9.0	63.7	31.0	76.8	122.4	571.4	128.5	101.8	40.5	60.2	12.3	1 264.3
昆　明	30.3	7.4	14.5	32.9	23.0	163.7	140.0	207.3	220.1	169.6	56.1	7.7	1 072.6
拉　萨	1.8	1.8	0.0	9.3	11.4	77.3	151.6	145.1	77.1	0.0	0.3	0.6	476.3
西　安	2.7	5.4	56.1	39.6	91.6	62.4	122.0	82.4	103.6	16.6	12.3	18.2	612.9
兰　州	7.7	1.3	13.1	21.1	37.6	52.6	85.2	29.8	14.1	17.2	0.0	1.9	281.6
西　宁	3.4	1.0	1.9	14.0	34.6	47.8	77.8	34.2	13.4	13.4	0.3	1.4	243.2
银　川	0.1	3.0	12.8	20.7	41.3	7.0	19.6	76.9	7.8	3.1	0.0	2.6	194.9
乌鲁木齐	5.1	6.5	17.7	1.3	8.7	19.7	20.9	59.3	8.8	9.2	4.3	16.3	177.8
台　北													
香　港	28.7	8.2	51.5	34.7	60.9	371.7		302.3	178.7	294.3	2.7	11.8	

1-12 主要城市日照时数

（1991年）　　　　单位：小时

城　　市	1月	2月	3月	4月	5月	6月	7月	8月	9月	10月	11月	12月	全　年
北　　京	150.8	177.8	166.9	248.2	254.2	276.4	217.7	272.6	209.1	232.6	195.3	134.6	2 536.2
天　　津	190.1	153.0	155.9	224.0	243.0	245.5	220.9	258.0	185.8	213.7	165.1	101.4	2 356.4
石 家 庄	161.6	162.8	134.1	219.8	250.6	268.8	214.4	246.5	139.5	215.3	198.1	88.8	2 300.3
太　　原	159.1	166.7	173.4	225.7	215.8	284.4	251.6	263.7	217.4	223.2	205.7	129.0	2 515.7
呼和浩特	160.2	205.5	209.4	265.8	247.6	322.3	292.4	323.2	260.5	237.5	179.3	134.6	2 838.3
沈　　阳	164.9	163.9	190.6	225.2	242.3	25.7	210.6	283.6	235.1	224.2	181.2	109.2	2 256.5
长　　春	193.3	198.9	240.4	230.7	257.7	230.4	205.7	303.7	223.6	202.1	169.6	142.4	2 598.5
哈 尔 滨	96.3	176.9	229.6	221.0	281.8	244.5	198.5	302.9	223.5	177.5	169.8	125.8	2 448.1
上　　海	102.1	139.1	69.2	110.8	129.0	100.5	174.2	193.6	149.8	192.1	145.0	100.7	1 606.1
南　　京	101.2	127.4	89.2	144.9	137.9	127.3	155.6	218.6	161.4	230.6	191.4	139.8	1 825.3
杭　　州	71.7	108.2	60.6	105.7	150.6	113.9	201.7	212.7	155.0	179.8	167.2	102.6	1 629.7
合　　肥	112.4	108.9	85.3	137.9	146.9	139.7	176.3	188.0	157.3	210.9	184.1	121.1	1 768.8
福　　州	50.4	86.1	59.6	117.2	172.1	175.5	284.0	189.6	129.7	119.1	125.6	103.6	1 612.5
南　　昌	37.7	71.0	47.4	74.9	156.8	177.0	244.1	274.1	195.7	198.3	144.0	89.1	1 710.1
济　　南	166.2	130.2	157.6	248.1	231.5	246.1	236.7	188.7	201.8	242.7	208.6	111.3	2 369.5
郑　　州	117.7	105.7	131.6	197.7	180.8	205.7	202.5	244.1	199.2	213.6	189.0	100.8	2 088.4
武　　汉	76.2	62.7	51.7	103.1	126.4	155.9	155.7	202.1	164.8	197.1	179.1	81.3	1 556.1
长　　沙	24.8	47.2	42.5	68.9	125.1	171.0	212.4	227.8	159.7	162.0	140.8	82.3	1 464.5
广　　州	79.7	83.8	37.5	97.8	141.4	145.5	194.4	174.8	173.6	208.6	182.0	132.5	1 651.6
南　　宁	14.1	56.4	33.1	126.0	138.4	129.6	181.3	167.7	248.7	163.2	116.2	67.2	1 441.9
海　　口	92.7	115.3	192.2	217.8	244.8	179.0	239.8	226.0	203.4	212.3	146.4	122.0	2 191.7
成　　都	37.7	38.7	69.5	93.5	121.4	134.2	122.2	116.7	77.2	20.8	51.0	44.8	927.7
贵　　阳	6.2	58.2	84.6	91.4	138.2	70.0	104.4	133.1	154.8	52.5	56.6	50.5	1 000.5
昆　　明	229.4	208.7	276.0	251.6	242.6	135.4	123.7	112.4	57.5	124.7	153.4	196.5	2 111.9
拉　　萨	235.4	246.0	257.7	266.9	280.1	208.1	222.4	215.4	256.5	313.0	266.8	239.5	3 007.8
西　　安	68.5	88.9	47.9	120.7	160.6	161.7	195.1	109.5	76.3	96.4	60.1	45.1	1 230.8
兰　　州	126.3	159.9	167.0	210.4	270.5	245.6	280.9	275.9	215.5	173.6	170.6	121.5	2 417.7
西　　宁	194.3	185.1	213.6	226.0	267.1	262.8	258.8	265.4	238.3	179.8	212.2	186.8	2 690.2
银　　川	200.7	196.1	228.6	267.2	269.8	313.8	347.0	294.7	279.4	230.8	226.7	163.7	3 018.5
乌鲁木齐	93.9	120.7	148.2	276.6	303.2	263.8	301.7	272.5	296.5	253.3	158.9	44.7	2 534.0
台　　北													
香　　港	109.9	116.4	75.6	128.7	201.3	163.9		163.2	160.3	200.3	177.4	131.6	

主 要 统 计 指 标 解 释

森林面积 指生长着乔木和竹林，郁闭度在0.3以上(不包括0.3)的林地面积，即有林地面积。它是反映森林资源总面积的重要指标。森林面积包括天然林面积和人工林面积。但不包括灌木林地和疏林地面积。

森林覆盖率 通常是指森林面积占土地总面积之比，一般用百分数表示。但国家规定在计算森林覆盖率时，森林面积还包括灌木林面积、农田林网树占地面积以及四旁树木的覆盖面积。森林覆盖率，是反映一个国家或地区森林资源和绿化水平的重要指标。计算公式：

$$森林覆盖率(\%)=\frac{森林面积}{土地总面积}\times 100\%$$

本《年鉴》内所列森林覆盖率是按有林地面积计算的。

活立木总蓄积量 指全部土地上树木蓄积的总量。包括森林蓄积、疏林蓄积、散生木蓄积和四旁树蓄积。

森林蓄积量 指森林面积上生长着的林木树干材积总量。它是反映一个国家或地区森林资源总规模和水平的重要指标。

草地面积 指牧区和农区用于放牧牲畜或割草，植被盖度在5%以上的草原、草坡、草山等面积。包括天然的和人工种植或改良的草地面积。

淡水总面积 指江、河、湖泊、塘堰、水库等各种流水或蓄水的水面占地面积。

矿产保有储量 指探明的矿产储量(包括工业储量和远景储量)扣除已开采部分和地下损失量后的年底实有储量。它反映国家矿产资源的现状。

二 综合

2-1 各部门机构数和人数

部门	机构数			1991年为	人数（万人）		1991年为
	单位	1990年	1991年	上年%	1990年	1991年	上年%
一、农村基层单位							
1. 基层组织							
乡政府	万个	4.44	4.37	98.23			
镇政府	万个	1.14	1.19	104.30			
村民委员会	万个	74.33	80.42	108.19			
乡村户数	万户	22 237.2	22 566.2	101.48	89 590.3	90 525.1	101.04
国营农场	万个	0.23	0.23	100.26	548.4	559.1	101.95
2. 农业事业机构							
农业技术推广站	个	17 387	18 952	109.00	15.69	16.79	107.04
牲畜配种站	个	434	411	94.70	0.28	0.23	80.96
畜牧兽医站	个	8 097	9 556	118.02	9.08	10.04	110.58
种子站、种子公司	个	2 775	3 088	111.28	5.78	6.19	107.04
国营良种(原种)场	个	2 390	2 350	98.33	29.54	29.77	100.78
3. 乡镇企业	万个	1 850.4	1 908.9	103.16	9 264.75	9 609.11	103.72
农业企业	万个	22.4	23.1	103.08	236.06	243.08	102.97
工业企业	万个	722.0	742.6	102.85	5 571.69	5 813.55	104.34
建筑企业	万个	90.4	88.8	98.24	1 346.84	1 384.33	102.78
交通运输企业	万个	381.4	400.3	104.97	711.22	732.31	102.97
商业饮食服务业企业	万个	634.2	654.1	103.13	1 398.94	1 435.84	102.64
二、工业企业	**万个**	**795.78**	**807.96**	**101.53**	**11 643.85**	**10 786.65**	**92.64**
乡及乡以上工业	万个	50.44	50.48	100.08	7 663.35	7 965.23	103.94
村及村以下工业	万个	699.00	710.00	101.57	3 827.93	4 011.75	104.80
全民所有制工业	万个	10.44	10.47	100.29	4 390.47	4 535.09	103.29
集体所有制工业	万个	166.85	157.72	94.53	5 387.32	5 515.97	102.39
#乡办工业	万个	22.87	22.96	100.39	1 423.28	1 506.83	105.87
村办工业	万个	68.08	67.52	99.18	1 765.49	1 832.92	103.82
城乡合作经营工业	万个	59.66	51.30	85.99	529.64	494.25	93.32
城乡个体工业	万个	617.60	638.67	103.41	1 685.37	1 847.46	109.62
其他工业	万个	0.88	1.08	122.73	180.69	241.34	133.57
三、地质勘探							
地质队	个	941	952	101.17	97.88	100.44	102.62
矿产地质普查勘探队	个	584	585	100.17	38.38	38.04	99.11
区域地质调查队	个	36	34	94.44	1.63	1.62	99.39
石油普查队	个	55	56	101.82	45.02	42.21	93.76
海洋地质调查队	个	8	8	100.00	1.28	1.16	90.63
水文、工程地质队	个	153	155	101.31	6.32	6.77	107.12
地球物理、化学探矿队	个	74	80	108.11	4.01	6.40	159.60
地形测绘队	个	31	34	109.68	1.11	1.24	111.71
四、建筑施工企业	**个**	**74 145**	**73 094**	**98.58**	**1 716.7**	**1 783.3**	**103.88**
全民所有制企业	个	4 275	4 638	108.49	621.0	638.9	102.89
建筑安装企业	个	3 223	3 378	104.81	536.8	552.0	102.83
自营施工单位	个	1 052	1 260	119.77	84.2	86.9	103.22
城镇集体所有制企业	个	9 052	9 187	101.49	389.7	419.4	107.61
农村建筑队	个	60 818	59 269	97.45	706.0	725.0	102.69
五、运输邮电业							
铁路	个	68	68	100.00	201	257	127.86
公路	个	5 223	5 325	101.95	280	195	69.64
水运	个	1 504	1 454	96.68	131	186	141.98
港口	个	121	118	97.52	29		
民航	个	56	58	103.57	8.8	9.6	109.09
管道	个	53	53	100.00	2.2	2.1	95.45
邮电局所	处	53 629	54 006	100.70	98.1	101.8	103.77
六、商业、饮食业、服务业和物资供销业	**万个**	**925.3**	**979.8**	**105.89**	**2 811.6**	**2 944.9**	**104.74**
企业管理机构	万个	14.0	14.3	102.14	246.8	255.0	103.32

2-1 续表 1

部门	机构数			1991年为上年%	人数（万人）		1991年为上年%
	单位	1990年	1991年		1990年	1991年	
企业经营机构	万个	909.7	963.9	105.96	2 502.8	2 624.8	104.87
# 零售机构	万个	871.0	924.1	106.10	2 091.5	2 198.7	105.13
仓储运输机构	万个	2.6	2.6	100.00	71.8	74.9	104.32
饮食业	万个	151.1	160.5	106.17	414.8	438.5	105.71
全民所有制饮食业	万个	3.1	3.1	100.00	52.0	54.2	104.23
集体所有制饮食业	万个	12.1	11.8	97.52	92.6	90.6	97.84
合营饮食业	万个	0.04	0.05	125.00	4.2	4.7	111.90
服务业	万个	163.9	176.0	107.40	402.7	426.3	105.88
旅馆业	万个	17.1	18.1	105.87	130.8	136.8	104.63
理发业	万个	42.2	47.8	113.21	67.0	73.2	109.35
浴池业	万个	0.7	0.7	92.90	6.3	6.6	104.97
洗染业	万个	0.8	0.8	101.95	4.2	4.1	96.57
摄影业	万个	8.9	9.5	106.75	20.5	21.5	104.85
日用品修理业	万个	66.9	73.0	109.20	100.4	108.4	107.98
其他服务业	万个	27.4	26.1	95.50	73.5	75.7	102.97
物资系统销售网点	个	44 297	51 165	115.50	110.54	116.09	105.02
物资部直属单位	个	96	2 027	2 111.46	4.57	4.54	99.34
地方物资系统单位	个	44 201	49 138	111.17	105.97	111.55	105.27
七、城乡个体工商业户	**万户**	**1 328.3**	**1 416.8**	**106.66**	**2 092.8**	**2 258.0**	**107.89**
工　业	万户	163.6	176.1	107.64	350.3	397.0	113.33
建筑业	万户	2.7	2.7	100.00	14.4	16.2	112.50
交通运输业	万户	126.5	137.1	108.38	177.6	191.2	107.66
商　业	万户	719.6	770.5	107.07	1 032.7	1 110.4	107.52
饮食业	万户	136.0	144.5	106.25	268.2	284.3	106.00
服务业	万户	78.4	85.6	109.18	112.6	123.3	109.50
修理业	万户	89.1	87.4	98.09	117.8	114.9	97.54
其　他	万户	12.4	12.8	103.23	19.2	20.8	108.33
八、卫生、体育和社会福利							
卫生	个	208 734	209 036	100.14	490.6	502.5	102.43
#医院	个	62 454	63 101	101.04	346.6	358.5	103.43
疗养院、所	个	650	642	98.77	5.6	5.6	100.00
门诊部、所	个	129 332	128 665	99.48	60.6	60.1	99.17
专科防治所、站	个	1 781	1 818	102.08	5.6	5.7	101.79
卫生防疫站	个	3 618	3 652	100.94	17.9	18.5	103.35
妇幼保健所、站	个	2 820	2 854	101.21	6.5	6.9	106.15
体育(体委系统)	个				13.09	13.13	100.30
#体育运动学校	个	165	167	101.21	1.11	1.15	104.37
业余体校	个	3 687	3 575	96.96	1.55	1.59	102.60
社会福利							
社会福利事业单位	个	40 583	42 266	104.15	15.59	16.31	104.63
#优抚休、疗养院	个	810	828	102.22	1.86	1.91	102.58
福利院	个	11 390	11 910	104.57	6.56	6.87	104.77
光荣院	个	497	461	92.76	0.17	0.16	95.78
敬老院	个	27 886	29 067	104.24	7.00	7.37	105.26
社会福利企业单位	个	41 784	44 218	105.83	157.88	169.42	107.31
九、教育、文化事业							
1. 教育							
普通高等学校	个	1 075	1 075	100.00	100.6	100.9	100.30
中等学校	万个	10.08	9.93	98.58	482.6	490.6	101.66
普通中学	万个	8.76	8.59	97.97	399.1	405.4	101.59
小学	万个	76.61	72.92	95.18	624.0	619.4	99.25
幼儿园	万个	17.23	16.45	95.44	105.2	106.2	100.97
2. 文化							
艺术事业	个	5 798	4 840	83.48	22.69	21.71	95.68
艺术表演团体	个	2 805	2 772	98.82	17.06	17.03	99.87

2-1 续表 2

部门	机构数 单位	机构数 1990年	机构数 1991年	1991年为上年%	人数（万人） 1990年	人数（万人） 1991年	1991年为上年%
话剧、儿童剧、滑稽剧团	个	90	92	102.22	0.86	0.86	100.65
歌剧、舞剧、歌舞剧团	个	298	293	98.32	3.02	2.93	96.93
乐团、合唱团	个	22	21	95.45	0.24	0.22	91.82
文工团、文宣团、乌兰牧骑	个	440	432	98.18	1.36	1.56	114.24
戏曲剧团	个	1 722	1 707	99.13	10.44	10.35	99.05
曲、杂、木、皮团	个	233	227	97.42	1.13	1.12	99.00
艺术表演场所	个	2 055	2 068	100.63	4.46	4.68	104.89
#剧场	个	2 011	2 024	100.65	4.38	4.61	105.05
艺术创作机构	个	389	394	101.29	0.31	0.31	97.98
艺术研究机构	个	150	166	110.67	0.27	0.31	116.03
艺术展览机构	个	28	30	107.14	0.09	0.11	117.54
演出公司	个	228	226	99.12	0.19	0.20	104.00
其他	个	143	145	101.40	0.32	0.33	102.93
电影事业	个	152 073	145 720	95.82	51.91	51.03	98.30
电影制片厂	个	35	35	100.00	1.88	2.04	108.17
洗印厂	个	4	4	100.00	0.23	0.25	107.23
电影发行放映管理机构	个	5 927	5 992	101.10	6.79	6.93	102.07
电影、影剧院	个	16 611	16 718	100.64	15.64	15.77	100.84
开放礼堂、俱乐部	个	3 140	3 053	97.23	3.33	3.25	97.79
电影机械生产修配机构	个	33	39	118.18	0.33	0.42	127.19
图书馆	个	2 527	2 535	100.32	4.02	4.20	104.45
群众文化事业	个	55 885	55 224	98.82	13.89	13.93	100.32
群众艺术馆	个	366	371	101.37	1.13	1.21	107.08
文化馆	个	2 955	2 894	97.94	4.44	4.52	101.75
文化站	个	52 435	51 959	99.09	8.13	8.21	100.99
#乡镇文化站	个	49 309	47 904	97.15	7.42	7.08	95.39
出版、发行事业	个	13 091	13 059	99.76	28.14	35.62	126.60
出版社	个	462	465	100.65	3.63	3.75	103.50
书刊印刷厂	个	177	345	194.92	13.10	20.90	159.56
书店	个	12 452	12 249	98.37	11.41	10.97	96.12
文物事业	个	2 751	2 927	106.40	4.46	4.76	106.64
博物馆	个	1 013	1 075	106.12	2.32	2.41	103.93
文物机构	个	1 643	1 753	106.70	1.85	2.04	110.32
文物商店	个	95	99	104.21	0.29	0.31	104.97
广播电视					35.39	37.05	104.69
广播电台	座	635	724	114.02			
电视台	座	509	543	106.68			
县、市有线广播站	座	2 466	2 464	99.92			
十、科学研究(县以上全民所有制)	个	5 595	5 879	105.08	80.56	107.76	133.78
自然科学和技术领域	个	4 850	5 127	105.71	75.89	103.01	135.73
社会、人文科学领域	个	332	336	101.20	2.08	2.08	99.89
科学技术情报和文献机构	个	413	416	100.73	2.58	2.68	103.66
十一、金融、保险业	个	125 054	126 728	101.34	150.70	159.26	105.68
总行(公司、下同)	个	7	7	100.00	0.74	0.76	102.50
省级分行	个	195	190	97.44	5.54	62.01	1 119.80
计划单列城市分行	个	82	84	102.44	2.16	2.35	108.70
地(市)分支行	个	1 905	1 771	92.97	20.90	20.84	99.72
县支行、办事处	个	11 555	11 514	99.65	52.27	52.81	101.03
城市(郊、区)办事处	个	4 784	2 741	57.30	15.00	18.41	122.75
分理处、集镇办事处	个	7 496	11 507	153.51	8.15	9.41	115.44
储蓄所	个	65 653	64 868	98.80	12.31	12.66	102.84
营业所	个	31 255	31 256	100.00	25.14	25.82	102.70
其他	个	2 122	2 760	130.07	8.49	9.99	117.69
十二、国家机关、党政机关和社会团体					1 079	1 136	105.30

2-2 国民经济主要指标

指　　标	单　位	1952年	1978年	1980年	1985年	1990年	1991年
一、人口							
年底总人口	万　人	57 482	96 259	98 705	105 851	114 333	115 823
二、劳动力(年底数)							
劳动力资源人数	万　人	26 710	48 530	52 885	62 114	69 732	70 982
社会劳动者人数	万　人	20 729	40 152	42 361	49 873	56 740	58 360
#职工人数	万　人	1 603	9 499	10 444	12 358	14 059	14 508
三、国民生产总值	**亿　元**		**3 588**	**4 470**	**8 558**	**17 695**	**19 855**
四、国民收入	**亿　元**	**589**	**3 010**	**3 688**	**7 020**	**14 384**	**16 117**
五、社会总产值	**亿　元**	**1 015**	**6 846**	**8 534**	**16 582**	**38 035**	**43 803**
#工农业总产值	亿　元	810	5 634	7 077	13 335	31 586	36 405
六、固定资产投资							
1.全社会固定资产投资总额	亿　元		668.72	910.85	2 543.19	4 449.29	5 508.80
生产性	亿　元				1 544.10	2 768.28	3 453.39
非生产性	亿　元				999.09	1 681.01	2 055.41
#住　宅	亿　元				641.63	1 164.48	1 417.41
2.全民所有制单位固定资产投资	亿　元	43.56	668.72	745.90	1 680.51	2 918.64	3 628.11
基本建设投资	亿　元	43.56	500.99	558.89	1 074.37	1 703.81	2 115.80
更新改造及其他固定资产投资	亿　元		167.73	187.01	606.14	1 029.26	1 261.86
3.集体所有制单位固定资产投资	亿　元			45.95	327.46	529.48	697.80
城　镇	亿　元			22.95	128.23	163.38	203.83
农　村	亿　元			23.00	199.23	366.10	493.98
七、国家财政							
1.国家财政收入	亿　元	183.7	1 121.1	1 085.2	1 866.4	3 312.6	3 610.9
中　央	亿　元		164.6	209.8	707.9	1 367.9	1 399.7
地　方	亿　元		956.5	875.5	1 158.5	1 944.7	2 211.2
2.国家财政支出	亿　元	176.0	1 111.0	1 212.7	1 844.8	3 452.2	3 813.6
中　央	亿　元	127.4	521.0	650.7	836.5	1 372.8	1 517.7
地　方	亿　元	48.6	590.0	562.0	1 008.2	2 079.4	2 295.8
3.预算外资金收入	亿　元	13.6	347.1	557.4	1 530.0	2 708.6	
八、物价总指数(上年=100)							
1.农副产品收购价格总指数	%	101.7	103.9	107.1	108.6	97.4	98.0
2.零售物价总指数	%	99.6	100.7	106.0	108.8	102.1	102.9
3.职工生活费用价格总指数	%	102.7	100.7	107.5	111.9	101.3	105.1
九、工资							
1.职工工资总额	亿　元	68.3	568.9	772.4	1 383.0	2 951.1	3 323.9
2.职工平均货币工资	元	445	615	762	1 148	2 140	2 340
十、居民消费水平	**元**	**76**	**175**	**227**	**403**	**723**	**803**
农　民	元	62	132	173	324	524	569
非农业居民	元	149	383	468	727	1 477	1 686
十一、农业							
1.农业总产值	亿　元	461	1 397	1 923	3 619	7 662	8 157
2.主要农产品产量							
粮　食	万　吨	16 392	30 477	32 056	37 911	44 624	43 529
棉　花	万　吨	130.4	216.7	270.7	414.7	450.8	567.5
油　料	万　吨	419.3	521.8	769.1	1 578.4	1 613.2	1 638.3
甘　蔗	万　吨	711.6	2 111.6	2 280.7	5 154.9	5 762.0	6 789.8
甜　菜	万　吨	47.9	270.2	630.5	891.9	1 452.5	1 628.9
茶　叶	万　吨	8.2	26.8	30.4	43.2	54.0	54.2
水　果	万　吨	244.3	657.0	679.3	1 163.9	1 874.4	2 176.1
猪牛羊肉	万　吨	338.5	856.3	1 205.4	1 760.7	2 513.5	2 723.8

2-2 续表 1

指标	单位	1952年	1978年	1980年	1985年	1990年	1991年
水产品	万吨	167	466	450	705	1 237	1 351
十二、工业							
1.工业总产值	亿元	349	4 237	5 154	9 716	23 924	28 248
2.主要工业产品产量							
布	亿米	38.3	110.3	134.7	146.7	188.8	181.7
机制纸及纸板	万吨	37	439	535	911	1 372	1 479
糖	万吨	45	227	257	451	582	640
自行车	万辆	8	854	1 302	3 228	3 142	3 677
缝纫机	万台	6.6	486.5	767.8	991.2	761.0	763.8
手表	万只		1 351.1	2 215.5	5 431.1	8 352.6	7 595.5
家用电冰箱	万台		2.8	4.9	144.8	463.1	469.9
电视机	万台		51.73	249.20	1 667.66	2 684.70	2 691.41
#彩色电视机	万台		0.38	3.20	435.28	1 033.04	1 205.06
家用洗衣机	万台		0.04	24.50	887.20	662.68	687.17
录放音机	万台		4.7	74.3	1 393.1	3 023.5	2 873.7
照相机	万架		17.89	37.28	178.97	213.22	478.18
原煤	亿吨	0.66	6.18	6.20	8.72	10.80	10.87
原油	万吨	44	10 405	10 595	12 490	13 831	14 099
发电量	亿千瓦小时	73	2 566	3 006	4 107	6 212	6 775
钢	万吨	135	3 178	3 712	4 679	6 635	7 100
成品钢材	万吨	106	2 208	2 716	3 693	5 153	5 638
水泥	万吨	286	6 524	7 986	14 595	20 971	25 261
3.全民所有制独立核算工业企业全员劳动生产率	元/人·年	4 200	11 131	12 081	15 080	18 639	32 304
4.全民所有制独立核算工业企业主要财务指标							
年底固定资产原值	亿元	148.8	3 193.4	3 730.1	5 956.2	11 610.3	13 556.8
资金总额	亿元	146.8	3 273.0	3 663.7	5 604.1	12 088.6	14 067.6
年底固定资产净值	亿元	100.8	2 225.7	2 528.0	3 980.8	8 088.3	9 507.2
定额流动资金年平均余额	亿元	46.0	1 047.3	1 135.7	1 623.3	4 000.3	4 560.4
利润和税金总额	亿元	37.3	790.7	907.1	1 334.1	1 503.1	1 661.2
十三、运输邮电							
1.货物周转量	亿吨公里	762	9 829	12 026	18 126	26 207	27 986
铁路	亿吨公里	602	5 345	5 717	8 126	10 622	10 972
公路	亿吨公里	14	274	764	1 693	3 358	3 428
水运	亿吨公里	146	3 779	5 053	7 700	11 592	12 955
管道	亿吨公里		430	491	603	627	621
空运	亿吨公里	...	1	1	4	8	10
2.旅客周转量	亿人公里	248	1 743	2 281	4 437	5 628	6 178
铁路	亿人公里	201	1 093	1 383	2 416	2 613	2 828
公路	亿人公里	23	521	730	1 725	2 620	2 872
水运	亿人公里	25	101	129	179	165	177
空运	亿人公里	...	28	40	117	230	301
3.沿海主要港口货物吞吐量	万吨	1 440	19 834	21 731	31 154	43 229	47 117
4.邮电业务总量	亿元	1.64	11.65	13.34	29.60	81.65	204.38
5.函件	亿件	8.09	28.35	33.13	46.78	54.87	52.11
6.报刊期发数	万份	1 363	11 250	16 431	30 172	20 078	23 277
十四、能源生产与消费(标准煤)							
能源生产总量	万吨	4 871	62 770	63 735	85 546	103 922	104 844
能源消费总量	万吨		57 144	60 275	76 682	98 703	102 300
十五、国内商业							
1.社会商业商品购进总额	亿元	175.0	1 739.7	2 263.0	3 532.5	8 221.2	9 347.9

2-2 续表 2

指　　标	单　位	1952年	1978年	1980年	1985年	1990年	1991年
#工业品	亿　元	84.5	1 263.4	1 567.6	2 462.3	5 871.2	6 767.2
农副产品	亿　元	90.1	459.9	677.0	1 033.2	2 258.6	2 453.2
2.社会农副产品收购量							
粮　食	万　吨	3 903.0	5 072.5	6 129.0	10 762.8	13 995.2	13 635.5
棉　花	万　吨	108.7	209.6	261.0	431.9	409.1	529.0
食用植物油	万　吨	98.0	110.5	191.0	409.8	470.3	477.0
甘　蔗	万　吨	369.7	1 557.9	1 584.0	3 687.5	4 619.0	4 728.5
甜　菜	万　吨	39.0	255.3	554.1	806.4	1 402.8	1 556.6
茶　叶	万　吨	7.7	24.3	26.2	39.5	49.2	52.2
肥　猪	万　头	3 742.7	10 936.5	14 250.0	16 020.8	18 504.5	21 054.1
菜　牛	万　头	125.8	140.8	221.6	463.8	909.5	1 018.5
菜　羊	万　只	522.7	998.3	1 680.2	2 839.3	4 033.3	4 432.6
鲜　蛋	万　吨	19.4	56.0	99.1	192.2	282.4	350.5
水产品	万　吨	91.8	269.2	239.3	334.2	575.3	652.4
3.社会商品零售总额	亿　元	276.8	1 558.6	2 140.0	4 305.0	8 300.1	9 415.6
4.主要消费品零售量							
粮　食	万　吨	2 961.0	4 750.0	5 497.0	9 011.6	9 289.1	9 242.6
食用植物油	万　吨	76.5	87.5	126.0	349.1	441.6	467.2
猪　肉	万　吨	170.4	467.5	704.5	916.4	1 246.9	1 316.8
食　糖	万　吨	47.1	315.6	363.5	572.5	541.6	547.6
布	亿　米	30.8	76.9	98.4	121.2	120.3	118.5
缝纫机	万　架	10.0	439.8	665.0	1 103.0	530.4	550.3
自行车	万　辆	33.5	809.6	1 186.0	3 111.2	2 760.3	3 097.8
电视机	万　台		55.1	364.0	2 156.9	1 923.0	2 096.1
洗衣机	万　台		0.2	23.5	1 098.1	924.9	984.1
电冰箱	万　台		2.0	5.5	220.0	436.0	465.7
5.农业生产资料销售量							
化学肥料(标准量)	万　吨	29.5	4 087.5	5 531.1	6 231.8	10 023.6	10 702.2
化学农药	万　吨	1.5	146.4	152.7	65.3	61.5	62.6
农用动力机械	万千瓦		1 037.1	639.8	723.4	898.1	1 153.1
十六、对外贸易							
进出口总额	亿美元	19.4	206.4	381.4	696.0	1 154.4	1 357.0
进口额	亿美元	11.2	108.9	200.2	422.5	533.5	637.9
出口额	亿美元	8.2	97.5	181.2	273.5	620.9	719.1
十七、教育文化							
1.在校学生数							
高等学校	万　人	19.1	85.6	114.4	170.3	206.3	204.4
中等专业学校	万　人	63.6	88.9	124.3	157.1	224.4	227.7
普通中学	万　人	249.0	6 548.3	5 508.1	4 706.0	4 586.0	4 683.5
小　学	万　人	5 110.0	14 624.0	14 627.0	13 370.2	12 241.4	12 164.2
2.出版数量							
图　书	亿册(张)	7.9	37.7	45.9	66.7	56.4	61.4
杂　志	亿　册	2.0	7.6	11.2	25.6	17.9	20.6
报　纸	亿　份	16.1	127.8	140.4	199.8	160.5	176.6
十八、卫生							
医院床位数	万　张	16.0	185.6	198.2	222.9	262.4	268.9
卫生技术人员	万　人	69.0	246.4	279.8	341.1	389.8	398.5
#医　生	万　人	42.5	103.3	115.3	141.3	176.3	178.0

注：1.本表价值指标均按当年价格计算。

2.全民所有制独立核算工业企业全员劳动生产率按1980年不变价格计算。

3.1979年起，货物周转量中公路运输包括社会车辆完成数，1984年起还包括私营运输完成数量。

4.1989、1990、1991年沿海主要港口货物吞吐量如包括龙口、威海等中型港口应为49025、48321、53220万吨。

5.邮电业务总量，1991年起按1990年不变价格计算，1981年-1990年起按1980年不变价格计算，以前按1970年不变价格计算。

2-3 国民经济主要指标发展速度

指标	1991年为以下各年%					平均每年增长%		
	1952年	1978年	1980年	1985年	1990年	1953—1991年	1979—1991年	1981—1991年
一、人　口								
年底总人口	201.5	120.3	117.3	109.4	101.3	1.8	1.4	1.5
二、劳动力(年底数)								
劳动力资源人数	265.8	146.3	134.2	114.3	101.8	2.5	3.0	2.7
社会劳动者人数	281.5	145.3	137.8	117.0	102.9	2.7	2.9	3.0
#职工人数	905.1	152.7	138.9	117.4	103.2	5.8	3.3	3.0
三、国民生产总值		293.8	253.3	156.1	107.7		8.6	8.8
四、国民收入	1 286.4	283.7	249.2	154.9	107.6	6.8	8.4	8.7
五、社会总产值	2 637.4	363.1	308.8	182.4	111.4	8.8	10.4	10.8
#工农业总产值	2 932.3	376.6	322.8	191.8	111.9	9.0	10.7	11.2
六、固定资产投资								
1.全社会固定资产投资总额		823.8	604.8	216.6	123.8			19.1
生产性				223.7	124.7			
非生产性				205.7	122.3			
#住　宅				220.9	121.7			
2.全民所有制单位固定资产投资	8 329.0	542.5	486.4	215.9	124.3	11.7	13.1	15.4
基本建设投资	4 857.2	422.3	378.6	196.9	124.2	10.2	10.4	12.0
更新改造及其他固定资产投资		752.3	674.8	208.2	122.6		18.2	21.9
3.集体所有制单位固定资产投资			1 518.6	213.1	131.8			34.4
城　镇			888.1	159.0	124.8			27.7
农　村			2 147.7	247.9	134.9			39.1
七、国家财政								
国家财政收入	1 965.6	322.1	332.7	193.5	109.0	7.9	9.4	11.5
国家财政支出	2 166.8	343.3	314.5	206.7	110.5	8.2	10.0	11.0
八、工　资								
1.职工工资总额	1 662.5	250.1	201.7	138.2	107.2	7.5	7.3	6.6
2.职工平均实际工资	179.6	162.8	144.0	117.2	104.0	1.5	3.8	3.4
九、居民消费水平	402.6	227.5	194.8	129.1	108.2	3.6	6.5	6.2
农　民	356.8	226.4	193.0	119.1	106.7	3.3	6.5	6.2
非农业居民	430.0	202.3	181.2	143.0	109.9	3.8	5.6	5.6
十、农　业								
1.农业总产值	419.9	210.2	192.7	130.8	103.7	3.7	5.9	6.1
2.主要农产品产量								
粮　食	265.6	142.8	135.8	114.8	97.5	2.5	2.8	2.8
棉　花	435.2	261.9	209.6	136.8	125.9	3.8	7.7	7.0
油　料	390.7	314.0	213.0	103.8	101.6	3.6	9.2	7.1
甘　蔗	954.2	321.5	297.7	131.7	117.8	6.0	9.4	10.4
甜　菜	3 400.6	602.8	258.4	182.6	112.1	9.5	14.8	9.0
茶　叶	660.5	202.1	178.2	125.4	100.3	5.0	5.6	5.4
水　果	890.8	331.2	320.3	187.0	116.1	5.8	9.7	11.2
猪牛羊肉	804.7	318.1	226.0	154.7	108.4	5.5	9.3	7.7
水产品	808.8	289.9	300.2	191.6	109.2	5.5	8.5	10.5
十一、工　业								
1.工业总产值	7 400.0	446.0	375.2	212.6	114.5	11.7	12.2	12.8
2.主要工业产品产量								
布	474.4	164.7	134.9	123.9	96.3	4.1	3.9	2.8
机制纸及纸板	3 996.6	336.8	276.4	162.3	107.8	9.9	9.8	9.7

2-3 续表 1

指　　标	1991年为以下各年%					平均每年增长%		
	1952年	1978年	1980年	1985年	1990年	1953—1991年	1979—1991年	1981—1991年
糖	1 422.4	282.0	249.1	141.9	110.0	7.0	8.3	8.6
自行车	45 960.1	430.5	282.3	113.9	117.0	17.0	11.9	9.9
缝纫机	11 573.3	157.0	99.5	77.1	100.4	13.0	3.5	0.0
手　表		562.2	342.8	139.9	90.9		14.2	11.9
家用电冰箱		16 783.6	9 590.6	324.5	101.5		48.3	51.4
电视机		5 202.8	1 080.0	161.4	100.2		35.5	24.2
#彩色电视机		317 121.1	37 658.1	276.8	116.7		85.9	71.5
家用洗衣机		1 717 925.0	2 804.8	77.5	103.7		111.7	35.4
录放音机		61 142.6	3 867.7	206.3	95.0		63.8	39.4
照相机		2 672.9	1 282.7	267.2	224.3		28.8	26.1
原　煤	1 647.6	176.0	175.4	124.7	100.7	7.4	4.4	5.2
原　油	32 043.6	135.5	133.1	112.9	101.9	15.9	2.4	2.6
发电量	9 281.5	264.0	225.4	165.0	109.1	12.3	7.8	7.7
钢	5 259.2	223.4	191.3	151.7	107.0	10.7	6.4	6.1
成品钢材	5 319.1	255.4	207.6	152.7	109.4	10.7	7.5	6.9
水　泥	8 832.5	387.2	316.3	173.1	120.5	12.2	11.0	11.0
3.全民所有制独立核算工业企业全员劳动生产率	464.9	175.4	161.6	129.5	104.8	4.0	4.4	4.5
4.全民所有制独立核算工业企业主要财务指标								
年底固定资产原值	9 110.7	424.5	363.4	227.6	116.8	12.3	11.8	12.4
资金总额	9 582.8	429.8	384.0	251.0	116.4	12.4	11.9	13.0
年底固定资产净值	9 431.7	427.2	376.1	238.8	117.5	12.4	11.8	12.8
定额流动资金年平均余额	9 913.9	435.4	401.5	280.9	114.0	12.5	12.0	13.5
利润和税金总额	4 453.5	210.1	183.1	124.5	110.5	10.2	5.9	5.7
十二、运输邮电								
1.货物周转量	3 672.7	284.7	232.7	154.4	106.8	9.7	8.4	8.0
铁　路	1 823.8	205.3	191.9	135.0	103.3	7.7	5.7	6.1
公　路	23 657.7	1 250.5	448.7	202.5	102.1	15.0	21.4	14.6
水　运	8 888.8	342.8	256.4	168.3	111.8	12.2	9.9	8.9
管　道		144.4	126.5	103.0	99.0		2.9	2.2
空　运	50 475.0	1 040.7	716.0	243.3	123.1	17.3	19.7	19.6
2.旅客周转量	2 491.3	354.5	270.9	139.2	109.8	8.6	10.2	9.5
铁　路	1 409.5	258.7	204.5	117.1	108.2	7.0	7.6	6.7
公　路	12 684.4	550.9	393.7	166.5	109.6	13.2	14.0	13.3
水　运	723.3	176.1	137.2	99.2	107.5	5.2	4.4	2.9
空　运	125 549.4	1 079.6	761.7	258.2	130.7	20.1	20.1	20.3
3.沿海主要港口货物吞吐量	3 272.0	237.6	216.8	151.2	109.0	9.4	6.9	7.3
4.邮电业务总量	6 542.1	920.9	804.3	362.5	131.4	11.3	18.6	20.9
5.函　件	644.1	183.8	157.3	111.4	95.0	4.9	4.8	4.2
6.报刊期发数	1 707.8	206.9	141.7	77.1	115.9	7.5	5.8	3.2
十三、能源生产与消费(标准煤)								
能源生产总量	2 152.4	167.0	164.5	122.6	100.9	8.2	4.0	4.6
能源消费总量		179.0	169.7	133.4	103.6		4.6	4.9
十四、国内商业								
1.社会商业商品购进总额	5 341.7	537.3	413.1	264.6	113.7	10.7	13.8	13.8
#工业品	8 008.5	535.6	431.7	274.8	115.3	11.9	13.8	14.2
农副产品	2 722.8	533.4	362.4	237.4	108.6	8.8	13.7	12.4
2.社会农副产品收购量								

2-3 续表 2

指　　标	1991年为以下各年%					平均每年增长%		
	1952年	1978年	1980年	1985年	1990年	1953—1991年	1979—1991年	1981—1991年
粮　食	349.4	268.8	222.5	126.7	97.4	3.3	7.9	7.5
棉　花	486.7	252.4	202.7	122.5	129.3	4.1	7.4	6.6
甘　蔗	1 279.0	303.5	298.5	128.2	102.4	6.8	8.9	10.5
甜　菜	3 991.3	609.7	280.9	193.0	111.0	9.9	14.9	9.8
茶　叶	677.9	214.8	199.2	132.2	106.1	5.0	6.1	6.5
肥　猪	562.5	192.5	147.7	131.4	113.8	4.5	5.2	3.6
菜　牛	809.6	723.4	459.6	219.6	112.0	5.5	16.4	14.9
菜　羊	848.0	444.0	263.8	156.1	109.9	5.6	12.2	9.2
鲜　蛋	1 806.7	625.9	353.7	182.4	124.1	7.7	15.2	12.2
水产品	710.7	242.3	272.6	195.2	113.4	5.2	7.0	9.5
3.社会商品零售总额	1 309.6	282.7	222.6	131.1	110.2	6.8	8.3	7.5
4.主要消费品零售量								
粮　食	312.1	194.6	168.1	102.6	99.5	3.0	5.3	4.8
食用植物油	610.7	533.9	370.8	133.8	105.8	4.7	13.8	12.7
猪　肉	772.8	281.7	186.9	143.7	105.6	5.4	8.3	5.9
食　糖	1 162.6	173.5	150.6	95.7	101.1	6.5	4.3	3.8
布	384.7	154.1	120.4	97.8	98.5	3.5	3.4	1.7
缝纫机	5 503.0	125.1	82.8	49.9	103.8	10.8	1.7	-1.7
自行车	9 247.2	382.6	261.2	99.6	112.2	12.3	10.9	9.1
电视机		3 804.2	575.9	97.2	109.0		32.3	17.3
洗衣机		492 050.0	4 187.7	89.6	106.4		92.3	40.4
电冰箱		23 285.0	8 467.3	211.7	106.8		52.1	49.7
5.农业生产资料销售量								
化学肥料(标准量)	36 278.6	261.8	193.5	171.7	106.8	16.3	7.7	6.2
化学农药	4 173.3	42.8	41.0	95.9	101.8	10.0	-6.3	-7.8
农用动力机械		111.2	180.2	159.4	128.4		0.8	5.5
十五、对外贸易								
进出口总额	6 994.9	657.5	355.8	195.0	117.6	11.5	15.6	12.2
进口额	5 695.7	585.8	318.7	151.0	119.6	10.9	14.6	11.1
出口额	8 769.5	737.5	396.9	262.9	115.8	12.2	16.6	13.4
十六、教育文化								
1.在校学生数								
高等学校	1 069.2	238.7	178.7	120.0	99.1	6.3	6.9	5.4
中等专业学校	358.3	256.1	183.2	145.0	101.5	3.3	7.5	5.7
普通中学	1 880.9	71.5	85.0	99.5	102.1	7.8	-2.5	-1.5
小　学	238.0	83.2	83.2	91.0	99.4	2.2	-1.4	-1.7
2.出版数量								
图　书	777.2	162.9	133.8	92.1	108.9	5.4	3.8	2.7
杂　志	1 031.0	271.3	184.1	80.5	115.2	6.2	8.0	5.7
报　纸	1 096.8	138.2	125.8	88.4	110.0	6.3	2.5	2.1
十七、卫生								
医院床位数	1 680.6	144.9	135.7	120.6	102.5	7.5	2.9	2.8
卫生技术人员	577.5	161.7	142.4	116.8	102.2	4.6	3.8	3.3
#医　生	418.8	172.3	154.4	126.0	101.0	3.7	4.3	4.0

注：1.本表第三、四、五、九项及农业总产值发展速度按可比价格计算,工资按扣除价格变动因素计算。

2.本表工业总产值和全民所有制独立核算工业企业全员劳动生产率发展速度按可比价格计算。

3.社会商品零售总额发展速度是按扣除价格变动因素计算的。

4.本表固定资产投资年平均增长速度按累计法计算，其他均按水平法计算。

2-4 国民经济主要比例关系

单位：%

指　　　　标	1952年	1957年	1978年	1980年	1985年	1990年	1991年
1.国民生产总值中三次产业比例							
第一产业			28.4	30.4	29.7	28.4	26.6
第二产业			48.6	49.0	45.2	43.6	46.1
第三产业			23.0	20.6	24.8	28.0	27.2
2.国民收入生产额比例							
农　业	57.7	46.8	32.8	36.0	35.5	34.8	32.7
工　业	19.5	28.3	49.4	48.9	45.1	46.0	47.8
建筑业	3.6	5.0	4.2	5.0	5.8	5.8	6.5
运输业	4.2	4.3	3.9	3.4	3.7	5.5	5.3
商　业	14.9	15.6	9.8	6.7	9.9	8.0	7.7
3.国民收入使用额中积累消费比例							
积　累	21.4	24.9	36.5	31.5	35.0	32.8	32.0
消　费	78.6	75.1	63.5	68.5	65.0	67.2	68.0
在积累总额中：							
生产性	50.8	58.8	71.8	54.5	62.4	61.2	60.7
非生产性	49.2	41.2	28.2	45.5	37.6	38.8	39.3
在消费总额中：							
居民消费	91.0	92.5	88.6	87.8	86.9	84.9	84.7
社会消费	9.0	7.5	11.4	12.2	13.1	15.1	15.3
4.全社会固定资产投资的资金来源比例							
国家预算内投资		88.6	62.2	44.7	16.0	8.7	6.8
国内贷款			1.7	11.7	20.1	19.6	23.5
利用外资		11.4	4.2	7.2	3.6	6.3	5.7
自筹投资			31.9	36.5	60.3	52.4	52.3
其他投资						13.1	11.8
5.全社会固定资产投资中生产与非生产性建设投资比例							
生产性建设					60.7	62.2	62.7
非生产性建设					39.3	37.8	37.3
#住　宅					25.2	26.2	25.7
6.全民所有制单位固定资产投资中能源工业、运输邮电业投资比例							
能源工业					21.8	29.0	26.4
运输邮电业					13.5	11.9	13.4
7.国家财政收入相当于国民生产总值的比例			31.2	24.3	21.8	18.7	18.2
8.国家财政收入相当于国民收入的比例	31.2	34.2	37.2	29.4	26.6	23.0	22.4
9.中央财政和地方财政收支比例							
收　入							
中央财政		43.2	14.7	19.3	37.9	41.3	38.8
地方财政		56.8	85.3	80.7	62.1	58.7	61.2
支　出							
中央财政	72.4	71.8	46.9	53.7	45.3	39.8	39.8
地方财政	27.6		53.1	46.3	54.7	60.2	60.2

2-4 续表

单位：%

指　　　　标	1952年	1957年	1978年	1980年	1985年	1990年	1991年
10. 预算外资金收入相当于							
国家预算收入比例	7.8	8.5	31.0	53.5	83.3	86.4	
11. 预算外资金收入比例							
地方财政预算外资金收入	92.0	21.5	9.0	7.3	2.9	2.2	
行政事业单位预算外资金收入		14.4	18.3	13.4	15.2	21.3	
国营企业和主管部门							
预算外资金收入	8.0	64.1	72.8	79.3	81.9	76.5	
12. 能源使用比例							
物质部门消费				81.1	79.4	80.5	
非物质部门消费				3.0	3.2	3.5	
生活消费				15.9	17.4	16.0	
13. 工农业总产值中农轻重比例							
农　业	56.9	43.3	24.8	27.2	27.1	24.3	22.4
轻工业	27.8	31.2	32.4	34.3	34.3	37.4	37.9
重工业	15.3	25.5	42.8	38.5	38.6	38.3	39.7
14. 工业总产值中轻重工业比例							
轻工业	64.5	55.0	43.1	47.1	47.1	49.4	48.9
重工业	35.5	45.0	56.9	52.8	52.9	50.6	51.1
15. 农业总产值中五业的比例							
农作物种植业	73.5	71.4	76.7	71.7	63.0	58.5	57.2
林　业	1.6	3.3	3.4	4.2	5.2	4.3	4.5
牧　业	11.2	12.2	15.0	18.4	22.0	25.6	26.4
副　业	12.3	11.2	3.3	4.0	6.3	6.2	6.0
渔　业	1.3	1.9	1.6	1.7	3.5	5.4	5.9
16. 轻工业总产值内部比例							
以农产品为原料	87.5	83.2	68.4	68.4	70.9	69.7	68.4
以非农产品为原料	12.5	16.8	31.6	31.6	29.1	30.3	31.6
17. 重工业总产值内部比例							
采掘工业	15.3	14.6	12.0	11.3	12.7	12.1	11.7
原料工业	42.8	39.7	35.5	37.8	36.8	41.6	41.7
加工工业	41.9	45.7	52.5	50.9	50.5	46.3	46.6
18. 货运量中各种运输方式比例							
铁　路	41.9	34.1	44.2	20.4	17.5	15.5	15.5
公　路	41.8	46.7	34.2	69.9	72.1	74.6	74.4
水　运	16.3	19.2	17.4	7.8	8.5	8.3	8.5
民用航空	…	…	…	…	…	…	…
管道输油(气)			4.2	1.9	1.8	1.6	1.6
19. 货物周转量中各种							
运输方式比例							
铁　路	79.0	74.4	54.4	47.5	44.8	40.5	39.2
公　路	1.9	2.7	2.8	6.4	9.3	12.8	12.2
水　运	19.1	23.0	38.4	42.0	42.5	44.2	46.3
民用航空	…	…	…	…	…	…	…
管道输油(气)			4.4	4.1	3.3	2.4	2.2

注：本表价值指标除轻重工业内部比例1980年及以前各年按不变价格计算外，其他均按当年价格计算。

2-5 按经济类型分的国民经济主要比例关系

单位：%

指　　标	1952年	1957年	1978年	1980年	1985年	1990年	1991年
1.全社会劳动者人数比例							
全民所有制	7.6	10.3	18.6	18.9	18.0	18.2	18.3
城镇集体所有制	0.1	2.7	5.1	5.7	6.7	6.3	6.2
其他所有制					0.1	0.3	0.4
城镇个体劳动者	4.3	0.4	…	0.2	0.9	1.2	1.3
乡村劳动力	88.0	86.5	76.3	75.2	74.3	74.0	73.8
2.全社会固定资产投资额比例							
全民所有制					66.1	65.6	65.9
集体所有制					12.9	11.9	12.7
城乡个人					21.0	22.5	21.5
3.国家财政收入比例							
全民所有制	58.1	70.6	86.8	85.4	71.6		
集体所有制	1.2	16.7	12.7	14.0	23.1		
个体经济	19.0	1.9	0.5	0.6	4.3		
其他经济类型	21.7	10.9		…	1.0		
4.农业经济纯收入分配比例							
国家税金					5.4	5.9	6.0
集体提留					8.1	9.6	11.7
个人所得					86.5	84.5	82.3
5.工业总产值比例							
全民所有制	41.5	53.8	77.6	76.0	64.9	54.6	52.9
集体所有制	3.3	19.0	22.4	23.5	32.1	35.6	35.7
城乡个体	20.6	0.8		…	1.8	5.4	5.7
其他经济类型	34.6	26.4		0.5	1.2	4.4	5.7
6.货运量比例							
全民所有制	41.9	57.0	75.5	77.0	77.6	81.5	81.5
集体所有制		34.0	24.5	23.0	21.7	17.8	17.8
其他经济类型	58.1	9.0			0.6	0.7	0.8
7.社会商品零售总额比例							
全民所有制	16.3	37.2	54.6	51.4	40.4	39.6	40.2
集体所有制	18.2	41.3	43.3	44.6	37.2	31.7	30.0
合营	0.4	16.0		…	0.3	0.5	0.5
个体	60.9	2.7	0.1	0.7	15.4	18.9	19.6
农民对非农业居民销售	4.3	2.8	2.0	3.2	6.8	9.3	9.7

注：本表价值量指标均按当年价格计算。

2-6 全民所有制企业年底固定资产原值

单位：亿元

年份	总计	工业	农业	建筑业（施工）	运输和邮电	商业粮食外贸	城市公用事业
1952	240.6	107.2		1.8	115.2	11.5	4.9
1957	522.9	272.2		21.7	182.7	33.9	10.6
1962	1 209.3	782.4		30.4	299.2	73.7	20.0
1965	1 445.8	961.0		22.9	337.9	91.0	24.1
1970	1 967.7	1 355.6		25.9	438.2	107.2	29.2
1975	3 414.3	2 290.3	90.8	47.5	672.0	209.6	37.6
1976	3 728.1	2 494.5	103.2	59.5	712.1	242.7	40.8
1977	4 052.9	2 722.2	114.3	64.4	748.8	276.9	43.5
1978	4 488.2	3 002.2	126.8	72.6	824.1	315.8	52.3
1979	4 892.5	3 248.5	146.5	80.4	890.2	358.7	59.1
1980	5 311.1	3 465.2	167.5	136.4	943.3	409.6	55.2
1981	5 769.2	3 748.5	171.8	174.6	994.2	454.1	77.9
1982	6 258.8	4 074.9	189.3	176.3	1 041.6	532.6	86.5
1983	6 833.3	4 465.7	199.3	189.0	1 110.8	596.5	95.1
1984	7 370.5	4 806.4	203.5	203.1	1 201.2	653.2	107.6
1985	8 004.9	5 182.2	339.2	224.3	1 327.8	566.7	123.9
1986	9 041.8	5 871.7	375.7	269.1	1 464.0	640.4	142.1
1987	10 200.5	6 627.7	415.0	300.0	1 679.3	672.8	169.4
1988	11 787.1	7 579.9	460.9	330.1	1 861.9	786.5	200.3
1989	13 394.7	8 609.7	517.5	346.9	2 079.0	915.8	233.7
1990	15 352.2	9 788.4	568.2	384.6	2 412.9	1 074.9	292.6

注：本表是财政部数字，按企业主管部门划分。1985年后，工业中的森林工业企业划入农业项内。

2-7 全民所有制企业年底固定资产净值

单位：亿元

年份	总计	工业	农业	建筑业（施工）	运输和邮电	商业粮食外贸	城市公用事业
1952	167.1	71.1		1.5	82.2	8.3	4.0
1957	382.0	200.0		18.0	133.0	24.5	6.6
1962	926.5	606.5		24.7	229.6	52.0	13.7
1965	1 078.0	725.1		17.0	255.1	64.5	16.4
1970	1 413.8	966.7		18.3	331.9	78.0	18.9
1975	2 462.2	1 636.1	65.4	32.6	521.6	153.1	24.7
1976	2 678.2	1 772.3	74.3	42.3	553.1	177.9	26.9
1977	2 890.3	1 920.8	82.2	45.4	577.1	201.7	29.7
1978	3 201.4	2 114.5	90.5	51.5	641.0	230.2	35.5
1979	3 448.5	2 244.8	103.6	58.7	695.5	262.7	41.2
1980	3 701.7	2 366.5	123.5	101.3	723.2	296.7	46.0
1981	3 984.3	2 491.4	124.8	132.2	748.9	333.0	56.9
1982	4 299.9	2 693.1	136.0	132.6	779.4	383.7	63.4
1983	4 694.5	2 966.9	144.3	142.0	825.2	421.0	69.8
1984	5 069.8	3 103.9	142.8	151.7	886.1	457.8	79.5
1985	5 457.9	3 428.7	236.3	167.8	980.7	376.5	92.4
1986	6 224.5	3 925.2	261.1	199.5	1 080.8	450.9	106.7
1987	7 067.3	4 451.0	290.5	222.3	1 239.3	489.0	130.3
1988	8 237.7	5 142.8	327.0	241.9	1 363.7	559.5	155.7
1989	9 339.4	5 973.1	366.9	248.5	1 517.3	646.7	182.3
1990	10 835.9	6 706.1	401.3	268.6	1 773.9	816.0	232.5

2-8 全民所有制企业固定资产基本折旧率

单位：%

年份	总计	工业	铁路	交通	商业	粮食
1952	2.9	3.7	1.3	5.0	6.3	5.2
1957	3.1	3.7	1.1	6.1	5.4	4.9
1962	3.2	3.6	1.1	3.5	6.2	3.7
1965	3.2	3.8	1.1	4.3	4.4	3.3
1970	3.2	3.8	1.1	3.8	4.3	3.0
1975	3.6	4.0	1.1	3.9	3.9	3.9
1976	3.6	4.0	1.0	3.7	4.4	3.9
1977	3.7	4.1	1.1	3.9	4.7	4.0
1978	3.7	4.1	1.1	3.8	4.7	4.1
1979	3.7	4.2	1.4	3.5	4.8	4.0
1980	4.1	4.2	3.0	3.8	4.7	4.1
1981	4.1	4.3	2.8	3.6	4.8	4.1
1982	4.1	4.3	3.0	3.9	4.8	4.1
1983	4.2	4.4	3.0	3.9	4.8	4.1
1984	4.4	4.6	3.0	4.1	4.8	4.1
1985	4.7	5.0	3.4	4.7	4.8	4.1
1986	4.9	5.1	3.6	4.4	4.9	4.2
1987	4.9	5.2	3.7	4.1	4.6	4.2
1988	5.0	5.3	3.9	4.3	5.0	4.6
1989	5.0	5.3	4.0	4.5	3.3	4.2
1990	4.8	5.1	4.0	5.5	3.3	2.5

2-9 全民所有制企业年底占用定额流动资金

单位：亿元

年份	总计	工业	农业	建筑业（施工）	运输和邮电	商业粮食外贸	物资供销
1952	171.7	33.0		3.7	7.1	123.2	4.3
1957	401.8	69.9		19.5	9.4	290.1	19.4
1962	739.0	208.4		15.8	26.8	392.8	93.9
1965	915.9	220.4		18.0	20.7	493.4	152.3
1970	1 469.8	482.0		16.0	35.5	747.0	186.9
1975	1 298.6	770.8	47.0	30.8	61.9	1 060.9	299.3
1976	2 384.7	844.5	60.4	35.0	67.7	1 052.7	294.4
1977	2 569.1	892.5	64.0	35.5	71.1	1 165.3	308.4
1978	2 853.4	959.4	122.4	38.6	72.2	1 300.0	326.0
1979	3 060.5	988.8	129.8	41.0	75.8	1 394.6	354.3
1980	3 222.8	997.0	123.9	57.6	69.1	1 509.6	346.4
1981	3 402.8	1 052.1	117.4	68.6	65.2	1 643.8	335.8
1982	3 635.4	1 104.3	120.2	75.3	62.2	1 818.5	329.2
1983	3 749.4	1 143.2	112.8	82.1	64.0	1 886.3	328.5
1984	3 915.1	1 288.3	92.7	100.6	70.1	1 840.7	384.0
1985	3 969.8	1 505.8	130.4	130.3	87.0	1 416.0	542.4
1986	4 566.5	1 805.7	152.8	169.6	101.6	1 619.1	543.2
1987	5 005.6	2 008.1	186.7	188.3	107.3	1 717.8	536.3
1988	6 015.1	2 432.1	224.9	210.2	126.9	2 068.2	587.1
1989	7 402.3	3 140.5	280.0	254.6	160.5	2 455.5	727.0
1990	8 176.1	3 614.0	311.4	296.4	179.0	2 639.8	715.1

2-10 平均每天主要社会经济活动

指　　标	单　位	1980年	1985年	1990年	1991年
一、每天创造的财富					
国民生产总值	亿　元	12.2	23.4	48.5	54.4
国民收入	亿　元	10.1	19.2	39.4	44.2
社会总产值	亿　元	23.4	45.4	104.2	120.0
#工农业总产值	亿　元	19.4	36.5	86.5	99.7
农业总产值	亿　元	5.3	9.9	21.0	22.3
工业总产值	亿　元	14.1	26.6	65.5	77.4
财政收入	亿　元	3.0	5.1	9.1	9.9
布	万　米	3 690.4	4 019.2	5 171.5	4 978.1
机制纸及纸板	万　吨	1.5	2.5	3.8	4.1
原　煤	万　吨	169.9	238.9	295.9	297.9
发电量	亿千瓦小时	8.2	11.3	17.0	18.6
原　油	万　吨	29.0	34.2	37.9	38.6
钢	万　吨	10.2	12.8	18.2	19.5
成品钢材	万　吨	7.4	10.1	14.1	15.4
水　泥	万　吨	21.9	40.0	57.5	69.2
二、每天消费(销售)量					
城乡居民消费总额	亿　元	6.1	11.6	22.5	25.3
平均每人消费额	元	0.6	1.1	2.0	2.2
粮　食	万　吨	57.5	72.5	74.3	73.9
猪　肉	万　吨	3.0	4.0	5.2	5.5
食用植物油	万　吨	0.6	1.5	1.8	1.9
糖	万　吨	1.0	1.6	1.5	1.6
生活用布	万　米	2 693.7	3 325.9	3 299.8	3 247.4
自行车零售量	万　辆	3.2	8.5	7.6	8.5
缝纫机零售量	万　架	1.8	3.0	1.5	1.5
手表零售量	万　只	6.9	16.9	11.1	11.0
电视机零售量	万　台	1.0	5.9	5.3	5.7
电冰箱零售量	台	150.7	6 027.4	11 945.2	12 758.9
洗衣机零售量	万　台	0.1	3.0	2.5	2.7
电风扇零售量	万　台	0.8	5.6	7.7	7.8
三、每天其他经济活动					
城镇新建住宅面积	万平方米	25.2	51.5	47.1	50.8
农民个人新建住宅面积	万平方米	137.0	190.5	185.8	203.3
出版图书	万　册	1 257.5	1 827.4	1 545.2	1 682.2
出版杂志	万　册	306.8	701.4	490.4	564.9
出版报纸	万　份	3 846.6	5 474.0	4 397.3	4 838.1
邮寄函件	万　份	907.7	1 281.6	1 503.3	1 427.6
四、每天人口变动和婚姻					
出　生	万　人	4.9	6.1	6.6	6.2
死　亡	万　人	1.7	2.0	2.1	2.1
结　婚	万　对	2.0	2.3	2.6	2.6
离　婚	对	934.2	1 254.6	2 191.9	2 272.5

注:1. 本表价值指标均按当年价格计算。

2." 城镇新建住宅面积" 从1986年起包括城镇及工矿区个人新建住宅面积。

2-11 人均主要工农业产品产量

年份	粮食（公斤）	棉花（公斤）	油料（公斤）	糖料（公斤）	茶叶（公斤）	水果（公斤）	猪牛羊肉（公斤）	水产品（公斤）
1952	288.13	2.29	7.37	13.35	0.14	4.29	5.95	2.94
1957	306.01	2.57	6.58	18.66	0.18	5.09	6.25	4.89
1962	240.32	1.13	3.01	5.68	0.11	4.07	2.91	3.42
1965	272.00	2.93	5.07	21.50	0.14	4.53	7.70	4.17
1970	293.24	2.78	4.61	19.01	0.17	4.58	7.29	3.89
1975	310.48	2.60	4.93	20.89	0.23	5.87	8.70	4.81
1976	307.63	2.21	4.31	21.02	0.25	5.81	8.39	4.81
1977	299.68	2.17	4.26	21.42	0.27	6.03	8.27	4.98
1978	318.74	2.27	5.46	24.91	0.28	6.87	8.96	4.87
1979	342.74	2.28	6.64	25.40	0.29	7.24	10.96	4.45
1980	326.69	2.76	7.84	29.67	0.31	6.92	12.28	4.59
1981	327.02	2.99	10.27	36.25	0.35	7.85	12.69	4.64
1982	351.47	3.57	11.72	43.22	0.39	7.65	13.39	5.12
1983	378.46	4.53	10.31	39.40	0.39	9.27	13.70	5.34
1984	392.84	6.04	11.49	46.11	0.40	9.50	14.86	5.97
1985	360.70	3.95	15.02	57.53	0.41	11.07	16.75	6.71
1986	367.00	3.32	13.82	54.86	0.43	12.63	17.97	7.72
1987	371.74	3.92	14.09	51.20	0.47	15.39	18.32	8.81
1988	357.72	3.77	11.98	56.17	0.49	15.12	19.91	9.63
1989	364.32	3.39	11.58	51.88	0.48	16.38	20.79	10.30
1990	393.10	3.97	14.21	63.55	0.48	16.51	22.14	10.90
1991	378.26	4.93	14.24	73.16	0.47	18.91	23.67	11.74

2-11 续表

年份	布（米）	机制纸及纸板（公斤）	纱（公斤）	原煤（吨）	原油（公斤）	发电量（千瓦小时）	钢（公斤）	水泥（公斤）
1952	6.73	0.65	1.15	0.12	0.77	12.83	2.37	5.03
1957	7.92	1.43	1.32	0.21	2.29	30.28	8.39	10.76
1962	3.80	1.68	0.82	0.33	8.64	68.79	10.02	9.01
1965	8.78	2.42	1.82	0.32	15.81	94.52	17.10	22.85
1970	11.18	2.95	2.51	0.43	37.46	141.63	21.74	31.47
1975	10.26	3.72	2.30	0.53	84.09	213.66	26.08	50.48
1976	9.50	3.66	2.11	0.52	93.65	218.23	21.98	50.18
1977	10.76	4.00	2.36	0.58	99.25	236.79	25.16	58.99
1978	11.54	4.59	2.49	0.65	108.82	268.36	33.24	68.23
1979	12.54	5.09	2.72	0.66	109.55	291.02	35.58	76.26
1980	13.73	5.45	2.98	0.63	107.98	306.35	37.83	81.39
1981	14.36	5.43	3.19	0.63	101.84	311.20	35.82	83.41
1982	15.22	5.84	3.33	0.66	101.25	324.90	36.84	94.39
1983	14.54	6.46	3.20	0.70	103.65	343.40	39.11	105.78
1984	13.21	7.29	3.10	0.76	110.54	363.61	41.93	118.65
1985	13.96	8.67	3.36	0.83	118.83	390.76	44.52	138.86
1986	15.44	9.36	3.73	0.84	122.51	421.36	48.93	155.66
1987	15.96	10.53	4.03	0.86	123.74	458.75	51.92	171.81
1988	17.06	11.53	4.23	0.89	124.41	494.90	53.95	190.75
1989	16.92	11.92	4.26	0.94	123.04	522.78	55.05	187.99
1990	16.63	12.08	4.07	0.95	121.84	547.22	58.45	184.74
1991	15.79	12.85	4.00	0.94	122.52	588.77	61.70	219.51

2-12 国民生产总值和指数

年份	国民生产总值	第一产业	第二产业			第三产业			人均国民生产总值（元）
				#工业	#建筑业		#运输邮电	#商业	
绝对值（亿元）									
1978	3 588.1	1 018.4	1 745.2	1 607.0	138.2	824.5	172.8	265.5	375
1979	3 998.1	1 258.9	1 913.5	1 769.7	143.8	825.7	184.2	220.2	413
1980	4 470.0	1 359.4	2 192.0	1 996.5	195.5	918.6	205.0	213.6	456
1981	4 773.0	1 545.6	2 255.5	2 048.4	207.1	974.0	211.1	227.9	480
1982	5 193.0	1 761.6	2 383.0	2 162.3	220.7	1 037.7	236.7	159.6	515
1983	5 809.0	1 960.8	2 646.2	2 375.6	270.6	1 180.0	264.9	171.0	568
1984	6 962.0	2 295.5	3 105.7	2 789.0	316.7	1 527.0	327.1	285.1	671
1985	8 557.6	2 541.6	3 866.6	3 448.7	417.9	2 119.2	406.9	577.0	814
1986	9 696.3	2 763.9	4 492.7	3 967.0	525.7	2 431.0	475.6	596.6	909
1987	11 301.0	3 204.3	5 251.6	4 585.8	665.8	2 851.2	544.9	714.2	1 042
1988	14 068.2	3 831.0	6 587.2	5 777.2	810.0	3 656.0	661.0	980.0	1 277
1989	15 993.3	4 228.0	7 278.0	6 484.0	794.0	4 491.6	786.0	1 012.0	1 430
1990	17 695.3	5 017.0	7 717.4	6 858.0	859.4	4 946.9	1 117.6	837.0	1 559
1991	19 854.6	5 288.6	9 147.1	8 087.1	1 060.0	5 404.9	1 203.0	887.2	1 725
指数(1978年为100)									
1978	100.0	100.0	100.0	100.0	100.0	100.0	100.0	100.0	100.0
1979	107.6	106.1	108.2	108.7	102.0	107.8	107.7	108.8	106.1
1980	116.0	104.6	122.9	122.4	129.2	114.3	113.8	107.4	113.1
1981	121.2	111.9	125.2	124.5	133.3	122.2	116.0	127.6	116.6
1982	131.8	124.8	132.1	131.7	137.9	135.2	129.5	120.0	124.9
1983	145.5	135.1	145.8	144.5	161.4	152.3	142.5	134.8	135.9
1984	166.9	152.6	166.9	166.0	179.0	178.3	163.8	153.6	153.9
1985	188.2	155.4	197.9	196.2	218.7	207.9	185.9	188.5	171.2
1986	203.5	160.5	218.2	215.2	253.4	231.0	209.7	201.1	182.4
1987	225.7	168.1	248.1	243.6	298.7	260.8	230.7	222.5	199.1
1988	251.2	172.3	284.1	280.8	322.5	293.3	261.5	250.3	218.0
1989	262.1	177.6	294.8	295.0	295.3	308.3	273.8	227.4	224.1
1990	272.7	190.7	304.1	304.9	298.8	323.0	297.2	213.1	229.7
1991	293.8	195.2	342.4	342.7	341.0	341.7	316.5	220.2	244.2
指数(以上年为100)									
1978	111.7	104.1	115.0	116.4	99.4	113.8	108.9	123.1	110.2
1979	107.6	106.1	108.2	108.7	102.0	107.8	107.7	108.8	106.1
1980	107.9	98.5	113.6	112.7	126.7	106.0	105.7	98.7	106.5
1981	104.4	107.0	101.9	101.7	103.2	106.9	101.9	118.8	103.1
1982	108.8	111.5	105.6	105.8	103.4	110.6	111.7	94.1	107.2
1983	110.4	108.3	110.4	109.7	117.1	112.6	110.0	112.4	108.8
1984	114.7	112.9	114.5	114.9	110.9	117.1	115.0	113.9	113.2
1985	112.8	101.8	118.6	118.2	122.2	116.6	113.5	122.7	111.3
1986	108.1	103.3	110.2	109.6	115.9	111.1	112.8	106.7	106.6
1987	110.9	104.7	113.7	113.2	117.9	112.9	110.0	110.6	109.1
1988	111.3	102.5	114.5	115.3	108.0	113.6	113.3	112.5	109.5
1989	104.4	103.1	103.8	105.1	91.6	106.7	104.7	90.9	102.8
1990	104.1	107.3	103.2	103.4	101.2	102.1	108.6	93.7	102.5
1991	107.7	102.4	112.6	112.4	114.1	105.8	106.5	103.3	106.3

注：1. 本表绝对数按当年价格计算，指数按可比价格计算。

2. 1980年以后一、二、三产业之和与国民生产总值的差额为国外净要素收入。

3. 各行业增加值中包括基本折旧和大修理基金。

2-13 国 民 收 入

年 份	国民收入总额(亿元)	农 业	工 业	建筑业	运输业	商 业	按人口平均的国民收入(元)
1952	589	340	115	21	25	88	104
1953	709	374	156	28	29	122	122
1954	748	388	174	26	32	128	126
1955	788	417	179	30	33	129	129
1956	882	439	212	55	37	139	142
1957	908	425	257	45	39	142	142
1958	1 118	440	401	68	59	150	171
1959	1 222	376	527	76	78	165	183
1960	1 220	332	565	79	84	160	183
1961	996	432	345	25	48	146	151
1962	924	444	303	32	38	107	139
1963	1 000	448	337	40	39	96	147
1964	1 166	549	422	50	44	101	167
1965	1 387	641	505	53	58	130	194
1966	1 586	692	606	58	66	164	216
1967	1 487	703	505	55	52	172	197
1968	1 415	714	449	44	49	159	183
1969	1 617	722	587	60	62	186	203
1970	1 926	778	789	80	74	205	235
1971	2 077	808	891	91	80	207	247
1972	2 136	808	942	88	84	214	248
1973	2 318	886	1 020	92	89	231	263
1974	2 348	922	1 015	99	85	227	261
1975	2 503	946	1 152	113	96	196	273
1976	2 427	940	1 106	120	92	169	261
1977	2 644	913	1 263	124	106	238	280
1978	3 010	986	1 487	125	118	294	315
1979	3 350	1 226	1 628	130	121	245	346
1980	3 688	1 326	1 804	185	126	247	376
1981	3 941	1 509	1 840	193	131	268	397
1982	4 258	1 723	1 948	209	147	231	422
1983	4 736	1 921	2 136	259	166	254	463
1984	5 652	2 251	2 516	303	205	377	545
1985	7 020	2 492	3 163	409	259	697	668
1986	7 859	2 720	3 573	514	320	732	737
1987	9 313	3 154	4 262	637	384	876	859
1988	11 738	3 818	5 416	783	460	1 261	1 066
1989	13 176	4 209	6 241	774	547	1 405	1 178
1990	14 384	5 000	6 610	839	787	1 148	1 267
1991	16 117	5 269	7 703	1 055	850	1 240	1 401

注： 本表按当年价格计算。

2-14 国民收入指数

（以1952年为100）

年份	国民收入	农业	工业	建筑业	运输业	商业
1952	100.0	100.0	100.0	100.0	100.0	100.0
1953	114.0	101.6	133.6	138.1	120.0	133.0
1954	120.6	103.3	159.1	133.3	136.0	136.4
1955	128.3	111.5	169.1	152.4	140.0	137.5
1956	146.4	116.5	219.1	261.9	164.0	146.6
1957	153.0	120.1	244.5	242.9	176.0	146.6
1958	186.7	120.3	383.5	367.0	270.8	155.9
1959	202.0	100.6	501.5	388.6	356.5	170.3
1960	199.1	83.6	541.4	394.0	383.6	164.1
1961	140.0	84.7	315.9	129.5	221.1	130.1
1962	130.9	88.7	267.4	161.9	171.5	117.7
1963	144.9	98.9	300.7	205.1	176.0	120.8
1964	168.8	111.9	374.9	259.0	198.6	123.9
1965	197.4	122.9	477.7	286.0	261.7	128.0
1966	231.0	131.9	598.5	313.0	297.8	155.9
1967	214.3	134.2	504.3	296.8	239.2	164.1
1968	200.3	131.6	458.6	237.5	225.6	151.8
1969	239.0	132.2	622.3	323.8	284.3	179.6
1970	294.6	139.8	863.0	421.0	343.0	199.2
1971	315.3	142.0	979.0	468.3	370.8	201.2
1972	324.3	140.5	1 043.5	452.5	389.3	208.0
1973	351.2	153.1	1 134.3	457.8	412.5	224.5
1974	355.2	159.2	1 128.9	484.1	394.0	220.6
1975	384.7	162.3	1 297.3	542.0	444.9	220.6
1976	374.5	159.1	1 249.2	568.3	426.4	214.8
1977	403.7	155.1	1 434.0	578.8	491.3	242.0
1978	453.4	161.2	1 679.1	573.5	546.9	296.4
1979	485.1	171.5	1 814.7	584.1	560.8	316.8
1980	516.3	168.4	2 012.7	757.7	584.0	318.8
1981	541.5	180.4	2 046.8	770.0	607.2	379.4
1982	585.8	201.6	2 170.1	806.9	681.3	397.5
1983	644.2	218.7	2 383.7	954.3	755.5	449.1
1984	731.9	247.0	2 738.8	1 056.7	852.8	499.5
1985	830.6	253.7	3 275.2	1 310.6	1 024.3	593.7
1986	894.5	261.4	3 590.6	1 540.0	1 140.2	636.3
1987	985.7	273.2	4 058.8	1 744.8	1 269.9	715.0
1988	1 097.2	279.4	4 765.0	1 884.0	1 413.6	779.5
1989	1 137.2	288.3	5 052.6	1 724.3	1 557.3	734.4
1990	1 195.5	309.9	5 330.1	1 732.5	1 631.4	707.3
1991	1 286.4	317.0	5 937.7	2 004.5	1 735.8	742.7

注： 本表按可比价格计算。

2-15 国民收入指数

(以上年为100)

年份	国民收入	农业	工业	建筑业	运输业	商业
1953	114.0	101.6	133.6	138.1	120.0	133.0
1954	105.8	101.6	119.0	96.6	113.3	102.6
1955	106.4	108.0	106.3	114.3	102.9	100.8
1956	114.1	104.4	129.6	171.9	117.1	106.6
1957	104.5	103.1	111.6	92.7	107.3	100.0
1958	122.0	100.2	156.8	151.1	153.8	106.3
1959	108.2	83.6	130.8	105.9	131.7	109.3
1960	98.6	83.1	108.0	101.4	107.6	96.4
1961	70.3	101.4	58.3	32.9	57.6	79.2
1962	93.5	104.7	84.6	125.0	77.6	90.5
1963	110.7	111.5	112.5	126.7	102.6	102.6
1964	116.5	113.1	124.7	126.3	112.8	102.6
1965	117.0	109.8	127.4	110.4	131.8	103.3
1966	117.0	107.4	125.3	109.4	113.8	121.8
1967	92.8	101.7	84.3	94.8	80.3	105.3
1968	93.5	98.1	90.0	80.0	94.3	92.5
1969	119.3	100.4	135.7	136.4	126.0	118.4
1970	123.3	105.8	138.7	130.0	120.6	110.9
1971	107.0	101.5	113.4	111.3	108.1	101.0
1972	102.9	99.0	106.6	96.6	105.0	103.4
1973	108.3	109.0	108.7	101.2	106.0	107.9
1974	101.1	104.0	99.5	105.7	95.5	98.3
1975	108.3	101.9	114.9	112.0	112.9	100.0
1976	97.3	98.0	96.3	104.9	95.8	97.4
1977	107.8	97.5	114.8	101.9	115.2	112.7
1978	112.3	103.9	117.1	99.1	111.3	122.5
1979	107.7	106.4	108.1	101.8	102.5	106.9
1980	106.4	98.2	110.9	129.7	104.1	100.6
1981	104.9	107.1	101.7	101.6	104.0	119.0
1982	108.2	111.7	106.0	104.8	112.2	104.8
1983	110.0	108.5	109.8	118.3	110.9	113.0
1984	113.6	113.0	114.9	110.7	112.9	111.2
1985	113.5	102.7	119.6	124.0	120.1	118.9
1986	107.7	103.0	109.6	117.5	111.3	107.2
1987	110.2	104.5	113.0	113.3	111.4	112.4
1988	111.3	102.2	117.4	108.0	111.3	109.0
1989	103.7	103.2	106.0	91.5	110.2	94.2
1990	105.1	107.5	105.5	100.5	104.8	96.3
1991	107.6	102.3	111.4	115.7	106.4	105.0
平均每年增长%						
"一五"时期	8.9	3.7	19.6	19.4	12.0	8.0
"二五"时期	-3.1	-5.9	1.8	-7.8	-0.5	-4.3
1963—1965年	14.7	11.5	21.3	20.9	15.1	2.8
"三五"时期	8.3	2.6	12.6	8.0	5.6	9.2
"四五"时期	5.5	3.0	8.5	5.2	5.3	2.1
"五五"时期	6.1	0.7	9.2	6.9	5.6	7.6
"六五"时期	10.0	8.5	10.2	11.6	11.9	13.2
"七五"时期	7.6	4.1	10.2	5.7	9.8	3.6
1953—1991年	6.8	3.0	11.0	8.0	7.6	5.3
1979—1991年	8.4	5.3	10.2	10.1	9.3	7.3

注：本表按可比价格计算。

2-16 国民收入部门构成

(以国民收入总额为100)

年份	农业	工业	建筑业	运输业	商业
1952	57.72	19.52	3.57	4.24	14.94
1953	52.75	22.00	3.95	4.09	17.21
1954	51.87	23.26	3.48	4.28	17.11
1955	52.92	22.72	3.81	4.19	16.37
1956	49.77	24.04	6.24	4.20	15.76
1957	46.81	28.30	4.96	4.30	15.64
1958	39.36	35.87	6.08	5.28	13.42
1959	30.77	43.13	6.22	6.38	13.50
1960	27.21	46.31	6.48	6.89	13.11
1961	43.37	34.64	2.51	4.82	14.66
1962	48.05	32.79	3.46	4.11	11.58
1963	44.80	33.70	4.00	3.90	9.60
1964	47.08	36.19	4.29	3.77	8.66
1965	46.21	36.41	3.82	4.18	9.37
1966	43.63	38.21	3.66	4.16	10.34
1967	47.28	33.96	3.70	3.50	11.57
1968	50.46	31.73	3.11	3.46	11.24
1969	44.65	36.30	3.71	3.83	11.50
1970	40.39	40.97	4.15	3.84	10.64
1971	38.90	42.90	4.38	3.85	9.97
1972	37.83	44.10	4.12	3.93	10.02
1973	38.22	44.00	3.97	3.84	9.97
1974	39.27	43.23	4.22	3.62	9.67
1975	37.79	46.02	4.51	3.84	7.83
1976	38.73	45.57	4.94	3.79	6.96
1977	34.53	47.77	4.69	4.01	9.00
1978	32.76	49.40	4.15	3.92	9.77
1979	36.60	48.60	3.88	3.61	7.31
1980	35.95	48.92	5.02	3.42	6.70
1981	38.29	46.69	4.90	3.32	6.80
1982	40.47	45.75	4.91	3.45	5.43
1983	40.56	45.10	5.47	3.51	5.36
1984	39.83	44.52	5.36	3.63	6.67
1985	35.50	45.06	5.83	3.69	9.93
1986	34.61	45.46	6.54	4.07	9.31
1987	33.87	45.76	6.84	4.12	9.41
1988	32.53	46.14	6.67	3.92	10.74
1989	31.94	47.37	5.87	4.15	10.66
1990	34.76	45.95	5.83	5.47	7.98
1991	32.69	47.79	6.55	5.27	7.69

注： 本表按当年价格计算。

2-17 分地区国民生产总值、国民收入和社会总产值

单位：亿元

地区	国民生产总值			国民收入			社会总产值		
	1990年	1991年	1991年为1990年%	1990年	1991年	1991年为1990年%	1990年	1991年	1991年为1990年%
北京	500.72	558.58	107.50	366.95	405.31	106.54	1 053.68	1 201.42	109.50
天津	310.95	337.35	104.36	256.10	281.59	105.59	920.48	1 038.26	108.90
河北	836.94	960.59	109.01	702.40	792.22	108.28	1 749.45	2 058.38	112.90
山西	398.24	430.05	103.32	315.91	334.00	103.09	828.71	906.93	104.70
内蒙古	286.62	320.83	107.51	233.38	263.33	108.03	535.19	617.49	109.40
辽宁	964.89	1 073.16	105.54	783.79	869.75	104.57	2 246.69	2 577.57	108.30
吉林	393.90	424.05	104.88	336.91	357.36	103.63	874.73	957.49	104.70
黑龙江	656.84	731.86	103.85	564.14	617.60	102.54	1 334.42	1 505.85	105.40
上海	744.67	857.71	106.95	617.22	696.91	107.80	2 042.17	2 403.22	112.10
江苏	1 315.82	1 452.57	107.94	1 137.92	1 249.24	107.68	3 797.57	4 266.08	111.40
浙江	836.89	983.54	115.82	726.57	856.02	116.32	2 070.54	2 539.10	121.00
安徽	606.54	600.20	96.34	519.15	506.49	95.46	1 219.05	1 294.82	103.40
福建	465.84	557.82	115.36	388.77	459.77	114.63	919.97	1 118.51	118.10
江西	417.15	461.27	107.88	354.03	390.73	107.37	808.91	912.56	111.30
山东	1 331.94	1 568.38	112.29	1 144.01	1 349.63	112.57	3 248.54	3 880.91	115.60
河南	895.74	993.08	106.96	753.76	836.11	106.70	1 858.65	2 139.56	111.10
湖北	792.54	858.47	104.54	661.33	706.24	104.02	1 646.45	1 813.14	106.30
湖南	702.64	785.83	107.77	591.38	651.37	106.94	1 332.49	1 503.77	109.70
广东	1 471.84	1 780.56	117.33	1 132.21	1 380.31	118.50	3 093.90	3 890.09	122.30
广西	392.83	453.04	112.66	335.98	383.79	111.48	722.56	842.90	113.10
海南	95.01	107.93	112.40	76.98	87.68	110.86	155.64	184.29	116.80
四川	1 147.53	1 284.35	107.72	971.99	1 064.51	106.98	2 273.36	2 591.77	111.30
贵州	254.51	289.36	109.92	209.85	239.54	109.88	440.23	498.92	109.70
云南	395.99	432.86	106.58	352.42	381.77	105.70	663.57	746.14	108.80
西藏	24.45	30.53	101.60	18.76	25.94	112.03	34.44	45.73	114.30
陕西	374.85	430.85	110.93	302.95	343.52	109.03	757.12	859.94	109.60
甘肃	234.49	255.78	106.47	207.28	225.84	106.55	505.09	552.75	106.40
青海	66.34	72.58	104.69	49.41	52.87	103.17	109.71	118.65	102.50
宁夏	61.10	67.43	104.16	47.39	51.88	103.01	116.62	130.97	105.50
新疆	251.88	311.72	113.95	204.95	252.44	113.83	458.65	576.69	114.90

注：本表绝对值按当年价格计算，发展速度按可比价格计算。

2-18 各地区国民收入

(1990年)

地区	国民收入(亿元)	农业	工业	建筑业	运输业	商业	人均国民收入(元)
北京	366.95	42.87	213.58	41.13	15.63	53.74	3 577
天津	256.10	29.12	158.73	14.35	21.44	32.46	2 981
河北	702.40	222.96	357.04	30.54	32.66	59.20	1 148
山西	315.91	82.14	167.03	22.52	15.93	28.29	1 124
内蒙古	233.38	108.83	80.35	15.05	14.80	14.35	1 080
辽宁	783.79	166.59	468.43	51.89	35.36	61.52	1 990
吉林	336.91	125.47	164.41	18.50	11.21	17.32	1 383
黑龙江	564.14	160.19	314.82	37.84	20.29	31.00	1 628
上海	617.22	33.99	438.75	33.91	36.68	73.89	4 822
江苏	1 137.92	345.96	617.70	55.96	43.33	74.97	1 689
浙江	726.57	221.18	364.46	43.69	25.91	71.33	1 717
安徽	519.15	239.82	212.49	26.48	15.53	24.83	933
福建	388.77	149.39	156.33	24.24	20.14	38.67	1 313
江西	354.03	175.68	120.39	17.26	15.80	24.90	943
山东	1 144.01	422.04	570.69	62.14	30.94	58.20	1 372
河南	753.76	319.62	292.36	44.73	30.21	66.84	880
湖北	661.33	286.45	274.15	26.24	19.15	55.34	1 248
湖南	591.38	274.35	217.36	27.99	21.94	49.74	976
广东	1 132.21	380.37	491.52	76.01	54.05	130.26	1 842
广西	335.98	175.03	107.91	13.83	9.43	29.78	798
海南	76.98	46.18	12.66	7.92	3.14	7.08	1 193
四川	971.99	420.86	348.21	66.91	27.30	108.71	903
贵州	209.85	96.04	78.66	11.45	7.32	16.38	654
云南	352.42	162.88	142.94	14.91	6.47	25.22	956
西藏	18.76	11.93	1.64	2.43	1.01	1.75	865
陕西	302.95	105.50	135.50	22.62	22.44	16.89	930
甘肃	207.28	63.89	85.79	13.56	10.48	33.56	938
青海	49.41	17.20	19.58	5.20	1.50	5.93	1 100
宁夏	47.39	16.39	19.79	3.89	2.67	4.65	1 024
新疆	204.95	94.22	65.49	15.31	6.92	23.01	1 374

注： 1. 本表按当年价格计算；

2. 各地区国民收入是由各地统计局计算的，在计算方法上同全国有不一致的地方，故分地区数字相加之和不等于全国数字。

2-19 各地区国民收入指数

（1990年，以上年为100）

地区	国民收入	农业	工业	建筑业	运输业	商业
北京	105.8	102.7	106.5	95.4	105.3	115.6
天津	101.6	103.8	104.0	95.6	99.9	90.7
河北	104.0	104.1	104.9	85.8	91.7	115.3
山西	104.9	110.1	102.7	109.8	110.0	101.9
内蒙古	106.7	123.9	98.8	95.6	115.5	70.9
辽宁	99.3	113.9	97.3	103.7	96.8	90.0
吉林	104.2	136.0	99.4	106.9	84.7	51.8
黑龙江	103.6	135.0	98.0	101.3	80.6	74.5
上海	102.8	104.6	103.8	103.3	100.5	98.5
江苏	105.3	102.7	107.9	103.5	101.5	95.9
浙江	102.9	103.2	105.2	101.5	94.5	90.9
安徽	103.5	104.2	107.1	117.6	93.2	71.8
福建	106.5	102.3	109.5	90.8	106.5	109.1
江西	104.0	106.5	105.8	96.1	105.6	88.1
山东	105.0	105.3	108.4	97.6	91.6	85.3
河南	103.9	105.3	104.0	108.4	104.1	94.2
湖北	101.5	107.4	98.5	104.2	99.5	96.5
湖南	103.0	103.3	104.7	100.2	115.2	87.1
广东	110.2	107.1	114.0	102.3	104.7	102.6
广西	107.2	110.5	109.0	99.2	102.0	90.7
海南	108.1	109.0	110.0	111.9	111.0	97.4
四川	103.4	105.1	102.8	107.2	102.2	97.8
贵州	103.6	101.4	106.6	110.2	84.4	104.9
云南	109.4	109.8	110.9	110.1	109.9	98.2
西藏	104.5	106.3	113.5	114.9	105.8	83.2
陕西	104.0	104.7	105.0	100.1	98.4	100.5
甘肃	105.0	106.1	106.1	102.4	97.4	105.8
青海	102.1	103.5	101.9	99.2	115.6	97.5
宁夏	102.2	103.4	100.9	108.9	101.0	100.4
新疆	108.4	114.9	106.5	108.7	98.7	96.1

注：　本表按可比价格计算。

2-20 各地区国民收入部门构成

（1990年，以国民收入总额为100）

地　　区	农　　业	工　　业	建筑业	运输业	商　　业
北　　京	11.7	58.2	11.2	4.3	14.6
天　　津	11.4	62.0	5.6	8.4	12.7
河　　北	31.7	50.8	4.3	4.6	8.4
山　　西	26.0	52.9	7.1	5.0	9.0
内 蒙 古	46.6	34.4	6.4	6.3	6.1
辽　　宁	21.3	59.8	6.6	4.5	7.8
吉　　林	37.2	48.8	5.5	3.3	5.1
黑 龙 江	28.4	55.8	6.7	3.6	5.5
上　　海	5.5	71.1	5.5	5.9	12.0
江　　苏	30.4	54.3	4.9	3.8	6.6
浙　　江	30.4	50.2	6.0	3.6	9.8
安　　徽	46.2	40.9	5.1	3.0	4.8
福　　建	38.4	40.2	6.2	5.2	9.9
江　　西	49.6	34.0	4.9	4.5	7.0
山　　东	36.9	49.9	5.4	2.7	5.1
河　　南	42.4	38.8	5.9	4.0	8.9
湖　　北	43.3	41.5	4.0	2.9	8.4
湖　　南	46.4	36.8	4.7	3.7	8.4
广　　东	33.6	43.4	6.7	4.8	11.5
广　　西	52.1	32.1	4.1	2.8	8.9
海　　南	60.0	16.4	10.3	4.1	9.2
四　　川	43.3	35.8	6.9	2.8	11.2
贵　　州	45.8	37.5	5.5	3.5	7.8
云　　南	46.2	40.6	4.2	1.8	7.2
西　　藏	63.6	8.7	13.0	5.4	9.3
陕　　西	34.8	44.7	7.5	7.4	5.6
甘　　肃	30.8	41.4	6.5	5.1	16.2
青　　海	34.8	39.6	10.5	3.0	12.0
宁　　夏	34.6	41.8	8.2	5.6	9.8
新　　疆	46.0	32.0	7.5	3.4	11.2

注：　本表按当年价格计算。

2-21 国民收入中消费和积累比例

年　份	国民收入使用额（亿元）	消费额（亿元）	积累额（亿元）	消费率（%）	积累率（%）
1952	607	477	130	78.6	21.4
1953	727	559	168	76.9	23.1
1954	765	570	195	74.5	25.5
1955	807	622	185	77.1	22.9
1956	888	671	217	75.6	24.4
1957	935	702	233	75.1	24.9
1958	1 117	738	379	66.1	33.9
1959	1 274	716	558	56.2	43.8
1960	1 264	763	501	60.4	39.6
1961	1 013	818	195	80.8	19.2
1962	948	849	99	89.6	10.4
1963	1 047	864	183	82.5	17.5
1964	1 184	921	263	77.8	22.2
1965	1 347	982	365	72.9	27.1
1966	1 535	1 065	470	69.4	30.6
1967	1 428	1 124	304	78.7	21.3
1968	1 409	1 111	298	78.9	21.1
1969	1 537	1 180	357	76.8	23.2
1970	1 876	1 258	618	67.1	32.9
1971	2 008	1 324	684	65.9	34.1
1972	2 052	1 404	648	68.4	31.6
1973	2 252	1 511	741	67.1	32.9
1974	2 291	1 550	741	67.7	32.3
1975	2 451	1 621	830	66.1	33.9
1976	2 424	1 676	748	69.1	30.9
1977	2 573	1 741	832	67.7	32.3
1978	2 975	1 888	1 087	63.5	36.5
1979	3 356	2 195	1 161	65.4	34.6
1980	3 696	2 531	1 165	68.5	31.5
1981	3 905	2 799	1 106	71.7	28.3
1982	4 290	3 054	1 236	71.2	28.8
1983	4 779	3 358	1 421	70.3	29.7
1984	5 701	3 905	1 796	68.5	31.5
1985	7 507	4 879	2 628	65.0	35.0
1986	8 496	5 552	2 944	65.3	34.7
1987	9 684	6 386	3 298	65.9	34.1
1988	12 269	8 038	4 231	65.5	34.5
1989	13 596	9 005	4 591	66.2	33.8
1990	14 383	9 663	4 720	67.2	32.8
1991	16 061	10 919	5 142	68.0	32.0
“一五”时期合计	4 122	3 124	998	75.8	24.2
“二五”时期合计	5 616	3 884	1 732	69.2	30.8
1963—1965年合计	3 578	2 767	811	77.3	22.7
“三五”时期合计	7 785	5 738	2 047	73.7	26.3
“四五”时期合计	11 054	7 410	3 644	67.0	33.0
“五五”时期合计	15 024	10 031	4 993	66.8	33.2
“六五”时期合计	26 182	17 995	8 187	68.7	31.3
“七五”时期合计	58 428	38 644	19 784	66.1	33.9

注： 1. 本表按当年价格计算。

2. 国民收入使用额不等于国民收入总额是由于进出口差额和计算误差的影响。

2-22 各地区国民收入中消费和积累比例

（1990年）　　　　单位：亿元

地　　区	国民收入使用额	消费额	积累额	消费率(%)	积累率(%)
北　　京	438.45	216.33	222.12	49.3	50.7
天　　津	234.18	146.87	87.31	62.7	37.3
河　　北	665.85	438.61	227.24	65.9	34.1
山　　西	330.47	201.11	129.36	60.9	39.1
内 蒙 古	278.56	183.53	95.03	65.9	34.1
辽　　宁	753.02	487.76	265.26	64.8	35.2
吉　　林	374.03	242.06	131.97	64.7	35.3
黑 龙 江	557.10	370.50	186.60	66.5	33.5
上　　海	513.54	279.28	234.26	54.4	45.6
江　　苏	1 063.90	327.48	436.42	30.8	41.0
浙　　江	661.01	445.97	215.04	67.5	32.5
安　　徽	504.19	364.49	139.70	72.3	27.7
福　　建	398.99	280.89	118.10	70.4	29.6
江　　西	362.18	270.01	92.17	74.6	25.4
山　　东	1 118.46	656.16	462.30	58.7	41.3
河　　南	734.62	484.09	250.53	65.9	34.1
湖　　北	637.73	451.81	185.92	70.8	29.2
湖　　南	582.07	447.58	134.49	76.9	23.1
广　　东	1 024.52	688.37	336.15	67.2	32.8
广　　西	342.14	267.10	75.04	78.1	21.9
海　　南	93.82	54.09	39.73	57.7	42.3
四　　川	983.64	728.52	255.12	74.1	25.9
贵　　州	219.57	168.20	51.37	76.6	23.4
云　　南	362.77	254.80	107.97	70.2	29.8
西　　藏	27.57	20.05	7.52	72.7	27.3
陕　　西	359.33	237.99	121.34	66.2	33.8
甘　　肃	234.26	152.15	82.11	64.9	35.1
青　　海	65.46	43.04	22.42	65.8	34.2
宁　　夏	60.39	36.75	23.64	60.9	39.1
新　　疆	270.44	154.25	116.19	57.0	43.0

注：　本表按当年价格计算。

2-23 国民收入消费额及构成

年 份	消费额（亿元）	居民消费（亿元）			社会消费（亿元）	以消费额为100		以居民消费额为100	
			农民消费	非农业居民消费		居民消费	社会消费	农民消费	非农业居民消费
1952	477	434	298	136	43	91.0	9.0	68.7	31.3
1953	559	508	332	176	51	90.9	9.1	65.4	34.6
1954	570	527	348	179	43	92.5	7.5	66.0	34.0
1955	622	575	389	186	47	92.4	7.6	67.7	32.3
1956	671	613	397	216	58	91.4	8.6	64.8	35.2
1957	702	649	412	237	53	92.5	7.5	63.5	36.5
1958	738	683	435	248	55	92.5	7.5	63.7	36.3
1959	716	641	339	302	75	89.5	10.5	52.9	47.1
1960	763	683	346	337	80	89.5	10.5	50.7	49.3
1961	818	755	418	337	63	92.3	7.7	55.4	44.6
1962	849	781	459	322	68	92.0	8.0	58.8	41.2
1963	864	793	487	306	71	91.8	8.2	61.4	38.6
1964	921	841	539	302	80	91.3	8.7	64.1	35.9
1965	982	895	581	314	87	91.1	8.9	64.9	35.1
1966	1 065	969	637	332	96	91.0	9.0	65.7	34.3
1967	1 124	1 026	679	347	98	91.3	8.7	66.2	33.8
1968	1 111	1 020	670	350	91	91.8	8.2	65.7	34.3
1969	1 180	1 068	705	363	112	90.5	9.5	66.0	34.0
1970	1 258	1 145	770	375	113	91.0	9.0	67.2	32.8
1971	1 324	1 195	804	391	129	90.3	9.7	67.3	32.7
1972	1 404	1 263	824	439	141	90.0	10.0	65.2	34.8
1973	1 511	1 364	898	466	147	90.3	9.7	65.8	34.2
1974	1 550	1 396	915	481	154	90.1	9.9	65.5	34.5
1975	1 621	1 450	946	504	171	89.5	10.5	65.2	34.8
1976	1 676	1 502	965	537	174	89.6	10.4	64.2	35.8
1977	1 741	1 553	974	579	188	89.2	10.8	62.7	37.3
1978	1 888	1 673	1 043	630	215	88.6	11.4	62.3	37.7
1979	2 195	1 910	1 212	698	285	87.0	13.0	63.5	36.5
1980	2 531	2 223	1 384	839	308	87.8	12.2	62.3	37.7
1981	2 799	2 473	1 572	901	326	88.4	11.6	63.6	36.4
1982	3 054	2 688	1 737	951	366	88.0	12.0	64.6	35.4
1983	3 358	2 957	1 941	1 016	401	88.1	11.9	65.6	34.4
1984	3 905	3 395	2 232	1 163	510	86.9	13.1	65.7	34.3
1985	4 879	4 240	2 728	1 512	639	86.9	13.1	64.3	35.7
1986	5 552	4 773	2 994	1 779	779	86.0	14.0	62.7	37.3
1987	6 386	5 502	3 381	2 121	884	86.2	13.8	61.5	38.5
1988	8 038	6 995	4 166	2 829	1 043	87.0	13.0	59.6	40.4
1989	9 005	7 761	4 558	3 203	1 244	86.2	13.8	58.7	41.3
1990	9 663	8 202	4 713	3 489	1 461	84.9	15.1	57.5	42.5
1991	10 919	9 244	5 172	4 072	1 675	84.7	15.3	55.9	44.1

注： 本表按当年价格计算。

2-24 国民收入消费额指数

（以1952年为100）

年份	消费额	居民消费	农民消费	非农业居民消费	社会消费
1952	100.0	100.0	100.0	100.0	100.0
1953	111.0	110.1	104.6	122.3	120.7
1954	112.5	113.2	108.8	123.1	105.8
1955	122.7	123.1	121.0	127.7	118.2
1956	132.1	131.1	123.2	148.5	143.4
1957	137.2	137.7	128.0	159.4	132.4
1958	142.6	143.1	132.1	167.4	137.6
1959	135.9	131.5	103.0	193.9	189.0
1960	129.6	123.9	96.4	184.0	198.0
1961	117.6	115.3	98.3	152.7	144.6
1962	124.1	121.4	108.3	150.2	156.3
1963	138.8	137.2	121.7	171.2	158.1
1964	151.8	149.1	136.0	178.4	183.3
1965	169.5	166.8	152.8	197.9	202.0
1966	182.0	178.5	164.1	210.5	224.4
1967	192.2	189.1	175.4	219.6	229.4
1968	189.4	187.6	172.3	221.7	211.9
1969	203.0	197.9	182.9	231.3	264.3
1970	216.0	211.8	199.5	239.5	266.8
1971	226.5	220.1	206.8	250.0	305.4
1972	239.6	231.9	211.3	279.6	334.6
1973	257.1	249.8	229.5	296.5	347.4
1974	262.8	254.6	233.0	304.4	363.7
1975	274.3	263.9	240.7	317.6	402.6
1976	283.1	272.8	245.1	337.6	410.9
1977	291.5	279.4	247.6	354.0	442.4
1978	312.9	297.5	261.4	382.6	505.2
1979	346.7	321.6	281.5	416.0	663.9
1980	380.8	356.5	310.5	465.2	685.9
1981	411.0	386.0	342.5	487.9	722.5
1982	441.4	411.8	371.9	504.5	815.1
1983	479.2	446.4	410.7	528.0	894.8
1984	547.4	501.9	464.0	588.6	1 132.9
1985	633.8	575.9	528.8	684.0	1 385.3
1986	682.9	609.4	548.1	752.2	1 645.8
1987	737.5	654.6	582.2	824.4	1 826.2
1988	798.7	710.8	625.5	911.5	1 953.2
1989	810.6	715.7	625.5	928.7	2 060.1
1990	858.8	742.5	629.5	1 011.3	2 400.8
1991	946.7	814.7	678.7	1 135.9	2 714.7
平均每年增长%					
“一五”时期	6.5	6.6	5.1	9.8	5.8
“二五”时期	-2.0	-2.5	-3.3	-1.2	3.4
1963—1965年	11.0	11.2	12.2	9.6	8.9
“三五”时期	5.0	4.9	5.5	3.9	5.7
“四五”时期	4.9	4.5	3.8	5.8	8.6
“五五”时期	6.8	6.2	5.2	7.9	11.2
“六五”时期	10.7	10.1	11.2	8.0	15.1
“七五”时期	6.3	5.2	3.5	8.1	11.6
1953—1991年	5.9	5.5	5.0	6.4	8.8
1979—1991年	8.9	8.1	7.6	8.7	13.8

注：　本表按可比价格计算。

2-25 各地区国民收入消费额

(1990年)

单位：亿元

地区	消费额	居民消费	农民消费	农民: 自给性消费	农民: 商品性消费	农民: 文化生活服务及住房水电消费	非农业居民消费	非农业居民: 商品性消费	非农业居民: 文化生活服务消费	非农业居民: 住房及水电消费	社会消费
北京	216.33	158.85	47.01	6.53	32.72	7.76	111.84	100.89	8.50	2.45	57.48
天津	146.87	112.46	30.91	6.61	21.54	2.76	81.55	67.51	11.93	2.11	34.41
河北	438.61	406.17	282.14	80.68	174.99	26.47	124.03	104.04	14.39	5.60	32.44
山西	201.11	170.68	95.05	31.38	56.65	7.02	75.63	69.99	3.91	1.73	30.43
内蒙古	183.53	151.77	77.03	35.71	36.18	5.14	74.74	66.03	6.84	1.87	31.76
辽宁	487.76	423.07	137.94	35.66	89.76	12.52	285.13	261.49	17.02	6.62	64.69
吉林	242.06	214.90	91.34	25.35	58.47	7.52	123.56	114.97	5.99	2.60	27.16
黑龙江	370.50	318.15	112.06	39.83	65.88	6.35	206.09	187.96	12.89	5.24	52.35
上海	279.28	244.17	57.38	5.13	47.68	4.57	186.79	156.25	25.88	4.66	35.11
江苏	327.48	566.45	372.74	144.96	191.79	35.99	193.71	163.47	24.80	5.44	61.03
浙江	445.97	386.01	273.52	69.36	178.79	25.37	112.49	97.74	10.57	4.18	59.96
安徽	364.49	327.48	228.23	81.35	122.55	24.33	99.25	84.36	12.00	2.89	37.01
福建	280.89	247.89	176.81	59.51	106.28	11.02	71.08	64.39	4.36	2.33	33.00
江西	270.01	244.72	169.17	78.74	72.99	17.44	75.55	67.39	5.58	2.58	25.29
山东	656.16	567.63	372.85	113.38	218.81	40.66	194.78	178.83	12.28	3.67	88.53
河南	484.09	427.49	297.73	115.85	143.86	38.02	129.76	113.94	11.47	4.35	56.60
湖北	451.81	402.33	254.88	90.32	144.10	20.46	147.45	132.59	11.51	3.35	49.48
湖南	447.58	403.57	285.11	130.86	131.20	23.05	118.46	105.76	8.99	3.71	44.01
广东	688.37	597.50	332.25	76.05	223.86	32.34	265.25	229.90	23.80	11.55	90.87
广西	267.10	242.43	167.53	65.72	90.86	10.95	74.90	65.04	6.89	2.97	24.67
海南	54.09	45.69	27.60	7.17	15.78	4.65	18.09	16.37	1.32	0.40	8.40
四川	728.52	663.50	456.15	191.20	236.56	28.39	207.35	183.76	16.01	7.58	65.02
贵州	168.20	142.66	98.96	56.37	38.60	3.99	43.70	38.04	4.77	0.89	25.54
云南	254.80	231.68	165.38	62.94	96.23	6.21	66.30	56.01	7.89	2.40	23.12
西藏	20.05	15.94	9.07	4.07	4.92	0.08	6.87	6.52	0.32	0.03	4.11
陕西	237.99	200.03	116.91	45.98	62.00	8.93	83.12	70.23	8.37	4.52	37.96
甘肃	152.15	121.92	70.33	30.54	34.96	4.83	51.59	46.04	4.65	0.90	30.23
青海	43.04	35.27	17.25	5.26	10.55	1.44	18.02	16.25	1.33	0.44	7.77
宁夏	36.75	29.36	15.59	5.35	8.86	1.38	13.77	12.12	1.34	0.31	7.39
新疆	154.25	134.94	51.29	25.53	23.40	2.36	83.65	72.27	9.73	1.65	19.31

注：本表按当年价格计算。

2-26 国民收入积累额及构成

年　份	积累额（亿元）	固定资产积累（亿元）	生产性	非生产性	流动资产积累（亿元）	生产性	非生产性	以积累额为100		以积累额为100	
								生产性积累	非生产性积累	固定资产积累	流动资产积累
1952	130	57	31	26	73	35	38	50.8	49.2	43.8	56.2
1953	168	85	42	43	83	41	42	49.4	50.6	50.6	49.4
1954	195	109	64	45	86	34	52	50.3	49.7	55.9	44.1
1955	185	109	72	37	76	23	53	51.4	48.6	58.9	41.1
1956	217	179	132	47	38	22	16	71.0	29.0	82.5	17.5
1957	233	140	99	41	93	38	55	58.8	41.2	60.1	39.9
1958	379	280	236	44	99	76	23	82.3	17.7	73.9	26.1
1959	558	372	315	57	186	170	16	86.9	13.1	66.7	33.3
1960	501	399	340	59	102	148	-46	97.4	2.6	79.6	20.4
1961	195	148	121	27	47	32	15	78.5	21.5	75.9	24.1
1962	99	96	73	23	3	-10	13	63.6	36.4	97.0	3.0
1963	183	133	99	34	50	18	32	63.9	36.1	72.7	27.3
1964	263	203	144	59	60	16	44	60.8	39.2	77.2	22.8
1965	365	253	185	68	112	73	39	70.7	29.3	69.3	30.7
1966	470	307	227	80	163	97	66	68.9	31.1	65.3	34.7
1967	304	202	150	52	102	100	2	82.2	17.8	66.4	33.6
1968	298	166	126	40	132	108	24	78.5	21.5	55.7	44.3
1969	357	278	206	72	79	66	13	76.2	23.8	77.9	22.1
1970	618	419	329	90	199	115	84	71.8	28.2	67.8	32.2
1971	684	468	357	111	216	164	52	76.2	23.8	68.4	31.6
1972	648	479	358	121	169	152	17	78.7	21.3	73.9	26.1
1973	741	502	378	124	239	168	71	73.7	26.3	67.7	32.3
1974	741	553	419	134	188	140	48	75.4	24.6	74.6	25.4
1975	830	648	494	154	182	115	67	73.4	26.6	78.1	21.9
1976	748	623	461	162	125	132	-7	79.3	20.7	83.3	16.7
1977	832	645	479	166	187	111	76	70.9	29.1	77.5	22.5
1978	1 087	783	583	200	304	198	106	71.8	28.2	72.0	28.0
1979	1 161	838	540	298	323	204	119	64.1	35.9	72.2	27.8
1980	1 165	893	502	391	272	133	139	54.5	45.5	76.7	23.3
1981	1 106	778	393	385	328	125	203	46.8	53.2	70.3	29.7
1982	1 236	969	487	482	267	87	180	46.4	53.6	78.4	21.6
1983	1 421	1 125	586	539	296	160	136	52.5	47.5	79.2	20.8
1984	1 796	1 453	829	624	343	227	116	58.8	41.2	80.9	19.1
1985	2 628	1 883	1 156	727	745	484	261	62.4	37.6	71.7	28.3
1986	2 944	2 196	1 350	846	748	537	211	64.1	35.9	74.6	25.4
1987	3 298	2 718	1 690	1 028	580	457	123	65.1	34.9	82.4	17.6
1988	4 231	3 360	2 012	1 348	871	708	163	64.3	35.7	79.4	20.6
1989	4 591	2 835	1 701	1 134	1 756	1 386	370	67.2	32.8	61.8	38.2
1990	4 720	3 008	1 685	1 323	1 712	1 203	509	61.2	38.8	63.7	36.3
1991	5 142	3 796	2 186	1 610	1 346	933	413	60.7	39.3	73.8	26.2
“一五”时期合计	998	622	409	213	376	158	218	56.8	43.2	62.3	37.7
“二五”时期合计	1 732	1 295	1 085	210	437	416	21	86.7	13.3	74.8	25.2
1963—1965年合计	811	589	428	161	222	107	115	66.0	34.0	72.6	27.4
“三五”时期合计	2 047	1 372	1 038	334	675	486	189	74.5	25.5	67.0	33.0
“四五”时期合计	3 644	2 650	2 006	644	994	739	255	75.3	24.7	72.7	27.3
“五五”时期合计	4 993	3 782	2 565	1 217	1 211	778	433	67.0	33.0	75.7	24.3
“六五”时期合计	8 187	6 208	3 451	2 757	1 979	1 083	896	55.4	44.6	75.8	24.2
“七五”时期合计	19 784	14 117	8 438	5 679	5 667	4 291	1 376	64.3	35.7	71.4	28.6

注：　本表按当年价格计算。

2-27 各地区国民收入积累额及构成

（1990年）

地区	积累额（亿元）	固定资产积累（亿元）			流动资产积累（亿元）			以积累额为100		以积累额为100	
			生产性	非生产性		生产性	非生产性	生产性积累	非生产性积累	固定资产积累	流动资产积累
北京	222.12	142.78	59.96	82.82	79.34	34.13	45.21	42.36	57.64	64.28	35.72
天津	87.31	50.97	38.91	12.06	36.34	30.49	5.85	79.49	20.51	58.38	41.62
河北	227.24	96.60	70.50	26.10	130.64	66.39	64.25	60.24	39.76	42.51	57.49
山西	129.36	59.61	38.64	20.97	69.75	56.30	13.45	73.39	26.61	46.08	53.92
内蒙古	95.03	41.12	27.56	13.56	53.91	30.01	23.90	60.58	39.42	43.27	56.73
辽宁	265.26	178.52	120.75	57.77	86.74	74.57	12.17	73.63	26.37	67.30	32.70
吉林	131.97	43.27	26.13	17.14	88.70	41.25	47.45	51.06	48.94	32.79	67.21
黑龙江	186.60	83.03	61.65	21.38	103.57	50.55	53.02	60.13	39.87	44.50	55.50
上海	234.26	160.71	92.55	68.16	73.55	51.61	21.94	61.54	38.46	68.60	31.40
江苏	436.42	222.10	112.20	109.90	214.32	151.01	63.31	60.31	39.69	50.89	49.11
浙江	215.04	149.56	69.30	80.26	65.48	41.09	24.39	51.33	48.67	69.55	30.45
安徽	139.70	84.72	35.29	49.43	54.98	41.45	13.53	54.93	45.07	60.64	39.36
福建	118.10	74.66	39.50	35.16	43.44	23.15	20.29	53.05	46.95	63.22	36.78
江西	92.17	45.07	25.08	19.99	47.10	31.89	15.21	61.81	38.19	48.90	51.10
山东	462.30	246.11	173.94	72.17	216.19	164.26	51.93	73.16	26.84	53.24	46.76
河南	250.53	111.44	64.72	46.72	139.09	77.22	61.87	56.66	43.34	44.48	55.52
湖北	185.92	71.10	43.23	27.87	114.82	82.26	32.56	67.50	32.50	38.24	61.76
湖南	134.49	69.39	43.48	25.91	65.10	34.09	31.01	57.68	42.32	51.59	48.41
广东	336.15	218.05	138.75	79.30	118.10	99.04	19.06	70.74	29.26	64.87	35.13
广西	75.04	40.24	21.02	19.22	34.80	20.33	14.47	55.10	44.90	53.62	46.38
海南	39.73	29.15	12.31	16.84	10.58	9.20	1.38	54.14	45.86	73.37	26.63
四川	255.12	134.25	89.56	44.69	120.87	77.10	43.77	65.33	34.67	52.62	47.38
贵州	51.37	35.28	25.64	9.64	16.09	9.27	6.82	67.96	32.04	68.68	31.32
云南	107.97	72.21	45.91	26.30	35.76	19.10	16.66	60.21	39.79	66.88	33.12
西藏	7.52	5.54			1.98					73.67	26.33
陕西	121.34	72.81	46.78	26.03	48.53	26.11	22.42	60.07	39.93	60.00	40.00
甘肃	82.11	44.40	29.72	14.68	37.71	31.50	6.21	74.56	25.44	54.07	45.93
青海	22.42	14.26	9.05	5.21	8.16	7.56	0.60	74.09	25.91	63.60	36.40
宁夏	23.64	11.89	8.99	2.90	11.75	8.18	3.57	72.63	27.37	50.30	49.70
新疆	116.19	66.52	50.40	16.12	49.67	30.43	19.24	69.57	30.43	57.25	42.75

注：　本表按当年价格计算。

2-28 社 会 总 产 值

单位：亿元

年　　份	社会总产值	农　业	工　业	建筑业	运输业	商　业
1952	1 015	461	349	57	35	113
1953	1 241	510	450	85	42	154
1954	1 346	535	515	82	48	166
1955	1 415	575	534	86	50	170
1956	1 639	610	642	146	56	185
1957	1 606	537	704	118	60	187
1958	2 138	566	1 083	202	90	197
1959	2 548	497	1 483	235	121	212
1960	2 679	457	1 637	248	131	206
1961	1 978	559	1 062	90	76	191
1962	1 800	584	920	74	62	160
1963	1 956	642	993	97	66	158
1964	2 268	720	1 164	151	72	161
1965	2 695	833	1 402	177	91	192
1966	3 062	910	1 624	197	102	229
1967	2 774	924	1 382	155	86	227
1968	2 648	928	1 285	132	83	220
1969	3 184	948	1 665	222	99	250
1970	3 800	1 021	2 117	271	117	274
1971	4 203	1 068	2 414	311	128	282
1972	4 396	1 075	2 565	323	136	297
1973	4 776	1 173	2 794	335	144	330
1974	4 859	1 215	2 792	376	142	334
1975	5 379	1 260	3 207	437	160	315
1976	5 433	1 258	3 278	435	155	307
1977	6 003	1 253	3 725	462	179	384
1978	6 846	1 397	4 237	569	205	438
1979	7 642	1 698	4 681	645	209	409
1980	8 534	1 923	5 154	767	250	440
1981	9 075	2 181	5 400	747	257	490
1982	9 966	2 483	5 811	912	286	474
1983	11 131	2 750	6 461	1 053	318	549
1984	13 171	3 214	7 617	1 263	388	689
1985	16 582	3 619	9 716	1 656	488	1 103
1986	19 045	4 013	11 194	2 038	598	1 202
1987	23 034	4 676	13 813	2 431	702	1 412
1988	29 807	5 865	18 224	2 967	837	1 914
1989	34 519	6 535	22 017	2 834	990	2 143
1990	38 035	7 662	23 924	3 043	1 535	1 871
1991	43 803	8 157	28 248	3 700	1 665	2 033

注：　本表按当年价格计算。

2-29 社会总产值指数

(以1952年为100)

年份	社会总产值	农业	工业	建筑业	运输业	商业
1952	100.0	100.0	100.0	100.0	100.0	100.0
1953	118.7	103.1	130.3	154.4	125.7	130.1
1954	128.8	106.6	151.6	152.6	145.7	137.2
1955	136.6	114.7	160.1	163.2	154.3	140.7
1956	161.1	120.5	205.0	249.1	177.1	153.1
1957	170.9	124.8	228.6	236.8	200.0	151.3
1958	226.6	127.8	353.9	403.4	303.3	159.4
1959	267.4	110.4	481.8	439.6	406.7	171.6
1960	279.8	96.4	535.7	453.6	443.3	165.9
1961	186.2	94.1	330.8	162.6	256.7	135.1
1962	167.5	99.9	276.0	138.5	206.7	131.9
1963	184.6	111.5	299.4	184.7	220.0	140.8
1964	216.9	126.7	358.1	285.0	240.0	142.4
1965	258.2	137.1	452.6	351.2	303.3	142.4
1966	301.9	149.0	547.4	395.4	340.0	170.7
1967	272.0	151.3	471.8	311.1	290.0	169.9
1968	259.2	147.6	448.4	264.9	283.3	164.3
1969	324.7	149.2	601.9	445.6	336.7	188.6
1970	403.2	157.8	798.1	543.9	400.0	210.4
1971	445.4	162.9	915.3	614.2	437.6	216.5
1972	465.3	161.2	978.2	630.2	465.0	228.1
1973	505.5	174.5	1 071.3	640.3	492.3	253.4
1974	515.1	180.7	1 077.7	702.5	485.5	256.5
1975	574.4	186.3	1 244.7	800.8	547.0	266.5
1976	582.3	185.5	1 274.9	784.8	529.9	275.7
1977	642.5	184.8	1 461.1	820.9	612.0	303.3
1978	726.3	199.8	1 659.0	995.5	700.9	344.8
1979	788.2	214.8	1 805.3	1 101.9	714.5	376.3
1980	854.2	217.9	1 972.3	1 282.6	844.4	400.1
1981	891.7	230.5	2 057.2	1 212.3	868.1	469.2
1982	976.4	256.5	2 217.8	1 438.1	966.0	499.2
1983	1 076.2	276.5	2 465.9	1 588.6	1 053.9	551.9
1984	1 234.6	310.4	2 867.4	1 800.9	1 172.1	617.4
1985	1 446.3	321.0	3 480.9	2 167.1	1 405.2	741.0
1986	1 593.1	331.8	3 887.0	2 469.8	1 553.8	822.0
1987	1 818.2	351.1	4 574.7	2 717.3	1 726.0	899.2
1988	2 106.0	364.9	5 525.6	2 914.6	1 945.6	981.1
1989	2 219.9	376.2	5 997.3	2 576.8	2 158.4	926.5
1990	2 367.5	404.9	6 462.9	2 588.5	2 266.5	892.9
1991	2 637.4	419.9	7 400.0	2 904.3	2 413.8	942.9

注： 本表按可比价格计算。

2-30 社会总产值指数

（以上年为100）

年份	社会总产值	农业	工业	建筑业	运输业	商业
1953	118.7	103.1	130.3	154.4	125.7	130.1
1954	108.5	103.4	116.3	98.9	115.9	105.4
1955	106.1	107.6	105.6	106.9	105.9	102.6
1956	117.9	105.0	128.1	152.7	114.8	108.8
1957	106.1	103.6	111.5	95.1	112.9	98.8
1958	132.6	102.4	154.8	170.3	151.7	105.3
1959	118.0	86.4	136.1	109.0	134.1	107.6
1960	104.7	87.4	111.2	103.2	109.0	96.7
1961	66.5	97.6	61.8	35.8	57.9	81.5
1962	90.0	106.2	83.4	85.2	80.5	97.6
1963	110.2	111.6	108.5	133.3	106.5	106.7
1964	117.5	113.5	119.6	154.3	109.1	101.1
1965	119.0	108.3	126.4	123.2	126.4	100.0
1966	116.9	108.6	120.9	112.6	112.1	119.9
1967	90.1	101.6	86.2	78.7	85.3	99.5
1968	95.3	97.5	95.0	85.2	97.7	96.7
1969	125.3	101.1	134.3	168.2	118.8	114.8
1970	124.2	105.8	132.6	122.1	118.8	111.6
1971	110.5	103.2	114.7	112.9	109.4	102.9
1972	104.5	99.0	106.9	102.6	106.3	105.3
1973	108.6	108.3	109.5	101.6	105.9	111.1
1974	101.9	103.6	100.6	109.7	98.6	101.2
1975	111.5	103.1	115.5	114.0	112.7	103.9
1976	101.4	99.6	102.4	98.0	96.9	103.5
1977	110.3	99.6	114.6	104.6	115.5	110.0
1978	113.0	108.1	113.5	121.3	114.5	113.7
1979	108.5	107.5	108.8	110.7	102.0	109.1
1980	108.4	101.4	109.3	116.4	118.2	106.3
1981	104.4	105.8	104.3	94.5	102.8	117.3
1982	109.5	111.3	107.8	118.6	111.3	106.4
1983	110.2	107.8	111.2	110.5	109.1	110.6
1984	114.7	112.3	116.3	113.4	111.2	111.9
1985	117.1	103.4	121.4	120.3	119.9	120.0
1986	110.1	103.4	111.7	114.0	110.6	110.9
1987	114.1	105.8	117.7	110.0	111.1	109.4
1988	115.8	103.9	120.8	107.3	112.7	109.1
1989	105.4	103.1	108.5	88.4	110.9	94.4
1990	106.6	107.6	107.8	100.5	105.0	96.4
1991	111.4	103.7	114.5	112.2	106.5	105.6
平均每年增长％						
“一五”时期	11.3	4.5	18.0	18.8	14.9	8.6
“二五”时期	-0.4	-4.3	3.8	-10.2	0.7	-2.7
1963—1965年	15.5	11.1	17.9	36.4	13.6	2.6
“三五”时期	9.3	2.9	12.0	9.1	5.7	8.1
“四五”时期	7.3	3.4	9.3	8.0	6.5	4.8
“五五”时期	8.3	3.2	9.6	9.9	9.1	8.5
“六五”时期	11.1	8.1	12.0	11.1	10.7	13.1
“七五”时期	10.4	4.8	13.2	3.6	10.0	3.8
1953—1991年	8.8	3.7	11.7	9.0	8.5	5.9
1979—1991年	10.4	5.9	12.2	8.6	10.0	8.0

注： 本表按可比价格计算。

2-31 社会总产值部门构成

(以社会总产值为100)

年　份	农　业	工　业	建筑业	运输业	商　业
1952	45.42	34.38	5.62	3.45	11.13
1953	41.10	36.26	6.85	3.38	12.41
1954	39.75	38.26	6.09	3.57	12.33
1955	40.64	37.74	6.08	3.53	12.01
1956	37.22	39.17	8.91	3.42	11.29
1957	33.44	43.84	7.35	3.74	11.64
1958	26.47	50.65	9.45	4.21	9.21
1959	19.51	58.20	9.22	4.75	8.32
1960	17.06	61.10	9.26	4.89	7.69
1961	28.26	53.69	4.55	3.84	9.66
1962	32.44	51.11	4.11	3.44	8.89
1963	32.82	50.77	4.96	3.37	8.08
1964	31.75	51.32	6.66	3.17	7.10
1965	30.91	52.02	6.57	3.38	7.12
1966	29.72	53.04	6.43	3.33	7.48
1967	33.31	49.82	5.59	3.10	8.18
1968	35.05	48.53	4.98	3.13	8.31
1969	29.77	52.29	6.97	3.11	7.85
1970	26.87	55.71	7.13	3.08	7.21
1971	25.41	57.44	7.40	3.05	6.71
1972	24.45	58.35	7.35	3.09	6.76
1973	24.56	58.50	7.01	3.02	6.91
1974	25.01	57.46	7.74	2.92	6.87
1975	23.42	59.62	8.12	2.97	5.86
1976	23.15	60.33	8.01	2.85	5.65
1977	20.87	62.05	7.70	2.98	6.40
1978	20.41	61.89	8.31	2.99	6.40
1979	22.22	61.25	8.44	2.73	5.35
1980	22.53	60.39	8.99	2.93	5.16
1981	24.03	59.50	8.23	2.83	5.40
1982	24.91	58.31	9.15	2.87	4.76
1983	24.71	58.05	9.46	2.86	4.93
1984	24.40	57.83	9.59	2.95	5.23
1985	21.82	58.59	9.99	2.94	6.65
1986	21.07	58.78	10.70	3.14	6.31
1987	20.30	59.97	10.55	3.05	6.13
1988	19.68	61.14	9.95	2.81	6.42
1989	18.93	63.78	8.21	2.87	6.21
1990	20.14	62.90	8.00	4.04	4.92
1991	18.62	64.49	8.45	3.80	4.64

注：　本表按当年价格计算。

2-32 各地区社会总产值

（1990年）　　　　单位：亿元

地　区	社会总产值	农　业	工　业	建筑业	运输业	商　业
北　京	1 053.68	70.18	748.94	127.85	37.69	69.02
天　津	920.48	54.86	679.94	57.79	55.38	72.51
河　北	1 749.45	357.63	1 123.23	109.92	64.61	94.06
山　西	828.71	124.78	538.39	81.80	36.70	47.04
内蒙古	535.19	156.92	263.33	49.07	35.55	30.32
辽　宁	2 246.69	273.75	1 606.92	178.12	79.29	108.61
吉　林	874.73	189.09	552.36	63.69	25.08	44.51
黑龙江	1 334.42	245.38	863.51	117.19	46.14	62.20
上　海	2 042.17	68.16	1 642.75	127.51	93.99	109.76
江　苏	3 797.57	580.53	2 764.10	214.41	93.60	144.93
浙　江	2 070.54	336.04	1 434.15	146.85	48.46	105.04
安　徽	1 219.05	370.94	670.33	89.44	31.24	57.10
福　建	919.97	228.70	531.48	69.45	38.17	52.17
江　西	808.91	255.24	425.75	59.50	27.79	40.63
山　东	3 248.54	647.49	2 200.85	213.52	70.31	116.37
河　南	1 858.65	502.01	1 036.73	156.79	62.74	100.38
湖　北	1 646.45	402.23	1 008.20	92.71	42.63	100.68
湖　南	1 332.49	397.42	712.67	97.19	47.44	77.77
广　东	3 093.90	600.71	1 902.25	258.54	108.75	223.65
广　西	722.56	252.23	353.43	45.13	21.94	49.83
海　南	155.64	68.72	44.32	24.91	5.94	11.75
四　川	2 273.36	637.07	1 222.96	195.72	64.00	153.61
贵　州	440.23	145.53	218.16	35.80	17.01	23.73
云　南	663.57	211.72	345.26	54.47	16.80	35.32
西　藏	34.44	14.99	3.72	7.05	2.24	6.44
陕　西	757.12	169.96	442.58	71.18	39.83	33.57
甘　肃	505.09	103.05	278.70	45.27	25.68	52.39
青　海	109.71	24.53	55.24	16.04	5.31	8.59
宁　夏	116.62	24.69	64.75	13.50	6.59	7.09
新　疆	458.65	144.65	219.92	43.02	17.76	33.30

注：1. 本表按当年价格计算；

2. 各地区社会总产值是由各地统计局计算的，在计算方法上同全国有不一致的地方，故各地区相加不等于全国总计。

2-33 各地区社会总产值指数

（1990年，以上年为100）

地　　区	社会总产值	农　业	工　业	建筑业	运输业	商　业
北　京	107.5	105.5	110.5	94.6	80.0	121.2
天　津	106.9	107.4	108.0	83.5	111.8	107.4
河　北	105.4	105.4	106.8	85.8	99.7	111.2
山　西	108.2	108.5	107.4	117.6	108.7	103.7
内蒙古	106.9	118.7	104.1	95.8	116.3	92.1
辽　宁	103.5	115.2	103.0	106.8	99.4	91.3
吉　林	104.3	126.6	101.9	109.4	87.1	79.2
黑龙江	105.1	125.1	101.8	102.5	98.9	97.9
上　海	103.6	105.7	104.0	101.3	102.7	99.3
江　苏	108.4	102.5	110.0	102.8	104.7	102.6
浙　江	106.5	104.0	108.6	94.5	95.8	96.8
安　徽	106.2	104.2	107.3	116.0	93.5	96.5
福　建	109.1	104.3	112.8	90.8	99.5	97.8
江　西	104.6	106.5	106.4	97.2	105.8	88.0
山　东	109.2	105.6	113.1	90.0	90.7	96.8
河　南	106.4	107.8	106.9	109.7	102.4	93.9
湖　北	102.9	107.1	101.8	103.0	99.9	106.7
湖　南	103.5	101.9	105.0	100.9	109.4	91.2
广　东	114.0	107.4	117.1	102.3	108.7	104.3
广　西	106.6	108.0	108.2	97.6	101.8	97.3
海　南	110.7	109.5	114.5	112.1	111.5	99.1
四　川	105.5	105.6	106.0	107.5	103.8	99.4
贵　州	104.6	102.4	106.9	107.7	88.3	104.9
云　南	107.5	106.5	108.9	105.9	106.2	101.8
西　藏	109.3	106.5	106.3	113.3	105.4	113.7
陕　西	106.3	106.1	106.9	106.0	106.5	93.0
甘　肃	106.0	106.3	107.5	108.1	92.1	105.4
青　海	103.3	104.8	103.1	99.9	103.7	105.2
宁　夏	105.8	104.3	106.6	107.7	104.0	100.8
新　疆	109.5	115.1	109.1	111.4	99.2	98.0

注：　本表按可比价格计算。

2-34 各地区社会总产值部门构成

（1990年，以社会总产值为100）

地　区	农　业	工　业	建筑业	运输业	商　业
北　京	6.66	71.08	12.13	3.58	6.55
天　津	5.96	73.87	6.28	6.02	7.88
河　北	20.44	64.20	6.28	3.69	5.38
山　西	15.06	64.97	9.87	4.43	5.68
内蒙古	29.32	49.20	9.17	6.64	5.67
辽　宁	12.18	71.52	7.93	3.53	4.83
吉　林	21.62	63.15	7.28	2.87	5.09
黑龙江	18.39	64.71	8.78	3.46	4.66
上　海	3.34	80.44	6.24	4.60	5.37
江　苏	15.29	72.79	5.65	2.46	3.82
浙　江	16.23	69.26	7.09	2.34	5.07
安　徽	30.43	54.99	7.34	2.56	4.68
福　建	24.86	57.77	7.55	4.15	5.67
江　西	31.55	52.63	7.36	3.44	5.02
山　东	19.93	67.75	6.57	2.16	3.58
河　南	27.01	55.78	8.44	3.38	5.40
湖　北	24.43	61.23	5.63	2.59	6.11
湖　南	29.83	53.48	7.29	3.56	5.84
广　东	19.42	61.48	8.36	3.51	7.23
广　西	34.91	48.91	6.25	3.04	6.90
海　南	44.15	28.48	16.00	3.82	7.55
四　川	28.02	53.80	8.61	2.82	6.76
贵　州	33.06	49.56	8.13	3.86	5.39
云　南	31.91	52.03	8.21	2.53	5.32
西　藏	43.52	10.80	20.47	6.50	18.70
陕　西	22.45	58.46	9.40	5.26	4.43
甘　肃	20.40	55.18	8.96	5.08	10.37
青　海	22.36	50.35	14.62	4.84	7.83
宁　夏	21.17	55.52	11.58	5.65	6.08
新　疆	31.54	47.95	9.38	3.87	7.26

注：　本表按当年价格计算。

2-35 工农业总产值

单位:亿元

年份	工农业总产值	农业	工业	轻工业	重工业
1952	810	461	349	225	124
1953	960	510	450	282	168
1954	1 050	535	515	317	198
1955	1 109	575	534	316	218
1956	1 252	610	642	370	272
1957	1 241	537	704	387	317
1958	1 649	566	1 083	503	580
1959	1 980	497	1 483	616	867
1960	2 094	457	1 637	547	1 090
1961	1 621	559	1 062	451	611
1962	1 504	584	920	434	486
1963	1 635	642	993	445	548
1964	1 884	720	1 164	516	648
1965	2 235	833	1 402	723	679
1966	2 534	910	1 624	796	828
1967	2 306	924	1 382	733	649
1968	2 213	928	1 285	690	595
1969	2 613	948	1 665	837	828
1970	3 138	1 021	2 117	976	1 141
1971	3 482	1 068	2 414	1 037	1 377
1972	3 640	1 075	2 565	1 100	1 465
1973	3 967	1 173	2 794	1 212	1 582
1974	4 007	1 215	2 792	1 241	1 551
1975	4 467	1 260	3 207	1 413	1 794
1976	4 536	1 258	3 278	1 448	1 830
1977	4 978	1 253	3 725	1 638	2 087
1978	5 634	1 397	4 237	1 826	2 411
1979	6 379	1 698	4 681	2 045	2 636
1980	7 077	1 923	5 154	2 430	2 724
1981	7 581	2 181	5 400	2 781	2 619
1982	8 294	2 483	5 811	2 919	2 892
1983	9 211	2 750	6 461	3 135	3 326
1984	10 831	3 214	7 617	3 608	4 009
1985	13 335	3 619	9 716	4 575	5 141
1986	15 207	4 013	11 194	5 330	5 864
1987	18 489	4 676	13 813	6 656	7 157
1988	24 089	5 865	18 224	8 979	9 245
1989	28 552	6 535	22 017	10 761	11 256
1990	31 586	7 662	23 924	11 813	12 111
1991	36 405	8 157	28 248	13 801	14 447

注:本表按当年价格计算。

2-36 工农业总产值指数

(1952年=100)

年份	工农业总产值	农业	工业		
				轻工业	重工业
1952	100.0	100.0	100.0	100.0	100.0
1953	114.4	103.1	130.3	126.7	136.9
1954	125.2	106.6	151.6	144.8	163.9
1955	133.5	114.7	160.1	144.8	187.7
1956	155.5	120.5	205.0	173.3	262.3
1957	167.8	124.8	228.6	183.3	310.7
1958	221.9	127.8	353.9	245.0	555.4
1959	264.9	110.4	481.8	298.9	822.8
1960	279.3	96.4	535.7	269.5	1 035.5
1961	192.6	94.1	330.8	211.2	553.5
1962	173.1	99.9	276.0	193.5	428.3
1963	189.6	111.5	299.4	198.0	487.6
1964	222.9	126.7	358.1	233.2	590.2
1965	268.3	137.1	452.6	344.5	650.5
1966	314.7	149.0	547.4	394.4	829.4
1967	284.5	151.3	471.8	366.5	663.7
1968	272.5	147.6	448.1	348.9	629.8
1969	337.4	149.2	601.6	436.1	907.5
1970	424.3	157.8	798.1	522.8	1 309.5
1971	476.1	162.9	915.3	556.1	1 585.3
1972	497.4	161.2	978.2	592.5	1 698.3
1973	543.0	174.5	1 071.4	654.6	1 846.6
1974	550.6	180.7	1 077.8	675.0	1 823.8
1975	616.3	186.3	1 244.8	764.4	2 137.7
1976	626.6	185.5	1 274.9	791.7	2 171.9
1977	693.3	184.8	1 461.1	906.7	2 490.3
1978	778.6	199.8	1 659.1	1 005.2	2 879.5
1979	845.0	214.8	1 805.3	1 105.3	3 108.9
1980	908.3	217.9	1 972.3	1 314.6	3 168.3
1981	950.2	230.5	2 057.2	1 502.5	3 024.5
1982	1 033.5	256.5	2 217.8	1 589.8	3 324.6
1983	1 139.2	276.5	2 465.9	1 738.1	3 759.5
1984	1 312.0	310.4	2 867.4	2 018.1	4 378.1
1985	1 529.0	321.0	3 480.9	2 475.4	5 260.3
1986	1 676.9	331.8	3 887.0	2 799.9	5 799.1
1987	1 928.5	351.1	4 574.7	3 321.8	6 769.6
1988	2 261.8	364.9	5 525.6	4 055.7	8 085.5
1989	2 432.3	376.2	5 997.3	4 388.2	8 805.7
1990	2 620.5	404.9	6 462.9	4 793.1	9 353.7
1991	2 932.3	419.9	7 400.0	5 492.9	10 700.6

注：本表按可比价格计算。

2-37 工农业总产值指数

(上年=100)

年　份	工农业总产值	农　业	工　业		
				轻工业	重工业
1952	120.9	115.2	129.9	123.5	143.5
1953	114.4	103.1	130.3	126.7	136.9
1954	109.5	103.4	116.3	114.3	119.8
1955	106.6	107.6	105.6	100.0	114.5
1956	116.5	105.0	128.1	119.7	139.7
1957	107.9	103.6	111.5	105.7	118.4
1958	132.2	102.4	154.8	133.7	178.8
1959	119.5	86.4	136.1	122.0	148.1
1960	105.4	87.4	111.2	90.2	125.9
1961	69.0	97.6	61.8	78.4	53.5
1962	89.9	106.2	83.4	91.6	77.4
1963	109.5	111.6	108.5	102.3	113.8
1964	117.5	113.5	119.6	117.8	121.0
1965	120.4	108.3	126.4	147.7	110.2
1966	117.3	108.6	120.9	114.5	127.5
1967	90.4	101.6	86.2	92.9	80.0
1968	95.8	97.5	95.0	95.2	94.9
1969	123.8	101.1	134.3	125.0	144.1
1970	125.7	105.8	132.6	119.9	144.3
1971	112.2	103.2	114.7	106.4	121.1
1972	104.5	99.0	106.9	106.5	107.1
1973	109.2	108.3	109.5	110.5	108.7
1974	101.4	103.6	100.6	103.1	98.8
1975	111.9	103.1	115.5	113.2	117.2
1976	101.7	99.6	102.4	103.6	101.6
1977	110.7	99.6	114.6	114.5	114.7
1978	112.3	108.1	113.5	110.9	115.6
1979	108.5	107.5	108.8	110.0	108.0
1980	107.5	101.4	109.3	118.9	101.9
1981	104.6	105.8	104.3	114.3	95.5
1982	108.8	111.3	107.8	105.8	109.9
1983	110.2	107.8	111.2	109.3	113.1
1984	115.2	112.3	116.3	116.1	116.5
1985	116.5	103.4	121.4	122.7	120.2
1986	109.7	103.4	111.7	113.1	110.2
1987	115.0	105.8	117.7	118.6	116.7
1988	117.3	103.9	120.8	122.1	119.4
1989	107.5	103.1	108.5	108.2	108.9
1990	107.7	107.6	107.8	109.2	106.2
1991	111.9	103.7	114.5	114.6	114.4
平均每年增长%					
“一五”时期	10.9	4.5	18.0	12.9	25.4
“二五”时期	0.6	-4.4	3.8	1.1	6.6
1963—1965年	15.7	11.1	17.9	21.2	14.9
“三五”时期	9.6	2.9	12.0	8.7	15.0
“四五”时期	7.8	3.4	9.3	7.9	10.3
“五五”时期	8.1	3.2	9.6	11.5	8.2
“六五”时期	11.0	8.1	12.0	13.5	10.7
“七五”时期	11.4	4.8	13.2	14.1	12.2
1953—1991年	9.0	3.7	11.7	10.8	12.7
1979—1991年	10.7	5.9	12.2	14.0	10.6

注：本表按可比价格计算。

2-38 工农业总产值构成

年　份	以工农业总产值为100				以工业总产值为100	
	农　业	工　业	轻工业	重工业	轻工业	重工业
1952	56.9	43.1	27.8	15.3	64.5	35.5
1953	53.1	46.9	29.4	17.5	62.7	37.3
1954	51.0	49.0	30.2	18.9	61.6	38.4
1955	51.8	48.2	28.5	19.7	59.2	40.8
1956	48.7	51.3	29.6	21.7	57.6	42.4
1957	43.3	56.7	31.2	25.5	55.0	45.0
1958	34.3	65.7	30.5	35.2	46.4	53.6
1959	25.1	74.9	31.1	43.8	41.5	58.5
1960	21.8	78.2	26.1	52.1	33.4	66.6
1961	34.5	65.5	27.8	37.7	42.5	57.5
1962	38.8	61.2	28.9	32.3	47.2	52.8
1963	39.3	60.7	27.2	33.5	44.8	55.2
1964	38.2	61.8	27.4	34.4	44.3	55.7
1965	37.3	62.7	32.3	30.4	51.6	48.4
1966	35.9	64.1	31.4	32.7	49.0	51.0
1967	40.1	59.9	31.8	28.1	53.0	47.0
1968	41.9	58.1	31.2	26.9	53.7	46.3
1969	36.3	63.7	32.0	31.7	50.3	49.7
1970	32.5	67.5	31.1	36.4	46.1	53.9
1971	30.7	69.3	29.8	39.5	43.0	57.0
1972	29.5	70.5	30.2	40.2	42.9	57.1
1973	29.6	70.4	30.6	39.9	43.4	56.6
1974	30.3	69.7	31.0	38.7	44.4	55.6
1975	28.2	71.8	31.6	40.2	44.1	55.9
1976	27.7	72.3	31.9	40.3	44.2	55.8
1977	25.2	74.8	32.9	41.9	44.0	56.0
1978	24.8	75.2	32.4	42.8	43.1	56.9
1979	26.6	73.4	32.1	41.3	43.7	56.3
1980	27.2	72.8	34.3	38.5	47.1	52.8
1981	28.8	71.2	36.7	34.5	51.5	48.5
1982	29.9	70.1	35.2	34.9	50.2	49.8
1983	29.9	70.1	34.0	36.1	48.5	51.5
1984	29.7	70.3	33.3	37.0	47.4	52.6
1985	27.1	72.9	34.3	38.6	47.1	52.9
1986	26.4	73.6	35.0	38.6	47.6	52.4
1987	25.3	74.7	36.0	38.7	48.2	51.8
1988	24.3	75.7	37.3	38.4	49.3	50.7
1989	22.9	77.1	37.7	39.4	48.9	51.1
1990	24.3	75.7	37.4	38.3	49.4	50.6
1991	22.4	77.6	37.9	39.7	48.9	51.1

注：本表按当年价格计算。

2-39 各地区工农业总产值

（1991年）

单位：亿元

地　区	工农业总产值	农　业	工　业	轻工业	重工业
全　国	36 405.0	8 157.0	28 248.0	13 800.9	14 447.1
北　京	957.3	76.5	880.8	387.6	493.2
天　津	822.5	58.1	764.4	370.1	394.3
河　北	1 709.6	377.6	1 332.0	633.0	699.0
山　西	714.4	113.0	601.5	151.8	449.7
内蒙古	464.0	164.1	299.9	119.8	180.1
辽　宁	2 162.9	302.3	1 860.6	574.2	1 286.4
吉　林	802.8	188.4	614.4	244.8	369.5
黑龙江	1 231.4	247.7	983.7	317.2	666.6
上　海	2 020.8	73.7	1 947.2	976.3	970.8
江　苏	3 741.3	580.9	3 160.3	1 682.4	1 477.9
浙　江	2 170.0	368.6	1 801.4	1 173.7	627.7
安　徽	1 083.2	317.3	766.0	392.8	373.1
福　建	915.6	256.7	658.9	413.3	245.6
江　西	769.5	271.6	497.9	221.5	276.4
山　东	3 392.2	793.0	2 599.2	1 326.8	1 272.4
河　南	1 753.7	531.1	1 222.7	555.0	667.7
湖　北	1 541.1	405.0	1 136.0	531.3	604.8
湖　南	1 229.3	425.6	803.7	354.0	449.7
广　东	3 178.9	654.8	2 524.1	1 658.6	865.5
广　西	699.6	278.2	421.5	227.1	194.4
海　南	132.5	75.8	56.7	38.1	18.6
四　川	2 114.3	680.1	1 434.2	666.8	767.4
贵　州	412.1	165.3	246.8	104.1	142.7
云　南	616.6	222.9	393.6	203.9	189.8
西　藏	24.3	20.9	3.4	1.0	2.4
陕　西	694.2	185.4	508.8	214.4	294.4
甘　肃	422.7	108.4	314.4	85.4	229.0
青　海	85.8	25.2	60.5	17.7	42.9
宁　夏	100.1	27.0	73.1	19.5	53.6
新　疆	442.6	162.0	280.6	138.8	141.8

注：本表按当年价格计算。

2-40 各地区工农业总产值构成

(1991年)

地区	以工农业总产值为100				以工业总产值为100	
	农业	工业	轻工业	重工业	轻工业	重工业
全国	**22.4**	**77.6**	**37.9**	**39.7**	**48.9**	**51.1**
北京	8.0	92.0	40.5	51.5	44.0	56.0
天津	7.1	92.9	45.0	47.9	48.4	51.6
河北	22.1	77.9	37.0	40.9	47.5	52.5
山西	15.8	84.2	21.2	62.9	25.2	74.8
内蒙古	35.4	64.6	25.8	38.8	40.0	60.0
辽宁	14.0	86.0	26.5	59.5	30.9	69.1
吉林	23.5	76.5	30.5	46.0	39.9	60.1
黑龙江	20.1	79.9	25.8	54.1	32.2	67.8
上海	3.6	96.4	48.3	48.0	50.1	49.9
江苏	15.5	84.5	45.0	39.5	53.2	46.8
浙江	17.0	83.0	54.1	28.9	65.2	34.8
安徽	29.3	70.7	36.3	34.4	51.3	48.7
福建	28.0	72.0	45.1	26.8	62.7	37.3
江西	35.3	64.7	28.8	35.9	44.5	55.5
山东	23.4	76.6	39.1	37.5	51.0	49.0
河南	30.3	69.7	31.6	38.1	45.4	54.6
湖北	26.3	73.7	34.5	39.2	46.8	53.2
湖南	34.6	65.4	28.8	36.6	44.0	56.0
广东	20.6	79.4	52.2	27.2	65.7	34.3
广西	39.8	60.2	32.5	27.8	53.9	46.1
海南	57.2	42.8	28.7	14.1	67.1	32.9
四川	32.2	67.8	31.5	36.3	46.5	53.5
贵州	40.1	59.9	25.3	34.6	42.2	57.8
云南	36.2	63.8	33.1	30.8	51.8	48.2
西藏	86.0	14.0	4.2	9.8	29.7	70.3
陕西	26.7	73.3	30.9	42.4	42.1	57.9
甘肃	25.6	74.4	20.2	54.2	27.2	72.8
青海	29.4	70.6	20.6	50.0	29.2	70.8
宁夏	26.9	73.1	19.5	53.5	26.7	73.3
新疆	36.6	63.4	31.4	32.0	49.5	50.5

注:本表按当年价格计算。

2-41 社会总产品构成情况

年　份	以社会总产品为100				
	补偿消耗掉的生产资料	生产性固定资产和流动资产积累	非生产性固定资产积累和商品库存	社会集体消费	居民个人消费
1952	42.0	6.5	6.3	4.2	42.8
1953	42.9	6.7	6.8	4.1	40.9
1954	44.4	7.3	7.2	3.2	39.2
1955	44.3	6.7	6.4	3.3	40.6
1956	46.2	9.4	3.8	3.5	37.4
1957	43.5	8.5	6.0	3.3	40.4
1958	47.7	14.6	3.1	2.6	31.9
1959	52.0	19.0	2.9	2.9	25.2
1960	54.5	18.2	0.5	3.0	25.5
1961	49.6	7.7	2.1	3.2	38.2
1962	48.7	3.5	2.0	3.8	43.4
1963	48.9	6.0	3.4	3.6	40.5
1964	48.6	7.1	4.5	3.5	37.1
1965	48.5	9.6	4.0	3.2	33.2
1966	48.2	10.6	4.8	3.1	31.6
1967	46.4	9.0	1.9	3.5	37.0
1968	46.6	8.8	2.4	3.4	38.5
1969	49.2	8.5	2.7	3.5	33.5
1970	49.3	11.7	4.6	3.0	30.1
1971	50.6	12.4	3.9	3.1	28.4
1972	51.4	11.6	3.1	3.2	28.7
1973	51.5	11.4	4.1	3.1	28.6
1974	51.7	11.5	3.7	3.2	28.7
1975	53.5	11.3	4.1	3.2	27.0
1976	55.3	10.9	2.9	3.2	27.6
1977	56.0	9.8	4.0	3.1	25.9
1978	56.0	11.4	4.5	3.1	24.4
1979	56.2	9.7	5.5	3.7	25.0
1980	56.8	7.4	6.2	3.6	26.0
1981	56.6	5.7	6.5	3.6	27.3
1982	57.3	5.8	6.6	3.7	27.0
1983	57.5	6.7	6.1	3.6	26.6
1984	57.1	8.0	5.6	3.9	25.8
1985	57.7	9.9	6.0	3.9	25.6
1986	58.7	9.9	5.6	4.1	25.1
1987	59.6	9.3	5.0	3.8	23.9
1988	60.6	9.1	5.1	3.5	23.5
1989	61.8	8.9	4.4	3.6	22.5
1990	62.2	7.6	4.8	3.8	21.6
1991	63.2	7.1	4.6	3.8	21.1
“一五”时期	44.3	7.8	5.9	3.5	39.6
“二五”时期	50.8	13.5	2.1	3.1	31.8
1963—1965年	48.6	7.7	4.0	3.4	36.6
“三五”时期	48.1	9.9	3.4	3.3	33.8
“四五”时期	51.8	11.6	3.8	3.1	28.2
“五五”时期	56.1	9.7	4.8	3.4	25.7
“六五”时期	57.3	7.6	6.1	3.7	26.3
“七五”时期	60.9	8.8	4.9	3.7	23.0

注： 1. 本表按当年价格计算。

2. 各项相加不等于100，相差部分为进出口差额所占比重。

2-42 各部门物质消耗占总产值的比重

（以总产值为100）

年　　份	物质生产部门合计	农　业	工　业	建筑业	运输业	商　业
1952	42.0	26.2	67.0	63.2	28.6	22.1
1957	43.5	20.9	63.5	61.9	35.0	24.1
1962	48.7	24.0	67.1	56.8	38.7	33.1
1965	48.5	23.0	64.0	70.1	36.3	32.3
1970	49.3	23.8	62.7	70.5	36.8	25.2
1975	53.5	24.9	64.1	74.1	40.0	37.8
1976	55.3	25.3	66.3	72.4	40.6	45.0
1977	56.0	27.1	66.1	73.2	40.8	38.0
1978	56.0	29.4	64.9	78.0	42.4	32.9
1979	56.2	27.8	65.2	79.8	42.1	40.1
1980	56.8	31.0	65.0	75.9	49.6	43.9
1981	56.6	30.8	65.9	74.2	49.0	45.3
1982	57.3	30.6	66.5	77.1	48.6	51.3
1983	57.5	30.1	66.9	75.4	47.8	53.7
1984	57.1	30.0	67.0	76.0	47.2	45.3
1985	57.7	31.1	67.4	75.3	46.9	36.8
1986	58.7	32.2	68.1	74.8	46.5	39.1
1987	59.6	32.5	69.1	73.8	45.3	38.0
1988	60.6	34.9	70.3	73.6	45.0	34.1
1989	61.8	35.6	71.7	72.7	44.7	34.4
1990	62.2	34.7	72.4	72.4	48.7	38.6
1991	63.2	35.4	72.7	71.5	48.9	39.0
“一五”时期平均	44.3	26.2	65.6	64.4	33.6	23.4
“二五”时期平均	50.8	24.0	65.4	67.0	36.0	24.6
1963—1965年平均	48.6	25.4	64.5	66.4	38.4	36.0
“三五”时期平均	48.1	23.7	63.6	69.6	37.8	26.2
“四五”时期平均	51.8	24.5	63.5	72.9	38.9	31.0
“五五”时期平均	56.1	28.4	65.4	76.2	43.6	39.7
“六五”时期平均	57.3	30.5	66.9	75.6	47.7	44.7
“七五”时期平均	60.9	34.3	70.7	73.4	46.4	36.5

注：1.本表按当年价格计算。

2.物质消耗的高低除受经济效益好坏影响外，还受部门结构和技术条件变化等因素制约，不可简单进行比较。

2-43 各地区各部门物质消耗占总产值的比重

(1990年)　　　　单位：%

地　区	物质生产部门合计	农　业	工　业	建筑业	运输业	商　业
北　京	65.2	38.9	71.5	67.8	58.5	22.1
天　津	72.2	46.9	76.7	75.2	61.3	55.2
河　北	59.9	37.7	68.2	72.2	49.5	37.1
山　西	61.9	34.2	69.0	72.5	56.6	39.9
内蒙古	56.4	30.6	69.5	69.3	58.4	52.7
辽　宁	65.1	39.1	70.8	70.9	55.4	43.4
吉　林	61.5	33.6	70.2	71.0	55.3	61.1
黑龙江	57.7	34.7	63.5	67.7	56.0	50.2
上　海	69.8	50.1	73.3	73.4	61.0	32.7
江　苏	70.0	40.4	77.7	73.9	53.7	48.3
浙　江	64.9	34.2	74.6	70.2	46.5	32.1
安　徽	57.4	35.3	68.3	70.4	50.3	56.5
福　建	57.7	34.7	70.6	65.1	47.2	25.9
江　西	56.2	31.2	71.7	71.0	43.1	38.7
山　东	64.8	34.8	74.1	70.9	56.0	50.0
河　南	59.4	36.3	71.8	71.5	51.8	33.4
湖　北	59.8	28.8	72.8	71.7	55.1	45.0
湖　南	55.6	31.0	69.5	71.2	53.8	36.0
广　东	63.4	36.7	74.2	70.6	50.3	41.8
广　西	53.5	30.6	69.5	69.4	57.0	40.2
海　南	50.5	32.8	71.4	68.2	47.1	39.7
四　川	57.2	33.9	71.5	65.8	57.3	29.2
贵　州	52.3	34.0	63.9	68.0	57.0	31.0
云　南	46.9	23.1	58.6	72.6	61.5	28.6
西　藏	45.5	20.4	55.9	65.5	54.9	72.8
陕　西	60.0	37.9	69.4	68.2	43.7	49.7
甘　肃	59.0	38.0	69.2	70.0	59.2	35.9
青　海	55.0	29.9	64.6	67.6	71.8	31.0
宁　夏	59.4	33.6	69.4	71.2	59.5	34.4
新　疆	55.3	34.9	70.2	64.4	61.0	30.9

注：本表按当年价格计算。

2-44 劳动生产率、人均消费水平和平均工资增长速度

年份	社会劳动生产率增长速度(%)		居民人均消费水平增长速度(%)		工业劳动生产率增长速度(%)		工业职工平均实际工资增长速度(%)	
	比上年增长	比1978年增长	比上年增长	比1952年增长	比上年增长	比1952年增长	比上年增长	比1952年增长
1953			7.7	7.7	27.1	27.1	6.6	6.6
1954			0.4	8.2	8.4	38.0	1.0	7.7
1955			6.4	15.1	5.3	45.3	-3.0	4.4
1956			4.3	20.0	35.5	96.8	11.4	16.3
1957			2.4	22.9	11.6	119.5	0.4	16.7
1958			1.4	24.6	-25.2	64.3	-19.3	-5.8
1959			-9.9	12.3	4.3	71.3	-2.6	-8.2
1960			-5.9	5.6	34.5	130.2	1.0	-7.3
1961			-6.0	-0.6	-34.3	51.3	-12.2	-18.7
1962			4.4	3.7	12.0	69.6	7.1	-12.9
1963			10.3	14.4	32.5	124.6	11.8	-2.6
1964			6.2	21.5	25.1	180.8	5.5	2.8
1965			9.2	32.7	20.3	237.9	0.7	3.6
1966			4.1	38.1	16.1	292.3	-1.0	2.5
1967			3.5	42.9	-20.0	213.7	2.4	5.0
1968			-3.5	37.8	-11.7	177.1	-1.1	3.9
1969			2.6	41.4	25.6	247.9	-1.5	2.5
1970			4.1	47.3	19.5	315.7	-4.0	-1.7
1971			1.1	48.9	-2.9	303.8	-2.1	-3.7
1972			2.8	53.0	-4.3	286.4	3.1	-0.8
1973			5.3	61.1	1.6	292.6	-0.9	-1.7
1974			-0.2	60.9	-5.8	270.0	-2.2	-3.8
1975			1.9	63.8	6.8	295.0	-0.4	-4.2
1976			1.8	66.8	-12.2	246.8	-0.8	-4.9
1977			1.0	68.5	8.5	276.1	-2.3	-7.1
1978			5.1	77.0	2.1	283.9	6.7	-0.9
1979	5.4	5.4	6.7	88.8	-4.9	265.0	7.5	6.6
1980	5.1	10.7	9.5	106.7	5.6	285.5	5.5	12.5
1981	1.2	12.0	6.9	121.1	-3.3	272.6	-1.8	10.4
1982	5.2	17.8	5.1	132.3	2.3	281.4	-0.3	10.0
1983	7.2	26.1	6.8	148.2	6.6	306.8	0.1	10.1
1984	11.1	40.3	11.0	175.5	9.5	345.3	17.6	29.4
1985	8.9	52.6	13.2	211.8	12.6	401.4	4.6	35.5
1986	4.8	60.0	4.3	225.0	3.0	416.3	7.8	46.1
1987	7.8	72.6	5.7	243.6	6.9	452.0	1.7	48.7
1988	8.2	86.5	6.8	267.1	13.2	524.8	-0.2	48.5
1989	2.0	90.1	-1.3	262.2	4.8	554.8	-3.4	43.3
1990	1.9	93.5	1.3	267.0	5.3	589.4	8.7	53.1
1991	4.9	103.0	8.2	302.6	9.0	653.1	4.7	63.1

注:社会劳动生产率是用平均每一个社会劳动者创造的国民生产总值(不变价)表示的;工业劳动生产率是用平均每一个工业劳动者创造的工业净产值(不变价)表示的。

2-45 货币流通增长速度同相关指标增长速度的比率

（以货币流通增长速度为 1）

年　　份	国民收入	农业、轻工业总　产　值	社会商品零售总额	社会零售商品货源	社会农副产品收购总额
1953	0.50	0.38	0.63	0.45	0.45
1954	0.20	0.28	0.35	0.28	0.54
1955	—	—	—	—	—
1956	0.35	0.29	0.51	0.08	—
1957	0.18	—	0.17	0.89	0.80
1958	3.21	2.18	2.16	1.43	0.79
1959	0.28	0.12	0.49	0.66	0.65
1960	—	—	0.55	—	—
1961	—	0.02	—	—	—
1962	0.99	—	0.08	—	—
1963	—	—	—	—	—
1964	—	—	—	—	—
1965	28.47	38.89	7.55	8.31	20.01
1966	1.06	0.71	0.69	0.83	0.94
1967	—	—	0.33	—	—
1968	—	—	—	0.07	—
1969	3.84	2.78	2.34	1.91	—
1970	—	—	—	—	—
1971	—	—	—	—	—
1972	0.26	0.31	0.94	0.40	0.20
1973	0.94	1.06	0.90	1.38	1.72
1974	0.15	0.34	0.58	0.15	0.25
1975	0.85	1.14	1.20	1.65	0.95
1976	—	0.16	0.71	0.03	—
1977	1.30	0.99	1.01	2.02	0.77
1978	—	—	—	—	—
1979	0.69	0.99	0.95	0.91	1.71
1980	0.46	0.74	0.85	0.67	0.82
1981	0.28	0.58	0.41	0.53	0.56
1982	0.62	0.68	0.72	0.82	1.03
1983	0.58	0.46	0.56	0.55	0.87
1984	0.77	0.63	0.73	0.57	0.55
1985	0.57	0.47	0.65	0.72	0.39
1986	0.63	0.74	0.79	0.84	0.98
1987	0.69	0.79	0.65	0.56	0.71
1988	0.71	0.85	0.76	0.81	0.73
1989	0.45	0.60	0.32	0.57	0.47
1990	0.59	0.81	0.16		0.62
1991	0.72	0.76	0.80		0.73
平均增长速度比率					
“一五”时期	0.43	0.29	0.54	0.47	0.43
“二五”时期	0.02	0.13	0.32	0.22	—
1963—1965年	—	—	—	—	—
“三五”时期	0.65	0.49	0.48	0.59	0.24
“四五”时期	0.79	0.88	1.20	1.05	0.96
“五五”时期	0.83	1.05	1.13	1.11	1.23
“六五”时期	0.56	0.55	0.61	0.64	0.60
“七五”时期	0.62	0.76	0.56		0.69

注：　1. 本表按当年价格计算。空缺年份为负数。

2-46 国民收入、财政收支、固定资产投资之间的比例

年份	财政收入占国民生产总值%		财政收入占国民收入%		全民所有制单位固定资产投资占国民收入%	基建拨款占财政支出%
	不包括国外借款	包括国外借款	不包括国外借款	包括国外借款		
1952			29.5	31.2	7.4	26.5
1953			30.1	31.4	12.9	32.0
1954			33.9	35.1	13.7	34.2
1955			32.4	34.5	13.4	32.9
1956			32.5	32.6	18.2	45.7
1957			34.1	34.2	16.7	40.7
1958			34.7		25.0	56.0
1959			39.9		30.1	54.7
1960			46.9		34.1	54.2
1961			35.8		15.7	30.0
1962			33.9		9.4	18.2
1963			34.2		11.7	23.6
1964			34.3		14.2	31.0
1965			34.1		15.6	34.0
1966			35.2		16.1	35.3
1967			28.2		12.6	36.5
1968			25.5		10.7	32.8
1969			32.6		15.3	39.2
1970			34.4		19.1	45.9
1971			35.9		20.1	42.3
1972			35.9		19.3	40.3
1973			34.9		18.9	39.2
1974			33.4		19.7	39.6
1975			32.6		21.8	39.8
1976			32.0		21.6	38.6
1977			33.1		20.7	35.7
1978	31.2	31.2	37.2		22.2	40.7
1979	26.7	27.6	31.9	32.9	20.9	40.4
1980	23.3	24.3	28.3	29.4	20.2	34.6
1981	21.3	22.8	25.8	27.6	16.9	29.7
1982	20.9	21.6	25.5	26.4	19.9	26.8
1983	20.8	21.5	25.6	26.4	20.1	29.6
1984	21.1	21.6	26.0	26.6	21.0	31.6
1985	21.5	21.8	26.2	26.6	23.9	31.6
1986	22.5	23.3	27.8	28.8	25.2	28.8
1987	20.0	21.0	24.3	25.4	24.7	25.7
1988	17.7	18.7	21.2	22.4	23.5	23.4
1989	17.5	18.4	21.3	22.4	19.2	20.6
1990	17.7	18.7	21.8	23.0	20.3	21.0
1991	17.3	18.2	21.3	22.4	22.5	19.4
“一五”时期平均			32.7	33.6	15.2	37.6
“二五”时期平均			38.6		23.9	46.0
1963-1965年平均			34.2		14.1	30.1
“三五”时期平均			31.5		15.1	38.7
“四五”时期平均			34.4		20.0	40.2
“五五”时期平均			32.3	32.8	21.1	38.1
“六五”时期平均	21.1	21.8	25.8	26.7	20.8	30.1
“七五”时期平均	18.7	19.7	22.8	23.9	22.1	23.5

2-47 民族自治地方行政区划

(1991年)

单位:个

省级单位名称	地级	市级	县级	省级单位名称	地级	市级	县级
全国	62	71	589	广西壮族自治区	8	12	76
河北省			6	海南省			7
内蒙古自治区	8	17	71	四川省	3	1	54
辽宁省			10	贵州省	3	3	43
吉林省	1	5	6	云南省	8	5	74
黑龙江省			1	西藏自治区	6	2	76
浙江省			1	甘肃省	2	1	19
湖北省	1	2	8	青海省	6	2	33
湖南省	1	1	14	宁夏回族自治区	2	4	16
广东省			3	新疆维吾尔自治区	13	16	71

注:市级单位中包含14个地级市。

2-48 民族自治地方自然资源

项目	单位	1991年	占全国%
一、民族自治地方总面积	万平方公里	617.03	64.3
二、民族自治地方牧区、半农半牧区草原面积	万公顷	30 000	75.0
三、民族自治地方森林面积	万公顷	4 786.7	38.4
四、民族自治地方林木蓄积量	亿立方米	52.43	57.4
五、民族自治地方水力资源蕴藏量	亿千瓦	3.55	52.5

2-49 民族自治地方人口

(1991年底)

地区	民族自治地方			地区	民族自治地方		
	总人口(万人)	少数民族人口(万人)	少数民族人口占自治地方总人口%		总人口(万人)	少数民族人口(万人)	少数民族人口占自治地方总人口%
全国	15 468.50	7 037.42	45.5	广西	4 294.49	1 664.49	38.8
河北	188.03	102.01	54.3	海南	217.91	96.33	44.2
内蒙古	2 164.79	406.10	18.8	四川	820.89	441.43	53.8
辽宁	445.15	246.60	55.4	贵州	1 351.37	752.39	55.7
吉林	323.18	155.46	48.1	云南	1 935.10	1 032.00	53.3
黑龙江	23.86	4.78	20.0	西藏	221.78	213.68	96.3
浙江	17.24	1.72	10.0	甘肃	275.67	149.19	54.1
湖北	425.58	201.19	47.3	青海	284.71	164.33	57.7
湖南	434.04	280.81	64.7	宁夏	473.88	159.30	33.6
广东	42.80	14.52	33.9	新疆	1 528.03	951.09	62.2

2—50 全国少数民族分布的主要地区

民　族	分布的主要地区	民　族	分布的主要地区
蒙古族	内蒙古、辽宁、吉林、河北、黑龙江、新疆、青海、甘肃	景颇族	云南
		柯尔克孜族	新疆
回族	宁夏、甘肃、河南、新疆、青海、云南、河北、山东、安徽、辽宁、北京、内蒙古、天津、黑龙江、陕西、贵州、吉林、江苏、四川	土族	青海、甘肃
		达斡尔族	内蒙古、黑龙江
		仫佬族	广西
藏族	西藏、四川、青海、甘肃、云南	羌族	四川
维吾尔族	新疆	布朗族	云南
苗族	贵州、湖南、云南、四川、广西、湖北、海南	撒拉族	青海、甘肃
彝族	云南、四川、贵州	毛南族	广西
壮族	广西、云南、广东	仡佬族	贵州
布依族	贵州、云南	锡伯族	辽宁、新疆
朝鲜族	吉林、黑龙江、辽宁、内蒙古	阿昌族	云南
满族	辽宁、河北、黑龙江、吉林、内蒙古、北京	普米族	云南
侗族	贵州、湖南、广西、湖北	塔吉克族	新疆
瑶族	广西、湖南、云南、广东、贵州	怒族	云南
白族	云南、贵州、湖南	乌孜别克族	新疆
土家族	湖南、湖北、四川、贵州	俄罗斯族	新疆、黑龙江
哈尼族	云南	鄂温克族	内蒙古
哈萨克族	新疆、甘肃	德昂族	云南
傣族	云南	保安族	甘肃
黎族	海南、贵州	裕固族	甘肃
傈僳族	云南、四川	京族	广西
佤族	云南	塔塔尔族	新疆
畲族	福建、浙江、江西、广东	独龙族	云南
高山族	台湾、福建	鄂伦春族	黑龙江、内蒙古
拉祜族	云南	赫哲族	黑龙江
水族	贵州、广西	门巴族	西藏
东乡族	甘肃、新疆	珞巴族	西藏
纳西族	云南	基诺族	云南

2-51 民族自治地方主要经济指标

指　　标	单　位	1952年	1978年	1985年	1990年	1991年
一、工农业总产值	**亿　元**	57.9	367.7	801.0	1 290.2	2 672.7
农业总产值	亿　元	46.5	155.6	351.3	475.2	1 125.4
工业总产值	亿　元	11.4	212.1	449.7	815.0	1 547.3
二、农　　业						
耕地面积	万公顷	1 348	1 640	1 747	1 763	1 765
灌溉面积	万公顷	363	601	685	764	737
粮食产量	万　吨	1 582	3 124	4 006	5 373	5 460
棉花产量	万　吨	3.14	5.97	19.36	47.40	65.24
大牲畜年底头数	万　头	2 439	3 807	4 749	5 286	5 360
羊年底只数	万　只	4 030	9 580	9 757	11 362	11 281
猪年底头数	万　头	1 137	3 260	4 533	5 665	5 852
三、工　　业						
钢产量	万　吨		128.5	232.5	368.3	376.9
生铁产量	万　吨	0.9	168.2	258.1	417.0	414.1
原煤产量	万　吨	178	6 081	8 597	10 155	12 414
原油产量	万　吨	5.2	577.7	504.9	1 265.0	1 363.1
发电量	亿千瓦小时	0.8	174.0	389.0	738.5	759.4
木材产量	万立方米	233	1 212	1 826	1 761	1 759
棉布产量	亿　米	0.35	3.73	5.42	7.37	7.14
四、运输邮电						
铁路通车里程	公　里	3 787.0	9 018.0	12 495.0	13 064.0	13 113.0
公路里程	万公里	2.59	20.80	25.41	29.20	29.03
邮路总长度	万公里	13.13	94.75	30.40	88.00	87.34
五、商　　业						
社会商品零售总额	亿　元	17.90	150.80	211.60	780.57	878.82
国内纯购进总额	亿　元	4.80	103.30	237.70	610.89	677.70
六、卫　　生						
卫生机构	个	1 176	23 934	30 432	31 973	32 142
卫生机构床位	张	5 711	253 520	314 137	359 382	365 439
卫生技术人员	万　人	1.79	27.94	42.37	48.87	50.03

注：1.工农业总产值，1952年按1952年不变价格计算，1978年按1970年不变价格计算，1985年、1990年按1980年不变价格计算，1991年按1990年不变价格计算。2.1985年以后棉布产量包括化纤混纺布。3.国内纯购进总额从1988年开始为全社会数字。

2-52 民族自治地方全民所有制单位基本建设投资总额

单位：亿元

时　期（年　份）	基本建设投资总额	时　期（年　份）	基本建设投资总额
1950-1991年总计	1 912.83	1982	48.62
恢复时期	5.60	1983	62.65
“一五”时期	40.78	1984	80.87
“二五”时期	119.93	1985	114.70
1963—1965年	45.06	“七五”时期	662.88
“三五”时期	90.05	1986	111.68
“四五”时期	152.12	1987	115.36
“五五”时期	237.58	1988	138.05
1978	53.04	1989	133.52
1979	54.10	1990	164.27
1980	56.81	“八五”时期	
“六五”时期	344.73	1991	214.10
1981	37.89		

2-53 民族自治地方主要经济指标发展速度

指　　标	1991年为各年%			平均每年增长%	
	1952年	1978年	1990年	1953-1991年	1979-1991年
一、工农业总产值	1 181.0	285.6	109.2	6.5	8.4
农业总产值	493.5	207.8	105.9	4.2	5.8
工业总产值	5 287.4	362.8	111.7	10.7	10.4
二、农业主要产品产量					
粮食产量	345.1	174.8	101.6	3.2	4.4
棉花产量	2 077.7	1 092.8	137.6	8.1	20.2
大牲畜年底头数	219.8	140.8	101.4	2.0	2.7
羊年底只数	279.9	117.8	99.3	2.7	1.3
猪年底头数	514.7	179.5	103.3	4.3	4.6
三、工业主要产品产量					
钢		293.3	102.3		8.6
原　煤	6 974.2	204.1	122.2	11.5	5.6
原　油	26 213.5	236.0	107.8	15.3	6.8
发电量	94 925.0	436.4	102.8	19.2	12.0
木　材	754.9	145.1	99.9	5.3	2.9
棉　布	2 040.0	191.4	96.9	8.0	5.1
四、运　　输					
铁路通车里程	346.3	145.4	100.4	3.2	2.9
公路里程	1 120.8	139.6	99.4	6.4	2.6
五、社会商品零售总额	4 909.6	582.8	112.6	10.5	14.5
六、卫生技术人员	2 795.0	179.1	102.4	8.9	4.6
七、全国少数民族在校学生					
高等学校	4 889.7	393.9	103.7	10.5	11.1
中等学校	3 736.2	136.1	109.9	9.7	2.4
小学校	665.2	127.6	91.7	5.0	1.9
八、出　　版					
少数民族文字出版的图书	744.4	154.8	127.3	5.3	3.4
少数民族文字出版的杂志	596.7	321.4	97.9	4.7	9.4
少数民族文字出版的报纸	408.5	169.4	80.8	3.7	4.1

注:1.本表第七、八项为全国范围的统计数,即包括了民族自治地方以外的数字。2.工农业总产值发展速度按可比价格计算,并已消除1980年以后民族自治地方区域变动因素。

2-54 少数民族文化教育事业

指　　标	单　位	1952年	1965年	1978年	1985年	1990年	1991年
少数民族在校学生							
高等学校	万人	0.29	2.19	3.60	9.41	13.67	14.18
中等学校	万人	9.20	39.07	252.62	236.10	312.81	343.73
小学校	万人	147.42	521.90	768.56	954.81	1 069.52	980.65
少数民族教师数							
高等学校	人	623*	3 311	5 876	12 775	17 533	18 869
中等学校	万人	0.27	1.61	11.69	14.03	19.78	21.95
小学校	万人	5.98*	13.32	31.02	39.78	45.87	46.41
少数民族文字出版的图书	万册	661.2	2 480	3 179	3 629	3 867	4 922
少数民族文字出版的杂志	万册	168.6	268	313	1 035	1 027	1 006
少数民族文字出版的报纸	万份	2 933.3	3 955	7 072	11 402	14 835	11 983

注：1.本表是全国统计数。带*号是1953年数；2.1952年中等学校教师0.27万人为普通中学专任教师；3.本表中等学校,不包括农、职业中学和工读学校。

图 2-1 国民生产总值指数及构成

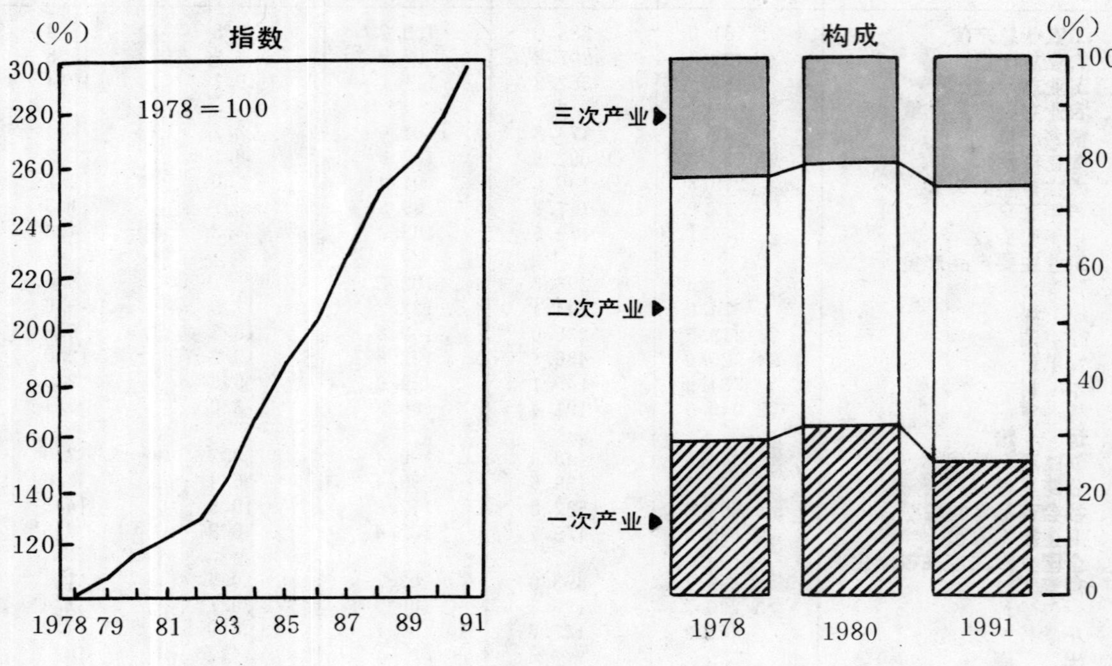

图 2-2 国民收入指数及构成

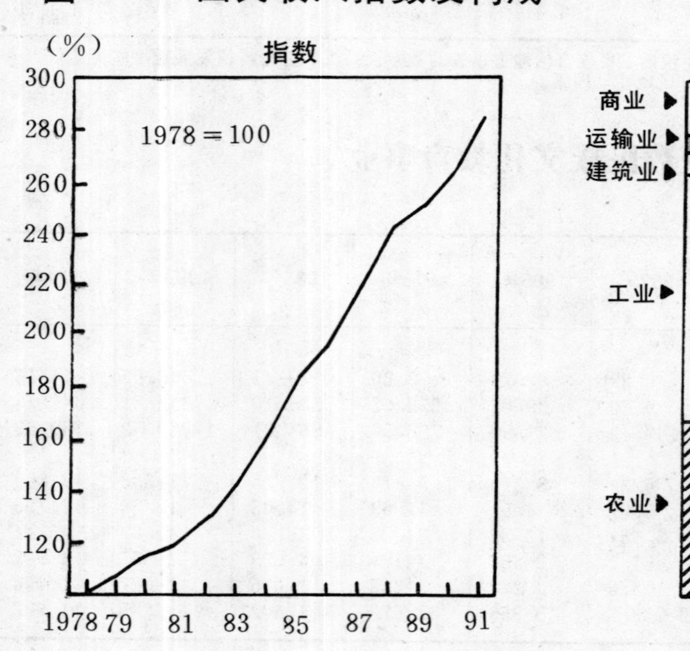

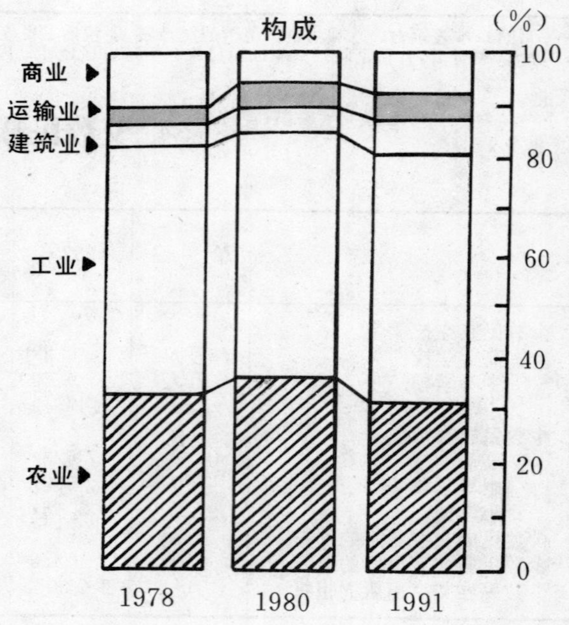

图 2-3　国民收入消费额和积累额

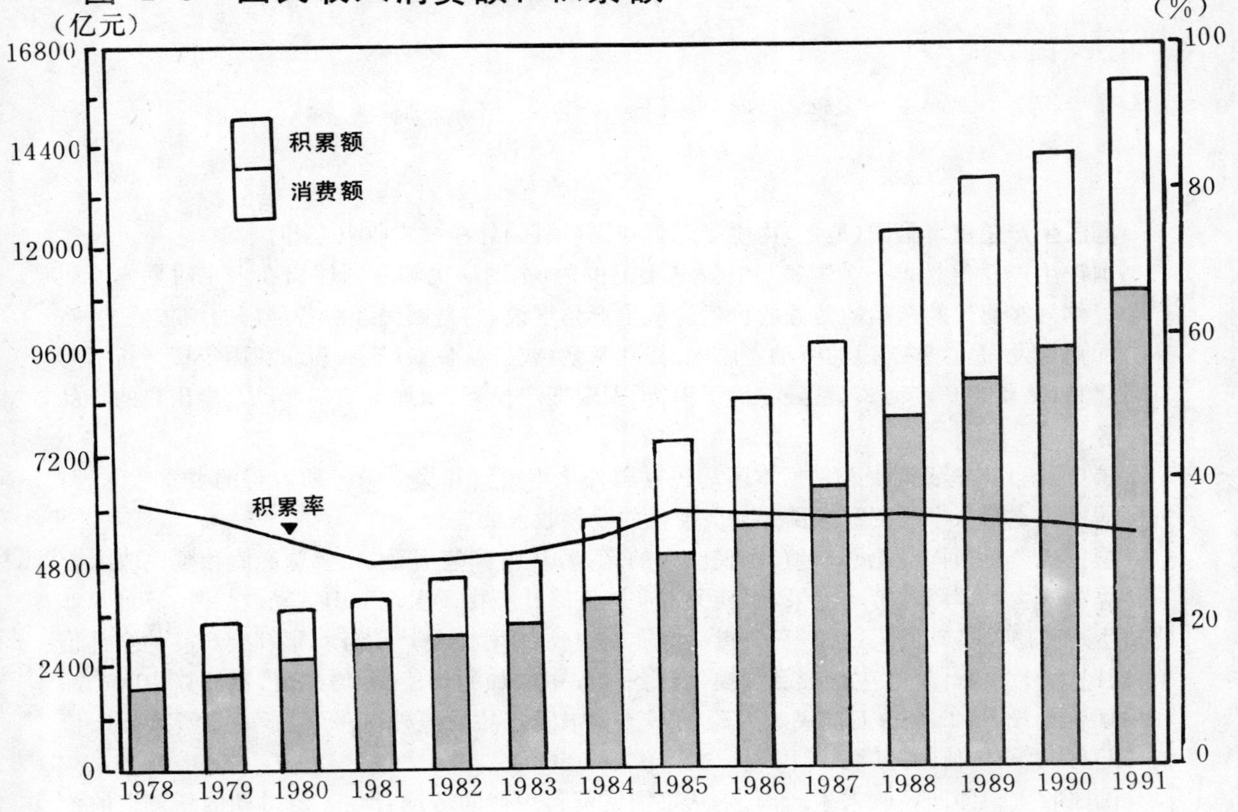

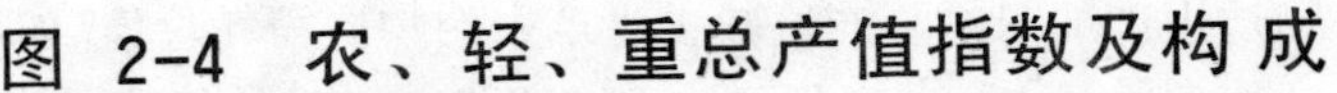

图 2-4　农、轻、重总产值指数及构成

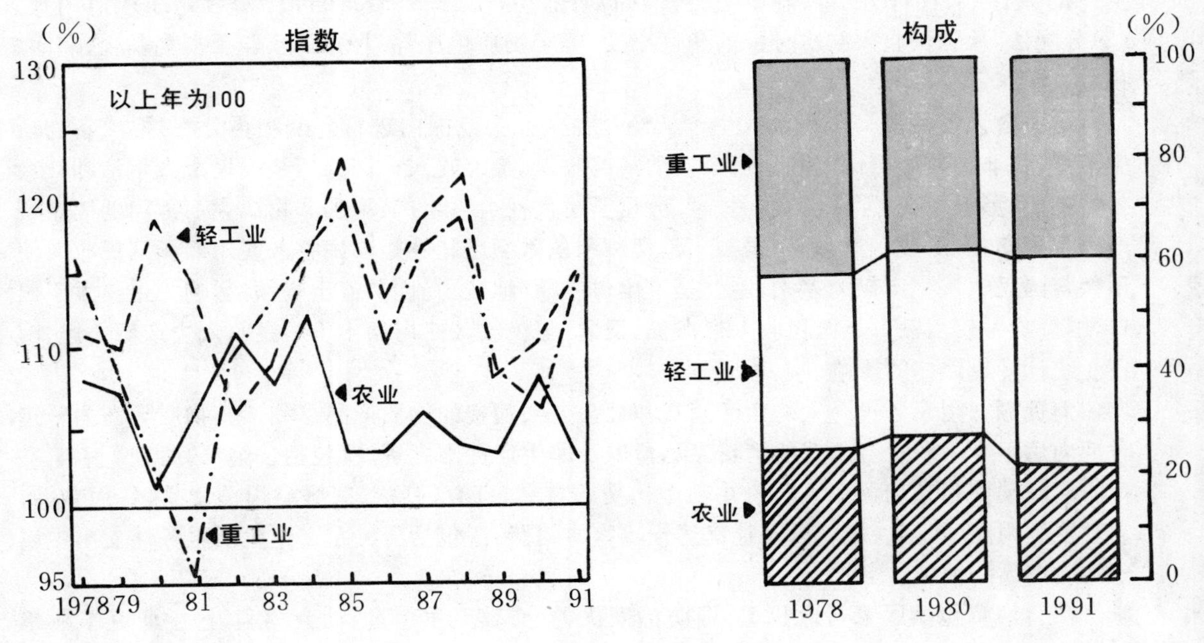

主 要 统 计 指 标 解 释

国民生产总值 是国(地区)内生产总值和国(地区)外净要素收入之和。

国内生产总值是指一个国家(地区)领土范围内,本国居民和外国居民在一定时期内所生产和提供最终使用的产品的劳务的价值。从生产角度说,它是国民经济各部门的增加值之和;从分配角度说,是这些部门的劳动者收入、福利基金(或公益金)、税金、利润和固定资产折旧等项目之和;从使用角度说,它是最终用于消费、固定资产投资、增加流动资产以及净出口的产品和劳务。

国(地区)外净要素收入是指本国居民对国外从事投资和提供劳务所取得的要素收入,与外国居民对本国从事投资和提供劳务所取得的要素收入的差额。

国民生产总值同社会总产值、国民收入的区别,从核算范围看,社会总产值和国民收入都只计算物质生产部门的劳动成果,而国民生产总值除计算物质生产部门劳动成果外,还计算非物质生产部门的劳动成果。从这三个指标的价值构成看,社会总产值计算了社会产品的全部价值;国民生产总值计算在生产产品和提供劳务过程中增加的价值,即增加值,不计算中间产品和中间劳务投入的价值;而国民收入除了不计算中间产品价值外,还不包括固定资产折旧价值,即只计算净产值。

国民收入 即国民收入生产额,是从事物质资料生产的劳动者在一定时期内新创造的价值,也就是从社会总产值中扣除生产过程中消耗掉的生产资料价值后的净产值,农业、工业、建筑业、运输邮电业和商业(包括饮食业和物资供销业)净产值之和就是国民收入。我国计算国民收入的方法有二:(1)生产法,用各物质生产部门的总产值减去生产中的物质消耗价值(如用于生产的原材料、种籽、肥料、燃料、动力等的消耗,生产用固定资产折旧等)后的净产值相加。(2)分配法,从国民收入初次分配的角度出发,等于物质生产部门的工资、职工福利基金、利润、税金、利息等项目的总和。

国民收入使用额 国民收入生产额经过在全社会范围内进行分配和再分配,形成各物质生产部门、非物质生产部门和居民个人的最终收入。最终收入一部分用于居民个人生活和社会公共需要,形成消费,即消费额;另一部分用于扩大社会再生产、增加非物质生产部门的固定资产和各种储备,形成积累,即积累额。消费额和积累额之和就是国民收入使用额。国民收入使用额与国民收入生产额的差别,主要是进出口差额(地区为流入、流出差额)影响。进口大于出口,国民收入使用额大于国民收入生产额,反之,国民收入使用额小于国民收入生产额。此外,还受统计计算误差的影响。

消费额 用于居民个人的生活消费和社会公共消费的物质产品总和。其物质形态为一定时期内用于个人和社会消费的消费品总量以及非生产性固定资产(包括住宅)的磨损。

居民消费包括居民个人日常生活中消费的食品、衣着、鞋袜、家庭耐用消费品、日用杂品、文教卫生用品、水、电、燃料以及住房磨损等物质消费,还包括居民在文化生活服务性支出中属于物质产品的消费。

社会消费包括国家行政机关、国防治安机关、文教卫生体育、社会福利、科学研究事业单位、经济建设部门的事业单位、人民团体等非生产机构使用的燃料、电力、办公用品、图书和一般设备购置等物质消费和这些单位的房屋及设备等固定资产磨损的价值。

积累额 用于社会扩大再生产和非生产性建设以及增加社会储备和物质产品价值，即国民收入使用额中除去用于当年消费之后的余额。其物质形态为一定时期内物质生产部门和非物质生产部门新增加的固定资产（扣除固定资产磨损）和流动资产。积累按用途可分为生产性积累和非生产性积累；按性能可分为固定资产积累和流动资产积累。

生产性积累由社会产品中的生产资料组成，包括物质生产部门新增加的生产用固定资产（扣除固定资产磨损）以及各生产企业的原材料、燃料、半成品和属于生产资料的产成品库存、商品库存、物资储备库存等流动资产的增加额。

非生产性积累由社会产品中的消费资料组成，包括新增加的各种非生产用固定资产（扣除磨损）以及生产消费品工业企业的产成品库存和商业部门消费品库存的增加额。

积累和消费在国民收入使用额中所占比重分别叫做积累率和消费率。

社会总产值 也称社会总产品，是以货币表现的农业、工业、建筑业、运输邮电业、商业（包括饮食业和物资供销业）五个物质生产部门的总产值之和。它是反映一个国家（地区）在一定时期内物质生产总成果的重要指标。

社会总产值，在实物形态上可分为生产资料和消费资料两大部类。在价值形态上可分为：(1)生产过程中消耗掉的生产资料转移的价值（物质消耗）；(2)劳动者新创造的价值，其中包括相当于劳动报酬的那部分必要产品的价值和为社会创造的剩余产品的价值。

物质消耗 指物质生产部门在生产过程中消耗掉的生产资料价值，各部门的物质消耗大体包括三个部分：第一，社会产品生产过程中实际消耗的原料、材料、燃料、电力、种籽、饲料等；第二，社会产品生产过程中支付的生产性服务费用，如生产过程中支付的外雇运输费、邮电费，以及委托其他生产企业进行的半成品加工费和修理费等；第三，生产性固定资产折旧和大修理基金。物质消耗的价值占总产值的比重称为物耗率。物耗率是反映效益的一个重要指标。

当年价格 指报告期的实际价格，如工厂的出厂价格，农产品的收购价格，商业的零售价格等。使用当年价格计算的数字，是为了使国民经济各项指标互相衔接，便于考察当年社会经济效益，便于对生产和流通、生产 分配、生产和消费进行经济核算和综合平衡。

按当年价格计算的价值指标，在不同年份之间进行对比时，因为包含有各年间价格变动的因素，不能确切地反映实物量的增减变动。必须消除价格变动因素后，才能真实反映经济发展动态。因此，在计算增长速度时都使用按可比价格计算的数字。

可比价格 指在不同时期的价值指标对比时，扣除了价格变动的因素，以确切反映物量的变化。按可比价格计算有两种方法：一种是直接用产品产量乘某一年的不变价格计算；另一种是用价格指数换算。

不变价格 指用同类产品的年平均价格作为固定价格，来计算各年产品价值。按不变价格计算的产品价值消除了价格变动因素，不同时期对比可以反映生产的发展速度。新中国成立后，随着工农业产品价格水平的变化，国家统计局先后五次制定了全国统一的工业产品不变价格和农业产品不变价格，从 1949 年到 1957 年使用 1952 年工（农）业产品不变价格，从 1957 年到 1971 年使用 1957 年不变价格，从 1971 年到 1981 年使用 1970 年不变价格，从 1981 年到 1990 年使用 1980 年不变价格，从 1990 年开始使用 1990 年不变价格。

平均每年增长速度 在我计算平均增长速度有两种方法，一种是习惯上经常使用的“水平法”，又称几何平均法，是以间隔期最后一年的水平同基期水平对比来计算平均每年增长（或下降）速度。另一种是“累计法”，又称代数平均法或方程法，是以间隔期内各年水平的总和同基期水平对比来计算平均每年增长（或下降）速度。

在一般正常情况下，两种方法计算的平均每年增长速度比较接近，但在经济发展不平衡，出现大起大落时，两种方法计算的结果差别较大。

本《年鉴》内所列的平均每年增长速度，除固定资产投资是用“累计法”计算以外，其余均用“水平法”计算。从某年到某年平均增长速度的年份，均不包括基期年在内。如建国四十二年的平均增长速度是以 1949 年为基期计算的，则写为 1950—1991 年平均增长速度，余类推。

各个计划时期 表内所用各个“时期”代表的年份如下：恢复时期为 1950 年到 1952 年；第一个五年计划时期（简称一五时期）为 1953 年到 1957 年；第二个五年计划时期（简称二五时期）为 1958 年到 1962 年；第三个五年计划时期（简称三五时期）为 1966 年到 1970 年；第四个五年计划时期（简称四五时期）为 1971 年到 1975 年；第五个五年计划时期（简称五五时期）为 1976 年到 1980 年；第六个五年计划时期（简称六五时期）为 1981 年到 1985 年；第七个五年计划时期（简称七五时期）为 1986 年到 1990 年。

全民所有制单位 指生产资料归全民所有的各种企业、事业单位，以及各级国家机关、人民团体等单位。

集体所有制单位 指生产资料归劳动者集体所有的各种企业、事业单位。包括农村各种经济组织经营的农、林、牧、副、渔业，乡、村经营的企业、事业单位；城市、县、镇以及街道举办的集体所有制的企业、事业单位。

三次产业 根据社会生产活动历史发展的顺序对产业结构的划分，产品直接取自自然界的部门称为第一产业，对初级产品进行再加工的部门称为第二产业，为生产和消费提供各种服务的部门称为第三产业。它是世界上通用的产业结构分类，但各国的划分不尽一致。我国的三次产业划分是：

第一产业：农业（包括种植业、林业、牧业、副业和渔业）。

第二产业：工业（包括采掘工业、制造业、自来水、电力、蒸气、热水、煤气）和建筑业。

第三产业：除第一、第二产业以外的其他各业。由于第三产业包括的行业多、范围广，根据我国的实际情况，第三产业可分为两大部门；一是流通部门，二是服务部门。具体又可分为四个层次。

第一层次：流通部门，包括交通运输业、邮电通讯业、商业、饮食业、物资供销和仓储业。

第二层次：为生产和生活服务的部门，包括金融、保险业，地质普查业，房地产、公用事业，居民服务业，咨询服务业和综合技术服务业，农、林、牧、渔、水利服务业和水利业，公路、内河（湖）航道养护业等。

第三层次：为提高科学文化水平和居民素质服务的部门，包括教育、文化、广播电视，科学研究、卫生、体育和社会福利事业等。

第四层次：为社会公共需要服务的部门，包括国家机关、政党机关、社会团体，以及军队和警察等。

三口人

3—1 人口数及构成

（年底数）

年份	总人口	按性别分				按城乡分			
		男		女		市镇总人口		乡村总人口	
	（万人）	人口数（万人）	比重（%）	人口数（万人）	比重（%）	人口数（万人）	比重（%）	人口数（万人）	比重（%）
1949	54 167	28 145	51.96	26 022	48.04	5 765	10.64	48 402	89.36
1950	55 196	28 669	51.94	26 527	48.06	6 169	11.18	49 027	88.82
1951	56 300	29 231	51.92	27 069	48.08	6 632	11.78	49 668	88.22
1952	57 482	29 833	51.90	27 649	48.10	7 163	12.46	50 319	87.54
1953	58 796	30 468	51.82	28 328	48.18	7 826	13.31	50 970	86.69
1954	60 266	31 242	51.84	29 024	48.16	8 349	13.69	52 017	86.31
1955	61 465	31 809	51.75	29 656	48.25	8 285	13.48	53 180	86.52
1956	62 828	32 536	51.79	30 292	48.21	9 185	14.62	53 643	85.38
1957	64 653	33 469	51.77	31 184	48.23	9 949	15.39	54 704	84.31
1958	65 994	34 195	51.82	31 799	48.18	10 721	16.25	55 273	83.75
1959	67 207	34 890	51.91	32 317	48.09	12 371	18.41	54 836	81.59
1960	66 207	34 283	51.78	31 924	48.22	13 073	19.75	53 134	80.25
1961	65 859	33 880	51.44	31 979	48.56	12 707	19.29	53 152	80.71
1962	67 295	34 517	51.29	32 778	48.71	11 659	17.33	55 636	82.67
1963	69 172	35 533	51.37	33 639	48363	11 646	16.84	57 526	83.16
1964	70 499	36 142	51.27	34 357	48.73	12 950	18.37	57 549	81.63
1965	72 538	37 128	51.18	35 410	48.82	13 045	17.98	59 493	82.02
1966	74 542	38 189	51.23	36 353	48.77	13 313	17.86	61 229	82.14
1967	76 368	39 115	51.22	37 253	48.78	13 548	17.74	62 820	82.26
1968	78 534	40 226	51.22	38 308	48.78	13 838	17.62	64 696	82.38
1969	80 671	41 289	51.18	39 382	48.82	14 117	17.50	66 554	82.50
1970	82 992	42 686	51.43	40 306	48.57	14 424	17.38	68 568	82.62
1971	85 229	43 819	51.41	41 410	48.59	14 711	17.26	70 518	82.74
1972	87 177	44 813	51.40	42 364	48.60	14 935	17.13	52 242	82.87
1973	89 211	45 876	51.42	43 335	48.58	15 345	17.20	73 866	82.80
1974	90 859	46 727	51.43	44 132	48.57	15 595	17.16	75 264	82.84
1975	92 420	47 564	51.47	44 856	48.53	16 030	17.34	76 390	82.66
1976	93 717	48 257	51.49	45 460	48.51	16 341	17.44	77 376	82.56
1977	94 974	48 908	51.50	46 066	48.50	16 669	17.55	78 305	82.45
1978	96 259	49 567	51.49	46 692	48.51	17 245	17.92	79 014	82.08
1979	97 542	50 192	51.46	47 350	48.54	18 495	18.96	79 047	81.04
1980	98 705	50 785	51.45	47 920	48.55	19 140	19.39	79 565	80.61
1981	100 072	51 519	51.48	48 553	48.52	20 171	20.16	79 901	79.84
1982	101 654	52 352	51.50	49 302	48.50	21 480	21.13	80 174	78.87
1983	103 008	53 152	51.60	49 856	48.40	22 274	21.62	80 734	78.38
1984	104 357	53 848	51.60	50 509	48.40	24 017	23.01	80 340	76.99
1985	105 851	54 725	51.70	51 126	48.30	25 094	23.71	80 757	76.29
1986	107 507	55 581	51.70	51 926	48.30	26 366	24.52	81 141	75.48
1987	109 300	56 290	51.50	63 010	48.50	27 674	25.32	81 626	74.68
1988	111 026	57 201	51.52	53 825	48.48	28 661	25.81	82 365	74.19
1989	112 704	58 099	51.55	54 605	48.45	29 540	26.21	83 164	73.79
1990	114 333	58 904	51.52	55 429	48.48	30 191	26.41	84 142	73.59
1991	115 823	59 466	51.34	56 357	48.66	30 543	26.37	85 280	73.63

注：1. 本表各年人口包括大陆30个省、自治区、直辖市和现役军人数字。

2. 1949—1980年市镇总人口是指辖区内全部人口；乡村总人口是指县人口，但不包括镇人口。

3. 1982年以后数字，是根据第四次人口普查数据调整的。市总人口指设区的市所辖的区人口和不设区的市所辖街道人口；镇总人口是指不设区的市所辖镇的居民委员会人口和县辖镇的居民委员会人口；乡村总人口是指除市镇人口以外的人口。

3—2　人口出生率、死亡率、自然增长率

单位：‰

年份	全国			市			县		
	出生率	死亡率	自然增长率	出生率	死亡率	自然增长率	出生率	死亡率	自然增长率
1949	36.00	20.00	16.00						
1952	37.00	17.00	20.00						
1957	34.03	10.80	23.23	44.48	8.47	36.01	32.81	11.07	21.74
1962	37.01	10.02	26.99	35.46	8.28	27.18	37.27	10.32	26.95
1963	43.37	10.04	33.33	44.50	7.13	37.37	43.19	10.49	32.70
1964	39.14	11.50	27.64	32.17	7.27	24.90	40.27	12.17	28.10
1965	37.88	9.50	28.38	26.59	5.69	20.90	39.53	10.06	29.47
1966	35.05	8.83	26.22	20.85	5.59	15.26	36.71	9.47	27.24
1967	33.96	8.43	25.53						
1968	35.59	8.21	27.38						
1969	34.11	8.03	26.08						
1970	33.43	7.60	25.83						
1971	30.65	7.32	23.33	21.30	5.35	15.95	31.86	7.57	24.29
1972	29.77	7.61	22.16	19.30	5.29	14.01	31.19	7.93	23.26
1973	27.93	7.04	20.89	17.35	4.96	12.39	29.36	7.33	22.03
1974	24.82	7.34	17.48	14.50	5.24	9.26	26.23	7.63	18.60
1975	23.01	7.32	15.69	14.71	5.39	9.32	24.18	7.59	16.58
1976	19.91	7.25	12.66	13.12	6.60	6.52	20.85	7.35	13.50
1977	18.93	6.87	12.06	13.38	5.51	7.87	19.70	7.06	12.64
1978	18.25	6.25	12.00	13.56	5.12	8.44	18.91	6.42	12.49
1979	17.82	6.21	11.61	13.67	5.07	8.60	18.43	6.39	12.04
1980	18.21	6.34	11.87	14.17	5.48	8.69	18.82	6.47	12.35
1981	20.91	6.36	14.55	16.45	5.14	11.31	21.55	6.53	15.02
1982	22.28	6.60	15.68						
1983	20.19	6.90	13.29						
1984	19.90	6.82	13.08						
1985	21.04	6.78	14.26						
1986	22.43	6.86	15.57						
1987	23.33	6.72	16.61						
1988	22.37	6.64	15.73						
1989	21.58	6.54	15.04	16.73	5.78	10.95	23.27	6.81	16.46
1990	21.06	6.67	14.39	16.14	5.71	10.43	22.80	7.01	15.79
1991	19.68	6.70	12.98	15.49	5.50	9.99	21.17	7.13	14.04

注：1982—1989年数据是根据1982、1990年两次人口普查推算数，1990、1991年是人口变动情况抽样调查数，其余均为公安年报数。

3—3 各地区总人口和出生率、死亡率、自然增长率

(1991年)

地区	年底总人口（万人）	出生率（‰）	死亡率（‰）	自然增长率（‰）
全国	**115 823**	**19.68**	**6.70**	**12.98**
北京	1 094	8.03	5.82	2.21
天津	909	11.94	5.78	6.16
河北	6 220	16.59	6.75	9.84
山西	2 942	21.56	6.87	14.69
内蒙古	2 184	16.77	6.97	9.80
辽宁	3 990	12.10	6.64	5.46
吉林	2 509	17.09	6.84	10.25
黑龙江	3 575	15.89	5.70	10.19
上海	1 340	7.68	7.01	0.67
江苏	6 844	17.05	6.50	10.55
浙江	4 202	14.48	6.39	8.09
安徽	5 761	21.19	6.06	15.13
福建	3 079	20.03	6.26	13.77
江西	3 865	21.20	7.13	14.07
山东	8 570	15.40	6.54	8.86
河南	8 763	19.78	6.63	13.15
湖北	5 512	20.70	7.36	13.34
湖南	6 209	20.50	7.30	13.20
广东	6 439	20.54	5.95	14.59
广西	4 324	21.89	7.24	14.65
海南	674	22.97	5.97	17.00
四川	10 897	15.82	7.29	8.53
贵州	3 315	22.42	8.11	14.31
云南	3 782	21.80	8.10	13.70
西藏	226	23.53	7.40	16.13
陕西	3 363	19.82	6.51	13.31
甘肃	2 285	19.38	6.05	13.33
青海	454	23.37	8.35	15.02
宁夏	480	21.96	5.13	16.83
新疆	1 555	24.45	7.86	16.59

注：1. 本表数字根据1991年人口变动情况抽样调查推算。不含台湾省和港澳地区中国同胞。
2. 全国总人口包括现役军人数，各地区均不包括。
3. 全国直接推算的总人口数，与分地区推算的总人口数之和相差461万人。

3—4 四次全国人口普查人口基本情况

指　　标	单位	1953年	1964年	1982年	1990年
一、总人口	万人	58 260	69 122	100 391	113 051
男	万人	30 179	35 479	51 528	58 182
女	万人	28 081	33 643	48 863	54 869
育龄妇女(15—49岁)	万人	13 314	15 161	24 849	30 635
二、总户数	万户	13 411	15 671	22 115	27 862
家庭户	万户			22 008	27 691
集体户	万户			107	171
三、各年龄组人口					
0—6岁	万人	11 700	13 542	13 456	15 548
7—14岁	万人	8 884	14 525	20 269	15 752
劳动年龄人口	万人	29 983	34 149	55 087	67 903
男60、女55岁以上人口	万人	5 170	5 407	9 304	11 684
四、民族人口	万人	58 260	69 122	100 391	113 051
汉族	万人	54 728	65 130	93 667	103 919
少数民族	万人	3 532	3 992	6 724	9 132
五、15岁以上婚姻人口	万人			66 548	81 751
未婚	万人			19 012	20 541
有配偶	万人			42 376	55 737
丧偶	万人			4 764	4 989
离婚	万人			396	484
六、6岁及以上文化程度人口	万人		55 542	88 979	99 409
大学本科	万人		287	604	614
大学专科	万人				962
中专	万人				1 728
高中	万人		912	6 653	7 260
初中	万人		3 235	17 820	26 339
小学	万人		19 582	35 534	42 021
不识字或识字很少	万人		31 526	28 368	20 485
七、在业人口	万人			52 150	64 724
八、不在业人口	万人			14 516	17 026
九、市镇县人口	万人	58 260	69 122	100 391	113 051
市	万人			14 525	21 122
镇	万人	7 726	9 455	6 106	8 492
县	万人	50 534	59 667	79 760	83 437

注:①劳动年龄人口指男16—59岁,女16—54岁人口。

②各年龄组人口中间缺15岁人口和年龄不详人口数,加总不等于总人口。

③1964年分文化程度人口是7岁及以上文化程度人口。不识字或识字很少人口包括不在校儿童。未包括475万文化程度不详人口。

3—5 各地区四次全国人口普查人口数

单位：人

地区	1953年			1964年		
	合计	男	女	合计	男	女
全国	**581 329 448**	**301 262 256**	**280 067 192**	**691 220 104**	**354 790 129**	**336 429 975**
北京	2 768 149	1 597 868	1 170 281	7 568 495	3 891 140	3 677 355
天津	2 693 831	1 480 280	1 213 551	6 249 164	3 202 625	3 046 539
河北	35 984 644	18 298 265	17 686 379	39 438 617	20 179 110	19 259 507
山西	14 314 485	7 644 677	6 669 808	18 015 067	9 528 116	8 486 951
内蒙古	6 100 104	3 431 883	2 668 221	12 348 638	6 705 441	5 643 197
辽宁	18 545 147	9 760 372	8 784 775	26 946 200	13 852 340	13 093 860
吉林	11 290 073	6 012 087	5 277 986	15 668 663	8 172 363	7 496 300
黑龙江	11 897 309	6 487 678	5 409 631	20 118 271	10 589 553	9 528 718
上海	6 204 417	3 319 575	2 884 842	10 816 458	5 369 047	5 447 411
江苏	41 252 192	20 790 461	20 461 731	44 504 608	22 418 473	22 086 135
浙江	22 865 747	12 233 408	10 632 339	28 318 573	14 790 590	13 527 983
安徽	30 343 637	16 109 956	14 233 681	31 241 657	16 181 927	15 059 730
福建	13 142 721	6 895 547	6 247 174	16 757 223	8 692 706	8 064 517
江西	16 772 865	8 576 804	8 196 061	21 068 019	10 874 841	10 193 178
山东	48 876 548	24 311 397	24 565 151	55 519 038	27 920 899	27 598 139
河南	44 214 594	22 745 054	21 469 540	50 325 511	25 490 705	24 834 806
湖北	27 789 693	14 331 671	13 458 022	33 709 344	17 306 618	16 402 726
湖南	33 226 954	17 526 418	15 700 536	37 182 286	19 317 036	17 865 250
广东	34 770 059	17 631 534	17 138 525	42 800 849	21 810 060	20 990 789
广西	19 560 822	10 102 541	9 458 281	20 845 017	10 671 448	10 173 569
海南						
四川	62 303 999	32 392 425	29 911 574	67 956 490	34 686 076	33 270 414
贵州	15 037 310	7 598 023	7 439 287	17 140 521	8 684 790	8 455731
云南	17 472 737	8 771 950	8 700 787	20 509 525	10 247 452	10 262 073
西藏	1 000 000			1 251 225	597 296	653 929
陕西	15 881 281	8 549 454	7 331 827	20 766 915	10 896 670	9 870 245
甘肃	12 928 102	6 898 183	6 029 919	12 630 569	6 571 652	6 058 917
青海	1 676 534	852 515	824 019	2 145 604	1 137 994	1 007 610
宁夏				2 107 490	1 108 421	999 069
新疆	4 873 608	2 597 769	2 275 839	7 270 067.	3 894 740	3 375 327

注：①因区划变动，1953年时有些省未列入表中。有热河省5160822人，男2674516人，女2486306人；西康省3381064人，男1639945人，女1741119人；昌都地区273969人。

②1953年西藏和昌都地区是间接调查数字，未分男、女数，因此男女相加的全国合计数比全国人口582603417人少1273969人。

③1964年天津包括在河北省中，表中的天津、河北数字为调整数。

3—5 续表 单位:人

地　　区	1982 年			1990 年		
	合　计	男	女	合　计	男	女
全　　国	**1 003 913 927**	**515 277 505**	**488 636 422**	**1 130 510 638**	**581 820 407**	**548 690 231**
北　　京	9 230 663	4 670 631	4 560 032	10 819 414	5 593 461	5 225 953
天　　津	7 764 137	3 941 913	3 822 224	8 785 427	4 470 746	4 314 681
河　　北	53 005 507	27 125 608	25 879 899	61 082 755	31 210 112	29 872 643
山　　西	25 291 450	13 161 639	12 129 811	28 758 846	14 958 318	13 800 528
内 蒙 古	19 274 281	10 052 855	9 221 426	21 456 518	11 155 668	10 300 850
辽　　宁	35 721 694	18 225 145	17 496 549	39 459 694	20 152 574	19 307 120
吉　　林	22 560 024	11 554 343	11 005 681	24 659 790	12 624 084	12 035 706
黑 龙 江	32 665 512	16 721 245	15 944 267	35 215 932	18 048 747	17 167 185
上　　海	11 859 700	5 909 980	5 949 720	13 341 852	6 806 091	6 535 761
江　　苏	60 521 113	30 767 523	29 753 590	67 056 812	34 123 252	32 933 560
浙　　江	38 884 593	20 166 996	18 717 597	41 446 015	21 363 128	20 082 887
安　　徽	49 665 947	25 763 836	23 902 111	56 181 005	29 026 412	27 154 593
福　　建	25 872 917	13 308 562	12 564 355	30 048 275	15 434 048	14 614 227
江　　西	33 185 471	17 114 253	16 071 218	37 710 177	19 491 767	18 218 410
山　　东	74 419 152	37 736 680	36 682 472	84 392 104	42 913 185	41 478 919
河　　南	74 422 573	37 949 774	36 472 799	85 834 200	43 802 724	41 731 476
湖　　北	47 808 118	24 547 939	23 260 179	53 970 501	27 828 085	26 142 416
湖　　南	54 010 155	28 052 125	25 958 030	60 657 992	31 497 631	29 160 361
广　　东	59 299 620	30 312 111	28 987 509	62 829 741	32 151 260	30 678 481
广　　西	36 421 421	18 851 663	17 569 758	42 244 884	22 156 180	20 088 704
海　　南				6 558 076	3 418 860	3 139 216
四　　川	99 713 246	51 445 257	48 267 989	107 218 310	55 545 645	51 672 665
贵　　州	28 552 942	14 640 837	13 912 105	32 391 051	16 7688 810	15 622 241
云　　南	32 553 699	16 499 814	16 053 885	36 972 587	18 995 900	17 976 687
西　　藏	1 863 623	921 238	942 385	2 196 029	1 098 912	1 097 117
陕　　西	28 904 369	14 967 717	13 936 652	32 882 286	17 070 054	15 812 232
甘　　肃	19 569 191	10 123 880	9 445 311	22 371 085	11 591 905	10 779 180
青　　海	3 895 695	2 004 865	1 890 830	4 456 952	2 310 183	2 146 769
宁　　夏	3 895 576	2 006 845	1 888 731	4 655 445	2 389 470	2 265 975
新　　疆	13 081 538	6 732 231	6 349 307	15 156 883	7 823 195	7 333 688

3—6 四次全国人口普查各民族人口数

单位：人

民族	1953年	1964年	1982年			1990年		
	合计	合计	合计	男	女	合计	男	女
总计	**582603417**	**691220104**	**1003913927**	**515277505**	**488636422**	**1130510638**	**581820407**	**548690231**
汉族	547283057	651296368	936 674 944	481060240	455614704	1039187548	535013953	504173595
蒙古族	1 462 956	1 965 766	3 411 367	1 752 499	1 658 868	4 802 407	2 439 779	2 362 628
回族	3 559 350	4 473 147	7 228 398	3 674 393	3 554 005	8 612 001	4 373 932	4 238 069
藏族	2 775 622	2 501 174	3 847 875	1 882 334	1 965 541	4 593 072	2 269 082	2 323 990
维吾尔族	3 640 125	3 996 311	5 963 491	3 056 378	2 907 113	7 207 024	3 682 362	3 524 662
苗族	2 511 339	2 782 088	5 021 175	2 573 992	2 447 183	7 383 622	3 831 500	3 552 122
彝族	3 254 269	3 380 960	5 453 564	2 752 343	2 701 221	6 578 524	3 347 399	3 231 125
壮族	6 919 558	8 386 140	13 383 086	6 744 941	6 638 145	15 555 820	7 940 413	7 615 407
布依族	1 247 883	1 348 055	2 119 345	1 069 081	1 050 264	2 548 294	1 295 474	1 252 820
朝鲜族	1 120 405	1 339 569	1 765 204	873 092	892 112	1 923 361	952 309	971 052
满族	2 418 931	2 695 675	4 304 981	2 297 814	2 007 167	9 846 776	5 145 707	4 701 069
侗族	712 802	836 123	1 426 400	743 670	682 730	2 508 624	1 326 600	1 182 024
瑶族	665 933	857 265	1 411 967	724 612	687 355	2 137 033	1 115 025	1 022 008
白族	567 119	706 623	1 132 224	567 674	564 550	1 598 052	810 200	787 852
土家族		524 755	2 836 814	1 479 085	1 357 729	5 725 049	3 006 954	2 718 095
哈尼族	481 220	628 727	1 058 806	535 160	523 646	1 254 800	640 653	614 147
哈萨克族	509 375	491 637	907 546	467 416	440 130	1 110 758	568 715	542 043
傣族	478 966	535 389	839 496	416 678	422 818	1 025 402	511 327	514 075
黎族	360 950	438 813	887 107	446 380	440 727	1 112 498	564 609	547 889
傈僳族	317 465	270 628	481 884	242 587	239 297	574 589	291 629	282 960
佤族	286 158	200 272	298 611	149 847	148 764	351 980	177 480	174 500
畲族		234 167	371 965	196 791	175 174	634 700	339 228	295 472
高山族	329	366	1 650	886	764	2 877	1 461	1 416
拉祜族	139 060	191 241	304 256	153 391	150 865	411 545	209 492	202 053
水族	133 566	156 099	286 908	146 703	140 205	347 116	179 141	167 975
东乡族	155 761	147 443	279 523	143 329	136 194	373 669	192 634	181 035
纳西族	143 453	156 796	251 592	126 184	125 408	277 750	139 474	138 276
景颇族	101 852	57 762	92 976	44 762	48 214	119 276	58 271	61 005
柯尔克孜族	70 944	70 151	113 386	57 955	55 431	143 537	73 128	70 409

3—6 续表 单位:人

民族	1953年	1964年	1982年			1990年		
	合计	合计	合计	男	女	合计	男	女
土族	53 277	77 349	159 632	82 254	77 378	192 568	98 905	93 663
达斡尔族		63 694	94 126	48 401	45 725	121 463	61 202	60 261
仫佬族		52 819	90 357	45 957	44 400	160 648	81 672	78 976
羌族	35 660	49 105	102 815	51 820	50 995	198 303	100 608	97 695
布朗族		39 411	58 473	29 442	29 031	82 398	42 015	40 383
撒拉族	30 658	34 664	69 135	34 794	34 341	87 546	44 449	43 097
毛南族		22 382	38 159	19 701	18 458	72 370	37 443	34 927
仡佬族		26 852	54 164	28 247	25 917	438 192	234 767	203 425
锡伯族	19 022	33 438	83 683	44 375	39 308	172 932	90 786	82 146
阿昌族		12 032	20 433	10 135	10 298	27 718	13 853	13 865
普米族		14 298	24 238	12 233	12 005	29 721	15 083	14 638
塔吉克族	14 462	16 236	26 600	13 646	12 954	33 223	16 966	16 257
怒族		15 047	22 896	11 704	11 192	27 190	13 694	13 496
乌孜别克族	13 626	7 717	12 213	6 411	5 802	14 763	7 711	7 052
俄罗斯族	22 656	1 326	2 917	1 142	1 775	13 500	6 290	7 210
鄂温克族	4 957	9 681	19 398	9 919	9 479	26 379	13 154	13 225
德昂族		7 261	12 297	6 150	6 147	15 461	7 721	7 740
保安族	4 957	5 125	9 017	4 615	4 402	11 683	6 003	5 680
裕固族	3 861	5 717	10 568	5 296	5 272	12 293	6 150	6 143
京族		4 293	13 108	6 172	6 936	18 749	8 963	9 786
塔塔尔族	6 929	2 294	4 122	2 135	1 987	5 064	2 631	2 433
独龙族		3 090	4 633	2 254	2 379	5 825	2 792	3 033
鄂伦春族	2 262	2 709	4 103	2 085	2 018	7 004	3 388	3 616
赫哲族		718	1 489	762	727	4 254	2 115	2 139
门巴族		3 809	1 140	581	559	7 498	3 740	3 758
珞巴族			1 066	501	565	2 322	1 128	1 194
基诺族			11 962	5 947	6 015	18 022	9 096	8 926
其他未识别的民族	1 072 642	32 411	799 705	409 572	390 133	752 347	389 363	362 984
外国人加入中国籍		7 416	4 937	1 037	3 900	3 498	788	2 710

3—7 各地区家庭户规模

（第四次人口普查资料） 单位:户

地区	合计	一人户	二人户	三人户	四人户	五人户	六人及以上户
全国	**276 911 767**	**17 355 508**	**30 605 168**	**65 717 790**	**71 510 544**	**49 114 451**	**42 608 306**
北京	3 101 665	378 274	575 808	1 005 408	664 870	283 775	193 530
天津	2 539 286	273 134	396 271	870 747	551 055	254 689	193 390
河北	15 302 097	882 610	1 774 700	3 500 323	4 441 575	2 776 853	1 926 036
山西	7 144 111	491 020	845 253	1 549 430	1 951 229	1 349 153	958 026
内蒙古	5 273 146	252 246	522 143	1 275 829	1 452 381	989 942	780 605
辽宁	10 810 526	443 608	1 305 755	4 063 048	2 736 032	1 426 992	835 091
吉林	6 277 160	198 616	609 580	1 978 243	1 754 689	1 001 785	734 247
黑龙江	8 895 075	263 905	888 256	2 682 633	2 477 181	1 486 273	1 096 827
上海	4 065 274	491 663	794 003	1 469 130	755 405	358 597	196 476
江苏	17 815 925	1 313 477	2 213 696	5 282 876	4 527 948	2 662 200	1 815 728
浙江	1 1 684 715	1 178 481	1 640 971	3 350 315	3 028 332	1 607 940	878 676
安徽	13 320 101	834 619	1 322 075	2 571 240	3 357 017	2 745 367	2 489 783
福建	6 577 547	382 007	566 875	1 102 795	1 550 611	1 408 245	1 567 014
江西	8 329 303	388 678	684 293	1 434 415	2 067 059	1 846 440	1 908 418
山东	21 874 449	1 326 569	2 789 209	5 771 112	6 032 260	3 567 429	2 387 870
河南	19 735 114	976 326	1 846 979	3 761 349	5 209 580	4 207 861	3 733 019
湖北	13 003 134	590 432	1 313 490	2 953 451	3 779 645	2 510 084	1 856 032
湖南	15 648 776	1 072 020	1 938 051	3 536 792	4 584 280	2 888 642	1 628 991
广东	13 436 117	1 014 148	1 198 911	2 145 237	2 929 948	2 743 125	3 404 748
广西	8 847 909	571 957	715 995	1 280 176	1 792 977	1 762 671	2 724 133
海南	1 386 326	112 342	131 225	209 930	266 379	252 602	413 848
四川	28 475 224	2 304 976	3 506 005	7 687 756	7 743 031	4 375 780	2 857 676
贵州	7 210 364	394 692	660 872	1 254 088	1 486 771	1 546 872	1 867 069
云南	7 964 195	372 855	668 710	1 380 901	1 878 098	1 531 047	2 132 584
西藏	4 02 441	31 162	40 364	50 728	58 263	54 711	167 213
陕西	7 762 770	371 452	804 675	1 675 782	2 102 766	1 553 839	1 254 256
甘肃	4 771 514	160 675	319 103	843 752	1 241 258	1 007 576	1 199 150
青海	916 390	48 551	77 806	160 463	188 698	171 414	269 458
宁夏	992 237	37 617	75 728	177 468	227 728	200 500	273 196
新疆	3 348 876	197 396	378 366	692 373	673 478	542 047	865 216

3－8 各地区按人口分组的城市数

（第四次人口普查资料）

单位：个

地区	市数合计	4 000 000人以上	2 000 000｜3 999 999人	1 000 000｜1 999 999人	800 000｜999 999人	500 000｜799 999人	300 000｜499 999人	100 000｜299 999人	100 000人以下
全国	**458**	**5**	**12**	**78**	**45**	**109**	**113**	**81**	**15**
北京	1	1							
天津	1	1							
河北	22			4		8	10		
山西	13		1	1		4	4	3	
内蒙古	16			1	2	1	4	6	2
辽宁	20	1	1	4	2	8	3	1	
吉林	21		1	1	2	4	8	5	
黑龙江	29		1	2	2	10	6	3	5
上海	1	1							
江苏	25		1	10	4	5	4	1	
浙江	24			5	4	9	4	2	
安徽	18			3		7	4	4	
福建	14			1		2	7	4	
江西	15			3	2	1	5	3	1
山东	32		3	12	6	9	1	1	
河南	25			4	2	6	5	8	
湖北	29	1		6	5	8	9		
湖南	25			4	2	8	7	3	1
广东	19		1	4	4	2	5	3	
广西	12			4	1	1	1	4	1
海南	3						2		1
四川	25		2	3	4	6	6	4	
贵州	8			2		2	3	1	
云南	11			1	1	2	4	2	1
西藏	2							1	1
陕西	11		1		1	3	6		
甘肃	13			2	1		4	6	
青海	3					1			2
宁夏	4					1		3	
新疆	16			1		1	1	13	

注：城市人口不含市辖县。

3—9 各地区市、镇、县人口数

（第四次人口普查资料）　　单位：人

地区	合计	#非农业户口	市	#非农业户口	镇	#非农业户口	县	#非农业户口
全国	**1 130 510 638**	**219 931 979**	**335 043 971**	**143 232 103**	**266 513 213**	**56 491 865**	**528953454**	**20 208 011**
北京	10 819 414	6 373 517	7 362 426	5 715 368	1 812 904	559 676	1 644 084	98 473
天津	8 785 427	4 808 170	5 855 044	4 521 266	681 540	197 872	2 248 843	89 032
河北	61 082 755	8 513 340	14 317 944	5 873 653	13 724 024	1 905 504	33 040 787	734 183
山西	28 758 846	6 027 674	8 184 219	3 905 552	9 262 309	1 785 127	11 312 318	336 995
内蒙古	21 456 518	6 488 991	6 549 685	3 922 474	4 364 467	2 054 769	10 542 366	511 748
辽宁	39 459 694	16 351 813	20 211 215	13 276 689	8 790 094	2 312 055	10 458 385	763 069
吉林	24 659 790	9 311 747	12 511 360	6 596 273	5 790 411	2 310 539	6 358 019	404 935
黑龙江	35 215 932	14 323 543	17 199 817	10 020 377	7 886 892	3 303 512	10 129 223	999 654
上海	13 341 852	8 673 429	8 214 384	7 551 236	914 067	599 947	4 213 401	522 246
江苏	67 056 812	12 589 405	23 148 425	8 432 165	13 394 450	2 735 458	30 513 937	1 421 782
浙江	41 446 015	6 531 406	17 518 250	4 272 944	8 762 084	1 800 518	15 165 681	457 944
安徽	56 181 005	7 611 246	10 866 977	4 455 763	8 499 973	2 158 470	36 814 055	997 013
福建	30 048 275	4 871 999	6 375 407	2 640 100	9 866 768	1 663 060	13 806 100	568 839
江西	37 710 177	6 510 328	8 955 445	3 216 265	6 321 325	2 041 310	22 433 407	1 252 753
山东	84 392 104	11 347 369	33 900 569	7 851 297	20 391 147	2 672 360	30 100 388	823 712
河南	85 534 200	10 416 517	14 843 217	6 128 386	16 044 193	2 772 506	54 646 790	1 515 625
湖北	53 970 501	10 263 331	25 086 802	7 178 237	18 306 179	2 590 190	10 577 520	494 904
湖南	60 657 992	8 732 244	14 971 344	4 998 337	11 987 624	2 666 904	33 699 024	1 067 003
广东	62 829 741	13 549 082	16 725 265	7 261 070	40 802 729	5 617 020	5 301 747	670 992
广西	42 244 884	5 484 006	7 617 649	2 611 960	11 884 301	1 921 771	22 742 934	950 275
海南	6 558 076	1 248 461	874 411	390 127	3 771 352	659 154	1 912 313	199 180
四川	107 218 310	15 248 834	20 293 313	8 033 153	15 613 413	4 992 324	71 311 584	2 223 357
贵州	32 391 051	3 856 691	6 294 978	2 156 652	4 587 431	1 267 814	21 508 642	432 225
云南	36 972 587	4 507 803	5 871 751	2 064 229	9 497 680	1 719 330	21 603 156	724 244
西藏	2 196 029	279 147	219 157	121 158	181 333	79 234	1 795 539	78 755
陕西	32 882 286	5 811 276	8 086 340	3 593 179	6 872 876	1 678 281	17 923 070	539 816
甘肃	22 371 085	3 591 048	6 054 612	2 458 150	3 185 199	841 410	13 131 274	291 488
青海	4 456 952	1 239 764	833 566	640 056	741 848	319 899	2 881 538	279 809
宁夏	4 655 445	1 086 866	1 258 698	709 469	678 970	278 659	2 717 777	98 738
新疆	15 156 883	4 282 932	4 841 701	2 636 518	1 895 630	987 192	8 419 552	659 222

3—10 各地区按户口状况分的人口数

（第四次人口普查资料）　　　单位：人

地　区	合　计	常住本县、市，户口在本县、市	常住本县、市一年以上，户口在外县、市	人住本县、市不满一年，离开户口登记地一年以上	人住本县、市，户口待定	原住本县、市，现在国外工作或学习，暂无户口
全　国	**1 130 510 638**	**1 100 128 665**	**20 059 571**	**1 549 842**	**8 535 536**	**237 024**
北　京	10 819 414	10 169 234	485 580	31 691	83 953	48 956
天　津	8 785 427	8 552 777	175 777	6 090	46 966	3 817
河　北	61 082 755	60 069 077	698 697	27 831	285 674	1 476
山　西	28 758 846	27 760 804	714 685	45 706	236 674	977
内蒙古	21 456 518	20 506 423	570 611	40 920	337 075	1 489
辽　宁	39 459 694	38 350 220	741 384	79 886	280 943	7 261
吉　林	24 659 790	23 848 839	479 421	29 893	298 893	2 744
黑龙江	35 215 932	33 347 753	1 180 139	76 756	607 645	3 639
上　海	13 341 852	12 672 667	487 684	54 408	60 757	66 336
江　苏	67 056 812	65 025 483	1 231 092	72 012	716 060	12 165
浙　江	41 446 015	40 391 104	668 386	54 284	327 892	4 349
安　徽	56 181 005	55 085 557	728 850	38 212	324 861	3 525
福　建	30 048 275	28 638 049	734 912	60 224	585 510	29 580
江　西	37 710 177	36 784 401	553 353	34 348	336 485	1 590
山　东	84 392 104	82 812 862	795 991	39 466	740 720	3 065
河　南	85 534 200	83 917 753	839 114	79 517	696 148	1 668
湖　北	53 970 501	52 806 637	883 862	50 477	222 934	6 591
湖　南	60 657 992	59 693 238	692 437	45 329	224 835	2 153
广　东	62 829 741	58 962 688	3 020 839	293 817	533 709	18 688
广　西	42 244 884	41 410 219	577 611	39 487	215 732	1 835
海　南	6 558 076	6 280 303	200 405	19 473	57 315	580
四　川	107 218 310	105 548 397	1 122 635	85 555	455 639	6 084
贵　州	32 391 051	31 738 674	418 116	39 186	194 216	859
云　南	36 972 587	36 371 823	492 976	48 301	58 210	1 277
西　藏	2 196 029	2 125 348	58 211	4 285	8 026	159
陕　西	32 882 286	32 134 603	451 413	33 311	259 709	3 250
甘　肃	22 371 085	21 936 969	298 723	18 772	115 541	1 080
青　海	4 456 952	4 217 376	134 711	48 013	56 629	223
宁　夏	4 655 445	4 524 295	90 659	7 815	32 220	456
新　疆	15 156 883	14 445 092	531 297	44 777	134 565	1 152

3—11 各地区不在业人口数

（第四次人口普查资料） 单位：人

地区	不在业人口合计	在校学生	料理家务	待升学	市镇待业	离休、退休、退职
全国	**170 264 076**	**39 158 574**	**68 926 624**	**2 374 542**	**5 740 225**	**21 510 485**
北京	2 412 711	627 727	675 012	22 786	85 981	743 692
天津	1 795 279	389 631	634 805	4 485	85 161	503 969
河北	9 244 702	1 795 841	4 118 784	74 203	112 749	794 324
山西	5 712 061	1 046 268	2 931 858	123 855	146 592	452 869
内蒙古	4 160 722	901 991	1 931 076	67 920	178 418	395 753
辽宁	7 916 210	1 615 829	3 063 621	57 341	298 468	1 729 434
吉林	5 343 939	1 041 331	2 529 586	20 733	258 069	656 374
黑龙江	8 397 485	1 669 355	4 037 127	33 545	349 777	1 120 114
上海	2 851 526	550 272	436 340	13 840	134 913	1 486 493
江苏	9 265 169	2 136 444	3 610 521	81 115	219 855	1 546 293
浙江	7 218 471	708 598	4 007 786	225 222	151 652	816 232
安徽	6 765 779	1 667 821	2 767 965	130 126	182 610	663 662
福建	5 636 688	803 863	2 981 460	51 983	127 201	453 148
江西	5 278 542	1 160 047	2 185 309	72 907	244 539	565 037
山东	11 171 614	2 893 068	4 612 199	74 112	166 671	1 050 866
河南	10 293 753	2 634 400	3 780 340	108 696	288 933	856 341
湖北	7 044 214	1 672 825	2 837 099	45 826	188 304	922 714
湖南	8 796 492	2 096 818	3 488 210	156 491	256 447	925 848
广东	10 375 209	2 410 985	4 397 407	86 223	580 922	1 282 199
广西	5 217 995	1 533 424	2 093 183	75 457	218 706	430 748
海南	1 053 587	302 478	240 769	23 203	70 363	162 888
四川	13 826 239	3 685 819	4 592 858	287 347	473 514	1 876 882
贵州	3 793 914	1 074 864	1 069 418	191 705	173 791	319 349
云南	4 220 505	1 248 919	1 333 431	91 167	112 331	452 349
西藏	305 712	26 722	159 953	731	4 558	18 257
陕西	5 285 911	1 297 183	2 151 156	81 831	182 895	494 051
甘肃	2 939 214	992 542	1 073 459	56 878	120 467	224 580
青海	673 763	186 202	228 105	21 169	47 623	65 171
宁夏	676 017	255 787	200 246	19 662	34 880	64 754
新疆	2 590 653	731 520	757 541	73 983	153 832	436 094

注：本表各项不全，还有“丧失工作能力”和“其它”两项未列入。

3—12 各地区在业人口数

（第四次人口普查资料） 单位：人

地区	在业人口	各类专业技术人员	国家机关党群组织企事业单位负责人	办事人员和有关人员	商业工作人员	服务性工作人员	农林牧渔业劳动者	生产工人运输工人有关人员	不便分类的其他劳动者
总计	**647 244 706**	**34393821**	**11 328 317**	**11275891**	**19472273**	**15511513**	**456 819 731**	**98125481**	**317 679**
北京	6 225 657	1 043 278	419 098	378 126	388 023	535 065	1 119 198	2 340 111	2 758
天津	4 995 332	618 852	207 501	204 758	292 265	315 501	1 426 256	1 926 187	4 012
河北	34 101 127	1 547 463	492 993	519 258	753 918	575 833	26 307 900	3 901 276	2 486
山西	14 951 958	1 031 642	358 582	346 525	444 724	355 978	9 625 857	2 776 789	11 861
内蒙古	11 192 078	833 718	255 864	301 965	399 830	360 001	7 142 172	1 883 503	15 025
辽宁	22 380 944	1 940 400	813 896	608 625	1 059 190	952 591	10 775 962	6 196 060	34 220
吉林	12 865 126	1 071 412	340 979	372 344	557 598	483 147	7 377 630	2 658 968	3 048
黑龙江	17 450 242	1 553 713	618 324	510 496	785 845	817 365	9 038 518	4 069 639	56 342
上海	8 058 492	1 075 234	295 695	465 062	524 225	699 053	929 069	4 068 455	1 699
江苏	41 867 966	2 216 969	1 175 247	599 757	1 488 507	1 275 532	24 353 669	10715553	42 732
浙江	24 575 395	1 285 050	402 649	378 439	1 280 756	781 633	12 990 312	7 446 262	10 294
安徽	33 465 671	1 257 278	426 475	376 261	798 581	574 631	26 588 652	3 433 012	10 781
福建	14 955 085	825 203	202 657	303 341	528 075	380 145	9 792 662	2 817 638	5 364
江西	20 444 776	1 000 546	295 189	292 042	510 506	400 257	15 133 679	2 803 755	8 802
山东	50 772 124	2 291 739	669 708	771 444	1 049 820	837 890	39 120 057	6 019 474	11 992
河南	50 191 516	1 996 450	648 983	626 225	1 052 140	636 669	41 278 493	3 925 214	27 342
湖北	31 569 591	1 757 187	570 336	594 218	1 127 629	856 231	22 379 038	4 279 318	5 634
湖南	34 897 417	1 480 231	463 034	446 021	867 545	589 035	27 363 362	3 680 024	8 165
广东	33 657 219	1 817 338	578 123	697 129	1 731 354	1 135 388	20 254 603	7 441 500	1 784
广西	22 925 557	889 082	271 949	255 520	560 505	324 247	19 024 151	1 598 002	2 101
海南	3 335 260	195 013	52 058	77 956	160 875	86 246	2 371 256	391 283	573
四川	68 543 731	2 557 357	584 892	855 419	1 369 042	1 142 181	56 186 857	5 822 341	25 642
贵州	18 012 462	640 651	174 785	206 800	308 212	201 248	15 358 898	1 118 514	3 354
云南	21 047 971	845 132	209 404	263 980	328 072	285 656	17 578 950	1 536 361	416
西藏	1 108 891	71 833	20 815	21 786	18 434	16 204	876 755	83 063	1
陕西	18 101 652	1 017 345	297 696	330 295	399 863	334 982	13 657 805	2 056 351	7 315
甘肃	13 173 638	591 558	196 645	171 215	242 785	200 612	10 553 398	1 213 369	4 056
青海	2 412 514	179 142	49 970	57 043	62 805	63 203	1 639 781	358 384	2 186
宁夏	2 408 769	162 122	49 032	47 930	58 499	62 394	1 712 153	314 929	1 710
新疆	7 556 545	600 883	185 738	195 911	222 650	232 595	4 862 638	1 250 146	5 984

3—13 各地区在业人口文化程度

（第四次人口普查资料）　　单位：人

地区	大学本科	大学专科	中专	高中	初中	小学	不识字或识字很少
总计	**6 138 484**	**9 618 959**	**17 283 681**	**72 603 846**	**263 384 863**	**420 205 292**	**204 854 804**
北京	603 920	402 433	484 619	1 568 733	3 305 479	2 442 928	1 059 660
天津	182 493	227 789	339 564	1 059 931	2 582 912	2 603 314	931 275
河北	211 195	371 303	766 908	3 787 814	15 094 177	22 491 581	10 235 213
山西	139 203	258 462	542 546	1 994 815	8 412 832	10 275 740	3 529 858
内蒙古	108 323	209 026	429 675	1 730 741	5 465 549	7 166 807	3 877 171
辽宁	384 751	638 703	872 048	3 443 316	12 754 902	13 523 591	4 112 275
吉林	217 010	313 510	587 944	2 544 245	6 503 452	8 704 503	3 080 286
黑龙江	237 510	515 980	738 156	3 393 001	10 022 016	12 008 097	4 582 317
上海	433 611	438 521	514 579	2 092 349	4 215 492	3 027 339	1 618 205
江苏	367 893	620 872	903 926	4 919 336	17 713 987	23 340 407	12 168 467
浙江	186 042	299 450	511 291	2 398 461	9 850 180	16 437 257	8 014 259
安徽	185 326	310 559	594 566	2 235 227	11 219 078	19 495 406	15 260 872
福建	156 338	212 606	418 797	1 681 996	5 075 416	12 984 605	5 454 856
江西	133 867	239 855	509 301	2 172 947	7 114 313	15 346 579	7 243 965
山东	268 119	554 744	1 217 827	4 815 788	21 254691	30 611 980	15 531 705
河南	218 126	507 434	901 397	5 159 422	22 697 970	29 719 127	15 053 171
河北	298 763	546 164	979 066	3 806 193	12 497 548	19 351 561	9 290 835
湖南	207 230	482 677	818 171	4 047 873	13 704 197	25 521 625	8 227 615
广东	294 338	546 541	869 082	4 745 723	14 478 237	25 425 560	8 181 671
广西	121 094	213 350	532 399	2 347 001	8 094 331	19 042 705	6 050 136
海南	19 863	61 910	103 665	575 475	1 475 484	2 269 274	1 165 725
四川	423 454	606 997	1 326 756	4 446 374	23 242 283	47 025 312	19 068 623
贵州	103 400	147 203	384 267	890 709	4 757 775	12 107 464	9 691 129
云南	120 006	178 590	468 440	1 047 718	5 111 959	14 020 241	11 290 005
西藏	4 559	7 858	24 263	22 301	84 524	407 939	1 311 613
陕西	254 372	295 650	532 212	2 519 365	8 013 338	10 248 625	6 455 820
甘肃	101 972	145 330	320 974	1 432 300	3 771 585	6 527 942	7 140 400
青海	28 406	37 956	97 243	271 679	792 292	1 182 463	1 512 046
宁夏	28 609	46 358	89 921	282 897	943 757	1 369 816	1 261 873
新疆	98 691	181 128	404 078	1 170 116	3 135 107	5 525 504	2 453 758

3—14 按职业分的在业人口文化程度

（第四次人口普查资料） 单位：人

职业	大学本科	大学专科	中专	高中	初中	小学	不识字或识字很少
在业人口	4 301 484	7 818 309	13 424 418	58 241 590	209 138 649	244 833 796	109 486 460
各类专业技术人员	3 061 322	4 432 950	8 002 866	9 010 370	8 328 402	1 504 697	53 214
国家机关、党群组织、企事业单位负责人	743 142	1 481 425	1 604 959	2 235 224	3 771 517	1 421 572	70 478
办事人员和有关人员	293 669	1 080 873	1 426 034	3 338 376	3 972 344	1 084 929	79 666
商业工作人员	52 286	179 300	377 106	4 288 550	9 239 691	4 407 319	928 021
服务性工作人员	9 504	44 730	170 160	2 365 771	6 752 384	4 781 655	1 387 309
农林牧渔业劳动者	7 684	46 191	320 958	18 879 141	126 915 051	207 175 263	103 475 443
生产工人、运输工人和有关人员	122 037	535 689	1 504 861	18 034 900	50 015 231	24 426 894	3 485 869
不便分类的其他劳动者	11 840	17 151	17 474	89 258	144 029	31 467	6 460

3—15 育龄妇女按文化程度分的生育状况

（第四次人口普查资料） 单位：人

文化程度	一孩次	二孩次	三孩次	四孩次	五孩次及以上	总和生育率（个）
总　　计	**11 790 815**	**7 462 351**	**2 965 302**	**1 011 155**	**620 913**	**2.25**
大学本科	56 110	1 810	148	33	20	1.12
大学专科	166 528	8 028	500	81	37	1.35
中　　专	254 114	32 614	3 615	968	641	1.37
高　　中	1 223 462	521 340	161 429	40 867	11 265	1.52
初　　中	4 648 604	2 521 191	747 840	170 194	56 042	2.07
小　　学	4 294 613	3 185 055	1 286 337	432 200	252 790	2.49
不识字或识字很少	1 147 384	1 192 313	765 433	366 812	300 118	2.93

主 要 统 计 指 标 解 释

人口数 指一定时点、一定地区范围内的有生命的个人的总和。

年度统计的年末人口数是指每年12月31日24时的人口数。年度统计的全国人口总数内未包括台湾省和港澳同胞以及海外华侨人数。

市镇总人口和乡村总人口 一般是按常住人口划分的。

市镇总人口 指市、镇辖区内的全部人口。

乡村总人口 指县(不含镇)的全部人口。

市 是指经国家批准成立“市”建制的城市。

镇 是指经省、自治区、直辖市批准的镇。1963年以前为常住人口在2000人以上,非农业人口占50%以上的。1964年起改为常住人口在3000人以上,非农业人口占70%以上,或常住人口在2500人以上,不满3000人,非农业人口占85%以上的。1984年后又调整为,凡县级地方国家机关所在地;或总人口在20000人以下的乡,乡政府驻地非农业人口超过2000人的;或总人口在20000人以上的乡,乡政府驻地非农业人口占全乡人口10%以上;或少数民族地区、人口稀少的边远地区、山区和小型工矿区、小港口、风景旅游、边境口岸等地,非农业人口虽不足2000人,都可建镇。

出生率(又称粗出生率) 指在一定时期内(通常为一年)平均每千人所出生的人数的比率,一般用千分率表示。计算公式:

$$出生率=\frac{年出生人数}{年平均人数}\times 1000‰$$

出生人数是指活产婴儿,即胎儿脱离母体时(不管怀孕月数),有过呼吸或其他生命现象。

年平均人数是年初、年底人口数的平均数,也可用年中人口数代替。

死亡率(又称粗死亡率) 指在一定时期内(通常为一年)一定地区的死亡人数与同期平均人数(或其中人数)之比,一般用千分率表示。计算公式:

$$死亡率=\frac{年死亡人数}{年平均人数}\times 1000‰$$

人口自然增长率 指在一定时期内(通常为一年)人口自然增加数(出生人数减死亡人数)与该时期内平均人数(或其中人数)之比,一般用千分率表示。计算公式:

$$人口自然增长率=\frac{本年出生人数-本年死亡人数}{年平均人数}\times 1000‰$$

$$人口自然增长率=人口出生率-人口死亡率$$

在业人口(又称就业人口) 指十五周岁及十五周岁以上人口中从事一定的社会劳动并取得劳动报酬或经营收入的人口。

不在业人口 指十五周岁及十五周岁以上人口中未从事社会劳动的人口。包括:在校学生、料理家务、待升学、市镇待业、离退休、退职、丧失劳动能力等非在业人口。

四
劳动力和职工工资

4-1 社会劳动者人数

（年底数）　　　　单位：万人

年份	社会劳动者合计	职工	全民所有制单位	城镇集体所有制单位	其他所有制单位	城镇个体劳动者	乡村劳动者
1952	20 729	1 603	1 580	23		883	18 243
1953	21 364	1 856	1 826	30		898	18 610
1954	21 832	2 002	1 881	121		742	19 088
1955	22 328	2 162	1 908	254		640	19 526
1956	23 018	2 977	2 423	554		16	20 025
1957	23 771	3 101	2 451	650		104	20 566
1958	26 600	5 194	4 532	662		106	21 300
1959	26 173	5 275	4 561	714		114	20 784
1960	25 880	5 969	5 044	925		150	19 761
1961	25 590	5 171	4 171	1 000		165	20 254
1962	25 910	4 321	3 309	1 012		216	21 373
1963	26 640	4 372	3 293	1 079		231	22 037
1964	27 736	4 601	3 465	1 136		227	22 908
1965	28 670	4 965	3 738	1 227		171	23 534
1966	29 805	5 198	3 934	1 264		156	24 451
1967	30 814	5 305	4 006	1 299		141	25 368
1968	31 915	5 504	4 170	1 334		126	26 285
1969	33 225	5 714	4 335	1 379		111	27 400
1970	34 432	6 216	4 792	1 424		96	28 120
1971	35 620	6 787	5 318	1 469		81	28 752
1972	35 854	7 134	5 610	1 524		66	28 654
1973	36 652	7 337	5 758	1 579		51	29 264
1974	37 369	7 651	6 007	1 644		36	29 682
1975	38 168	8 198	6 426	1 772		24	29 946
1976	38 834	8 673	6 860	1 813		19	30 142
1977	39 377	9 112	7 196	1 916		15	30 250
1978	40 152	9 499	7 451	2 048		15	30 638
1979	41 024	9 967	7 693	2 274		32	31 025
1980	42 361	10 444	8 019	2 425		81	31 836
1981	43 725	10 940	8 372	2 568		113	32 672
1982	45 295	11 281	8 630	2 651		147	33 867
1983	46 436	11 515	8 771	2 744		231	34 690
1984	48 197	11 890	8 637	3 216	37	339	35 968
1985	49 873	12 358	8 990	3 324	44	450	37 065
1986	51 282	12 809	9 333	3 421	55	483	37 990
1987	52 783	13 214	9 654	3 488	72	569	39 000
1988	54 334	13 608	9 984	3 527	97	659	40 067
1989	55 329	13 742	10 108	3 502	132	648	40 939
1990	56 740	14 059	10 346	3 549	164	671	42 010
1991	58 360	14 508	10 664	3 628	216	760	43 093

注：1983年以前的其他所有制单位包括在全民所有制单位中(下同)。

4-2 分行业社会劳动者人数

（年底数） 单位：万人

年份	合计	农、林、牧、渔、水利业	工业	地质普查和勘探业	建筑业	交通运输、邮电通讯业	商业、公共饮食业、物资供销和仓储业
1978	40 152	28 373	6 091	97	879	735	1 155
1979	41 024	28 692	6 298	99	943	765	1 248
1980	42 361	29 181	6 714	100	1 022	787	1 381
1981	43 725	29 836	6 975	99	1 058	824	1 511
1982	45 295	30 917	7 204	102	1 173	850	1 604
1983	46 436	31 209	7 397	103	1 314	907	1 762
1984	48 197	30 927	7 930	106	1 692	1 081	2 036
1985	49 873	31 187	8 349	106	2 069	1 222	2 363
1986	51 282	31 311	8 980	105	2 271	1 305	2 485
1987	52 783	31 720	9 343	107	2 419	1 373	2 655
1988	54 334	32 308	9 661	107	2 527	1 434	2 829
1989	55 329	33 284	9 568	104	2 444	1 432	2 860
1990	56 740	34 177	9 697	100	2 461	1 469	2 937
1991	58 360	35 016	9 947	100	2 521	1 515	3 100

4-2 续表 （年底数） 单位：万人

年份	房地产管理、公用事业、居民服务和咨询服务业	卫生、体育和社会福利事业	教育、文化艺术和广播电视事业	科学研究和综合技术服务事业	金融、保险业	国家机关、政党机关和社会团体	其他
1978	210	363	1 093	92	76	467	521
1979	244	386	1 131	100	86	505	527
1980	313	389	1 147	113	99	527	588
1981	343	375	1 095	127	107	556	819
1982	360	399	1 128	132	113	611	702
1983	403	415	1 151	133	117	646	879
1984	474	435	1 204	137	127	743	1 305
1985	437	467	1 273	144	138	799	1 319
1986	504	482	1 324	152	152	873	1 338
1987	540	496	1 375	158	170	925	1 502
1988	577	508	1 403	161	193	971	1 655
1989	592	518	1 426	165	205	1 022	1 709
1990	637	536	1 458	173	218	1 079	1 798
1991	653	553	1 497	178	234	1 136	1 910

注：1. 从1978年起村及村以下工业劳动力已由农业划归工业（下同）。

2. 1978-1984年分行业数是按新的行业分类标准调整的数字（下同）。

4-3 全国劳动力资源与分配情况

（年底数） 单位：万人

年份	资源总数	劳动年龄内人口数	当年进入劳动年龄的人口数	当年退出劳动年龄的人口数	社会劳动者	城镇待业人员	16岁以上在校学生	家务劳动者	其他	社会劳动者占劳动力资源（%）
	资源				分配					
1952	26 710			382	20 729	377			5 604	77.6
1957	29 000			486	23 771	200			5 029	82.0
1962	30 530			402	25 910				4 620	84.9
1970	40 510			491	34 432				6 078	85.0
1975	45 520			510	38 168				7 352	83.8
1978	48 530			704	40 152	530			7 848	82.7
1985	62 114	61 060	2 740	825	49 873	239	2 598	8 320	1 085	80.3
1986	64 066	63 425	2 640	710	51 282	264	2 765	8 457	1 298	80.0
1987	65 607	64 552	2 720	726	52 783	277	2 803	8 529	1 215	80.5
1988	66 960	65 980	2 490	811	54 334	296	2 782	8 801	747	81.1
1989	68 364	67 339	2 490	806	55 329	378	2 765	8 971	921	80.9
1990	69 732	69 142	2 384	812	56 740	383	2 750	8 880	979	81.4
1991	70 982	70 420	2 035	825	58 360	352	2 752	8 679	838	82.2

4-4 按经济类型分的各行业社会劳动者人数

（1991年底） 单位：万人

行业	合计	全民所有制单位职工	城镇集体所有制单位职工	其他所有制单位职工	城镇个体劳动者	乡村劳动者
全国总计	**58 360**	**10 664**	**3 628**	**216**	**760**	**43 093**
按行业分：						
农、林、牧、渔、水利业	35 016	785	43	1	…	34 186
工　业	9 947	4 472	1 898	182	128	3 268
地质普查和勘探业	100	99	…	…	…	
建筑业	2 521	596	381	3	8	1 534
交通运输、邮电通讯业	1 515	624	187	2	46	655
商业、公共饮食业、物资供销和仓储业	3 100	1 050	830	7	489	723
房地产管理、公用事业、居民服务和咨询服务业	653	295	103	20	78	157
卫生、体育和社会福利事业	553	339	70	…	4	140
教育、文化艺术和广播电视事业	1 497	1 151	30	…	5	311
科学研究和综合技术服务事业	178	151	4	1	1	22
金融、保险业	234	155	54	…		26
国家机关、政党机关和社会团体	1 136	946	28			162
其　他	1 910					1 910
按三次产业分：						
第一产业	34 876	660	29	1		34 186
第二产业	12 469	5 068	2 279	184	136	4 802
第三产业	11 015	4 936	1 320	31	623	4 105

4-5 按物质生产部门和非物质生产部门分的社会劳动者人数

（年底数）

年份	合计（万人）	物质生产部门	非物质生产部门	构成（以合计为100）物质生产部门	非物质生产部门
1952	20 729	20 010	719	96.5	3.5
1953	21 364	20 610	754	96.5	3.5
1954	21 832	21 070	762	96.5	3.5
1955	22 328	21 540	788	96.5	3.5
1956	23 018	22 070	948	95.9	4.1
1957	23 771	22 680	1 091	95.4	4.6
1958	26 600	24 110	2 490	90.6	9.4
1959	26 173	23 140	3 033	88.4	11.6
1960	25 880	22 610	3 270	87.4	12.6
1961	25 590	23 880	1 710	93.3	6.7
1962	25 910	24 530	1 380	94.7	5.3
1963	26 640	25 203	1 437	94.6	5.4
1964	27 736	26 205	1 531	94.5	5.5
1965	28 670	27 045	1 625	94.3	5.7
1966	29 805	28 169	1 636	94.5	5.5
1967	30 814	29 143	1 671	94.6	5.4
1968	31 915	30 199	1 716	94.6	5.4
1969	33 225	31 521	1 704	94.9	5.1
1970	34 432	32 740	1 692	95.1	4.9
1971	35 620	33 871	1 749	95.1	4.9
1972	35 854	34 056	1 798	95.0	5.0
1973	36 652	34 837	1 815	95.0	5.0
1974	37 369	35 485	1 884	95.0	5.0
1975	38 168	36 265	1 903	95.0	5.0
1976	38 834	36 796	2 038	94.8	5.2
1977	39 377	37 006	2 371	94.0	6.0
1978	40 152	37 330	2 822	93.0	7.0
1979	41 024	38 045	2 979	92.7	7.3
1980	42 361	39 185	3 176	92.5	7.5
1981	43 725	40 303	3 422	92.2	7.8
1982	45 295	41 850	3 445	92.4	7.6
1983	46 436	42 692	3 744	91.9	8.1
1984	48 197	43 772	4 425	90.8	9.2
1985	49 873	45 296	4 577	90.8	9.2
1986	51 282	46 457	4 825	90.6	9.4
1987	52 783	47 617	5 166	90.2	9.8
1988	54 334	48 866	5 468	89.9	10.1
1989	55 329	49 692	5 637	89.8	10.2
1990	56 740	50 841	5 899	89.6	10.4
1991	58 360	52 099	6 262	89.3	10.7

4-6 按三次产业分的社会劳动者人数

（年底数）

年 份	合 计（万人）	第一产业	第二产业	第三产业	构成（以合计为100） 第一产业	第二产业	第三产业
1952	20 729	17 316	1 528	1 885	83.5	7.4	9.1
1953	21 364	17 744	1 707	1 914	83.1	8.0	9.0
1954	21 832	18 147	1 872	1 813	83.1	8.6	8.3
1955	22 328	18 585	1 891	1 852	83.2	8.5	8.3
1956	23 018	18 535	2 444	2 039	80.5	10.6	8.9
1957	23 771	19 300	2 115	2 356	81.2	8.9	9.9
1958	26 600	15 480	7 034	4 086	58.2	26.4	15.4
1959	26 173	16 257	5 360	4 556	62.1	20.5	17.4
1960	25 880	16 996	4 059	4 825	65.7	15.7	18.6
1961	25 590	19 729	2 818	3 044	77.1	11.0	11.9
1962	25 910	21 259	2 033	2 618	82.0	7.8	10.1
1963	26 640	21 948	2 010	2 682	82.4	7.5	10.1
1964	27 736	22 778	2 154	2 804	82.1	7.8	10.1
1965	28 670	23 372	2 376	2 922	81.5	8.3	10.2
1966	29 805	24 273	2 567	2 965	81.4	8.6	9.9
1967	30 814	25 141	2 626	3 047	81.6	8.5	9.9
1968	31 915	26 038	2 707	3 170	81.6	8.5	9.9
1969	33 225	27 092	2 992	3 141	81.5	9.0	9.5
1970	34 432	27 786	3 479	3 167	80.7	10.1	9.2
1971	35 620	28 365	3 941	3 315	79.6	11.1	9.3
1972	35 854	28 248	4 225	3 381	78.8	11.8	9.4
1973	36 652	28 820	4 436	3 396	78.6	12.1	9.3
1974	37 369	29 180	4 646	3 543	78.1	12.4	9.5
1975	38 168	29 415	5 075	3 678	77.1	13.3	9.6
1976	38 834	29 398	5 529	3 907	75.7	14.2	10.1
1977	39 377	29 294	5 736	4 347	74.4	14.6	11.0
1978	40 152	28 313	6 970	4 869	70.5	17.4	12.1
1979	41 024	28 629	7 241	5 154	69.8	17.7	12.6
1980	42 361	29 117	7 736	5 508	68.7	18.3	13.0
1981	43 725	29 771	8 033	5 921	68.1	18.4	13.5
1982	45 295	30 853	8 377	6 065	68.1	18.5	13.4
1983	46 436	31 145	8 711	6 580	67.1	18.8	14.2
1984	48 197	30 862	9 622	7 713	64.0	20.0	16.0
1985	49 873	31 105	10 418	8 350	62.4	20.9	16.7
1986	51 282	31 212	11 251	8 819	60.9	21.9	17.2
1987	52 783	31 614	11 762	9 407	59.9	22.3	17.8
1988	54 334	32 197	12 188	9 949	59.3	22.4	18.3
1989	55 329	33 170	12 012	10 147	60.0	21.7	18.3
1990	56 740	34 049	12 158	10 533	60.0	21.4	18.6
1991	58 360	34 876	12 469	11 015	59.8	21.4	18.9

4-7 各地区分行业社会劳动者人数

（1991年底）

单位：万人

地区	合计	农、林、牧、渔、水利业	工业	地质普查和勘探业	建筑业	交通运输、邮电通讯业	商业、公共饮食业、物资供销和仓储业
全国	58 360.4	35 016.0	9 947.2	99.7	2 521.2	1 514.7	3 099.8
北京	659.3	90.8	210.6	0.7	68.4	25.9	73.2
天津	471.6	94.2	204.9	3.6	30.0	21.0	43.9
河北	3 109.8	1 862.8	532.4	10.2	157.7	86.2	149.4
山西	1 373.7	649.3	321.6	1.9	69.3	61.5	82.3
内蒙古	963.0	537.9	171.1	2.4	37.7	30.8	69.3
辽宁	1 932.6	670.9	645.6	6.2	115.0	73.2	181.4
吉林	1 185.9	572.3	279.7	5.3	46.4	37.0	106.6
黑龙江	1 476.1	568.2	458.6	6.0	71.4	55.7	141.0
上海	773.0	84.4	403.4	0.4	34.0	33.6	68.8
江苏	3 720.0	1 777.9	963.6	3.3	236.9	128.6	185.6
浙江	2 595.9	1 362.7	629.7	1.2	103.4	72.8	132.1
安徽	2 891.2	1 990.6	342.7	2.6	113.0	67.7	131.5
福建	1 436.5	830.6	225.6	1.5	75.2	46.7	88.0
江西	1 844.9	1 209.0	277.1	3.4	56.7	34.0	85.5
山东	4 310.1	2 664.0	721.6	2.1	220.9	100.2	195.5
河南	4 274.2	2 931.6	508.8	7.2	180.1	94.6	201.8
湖北	2 556.8	1 548.1	413.7	3.2	95.6	68.6	151.4
湖南	3 251.5	2 328.2	365.2	3.4	93.6	60.5	129.8
广东	3 324.9	1 636.3	636.0	3.1	190.7	104.8	253.2
广西	2 170.8	1 643.2	161.3	2.3	53.9	38.1	78.8
海南	316.1	217.6	23.3	0.2	8.2	8.9	25.4
四川	6 075.4	4 354.7	641.4	8.5	215.0	94.5	231.0
贵州	1 701.4	1 329.5	141.5	2,3	33.9	23.7	50.2
云南	2 021.2	1 579.6	142.3	3.0	49.4	37.5	57.8
西藏	109.7	87.1	2.7	0.3	1.6	3.0	3.8
陕西	1 668.7	1 053.9	241.4	3.1	73.1	43.9	76.3
甘肃	1 091.7	701.7	136.6	3.0	44.3	26.3	46.8
青海	211.6	127.2	28.5	2.9	11.0	8.0	11.3
宁夏	218.7	136.2	31.9	1.4	8.1	6.6	9.9
新疆	624.2	375.4	84.5	5.0	26.8	20.8	38.3

4-7 续表　　(1991年底)　　单位:万人

地　区	房地产管理、公用事业、居民服务和咨询服务业	卫生、体育和社会福利事业	教育、文化艺术和广播电视事业	科学研究和综合技术服务事业	金融、保险业	国家机关、政党机关和社会团体	其　他
全　国	653.1	553.3	1 497.5	178.0	234.3	1 136.1	1 909.5
北　京	40.9	14.6	42.2	26.4	4.5	35.9	25.3
天　津	14.8	8.5	21.2	4.8	2.7	14.4	7.4
河　北	21.4	25.7	69.7	5.3	14.6	62.5	112.0
山　西	16.6	15.9	46.8	3.7	8.0	48.9	48.0
内蒙古	10.8	11.4	36.5	3.0	6.2	29.6	16.1
辽　宁	41.5	25.4	62.6	9.6	12.0	53.4	36.1
吉　林	18.0	15.8	43.9	4.3	7.5	33.6	15.5
黑龙江	31.7	21.3	56.7	5.9	8.5	42.8	8.5
上　海	37.6	16.6	36.0	11.9	3.9	18.2	24.1
江　苏	37.5	34.5	96.4	9.8	12.5	64.1	169.3
浙　江	80.7	20.2	45.8	4.7	9.4	39.8	93.3
安　徽	19.1	21.7	62.3	4.4	7.9	33.5	94.0
福　建	13.6	13.9	39.7	2.6	6.2	27.7	65.2
江　西	22.9	16.8	47.4	4.6	6.7	36.1	44.8
山　东	25.8	40.8	101.1	6.7	14.7	65.9	151.0
河　南	23.4	37.3	98.7	6.9	14.8	63.3	105.9
湖　北	24.0	30.3	76.1	7.0	11.8	55.6	71.4
湖　南	17.6	24.4	67.7	5.7	10.7	49.1	95.5
广　东	45.6	32.0	76.4	6.9	17.7	69.1	253.1
广　西	12.6	15.5	51.7	3.6	6.9	34.8	68.3
海　南	3.6	2.9	7.7	1.2	1.7	8.3	72.0
四　川	38.6	43.0	114.7	15.6	15.4	80.3	222.6
贵　州	8.6	10.1	35.4	2.3	4.6	25.9	33.4
云　南	9.0	13.5	44.9	4.1	6.2	39.3	34.8
西　藏	0.8	1.5	2.3	0.3	0.3	4.4	1.7
陕　西	13.2	16.6	46.9	9.3	7.1	45.9	38.1
甘　肃	10.9	9.7	26.3	3.3	4.9	20.4	57.4
青　海	1.9	2.6	6.4	0.9	1.3	6.2	3.5
宁　夏	2.8	2.5	7.5	0.8	1.3	5.5	4.2
新　疆	7.6	8.4	26.5	2.6	4.4	22.0	1.8

4-8 分行业职工人数

（年底数） 单位：万人

年份	合计	农、林、牧、渔、水利业	工业	地质普查和勘探业	建筑业	交通运输、邮电通讯业	商业、公共饮食业、物资供销和仓储业
1978	9 499	885	4 354	97	648	654	1 094
1979	9 967	857	4 536	99	709	683	1 177
1980	10 444	847	4 762	100	739	696	1 257
1981	10 940	856	4 983	99	760	721	1 357
1982	11 281	855	5 115	102	793	733	1 416
1983	11 515	859	5 205	103	830	742	1 453
1984	11 890	846	5 343	106	877	752	1 495
1985	12 358	834	5 557	106	934	766	1 575
1986	12 809	841	5 781	105	957	775	1 616
1987	13 214	848	5 971	107	982	780	1 658
1988	13 608	848	6 158	107	992	788	1 729
1989	13 742	840	6 228	104	937	784	1 765
1990	14 059	840	6 378	100	933	797	1 813
1991	14 508	829	6 551	100	980	814	1 888

4-8 续表 （年底数） 单位：万人

年份	房地产管理、公用事业、居民服务和咨询服务业	卫生、体育和社会福利事业	教育、文化艺术和广播电视事业	科学研究和综合技术服务事业	金融、保险业	国家机关、政党机关和社会团体
1978	197	247	736	92	65	430
1979	225	269	769	100	75	468
1980	255	287	817	105	89	490
1981	277	302	857	111	97	520
1982	291	311	868	118	102	577
1983	305	322	878	121	106	591
1984	312	335	915	125	115	669
1985	307	342	962	131	126	718
1986	327	354	1 008	137	138	770
1987	343	365	1 059	142	154	805
1988	361	375	1 091	144	173	842
1989	369	382	1 118	147	184	885
1990	387	392	1 144	152	196	929
1991	418	410	1 181	156	208	975

4-9 各地区分行业职工人数

（1991年底）　　　　单位：万人

地　区	合　计	农、林、牧、渔、水利业	工　业	地质普查和勘探业	建筑业	交通运输、邮电通讯业	商业、公共饮食业、物资供销和仓储业
全　国	14 508.4	829.2	6 551.2	99.7	979.7	813.6	1 888.0
北　京	470.0	10.5	158.9	0.7	57.7	19.5	62.9
天　津	291.6	4.3	150.0	3.6	21.5	14.8	34.8
河　北	673.7	21.5	310.3	10.2	55.7	36.7	83.8
山　西	451.7	7.6	224.5	1.9	34.3	25.5	53.8
内蒙古	383.2	37.6	153.9	2.4	28.9	23.7	51.8
辽　宁	1 033.3	45.7	547.1	6.2	82.4	48.9	127.6
吉　林	533.4	25.7	253.5	5.3	36.8	26.8	80.1
黑龙江	872.1	84.2	424.4	6.0	60.8	44.9	108.2
上　海	517.7	14.9	275.0	0.4	27.7	30.0	60.0
江　苏	899.3	37.9	454.4	3.3	42.7	56.3	121.2
浙　江	492.8	14.0	243.9	1.2	28.9	28.5	66.1
安　徽	497.1	20.6	221.8	2.6	37.3	31.6	71.7
福　建	322.3	15.6	141.5	1.5	20.6	20.7	37.6
江　西	398.9	40.7	172.2	3.4	21.1	20.7	48.2
山　东	803.3	16.8	411.0	2.1	35.3	38.5	110.3
河　南	722.5	18.1	326.8	7.2	36.4	39.7	118.9
湖　北	716.1	61.7	304.7	3.2	41.0	42.5	99.4
湖　南	567.1	44.8	243.6	3.4	30.1	33.9	74.5
广　东	827.6	42.0	352.1	3.1	49.1	52.0	131.7
广　西	323.1	24.8	116.6	2.3	19.8	22.3	37.2
海　南	108.1	50.5	17.4	0.2	2.5	4.3	10.9
四　川	965.7	21.7	433.9	8.5	75.4	58.0	127.4
贵　州	231.9	7.0	93.2	2.3	23.2	12.8	24.3
云　南	303.1	25.7	102.9	3.0	21.3	19.2	34.4
西　藏	16.4	1.1	1.9	0.3	1.1	2.0	1.4
陕　西	390.2	9.4	178.2	3.1	32.0	20.6	44.5
甘　肃	247.5	11.5	110.5	3.0	18.9	14.5	28.7
青　海	67.4	4.1	23.8	2.9	8.1	4.6	6.7
宁　夏	70.1	7.2	28.2	1.4	5.1	3.4	6.5
新　疆	311.3	101.9	74.9	5.0	24.0	16.8	23.5

4-9 续表 (1991年底) 单位:万人

地区	房地产管理、公用事业、居民服务和咨询服务业	卫生、体育和社会福利事业	教育、文化艺术和广播电视事业	科学研究和综合技术服务事业	金融、保险业	国家机关、政党机关和社会团体
全国	417.6	409.6	1 181.3	155.6	208.4	974.5
北京	39.4	13.5	41.6	26.1	4.3	35.0
天津	13.5	7.7	20.7	4.6	2.6	13.4
河北	15.0	16.3	53.4	4.3	11.3	55.1
山西	11.1	11.1	35.7	3.0	6.7	36.8
内蒙古	7.8	9.5	30.2	2.8	6.0	28.4
辽宁	35.1	21.8	53.1	9.1	11.3	45.1
吉林	14.8	13.8	37.9	4.1	7.2	27.4
黑龙江	26.6	18.0	45.4	5.2	8.0	40.4
上海	29.2	15.2	35.0	10.5	3.9	15.9
江苏	22.9	24.1	77.9	7.9	10.8	39.9
浙江	14.4	15.7	39.0	3.1	8.3	29.5
安徽	12.1	14.6	43.4	3.3	7.0	31.0
福建	8.1	9.9	34.0	2.0	5.6	25.4
江西	6.9	11.8	35.5	3.5	6.0	28.9
山东	18.2	25.6	68.3	5.0	12.6	59.9
河南	16.7	23.0	59.4	5.6	12.7	58.0
湖北	16.8	23.7	56.8	6.4	10.3	49.8
湖南	9.3	18.0	51.8	4.6	8.6	44.5
广东	33.9	23.6	59.8	5.6	15.8	59.1
广西	8.0	11.1	42.1	3.1	6.2	29.6
海南	2.6	2.3	7.2	1.2	1.6	7.4
四川	20.1	30.4	92.6	13.1	13.9	70.8
贵州	4.9	7.5	26.5	2.0	4.2	24.0
云南	5.4	10.0	38.7	3.3	5.8	33.5
西藏	0.7	1.0	2.0	0.3	0.3	4.2
陕西	9.5	11.8	35.7	8.8	6.0	30.6
甘肃	5.7	6.8	20.5	3.2	4.7	19.5
青海	1.3	2.1	5.6	0.8	1.3	6.0
宁夏	2.2	2.0	6.7	0.8	1.3	5.3
新疆	5.6	7.6	24.8	2.5	4.2	20.5

4-10 全民所有制单位分行业职工人数

（年底数） 单位：万人

年份	合计	农、林、牧、渔、水利业	工业	地质普查和勘探业	建筑业	交通运输、邮电通讯业	商业、公共饮食业、物资供销和仓储业
1978	7 451	829	3 139	97	472	450	922
1979	7 693	805	3 208	99	490	464	976
1980	8 019	799	3 334	99	504	480	1 023
1981	8 372	804	3 488	98	505	502	1 083
1982	8 630	800	3 582	101	512	515	1 116
1983	8 771	797	3 632	102	529	526	1 135
1984	8 637	791	3 669	105	550	537	802
1985	8 990	783	3 815	105	579	555	830
1986	9 333	793	3 955	104	592	566	862
1987	9 654	801	4 086	107	602	575	894
1988	9 984	803	4 229	107	605	589	947
1989	10 108	794	4 273	104	578	590	972
1990	10 346	795	4 364	100	575	606	1 002
1991	10 664	785	4 472	99	596	624	1 050

4-10 续表 （年底数） 单位：万人

年份	房地产管理、公用事业、居民服务和咨询服务业	卫生、体育和社会福利事业	教育、文化艺术和广播电视事业	科学研究和综合技术服务事业	金融、保险业	国家机关、政党机关和社会团体
1978	135	183	674	91	42	417
1979	144	200	707	99	50	451
1980	163	217	757	104	63	476
1981	174	233	797	110	71	507
1982	183	242	825	117	74	563
1983	189	253	835	120	77	576
1984	196	264	873	124	84	642
1985	213	272	925	129	93	691
1986	227	283	973	135	101	742
1987	237	296	1 025	140	113	778
1988	252	306	1 059	142	128	817
1989	259	314	1 085	144	136	859
1990	275	323	1 112	148	145	903
1991	295	339	1 151	151	155	946

4-11 城镇集体所有制单位分行业职工人数

（年底数） 单位：万人

年 份	合 计	农、林、牧、渔、水利业	工 业	地质普查和勘探业	建筑业	交通运输、邮电通讯业	商业、公共饮食业、物资供销和仓储业
1978	2 048	56	1 215	0.5	176	204	172
1979	2 274	52	1 328	0.7	219	219	201
1980	2 425	48	1 428	1.0	235	216	234
1981	2 568	52	1 495	1.0	255	219	274
1982	2 651	55	1 533	1.0	281	218	300
1983	2 744	62	1 573	1.0	301	216	318
1984	3 216	55	1 641	1.0	326	214	691
1985	3 324	51	1 705	1.0	354	210	743
1986	3 421	48	1 781	0.7	364	208	751
1987	3 488	47	1 828	0.3	379	204	759
1988	3 527	45	1 850		385	198	777
1989	3 502	45	1 845		357	192	788
1990	3 549	44	1 876	0.3	357	189	805
1991	3 628	43	1 898	0.4	381	187	830

4-11 续表 （年底数） 单位：万人

年 份	房地产管理、公用事业、居民服务和咨询服务业	卫生、体育和社会福利事业	教育、文化艺术和广播电视事业	科学研究和综合技术服务事业	金融、保险业	国家机关、政党机关和社会团体
1978	62	64	62	0.6	23	13
1979	81	69	62	0.7	25	17
1980	92	70	60	0.8	26	14
1981	103	69	60	0.9	26	13
1982	108	69	43	1.0	28	14
1983	116	69	43	0.9	29	15
1984	116	71	42	1.0	31	27
1985	91	70	37	1.5	33	27
1986	95	71	35	1.9	37	28
1987	98	69	34	2.0	41	27
1988	98	69	32	2.0	45	26
1989	98	68	32	3.0	48	26
1990	97	69	32	3.2	51	26
1991	103	70	30	4.0	54	28

4-12 其他所有制单位分行业职工人数

（年底数）　　单位：人

经济类型及行业	1985年	1987年	1988年	1989年	1990年	1991年
总　　计	436 980	719 098	967 373	1 317 296	1 637 773	2 160 383
一、按经济类型分						
全民与集体合营	305 275	347 995	380 670	437 503	441 658	456 639
全民与私人合营	58 401	112 340	191 741	299 506	395 946	337 753
#与华侨或港澳台工商业者经营						332 938
集体与私人合营	9 711	35 470	58 597	77 134	118 848	162 263
#与华侨或港澳台工商业者经营						137 150
中外合资	49 848	190 541	280 380	413 526	575 468	767 256
中外合作						108 322
华侨或港澳台工商业者经营	6 976	11 200	18 706	41 297	47 873	224 168
外资经营	3 806	9 972	6 939	15 310	36 031	78 617
其　　他	2 963	11 580	30 340	33 020	21 949	25 365
二、按行业分						
农、林、牧、渔、水利业	2 052	4 584	5 770	7 173	11 255	14 490
工　　业	368 121	582 610	785 619	1 097 945	1 373 039	1 817 027
地质普查和勘探业			45			36
建筑业	5 991	7 534	13 434	14 876	16 283	26 803
交通运输、邮电通讯业	8 560	9 042	10 391	15 504	16 278	20 330
商业、公共饮食业、物资供销和仓储业	22 518	38 294	43 816	48 879	60 008	74 663
房地产管理、公用事业、居民服务和咨询服务业	29 239	75 118	105 686	125 853	155 362	196 264
卫生、体育和社会福利事业		295	478	2 188	470	1 349
教育、文化艺术和广播电视事业	400	715	958	1 816	2 566	3 819
科学研究和综合技术服务事业	33	444	426	1 853	2 034	5 067
金融、保险业	66	182	750	1 209	478	535
其他行业		280				

4-13 城镇个体劳动者分行业人数

（年底数） 单位:万人

年份	合计	农、林、牧、渔、水利业	工业	地质普查和勘探业	建筑业	交通运输、邮电通讯业
1978	15.0		3.0		1.0	1.0
1979	32.0		6.0		1.0	1.0
1980	81.4	0.2	9.5		0.4	0.8
1981	113.3	0.1	11.1		1.0	1.7
1982	146.7	0.1	15.8		0.7	1.9
1983	230.7	0.2	23.7		1.3	3.8
1984	339.4	1.1	37.8		3.5	12.5
1985	450.1	1.9	51.4		5.1	22.3
1986	483.1	1.9	60.0		5.1	24.4
1987	568.8	1.7	74.3		6.5	30.6
1988	659.3	4.2	90.3		9.7	39.5
1989	648.2	2.6	84.5		4.9	34.1
1990	670.5	0.6	91.3		4.6	36.4
1991	759.5	0.4	128.0	0.1	7.8	46.1

4-13 续表 （年底数） 单位:万人

年份	商业、公共饮食业、物资供销和仓储业	房地产管理、公用事业、居民服务和咨询服务业	卫生、体育和社会福利事业	教育、文化艺术和广播电视事业	科学研究和综合技术服务事业
1978	9.0	1.0			
1979	18.0	6.0			
1980	57.1	13.0	0.4		
1981	79.1	20.0	0.4		
1982	105.2	22.0	1.0		
1983	171.0	29.5	1.0	0.2	
1984	241.7	40.8	1.0	1.0	
1985	325.0	40.9	2.8	0.7	
1986	336.7	50.6	3.1	1.2	0.1
1987	390.7	58.6	4.0	2.3	0.1
1988	442.9	65.6	4.1	2.8	0.2
1989	443.1	71.7	3.9	3.1	0.3
1990	431.2	94.3	7.0	3.9	1.2
1991	489.0	78.2	4.2	4.9	0.8

4-14 分细行业全部职工人数

(1991年底)　　单位:万人

项　　目	职工人数				其中:女职工人数			
	合　计	全民所有制单位	城镇集体所有制单位	其他所有制单位	合　计	全民所有制单位	城镇集体所有制单位	其他所有制单位
全国总计	14 508.4	10 664.4	3 628.0	216.0	5 483.1	3 679.1	1 690.8	113.2
一、按隶属关系分组								
1.中央所属单位		2 250.7				656.4		
2.省级所属单位		2 105.6				742.9		
3.地级所属单位		2 970.2				1 174.5		
4.县级市属单位		669.6				249.8		
5.县及县以下单位		2 668.3				855.6		
二、按企业、事业、机关分组								
1.企　业	11 175.5	7 501.8	3 458.1	215.6	4 388.5	2 656.2	1 619.3	113.0
#地　方		5 585.6				2 114.5		
2.事　业	2 384.9	2 236.9	147.7	0.4	897.9	833.9	63.7	0.2
#地　方		1 939.1				732.6		
3.机　关	947.9	925.7	22.2		196.8	189.0	7.8	
#地　方		888.9				175.6		
三、按国民经济行业分组								
农、林、牧、渔、水利业	829.2	784.8	43.0	1.4	299.0	284.2	14.4	0.4
农　业	512.7	498.3	14.2	0.2	211.9	204.9	6.9	…
林　业	81.9	76.9	4.9	…	25.4	23.0	2.4	…
畜牧业	70.2	62.3	7.0	0.9	24.5	22.7	1.5	0.3
渔　业	24.8	22.1	2.4	0.3	6.8	6.1	0.7	0.1
水利业	59.5	57.7	1.8		11.4	11.0	0.3	
农、林、牧、渔、水利服务业	80.2	67.4	12.7	…	19.0	16.4	2.6	…
工　业	6 551.2	4 471.8	1 897.7	181.7	2 717.2	1 600.2	1 017.9	99.1
地质普查和勘探业	99.7	99.3	0.4	…	24.1	24.0	0.1	
建筑业	979.7	595.8	381.2	2.7	204.8	129.2	75.4	0.3
土木工程建筑业	840.7	480.4	358.1	2.2	167.9	98.9	68.7	0.3
线路管道和设备安装业	98.7	76.0	22.3	0.4	24.4	18.0	6.3	0.1
勘察设计业	40.3	39.3	0.9	0.1	12.6	12.2	0.3	…
交通运输、邮电通讯业	813.6	624.4	187.1	2.0	199.4	145.8	53.2	0.4
交通运输业	716.1	529.0	185.3	1.9	166.3	113.7	52.2	0.3
铁路运输业	218.6	211.6	7.0	…	47.4	43.3	4.1	…
公路运输业	309.7	221.1	87.7	0.8	75.6	51.7	23.8	0.2
管道运输业	3.6	3.6	…		1.2	1.2	…	
水上运输业	123.9	73.4	49.8	0.7	26.9	12.6	14.2	0.1
航空运输业	8.6	8.4	0.1	0.2	2.5	2.4	…	…
装卸搬运业	51.7	10.9	40.6	0.2	12.7	2.4	10.2	…
邮电通讯业	97.5	95.4	1.8	0.2	33.1	32.1	0.9	0.1
商业、公共饮食业、物资供销和仓储业	1 888.0	1 050.1	830.4	7.5	845.0	442.5	398.9	3.6
商　业	1 533.3	802.7	726.6	4.0	700.2	352.2	346.3	1.8
#对外贸易业	52.2	50.8	1.1	0.3	18.7	18.0	0.6	0.1
公共饮食业	95.0	49.7	42.6	2.8	54.9	27.2	26.1	1.6

4-14 续表 (1991年底) 单位:万人

项目	职工人数				其中:女职工人数			
	合计	全民所有制单位	城镇集体所有制单位	其他所有制单位	合计	全民所有制单位	城镇集体所有制单位	其他所有制单位
物资供销业	199.6	141.0	58.1	0.5	72.8	47.4	25.1	0.2
仓储业	60.0	56.7	3.1	0.1	17.1	15.7	1.4	...
房地产管理、公用事业、居民服务和咨询服务业	417.6	295.5	102.5	19.6	191.1	129.3	52.8	8.9
房地产管理业	48.3	43.0	4.5	0.8	15.5	13.9	1.4	0.2
公用事业	173.7	147.0	25.7	0.9	76.7	62.8	13.7	0.2
#市内公共交通业	70.0	65.1	4.1	0.8	31.7	29.8	1.8	0.1
园林绿化业	22.5	21.2	1.3	...	10.1	9.4	0.6	...
清洁卫生业	38.8	28.3	10.4	0.1	19.4	13.6	5.8	0.1
市政工程业	26.4	22.8	3.6	...	8.3	7.2	1.2	...
居民服务业	187.3	99.4	70.2	17.8	96.0	50.7	36.9	8.4
#旅游业	14.7	10.4	0.7	3.6	6.1	4.3	0.4	1.5
旅馆业	98.8	65.6	20.0	13.2	54.3	35.4	12.4	6.5
咨询服务业	8.4	6.1	2.1	0.1	2.8	1.9	0.8	0.1
卫生、体育和社会福利事业	409.6	339.5	70.0	0.1	220.7	186.1	34.5	0.1
卫生事业	388.4	319.7	68.6	0.1	212.5	178.8	33.6	...
体育事业	9.3	9.1	0.1	...	2.9	2.9	...	...
社会福利事业	12.0	10.7	1.3	...	5.3	4.4	0.8	...
教育、文化艺术和广播电视事业	1 181.3	1 151.1	29.8	0.4	445.0	432.3	12.4	0.2
教育事业	1 076.3	1 055.0	21.3	...	409.6	400.1	9.5	...
#普通高等学校	115.1	115.0	0.1		40.6	40.6	0.1	
普通中学	364.8	362.7	2.1	...	114.9	114.3	0.6	...
小学校	434.4	426.1	8.4		181.8	178.9	2.8	
文化艺术事业	78.3	72.0	6.0	0.4	28.1	25.7	2.2	0.2
广播电视事业	26.7	24.2	2.5		7.3	6.5	0.7	
科学研究和综合技术服务事业	155.6	151.0	4.0	0.5	53.8	52.2	1.4	0.2
科学研究事业	118.8	117.7	1.1	...	42.0	41.5	0.4	...
自然科学研究事业	108.8	108.0	0.7	...	38.7	38.4	0.3	...
社会科学研究事业	3.8	3.8	...		1.2	1.2	...	
综合科学研究事业	6.2	5.9	0.3	...	2.1	1.9	0.1	...
综合技术服务事业	36.8	33.4	2.9	0.5	11.8	10.7	1.0	0.1
#气象事业	5.8	5.8	...		1.9	1.9	...	
地震事业	1.7	1.7	...			0.4		
测绘事业	3.1	3.1	...		0.9	0.9	...	
环境保护事业	4.3	4.2	0.1	...	1.6	1.5	0.1	...
金融、保险业	208.4	154.6	53.8	0.1	76.4	56.8	19.5	...
金融业	199.0	145.3	53.6	0.1	73.7	54.2	19.5	...
保险业	9.4	9.2	0.2		2.7	2.6	0.1	
国家机关、政党机关和社会团体	974.6	946.4	28.1		206.6	196.3	10.4	
#国家机关和政党机关		827.5				160.2		

4-15 各地区城镇个体劳动者分行业人数

（1991年底）

单位：万人

地区	合计	农、林、牧、渔、水利业	工业	地质普查和勘探业	建筑业	交通运输、邮电通讯业
全国	**759.51**	**0.43**	**128.03**	**0.06**	**7.79**	**46.11**
北京	7.18		0.55		0.02	0.33
天津	9.02		3.32		0.08	0.47
河北	18.86	…	4.25		0.63	1.17
山西	13.97	0.02	2.18		0.19	0.87
内蒙古	21.13	0.01	3.62		0.31	1.49
辽宁	48.81		6.69		0.46	4.73
吉林	31.52	0.02	4.35	…	0.42	3.67
黑龙江	37.46		4.39		0.30	2.59
上海	8.85		2.94		0.15	0.32
江苏	21.92	…	2.76		0.16	1.20
浙江	30.98	…	8.73		0.10	1.36
安徽	33.55	…	4.35	0.01	0.54	4.47
福建	37.82	0.12	7.79		0.29	3.47
江西	30.25		4.43		0.08	1.25
山东	27.62		3.92		0.21	1.53
河南	40.95	0.03	5.82		1.47	2.26
湖北	31.67		4.22	0.04	0.23	1.47
湖南	32.52	0.05	4.77		0.09	1.25
广东	87.81	…	22.05		0.51	3.39
广西	29.58	0.06	4.26		0.07	1.87
海南	12.90	0.02	1.61		0.22	0.61
四川	50.39	…	5.41		0.09	1.20
贵州	25.05	0.01	4.70		0.23	1.99
云南	15.37	0.03	2.08		0.15	0.72
西藏	2.15	0.03	0.30		0.04	0.07
陕西	17.64		2.57		0.43	0.77
甘肃	9.71		1.40	…	0.12	0.28
青海	4.47		0.70		0.09	0.35
宁夏	3.06		0.50		0.04	0.22
新疆	17.29	0.02	3.40		0.08	0.71

4-15 续表　　(1991年底)　　单位:万人

地　区	商业、公共饮食业、物资供销和仓储业	房地产管理、公用事业、居民服务和咨询服务业	卫生、体育和社会福利事业	教育、文化艺术和广播电视事业	科学研究和综合技术服务事业
全　国	**489.04**	**78.18**	**4.17**	**4.85**	**0.84**
北　京	5.17	0.76	0.17	0.16	0.02
天　津	4.13	0.84	0.14	0.01	0.04
河　北	10.44	1.99	0.25	0.12	0.02
山　西	9.19	1.41	0.08	0.03	0.03
内蒙古	12.59	2.71	0.25	0.11	0.03
辽　宁	30.08	5.33	0.30	1.14	0.09
吉　林	19.65	2.91	0.19	0.32	…
黑龙江	24.65	4.28	0.42	0.63	0.20
上　海	4.32	1.10		0.01	0.02
江　苏	13.50	4.09	0.05	0.03	0.13
浙　江	17.13	3.16	0.35	0.13	0.02
安　徽	21.19	2.87	0.03	0.04	0.03
福　建	23.10	2.94	0.06	0.04	0.01
江　西	21.28	2.91	0.12	0.16	0.03
山　东	18.02	3.74	0.04	0.13	0.03
河　南	26.82	4.36	0.08	0.07	0.04
湖　北	22.68	2.42	0.07	0.32	0.02
湖　南	22.13	3.60	0.24	0.34	0.04
广　东	53.24	8.22	0.20	0.19	…
广　西	20.23	2.90	0.10	0.09	0.01
海　南	9.67	0.71	0.03	0.02	…
四　川	37.48	5.35	0.35	0.49	0.02
贵　州	16.02	1.97	0.10	0.04	…
云　南	10.68	1.53	0.13	0.04	…
西　藏	1.70	…	0.01		
陕　西	11.45	2.14	0.23	0.04	0.02
甘　肃	6.85	1.03	0.01	0.02	0.01
青　海	2.69	0.56	0.06	0.01	0.02
宁　夏	1.75	0.43	0.08	0.03	0.02
新　疆	11.20	1.73	0.05	0.10	

4-16 分行业乡村劳动者人数

（年底数） 单位：万人

地区	合计	农、林、牧、渔、水利业	工业	建筑业	交通运输、邮电通讯业	商业、公共饮食业、物资供销和仓储业
1978	30 638	27 488	1 734	230	80	52
1979	31 025	27 835	1 756	233	81	53
1980	31 836	28 334	1 942	283	90	67
1981	32 672	28 980	1 981	297	101	75
1982	33 867	30 062	2 073	379	115	83
1983	34 690	30 350	2 168	483	161	137
1984	35 968	30 080	2 549	811	317	299
1985	37 065	30 352	2 741	1 130	434	463
1986	37 990	30 468	3 139	1 309	506	532
1987	39 000	30 870	3 297	1 431	562	607
1988	40 067	31 456	3 413	1 526	607	657
1989	40 939	32 441	3 256	1 502	614	652
1990	42 010	33 336	3 229	1 523	635	693
1991	43 093	34 186	3 268	1 534	655	723

4-16 续表 （年底数） 单位：万人

地区	房地产管理、公用事业、居民服务和咨询服务业	卫生、体育和社会福利事业	教育、文化艺术和广播电视事业	科学研究和综合技术服务事业	金融、保险业	国家机关、政党机关和社会团体	其他
1978	12	116	357		11	37	521
1979	13	117	362		11	37	527
1980	45	102	330	8	10	37	588
1981	46	73	238	16	10	36	819
1982	47	87	260	14	11	34	702
1983	69	92	273	12	11	55	879
1984	122	99	288	12	12	74	1 305
1985	89	122	310	13	11	81	1 319
1986	126	125	315	15	14	103	1 338
1987	138	127	314	16	16	120	1 502
1988	150	129	309	17	20	128	1 655
1989	151	132	306	18	21	137	1 709
1990	156	137	310	20	23	150	1 798
1991	157	140	311	22	26	162	1 910

4-17 分行业女职工人数

(年底数) 单位:万人

年份	合计	农、林、牧、渔、水利业	工业	地质普查和勘探业	建筑业	交通运输、邮电通讯业	商业、公共饮食业、物资供销和仓储业
1978	3 128	307	1 592	17	138	127	385
1979	3 409	291	1 722	19	162	143	443
1980	3 698	296	1 873	20	176	153	496
1981	3 935	303	1 976	21	183	162	549
1982	4 093	304	2 051	22	191	166	589
1983	4 199	311	2 090	22	194	170	612
1984	4 325	305	2 144	22	203	172	633
1985	4 500	298	2 246	22	204	175	678
1986	4 688	301	2 349	23	204	180	699
1987	4 869	306	2 443	24	205	183	722
1988	5 036	305	2 530	25	203	186	756
1989	5 137	304	2 570	24	199	187	777
1990	5 294	304	2 643	24	199	192	807
1991	5 483	299	2 717	24	205	199	845

4-17 续表 (年底数) 单位:万人

年份	房地产管理、公用事业、居民服务和咨询服务业	卫生、体育和社会福利事业	教育、文化艺术和广播电视事业	科学研究和综合技术服务事业	金融、保险业	国家机关、政党机关和社会团体
1978	85	116	251	29	16	65
1979	103	130	265	33	20	77
1980	118	141	284	36	26	79
1981	131	152	300	39	29	90
1982	139	159	298	41	32	101
1983	147	165	306	41	34	106
1984	150	172	317	44	38	124
1985	141	177	335	46	42	136
1986	149	184	354	48	47	149
1987	156	192	378	49	52	158
1988	165	198	391	50	61	166
1989	171	203	406	51	66	179
1990	180	210	422	52	70	191
1991	191	221	445	54	76	207

4-18 合 同 制 职 工 人 数

年份	年末人数（万人）				比重（以全部职工为100）			
	合计	全民所有制单位	城镇集体所有制单位	其他所有制单位	合计	全民所有制单位	城镇集体所有制单位	其他所有制单位
1983	65	57	8		0.6	0.6	0.3	
1984	209	174	32	3	1.8	2.0	1.0	8.1
1985	409	332	72	5	3.3	3.7	2.2	11.4
1986	624	524	92	8	4.9	5.6	2.7	14.5
1987	873	735	125	13	6.6	7.6	3.6	18.1
1988	1 234	1 008	206	20	9.1	10.1	5.8	20.7
1989	1 468	1 190	245	33	10.7	11.8	7.0	25.1
1990	1 702	1 372	287	43	12.1	13.3	8.1	26.3
1991	1 972	1 589	323	60	13.6	14.9	8.9	28.0

4-19 全民所有制单位分行业合同制职工人数

行业	年末人数(万人)				占本行业全部职工比重（以全部职工为 100）			
	1985年	1989年	1990年	1991年	1985年	1989年	1990年	1991年
全国总计	**332**	**1 190**	**1 372**	**1 589**	**3.7**	**11.8**	**13.3**	**14.9**
农、林、牧、渔、水利业	21	68	83	93	2.7	8.6	10.4	11.8
工业	192	702	802	913	5.0	16.4	18.4	20.4
地质普查和勘探业	3	7	7	8	2.9	6.7	7.0	8.1
建筑业	25	66	74	87	4.3	11.4	12.9	14.6
交通运输、邮电通讯业	21	70	80	95	3.8	11.9	13.2	15.3
商业、公共饮食业、物资供销和仓储业	25	124	148	180	3.0	12.8	14.8	17.1
房地产管理、公用事业、居民和咨询服务业	11	40	46	54	5.2	15.4	16.7	18.4
卫生、体育和社会福利事业	4	17	20	24	1.5	5.4	6.2	7.0
教育、文化艺术和广播电视事业	8	29	33	39	0.9	2.7	3.0	3.4
科学研究和综合技术服务事业	2	5	7	8	1.6	3.5	4.7	5.2
金融、保险业	1	9	11	14	1.1	6.6	7.6	8.9
国家机关、政党机关和社会团体	19	53	61	74	2.7	6.2	6.8	7.8

4-20 城镇新就业人数

单位：万人

项目	1978年	1980年	1985年	1986年	1987年	1988年	1989年	1990年	1991年
总计	544.4	900.0	813.6	793.1	799.1	844.3	619.8	785.0	765.0
一、按就业人员主要来源分									
城镇劳动力	274.9	622.5	502.3	481.6	411.7	422.6	276.6	340.0	295.0
农村劳动力	148.4	127.4	150.2	166.5	166.8	159.9	120.0	118.0	140.0
大学、中专、技校毕业生	37.7	80.0	88.5	99.3	117.1	130.8	145.2	168.0	173.0
其他	83.4	70.1	72.6	95.7	103.5	131.0	78.0	159.0	157.0
二、按就业人员安置去向分									
全民所有制单位	392.0	572.2	499.1	536.3	499.4	492.2	367.3	475.0	363.0
城镇集体所有制单位	152.4	278.0	203.8	223.8	214.0	263.2	191.5	235.0	272.0
其他所有制单位							24.0	35.0	70.0
从事个体劳动		49.8	110.7	33.0	85.7	88.9	37.0	40.0	60.0

注：1989年以前全民所有制单位安置的人数中包括安置到其他所有制单位的人数。

4-21 城镇待业人数及待业率

年份	城镇待业人数（万人）	#待业青年	待业青年占城镇待业人数%	待业率（%）
1952	376.6			13.2
1957	200.4			5.9
1978	530.0	249.1	47.0	5.3
1980	541.5	382.5	70.6	4.9
1981	439.5	343.0	78.0	3.8
1982	379.4	293.8	77.4	3.2
1983	271.4	222.0	81.8	2.3
1984	235.7	195.9	83.1	1.9
1985	238.5	196.9	82.6	1.8
1986	264.4	209.3	79.2	2.0
1987	276.6	235.1	85.0	2.0
1988	296.2	245.3	82.8	2.0
1989	377.9	309.0	81.8	2.6
1990	383.2	312.7	81.6	2.5
1991	352.2	288.4	81.9	2.3

4-22 职工工资总额及指数

年份	绝对数（亿元）				指数（以上年为100）			
	全部工资总额	全民所有制单位工资总额	城镇集体所有制单位工资总额	其他所有制单位工资总额	全部工资总额	全民所有制单位工资总额	城镇集体所有制单位工资总额	其他所有制单位工资总额
1952	68.3	67.5	0.8					
1953	90.0	88.9	1.1		131.8	131.7	137.5	
1954	98.8	95.3	3.5		109.8	107.2	318.2	
1955	108.8	100.3	8.5		110.1	105.2	242.9	
1956	158.6	136.5	22.1		145.8	136.1	260.0	
1957	190.8	156.4	34.4		120.3	114.6	155.7	
1958	210.8	180.0	30.8		110.5	115.1	89.5	
1959	263.1	233.5	29.6		124.8	129.7	96.1	
1960	296.7	263.2	33.5		112.8	112.7	113.2	
1961	280.7	244.1	36.6		94.6	92.7	109.3	
1962	254.3	213.6	40.7		90.6	87.5	111.2	
1963	249.9	211.1	38.8		98.3	98.8	95.3	
1964	263.7	224.0	39.7		105.5	106.1	102.3	
1965	282.3	235.3	47.0		107.1	105.0	118.4	
1966	296.3	243.6	52.7		105.0	103.5	112.1	
1967	308.3	250.0	58.3		104.0	102.6	110.6	
1968	312.0	254.0	58.0		101.2	101.6	99.5	
1969	322.6	263.0	59.6		103.4	103.5	102.8	
1970	334.3	277.5	56.8		103.6	105.5	95.3	
1971	364.0	302.0	62.0		108.9	108.8	109.2	
1972	409.6	340.0	69.6		112.5	112.6	112.3	
1973	429.1	353.3	75.8		104.8	103.9	108.9	
1974	441.9	370.9	71.0		103.0	105.0	93.7	
1975	463.5	386.1	77.4		104.9	104.1	109.0	
1976	489.2	406.1	83.1		105.5	105.2	107.4	
1977	514.8	425.7	89.1		105.2	104.8	107.2	
1978	568.9	468.7	100.2		110.5	110.1	112.5	
1979	646.7	529.5	117.2		113.7	113.0	117.0	
1980	772.4	627.9	144.5		119.4	118.6	123.3	
1981	820.0	660.4	159.6		106.2	105.2	110.4	
1982	882.0	708.9	173.1		107.6	107.3	108.5	
1983	934.6	748.1	186.5		106.0	105.5	107.7	
1984	1 133.4	875.8	254.0	3.6	121.3	117.1	136.2	
1985	1 383.0	1 064.8	312.3	5.9	122.0	121.6	123.0	164.1
1986	1 659.7	1 288.5	362.8	8.4	120.0	121.0	116.2	142.9
1987	1 881.1	1 459.3	409.1	12.6	113.3	113.3	112.8	149.7
1988	2 316.2	1 807.1	487.6	21.5	123.1	123.8	119.2	170.1
1989	2 618.5	2 050.2	534.4	33.9	113.1	113.5	109.6	157.7
1990	2 951.1	2 324.1	581.0	46.0	112.7	113.4	108.7	135.8
1991	3 323.9	2 594.9	658.6	70.4	112.6	111.7	113.4	153.1

4-23 职工工资增长情况

经济类型	1978年	1980年	1985年	1989年	1990年	1991年	1991年为1980年%	1991年为1990年%
工资总额(亿元)	568.9	772.4	1 383.0	2 618.5	2 951.1	3 323.9	430.3	112.6
全民所有制单位	468.7	627.9	1 064.8	2 050.2	2 324.1	2 594.9	413.3	111.7
城镇集体所有制单位	100.2	144.5	312.3	534.4	581.0	658.6	455.8	113.4
其他所有制单位			5.9	33.9	46.0	70.4		153.1
1.奖金和计件超额工资	11.3	70.3	208.6	511.3	537.8	627.2	892.2	116.6
全民所有制单位	11.3	60.9	154.7	409.4	443.6	517.5	849.8	116.7
城镇集体所有制单位		9.4	52.6	93.9	84.6	95.9	1 020.2	113.4
其他所有制单位			1.3	8.0	9.6	13.8		143.8
2.各种津贴				573.5	612.8	697.8		113.9
全民所有制单位	30.5	82.4	196.7	473.7	506.1	574.1	696.7	113.4
城镇集体所有制单位			41.5	94.5	99.6	113.7		114.2
其他所有制单位				5.3	7.1	10.0		140.8
3.加班加点工资				45.6	49.6	58.1		117.1
全民所有制单位		9.6	16.6	35.1	37.6	43.3	451.0	115.2
城镇集体所有制单位				9.7	10.5	12.3		117.1
其他所有制单位				0.8	1.5	2.5		166.7
平均工资(元)	615	762	1 148	1 935	2 140	2 340	307.1	109.3
全民所有制单位	644	803	1 213	2 055	2 284	2 477	308.5	108.5
城镇集体所有制单位	506	623	967	1 557	1 681	1 866	299.5	111.0
其他所有制单位			1 436	2 707	2 987	3 468		116.1
平均奖金和计件超额工资(元)	12	69	173	378	390	441	639.1	113.1
全民所有制单位	16	78	176	410	436	494	633.3	113.3
城镇集体所有制单位		41	163	274	245	272	663.4	111.0
其他所有制单位			315	640	626	679		108.5
平均津贴(元)				424	444	491		110.6
全民所有制单位		115	178	475	497	548	476.5	110.3
城镇集体所有制单位			86	275	288	322		111.8
其他所有制单位				423	457	492		107.7

4-24 分行业职工工资总额

单位:亿元

年份	合计	农、林、牧、渔、水利业	工业	地质普查和勘探业	建筑业	交通运输、邮电通讯业	商业、公共饮食业、物资供销和仓储业
1978	568.9	42.0	268.0	7.7	45.5	45.4	60.4
1979	646.7	46.4	304.2	8.6	53.1	50.8	69.5
1980	772.4	52.8	360.0	10.1	62.4	57.4	84.4
1981	820.0	54.6	379.9	10.5	65.3	59.7	92.2
1982	882.0	56.9	401.3	10.9	71.6	63.8	98.7
1983	934.6	59.8	418.2	11.4	78.3	66.3	104.0
1984	1 133.4	66.2	516.8	13.9	100.6	80.9	127.3
1985	1 383.0	74.4	624.6	16.8	125.1	97.1	155.6
1986	1 659.7	88.6	749.7	18.9	144.8	114.6	184.2
1987	1 881.1	97.4	857.3	21.0	163.1	127.8	208.8
1988	2 316.2	109.8	1 062.5	24.4	192.2	155.3	263.6
1989	2 618.5	118.4	1 222.8	26.5	204.7	177.1	290.2
1990	2 951.1	130.8	1 373.0	28.8	221.0	197.0	325.8
1991	3 323.9	139.4	1 550.8	31.1	255.6	223.1	366.9

4-24 续表

单位:亿元

年份	房地产管理、公用事业、居民服务和咨询服务业	卫生、体育和社会福利事业	教育、文化艺术和广播电视事业	科学研究和综合技术服务事业	金融、保险业	国家机关、政党机关和社会团体
1978	11.0	13.7	38.6	5.9	3.6	27.0
1979	13.3	15.5	43.6	6.9	4.3	30.5
1980	17.3	19.9	55.6	8.7	5.9	37.9
1981	19.2	21.9	59.7	9.3	6.9	40.9
1982	21.1	25.4	69.1	9.9	7.6	45.8
1983	23.6	27.4	72.2	11.8	8.1	53.6
1984	27.9	31.3	82.0	13.2	10.7	62.6
1985	33.6	37.7	109.3	16.3	13.8	78.7
1986	42.0	46.6	130.8	20.1	17.9	101.5
1987	48.6	51.9	145.4	22.6	21.2	116.0
1988	60.5	64.5	187.2	27.4	28.4	140.4
1989	70.3	73.8	207.3	30.8	33.3	163.3
1990	82.4	85.1	238.6	36.0	39.7	192.9
1991	98.5	95.3	260.7	39.5	45.5	217.5

4-25 各地区分行业职工工资总额

(1991年)　　单位:亿元

地区	合计	农、林、牧、渔、水利业	工业	地质普查和勘探业	建筑业	交通运输、邮电通讯业	商业、公共饮食业、物资供销和仓储业
全国	3 323.9	139.4	1 550.8	31.1	255.6	223.1	366.9
北京	132.2	2.3	47.0	0.2	17.0	6.4	16.9
天津	79.7	1.0	40.9	1.2	6.1	5.0	9.9
河北	142.2	3.6	67.2	3.5	13.5	9.4	13.8
山西	100.2	1.2	54.7	0.4	9.2	6.6	8.7
内蒙古	75.6	5.8	31.4	0.6	7.2	6.2	7.9
辽宁	242.1	6.6	129.8	2.0	22.5	14.0	24.9
吉林	106.3	3.7	50.3	1.5	9.4	6.7	12.8
黑龙江	175.4	11.8	87.4	1.9	14.8	10.8	17.9
上海	172.8	4.5	92.2	0.2	10.1	12.8	18.8
江苏	204.4	6.7	106.8	0.9	10.8	14.6	23.9
浙江	116.0	3.2	56.1	0.3	7.6	8.2	14.4
安徽	94.7	2.9	45.0	0.7	8.2	6.4	10.7
福建	75.9	2.8	33.5	0.5	5.5	5.6	7.5
江西	71.9	5.4	32.6	0.8	4.3	4.5	7.5
山东	179.8	3.2	96.0	0.5	9.5	10.6	19.7
河南	138.2	2.8	65.5	2.2	8.2	9.0	17.1
湖北	147.0	9.0	65.1	0.9	10.0	10.5	18.2
湖南	121.0	7.1	53.5	0.8	6.9	8.5	14.4
广东	268.2	9.7	118.1	1.1	18.1	20.2	36.3
广西	71.1	4.3	26.0	0.6	4.7	5.6	7.7
海南	23.2	7.7	4.4	0.1	0.8	1.4	2.4
四川	208.7	3.8	98.9	2.6	17.7	13.5	22.7
贵州	47.0	1.1	21.2	0.6	4.6	3.0	3.9
云南	68.7	4.6	25.5	0.8	5.2	5.2	6.9
西藏	5.4	3.2	0.6	0.2	0.4	0.7	0.4
陕西	84.4	1.7	39.3	0.9	7.7	5.4	7.5
甘肃	62.0	2.3	29.1	1.0	5.0	4.3	5.8
青海	18.5	0.9	6.3	1.2	2.4	1.5	1.5
宁夏	16.5	1.2	7.3	0.5	1.3	1.0	1.2
新疆	74.7	18.0	18.9	2.2	6.9	5.6	5.6

4-25 续表　　　　(1991年)　　　　单位:亿元

地区	房地产管理、公用事业、居民服务和咨询服务业	卫生、体育和社会福利事业	教育、文化艺术和广播电视事业	科学研究和综合技术服务事业	金融、保险业	国家机关、政党机关和社会团体
全国	**98.5**	**95.3**	**260.7**	**39.5**	**45.5**	**217.5**
北京	11.3	3.9	10.3	6.8	1.0	9.0
天津	3.5	2.1	4.9	1.2	0.7	3.2
河北	2.8	3.4	10.9	0.9	2.1	11.0
山西	1.8	2.1	6.7	0.6	1.2	6.8
内蒙古	1.3	1.9	6.0	0.6	1.1	5.5
辽宁	8.0	5.2	12.9	2.3	2.6	11.3
吉林	2.8	2.8	8.1	1.0	1.4	5.9
黑龙江	4.8	3.8	10.1	1.2	1.7	9.0
上海	9.9	4.7	10.2	3.4	1.1	4.9
江苏	5.3	5.5	16.6	2.0	2.4	9.0
浙江	3.5	3.8	9.1	0.8	1.9	7.1
安徽	2.2	2.7	8.2	0.7	1.3	5.8
福建	2.0	2.4	8.2	0.5	1.3	6.1
江西	1.2	2.3	6.5	0.6	1.1	5.3
山东	3.7	5.8	14.8	1.1	2.5	12.4
河南	2.9	4.4	11.6	1.2	2.3	10.9
湖北	3.2	5.0	11.7	1.4	2.1	9.8
湖南	2.0	4.0	11.2	1.0	1.8	9.8
广东	13.0	8.0	17.8	1.9	5.0	19.0
广西	1.6	2.7	8.9	0.7	1.3	6.8
海南	0.8	0.7	2.0	0.3	0.5	2.1
四川	3.9	6.4	17.9	3.4	2.8	15.1
贵州	0.8	1.4	4.7	0.4	0.8	4.4
云南	1.1	2.3	8.1	0.8	1.2	6.9
西藏	0.2	0.4	0.7	0.1	0.1	1.4
陕西	1.8	2.5	7.9	2.2	1.2	6.2
甘肃	1.1	1.6	5.1	0.8	1.2	4.6
青海	0.3	0.6	1.5	0.2	0.3	1.6
宁夏	0.4	0.5	1.5	0.2	0.3	1.2
新疆	1.3	2.1	6.7	0.7	1.1	5.5

4-26 全民所有制单位分行业职工工资总额

单位:亿元

年份	合计	农、林、牧、渔、水利业	工业	地质普查和勘探业	建筑业	交通运输、邮电通讯业	商业、公共饮食业、物资供销和仓储业
1978	468.7	40.3	209.6	7.7	35.4	32.5	52.6
1979	529.5	44.2	236.5	8.6	40.2	37.0	60.2
1980	627.9	50.6	275.5	10.0	46.3	42.7	71.7
1981	660.4	52.0	286.9	10.4	47.1	44.6	77.0
1982	708.9	54.0	303.0	10.8	50.0	47.4	81.4
1983	748.1	56.5	313.6	11.3	53.4	49.7	85.2
1984	875.8	62.8	385.2	13.8	70.3	62.3	75.6
1985	1 064.8	70.8	459.7	16.7	87.5	75.7	89.3
1986	1 288.5	84.5	557.0	18.8	101.0	90.7	108.0
1987	1 459.3	92.7	636.1	21.0	112.4	102.1	123.3
1988	1 807.1	104.6	792.3	24.4	132.2	126.4	159.9
1989	2 050.2	112.9	914.7	26.5	141.8	145.4	177.9
1990	2 324.1	125.0	1 031.2	28.8	153.7	164.4	200.5
1991	2 594.9	133.0	1 151.4	31.0	173.5	186.6	226.0

4-26 续表

单位:亿元

年份	房地产管理、公用事业、居民服务和咨询服务业	卫生、体育和社会福利事业	教育、文化艺术和广播电视事业	科学研究和综合技术服务事业	金融、保险业	国家机关、政党机关和社会团体
1978	8.2	10.7	36.7	5.9	2.6	26.5
1979	9.5	12.0	41.5	6.9	3.1	29.8
1980	12.2	15.7	53.0	8.7	4.3	37.2
1981	13.3	17.5	57.1	9.2	5.2	40.1
1982	14.5	20.4	66.8	9.8	5.8	45.0
1983	16.0	22.1	69.9	11.7	6.1	52.6
1984	19.3	25.4	79.4	13.1	8.3	60.3
1985	24.6	31.0	106.4	16.1	10.8	76.2
1986	31.0	38.1	127.5	19.8	13.8	98.3
1987	35.7	43.1	141.8	22.3	16.4	112.4
1988	44.8	53.8	183.3	27.1	22.1	136.2
1989	51.6	61.9	202.9	30.3	25.8	158.5
1990	61.3	71.8	233.7	35.3	30.7	187.7
1991	72.3	80.6	255.6	38.5	35.1	211.4

4-27 全民所有制单位职工工资总额构成

单位:%

项 目	1978年	1980年	1985年	1987年	1988年	1989年	1990年	1991年
工资总额	100.0	100.0	100.0	100.0	100.0	100.0	100.0	100.0
计时工资	85.0	69.8	57.2	54.3	49.0	47.4	48.9	48.6
计件工资	0.8	3.2	9.5	9.2	9.4	9.2	8.9	9.0
# 超额工资	0.1	0.6	2.1	2.2	2.3	2.4	2.1	2.2
各种奖金	2.3	9.1	12.4	14.7	17.2	17.6	16.9	17.8
各种津贴	6.5	14.1	18.5	18.9	21.4	23.1	21.8	22.1
加班工资	2.0	1.6	1.6	1.9	1.9	1.7	1.6	1.7
其他工资	3.4	2.2	0.8	1.0	1.1	1.0	1.8	0.8

注:1985-1991年计时工资中包括基础工资和职务工资在内。

4-28 全民所有制单位分行业职工工资总额构成

(1991年)

单位:%

行 业	合 计	计时工资	计件工资	#超额工资	各种奖金	各种津帖	#工龄津帖	加班工资	其他
全 国 总 计	100.0	48.6	9.0	2.2	17.8	22.1	1.9	1.7	0.8
农、林、牧、渔、水利业	100.0	46.4	22.8	2.4	9.0	19.1	2.0	0.7	2.0
工 业	100.0	47.3	11.0	2.7	18.6	20.4	0.9	2.2	0.6
地质普查和勘探业	100.0	49.0	1.1	0.3	16.9	31.7	2.7	1.1	0.3
建 筑 业	100.0	36.2	25.8	8.6	16.6	18.2	1.2	2.5	0.6
交通运输、邮电通讯业	100.0	42.3	9.5	2.0	22.1	24.2	0.9	1.5	0.4
商业、公共饮食业、物资供销和仓储业	100.0	53.9	3.9	1.0	19.2	20.1	0.4	2.1	0.9
房地产管理、公用事业、居民服务和咨询服务业	100.0	46.0	5.7	2.3	21.1	23.3	1.9	2.5	1.4
卫生、体育和社会福利事业	100.0	50.6	0.2	...	19.7	27.6	4.2	0.7	1.2
教育、文化艺术和广播电视事业	100.0	57.2	0.3	...	14.2	26.8	6.0	0.4	1.1
科学研究和综合技术服务事业	100.0	52.2	0.8	...	20.7	24.7	3.9	0.6	1.0
金融、保险业	100.0	49.3	0.2	...	20.7	27.5	3.4	1.7	0.6
国家机关、政党机关和社会团体	100.0	56.3	0.1	...	15.9	26.0	4.4	0.4	1.2

4-29 城镇集体所有制单位分行业职工工资总额

单位:亿元

年　份	合　计	农、林、牧、渔、水利业	工　业	地质普查和勘探业	建筑业	交通运输、邮电通讯业	商业、公共饮食业、物资供销和仓储业
1978	100.2	1.7	58.4	0.03	10.1	12.9	7.8
1979	117.2	2.2	57.6	0.04	12.9	13.8	9.3
1980	144.5	2.2	84.6	0.07	16.1	14.7	12.7
1981	159.6	2.6	93.0	0.07	18.2	15.1	15.2
1982	173.1	2.9	98.3	0.08	21.6	16.4	17.3
1983	186.5	3.3	104.6	0.08	24.9	16.6	18.8
1984	254.0	3.4	128.4	0.09	30.2	18.5	51.5
1985	312.3	3.7	159.9	0.09	37.6	21.2	65.8
1986	362.8	4.2	186.1	0.09	43.6	23.7	75.8
1987	409.1	4.6	211.4	0.04	50.5	25.5	84.8
1988	487.6	5.0	253.4	0.03	59.6	28.6	102.6
1989	534.4	5.3	280.7	0.04	62.4	31.2	111.0
1990	581.0	5.5	304.3	0.05	66.7	31.9	123.5
1991	658.6	5.9	341.6	0.08	81.2	35.4	138.5

4-29 续表

单位:亿元

年　份	房地产管理、公用事业、居民服务和咨询服务业	卫生、体育和社会福利事业	教育、文化艺术和广播电视事业	科学研究和综合技术服务事业	金融、保险业	国家机关、政党机关和社会团体
1978	2.8	3.0	1.9	0.03	1.0	0.5
1979	3.8	3.5	2.1	0.03	1.2	0.7
1980	5.1	4.2	2.6	0.04	1.6	0.7
1981	5.9	4.4	2.6	0.06	1.7	0.8
1982	6.6	5.0	2.3	0.06	1.8	0.8
1983	7.6	5.3	2.3	0.06	2.0	1.0
1984	8.6	5.9	2.6	0.09	2.4	2.3
1985	8.4	6.8	2.9	0.10	3.1	2.7
1986	9.9	8.5	3.3	0.20	4.1	3.3
1987	11.3	8.8	3.5	0.30	4.8	3.6
1988	13.0	10.7	3.9	0.30	6.3	4.2
1989	15.0	11.8	4.3	0.40	7.5	4.8
1990	16.2	13.3	4.8	0.60	9.0	5.2
1991	19.1	14.7	5.0	0.80	10.3	6.1

4-30 其他所有制单位分行业职工工资总额

单位:万元

经济类型及行业	1985年	1987年	1988年	1989年	1990年	1991年
总　　计	59 066	126 297	214 808	338 728	459 916	704 262
一、按经济类型分						
全民与集体合营	34 782	52 110	72 146	94 455	100 031	119 174
全民与私人合营	11 310	24 380	56 995	96 431	138 356	119 974
#与华侨或港澳台工商业者经营						118 971
集体与私人合营	1 285	5 200	12 020	21 650	35 331	52 754
#与华侨或港澳台工商业者经营						43 899
中外合资	9 070	37 686	61 163	102 550	155 552	243 469
中外合作						36 899
华侨或港澳台工商业者经营	1 521	1 786	4 844	10 501	15 273	99 517
外资经营	784	2 614	1 119	4 646	10 422	26 263
其　　他	314	2 221	6 521	8 496	4 951	6 213
二、按行业分						
农、林、牧、渔、水利业	272	847	1 414	1 894	3 382	4 653
工　　业	46 854	97 779	168 052	273 659	375 645	579 090
地质普查和勘探业			5			14
建筑业	1 231	1 753	4 069	5 307	5 675	9 969
交通运输、邮电通讯业	1 720	2 440	3 150	5 017	6 627	11 032
商业、公共饮食业、物资供销和仓储业	4 288	7 505	10 318	13 437	17 890	24 250
房地产管理、公用事业、居民服务和咨询服务业	4 586	15 581	27 127	37 120	48 676	70 992
卫生、体育和社会福利事业		96	134	643	213	585
教育、文化艺术和广播电视事业	102	144	193	593	951	1 658
科学研究和综合技术服务事业	5	66	99	533	599	1 713
金融、保险业	8	47	247	525	258	308
其他行业		39				

4-31 分细行业职工工资总额和平均工资

（1991年）

项　　目	工资总额（亿元）				平均工资（元）			
	合　计	全民所有制单位	城镇集体所有制单位	其他所有制单位	合计	全民所有制单位	城镇集体所有制单位	其他所有制单位
全　国　总　计	3 323.9	2 594.9	658.6	70.4	2 340	2 477	1 866	3 468
一、按隶属关系分组								
1.中央所属单位		670.1				3 029		
2.省级所属单位		556.0				2 685		
3.地级所属单位		721.7				2 470		
4.县级市属单位		130.9				1 993		
5.县及县以下单位		516.1				1 975		
二、按企业、事业、机关分组								
1.企　　业	2 583.3	1 887.2	625.7	70.3	2 364	2 563	1 861	3 468
#地　　方		1 305.3				2 382		
2.事　　业	529.0	500.9	28.0	0.1	2 255	2 276	1 926	3 335
#地　　方		421.8				2 211		
3.机　　关	211.6	206.8	4.9		2 270	2 271	2 244	
#地　　方		197.7				2 260		
三、按国民经济行业分组								
农、林、牧、渔、水利业	139.4	133.0	5.9	0.5	1 703	1 715	1 430	3 207
农　　业	81.5	79.9	1.6	...	1 607	1 618	1 194	2 742
林　　业	14.1	13.7	0.5	...	1 775	1 811	1 146	2 680
畜 牧 业	11.8	10.4	1.1	0.2	1 693	1 686	1 596	3 042
渔　　业	5.8	5.2	0.5	0.2	2 376	2 404	1 892	3 750
水 利 业	11.5	11.1	0.3		1 953	1 958	1 811	
农、林、牧、渔、水利服务业	14.7	12.7	1.9	...	1 865	1 927	1 540	2 705
工　　业	1 550.8	1 151.4	341.6	57.9	2 424	2 627	1 853	3 386
地质普查和勘探业	31.1	31.0	0.1	...	3 129	3 132	2 194	3 889
建 筑 业	255.6	173.5	81.2	1.0	2 653	2 917	2 216	4 011
土木工程建筑业	213.3	136.8	75.8	0.8	2 581	2 848	2 199	3 874
线路管道和设备安装业	31.1	25.7	5.2	0.1	3 211	3 407	2 489	4 600
勘察设计业	11.2	10.9	0.2	...	2 808	2 811	2 424	6 392
交通运输、邮电通讯业	223.1	186.6	35.4	1.1	2 796	3 042	1 939	5 573
交通运输业	193.0	157.0	35.0	1.0	2 745	3 017	1 935	5 509
铁路运输业	70.2	69.2	1.1	...	3 284	3 332	1 700	3 583
公路运输业	67.1	50.3	16.5	0.3	2 201	2 309	1 917	3 235
管道运输业	1.1	1.1	...		3 040	3 050	1 402	
水上运输业	38.7	29.4	8.7	0.6	3 163	4 045	1 783	8 509
航空运输业	3.3	3.2	...	0.1	4 093	4 079	3 136	5 288
装卸搬运业	12.5	3.8	8.6	0.1	2 498	3 523	2 203	5 553
邮电通讯业	30.1	29.6	0.4	0.1	3 169	3 181	2 302	6 349
商业、公共饮食业、物资供销和仓储业	366.9	226.0	138.5	2.4	1 986	2 199	1 703	3 486
商　　业	292.4	170.1	121.0	1.3	1 949	2 167	1 701	3 419
#对外贸易业	14.0	13.7	0.2	0.1	2 769	2 776	2 081	4 336

4-31 续表

（1991年）

项　　目	工资总额（亿元）				平均工资（元）			
	合计	全民所有制单位	城镇集体所有制单位	其他所有制单位	合计	全民所有制单位	城镇集体所有制单位	其他所有制单位
公共饮食业	18.6	10.7	6.9	1.0	1 987	2 179	1 655	3 626
物资供销业	42.8	32.6	10.0	0.2	2 184	2 359	1 751	3 063
仓储业	13.1	12.5	0.6	…	2 263	2 277	1 933	4 436
房地产管理、公用事业、居民服务和咨询服务业	98.5	72.3	19.1	7.1	2 418	2 497	1 919	3 903
房地产管理业	11.7	10.3	1.1	0.3	2 507	2 476	2 432	5 012
公用事业	43.2	37.6	5.2	0.4	2 528	2 597	2 056	4 568
#市内公共交通业	19.2	17.8	1.1	0.4	2 806	2 794	2 648	4 632
园林绿化业	5.1	4.8	0.3	…	2 260	2 264	2 126	5 972
清洁卫生业	8.8	6.8	1.9	…	2 304	2 451	1 892	3 777
市政工程业	6.8	5.9	0.9	…	2 577	2 602	2 405	7 674
居民服务业	41.7	22.9	12.5	6.3	2 298	2 360	1 842	3 819
#旅游业	4.1	2.8	0.1	1.2	2 985	2 754	2 115	3 944
旅馆业	22.8	14.6	3.4	4.8	2 362	2 268	1 754	3 777
咨询服务业	1.9	1.4	0.4	…	2 271	2 433	1 740	4 200
卫生、体育和社会福利事业	95.3	80.6	14.7	0.1	2 370	2 417	2 135	4 817
卫生事业	90.5	76.0	14.4	…	2 372	2 421	2 141	5 550
体育事业	2.3	2.3	…	…	2 562	2 564	1 860	3 569
社会福利事业	2.5	2.3	0.2	…	2 161	2 195	1 824	4 932
教育、文化艺术和广播电视事业	260.7	255.6	5.0	0.2	2 243	2 257	1 689	4 560
教育事业	238.2	234.6	3.6	…	2 250	2 262	1 696	6 680
#普通高等学校	28.3	28.2	…		2 479	2 479	2 632	
普通中学	80.4	80.1	0.3	…	2 243	2 246	1 619	7 942
小学校	91.4	90.2	1.2		2 148	2 161	1 469	
文化艺术事业	16.9	15.8	0.9	0.2	2 184	2 223	1 588	4 437
广播电视事业	5.6	5.1	0.5		2 130	2 158	1 871	
科学研究和综合技术服务事业	39.5	38.5	0.8	0.2	2 573	2 580	2 120	3 906
科学研究事业	30.9	30.6	0.2	…	2 627	2 632	2 090	2 880
自然科学研究事业	28.3	28.1	0.2	…	2 630	2 633	2 120	2 825
社会科学研究事业	0.9	0.9	…		2 408	2 410	2 240	
综合科学研究事业	1.7	1.6	0.1	…	2 713	2 755	2 009	
综合技术服务事业	8.6	7.9	0.6	0.2	2 396	2 397	2 132	5 000
#气象事业	1.3	1.3	…		2 338	2 341	1 808	
地震事业	0.4	0.4	…		2 544	2 544	2 667	
测绘事业	0.8	0.8	…		2 635	2 638	1 918	
环境保护事业	1.0	1.0	…	…	2 328	2 320	2 253	4 455
金融、保险业	45.5	35.1	10.3	…	2 255	2 355	1 965	6 041
金融业	43.4	33.1	10.3	…	2 251	2 355	1 965	6 041
保险业	2.1	2.1	…		2 340	2 348	1 923	
国家机关、政党机关和社会团体	217.5	211.4	6.1		2 275	2 277	2 206	

4-32 职工平均工资及指数

年份	平均货币工资(元)				指数(以上年为100)							
					货币工资				实际工资			
	全部职工	全民所有制职工	城镇集体所有制职工	其他所有制职工	全部职工	全民所有制职工	城镇集体所有制职工	其他所有制职工	全部职工	全民所有制职工	城镇集体所有制职工	其他所有制职工
1953	495	496	415		111.2	111.2	119.3		105.8	105.8	113.5	
1954	517	519	464		104.4	104.6	111.8		103.0	103.2	110.3	
1955	527	534	453		101.9	102.9	97.6		101.6	102.6	97.3	
1956	601	610	547		114.0	114.2	120.8		114.2	114.3	120.9	
1957	624	637	571		103.8	104.4	104.4		101.2	101.8	101.7	
1958	536	550	470		85.9	86.3	82.3		86.9	87.3	83.2	
1959	512	524	430		95.5	95.3	91.5		95.2	95.0	91.2	
1960	511	528	409		99.8	100.8	95.1		97.4	98.3	92.8	
1961	510	537	380		99.8	101.7	92.9		86.0	87.6	80.0	
1962	551	592	405		108.0	110.2	106.6		104.1	106.2	102.7	
1963	576	641	371		104.5	108.3	91.6		111.1	115.1	97.3	
1964	586	661	358		101.7	103.1	96.5		105.6	107.1	100.2	
1965	590	652	398		100.7	98.6	111.2		101.9	99.8	112.5	
1966	583	636	423		98.8	97.5	106.3		100.0	98.7	107.6	
1967	587	630	455		100.7	99.1	107.6		101.3	99.7	108.2	
1968	577	621	441		98.3	98.6	96.9		98.2	98.5	96.8	
1969	575	618	439		99.7	99.5	99.5		98.7	98.5	98.6	
1970	561	609	405		97.6	98.5	92.3		97.6	98.5	92.3	
1971	560	597	429		99.8	98.0	105.9		99.9	98.1	106.0	
1972	588	622	465		105.0	104.2	108.4		104.8	104.0	108.2	
1973	587	614	489		99.8	98.7	105.2		99.7	98.6	105.1	
1974	584	622	441		99.5	101.3	90.2		98.8	100.6	89.6	
1975	580	613	453		99.3	98.6	102.7		98.9	98.2	102.3	
1976	575	605	464		99.1	98.7	102.4		98.8	98.4	102.1	
1977	576	602	478		100.2	99.5	103.0		97.5	96.9	100.3	
1978	615	644	506		106.8	107.0	105.9		106.0	106.2	105.1	
1979	668	705	542		108.6	109.5	107.1		106.6	107.4	105.1	
1980	762	803	623		114.1	113.9	114.9		106.1	106.0	106.9	
1981	772	812	642		101.3	101.1	103.0		98.8	98.7	100.5	
1982	798	836	671		103.4	103.0	104.5		101.3	100.9	102.5	
1983	826	865	698		103.5	103.5	104.0		101.5	101.4	102.0	
1984	974	1 034	811	1 048	117.9	119.5	116.2		114.8	116.4	113.1	
1985	1 148	1 213	967	1 436	117.9	117.3	119.2	137.0	105.3	104.8	106.6	122.5
1986	1 329	1 414	1 092	1 629	115.8	116.6	112.9	113.4	108.2	108.9	105.5	106.0
1987	1 459	1 546	1 207	1 879	109.8	109.3	110.5	115.3	100.9	100.5	101.6	106.0
1988	1 747	1 853	1 426	2 382	119.7	119.9	118.1	126.8	99.2	99.3	97.9	105.0
1989	1 935	2 055	1 557	2 707	110.8	110.9	109.2	113.6	95.2	95.4	93.9	97.7
1990	2 140	2 284	1 681	2 987	110.6	111.1	108.0	110.3	109.2	109.7	106.6	108.9
1991	2 340	2 477	1 866	3 468	109.3	108.5	111.0	116.1	104.0	103.2	105.6	110.5
年平均增长%												
“一五”时期					7.0	7.4	10.4		5.1	5.4	8.4	
“二五”时期					-2.5	-1.5	-6.6		-6.3	-5.4	-10.4	
1963-1965年					2.3	3.3	-0.6		6.1	7.1	3.2	
“三五”时期					-1.0	-1.4	0.3		-0.9	-1.2	0.5	
“四五”时期					0.7	0.1	2.3		0.4	-0.1	2.0	
“五五”时期					5.6	5.5	6.6		2.9	2.9	3.9	
“六五”时期					8.5	8.6	9.2		4.2	4.3	4.8	
“七五”时期					13.3	13.5	11.7	15.8	2.4	2.6	1.0	4.7
1953-1991年					4.3	4.5	4.4		1.5	1.7	1.6	

4-33 分行业职工平均工资

单位:元

年份	合计	农、林、牧、渔、水利业	工业	地质普查和勘探业	建筑业	交通运输、邮电通讯业	商业、公共饮食业、物资供销和仓储业
1978	615	486	631	809	713	689	569
1979	668	540	691	885	771	758	616
1980	762	626	784	1 029	857	842	694
1981	772	645	789	1 058	873	847	704
1982	798	668	802	1 088	914	884	714
1983	826	701	819	1 116	961	908	728
1984	974	786	989	1 337	1 160	1 095	868
1985	1 148	901	1 158	1 590	1 370	1 292	1 008
1986	1 329	1 075	1 336	1 800	1 543	1 504	1 166
1987	1 459	1 162	1 479	1 980	1 692	1 663	1 287
1988	1 747	1 311	1 782	2 298	1 967	2 008	1 564
1989	1 935	1 417	2 001	2 558	2 171	2 288	1 674
1990	2 140	1 577	2 203	2 902	2 391	2 520	1 833
1991	2 340	1 703	2 424	3 129	2 653	2 796	1 986

4-33 续表

单位:元

年份	房地产管理、公用事业、居民服务和咨询服务业	卫生、体育和社会福利事业	教育、文化艺术和广播电视事业	科学研究和综合技术服务事业	金融、保险业	国家机关、政党机关和社会团体
1978	576	573	545	669	610	655
1979	633	598	584	717	652	684
1980	712	718	700	851	720	800
1981	714	750	716	850	750	815
1982	743	833	811	857	768	821
1983	792	867	836	990	779	923
1984	918	948	920	1 072	973	989
1985	1 128	1 124	1 166	1 272	1 154	1 127
1986	1 320	1 343	1 330	1 492	1 353	1 356
1987	1 458	1 446	1 409	1 620	1 458	1 468
1988	1 726	1 752	1 747	1 931	1 739	1 707
1989	1 933	1 959	1 883	2 118	1 867	1 874
1990	2 173	2 209	2 117	2 403	2 097	2 113
1991	2 418	2 370	2 243	2 573	2 255	2 275

4-34 各地区分行业职工平均工资

(1991年)　　　　单位:元

地　区	合　计	农、林、牧、渔、水利业	工　业	地质普查和勘探业	建筑业	交通运输、邮电通讯业	商业、公共饮食业、物资供销和仓储业
全　国	**2 340**	**1 703**	**2 424**	**3 129**	**2 653**	**2 796**	**1 986**
北　京	2 877	2 238	2 985	3 029	3 068	3 358	2 756
天　津	2 724	2 227	2 734	3 395	2 878	3 396	2 681
河　北	2 156	1 675	2 220	3 415	2 466	2 586	1 683
山　西	2 267	1 657	2 503	2 361	2 688	2 670	1 651
内蒙古	2 012	1 554	2 117	2 483	2 413	2 660	1 555
辽　宁	2 371	1 457	2 396	3 233	2 729	2 905	1 994
吉　林	2 045	1 496	2 042	2 914	2 469	2 557	1 681
黑龙江	2 070	1 449	2 129	3 247	2 431	2 523	1 730
上　海	3 375	3 060	3 374	4 087	3 686	4 295	3 191
江　苏	2 302	1 759	2 378	2 811	2 592	2 621	2 006
浙　江	2 422	2 312	2 391	2 912	2 762	2 929	2 197
安　徽	1 959	1 450	2 105	2 537	2 241	2 052	1 528
福　建	2 420	1 758	2 461	3 040	2 788	2 733	2 007
江　西	1 842	1 351	1 934	2 406	2 142	2 214	1 576
山　东	2 292	1 929	2 405	2 627	2 664	2 801	1 833
河　南	1 964	1 550	2 071	3 137	2 308	2 330	1 473
湖　北	2 081	1 465	2 163	2 808	2 482	2 516	1 861
湖　南	2 177	1 599	2 247	2 487	2 397	2 504	1 968
广　东	3 358	2 329	3 511	3 638	3 883	4 032	2 829
广　西	2 262	1 775	2 312	2 796	2 504	2 570	2 118
海　南	2 194	1 545	2 722	3 700	2 774	3 375	2 292
四　川	2 194	1 726	2 311	2 987	2 443	2 360	1 803
贵　州	2 090	1 565	2 351	2 466	2 118	2 345	1 652
云　南	2 328	1 811	2 540	2 810	2 626	2 752	2 077
西　藏	3 355	3 132	3 116	5 466	3 455	3 541	3 022
陕　西	2 198	1 813	2 246	2 839	2 434	2 711	1 707
甘　肃	2 566	2 079	2 715	3 246	2 638	3 046	2 093
青　海	2 752	2 349	2 652	4 437	2 827	3 317	2 310
宁　夏	2 408	1 660	2 665	3 592	2 546	3 030	1 918
新　疆	2 455	1 809	2 617	4 415	2 690	3 408	2 498

4-34 续表 (1991年) 单位:元

地区	房地产管理、公用事业、居民服务和咨询服务业	卫生、体育和社会福利事业	教育、文化艺术和广播电视事业	科学研究和综合技术服务事业	金融、保险业	国家机关、政党机关和社会团体
全国	2 418	2 370	2 243	2 573	2 255	2 275
北京	2 928	2 935	2 507	2 645	2 397	2 799
天津	2 495	2 790	2 401	2 664	2 594	2 474
河北	1 944	2 135	2 075	2 249	1 915	2 045
山西	1 726	1 955	1 923	2 114	1 796	1 869
内蒙古	1 691	2 062	2 017	2 081	1 938	1 963
辽宁	2 326	2 430	2 465	2 580	2 441	2 529
吉林	1 931	2 104	2 168	2 343	2 015	2 173
黑龙江	1 852	2 151	2 242	2 393	2 155	2 263
上海	3 506	3 115	2 949	3 305	3 014	3 157
江苏	2 321	2 342	2 147	2 575	2 259	2 279
浙江	2 477	2 484	2 357	2 457	2 369	2 443
安徽	1 820	1 917	1 918	2 245	1 891	1 894
福建	2 558	2 501	2 483	2 699	2 520	2 451
江西	1 725	1 962	1 855	1 848	1 842	1 848
山东	2 075	2 311	2 198	2 281	2 037	2 115
河南	1 794	1 947	1 978	2 249	1 868	1 917
湖北	1 987	2 168	2 101	2 309	2 040	1 990
湖南	2 185	2 256	2 201	2 308	2 120	2 239
广东	4 054	3 443	3 032	3 417	3 318	3 279
广西	2 121	2 458	2 158	2 352	2 169	2 355
海南	3 110	3 174	2 886	2 481	3 048	2 892
四川	1 984	2 142	1 962	2 657	2 086	2 158
贵州	1 777	1 934	1 826	2 322	1 976	1 884
云南	2 140	2 402	2 148	2 454	2 195	2 096
西藏	2 901	3 591	3 403	3 530	3 717	3 333
陕西	1 896	2 135	2 243	2 598	2 110	2 060
甘肃	2 059	2 439	2 535	2 566	2 720	2 358
青海	1 970	2 919	2 695	2 961	2 707	2 714
宁夏	1 803	2 428	2 279	2 239	2 345	2 297
新疆	2 402	2 880	2 766	3 044	2 848	2 797

4-35 全民所有制单位分行业职工平均工资

单位:元

年份	合计	农、林、牧、渔、水利业	工业	地质普查和勘探业	建筑业	交通运输、邮电通讯业	商业、公共饮食业、物资供销和仓储业
1978	644	492	681	811	756	734	588
1979	705	548	755	887	819	808	640
1980	803	635	852	1 031	920	907	721
1981	812	653	851	1 061	940	910	735
1982	836	676	863	1 091	978	935	746
1983	865	712	877	1 119	1 023	959	761
1984	1 034	796	1 070	1 340	1 276	1 178	957
1985	1 213	913	1 239	1 600	1 532	1 390	1 095
1986	1 414	1 085	1 448	1 804	1 730	1 627	1 280
1987	1 546	1 171	1 601	1 982	1 882	1 800	1 407
1988	1 853	1 318	1 931	2 300	2 193	2 182	1 733
1989	2 055	1 428	2 177	2 563	2 413	2 490	1 858
1990	2 284	1 591	2 409	2 904	2 659	2 763	2 039
1991	2 477	1 715	2 627	3 132	2 917	3 042	2 199

4-35 续表

单位:元

年份	房地产管理、公用事业、居民服务和咨询服务业	卫生、体育和社会福利事业	教育、文化艺术和广播电视事业	科学研究和综合技术服务事业	金融、保险业	国家机关、政党机关和社会团体
1978	626	605	566	670	650	661
1979	688	625	606	719	689	691
1980	777	751	722	853	754	807
1981	782	781	738	852	788	820
1982	806	861	827	860	806	826
1983	856	895	851	992	813	928
1984	1 005	981	934	1 074	1 038	993
1985	1 187	1 164	1 184	1 268	1 234	1 133
1986	1 400	1 376	1 344	1 494	1 427	1 361
1987	1 539	1 481	1 422	1 624	1 540	1 472
1988	1 820	1 793	1 764	1 935	1 842	1 708
1989	2 021	1 999	1 899	2 123	1 960	1 875
1990	2 271	2 263	2 134	2 411	2 200	2 115
1991	2 497	2 417	2 257	2 580	2 355	2 277

4-36 城镇集体所有制单位分行业职工平均工资

单位:元

年份	合计	农、林、牧、渔、水利业	工业	地质普查和勘探业	建筑业	交通运输、邮电通讯业	商业、公共饮食业、物资供销和仓储业
1978	506	378	499	600	594	597	467
1979	542	407	531	640	652	561	497
1980	623	478	622	709	716	697	570
1981	642	520	644	720	737	702	580
1982	671	547	659	776	794	763	592
1983	698	559	684	837	847	783	606
1984	811	642	804	936	959	881	763
1985	967	745	969	1 018	1 101	1 030	907
1986	1 092	903	1 079	1 189	1 232	1 165	1 033
1987	1 207	1 008	1 195	1 241	1 380	1 272	1 141
1988	1 426	1 170	1 419	1 457	1 597	1 480	1 354
1989	1 557	1 199	1 556	1 187	1 763	1 656	1 439
1990	1 681	1 282	1 670	1 928	1 935	1 723	1 566
1991	1 866	1 430	1 853	2 194	2 216	1 939	1 703

4-36 续表

单位:元

年份	房地产管理、公用事业、居民服务和咨询服务业	卫生、体育和社会福利事业	教育、文化艺术和广播电视事业	科学研究和综合技术服务事业	金融、保险业	国家机关、政党机关和社会团体
1978	467	484	317	500	526	455
1979	528	522	339	500	571	467
1980	593	618	433	571	640	538
1981	596	647	433	667	654	615
1982	635	735	523	600	667	615
1983	685	768	535	750	690	714
1984	768	831	634	900	800	885
1985	952	975	779	1 052	945	1 046
1986	1 085	1 212	945	1 286	1 150	1 227
1987	1 198	1 296	1 033	1 319	1 235	1 368
1988	1 378	1 570	1 202	1 636	1 450	1 648
1989	1 563	1 774	1 352	1 710	1 597	1 860
1990	1 715	1 956	1 533	1 997	1 806	2 042
1991	1 919	2 135	1 689	2 120	1 965	2 206

4-37 其他所有制单位分行业职工平均工资

单位:元

经济类型及行业	1985年	1987年	1988年	1989年	1990年	1991年
总　　计	1 436	1 879	2 382	2 707	2 987	3 468
一、按经济类型分						
全民与集体合营	1 172	1 527	1 943	2 184	2 295	2 614
全民与私人合营	2 194	2 406	3 229	3 383	3 780	3 851
#与华侨或港澳台工商业者经营						3 873
集体与私人合营	1 612	1 723	2 255	3 051	3 144	3 497
#与华侨或港澳台工商业者经营						3 448
中外合资	2 111	2 245	2 447	2 669	2 918	3 406
中外合作						3 669
华侨或港澳台工商业者经营	2 500	1 830	2 966	2 995	3 687	4 879
外资经营	2 144	2 826	2 012	3 567	3 411	3 806
其　　他	1 247	2 160	2 274	2 763	2 448	2 569
二、按行业分						
农、林、牧、渔、水利业	1 519	2 106	2 560	2 938	3 207	3 207
工　　业	1 342	1 789	2 292	2 635	2 908	3 386
地质普查和勘探业			1 089			3 889
建筑业	2 250	2 503	3 381	3 583	3 742	4 011
交通运输、邮电通讯业	2 200	2 760	3 169	3 373	4 272	5 573
商业、公共饮食业、物资供销和仓储业	1 971	2 142	2 586	2 885	3 251	3 486
房地产管理、公用事业、居民服务和咨询服务业	1 829	2 310	2 744	3 005	3 319	3 903
卫生、体育和社会福利事业		2 793	2 903	2 945	5 430	4 817
教育、文化艺术和广播电视事业	3 184	2 451	2 498	3 604	4 022	4 560
科学研究和综合技术服务事业	1 728	1 967	2 544	3 241	3 425	3 906
金融、保险业	2 107	2 745	3 902	4 376	5 565	6 041
其他行业		1 370				

4-38 全民所有制单位按工资水平分组的职工人数比重

（1991年 10月底） 单位：%

	合 计	月工资80元以下的职工人数	月工资80-100元的职工人数	月工资101-150元的职工人数	月工资151-200元的职工人数	月工资201-300元的职工人数	月工资301-400元的职工人数	月工资401元以上的职工人数
总 计	100.00	2.50	4.84	22.04	30.95	31.46	6.40	1.82
一、按行业分组								
工 业	100.00	2.37	4.42	22.63	30.05	33.18	5.99	1.36
建筑业	100.00	2.66	5.04	21.17	28.82	30.79	9.11	2.41
交通运输业	100.00	2.68	5.14	21.65	29.57	27.84	8.51	4.62
商 业	100.00	5.52	9.08	29.78	31.57	20.74	2.91	0.41
卫 生	100.00	1.81	3.81	18.39	38.09	34.32	3.17	0.41
教 育	100.00	0.83	3.50	19.34	36.63	37.60	1.97	0.12
科 研	100.00	0.52	2.52	18.28	37.78	35.84	3.91	1.16
国家机关	100.00	0.35	3.14	18.34	37.27	36.94	3.47	0.40
二、企事业分组								
企 业	100.00	2.77	5.11	22.66	29.75	30.63	7.02	2.07
事 业	100.00	1.16	3.39	18.70	37.50	35.84	2.92	0.49
机 关	100.00	0.35	3.14	18.43	37.27	36.94	3.47	0.40

4-38 续表 （1991年 10月底） 单位：%

	其中：干部							
	合 计	月工资80元以下的职工人数	月工资80-100元的职工人数	月工资101-150元的职工人数	月工资151-200元的职工人数	月工资201-300元的职工人数	月工资301-400元的职工人数	月工资401元以上的职工人数
总 计	28.13	0.61	2.23	15.63	32.28	40.45	7.11	1.69
一、按行业分组								
工 业	19.08	0.55	2.15	14.83	28.93	42.47	9.38	1.70
建筑业	18.49	0.61	2.22	15.82	28.02	39.22	11.71	2.39
交通运输业	21.24	0.49	2.22	14.28	30.26	36.26	10.13	6.34
商 业	21.97	1.61	4.39	22.28	33.21	33.66	4.20	0.65
卫 生	77.38	1.03	2.68	16.27	37.67	38.11	3.73	0.51
教 育	77.72	0.32	1.77	15.29	35.41	44.62	2.44	0.15
科 研	65.91	0.25	1.28	14.49	35.42	42.68	4.80	1.08
国家机关	78.50	0.21	1.60	15.04	37.08	41.65	3.91	0.50
二、企事业分组								
企 业	19.46	0.66	2.40	15.74	29.30	39.72	9.66	2.54
事 业	74.78	0.61	2.05	15.54	36.38	41.44	3.48	0.50
机 关	78.50	0.21	1.60	15.04	37.08	41.65	3.91	0.50

注：本表根据全国46个城市的3743个单位、251.5万职工的统计资料整理。

4-39 各地区全民所有制单位按工资水平分组的职工人数比重

(1991年)

单位:%

地区	合计	月工资80元以下的职工人数	月工资80-100元的职工人数	月工资101-150元的职工人数	月工资151-200元的职工人数	月工资201-300元的职工人数	月工资301-400元的职工人数	月工资401元以上的职工人数
总计	100.00	2.50	4.84	22.04	30.95	31.46	6.40	1.82
北京	100.00	1.11	1.82	11.65	26.32	45.63	12.03	1.44
天津	100.00	3.26	5.06	15.10	26.19	33.33	8.67	7.89
石家庄	100.00	1.87	5.83	25.92	40.38	24.19	1.60	0.21
唐山	100.00	1.02	2.34	14.46	34.93	42.60	4.55	0.09
太原	100.00	2.32	3.97	29.12	35.74	25.06	3.11	0.70
大同	100.00	3.38	5.86	18.94	22.44	26.35	13.25	9.77
呼和浩特	100.00	3.23	8.99	33.10	25.32	22.29	5.09	1.98
包头	100.00	2.28	5.85	26.49	31.07	26.26	6.40	1.65
沈阳	100.00	2.20	6.38	29.58	31.97	27.49	1.93	0.44
长春	100.00	2.56	6.15	26.87	29.97	26.14	7.55	0.74
吉林	100.00	1.83	4.03	20.69	29.20	29.80	11.97	2.48
哈尔滨	100.00	2.74	3.12	28.03	34.20	25.12	5.00	1.79
齐齐哈尔	100.00	1.71	5.09	35.21	38.44	17.42	2.04	0.07
上海	100.00	0.95	1.37	4.37	16.09	56.20	17.34	3.68
南京	100.00	1.30	4.04	19.17	35.11	33.15	6.11	1.12
杭州	100.00	0.56	2.17	8.61	31.70	48.20	7.94	0.83
宁波	100.00	0.05	0.43	7.48	33.53	50.52	6.15	1.85
合肥	100.00	4.77	9.18	32.59	33.06	18.56	1.69	0.16
芜湖	100.00	3.59	9.26	36.19	26.81	15.79	7.47	0.89
厦门	100.00	1.10	0.68	3.82	12.62	43.82	29.74	8.22
南昌	100.00	3.06	6.91	27.45	37.46	19.16	3.10	2.86
景德镇	100.00	5.89	10.31	42.10	27.22	14.05	0.39	0.04
济南	100.00	1.44	3.11	22.47	36.68	32.11	3.42	0.77
青岛	100.00	1.53	2.54	11.00	28.23	44.69	7.55	4.46
开封	100.00	18.48	17.36	35.00	18.87	9.80	0.39	0.10
安阳	100.00	8.19	10.34	44.13	29.20	7.73	0.29	0.12
武汉	100.00	0.53	1.90	13.09	36.31	43.15	4.50	0.53
沙市	100.00	4.05	5.20	33.94	34.21	22.10	0.38	0.11
长沙	100.00	4.50	8.34	29.09	34.78	20.35	2.03	0.36
邵阳	100.00	2.96	12.38	41.48	32.31	9.46	1.26	0.16
佛山	100.00	0.00	0.28	2.78	6.45	28.51	42.75	19.23
肇庆	100.00	0.22	0.38	6.26	22.42	58.82	11.15	0.74
柳州	100.00	0.46	1.51	15.17	31.16	45.42	5.92	0.36
桂林	100.00	1.95	3.32	15.85	39.04	35.13	3.81	0.90
海口	100.00	2.16	0.91	9.44	23.11	41.04	21.46	1.88
成都	100.00	1.41	3.99	22.71	34.96	32.45	3.46	1.02
重庆	100.00	0.49	3.73	19.50	35.30	37.27	3.24	0.47
贵阳	100.00	5.90	12.60	34.39	27.57	17.49	1.68	0.37
昆明	100.00	1.00	2.14	16.06	33.36	40.18	6.22	1.04
西安	100.00	3.76	6.74	30.44	36.35	20.40	1.83	0.48
宝鸡	100.00	2.32	2.83	29.37	28.52	29.02	6.41	1.53
兰州	100.00	4.13	7.01	20.49	29.98	30.66	6.68	1.06
天水	100.00	2.36	4.28	26.20	28.13	36.21	2.75	0.07
西宁	100.00	0.54	5.24	24.52	28.73	35.64	5.27	0.07
银川	100.00	1.40	3.52	25.51	33.69	30.69	4.62	0.57
石咀山	100.00	2.47	4.38	16.11	23.17	32.92	17.25	3.70

4-39 续表　　(1991年)　　单位:%

地　　区	其　中：干　部							
	合　计	月工资80元以下的职工人数	月工资80-100元的职工人数	月工资101-150元的职工人数	月工资151-200元的职工人数	月工资201-300元的职工人数	月工资301-400元的职工人数	月工资401元以上的职工人数
总　计	**28.13**	**0.61**	**2.23**	**15.63**	**32.28**	**40.45**	**7.11**	**1.69**
北　京	34.49	0.20	0.79	8.43	24.86	48.54	15.07	2.11
天　津	34.79	0.89	3.06	12.53	23.88	40.32	11.50	7.82
石家庄	33.72	0.46	2.77	23.09	38.40	32.93	2.22	0.13
唐　山	20.61	0.23	0.82	8.93	30.43	52.17	7.31	0.11
太　原	26.16	0.34	1.52	24.64	39.19	31.43	2.61	0.27
大　同	19.13	0.93	1.52	13.61	29.58	36.59	11.76	6.00
呼和浩特	26.14	0.12	3.16	28.66	32.95	29.59	3.89	1.64
包　头	23.17	0.40	2.34	24.39	32.88	30.70	7.23	2.06
沈　阳	22.44	0.30	1.55	18.74	41.65	34.61	1.76	1.38
长　春	32.49	0.95	4.23	20.94	31.79	37.84	3.80	0.45
吉　林	25.47	0.15	1.07	16.30	28.10	36.83	13.88	3.66
哈尔滨	31.37	0.65	1.27	18.18	38.80	36.34	3.80	0.96
齐齐哈尔	17.23	0.08	0.68	14.44	42.75	38.74	3.08	0.23
上　海	29.06	0.13	0.09	2.48	18.41	53.97	21.63	3.28
南　京	37.09	1.29	3.18	17.22	37.31	33.43	5.97	1.77
杭　州	24.93	0.13	1.68	7.19	35.36	49.85	5.45	0.34
宁　波	28.68	0.06	0.43	4.25	26.79	59.87	7.79	0.81
合　肥	31.23	1.67	5.94	25.43	38.34	26.59	1.54	0.49
芜　湖	32.18	2.04	7.11	27.59	33.20	22.95	5.46	1.65
厦　门	23.63	0.18	0.45	2.00	6.05	49.56	31.74	10.01
南　昌	17.29	1.70	5.26	23.54	40.52	28.32	0.64	0.01
景德镇	30.67	1.70	3.85	34.38	37.97	21.27	0.81	0.01
济　南	33.89	0.10	0.76	10.07	37.05	48.58	2.94	0.50
青　岛	31.72	0.13	0.87	5.79	30.21	53.12	6.55	3.34
开　封	25.03	3.68	9.42	36.32	30.87	19.38	0.24	0.09
安　阳	23.09	1.58	4.38	31.23	43.00	19.68	0.13	0.01
武　汉	40.14	0.36	1.80	10.87	30.22	50.97	5.37	0.41
沙　市	27.14	1.01	2.58	17.06	44.67	33.89	0.39	0.40
长　沙	31.37	1.78	4.63	23.73	37.13	28.89	3.43	0.40
邵　阳	24.92	0.30	4.28	32.24	40.72	22.26	0.20	0.00
佛　山	29.13	0.00	0.00	0.36	1.57	30.60	42.86	24.61
肇　庆	29.71	0.00	0.05	0.77	14.54	62.22	21.72	0.69
柳　州	24.05	0.05	0.14	6.76	25.04	57.20	10.38	0.44
桂　林	32.12	0.63	1.18	8.94	36.01	49.06	4.06	0.13
海　口	27.82	0.45	0.86	2.87	9.93	45.39	37.61	2.89
成　都	31.26	0.30	2.90	17.62	35.96	38.68	4.03	0.51
重　庆	35.85	0.08	0.26	11.92	34.67	47.50	5.02	0.54
贵　阳	31.17	4.30	9.63	20.79	33.06	30.14	1.88	0.21
昆　明	31.67	0.08	0.25	7.93	31.60	49.91	8.95	1.28
西　安	39.24	0.74	2.24	22.53	404.89	31.07	2.21	0.31
宝　鸡	21.81	0.42	1.14	18.09	32.19	38.26	7.22	2.68
兰　州	22.70	0.92	2.84	13.20	28.09	44.87	9.45	0.64
天　水	25.45	0.15	1.08	13.50	26.39	51.73	6.86	0.29
西　宁	35.51	0.00	0.11	5.22	25.71	57.45	11.36	0.15
银　川	28.74	0.03	1.00	15.89	38.64	39.54	4.58	0.32
石咀山	20.35	0.25	0.78	12.88	21.54	37.47	20.80	6.28

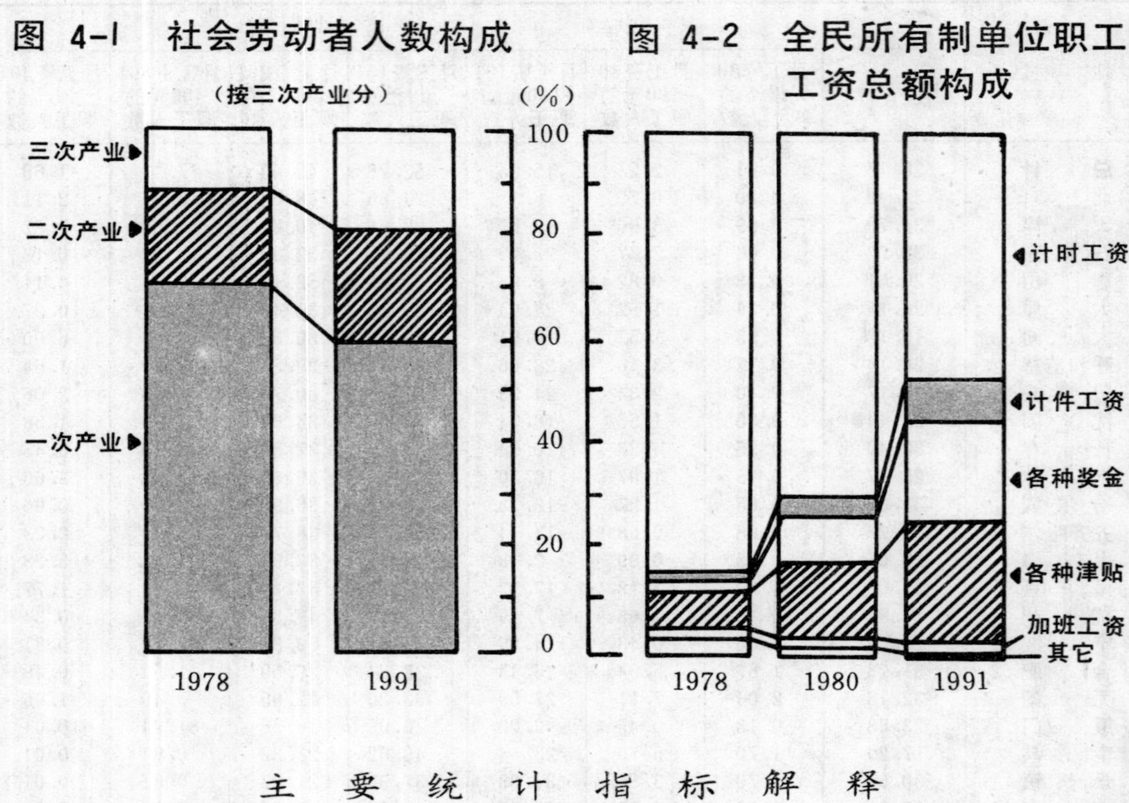

主　要　统　计　指　标　解　释

劳动力资源总数　指一定时点上在劳动年龄内的人口总数中，有劳动能力的人口数和不足或超过劳动年龄，但实际经常参加社会劳动并取得劳动报酬或经营收入的人口数。包括社会劳动者、城镇待业人员和其他在劳动年龄内有劳动能力的人口数。但不包括现役军人、在劳动年龄内的在押犯人和因病残而丧失劳动能力的人口数。

社会劳动者　指从事一定社会劳动并以得劳动报酬或经营收入的全部劳动力。包括全民所有制单位、各种合营单位、城镇集体所有制单位的全部职工，城镇个体劳动者，农村集体和个体劳动者，从事家庭副业，其收入相当于当地一个社会劳动者最低收入水平或参加社会劳动累计在三个月以上的乡村劳动者。

职工　指在全民所有制、城镇集体所有制、全民与集体合营、全民与私人合营、集体与私人合营、中外合营、华侨或港澳工商业者经营、外资经营企业、事业、机关及其附属机构中工作，并由其支付工资的各种人员。

全民所有制单位职工　指在各级党政机关、人民团体及其所属全民所有制企业、事业单位工作，并由其支付工资的各种人员。具体包括：

(1)固定职工　指经国家劳动部门或组织部门正式分配、安排和批准招收为固定职工的人员。包括出勤的，因故未出勤的；编制内的，编制外的；在国外工作的；试用期间的以及临时借到其他单位工作，但仍由原单位支付工资的人员。

(2)合同制职工　指企业、事业和机关在国家劳动工资计划指标内招用的实行合同制的职工。包括招用五年以上的长期工。一年至五年(含五年)的短期工和定期轮换工。不包括招用的签订劳动合同的一年以内的临时工、季节工。

(3)临时职工　指根据国家劳动计划，经各级劳动部门批准临时使用、到期可以辞退的人员，包括从事季节性、临时性生产和服务工作的人员。

(4)计划外用工　指在国家劳动计划以外，通过各种形式吸收到全民所有制单位，由全民所有制单位直接组织安排生产或工作，并支付工资的人员。这部分人员，不论其工资的经费来源和支付形式，不论是否享受劳保福利待遇，不论是否吃商品粮，都包括在内。

城镇集体所有制单位职工　指在城镇集体所有制企业、事业及其管理部门中工作，并由其支付工资的各种人员。包括固定职工、临时职工、季节工、轮换工等。

其他所有制单位职工　指在全民与集体合营、全民与私人合营、集体与私人合营、中外合营、华侨或港澳工商业者经营、外资经营企业、事业单位中工作，并由其支付工资的人员。全民与集体合营单位包括与乡村集体所有制单位合营，在统计职工人数时，包括参加劳动的乡村劳动力。中外合营、华侨或港澳工商业者经营和外资经营单位职工人数中，不包括外籍职工和港澳职工。

城镇个体劳动者　指个人参加生产劳动，生产资料和产品(或收入)归个人所有，在工商行政管理部门登记并领取“个体营业执照”的城镇劳动者。

乡村劳动者　指乡村人口中经常参加社会劳动并取得劳动报酬的整、半劳动力。包括在乡镇企业及其他集体经济组织和农户中参加各项生产的劳动者及外出从事个体经营的劳动者。从事家庭副业，其收入相当于当地一个社会劳动者最低收入水平或参加社会劳动累计在三个月以上的劳动者，也包括在内。

城镇待业人数　一般指在一定劳动年龄以内，有劳动能力，无业而要求就业并在城镇基层就业服务机构进行待业登记的人员。包括城镇年满16岁至25岁的初高中毕业生中未能升学、参军的社会青年和年龄在25岁至男50岁、女45岁以下的其他待业人员。

城镇待业率　是反映一定时期内，城镇待业人数占全社会可利用劳动力比重的指标。计算公式：

$$\text{城镇待业率}=\frac{\text{城镇待业人员}}{\text{城镇社会劳动者}+\text{城镇待业人员}}\times 100\%$$

工资总额　指各单位在一定时期内直接支付给本单位全部职工的劳动报酬总额。

工资总额的计算原则应以直接支付给职工的全部劳动报酬为根据。各单位支付给职工的劳动报酬以及其他根据有关规定支付的工资，不论是计入成本的还是不计入成本的，不论是按国家规定列入计征奖金税项目的还是未列入计征奖金税项目的，不论是以货币形式支付的还是以实物形式支付，均包括在工资总额内。

具体包括范围是：

(1)**计时工资**　指按计时工资标准(包括地区生活费补贴)和工作时间支付给个人的劳动报酬，以及根据国家法律、法规和政策规定，因病、工伤、产假、计划生育假、事假、探亲假、定期休假、停工、学习、执行国家或社会义务等原因按计时工资标准或计时工资标准的一定比例支付的工资。

(2)**计件工资**　指对已做工作按计件单价支付给职工的劳动报酬。

其中:计件超额工资　指计件工人超过定额后所得的工资,即计件工人实得的全部计件工资减去应得的计件标准工资后的数额。某些企业的工人由于从事生产的工作物等级高于本人工资等级,因而其计件标准工资高于本人标准工资,其超额工资也用全部工资减去应得计件标准工资求得。

(3)**奖金**　指支付给职工的超额劳动报酬和增收节支的劳动报酬。包括生产(业务)奖、节约奖、劳动竞赛奖和其他奖金。

(4)**津贴和补贴**　指为了补偿职工特殊或额外的劳动消耗和因其他特殊原因支付给职工的津贴,以及为了保证职工的工资水平不受物价影响支付给职工的物价补贴。

(5)**加班加点工资**　指按规定支付的加班工资和加点工资。

(6)**其他工资**　指其他根据国家规定支付的工资,如保留工资、附加工资、调整工资、补发上年的工资等。

职工平均工资　指在一定时期内每一职工所得到劳动报酬的平均水平。计算公式:

$$\text{职工平均工资}=\frac{\text{报告期全部职工工资总额}}{\text{报告期全部职工平均人数}}$$

以上计算的工资也称平均货币工资。

平均实际工资　指平均货币工资扣除物价变动因素后的平均工资。计算公式:

$$\text{平均实际工资}=\frac{\text{职工平均工资}}{\text{职工生活费用价格指数}}$$

五
固定资产投资

5-1 全社会固定资产投资

指　　标	1985年	1987年	1988年	1989年	1990年	1991年
一、投资总额（亿元）	2 543.19	3 640.86	4 496.54	4 137.73	4 449.29	5 508.80
1. 按所有制分						
全民所有制单位	1 680.51	2 297.99	2 762.76	2 535.48	2 918.64	3 628.11
基本建设	1 074.37	1 343.10	1 574.31	1 551.74	1 703.81	2 115.80
更新改造	449.14	758.59	980.55	788.78	830.19	1 023.23
其他固定资产投资	157.00	196.30	207.90	194.97	199.07	238.64
集体所有制单位	327.46	547.01	711.71	569.99	529.48	697.80
城　镇	128.23	181.30	254.97	185.63	163.38	203.83
农　村	199.23	365.71	456.74	384.36	366.10	493.98
城乡个人	535.22	795.86	1 022.08	1 032.26	1 001.17	1 182.88
城　镇	56.79	100.51	156.85	140.23	124.70	140.32
农　村	478.43	695.35	865.23	892.03	876.47	1 042.56
2. 按资金来源分						
国家预算内投资	407.80	475.54	410.01	341.62	387.65	372.95
国内贷款	510.27	835.94	926.68	716.36	870.88	1 292.19
利用外资	91.48	175.37	258.99	274.15	278.26	316.27
自筹投资	1 533.64	1 745.18	2 900.87	2 355.50	2 329.49	2 878.61
其他投资		408.83		450.09	583.01	648.79
3. 按构成分						
建筑安装工程	1 655.46	2 377.56	2 938.28	2 812.57	2 962.84	3 594.26
设备、工具、器具购置	718.08	997.00	1 236.33	1 048.71	1 148.39	1 435.21
其他费用	169.65	266.30	321.92	276.45	338.08	479.33
4. 按用途分						
生产性建设	1 544.10	2 291.81	2 865.43	2 571.97	2 768.28	3 453.39
非生产性建设	999.09	1 349.06	1 631.11	1 565.76	1 681.01	2 055.41
# 住宅	641.63	872.06	1 067.02	1 063.84	1 164.48	1 417.41
二、房屋建筑面积(万平方米)						
施工面积	148 859	174 597	168 951	131 788	137 171	152 813
竣工面积	122 084	141 963	135 943	105 749	107 793	119 107
# 住宅	90 972	107 697	104 801	83 197	86 289	94 002

注：1. 其他固定资产投资包括油田维护、开发和采掘采伐工业开拓延伸工程投资，用公路养路费进行的公路、桥梁改建工程和用简易建筑费建造的仓库工程投资。

2. 1989～1990年投资中不含未列入计划的 2～5 万元零星固定资产投资。

3. 1990及1991年投资总额和全民所有制单位投资中分别含商品房建设投资185.57亿元和250.45亿元。

5-2 全社会固定资产投资及构成

（1991年）

指标	总计	全民所有制单位	#基本建设	#更新改造	#其他投资	集体所有制单位	#农村	城乡个人	#农村
一、绝对数									
1.投资总额（亿元）	5 508.80	3 628.11	2 115.80	1 023.23	238.64	697.80	493.98	1 182.88	1 042.56
①按资金来源分									
国家预算内投资	372.95	370.98	348.45	17.36	2.74	1.97			
国内贷款	1 292.19	1 018.07	527.07	411.22	8.05	220.96	137.81	53.16	53.16
利用外资	316.27	302.61	239.96	36.49	18.11	13.66			
自筹投资	2 878.61	1 564.21	746.73	508.62	201.29	319.85	228.37	994.55	854.23
其他投资	648.79	372.25	253.59	49.53	8.45	141.37	127.80	135.17	135.17
②按构成分									
建筑安装工程	3 594.26	2 125.06	1 308.83	426.33	187.54	404.67	298.16	1 064.53	924.21
设备工具器具购置	1 435.21	1 071.60	521.22	513.35	35.26	279.16	194.32	84.45	84.45
其他费用	479.33	431.45	285.75	83.54	15.84	13.97	1.50	33.90	33.90
③按用途分									
生产性建设	3 453.39	2 635.66	1 510.41	876.80	229.80	557.59	392.22	260.14	244.90
非生产性建设	2 055.41	992.45	605.39	146.43	8.84	140.21	101.75	922.74	797.66
#住宅	1 417.41	494.77	236.18	65.71	2.91	38.30	17.34	884.33	759.25
2.房屋建筑面积（万平方米）									
施工面积	152 813.1	47 233.1	27 262.6	9 270.1	665.1	12 620.5	8 792.0	92 959.4	85 405.0
竣工面积	119 106.8	22 153.6	12 604.5	4 793.3	497.8	9 897.8	7 785.0	87 055.4	79 501.0
#住宅	94 001.6	11 109.3	5 687.9	1 694.4	85.9	1 891.0	1 252.0	81 001.2	74 193.0
二、构成（%）									
①按资金来源分									
国家预算内投资	6.8	10.2	16.5	1.7	1.1	0.3			
国内贷款	23.5	28.1	24.9	40.2	3.4	31.7	27.9	4.5	5.1
利用外资	5.7	8.3	11.3	3.6	7.6	2.0			
自筹投资	52.3	43.1	35.3	49.7	84.3	45.8	46.2	84.1	81.9
其他投资	11.8	10.3	12.0	4.8	3.5	20.3	25.9	11.4	13.0
②按构成分									
建筑安装工程	65.2	58.6	61.9	41.7	78.6	58.0	60.4	90.0	88.6
设备工具器具购置	26.1	29.5	24.6	50.2	14.8	40.0	39.3	7.1	8.1
其他费用	8.7	11.9	13.5	8.2	6.6	2.0	0.3	2.9	3.3
③按用途分									
生产性建设	62.7	72.6	71.4	85.7	96.3	79.9	79.4	22.0	23.5
非生产性建设	37.3	27.4	28.6	14.3	3.7	20.1	20.6	78.0	76.5
#住宅	25.7	13.6	11.2	6.4	1.2	5.5	3.5	74.8	72.8

注：总计及全民所有制单位投资中含商品房建设投资250.45亿元。

5-3 各地区全社会固定资产投资

(1991年)　　单位：亿元

地区	投资总额	全民所有制单位	#基本建设	#更新改造	#其他固定资产投资	集体所有制单位	城乡个人
全　国	5 508.80	3 628.11	2 115.80	1 023.23	238.64	697.80	1 182.88
北　京	203.65	162.81	86.75	47.35	5.02	31.51	9.32
天　津	129.63	109.69	64.17	32.71	9.56	12.19	7.75
河　北	246.70	127.97	72.91	46.60	2.99	33.12	85.61
山　西	145.35	108.42	72.98	30.36	1.82	13.56	23.37
内蒙古	90.72	71.69	49.82	18.15	1.57	4.72	14.31
辽　宁	315.37	258.57	128.05	88.19	20.00	21.61	35.19
吉　林	113.99	85.63	40.46	25.40	12.03	5.98	22.38
黑龙江	189.70	162.56	75.97	39.20	38.46	5.94	21.19
上　海	258.30	215.61	108.80	95.21	3.91	27.82	14.87
江　苏	450.39	170.80	90.81	58.92	3.86	109.95	169.63
浙　江	324.97	96.69	51.19	30.22	3.55	85.21	143.07
安　徽	135.09	80.12	46.89	25.90	3.00	12.42	42.55
福　建	132.49	82.53	48.19	19.98	1.45	15.59	34.36
江　西	91.08	58.86	31.67	20.64	1.76	9.71	22.50
山　东	440.12	234.26	111.51	63.26	43.36	104.80	101.06
河　南	256.41	144.23	79.66	40.19	20.30	24.17	88.01
湖　北	154.85	112.95	64.14	37.46	3.49	15.16	26.74
湖　南	156.39	91.42	53.88	31.24	3.10	18.51	46.46
广　东	506.61	341.36	213.12	74.87	3.63	73.68	91.58
广　西	89.65	54.23	28.89	22.07	0.94	6.40	29.02
海　南	44.27	40.60	25.10	4.60	0.03	1.61	2.06
四　川	291.48	204.20	121.01	60.88	14.29	27.54	59.74
贵　州	52.40	42.50	25.68	13.74	1.78	1.39	8.51
云　南	106.98	70.11	37.43	25.79	3.54	13.75	23.12
西　藏	14.72	9.49	9.46	0.03		1.45	3.78
陕　西	118.64	77.11	46.50	24.12	3.16	9.39	32.14
甘　肃	65.16	53.32	33.96	15.69	1.73	2.91	8.94
青　海	23.94	21.49	15.07	2.90	3.15	0.56	1.89
宁　夏	25.50	20.46	13.77	5.41	0.35	1.76	3.28
新　疆	109.73	93.90	59.43	18.14	14.69	5.38	10.45
不分地区	224.52	224.52	208.42	4.01	12.09		

5-4 各地区全社会按用途分的固定资产投资

(1991年)

单位：亿元

地区	投资总额	生产性建设	全民所有制单位	集体所有制单位	城乡个人	非生产性建设	全民所有制单位	集体所有制单位	城乡个人
全国	**5 508.80**	**3 453.39**	**2 635.66**	**557.59**	**260.14**	**2 055.41**	**992.45**	**140.21**	**922.74**
北京	203.65	92.22	64.83	26.48	0.91	111.42	97.98	5.02	8.41
天津	129.63	106.39	93.21	11.76	1.42	23.25	16.48	0.43	6.33
河北	246.70	142.11	97.52	25.36	19.24	104.59	30.45	7.77	66.37
山西	145.35	102.98	84.94	9.92	8.12	42.37	23.48	3.64	15.25
内蒙古	90.72	62.54	54.08	3.87	4.60	28.18	17.61	0.85	9.72
辽宁	315.37	213.46	188.58	17.80	7.08	101.91	69.99	3.81	28.11
吉林	113.99	75.64	63.36	3.90	8.38	38.35	22.27	2.09	13.99
黑龙江	189.70	137.78	127.99	3.75	6.04	51.91	34.57	2.19	15.15
上海	258.30	171.31	145.16	25.51	0.64	87.00	70.45	2.31	14.23
江苏	450.39	236.20	123.93	99.35	12.92	214.19	46.87	10.60	156.72
浙江	324.97	173.84	68.27	75.41	30.16	151.13	28.42	9.81	112.91
安徽	135.09	81.72	62.30	9.09	10.33	53.37	17.81	3.33	32.22
福建	132.49	73.87	56.27	10.81	6.79	58.62	26.26	4.79	27.57
江西	91.08	56.01	44.15	6.64	5.22	35.07	14.71	3.07	17.28
山东	440.12	290.41	180.76	88.18	21.46	149.71	53.50	16.61	79.60
河南	256.41	156.14	118.14	17.01	20.99	100.27	26.09	7.16	67.02
湖北	154.85	100.40	83.32	10.24	6.84	54.45	29.63	4.92	19.90
湖南	156.39	91.13	67.31	10.55	13.26	65.27	24.11	7.96	33.19
广东	506.61	291.78	224.19	51.73	15.86	214.84	117.17	21.94	75.72
广西	89.65	52.43	38.65	4.83	8.95	37.22	15.58	1.58	20.07
海南	44.27	19.71	18.33	0.94	0.44	24.56	22.27	0.66	1.62
四川	291.48	185.32	149.48	19.37	16.46	106.17	54.72	8.17	43.28
贵州	52.40	35.99	32.41	0.76	2.81	16.42	10.09	0.63	5.70
云南	106.98	66.98	48.18	9.88	8.91	40.00	21.93	3.87	14.21
西藏	14.72	9.60	6.10	0.71	2.79	5.12	3.39	0.74	0.99
陕西	118.64	69.80	56.25	6.00	7.55	48.84	20.86	3.39	24.59
甘肃	65.16	47.74	42.33	1.73	3.68	17.42	10.99	1.18	5.26
青海	23.94	17.53	16.17	0.41	0.95	6.40	5.32	0.15	0.93
宁夏	25.50	18.95	15.71	1.59	1.64	6.54	4.74	0.17	1.63
新疆	109.73	83.28	73.57	4.00	5.71	26.45	20.33	1.38	4.75
不分地区	224.52	190.14	190.14			34.37	34.37		

5-5 全民所有制单位固定资产投资

单位：亿元

年　　份	投资总额	基本建设投资	#国家预算内投资	更新改造投资	其他固定资产投资
1953	91.59	90.44	75.49	1.15	
1954	102.68	99.07	83.43	3.61	
1955	105.24	100.36	93.66	4.88	
1956	160.84	155.28	147.12	5.56	
1957	151.23	143.32	131.48	7.91	
1958	279.06	269.00	216.44	10.06	
1959	368.02	349.72	272.07	18.30	
1960	416.58	388.69	301.75	27.89	
1961	156.06	127.42	93.87	28.64	
1962	87.28	71.26	60.25	16.02	
1963	116.66	98.16	84.69	18.50	
1964	165.89	144.12	123.96	21.77	
1965	216.90	179.61	163.09	37.29	
1966	254.80	209.42	188.30	45.38	
1967	187.72	140.17	124.86	47.55	
1968	151.57	113.06	103.79	38.51	
1969	246.92	200.83	181.60	46.09	
1970	368.08	312.55	272.73	55.53	
1971	417.31	340.84	282.77	76.47	
1972	412.81	327.98	264.41	84.83	
1973	438.12	338.10	282.20	100.02	
1974	463.19	347.71	289.76	115.48	
1975	544.94	409.32	335.58	135.62	
1976	523.94	376.44	310.93	147.50	
1977	548.30	382.37	299.23	165.93	
1978	668.72	500.99	389.21	167.73	
1979	699.36	523.48	396.92	175.88	
1980	745.90	558.89	300.11	187.01	
1981	667.51	442.91	222.62	195.30	29.30
1982	845.31	555.53	232.48	250.37	39.41
1983	951.96	594.13	295.97	291.13	66.70
1984	1 185.18	743.15	359.85	309.28	132.75
1985	1 680.51	1 074.37	381.18	449.14	157.00
1986	1 978.50	1 176.11	417.39	619.21	183.18
1987	2 297.99	1 343.10	438.52	758.59	196.30
1988	2 762.76	1 574.31	381.66	980.55	207.90
1989	2 535.48	1 551.74	323.33	788.78	194.97
1990	2 918.64	1 703.81	363.59	830.19	199.07
1991	3 628.11	2 115.80	348.45	1 023.23	238.64

注：1. 1980年及以前年份其他固定资产投资包括在更新改造投资中。

2. 1990年及1991年投资总额中分别含商品房建设投资185.57亿元和250.45亿元。

5-6 全民所有制单位按各种分组的固定资产投资

指标	1985年	1987年	1988年	1989年	1990年	1991年
一、投资总额（亿元）	1 680.51	2 297.99	2 762.76	2 535.48	2 918.64	3 628.11
1. 按资金来源分						
国家预算内投资	403.00	472.15	405.20	338.71	385.42	370.98
国内贷款	387.13	564.36	668.51	528.66	689.47	1 018.07
利用外资	88.56	168.35	247.66	257.41	266.00	302.61
自筹投资	679.35	1 093.14	1 118.75	1 085.27	1 230.11	1 564.21
其他投资	122.47		322.64	325.43	347.63	372.25
2. 按构成分						
建筑安装工程	1 031.39	1 354.41	1 643.86	1 530.34	1 743.56	2 125.06
设备、工具、器具购置	485.22	717.70	846.54	764.22	874.94	1 071.60
其他费用	163.90	225.87	272.35	240.92	300.16	431.45
3. 按建设性质分						
#新　建	514.78	659.53	782.12	764.49	911.60	1 051.24
扩　建	633.54	961.23	1 117.72	1 019.87	1 161.72	1 386.61
改　建	426.06	541.79	672.20	610.04	581.25	763.92
4. 按用途分						
生产性建设	1 124.44	1 670.93	2 031.55	1 913.61	2 146.85	2 635.66
非生产性建设	556.07	627.06	731.20	621.87	771.79	992.45
# 住宅	248.51	256.97	292.33	253.49	370.19	494.77
5. 按国民经济行业分						
#农　业	44.60	54.91	63.31	62.16	80.29	101.39
工　业	913.65	1 407.15	1 726.53	1 597.01	1 809.88	2 113.21
#能源工业	366.41	543.01	645.02	705.64	846.74	956.75
运输邮电业	226.54	282.66	317.73	271.74	348.41	485.08
二、新增固定资产（亿元）	1 164.67	1 684.04	1 947.39	1 957.44	2 408.45	2 733.76
三、房屋建筑面积（万平方米）						
施工面积	47 793.50	45 537.60	46 545.10	35 761.21	41 414.17	47 233.14
竣工面积	23 359.70	23 036.10	22 710.00	17 281.10	20 323.53	22 153.63
# 住宅	11 585.80	10 065.70	9 898.50	7 113.32	10 053.12	11 109.31

注：改建投资中含单纯建造生活设施投资。

5-7 全民所有制单位按农轻重和运输邮电业分的固定资产投资

单位：亿元

时 期（年份）	农 业	轻工业	重工业	#能源工业	运输邮电业
“六五”时期	209.11	610.89	2 284.77	1 173.08	652.51
1981	34.66	88.54	270.45	141.24	65.63
1982	42.49	107.69	351.20	173.36	88.94
1983	41.78	107.93	414.28	214.40	114.46
1984	45.58	116.46	525.46	277.67	156.94
1985	44.60	190.27	723.38	366.41	226.54
“七五”时期	303.93	1 653.54	6 046.85	3 184.37	1 477.82
1986	43.26	268.61	891.21	443.96	257.28
1987	54.91	313.88	1 093.28	543.01	282.66
1988	63.31	409.18	1 317.34	645.02	317.73
1989	62.16	322.22	1 274.79	705.64	271.74
1990	80.29	339.65	1 470.23	846.74	348.41
“八五”时期					
1991	101.39	414.20	1 699.02	956.75	485.08

5-8 全民所有制单位按用途和建设性质分的固定资产投资

单位：亿元

时 期(年份)	按用途分			按建设性质分	
	生产性建设	非生产性建设	#住 宅	新建项目	扩、改建项目
“六五”时期	3 515.98	1 814.49	885.98	1 707.75	3 300.68
1981	430.38	237.13	131.63	240.98	398.12
1982	536.92	308.39	169.91	293.69	513.08
1983	625.27	326.69	167.06	292.11	583.58
1984	798.97	386.21	168.87	366.19	746.30
1985	1 124.44	556.07	248.51	514.78	1 059.60
“七五”时期	9 139.61	3 353.75	1 415.83	3 711.00	7 952.32
1986	1 376.67	601.83	242.85	593.26	1 286.50
1987	1 670.93	627.06	256.97	659.53	1 503.02
1988	2 031.55	731.20	292.33	782.12	1 789.92
1989	1 913.61	621.87	253.49	764.49	1 629.91
1990	2 146.85	771.79	370.19	911.60	1 742.97
“八五”时期					
1991	2 635.66	992.45	494.77	1 051.24	2 046.72

注：扩、改建项目中含单纯建造生活设施的投资。

5-9 基本建设投资

指标	1985年	1987年	1988年	1989年	1990年	1991年
一、投资总额（亿元）	1 074.37	1 343.10	1 574.31	1 551.74	1 703.81	2 115.80
1. 按资金来源分						
国家预算内投资	381.18	438.52	381.66	323.33	363.59	348.45
国内贷款	187.92	255.46	284.66	293.00	378.62	527.07
利用外资	73.52	139.01	218.31	221.45	224.05	239.96
自筹投资	339.99	382.78	488.75	495.03	529.92	746.73
其他投资	91.76	127.33	200.92	218.91	207.62	253.59
2. 按隶属关系分						
部直属项目	481.66	668.94	778.17	747.87	836.39	966.76
部直供项目	93.58	92.72	95.54	89.84	82.76	93.68
地方项目	499.13	581.44	700.60	714.03	784.66	1 055.37
3. 按构成分						
建筑安装工程	726.71	856.76	1 010.15	998.73	1 045.37	1 308.83
设备、工具、器具购置	217.39	325.19	372.61	380.94	453.76	521.22
其他费用	130.27	161.15	191.55	172.07	204.69	285.75
4. 按建设性质分						
# 新　建	481.42	610.16	726.65	708.49	822.96	983.06
扩　建	350.29	507.87	566.59	569.54	610.99	778.86
改　建	171.60	140.52	179.30	159.49	175.28	230.39
5. 按用途分						
生产性建设	611.34	880.30	1 038.08	1 064.07	1 235.58	1 510.41
非生产性建设	463.03	462.80	536.22	487.67	468.23	605.39
# 住宅	215.18	181.24	204.37	189.39	170.32	236.18
6. 按大中小型分						
# 大中型项目	394.24	619.61	746.85	729.70	896.31	1 058.23
小型项目	627.60	666.42	714.66	686.59	702.56	935.54
7. 按国民经济行业分						
# 农　业	35.91	42.11	47.46	50.65	67.22	85.00
工　业	446.49	682.79	812.58	822.48	952.60	1 147.21
轻工业	63.44	99.12	123.26	123.09	121.79	152.30
重工业	383.05	583.67	689.32	699.39	830.81	994.91
# 能源工业	205.30	340.06	411.56	446.38	558.27	646.14
运输邮电业	170.95	189.73	212.17	166.51	207.16	330.62
二、新增固定资产（亿元）	733.16	959.09	1 112.13	1 179.03	1 362.61	1 498.73
三、建设项目（个）						
施工项目	87 766	76 359	77 475	66 382	67 842	77 704
# 大中型项目	961	932	952	969	1 059	1 053
全部建成投产项目	44 477	40 520	41 289	35 370	36 502	41 783
# 大中型项目	121	119	121	95	152	148
四、房屋建筑面积（万平方米）						
施工面积	37 029.20	29 435.74	28 413.79	24 744.18	23 236.54	27 262.61
# 住宅	18 893.90	11 990.10	11 334.02	9 749.94	9 259.90	11 309.23
竣工面积	17 161.20	14 358.96	13 307.84	11 611.55	11 245.93	12 604.48
# 住宅	9 565.10	6 452.84	6 008.99	5 064.20	4 824.78	5 687.92

注： 1. 按资金来源分的投资额是根据基本建设财务拨款额按资金来源分组数字的比例推算的。

2. 改建投资含单纯建造生活设施投资。

5-10 基本建设施工项目计划总投资及完成情况

指　　标	1985年	1987年	1988年	1989年	1990年	1991年
计划总投资(亿元)	5 141.29	6 535.15	6 593.73	7 344.21	8 233.39	10 509.64
自开始建设至本年底累计完成投资(亿元)	2 892.31	3 692.96	4 055.22	4 656.56	5 551.20	6 103.47
#本年完成投资	974.36	1 266.25	1 412.99	1 416.29	1 598.87	1 993.77
本年新开工项目投资	280.75	270.05	280.81	207.39	263.47	462.07
累计新增固定资产	1 717.60	2 184.71	2 312.25	2 647.53	3 352.21	3 495.65
不增加固定资产的投资	164.28	177.55	198.77	200.13	239.02	242.75
未完工程	1 010.43	1 330.70	1 544.20	1 808.90	1 959.98	2 365.09
全部建成尚需投资(亿元)	2 248.98	2 842.19	2 538.51	2 687.65	2 682.19	4 406.17
未完工程占用率(%)	103.7	105.1	109.3	127.7	122.6	118.6
建设周期(年/月)	5/03	5/03	4/08	5/02	5/02	5/03

注：1991年计划总投资为实际需要总投资。

5-11 基本建设施工大中型项目计划总投资及完成情况

指　　标	1985年	1987年	1988年	1989年	1990年	1991年
计划总投资(亿元)	3 533.94	3 799.99	4 353.68	4 755.66	5 654.84	6 667.62
自开始建设至本年底累计完成投资(亿元)	2 149.43	2 157.10	2 561.30	2 995.37	3 797.15	4 076.46
#本年完成投资	394.17	619.61	723.83	729.70	896.16	1 058.23
本年新开工项目投资				53.04	78.25	118.46
累计新增固定资产	1 330.28	1 233.35	1 446.03	1 733.28	2 342.68	2 341.44
不增加固定资产的投资	176.10	131.31	147.10	134.33	171.90	168.99
未完工程	643.04	792.44	968.16	1 127.75	1 282.57	1 566.03
全部建成尚需投资(亿元)	1 384.51	1 642.89	1 792.39	1 760.29	1 857.69	3 244.49
未完工程占用率(%)	163.1	127.9	133.8	154.5	143.1	148.0
建设周期(年/月)	9/00	6/01	6/00	6/05	6/04	6/11

5-12 各地区基本建设施工项目实际需要总投资及完成情况

(1991年)

单位:亿元

地区	实际需要总投资	自开始建设至本年底累计完成投资	本年完成投资	本年新开工项目投资	累计新增固定资产	不增加固定资产的投资	未完工程	全部建成尚需投资
全国	10 509.64	6 103.47	1 993.77	462.07	3 495.65	242.75	2 365.09	4 406.17
北京	441.91	265.77	80.66	6.30	151.62	9.40	104.74	176.14
天津	250.25	128.65	63.72	13.39	35.41	5.80	87.44	121.60
河北	353.46	240.18	71.51	16.48	153.53	13.63	73.02	113.28
山西	389.09	261.84	72.21	8.18	166.97	9.30	85.58	127.25
内蒙古	331.82	176.82	48.27	9.53	118.98	9.04	48.80	155.00
辽宁	613.61	361.39	127.11	29.09	212.95	13.42	135.02	252.22
吉林	217.48	118.68	39.48	9.03	87.66	3.61	27.41	98.80
黑龙江	313.26	197.80	74.65	21.42	127.86	12.58	57.35	115.46
上海	761.26	584.61	107.65	11.97	376.37	20.94	187.30	176.65
江苏	473.12	320.94	89.42	15.81	200.36	7.69	112.89	152.18
浙江	204.93	126.23	50.31	13.65	76.11	3.67	46.45	78.70
安徽	274.75	161.58	46.38	7.80	82.85	4.47	74.26	113.17
福建	187.45	110.88	46.77	8.74	45.89	3.32	61.67	76.57
江西	133.00	96.37	30.75	5.94	54.81	4.44	37.12	36.63
山东	662.58	392.64	109.39	33.19	274.37	10.61	107.66	269.94
河南	465.87	228.70	77.62	16.92	130.03	8.52	90.15	237.17
湖北	329.53	173.29	62.40	15.82	89.84	5.51	77.94	156.24
湖南	354.59	162.81	53.07	10.81	94.75	3.82	64.25	191.78
广东	770.36	464.29	204.55	42.81	194.36	19.29	250.65	306.07
广西	133.11	69.63	28.31	8.83	31.37	2.57	35.70	63.48
海南	94.94	47.62	24.37	10.93	25.27	1.19	21.16	47.32
四川	682.79	333.99	118.92	28.11	187.69	11.74	134.56	348.80
贵州	131.62	86.12	24.99	3.25	43.31	5.51	37.29	45.50
云南	206.22	109.28	36.55	11.39	61.79	8.63	38.86	96.94
西藏	47.87	17.15	9.17	5.81	12.34	0.92	3.90	30.72
陕西	289.90	166.90	45.19	6.75	89.15	5.44	72.31	123.00
甘肃	172.60	115.08	33.83	5.35	63.41	3.89	47.78	57.52
青海	61.69	28.31	13.23	5.47	13.77	0.40	14.14	33.38
宁夏	83.79	45.03	13.68	4.08	27.83	1.74	15.46	38.76
新疆	328.41	115.74	57.35	13.23	62.54	17.13	36.07	212.67
不分地区	748.38	395.15	132.26	61.98	202.46	14.53	178.16	353.23

5-13 各地区基本建设施工大中型项目实际需要总投资及完成情况

（1991年）　　　　单位：亿元

地区	实际需要总投资	自开始建设至本年底累计完成投资	本年完成投资	本年新开工项目投资	累计新增固定资产	不增加固定资产的投资	未完工程	全部建成尚需投资
全国	7 320.95	4 076.46	1 058.23	118.46	2 341.44	168.99	1 566.03	3 244.49
北京	122.64	70.72	19.54	0.12	45.83	1.71	23.18	51.92
天津	210.12	105.50	54.40	9.69	25.22	5.07	75.21	104.62
河北	220.22	158.33	30.34	2.03	99.08	10.97	48.29	61.89
山西	292.58	202.70	46.33	0.29	139.64	7.48	55.59	89.87
内蒙古	283.40	148.79	31.41	1.21	101.55	8.38	38.86	134.61
辽宁	432.12	240.40	71.13	9.07	133.68	8.69	98.04	191.72
吉林	155.08	80.34	19.30	0.76	64.31	3.02	13.01	74.74
黑龙江	220.13	134.15	37.69	4.06	87.47	9.33	37.35	85.98
上海	560.92	459.46	61.26	0.80	318.88	18.22	122.35	101.47
江苏	329.07	228.65	44.33	0.84	142.85	5.59	80.21	100.41
浙江	110.95	66.56	20.28	1.83	41.75	1.41	23.40	44.40
安徽	192.64	110.67	25.60	1.70	57.98	3.12	49.57	81.97
福建	90.76	57.63	21.19	0.37	19.35	1.68	36.60	33.13
江西	77.56	57.49	14.78	0.37	32.18	1.67	23.64	20.07
山东	490.64	287.60	57.49	9.55	209.19	7.30	71.11	203.05
河南	377.54	169.94	50.35	6.35	94.94	6.45	68.54	207.60
湖北	194.53	90.67	27.08	4.19	43.03	1.87	45.78	103.86
湖南	249.29	91.77	22.29	0.72	52.37	1.88	37.52	157.52
广东	483.93	279.53	107.39	8.49	98.02	10.98	170.53	204.40
广西	76.05	32.80	8.34	0.81	9.60	0.76	22.44	43.25
海南	44.60	11.67	5.59	2.33	3.45	0.24	7.99	32.93
四川	484.39	204.20	57.32	7.74	107.37	7.67	89.17	280.19
贵州	84.96	54.32	12.66		26.58	4.71	23.03	30.65
云南	124.53	56.70	15.49	3.20	30.93	4.65	21.11	67.84
西藏	29.25	5.71	2.67	0.70	4.03	0.39	1.29	23.55
陕西	198.65	108.46	22.19		56.23	3.98	48.24	90.19
甘肃	122.99	83.63	22.05	1.60	46.43	2.15	35.04	39.36
青海	41.64	15.52	6.90	2.57	7.64	0.10	7.78	26.11
宁夏	61.08	32.54	6.99		19.67	0.88	11.99	28.54
新疆	266.57	76.70	35.64	3.76	41.09	14.63	20.98	189.87
不分地区	692.10	353.31	100.22	33.31	181.11	14.02	158.18	338.79

5-14 基本建设建筑安装工程和设备、工具、器具购置投资

时 期（年份）	绝对数（亿元）		比重（以投资总额为100）	
	建筑安装工程	设备、工具、器具购置投资	建筑安装工程	设备、工具、器具购置投资
“一五”时期	366.76	178.06	62.3	30.3
“二五”时期	690.31	448.94	57.2	37.2
1963—1965年	266.22	126.94	63.1	30.1
“三五”时期	553.08	322.86	56.7	33.1
“四五”时期	1 013.45	631.05	57.5	35.8
“五五”时期	1 465.72	710.20	62.6	30.3
“六五”时期	2 364.08	672.29	69.3	19.7
1981	317.32	84.22	71.6	19.0
1982	397.35	101.67	71.5	18.3
1983	414.99	117.13	69.8	19.7
1984	507.71	151.88	68.3	20.4
1985	726.71	217.39	67.6	20.2
“七五”时期	4 681.61	1 792.84	63.7	24.4
1986	770.60	260.34	65.5	22.1
1987	856.76	325.19	63.8	24.2
1988	1 010.15	372.61	64.2	23.7
1989	998.73	380.94	64.4	24.5
1990	1 045.37	453.76	61.4	26.6
“八五”时期				
1991	1 308.83	521.22	61.9	24.6

注： 1987年至1989年的建筑安装工程投资中包括商品房购置投资。

5-15 基本建设生产性和非生产性建设投资

时 期（年份）	绝对数（亿元）			比重（以投资总额为100）		
	生产性建设	非生产性建设	#住 宅	生产性建设	非生产性建设	#住 宅
“一五”时期	394.50	193.97	53.79	67.0	33.0	9.1
“二五”时期	1 029.66	176.43	49.56	85.4	14.6	4.1
1963—1965年	335.05	86.84	29.09	79.4	20.6	6.9
“三五”时期	818.02	158.01	39.32	83.8	16.2	4.0
“四五”时期	1 455.16	308.79	100.74	82.5	17.5	5.7
“五五”时期	1 729.94	612.23	277.29	73.9	26.1	11.8
“六五”时期	1 956.51	1 453.58	726.99	57.4	42.6	21.3
1981	252.43	190.48	111.19	57.0	43.0	25.1
1982	302.90	252.63	141.05	54.5	45.5	25.4
1983	346.44	247.69	125.07	58.3	41.7	21.1
1984	443.40	299.75	134.50	59.7	40.3	18.1
1985	611.34	463.03	215.18	56.9	43.1	20.0
“七五”时期	4 930.18	2 418.88	934.73	67.1	32.9	12.7
1986	712.15	463.96	189.41	60.6	39.4	16.1
1987	880.30	462.80	181.24	65.5	34.5	13.5
1988	1 038.08	536.22	204.37	65.9	34.1	13.0
1989	1 064.07	487.67	189.39	68.6	31.4	12.2
1990	1 235.58	468.23	170.32	72.5	27.5	10.0
“八五”时期						
1991	1 510.41	605.39	236.18	71.4	28.6	11.2

5-16 基本建设新建和改扩建项目投资

时期（年份）	绝对数（亿元）		比重（以投资总额为100）	
	新建项目	改、扩建项目	新建项目	改、扩建项目
“一五”时期	271.62	309.24	46.2	52.5
“二五”时期	694.86	443.06	57.6	36.7
1963—1965年	220.54	179.42	52.3	42.5
“三五”时期	532.91	389.07	54.6	39.9
“四五”时期	1 005.37	658.43	57.0	37.3
“五五”时期	1 291.01	910.79	55.1	38.9
“六五”时期	1 591.87	1 622.67	46.7	47.6
1981	218.27	209.49	49.3	47.3
1982	269.90	264.95	48.6	47.7
1983	272.47	271.39	45.9	45.7
1984	349.81	354.95	47.1	47.8
1985	481.42	521.89	44.8	48.6
“七五”时期	3 418.15	3 479.23	46.5	47.3
1986	549.89	569.65	46.8	48.4
1987	610.16	648.39	45.4	48.3
1988	726.65	745.89	46.2	47.4
1989	708.49	729.03	45.7	47.0
1990	822.96	786.27	48.3	46.1
“八五”时期				
1991	983.06	1 009.25	46.5	47.7

注： 改扩建项目投资中包括单纯建造生活设施投资。

5-17 基本建设大中型和小型项目投资

时期（年份）	绝对数（亿元）		比重（以本年施工项目为100）	
	大中型项目	小型项目	大中型项目	小型项目
“一五”时期	302.79	285.68	51.5	48.5
“二五”时期	596.61	609.48	49.5	50.5
1963—1965年	189.77	232.12	45.0	55.0
“三五”时期	464.67	511.36	47.6	52.4
“四五”时期	917.18	846.77	52.0	48.0
“五五”时期	1 068.66	1 222.31	46.6	53.4
“六五”时期	1 359.02	1 945.44	41.1	58.9
1981	169.18	267.57	38.7	61.3
1982	219.89	327.08	40.2	59.8
1983	262.46	318.99	45.1	54.9
1984	313.25	404.20	43.7	56.3
1985	394.24	627.60	38.6	61.4
“七五”时期	3 475.29	3 410.75	50.5	49.5
1986	482.82	640.52	43.0	57.0
1987	619.61	666.42	48.2	51.8
1988	746.85	714.66	51.1	48.9
1989	729.70	686.59	51.5	48.5
1990	896.31	702.56	56.1	43.9
“八五”时期				
1991	1 058.23	935.54	53.1	46.9

注： 1978年后大中型和小型项目投资中不包括统一购置的机车车辆、船舶、飞机、地质勘探设备的投资。

5-18 农业、轻工业、重工业基本建设投资

（按国民经济行业分）

时期（年份）	绝对数（亿元）			比重（以投资总额为100）		
	农业	轻工业	重工业	农业	轻工业	重工业
“一五”时期	41.83	37.47	212.79	7.1	6.4	36.2
“二五”时期	135.71	76.59	651.71	11.3	6.4	54.0
1963—1965年	74.46	16.47	193.71	17.6	3.9	45.9
“三五”时期	104.27	42.62	498.89	10.7	4.4	51.1
“四五”时期	173.08	103.03	874.94	9.8	5.8	49.6
“五五”时期	246.08	156.25	1 075.46	10.5	6.7	45.9
“六五”时期	171.81	234.45	1 312.52	5.0	6.9	38.5
1981	29.21	43.38	172.63	6.6	9.8	39.0
1982	34.12	46.45	214.15	6.1	8.4	38.5
1983	35.45	38.75	243.53	6.0	6.5	41.0
1984	37.12	42.43	299.16	5.0	5.7	40.3
1985	35.91	63.44	383.05	3.3	5.9	35.7
“七五”时期	242.50	549.51	3 252.58	3.3	7.5	44.3
1986	35.06	82.25	449.39	3.0	7.0	38.2
1987	42.11	99.12	583.67	3.1	7.4	43.5
1988	47.46	123.26	689.32	3.0	7.8	43.8
1989	50.65	123.09	699.39	3.3	7.9	45.1
1990	67.22	121.79	830.81	3.9	7.1	48.8
“八五”时期						
1991	85.00	152.30	994.91	4.0	7.2	47.0

注： 1985年以后按新行业划分，农业不包括气象，气象划为综合技术服务事业。

5-19 能源工业和运输邮电业基本建设投资

（按国民经济行业分）

时期（年份）	绝对数（亿元）		比重（以投资总额为100）	
	能源工业	运输邮电业	能源工业	运输邮电业
“一五”时期	73.01	90.15	12.4	15.3
“二五”时期	205.68	163.30	17.1	13.5
1963—1965年	63.79	53.78	15.1	12.7
“三五”时期	155.07	150.01	15.9	15.4
“四五”时期	310.89	317.59	17.6	18.0
“五五”时期	489.90	302.45	20.9	12.9
“六五”时期	695.73	455.13	20.4	13.3
1981	94.64	40.47	21.4	9.1
1982	102.23	57.21	18.4	10.3
1983	127.60	78.04	21.5	13.1
1984	165.96	108.46	22.3	14.6
1985	205.30	170.95	19.1	15.9
“七五”时期	2 023.35	956.38	27.5	13.0
1986	267.08	180.81	22.7	15.4
1987	340.06	189.73	25.3	14.1
1988	411.56	212.17	26.1	13.5
1989	446.38	166.51	28.8	10.7
1990	558.27	207.16	32.8	12.2
“八五”时期				
1991	646.14	330.62	30.5	15.6

5-20 国民经济各行业基本建设投资和构成

行　　业	1985年	1987年	1988年	1989年	1990年	1991年
一、绝　对　数（亿元）						
全　国　总　计	1 074.37	1 343.10	1 574.31	1 551.74	1 703.81	2 115.80
农、林、牧、渔、水利业	35.91	42.11	47.46	50.65	67.22	85.00
工　业	446.49	682.79	812.58	822.48	952.60	1 147.21
地质普查和勘探业	7.25	7.33	4.64	5.17	4.76	7.49
建筑业	22.00	15.43	15.26	13.84	10.41	12.60
交通运输、邮电通讯业	170.95	189.73	212.17	166.51	207.16	330.62
商业、公共饮食业、物资供销和仓储业	46.97	47.76	54.26	45.14	42.78	73.34
房地产管理、公用事业、居民服务和咨询服务业	117.92	92.57	133.86	111.99	81.69	121.78
卫生、体育和社会福利事业	23.10	28.56	31.84	28.30	35.28	32.83
教育、文化艺术和广播电视事业	78.12	96.99	100.32	100.33	102.52	119.39
科学研究和综合技术服务事业	20.83	26.44	23.39	21.98	21.03	23.13
金融、保险业	7.13	13.18	18.90	15.59	15.09	18.80
国家机关、政党机关和社会团体	49.63	59.99	74.02	58.33	62.10	87.75
其他行业	48.08	40.21	45.61	111.43	101.18	55.85
二、　构　成（%）						
全　国　总　计	100.0	100.0	100.0	100.0	100.0	100.0
农、林、牧、渔、水利业	3.3	3.1	3.0	3.3	3.9	4.0
工　业	41.6	50.8	51.6	53.0	55.9	54.2
地质普查和勘探业	0.7	0.5	0.3	0.3	0.3	0.4
建筑业	2.0	1.1	1.0	0.9	0.6	0.6
交通运输、邮电通讯业	15.9	14.1	13.5	10.7	12.2	15.6
商业、公共饮食业、物资供销和仓储业	4.4	3.6	3.4	2.9	2.5	3.5
房地产管理、公用事业、居民服务和咨询服务业	11.0	6.9	8.5	7.2	4.8	5.8
卫生、体育和社会福利事业	2.2	2.1	2.0	1.8	2.1	1.6
教育、文化艺术和广播电视事业	7.3	7.2	6.4	6.5	6.0	5.6
科学研究和综合技术服务事业	1.9	2.0	1.5	1.4	1.2	1.1
金融、保险业	0.7	1.0	1.2	1.0	0.9	0.9
国家机关、政党机关和社会团体	4.6	4.5	4.7	3.8	3.6	4.1
其他行业	4.5	3.0	2.9	7.2	5.9	2.6

5-21 工业各行业基本建设投资

单位：亿元

行业	1985年	1987年	1988年	1989年	1990年	1991年
工业合计	**446.49**	**682.79**	**812.58**	**822.48**	**952.60**	**1 147.21**
1.煤炭采选业	55.11	59.60	63.50	70.51	98.82	116.58
2.石油和天然气开采业	27.07	42.22	61.11	71.98	75.56	88.34
3.黑色金属矿采选业	2.99	6.45	4.70	2.87	2.68	3.17
4.有色金属矿采选业	5.85	8.25	11.28	13.81	12.58	15.91
5.建筑材料及其他非金属矿采选业	5.47	5.26	5.77	5.92	8.65	10.03
6.采盐业	0.62	1.08	1.40	1.59	1.74	2.86
7.其他矿采选业		0.07	0.01	0.01	0.06	0.08
8.木材及竹材采运业	4.45	6.74	5.40	3.99	4.55	6.34
9.自来水生产和供应业	5.58	11.48	12.25	12.91	16.67	25.67
10.食品制造业	10.17	11.04	14.39	17.07	15.85	18.43
11.饮料制造业	5.39	16.68	13.12	7.88	8.04	5.40
12.烟草加工业	1.31	1.91	1.11	1.93	1.13	2.05
13.饲料工业	1.48	2.18	1.93	2.27	4.08	3.49
14.纺织业	12.61	15.91	23.72	25.97	18.24	14.40
15.缝纫业	0.25	0.40	1.03	0.94	1.14	1.18
16.皮革、毛皮及其制品业	0.64	0.63	1.19	1.19	0.35	0.59
17.木材加工及竹、藤、棕、草制品业	1.85	2.55	3.09	4.82	4.35	4.87
18.家具制造业	0.19	0.27	0.79	0.35	0.20	0.35
19.造纸及纸制品业	3.38	5.36	6.84	5.95	6.22	7.44
20.印刷业	1.25	1.27	1.32	1.16	1.37	2.14
21.文教体育用品制造业	0.31	0.47	0.56	0.61	0.54	0.34
22.工艺美术品制造业	0.11	0.14	0.59	0.45	0.45	0.50
23.电力、蒸汽、热水生产和供应业	109.45	210.88	249.73	267.85	334.55	377.75
24.石油加工业	6.10	16.33	25.37	21.53	25.10	37.57
25.炼焦、煤气及煤制品业	7.56	11.03	11.86	14.51	24.24	25.91
26.化学工业	49.34	78.85	95.20	77.99	87.83	112.21
27.医药工业	1.61	2.79	5.21	6.50	6.81	16.51
28.化学纤维工业	8.13	15.05	13.37	16.53	22.64	24.62
29.橡胶制品业	0.72	2.06	1.44	1.27	1.59	2.47
30.塑料制品业	2.13	1.20	2.00	1.42	0.96	2.37
31.建筑材料及其他非金属矿物制品业	21.91	28.90	26.81	22.26	20.45	26.32
32.黑色金属冶炼及压延加工业	31.79	45.80	60.95	57.14	49.66	79.57
33.有色金属冶炼及压延加工业	11.41	18.77	19.35	16.22	20.83	26.56
34.金属制品业	1.46	2.48	2.40	3.41	3.46	4.66
35.机械工业	18.89	16.45	16.16	15.16	14.33	19.56
36.交通运输设备制造业	12.78	18.05	20.17	19.67	22.66	30.49
37.电气机械及器材制造业	3.52	5.31	5.29	3.51	5.12	3.17
38.电子及通信设备制造业	9.05	6.22	15.72	19.63	25.09	23.24
39.仪器仪表及其他计量器具制造业	1.79	1.66	1.83	1.84	2.71	1.95
40.其他工业	2.78	0.99	4.65	1.87	1.29	2.13

5-22 国民经济各行业按用途和建设性质分的基本建设投资

（1991年）

单位：亿元

行业	投资额	按用途分			按建设性质分		
		生产性建设	非生产性建设	#住宅	#新建	#扩建	#改建
全国总计	2 115.80	1 510.41	605.39	236.18	983.06	778.86	230.39
一、农、林、牧、渔、水利业	85.00	75.21	9.79	4.30	32.74	31.92	17.24
1.农业	11.80	9.59	2.21	0.87	2.51	5.69	3.32
2.林业	9.73	7.85	1.88	0.85	4.63	4.21	0.44
3.畜牧业	4.64	4.14	0.50	0.35	2.79	1.55	0.18
4.渔业	2.03	1.77	0.27	0.18	0.86	0.65	0.20
5.水利业	50.16	47.83	2.33	0.92	19.88	16.98	12.20
6.农、林、牧、渔、水利服务业	6.64	4.04	2.60	1.13	2.06	2.84	0.89
二、工业	1 147.21	1 028.21	119.00	68.02	638.11	448.75	29.11
1.煤炭采选业	116.58	98.17	18.41	9.75	55.88	59.33	0.89
2.石油和天然气开采业	88.34	73.45	14.89	8.78	38.60	44.96	4.79
3.黑色金属矿采选业	3.17	2.73	0.44	0.39	1.61	1.21	0.06
4.有色金属矿采选业	15.91	14.32	1.59	0.91	7.34	8.14	0.18
5.建筑材料及其他非金属矿采选业	10.03	9.05	0.98	0.44	4.97	4.88	0.12
6.采盐业	2.86	2.43	0.43	0.31	1.83	0.67	0.20
7.其他矿采选业	0.08	0.08			0.04	0.04	
8.木材及竹材采运业	6.34	3.57	2.77	1.64	2.01	3.52	0.62
9.自来水生产和供应业	25.67	21.56	4.11	0.72	16.03	8.96	0.41
10.食品制造业	18.43	15.93	2.50	1.58	12.61	3.64	0.70
11.饮料制造业	5.40	4.74	0.66	0.47	2.61	2.27	0.19
12.烟草加工业	2.05	1.49	0.56	0.39	0.57	1.07	0.17
13.饲料工业	3.49	2.92	0.57	0.13	1.57	1.82	0.03
14.纺织业	14.40	11.19	3.21	2.34	5.54	6.00	0.99
15.缝纫业	1.18	0.95	0.22	0.17	0.67	0.31	0.05
16.皮革、毛皮及其制品业	0.59	0.46	0.13	0.10	0.28	0.13	0.03
17.木材加工及竹、藤、棕、草制品业	4.87	4.37	0.50	0.32	4.04	0.63	0.08
18.家具制造业	0.35	0.21	0.14	0.13	0.24	0.03	0.05
19.造纸及纸制品业	7.44	6.60	0.84	0.55	4.15	2.86	0.12
20.印刷业	2.14	1.66	0.49	0.38	1.32	0.47	0.10
21.文教体育用品制造业	0.34	0.24	0.10	0.03	0.11	0.09	0.06
22.工艺美术品制造业	0.50	0.39	0.11	0.06	0.31	0.15	0.02
23.电力、蒸汽、热水生产和供应业	377.75	362.79	14.96	8.02	261.20	108.05	5.90
24.石油加工业	37.57	33.12	4.45	2.69	12.13	25.12	0.09
25.炼焦、煤气及煤制品业	25.91	23.55	2.36	0.58	19.38	6.38	0.07
26.化学工业	112.21	102.96	9.25	5.05	48.04	58.90	3.28
27.医药工业	16.51	14.74	1.77	0.50	12.79	3.09	0.26
28.化学纤维工业	24.62	22.66	1.96	0.66	16.23	8.07	0.17
29.橡胶制品业	2.47	2.13	0.34	0.27	0.10	2.16	0.04
30.塑料制品业	2.37	2.09	0.29	0.17	1.34	0.91	0.04
31.建筑材料及其他非金属矿物制品业	26.32	23.68	2.65	1.63	14.71	8.82	0.83
32.黑色金属冶炼及压延加工业	79.57	74.28	5.29	3.88	48.14	30.60	0.60

5-22 续表　　　　　　（1991年）　　　　　　单位：亿元

行　　业	投资额	按用途分			按建设性质分		
		生产性建设	非生产性建设	#住宅	#新建	#扩建	#改建
33. 有色金属冶炼及压延加工业	26.56	24.59	1.96	1.01	11.22	13.93	0.12
34. 金属制品业	4.66	3.97	0.69	0.50	1.99	1.88	0.32
35. 机械工业	19.56	12.33	7.24	5.70	4.43	5.85	3.06
36. 交通运输设备制造业	30.49	23.90	6.59	4.60	4.74	18.26	3.43
37. 电气机械及器材制造业	3.17	2.04	1.13	0.87	0.36	2.10	0.18
38. 电子及通信设备制造业	23.24	19.63	3.61	1.73	18.36	2.12	0.60
39. 仪器仪表及其他计量器具制造业	1.95	1.38	0.57	0.43	0.05	0.85	0.27
40. 其他工业	2.13	1.88	0.24	0.19	0.58	0.52	
三、地质普查和勘探业	7.49	4.96	2.53	1.85	0.30	5.32	0.25
四、建　筑　业	12.60	2.94	9.66	7.17	2.55	3.63	2.38
五、交通运输、邮电通讯业	330.62	308.61	22.01	14.47	116.19	81.51	44.10
1. 交通运输业	299.84	280.66	19.18	12.16	104.70	67.52	40.28
2. 邮电通讯业	30.78	27.95	2.83	2.31	11.49	13.99	3.82
六、商业、公共饮食业、物资供销和仓储业	73.34	53.00	20.35	11.10	30.72	28.12	7.28
1. 商　　业	56.30	39.95	16.35	8.82	24.34	20.71	5.56
2. 公共饮食业	1.28	1.02	0.25	0.08	0.66	0.30	0.15
3. 物资供销业	6.20	3.55	2.65	1.67	1.86	2.16	1.16
4. 仓　储　业	9.56	8.48	1.09	0.52	3.87	4.96	0.41
七、房地产管理、公用事业、居民服务和咨询服务业	121.78	17.14	104.64	26.38	78.90	19.66	12.66
1. 房地产管理业	27.89	3.45	24.43	17.65	11.19	4.01	4.79
2. 公用事业	61.41	10.32	51.09	7.17	44.42	9.16	6.33
3. 居民服务业	32.33	3.37	28.96	1.52	23.26	6.39	1.54
4. 咨询服务业	0.16		0.16	0.04	0.04	0.10	
八、卫生、体育和社会福利事业	32.83	0.50	32.33	6.18	8.36	16.00	3.30
1. 卫生事业	26.19	0.47	25.73	5.19	5.17	14.18	2.51
2. 体育事业	5.04	0.02	5.02	0.41	2.46	1.47	0.71
3. 社会福利事业	1.60	0.02	1.58	0.58	0.73	0.35	0.08
九、教育、文化艺术和广播电视事业	119.39	1.57	117.83	27.57	26.57	63.21	13.82
1. 教育事业	101.14	0.56	100.58	24.69	17.91	57.36	12.42
2. 文化艺术事业	11.80	0.92	10.88	2.00	4.74	4.00	1.26
3. 广播电视事业	6.45	0.09	6.37	0.88	3.92	1.85	0.14
十、科学研究和综合技术服务事业	23.13	4.37	18.76	5.74	4.46	11.76	2.00
1. 科学研究事业	18.41	2.63	15.78	4.59	2.87	10.01	1.43
2. 综合技术服务事业	4.73	1.75	2.98	1.14	1.59	1.75	0.57
十一、金融、保险业	18.80	0.79	18.01	7.39	4.87	7.48	1.91
1. 金　融　业	16.66	0.74	15.92	6.66	4.30	6.61	1.74
2. 保　险　业	2.14	0.05	2.09	0.73	0.56	0.87	0.17
十二、国家机关、政党机关和社会团体	87.75	4.27	83.48	38.28	18.67	32.24	9.92
十三、其他行业	55.85	8.84	47.01	17.74	20.63	29.24	1.75

注：改建不含单纯建造生活设施投资。

5-23 各地区按国民经济行业分的基本建设投资

（1991年）

单位：亿元

地区	合计	农、林、牧、渔、水利业	工业	地质普查和勘探业	建筑业	交通运输、邮电通讯业	商业、公共饮食业、物资供销和仓储业
全国	**2 115.80**	**85.00**	**1 147.21**	**7.49**	**12.60**	**330.62**	**73.34**
北京	86.75	0.31	15.95	0.07	1.82	3.45	8.32
天津	64.17	1.25	52.76	0.02	0.34	4.59	0.97
河北	72.91	2.07	41.93	4.76	0.78	6.67	2.85
山西	72.98	1.89	57.35	0.07	0.44	5.16	1.37
内蒙古	49.82	1.80	33.13	0.13	0.21	6.27	1.53
辽宁	128.05	3.39	86.26	0.10	1.13	7.59	5.70
吉林	40.46	1.64	25.99	0.08	0.34	2.16	2.03
黑龙江	75.97	4.87	46.91	0.10	0.26	9.21	3.63
上海	108.90	2.37	61.65	0.02	0.54	6.00	2.19
江苏	90.81	2.77	51.37	0.06	0.32	13.00	3.41
浙江	51.19	2.76	23.33	0.06	0.13	7.80	3.63
安徽	46.89	3.13	28.74	0.09	0.26	5.82	1.22
福建	48.19	1.75	25.89	0.02	0.21	5.89	1.60
江西	31.67	2.08	18.23	0.08	0.06	2.66	1.24
山东	111.51	2.95	71.02	0.03	0.29	13.13	3.73
河南	79.66	5.67	56.86	0.08	0.47	4.78	1.92
湖北	64.14	3.90	34.29	0.04	0.54	9.63	3.24
湖南	53.88	2.27	30.74	0.06	0.43	4.04	3.03
广东	213.12	8.17	100.09	0.07	0.82	46.01	4.82
广西	28.89	1.74	13.43	0.08	0.21	4.09	1.39
海南	25.10	2.34	7.67	0.02	0.18	3.47	2.46
四川	121.01	4.48	73.16	0.11	0.71	9.24	5.73
贵州	25.68	0.67	18.53	0.24	0.12	0.84	0.86
云南	37.43	2.39	19.27	0.17	0.27	3.88	0.89
西藏	9.46	1.33	2.51	0.04	0.04	2.34	0.63
陕西	46.50	1.45	26.56	0.16	0.87	5.34	1.72
甘肃	33.96	3.37	23.09	0.04	0.32	2.04	0.55
青海	15.07	1.07	9.81	0.07	0.04	1.31	0.46
宁夏	13.77	1.18	8.74	0.05	0.06	1.34	0.35
新疆	59.43	4.44	41.33	0.15	0.39	3.03	1.90
不分地区	208.42	5.49	40.62	0.42		129.48	

5-23 续表　　(1991年)　　单位：亿元

地区	房地产管理、公用事业、居民服务和咨询服务业	卫生体育和社会福利事业	教育、文化艺术和广播电视事业	科学研究和综合技术服务事业	金融、保险业	国家机关、政党机关和社会团体	其他行业
全国	121.78	32.83	119.39	23.13	18.80	87.75	55.85
北京	17.88	2.63	12.24	7.52	0.49	9.60	6.48
天津	0.69	0.65	2.27	0.32	0.07	0.24	0.03
河北	3.23	1.29	4.29	0.40	0.84	3.42	0.38
山西	0.48	1.04	2.67	0.39	0.43	1.63	0.09
内蒙古	1.40	0.49	1.71	0.20	0.81	2.08	0.06
辽宁	5.84	1.88	7.01	1.06	0.62	5.33	1.78
吉林	0.71	0.62	3.19	0.25	0.99	2.17	0.30
黑龙江	1.84	0.85	3.42	0.60	0.92	3.30	0.05
上海	26.75	1.21	4.25	1.44	0.31	1.06	1.11
江苏	5.34	1.54	6.86	0.61	0.77	3.78	0.99
浙江	2.53	1.93	4.34	0.44	0.73	3.30	0.22
安徽	1.97	0.59	2.35	0.59	0.47	1.51	0.15
福建	4.55	1.12	3.09	0.30	0.70	2.74	0.34
江西	1.88	0.61	2.17	0.08	0.49	1.89	0.20
山东	2.84	2.05	8.92	0.32	1.14	4.15	0.93
河南	1.43	0.97	3.61	0.33	0.59	2.60	0.36
湖北	1.53	1.32	4.72	0.68	0.94	2.91	0.41
湖南	1.86	1.55	3.99	0.39	1.14	4.27	0.11
广东	20.86	2.54	12.78	0.64	1.15	7.72	7.45
广西	1.23	0.97	2.23	0.20	0.65	2.63	0.05
海南	4.07	0.50	1.67	0.31	0.66	1.49	0.26
四川	5.58	2.55	8.33	2.52	1.19	6.97	0.44
贵州	0.54	0.34	1.19	0.10	0.39	1.80	0.05
云南	1.99	0.87	3.48	0.46	0.29	2.82	0.64
西藏	0.36	0.13	0.40	0.04	0.27	1.32	0.04
陕西	1.05	0.79	3.53	2.23	0.73	1.76	0.30
甘肃	0.90	0.48	1.46	0.34	0.29	1.01	0.07
青海	0.51	0.30	0.50	0.05	0.19	0.74	0.02
宁夏	0.45	0.23	0.46	0.05	0.21	0.55	0.10
新疆	1.48	0.80	2.27	0.28	0.34	2.97	0.05
不分地区							32.40

5-24 各地区按用途分的基本建设投资和房屋建筑面积

（1991年）

地区	投资额（亿元）			房屋建筑面积（万平方米）			
	生产性建设	非生产性建设	#住宅	施工面积	#住宅	竣工面积	#住宅
全国	**1 510.41**	**605.39**	**236.18**	**27 262.61**	**11 309.23**	**12 604.48**	**5 687.92**
北京	23.18	63.57	14.65	1 381.13	611.96	471.80	204.41
天津	56.25	7.93	2.44	306.12	77.40	135.55	47.14
河北	51.43	21.47	8.87	1 055.10	461.54	490.19	217.12
山西	59.04	13.94	5.14	811.43	324.54	331.88	142.24
内蒙古	37.52	12.30	5.81	565.84	242.24	287.48	141.72
辽宁	90.30	37.74	17.05	1 483.89	683.96	730.15	370.79
吉林	27.55	12.92	6.18	531.38	221.44	260.39	136.41
黑龙江	55.31	20.66	9.40	815.63	335.92	486.64	220.65
上海	68.43	40.46	15.74	1 175.40	539.02	410.57	157.78
江苏	65.31	25.50	9.27	1 190.63	436.37	587.69	227.48
浙江	35.30	15.89	4.57	809.77	239.00	435.92	137.98
安徽	35.85	11.04	4.25	686.26	288.51	288.38	123.51
福建	33.94	14.26	4.80	594.69	189.89	274.67	97.74
江西	23.33	8.33	3.55	589.26	231.24	306.25	131.10
山东	82.68	28.83	10.95	1 449.43	532.89	738.32	297.84
河南	62.30	17.36	7.31	1 065.87	444.37	505.86	243.95
湖北	45.51	18.63	8.70	1 221.25	531.79	606.36	300.13
湖南	35.63	18.25	9.66	1 081.98	526.97	557.07	292.87
广东	156.07	57.05	20.64	2 163.13	768.60	924.27	343.11
广西	17.92	10.97	4.90	648.16	286.63	330.91	155.98
海南	14.22	10.88	3.20	317.72	108.07	152.06	63.14
四川	83.75	37.27	17.91	2 245.83	1 101.57	1 182.58	633.00
贵州	18.76	6.92	3.05	576.06	236.19	266.71	133.20
云南	24.46	12.97	5.94	674.33	318.80	341.52	183.68
西藏	6.08	3.38	1.26	73.19	31.14	62.55	27.31
陕西	31.81	14.69	6.39	893.78	406.85	358.22	169.77
甘肃	26.89	7.07	3.60	511.46	232.61	195.00	93.74
青海	10.85	4.23	1.74	195.52	75.36	100.12	46.92
宁夏	10.92	2.85	1.34	143.59	65.83	77.42	36.78
新疆	44.43	15.00	6.47	676.73	299.44	384.12	177.20
不分地区	175.39	33.03	11.38	1 328.04	459.06	323.85	133.24

5-25 基本建设固定资产交付使用率和大中型项目建成投产率

时期(年份)	新增固定资产（亿元）	固定资产交付使用率(%)	投产大中型项目个数(个)	大中型项目建成投产率(%)
“一五”时期	492.18	83.6	595	15.5
“二五”时期	861.82	71.5	581	8.1
1963—1965年	367.79	87.2	355	10.4
“三五”时期	580.13	59.4	743	11.5
“四五”时期	1 082.34	61.4	742	9.4
“五五”时期	1 747.31	74.6	515	7.4
“六五”时期	2 516.04	73.8	520	12.5
1981	383.40	86.6	79	10.6
1982	413.10	74.4	116	14.2
1983	453.10	76.3	91	11.2
1984	533.28	71.8	113	13.8
1985	733.16	68.2	121	12.6
“七五”时期	5 542.74	75.4	589	12.2
1986	929.88	79.1	102	11.0
1987	959.09	71.4	119	12.8
1988	1 112.13	70.6	121	12.7
1989	1 179.03	76.0	95	9.8
1990	1 362.61	80.0	152	14.4
“八五”时期				
1991	1 498.73	70.8	148	14.1

注:各时期大中型项目建成投产率是平均每年数。

5-26 基本建设竣工房屋造价

单位:元/平方米

年份	全国平均	厂房	仓库	办公室	住宅	学校	医疗机构	其他
1957	56	102	42	59	47	51	70	58
1962	74	117	57	73	56	83	91	64
1965	81	140	71	71	59	70	85	77
1978	104	153	92	98	89	79	103	100
1979	113	161	104	103	100	94	116	125
1980	123	173	111	118	113	106	134	137
1981	139	201	134	131	128	131	153	162
1982	147	206	136	142	135	138	167	176
1983	165	246	171	158	151	150	189	199
1984	187	282	182	185	160	163	224	246
1985	205	299	188	196	177	182	218	283
1986	231	340	224	245	196	208	248	310
1987	270	381	260	280	213	227	293	378
1988	301	423	269	310	241	251	330	410
1989	367	516	328	378	290	297	409	510
1990	413	527	361	434	316	326	446	548
1991	437	607	379	440	343	351	519	628

注:房屋造价不包括征地、拆迁和室外配套工程的投资。

5-27 国民经济各行业基本建设新增固定资产和构成

行业	1985年	1987年	1988年	1989年	1990年	1991年
一、绝对数（亿元）						
全国总计	733.16	959.09	1 112.13	1 179.03	1 362.61	1 498.73
农、林、牧、渔、水利业	29.48	29.82	30.61	36.62	44.28	50.24
工业	287.33	479.21	551.82	604.33	737.46	824.10
地质普查和勘探业	6.13	7.17	3.60	5.06	4.73	7.13
建筑业	14.01	12.05	10.91	12.41	9.54	10.01
交通运输、邮电通讯业	128.29	124.30	177.06	125.53	156.82	196.30
商业、公共饮食业、物资供销和仓储业	29.22	34.96	42.92	41.48	35.84	55.28
房地产管理、公用事业、居民服务和咨询服务业	79.13	61.82	75.94	73.05	59.93	91.26
卫生、体育和社会福利事业	15.49	21.78	22.03	22.65	40.08	30.11
教育、文化艺术和广播电视事业	57.60	80.56	81.59	81.96	98.25	102.14
科学研究和综合技术服务事业	13.70	19.18	17.05	17.46	21.61	19.75
金融、保险业	4.54	9.55	12.97	14.61	12.59	15.61
国家机关、政党机关和社会团体	34.40	46.92	56.00	54.18	57.55	68.16
其他行业	33.85	31.78	29.63	89.70	83.93	28.63
二、构成（%）						
全国总计	100.0	100.0	100.0	100.0	100.0	100.0
农、林、牧、渔、水利业	4.0	3.1	2.8	3.1	3.2	3.4
工业	39.2	50.0	49.6	51.3	54.1	55.0
地质普查和勘探业	0.8	0.7	0.3	0.4	0.3	0.5
建筑业	1.9	1.3	1.0	1.1	0.7	0.7
交通运输、邮电通讯业	17.5	13.0	15.9	10.6	11.5	13.1
商业、公共饮食业、物资供销和仓储业	4.0	3.6	3.9	3.5	2.6	3.7
房地产管理、公用事业、居民服务和咨询服务业	10.8	6.4	6.8	6.2	4.4	6.1
卫生、体育和社会福利事业	2.1	2.3	2.0	1.9	2.9	2.0
教育、文化艺术和广播电视事业	7.9	8.4	7.3	7.0	7.2	6.8
科学研究和综合技术服务事业	1.9	2.0	1.5	1.5	1.6	1.3
金融、保险业	0.6	1.0	1.2	1.2	0.9	1.0
国家机关、政党机关和社会团体	4.7	4.9	5.0	4.6	4.2	4.5
其他行业	4.6	3.3	2.7	7.6	6.2	1.9

5-28 工业各行业基本建设新增固定资产

单位:亿元

行　　　业	1985年	1987年	1988年	1989年	1990年	1991年
工　业　合　计	**287.33**	**479.21**	**551.82**	**604.33**	**737.46**	**824.10**
1.煤炭采选业	31.90	38.30	49.91	54.83	53.26	80.64
2.石油和天然气开采业	19.23	30.71	43.10	61.77	62.27	59.49
3.黑色金属矿采选业	4.51	5.11	2.38	3.89	2.25	1.37
4.有色金属矿采选业	3.49	7.85	5.66	7.87	9.77	10.48
5.建筑材料及其他非金属矿采选业	4.42	8.95	4.04	5.30	4.27	4.55
6.采盐业	0.52	0.70	1.16	1.15	1.25	1.33
7.其他矿采选业		0.01		0.01	0.01	0.06
8.木材及竹材采运业	3.98	6.36	4.90	3.24	3.82	5.41
9.自来水生产和供应业	3.51	11.40	7.21	8.19	19.07	11.10
10.食品制造业	7.78	8.79	9.96	14.02	14.12	15.23
11.饮料制造业	3.21	9.00	12.46	9.05	6.99	8.50
12.烟草加工业	0.93	1.08	0.68	1.54	0.95	1.78
13.饲料工业	0.91	1.86	1.68	1.70	2.60	3.27
14.纺织业	9.43	12.74	15.00	19.23	20.82	15.88
15.缝纫业	0.15	0.29	0.81	0.70	0.97	1.18
16.皮革、毛皮及其制品业	0.61	0.44	0.74	1.09	0.64	0.51
17.木材加工及竹、藤、棕、草制品业	1.12	2.82	2.11	2.31	4.06	5.66
18.家具制造业	0.18	0.07	0.57	0.10	0.26	0.25
19.造纸及纸制品业	1.81	4.07	7.44	2.88	3.53	5.04
20.印刷业	0.87	1.02	1.22	0.84	1.45	1.52
21.文教体育用品制造业	0.30	0.29	0.08	0.81	0.46	0.26
22.工艺美术品制造业	0.07	0.05	0.37	0.28	0.63	0.36
23.电力、蒸汽、热水生产和供应业	80.63	141.47	167.84	179.04	215.40	292.87
24.石油加工业	2.95	11.32	13.93	18.16	16.64	27.92
25.炼焦、煤气及煤制品业	2.14	11.54	4.66	7.42	6.76	14.70
26.化学工业	25.78	51.01	79.66	58.61	76.57	56.97
27.医药工业	0.86	1.14	2.76	2.54	2.67	11.20
28.化学纤维工业	2.76	13.43	14.12	6.44	16.92	14.60
29.橡胶制品业	0.53	0.28	2.68	0.79	0.94	0.51
30.塑料制品业	1.72	1.30	0.94	1.85	0.89	2.50
31.建筑材料及其他非金属矿物制品业	16.50	18.60	20.06	23.36	17.89	16.29
32.黑色金属冶炼及压延加工业	15.79	26.54	13.48	50.24	90.02	58.80
33.有色金属冶炼及压延加工业	5.14	12.87	17.26	13.14	11.88	14.82
34.金属制品业	0.73	1.53	2.15	1.48	4.30	3.07
35.机械工业	14.90	13.16	12.65	11.79	11.87	16.01
36.交通运输设备制造业	7.73	12.43	13.86	13.04	15.30	26.30
37.电气机械及器材制造业	2.63	5.11	5.01	2.44	5.57	3.85
38.电子及通信设备制造业	4.90	3.36	5.44	9.24	26.29	25.99
39.仪器仪表及其他计量器具制造业	1.24	1.52	0.77	1.67	2.37	1.79
40.其他工业	1.46	0.67	3.10	2.29	1.73	2.06

5-29 国民经济各行业基本建设施工、投产项目个数和新增固定资产

（1991年）

行业	施工项目（个）	#新开工	全部建成投产项目（个）	项目建成投产率（%）	新增固定资产（亿元）	固定资产交付使用率（%）
全国总计	**77 704**	**45 585**	**41 783**	**53.8**	**1 498.73**	**70.8**
一、农、林、牧、渔、水利业	**5 714**	**3 637**	**3 345**	**58.5**	**50.24**	**59.1**
1.农业	862	618	548	63.6	7.93	67.2
2.林业	1 107	830	779	70.4	4.54	46.7
3.畜牧业	422	271	264	62.6	4.07	87.7
4.渔业	150	84	70	46.7	1.63	80.3
5.水利业	1 569	751	701	44.7	26.96	53.7
6.农、林、牧、渔、水利服务业	1 604	1 083	983	61.3	5.12	77.1
二、工业	**11 015**	**5 288**	**4 613**	**41.9**	**824.10**	**71.8**
1.煤炭采选业	544	139	96	17.6	80.64	69.2
2.石油和天然气开采业	31	19	4	12.9	59.49	67.3
3.黑色金属矿采选业	49	22	16	32.7	1.37	43.2
4.有色金属矿采选业	181	71	73	40.3	10.48	65.9
5.建筑材料及其他非金属矿采选业	124	39	35	28.2	4.55	45.4
6.采盐业	53	24	20	37.7	1.33	46.5
7.其他矿采选业	3	1	2	66.7	0.06	75.0
8.木材及竹材采运业	197	104	105	53.3	5.41	85.3
9.自来水生产和供应业	756	357	314	41.5	11.10	43.2
10.食品制造业	815	495	483	59.3	15.23	82.6
11.饮料制造业	221	127	122	55.2	8.50	157.4
12.烟草加工业	127	77	47	37.0	1.78	86.8
13.饲料工业	132	76	81	61.4	3.27	93.7
14.纺织业	659	331	319	48.4	15.88	110.3
15.缝纫业	70	38	35	50.0	1.18	100.0
16.皮革、毛皮及其制品业	37	26	20	54.1	0.51	86.4
17.木材加工及竹、藤、棕、草制品业	88	40	37	42.0	5.66	116.2
18.家具制造业	25	14	13	52.0	0.25	71.4
19.造纸及纸制品业	163	72	73	44.8	5.04	67.7
20.印刷业	128	73	68	53.1	1.52	71.0
21.文教体育用品制造业	22	12	8	36.4	0.26	76.5
22.工艺美术品制造业	43	30	29	67.4	0.36	72.0
23.电力、蒸汽、热水生产和供应业	2 273	1 047	957	42.1	292.87	77.5
24.石油加工业	60	24	19	31.7	27.92	74.3
25.炼焦、煤气及煤制品业	246	123	95	38.6	14.70	56.7
26.化学工业	755	329	319	42.3	56.97	50.8
27.医药工业	205	97	76	37.1	11.20	67.8
28.化学纤维工业	72	34	24	33.3	14.60	59.3
29.橡胶制品业	65	40	30	46.2	0.51	20.6
30.塑料制品业	78	51	39	50.0	2.50	105.5
31.建筑材料及其他非金属矿物制品业	515	264	220	42.7	16.29	61.9
32.黑色金属冶炼及压延加工业	124	47	34	27.4	58.80	73.9

5-29 续表　　　　　　　　　(1991年)

行　　业	施工项目(个)	#新开工	全部建成投产项目(个)	项目建成投产率(%)	新增固定资产(亿元)	固定资产交付使用率(%)
33.有色金属冶炼及压延加工业	95	38	24	25.3	14.82	55.8
34.金属制品业	144	80	54	37.5	3.07	65.9
35.机械工业	910	472	338	37.1	16.01	81.9
36.交通运输设备制造业	418	162	140	33.5	26.30	86.3
37.电气机械及器材制造业	197	113	94	47.7	3.85	121.5
38.电子及通信设备制造业	241	109	82	34.0	25.99	111.8
39.仪器仪表及其他计量器具制造业	92	39	39	42.4	1.79	91.8
40.其他工业	57	32	29	50.9	2.06	96.7
三、地质普查和勘探业	359	139	123	34.3	7.13	95.2
四、建　筑　业	966	404	357	37.0	10.01	79.4
五、交通运输、邮电通讯业	4 632	2 590	2 286	49.4	196.30	59.4
1.交通运输业	3 180	1 719	1 478	46.5	171.64	57.2
2.邮电通讯业	1 452	871	808	55.6	24.67	80.1
六、商业、公共饮食业、物资供销和仓储业	8 228	5 447	4 830	58.7	55.28	75.4
1.商　　业	6 670	4 487	3 990	59.8	42.15	74.9
2.公共饮食业	127	78	69	54.3	1.61	125.8
3.物资供销业	844	481	449	53.2	4.68	75.5
4.仓　储　业	587	401	322	54.9	6.84	71.5
七、房地产管理、公用事业、居民服务和咨询服务业	3 235	1 918	1 593	49.2	91.26	74.9
1.房地产管理业	833	485	392	47.1	13.53	48.5
2.公用事业	1 526	906	793	52.0	43.65	71.1
3.居民服务业	856	513	398	46.5	34.03	105.3
4.咨询服务业	20	14	10	50.0	0.05	31.3
八、卫生、体育和社会福利事业	4 794	2 727	2 518	52.5	30.11	91.7
1.卫生事业	4 096	2 319	2 171	53.0	24.68	94.2
2.体育事业	399	232	181	45.4	4.17	82.7
3.社会福利事业	299	176	166	55.5	1.25	78.1
九、教育、文化艺术和广播电视事业	16 259	9 540	9 299	57.2	102.14	85.6
1.教育事业	14 565	8 652	8 497	58.3	88.71	87.7
2.文化艺术事业	1 269	650	591	46.6	9.04	76.6
3.广播电视事业	425	238	211	49.6	4.40	68.2
十、科学研究和综合技术服务事业	1 686	781	734	43.5	19.75	85.4
1.科学研究事业	974	358	335	34.4	15.84	86.0
2.综合技术服务事业	712	423	399	56.0	3.91	82.7
十一、金融、保险业	3 367	2 053	1 844	54.8	15.61	83.0
1.金　融　业	2 962	1 797	1 611	54.4	13.98	83.9
2.保　险　业	405	256	233	57.5	1.64	76.6
十二、国家机关、政党机关和社会团体	16 117	10 301	9 549	59.2	68.16	77.7
十三、其他行业	1 332	760	692	52.0	28.63	51.3

5—30 基本建设全部建成投产大中型项目

(1991年)

项目名称	新增生产能力名称	数量
农、林、牧、渔、水利业		
河北省秦皇岛市引青西线工程		
陕西省石头河水库		
	水库容量(总库容)	1.25 亿立方米
	有效灌溉面积	18.00 万亩
煤炭采选业		
内蒙古扎赉诺尔矿务局	煤炭开采	495.00 万吨/年
黑色金属矿采选业		
广西大新锰矿	锰矿开采	30.00 万吨/年
有色金属矿采选业		
黑龙江省乌拉嘎金矿团结沟金矿二期	黄金开采:成品金	590.77 公斤/年
建筑材料及其他非金属矿采选业		
安徽铜陵化学工业集团公司新桥硫铁矿	硫铁矿开采	60.00 万吨/年
自来水生产和供应业		
上海长桥水厂	自来水供水能力	40.00 万吨/日
	自来水管道铺设长度	8 公里
江苏省苏州市白洋湾水厂一期工程	自来水供水能力	15.00 万吨/日
	自来水管道铺设长度	20.90 公里
食品制造业		
湖南省长沙高果糖厂	果糖	3.85 万吨/年
广东省海康县纪家糖厂	日处理原料	3 000 吨
	年生产机制糖	40 248 吨
广西扶绥县扶南糖厂扩建工程	日处理原料	2 500 吨
	年生产机制糖	35 820 吨
四川省攀枝花市米易县二糖厂		
新疆昌吉糖厂	日处理原料	1 500 吨
	年生产机制糖	30 667 吨
新疆伊宁糖厂	日处理原料	1 500 吨
	年生产机制糖	30 870 吨
新疆霍尔果斯糖厂	日处理原料	1 500 吨
	年生产机制糖	30 000 吨
饮料制造业		
河北省宣化啤酒厂四期扩建工程	啤酒	20 000 吨/年
上海啤酒厂	啤酒	20 000 吨/年
山东省青岛市第二啤酒厂	啤酒	100 000 吨/年
广东省深圳市莱茵达集团啤酒公司	啤酒	5 000 吨/年
纺织业		
广东省汕头市经纬东国印染厂有限公司	棉印染	5 000.00 万米/年

5-30 续表 1　　(1991 年)

项目名称	新增生产能力名称	数量
内蒙古包头亚麻纺织厂	麻纺锭	5000 锭
木材加工及竹藤棕草制品业		
黑龙江省牡丹江木材综合加工厂刨花板工程	刨花板	5.00 万立方米/年
吉林省抚松县露水河林业局刨花板厂	刨花板	5.00 万立方米/年
	人造板装饰加工板	180.00 万立方米/年
广东省广州市华侨农场中密度纤维板	纤维板	1.80 万立方米/年
广东省深圳市莱茵达木材公司	制胶	2 吨
造纸及纸制品业		
江西抚州造纸厂	机制纸及纸板	3.40 万吨/年
广东省广州市经济开发区宝洁纸品工程	卫生纸	2.40 亿片
印刷业		
天津高教印刷厂		
电力、蒸汽、热水生产和供应业		
北京第三热电厂四期	火电	5.00 万千瓦
河北省唐山市新区热电厂二期工程	火电	5.00 万千瓦
山西省长治漳泽电厂二期工程	火电	84.00 万千瓦
内蒙古包头第二热电厂	火电	2.50 万千瓦
辽宁发电厂	火电	40.00 万千瓦
吉林省长春热电二厂	火电	40.00 万千瓦
黑龙江省牡丹江市第二发电厂三期工程	火电	42.00 万千瓦
江苏省连云港新海发电厂五期工程	火电	40.00 万千瓦
浙江省温州电厂	火电	25.00 万千瓦
安徽省蚌埠热电厂	火电	5.00 万千瓦
	城市供热能力:蒸汽	223 吨/小时
山东省黄岛电厂二期工程	火电	42.00 万千瓦
	输电线路长度(11 万伏及以上)	251 公里
	变电设备能力(11 万伏及以上)	54.00 万千伏安
山东省聊城发电厂	火电	10.00 万千瓦
湖北孝感汉川电厂	火电	60.00 万千瓦
	铁路增建第二线交付运营	12.70 公里
广东省深圳市沙头角协和电厂	火电	4.00 万千瓦
广东省深圳市上洞电厂	火电	5.00 万千瓦
广东省云浮发电厂	火电	25.00 万千瓦
广东梅县发电厂	火电	10.00 万千瓦
四川省重庆华能燃机电厂	火电	10.83 万千瓦
	输电线路长度(11 万伏及以上)	6.36 公里
四川省江油电厂	火电	66.00 万千瓦
陕西省略阳县发电厂二期工程	火电	10.00 万千瓦
甘肃省兰州第二热电厂	火电	20.00 万千瓦
黑龙江省黑河市西沟水电站	水电	3.60 万千瓦
湖南省石门三江口水电站	水电	6.25 万千瓦

5—30续表 2　　(1991年)

项目名称	新增生产能力名称	数量
湖南省东江梯级水电站	水电	55.50 万千瓦
云南省鲁布革水电站	水电	60.00 万千瓦
陕西省安康水电站	水电	5.25 万千瓦
新疆托海水电站	水电	5.00 万千瓦
浙江省秦山核电站	核电	30.00 万千瓦
西藏羊八井地热电站	发电	0.60 万千瓦
石油加工业		
辽宁省锦州石化公司	石油加工:裂化设备	80.00 万吨/年
	加氢精制设备	40.00 万吨/年
	焦化设备	100.00 万吨/年
	催化重整设备	30.00 万吨/年
江西省九江石化总厂	石油加工:蒸馏设备	250.00 万吨/年
	裂化设备	120.00 万吨/年
	加氢精制设备	40.00 万吨/年
	催化重整设备	15.00 万吨/年
湖南巴陵石化公司长岭炼油厂	石油加工:蒸馏设备	150.00 万吨/年
	裂化设备	100.00 万吨/年
	加氢精制设备	80.00 万吨/年
	催化重整设备	100.00 万吨/年
炼焦、煤气及煤制品业		
福建省三明市钢铁厂	炼焦	43.30 万吨/年
山东省济南钢铁厂煤气二期	炼焦	28.00 万吨/年
	城市煤气供气能力	20.00 万立方米/日
上海浦东煤气厂二期工程	城市煤气供气能力	100.00 万立方米/日
化学工业		
江苏省南京扬子30万吨乙烯工程	乙烯	30.00 万吨/年
	对二甲苯	45.00 万吨/年
	精对苯二甲酸	45.00 万吨/年
湖北应城化工厂	纯碱(折合100%)	30 000 吨/年
云南沾益化肥厂	纯碱(折合100%)	40 000 吨/年
	氮肥(折合量100%)	9 400 吨/年
青海黎明化工厂烧碱工程	烧碱(折合100%)	10 000 吨/年
河北省中阿化肥公司磷铵工程	磷肥(折合量100%)	480 000 吨/年
江西贵溪化肥厂	磷酸	120 000 吨/年
	磷铵	240 000 吨/年
河南省中原化肥厂	合成氨	300 000 吨/年
	氮肥(折合量100%)	239 200 吨/年
	尿素	239 200 吨/年
辽宁省盘锦市天然气化工厂	乙烯	130 000 吨/年
	塑料	165 000 吨/年
黑龙江省安达龙新化工有限公司	有机玻璃	20 000 吨/年
浙江省杭州磁带厂	磁带(折6.3毫米)	60.00 亿米/年

5—30 续表 3　　　　　　　　　　(1991 年)

项　目　名　称	新增生产能力名称	数量
广东省深圳荣生企业有限公司	密胺膜塑粉	2500 吨/年
上海市氯碱总厂	塑　　料	20 000 吨/年
广东省广州市经济开发区宝洁公司	合成洗涤剂	25 700 吨/年
医药工业		
黑龙江省牡丹江市制药厂一期工程	化学药品:原料药	45 000 吨/年
上海生物制品研究所		
化学纤维工业		
山东省济南涤纶工程	合成纤维单体	75 000 吨/年
	合成纤维	25 000 吨/年
	合成纤维聚合物	66 000 吨/年
建筑材料及其他非金属矿物制品业		
黑龙江省桦南水泥厂扩建工程	水　　泥	25.00 万吨/年
山东省鲁南水泥厂	水　　泥	130.00 万吨/年
四川省成都市湔江水泥厂	水　　泥	22.00 万吨/年
甘肃省定西地区高崖水泥厂	水　　泥	20.00 万吨/年
辽宁省沈阳市浮法玻璃生产线	平板玻璃	241.60 万重量箱/年
江苏省无锡市轻瓶厂四万吨轻瓶扩建工程	日用玻璃制品	4.00 万吨/年
山东省青岛耐火材料厂	耐火材料	2 150 吨/年
黑色金属冶炼及压延加工业		
上海宝钢工程	铁矿烧结	980.00 万吨/年
	炼　　焦	349.60 万吨/年
	炼　　铁	650.00 万吨/年
	炼　　钢	671.00 万吨/年
	初　　轧	344.00 万吨/年
	连　　铸	400.00 万吨/年
	热　　轧	400.00 万吨/年
	冷　　轧	210.00 万吨/年
	火　　电	70.00 万千瓦
有色金属冶炼及压延加工业		
福建省厦门厦顺铝箔有限公司铝箔厂	铝箔	6 000 吨/年
金属制品业		
沈阳造币厂		
机械工业		
湖北襄樊国营第 4504 厂	烟草机械	240 台、套/年
广东省广州市经济开发区至发公司	照相机	178.00 万架/年
交通运输设备制造业		
株洲车辆工厂扩建工程	铁路货车制造	3 000 辆/年
株洲电力机车工厂扩建工程	电力机车制造	200 台/年
辽宁省大连精工电子有限公司	手表零件	1 300.00 万套/年
航空航天工业部八二工程		

5—30续表 4 (1991年)

项 目 名 称	新增生产能力名称	数量
北京二七车辆厂	铁路货车制造	600 辆/年
湖北襄樊市内燃机车厂	机车修理	150 台/年
电气机械及器材制造业		
湖北黄石制冷设备厂	冷柜压缩机	80.00 万台/年
电子及通信设备制造业		
湖北武汉长飞光纤光缆有限公司	光纤	48 000 公里
	光缆	4 500 公里
上海永新彩色显像管公司	显像管	100.00 万只/年
江苏省南京电子网板有限公司	电子网板荫罩	600.00 万块/年
广东省深圳市日立彩色显示器公司彩管工程	显像管	160.00 万只/年
河南省安阳彩管玻壳有限公司	玻壳	460.00 万吨/年
广东省东莞市广东彩色显像管厂	显像管	150.00 万只/年
交通运输业		
南同蒲铁路线	新建铁路主线正线交付运营	296.01 公里
沈阳铁路枢纽		
滨绥复线	铁路增建第二线交付运营	178.10 公里
牡林复线	铁路增建第二线交付运营	75.80 公里
广西南防铁路	新建铁路主线正线交付运营	172.50 公里
京秦铁路	新建铁路主线正线交付运营	128.00 公里
	铁路增建第二线交付运营	280.70 公里
	电气化铁路主线正线交付运营	341.00 公里
吉林省四浑公路	改建公路	330 公里
福建省洪塘大桥	新建独立公路桥梁	1 849.47 延长米
		1 座
福建省厦门大桥	新建独立公路桥梁	2 070 延长米
		1 座
一〇七国道湖南段(羊楼司—凤头岭)	改建公路	618 公里
湖南省长沙市湘江二桥	新建独立公路桥梁	3 617 延长米
		1 座
广东省广深线一级公路改造	改建公路	13.55 公里
	其中:一级公路	13.55 公里
辽宁省锦州港成品油码头	新(扩)建港口码头泊位年吞吐量	158.00 万吨
	泊位	2 个

5—30 续表 5 (1991 年)

项目名称	新增生产能力名称	数量
山东省烟台莱山机场	民航机场跑道	1 条
		2 600 米
广东省广州白云机场国际候机楼	候机楼	1 座
		27 000 平方米
陕西省咸阳机场	民航机场跑道	1 条
		3 000 米
	航空油库	2 000 吨
		6 714 立方米
	候机楼	1 座
		21 118 平方米
青海省曹家堡机场	民航机场跑道	1 条
		3 000 米
	候机楼	1 座
		4 468 平方米
邮电通讯业		
辽宁省沈阳邮政通信枢纽工程		
汉渝微波工程	新建微波电路	1 056 公里
河南省焦作市邮电局市话程控	市内电话自动交换	20 000 门
广东省深圳市邮电局邮件处理中心		
商　业		
广东省深圳市中鹏石油联营公司下洞油库	商业石油库	5.00 万立方米
仓储业		
广东省深圳市笋岗仓库企业有限公司		
公用事业		
北京市西厢工程	城市道路:长度	5 公里
	面积	46.00 万平方米
	污水管道铺设长度	26 公里
	城市永久性桥梁	5 座
上海南浦大桥	城市永久性桥梁	1 座
广东省深圳市布吉立交系统工程	城市道路:长度	2.60 公里
	面积	10.70 万平方米
	城市永久性桥梁	5 座
卫生事业		
北京医科大学人民医院	医院病床	690 张
北京医院	医院病床	653 张
天津第二医学院附属第一中心医院	医院病床	700 张

5—30 续表 6 (1991 年)

项目名称	新增生产能力名称	数量
体育事业		
福建省体育中心体育场		
教育事业		
天津城市建设学院	高等院校:学生席位	3 000 个
	建筑面积	58 347 平方米
河南财经学院	高等院校:学生席位	3 000 个
	建筑面积	600 000 平方米
湖北宜昌葛洲坝水电工程学院	高等院校:学生席位	5796 个
文化艺术事业		
天津图书馆	公共图书馆:藏书量	500.00 万册(件)
	阅览室座席	3 000 个
	建筑面积	30 766 平方米
广播电视事业		
天津广播电视塔		
科学研究事业		
航空航天部二院仿真中心		
机电部 15 所		
机电部 13 所		
上海生物工程研究中心		
合肥同步辐射(8348)工程		
206 研究所		
671 工程		

5-31 基本建设新增主要产品生产能力

时 期（年份）	铁矿开采（万吨）	炼 铁（万吨）	炼 钢（万吨）	煤炭开采（万吨）	发电机组容量（万千瓦）	石油开采（万吨）
“一五”时期	1 388	306.9	278.9	6 376	246.9	131.2
“二五”时期	2 102	1 088.7	939.3	9 676	865.6	815.8
1963—1965年	304	9.5	76.7	2 155	213.7	674.6
“三五”时期	4 032	1 030.7	727.6	6 915	860.3	2 777.1
“四五”时期	4 587	920.2	589.6	8 121	1 743.2	4 104.7
“五五”时期	2 097	360.0	583.0	6 493	1 929.1	3 975.3
“六五”时期	1 341	93.0	30.0	8 127	2 022.9	5 013.1
1981	475			1 373	264.0	518.9
1982	310	25.0	18.0	820	294.3	636.5
1983	30	17.0	6.0	1 852	449.1	810.8
1984	46			2 435	377.9	1 309.7
1985	480	51.0	6.0	1 647	637.6	1 737.2
“七五”时期	2 367	685.5	522.3	12 694	4 631.7	7 743.8
1986	993	308.4	385.5	2 105	663.8	1 548.5
1987	525	56.5	61.5	2 106	874.4	1 640.0
1988	224	92.8	24.9	3 302	1 117.0	1 581.0
1989	300	206.8	39.9	2 845	1 060.9	1 649.9
1990	325	21.0	10.5	2 336	915.6	1 324.4
“八五”时期						
1991	983	370.0	459.2	3 340	1 137.3	1 308.7

5-31 续表 1

时 期（年份）	天然气开采（亿立方米）	硫 酸（万吨）	合成氨（万吨）	化学肥料（万吨）	纯 碱（万吨）	烧 碱（万吨）	塑 料（万吨）
“一五”时期		32.3	15.7	9.26	24.6	6.8	
“二五”时期	13.96	125.7	42.5	69.18	36.7	26.7	3.75
1963—1965年	11.69	63.7	81.6	127.40	16.5	5.2	3.47
“三五”时期	19.61	152.0	126.9	116.36	17.0	34.9	18.70
“四五”时期	66.69	219.4	429.2	372.37	16.4	29.6	7.38
“五五”时期	95.60	88.1	592.5	473.84	18.9	30.6	53.50
“六五”时期	33.51	24.9	172.6	162.02	9.6	3.0	4.50
1981	6.22	3.5	37.5	32.28		0.7	0.10
1982	6.27	9.7	72.5	65.32		0.9	2.01
1983	4.75		11.7	8.25		0.5	0.75
1984	5.47	4.5	7.7	12.57	2.0	0.5	0.11
1985	10.80	7.2	43.2	43.60	7.6	0.4	1.53
“七五”时期	35.65	87.3	77.8	150.13	244.7	27.4	84.33
1986	5.37	34.6	47.2	44.27	25.5	2.4	0.50
1987	4.40	5.0	9.5	24.06	36.4	0.4	27.21
1988	13.50	33.1	4.2	6.44	37.0	1.6	46.80
1989	5.31	8.6	12.2	23.77	84.5	22.5	6.10
1990	7.07	6.0	4.8	51.59	61.3	0.5	3.72
“八五”时期							
1991	7.21	7.6	47.8	132.08	4.0	2.7	40.09

5-31 续表 2

时 期（年份）	木材采运（亿立方米）	水 泥（万吨）	化学纤维（万吨）	棉 纺 锭（万锭）	自 行 车（万辆）	缝 纫 机（万架）	手 表（万只）
“一五”时期	409.0	261.3	0.50	190.3	50.0	7.4	
“二五”时期	649.4	1 173.6	0.90	203.9	50.2	40.8	52.0
1963—1965年	274.9	222.1	2.69	144.6	35.4	24.7	39.0
“三五”时期	415.9	1 533.0	1.23	197.9	68.0	40.0	46.0
“四五”时期	611.6	1 128.3	12.03	94.4	67.4	36.0	307.4
“五五”时期	361.4	1 119.6	25.35	201.2	239.5	251.2	688.4
“六五”时期	202.7	1 327.4	32.04	157.0	245.5	130.5	293.0
1981	29.8	154.4	7.95	51.0	127.5	64.8	146.0
1982	33.3	236.8	2.91	51.0	38.0	40.0	76.0
1983	44.7	345.7	5.13	31.3		21.0	68.0
1984	54.9	474.0	2.60	13.1	50.0	4.7	3.0
1985	40.0	116.5	13.45	10.6	30.0		
“七五”时期	156.1	1 975.9	51.58	173.1	190.0	451.2	
1986	43.8	513.5	15.42	12.8	80.0		
1987	26.0	451.9	13.44	33.9	60.0	448.1	
1988	29.8	275.5	11.40	41.2		0.1	
1989	21.9	451.9	7.43	46.7	50.0	1.0	
1990	34.6	283.1	3.89	38.5		2.0	
“八五”时期							
1991	30.2	189.5	4.63	45.1	44.0		

5-31 续表 3

时 期（年份）	显 像 管（万只）	机 制 糖（万吨）	原 盐（万吨）	机 制 纸 及 纸 板（万吨）	新建铁路交付营业里程（公里）	新建公路（公里）	沿海港口吞吐能力（万吨）
“一五”时期		62.0	151.3	24.9	4 162	83 403	765
“二五”时期		109.7	644.7	112.7	6 120	37 047	1 783
1963—1965年		22.5	16.3	9.8	1 096	12 629	425
“三五”时期		23.4	56.8	36.2	3 894	31 223	1 311
“四五”时期		44.4	149.3	34.9	4 866	40 065	4 650
“五五”时期	15	71.6	159.7	34.6	3 776	40 344	6 980
“六五”时期	452	158.1	144.9	32.9	2 238	8 352	9 983
1981	162	25.1	29.4	6.7		1 554	336
1982	168	34.5	30.6	5.9	31	751	2 000
1983	50	33.1	15.0	9.2	601	1 462	1 773
1984		36.6	67.4	7.8	1 247	1 443	918
1985	72	28.8	2.5	3.3	359	3 142	4 956
“七五”时期	536	69.0	87.0	33.2	2 561	18 995	14 506
1986		12.4	1.0	1.1	910	4 073	4 646
1987		17.0	6.0	10.7	422	4 833	1 255
1988		12.5	12.0	7.5	434	4 046	1 041
1989	131	16.0	42.0	8.5	414	2 999	4 542
1990	405	11.1	26.0	5.4	381	3 044	3 022
“八五”时期							
1991	570	17.7	4.1	7.9	346	2 909	770

注:石油和天然气开采能力中包括用油田更新改造和其他投资增加的能力。

5-32 基本建设新增主要产品生产能力

(1991年)

能力名称	计算单位	数量	能力名称	计算单位	数量
煤炭开采	万吨	3 340.10	铁选矿:1.处理原矿	万吨	295.00
洗煤	万吨	2 077.40	2.精矿粉	万吨	112.00
发电机组容量	万千瓦	1 137.32	炼铁	万吨	370.00
#水电	万千瓦	149.35	炼钢	万吨	459.20
火电	万千瓦	935.99	铜采矿	万吨	1 033.50
输电线路	公里	10 555.76	铜选矿1.铜精矿	万吨	16.53
变电设备	万千伏安	1 438.62	2.精矿含铜	万吨	4.22
石油开采	万吨	1 308.74	铝电解	万吨	2.50
石油加工:裂化设备	万吨	180.00	铅锌选矿:1.处理原矿	万吨	2.85
加氢设备处理	万吨	120.00	2.精矿	万吨	0.10
天然气开采	亿立方米	7.21	3.精矿含铅	吨	500.00
天然气输送管道	公里	84.50	4.精矿含锌	吨	500.00
	亿立方米	0.46	锡选矿:1.处理原矿	万吨	12.59
新建铁路交付营业里程	公里	345.51	2.锡精矿	万吨	0.05
新建复线交付营业里程	公里	319.09	3.精矿含锡	吨	228.26
铁路机车购置	台	620.00	木材采运	万立方米	30.20
铁路客车购置	辆	1 654.00	纤维板	万立方米	1.13
铁路货车购置	辆	16 444.00	胶合板	万立方米	1.03
铁路电气化里程	公里	849.00	水泥	万吨	189.53
新 扩建港口码头	泊位:个	85.00	平板玻璃	万重量箱	241.60
年吞吐量	万吨	1 561.58	硫铁矿开采	万吨	73.00
#沿海港口码头	泊位:个	47.00	磷矿开采	万吨	15.00
年吞吐量	万吨	770.28	硫酸(折合100%)	万吨	7.58
船舶购置	艘	211.00	纯碱(折合98%以上)	万吨	4.00
	万吨	72.65	烧碱(折合100%)	万吨	2.71
新建公路	公里	2 908.78	合成氨	万吨	47.80
改建公路	公里	2 541.32	化肥(折合量)	万吨	132.08
民航机场跑道	条	4.00	化学农药	万吨	0.50
	万米	1.34	塑料	万吨	40.09
航空油库	万吨	1.80	合成纤维单体	万吨	7.50
	万立方米	2.67	铁路机车制造	台	150.00
民航飞机购置	架	2.00	铁路货车制造	辆	3 600.00
长途电缆	皮长公里	1 562.20	水库库容量	亿立方米	730.85
新建微波电路	公里	2 500.38	有效灌溉面积	万亩	1 249.43
市内电话交换机	万门	65.46	商业石油库	万立方米	9.99
化学纤维	万吨	4.63	商业冷藏库	万吨	10.55
#合成纤维	万吨	4.05	水产冷藏库	万吨	0.70
粘胶纤维	万吨	0.58	粮食仓库	万平方米	144.24
棉纺锭	万锭	45.06		万吨	41.32
棉布织机	台	3 221.00	商业饮食服务网点	万平方米	286.15
印染布	万米	9 670.00		处	3 518.00
毛纺锭	万锭	0.76	大专院校学生席位	万个	10.91
丝绸织机	台	252.00	中等学校席位	万个	169.74
缫丝机	绪	2 400.00	小学学生席位	万个	179.65
机制糖 年生产	万吨	17.66	图书馆	万平方米	14.89
日处理原料	万吨	1.05	影剧院席位	万个	3.86
酒	万吨	23.89	建筑面积	万平方米	10.29
#啤酒	万吨	23.02	医院病床床位	万张	7.28
乳制品	吨	1 250.00	城市煤气供气能力	万立方米/日	241.37
#奶粉	吨	1 250.00	城市液化气储气能力	万吨/年	4.07
机制纸及纸板	万吨	7.86	城市公共交通车辆购置	辆	239.00
制革	万张/年	87.20	城市道路扩建长度	公里	395.84
自行车	万辆	44.00	污水管道铺设长度	公里	254.12
铁矿开采	万吨	982.50	污水处理能力	万吨/日	19.82

注:新增石油和天然气开采能力包括用油田维护和更新改造投资形成的。

5-33 更新改造及其他固定资产投资

时期（年份）	投资总额（亿元）	国家财政拨款	国内贷款	自筹和其他
“一五”时期	23.11	12.30		10.81
“二五”时期	100.91	12.53		88.38
1963—1965年	77.56	53.06	3.30	21.20
“三五”时期	233.06	52.58	13.40	167.08
“四五”时期	512.42	64.57	21.86	425.99
“五五”时期	844.05	135.45	95.87	612.73
“六五”时期	1 920.38	188.58	1 212.28	519.52
1981	224.60	34.88	142.43	47.29
1982	289.78	32.95	190.09	66.74
1983	357.83	40.83	232.44	84.56
1984	442.03	58.10	277.25	106.68
1985	606.14	21.82	370.07	214.25
“七五”时期	4 958.74	116.94	1 451.14	3 390.65
1986	802.39	21.10	249.83	531.46
1987	954.89	33.63	308.90	612.36
1988	1 188.45	28.26	381.63	778.55
1989	983.75	15.37	235.66	732.72
1990	1 029.26	18.58	275.12	735.56
“八五”时期				
1991	1 261.86	20.10	419.27	822.50

5-34 国民经济各行业更新改造投资

单位：亿元

行业	1981年	1985年	1987年	1988年	1989年	1990年	1991年
全国总计	195.30	449.14	758.59	980.55	788.78	830.19	1 023.23
农、林、牧、渔、水利业	5.04	6.07	9.63	12.40	11.51	10.07	16.33
工业	142.97	351.05	584.62	774.97	623.19	647.49	783.23
地质普查和勘探业	0.28	0.28	0.24	0.24	0.23	0.41	0.37
建筑业	2.22	6.97	8.92	11.21	7.66	7.69	8.51
交通运输、邮电通讯业	21.88	40.42	64.29	72.66	64.37	80.22	112.25
商业、公共饮食业、物资供销和仓储业	7.46	11.14	25.82	33.37	23.37	23.20	29.26
房地产管理、公用事业、居民服务和咨询服务业	6.63	20.46	40.65	47.60	36.44	36.22	43.64
卫生、体育和社会福利事业	0.73	1.78	2.77	3.33	2.83	3.16	3.22
教育、文化艺术和广播电视事业	1.85	2.91	4.20	4.57	4.31	4.65	5.62
科学研究和综合技术服务事业	1.13	2.36	2.41	2.35	2.35	2.18	2.29
金融、保险业	0.65	0.97	1.94	2.66	2.07	1.72	2.11
国家机关、政党机关和社会团体	2.60	3.24	9.17	9.16	6.19	7.05	9.22
其他行业	1.86	1.49	3.94	6.03	4.26	6.14	7.20

5-35 更新改造投资主要指标

指　　　　　标	1985年	1987年	1988年	1989年	1990年	1991年
一、投资总额(亿元)	449.14	758.59	980.55	788.78	830.19	1 023.23
1.按资金来源分						
国家预算内投资	19.69	32.35	27.02	14.15	17.56	17.36
国内贷款	186.75	306.23	378.72	233.21	269.55	411.22
利用外资	5.55	17.46	26.01	26.73	33.85	36.49
自筹投资	226.08	366.37	501.18	440.69	455.37	508.62
其他投资	11.07	36.17	47.61	74.00	53.87	49.53
2.按构成分						
建筑安装工程	196.23	349.18	477.76	377.25	372.91	426.33
设备、工具、器具购置	224.94	353.29	430.87	355.89	397.36	513.35
其他费用	27.97	56.11	71.92	55.64	59.92	83.54
3.按建设性质分						
#新建	23.06	41.22	58.08	38.87	45.62	42.82
扩建	194.45	350.33	462.78	345.54	370.35	460.93
改建	191.16	313.18	402.41	363.49	364.57	448.46
4.按用途分						
生产性建设	380.70	622.55	818.52	660.21	702.33	876.80
增产	160.35	273.25	394.78	303.08	291.95	359.43
节约能源	17.37	25.90	30.55	25.25	27.28	33.49
其他节约	1.50	1.93	2.93	2.32	2.65	4.43
增加品种	61.30	108.61	140.12	119.00	130.10	165.75
提高产品质量	26.58	42.82	48.38	39.38	52.00	73.48
三废治理	9.08	14.33	16.79	14.99	14.76	19.56
其他生产性	104.52	155.70	184.98	156.19	183.59	220.66
非生产性建设	68.44	136.04	162.02	128.57	127.86	146.43
#住宅	25.25	65.08	78.79	62.75	58.97	65.71
二、新增固定资产(亿元)	316.79	582.62	690.53	636.88	722.94	858.30
三、房屋建筑面积(万平方米)						
施工面积	8 784.45	12 318.43	13 963.02	10 616.70	9 179.22	9 270.12
#住宅	2 447.56	4 398.89	4 820.65	3 825.33	3 386.48	3 306.25
竣工面积	4 596.04	6 330.23	6 930.15	5 403.15	4 738.65	4 793.31
#住宅	1 434.01	2 328.10	2 467.93	1 995.63	1 771.70	1 694.35

注：1987和1988年施工及竣工房屋面积中不包括商品房购置面积。

5-36 更新改造施工项目计划总投资及完成情况

指　　　标	1985年	1987年	1988年	1989年	1990年	1991年
计划总投资(亿元)	1 196.12	2 155.93	2 744.25	2 617.50	2 678.27	3 132.70
自开始建设至本年底累计完成投资(亿元)	713.47	1 290.21	1 651.11	1 695.24	1 884.23	2 050.71
#本年完成投资	449.14	758.59	979.51	788.78	830.19	1 023.23
累计新增固定资产	453.65	826.76	1 006.66	1 031.54	1 203.80	1 343.91
不增加固定资产的投资	33.02	54.54	63.51	64.35	72.77	78.19
未完工程	226.80	408.91	580.93	599.35	607.67	628.60
全部建成尚需投资(亿元)	482.65	865.71	1 093.14	922.26	794.04	1 081.99
未完工程占用率(%)	50.5	53.9	59.3	76.0	73.2	61.4

注:1991年计划总投资为实际需要总投资。

5-37 更新改造施工限额以上项目计划总投资及完成情况

指　　　标	1985年	1987年	1988年	1989年	1990年	1991年
计划总投资(亿元)	299.15	354.68	468.83	568.97	664.55	675.87
自开始建设至本年底累计完成投资(亿元)	145.90	179.56	258.47	340.51	446.02	459.32
#本年完成投资	71.89	86.91	117.44	117.33	150.79	157.84
累计新增固定资产	72.99	89.67	136.99	171.68	257.00	267.20
不增加固定资产的投资	10.28	5.28	6.65	16.96	13.57	14.84
未完工程	62.63	84.60	114.83	151.87	175.46	177.28
全部建成尚需投资(亿元)	153.25	175.10	210.36	228.46	218.53	216.55
未完工程占用率(%)	87.1	97.3	97.8	129.4	116.4	112.3

注：1.更新改造限额以上项目的限额标准：能源、交通、原材料工业项目计划总投资为5000万元以上，其他行业为3000万元以上。表5-39、5-44、5-45同。

2.1991年计划总投资为实际需要总投资。

5-38 各地区更新改造施工项目实际需要总投资及完成情况

（1991年）

单位：亿元

地　区	实际需要总投资	自开始建设至本年底累计完成投资	累计新增固定资产	不增加固定资产的投资	未完工程	全部建成尚需投资	本年完成投资	未完工程占用率（%）
全　国	**3 132.70**	**2 050.71**	**1 343.91**	**78.19**	**628.60**	**1 081.99**	**1 023.23**	**61.4**
北　京	165.92	100.90	64.63	4.47	31.80	65.02	47.35	67.2
天　津	95.52	54.19	33.67	3.31	17.22	41.33	32.71	52.6
河　北	125.21	88.35	57.98	5.42	24.95	36.86	46.60	53.5
山　西	107.99	91.18	66.28	2.86	22.04	16.81	30.36	72.6
内蒙古	51.12	34.50	23.26	0.92	10.32	16.62	18.15	56.9
辽　宁	255.87	176.27	117.90	9.60	48.76	79.60	88.19	55.3
吉　林	87.70	58.53	43.78	1.02	13.73	29.17	25.40	54.1
黑龙江	99.09	72.75	52.09	2.91	17.75	26.35	39.20	45.3
上　海	315.92	198.56	117.24	5.39	75.93	117.37	95.21	79.8
江　苏	160.65	97.20	61.86	3.74	31.60	63.45	58.92	53.6
浙　江	90.33	52.54	34.33	1.35	16.86	37.79	30.22	55.8
安　徽	90.21	57.51	39.34	1.04	17.13	32.70	25.90	66.1
福　建	54.51	37.70	24.83	1.04	11.83	16.81	19.98	59.2
江　西	91.84	45.72	29.27	2.18	14.27	46.11	20.64	69.1
山　东	159.84	100.53	72.08	2.57	25.87	59.32	63.26	40.9
河　南	130.53	92.17	63.26	4.02	24.89	38.36	40.19	61.9
湖　北	111.39	73.97	52.86	2.80	18.31	37.42	37.46	48.9
湖　南	100.92	68.84	41.65	2.79	24.39	32.08	31.24	78.1
广　东	226.71	145.07	96.02	5.80	43.25	81.64	74.87	57.8
广　西	62.02	46.84	32.62	1.66	12.56	15.18	22.07	56.9
海　南	8.69	7.30	6.21	0.20	0.90	1.39	4.60	19.6
四　川	195.98	121.25	66.70	4.50	50.05	74.73	60.88	82.2
贵　州	56.48	37.40	24.60	1.19	11.62	19.08	13.74	84.6
云　南	74.11	43.32	27.14	1.07	15.11	30.79	25.79	58.6
西　藏	0.04	0.03	0.03			0.01	0.03	
陕　西	82.09	51.39	30.23	2.11	19.06	30.70	24.12	79.0
甘　肃	45.81	29.49	15.10	1.32	13.08	16.33	15.69	83.4
青　海	6.88	4.08	2.14	0.15	1.78	2.80	2.90	61.4
宁　夏	19.56	16.05	12.02	1.65	2.39	3.51	5.41	44.2
新　疆	34.73	27.79	22.20	0.75	4.84	6.94	18.14	26.7
不分地区	25.04	19.29	12.61	0.37	6.32	5.75	4.01	157.6

5-39 各地区更新改造限额以上项目实际需要总投资及完成情况

（1991年）　　　　单位：亿元

地区	实际需要总投资	自开始建设至本年底累计完成投资	累计新增固定资产	不增加固定资产的投资	未完工程	全部建成尚需投资	未完工程占用率（%）
全国	**675.87**	**459.32**	**267.20**	**14.84**	**177.28**	**216.55**	**112.3**
北京	53.71	34.57	23.25	0.82	10.51	19.14	110.1
天津	22.45	10.11	2.37	0.82	6.92	12.34	121.8
河北	30.01	21.50	9.70	0.85	10.95	8.50	121.0
山西	6.35	5.75	2.61	0.11	3.04	0.60	148.6
内蒙古	11.77	6.18	3.51	0.07	2.61	5.59	153.6
辽宁	72.30	48.97	27.71	1.61	19.65	23.33	105.4
吉林	29.82	20.25	14.10	0.22	5.93	9.56	83.6
黑龙江	36.36	22.76	14.61	1.10	7.06	13.60	102.5
上海	72.28	52.14	30.24	1.13	20.77	20.13	106.1
江苏	27.86	16.11	5.42	0.95	9.75	11.75	136.0
浙江	12.24	8.73	6.53	0.15	2.05	3.51	66.1
安徽	10.70	6.94	4.39	0.13	2.41	3.76	115.6
福建	6.55	6.08	3.35	0.03	2.70	0.47	126.2
江西	2.84	1.83	1.17	0.15	0.51	1.01	148.9
山东	9.94	6.56	5.99	0.11	0.47	3.38	17.5
河南	25.05	20.41	12.81	1.19	6.41	4.64	111.3
湖北	31.38	24.90	20.40	0.98	3.53	6.48	62.1
湖南	17.71	12.88	6.79	0.30	5.78	4.83	161.2
广东	61.26	44.54	28.15	1.99	14.40	16.72	95.2
广西	11.84	8.68	6.33	0.04	2.30	3.16	64.2
海南	2.25	2.23	2.23			0.02	
四川	36.80	25.15	9.89	0.46	14.81	11.65	186.9
贵州	5.93	3.64	1.97	0.23	1.43	2.29	109.3
云南	27.52	10.59	4.73	0.24	5.63	16.93	94.6
西藏							
陕西	14.72	9.94	3.69	0.34	5.91	4.78	172.9
甘肃	10.31	7.73	2.09	0.41	5.24	2.59	179.2
青海							
宁夏	0.30	0.01	0.01			0.29	33.6
新疆	1.34	1.00	0.59	0.05	0.35	0.35	129.5
不分地区	24.29	19.13	12.58	0.37	6.18	5.17	160.6

5-40 国民经济各行业按用途和建设性质分的更新改造投资

（1991年）　　单位：亿元

行业	投资额	按用途分			按建设性质分		
		生产性建设	非生产性建设	#住宅	#新建	#扩建	#改建
全国总计	1 023.23	876.80	146.43	65.71	42.82	460.93	448.46
一、农、林、牧、渔、水利业	16.33	13.66	2.67	1.17	0.56	5.54	9.11
1.农业	7.71	5.98	1.72	0.61	0.05	1.62	5.50
2.林业	0.75	0.36	0.39	0.26	0.05	0.61	0.03
3.畜牧业	1.35	1.27	0.08	0.04	0.19	0.75	0.38
4.渔业	2.83	2.75	0.08	0.06	0.08	1.55	0.82
5.水利业	3.02	2.81	0.20	0.11	0.16	0.70	2.07
6.农、林、牧、渔、水利服务业	0.67	0.47	0.20	0.09	0.03	0.30	0.30
二、工业	783.23	724.32	58.91	31.25	32.34	379.35	344.64
1.煤炭采选业	52.11	37.82	14.28	5.50	1.49	8.64	41.75
2.石油和天然气开采业	19.47	16.88	2.59	0.78	1.91	10.74	6.57
3.黑色金属矿采选业	3.72	3.21	0.50	0.19	0.20	0.51	3.00
4.有色金属矿采选业	9.49	7.99	1.51	0.77	1.45	2.83	5.02
5.建筑材料及其他非金属矿采选业	2.35	2.17	0.18	0.10	0.05	1.12	0.95
6.采盐业	4.32	4.09	0.23	0.17	0.66	1.95	1.71
7.其他矿采选业	0.01	0.01					
8.木材及竹材采运业	1.50	1.03	0.46	0.20	0.01	0.51	0.95
9.自来水生产和供应业	6.16	5.34	0.82	0.29	0.09	4.21	1.78
10.食品制造业	37.82	36.36	1.46	1.00	1.90	23.61	10.65
11.饮料制造业	19.32	18.25	1.07	0.64	1.52	12.20	4.75
12.烟草加工业	26.12	25.62	0.50	0.34	0.11	17.39	7.46
13.饲料工业	2.47	2.34	0.12	0.03	0.17	1.76	0.41
14.纺织业	62.71	59.05	3.66	2.98	2.53	26.84	30.12
15.缝纫业	1.63	1.52	0.11	0.08	0.10	0.78	0.56
16.皮革、毛皮及其制品业	2.59	2.51	0.08	0.05	0.04	1.18	0.63
17.木材加工及竹、藤、棕、草制品业	1.84	1.76	0.08	0.05	0.32	0.92	0.54
18.家具制造业	0.26	0.23	0.03	0.01	0.01	0.14	0.07
19.造纸及纸制品业	22.97	22.36	0.61	0.44	1.04	15.60	6.14
20.印刷业	6.40	6.08	0.32	0.17	0.54	2.51	2.24
21.文教体育用品制造业	1.41	1.34	0.06	0.02		0.70	0.30
22.工艺美术品制造业	0.76	0.72	0.04	0.03	0.09	0.47	0.11
23.电力、蒸汽、热水生产和供应业	32.43	29.98	2.46	1.51	2.28	11.72	17.66
24.石油加工业	22.73	21.51	1.22	0.77	0.08	7.91	14.34
25.炼焦、煤气及煤制品业	9.86	8.50	1.36	0.52	1.30	6.05	2.29
26.化学工业	90.39	86.95	3.44	1.93	3.45	52.24	32.68
27.医药工业	19.11	18.64	0.48	0.31	1.15	11.65	5.45
28.化学纤维工业	15.39	14.60	0.79	0.45	0.70	9.43	4.19
29.橡胶制品业	10.94	10.58	0.35	0.23	0.09	7.75	2.95
30.塑料制品业	4.26	4.14	0.11	0.08	0.20	2.54	1.29
31.建筑材料及其他非金属矿物制品业	37.43	35.44	1.99	1.21	2.18	19.27	14.83

5-40 续表　　(1991年)　　单位：亿元

行业	投资额	按用途分			按建设性质分		
		生产性建设	非生产性建设	#住宅	#新建	#扩建	#改建
32.黑色金属冶炼及压延加工业	73.06	65.62	7.45	4.19	1.24	26.81	44.32
33.有色金属冶炼及压延加工业	18.72	16.38	2.34	1.46	1.57	6.65	9.99
34.金属制品业	7.06	6.68	0.38	0.21	0.26	4.00	2.36
35.机械工业	71.93	68.22	3.72	2.17	1.15	33.77	32.49
36.交通运输设备制造业	37.09	35.06	2.03	1.15	0.98	19.68	15.24
37.电气机械及器材制造业	19.38	18.52	0.86	0.50	0.73	10.59	7.32
38.电子及通信设备制造业	22.99	22.12	0.87	0.54	0.63	12.54	8.93
39.仪器仪表及其他计量器具制造业	4.23	3.91	0.32	0.17	0.06	1.82	2.26
40.其他工业	0.85	0.78	0.07	0.03	0.05	0.31	0.37
三、地质普查和勘探业	**0.37**	**0.29**	**0.08**	**0.04**	**0.02**	**0.03**	**0.06**
四、建　筑　业	**8.51**	**5.89**	**2.62**	**1.48**	**0.08**	**0.98**	**4.46**
五、交通运输、邮电通讯业	**112.25**	**99.47**	**12.77**	**6.14**	**2.64**	**41.49**	**48.59**
1.交通运输业	65.21	53.67	11.53	5.40	0.67	8.82	36.92
2.邮电通讯业	47.04	45.80	1.24	0.74	1.97	32.67	11.67
六、商业、公共饮食业、物资供销和仓储业	**29.26**	**22.50**	**6.76**	**4.58**	**1.42**	**10.73**	**12.84**
1.商　　业	23.67	18.50	5.17	3.37	1.16	8.88	10.76
2.公共饮食业	0.67	0.49	0.17	0.13	0.03	0.17	0.34
3.物资供销业	3.49	2.37	1.13	0.88	0.11	1.23	1.12
4.仓　储　业	1.43	1.13	0.30	0.20	0.12	0.45	0.62
七、房地产管理、公用事业、居民服务	**43.64**	**3.77**	**39.87**	**10.95**	**4.16**	**13.69**	**18.00**
1.房地产管理业	8.90	0.58	8.31	5.86	0.79	0.75	5.73
2.公用事业	30.83	1.99	28.84	4.76	3.14	11.26	10.57
3.居民服务业	3.91	1.20	2.72	0.33	0.23	1.67	1.70
八、卫生、体育和社会福利事业	**3.22**	**0.14**	**3.08**	**0.56**	**0.13**	**1.21**	**1.31**
1.卫生事业	2.85	0.08	2.76	0.53	0.04	1.06	1.22
2.体育事业	0.28	0.01	0.27	0.01	0.05	0.12	0.08
3.社会福利事业	0.09	0.05	0.04	0.02	0.03	0.04	0.01
九、教育、文化艺术和广播电视事业	**5.62**	**0.79**	**4.82**	**0.85**	**0.45**	**1.26**	**2.91**
1.教育事业	3.61	0.50	3.11	0.61	0.25	0.86	1.79
2.文化艺术事业	1.68	0.29	1.39	0.17	0.19	0.30	0.99
3.广播电视事业	0.33		0.32	0.07	0.01	0.10	0.13
十、科学研究和综合技术服务事业	**2.29**	**1.21**	**1.08**	**0.26**	**0.12**	**0.86**	**0.76**
1.科学研究事业	2.03	1.06	0.97	0.24	0.09	0.79	0.68
2.综合技术服务事业	0.26	0.15	0.10	0.01	0.04	0.07	0.08
十一、金融、保险业	**2.11**	**0.13**	**1.97**	**0.84**	**0.26**	**0.81**	**0.56**
1.金　融　业	1.95	0.13	1.82	0.75	0.22	0.77	0.53
2.保　险　业	0.15		0.15	0.09	0.04	0.04	0.02
十二、国家机关、政党机关和社会团体	**9.22**	**2.26**	**6.95**	**3.55**	**0.45**	**2.30**	**3.62**
十三、其他行业	**7.20**	**2.37**	**4.83**	**4.04**	**0.20**	**2.69**	**1.60**

5-41 各地区按国民经济行业分的更新改造投资

（1991年）

单位：亿元

地区	合计	农、林、牧、渔、水利业	工业	地质普查和勘探业	建筑业	交通运输、邮电通讯业	商业、公共饮食业、物资供销和仓储业
全国	1 023.23	16.33	783.23	0.37	8.51	112.25	29.26
北京	47.35	2.32	29.33	0.01	0.61	5.90	2.63
天津	32.71	0.58	22.38		0.49	3.15	0.93
河北	46.60	0.17	41.71	0.02	0.20	3.57	0.39
山西	30.36	0.18	26.43	0.02	0.47	2.00	0.29
内蒙古	18.15	0.03	14.20	0.04	0.20	2.17	0.69
辽宁	88.19	0.67	70.04	0.01	0.56	10.06	3.45
吉林	25.40	0.03	22.29		0.10	2.58	0.13
黑龙江	39.20	2.51	31.09	0.01	0.05	4.68	0.57
上海	95.21	1.17	57.11	0.03	1.75	14.65	2.28
江苏	58.92	0.72	47.55		0.12	6.21	1.40
浙江	30.22	1.07	23.46	0.04	0.08	3.94	0.73
安徽	25.90	0.07	22.40	0.01	0.36	1.63	0.50
福建	19.98	0.11	15.35		0.07	3.06	0.32
江西	20.64	0.06	18.44		0.03	1.36	0.12
山东	63.26	0.34	49.66	0.01	0.16	4.08	3.69
河南	40.19	0.12	34.40		0.50	2.82	0.77
湖北	37.46	0.12	29.67	0.02	0.43	2.47	1.36
湖南	31.24	0.05	27.90		0.23	2.10	0.53
广东	74.87	0.99	46.72	0.02	0.37	16.09	2.11
广西	22.07	0.31	17.96		0.13	2.05	0.61
海南	4.60	0.38	3.27			0.66	0.08
四川	60.88	0.20	49.78	0.02	0.46	4.73	1.88
贵州	13.74	0.01	11.66		0.07	0.91	0.24
云南	25.79	0.65	16.97		0.16	3.61	1.74
西藏	0.03		0.01				
陕西	24.12	0.01	20.52	0.01	0.42	1.31	0.49
甘肃	15.69	0.05	14.05		0.02	0.73	0.41
青海	2.90	0.10	2.18		0.04	0.24	0.13
宁夏	5.41	0.09	4.42		0.06	0.28	0.36
新疆	18.14	3.23	9.84	0.09	0.37	3.59	0.41
不分地区	4.01		2.41			1.59	

5-41 续表　　　　(1991年)　　　　单位：亿元

地　区	房地产管理、公用事业、居民服务和咨询服务业	卫生体育和社会福利事业	教育、文化艺术和广播电视事业	科学研究和综合技术服务事业	金融、保险业	国家机关、政党机关和社会团体	其他行业
全　国	**43.64**	**3.22**	**5.62**	**2.29**	**2.11**	**9.22**	**7.20**
北　京	3.88	0.21	0.50	0.42	0.07	1.13	0.35
天　津	3.22	0.06	0.17	0.15	0.10	0.37	1.11
河　北	0.01	0.02	0.08	0.01	0.03	0.38	0.02
山　西	0.82	0.03	0.02	0.01	0.01	0.08	
内蒙古	0.59	0.03	0.05	0.01	0.12	0.02	
辽　宁	2.45	0.20	0.09	0.14	0.09	0.30	0.14
吉　林	0.04		0.02	0.07	0.06	0.08	
黑龙江	0.11	0.02	0.04			0.07	0.05
上　海	11.35	0.19	0.72	0.34	0.03	1.33	4.26
江　苏	1.75	0.34	0.26	0.03	0.06	0.29	0.19
浙　江	0.60	0.03	0.10	0.01	0.02	0.13	
安　徽	0.03	0.05	0.34	0.18	0.02	0.02	0.29
福　建	0.25	0.09	0.06	0.01	0.03	0.62	0.01
江　西	0.34	0.01	0.07		0.04	0.15	0.01
山　东	3.41	0.27	0.57	0.10	0.15	0.50	0.32
河　南	1.01	0.08	0.15	0.13	0.10	0.09	0.02
湖　北	2.25	0.14	0.11	0.05	0.05	0.69	0.09
湖　南	0.25	0.06	0.03	0.04		0.04	
广　东	4.99	0.71	0.93	0.15	0.38	1.13	0.26
广　西	0.54	0.05	0.13	0.05	0.11	0.12	
海　南	0.03	0.09	0.02	0.01	0.01	0.03	
四　川	2.88	0.10	0.33	0.11	0.11	0.29	0.01
贵　州	0.19	0.02	0.06	0.06	0.04	0.47	
云　南	1.22	0.25	0.53	0.07	0.09	0.49	0.01
西　藏			0.01				
陕　西	1.06	0.05	0.04	0.11	0.01	0.08	
甘　肃	0.13	0.03	0.02	0.01	0.13	0.10	0.01
青　海	0.02		0.07	0.01	0.02	0.09	
宁　夏	0.08		0.02	0.01	0.02	0.06	
新　疆	0.13	0.08	0.09	0.01	0.21	0.06	0.03
不分地区							

5-42 各行业更新改造施工、投产项目个数和新增固定资产

(1991年)

行业	施工项目个数(个)	全部建成投产项目个数(个)	项目建成投产率(%)	投资额(亿元)	新增固定资产(亿元)	固定资产交付使用率(%)
全国总计	64 574	36 770	56.9	1 023.23	858.30	83.9
一、农、林、牧、渔、水利业	2 045	1 629	79.7	16.33	15.02	92.0
1.农业	1 257	1 071	85.2	7.71	6.59	85.5
2.林业	148	127	85.8	0.75	0.59	78.7
3.畜牧业	195	144	73.8	1.35	1.14	84.4
4.渔业	90	52	57.8	2.83	2.73	96.5
5.水利业	176	110	62.5	3.02	3.45	114.2
6.农、林、牧、渔、水利服务业	179	125	69.8	0.67	0.51	76.1
二、工业	44 479	24 089	54.2	783.23	657.05	83.9
1.煤炭采选业	2 801	1 300	46.4	52.11	41.49	79.6
2.石油和天然气开采业	149	60	40.3	19.47	19.46	99.9
3.黑色金属矿采选业	181	98	54.1	3.72	3.08	82.8
4.有色金属矿采选业	769	395	51.4	9.49	5.87	61.9
5.建筑材料及其他非金属矿采选业	220	110	50.0	2.35	1.37	58.3
6.采盐业	178	95	53.4	4.32	3.21	74.3
7.其他矿采选业	3	1	33.3	0.01		
8.木材及竹材采运业	129	78	60.5	1.50	1.42	94.7
9.自来水生产和供应业	540	340	63.0	6.16	5.78	93.8
10.食品制造业	3 236	2 074	64.1	37.82	32.69	86.4
11.饮料制造业	1 297	760	58.6	19.32	18.83	97.5
12.烟草加工业	462	187	40.5	26.12	22.96	87.9
13.饲料工业	274	159	58.0	2.47	2.08	84.2
14.纺织业	3 189	1 776	55.7	62.71	63.77	101.7
15.缝纫业	169	96	56.8	1.63	1.07	65.6
16.皮革、毛皮及其制品业	209	115	55.0	2.59	2.64	101.9
17.木材加工及竹、藤、棕、草制品业	204	99	48.5	1.84	2.17	117.9
18.家具制造业	40	22	55.0	0.26	0.15	57.7
19.造纸及纸制品业	950	539	56.7	22.97	19.32	84.1
20.印刷业	545	328	60.2	6.40	5.58	87.2
21.文教体育用品制造业	104	50	48.1	1.41	1.06	75.2
22.工艺美术品制造业	75	46	61.3	0.76	0.43	56.6
23.电力、蒸汽、热水生产和供应业	3 587	2 452	68.4	32.43	28.97	89.3
24.石油加工业	1 026	708	69.0	22.73	17.28	76.0
25.炼焦、煤气及煤制品业	366	209	57.1	9.86	5.29	53.7
26.化学工业	4 863	2 770	57.0	90.39	70.21	77.7
27.医药工业	1 674	662	39.5	19.11	15.72	82.3
28.化学纤维工业	378	224	59.3	15.39	11.55	75.0
29.橡胶制品业	495	264	53.3	10.94	8.86	81.0
30.塑料制品业	307	191	62.2	4.26	4.12	96.7
31.建筑材料及其他非金属矿物制品业	2 707	1 484	54.8	37.43	30.56	81.6

5-42 续表 (1991年)

行业	施工项目个数（个）	全部建成投产项目个数（个）	项目建成投产率（%）	投资额（亿元）	新增固定资产（亿元）	固定资产交付使用率（%）
32.黑色金属冶炼及压延加工业	2 540	1 574	62.0	73.06	64.43	88.2
33.有色金属冶炼及压延加工业	1 058	556	52.6	18.72	12.80	68.4
34.金属制品业	615	324	52.7	7.06	5.45	77.2
35.机械工业	4 839	2 096	43.3	71.93	57.54	80.0
36.交通运输设备制造业	1 778	800	45.0	37.09	31.30	84.4
37.电气机械及器材制造业	1 143	472	41.3	19.38	16.25	83.8
38.电子及通信设备制造业	895	335	37.4	22.99	18.54	80.6
39.仪器仪表及其他计量器具制造业	380	173	45.5	4.23	3.02	71.4
40.其他工业	104	67	64.4	0.85	0.73	85.9
三、地质普查和勘探业	**17**	**9**	**52.9**	**0.37**	**0.34**	**91.9**
四、建 筑 业	**701**	**363**	**51.8**	**8.51**	**8.05**	**94.6**
五、交通运输、邮电通讯业	**6 962**	**4 476**	**64.3**	**112.25**	**97.11**	**86.5**
1.交通运输业	5 018	3 191	63.6	65.21	57.94	88.9
2.邮电通讯业	1 944	1 285	66.1	47.04	39.17	83.3
六、商业、公共饮食业、物资供销和仓储业	**4 070**	**2 424**	**59.6**	**29.26**	**22.49**	**76.9**
1.商 业	3 329	1 958	58.8	23.67	17.77	75.1
2.公共饮食业	94	56	59.6	0.67	0.45	67.2
3.物资供销业	445	273	61.3	3.49	3.11	89.1
4.仓 储 业	202	137	67.8	1.43	1.17	81.8
七、房地产管理、公用事业、居民服务	**2 509**	**1 456**	**58.0**	**43.64**	**34.00**	**77.9**
1.房地产管理业	611	317	51.9	8.90	7.97	89.6
2.公用事业	1 619	980	60.5	30.83	22.59	73.3
3.居民服务业	279	159	57.0	3.91	3.44	88.0
八、卫生、体育和社会福利事业	**563**	**337**	**59.9**	**3.22**	**2.86**	**88.8**
1.卫生事业	517	318	61.5	2.85	2.64	92.6
2.体育事业	28	11	39.3	0.28	0.13	46.4
3.社会福利事业	18	8	44.4	0.09	0.09	100.0
九、教育、文化艺术和广播电视事业	**969**	**660**	**68.1**	**5.62**	**4.96**	**88.3**
1.教育事业	764	551	72.1	3.61	3.29	91.1
2.文化艺术事业	176	95	54.0	1.68	1.55	92.3
3.广播电视事业	29	14	48.3	0.33	0.13	39.4
十、科学研究和综合技术服务事业	**251**	**118**	**47.0**	**2.29**	**1.50**	**65.5**
1.科学研究事业	198	89	44.9	2.03	1.31	64.5
2.综合技术服务事业	53	29	54.7	0.26	0.19	73.1
十一、金融、保险业	**495**	**291**	**58.8**	**2.11**	**1.85**	**87.7**
1.金 融 业	460	269	58.5	1.95	1.73	88.7
2.保 险 业	35	22	62.9	0.15	0.11	73.3
十二、国家机关、政党机关和社会团体	**1 198**	**750**	**62.6**	**9.22**	**7.12**	**77.2**
十三、其他行业	**315**	**168**	**53.3**	**7.20**	**5.95**	**82.6**

5-43 各地区更新改造项目个数、投资和新增固定资产

（1991年）

地　　区	施工项目个数（个）	全部建成投产项目个数（个）	项目建成投产率（%）	投资额（亿元）	新增固定资产（亿元）	固定资产交付使用率（%）
全　　国	**64 574**	**36 770**	**56.9**	**1 023.23**	**858.30**	**83.9**
北　　京	2 255	1 289	57.2	47.35	39.62	83.7
天　　津	1 657	1 021	61.6	32.71	22.54	68.9
河　　北	2 363	1 418	60.0	46.60	42.01	90.2
山　　西	1 625	890	54.8	30.36	24.28	80.0
内 蒙 古	1 504	904	60.1	18.15	15.21	83.8
辽　　宁	4 325	2 759	63.8	88.19	75.03	85.1
吉　　林	899	489	54.4	25.40	19.90	78.3
黑 龙 江	1 650	1 115	67.6	39.20	33.90	86.5
上　　海	4 694	2 677	57.0	95.21	75.93	79.8
江　　苏	3 905	2 356	60.3	58.92	47.75	81.0
浙　　江	2 835	1 566	55.2	30.22	26.50	87.7
安　　徽	1 612	786	48.8	25.90	22.03	85.1
福　　建	1 779	991	55.7	19.98	17.29	86.5
江　　西	1 991	1 057	53.1	20.64	15.28	74.0
山　　东	3 262	1 887	57.8	63.26	54.00	85.4
河　　南	2 192	1 339	61.1	40.19	39.02	97.1
湖　　北	2 521	1 398	55.5	37.46	37.64	100.5
湖　　南	1 736	897	51.7	31.24	26.28	84.1
广　　东	3 999	2 179	54.5	74.87	64.86	86.6
广　　西	2 070	1 217	58.8	22.07	20.14	91.3
海　　南	340	254	74.7	4.60	5.88	127.8
四　　川	4 606	2 254	48.9	60.88	44.10	72.4
贵　　州	1 357	613	45.2	13.74	11.19	81.4
云　　南	2 715	1 608	59.2	25.79	20.37	79.0
西　　藏	2	2	100.0	0.03	0.03	100.0
陕　　西	1 872	939	50.2	24.12	19.33	80.1
甘　　肃	1 680	655	39.0	15.69	9.09	57.9
青　　海	323	190	58.8	2.90	1.66	57.2
宁　　夏	531	347	65.3	5.41	4.08	75.4
新　　疆	2 261	1 671	73.9	18.14	17.58	96.9
不分地区	13	2	15.4	4.01	5.79	144.4

5-44 更新改造限额以上项目个数、投资和新增固定资产

(1991年)

项　　　　　目	施　工 项　目 (个)	全部建 成投产 项　目 (个)	项目建 成投产 率 (%)	投资额 (亿元)	新　增 固　定 资　产 (亿元)	固定资 产交付 使用率 (%)
全　国　总　计	645	166	25.7	157.84	134.24	85.0
一、按隶属关系分						
中　央	121	27	22.3	34.48	28.49	82.6
地　方	524	139	26.5	123.37	105.75	85.7
二、按建设性质分						
#新　建	40	11	27.5	9.53	9.44	99.1
扩　建	394	105	26.6	97.69	79.12	81.0
改　建	189	49	25.9	47.41	44.23	93.3
迁　建	22	1	4.5	3.22	1.46	45.3
恢　复						
三、按国民经济行业分						
农、林、牧、渔、水利业	2			0.13	0.09	69.2
工　业	597	154	25.8	143.81	121.69	84.6
地质普查和勘探业						
建筑业						
交通运输、邮电通讯业	37	10	27.0	11.39	11.07	97.2
商业、公共饮食业、物资供销和仓储业	1			0.15		
房地产管理、公用事业、居民服务和咨询服务业	7	2	28.6	2.20	1.40	63.6
卫生、体育和社会福利事业						
教育、文化艺术和广播电视事业	1			0.16		
科学研究和综合技术服务事业						
金融、保险业						
国家机关、政党机关和社会团体						
其他行业						

5-45 各地区更新改造限额以上项目个数、投资和新增固定资产

（1991年）

地区	施工项目个数（个）	全部建成投产项目个数(个)	项目建成投产率（%）	投资额（亿元）	新增固定资产（亿元）	固定资产交付使用率（%）
全国	**645**	**166**	**25.7**	**157.84**	**134.24**	**85.0**
北京	33	8	24.2	9.55	8.71	91.2
天津	24	3	12.5	5.68	1.18	20.8
河北	28	11	39.3	9.05	7.93	87.6
山西	10	3	30.0	2.04	1.02	50.0
内蒙古	12	2	16.7	1.70	1.20	70.6
辽宁	78	19	24.4	18.65	14.79	79.3
吉林	24	6	25.0	7.10	3.99	56.2
黑龙江	40	15	37.5	6.88	7.47	108.6
上海	70	18	25.7	19.58	11.86	60.6
江苏	24	5	20.8	7.17	3.06	42.7
浙江	18	5	27.8	3.10	4.53	146.1
安徽	15	4	26.7	2.09	1.81	86.6
福建	10	4	40.0	2.14	1.94	90.7
江西	4			0.34	0.64	188.2
山东	14	8	57.1	2.66	3.64	136.8
河南	24	8	33.3	5.76	8.27	143.6
湖北	20	5	25.0	5.69	13.56	238.3
湖南	22	1	4.5	3.59	3.32	92.5
广东	60	19	31.7	15.12	12.97	85.8
广西	14	5	35.7	3.58	3.53	98.6
海南	3	1	33.3	0.73	2.18	298.6
四川	33	3	9.1	7.92	3.94	49.7
贵州	8	2	25.0	1.31	0.75	57.3
云南	14	3	21.4	5.95	3.32	55.8
西藏						
陕西	21	3	14.3	3.42	1.71	50.0
甘肃	9	4	44.4	2.92	0.78	26.7
青海						
宁夏	1			0.01	0.01	100.0
新疆	3			0.27	0.40	148.1
不分地区	9	1	11.1	3.85	5.76	149.6

5-46 大中型工业企业更新改造项目个数、投资和新增固定资产

（1991年）

行业	企业个数（个）	施工项目个数（个）	全部建成投产项目个数（个）	项目建成投产率（%）	投资额		新增固定资产（亿元）	固定资产交付使用率（%）
					绝对数（亿元）	比重（以全国总计为100）		
全国总计	7 198	24 234	12 742	52.6	560.82	100.0	472.64	84.3
一、工业合计	7 189	24 226	12 740	52.6	559.17	99.7	470.14	84.1
1. 煤炭采选业	99	1 908	927	48.6	44.28	7.9	35.50	80.2
2. 石油和天然气开采业	23	147	60	40.8	19.43	3.5	19.46	100.2
3. 黑色金属矿采选业	16	107	56	52.3	3.12	0.6	2.60	83.3
4. 有色金属矿采选业	76	485	241	49.7	6.30	1.1	3.89	61.7
5. 建筑材料及其他非金属矿采选业	19	33	16	48.5	0.69	0.1	0.31	44.9
6. 采盐业	30	106	52	49.1	2.80	0.5	2.29	81.8
8. 木材及竹材采运业	28	53	26	49.1	0.96	0.2	0.92	95.8
9. 自来水生产和供应业	45	199	124	62.3	3.00	0.5	2.80	93.3
10. 食品制造业	398	702	416	59.3	17.76	3.2	16.06	90.4
11. 饮料制造业	201	421	236	56.1	11.62	2.1	12.61	108.5
12. 烟草加工业	95	293	108	36.9	21.97	3.9	19.33	88.0
13. 饲料工业	5	4	2	50.0	0.11	…	0.16	145.5
14. 纺织业	819	1 823	980	53.8	40.83	7.3	42.07	103.0
15. 缝纫业	25	28	22	78.6	0.31	0.1	0.30	96.8
16. 皮革、毛皮及其制品业	31	35	10	28.6	1.17	0.2	1.37	117.1
17. 木材加工及竹、藤、棕、草制品业	31	73	22	30.1	0.72	0.1	1.37	190.3
18. 家具制造业	5	7	5	71.4	0.05	…	0.04	80.0
19. 造纸及纸制品业	201	397	197	49.6	15.15	2.7	11.37	75.0
20. 印刷业	67	101	53	52.5	2.37	0.4	2.08	87.8
21. 文教体育用品制造业	21	24	5	20.8	0.67	0.1	0.47	70.1
22. 工艺美术品制造业	10	13	8	61.5	0.20	…	0.05	25.0
23. 电力、蒸汽、热水生产和供应业	312	2 448	1 732	70.8	20.99	3.7	18.55	88.4
24. 石油加工业	46	976	681	69.8	20.12	3.6	15.17	75.4
25. 炼焦、煤气及煤制品业	43	140	79	56.4	3.91	0.7	1.50	38.4
26. 化学工业	715	2 445	1 407	57.5	57.56	10.3	41.94	72.9
27. 医药工业	196	948	278	29.3	10.41	1.9	9.12	87.6
28. 化学纤维工业	87	233	132	56.7	11.68	2.1	8.99	77.0
29. 橡胶制品业	137	333	174	52.3	9.71	1.7	7.90	81.4
30. 塑料制品业	60	96	54	56.3	2.29	0.4	2.04	89.1
31. 建筑材料及其他非金属矿物制品业	409	885	449	50.7	20.47	3.7	16.75	81.8
32. 黑色金属冶炼及压延加工业	179	2 203	1 377	62.5	67.61	12.1	59.58	88.1
33. 有色金属冶炼及压延加工业	126	816	417	51.1	16.61	3.0	10.71	64.5
34. 金属制品业	141	238	117	49.2	4.27	0.8	3.21	75.2
35. 机械工业	1 352	2 773	1 155	41.7	53.33	9.5	43.23	81.1
36. 交通运输设备制造业	368	1 227	538	43.8	31.96	5.7	27.17	85.0
37. 电气机械及器材制造业	315	622	238	38.3	12.89	2.3	11.60	90.0
38. 电子及通信设备制造业	315	627	226	36.0	18.35	3.3	15.17	82.7
39. 仪器仪表及其他计量器具制造业	135	232	106	45.7	3.23	0.6	2.20	68.1
40. 其他工业	8	25	14	56.0	0.26	…	0.25	96.2
二、非工业行业合计	9	8	2	25.0	1.65	0.3	2.50	151.5

5-47 各地区大中型工业企业更新改造项目个数、投资和新增固定资产

（1991年）

地　区	企业个数（个）	施工项目个数（个）	全部建成投产项目个数（个）	项目建成投产率（%）	投资额 绝对数（亿元）	投资额 比重（以全国总计为100）	新增固定资产（亿元）	固定资产交付使用率（%）
全　国	7 198	24 234	12 742	52.6	560.82	100.0	472.64	84.3
北　京	306	1 158	650	56.1	26.00	4.6	22.64	87.1
天　津	254	813	470	57.8	18.28	3.3	10.84	59.3
河　北	336	1 199	685	57.1	29.21	5.2	27.57	94.4
山　西	145	725	361	49.8	21.13	3.8	17.06	80.7
内蒙古	117	398	246	61.8	8.81	1.6	7.55	85.7
辽　宁	586	2 648	1 635	61.7	61.82	11.0	54.75	88.6
吉　林	147	361	177	49.0	16.09	2.9	12.29	76.4
黑龙江	204	551	306	55.5	24.47	4.4	20.98	85.7
上　海	601	2 284	1 329	58.2	45.53	8.1	36.30	79.7
江　苏	584	1 580	872	55.2	32.76	5.8	26.90	82.1
浙　江	280	802	410	51.1	13.09	2.3	10.83	82.7
安　徽	268	617	281	45.5	15.72	2.8	13.12	83.5
福　建	119	304	143	47.0	7.19	1.3	6.09	84.7
江　西	156	748	409	54.7	10.18	1.8	7.41	72.8
山　东	520	1 172	658	56.1	33.16	5.9	30.59	92.2
河　南	238	687	353	51.4	22.20	4.0	21.79	98.2
湖　北	227	740	367	49.6	19.54	3.5	22.82	116.8
湖　南	218	593	257	43.3	17.35	3.1	14.58	84.0
广　东	412	931	462	49.6	30.60	5.5	25.74	84.1
广　西	177	500	275	55.0	11.33	2.0	10.37	91.5
海　南	31	66	42	63.6	2.46	0.4	2.80	113.8
四　川	497	1 584	705	44.5	34.60	6.2	23.15	66.9
贵　州	136	710	278	39.2	8.23	1.5	6.41	77.9
云　南	176	604	323	53.5	12.31	2.2	8.54	69.4
西　藏								
陕　西	226	797	356	44.7	13.82	2.5	10.95	79.2
甘　肃	79	938	287	30.6	9.96	1.8	5.46	54.8
青　海	27	62	24	38.7	1.54	0.3	0.74	48.1
宁　夏	37	239	148	61.9	2.54	0.5	1.83	72.0
新　疆	85	415	233	56.1	7.03	1.3	7.50	106.7
不分地区	9	8			3.88	0.7	5.01	129.1

5-48 更新改造新增主要产品生产能力

能力名称	计算单位	1985年	1987年	1988年	1989年	1990年	1991年
铁矿开采	万吨/年	65.00	305.20	118.00	191.00	494.00	75.00
铁选矿：1.处理原矿	万吨/年	58.00	87.56	100.00	494.00	33.00	36.00
2.精矿粉	万吨/年	84.50	31.75	0.90	41.35	16.70	9.45
铁矿烧结	万吨/年	76.50	160.00	90.00	851.55	401.10	336.33
炼焦	万吨/年	26.33	101.79	113.20	80.36	114.10	74.16
炼铁	万吨/年	114.61	153.83	98.80	162.13	115.94	354.45
炼钢	万吨/年	213.32	501.20	160.10	199.57	148.78	123.73
初轧	万吨/年	63.43	91.40	135.00	61.95	95.50	58.35
一次精轧	万吨/年	72.66	155.51	221.70	149.02		
二次精轧	万吨/年	29.10	116.45	40.40	142.52		
电炉铁合金	万吨/年	5.36	15.66	15.64	7.36	13.28	9.90
铜选矿：处理原矿	万吨/年	1.80	2.90	117.00	3.30	172.65	37.10
铜精矿	吨/年	312	2 804	9 299		80 294	26 408
精矿含铜	吨/年	50	322	1 756		11 348	2 962
煤炭开采	万吨/年	416.34	344.61	273.80	295.40	340.72	164.20
天然石油开采	万吨/年	9.88	85.69	163.70	61.00	91.07	3.90
硫酸	万吨/年	8.63	51.56	187.48	124.45	61.13	46.95
纯碱	万吨/年	12.91	5.85	16.00	13.11	11.63	10.20
烧碱	万吨/年	7.74	24.53	37.38	32.92	27.19	21.36
合成氨	万吨/年	41.60	59.00	109.36	103.79	148.79	118.37
化肥	万吨/年	25.66	34.31	66.10	44.10	127.33	155.93
乙烯	吨/年	31 880	27 121	7 990	23 980	1 200	1 400
塑料	吨/年	43 146	57 879	79 139	44 547	65 975	33 966
轮胎：内胎	万条/年		623.48	292.10	163.80	114.70	111.00
外胎	万条/年		631.38	1 123.80	414.32	213.80	424.35
发电机组容量	万千瓦	16.53	45.00	62.20	44.45	109.47	82.39
#火电	万千瓦	4.19	5.32	6.10	5.04	15.25	51.28
水电	万千瓦	7.89	32.98	42.00	26.56	76.08	16.61
余热发电	万千瓦	4.45	5.15	11.30	10.75	13.91	13.75
汽车制造	辆/年	41 089	65 161	115 930	60 343	77 530	105 108
#载重汽车制造	辆/年	6 765	30 700	53 933	16 654	15 400	41 096
拖拉机制造	混合台/年	23 914	23 839	47 926	13 150	14 050	26 000
手扶拖拉机制造	混合台/年	44 802	10 102	43 051	20 205	47 000	68 500
蒸汽锅炉	台/年	614	1 083	253	345	150	157
蒸汽锅炉蒸发量	小时吨/年	36 762	130 819	2 335	238 818	300	3 438
电动机	万千瓦/年	344.23	252.50	260.00	328.52	419.50	788.58
金属切削机床制造	台/年	1 409	5 692	4 854	8 834	13 221	15 636
金属切削机床制造	吨/年	3 123	6 518	9 234	10 573	64 741	32 891
重型机械制造	吨/年	4 086	16 953	15 022	9 101	76 124	84 566
民用船舶制造	吨/年	12 900	49 876	5 035	8 340	537	59 300
民用船舶制造	艘/年	58	37	6	52	7	74
胶合板	万立方米/年	4.84	3.58	6.80	5.69	5.86	460.94
水泥	万吨/年	957.01	1 209.41	1 209.50	961.57	793.51	686.73
化学纤维	吨/年	43 975	80 587	62 945	58 545	46 702	69 487

5-48 续表

能力名称	计算单位	1985年	1987年	1988年	1989年	1990年	1991年
棉纺锭	万锭	41.16	82.44	146.63	115.13	116.45	278.39
棉布织机	台	16 178	14 796	17 617	10 026	14 545	9 803
印染布	万米/年	48 969	44 572	42 172	36 469	36 420	43 260
毛纺锭	锭	46 023	98 536	84 432	54 229	37 526	39 904
机制糖(年生产)	万吨	36.40	17.60	23.10	20.36	30.20	78.85
机制糖(日处理原料)	吨	38 586	17 520	22 708	19 279	24 370	42 121
卷烟	万箱/年	164.29	234.69	318.90	252.50	429.11	329.22
酒	万吨/年	91.08	165.32	134.66	55.73	69.64	91.77
糖果	吨/年	60 360	76 864	48 112	22 538	16 241	15 218
奶粉	吨/年	14 699	12 257	6 040	25 706	6 940	8 425
原盐	万吨/年	5.04	40.30	88.90	54.38	61.09	151.34
机制纸及纸板	万吨/年	33.63	55.11	61.64	34.15	51.28	63.65
肥皂	万箱/年	4.37	6.86	5.11	1.79	7.91	1.11
合成洗涤剂	万吨/年	8.81	3.40	17.66	19.00	11.01	8.27
制革	万张/年	473.03	245.50	648.50	519.00	265.83	115.25
皮鞋	万双/年	324.30	519.90	1 012.50	796.50	319.50	707.23
日用搪瓷	万件/年	331.00	533.78	195.00	2 278.40	158.10	1 300.00
日用陶瓷	万件/年	7 655	19 358	24 304	19 107	14 091	32 586
热水瓶	万个/年	1 410	350	2 187	795	664	1 889
灯泡	万只/年	8 639	6 199	3 488	8 863	15 822	20 786
自行车	万辆/年	134.00	269.00	271.00	165.07	77.30	67.00
缝纫机	万架/年	26.40	29.90	8.20	4.12	10.63	4.35
手表	万只/年	838.00	194.00	114.00	244.00	281.50	376.50
电冰箱	万台/年	21.30	80.20	114.66	49.08	77.50	8.10
电视机	万台/年	414.02	125.55	268.12	134.47	180.70	0.12
录音机	万台/年	304.68	90.59	147.62	43.70	189.02	0.22
洗衣机	万台/年	22.00	25.17	59.60	50.00		
新建铁路交付营业里程	公里	11.30	2.80	42.60	0.60	14.84	26.63
新(扩)建港口码头	年吞吐量万吨	352.40	563.00	473.20	405.30	390.00	350.00
新(扩)建港口码头	泊位:个	18	29	28	31	52	24
新建公路	公里	345.50	175.90	366.90	276.26	187.32	88.45
改建公路	公里	1 283.10	1 207.60	891.00	996.73	881.89	859.52
市内电话交换机	万门	26.12	67.77	67.53	91.93	115.17	157.84
商业石油库	万立方米	20.78	13.10	8.60	14.33	20.24	18.23
物资储备石油库	万立方米	5.79	1.26	2.30	3.46	15.26	4.45
商业冷藏库	万吨	4.40	3.60	7.00	3.77	3.26	3.15
粮食仓库	万平方米	12.99	13.02	15.39	9.36	24.35	26.73
粮食仓库	万公斤	30 104	26 846	38 317	21 246	77 693	73 767
商业饮食服务网点	处	984	3 084	1 760	1 741	956	1 110
商业饮食服务网点	万平方米	73.80	138.44	179.41	139.75	126.80	94.12
大专院校学生席位	个	2 750	7 710	3 133	2 590	400	1 050
医院病床床位	张	4 498	10 194	10 464	8 918	7 685	9 526
自来水供水能力	万吨/日	89.99	185.48	150.40	176.98	245.83	143.80

5-49 更新改造施工和竣工房屋建筑面积

单位：万平方米

房屋用途	施工房屋面积			竣工房屋面积		
	1985年	1990年	1991年	1985年	1990年	1991年
全国总计	8 784.45	9 179.22	9 270.12	4 596.04	4 738.65	4 793.31
厂房	3 711.65	3 398.55	3 463.24	1 750.77	1 668.12	1 724.91
仓房	686.40	580.37	616.60	400.68	335.07	360.46
商业营业用房	271.07	291.00	315.11	117.61	152.68	145.65
服务业用房	174.54	130.81	141.75	80.24	77.10	75.36
办公室	382.00	271.27	282.21	221.32	150.53	156.68
家属宿舍	2 194.74	3 193.51	3 076.79	1 268.17	1 654.13	1 568.94
集体宿舍	252.82	192.97	229.46	165.84	117.57	125.41
教育用房	232.91	200.36	215.50	129.47	110.30	124.27
文化体育用房	78.77	50.05	60.36	38.28	26.40	33.46
医疗用房	103.36	119.66	113.57	47.69	55.58	58.52
科学实验研究用房	108.49	71.38	66.92	46.32	34.07	34.70
其他用房	587.69	679.29	688.60	329.62	357.07	384.96
#业务用房	137.95	252.35	251.53	70.46	122.05	129.20

注：1990年和1991年施工及竣工房屋面积中不包括商品房购置面积。

5-50 其他固定资产投资

指标	1985年	1987年	1988年	1989年	1990年	1991年
一、投资额（亿元）	157.00	196.30	207.90	194.97	199.07	238.64
1、按工程分						
油田维护及开发工程	93.33	110.62	107.26	135.00	130.71	166.88
开拓延伸工程	10.89	16.14	15.83	12.69	14.07	14.41
用公路养路费改建公路工程	11.34	26.03	29.76	44.52	49.00	45.31
用简易建筑费建造的仓库工程	3.03	3.16	2.54	2.75	5.29	12.04
零星固定资产投资	38.33	40.36	52.51			
2、按构成分						
建筑安装工程	108.45	148.48	158.25	154.36	162.77	187.54
设备、工具、器具购置	42.89	39.22	39.69	27.39	22.73	35.26
其他费用	5.66	8.61	9.95	13.21	13.56	15.84
3、按用途分						
生产性建设	132.40	168.09	171.46	189.33	192.27	229.80
非生产性建设	24.60	28.22	36.44	5.63	6.80	8.84
#住宅	8.07	10.64	15.25	1.34	1.85	2.91
二、房屋建筑面积（万平方米）						
施工面积	522.78	430.78	522.78	400.34	446.78	665.08
竣工面积	366.15	301.27	366.15	266.40	301.43	497.82
#住宅	107.24	63.95	107.28	53.49	65.70	85.91

注：1. 1985年投资中包括用育林基金安排的投资0.08亿元。

2. 从1989年开始其他固定资产投资中不含零星固定资产投资。

5-51 城镇集体所有制单位固定资产投资

指　　标	1985年	1987年	1988年	1989年	1990年	1991年
一、投资总额(亿元)	128.23	181.30	254.97	185.63	163.38	203.83
按资金来源分						
国家预算内投资	4.80	3.39	4.81	2.91	2.23	1.97
国内贷款	59.14	82.01	111.59	60.80	57.42	83.15
利用外资	2.92	7.02	11.33	16.74	12.26	13.66
自筹和其他投资	61.37	88.87	127.24	105.18	91.48	105.04
按构成分						
建筑安装工程	71.28	99.68	136.76	102.91	84.81	106.51
设备、工具、器具购置	51.20	71.77	104.57	72.27	69.18	84.84
其他费用	5.75	9.85	13.65	10.45	9.39	12.48
按用途分						
生产性建设	96.53	142.57	209.69	151.11	132.35	165.37
非生产性建设	31.70	38.73	45.28	34.52	31.03	38.46
#住宅	16.91	21.28	26.23	21.05	17.81	20.97
二、新增固定资产(亿元)	92.05	144.19	200.72	173.88	164.38	172.74
三、项目个数(个)						
施工项目	31 911	24 429	30 158	14 333	20 348	25 157
全部建成投产项目	19 631	7 176	6 447	8 535	12 057	15 098
四、房屋建筑面积(万平方米)						
施工面积	5 087.1	5 311.7	5 854.0	4 323.4	3 357.9	3 828.5
#住宅	1 606.9	1 516.9	1 528.4	1 257.0	1 085.8	1 110.4
竣工面积	2 746.3	2 959.4	3 303.9	2 477.7	1 970.5	2 112.8
#住宅	896.6	883.6	900.9	701.8	636.2	639.0

注：房屋建筑面积中不包括商品房购置面积。

5-52 城镇集体所有制单位各行业固定资产投资和新增固定资产

(1991年)

单位：亿元

行　　业	投资额	新增固定资产	固定资产交付使用率(%)
全国总计	203.83	172.74	84.7
农、林、牧、渔、水利业	1.84	1.90	103.3
工　业	149.64	129.75	86.7
地质普查和勘探业	0.01		
建筑业	2.73	2.14	78.4
交通运输、邮电通讯业	7.80	7.11	91.2
商业、公共饮食业、物资供销和仓储业	21.74	17.03	78.3
房地产管理、公用事业、居民服务和咨询服务业	4.74	2.12	44.7
卫生、体育和社会福利事业	2.11	1.89	89.6
教育、文化艺术和广播电视事业	2.05	1.58	77.1
科学研究和综合技术服务事业	0.22	0.14	63.6
金融、保险业	3.01	2.50	83.1
国家机关、政党机关和社会团体	4.27	3.63	85.0
其他行业	3.68	2.95	80.2

5-53 各地区城镇集体所有制单位按用途、构成分的固定资产投资和房屋建筑面积

(1991年)

地区	合计	按用途分(亿元)			按构成分(亿元)			房屋建筑面积(万平方米)			
		生产性建设	非生产性建设	#住宅	建筑安装工程	设备工具器具购置	其他费用	施工面积	#住宅	竣工面积	#住宅
全国	203.83	165.37	38.46	20.97	106.51	84.84	12.48	3 828.53	1 110.36	2 112.81	639.00
北京	5.24	2.94	2.31	1.38	3.66	1.11	0.48	132.42	67.01	56.93	31.00
天津	1.34	1.20	0.14	0.07	0.37	0.94	0.03	11.85	2.83	7.26	1.27
河北	8.03	7.05	0.98	0.54	3.72	3.80	0.52	122.51	29.20	66.27	13.55
山西	3.06	2.08	0.98	0.68	1.82	1.09	0.15	78.58	40.90	42.58	24.72
内蒙古	1.98	1.76	0.22	0.14	1.11	0.72	0.14	35.99	6.59	19.64	3.88
辽宁	9.03	7.87	1.16	0.60	4.30	4.05	0.68	133.59	36.93	70.12	16.10
吉林	2.69	2.13	0.56	0.42	1.42	1.11	0.16	40.43	14.76	20.46	7.77
黑龙江	1.96	1.32	0.64	0.43	1.32	0.56	0.08	33.15	12.21	23.24	7.75
上海	4.20	3.38	0.82	0.37	2.25	1.62	0.33	83.92	22.79	43.19	9.60
江苏	27.46	23.05	4.41	2.15	13.10	13.15	1.21	431.72	103.57	255.15	70.27
浙江	20.00	17.28	2.72	1.17	8.81	9.93	1.26	321.50	60.42	182.52	37.00
安徽	4.40	3.90	0.50	0.30	1.83	2.25	0.32	84.66	20.40	48.98	11.40
福建	3.81	2.93	0.89	0.49	2.54	1.07	0.20	108.13	24.21	68.95	16.11
江西	2.33	1.94	0.39	0.19	1.14	1.10	0.09	55.98	12.45	39.30	8.11
山东	25.12	21.92	3.20	1.92	12.34	11.46	1.32	354.39	96.78	198.74	57.94
河南	7.55	6.49	1.06	0.57	3.89	3.13	0.53	125.01	27.66	81.20	20.03
湖北	8.35	6.91	1.44	1.05	4.03	3.91	0.41	193.75	75.58	100.21	42.23
湖南	6.70	4.43	2.27	1.19	4.09	2.20	0.40	176.66	64.88	113.99	40.05
广东	33.35	26.56	6.79	3.45	18.87	12.56	1.92	628.65	166.61	308.06	89.38
广西	3.35	2.68	0.67	0.38	2.10	1.05	0.20	80.62	20.21	46.13	11.93
海南	0.69	0.38	0.31	0.11	0.44	0.17	0.08	13.33	4.02	7.18	2.53
四川	9.95	7.46	2.49	1.78	5.55	3.64	0.75	292.31	115.54	158.04	66.74
贵州	0.87	0.67	0.21	0.09	0.55	0.22	0.10	27.49	7.33	15.56	3.79
云南	5.41	4.17	1.24	0.56	3.29	1.68	0.43	111.25	31.04	51.57	18.07
陕西	2.12	1.16	0.96	0.19	0.95	0.97	0.19	36.98	10.04	19.09	6.15
甘肃	1.19	0.80	0.39	0.30	0.79	0.36	0.04	36.11	16.66	22.25	9.15
青海	0.18	0.14	0.04	0.02	0.13	0.05	0.01	3.90	0.83	1.90	0.53
宁夏	0.76	0.63	0.14	0.09	0.39	0.29	0.08	15.50	4.98	9.22	3.03
新疆	2.69	2.14	0.55	0.32	1.71	0.64	0.34	58.14	13.94	35.07	8.95

5-54 各地区城镇集体所有制单位按行业分的固定资产投资

（1991年）

单位：亿元

地区	合计	农、林、牧、渔、水利业	工业	地质普查和勘探业	建筑业	交通运输邮电通讯业	商业、公共饮食业、物资供销和仓储业
全国	203.83	1.84	149.64	0.01	2.73	7.80	21.74
北京	5.24	0.08	2.86		0.02	0.14	1.12
天津	1.34		0.87			0.29	0.09
河北	8.03	0.04	6.36		0.12	0.18	0.65
山西	3.06	0.02	2.16		0.03	0.14	0.45
内蒙古	1.98	0.01	1.50		0.04	0.05	0.30
辽宁	9.03	0.04	7.47		0.41	0.08	0.52
吉林	2.69	0.02	2.08		0.04		0.37
黑龙江	1.96	0.03	1.31		0.06	0.06	0.41
上海	4.20		2.68		0.01	0.14	0.67
江苏	27.46	0.17	20.98		0.39	1.38	2.28
浙江	20.00	0.16	14.83		0.25	0.89	2.36
安徽	4.40		3.59		0.02	0.29	0.28
福建	3.81	0.04	2.37		0.07	0.24	0.46
江西	2.33	0.01	1.93		0.02	0.01	0.22
山东	25.12	0.41	20.48		0.18	0.34	2.20
河南	7.55	0.05	6.26		0.07	0.07	0.72
湖北	8.35	0.19	6.47		0.07	0.16	1.07
湖南	6.70	0.07	3.85		0.12	0.17	1.51
广东	33.35	0.29	23.77		0.39	2.46	1.24
广西	3.35	0.04	2.21		0.02	0.08	0.49
海南	0.69	0.03	0.35		0.03		0.13
四川	9.95	0.07	6.55		0.19	0.49	1.98
贵州	0.87		0.56		0.01	0.01	0.17
云南	5.41	0.04	3.87		0.05	0.01	0.82
陕西	2.12		0.97		0.01	0.02	0.32
甘肃	1.19		0.66		0.02	0.01	0.29
青海	0.18		0.11				0.06
宁夏	0.76		0.60		0.05	0.01	0.09
新疆	2.69	0.01	1.95		0.06	0.06	0.49

5-54 续表　　　　　　　　　　(1991年)　　　　　　　　　　单位：亿元

地　区	房地产管理、公用事业、居民服务和咨询服务业	卫生体育和社会福利事业	教育、文化艺术和广播电视事业	科学研究和综合技术服务事业	金融、保险业	国家机关、政党机关和社会团体	其他行业
全　国	4.74	2.11	2.05	0.22	3.01	4.27	3.68
北　京	0.35	0.10	0.19	0.08		0.28	0.04
天　津		0.01	0.04		0.01	0.02	
河　北	0.04	0.02	0.06		0.14	0.05	0.37
山　西	0.03	0.02	0.02		0.08		0.11
内蒙古	0.05				0.01		0.01
辽　宁	0.04	0.08	0.06		0.20	0.08	0.04
吉　林		0.02	0.04	0.01	0.08	0.02	
黑龙江	0.01	0.01			0.03	0.01	0.01
上　海	0.15	0.03	0.07	0.01	0.02	0.17	0.25
江　苏	0.44	0.46	0.42	0.03	0.49	0.32	0.11
浙　江	0.37	0.24	0.17	0.01	0.35	0.22	0.16
安　徽	0.03	0.03	0.01	0.01	0.02	0.01	0.11
福　建	0.11	0.08	0.07		0.13	0.14	0.09
江　西	0.02	0.01	0.01		0.03	0.04	0.03
山　东	0.38	0.13	0.12	0.01	0.21	0.36	0.31
河　南	0.03	0.05	0.06	0.01	0.08	0.03	0.12
湖　北	0.08	0.02	0.04		0.12	0.08	0.06
湖　南	0.09	0.08	0.24		0.27	0.19	0.11
广　东	1.20	0.29	0.30	0.02	0.29	1.64	1.45
广　西	0.01	0.03	0.01		0.17	0.27	
海　南	0.03	0.06	0.03		0.01	0.01	0.01
四　川	0.07	0.25	0.04		0.16	0.10	0.05
贵　州	0.09		0.01		0.01	0.01	
云　南	0.37	0.04	0.02	0.03	0.01	0.08	0.08
陕　西	0.73	0.01			0.04	0.01	0.01
甘　肃	0.02		0.01		0.01	0.05	0.11
青　海					0.01		
宁　夏					0.01		0.01
新　疆	0.01	0.02	0.01		0.01	0.05	0.03

5-55 各地区农村集体所有制单位按所有制、资金来源分的固定资产投资

（1991年）

单位：亿元

地　区	投资总额	按所有制分				按资金来源分		
		乡	村	组	新经济联合体	银行、信用社贷款	自有资金	其他资金
全　国	**493.98**	**243.01**	**230.30**	**11.52**	**9.15**	**137.81**	**228.37**	**127.80**
北　京	26.26	14.69	11.48	0.10		11.02	10.43	4.81
天　津	10.85	4.30	6.53		0.01	3.70	5.42	1.73
河　北	25.09	8.05	15.12	0.01	1.92	7.89	13.38	3.82
山　西	10.50	3.77	6.19	0.19	0.36	2.42	5.85	2.23
内蒙古	2.74	0.68	1.16	0.91		0.60	0.84	1.30
辽　宁	12.57	4.85	6.79	0.41	0.53	4.14	5.44	2.99
吉　林	3.29	1.48	1.73	0.08	0.01	0.94	0.86	1.49
黑龙江	3.98	1.49	2.47		0.01	0.62	2.22	1.14
上　海	23.62	13.18	10.16	0.29		11.19	8.91	3.52
江　苏	82.49	40.72	41.33	0.37	0.07	22.66	45.07	14.76
浙　江	65.21	37.73	26.28	0.18	1.02	17.96	33.78	13.47
安　徽	8.03	4.74	2.89	0.23	0.17	1.29	2.71	4.03
福　建	11.78	4.32	4.50	0.16	2.80	1.47	5.59	4.72
江　西	7.38	4.75	2.14	0.24	0.25	2.40	2.68	2.30
山　东	79.68	34.89	44.37	0.34	0.09	26.01	36.14	17.53
河　南	16.62	5.20	9.24	1.63	0.55	2.95	6.34	7.33
湖　北	6.81	4.27	2.39	0.15		1.18	3.02	2.61
湖　南	11.81	6.75	4.71	0.22	0.14	1.96	5.17	4.68
广　东	40.32	21.18	16.44	2.19	0.52	8,51	13.67	18.14
广　西	3.05	2.02	0.74	0.23	0.07	1.00	1.50	0.55
海　南	0.91	0.20	0.18	0.11	0.42	0.11	0.28	0.52
四　川	17.59	13.35	3.39	0.70	0.15	3.34	7.76	6.49
贵　州	0.52	0.29	0.18	0.04		0.01	0.14	0.37
云　南	8.34	3.53	3.28	1.50	0.03	1.19	3.75	3.40
西　藏	1.45	1.35	0.10			0.01	1.31	0.13
陕　西	7.27	2.48	4.07	0.70	0.02	2.19	3.20	1.88
甘　肃	1.72	0.94	0.63	0.14	0.01	0.25	0.84	0.63
青　海	0.38	0.14	0.24			0.10	0.13	0.15
宁　夏	1.00	0.76	0.21	0.04		0.22	0.59	0.19
新　疆	2.69	0.93	1.39	0.37		0.48	1.34	0.87

5-56 各地区农村集体所有制单位按用途、行业分的固定资产投资

（1991年）

单位：亿元

地区	按用途分			按主要行业分			
	生产性建设	非生产性建设	#住宅	#农、林牧、渔业	#工业	#交通、建筑业	#文教卫生社会福利
全国	**392.22**	**101.75**	**17.34**	**72.04**	**281.87**	**18.41**	**67.62**
北京	23.55	2.72	0.23	4.89	16.01	0.95	2.26
天津	10.56	0.29	0.03	0.70	9.06	0.45	0.15
河北	18.31	6.78	0.66	3.67	11.83	1.41	4.30
山西	7.85	2.65	0.34	1.82	5.25	0.60	1.90
内蒙古	2.11	0.63	0.08	1.62	0.40	0.05	0.36
辽宁	9.93	2.65	0.17	1.65	7.27	0.47	2.12
吉林	1.77	1.52	0.06	0.43	0.75	0.28	1.07
黑龙江	2.43	1.55	0.01	1.58	0.80	0.02	0.81
上海	22.13	1.49	0.31	1.76	19.45	0.65	0.62
江苏	76.31	6.18	1.13	5.05	68.39	1.39	4.37
浙江	58.12	7.09	1.06	9.53	46.38	1.01	4.70
安徽	5.19	2.84	0.52	1.94	2.75	0.29	1.97
福建	7.88	3.90	1.13	2.73	4.06	0.54	2.14
江西	4.70	2.69	0.52	0.86	3.10	0.42	1.61
山东	66.26	13.42	3.29	14.52	41.55	4.16	7.40
河南	10.52	6.10	0.52	3.66	5.47	0.28	4.82
湖北	3.33	3.48	0.64	0.56	2.15	0.23	2.04
湖南	6.12	5.69	1.11	2.09	3.41	0.34	4.09
广东	25.17	15.16	1.15	3.53	18.03	1.90	13.06
广西	2.15	0.90	0.41	0.22	1.70	0.08	0.15
海南	0.57	0.35	0.08	0.52	0.03	0.01	0.12
四川	11.91	5.68	1.52	2.09	7.26	1.69	3.26
贵州	0.10	0.42	0.13	0.08	0.01	0.01	0.22
云南	5.71	2.63	0.62	3.05	1.62	0.62	1.53
西藏	0.71	0.74	0.71	0.64	0.04	0.02	0.03
陕西	4.84	2.43	0.46	1.02	3.44	0.25	1.65
甘肃	0.93	0.79	0.24	0.35	0.33	0.15	0.46
青海	0.27	0.11	0.03	0.04	0.21	0.01	0.05
宁夏	0.97	0.03	0.02	0.34	0.57	0.03	0.01
新疆	1.86	0.84	0.17	1.11	0.55	0.12	0.37

5-57 城镇和工矿区个人建房

年 份	城镇工矿区个数(个)	建房户数(户)	竣工房屋建筑面积(万平方米)	#住 宅	竣工房屋价 值(万元)	#住 宅
1983	3 005	433 675	2 663.80	2 520.60	167 227	156 519
1984	4 783	652 612	4 507.75	4 035.52	298 889	270 861
1985	5 941	910 362	7 081.36	6 306.80	567 917	493 872
1986	7 182	1 005 549	8 115.37	7 234.80	745 623	654 192
1987	7 110	1 061 119	9 120.19	8 294.36	1 005 133	899 614
1988	7 845	1 108 554	10 526.83	9 433.15	1 568 475	1 401 141
1989	8 590	945 178	8 565.38	7 822.55	1 402 278	1 260 234
1990	8 304	775 011	7 180.55	6 492.93	1 247 034	1 103 317
1991	8 637	773 083	7 554.40	6 808.24	1 403 230	1 250 861

5-58 农村个人固定资产投资和建房

年 份	投资总额(亿元)	竣工房屋投 资	#住 宅	购买生产性固定资产投资	施工房屋建筑面积(万平方米)	竣工房屋建筑面积(万平方米)	#住 宅	竣工房屋造价(元/平方米)	#住 宅
1982	198.53	168.53	162.60	30.00		58 829.40	54 200.90	29	30
1983	305.05	244.05	214.54	61.00		81 390.30	69 593.60	30	31
1984	379.11	265.83	239.38	113.28		66 853.90	57 838.40	40	41
1985	478.43	350.13	313.15	128.30		78 972.80	69 542.40	44	45
1986	574.82	503.00	388.56	71.82	109 622.22	103 225.28	94 468.00	49	41
1987	695.35	603.17	487.21	92.18	100 923.11	96 477.16	85 523.64	63	57
1988	865.23	741.22	580.97	124.01	92 781.48	89 092.47	80 798.75	83	72
1989	892.03	794.15	641.68	97.88	74 906.00	71 026.00	66 134.00	112	97
1990	876.47	777.14	649.78	99.33	76 818.68	71 135.93	67 811.72	109	96
1991	1 042.56	912.48	759.25	130.08	85 405.00	79 501.00	74 193.00	115	102

图 5-1 全社会固定资产投资总额及构成

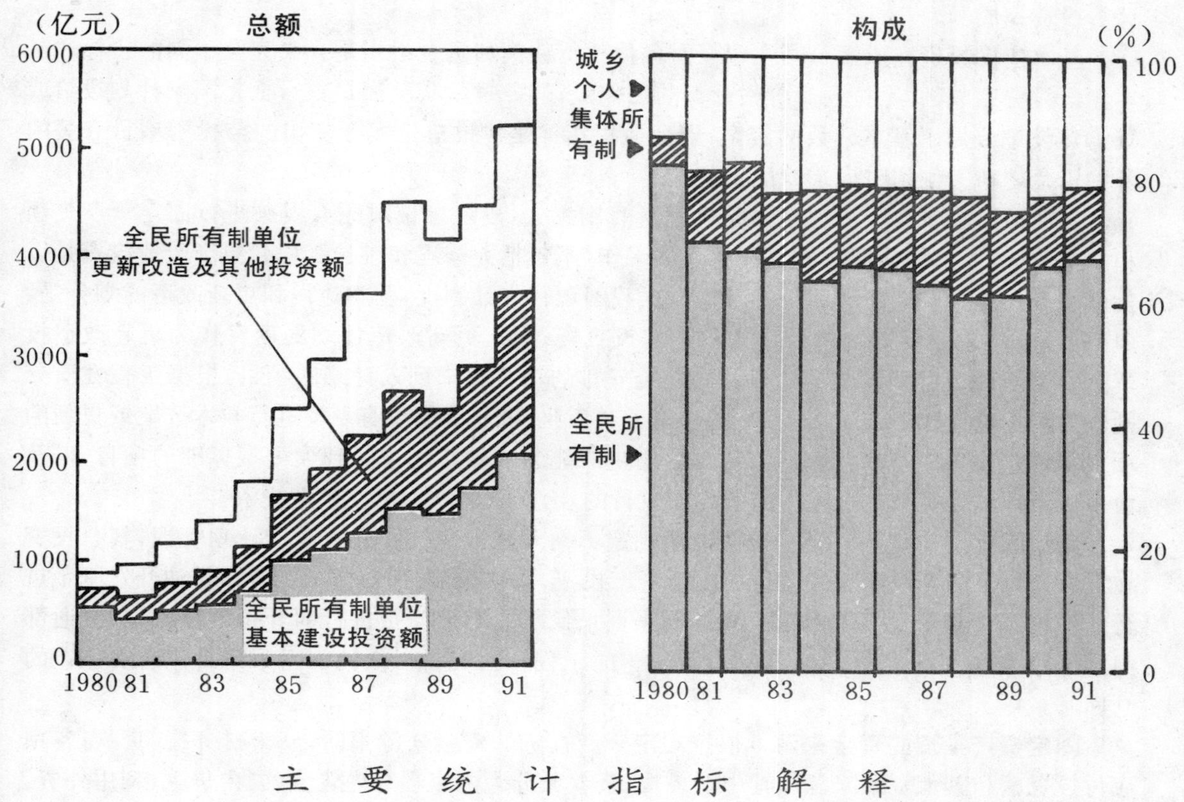

主 要 统 计 指 标 解 释

全社会固定资产投资 固定资产投资是社会固定资产再生产的主要手段。通过建造和购置固定资产的活动,国民经济不断采用先进技术装备,建立新兴部门,进一步调整经济结构和生产力的地区分布,增强经济实力,为改善人民物质文化生活创造物质条件,这对实现我国社会主义现代化建设具有重要意义。

固定资产投资额是以货币表现的建造和购置固定资产活动的工作量,它是反映固定资产投资规模、速度、比例关系和使用方向的综合性指标。全社会固定资产投资包括全民所有制单位投资、城乡集体所有制单位投资和城乡居民个人投资。按照我国现行计划管理体制,全民所有制单位固定资产投资总额分为基本建设、更新改造、商品房屋建设投资和其他固定资产投资四个部分;城乡集体所有制单位投资包括城镇集体所有制单位投资和农村集体所有制单位投资;城乡居民个人投资包括城市、县城、镇、工矿区所辖范围内的个人建房和农村个人建房及购买生产性固定资产(使用年限在二年以上,单位价值在 50 元以上的生产资料)的投资。

基本建设投资 基本建设是全民所有制企业、事业单位以扩大生产能力或工程效益为主要目的的新建、扩建工程及有关工作。包括工厂、矿山、铁路、桥梁、港口、农田水利、商店、住宅、学校、医院等工程的建造和机器设备、车辆、船舶、飞机等的购置。

基本建设投资额是以货币表现的基本建设完成的工作量,是反映一定时期内基本建设规模和建设进度的综合性指标。它是根据工程的实际进度按预算价格(预算价格是编制施工图预算时所用的价格)计算的工作量。没有形成工程实体的建筑材料和没有开始安装的设备,都不计算投资完成额。

基本建设投资完成额与基本建设财务拨款贷款额和资金运用是含义完全不同的指标,"基本建设投资完成额"是按预算价格计算的工作量;财务拨款贷款额是银行根据国家计划拨给或贷给建设单位用于基本建设的资金;资金运用指标是建设单位实际支出的与投资项目有关的各种资金之和。使用时应加以区别。

更新改造投资 更新改造是指全民所有制企业、事业单位对原有设施进行固定资产更新和技术改造,以及相应配套的工程和有关工作(不包括大修理和维护工程)。更新改造投资是以货币表现的更新改造完成的工作量。根据我国现行统计制度,基本建设和更新改造的划分是:(1)列入基本建设计划的项目作为基本建设投资,列入更新改造计划的项目作为更新改造投资;(2)更新改造计划与基本建设计划结合安排的项目和未列入计划的项目,根据工程性质分别作为基本建设投资或更新改造投资。属于对企业、事业单位原有设施进行技术改造或更新的项目和增建主要生产车间、分厂等,其新增生产能力或效益尚未达到大中型标准的项目,以及由于城市环境保护和安全生产的需要而进行的迁建工程,作为更新改造投资。

其他固定资产投资 是指按照国家规定不纳入基本建设和更新改造计划管理,其总投资在五万元以上的全民所有制单位的固定资产投资,具体包括:用油田维护费和石油开发基金进行的油田维护和开发工程;矿山、森林等采掘采伐工业用维简费进行的开拓延伸工程;交通部门用公路养路费对原有公路、桥梁进行改建的工程;商、贸、粮、供销部门用简易建筑费建造的仓库。

固定资产投资的资金来源 根据固定资产投资的资金来源不同,分为财务拨、贷款;各项应付投资款和其他资金来源。其中财务拨、贷款又分为国家预算内资金、国内贷款、利用外资、煤代油资金、自筹资金和其他资金六种:

(1)国家预算内资金 指国家预算、地方财政、主管部门和国家专业投资公司拨给或委托银行贷给建设单位的基本建设拨款和中央基本建设基金,拨给企业单位的更新改造拨款,以及中央财政安排的专项拨款中用于基本建设的资金。

(2)国内贷款 指报告期填报单位向银行借入的各种国内投资借款(扣除"经营性的中央基本建设基金"和"煤代油"借款)。国内贷款包括:银行利用自有资金及吸收的存款发放的贷款、上级主管部门拨入的国内贷款、国家专项贷款(包括啤酒专项贷款、劳改煤矿专项贷款等),地方财政专项资金安排的贷款、国内储备贷款、周转贷款等。由银行代理国家专业投资公司发行的重点企业债券和建设债券视同国内贷款,计入"国内贷款"中。

(3)利用外资 指报告期收到的用于固定资产投资的国外资金,包括统借统还、自借自还的国外贷款,中外合资项目中的外资,以及无偿捐献等。其中,国家统借统还的外资,是指由我国政府出面同外国政府、团体或金融组织签订贷款协议、并负责偿还本息的国外贷款。

(4)煤代油资金 指建设单位报告期由主管部门拨入用于压油任务而进行的能源交通建设支出的煤代油专项基建拨款和贷款。

(5)自筹资金 指建设单位报告期收到的,用于进行固定资产投资的上级主管部门、地方和本单位自筹资金。

(6)其他资金 指报告期收到的除以上各种拨款、借款、自筹资金之外,其他用于固定资产投资的资金。

固定资产投资按国民经济行业分 建设项目归哪个行业按它建成投产后的主要产品或主要用途及社会经济活动性质来确定。基本建设按建设项目划分国民经济行业，更新改造、全民所有制单位其他固定资产投资及城镇集体投资根据整个企业、事业单位所属的行业来划分。一般情况下，一个建设项目或一个企业、事业单位只能属于一种国民经济行业。为了更准确地反映国民经济各行业之间的比例关系，联合企业(总厂)所属分厂属于不同行业的，原则上按分厂划分行业。

固定资产投资按建设性质分 建设项目的性质一般分为新建、扩建、改建、迁建、恢复。基本建设按建设项目划分建设性质，更新改造、全民所有制单位其他固定资产投资及城镇集体投资按整个企业、事业单位的建设情况确定建设性质。目前基本建设和更新改造是根据我国现行的计划管理体制区分的，所以基本建设和更新改造都可以分别按新建、扩建和改建等划分。

(1)新建 一般是指从无到有，“平地起家”新开始建设的单位。有的单位原有的基础很小，经过建设后其新增加的固定资产价值超过原固定资产价值(原值)三倍以上的也算新建。

(2)扩建 一般是指为扩大原有产品的生产能力，在厂内或其他地点增建主要生产车间(或主要工程)、独立的生产线或总厂之下的分厂的企业；事业单位和行政单位在原单位增建业务用房(如学校增建教学用房、医院增建门诊部或病床用房，行政机关增建办公楼等)也作为扩建。

(3)改建 一般是指现有企业、事业单位为了技术进步，提高产品质量，增加花色品种，促进产品升级换代、降低消耗和成本，加强资源综合利用和三废治理，以及劳保安全等，采用新技术、新工艺、新设备、新材料等对现有设施、工艺条件进行技术改造或更新(包括相应配套的辅助性生产、生活福利设施)。有的企业为充分发挥现有生产能力，进行填平补齐而增建不增加本单位主要产品生产能力的车间等，也属于改建。

固定资产投资按用途分 固定资产投资按工程的经济用途分为生产性建设和非生产性建设。是研究不同用途的固定资产投资之间比例关系的重要指标。基本建设投资、全民所有制单位其他固定资产投资及城镇集体投资的用途按单项工程确定，现有企业、事业单位更新改造投资的用途按更新改造项目确定。

(1)生产性建设 指直接用于物质生产或直接为物质生产服务的建设。它反映了在一定时期内国民经济中物质生产部门的投资规模、水平和结构，对研究经济建设中生产发展和人民生活水平提高之间的比例关系有重要作用。生产性建设包括农、林、牧、渔、水利业建设，工业建设，地质普查和勘探业建设，建筑业建设，交通运输、邮电通讯业建设，商业、公共饮食业、物资供销和仓储业建设和综合技术服务事业建设等。企业、事业单位更新改造的生产性建设投资，根据更新改造项目的特点，还可细分为：增产；节约能源；其他节约；增加品种；提高产品质量；“三废”治理；其他生产性建设。

(2)非生产性建设 指用于满足人民物质和文化生活需要的建设以及其他非物质生产的建设。它反映了一定时期内直接用于改善人民生活状况和发展教育，科研事业的投资规模，对研究国民经济中“骨头”和“肉”的比例关系，研究人民生活水平的提高速度具有重要的意义。非生产性建设包括住宅建设、公用事业、居民服务和咨询服务业建设、卫生、体育和社会福利事业建设，教育、文化、艺术和广播电影电视事业建设，科学研究建设，金融、保险业建设，国家机关、政党机关和社会团体建设及其他建设。在非生产性建设中的住宅建设是指专供居住使用的房屋，包括职工家属宿舍、职工单身宿舍、学生宿舍等。

固定资产投资按构成分 固定资产投资活动按其工作内容和实现方式分为建筑工程，安装工程，设备、工具、器具购置，其他费用四个部分。

(1)建筑工程(建筑工作量) 指各种房屋、建筑物的建造工程。包括各种房屋建造工程；各种用途设备基础和各种工业窑炉的砌筑工程；为施工而进行的各种准备工作和临时工程以及完工后的清理工作等；铁路、道路的铺设，矿井的开凿及石油管道的架设等；水利工程；防空地下建筑等特殊工程。

(2)安装工程(安装工程量) 指各种设备、装置的安装工程。包括各种机械设备的安装工程；为测定安装工作质量，对设备进行试运行工作。

在安装工程中，不包括被安装设备本身的价值。

(3)设备、工具、器具购置 指购置或自制达到固定资产标准的设备、工具、器具的价值。固定资产的标准按财务部门规定。新建单位、扩建单位的新建车间，按照设计和计划要求购置或自制的全部设备、工具、器具，不论是否达到固定资产标准均计入“设备、工具、器具购置”中。

(4)其他费用 指除建筑安装工程和设备、工具、器具购置以外的投资完成额。它包括两种性质的费用，一种是属于增加固定资产的费用，主要有：建设单位管理费、土地、青苗等补偿费和安置补助费、勘察设计费、研究实验费、农林单位牲畜购置费、各种经济林木的营造费、办公和生活家具、器具购置费、引进技术和进口设备项目的其他费用、联合试运转费等；一种是属于不增加固定资产的费用，主要有：施工机构转移费、生产职工培训费、农业开荒费用及报废工程损失费等。

基本建设项目按大中小型划分 基本建设划分大中小型项目原则上应按照上级批准的设计任务书或初步设计所确定的总规模或总投资划分，没有正式批准设计任务书或初步设计的，按国家或省、自治区、直辖市年度基本建设投资计划中所列的总规模或总投资划分。上述两条均不具备的，按本年计划施工工程的建设总规模或总投资划分。生产单一产品的工业项目，按产品的设计能力划分；生产多种产品的工业项目，按其主要产品的设计能力划分；品种繁多，难以按生产能力划分的，按全部计划投资额划分。划分标准以国家颁发的《大中小型建设项目划分标准》为依据。国家曾在1958年、1962年、1972年、1977年和1979年先后五次修订《大中小型建设项目划分标准》。因此各历史时期的大中型项目数不完全可比。

施工项目 指报告期内曾进行建筑或安装工程施工活动的建设项目。包括报告期内新开工项目，报告期以前开工跨入报告期继续施工的项目，报告期施过工并在报告期内全部建成投产或停缓建的项目。

全部建成投产项目 工业项目是指设计文件规定形成生产能力的主体工程及其相应配套的辅助设施全部建成，经负荷试运转，证明具备生产设计规定合格产品的条件，并经过验收鉴定合格或达到竣工验收标准，与生产性工程配套的生活福利设施可以满足近期正常生产的需要，正式移交生产的建设项目；非工业项目是指设计文件规定的主体工程和相应的配套工程全部建成，能够发挥设计规定的全部效益，经验收鉴定合格或达到竣工验收标准，正式移交使用的建设项目。

新增生产能力 指通过固定资产投资活动而增加的设计能力或工程效益，它是用实物形态表示的固定资产投资的成果。新增生产能力的计算，是以能独立发挥生产能力或效益的单项工程(或项目)为对象。当单项工程(或项目)建成，经有关部门鉴定合格，正式移交投入生产，即可计算新增生产能力。

新增生产能力或工程效益有以下几种表现形式：

(1)以建设项目或单项工程建成后的年产能力表示。如煤炭开采、石油开采等。

(2)以建设项目或单项工程建成后处理原料的能力表示。如选矿工程的年处理矿石能力，洗煤厂年洗原煤能力等。

(3)以新增的主要设备数量或容量表示。如棉纺锭枚数、发电机组容量等。

(4)以建筑物容积、容量、面积或长度表示。如水库容量、铁路公路里程等。

新增生产能力的数量一般按设计能力计算。设计能力是指设计文件中规定的在正常情况下能够达到的生产能力，而不论投产后的实际产量如何。以设备数量、建筑物容积、面积、长度等表示的新增生产能力(或效益)，则按建成的实际数量计算。

施工和竣工房屋建筑面积 房屋建筑面积是从房屋外墙线算起的各层平面面积的总和，包括房屋结构(如柱、墙)占用的面积和地下室面积。多层建筑按各自然层面积总和计算，包括房屋内的楼隔层，突出墙面的眺望间、门斗、有柱雨罩的面积。不包括突出墙面结构的构件、艺术装饰等所占的面积，如台阶等。凹阳台、挑阳台按其水平投影面积一半计算建筑面积。

施工面积 指报告期内施工的全部房屋建筑面积。包括本期新开工的面积和上期开工跨入本期继续施工的房屋面积，以及上期已停建在本期继续施工的房屋建筑面积。

竣工面积 指在报告期内房屋建筑按照设计要求已全部完工，达到住人和使用条件，经验收鉴定合格，正式移交使用单位的建筑面积。

新增固定资产 指通过投资活动所形成的新的固定资产价值。包括已经建成投入生产或交付使用的工程价值和达到固定资产标准的设备、工具、器具的投资及有关应摊入的费用。它是以价值形式表示的固定资产投资成果的综合性指标，可以综合反映不同时期、不同部门、不同地区的固定资产投资成果。

未完工程占用率 指年末未完工程累计完成投资额占全年实际完成投资额的比率。它反映未完工程的相对规模，并可从资金占用的角度反映固定资产投资效果。由于未完工程是指已经开工，但尚未建成交付使用的工程，有个跨年度问题，因此未完工程占用率会出现大于1的情况。

六 财政

6-1 国家财政收支总额及指数

年份	总收入（亿元）	总支出（亿元）	收支差额（亿元）	指数（以上年为100）	
				总收入	总支出
1950	65.2	68.1	-2.9		
1951	133.1	122.5	10.6	204.1	179.9
1952	183.7	176.0	7.7	138.0	143.7
1953	222.9	220.1	2.8	121.3	125.1
1954	262.4	246.3	16.1	117.7	111.9
1955	272.0	269.3	2.7	103.7	109.3
1956	287.4	305.7	-18.3	105.7	113.5
1957	310.2	304.2	6.0	107.9	99.5
1958	387.6	409.4	-21.8	125.0	134.6
1959	487.1	552.9	-65.8	125.7	135.1
1960	572.3	654.1	-81.8	117.5	118.3
1961	356.1	367.0	-10.9	62.2	56.1
1962	313.6	305.3	8.3	88.1	83.2
1963	342.3	339.6	2.7	109.2	111.2
1964	399.5	399.0	0.5	116.7	117.5
1965	473.3	466.3	7.0	118.5	116.9
1966	558.7	541.6	17.1	118.0	116.1
1967	419.4	441.9	-22.5	75.1	81.6
1968	361.3	359.8	1.5	86.1	81.4
1969	526.8	525.9	0.9	145.8	146.2
1970	662.9	649.4	13.5	125.8	123.5
1971	744.7	732.2	12.5	112.3	112.8
1972	766.6	766.4	0.2	102.9	104.7
1973	809.7	809.3	0.4	105.6	105.6
1974	783.1	790.8	-7.7	96.7	97.7
1975	815.6	820.9	-5.3	104.2	103.8
1976	776.6	806.2	-29.6	95.2	98.2
1977	874.5	843.5	31.0	112.6	104.6
1978	1 121.1	1 111.0	10.1	128.2	131.7
1979	1 103.3	1 273.9	-170.6	98.4	114.7
1980	1 085.2	1 212.7	-127.5	98.4	95.2
1981	1 089.5	1 115.0	-25.5	100.4	91.9
1982	1 124.0	1 153.3	-29.3	103.2	103.4
1983	1 249.0	1 292.5	-43.5	111.1	112.1
1984	1 501.9	1 546.4	-44.5	120.2	119.6
1985	1 866.4	1 844.8	21.6	124.3	119.3
1986	2 260.3	2 330.8	-70.5	121.1	126.3
1987	2 368.9	2 448.5	-79.6	104.8	105.0
1988	2 628.0	2 706.6	-78.6	110.9	110.5
1989	2 947.9	3 040.2	-92.3	112.2	112.3
1990	3 312.6	3 452.2	-139.6	112.4	113.6
1991	3 610.9	3 813.6	-202.7	109.0	110.5
恢复时期	382	366.6	15.4		
"一五"时期	1 354.9	1 345.6	9.3	11.0	11.6
"二五"时期	2 116.7	2 288.7	-172.0	0.2	0.1
1963—1965年	1 215.1	1 204.9	10.2	14.7	15.2
"三五"时期	2 529.1	2 518.6	10.5	7.0	6.8
"四五"时期	3 919.7	3 919.6	0.1	4.2	4.8
"五五"时期	4 960.7	5 247.3	-286.6	5.9	8.1
"六五"时期	6 830.8	6 952.0	-121.2	11.5	8.8
"七五"时期	13 517.7	13 978.3	-460.6	12.2	13.4

注： 1. 各计划时期指数为该时期每年平均增长速度。

2. 1986年，因某些冲减收入项目改列支出，收入与支出均有虚增，与以前年度不尽可比，本年指数中已扣除这个因素。

6-2 国家财政分部门收入

单位：亿元

年 份	工 业	轻工业	重工业	农 业	商 业	交通运输	建 筑	其 他
1950	19.70	14.25	5.45	25.54	10.71	1.00	0.36	7.88
1951	41.69	28.43	13.26	33.70	27.98	5.17	0.79	23.81
1952	62.24	42.39	19.85	37.06	41.73	9.54	0.85	32.30
1953	88.64	53.87	34.77	37.24	49.44	15.66	0.38	31.50
1954	108.44	63.56	44.88	44.10	57.81	17.41	1.03	33.58
1955	118.48	68.21	50.27	40.99	55.00	19.39	1.86	36.31
1956	134.32	74.24	60.08	39.86	70.10	24.00	1.82	17.33
1957	152.57	83.00	69.57	39.69	73.00	25.87	1.46	17.60
1958	216.73	118.45	98.28	41.90	69.32	37.45	2.13	20.07
1959	298.58	147.45	151.13	41.84	76.84	54.68	1.81	13.37
1960	363.00	141.10	221.90	35.40	93.27	63.69	3.27	13.66
1961	185.50	95.53	89.97	27.97	84.23	41.67	-1.85	18.54
1962	180.81	94.73	86.08	29.81	51.96	33.01	-1.33	19.29
1963	230.33	104.59	125.74	31.90	31.05	31.86	0.90	16.21
1964	280.28	121.61	158.67	35.01	35.30	33.53	1.43	13.99
1965	347.40	142.46	204.94	34.30	31.61	42.16	0.63	17.22
1966	417.99	157.69	260.30	38.19	39.54	48.46	0.77	13.76
1967	295.18	129.91	165.27	35.01	49.93	27.65	-0.01	11.60
1968	245.21	119.27	125.94	34.76	50.63	24.57	-2.25	8.33
1969	370.57	162.14	208.43	33.98	69.89	38.99	-0.83	14.16
1970	484.47	197.00	287.47	34.89	82.55	48.94	-0.58	12.63
1971	553.07	207.83	345.24	33.82	86.78	55.43	0.07	15.56
1972	570.34	213.91	356.43	31.02	88.46	59.82	0.08	16.84
1973	601.38	236.46	364.92	24.27	106.45	61.30	-0.26	16.53
1974	556.44	230.46	325.98	32.52	112.58	56.56	-1.29	26.33
1975	626.72	260.09	366.63	30.00	68.86	64.34	-1.13	26.82
1976	605.64	255.19	350.45	29.78	61.20	61.30	-1.10	19.76
1977	668.08	294.59	373.49	27.69	98.38	66.38	-1.23	15.16
1978	845.07	336.17	508.90	31.65	137.09	81.50	1.89	23.92
1979	869.38	344.22	525.16	32.00	51.54	84.95	0.31	65.09
1980	897.35	375.77	521.58	33.11	16.47	70.34	1.03	66.93
1981	892.36	412.59	479.77	38.76	3.28	62.76	-1.08	93.38
1982	944.19	424.27	519.92	49.32	-41.83	51.54	1.45	119.30
1983	1 074.55	426.30	648.25	67.57	-99.31	71.18	11.47	123.53
1984	1 169.11	450.73	718.38	61.07	-12.54	124.47	6.40	153.35
1985	1 194.66	491.93	702.73	87.38	143.62	131.33	7.52	301.89
1986	1 267.60	509.73	757.87	80.37	331.22	122.77	24.42	433.88
1987	1 348.52	623.33	725.19	120.80	272.79	123.47	8.74	494.58

注：分部门数包括各部门上交的利润、折旧、事业收入、各项税收以及能源交通重点建设资金收入，其他部门还包括债务收入数。

6-3 国家财政分经济类型收入

单位：亿元

年 份	国 营	公私合营	集体所有制	私 营	个体经济	其 他
1950	21.75	0.27	0.19	19.67	22.51	0.80
1951	59.74	1.03	0.61	34.97	27.15	1.47
1952	101.01	1.91	2.09	34.18	33.03	1.72
1953	136.83	3.12	5.56	31.01	35.33	1.39
1954	166.48	4.18	11.05	27.06	40.99	3.77
1955	182.11	5.38	15.70	16.57	32.88	2.82
1956	210.36	15.00	44.99	6.41	5.85	3.65
1957	218.78	26.70	51.83	2.53	5.78	4.42
1958	328.05		46.78	0.35	5.01	7.41
1959	436.53		48.26		2.21	0.12
1960	526.31		43.65		2.18	0.15
1961	311.52		40.18		3.63	0.73
1962	255.80		50.63		6.87	0.25
1963	279.88		54.40		7.97	
1964	335.17		57.56		6.81	
1965	407.32		60.78		5.22	
1966	492.29		63.33		3.09	
1967	356.96		60.06		2.34	
1968	300.44		57.88		2.93	
1969	455.68		67.66		3.42	
1970	582.39		77.27		3.24	
1971	658.75		82.15		3.83	
1972	676.44		86.36		3.76	
1973	709.97		95.80		3.90	
1974	680.24		99.12		3.78	
1975	702.55		109.14		3.92	
1976	656.38		116.26		3.94	
1977	739.96		129.87		4.63	
1978	973.65		142.40		5.07	
1979	923.62		139.04		5.30	
1980	889.58		146.27		6.36	0.01
1981	858.05		149.46		8.84	0.03
1982	884.47		164.14		35.23	0.10
1983	969.85		194.41		35.75	11.15
1984	1 156.85		252.98		40.99	16.23
1985	1 314.81		424.65		79.59	18.11
1986	1 685.49		369.49		89.10	40.44
1987	1 690.25		417.07		101.61	53.49

6-4 国家财政分项目收入

单位：亿元

年份	各项税收	企业收入	债务收入	征集能源交通重点建设基金收入	其他收入	企业亏损补贴
1950	48.98	8.69	3.02		4.50	
1951	81.13	30.54	8.18		13.29	
1952	97.69	57.27	9.78		18.98	
1953	119.67	76.69	9.62		16.88	
1954	132.18	99.61	17.20		13.38	
1955	127.45	111.94	22.76		9.88	
1956	140.88	134.26	7.24		5.05	
1957	154.89	144.18	6.99		4.13	
1958	187.36	189.19	7.98		3.07	
1959	204.71	279.10			3.31	
1960	203.65	365.84			2.80	
1961	158.76	191.31			5.99	
1962	162.07	146.22			5.26	
1963	164.31	172.68			5.26	
1964	182.00	212.93			4.61	
1965	204.30	264.27			4.75	
1966	221.96	333.32			3.43	
1967	196.63	218.47			4.26	
1968	191.56	166.73			2.96	
1969	235.44	286.74			4.58	
1970	281.20	378.97			2.73	
1971	312.56	428.40			3.77	
1972	317.02	445.69			3.85	
1973	348.95	457.02			3.70	
1974	360.40	407.26			15.48	
1975	402.77	400.20			12.64	
1976	407.96	338.06			30.56	
1977	468.27	402.35			3.84	
1978	519.28	571.99			29.85	
1979	537.82	492.90	35.31		37.24	
1980	571.70	435.24	43.01		35.28	
1981	629.89	353.68	73.08		32.81	
1982	700.02	296.47	83.86		43.62	
1983	775.59	240.52	79.41	93.00	60.47	
1984	947.35	276.77	77.34	122.45	77.95	
1985	2 040.79	43.75	89.85	146.79	52.24	
1986	2 090.73	42.04	138.25	157.07	156.95	-324.78
1987	2 140.36	42.86	169.55	180.18	212.38	-376.43
1988	2 390.47	51.12	270.78	185.93	176.18	-446.46
1989	2 727.40	63.60	282.97	202.18	270.60	-598.88
1990	2 821.86	78.30	375.45	185.08	430.74	-578.88
1991	2 990.17	74.69	461.40	188.22	406.64	-510.24

注：债务收入包括国外借款和国内债务收入。1980—1984年企业收入合计小于工业收入，是因外贸、粮食企业等亏损额较大，冲减了其他企业收入。由于利改税，利转税因素及收入科目的变化，1985年起各项税收和企业收入与以前年度不可比。

6-5 各项税收

单位：亿元

年份	合计	#工商税收	#烧油特别税	#盐税	#关税	#农牧业税	#建筑税
1950	48.98	23.63		2.69	3.56	19.10	
1951	81.13	47.45		3.39	6.94	23.35	
1952	97.69	61.48		4.05	4.81	27.35	
1953	119.67	82.50		4.61	5.05	27.51	
1954	132.18	89.72		5.21	4.12	33.13	
1955	127.45	87.26		4.81	4.66	30.72	
1956	140.88	100.98		4.83	5.42	29.65	
1957	154.89	113.12		6.31	5.79	29.67	
1958	187.36	141.77		6.60	6.40	32.59	
1959	204.71	156.99		7.68	7.03	33.01	
1960	203.65	160.61		9.00	6.00	28.04	
1961	158.76	120.47		10.40	6.23	21.66	
1962	162.07	124.84		9.58	4.82	22.83	
1963	164.31	130.96		5.20	4.15	24.00	
1964	182.00	145.28		6.45	4.38	25.89	
1965	204.30	165.49		7.33	5.70	25.78	
1966	221.96	179.33		6.58	6.50	29.55	
1967	196.63	157.39		6.37	3.92	28.95	
1968	191.56	147.38		7.83	6.33	30.02	
1969	235.44	191.32		8.20	6.36	29.56	
1970	281.20	232.07		10.15	7.00	31.98	
1971	312.56	268.21		8.49	5.00	30.86	
1972	317.02	275.14		8.51	5.00	28.37	
1973	348.95	301.38		8.05	9.00	30.52	
1974	360.40	306.97		9.37	14.00	30.06	
1975	402.77	347.98		10.34	15.00	29.45	
1976	407.96	353.70		10.12	15.00	29.14	
1977	468.27	400.90		11.81	26.23	29.33	
1978	519.28	451.29		10.83	28.76	28.40	
1979	537.82	472.69		9.62	26.00	29.51	
1980	571.70	501.35		9.15	33.53	27.67	
1981	629.89	538.40		9.10	54.04	28.35	
1982	700.02	604.59	9.07	9.52	47.46	29.38	
1983	775.59	657.81	19.29	9.73	53.88	32.96	1.92
1984	947.35	770.51	18.23	10.31	103.07	34.84	10.39
1985	2 040.79	1 197.69	17.01	10.01	205.21	42.05	22.85
1986	2 090.73	1 299.69	16.20	10.86	151.62	44.52	23.57
1987	2 140.36	1 385.38	15.13	8.58	142.37	51.81	29.92
1988	2 390.47	1 577.16	14.05	8.75	155.02	73.69	26.41
1989	2 727.40	1 877.33	11.83	9.58	181.54	84.94	29.04
1990	2 821.86	1 970.87	11.40	8.35	159.01	87.86	37.90
1991	2 990.17	2 035.51	9.91	8.37	187.28	90.65	30.86

注：1980年以后各年的工商税收中，包括了中外合营企业所得税、外国企业所得税、个人所得税和增值税，表中未单独列出。1985年起工商税收中包括盐税、烧油特别税和建筑税，但不包括国营企业所得税和调节税。农牧业税中包括契税和耕地占用税。1991年起，建筑税中包括固定资产投资方向调节税。

6-6 国家财政分费用类别支出

单位：亿元

年 份	经济建设费	社会文教费	国 防 费	行政管理费	债务支出	其 他
1950	17.36	7.55	28.01	13.13	0.03	2.00
1951	35.11	13.44	52.64	17.45	0.42	3.43
1952	73.23	21.11	57.84	15.49	3.92	4.40
1953	87.43	32.44	75.38	19.72	0.91	4.24
1954	123.58	34.61	58.13	21.62	2.21	6.17
1955	137.62	31.89	65.00	21.54	6.56	6.68
1956	159.14	45.96	61.17	26.60	7.22	5.65
1957	163.04	46.42	55.11	22.70	8.26	8.68
1958	278.86	43.54	50.00	22.72	9.04	5.24
1959	389.33	58.60	58.00	30.00	9.69	7.24
1960	460.71	86.95	58.00	31.39	10.46	6.63
1961	210.01	61.25	50.00	27.14	10.93	7.69
1962	152.64	51.73	56.94	21.91	10.37	11.66
1963	174.12	51.45	66.42	23.86	7.58	16.20
1964	209.99	66.09	72.86	26.22	5.23	18.63
1965	254.11	62.70	86.76	26.34	6.36	30.06
1966	309.43	67.06	101.01	26.59	3.91	33.56
1967	244.03	60.83	83.02	22.95	2.01	29.01
1968	166.03	47.88	94.09	22.91	2.00	26.93
1969	295.52	49.77	126.18	29.82		24.57
1970	392.61	52.22	145.26	32.00		27.32
1971	418.30	63.80	169.47	37.62		42.98
1972	431.96	75.31	159.39	38.93	0.50	60.27
1973	468.27	88.57	145.39	38.59	0.50	67.96
1974	460.93	95.02	133.39	39.76	0.50	61.15
1975	481.96	103.55	142.46	41.81		51.40
1976	466.22	120.06	134.45	43.38		42.09
1977	493.73	119.43	149.04	45.18		36.15
1978	707.84	146.96	167.84	52.90		35.41
1979	761.59	175.18	222.66	63.05		51.46
1980	670.78	199.01	193.84	75.53	28.58	44.99
1981	544.43	211.46	167.97	82.63	62.89	45.59
1982	543.18	242.98	176.35	90.84	55.52	44.44
1983	635.21	282.51	177.13	103.08	42.47	52.05
1984	784.65	332.06	180.76	139.80	28.91	80.22
1985	895.00	408.43	191.53	171.06	39.56	139.20
1986	1 234.71	485.09	200.75	220.04	50.16	140.06
1987	1 259.95	505.83	209.62	228.20	79.83	165.06
1988	1 397.00	581.18	218.00	271.60	76.75	162.04
1989			251.47		72.36	

6-7 国家财政分项目支出

单位：亿元

年 份	基本建设支出	流动资金	挖潜改造资金和科技三项费用	地质勘探费	工交商部门事业费	支援农村生产支出和各项农业事业费
1950	12.50					1.99
1951	27.03					3.67
1952	46.68	18.56				2.69
1953	70.34	13.78		0.68	6.39	2.99
1954	84.28	26.30	1.82	0.75	6.91	3.98
1955	88.53	30.81	3.09	3.66	10.08	5.82
1956	139.58	10.79	2.48	5.17	10.80	7.70
1957	123.71	20.82	2.29	6.27	12.36	7.99
1958	229.38	25.66	0.83	6.90	16.25	9.34
1959	302.34	54.28	2.20	8.96	14.98	22.05
1960	354.45	67.47	2.55	10.25	19.58	33.73
1961	110.18	29.39	2.67	6.47	13.54	31.01
1962	55.65	47.78	14.65	4.79	10.29	19.29
1963	80.21	36.65	18.28	4.68	7.89	22.19
1964	123.83	23.35	20.86	6.43	12.71	20.92
1965	158.49	27.55	25.23	7.71	15.91	17.29
1966	191.04	40.28	27.54	7.95	16.40	19.11
1967	161.25	29.10	10.32	7.71	12.01	16.12
1968	117.85	12.03	5.66	6.35	6.80	12.89
1969	206.22	26.61	10.74	8.07	6.37	14.87
1970	298.36	31.23	14.78	8.76	6.58	15.91
1971	309.56	35.30	26.40	10.30	6.49	19.65
1972	309.09	42.95	25.46	11.29	7.55	25.10
1973	317.17	53.82	25.49	12.20	8.90	35.49
1974	312.83	44.76	27.20	13.09	10.09	38.23
1975	326.96	41.84	31.47	14.16	12.76	42.53
1976	311.25	45.36	34.34	15.96	13.12	46.01
1977	300.88	65.68	39.45	17.26	14.43	50.68
1978	451.92	66.60	63.24	20.15	17.79	76.95
1979	514.69	52.06	72.02	21.67	21.04	90.11
1980	419.39	36.71	80.45	22.57	22.85	82.12
1981	330.63	22.84	65.30	21.85	23.68	73.68
1982	309.15	23.63	69.02	23.05	23.83	79.88
1983	382.81	12.89	78.71	23.60	27.88	86.66
1984	488.93	9.96	111.77	26.22	30.66	95.93
1985	583.80	14.30	103.42	29.58	35.16	101.04
1986	671.82	9.94	129.85	30.60	36.56	124.30
1987	628.12	12.06	124.93	30.29	33.13	134.16
1988	633.37	9.59	151.01	32.51	38.95	158.74
1989	625.76	12.09	146.30	33.16	45.01	197.12
1990	725.60	10.90	153.91	36.19	46.93	221.76
1991	739.75	13.08	180.81	38.34	52.41	243.55

6-7 续表 单位：亿元

年　份	文教、科学、卫生事业费	抚恤和社会救济费	国防费	行政管理费	债务支出	价格补贴支出
1950	5.02		28.01		0.03	
1951	10.56		52.64		0.42	
1952	13.47	2.95	57.84	14.54	3.92	
1953	19.03	3.62	75.38	17.53	0.91	
1954	19.70	6.04	58.13	18.26	2.21	
1955	19.82	4.94	65.00	18.73	6.56	
1956	23.90	5.67	61.17	24.16	7.22	
1957	27.76	5.29	55.11	21.68	8.26	
1958	28.64	3.22	50.00	21.56	9.04	
1959	36.47	4.41	58.00	26.62	9.69	
1960	50.46	7.94	58.00	27.98	10.46	
1961	41.23	10.09	50.00	26.76	10.93	
1962	36.74	8.14	56.94	21.72	10.37	
1963	37.96	10.15	66.42	23.50	7.58	
1964	43.34	17.04	72.86	25.17	5.23	
1965	45.59	10.94	86.76	25.34	6.36	
1966	51.68	9.21	101.01	25.90	3.91	
1967	48.56	8.16	83.02	22.80	2.01	
1968	40.96	5.61	94.09	22.91	2.00	
1969	40.97	6.67	126.18	24.78		
1970	43.65	6.53	145.26	25.27		
1971	52.31	6.83	169.47	30.89		
1972	62.01	8.15	159.39	34.63	0.50	
1973	69.88	9.97	145.39	35.58	0.50	
1974	76.49	9.16	133.39	36.92	0.50	
1975	81.29	12.88	142.46	38.83		
1976	85.49	24.07	134.45	41.01		
1977	90.20	18.76	149.04	43.32		
1978	112.66	18.91	167.84	49.09		
1979	132.12	22.11	222.66	56.87		
1980	146.26	20.31	193.84	66.79	28.58	
1981	171.36	21.72	167.97	70.88	62.89	
1982	196.96	21.43	176.35	81.60	55.52	
1983	223.54	24.04	177.13	102.20	42.47	
1984	263.17	25.16	180.76	137.28	28.91	
1985	316.70	31.15	191.53	143.58	39.56	
1986	379.93	35.58	200.75	182.43	50.16	257.48
1987	402.75	37.40	209.62	195.48	79.83	294.60
1988	486.10	41.77	218.00	239.35	76.75	316.82
1989	553.33	49.60	251.47	284.77	72.36	373.55
1990	617.29	55.04	290.31	333.47	190.40	380.80
1991	708.00	67.32	330.31	375.81	246.80	373.77

注：　行政管理费中包括武装警察部队经费和公检法支出。

6-8 国家财政用于教育及科学研究支出

单位：亿元

年份	教育支出	教育部门支出	#教育事业费	#各部门中专、技校经费	#企业营业外开支的教育经费	#地方附加和学校预算外用于教育	科学研究支出	科学研究经费	基本建设经费
1952	11.04	10.93	8.95	0.11					
1953	19.25	16.45	12.80	2.80			0.56	0.27	0.29
1954	19.97	17.53	13.77	2.44			1.22	1.10	0.12
1955	19.00	16.55	14.08	2.45			2.13	1.92	0.21
1956	26.55	20.71	16.47	5.84			5.23	3.53	1.70
1957	27.99	23.05	19.52	4.94			5.23	2.98	2.25
1958	25.58	22.46	19.83	3.12			11.24	7.25	3.99
1959	37.61	29.05	24.09	4.33		4.23	19.15	12.33	6.82
1960	50.47	39.14	31.78	7.21		4.12	33.81	22.68	11.13
1961	36.62	28.30	26.78	4.67	0.25	3.40	19.49	15.54	3.95
1962	30.88	24.61	24.07	2.95	0.36	2.96	13.73	10.62	3.11
1963	32.67	26.59	24.91	3.06	0.39	2.63	18.61	13.85	4.76
1964	38.29	30.75	27.80	4.06	1.16	2.32	24.27	17.62	6.65
1965	39.51	31.97	29.12	3.87	1.19	2.48	27.17	20.27	6.90
1966	41.83	36.69	34.43	3.85	1.29		25.06	19.26	5.80
1967	36.95	34.10	32.68	2.85			15.35	13.56	1.79
1968	27.50	27.50	27.50				14.80	11.29	3.51
1969	27.04	27.04	27.04				24.15	19.59	4.56
1970	27.56	27.56	27.56				29.96	25.91	4.05
1971	35.28	33.00	33.00	0.69	1.59		37.68	33.41	4.27
1972	45.89	38.54	38.54	0.84	2.07	4.44	36.10	31.61	4.49
1973	51.57	42.07	42.07	1.38	2.42	5.70	34.59	31.52	3.07
1974	61.76	49.35	45.98	1.66	4.16	6.59	34.65	31.60	3.05
1975	66.14	51.40	48.26	1.78	4.29	8.67	40.31	37.64	2.67
1976	72.52	54.01	50.49	3.44	4.70	10.37	39.25	35.08	4.17
1977	76.91	56.32	53.04	3.61	5.02	11.90	41.48	37.58	3.90
1978	93.80	70.80	65.60	5.00	6.19	11.81	52.89	46.23	6.66
1979	111.45	84.61	76.96	6.94	8.25	11.62	62.29	52.89	9.40
1980	145.50	115.35	94.18	8.45	11.10	10.60	64.59	53.32	11.27
1981	157.65	125.83	102.48	8.68	12.52	10.62	61.58	51.12	10.46
1982	175.85	141.57	115.68	9.16	13.73	11.39	65.29	54.12	11.17
1983	198.36	161.75	127.85	9.66	14.47	12.48	79.03	67.13	11.90
1984	242.72	195.99	148.16	11.41	17.42	17.90	94.72	80.02	14.70
1985	306.68	255.13	184.16	13.54	23.01	15.00	102.59	83.76	18.83
1986	363.43	299.10	214.32	15.83	25.65	22.85	118.10	95.95	22.15
1987	385.11	311.34	226.66	16.61	26.96	30.20	115.74	90.93	24.81
1988	443.53	364.03	278.75	18.00	28.00	33.50	118.00	93.00	25.00

注：1. 表列教育各项支出数字是根据国家财政决算、企业财务决算和有关部门的资料整理的；教育部门支出中包括了教育基建投资。由于资料所限，教育部门基建投资中含有党校的基建投资，请使用时注意。

2. 表列科学研究支出，是根据国家财政决算、企业财务决算和有关部门的统计资料汇总整理的，数字不够完整，大专院校和厂矿企业以及各种社会集资用于科学研究的支出，未统计在内。

3. 科学研究经费，包括科研机构人员开支、各项研究费用和新产品试制费等。

6-9 国家财政用于农业的支出

单位：亿元

年份	农业支出	支援农村生产支出和各项农业事业费	基本建设支出	流动资金	科技三项费用	其他	农业支出占财政支出总计(%)
1950	2.74	1.99				0.75	4.0
1951	4.19	3.67				0.52	3.4
1952	9.04	2.69	3.84	0.41		2.10	5.1
1953	11.84	2.99	5.77	0.41		2.67	5.4
1954	13.51	3.98	4.87	0.26		4.40	5.5
1955	14.99	5.82	5.71	0.32		3.14	5.6
1956	26.99	7.70	13.63	0.92		4.74	8.8
1957	23.50	7.99	10.93	1.00		3.58	7.7
1958	43.86	9.34	30.26	1.09		3.17	10.7
1959	58.23	22.05	29.91	2.42		3.85	10.5
1960	90.52	33.73	45.43	5.01		6.35	13.8
1961	54.88	31.01	12.35	3.77		7.75	15.0
1962	38.23	19.29	8.67	2.70		7.57	12.5
1963	55.60	22.19	18.48	4.09	0.81	10.03	16.4
1964	67.16	20.92	26.17	2.13	1.00	16.94	16.8
1965	54.98	17.29	23.51	2.88	1.05	10.25	11.8
1966	54.39	19.11	23.70	2.46	1.28	7.84	10.0
1967	45.82	16.12	22.08	2.42	0.30	4.90	10.4
1968	33.47	12.89	12.23	2.82		5.53	9.3
1969	48.03	14.87	17.92	2.46		12.78	9.1
1970	49.40	15.91	22.52	2.79		8.18	7.6
1971	60.75	19.65	33.27	2.14	0.05	5.64	8.3
1972	65.13	25.10	31.47	2.56	0.07	5.93	8.5
1973	85.17	35.49	37.48	3.02	0.08	9.10	10.5
1974	91.21	38.23	36.97	3.07	0.13	12.81	11.5
1975	98.96	42.53	35.56	3.20	0.10	17.57	12.1
1976	110.49	46.01	39.91	4.45	0.78	19.34	13.7
1977	108.12	50.68	35.98	3.58	0.93	16.95	12.8
1978	150.66	76.95	51.14	7.63	1.06	13.88	13.6
1979	174.33	90.11	62.41	5.44	1.52	14.85	13.7
1980	149.95	82.12	48.59	3.99	1.31	13.94	12.4
1981	110.21	73.68	24.15	2.12	1.18	9.08	9.9
1982	120.49	79.88	28.81	2.07	1.13	8.60	10.4
1983	132.87	86.66	34.25	0.77	1.81	9.38	10.3
1984	141.29	95.93	33.63		2.18	9.55	9.1
1985	153.62	101.04	37.73		1.95	12.90	8.3
1986	184.20	124.30	43.87		2.70	13.33	7.9
1987	195.46	134.16	46.81		2.28	12.47	8.0
1988							

6-10 国家财政用于抚恤和社会福利支出

单位：亿元

年份	合计	抚恤支出	社会福利救济费	#农村社会救济费	自然灾害救济费
1952	2.95	1.23	0.66	0.16	1.06
1953	3.62	1.55	0.77	0.13	1.30
1954	6.04	1.76	1.08	0.54	3.20
1955	4.94	2.03	1.25	0.58	1.66
1956	5.67	1.75	1.61	0.79	2.31
1957	5.29	1.52	1.36	0.66	2.41
1958	3.22	1.20	1.15	0.63	0.87
1959	4.41	1.11	1.17	0.65	2.13
1960	7.94	1.46	2.15	1.12	4.33
1961	10.09	1.45	2.44	1.15	6.20
1962	8.14	1.73	2.39	1.21	4.02
1963	10.15	1.93	2.80	1.54	5.42
1964	17.04	2.06	2.87	1.43	12.11
1965	10.94	2.31	2.92	1.65	5.71
1966	9.21	2.27	2.19	1.45	3.75
1967	8.16	2.44	2.91	1.32	2.81
1968	5.61	1.97			
1969	6.67	2.39			
1970	6.53	2.67			
1971	6.83	2.61	2.69		1.53
1972	8.15	2.88	2.95		2.32
1973	9.97	3.32	3.29	1.72	3.36
1974	9.16	3.49	3.40	1.74	2.27
1975	12.88	3.75	3.47	1.75	5.66
1976	24.07	4.15	3.86	1.90	16.06
1977	18.76	4.64	3.98	2.06	10.14
1978	18.91	5.27	4.62	2.45	9.02
1979	22.11	6.46	5.41	2.63	10.24
1980	20.31	7.92	5.36	2.50	7.03
1981	21.72	7.98	5.08	2.23	8.66
1982	21.43	8.34	5.45	2.30	7.64
1983	24.04	9.01	6.58	2.61	8.45
1984	25.16	9.85	7.91	2.84	7.40
1985	31.15	12.01	8.89	2.65	10.25
1986	35.58	14.55	10.40	2.69	10.64
1987	37.40	16.54	10.95	2.56	9.91
1988	41.77				
1989	49.60				
1990	55.04				
1991	67.32				

注：1. “抚恤支出”中包括离休、退休人员的经费。 2.1976—1984年“自然灾害救济费”包括抗震救灾费，其中1976年为8.98亿元；1977年为4.63亿元；1978年为4.56亿元；1979年为3.20亿元；1980年为2.60亿元；1981年为1.94亿元；1982年为1.43亿元；1983年为1.84亿元；1984年为0.41亿元。 3.“社会福利救济费”包括其他民政事业费，1985年为1.18亿元，1986年为1.71亿元，1987年为1.91亿元。 4. 由于明细资料不全，有些年份的项目分不出来。

6-11 国家债务收入、支出

单位：亿元

年　份	债务收入	#国内公债和国库券	#向国外借款	债务支出	国内公债和国库券还本付息	国外借款还本付息	归还人民银行借款和利息
1950	3.02	3.02		0.03	0.03		
1951	8.18	0.01	5.49	0.42	0.40	0.01	0.01
1952	9.78		9.78	3.92	0.58	0.23	3.11
1953	9.62		9.62	0.91	0.65	0.26	
1954	17.20	8.36	8.84	2.21	0.89	1.32	
1955	22.76	6.19	16.57	6.56	1.58	4.98	
1956	7.24	6.07	1.17	7.22	1.25	5.97	
1957	6.99	6.84	0.15	8.26	2.18	6.08	
1958	7.98	7.98		9.04	1.81	7.23	
1959				9.69	2.58	7.11	
1960				10.46	3.73	6.73	
1961				10.93	4.35	6.58	
1962				10.37	3.95	6.42	
1963				7.58	4.72	2.86	
1964				5.23	4.27	0.96	
1965				6.36	5.66	0.70	
1966				3.91	3.91		
1967				2.01	2.01		
1968				2.00	2.00		
1969							
1970							
1971							
1972				0.50	0.50		
1973				0.50	0.50		
1974				0.50	0.50		
1975							
1976							
1977							
1978							
1979	35.31		35.31				
1980	43.01		43.01	28.58		24.40	4.18
1981	73.08		73.08	62.89		57.89	5.00
1982	83.86	43.83	40.03	55.52		49.62	5.90
1983	79.41	41.58	37.83	42.47		36.56	5.91
1984	77.34	42.53	34.81	28.91		22.74	6.17
1985	89.85	60.61	29.24	39.56		32.59	6.97
1986	138.25	62.51	75.74	50.16	7.98	34.49	7.69
1987	169.55	63.07	106.48	79.83	23.18	51.96	4.69
1988	270.78	132.17	138.61	76.75	28.44	42.58	5.73
1989	282.97	138.91	144.06	72.36	19.30	45.83	7.23
1990	375.45	197.24	178.21	190.40	113.75	68.21	8.44
1991	461.40	281.27	180.13	246.80	156.69	80.22	9.89

注：1. 有些年份债务收支分项数小于合计数，是因为还有一些其他债务收支数未列。

2. 1981年国库券收入48.66亿元，弥补了1980年和1981年的预算赤字，未列当年预算，因而1981年债务收入中不包括此项数字。

6-12 各时期中央财政和地方财政收支总额

单位：亿元

年份	财政收入	中央	地方	财政支出	中央	地方
"一五"时期	1 354.9	615.2	739.7	1 345.7	997.3	348.4
"二五"时期	2 116.6	480.4	1 636.2	2 288.7	1 101.6	1 187.1
1963—1965年	1 215.1	335.8	879.3	1 205.0	718.9	486.1
"三五"时期	2 529.0	790.1	1 738.9	2 518.5	1 538.0	980.5
"四五"时期	3 919.7	576.4	3 343.3	3 919.4	2 125.1	1 794.3
"五五"时期	4 960.7	774.5	4 186.1	5 247.4	2 590.2	2 657.2
"六五"时期	6 830.7	2 087.6	4 743.1	6 952.0	3 395.1	3 556.8
1981	1 089.5	224.7	864.7	1 115.0	602.2	512.8
1982	1 124.0	258.5	865.5	1 153.3	575.1	578.2
1983	1 249.0	372.0	877.0	1 292.5	642.5	649.9
1984	1 501.9	524.5	977.4	1 546.4	738.7	807.7
1985	1 866.4	707.9	1 158.5	1 844.8	836.5	1 008.2
"七五"时期	13 517.7	5 341.4	8 176.2	13 978.3	5 532.6	8 445.7
1986	2 260.3	916.7	1 343.6	2 330.8	962.3	1 368.6
1987	2 368.9	905.8	1 463.1	2 448.5	1 031.9	1 416.6
1988	2 628.0	1 045.5	1 582.5	2 706.6	1 060.4	1 646.2
1989	2 947.9	1 105.5	1 842.4	3 040.2	1 105.2	1 935.0
1990	3 312.6	1 367.9	1 944.7	3 452.2	1 372.8	2 079.4
"八五"时期						
1991	3 610.9	1 399.7	2 211.2	3 813.6	1 517.7	2 295.8

注：中央财政收入和地方财政收入是各级负责组织征收的收入数，不是按财政体制计算的收入分成数。收入中包括了国外借款数。

6-13 中央和地方预算外资金收支

单位：亿元

年份	预算外资金收入	中央	地方	预算外资金支出	中央	地方
1982	802.74	270.70	532.04	734.53	227.05	507.48
1983	967.68	359.90	607.78	875.81	300.38	575.43
1984	1 188.48	470.54	717.94	1 114.74	420.24	694.50
1985	1 530.03	636.10	893.93	1 375.03	562.05	812.98
1986	1 737.31	716.63	1 020.68	1 578.37	640.94	937.43
1987	2 028.80	828.03	1 200.77	1 840.75	741.61	1 099.14
1988	2 270.00	907.15	1 453.62	2 145.27	842.86	1 302.41
1989	2 658.83	1 072.28	1 586.55	2 503.10	975.87	1 527.23
1990	2 708.64	1 073.28	1 635.36	2 707.06	1 037.69	1 669.37

注：1. 预算外收入数未包括大集体企业的税后利润。
2. 1982年预算外资金开始建立年度统计报告，上报的统计数比过去完整，因此，预算外资金收入比以前年度增加较多。

6-14 国家预算收入、全国预算外资金收入

单位：亿元

年份	国家预算收入	预算外收入 金额	预算外收入 相当于预算内比例 %	地方财政预算外资金	行政事业单位预算外资金	国营企业和主管部门预算外资金
1952	173.94	13.62	7.8	12.53		1.09
1953	213.24	8.91	4.2	1.40	2.07	5.44
1954	253.53	14.23	5.6	2.07	3.34	8.82
1955	255.46	17.02	6.7	3.27	3.68	10.07
1956	286.26	21.42	7.5	5.00	3.85	12.57
1957	310.04	26.33	8.5	5.66	3.80	16.87
1958	387.60	55.99	14.4	17.59	9.29	29.11
1959	487.12	96.55	19.8	35.39	11.78	49.38
1960	572.29	117.78	20.6	23.39	23.13	71.26
1961	356.06	57.40	16.1	13.29	15.61	28.50
1962	313.55	63.63	20.3	20.50	15.21	27.92
1963	342.25	51.85	15.1	7.19	11.99	32.67
1964	399.54	65.86	16.5	8.87	16.07	40.92
1965	473.32	75.56	16.0	9.47	18.74	47.35
1966	558.71	81.13	14.5	10.36	20.00	50.77
1967	419.36	83.61	19.9	9.72	22.00	51.89
1968	361.25	77.44	21.4	9.96	24.00	43.48
1969	526.76	87.42	16.6	12.19	26.00	49.23
1970	662.90	100.94	15.2	13.45	28.00	59.49
1971	744.73	118.56	15.9	14.72	30.00	73.84
1972	766.56	134.24	17.5	23.28	31.66	79.30
1973	809.67	191.29	23.6	24.14	32.57	134.58
1974	783.14	219.72	28.1	22.65	34.60	162.47
1975	815.61	251.48	30.8	27.86	42.30	181.32
1976	776.58	275.32	35.5	28.35	48.81	198.16
1977	874.46	311.31	35.6	30.76	56.84	223.71
1978	1 121.12	347.11	31.0	31.09	63.41	252.61
1979	1 067.96	452.85	42.4	39.94	68.66	344.25
1980	1 042.22	557.40	53.5	40.85	74.44	442.11
1981	1 016.38	601.07	59.1	41.30	84.90	474.87
1982	1 083.94	802.74	74.1	45.27	101.15	656.32
1983	1 211.16	967.68	79.9	49.79	113.88	804.01
1984	1 467.05	1 188.48	81.0	55.23	142.52	990.73
1985	1 837.16	1 530.03	83.3	44.08	233.22	1 252.73
1986	2 184.52	1 737.31	79.5	43.20	294.22	1 399.89
1987	2 262.42	2 028.80	89.7	44.61	358.41	1 625.78
1988	2 489.41	2 270.00	91.2	45.00	415.00	1 810.00
1989	2 803.81	2 658.83	94.8	54.36	500.66	2 103.81
1990	3 134.34	2 708.64	86.4	60.58	576.95	2 071.10

注： 国家预算收入是扣除了国外借款收入之后的数字。

6-15 全国预算外资金支出

单位：亿元

项　　目	1984年	1985年	1986年	1987年	1988年	1989年
支出合计	1 114.74	1 375.03	1 578.37	1 840.75	2 145.27	2 503.10
固定资产投资	449.38	571.28	576.45	740.43	815.28	864.85
基本建设支出	91.99	121.08	153.61	250.40	247.77	232.25
更新改造支出	357.39	450.20	422.84	490.03	567.51	632.50
大修理支出	133.30	149.62	172.88	199.68	229.87	280.35
简易建筑费支出	4.82	5.13	5.45	6.47	5.38	2.30
福利支出	103.52	91.51	106.19	130.68	174.39	211.15
奖励支出	94.43	91.43	109.68	114.43	115.18	124.01
养路费支出	44.05	63.39	83.66	92.22	110.90	119.73
城市维护支出	29.06	28.40	31.28	38.89	45.23	33.70
科技三项费用支出	13.24	13.71	11.88	13.28	11.60	14.85
增补流动资金支出	5.55	13.56	23.17	28.66	38.59	56.79
事业费支出	37.92	56.04	70.68	91.88	115.89	140.40
行政支出	7.40	8.69	10.70	15.69	19.06	13.35
上交国家能源交通基金	100.70	123.33	126.58	154.10	165.83	186.85
其他支出	91.37	158.94	249.77	214.34	298.06	305.22

6-16 财政价格补贴

单位：亿元

年份	合计	粮棉油价格补贴	调整肉价增加补贴	其他价格补贴
1978	11.14	11.14		
1979	79.20	54.85		24.35
1980	117.71	102.80		14.91
1981	159.41	142.22		17.19
1982	172.22	156.19		16.03
1983	197.37	182.13		15.24
1984	218.34	201.67		16.67
1985	261.79	198.66	33.52	29.61
1986	257.48	169.37	42.24	45.87
1987	294.60	195.43	42.74	56.43
1988	316.82	204.03	40.40	72.39
1989	370.34	259.47	40.53	70.34
1990	380.80	267.61	41.78	71.41
1991	373.77	267.03	42.46	64.28

注：财政价格补贴，1985年以前冲减财政收入，1986年以后作为支出项目列在财政支出。

主 要 统 计 指 标 解 释

国家财政总收入 是国家通过财政各个环节筹集的财政资金的总称，它是保证国家行使其职能不可缺少的财力。主要包括：各项税收、企业收入、债务收入及其他收入。

(1)各项税收 是国家按法律规定对经济单位和个人无偿征收的实物和货币，是财政收入的主要来源。我国现行的税收主要有工商税收，包括产品税、增值税、营业税、所得税、城市维护建设税、房产税、车船使用税、资源税、印花税、建筑税、盐税、烧油特别税等；关税，包括关税和进口调节税；农牧业税和耕地占用税；国营企业所得税；国营企业调节税。

(2)企业收入 包括各部门所属全民所有制企业及事业单位上交国家的利润和事业收入。1985年实行国营企业第二步利改税办法，企业利润主要以税收形式上交后，只有尚未实行利改税办法的企业和少数实行利润包干企业上交的收入。

(3)债务收入 包括国外借款，国内公债收入、国库券收入以及专业银行购买财政专项债券等。

(4)其他收入 包括专款收入、基本建设贷款归还收入、国家能源交通重点建设基金收入等。

国家财政总支出 是国家政权为行使其职能，对筹集的财政资金进行有计划的分配使用的总称。国家财政总支出，体现政府的活动范围和方向，反映财政资金的分配关系。财政总支出主要包括基本建设支出、增拨企业流动资金、企业挖潜改造资金、新产品试制费、地质勘探费、工交商部门事业费、支援农村生产支出和各项农业事业费、文教科学卫生事业费、抚恤和社会救济费、国防费、行政管理费及债务支出。

(1)基本建设支出 是指国家预算内的基本建设拨款，不包括国家预算外自筹的各种基本建设资金。为加强基本建设投资规模的控制，提高这部分财政资金的使用效益，从1985年起，对预算内基本建设拨款实行拨款改贷款的新管理办法，即由原来直接无偿的拨给建设单位，改为拨给建设银行视同信贷基金管理，建设银行根据国家预算安排的基建项目，给予有偿贷款，用投产后新增利润还本付息。从1988年起，为了进一步提高投资效益，使投产活动的管理符合发展有计划商品经济的要求，并保证重点建设有稳定的资金来源，国家建立了中央基本建设基金制，实行专款专用，每年在国家预算内列收列支。基本建设基金分为经营性的和非经营性的两部分。各专业投资公司对经营性建设项目执行基本建设基金贷款，各主管部门对非经营性建设项目执行基本建设基金拨款。

(2)增拨企业流动资金 是指国家预算增拨各部门所属全民所有制企业的流动资金和增拨银行的信贷资金。

(3)企业挖潜改造资金 是指国家预算安排用于企业挖潜、革新、改造方面的资金。企业用于挖潜、革新、改造方面的资金，主要来自企业的更新改造资金、大修理基金等自有资金及银行贷款，国家预算安排的挖潜、革新、改造资金主要用于支持重点行业的技术改造。

(4)文教、科学、卫生事业费 是指国家预算用于科学、文化、教育、卫生、公费医疗、体育、通讯和广播、地震、海洋、文物、计划生育等方面的事业费。

中央财政和地方财政　财政是国家为了实现其职能，凭借政治权力，对一部分社会产品进行分配和再分配的经济活动。中央财政和地方财政，是指财政体制上划分中央政府和地方政府以及地方各级政府之间财政管理权限的一项根本制度。它是经济管理体制的重要组成部分，它在财政管理体制中居于主导地位。它具体规定了各级政府筹集资金、支配使用资金的权力、范围和责任，使各级政府在财政管理上有责有权。这对于正确处理中央和地方之间，以及地方各级之间的分配关系，充分发挥各级政府的积极性，更好地完成国家财政收支任务，促进社会主义建设的发展有着极其重要的意义。中央财政收入和地方财政收入，是指中央和地方各级负责组织征收的收入，不是按财政体制计算的收入分成数。其收入中还包括了国外借款。

预算外资金　是指不纳入国家财政预算，由各地方、各部门、各企业、事业、行政单位，按国家规定范围自行筹集和使用的资金。它是国家财政预算内资金的补充财力。其收入来源，主要包括地方财政机关掌握使用的自筹资金，如工商税附加、农业税附加、城市公用事业附加等；部门、企业单位管理的专用基金，如更新改造资金、企业利润留成、企业福利基金等；事业行政单位自收自支和以收抵支未纳入预算管理的各项资金，如养路费、学杂费等。这些资金一般都有特定用途，主要是：基本建设或更新改造固定资产投资，增加流动资金，简易建筑、大修理、科技三项费用，支付养路费、城市维护费，职工福利和奖励支出，补充事业、行政经费，上交财政能源交通重点建设基金、预算调节基金等。预算外资金的使用，也要纳入计划管理的轨道，不得擅自扩大使用范围。

国家财政分部门收入　国家财政收入所列的"工业"、"农业"等部门，是按主管系统隶属关系划分的，不同于国民经济行业分类标准所指的行业部门。如"工业"，系指冶金、纺织等各工业主管系统所属全部企业、事业单位，包括工业和非工业企、事业单位。

分部门收入包括各部门上交的利润、折旧、事业收入和各项税收，其他部门还包括债务收入。

国家财政用于农业的支出　指国家财政预算内资金安排用于农业的各项投资支出。包括：(1)对农垦、农业、畜牧、林业、农机管理、水利、水产、气象等部门的各项事业经费和基本建设、流动资金、科技三项费用等专项拨款；(2)支援农村集体(户)的各项生产支出，如小型农田水利和水土保持补助费、扶持农村经济困难的乡镇企业、农业生产队(组、户)改善生产基本条件的资金和农村开荒补助费、农村草场和畜禽保护补助费、农村造林和林木保护补助费、农村水产补助费、农业发展和发展粮食生产专项资金支出等；(3)农村社会救济费。

七 物价

7-1 各种物价总指数

（上年=100）

年份	全国零售物价总指数	职工生活费用价格总指数	农副产品收购价格总指数	农村工业品零售价格总指数	工农业商品综合比价指数（以农副产品收购价格总指数为100）
1951	112.2	112.5	119.6	110.2	92.1
1952	99.6	102.7	101.7	99.5	97.8
1953	103.4	105.1	109.0	98.6	90.5
1954	102.3	101.4	103.2	101.9	98.7
1955	101.0	100.3	98.8	101.5	102.7
1956	100.0	99.9	103.0	99.0	96.1
1957	101.5	102.6	105.0	101.2	96.4
1958	100.2	98.9	102.2	99.4	97.3
1959	100.9	100.3	101.8	100.9	99.1
1960	103.1	102.5	103.5	102.8	99.3
1961	116.2	116.1	128.0	104.9	82.0
1962	103.8	103.8	99.4	104.5	105.1
1963	94.1	94.1	97.2	99.0	101.9
1964	96.3	96.3	97.5	98.1	100.6
1965	97.3	98.8	99.2	96.3	97.1
1966	99.7	98.8	104.2	97.1	93.2
1967	99.3	99.4	99.9	99.2	99.3
1968	100.1	100.1	99.8	99.7	99.9
1969	98.9	101.0	99.8	98.5	98.7
1970	99.8	100.0	100.1	99.8	99.7
1971	99.3	99.9	101.6	98.5	96.9
1972	99.8	100.2	101.4	99.5	98.1
1973	100.6	100.1	100.8	100.0	99.2
1974	100.5	100.7	100.8	100.0	99.2
1975	100.2	100.4	102.1	100.0	97.9
1976	100.3	100.3	100.5	100.1	99.6
1977	102.0	102.7	99.8	100.1	100.3
1978	100.7	100.7	103.9	100.0	96.2
1979	102.0	101.9	122.1	100.1	82.0
1980	106.0	107.5	107.1	100.8	94.1
1981	102.4	102.5	105.9	101.0	95.4
1982	101.9	102.0	102.2	101.6	99.4
1983	101.5	102.0	104.4	101.0	96.7
1984	102.8	102.7	104.0	103.1	99.1
1985	108.8	111.9	108.6	103.2	95.0
1986	106.0	107.0	106.4	103.2	97.0
1987	107.3	108.8	112.0	104.8	93.6
1988	118.5	120.7	123.0	115.2	93.7
1989	117.8	116.3	115.0	118.7	103.2
1990	102.1	101.3	97.4	104.6	107.4
1991	102.9	105.1	98.0	103.0	105.1

注：本表零售物价总指数、职工生活费用价格总指数是包括牌价、议价和市价的指数。农副产品收购价格总指数是包括牌价、议价和超购加价（1985年起为合同订购价、比例价和议价等市场收购价）的指数（下同）。

7-2 各种物价总指数

(1950年=100)

年份	全国零售物价总指数	职工生活费用价格总指数	农副产品收购价格总指数	农村工业品零售价格总指数	工农业商品综合比价指数(以农副产品收购价格总指数为100)
1951	112.2	112.5	119.6	110.2	92.1
1952	111.8	115.5	121.6	109.7	90.2
1953	115.6	121.4	132.5	108.2	81.7
1954	118.3	123.1	136.7	110.3	80.7
1955	119.5	123.5	135.1	111.9	82.8
1956	119.5	123.4	139.2	110.8	79.6
1957	121.3	126.6	146.2	112.1	76.7
1958	121.6	125.2	149.4	111.4	74.6
1959	122.7	125.6	152.1	112.4	73.9
1960	126.5	128.8	157.4	115.5	73.4
1961	147.0	149.6	201.4	121.2	60.2
1962	152.6	155.3	200.1	126.6	63.3
1963	143.6	146.1	194.4	125.3	64.5
1964	138.3	140.7	189.5	122.9	64.9
1965	134.6	139.0	187.9	118.4	63.0
1966	134.2	137.3	195.8	115.0	58.7
1967	133.2	136.4	195.5	114.1	58.4
1968	133.3	136.5	195.2	113.8	58.3
1969	131.8	137.8	194.9	112.1	57.5
1970	131.5	137.8	195.1	111.9	57.4
1971	130.5	137.7	198.3	110.2	55.6
1972	130.2	137.9	201.1	109.6	54.5
1973	131.0	138.0	202.8	109.6	54.0
1974	131.7	138.9	204.5	109.6	53.6
1975	131.9	139.5	208.7	109.6	52.5
1976	132.3	139.9	209.7	109.7	52.3
1977	135.0	143.7	209.2	109.8	52.5
1978	135.9	144.7	217.4	109.8	50.5
1979	138.6	147.4	265.5	109.9	41.4
1980	146.9	158.5	284.4	110.8	39.0
1981	150.4	162.5	301.2	111.9	37.2
1982	153.3	165.8	307.8	113.7	36.9
1983	155.6	169.1	321.3	114.8	35.7
1984	160.0	173.7	334.2	118.4	35.4
1985	174.1	194.4	362.9	122.2	33.7
1986	184.5	208.0	386.1	126.1	32.7
1987	198.0	226.3	432.4	132.2	30.6
1988	234.6	273.1	531.9	152.3	28.6
1989	276.4	317.6	611.7	180.8	29.6
1990	282.2	321.7	595.8	189.1	31.7
1991	290.4	338.1	583.9	194.8	33.4

7-3 全国零售物价分类指数

（上年=100）

年份	总指数	一、消费品	1. 食品类	(1) 粮　食	(2) 副食品	#食用植物油	#鲜　菜	#肉禽蛋	#水产品	(3) 烟酒茶
1951	112.2	112.7	109.4	101.9	113.3		118.7			119.6
1952	99.6	99.5	101.4	110.0	97.4		98.3			93.5
1953	103.4	102.2	106.9	107.7	111.2		130.9			104.5
1954	102.3	102.3	103.8	100.0	106.2		97.5			106.2
1955	101.0	101.2	101.4	99.9	100.2		93.6			103.2
1956	100.0	100.4	100.2	100.0	101.2		105.6			99.5
1957	101.5	101.7	102.6	99.4	104.6		100.9			99.8
1958	100.2	100.2	100.5	100.6	101.4		91.2			99.6
1959	100.9	100.6	101.0	100.2	102.3		108.7			98.8
1960	103.1	104.3	104.1	103.2	104.7		114.7			100.6
1961	116.2	117.3	122.1	110.0	132.7		136.6			105.1
1962	103.8	102.7	104.4	102.7	102.3		92.3			108.2
1963	94.1	93.6	90.6	92.8	89.6		73.1			104.1
1964	96.3	96.8	95.7	96.2	94.8		91.3			104.7
1965	97.3	98.1	100.3	105.5	98.4		97.0			97.8
1966	99.7	100.8	101.0	104.9	100.5		95.6			99.3
1967	99.3	99.2	100.5	105.8	100.3		103.8			99.6
1968	100.1	100.7	102.0	100.0	98.9		125.3			100.0
1969	98.9	99.2	99.7	99.9	99.9		95.4			100.0
1970	99.8	99.8	99.7	99.8	99.8		98.5			100.0
1971	99.3	101.4	100.3	100.3	100.4		99.5			100.0
1972	99.8	99.8	100.3	100.2	100.3		103.6			100.0
1973	100.6	101.6	100.5	100.4	100.4		104.6			100.1
1974	100.5	100.6	100.1	100.0	100.0		98.9			100.1
1975	100.2	100.8	100.5	100.2	100.3		103.5			100.3
1976	100.3	100.3	99.7	99.7	99.7		99.3			100.0
1977	102.0	103.1	103.1	103.0	103.1		104.4			100.0
1978	100.7	101.5	101.5	101.3	101.5		105.0			100.1
1979	102.0	102.1	105.5	103.7	106.6		107.8			100.7
1980	106.0	107.1	110.5	103.5	119.0		110.9			100.5
1981	102.4	102.6	103.7	103.9	104.1		110.6			103.3
1982	101.9	101.9	102.8	100.2	101.0		101.8			116.4
1983	101.5	101.2	102.4	99.9	103.9		112.7			98.7
1984	102.8	101.7	102.6	99.8	104.3	102.6	107.5	105.0	111.1	99.9
1985	108.8	109.4	114.4	110.9	119.3	112.3	134.5	122.0	134.3	100.7
1986	106.0	106.5	107.4	109.3	108.4	111.0	103.3	110.1	111.7	101.2
1987	107.3	107.4	110.1	106.2	113.8	107.7	117.7	116.5	117.0	103.2
1988	118.5	119.0	123.0	114.1	130.4	117.1	131.7	136.8	131.1	113.0
1989	117.8	117.5	116.2	121.3	114.3	121.5	102.1	114.3	116.3	110.7
1990	102.1	101.6	100.3	95.2	101.3	101.6	99.6	97.9	99.3	100.9
1991	102.9	102.9	103.3	108.6	102.4	109.9	106.1	97.7	101.5	100.8

7-3 续表 1　　　　　　　　　　　　　　(上年=100)

年份	(4) 其他食品	2. 衣着类	#棉布	#化纤布	#绸缎	#针纺织品	3. 日用品类	#一般日用品	#家　具	#日用杂品
1951	107.0	110.9					116.9			
1952	104.6	100.9					101.1			
1953	104.9	98.4					98.5			
1954	97.0	99.0					99.1			
1955	99.9	100.6					100.3			
1956	98.7	101.4					100.3			
1957	101.5	100.4					100.3			
1958	99.3	99.9					99.4			
1959	99.6	99.8					100.9			
1960	109.0	100.9					104.7			
1961	127.3	100.9					108.2			
1962	103.7	101.3					109.2			
1963	88.4	99.0					99.9			
1964	92.6	99.8					94.0			
1965	96.0	100.1					96.4			
1966	96.7	99.9					97.9			
1967	100.8	99.6					98.9			
1968	100.0	100.0					100.0			
1969	99.9	100.0					100.0			
1970	99.8	100.0					100.0			
1971	100.3	100.0					99.9			
1972	100.8	99.9					99.8			
1973	101.1	99.7					100.2			
1974	100.3	100.0					100.3			
1975	100.8	100.0					99.8			
1976	99.8	100.0					100.1			
1977	103.2	100.0					100.1			
1978	102.7	100.2					100.1			
1979	103.5	99.5	100.0	97.7	99.7	99.7	100.5	99.8	100.4	102.2
1980	106.4	100.0	100.0	99.3	100.0	99.8	101.6	100.1	101.1	103.0
1981	102.5	99.6	100.0	98.6	100.0	99.1	101.3	100.1	107.6	103.2
1982	101.2	97.9	100.0	92.3	100.0	98.9	100.6	100.4	107.6	102.2
1983	105.2	98.8	119.6	80.6	100.1	107.7	99.3	100.2	101.1	101.8
1984	104.0	100.0	100.0	97.2	99.6	100.4	100.2	100.8	101.7	104.6
1985	115.0	100.9	99.1	100.4	101.1	100.5	102.7	103.8	103.9	109.5
1986	106.7	103.2	102.0	100.2	106.6	102.2	106.1	105.9	103.6	109.8
1987	109.7	103.5	103.0	99.9	109.7	105.6	106.1	106.0	105.7	110.4
1988	120.2	112.7	121.7	102.6	112.3	120.0	112.2	121.7	109.2	112.8
1989	121.9	118.1	132.1	108.9	119.2	121.8	115.3	124.1	111.6	118.0
1990	102.5	107.1	111.2	106.0	106.5	107.0	101.9	107.7	102.3	108.3
1991	103.9	104.1	105.4	103.1	102.9	104.7	101.5	103.8	100.4	103.7

7-3 续表 2　　　　　　　　　（上年=100）

年份	4. 文化娱乐用品类	#纸张文具	#文娱用机电消费品	5. 书报杂志类	6. 药及医疗用品类	#中药	#西药及医疗用品	7. 建筑装璜材料类	8. 燃料类	二、农业生产资料
1951	119.5				128.0				130.5	102.5
1952	98.0				96.0				104.1	105.6
1953	89.6				97.3				103.4	104.6
1954	93.1				99.7				102.0	102.7
1955	99.5				98.5				103.7	99.3
1956	100.1				98.3				97.5	96.2
1957	98.9				99.5				103.7	99.8
1958	99.1				94.8				101.0	100.4
1959	99.4				96.9				103.6	102.4
1960	100.2				94.1				98.2	100.4
1961	102.3				104.7				111.5	106.6
1962	107.2				102.1				101.5	108.0
1963	100.8				100.7				95.7	97.4
1964	96.7				97.8				98.4	93.8
1965	96.3				95.1				97.4	95.3
1966	97.3				93.7				99.1	96.8
1967	95.4				94.9				99.9	96.3
1968	99.2				100.0				100.0	97.2
1969	100.0				87.0				100.0	100.0
1970	100.0				83.7				100.0	100.0
1971	100.3				99.8				98.9	97.5
1972	98.9				99.7				98.3	98.2
1973	99.0				100.0				99.9	100.0
1974	100.0				99.8				100.1	100.2
1975	100.2				99.4				99.9	99.9
1976	101.5				100.5				99.9	100.1
1977	100.2				100.3				100.1	100.1
1978	100.6				100.5				100.1	99.9
1979	101.8	102.3	100.0		101.7	105.7	99.7		100.2	100.4
1980	95.5	100.8	93.6		100.9	102.9	99.8		100.7	101.0
1981	98.0	100.4	97.2		100.2	102.9	98.1		100.6	101.7
1982	97.2	100.2	96.1		101.3	102.9	100.4		100.8	101.9
1983	98.1	100.3	95.1		103.9	107.2	101.8		101.0	103.0
1984	99.8	100.3	99.7	100.0	104.9	109.0	102.1		102.2	108.9
1985	101.5	103.9	100.8	132.5	103.8	105.8	102.5		104.0	104.8
1986	101.0	105.1	99.6	113.9	102.0	102.0	101.9		103.9	101.1
1987	102.5	107.9	100.2	101.4	104.6	102.5	106.1		103.6	107.0
1988	114.1	114.8	115.3	115.2	124.8	134.8	117.6	121.4	116.1	116.2
1989	114.3	119.2	114.0	192.7	121.2	120.1	121.9	118.7	127.4	118.9
1990	97.5	111.4	93.1	107.6	102.4	96.6	106.8	97.0	108.2	105.5
1991	96.2	105.0	93.2	100.8	103.4	106.3	101.1	100.8	115.6	102.9

7-4 全国零售物价分类指数

（1950年=100）

年份	总指数	一、消费品	1.食品类	2.衣着类	3.日用品类	4.文化娱乐用品类	5.药及医疗用品类	6.燃料类	二、农业生产资料
1951	112.2	112.7	109.4	110.9	116.9	119.5	128.0	130.5	102.5
1952	111.8	113.3	110.9	111.9	118.2	117.1	122.9	135.9	108.2
1953	115.6	115.8	118.6	110.1	116.4	104.9	119.6	140.5	113.2
1954	118.3	118.5	123.1	109.0	115.3	97.7	119.2	143.3	116.2
1955	119.5	119.9	124.8	109.7	115.6	97.2	117.4	148.6	115.4
1956	119.5	120.4	125.0	111.2	115.9	97.3	115.4	144.9	111.0
1957	121.3	122.5	128.3	111.7	116.2	96.2	114.8	150.3	110.8
1958	121.6	123.2	128.9	111.6	115.5	95.3	108.8	151.8	111.2
1959	122.7	123.9	130.2	111.4	116.5	94.7	105.4	157.2	113.9
1960	126.5	129.2	135.5	112.4	122.0	94.9	99.2	154.4	114.3
1961	147.0	151.5	165.4	113.4	132.0	97.1	103.9	172.1	121.9
1962	152.6	155.6	172.6	114.9	144.1	104.1	106.1	174.6	131.7
1963	143.6	145.6	156.4	113.7	143.9	104.9	106.8	167.1	128.3
1964	138.3	140.9	149.6	113.5	135.3	101.4	104.4	164.4	120.4
1965	134.6	138.2	150.0	113.6	130.4	97.6	99.3	160.1	114.7
1966	134.2	139.3	151.5	113.5	127.6	95.0	93.0	158.7	111.0
1967	133.2	138.2	152.2	113.1	126.2	90.6	88.3	158.5	106.9
1968	133.3	139.1	155.2	113.1	126.2	89.9	88.3	158.5	103.9
1969	131.8	138.0	154.7	113.1	126.2	89.9	76.8	158.5	103.9
1970	131.5	137.8	154.3	113.1	126.2	89.9	64.3	158.5	103.9
1971	130.5	139.7	154.7	113.1	126.1	90.2	64.2	156.7	101.7
1972	130.2	139.4	155.1	113.0	125.8	89.2	64.0	154.1	99.9
1973	131.0	141.7	155.8	112.7	126.1	88.3	64.0	153.9	99.9
1974	131.7	141.9	155.9	112.7	126.5	88.3	63.9	154.1	100.1
1975	131.9	143.0	156.7	112.7	126.2	88.5	63.5	154.0	100.0
1976	132.3	143.4	156.3	112.7	126.3	89.8	63.8	153.8	100.1
1977	135.0	147.8	161.1	112.7	126.4	90.0	64.0	154.0	100.2
1978	135.9	150.0	163.5	112.9	126.5	90.5	64.3	154.1	100.1
1979	138.6	153.2	172.5	112.3	127.1	92.1	65.4	154.4	100.5
1980	146.9	164.0	190.6	112.3	129.1	88.0	66.0	154.7	101.5
1981	150.4	168.3	197.7	111.9	130.8	86.2	66.1	155.6	103.2
1982	153.3	171.5	203.2	109.6	131.6	83.8	67.0	156.8	105.2
1983	155.6	173.6	208.1	108.3	130.7	82.2	69.6	158.4	108.4
1984	160.0	176.6	213.5	108.3	131.0	82.0	73.0	161.9	118.0
1985	174.1	193.2	244.2	109.3	134.5	83.2	75.8	168.4	123.7
1986	184.5	205.8	262.3	112.8	142.7	84.0	77.3	175.0	125.1
1987	198.0	221.0	288.8	116.7	151.4	86.2	80.9	181.3	133.9
1988	234.6	263.0	355.2	131.5	169.9	98.4	101.0	210.5	155.6
1989	276.4	309.0	412.7	155.3	195.9	112.5	122.4	268.2	185.0
1990	282.2	313.9	413.9	166.3	199.6	109.7	125.3	290.2	195.2
1991	290.4	323.0	427.6	173.1	202.6	105.5	129.6	335.5	200.9

7-5 城镇零售物价分类指数

(上年=100)

年份	总指数	1. 食品类	(1) 粮 食	(2) 副食品	#食 用 植物油	#鲜 菜	#肉禽蛋	#水产品	(3) 烟酒茶
1951	114.4	111.1	104.1	115.0		120.5			119.6
1952	100.1	100.2	108.2	95.8		96.7			93.5
1953	104.9	107.9	104.9	112.3		130.7			104.6
1954	102.2	103.2	100.0	106.2		97.5			106.2
1955	102.7	101.4	100.9	101.2		94.5			103.3
1956	98.4	100.1	99.7	100.9		105.3			99.5
1957	100.2	102.6	99.8	105.0		101.3			99.8
1958	100.2	100.5	100.8	101.1		91.5			99.3
1959	100.8	100.9	100.2	101.8		108.7			98.5
1960	104.5	104.1	103.7	105.4		115.0			100.2
1961	122.0	128.3	112.9	139.7		140.8			104.4
1962	104.4	104.4	104.0	101.8		93.6			109.8
1963	90.6	94.7	96.7	93.5		76.3			101.8
1964	94.5	96.2	96.4	96.1		92.0			105.8
1965	98.6	99.3	104.0	97.0		96.9			98.3
1966	100.4	101.4	105.3	102.5		95.6			99.9
1967	99.7	101.3	104.8	99.4		103.9			99.5
1968	101.2	100.9	100.0	97.9		125.3			100.0
1969	99.9	99.2	99.9	99.9		95.4			100.0
1970	99.8	99.6	99.8	99.8		98.5			100.0
1971	101.4	99.9	99.9	100.0		99.1			99.9
1972	99.5	100.8	100.7	100.8		104.1			100.0
1973	102.7	100.6	100.5	100.5		104.7			100.1
1974	100.1	100.2	100.2	100.2		99.1			100.1
1975	101.4	100.9	100.2	100.4		103.5			100.5
1976	100.4	99.5	99.5	99.5		98.5			100.0
1977	105.8	105.7	105.6	105.6		107.7			100.0
1978	102.5	102.5	102.0	102.2		105.8			100.1
1979	101.9	101.9	99.5	103.5		103.0			100.7
1980	108.1	108.1	100.2	114.1		108.9			100.8
1981	102.7	102.7	100.7	103.2		110.0			103.6
1982	102.1	102.1	99.2	99.8		100.4			119.4
1983	101.9	103.7	102.1	104.6		113.1			98.3
1984	102.5	104.0	100.0	106.0	104.6	107.5	106.5	113.2	99.5
1985	112.2	116.5	103.3	123.0	109.8	134.5	104.3	123.5	100.9
1986	107.0	107.2	104.1	108.3	108.0	103.3	110.2	112.3	101.7
1987	109.1	112.0	106.2	114.9	108.4	117.7	115.4	120.9	104.5
1988	121.3	125.2	114.1	131.1	118.4	131.7	134.8	130.7	116.4
1989	116.0	114.4	116.9	112.6	123.7	102.1	114.6	113.4	111.3
1990	100.2	98.8	93.5	99.7	100.4	99.6	98.2	100.0	100.4
1991	104.5	105.4	120.7	102.9	123.1	106.1	98.3	103.1	101.7

7-5 续表 1

（上年=100）

年份	(4) 其他食品	2. 衣着类	#棉布	#化纤布	#绸缎	#针纺织品	3. 日用品类	#一般 日用品	#家具	#日用杂品
1951	108.6	114.2					117.6			
1952	102.8	101.3					101.0			
1953	101.7	99.8					99.6			
1954	97.0	100.3					99.2			
1955	100.9	101.1					100.0			
1956	98.3	100.0					99.6			
1957	101.9	101.3					100.8			
1958	99.7	100.0					99.3			
1959	103.3	99.6					101.1			
1960	106.3	100.9					105.7			
1961	133.4	101.2					107.0			
1962	105.7	103.7					107.6			
1963	89.7	97.5					100.2			
1964	92.4	99.2					95.0			
1965	98.3	99.3					97.9			
1966	96.6	100.0					97.5			
1967	100.1	100.1					98.9			
1968	100.0	100.0					100.0			
1969	99.9	100.0					100.0			
1970	99.8	100.0					100.0			
1971	99.9	100.0					99.5			
1972	101.3	99.7					100.1			
1973	101.5	100.0					100.4			
1974	101.3	100.0					100.3			
1975	100.5	100.0					99.7			
1976	99.7	100.0					100.1			
1977	105.8	99.9					100.0			
1978	103.2	100.0					100.0			
1979	102.0	99.4	100.0	97.8	100.0	99.6	100.6	99.8	100.5	102.2
1980	105.9	100.0	100.0	99.4	99.7	99.8	101.8	100.2	101.2	103.3
1981	103.0	99.6	100.0	98.5	100.0	99.0	100.9	100.0	106.9	103.0
1982	100.1	97.9	100.0	91.9	100.0	99.1	100.5	100.1	108.0	102.4
1983	106.6	97.8	119.8	79.9	100.3	107.3	99.1	100.1	100.6	101.7
1984	104.3	100.6	100.5	98.1	99.7	100.4	100.0	100.8	101.9	104.2
1985	118.5	101.7	99.8	100.8	101.4	100.7	102.7	103.4	105.1	109.8
1986	107.7	103.9	101.9	100.3	107.8	102.3	106.0	106.1	103.7	110.1
1987	112.1	104.8	103.4	100.1	111.9	106.4	106.5	106.0	106.3	112.3
1988	120.9	114.4	122.4	103.0	115.1	121.6	112.9	120.7	109.2	114.5
1989	120.5	118.6	131.8	110.6	121.0	121.4	114.2	122.7	112.2	119.8
1990	100.8	106.9	111.1	106.6	107.3	106.7	100.1	108.0	102.3	108.3
1991	105.4	104.5	106.3	103.7	102.7	105.7	101.6	104.5	101.1	105.1

7-5 续表 2 （上年=100）

年份	4.文化娱乐用品类	#纸张文具	#文娱用机电消费品	5.书报杂志类	6.药及医疗用品类	#中药	#西药及医疗用品	7.建筑装璜材料类	8.燃料类
1951	120.0				119.3				125.9
1952	97.2				96.0				104.1
1953	91.7				86.6				103.4
1954	92.8				99.6				102.0
1955	99.8				98.5				103.7
1956	99.3				98.4				97.6
1957	98.8				95.4				100.5
1958	99.1				94.3				100.4
1959	99.0				95.7				100.9
1960	100.4				95.7				100.1
1961	102.8				100.6				108.6
1962	106.1				101.9				97.3
1963	103.5				97.4				98.6
1964	95.5				98.7				100.7
1965	96.5				101.3				101.2
1966	97.7				94.7				99.5
1967	93.8				94.0				98.9
1968	98.4				100.0				100.0
1969	100.0				87.0				100.0
1970	100.0				83.1				100.0
1971	100.2				99.8				99.6
1972	99.0				99.8				99.5
1973	99.0				100.0				99.9
1974	99.9				99.6				99.9
1975	100.1				99.0				99.9
1976	101.9				100.2				100.0
1977	100.2				100.4				100.0
1978	100.6				100.8				100.1
1979	101.7	102.3	100.0		101.8	105.6	99.8		100.2
1980	95.5	100.7	93.7		101.0	102.7	100.0		100.1
1981	98.0	100.5	97.1		100.4	103.4	97.6		100.3
1982	97.1	100.2	96.0		101.7	103.6	100.3		100.2
1983	98.1	100.5	96.1		105.1	109.5	101.6		100.4
1984	99.9	100.4	99.8	100.0	105.8	110.0	103.1		102.2
1985	101.2	104.4	100.4	133.9	104.5	107.8	102.3		103.2
1986	100.7	104.4	99.7	111.7	102.6	103.0	102.2		103.0
1987	103.2	109.0	100.5	101.2	106.4	103.4	109.0		103.5
1988	117.9	114.6	120.3	115.6	125.8	136.9	116.5	125.4	112.3
1989	115.3	118.3	115.9	193.4	120.9	121.9	120.0	119.3	119.9
1990	95.2	109.9	92.3	106.1	102.3	96.3	107.3	97.3	113.7
1991	95.5	105.4	93.0	101.5	104.1	107.1	101.6	101.4	130.3

7-6 城镇零售物价分类指数

（1950年=100）

年份	总指数	1. 食品类	2. 衣着类	3. 日用品类	4. 文化娱乐用品类	5. 药及医疗用品类	6. 燃料类
1951	114.4	111.1	114.2	117.6	120.0	119.3	125.9
1952	114.5	111.3	115.7	118.8	116.7	114.5	131.1
1953	120.1	120.1	115.5	118.3	107.0	99.1	135.5
1954	122.7	123.9	115.8	117.4	99.3	98.7	138.2
1955	126.0	125.6	117.1	117.4	99.1	97.2	143.3
1956	124.0	125.7	117.1	116.9	98.4	95.6	139.8
1957	124.3	129.0	118.6	117.8	97.2	91.2	140.5
1958	124.6	129.6	118.6	117.0	96.3	86.0	141.1
1959	125.6	130.8	118.1	118.3	95.3	82.3	142.3
1960	131.3	136.1	119.2	125.0	95.7	78.8	142.5
1961	160.2	174.6	120.6	133.7	98.4	79.3	154.8
1962	167.2	182.2	125.1	143.8	104.4	80.8	150.6
1963	151.5	172.5	122.0	144.1	108.1	78.7	148.5
1964	143.2	166.0	121.0	136.9	103.2	77.7	149.6
1965	141.2	164.9	120.2	134.0	99.6	78.7	151.4
1966	141.8	167.2	120.2	130.7	97.3	74.5	150.6
1967	140.0	169.3	120.3	129.3	91.3	70.0	148.9
1968	141.7	170.9	120.3	129.3	89.8	70.0	148.9
1969	141.5	169.5	120.3	129.3	89.8	60.9	148.9
1970	141.2	168.9	120.3	129.3	89.8	50.6	148.9
1971	143.2	169.8	120.3	128.7	90.0	50.5	148.3
1972	142.5	170.1	119.9	128.8	89.1	50.4	147.6
1973	146.4	171.2	119.9	129.3	88.2	50.4	147.4
1974	146.5	171.5	119.9	129.7	88.1	50.2	147.3
1975	148.6	173.1	119.9	129.3	88.2	49.7	147.2
1976	149.2	172.3	119.9	129.4	89.9	49.8	147.2
1977	157.8	182.1	119.8	129.4	90.1	50.0	147.2
1978	161.8	186.7	119.8	129.4	90.6	50.4	147.4
1979	164.9	190.2	119.1	130.2	92.1	51.3	147.7
1980	178.3	205.7	119.1	132.5	88.0	51.8	147.8
1981	183.0	211.2	118.6	133.7	86.2	52.0	148.2
1982	186.9	215.6	116.1	134.4	83.7	52.9	148.5
1983	190.5	223.6	113.5	133.2	82.1	55.6	149.1
1984	195.3	232.5	114.2	133.2	82.0	58.8	152.4
1985	219.1	270.9	116.1	136.8	83.0	61.4	157.3
1986	234.4	290.4	120.6	145.0	83.6	63.0	162.0
1987	255.7	325.2	126.4	154.4	86.3	67.0	167.7
1988	310.2	407.2	144.6	174.3	101.7	84.3	188.3
1989	359.8	465.8	171.5	199.1	117.3	101.9	225.8
1990	360.5	460.2	183.3	199.3	111.7	104.2	256.7
1991	376.7	485.1	191.5	202.5	106.7	108.5	334.5

7-7 农村零售物价分类指数

(上年=100)

年份	总指数	一、消费品	1.食品类	(1)粮食	(2)副食品	#食用植物油	#肉禽蛋	#水产品
1951	110.8	112.8	111.2	114.5	127.9			
1952	99.6	99.3	97.2	105.3	93.2			
1953	101.9	100.3	102.6	113.3	113.4			
1954	102.6	102.6	106.3	106.4	113.0			
1955	101.0	101.6	106.0	106.0	106.8			
1956	100.0	100.5	99.0	99.0	99.7			
1957	102.2	102.8	104.4	103.9	109.3			
1958	100.5	100.6	100.8	101.1	102.5			
1959	100.9	100.3	101.3	101.8	103.9			
1960	102.7	103.3	102.2	103.7	103.5			
1961	108.2	110.2	103.0	102.9	124.5			
1962	105.0	103.0	108.6	108.7	108.5			
1963	97.6	97.6	96.8	98.0	94.7			
1964	97.9	99.2	100.8	102.0	99.5			
1965	97.2	98.6	99.5	106.6	98.6			
1966	98.5	100.0	101.1	105.4	99.5			
1967	98.8	99.9	101.3	108.9	102.8			
1968	99.2	99.9	99.9	99.9	99.9			
1969	99.9	99.9	99.8	99.8	99.8			
1970	100.0	100.0	100.0	100.0	100.0			
1971	97.7	100.0	100.0	100.1	99.9			
1972	99.1	100.5	99.2	99.2	99.3			
1973	100.0	100.0	100.3	100.3	100.3			
1974	100.2	100.2	100.0	100.0	100.0			
1975	99.9	100.0	100.1	100.1	100.1			
1976	100.1	100.1	100.0	100.0	100.0			
1977	100.1	100.1	100.2	100.2	100.3			
1978	100.1	100.1	100.3	100.2	100.3			
1979	102.0	102.4	103.8	105.7	107.0			
1980	104.4	106.0	107.1	107.1	120.7			
1981	102.1	102.4	103.0	101.1	102.7			
1982	101.7	101.6	104.4	103.5	103.9			
1983	101.2	100.5	100.6	100.2	101.2			
1984	103.0	101.1	101.4	99.6	102.5	101.2	102.1	105.8
1985	107.0	107.6	112.5	117.6	115.1	114.4	120.2	131.2
1986	105.0	106.1	107.5	113.0	108.6	113.1	110.0	110.8
1987	106.3	106.1	108.4	106.1	112.5	107.2	117.7	111.0
1988	117.1	117.4	120.9	114.0	129.5	116.1	140.0	131.9
1989	118.8	118.6	118.0	125.0	116.7	120.0	113.8	121.8
1990	103.2	102.7	101.7	96.7	103.2	102.4	97.4	98.1
1991	102.0	101.7	101.3	99.9	101.9	101.6	96.9	98.7

7-7 续表 1 (上年=100)

年份	(3) 烟酒茶	(4) 其他食品	2. 衣着类	#棉 布	#化纤布	#绸 缎	#针纺织品	3. 日用品类	#一 般 日用品	#家具
1951	119.6	120.8	108.4					116.3		
1952	93.5	100.2	100.6					101.1		
1953	104.2	110.8	97.3					97.6		
1954	105.9	103.2	97.8					98.9		
1955	103.2	106.0	100.3					100.5		
1956	99.5	97.7	102.5					100.8		
1957	99.8	106.1	99.8					99.8		
1958	99.6	99.6	99.9					99.4		
1959	99.1	97.2	99.9					101.4		
1960	101.1	111.6	100.8					104.0		
1961	105.7	118.1	100.0					108.4		
1962	107.0	109.4	102.2					112.0		
1963	105.5	95.3	98.4					97.9		
1964	104.4	99.2	100.1					93.4		
1965	97.3	93.9	100.7					96.2		
1966	98.8	99.3	99.7					97.7		
1967	99.7	100.9	99.5					99.9		
1968	100.0	99.9	100.0					100.0		
1969	100.0	99.8	100.0					100.0		
1970	100.0	100.0	100.0					100.0		
1971	100.1	99.9	100.0					100.2		
1972	99.9	99.9	99.8					99.5		
1973	100.1	100.8	99.9					100.0		
1974	100.1	100.7	100.0					100.5		
1975	100.1	100.3	100.0					99.8		
1976	100.0	100.1	100.0					100.2		
1977	99.9	100.6	100.2					100.0		
1978	100.3	100.9	100.0					100.2		
1979	100.6	105.2	99.5	100.1	97.5	99.4	99.7	100.4	99.9	100.3
1980	100.3	111.6	99.9	100.0	99.2	100.2	99.7	101.5	100.0	100.9
1981	103.0	103.1	99.6	100.0	98.7	100.0	99.2	101.6	100.2	108.6
1982	114.5	104.2	97.9	100.0	92.6	100.0	98.8	100.7	100.5	107.9
1983	98.8	102.4	99.7	119.5	81.1	99.9	107.9	99.4	100.3	101.7
1984	100.1	103.6	99.6	99.8	96.8	99.4	100.5	100.3	101.0	101.4
1985	100.6	111.3	100.5	99.0	100.3	100.9	100.4	102.7	103.4	103.3
1986	101.0	105.8	102.8	102.0	100.2	105.6	102.2	106.2	105.7	103.6
1987	102.7	107.4	102.7	102.9	99.8	107.5	105.0	105.8	106.1	105.3
1988	111.3	119.5	111.7	121.6	102.5	109.5	118.8	111.8	122.4	109.2
1989	110.3	123.3	117.8	132.1	108.4	117.4	122.2	116.1	125.0	111.2
1990	101.1	104.0	107.2	111.2	105.9	105.8	107.1	103.2	107.5	102.3
1991	100.4	102.4	103.8	105.2	103.0	103.0	103.9	101.5	103.5	99.7

7-7 续表 2　　　　　　　　　　　（上年=100）

年份	#日用杂品	4. 文化娱乐用品类	#纸张文具	#文娱用机电消费品	5. 书报杂志类	6. 药及医疗用品类	#中药	#西药及医疗用品	7. 建筑装潢材料类	8. 燃料类
1951		118.7				131.7				135.1
1952		99.2				96.0				104.1
1953		86.4				101.4				103.3
1954		93.7				99.7				102.0
1955		98.8				98.4				103.7
1956		100.7				98.3				97.5
1957		99.7				103.3				109.7
1958		99.0				95.3				101.5
1959		99.8				98.0				106.1
1960		99.9				92.5				96.6
1961		102.0				105.6				115.9
1962		108.2				106.8				102.4
1963		98.1				101.4				93.3
1964		98.1				96.5				97.5
1965		95.6				94.5				91.7
1966		96.7				92.7				98.7
1967		98.3				96.0				99.9
1968		99.9				100.0				100.0
1969		100.0				87.0				100.0
1970		100.0				84.2				100.0
1971		100.6				100.1				99.5
1972		98.7				99.3				96.9
1973		98.9				100.1				99.9
1974		100.1				100.0				100.3
1975		100.1				99.5				99.9
1976		101.4				100.3				99.9
1977		100.1				100.7				100.2
1978		100.6				100.1				100.2
1979	102.1	101.8	102.2	99.9		101.6	105.8	99.6		100.2
1980	102.9	95.5	100.9	93.6		100.9	103.1	99.7		100.2
1981	103.4	98.0	100.3	97.2		100.1	102.7	98.7		100.9
1982	102.1	97.3	100.2	97.4		101.2	102.5	100.5		101.2
1983	101.9	98.1	100.2	99.7		103.4	105.9	101.9		101.5
1984	105.6	99.8	100.2	99.6	100.0	104.7	108.9	101.9		102.0
1985	109.4	101.9	103.6	101.4	131.5	103.7	105.6	102.5		105.0
1986	109.7	101.2	105.5	99.6	115.4	101.9	101.8	101.9		104.2
1987	109.6	101.9	107.3	99.8	101.5	104.3	102.3	105.6		103.7
1988	112.3	111.1	114.8	110.6	115.0	124.7	134.4	117.8	120.9	117.2
1989	117.4	113.5	119.4	112.1	192.1	121.2	119.7	122.3	118.6	129.7
1990	108.3	99.4	111.7	93.9	108.3	102.4	96.7	106.7	96.9	106.0
1991	103.2	96.9	104.9	93.4	100.3	103.2	106.1	101.0	100.8	108.8

7-7 续表 3 （上年=100）

年份	二、农业生产资料	1. 小农具	2. 半机械化农具	3. 机械化农具	4. 化肥	5. 农药及农药械	#农药	#农药械	6. 农机用油	7. 其他
1951	102.5									
1952	105.6									
1953	104.6									
1954	102.7									
1955	99.3									
1956	96.2									
1957	99.8									
1958	100.4									
1959	102.4									
1960	100.4									
1961	106.6									
1962	108.0									
1963	97.4									
1964	93.8									
1965	95.3									
1966	96.8									
1967	96.3									
1968	97.2									
1969	100.0									
1970	100.0									
1971	97.5									
1972	98.2									
1973	100.0									
1974	100.2									
1975	99.9									
1976	100.1									
1977	100.1									
1978	99.9									
1979	100.4	100.3	99.2	98.5	99.7	100.1	100.1	99.9	99.9	104.1
1980	101.0	103.3	101.5	98.8	100.1	100.3	100.1	101.3	101.3	100.7
1981	101.7	106.3	104.8	99.2	100.1	100.6	100.1	104.3	100.6	101.2
1982	101.9	105.1	103.6	100.3	100.8	100.5	100.1	103.7	102.7	101.0
1983	103.0	101.8	101.5	101.0	102.4	100.7	100.3	101.8	111.8	102.6
1984	108.9	101.4	103.6	104.5	111.9	100.2	100.3	99.7	116.7	108.9
1985	104.8	105.0	105.8	111.1	103.8	100.2	100.5	99.2	106.0	101.5
1986	101.1	104.4	105.0	103.2	99.3	100.4	100.9	99.7	99.4	104.9
1987	107.0	105.5	104.0	102.7	108.3	108.8	110.3	100.8	106.2	109.7
1988	116.2	109.5	108.3	109.7	118.6	131.6	135.2	107.3	107.3	120.6
1989	118.9	116.7	117.1	118.7	117.3	135.8	140.0	107.5	110.4	127.5
1990	105.5	106.5	104.4	105.3	103.5	105.7	112.8	100.5	101.5	107.5
1991	102.9	102.5	102.6	103.4	103.2	101.4	101.7	99.2	108.7	98.2

7-8 农村零售物价分类指数

(1950年=100)

年份	总指数	一、消费品	1. 食品类	2. 衣着类	3. 日用品类	4. 文化娱乐用品类	5. 药及医疗用品类	6. 燃料类	二、农业生产资料
1951	110.8	112.8	111.2	108.4	116.3	118.7	131.7	135.1	102.5
1952	110.4	112.0	108.1	109.1	117.6	117.8	126.4	140.7	108.2
1953	112.5	112.3	110.9	106.1	114.8	101.8	128.2	145.4	113.2
1954	115.4	115.2	117.9	103.8	113.5	95.4	127.8	148.3	116.2
1955	116.7	117.0	125.0	104.1	114.1	94.3	125.8	153.8	115.4
1956	116.3	117.6	123.8	106.7	115.0	95.0	123.7	150.0	111.0
1957	118.9	120.9	129.2	106.5	114.8	94.7	127.8	164.6	110.8
1958	119.5	121.6	130.2	106.4	114.1	93.8	121.8	167.1	111.2
1959	120.4	122.0	131.9	106.3	115.7	93.6	119.4	177.3	113.9
1960	123.7	126.0	134.8	107.1	120.3	93.5	110.4	171.2	114.3
1961	133.8	138.9	138.8	107.1	130.4	95.4	116.6	198.5	121.9
1962	140.5	143.1	150.7	109.5	146.0	103.2	124.5	203.2	131.7
1963	137.1	139.6	145.9	107.7	143.0	101.2	126.3	189.6	128.3
1964	134.2	138.5	147.1	107.8	133.6	99.3	121.9	184.8	120.4
1965	130.4	136.5	146.4	108.6	128.5	94.9	115.2	169.4	114.7
1966	128.5	136.5	148.0	108.3	125.5	91.8	106.8	167.2	111.0
1967	127.0	136.4	149.9	107.8	125.4	90.2	102.5	167.0	106.9
1968	126.0	136.2	149.8	107.8	125.4	90.1	102.5	167.0	103.9
1969	125.4	136.0	149.5	107.8	125.4	90.1	89.2	167.0	103.9
1970	125.4	136.0	149.5	107.8	125.4	90.1	75.1	167.0	103.9
1971	122.5	136.0	149.5	107.8	125.7	90.6	75.2	166.1	101.7
1972	121.4	136.7	148.3	107.6	125.1	89.4	74.7	160.9	99.9
1973	121.4	136.7	148.7	107.5	125.1	88.4	74.8	160.7	99.9
1974	121.6	137.0	148.7	107.5	125.7	88.5	74.8	161.2	100.1
1975	121.5	137.0	148.8	107.5	125.4	88.6	74.4	161.1	100.0
1976	121.6	137.2	148.8	107.5	125.6	89.8	74.6	160.9	100.1
1977	121.7	137.3	149.1	107.7	125.6	89.9	75.1	161.2	100.2
1978	121.7	137.4	149.5	107.7	125.8	90.4	75.2	161.0	100.1
1979	124.1	140.7	155.2	107.2	126.3	92.0	76.4	161.3	100.5
1980	129.6	149.1	166.2	107.1	128.2	87.9	77.1	161.6	101.5
1981	132.3	151.8	171.2	106.7	130.3	86.1	77.2	163.1	103.2
1982	134.5	154.3	178.7	104.5	131.2	83.8	78.1	165.1	105.2
1983	136.1	155.1	179.8	104.2	130.4	82.2	80.8	167.6	108.4
1984	140.2	156.8	182.3	103.8	130.8	82.0	84.6	171.0	118.0
1985	150.0	168.7	205.1	104.3	134.3	83.6	87.7	179.6	123.7
1986	157.5	179.0	220.5	107.2	142.6	84.6	89.4	187.1	125.1
1987	167.4	189.9	239.0	110.1	150.9	86.2	93.2	194.0	133.9
1988	196.0	222.9	289.0	123.0	168.7	95.8	116.2	227.4	155.6
1989	232.8	264.4	341.0	144.9	195.9	108.7	140.8	294.9	185.0
1990	240.2	271.5	346.8	155.3	202.2	108.0	144.2	312.6	195.2
1991	245.0	276.1	351.3	161.2	205.2	104.7	148.8	340.1	200.9

7-9 各地区全社会零售物价总指数

（1991年）

地区	1978年=100			1980年=100			上年=100		
	全省（区、市）	城镇	农村	全省（区、市）	城镇	农村	全省（区、市）	城镇	农村
全国	**213.7**	**232.8**	**201.6**	**197.7**	**211.6**	**189.4**	**102.9**	**104.5**	**102.0**
北京	258.8	258.8		238.2	238.2		108.5	108.5	
天津	218.3	218.3		204.7	204.7		108.0	108.0	
河北	202.4	218.4	194.7	189.8	199.8	185.8	102.8	106.5	101.3
山西	211.1	223.4	200.9	203.0	209.4	197.9	103.9	105.0	102.8
内蒙古	209.6	215.1	203.9	195.0	197.3	193.2	104.5	106.1	102.9
辽宁	223.0	237.7	198.9	208.1	214.8	193.2	104.1	104.6	102.9
吉林	229.4	247.6	203.5	213.0	224.8	193.7	105.1	105.5	104.7
黑龙江	234.2	249.2	209.9	217.9	225.3	199.5	106.5	107.5	105.0
上海	245.7	245.7		228.6	228.6		109.5	109.5	
江苏	222.1	236.7	211.4	208.9	220.5	199.8	104.4	107.8	101.7
浙江	237.5	263.0	218.4	215.0	232.2	201.4	103.0	105.2	101.4
安徽	210.7	220.5	200.7	199.9	205.8	191.2	105.7	107.5	103.7
福建	236.5	262.3	211.9	218.9	239.2	198.3	103.6	104.2	103.1
江西	215.8	229.6	199.5	205.1	212.2	193.3	102.4	104.0	101.2
山东	196.8	202.5	187.2	188.6	193.8	181.7	104.7	106.1	103.6
河南	193.5	209.6	184.4	185.0	196.1	177.8	101.7	105.0	99.8
湖北	204.6	224.6	190.9	192.9	203.7	183.4	104.3	105.6	103.1
湖南	244.5	259.5	232.0	216.2	219.0	210.2	104.1	104.4	103.1
广东	256.4	273.1	234.7	229.8	242.5	215.3	100.6	101.4	99.7
广西	238.5	263.5	221.1	213.6	227.4	205.0	102.5	102.5	102.5
海南							103.1	103.6	102.9
四川	218.3	240.4	206.1	191.5	205.7	183.8	102.3	103.7	101.4
贵州	214.7	242.5	190.5	194.7	200.6	181.1	103.3	103.4	103.3
云南	208.0	219.2	198.6	195.3	200.4	191.1	103.7	103.1	103.9
西藏									
陕西	216.0	227.4	201.3	202.9	210.4	192.9	105.8	106.5	103.6
甘肃	209.3	224.8	194.5	197.4	205.2	188.7	104.6	105.2	104.4
青海	222.7	235.2	196.1	209.4	214.7	192.5	106.3	107.1	104.4
宁夏	217.7	231.3	204.0	203.2	210.1	194.2	105.7	106.6	104.8
新疆	213.4	231.0	204.0	198.0	209.2	191.5	108.0	108.9	106.8

注：本表全国零售物价总指数是按照全国统一规定的商品目录，根据各调查市、县的商品零售价格直接汇总计算的，而不是各省（区、市）指数的平均数。

7-10 各地区全社会零售物价分类指数

(1991年,上年=100)

地区	总指数	一、消费品	1.食品类	粮食	副食品	#鲜菜	#肉禽蛋	#水产品	烟酒茶	其他食品
全国	**102.9**	**102.9**	**103.3**	**108.6**	**102.4**	**106.1**	**97.7**	**101.5**	**100.8**	**103.9**
北京	108.5	108.5	111.2	132.2	108.2	118.4	101.1	102.0	101.7	113.9
天津	108.0	108.0	111.1	133.3	109.4	117.8	104.9	101.0	104.2	104.7
河北	102.8	103.0	103.7	98.1	106.2	102.7	106.0	100.8	101.4	105.1
山西	103.9	103.7	104.0	98.6	106.8	114.0	101.2	101.5	101.0	104.2
内蒙古	104.5	104.7	105.6	110.0	105.5	112.0	97.5	102.5	101.2	105.6
辽宁	104.1	104.2	104.8	112.1	104.2	112.2	98.0	101.9	101.0	104.6
吉林	105.1	105.1	104.7	105.6	104.7	115.6	96.4	99.8	99.4	107.6
黑龙江	106.5	106.6	106.1	109.8	105.0	118.6	94.7	100.9	104.4	106.7
上海	109.5	109.5	112.7	141.8	109.9	130.6	99.5	108.4	103.1	114.6
江苏	104.4	104.8	107.3	121.3	106.2	124.9	100.5	102.6	101.6	108.8
浙江	103.0	102.9	104.6	117.3	103.8	114.5	96.2	108.6	98.3	109.3
安徽	105.7	106.1	109.4	131.2	107.1	127.9	98.9	99.5	100.9	108.5
福建	103.6	103.3	101.6	117.4	97.6	104.9	91.4	103.0	102.4	104.6
江西	102.4	102.3	102.6	114.9	100.5	107.6	93.3	104.1	100.2	103.3
山东	104.7	104.9	106.8	110.7	108.1	108.8	106.6	99.1	101.5	105.7
河南	101.7	102.0	104.5	111.1	104.6	109.3	101.7	104.9	100.2	102.7
湖北	104.3	104.5	105.9	126.1	103.4	107.7	97.4	104.9	101.3	104.0
湖南	104.1	104.2	105.3	129.8	102.6	108.3	96.4	101.0	103.1	102.4
广东	100.6	100.4	99.7	110.9	97.1	104.5	92.9	102.6	99.2	104.0
广西	102.5	102.7	102.8	110.5	99.0	101.4	95.2	100.4	101.7	106.9
海南	103.1	103.3	104.6	148.4	99.0	100.5	94.1	104.7	102.8	103.2
四川	102.3	102.5	103.7	119.2	103.0	107.5	97.7	105.2	99.6	102.5
贵州	103.3	104.1	106.7	126.1	102.8	103.6	94.9	103.2	101.8	103.9
云南	103.7	102.8	102.7	109.2	101.1	101.9	94.2	99.5	100.0	104.6
西藏										
陕西	105.8	106.0	108.7	129.5	105.8	102.7	103.0	105.1	100.2	104.9
甘肃	104.6	104.6	106.1	107.1	107.4	110.9	102.0	101.9	101.8	106.9
青海	106.3	106.4	107.7	114.9	105.8	112.4	99.4	103.3	101.7	112.8
宁夏	105.7	105.9	108.5	115.5	106.8	110.8	98.6	100.7	101.6	111.3
新疆	108.0	108.1	111.5	115.8	112.1	124.2	107.4	105.5	104.6	109.3

7-10 续表 (1991年,上年=100)

地区	2.衣着类	#棉布	#绸缎	3.日用品类	4.文化娱乐用品类	5.书报杂志类	6.药及医疗用品类	7.建筑装潢材料类	8.燃料类	二、农业生产资料
全国	**104.1**	**105.4**	**102.9**	**101.5**	**96.2**	**100.8**	**103.4**	**100.8**	**115.6**	**102.9**
北京	105.7	107.9	104.6	107.1	94.4	100.3	105.0	111.5	135.0	
天津	106.0	104.4	90.5	103.1	91.3	112.0	103.7	100.0	160.2	
河北	105.3	105.7	104.7	101.8	95.8	102.0	102.0	100.6	107.6	101.6
山西	105.3	106.4	102.0	103.2	92.7	99.5	106.7	100.9	118.8	106.1
内蒙古	105.9	111.2	103.0	102.6	95.4	99.7	105.1	99.3	119.8	103.5
辽宁	103.6	107.4	103.8	101.8	96.5	103.6	102.7	100.6	145.6	103.1
吉林	105.0	111.8	104.5	103.0	96.8	100.5	103.0	101.5	149.4	105.9
黑龙江	106.7	113.5	106.6	103.5	99.5	99.7	107.8	100.7	144.3	105.4
上海	106.3	104.6	97.3	112.5	90.8	103.6	97.7	105.8	169.5	
江苏	104.6	107.7	101.4	102.2	96.3	101.8	103.0	99.0	121.3	101.8
浙江	103.2	103.9	102.1	101.3	95.7	99.9	105.2	97.5	121.7	103.1
安徽	103.3	102.8	103.1	101.5	94.8	100.7	99.3	98.0	136.9	102.3
福建	102.0	102.6	101.4	101.0	98.2	99.6	103.1	103.6	180.3	105.1
江西	103.2	103.4	101.3	100.4	97.4	100.7	102.7	98.6	117.2	102.8
山东	104.3	103.8	103.9	101.8	95.8	102.6	105.2	103.9	124.0	102.0
河南	102.2	101.7	100.9	100.0	94.5	98.4	100.7	98.6	97.4	100.1
湖北	105.4	103.5	104.1	100.8	95.0	104.7	102.0	100.9	122.4	102.3
湖南	103.2	103.2	101.6	101.4	96.1	101.3	103.8	104.8	114.2	101.2
广东	103.3	103.4	100.7	99.9	97.8	99.8	107.0	102.2	107.2	101.4
广西	105.8	112.9	100.0	101.9	96.2	99.4	102.4	102.6	112.5	101.3
海南	102.8	105.2	108.8	100.5	98.4	98.1	99.4	99.2	104.3	100.6
四川	103.3	105.4	101.4	101.1	94.5	102.1	104.0	99.7	110.6	100.8
贵州	101.8	104.1	96.4	101.0	92.6	102.8	100.4	100.3	105.3	100.0
云南	105.8	105.8	101.5	101.8	95.8	103.7	102.7	101.7	111.3	109.4
西藏										
陕西	106.3	103.6	102.2	102.3	93.5	103.3	102.0	100.5	114.8	100.8
甘肃	105.5	108.8	105.5	101.2	95.5	99.0	100.7	100.1	115.4	104.5
青海	103.8	109.4	102.7	102.5	97.5	101.0	101.3	103.5	137.8	104.1
宁夏	104.0	107.9	100.3	100.8	97.4	101.2	102.0	111.3	106.3	104.6
新疆	105.0	113.4	102.7	104.0	99.4	105.6	103.7	106.8	113.4	105.1

7-11 国营商业零售物价分类指数

(1950年=100)

项　　目	1952年	1957年	1965年	1978年	1980年	1985年	1990年	1991年
总　指　数	112.1	121.4	132.3	129.0	138.9	162.0	260.0	268.6
一、消费品价格指数	112.3	122.2	134.1	133.0	145.1	168.0	270.6	279.5
1.食品类	110.9	128.8	148.6	154.2	175.2	221.3	369.9	386.2
粮　食	112.1	120.4	131.2	145.0	154.4	181.1	275.2	304.9
副食品	110.3	138.8	168.4	168.0	202.8	268.8	503.9	523.6
#鲜菜	116.7	149.4	136.7	182.1	204.9	359.3	565.5	568.3
烟酒茶	111.8	127.0	152.3	151.5	153.4	182.9	239.5	240.9
其他食品	111.9	114.5	126.4	127.7	141.2	180.9	317.9	330.3
2.衣着类	111.9	111.7	113.6	112.9	112.3	109.3	166.3	173.1
3.日用品类	118.2	116.2	130.4	126.5	129.1	134.5	199.6	202.6
4.文化娱乐用品类	117.1	96.2	97.6	90.5	88.0	83.2	109.7	105.5
5.药及医疗用品类	122.9	114.8	99.3	64.3	66.0	75.8	125.3	129.6
6.燃料类	135.9	150.3	160.1	154.1	154.7	168.4	290.2	335.5
二、农业生产资料价格指数	108.2	110.8	114.7	100.1	101.5	123.7	195.2	200.9

7-12 国营商业零售物价分类指数

(1991年)

项　　目	1952年=100	1957年=100	1965年=100	1978年=100	1980年=100	1985年=100	1990年=100
总　指　数	240.5	221.5	204.1	208.3	193.0	165.8	103.3
一、消费品价格指数	249.4	228.7	208.6	210.0	192.2	166.3	103.3
1.食品类	348.6	300.5	259.4	250.1	220.3	174.5	104.4
粮　食	271.9	253.2	232.1	210.7	197.3	168.3	110.8
副食品	475.2	378.2	311.1	311.8	257.9	194.7	103.9
#鲜　菜	487.1	380.7	374.5	312.2	277.3	158.2	110.2
肉禽蛋							97.7
水产品							100.5
烟酒茶	215.3	189.8	157.8	158.7	157.1	131.8	100.6
其他食品	295.9	289.0	261.3	258.7	234.1	182.4	103.9
2.衣着类	155.1	155.0	152.3	153.3	154.1	158.5	104.1
3.日用品类	172.4	174.5	155.4	160.5	157.3	150.6	101.5
4.文化娱乐用品类	90.9	109.5	108.1	116.4	119.9	126.6	96.2
5.书报杂志类						278.2	100.8
6.药及医疗用品类	105.4	112.8	130.4	201.4	196.3	170.9	103.4
7.建筑装璜材料类							100.8
8.燃料类	246.8	221.5	210.0	218.6	216.9	198.9	115.6
二、农业生产资料价格指数	185.1	180.8	174.3	200.8	197.5	162.3	102.9

7-13 集市贸易价格分类指数

（1991年）

项目	上年＝100			本年国营商业价格=100		
	全国平均	城市	县城	全国平均	城市	县城
总指数	99.2	99.4	97.3	105.2	105.3	104.5
一、消费品	99.1	99.4	96.6	105.2	105.3	104.5
1. 粮食	86.4	87.4	80.6	161.3	156.5	185.1
2. 食用植物油	95.2	96.3	92.0	120.2	116.4	136.7
3. 鲜菜	102.3	102.9	102.2	115.6	116.4	106.3
4. 干菜	108.6	109.0	101.5	101.3	103.0	93.8
5. 肉禽蛋	95.0	95.3	92.3	106.6	106.9	104.1
6. 水产品	101.1	101.1	100.1	103.8	103.9	103.1
7. 鲜果	104.0	102.8	111.7	89.5	89.6	89.0
8. 干果	97.0	97.1	94.7	91.6	91.7	91.3
9. 日用杂品	102.6	105.7	98.7	102.6	102.7	82.4
10. 柴草	97.0	88.7	99.1	97.0	95.2	99.3
11. 其他	98.9	97.2	102.5	98.9	74.6	119.8
二、农业生产资料	100.1		100.1			
1. 饲料	91.6		91.6			
2. 小农具	99.6		99.6			
3. 幼禽家畜	102.3		102.3			
4. 大牲畜	100.6		100.6			
5. 竹木材	99.4		99.4			

7-14 集市贸易消费品价格指数

年份	1950年=100	1952年=100	1957年=100	1962年=100	1965年=100	1970年=100	以当年国营=100
1952	111.0						
1957	120.9	108.9					
1962	354.8	319.6	293.5				270.0
1965	192.3	173.2	159.0	54.2			140.0
1970	197.7	178.1	163.5	55.7	102.8		142.0
1975	259.5	233.8	214.7	73.2	135.0	131.3	184.0
1976	269.8	243.1	223.2	76.0	140.4	136.6	190.0
1977	263.3	237.2	217.8	74.2	137.0	133.3	179.0
1978	246.0	221.6	203.5	69.3	128.0	124.5	169.0
1979	234.9	211.6	194.3	66.2	122.2	118.9	157.0
1980	239.6	215.8	198.2	67.5	124.6	121.2	148.0
1981	253.5	228.3	209.7	71.4	131.8	128.2	149.0
1982	261.9	235.8	216.6	73.8	136.1	132.4	148.0
1983	272.9	245.7	225.7	76.9	141.8	138.0	148.0
1984	271.8	244.7	224.8	76.6	141.2	137.4	143.0
1985	318.5	286.8	263.5	89.8	165.5	161.0	128.0
1986	344.3	310.0	284.8	97.1	178.9	174.0	117.0
1987	400.4	360.5	331.2	112.9	208.1	202.4	117.0
1988	521.7	469.7	431.6	147.1	271.2	263.7	117.0
1989	578.0	520.4	478.2	163.0	300.5	292.2	117.0
1990	545.1	490.7	450.9	153.7	283.4	275.5	112.0
1991	540.2	486.3	446.8	152.3	280.8	273.0	105.2

7-15 各地区集市贸易价格指数

(1991年)

地区	上年=100			本年国营商业价格=100		
	平均	城市	县城	平均	城市	县城
全国	**99.2**	**99.4**	**97.3**	**105.2**	**105.3**	**104.5**
北京	104.9	104.9		108.6	108.6	
天津	100.6	100.6		115.6	115.6	
河北	100.5	99.2	101.1	108.2	114.4	102.1
山西	103.7	104.8	100.8	108.8	106.4	109.3
内蒙古	98.1	98.7	97.3	93.7	104.8	81.2
辽宁	99.1	99.2	98.8	102.7	102.5	110.3
吉林	99.9	102.1	98.2	97.7	98.2	81.9
黑龙江	100.9	100.8	101.6	110.8	110.3	103.5
上海	106.8	106.8		121.4	121.4	
江苏	104.3	105.0	103.0	105.8	109.1	101.7
浙江	101.4	103.1	100.2	115.1	119.9	110.2
安徽	103.8	105.8	102.2	105.0	109.0	100.8
福建	96.7	97.3	95.2	108.5	112.3	102.6
江西	98.2	97.6	99.3	100.6	99.5	102.1
山东	102.5	101.7	103.9	104.5	103.9	104.8
河南	101.1	101.0	101.4	110.1	110.0	110.5
湖北	100.4	104.4	100.7	110.8	100.2	102.6
湖南	99.6	100.4	99.0	108.5	114.4	102.4
广东	96.5	96.6	96.3			
广西	97.0	96.9	97.5	104.7	104.7	98.1
海南	97.4	94.3	100.4	96.3	101.2	106.4
四川	100.6	102.4	99.7	102.2	101.3	103.7
贵州	97.9	97.3	98.8	109.3	111.6	107.0
云南	98.7	98.3	99.0	109.1	112.3	113.2
西藏						
陕西	101.4	100.8	102.0	96.9	88.7	100.4
甘肃	104.3	105.4	103.2	103.3	106.2	102.7
青海	100.6	103.7	97.5	119.8	125.7	115.8
宁夏	101.9	99.6	104.5	107.2	107.5	106.8
新疆	109.5	109.8	108.5	118.2	119.9	112.1

7-16 职工生活费用价格分类指数

(上年=100)

年份	总指数	1. 消费品	2. 服务项目	房 租	水电费	交通费	邮电费	医疗 保健费	学 杂 保育费	文娱费	修理及 其 他 服务费
1951	112.5	114.4									
1952	102.7	100.1									
1953	105.1	104.9									
1954	101.4	102.2									
1955	100.3	102.7									
1956	99.9	98.4									
1957	102.6	100.2									
1958	98.9	100.2									
1959	100.3	100.8									
1960	102.5	104.5									
1961	116.1	122.0									
1962	103.8	104.4									
1963	94.1	90.6									
1964	96.3	94.5									
1965	98.8	98.6									
1966	98.8	100.4									
1967	99.4	98.7									
1968	100.1	101.2									
1969	101.0	99.9									
1970	100.0	99.8									
1971	99.9	101.4									
1972	100.2	99.5									
1973	100.1	102.7									
1974	100.7	100.1									
1975	100.4	101.4									
1976	100.3	100.4									
1977	102.7	105.8									
1978	100.7	102.5									
1979	101.9	101.9	100.4	98.5	99.9	101.5				101.5	100.5
1980	107.5	108.1	100.8	99.2	99.9	100.2				100.6	102.7
1981	102.5	102.7	100.8	100.1	99.6	100.7				100.6	101.4
1982	102.0	102.1	101.4	100.0	100.0	102.0				100.6	102.5
1983	102.0	101.9	102.9	101.0	100.0	103.1	102.7	108.9	105.4	101.7	104.2
1984	102.7	102.5	105.4	101.0	100.5	103.5	123.1	109.5	111.1	106.2	106.6
1985	111.9	112.2	108.4	101.6	100.5	104.9	100.2	121.4	117.8	114.4	111.8
1986	107.0	107.0	107.1	102.1	100.9	105.0	100.1	110.5	109.6	113.5	111.9
1987	108.8	109.1	106.0	102.2	102.0	103.7	100.1	108.9	107.9	117.6	108.0
1988	120.7	121.3	113.8	106.7	103.1	105.0	102.4	115.3	127.2	129.2	114.6
1989	116.3	116.0	119.5	104.6	106.2	121.6	104.1	117.7	138.3	125.0	118.2
1990	101.3	100.2	112.8	102.4	106.3	142.2	147.8	112.5	110.2	115.6	108.8
1991	105.1	104.5	110.8	106.6	113.2	105.6	161.4	112.6	108.0	129.7	108.6

7-17 各地区居民生活费用价格分类指数

（1991年， 上年=100）

地 区	总指数	1. 消费品	2. 服务项目	房 租	水电费	交通费	邮电费	医疗保健费	学 杂保育费	文娱费	修理及其 他服务费
全 国	**103.4**	**102.9**	**108.7**	**105.6**	**109.6**	**104.9**	**159.5**	**110.3**	**106.6**	**124.4**	**106.4**
北 京	111.9	108.5	142.9	100.0	104.1	167.7	140.3	132.1	140.0	347.0	107.1
天 津	110.2	108.0	137.9	100.0	128.4	144.3	136.3	145.8	212.3	118.2	106.4
河 北	103.4	103.0	107.0	100.3	109.8	106.4	166.7	102.6	106.7	113.5	104.6
山 西	104.8	103.7	116.0	105.9	120.3	109.1	137.8	143.0	113.3	119.0	111.1
内 蒙 古	104.6	104.7	103.9	109.8	106.9	103.3	136.6	100.9	99.7	116.4	105.5
辽 宁	105.6	104.2	119.6	101.7	159.6	106.9	137.1	105.7	108.1	135.8	106.7
吉 林	106.8	105.1	123.4	103.8	161.1	112.5	139.0	108.6	125.3	141.8	108.2
黑 龙 江	107.4	106.6	115.0	102.2	141.3	102.0	141.4	118.4	107.4	133.8	112.8
上 海	110.5	109.5	118.9	162.4	121.5	100.0	141.5	119.2	114.9	132.8	115.6
江 苏	104.9	104.8	106.3	101.1	105.5	111.9	135.9	100.9	100.4	113.0	109.0
浙 江	103.5	102.9	109.2	108.0	115.7	101.7	139.0	120.3	101.4	119.2	107.1
安 徽	106.1	106.1	105.7	101.8	106.7	104.4	141.7	110.3	99.9	112.0	108.7
福 建	103.5	103.3	105.4	102.3	110.4	107.2	142.4	103.0	100.1	105.7	105.5
江 西	102.8	102.3	107.4	104.6	106.3	112.6	134.2	113.4	103.1	135.8	103.3
山 东	104.9	104.9	105.0	102.2	104.5	102.7	137.3	98.6	102.9	117.4	108.0
河 南	102.3	102.0	104.9	105.3	103.0	105.2	136.2	104.8	102.4	127.5	104.7
湖 北	104.9	104.5	108.3	103.9	105.0	110.6	135.9	138.3	102.2	133.2	104.8
湖 南	104.4	104.2	106.2	119.1	103.0	104.6	138.8	115.6	102.9	118.7	105.4
广 东	101.2	100.4	107.5	107.0	102.7	105.4	139.2	108.1	106.8	122.2	108.8
广 西	102.8	102.7	103.4	101.3	106.2	102.6	144.5	108.5	101.7	109.8	102.0
海 南	103.9	103.3	108.2	100.1	97.5	106.9	130.3	110.3	113.4	117.0	104.4
四 川	103.0	102.5	107.6	103.7	112.2	108.2	141.9	104.9	103.1	118.9	106.6
贵 州	104.4	104.1	106.6	98.4	103.7	109.5	134.7	119.5	103.0	107.7	105.7
云 南	103.1	102.8	105.6	108.2	107.5	103.5	143.3	108.0	99.0	147.4	103.2
西 藏											
陕 西	106.6	106.0	111.8	111.2	108.0	103.1	139.4	133.8	109.5	128.3	110.2
甘 肃	104.9	104.6	107.2	100.1	101.5	102.2	135.9	100.3	110.2	128.1	107.4
青 海	107.6	106.4	117.5	102.5	100.6	105.9	143.9	101.7	138.6	107.7	120.4
宁 夏	106.3	105.9	110.0	105.8	101.2	102.2	146.1	167.1	106.8	111.1	106.4
新 疆	108.6	108.1	112.0	109.0	102.0	104.3	137.8	114.2	121.3	126.6	107.5

7-18 各地区职工生活费用价格分类指数

（1991年， 上年=100）

地 区	总指数	1. 消费品	2. 服务项目	房 租	水电费	交通费	邮电费	医疗保健费	学杂保育费	文娱费	修理及其他服务费
全 国	**105.1**	**104.5**	**110.8**	**106.6**	**113.2**	**105.6**	**161.4**	**112.6**	**108.0**	**129.7**	**108.6**
北 京	111.9	108.5	142.9	100.0	104.1	167.7	140.3	132.1	140.0	347.0	107.1
天 津	110.2	108.0	137.9	100.0	128.4	144.3	136.3	145.8	212.3	118.2	106.4
河 北	106.6	106.5	107.9	100.7	108.2	111.0	168.3	103.1	107.5	115.6	106.8
山 西	106.2	105.0	116.0	101.9	133.7	115.8	141.0	149.9	109.3	119.2	109.7
内蒙古	106.0	106.1	105.0	108.3	108.7	103.4	138.8	101.4	101.0	117.9	105.7
辽 宁	106.0	104.6	118.9	101.0	157.7	109.3	130.2	105.7	104.0	142.3	107.6
吉 林	107.1	105.5	123.9	103.9	161.1	111.1	140.1	108.6	127.4	145.0	108.4
黑龙江	108.2	107.5	115.5	102.3	141.7	102.9	143.6	120.9	107.4	134.8	113.9
上 海	110.5	109.5	118.9	162.4	121.5	100.0	141.5	119.2	114.9	132.8	115.6
江 苏	107.7	107.8	107.1	100.9	105.6	112.0	135.5	100.6	100.8	117.4	109.0
浙 江	105.6	105.2	109.4	105.5	116.3	102.6	141.8	120.8	101.9	116.6	107.9
安 徽	107.4	107.5	106.9	101.7	110.6	105.5	147.6	110.6	100.6	112.1	110.5
福 建	104.6	104.2	107.7	102.0	110.7	115.4	142.3	100.7	100.5	109.4	107.8
江 西	104.4	104.0	107.6	104.9	106.7	109.5	132.6	115.8	103.4	141.4	106.9
山 东	106.2	106.1	107.2	101.3	107.5	106.4	136.8	100.5	103.0	120.0	111.0
河 南	105.1	105.0	106.2	105.2	104.4	110.0	136.6	107.3	100.9	131.0	106.0
湖 北	106.2	105.6	111.6	103.7	105.2	116.7	137.6	149.0	109.7	135.8	105.0
湖 南	105.1	104.4	109.0	121.5	104.1	109.5	136.5	108.1	107.1	121.8	106.9
广 东	102.3	101.4	108.5	106.7	103.5	108.0	138.4	111.3	107.8	122.3	109.2
广 西	102.7	102.5	103.4	101.7	105.6	106.9	141.1	116.5	98.3	112.5	103.8
海 南	104.0	103.6	107.2	100.1	99.2	106.9	129.9	103.4	112.9	111.4	104.9
四 川	104.3	103.7	109.4	106.5	113.8	110.0	141.0	104.0	103.8	120.0	107.0
贵 州	103.9	103.4	107.5	98.1	104.8	115.5	134.1	120.1	103.3	111.2	106.0
云 南	103.8	103.1	110.1	108.5	112.2	109.1	144.9	112.2	105.7	154.4	103.0
西 藏											
陕 西	107.3	106.5	114.6	111.5	113.9	103.7	139.7	156.0	104.9	130.1	118.8
甘 肃	105.7	105.2	110.7	100.0	103.1	102.5	134.1	100.2	124.4	136.4	107.5
青 海	108.7	107.1	122.2	100.8	100.7	107.1	144.2	106.4	148.4	109.1	126.1
宁 夏	106.9	106.6	110.2	105.4	100.3	102.9	146.5	163.5	109.7	113.6	106.0
新 疆	109.3	108.9	112.4	108.2	102.3	108.7	141.6	113.8	117.0	138.7	106.2

7-19 各地区农民生活费用价格分类指数

（1991年， 上年=100）

地区	总指数	1. 消费品	2. 服务项目	房租	水电费	交通费	邮电费	医疗保健费	学杂保育费	文娱费	修理及其他服务费
全国	102.3	101.7	107.3	103.5	106.3	104.4	158.1	109.8	105.9	119.6	104.2
北京											
天津											
河北	101.6	101.2	106.0	100.0	109.4	102.4	163.9	102.4	106.8	113.4	103.3
山西	102.9	101.9	115.7	111.7	101.2	100.0	135.4	139.2	116.1	116.3	112.0
内蒙古	102.5	102.6	102.0	117.1	104.6	101.7	131.5	100.5	98.0	114.7	104.6
辽宁	104.2	102.8	121.2	105.8	164.1	101.3	143.0	105.7	117.7	120.6	105.7
吉林	105.2	104.1	122.4	100.9	163.4	115.2	131.3	108.7	106.3	121.6	105.5
黑龙江	105.3	104.7	112.4	100.6	137.5	100.0	133.6	113.2	106.9	130.2	104.5
上海											
江苏	101.9	101.7	104.5	103.4	101.4	111.6	138.0	101.0	100.3	106.2	108.9
浙江	101.5	100.8	108.4	113.9	115.0	100.9	138.8	119.8	100.5	121.0	105.9
安徽	104.1	104.1	103.7	102.4	99.5	102.2	132.6	110.1	99.7	111.9	103.4
福建	102.4	102.3	103.3	103.3	109.0	102.0	142.5	103.2	100.0	104.0	103.5
江西	101.3	100.7	107.2	100.0	101.8	115.2	137.8	112.9	101.3	132.2	103.1
山东	104.0	104.1	103.6	102.8	102.4	100.0	137.6	97.3	102.9	115.6	105.8
河南	100.0	99.6	104.1	105.4	101.2	100.0	135.7	104.6	103.7	124.5	103.9
湖北	103.6	103.3	105.7	105.9	103.8	102.0	135.2	136.4	100.3	126.0	104.4
湖南	103.8	103.7	104.4	100.0	100.0	102.7	144.0	118.7	102.7	114.4	103.1
广东	99.9	99.2	105.4	108.5	100.3	101.4	139.7	107.0	104.9	121.3	107.8
广西	103.0	103.0	103.3	100.0	106.9	100.0	147.1	107.4	102.0	106.1	101.0
海南	104.4	103.5	109.6	100.0	92.5	104.8	130.1	113.0	114.2	120.1	103.1
四川	102.1	101.6	106.0	99.8	105.9	104.5	142.6	105.6	102.8	118.2	106.2
贵州	105.1	105.0	106.3	98.8	100.5	100.0	135.9	120.9	102.8	100.6	104.3
云南	102.7	102.6	103.9	108.7	101.3	103.1	142.1	107.3	98.2	142.7	103.5
西藏											
陕西	105.3	104.7	109.5	109.4	101.9	101.6	136.8	129.3	110.4	124.8	102.2
甘肃	104.5	104.4	105.4	100.2	100.5	102.0	137.5	100.3	103.7	120.8	107.3
青海	105.2	104.5	110.2	105.7	100.0	100.0	142.6	96.0	131.2	105.6	104.7
宁夏	105.3	104.9	109.4	106.3	101.3	100.0	143.4	169.5	104.5	108.8	106.8
新疆	107.9	107.3	111.7	110.3	101.8	100.1	135.2	114.5	129.2	118.1	109.0

7-20 农副产品收购价格分类指数

(上年=100)

年份	总指数	一、食物类	小麦	稻谷	玉米	高粱	黄豆	二、经济作物类	食用植物油及油料	棉花
1951	119.6	118.3	119.8	109.2	102.3	106.4	111.5	118.4	119.3	115.4
1952	101.7	102.6	103.0	105.5	106.0	114.8	100.9	95.4	90.7	98.2
1953	109.0	112.9	118.7	110.7	113.4	112.3	115.0	99.9	112.0	94.5
1954	103.2	100.0	100.0	96.8	100.2	100.1	101.2	105.7	101.6	101.7
1955	98.8	100.1	98.0	100.0	101.7	100.7	100.5	100.6	99.5	102.0
1956	103.0	101.9	99.7	101.6	102.0	104.7	102.4	102.2	103.0	100.0
1957	105.0	101.1	99.9	101.5	100.9	100.6	101.1	103.1	133.0	100.0
1958	102.2	102.6	100.2	102.0	107.6	106.2	105.0	101.2	102.4	100.0
1959	101.8	101.3	100.3	100.1	100.0	101.4	105.9	101.6	107.8	100.0
1960	103.5	103.2	102.2	103.0	103.3	101.0	116.4	103.0	112.3	100.1
1961	128.0	173.4	175.5	175.1	170.7	175.9	169.9	106.2	118.5	101.1
1962	99.4	105.6	105.3	106.1	106.6	105.3	105.5	103.3	101.2	100.2
1963	97.2	83.2	83.0	82.3	84.4	83.0	83.3	105.3	99.9	110.4
1964	97.5	89.5	90.3	90.3	90.5	90.2	90.3	100.2	100.4	100.3
1965	99.2	100.0	99.9	101.5	100.4	99.1	99.1	99.7	99.6	99.6
1966	104.2	112.8	112.0	111.1	115.6	114.3	113.7	99.7	99.7	99.7
1967	99.9	99.7	99.6	99.6	99.6	99.6	99.9	100.8	99.4	99.4
1968	99.8	99.2	99.2	99.2	99.2	99.2	99.2	99.9	99.9	99.9
1969	99.8	99.5	99.5	99.5	99.5	99.5	99.5	100.0	100.0	100.0
1970	100.1	99.0	99.0	99.0	99.0	99.0	99.0	100.0	100.0	100.0
1971	101.6	103.9	103.5	103.6	103.5	103.5	113.7	104.3	123.8	101.3
1972	101.4	101.3	101.2	101.2	101.2	101.2	101.2	102.2	101.4	102.5
1973	100.8	99.4	99.4	99.4	99.4	99.4	99.4	100.5	100.1	100.1
1974	100.8	101.6	101.5	101.9	101.5	101.5	101.5	100.7	100.6	100.6
1975	102.1	101.2	101.0	101.5	101.0	101.0	101.0	100.0	100.0	100.0
1976	100.5	106.0	106.0	106.0	106.0	106.0	106.0	99.8	99.8	99.8
1977	99.8	99.2	99.2	99.2	99.2	99.2	99.2	101.0	103.1	100.6
1978	103.9	100.7	100.0	100.0	100.0	100.0	124.7	107.4	104.3	112.0
1979	122.1	130.5	131.1	130.2	130.0	127.9	124.0	123.4	132.7	125.3
1980	107.1	107.9	107.8	107.8	107.8	107.8	110.5	110.9	105.5	116.2
1981	105.9	109.7	105.2	105.2	105.2	105.2	157.8	106.9	104.9	104.8
1982	102.2	103.8	103.8	100.8	103.8	103.8	103.9	101.6	101.5	101.5
1983	104.4	110.3	110.2	110.2	110.2	110.2	110.2	100.3	100.6	100.2
1984	104.0	112.0	100.6	100.0	100.0	100.0	100.0	101.3	101.2	101.1
1985	108.6	101.8	100.1	102.0	101.9	104.8	102.8	101.5	104.3	97.7
1986	106.4	109.9	104.3	106.3	115.5	128.6	120.2	103.6	104.6	99.5
1987	112.0	108.0	103.4	113.2	104.1	123.4	103.4	103.3	106.0	104.7
1988	123.0	114.6	115.2	119.8	104.7	100.4	109.1	111.3	119.7	108.6
1989	115.0	126.9	121.9	130.7	131.8	120.7	122.8	116.7	119.8	122.7
1990	97.4	93.2	92.0	92.6	97.6	97.6	98.4	111.9	101.1	129.1
1991	98.0	93.8	94.2	95.9	88.2	94.1	99.8	101.6	97.9	102.1

(上年=100)

年份	麻	烟叶	糖料	茶叶	三、竹木材类	四、工业用油漆类	五、禽畜产品类	肉畜	#肥猪	禽蛋
1951	129.1	118.3	101.1	133.8	114.6	125.9	109.9	107.8	106.2	106.3
1952	101.5	98.5	96.3	115.6	100.4	82.5	96.2	95.3	89.5	98.5
1953	97.4	97.9	103.6	119.3	87.4	82.5	110.0	112.7	113.1	116.3
1954	105.3	104.6	100.4	106.8	99.7	110.0	107.0	107.0	104.3	107.7
1955	100.4	102.5	101.0	104.4	99.0	111.0	98.9	97.2	100.0	100.6
1956	102.8	100.7	110.3	114.9	101.2	102.9	103.5	104.3	107.7	102.5
1957	100.9	100.7	101.9	102.2	105.4	122.7	114.3	113.9	115.2	112.7
1958	101.3	102.7	101.1	106.0	107.2	116.4	103.3	103.2	101.1	109.5
1959	100.6	100.2	109.4	100.4	102.6	100.8	102.8	100.7	100.4	113.2
1960	102.0	100.7	101.0	102.1	102.9	110.1	105.4	102.8	102.9	107.5
1961	107.4	122.9	114.1	104.4	106.4	121.5	119.3	120.2	126.3	135.5
1962	105.8	111.3	99.4	101.8	103.2	150.7	98.6	102.0	101.4	95.3
1963	101.8	100.0	98.9	101.0	104.3	69.8	100.7	100.8	100.9	87.3
1964	100.4	100.4	106.6	109.4	102.7	98.9	100.2	102.3	99.3	91.4
1965	101.9	99.6	99.6	99.6	100.5	99.6	99.4	100.0	100.0	90.0
1966	102.2	99.7	99.7	99.7	100.1	96.0	100.2	100.0	100.0	101.0
1967	99.4	99.4	99.4	102.3	105.4	104.1	100.7	100.0	100.0	106.9
1968	99.9	99.9	99.9	99.9	100.0	100.0	100.0	100.0	100.0	100.0
1969	100.0	100.0	100.0	100.0	100.0	100.0	100.0	100.0	100.0	100.0
1970	100.0	100.0	100.0	100.0	100.0	100.0	100.0	100.0	100.0	100.0
1971	100.1	100.1	107.2	100.4	100.0	112.8	100.1	100.8	100.0	101.8
1972	100.8	101.0	104.9	100.8	103.2	102.5	100.9	100.6	101.1	100.8
1973	104.8	100.2	100.1	102.8	107.0	100.1	100.5	100.5	100.4	102.0
1974	101.1	101.4	100.6	100.7	102.3	100.2	101.6	101.2	101.0	100.2
1975	100.0	99.6	100.0	100.0	101.2	100.4	100.4	100.2	100.0	100.1
1976	99.8	99.8	99.8	99.8	100.4	100.0	100.0	100.0	100.0	100.0
1977	100.6	100.9	100.6	100.6	100.0	100.1	100.1	100.1	100.1	100.0
1978	104.4	102.6	102.4	104.6	101.0	110.1	100.5	100.3	100.3	101.7
1979	112.3	107.4	130.8	118.3	115.0	105.6	122.6	124.2	124.4	120.3
1980	112.1	109.9	108.0	105.4	115.8	112.1	103.4	102.7	102.4	100.4
1981	104.5	122.5	109.1	106.6	127.0	99.6	101.1	100.3	100.2	106.7
1982	101.0	101.3	102.6	101.9	105.9	100.7	100.3	100.3	100.1	101.6
1983	98.4	100.5	100.2	99.7	100.2	100.1	100.5	99.9	99.7	107.3
1984	103.5	100.2	103.6	100.1	103.2	101.0	104.1	103.0	102.1	103.7
1985	109.5	102.4	102.1	113.5	155.5	101.6	124.1	122.6	121.1	115.1
1986	117.8	100.2	104.8	114.3	114.9	99.8	103.0	104.5	104.4	112.1
1987	74.1	105.9	110.3	112.6	120.3	103.9	117.9	119.0	118.6	123.7
1988	77.3	107.1	116.1	130.7	136.7	126.9	140.2	149.1	150.6	118.7
1989	115.1	95.5	135.1	92.6	105.2	107.0	110.2	109.6	110.5	115.6
1990	100.2	114.9	107.2	96.1	84.5	91.1	92.3	93.1	92.9	99.9
1991	101.7	100.7	104.5	112.7	102.4	109.5	97.4	97.4	96.6	93.6

7-20 续表 2 （上年=100）

年 份	#鸡 蛋	皮 张	鬃 毛	六、蚕 茧 蚕丝类	七、干 鲜 果 类	八、干鲜菜及 调味品类	#鲜 菜	九、药材类	十、土 副 产品类	十一、水 产 品 类
1951	106.4	133.4	120.2	100.7	125.6	149.7	124.0	124.3	155.1	112.0
1952	101.4	102.5	113.6	115.1	104.1	119.6	96.9	110.0	114.4	93.8
1953	118.4	109.6	115.5	86.7	119.4	130.8	131.1	245.7	113.3	126.6
1954	110.0	102.9	99.9	103.7	99.0	97.7	97.6	82.1	103.1	87.7
1955	101.0	100.4	95.4	101.9	96.6	93.7	93.7	94.8	96.7	102.5
1956	99.5	93.4	95.0	109.0	101.9	105.6	105.7	88.7	108.4	120.9
1957	115.9	103.9	100.2	105.4	105.3	104.8	104.7	95.9	107.9	100.3
1958	110.9	103.7	101.4	118.1	101.7	107.2	108.0	103.2	101.9	104.7
1959	110.6	100.7	102.3	102.5	104.9	103.9	103.7	102.0	103.7	101.2
1960	107.4	102.5	100.3	101.6	107.8	107.3	109.7	123.0	117.0	104.3
1961	138.5	102.7	103.0	100.0	114.7	122.7	123.0	90.1	125.7	126.2
1962	100.9	99.1	106.6	100.9	97.7	90.7	89.5	122.5	101.8	99.7
1963	87.0	100.2	103.2	102.3	91.4	78.4	76.3	89.6	86.8	91.1
1964	85.1	99.5	99.8	104.4	96.2	98.4	98.4	103.0	97.0	100.0
1965	92.4	100.0	100.0	101.3	100.9	96.6	97.0	101.5	98.0	95.5
1966	102.2	100.1	97.4	104.5	100.3	97.6	98.0	99.0	101.0	99.9
1967	106.4	101.3	100.0	100.0	94.3	103.5	103.4	98.8	100.0	100.0
1968	100.0	100.0	100.0	100.0	100.0	100.0	100.0	100.0	100.0	100.0
1969	100.0	100.0	100.0	100.0	100.0	100.0	100.0	100.0	100.0	100.0
1970	100.0	100.0	100.0	100.0	100.0	100.0	100.0	100.0	100.0	96.5
1971	102.3	100.9	100.0	100.2	100.2	100.5	102.3	98.1	100.0	102.1
1972	102.0	101.8	100.4	106.1	104.4	100.8	100.7	98.7	102.0	101.0
1973	102.0	100.4	100.1	97.0	101.2	102.2	102.1	100.1	101.7	96.0
1974	100.2	103.8	108.3	100.0	100.5	101.1	101.1	94.1	101.8	106.5
1975	100.1	101.4	102.6	100.0	100.3	101.2	101.6	99.2	100.6	100.2
1976	100.0	100.7	100.0	100.0	100.2	99.8	99.5	101.1	100.9	100.0
1977	100.0	99.6	100.0	100.0	100.5	100.4	100.5	99.7	100.5	100.0
1978	100.8	101.5	102.0	100.1	110.4	103.0	100.3	102.7	105.4	102.5
1979	123.2	111.7	108.5	122.0	102.8	109.8	112.2	102.1	103.9	118.2
1980	101.0	112.7	104.7	101.8	106.5	108.5	107.3	102.7	105.2	101.8
1981	106.9	104.5	102.7	100.0	101.7	104.8	107.2	101.2	101.0	100.6
1982	100.5	99.6	99.8	100.6	102.7	100.0	99.3	102.1	101.3	101.0
1983	99.8	97.1	97.6	101.2	108.9	106.8	103.6	106.6	103.2	103.2
1984	101.6	108.0	116.4	100.0	121.0	99.9	98.7	106.3	101.7	109.8
1985	115.8	139.4	169.0	105.5	124.7	122.2	150.4	122.7	108.1	151.3
1986	110.7	117.0	82.1	107.4	108.0	104.8	101.2	77.9	112.9	110.4
1987	126.6	112.6	113.4	124.0	109.2	119.5	126.2	111.8	115.5	122.8
1988	116.5	122.5	134.6	187.8	139.6	122.2	130.9	162.1	119.1	134.3
1989	112.4	101.9	109.9	106.7	90.2	101.3	117.3	70.7	142.5	99.8
1990	102.9	80.9	74.9	96.7	97.5	94.1	96.3	95.5	92.4	98.8
1991	94.2	108.7	97.4	99.7	106.8	112.4	107.8	115.9	105.5	104.7

7-21 农副产品收购价格分类指数

（1950年=100）

年份	总指数	一、食物类	小麦	稻谷	玉米	高粱	黄豆	二、经济作物类	食用植物油及油料	棉花
1951	119.6	118.3	119.8	109.2	102.3	106.4	111.5	118.4	119.3	115.4
1952	121.6	121.4	123.4	115.2	108.4	122.2	112.5	113.0	108.2	113.3
1953	132.5	137.1	146.5	127.5	122.9	137.2	129.4	112.9	121.2	107.1
1954	136.7	137.1	146.5	127.3	123.1	137.4	130.9	119.3	123.1	108.9
1955	135.1	137.3	143.5	127.3	125.2	138.4	131.5	120.0	122.5	111.1
1956	139.2	139.9	143.1	129.3	127.7	144.9	134.6	122.6	126.2	111.1
1957	146.2	141.4	142.9	131.2	128.8	145.7	136.1	126.4	167.9	111.1
1958	149.4	145.1	143.2	133.8	138.6	154.7	142.9	127.9	171.9	111.1
1959	152.1	147.0	143.6	133.9	138.6	156.9	151.4	129.9	185.3	111.1
1960	157.4	151.7	146.8	137.9	143.2	158.5	176.2	133.8	208.1	111.2
1961	201.4	191.9	187.9	176.1	178.3	203.3	218.3	140.6	244.2	111.3
1962	200.1	192.4	187.9	177.5	180.4	203.3	218.7	145.0	246.7	111.3
1963	194.4	190.9	185.8	174.2	181.4	201.1	217.2	152.9	246.7	123.0
1964	189.5	189.2	185.8	174.2	181.8	200.9	217.2	152.6	246.7	122.9
1965	187.9	190.9	187.3	178.4	184.2	200.9	217.2	152.8	246.7	122.9
1966	195.8	220.8	215.2	203.2	218.4	235.4	253.2	152.8	246.7	122.9
1967	195.5	221.1	215.2	203.2	218.4	235.4	253.9	154.9	246.7	122.9
1968	195.2	221.1	215.2	203.2	218.4	235.4	253.9	154.9	246.7	122.9
1969	194.9	221.1	215.2	203.2	218.4	235.4	253.9	154.9	246.7	122.9
1970	195.1	221.1	215.2	203.2	218.4	235.4	253.9	154.9	246.7	122.9
1971	198.3	222.0	215.2	203.4	218.4	235.4	279.1	161.4	305.1	124.4
1972	201.1	222.2	215.2	203.4	218.4	235.4	279.1	164.2	307.8	126.9
1973	202.8	222.2	215.2	203.4	218.4	235.4	279.1	164.9	307.8	126.9
1974	204.5	222.4	215.2	204.2	218.4	235.4	279.1	165.1	307.8	126.9
1975	208.7	222.8	215.2	205.3	218.4	235.4	279.1	165.1	307.8	126.9
1976	209.7	222.8	215.2	205.3	218.4	235.4	279.1	165.1	307.8	126.9
1977	209.2	222.8	215.2	205.3	218.4	235.4	279.1	165.8	315.4	126.9
1978	217.4	224.4	215.2	205.3	218.4	235.4	348.0	174.0	321.3	138.8
1979	265.5	271.3	261.5	247.8	263.2	278.9	399.9	200.4	398.1	162.4
1980	284.4	271.8	261.8	248.0	263.5	279.2	410.3	210.8	398.5	179.0
1981	301.2	283.5	261.8	248.0	263.5	279.2	615.5	215.0	398.9	179.0
1982	307.8	283.5	261.8	248.0	263.5	279.2	616.1	215.2	398.9	179.0
1983	321.3	283.8	261.8	248.0	263.5	279.2	616.1	215.4	400.5	179.0
1984	334.2	282.4	261.8	247.7	263.5	279.2	560.0	212.8	400.5	173.6
1985	362.9	522.2	262.1	252.4	268.5	292.6	575.7	277.3	468.8	216.1
1986	386.1	573.9	273.4	268.3	310.1	376.3	692.0	287.3	490.4	215.0
1987	432.4	619.8	282.7	303.7	322.8	464.4	715.5	296.8	519.8	225.1
1988	531.9	710.3	325.7	363.8	338.0	466.3	780.6	330.3	622.2	244.5
1989	611.7	901.4	397.0	475.5	445.5	562.8	958.6	385.5	745.4	300.0
1990	595.8	840.1	365.2	440.3	434.8	549.3	943.3	431.4	753.6	387.3
1991	583.9	788.0	344.0	422.2	383.5	516.9	941.4	438.3	737.8	395.4

7-21 续表 1 (1950年=100)

年份	麻	烟叶	糖料	茶叶	三、竹木材类	四、工业用油漆类	五、禽畜产品类	肉畜	#肥猪	禽蛋
1951	129.1	118.3	101.1	133.8	114.6	125.9	109.9	107.8	106.2	106.3
1952	131.0	116.5	87.2	154.7	115.1	103.9	105.7	102.7	95.0	104.7
1953	127.6	114.1	90.3	184.6	100.6	85.7	116.3	115.7	107.4	121.8
1954	134.4	119.3	90.7	197.1	100.3	94.3	124.4	123.8	112.0	131.2
1955	134.9	122.3	91.6	205.7	99.3	104.7	123.0	120.3	112.0	132.0
1956	138.7	123.1	101.0	236.4	100.5	107.7	127.3	125.5	120.6	135.3
1957	139.9	124.0	102.9	241.6	105.9	132.1	145.5	142.9	138.9	152.5
1958	141.7	127.3	104.0	256.1	113.5	153.7	150.3	147.5	140.4	167.0
1959	142.6	127.6	113.8	257.1	116.5	155.0	154.5	148.6	140.9	189.1
1960	145.5	128.5	114.9	262.5	119.9	170.6	162.8	152.8	145.0	203.2
1961	154.7	156.4	129.8	271.5	127.6	207.2	194.2	183.7	183.1	275.4
1962	163.4	173.8	128.7	275.9	131.7	213.3	191.5	187.3	185.6	262.4
1963	166.5	174.0	127.4	278.9	137.3	218.1	192.9	188.8	187.2	229.1
1964	166.5	174.0	135.3	304.1	141.0	215.7	193.2	193.2	185.9	209.4
1965	170.3	174.0	135.3	304.1	141.7	214.9	192.1	193.2	185.9	188.5
1966	174.6	174.0	135.3	304.1	141.9	206.4	192.5	193.2	185.9	190.3
1967	174.6	174.0	135.3	313.0	149.5	214.8	193.8	193.2	185.9	203.2
1968	174.6	174.0	135.3	313.0	149.5	214.8	193.8	193.2	185.9	203.5
1969	174.6	174.0	135.3	313.0	149.5	214.8	193.8	193.2	185.9	203.5
1970	174.6	174.0	135.3	313.0	149.5	214.8	193.8	193.2	185.9	203.5
1971	174.6	174.0	144.9	313.9	149.5	242.2	194.0	194.7	185.9	207.2
1972	175.1	174.8	151.3	314.8	154.3	248.2	195.7	195.8	188.0	208.8
1973	183.4	175.0	151.3	323.3	165.1	248.4	196.7	196.7	188.8	213.0
1974	184.3	176.4	151.3	323.6	168.9	248.9	199.8	199.0	190.7	213.4
1975	184.3	175.7	151.3	323.6	171.0	249.9	200.6	199.4	190.7	213.6
1976	184.3	175.7	151.3	323.6	171.7	249.9	200.6	199.4	190.7	213.7
1977	184.3	176.3	151.3	323.6	171.7	250.2	200.8	199.6	190.9	213.7
1978	188.0	176.6	151.5	330.4	173.3	275.1	201.8	200.2	191.5	217.4
1979	197.0	177.1	184.7	365.1	199.3	288.9	247.4	248.6	238.2	261.5
1980	209.6	184.7	189.3	365.1	230.8	319.5	255.8	255.3	243.9	262.5
1981	209.0	215.9	197.1	371.3	293.1	318.2	258.6	256.1	244.4	280.1
1982	208.0	215.5	199.3	372.8	310.4	318.5	259.4	256.9	244.6	284.5
1983	204.3	216.1	199.3	370.9	311.0	316.9	260.7	256.6	243.9	305.4
1984	211.5	216.5	208.5	371.3	321.0	320.1	269.6	262.5	249.0	314.6
1985	230.3	221.8	216.2	405.1	499.2	325.2	343.0	328.1	301.5	368.3
1986	217.3	222.2	226.6	463.0	573.6	324.5	353.3	342.9	314.8	412.9
1987	201.0	235.3	249.9	521.3	690.0	337.2	416.5	408.1	373.4	510.8
1988	155.4	252.0	290.1	681.3	943.2	427.9	583.9	608.5	562.3	606.3
1989	178.9	240.7	391.9	630.9	992.2	457.9	643.5	666.9	621.3	700.9
1990	179.3	276.6	420.1	606.3	847.3	417.1	594.0	620.9	577.2	700.2
1991	182.3	278.5	439.9	683.3	859.9	456.8	578.5	604.7	557.6	655.4

7-21 续表 2　　　　　　　　　　(1950年=100)

年份	#鸡蛋	皮张	鬃毛	六、蚕茧蚕丝类	七、干鲜果类	八、干鲜菜及调味品类	#鲜菜	九、药材类	十、土副产品类	十一、水产品类
1951	106.4	133.4	120.2	100.7	125.6	149.7	124.0	124.3	155.1	112.0
1952	107.9	136.8	136.5	115.9	130.7	179.0	120.1	136.7	177.4	105.0
1953	127.8	149.9	157.7	100.5	156.1	234.1	157.5	335.9	201.0	132.9
1954	140.6	154.3	157.5	104.2	154.6	228.6	153.7	275.9	207.2	116.6
1955	142.0	154.9	150.3	106.2	149.3	214.3	144.0	261.5	200.3	119.5
1956	141.3	144.6	142.8	115.8	152.1	226.3	152.2	231.9	217.1	144.5
1957	163.8	150.2	143.1	122.0	160.2	237.2	159.4	222.3	234.3	145.0
1958	181.7	155.7	145.1	144.1	163.0	254.2	172.2	229.4	238.8	151.8
1959	201.0	156.8	148.4	147.7	171.0	264.0	178.5	233.9	247.7	153.6
1960	215.9	160.7	148.9	150.1	184.3	283.3	195.9	287.6	289.9	160.2
1961	299.1	165.1	153.3	150.1	211.3	347.6	241.0	259.0	364.4	202.1
1962	301.7	163.6	163.4	151.4	206.5	315.4	215.7	317.4	371.1	201.4
1963	262.6	164.0	168.6	154.9	188.7	247.2	164.5	284.5	322.0	183.4
1964	223.4	163.1	168.3	161.7	181.5	243.3	161.9	292.9	312.4	183.4
1965	206.4	163.1	168.3	163.8	183.1	235.0	157.0	297.2	306.0	175.2
1966	210.9	163.3	163.9	171.1	183.6	229.3	153.8	294.3	309.0	175.1
1967	224.5	165.4	163.9	171.1	173.2	237.4	159.0	290.8	309.0	175.1
1968	224.5	165.4	163.9	171.1	173.2	237.4	159.0	290.8	309.0	175.1
1969	224.5	165.4	163.9	171.1	173.2	237.4	159.0	290.8	309.0	175.1
1970	224.5	165.4	163.9	171.1	173.2	237.4	159.0	290.8	309.0	168.9
1971	229.6	166.9	163.9	171.5	173.6	238.6	162.7	285.4	309.0	172.4
1972	234.1	169.9	164.6	181.9	181.3	240.6	163.9	281.6	315.2	174.1
1973	238.8	170.6	164.8	176.4	183.4	245.8	167.3	281.9	320.7	167.1
1974	239.2	177.0	178.5	176.4	184.3	248.6	169.2	265.3	326.6	178.0
1975	239.4	179.5	183.2	176.4	184.8	251.5	171.9	263.1	328.7	178.3
1976	239.4	180.7	183.2	176.4	185.1	251.1	171.1	265.9	331.6	178.3
1977	239.4	179.9	183.2	176.4	186.0	252.0	171.9	265.2	333.2	178.3
1978	241.3	182.6	186.9	176.4	205.1	259.3	172.2	272.0	350.7	182.6
1979	297.3	204.0	202.8	214.0	209.6	282.9	192.0	276.1	362.3	214.6
1980	300.3	229.9	212.3	214.9	220.1	302.7	203.1	279.7	375.7	215.5
1981	320.1	240.2	218.0	214.9	223.8	317.2	217.7	283.1	379.5	216.8
1982	322.7	239.2	217.6	214.9	228.5	315.3	214.9	287.3	382.2	217.7
1983	322.1	232.3	212.4	216.2	247.5	334.8	221.3	304.5	392.1	223.4
1984	327.3	250.9	247.2	216.2	292.8	334.5	218.4	323.7	398.8	232.8
1985	379.0	250.0	417.9	227.9	384.4	408.7	333.0	396.7	431.0	506.3
1986	419.6	409.5	343.1	244.8	415.2	428.3	337.0	309.1	486.6	559.0
1987	531.2	461.1	389.1	303.6	453.4	511.8	425.3	345.6	562.0	686.5
1988	618.8	564.8	523.7	570.2	632.9	625.4	556.7	560.2	669.3	922.0
1989	695.5	575.5	575.5	608.4	570.9	633.5	653.0	396.1	953.8	920.2
1990	715.7	465.6	431.0	588.3	556.6	596.1	628.8	378.3	881.3	909.2
1991	674.2	506.1	419.8	586.6	594.5	670.0	677.9	438.4	929.8	951.9

7-22 主要农产品与工业品的交换比价

农产品（百公斤）	工业品	1952年	1957年	1978年	1985年	1990年	1991年
小麦	食盐（公斤）	70	62	95	146	120	114
	白糖（公斤）	11	13	17	27	23	19
	白布（米）	19	21	30	35	25	23
	火柴（百盒）	8	10	14	15	10	10
	煤油（公斤）	15	19	38	59	73	63
稻谷	食盐（公斤）	43	40	79	118	115	109
	白糖（公斤）	8	9	14	22	22	19
	白布（米）	13	14	25	28	24	22
	火柴（百盒）	6	7	11	12	10	10
	煤油（公斤）	9	12	32	47	70	61
玉米	食盐（公斤）	38	39	66	99	91	81
	白糖（公斤）	6	7	12	18	18	14
	白布（米）	10	12	21	24	19	16
	火柴（百盒）	5	6	9	10	8	7
	煤油（公斤）	8	11	27	40	55	45
黄豆	食盐（公斤）	63	61	141	221	203	204
	白糖（公斤）	9	10	26	41	40	35
	白布（米）	13	18	45	53	44	40
	火柴（百盒）	6	8	20	23	18	18
	煤油（公斤）	13	17	57	89	127	113
花生果	食盐（公斤）	82	92	175	330	294	298
	白糖（公斤）	16	20	33	61	57	51
	白布（米）	19	29	56	79	62	59
	火柴（百盒）	9	12	25	34	25	26
	煤油（公斤）	16	26	70	133	178	166
油菜籽	食盐（公斤）	64	93	189	318	287	271
	白糖（公斤）	13	21	35	58	55	46
	白布（米）	19	35	61	76	61	54
	火柴（百盒）	10	18	28	33	25	24
	煤油（公斤）	16	28	77	128	174	151
芝麻	食盐（公斤）	94	135	336	545	709	728
	白糖（公斤）	20	33	62	100	137	124
	白布（米）	33	49	109	131	150	144
	火柴（百盒）	15	27	49	56	61	64
	煤油（公斤）	26	42	136	220	429	404
皮棉	食盐（公斤）	638	545	796	1 184	1 171	1 194
	白糖（公斤）	117	112	147	217	226	204
	白布（米）	185	189	258	284	248	236
	火柴（百盒）	93	99	116	123	101	105
	煤油（公斤）	159	165	325	477	708	664

7-22 续表

农产品（百公斤）	工业品	1952年	1957年	1978年	1985年	1990年	1991年
烤烟	食盐（公斤）	353	319	482	515	466	483
	白糖（公斤）	67	68	91	95	90	82
	白布（米）	103	110	153	124	99	95
	火柴（百盒）	54	56	69	53	40	43
	煤油（公斤）	70	89	192	208	282	268
毛茶	食盐（公斤）	340	462	747	1 182	1 137	1 293
	白糖（公斤）	75	115	152	217	219	220
	白布（米）	119	177	248	283	241	255
	火柴（百盒）	50	85	110	122	99	114
	煤油（公斤）	78	141	298	476	688	718
甘蔗	食盐（公斤）	7	7	12	21	27	27
	白糖（公斤）	2	2	3	4	5	5
	白布（米）	2	3	4	5	6	5
	火柴（百盒）	1	1	2	2	2	2
	煤油（公斤）	2	2	5	8	16	15
甜菜	食盐（公斤）	19	20	21	30	31	32
	白糖（公斤）	2	3	4	6	6	6
	白布（米）	4	5	6	7	7	6
	火柴（百盒）	2	2	3	3	3	3
	煤油（公斤）	4	6	8	12	19	18
桑蚕茧	食盐（公斤）	607	555	836	1 237	2 195	2 238
	白糖（公斤）	116	119	164	227	424	382
	白布（米）	143	186	274	296	465	442
	火柴（百盒）	87	100	123	128	190	197
	煤油（公斤）	104	161	341	498	1 328	1 244
绵羊毛	食盐（公斤）	932	839	1 133	1 771	1 302	1 172
	白糖（公斤）	203	122	183	325	251	200
	白布（米）	571	215	361	425	276	231
	火柴（百盒）	82	112	161	183	113	103
	煤油（公斤）	161	200	458	713	788	651
肥猪	食盐（公斤）	190	226	361	593	647	623
	白糖（公斤）	34	48	65	109	125	106
	白布（米）	59	78	113	142	137	123
	火柴（百盒）	25	40	50	61	56	55
	煤油（公斤）	43	67	144	239	391	346
鸡蛋	食盐（公斤）	169	308	493	762	827	788
	白糖（公斤）	44	65	91	140	160	134
	白布（米）	54	105	157	183	175	156
	火柴（百盒）	30	56	70	79	72	69
	煤油（公斤）	40	88	196	307	500	438

注：本表交换比价，1984年以前是根据农产品收购牌价和工业品零售牌价计算的，1984年起改用农产品收购综合平均价和工业品国营商业零售价计算（以下同）。

7-23 主要商品零售混合平均价格

价格单位：元

商品名称	计量单位	1952年	1965年	1978年	1980年	1985年	1990年	1991年
粮食(贸易粮)	吨	197.8	237.4	294.8	307.5	383.3	528.1	631.6
食用植物油	吨	860.0	1 639.8	1 646.6	1 713.5	2 179.2	3 426.2	4 119.4
猪肉	百公斤	92.0	162.4	162.4	202.2	274.9	529.8	533.9
牛肉	百公斤	83.0	116.0	119.2	176.0	319.6	637.9	642.6
羊肉	百公斤	89.0	116.0	117.4	164.8	286.1	614.6	671.0
鲜蛋	百公斤	75.8	165.0	167.2	207.8	269.4	502.9	474.3
水产品(混合品)	吨	465.0	751.0	953.0	1 263.0	2 624.9	5 523.9	6 306.1
鲜菜	吨	85.0	90.4	105.0	122.0	257.0	531.0	613.0
食盐	吨	275.0	296.0	293.0	290.0	308.0	786.0	796.2
食糖	吨	960.0	1 380.0	1 450.0	1 477.0	1 527.4	2 648.0	2 960.6
卷烟	箱	377.0	500.0	629.0	673.0	1 129.6	2 720.6	3 015.8
酒	吨	1 182.0	1 450.0	2 078.0	2 038.0	2 811.2	5 020.0	5 724.0
茶叶	百公斤	206.0	452.0	686.0	795.0	1 021.6	2 021.6	2 322.2
棉布	米	1.0	1.5	1.6	1.6	1.7	3.4	3.7
化纤布	米			3.9	2.4	5.6	10.0	11.0
呢绒	米	17.3	16.1	16.7	18.1	22.8	39.8	40.1
绸缎	米	2.7	3.6	3.5	3.5	4.5	11.5	12.5
毛线	公斤	31.2	30.0	29.8	32.2	30.5	57.1	54.6
絮棉	百公斤	194.0	224.0	198.0	204.0	307.5	907.2	1 085.7
皮鞋	双	10.6	11.5	10.5	11.9	17.9	33.0	37.1
布鞋	双	2.5	3.3	3.5	3.6	4.3	7.3	7.8
全塑料鞋	双		3.0	2.7	2.6	3.0	4.8	4.7
火柴	件	14.0	20.0	20.0	20.0	29.0	81.2	81.2
肥皂	箱	19.6	28.0	25.9	26.0	26.9	54.9	64.7
香皂	百块	35.0	50.0	43.0	44.3	50.0	136.1	157.8
保温瓶	个	2.7	3.2	4.0	4.3	7.1	14.2	15.1
缝纫机	架	160.0	150.0	146.0	147.0	163.2	250.7	261.3
铝锅	个	6.5	5.6	6.0	6.2	8.1	19.0	19.2
搪瓷面盆	个	2.9	3.0	2.8	2.8	3.3	10.1	9.9
钟	个	15.1	14.5	19.0	21.1	31.3	53.2	56.3
手表	只	96.0	105.0	125.0	123.0	66.9	68.8	74.1
自行车	辆	180.0	157.0	159.0	161.0	168.2	260.0	280.2
机制纸	吨	1 320.0	1 780.0	1 712.0	1 865.0	2 053.3	4 092.4	4 287.2
金笔	支	3.6	6.0	5.3	7.2	13.1	28.6	31.5
铱金笔	支	0.9	1.4	1.4	1.6	2.2	3.7	4.3
煤油	吨	900.0	874.0	705.0	701.0	714.3	805.0	954.4
煤炭	吨	19.8	28.4	30.0	31.4	41.9	68.0	95.2
化学肥料	标准吨	370.0	240.0	231.0	237.0	369.5	630.0	877.4
化学农药	标准吨	2 240.0	1 700.0	1 358.0	1 423.0	3 933.5	12 777.2	13 708.6
木材	立方米	80.0	100.0	109.0	149.0	313.3	632.3	663.5

注：本表混合平均价格包括国营零售牌价和议价，是以某种商品零售额除以零售量计算的，包括价格变动和质量构成变化的影响。卷烟一箱等于5万支，火柴一件等于1000小盒，肥皂一箱等于60条。

7-24 主要农产品收购混合平均价格

价格单位：元

农产品名称	计量单位	1952年	1965年	1978年	1980年	1985年	1990年	1991年
粮　　食(贸易粮)	吨	138.4	229.2	263.4	360.6	416.1	716.0	677.3
食用植物油	吨	605.6	1 450.0	1 746.4	2 640.8	2 701.2	4 424.9	4 495.3
肥　　猪	百公斤	35.4	65.2	81.0	125.8	182.1	345.9	332.4
菜　　牛	百公斤	42.7	85.2	87.7	134.2	290.6	519.1	510.4
菜　　羊	百公斤	51.8	94.1	86.5	127.6	232.7	412.2	424.1
鲜　　蛋	百公斤	62.0	128.0	137.8	171.4	226.6	435.5	415.2
水　产　品(混合品)	吨	248.0	510.0	438.0	770.0	2 045.8	4 305.6	4 651.1
茶　　叶	百公斤	88.0	182.0	239.4	315.6	414.2	636.4	667.0
甘　　蔗	吨	21.4	29.2	36.2	50.3	66.6	135.2	141.7
甜　　菜	吨	26.6	54.0	60.5	85.2	88.7	160.8	165.2
蜂　　蜜	百公斤	118.0	194.0	201.4	200.8	187.4	318.8	319.9
苹　　果	吨	303.0	355.0	309.0	344.0	754.2	1 480.5	1 468.6
柑　　桔	吨	187.0	264.0	367.0	445.0	1 076.8	1 349.5	1 233.1
皮　　棉	百公斤	183.0	204.0	227.8	317.4	321.8	634.1	647.3
烤　　烟	百公斤	69.8	101.0	124.0	140.2	181.8	276.0	279.3
黄　红　麻(熟麻)	百公斤	66.4	74.0	113.6	108.2	96.2	159.1	181.3
大　　麻	百公斤	87.0	145.2	160.4	180.0	172.1	227.3	171.7
苎　　麻	百公斤	105.0	164.6	183.2	234.2	797.5	246.2	213.6
桑蚕茧	百公斤	143.2	262.0	276.8	340.8	464.0	1 376.3	985.7
柞蚕茧	百公斤	42.2	96.6	100.0	130.0	127.4	336.8	285.1
鲜　　菜	百公斤	5.4	7.2	8.2	10.4	19.8	41.6	45.1
牛　　皮	张	9.4	13.0	14.9	24.2	65.7	84.2	110.6
绵羊皮	张	3.5	4.0	4.2	4.5	9.4	18.8	23.9
山羊板皮	张	2.1	2.4	3.0	4.1	12.2	14.6	19.4
绵羊毛	百公斤	208.0	218.0	340.0	343.0	504.3	663.8	601.8
山羊毛	百公斤	132.0	192.0	214.0	241.0	253.5	516.9	217.5
山羊绒	百公斤	698.0	760.0	820.0	1 111.0	2 994.2	12 954.5	7 859.5
毛　　竹	万根	2 876.0	6 837.0	7 997.0	9 535.0	16 650.0	31 460.0	25 340.0
生　　漆	百公斤	252.0	494.0	900.0	1 260.0	1 295.5	2 636.9	2 306.1
非食用植物油	吨	630.0	1 957.0	1 300.0	2 569.8	2 939.4	3 873.8	5 339.9

图 7-1　各种物价总指数

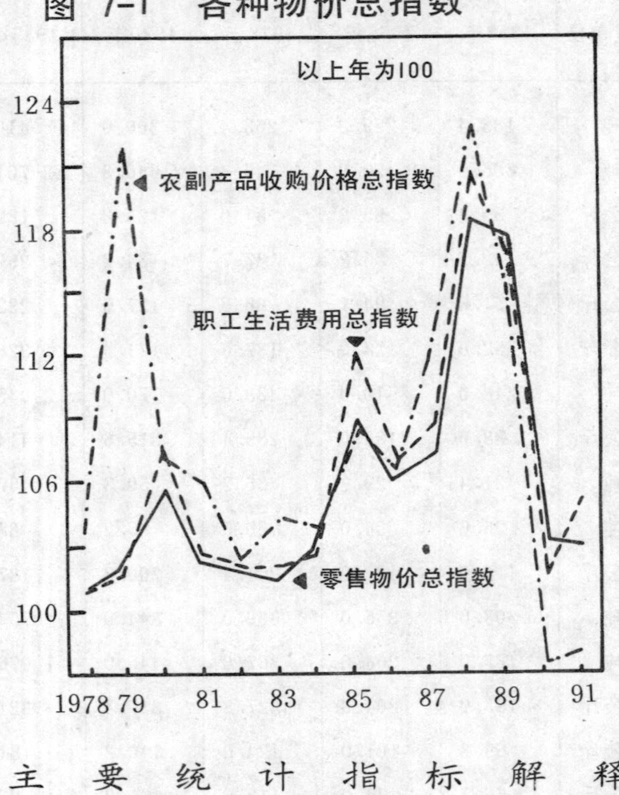

主　要　统　计　指　标　解　释

零售物价指数　是反映城乡商品零售价格变动趋势的一种经济指数。零售物价的调整变动直接影响到城乡居民的生活支出和国家的财政收入,影响居民购买力和市场供需平衡,影响消费与积累的比例。因此,计算零售物价指数,可以从一个侧面对上述经济活动进行观察和分析。

零售物价指数采用加权算术平均公式计算。每年根据住户调查资料调整一次权数。1991年全国有146个市、80个县城作为基层填报单位。城市指数所选商品352种左右,县城指数所选商品404种左右。每种商品的指数采用代表规格品的平均价格计算。

居民生活费用价格指数　是反映一定时期内城乡居民所购买的生活消费品价格和服务项目价格变动趋势和程度的相对数。是综合了职工生活费用价格指数和农民生活费用价格指数计算取得。利用居民生活费用价格指数,可以观察和分析消费品的零售价格和服务价格变动对城乡居民实际生活费支出的影响程度。

1952年以前采用固定数量加权综合法(即总值法)计算,1953年至1956年采用加权算术平均公式计算,1957年以后根据消费品零售价格指数与服务项目价格指数汇编居民生活费用价格指数。1991年计算指数所选商品和服务项目为382种。

职工生活费用价格指数　是反映城镇职工及其家庭所购买的生活消费品和服务项目价格

变动趋势及其程度的相对数。编制职工生活费用价格指数，可以观察和分析消费品的零售价格和服务项目价格变动对职工货币工资的影响，作为研究职工生活和确定工资政策的依据。

农副产品收购价格指数 是反映国营商业、集体商业、个体商业、外贸部门、国家机关、社会团体等各种经济类型的商业企业和有关部门收购农副产品价格的变动趋势和程度的相对数。农副产品收购价格指数可以观察和研究农副产品收购价格总水平的变化情况，以及对农民货币收入的影响，作为制订和检查农副产品价格政策的依据。1991 年计算指数所选的商品有 11 个大类、包括 276 种农副土特产品。采用加权倒数平均公式(即按报告期实际收购金额加权综合法)计算。

集市贸易价格指数 是反映城乡集市贸易商品价格变动趋势和程度的相对数。通过集市贸易价格指数，可以观察集市贸易商品的价格变化情况，研究集市价格和国营商业价格的比例关系，以及集市价格变化对农业生产和城镇居民生活的影响程度。

集市贸易价格指数是综合了城市集市贸易价格指数和农村集市贸易价格指数计算取得。农村集市贸易价格指数包括消费品和农业生产资料两大类，城市集市贸易价格指数只包括消费品，不包括农业生产资料。

集市贸易价格指数，根据集市贸易主要商品的平均价格；以成交额为权数计算。

农村工业品零售价格指数 是反映农村市场工业品零售价格水平变动趋势和程度的相对数。通过农村工业品零售价格指数，可以观察工业品零售价格变动对农民货币支出的影响。

农村工业品零售价格指数的计算是根据农村国营商品零售物价指数中的食用植物油、干菜、调味品、食糖、烟酒茶、糖果、糕点、奶及奶制品、罐头、西药及医疗用品以及衣着、日用品、文化娱乐用品、书报杂志、建筑材料、燃料和农业生产资料等类指数加权计算。

工农业商品综合比价指数 是反映农副产品和工业品交换比价变动情况的经济指数。根据农副产品收购价格指数和农村工业品零售价格指数计算。反映用农副产品交换工业品的比价变化情况，即不同时期由于价格变动，农民用等量的农副产品所换到的工业品数量是增多了还是减少了，以及增多或减少的程度。计算公式：

$$\begin{matrix}\text{工农业商品}\\\text{综合比价指数(正)}\end{matrix}=\frac{\text{农副产品收购价格指数}}{\text{农村工业品零售价格指数}}\times 100$$

主要农产品与工业品的交换比价 根据单项农产品收购价格和固定的若干种农村工业品零售价格计算。

主要商品零售混合平均价格和主要农产品收购混合平均价格 混合平均价格是包括各种规格、等级、牌号混合在一起计算的平均价格，因此混合平均价格的变化，既包括商品价格的变动，也反映商品质量构成的变化。它是进行国民经济平衡核算的价格，不是计算物价指数用的价格。

商品零售混合平均价格是以某种商品的零售总额除以它的零售总量。农产品收购混合平均价格是以某种农产品的收购总金额除以它的收购总量。(包括以各种价格形式收购的农产品)

八
人民生活

8-1 人民物质文化生活提高情况

项目	单位	1952年	1957年	1978年	1980年	1985年	1990年	1991年
一、就业								
每一农村劳动力负担人数	人		2.08	2.53	2.26	1.74	1.64	1.67
每一城镇就业者负担人数	人		3.29	2.06	*1.77	1.81	1.77	1.75
城镇待业率	%	13.2	5.9	5.3	4.9	1.8	2.5	2.3
二、收入								
农民家庭人均纯收入	元	57.0	73.0	133.6	191.3	397.6	686.3	708.6
城镇居民家庭人均生活费收入	元		235	316	439	685	1 387	1 544
职工年平均工资	元	445	624	615	762	1 148	2 140	2 340
三、消费水平								
全国居民消费水平	元	76	102	175	227	403	723	803
农民	元	62	79	132	173	324	524	569
非农业居民	元	149	205	383	468	727	1 477	1 686
四、储蓄								
城乡居民年底储蓄存款余额	亿元	8.6	35.2	210.6	399.5	1 622.6	7 034.2	9 110.3
平均每人储蓄存款余额	元	1.50	5.44	21.88	40.47	153.29	615.24	786.57
五、住房								
农村平均每人住房面积	平方米			8.1	9.4	14.7	17.8	18.5
城市平均每人居住面积	平方米			3.6	3.9	5.2	6.7	6.9
六、零售商业、饮食业、服务业网点								
每万人口拥有营业点(包括个体)	个	95.68	41.81	13.04	20.49	100.80	103.73	108.84
每万人口拥有人员数(包括个体)	人	165.77	117.77	63.14	93.90	238.67	254.47	264.51
七、交通								
每百人拥有自行车	辆			7.7	9.7	21.1	34.2	36.2
城市每万人拥有公共车辆	辆	0.8	1.0	3.3	3.5	3.9	4.8	5.4
八、城市公用事业								
自来水普及率	%	42.0	56.6	81.0	81.4	81.0	89.2	90.6
煤气、液化气普及率	%		1.5	13.9	16.8	22.4	42.2	47.1
每万人拥有绿地	公顷	...	...	10.6	9.6	13.7	32.2	33.5
九、文化								
每百人拥有电视机	台			0.3	0.9	6.6	16.2	17.8
每百人拥有收音机	台			7.8	12.1	22.8	22.0	20.2
每百人每天有报纸	份	0.78	1.05	3.66	3.92	5.21	3.87	4.20
每人每年有图书、杂志	册	1.74	2.51	4.74	5.82	8.78	6.55	7.13
十、教育								
学龄儿童入学率	%	49.20	61.73	95.50	93.93	95.95	97.83	97.84
每万人口有大学生数	人	3.33	6.82	8.90	11.59	16.09	18.04	17.64
十一、卫生								
每万人拥有医院病床数	张	2.78	4.56	19.28	20.08	21.06	22.95	23.22
每万人拥有医生数	人	7.39	8.46	10.73	11.68	13.35	15.42	15.37

注：1.带*号为1981年数。

2.城市平均每人居住面积为建设部统计数字。

8-2 居民消费水平

单位：元

年份	全国居民	农民	非农业居民	工、农消费水平对比（以农民为1）
1952	76	62	149	2.4
1953	87	69	181	2.6
1954	89	70	183	2.6
1955	94	76	188	2.5
1956	99	78	197	2.5
1957	102	79	205	2.6
1958	105	83	195	2.3
1959	96	65	206	3.2
1960	102	68	214	3.1
1961	114	82	225	2.7
1962	117	88	226	2.6
1963	116	89	222	2.5
1964	120	95	234	2.5
1965	125	100	237	2.4
1966	132	106	244	2.3
1967	136	110	251	2.3
1968	132	106	250	2.4
1969	134	108	255	2.4
1970	140	114	260	2.3
1971	142	116	267	2.3
1972	147	116	295	2.5
1973	155	123	306	2.5
1974	155	123	313	2.5
1975	158	124	324	2.6
1976	161	125	340	2.7
1977	165	124	360	2.9
1978	175	132	383	2.9
1979	197	152	406	2.7
1980	227	173	468	2.7
1981	249	192	520	2.7
1982	266	210	526	2.5
1983	289	232	547	2.4
1984	327	265	598	2.3
1985	403	324	727	2.2
1986	447	351	833	2.4
1987	508	389	991	2.5
1988	635	473	1 281	2.7
1989	694	513	1 394	2.7
1990	723	524	1 477	2.8
1991	803	569	1 686	3.0

注：本表按当年价格计算。工农消费水平对比，没有剔除城乡价格不可比的因素。

8-3 居 民 消 费 水 平 指 数

年　　份	以上年为100			以1952年为100		
	全国居民	农　民	非农业居民	全国居民	农　民	非农业居民
1953	107.7	103.1	115.0	107.7	103.1	115.0
1954	100.4	101.2	100.1	108.2	104.4	115.0
1955	106.4	108.6	102.5	115.1	113.4	117.9
1956	104.3	101.4	104.9	120.0	115.0	123.7
1957	102.4	101.8	102.1	122.9	117.0	126.3
1958	101.4	102.5	95.1	124.6	120.0	120.1
1959	90.1	78.9	100.8	112.3	94.6	121.1
1960	94.1	95.4	88.3	105.6	90.3	106.9
1961	94.0	101.8	87.3	99.4	91.9	93.3
1962	104.4	107.5	103.6	103.7	98.8	96.6
1963	110.3	108.0	117.7	114.4	106.8	113.6
1964	106.2	106.8	111.2	121.5	114.0	126.4
1965	109.2	109.8	108.2	132.7	125.2	136.7
1966	104.1	104.5	103.3	138.1	130.7	141.3
1967	103.3	103.9	102.9	142.6	135.9	145.3
1968	96.7	95.5	99.5	137.8	129.7	144.6
1969	102.6	103.0	102.9	141.4	133.5	148.7
1970	104.1	105.8	102.2	147.3	141.3	152.0
1971	101.1	100.6	102.8	148.9	142.1	156.2
1972	102.8	99.5	109.8	153.0	141.5	171.6
1973	105.3	106.1	103.7	161.1	150.2	177.9
1974	99.8	99.2	102.0	160.9	148.9	181.5
1975	101.9	101.4	103.0	163.8	151.0	187.0
1976	101.8	100.3	104.5	166.8	151.4	195.5
1977	101.0	99.7	103.0	168.5	151.0	201.3
1978	105.1	104.4	105.6	177.0	157.6	212.6
1979	106.7	106.9	104.2	188.8	168.6	221.5
1980	109.5	109.7	107.1	206.7	184.9	237.3
1981	106.9	107.9	108.6	221.1	199.4	257.7
1982	105.1	107.6	99.0	232.3	214.6	255.2
1983	106.8	109.1	101.9	248.2	234.2	260.0
1984	111.0	112.4	106.4	275.5	263.1	276.6
1985	113.2	113.9	108.7	311.8	299.6	300.7
1986	104.3	102.4	107.1	325.0	306.8	322.1
1987	105.7	104.2	109.3	343.6	319.6	352.1
1988	106.8	106.1	107.1	367.1	339.2	377.2
1989	99.2	99.1	97.9	364.0	336.1	369.4
1990	102.2	99.5	105.9	372.2	334.5	391.3
1991	108.2	106.7	109.9	402.6	356.8	430.0

8-4 居民消费水平平均每年增长速度

单位：%

时　　期	全国居民	农　民	非农业居民	时　　期	全国居民	农　民	非农业居民
"一五"时期	4.2	3.2	4.8	"六五"时期	8.6	10.1	4.8
"二五"时期	-3.3	-3.3	-5.2	"七五"时期	3.6	2.2	5.4
1963—1965年	8.6	8.2	12.3	"八五"时期			
"三五"时期	2.1	2.4	2.1	1953—1991年	3.6	3.3	3.8
"四五"时期	2.1	1.3	4.2	1979—1991年	6.5	6.5	5.6
"五五"时期	4.8	4.1	4.9	1985—1991年	5.6	4.4	6.5

注：本表及上表均按可比价格计算。

8-5 各地区居民消费水平

(1990年)

地　区	居民消费水平（元）			居民消费水平为上年%		
	全体居民	农　民	非农业居民	全体居民	农　民	非农业居民
北　京	1 548	1 199	1 764	113.8	98.7	123.1
天　津	1 310	814	1 702	100.8	93.9	104.0
河　北	664	539	1 411	100.9	100.3	102.3
山　西	607	434	1 224	104.1	103.8	103.0
内蒙古	703	528	1 066	99.2	95.3	103.1
辽　宁	1 074	610	1 700	94.0	90.0	101.1
吉　林	882	618	1 288	98.4	96.2	99.7
黑龙江	918	561	1 404	102.3	101.7	102.3
上　海	1 908	1 366	2 172	97.2	91.3	99.2
江　苏	841	703	1 354	102.1	102.7	99.2
浙　江	912	786	1 495	104.2	104.4	102.6
安　徽	588	482	1 190	99.7	99.2	100.8
福　建	837	722	1 385	102.1	102.1	102.5
江　西	652	565	993	104.5	104.8	103.6
山　东	681	551	1 245	102.0	100.3	102.6
河　南	499	398	1 193	101.4	101.2	101.3
湖　北	759	621	1 237	98.8	97.4	101.1
湖　南	666	554	1 290	103.4	100.0	110.7
广　东	972	715	1 768	104.7	102.6	107.7
广　西	576	467	1 196	101.8	99.1	110.1
海　南	708	541	1 344	105.1	106.5	101.2
四　川	616	497	1 302	100.9	100.7	101.0
贵　州	445	352	1 107	97.2	95.6	103.1
云　南	628	520	1 307	103.9	103.0	106.1
西　藏	735	484	2 329			
陕　西	614	444	1 336	102.4	103.4	100.1
甘　肃	552	382	1 402	96.9	98.0	95.8
青　海	786	544	1 365	102.6	104.7	100.9
宁　夏	634	444	1 229	99.2	97.5	101.7
新　疆	904	641	1 209	101.7	102.2	101.8

注：居民消费水平按当年价格计算，增长速度按可比价格计算。

8-6 消费品平均每人生活消费量

年　份	粮　食（公斤）	食用植物油（公斤）	猪　肉（公斤）	牛羊肉（公斤）	家　禽（公斤）	鲜　蛋（公斤）	水产品（公斤）
1952	197.67	2.10	5.92	0.92	0.43	1.02	2.67
1957	203.06	2.42	5.08	1.11	0.50	1.26	4.34
1962	164.63	1.09	2.22	0.79	0.38	0.77	2.96
1965	182.84	1.72	6.29	1.02	0.36	1.42	3.33
1970	187.22	1.61	6.02	0.82	0.32	1.32	2.94
1975	190.52	1.73	7.63	0.72	0.35	1.63	3.26
1978	195.46	1.60	7.67	0.75	0.44	1.97	3.50
1980	213.81	2.30	11.16	0.83	0.80	2.27	3.41
1981	219.18	2.94	11.08	0.85	0.84	2.44	3.57
1982	225.36	3.53	11.75	1.03	1.02	2.52	3.85
1983	231.52	4.01	12.31	1.10	1.18	2.95	4.00
1984	249.65	4.66	12.93	1.23	1.35	3.88	4.32
1985	251.69	5.08	13.84	1.31	1.56	4.93	4.84
1986	252.67	5.17	14.22	1.32	1.72	5.20	5.33
1987	248.88	5.60	14.39	1.43	1.71	5.50	5.49
1988	246.10	5.87	14.73	1.58	1.75	5.74	5.66
1989	239.12	5.35	15.36	1.58	1.79	5.88	6.17
1990	238.80	5.67	16.64	1.73	1.73	6.27	6.53
1991	234.50	5.89	17.44	1.79	1.98	7.10	6.79

8-6 续表

年　份	食　糖（公斤）	卷　烟（盒）	酒（公斤）	茶　叶（公斤）	各种布（米）	呢　绒（米）	绸　缎（米）
1952	0.91	10.90	1.14	0.08	5.71	0.01	0.05
1957	1.51	16.90	1.37	0.12	6.82	0.01	0.10
1962	1.60	9.70	1.14	0.09	3.70	0.02	0.12
1965	1.68	16.15	1.30	0.07	6.17	0.03	0.13
1970	2.06	20.52	1.51	0.09	8.11	0.04	0.25
1975	2.26	26.22	2.18	0.12	7.62	0.06	0.25
1978	3.42	30.82	2.57	0.14	8.03	0.08	0.28
1980	3.83	40.56	3.41	0.21	10.02	0.14	0.45
1981	4.10	43.97	4.42	0.19	10.30	0.17	0.49
1982	4.41	43.61	5.24	0.22	9.99	0.18	0.50
1983	4.46	48.97	5.79	0.23	10.30	0.20	0.56
1984	4.85	55.10	6.55	0.28	10.76	0.25	0.72
1985	5.57	60.61	7.61	0.30	11.55	0.29	0.85
1986	6.04	63.90	8.97	0.32	11.04	0.28	0.85
1987	6.59	65.65	10.39	0.34	11.19	0.28	0.86
1988	6.17	69.98	11.42	0.36	12.03	0.29	0.89
1989	4.92	69.89	11.33	0.34	11.42	0.25	0.70
1990	4.98	71.49	11.63	0.37	10.61	0.23	0.64
1991	4.98	70.86	11.93	0.36	10.30	0.26	0.68

注：1. 消费量包括市场供应量和农民自产自用量。粮食、食用植物油、猪肉、牛羊肉、家禽、鲜蛋、水产品、食糖、各种布、呢绒、绸缎的消费量还分别包括以这些产品为原料的加工制成品所消费的数量，如饮食业用的粮、油、肉、蛋、糖，服装鞋帽用的布、呢绒、绸缎等。
2. 粮食是贸易粮；食用植物油包括油料折油；各种布包括棉布、棉花化纤混纺布和化纤布。
3. 工业品生活消费量是当年购买量。

8-7 耐用消费品年底社会拥有量

品　　名	单　位	1985年	1987年	1988年	1989年	1990年	1991年
一、社会拥有量							
缝纫机	万　架	9 833	11 914	12 897	13 573	14 055	14 544
自行车	万　辆	22 364	29 313	33 312	36 515	39 099	41 979
电风扇	万　台	6 360	11 188	14 546	17 333	20 127	22 989
洗衣机	万　台	3 030	5 762	7 464	8 701	9 628	10 615
电冰箱	万　台	410	1 181	1 927	2 554	2 996	3 466
电视机	万　台	6 965	11 601	14 344	16 593	18 546	20 671
录音机	万　台	3 660	6 999	9 116	10 665	11 875	13 099
收音机	万　台	24 181	26 067	26 197	26 226	25 123	23 399
照相机	万　架	1 186	1 675	1 904	2 085	2 275	2 465
一、平均每百人拥有量							
缝纫机	架	9.3	10.9	11.6	12.0	12.3	12.6
自行车	辆	21.1	26.8	30.0	32.4	34.2	36.2
电风扇	台	6.0	10.2	13.1	15.4	17.6	19.8
洗衣机	台	2.9	5.3	6.7	7.7	8.4	9.2
电冰箱	台	0.4	1.1	1.7	2.3	2.6	3.0
电视机	台	6.6	10.6	12.9	14.7	16.2	17.8
录音机	台	3.5	6.4	8.2	9.5	10.4	11.3
收音机	台	22.8	23.8	23.6	23.3	22.0	20.2
照相机	架	1.1	1.5	1.7	1.8	2.0	2.1

8-8 全国城乡储蓄存款年末余额

单位：亿元

年　份	总　计	城镇储蓄	定　期	活　期	农户储蓄	# 定　期
1952	8.6	8.6	4.8	3.8		
1953	12.3	12.2	6.8	5.4	0.1	
1954	15.9	14.3	9.8	4.5	1.6	
1955	19.9	16.9	13.3	3.6	3.0	
1956	26.7	22.4	15.6	6.8	4.3	
1957	35.2	27.9	19.6	8.3	7.3	
1958	55.2	35.1	23.9	11.2	20.1	
1959	68.3	47.3	31.6	15.7	21.0	
1960	66.3	51.1	37.3	13.8	15.2	
1961	55.4	39.2	29.7	9.5	16.2	
1962	41.1	31.4	25.6	5.8	9.7	
1963	45.7	35.6	29.4	6.2	10.1	
1964	55.5	44.8	37.0	7.8	10.7	
1965	65.2	52.3	43.4	8.9	12.9	
1966	72.3	57.7	46.9	10.8	14.6	
1967	73.9	59.8	48.9	10.9	14.1	
1968	78.3	62.3	50.3	12.0	16.0	
1969	75.9	61.0	49.4	11.6	14.9	
1970	79.5	64.5	53.8	10.7	15.0	
1971	90.3	73.3	61.4	11.9	17.0	
1972	105.2	85.1	69.6	15.5	20.1	
1973	121.2	94.1	77.7	16.4	27.1	
1974	136.5	105.8	86.7	19.1	30.7	
1975	149.6	114.6	94.5	20.1	35.0	
1976	159.1	122.2	100.6	21.6	36.9	
1977	181.6	135.1	111.7	23.4	46.5	
1978	210.6	154.9	128.9	26.0	55.7	
1979	281.0	202.6	166.4	36.2	78.4	
1980	399.5	282.5	228.6	53.9	117.0	76.3
1981	523.7	354.1	289.4	64.7	169.6	107.0
1982	675.4	447.3	365.2	82.1	228.1	154.1
1983	892.5	572.6	463.9	108.7	319.9	218.4
1984	1 214.7	776.6	615.3	161.3	438.1	285.5
1985	1 622.6	1 057.8	841.2	216.6	564.8	384.0
1986	2 237.6	1 471.5	1 189.3	282.2	766.1	539.9
1987	3 073.3	2 067.6	1 647.9	419.7	1 005.7	708.4
1988	3 801.5	2 659.2	2 045.2	614.0	1 142.3	788.3
1989	5 146.9	3 734.8	3 102.5	632.3	1 412.1	1 079.6
1990	7 034.2	5 192.6	4 396.2	796.4	1 841.6	1 455.1
1991	9 110.3	6 790.9	5 715.6	1 075.3	2 319.4	1 826.3

8—9 城镇居民家庭基本情况

项　　目	单位	1985 年	1987 年	1988 年	1989 年	1990 年	1991 年
一、调查户数	户	24 338	32 855	34 945	35 235	35 660	36 730
二、平均每户家庭人口	人	3.89	3.74	3.63	3.55	3.50	3.43
三、平均每户就业人口	人	2.15	2.09	2.03	2.00	1.98	1.96
四、平均每户就业面	%	55.27	55.88	55.95	56.34	56.82	57.14
五、平均每一就业者负担人数	人	1.81	1.79	1.79	1.78	1.76	1.75
（包括就业者本人）							
六、平均每人全年全部收入	元	748.92	1 012.20	1 192.12	1 387.81	1 522.79	1 713.10
＃生活费收入		685.32	915.96	1 119.36	1 260.67	1 387.27	1 544.30
1. 全民所有制职工工资	元	455.88	613.08	672.93	769.50	857.59	969.69
2. 集体所有制职工工资	元	113.52	139.80	153.18	164.25	170.39	177.89
3. 职工从工作单位得到的其它收入	元	44.88	60.36	71.70	88.10	99.11	116.90
4. 个体经营劳动者收入	元	10.20	10.68	16.33	20.25	18.71	25.06
5. 被聘用或留用的离退休人员收入	元	4.56	8.52	12.50	14.53	15.51	15.94
6. 其它就业者收入	元	1.95	2.53	3.03	4.11	3.79	5.40
7. 其它劳动收入	元	12.36	14.88	17.00	22.27	22.61	27.22
8. 财产性收入	元	3.74	5.60	7.36	12.03	15.60	19.72
9. 转移性收入	元	65.88	112.95	180.88	222.59	250.01	274.40
10. 特别收入	元	35.95	43.80	57.22	70.17	69.46	80.86
七、平均每人生活费支出	元	673.20	884.40	1 103.98	1 210.95	1 278.89	1 453.81

注：1. 本表至 8—25 表为城镇居民家庭收支抽样调查材料。

2. 生活费收入系指居民家庭全部收入中，扣除赡养、赠送支出及非家庭人口中的经常用饭人口所交的搭伙费后能用于安排家庭日常生活的实际收入。

3. 1986 年以前是城市职工家庭的调查资料，从 1986 年调查资料包括了离退休职工家庭、个体劳动者家庭及其他非职工居民家庭和县城居民家庭。

8—10 城镇居民家庭基本情况

(1991 年,按城市规模分组)

项　　目	单位	全　国	特大城市	大城市	中等城市	小城市	县　城
调查户数	户	36 730	7 800	4 600	5 350	4 150	7 840
平均每户家庭人口数	人	3.43	3.25	3.38	3.38	3.48	3.52
平均每户就业人口数	人	1.96	1.92	1.95	1.99	1.95	1.96
平均每户就业面	%	57.14	59.08	57.69	58.88	56.03	55.61
平均每一就业者负担人数	%	1.75	1.69	1.73	1.70	1.78	1.80
平均每人全年全部收入	元	1 713.10	2 062.08	1 710.96	1 846.08	1 676.88	1 502.36
平均每人生活费收入	元	1 544.30	1 901.64	1 553.40	1 661.76	1 495.80	1 329.64
平均每人生活费支出	元	1 453.81	1 799.16	1 452.72	1 556.04	1 392.36	1 261.73

8—11 城镇居民家庭基本情况

(1991 年,按收入等级分组)

项　　目	单位	总平均	最低收入户	#困难户	低收入户	中等偏下户	中等收入户	中等偏上户	高收入户	最高收入户
调查户数	户	36 730	3 673	1 955	3 673	7 346	7 346	7 346	3 673	3 673
比　重	%	100	10	5	10	20	20	20	10	10
平均每户										
家庭人口数	人	3.43	3.99	4.06	3.76	3.59	3.40	3.29	3.10	2.86
就业人口数	人	1.96	1.74	1.66	1.89	1.96	2.01	2.04	1.99	1.93
就业面	%	57.14	43.61	40.89	50.27	54.60	59.12	62.01	64.19	67.48
平均每一就业者负担人数	人	1.75	2.29	2.45	1.99	1.83	1.69	1.61	1.56	1.49
平均每人										
全年全部收入	元	1 713.10	1 006.54	928.86	1 239.65	1 439.05	1 671.43	1 951.29	2 283.08	2 956.81
生活费收入	元	1 544.30	887.85	810.75	1 107.03	1 292.79	1 510.27	1 767.34	2 070.34	2 675.79
生活费支出	元	1 453.81	938.02	879.78	1 115.86	1 264.40	1 441.75	1 625.61	1 882.98	2 273.24

8—12 城镇居民家庭平均每人全年生活费支出

项　　目	1985年	1986年	1987年	1988年	1989年	1990年	1991年
生活费支出(元)	673.20	798.96	884.40	1 103.98	1 210.95	1 278.89	1 453.81
一、购买商品支出	621.48	734.64	809.27	1 013.93	1 099.89	1 150.80	1 294.85
(一)食　　品	351.72	418.92	472.93	567.01	659.96	693.77	782.50
1.粮　　食	60.24	64.80	66.92	75.66	81.88	84.50	102.53
2.副　　食	202.92	242.52	276.86	346.18	406.28	421.31	469.37
3.烟 酒 茶	35.76	44.52	50.72	58.36	68.51	76.07	85.65
4.其它食品	52.80	67.08	78.43	86.81	103.29	111.89	124.95
(二)衣　　着	98.04	113.04	121.09	153.21	149.15	170.90	199.64
(三)日 用 品	71.88	88.92	100.57	148.62	133.97	129.66	139.83
1.一般日用品		24.48	26.16	39.72	43.08	48.66	57.18
(1)化妆用品		1.80	2.16	2.52	3.24	4.43	6.05
(2)金银珠宝饰品		2.52	1.44	5.88	8.40	8.09	11.55
(3)室内装饰品		1.44	1.80	2.64	3.36	3.81	4.48
(4)日用小五金		0.72	0.72	0.96	0.96	1.01	1.09
(5)其它日用品		18.00	19.92	27.72	27.12	32.71	34.01
2.家　　具		13.56	15.12	20.52	16.32	18.47	19.44
3.日用机电消费品		45.48	53.64	80.52	66.12	53.17	52.47
4.日用杂品		5.40	5.76	7.80	8.52	9.37	10.73
(四)文娱用品	51.96	54.48	49.58	66.68	70.05	68.25	68.68
1.纸　　张		2.04	2.16	2.40	2.88	3.25	3.89
2.文娱用机电消费品		45.72	39.48	56.64	58.44	54.74	50.49
3.其它文娱用品		6.72	8.04	7.68	8.76	10.26	14.29
(五)书报杂志	6.12	6.96	7.48	8.26	10.59	11.15	13.11
(六)药及医疗用品	6.24	7.56	8.87	12.59	15.98	19.65	24.96
(七)房屋及建筑材料	12.12	18.96	22.56	23.93	23.21	19.89	23.00
(八)燃　　料	11.52	12.00	12.27	15.12	18.23	20.31	25.05
(九)其它商品	11.88	13.80	13.92	18.52	18.75	17.13	18.06
二、非商品支出	51.72	64.32	75.13	90.04	111.06	128.09	158.96
(一)房　　租	6.48	7.20	7.74	7.83	8.82	9.43	10.66
(二)水 电 费	6.84	8.88	10.32	12.32	16.20	19.81	24.16
(三)学 杂 费	7.68	8.76	11.28	18.71	25.24	28.33	33.82
(四)保 育 费	3.36	3.72	3.70	4.58	5.19	5.23	7.01
(五)交 通 费	6.72	8.40	9.10	9.12	10.16	13.52	16.89
(六)邮 电 费	0.60	0.72	0.82	0.97	1.26	1.79	2.82
(七)文 娱 费	2.28	2.88	3.01	3.28	3.62	4.53	6.14
(八)医疗保健费	1.92	2.16	2.56	4.07	4.92	6.02	7.14
(九)煤气费	0.60	0.96	1.35	1.57	2.07	2.62	4.27
(十)修理服务费	9.48	8.88	15.28	17.61	21.78	24.80	30.82
(十一)其他非商品支出	5.76	11.76	9.97	9.98	11.80	12.02	15.23

8—13 城镇居民家庭平均每人全年生活费支出及构成

（1991年，按收入等级分组）

项目	总平均	最低收入户	#困难户	低收入户	中等偏下户	中等收入户	中等偏上户	高收入户	最高收入户
生活费支出(元)	1 453.81	938.02	879.78	1 115.86	1 264.40	1 441.75	1 625.61	1 882.98	2 273.24
一、购买商品支出	1 294.84	828.12	775.47	990.88	1 127.22	1 283.13	1 450.52	1 693.12	2 028.32
1.食　品	782.50	561.37	528.41	645.18	712.12	787.45	855.19	944.96	1 107.13
(1)粮　食	102.53	87.47	84.64	92.95	97.04	102.80	106.90	115.44	126.52
(2)副　食	469.37	344.17	326.85	390.06	428.24	471.05	509.31	562.39	663.42
(3)烟、酒、茶	85.65	55.89	50.48	68.20	96.58	86.00	94.64	108.12	129.13
(4)其他食品	124.96	73.85	66.44	93.96	110.25	127.60	144.34	159.01	188.06
2.衣着商品	199.64	108.17	97.76	143.99	172.30	203.86	236.45	268.95	304.46
3.日用品	139.83	62.03	56.51	85.51	106.03	130.31	165.32	233.87	270.64
4.文化娱乐用品	68.68	28.32	23.18	39.34	51.17	65.69	81.91	102.83	146.97
5.书报杂志	13.11	9.40	8.83	10.60	11.44	13.35	14.78	16.04	18.07
6.药及医疗用品	24.96	18.72	19.50	20.56	22.54	24.45	27.98	29.51	35.06
7.房屋及建筑材料	23.00	8.71	10.31	10.52	14.43	16.07	20.61	44.46	79.97
8.燃　料	25.05	21.37	21.79	22.40	23.06	25.44	26.51	28.00	31.77
9.其他商品	18.06	10.03	9.19	12.78	14.14	16.51	21.77	24.50	34.27
二、非商品支出	158.96	109.90	104.31	124.98	137.18	158.63	175.09	202.54	244.92
1.房　租	10.66	8.23	8.16	8.90	9.52	10.51	11.40	13.21	15.37
2.水　费	4.66	3.74	3.60	4.09	4.41	4.67	4.98	5.37	5.94
3.电　费	19.50	14.01	13.51	16.12	17.65	19.62	21.47	23.92	27.30
4.煤气费	4.27	3.13	2.94	3.41	3.84	4.25	4.65	5.28	6.06
5.市内交通费	4.53	3.07	2.92	3.46	4.01	4.59	5.04	5.39	6.87
6.其他交通费	12.36	5.57	5.37	7.39	8.98	11.66	14.56	18.05	27.57
7.邮电费	2.82	1.24	1.15	1.30	1.88	2.71	3.23	4.40	6.50
8.医疗保健费	7.14	5.73	5.49	6.15	6.46	6.42	8.51	8.40	9.50
9.学杂费	33.82	33.32	31.85	33.47	32.68	36.14	32.86	34.39	33.78
10.保育费	7.01	4.67	3.82	6.52	7.10	7.77	7.54	8.11	6.88
11.文娱费	6.14	3.05	2.76	3.76	5.03	6.28	7.21	9.08	10.38
12.修理服务费	30.82	15.97	15.43	20.33	23.96	28.88	36.42	44.51	59.77
13.其他非商品	15.23	8.17	7.31	10.08	11.66	15.12	17.23	22.44	29.00
生活费支出构成(%)	100	100	100	100	100	100	100	100	100
一、购买商品支出	89.07	88.28	88.14	88.80	89.15	89.00	89.23	89.92	89.23
1.食　品	53.82	59.85	60.06	57.82	56.32	54.62	52.61	50.18	48.70
(1)粮　食	7.05	9.32	9.62	8.33	7.67	7.13	6.58	6.13	5.57
(2)副　食	32.29	36.69	37.15	34.96	33.87	32.67	31.33	29.87	29.18
(3)烟、酒、茶	5.89	5.96	5.74	6.11	6.06	5.96	5.82	5.74	5.68
(4)其他食品	8.60	7.87	7.55	8.42	8.72	8.85	8.88	8.44	8.27
2.衣着商品	13.73	11.53	11.11	12.90	13.63	14.14	14.55	14.28	13.39
3.日用品	9.62	6.61	6.42	7.66	8.39	9.04	10.17	12.42	11.91
4.文化娱乐用品	4.72	3.02	2.63	3.53	4.05	4.56	5.04	5.46	6.47
5.书报杂志	0.90	1.00	1.00	0.95	0.90	0.93	0.91	0.85	0.79
6.药及医疗用品	1.72	2.00	2.22	1.84	1.78	1.70	1.72	1.57	1.54
7.房屋及建筑材料	1.58	0.93	1.17	0.94	1.14	1.11	1.27	2.36	3.52
8.燃　料	1.72	2.28	2.48	2.01	1.82	1.76	1.63	1.49	1.40
9.其他商品	1.24	1.07	1.04	1.15	1.12	1.15	1.34	1.30	1.51
二、非商品支出	10.93	11.72	11.86	11.20	10.85	11.00	10.77	10.76	10.77
1.房　租	0.73	0.88	0.93	0.80	0.75	0.73	0.70	0.70	0.68
2.水　费	0.32	0.40	0.41	0.37	0.35	0.32	0.31	0.29	0.26
3.电　费	1.34	1.49	1.54	1.44	1.40	1.36	1.32	1.27	1.20
4.煤气费	0.29	0.33	0.33	0.31	0.30	0.29	0.29	0.28	0.27
5.市内交通费	0.31	0.33	0.33	0.31	0.32	0.32	0.31	0.29	0.30
6.其他交通费	0.85	0.59	0.61	0.66	0.71	0.81	0.90	0.96	1.21
7.邮电费	0.19	0.13	0.13	0.12	0.15	0.19	0.20	0.23	0.29
8.医疗保健费	0.49	0.61	0.62	0.55	0.51	0.45	0.52	0.45	0.42
9.学杂费	2.33	3.55	3.62	3.00	2.58	2.51	2.02	1.83	1.49
10.保育费	0.48	0.50	0.43	0.58	0.56	0.54	0.46	0.43	0.30
11.文娱费	0.42	0.33	0.31	0.34	0.40	0.44	0.44	0.48	0.46
12.修理服务费	2.12	1.70	1.75	1.82	1.89	2.00	2.24	2.36	2.63
13.其他非商品	1.05	0.87	0.83	0.90	0.92	1.05	1.06	1.19	1.28

8—14 城镇居民家庭平均每人购买的主要商品数量

项目	单位	1985年	1986年	1987年	1988年	1989年	1990年	1991年
粮食	公斤	134.76	137.88	133.87	137.17	133.94	130.72	127.93
鲜菜	公斤	144.36	148.32	142.58	147.02	144.56	138.70	132.18
食用植物油	公斤	5.76	6.24	6.45	6.69	6.16	6.40	6.93
猪肉	公斤	16.68	18.96	18.86	16.94	17.53	18.46	18.86
牛羊肉	公斤	2.04	2.64	3.05	2.81	2.73	3.28	3.34
家禽	公斤	3.21	3.72	3.40	4.00	3.65	3.42	4.40
鲜蛋	公斤	6.84	7.08	6.56	6.87	7.05	7.25	8.26
鱼虾	公斤	7.08	8.16	7.88	7.07	7.61	7.69	8.02
食糖	公斤	2.52	2.64	2.54	2.58	2.38	2.14	1.80
卷烟	盒	36.12	41.40	40.68	36.86	34.24	35.12	34.69
酒	公斤	7.80	9.36	9.92	9.45	9.00	9.25	9.45
棉布	米	2.61	2.54	2.15	2.69	1.54	1.33	0.97
化纤布	米	1.47	1.80	1.64	1.72	1.45	1.46	1.53
呢绒	米	0.36	0.38	0.37	0.37	0.24	0.26	0.28
绸缎	米	0.50	0.53	0.57	0.58	0.40	0.41	0.35
布制服装	件	0.47	0.44	0.36	0.38	0.32	0.29	0.31
化纤布服装	件	1.22	1.37	1.30	1.33	1.28	1.40	1.66
呢绒服装	件	0.19	0.19	0.18	0.18	0.16	0.17	0.21
绸缎服装	件	0.07	0.10	0.11	0.10	0.09	0.10	0.10
针织衣裤	件	1.45	1.65	1.56	1.56	1.39	1.51	1.49
皮鞋	双	0.55	0.60	0.61	0.61	0.55	0.61	0.69
肥皂	块	7.95	8.33	6.60	9.69	5.06	6.24	4.22
香、药皂	块	1.63	1.78	1.68	1.70	1.20	1.30	1.27
煤炭	公斤	270.57	267.58	236.27	280.81	217.53	206.04	195.37

8—15 城镇居民家庭平均每百户年底耐用消费品拥有量

项目	单位	1985年	1986年	1987年	1988年	1989年	1990年	1991年
呢大衣	件	116.20	137.31	154.22	151.60	160.28	169.98	171.24
毛料服装	件	282.55	332.69	359.01	339.95	347.71	354.20	342.79
毛毯	条	86.79	99.34	105.32	114.18	118.72	123.82	126.37
大衣柜	个	102.08	104.03	105.03	100.77	100.21	99.85	95.24
沙发	个	131.49	140.00	145.08	146.64	149.98	157.30	158.96
写字台	个	80.06	84.10	87.18	84.50	85.96	87.23	86.97
组合家具	套	4.29	6.70	8.13	12.87	16.08	19.29	25.80
沙发床	个	5.53	8.14	10.12	12.63	14.46	16.45	19.10
自行车	辆	152.27	163.45	176.53	177.54	184.68	188.59	158.51
缝纫机	架	70.82	73.85	74.88	70.75	70.35	70.14	66.43
手表	只	274.76	299.96	314.91	294.46	290.12	298.56	271.36
电风扇	台	73.91	90.01	103.92	117.51	128.68	135.50	143.48
洗衣机	台	48.29	59.70	66.77	73.42	76.21	78.41	80.58
电冰箱	台	6.58	12.71	19.91	28.07	36.47	42.33	48.70
收音机	台	74.52	68.71	67.01	48.65	48.70	45.25	37.33
彩色电视机	台	17.21	27.41	34.63	43.93	51.47	59.04	68.41
黑白电视机	台	66.86	65.42	64.77	59.22	55.71	52.36	43.93
立体声录音机	台	18.88	25.54	29.36	34.21	34.89	35.51	35.64
普通录音机	台	22.28	26.12	28.02	29.95	32.18	34.24	34.70
照相机	架	8.52	11.91	14.34	16.03	17.27	19.22	21.32

8-16 城镇居民家庭平均每人全年购买的主要商品数量和平均每百户年底耐用消费品拥有量

（1991 年，按收入等级分组）

项目	单位	总平均	最低收入户	#困难户	低收入户	中等偏下户	中等收入户	中等偏上户	高收入户	最高收入户
一、平均每人全年购买的主要商品数量										
粮食	公斤	127.93	120.11	119.00	122.50	123.38	126.54	128.87	138.83	148.69
鲜菜	公斤	132.18	114.71	112.12	116.95	122.37	126.12	131.96	141.30	155.09
食用植物油	公斤	6.93	5.57	5.48	6.12	6.29	6.63	6.99	7.60	8.54
猪肉	公斤	18.86	14.28	13.76	15.92	16.92	18.23	19.35	20.82	23.69
牛羊肉	公斤	3.34	2.19	2.00	2.86	2.91	3.19	3.61	4.00	4.56
家禽	公斤	4.40	2.66	2.44	3.25	3.70	4.28	4.76	5.28	6.40
鲜蛋	公斤	8.26	5.88	5.58	6.68	7.38	8.11	8.48	9.93	10.72
鱼虾	公斤	8.02	6.08	5.82	6.76	7.15	7.84	8.13	8.94	10.00
食糖	公斤	1.80	1.47	1.41	1.59	1.66	1.76	1.75	1.86	2.07
卷烟	盒	34.69	26.47	24.78	29.84	32.64	34.57	36.88	40.35	47.34
酒	公斤	9.45	6.62	6.01	7.77	8.33	9.40	10.49	11.64	14.29
棉布	米	0.97	0.67	0.68	0.78	0.80	0.92	1.08	1.27	1.68
化纤布	米	1.53	0.95	0.88	1.30	1.34	1.57	1.77	1.95	2.06
呢绒	米	0.28	0.14	0.13	0.19	0.23	0.28	0.34	0.37	0.48
绸缎	米	0.35	0.18	0.16	0.24	0.29	0.35	0.42	0.47	0.54
布制服装	件	0.31	0.21	0.20	0.25	0.28	0.31	0.36	0.39	0.42
化纤布服装	件	1.66	1.08	0.97	1.36	1.54	1.71	1.92	1.97	2.09
呢绒服装	件	0.21	0.09	0.07	0.14	0.18	0.22	0.25	0.29	0.37
绸缎服装	件	0.10	0.05	0.04	0.07	0.09	0.11	0.12	0.14	0.17
针织衣裤	件	1.49	1.04	0.98	1.21	1.37	1.55	1.68	1.78	1.94
皮鞋	双	0.69	0.41	0.36	0.55	0.64	0.48	0.49	0.50	0.53
二、平均每百户年底主要消费品拥有量										
呢大衣	件	171.24	128.03	119.96	148.53	163.19	172.71	185.88	190.07	202.13
毛料服装	件	342.79	254.35	240.21	299.52	323.92	346.68	366.56	386.08	413.59
毛毯	条	126.37	92.14	85.10	103.77	119.48	126.10	135.73	144.76	160.39
大衣柜	个	95.24	86.74	86.26	89.96	94.51	93.30	96.96	101.13	105.00
沙发	个	158.96	116.69	107.64	136.33	146.04	160.96	172.99	181.48	195.07
写字台	个	86.97	74.60	69.77	78.41	85.68	86.67	91.01	93.32	96.72
组合家具	套	25.80	17.55	16.52	22.26	24.30	28.05	27.35	29.65	29.13
沙发床	个	19.10	12.26	11.28	14.36	16.99	19.35	22.19	23.30	23.96
自行车	辆	185.51	170.81	168.25	180.76	185.04	187.42	192.82	187.65	185.26
家用缝纫机	架	66.43	62.62	62.80	66.49	66.22	65.57	66.21	67.57	71.68
机械手表	只	213.08	197.69	192.38	208.45	210.16	213.68	217.51	217.93	224.00
电子手表	只	58.28	47.80	47.40	53.00	56.21	56.10	62.37	64.97	67.64
电风扇	台	143.48	121.86	120.10	131.13	138.30	143.43	150.30	155.01	162.70
洗衣机	台	80.58	65.05	62.18	74.32	78.93	82.66	85.34	84.99	87.58
家用电冰箱	台	48.70	29.74	26.98	37.89	44.47	48.54	55.59	58.37	63.76
收音机	台	37.33	31.24	31.16	35.48	35.05	36.21	38.84	40.98	45.40
彩色电视机	台	68.41	44.10	39.33	55.20	63.68	70.09	76.59	78.27	85.83
黑白电视机	台	43.93	57.25	59.30	51.98	46.57	42.43	39.54	39.18	33.85
立体声录音机	台	35.64	26.76	25.08	30.94	34.36	35.83	38.26	41.83	39.92
普通录音机	台	34.70	29.22	27.40	32.81	33.12	35.11	37.08	35.85	38.41
照相机	架	21.32	11.72	11.36	15.07	17.79	20.92	23.92	28.39	32.76

8－17 各地区城镇居民家庭现金收入和支出

（1991 年，平均每人全年）　　单位：元

地　区	一、期初手存现金	二、现金收入	（一）全部收入	其中生活费收入	1.全民所有制职工工资	（1）标准工资	（2）浮动工资	（3）承包收入
全国合计	68.99	1 995.87	1 713.10	1 544.30	969.69	571.72	20.70	10.28
北　京	122.96	2 359.87	2 185.61	2 040.43	1 322.77	717.19	90.86	9.12
天　津	85.72	2 087.38	1 844.98	1 698.67	991.05	611.79	3.65	5.15
河　北	49.90	1 959.84	1 589.26	1 432.87	999.99	640.68	22.47	3.33
山　西	56.95	1 691.53	1 420.01	1 229.94	860.64	572.73	24.66	9.99
内蒙古	59.66	1 532.08	1 305.29	1 176.97	846.05	512.61	17.13	9.92
辽　宁	59.07	1 987.77	1 718.50	1 541.59	826.97	520.94	29.83	7.09
吉　林	52.44	1 641.14	1 405.78	1 259.19	875.88	535.21	9.83	7.63
黑龙江	64.81	1 611.16	1 388.85	1 240.13	755.96	515.44	10.19	15.26
上　海	112.84	2 925.41	2 502.78	2 334.37	1 294.26	722.89	16.69	…
江　苏	89.60	2 101.16	1 800.35	1 622.93	878.23	534.57	32.35	0.76
浙　江	101.09	2 512.06	2 143.37	1 950.37	961.42	551.88	5.78	7.90
安　徽	48.40	1 727.51	1 498.57	1 341.31	852.89	523.69	26.73	9.47
福　建	82.89	2 139.38	1 902.44	1 669.12	949.09	530.31	9.07	10.18
江　西	58.98	1 542.48	1 302.46	1 177.08	833.42	516.54	6.03	5.21
山　东	74.26	1 929.07	1 687.62	1 565.53	1 034.63	627.67	21.07	17.81
河　南	64.87	1 612.29	1 388.93	1 249.50	866.76	567.78	16.44	9.21
湖　北	39.52	1 906.54	1 603.74	1 431.59	1 024.94	636.32	26.64	8.47
湖　南	51.89	2 045.48	1 723.25	1 488.05	1 016.01	528.67	16.84	27.12
广　东	134.95	3 329.39	2 777.53	2 535.64	1 369.15	497.30	40.61	34.31
广　西	50.24	2 106.09	1 808.94	1 613.62	1 183.42	578.18	16.69	15.42
海　南	75.91	2 032.67	1 893.88	1 725.50	1 199.68	547.31	42.64	33.84
四　川	54.78	2 008.35	1 714.49	1 536.63	899.59	601.56	1.83	0.49
贵　州	42.24	1 705.75	1 491.39	1 301.90	969.49	570.25	19.38	11.01
云　南	45.42	1 963.12	1 716.65	1 528.93	1 122.58	606.85	25.45	25.66
西　藏	54.82	2 675.19	2 415.14	2 111.24	1 966.32	694.69	4.49	2.39
陕　西	95.26	1 764.42	1 510.21	1 367.98	907.20	610.64	23.22	5.95
甘　肃	50.40	1 683.34	1 492.32	1 368.80	1 011.72	633.40	22.83	2.86
青　海	36.90	1 684.77	1 461.63	1 306.49	964.92	605.46	22.88	10.70
宁　夏	38.78	1 951.73	1 581.73	1 391.53	1 058.52	622.22	8.86	6.10
新　疆	39.31	1 877.30	1 626.48	1 475.59	1 217.52	836.44	16.23	3.82

8－17 续表 1　　(1991 年，平均每人全年)　　单位：元

地　　区	(4)各种奖金超额工资	(5)各种津贴	(6)其他工资性收入	2.集体所有制职工工资	3.职工从单位得到其他收入	4.个体经营劳动者收入	(1)个体雇主和自营净收益	(2)个体被雇者收入
全国合计	**185.48**	**161.64**	**19.87**	**177.89**	**116.90**	**25.06**	**21.03**	**4.03**
北　京	301.62	184.32	19.66	100.62	143.55	5.03	4.66	0.37
天　津	232.25	128.12	10.09	160.90	110.57	12.63	12.48	0.15
河　北	186.44	127.90	19.18	132.03	144.29	8.50	6.84	1.66
山　西	142.63	87.29	23.34	113.09	79.96	7.39	6.82	0.57
内蒙古	96.29	200.92	9.18	112.28	76.42	14.80	14.46	0.34
辽　宁	133.53	116.67	18.91	269.43	108.22	16.99	15.12	1.87
吉　林	102.12	212.58	8.49	164.69	79.86	20.23	18.16	2.06
黑龙江	91.93	110.95	12.19	133.89	77.40	32.23	30.70	1.53
上　海	324.31	222.04	8.34	188.32	141.86	1.93	…	1.93
江　苏	206.66	94.19	9.71	287.52	167.88	14.30	13.08	1.22
浙　江	278.75	104.43	12.69	291.72	156.01	41.64	32.56	9.08
安　徽	161.71	99.72	31.57	233.34	84.31	7.58	6.39	1.19
福　建	208.92	171.59	19.02	222.79	92.11	37.00	28.73	8.27
江　西	115.59	175.21	14.83	137.90	92.29	13.02	12.93	0.09
山　东	215.19	127.14	25.75	191.65	115.33	5.70	5.70	…
河　南	143.20	114.22	15.90	113.83	99.67	13.33	11.75	1.57
湖　北	149.75	173.58	30.18	157.20	100.57	6.23	5.95	0.28
湖　南	205.10	217.63	20.65	162.16	124.00	21.20	19.35	1.85
广　东	425.03	324.81	47.10	399.40	179.60	133.24	92.25	40.98
广　西	245.55	293.25	34.34	106.83	164.23	54.72	46.54	8.18
海　南	210.02	344.26	21.61	75.63	142.69	45.89	36.07	9.82
四　川	167.62	110.62	17.46	167.20	174.13	14.56	12.49	2.07
贵　州	155.50	192.38	20.98	72.82	100.55	34.23	31.54	2.69
云　南	210.82	231.51	22.30	126.04	152.16	10.83	9.81	1.03
西　藏	211.86	984.04	68.85	50.68	189.01	…	…	…
陕　西	148.08	108.58	10.72	62.63	81.34	15.35	14.04	1.31
甘　肃	121.35	182.86	48.42	93.76	45.58	14.37	13.80	0.58
青　海	93.35	212.92	19.60	87.33	71.42	10.04	10.04	…
宁　夏	155.78	250.44	15.11	105.74	57.00	11.66	7.42	4.24
新　疆	129.24	217.28	14.50	75.69	67.49	55.45	55.32	0.14

8—17 续表 2　　(1991 年，平均每人全年)　　单位：元

地　　区	5.被聘或留用离退休人员收入	6.其他就业者收入	7.其他劳动收入	8.财产性收入	(1)利息	(2)红利	(3)其他财产租金收入	9.转移性收入
全国合计	**15.94**	**5.40**	**27.22**	**19.72**	**15.12**	**2.23**	**2.37**	**274.40**
北　京	49.79	1.33	31.35	16.95	14.26	0.81	1.88	432.36
天　津	25.24	4.81	37.01	16.37	16.36	…	0.01	418.67
河　北	8.54	1.11	13.09	18.01	14.74	0.87	2.41	217.76
山　西	4.40	2.30	14.22	19.47	16.22	2.22	1.04	268.73
内蒙古	5.76	5.25	25.84	9.90	6.97	0.57	2.36	160.73
辽　宁	17.59	5.12	28.74	12.28	8.03	1.46	2.78	353.16
吉　林	6.83	3.98	32.09	13.14	5.77	0.31	7.06	154.58
黑龙江	4.69	4.81	24.69	5.81	3.53	0.47	1.81	310.79
上　海	135.21	5.58	12.26	29.10	27.86	0.96	0.29	616.30
江　苏	17.61	3.61	16.23	29.22	22.34	3.23	3.65	303.45
浙　江	37.59	9.92	35.93	41.64	34.83	3.91	2.91	467.23
安　徽	12.47	2.86	19.67	11.35	8.70	0.30	2.35	200.54
福　建	12.58	10.37	60.37	26.52	16.22	1.99	8.32	350.44
江　西	1.48	0.04	19.93	11.41	8.52	1.61	1.29	121.73
山　东	10.71	1.41	16.23	16.26	13.94	1.66	0.66	253.60
河　南	9.25	1.37	10.96	14.59	10.72	1.03	2.84	205.95
湖　北	9.83	1.70	20.15	17.88	15.09	0.53	2.25	169.56
湖　南	3.64	9.15	38.82	18.09	13.50	1.86	2.73	170.02
广　东	18.25	30.37	45.89	68.59	49.26	15.54	3.79	315.60
广　西	0.94	6.56	35.96	27.53	18.27	1.95	7.31	131.83
海　南	4.61	8.25	92.17	14.52	11.91	2.38	0.23	207.55
四　川	11.45	4.87	22.95	17.05	14.09	1.91	1.05	310.72
贵　州	12.32	3.78	22.70	10.95	8.21	0.47	2.27	177.80
云　南	5.70	0.43	36.95	12.81	7.94	2.47	2.39	170.55
西　藏	…	84.17	18.34	12.79	6.32	…	6.47	11.07
陕　西	16.97	2.72	8.10	13.33	11.61	0.72	1.00	359.08
甘　肃	1.37	1.87	19.29	15.67	15.40	0.25	0.02	246.78
青　海	…	0.28	35.37	5.05	4.26	0.78	…	250.38
宁　夏	7.16	0.60	32.00	12.64	10.82	0.83	0.98	241.07
新　疆	0.75	…	10.14	11.02	10.58	…	0.44	155.65

8—17 续表 3　　(1991 年,平均每人全年)　　单位:元

地区	(1) 赡养收入	(2) 离退休金	(3) 价格补贴	(4) 其他转移性收入	10. 特别收入	(1) 赠送收入	(2) 亲友搭伙费	(3) 记帐补贴
全国合计	**17.16**	**155.70**	**99.38**	**2.15**	**80.86**	**37.92**	**16.74**	**12.47**
北京	15.61	236.61	171.56	8.58	81.84	21.84	27.64	15.36
天津	34.32	216.51	166.61	1.23	67.73	37.11	8.28	13.22
河北	14.10	105.71	97.52	0.44	45.95	19.88	10.62	6.95
山西	18.44	127.57	122.45	0.28	49.80	24.35	5.81	9.85
内蒙古	9.06	109.73	41.43	0.52	48.34	23.50	1.88	11.06
辽宁	7.45	175.59	167.02	3.10	80.00	42.64	9.53	12.85
吉林	6.98	143.64	2.26	1.70	54.51	33.07	2.47	10.48
黑龙江	6.75	171.93	130.72	1.39	38.57	22.96	1.06	11.63
上海	29.96	487.38	92.56	6.40	77.96	28.57	25.87	17.28
江苏	12.76	178.55	109.69	2.45	82.30	35.71	23.24	12.33
浙江	14.81	229.81	219.32	3.28	100.27	43.75	27.70	15.36
安徽	10.18	108.92	78.70	2.74	73.57	33.82	16.70	13.14
福建	34.90	137.35	173.82	4.37	141.17	63.02	35.50	21.20
江西	13.43	107.47	0.13	0.70	71.24	30.82	23.71	8.77
山东	17.30	142.86	91.75	1.69	42.10	17.59	8.29	8.02
河南	13.42	138.27	53.66	0.59	53.23	28.71	12.14	4.12
湖北	10.83	112.27	46.17	0.29	95.68	54.64	17.61	10.83
湖南	22.18	137.84	7.48	2.52	160.16	71.05	20.92	8.61
广东	40.80	161.77	112.72	0.31	217.44	129.08	47.26	25.27
广西	11.86	89.39	30.48	0.10	96.92	45.86	26.24	14.63
海南	22.00	95.88	85.64	4.03	102.88	42.59	35.80	11.94
四川	21.22	129.28	156.69	3.54	91.98	34.69	29.28	11.61
贵州	18.39	145.77	10.96	2.67	86.75	29.98	23.42	10.88
云南	14.82	121.26	32.18	2.25	78.60	22.38	16.09	13.45
西藏	5.58	…	4.19	1.30	82.75	22.52	0.32	34.07
陕西	28.23	171.93	156.84	2.08	43.49	16.84	8.90	11.83
甘肃	21.82	168.92	54.99	1.04	41.89	10.33	7.83	17.26
青海	13.48	133.88	102.96	0.06	34.84	10.67	3.96	12.82
宁夏	20.97	111.78	105.76	2.56	55.36	24.12	6.45	16.51
新疆	3.96	103.79	46.91	1.00	32.77	13.46	0.99	12.95

地　区	(4) 出售财物收入	(5) 其他特别收入	(二) 借贷收入	1. 提取储蓄存款	2. 提取储金会款	3. 借入款	4. 收回借出款	5. 收回储蓄性保险本金
全国合计	**8.43**	**5.30**	**282.77**	**198.40**	**5.02**	**49.11**	**16.02**	**0.80**
北　京	2.26	14.74	174.26	138.37	1.91	14.77	4.88	0.08
天　津	5.34	3.78	242.40	196.38	1.97	26.11	12.08	0.04
河　北	7.14	1.36	370.58	209.62	1.98	62.18	23.40	2.33
山　西	7.60	2.19	271.52	155.23	0.48	71.41	31.36	0.03
内蒙古	8.24	3.66	266.79	133.93	1.54	67.50	10.88	0.40
辽　宁	10.95	4.03	269.27	200.90	6.88	33.41	12.25	1.21
吉　林	3.00	5.50	235.36	164.30	0.98	57.57	6.04	0.13
黑龙江	0.99	1.94	222.31	145.53	0.95	63.00	9.22	0.13
上　海	2.52	3.72	422.63	354.13	1.07	34.20	24.19	0.29
江　苏	5.78	5.25	300.81	224.03	5.43	42.43	22.46	1.04
浙　江	8.55	4.91	368.69	279.83	17.24	35.71	17.59	0.33
安　徽	5.18	4.73	228.94	163.75	9.17	33.46	10.83	0.91
福　建	5.24	16.20	236.94	169.24	9.19	36.20	9.88	0.32
江　西	3.68	4.27	240.02	169.85	1.61	46.06	13.29	0.94
山　东	5.29	2.91	241.46	187.23	2.90	31.78	14.02	0.26
河　南	4.80	3.47	223.36	142.00	2.13	60.26	11.88	0.35
湖　北	10.45	2.16	302.80	208.27	12.92	48.06	13.48	2.63
湖　南	39.96	19.62	322.23	229.59	10.76	46.42	19.53	1.24
广　东	11.86	3.98	551.86	390.35	12.66	71.91	39.66	1.90
广　西	5.21	4.99	297.15	223.62	17.26	20.10	22.27	0.20
海　南	4.94	7.62	138.79	105.40	8.14	18.83	4.76	…
四　川	13.07	3.33	293.86	205.84	5.93	52.27	21.72	0.86
贵　州	10.96	11.51	214.36	161.31	4.05	29.09	9.40	0.10
云　南	16.43	10.23	246.47	150.46	10.65	50.54	16.35	5.04
西　藏	8.46	17.38	260.05	151.99	…	30.03	24.13	…
陕　西	3.74	2.18	254.20	183.97	2.70	45.84	7.80	0.18
甘　肃	5.08	1.39	191.02	142.51	4.19	32.51	5.69	0.24
青　海	3.71	5.68	223.14	166.36	0.91	41.44	10.85	0.02
宁　夏	7.76	0.52	370.00	252.71	4.46	70.35	14.03	0.46
新　疆	4.69	0.67	250.82	192.90	2.48	39.63	9.53	…

8－17 续表 5　　(1991 年,平均每人全年)　　单位:元

地　　区	6.兑售有价证券	7.赊购	8.为购买房屋从银行贷款	9.其他借贷收入	三、现金支出	(一)全部支出	1.生活费支出	2.非消费性支出
全国合计	**7.31**	**0.20**	**0.37**	**5.53**	**1 946.77**	**1 625.69**	**1 453.81**	**41.92**
北　京	11.39	0.48	…	2.39	2 185.91	1 986.68	1 860.16	51.62
天　津	1.41	…	…	4.41	1 984.87	1 719.31	1 585.71	53.79
河　北	9.58	0.69	0.48	60.32	1 916.07	1 536.01	1 293.23	56.50
山　西	11.38	…	0.11	1.53	1 663.87	1 370.88	1 171.21	49.27
内蒙古	5.89	0.18	0.50	5.97	1 501.43	1 279.57	1 136.34	31.85
辽　宁	10.61	0.24	…	3.76	1 930.73	1 668.31	1 484.53	34.02
吉　林	3.35	0.05	…	2.93	1 615.57	1 356.82	1 193.80	27.89
黑龙江	2.90	0.06	0.14	0.39	1 569.93	1 375.40	1 227.33	19.84
上　海	4.67	…	…	4.08	2 876.07	2 298.98	2 166.99	34.93
江　苏	3.09	…	…	2.33	2 065.49	1 682.14	1 528.70	31.06
浙　江	12.72	…	1.05	4.23	2 472.60	1 972.57	1 805.60	53.09
安　徽	7.80	0.50	0.73	1.78	1 700.24	1 439.03	1 296.93	34.39
福　建	0.85	…	4.69	6.56	2 085.60	1 816.34	1 595.30	60.91
江　西	4.40	0.03	0.20	3.64	1 503.37	1 195.46	1 085.55	24.81
山　东	3.47	…	…	1.81	1 879.85	1 537.75	1 407.16	40.19
河　南	2.88	0.02	0.02	3.82	1 582.69	1 355.56	1 199.95	38.48
湖　北	13.62	0.13	0.41	3.28	1 891.25	1 538.15	1 380.23	31.27
湖　南	6.46	2.52	…	5.71	2 011.71	1 622.96	1 368.17	37.76
广　东	29.82	…	0.57	4.99	3 200.50	2 668.16	2 388.77	54.52
广　西	8.97	…	…	4.73	2 058.08	1 749.21	1 583.62	61.71
海　南	0.70	…	…	0.96	1 950.24	1 747.81	1 588.79	52.94
四　川	3.01	0.37	0.04	3.82	1 987.93	1 635.01	1 487.69	52.24
贵　州	6.00	…	1.43	2.98	1 668.96	1 457.49	1 274.81	48.96
云　南	8.89	…	0.13	4.41	1 919.58	1 609.13	1 428.28	73.09
西　藏	5.43	1.07	47.32	0.08	2 591.20	2 039.18	1 696.02	192.71
陕　西	4.91	0.01	0.98	7.83	1 756.29	1 416.28	1 275.96	55.72
甘　肃	5.50	0.10	…	0.28	1 631.29	1 344.33	1 234.86	35.29
青　海	1.84	…	…	1.72	1 665.49	1 410.57	1 249.84	72.07
宁　夏	18.45	…	1.99	7.55	1 933.33	1 625.04	1 353.86	78.94
新　疆	5.60	0.02	…	0.67	1 822.84	1 409.36	1 265.98	64.97

(1991年,平均每人全年)

单位:元

地区	(1)贷款利息	(2)个人所得税	(3)各种税金	(4)赡养支出	(5)非储蓄性保险支出	(6)其他非消费支出	3.特别支出
全国合计	**0.09**	**0.04**	**0.72**	**37.21**	**0.90**	**2.95**	**129.97**
北京	0.02	0.23	1.65	40.63	0.79	8.29	74.90
天津	…	0.19	1.50	50.25	1.23	0.63	79.81
河北	0.01	0.08	0.37	49.27	1.20	5.57	186.27
山西	0.01	…	0.22	48.66	0.12	0.27	150.39
内蒙古	…	…	0.95	28.14	1.25	1.50	111.38
辽宁	…	0.03	0.41	28.10	0.67	4.82	149.75
吉林	0.13	…	0.62	22.62	0.75	3.78	135.13
黑龙江	0.08	…	0.94	16.52	1.11	1.18	128.24
上海	…	0.04	1.43	32.53	0.38	0.56	97.05
江苏	0.07	…	1.00	27.16	1.07	1.76	122.39
浙江	0.26	0.34	0.50	45.14	1.41	5.44	113.89
安徽	0.01	…	0.03	31.46	0.56	2.33	107.70
福建	0.26	0.03	2.64	54.15	1.82	2.01	160.13
江西	0.07	…	0.38	23.01	0.73	0.63	85.10
山东	…	0.01	0.47	35.78	1.24	2.68	90.40
河南	0.17	0.09	0.33	35.00	0.54	2.36	117.13
湖北	0.01	…	0.22	29.01	0.30	1.72	126.65
湖南	0.12	0.01	1.01	30.54	1.42	4.67	217.02
广东	0.13	0.08	0.36	49.07	1.22	3.66	224.88
广西	0.06	…	0.56	58.63	1.19	1.28	103.88
海南	0.12	…	0.10	48.41	0.20	4.12	106.08
四川	0.16	…	0.27	49.84	0.47	1.50	95.08
贵州	0.02	0.04	3.78	42.59	0.34	2.18	133.73
云南	0.01	0.04	0.15	69.81	1.47	1.62	107.76
西藏	0.54	0.19	1.73	169.59	1.77	18.90	150.45
陕西	0.02	0.03	0.19	52.82	0.85	1.81	84.60
甘肃	…	…	0.59	33.66	0.54	0.49	74.19
青海	0.05	0.01	0.56	70.79	0.27	0.39	88.65
宁夏	0.01	0.01	0.33	69.23	1.74	7.62	192.25
新疆	…	0.05	0.51	62.01	0.79	1.59	78.41

8—17 续表 7　　(1991 年,平均每人全年)　　单位:元

地区	(1)赠送支出	(2)购买商品住宅支出	(3)其他特别支出	(二)借贷支出	1.存入储蓄款	2.存入储金会款	3.归还借款
全国合计	**101.61**	**18.95**	**9.41**	**321.08**	**242.31**	**6.78**	**28.02**
北京	61.55	4.21	9.14	199.23	168.05	4.75	5.86
天津	74.55	…	5.26	265.56	223.06	4.05	13.64
河北	89.55	69.70	27.02	380.06	259.51	4.43	31.30
山西	125.75	9.08	15.56	292.99	194.69	0.14	44.88
内蒙古	87.24	19.04	5.10	221.86	148.01	1.76	40.42
辽宁	126.43	16.08	7.25	262.42	201.56	6.64	19.11
吉林	111.01	19.84	4.27	258.75	195.07	6.18	31.10
黑龙江	119.51	4.24	4.49	194.52	140.94	0.51	28.38
上海	92.73	0.95	3.37	577.09	488.75	2.87	15.78
江苏	114.68	4.26	3.44	383.35	299.98	10.56	22.18
浙江	94.10	17.41	2.38	500.03	392.97	23.80	25.73
安徽	95.97	5.82	5.91	261.22	197.34	9.98	20.64
福建	122.47	29.50	8.15	269.26	193.21	20.43	18.97
江西	69.89	6.75	8.45	307.91	220.52	3.19	28.84
山东	70.00	3.87	16.53	342.10	286.39	2.64	15.33
河南	88.17	14.13	14.83	227.13	153.94	2.88	21.05
湖北	114.69	2.37	9.59	353.10	258.73	15.82	32.41
湖南	175.13	23.07	18.82	388.75	262.93	9.79	53.75
广东	120.29	92.28	12.31	532.34	435.74	7.94	27.05
广西	95.82	0.27	7.80	308.87	245.25	17.16	16.71
海南	72.24	18.87	14.97	202.43	157.26	13.27	11.43
四川	87.13	3.39	4.56	352.92	249.77	11.31	30.18
贵州	112.59	4.98	16.15	211.47	156.18	5.41	17.86
云南	88.37	9.99	9.40	310.45	222.73	12.77	36.44
西藏	99.92	47.92	2.60	552.02	424.31	0.47	70.74
陕西	68.69	12.39	3.52	340.01	226.79	3.67	34.13
甘肃	64.77	…	9.42	286.96	226.64	5.17	30.73
青海	67.58	10.82	10.26	254.92	184.63	4.70	36.50
宁夏	98.02	90.74	3.48	308.28	229.13	5.92	31.38
新疆	74.94	…	3.48	413.48	335.17	5.71	35.47

8—17 续表 8　　(1991 年,平均每人全年)　　单位:元

地区	4. 借出款	5. 储蓄性保险支出	6. 购买有价证券	7. 预购	8. 归还为购买住房银行贷款	9. 其他借贷支出	四、期末手存现金
全国合计	**21.16**	**3.72**	**8.28**	**0.86**	**0.92**	**9.02**	**118.09**
北京	6.75	1.48	10.13	0.02	…	2.18	296.92
天津	8.26	1.95	3.44	0.30	0.04	10.81	188.23
河北	33.54	2.94	9.19	0.41	…	38.74	93.67
山西	36.00	1.74	3.65	…	0.03	11.87	84.61
内蒙古	21.22	1.91	1.55	0.16	0.03	6.82	90.32
辽宁	15.01	2.49	12.69	0.14	0.06	4.73	116.11
吉林	11.26	2.40	4.71	0.35	0.26	7.41	78.01
黑龙江	16.12	2.42	3.71	0.31	0.10	2.01	106.05
上海	29.75	4.00	23.90	0.25	0.03	11.76	162.17
江苏	33.71	3.99	6.61	0.44	0.03	5.84	125.27
浙江	18.60	2.64	25.33	0.09	2.24	8.63	140.55
安徽	11.95	3.13	12.15	0.46	0.12	5.45	75.67
福建	15.00	7.20	3.27	…	2.57	8.61	136.67
江西	24.34	4.60	7.15	0.60	2.18	16.48	98.09
山东	22.72	2.56	6.39	0.18	…	5.89	123.49
河南	23.72	2.26	1.78	5.10	2.07	14.33	94.47
湖北	22.64	5.12	13.00	0.89	0.16	4.35	54.81
湖南	38.22	4.57	5.12	3.40	…	10.98	85.66
广东	27.05	3.54	18.92	…	6.70	5.39	263.83
广西	12.59	5.27	3.52	0.55	0.40	7.42	98.24
海南	9.54	2.14	0.89	…	…	7.89	158.33
四川	23.93	6.56	7.49	0.57	0.08	23.03	75.21
贵州	11.92	6.16	8.11	0.38	0.15	5.30	79.02
云南	20.55	8.22	2.05	1.32	1.13	5.23	88.96
西藏	23.47	…	…	3.38	28.39	1.26	138.80
陕西	18.34	2.73	8.65	2.17	0.84	42.68	103.38
甘肃	7.86	4.55	6.03	3.02	1.35	1.60	102.45
青海	14.32	1.05	4.80	0.19	…	8.73	56.18
宁夏	11.14	6.39	13.87	…	1.99	8.48	57.18
新疆	18.92	9.43	4.75	2.48	0.03	1.53	93.78

8—18 各地区城镇居民家庭生活费支出

(1991年,平均每人全年) 单位:元

地区	生活费支出	一、食品	(一)粮食	(二)副食	(三)烟酒茶	(四)其它食品	二、衣着	三、日用品
全国合计	**1 453.81**	**782.50**	**102.53**	**469.37**	**85.65**	**124.95**	**199.64**	**139.83**
北京	1 860.16	1 016.80	93.37	581.25	96.05	246.12	265.39	188.77
天津	1 585.71	928.44	130.23	536.19	87.85	174.17	205.51	144.95
河北	1 293.23	650.82	109.14	337.47	88.76	115.46	207.17	133.48
山西	1 171.21	576.22	100.23	282.42	90.11	103.46	209.02	119.98
内蒙古	1 136.34	540.45	104.71	262.14	75.08	98.52	197.53	114.65
辽宁	1 484.53	829.16	94.75	477.25	101.91	155.26	231.21	132.61
吉林	1 193.80	638.12	98.23	365.94	56.59	117.36	195.42	91.16
黑龙江	1 227.33	621.31	92.80	350.35	65.00	113.15	231.45	101.88
上海	2 166.99	1 234.15	99.40	772.08	95.99	266.68	240.77	186.25
江苏	1 528.70	852.10	86.47	549.44	91.90	124.29	198.76	154.30
浙江	1 805.60	992.38	92.15	604.46	136.19	159.57	231.00	175.07
安徽	1 296.93	767.92	97.71	453.01	115.33	101.87	157.82	117.16
福建	1 595.30	968.31	127.19	628.96	92.35	119.81	150.41	140.41
江西	1 085.55	627.21	75.03	420.19	56.59	75.40	120.41	85.80
山东	1 407.16	733.05	105.86	404.44	91.02	131.73	225.87	176.74
河南	1 199.95	644.26	113.01	335.17	98.43	97.65	194.09	113.00
湖北	1 380.23	717.39	104.04	432.58	87.74	93.02	200.02	140.14
湖南	1 368.17	723.61	81.28	464.28	72.17	105.87	177.46	137.25
广东	2 388.77	1 267.44	149.62	916.74	66.24	134.84	174.24	264.04
广西	1 583.62	875.00	87.25	631.83	46.04	109.88	156.32	183.14
海南	1 588.79	986.95	161.41	670.15	66.02	89.36	114.59	114.18
四川	1 487.69	772.30	86.16	490.92	87.89	107.34	211.15	153.06
贵州	1 274.81	716.86	92.08	428.55	96.52	99.71	181.57	93.07
云南	1 428.28	763.42	119.78	452.25	84.08	107.32	193.83	133.00
西藏	1 696.02	1 072.53	95.26	475.77	251.66	249.85	270.20	148.86
陕西	1 275.96	650.08	112.94	338.37	69.18	129.59	196.32	138.70
甘肃	1 234.86	665.77	109.93	335.81	108.15	111.88	191.83	109.18
青海	1 249.84	711.26	120.70	343.69	126.29	120.57	194.11	100.62
宁夏	1 353.86	654.70	104.42	337.39	86.47	126.41	233.43	159.54
新疆	1 265.98	609.66	83.10	358.24	54.48	113.84	199.46	127.85

8—18 续表 1　(1991 年,平均每人全年)　单位:元

地区	(一)一般日用品	1.化妆用品	2.金银珠宝饰品	3.室内装饰品	4.日用小五金	5.其他日用品	(二)家具	(三)日用机电消费品
全国合计	**57.18**	**6.05**	**11.55**	**4.48**	**1.09**	**34.01**	**19.44**	**52.47**
北京	87.71	10.56	18.14	8.47	0.81	49.74	36.04	51.79
天津	68.13	5.57	20.70	6.44	0.46	34.96	23.79	44.09
河北	48.13	5.34	8.77	4.33	0.96	28.72	19.56	56.21
山西	47.63	4.63	8.56	3.43	0.73	30.28	18.63	47.07
内蒙古	43.58	6.39	4.68	5.43	1.65	25.43	11.88	50.84
辽宁	64.51	8.71	24.21	7.01	0.89	23.69	11.51	50.50
吉林	47.11	5.99	6.62	5.38	1.00	28.12	11.19	26.81
黑龙江	50.91	5.82	9.69	5.28	0.94	29.18	7.60	39.01
上海	103.54	5.54	24.23	6.21	0.70	66.86	20.51	53.78
江苏	67.41	5.57	15.95	5.02	1.18	39.69	15.54	58.54
浙江	75.12	5.71	25.60	6.37	1.49	35.95	16.18	63.80
安徽	48.39	4.52	9.44	3.35	0.73	30.37	12.11	49.14
福建	45.92	3.74	5.27	3.48	0.78	32.65	20.01	60.46
江西	39.14	2.83	4.62	1.60	1.44	28.64	5.80	30.80
山东	55.08	5.76	10.62	4.31	0.99	33.41	29.32	77.37
河南	40.70	6.81	4.97	2.54	0.55	25.82	16.70	47.85
湖北	57.14	5.51	9.50	4.42	1.11	36.59	16.32	57.53
湖南	56.39	5.66	12.89	1.80	1.86	34.17	11.39	58.49
广东	77.13	7.48	13.42	5.06	1.76	49.42	57.41	100.14
广西	60.24	4.82	6.58	3.62	1.31	43.92	23.56	83.59
海南	50.79	3.73	3.65	1.55	0.88	40.99	15.69	32.51
四川	60.21	6.44	9.98	3.21	0.97	39.61	29.25	54.99
贵州	42.83	5.95	3.46	2.98	0.74	29.71	14.69	27.83
云南	52.28	7.31	7.33	4.36	0.84	32.45	26.26	49.82
西藏	62.33	9.26	22.07	4.93	0.72	25.34	21.20	61.07
陕西	50.93	6.17	6.41	2.67	0.70	34.98	28.89	50.71
甘肃	41.60	6.33	4.48	3.82	1.79	25.18	22.97	37.55
青海	39.97	6.63	3.84	2.94	0.23	26.32	13.09	40.27
宁夏	26.90	10.47	12.82	6.85	0.50	26.26	24.02	69.09
新疆	59.65	7.10	9.34	7.48	0.67	35.05	11.15	43.16

8—18续表2　　(1991年,平均每人全年)　　单位:元

地区	(四)日用杂品	四、文化娱乐用品	(一)纸张文具	(二)文娱用机电消费品	(三)其它文娱用品	五、书报杂志	六、药及医疗用品	七、房屋及建筑材料
全国合计	**10.73**	**68.68**	**3.89**	**50.49**	**14.29**	**13.11**	**24.96**	**23.00**
北京	13.23	115.98	6.00	72.56	37.43	23.57	20.66	10.27
天津	8.94	100.82	4.84	74.75	21.22	19.34	15.94	4.52
河北	9.59	62.77	2.54	51.31	8.92	6.30	16.49	23.95
山西	6.65	51.96	3.19	40.96	7.81	10.58	20.62	19.93
内蒙古	8.35	48.03	3.00	32.96	11.07	9.17	27.42	26.40
辽宁	6.09	68.30	3.03	57.93	7.34	7.35	14.52	8.15
吉林	6.04	48.41	4.29	34.55	9.56	10.14	23.87	15.40
黑龙江	4.37	53.98	4.42	38.88	10.68	9.97	29.22	19.74
上海	8.43	147.10	3.99	118.45	24.66	27.77	11.72	19.75
江苏	12.82	83.37	3.53	65.05	14.79	12.86	11.30	35.51
浙江	19.98	90.55	3.42	67.16	19.96	22.14	35.34	38.33
安徽	7.51	57.14	3.22	44.12	9.80	10.87	11.67	14.15
福建	14.02	46.55	3.83	30.81	11.91	10.91	22.65	40.01
江西	10.06	53.14	2.23	42.56	8.34	12.15	15.00	13.12
山东	14.97	71.07	4.29	52.26	14.52	10.90	16.20	10.46
河南	7.75	51.05	2.94	37.93	10.18	10.86	24.09	16.83
湖北	9.14	68.65	3.79	49.66	15.20	15.89	19.69	13.75
湖南	10.98	54.89	4.06	35.22	15.60	13.18	29.00	15.10
广东	29.35	109.30	5.76	78.24	25.30	16.02	44.84	107.91
广西	15.75	82.05	4.10	59.09	19.16	21.44	26.53	11.09
海南	15.20	44.42	4.14	21.36	18.92	10.52	28.65	12.30
四川	8.60	77.30	4.40	54.49	18.41	17.99	38.66	12.48
贵州	7.71	45.23	4.05	30.73	10.45	10.87	21.83	9.62
云南	4.63	62.67	4.23	42.97	15.47	14.45	47.86	19.55
西藏	4.26	52.49	1.62	46.80	4.06	6.06	12.94	1.32
陕西	8.16	57.83	3.77	39.85	14.21	13.85	32.24	9.10
甘肃	7.05	47.14	3.23	35.05	8.85	11.03	30.25	6.54
青海	7.30	36.30	4.04	25.56	6.70	9.25	27.69	2.16
宁夏	9.53	64.85	3.45	48.38	13.02	13.61	42.22	9.25
新疆	13.89	66.16	3.45	49.62	13.10	11.83	18.67	12.40

(1991 年,平均每人全年)　　单位:元

地区	八、燃料	九、其它商品	十、非商品支出	(一)房租	(二)水费	(三)电费	(四)煤气费	(五)市内交通费
全国合计	**25.05**	**18.06**	**158.96**	**10.66**	**4.66**	**19.50**	**4.27**	**4.53**
北京	13.78	5.63	199.30	12.71	3.30	23.28	5.29	16.85
天津	15.07	12.28	138.84	13.98	3.09	21.76	12.04	6.23
河北	29.92	10.47	151.85	25.69	3.56	16.51	3.15	1.75
山西	12.48	15.93	134.50	7.45	2.86	9.50	4.40	2.11
内蒙古	23.12	26.08	123.50	7.88	1.72	11.43	0.73	1.19
辽宁	24.45	9.33	159.46	11.52	5.18	22.28	20.17	4.49
吉林	30.24	17.26	123.78	9.80	3.88	14.78	2.75	3.07
黑龙江	30.28	9.47	120.01	7.22	3.37	14.67	0.73	3.45
上海	8.60	16.18	274.69	28.24	8.29	32.58	20.31	33.33
江苏	27.03	13.21	140.26	9.98	4.30	19.59	2.54	2.06
浙江	33.02	9.37	178.40	12.63	7.28	26.15	0.13	3.29
安徽	15.37	9.50	135.33	7.98	4.15	16.28	5.26	2.59
福建	27.70	12.08	176.29	8.99	6.16	25.66	0.35	3.11
江西	23.13	10.86	124.72	14.64	5.06	13.19	0.67	1.07
山东	21.37	20.33	121.18	7.99	2.64	13.59	2.06	1.90
河南	18.65	9.99	117.12	6.14	3.29	11.70	2.55	0.89
湖北	28.52	21.61	154.57	8.43	4.77	18.10	0.56	3.83
湖南	20.87	38.10	158.72	9.11	5.14	13.24	0.57	3.59
广东	65.57	33.37	306.04	14.87	10.55	52.12	0.01	5.20
广西	23.78	29.16	174.82	8.44	7.34	27.85	0.05	1.58
海南	26.55	54.98	195.64	8.14	7.50	20.27	…	2.01
四川	13.62	13.55	177.58	10.13	6.58	23.37	9.99	5.32
贵州	16.87	19.94	158.95	9.64	5.49	21.29	0.57	7.47
云南	9.92	43.54	140.03	9.97	3.30	20.82	2.04	2.71
西藏	20.58	16.28	94.74	7.31	…	8.29	…	3.51
陕西	18.33	13.53	146.00	9.03	2.63	12.65	2.26	3.62
甘肃	21.84	15.07	136.21	7.00	3.11	12.88	0.34	2.65
青海	23.53	15.20	129.72	4.84	2.04	6.34	…	3.49
宁夏	19.94	12.78	143.53	9.12	3.32	17.47	0.02	2.03
新疆	22.53	34.15	163.27	8.32	2.78	11.41	…	5.27

8－18 续表 4　　(1991 年,平均每人全年)　　单位:元

地　区	(六) 其它交通费	(七) 邮电费	(八) 医疗保健费	(九) 学杂费	(十) 保育费	(十一) 文娱费	(十二) 修理服务费	(十三) 其他非商品支出
全国合计	**12.36**	**2.82**	**7.14**	**33.82**	**7.01**	**6.14**	**30.82**	**15.23**
北　京	11.71	7.49	8.73	33.34	13.10	18.16	37.30	8.04
天　津	5.83	2.10	5.53	20.67	4.87	6.43	23.03	13.28
河　北	9.18	2.08	13.31	28.54	8.38	7.15	20.34	12.20
山　西	9.23	1.38	5.33	35.85	4.80	2.78	26.85	21.95
内蒙古	8.91	1.96	7.33	28.54	6.98	2.38	28.38	16.05
辽　宁	9.14	1.11	13.11	30.00	11.08	4.74	15.73	10.88
吉　林	8.80	3.19	6.19	26.74	6.78	2.81	21.78	13.22
黑龙江	7.91	0.90	9.05	27.96	6.85	2.34	26.70	8.87
上　海	15.59	10.00	2.32	20.50	9.21	11.74	67.09	15.48
江　苏	10.63	1.99	3.73	24.37	3.19	7.36	38.79	11.72
浙　江	20.26	3.37	4.60	20.55	8.88	8.10	48.81	14.35
安　徽	9.74	1.28	5.33	38.23	4.09	4.90	25.55	9.96
福　建	13.24	4.53	4.75	36.89	10.37	5.28	37.59	19.36
江　西	10.66	1.59	4.65	28.71	4.37	4.95	22.88	12.30
山　东	8.33	1.18	6.76	29.30	3.63	5.08	21.72	16.98
河　南	10.82	1.22	5.52	31.56	3.78	4.13	22.01	13.50
湖　北	11.08	1.72	6.85	46.95	4.15	6.99	25.83	15.32
湖　南	14.62	2.06	4.40	44.84	6.56	6.86	27.80	19.95
广　东	21.54	10.40	7.99	64.99	12.41	12.43	69.11	24.41
广　西	18.80	1.90	4.98	48.58	8.87	6.45	22.20	17.80
海　南	23.23	2.31	6.35	68.96	3.51	4.74	21.29	27.32
四　川	17.32	1.86	5.71	38.08	6.58	7.13	32.23	13.27
贵　州	14.42	2.35	6.47	31.59	9.47	6.19	25.82	18.16
云　南	13.23	2.21	6.34	25.47	8.18	5.27	22.93	17.58
西　藏	3.73	5.51	13.02	16.11	11.79	3.95	10.98	10.55
陕　西	17.96	2.09	9.70	35.65	4.37	5.72	28.94	11.35
甘　肃	13.43	2.61	13.85	27.24	3.06	4.77	25.37	19.91
青　海	17.85	3.68	10.66	30.36	3.67	3.90	18.13	24.77
宁　夏	15.87	2.45	6.07	31.20	9.10	4.67	27.83	14.39
新　疆	15.44	2.56	4.42	37.08	9.26	5.15	29.66	31.93

8—19　各地区城镇居民家庭年末主要消费品拥有量

（1991年，平均每百户）

地　　区	毛皮大衣（件）	呢大衣（件）	毛料服装（件）	其中:西服（件）	皮鞋（双）	毛毯（条）	大衣柜（个）
全国合计	**32.21**	**171.24**	**342.79**	**150.72**	**711.49**	**126.37**	**95.24**
北　京	63.60	209.60	409.30	236.50	743.20	122.60	110.50
天　津	33.40	225.80	420.00	192.80	906.20	108.90	93.60
河　北	37.20	166.07	269.64	115.48	681.63	116.66	96.36
山　西	33.18	135.40	207.92	78.00	568.98	146.68	79.46
内蒙古	48.39	181.78	335.04	152.34	728.22	142.03	85.76
辽　宁	34.26	192.39	444.28	196.68	757.85	90.08	68.47
吉　林	31.23	166.35	309.65	124.66	742.63	81.30	65.15
黑龙江	45.96	196.86	306.40	157.34	831.08	102.66	68.72
上　海	15.40	274.60	1 176.60	420.20	1 595.00	161.40	95.80
江　苏	22.25	214.67	373.34	152.86	835.04	115.30	103.90
浙　江	36.03	189.07	414.83	192.45	701.19	137.55	102.52
安　徽	18.76	158.96	310.53	138.88	619.48	114.73	92.04
福　建	13.90	128.05	155.91	75.04	374.70	116.35	84.10
江　西	21.20	144.40	217.07	89.60	614.00	118.00	95.60
山　东	22.23	168.80	344.74	150.50	671.31	132.64	95.63
河　南	25.46	174.11	293.08	116.48	669.61	106.12	104.39
湖　北	22.33	200.44	313.51	116.12	640.93	117.94	108.67
湖　南	22.99	128.33	243.94	86.71	613.20	129.67	114.88
广　东	26.65	94.73	381.56	233.26	469.81	180.96	151.31
广　西	13.93	102.60	198.82	96.69	458.53	87.58	108.61
海　南	12.30	35.20	157.60	124.60	339.80	97.20	92.10
四　川	35.81	190.39	261.98	111.77	726.15	141.52	116.24
贵　州	28.25	187.15	278.70	100.55	706.74	153.47	105.79
云　南	37.85	115.92	343.47	157.84	683.03	159.72	82.27
西　藏	133.00	144.00	259.00	191.00	713.00	298.00	81.00
陕　西	29.09	159.41	239.74	81.23	557.79	130.74	86.89
甘　肃	70.73	173.70	330.01	141.14	770.67	182.73	84.30
青　海	73.19	165.74	299.00	128.04	618.36	225.30	75.17
宁　夏	62.42	204.04	371.06	230.84	613.44	192.89	92.41
新　疆	69.21	243.58	401.49	237.93	1 069.29	189.58	97.43

8—19 续表 1　　　　　　　　　(1991 年,平均每百户)

地　　区	沙　发(个)	写字台(个)	组合家具(套)	沙发床(个)	自行车(辆)	缝纫机(架)	机械手表(只)
全国合计	**158.96**	**86.97**	**25.80**	**19.10**	**185.51**	**66.43**	**213.08**
北　京	200.70	98.50	42.50	45.00	233.80	69.80	209.50
天　津	118.70	47.00	37.90	19.80	221.30	78.10	200.50
河　北	176.86	91.91	35.48	28.40	241.68	73.85	202.16
山　西	153.62	81.39	36.02	13.19	220.61	72.86	187.23
内蒙古	234.58	69.89	31.76	16.14	241.52	54.55	191.96
辽　宁	123.35	52.26	32.27	22.84	178.49	52.62	200.85
吉　林	121.17	44.44	27.15	16.85	189.41	52.55	207.83
黑龙江	140.82	58.86	31.44	20.80	177.64	63.30	196.36
上　海	125.00	50.20	11.00	12.80	103.80	83.20	236.60
江　苏	144.69	97.56	14.27	12.31	217.54	70.76	235.80
浙　江	139.47	102.91	13.11	10.66	208.81	82.38	232.85
安　徽	135.53	102.36	10.98	11.50	153.55	59.58	215.02
福　建	121.15	94.74	19.03	13.61	188.85	73.01	186.22
江　西	143.07	106.40	8.80	14.27	179.87	71.73	217.60
山　东	247.16	94.28	24.69	21.60	225.31	71.04	212.52
河　南	179.76	90.41	26.26	18.46	223.93	70.37	210.17
湖　北	144.97	105.45	19.69	15.55	149.59	69.33	223.93
湖　南	132.31	109.27	17.39	9.85	154.90	62.10	218.61
广　东	140.59	123.89	50.51	32.93	249.94	88.72	239.93
广　西	124.72	86.36	32.16	18.08	224.30	84.77	211.23
海　南	38.90	90.00	15.20	11.10	152.40	77.80	222.10
四　川	166.88	118.61	31.88	17.11	84.91	47.97	231.69
贵　州	175.88	96.00	11.52	19.07	53.49	53.79	236.80
云　南	241.89	103.38	36.24	21.81	168.95	61.74	228.13
西　藏	170.00	104.00	41.00	43.00	211.00	32.00	221.00
陕　西	147.71	81.19	24.36	22.74	163.74	63.38	197.19
甘　肃	184.77	90.52	18.08	25.13	201.77	65.72	212.01
青　海	219.32	88.59	18.82	25.08	153.09	52.55	200.96
宁　夏	285.48	103.31	16.59	27.69	231.03	58.46	188.42
新　疆	245.98	87.94	13.85	27.51	186.27	60.43	201.55

8—19 续表 2 （1991 年，平均每百户）

地　　区	电子手表（只）	电风扇（台）	洗衣机（台）	电冰箱（台）	摩托车（辆）	收音机（架）	彩色电视机（台）
全国合计	**58.28**	**143.48**	**80.58**	**48.70**	**2.25**	**37.33**	**68.41**
北　京	111.60	122.70	93.00	101.70	1.10	81.30	97.10
天　津	52.60	110.30	83.10	83.90	2.60	41.30	80.10
河　北	61.02	122.78	88.06	51.05	3.27	48.35	77.92
山　西	82.99	62.84	84.65	29.06	3.87	30.46	67.49
内蒙古	74.04	28.16	80.89	23.20	4.24	29.34	65.30
辽　宁	59.13	48.16	81.09	50.10	1.53	29.63	73.09
吉　林	46.92	38.99	84.12	26.45	1.73	26.31	57.40
黑龙江	54.46	25.04	79.44	26.08	3.04	34.62	58.98
上　海	126.20	195.60	72.20	92.20	0.20	72.00	81.20
江　苏	44.90	241.78	87.63	53.92	1.62	44.70	63.76
浙　江	55.76	256.69	72.38	84.11	0.99	42.25	72.12
安　徽	45.58	210.06	76.58	54.73	1.56	30.24	57.49
福　建	29.88	210.51	77.66	54.41	2.50	17.43	66.75
江　西	49.07	202.93	60.93	44.80	1.87	41.07	51.07
山　东	59.85	153.36	79.52	59.86	3.32	48.02	73.24
河　南	49.12	193.15	81.31	42.58	2.00	43.23	65.23
湖　北	49.80	209.99	87.38	63.19	1.45	43.55	63.67
湖　南	33.63	229.11	81.79	50.74	1.27	18.30	53.83
广　东	63.04	354.79	85.30	61.71	5.87	44.49	83.06
广　西	43.49	276.20	80.52	46.27	1.57	26.23	51.30
海　南	27.80	113.00	51.00	22.30	1.50	19.90	62.50
四　川	39.75	168.09	83.84	54.86	0.84	25.82	71.99
贵　州	46.52	81.85	89.15	50.62	1.79	26.57	71.12
云　南	67.76	29.50	85.34	32.52	2.64	39.23	70.98
西　藏	42.00	2.00	62.00	35.00	2.00	12.00	94.00
陕　西	63.39	106.06	82.04	36.94	2.81	33.71	73.24
甘　肃	110.08	28.37	77.63	25.26	1.83	38.44	73.73
青　海	87.06	1.70	89.75	19.37	4.22	37.85	81.88
宁　夏	65.93	61.85	91.25	37.24	4.29	21.22	92.58
新　疆	106.48	37.88	84.08	40.92	1.46	36.71	73.24

8—19 续表 3　　(1991 年,平均每百户)

地　区	黑白电视机(台)	立体声录音机(台)	普通录音机(台)	照相机(架)	中高档乐器(件)	家用冷风机(台)	空调器(台)	电炊具(个)
全国合计	**43.93**	**35.64**	**34.70**	**21.32**	**9.01**	**1.41**	**0.71**	**51.96**
北　京	44.00	47.60	52.40	72.70	16.90	2.70	0.10	9.60
天　津	47.50	41.90	35.70	38.10	7.90	1.30	0.70	2.30
河　北	39.94	38.46	36.34	21.56	6.68	2.33	0.19	13.23
山　西	38.96	27.65	31.67	14.16	7.01	1.03	0.39	5.74
内蒙古	38.86	40.34	24.52	9.69	10.37	0.83	0.18	50.48
辽　宁	43.02	31.89	35.99	23.73	7.98	1.45	…	35.77
吉　林	48.61	39.27	27.56	16.17	9.69	0.49	…	89.93
黑龙江	48.76	35.34	28.64	17.22	9.32	2.22	0.24	107.44
上　海	57.40	57.60	43.00	43.20	12.40	0.80	0.40	36.60
江　苏	55.37	38.13	31.45	19.41	5.96	0.70	0.42	55.87
浙　江	49.34	34.50	45.43	21.85	9.74	2.19	0.93	53.18
安　徽	57.08	34.54	32.35	14.96	8.53	1.27	0.37	43.88
福　建	39.45	24.25	37.90	13.14	6.71	1.10	0.65	73.71
江　西	65.07	34.40	34.27	15.20	7.73	1.47	0.40	42.67
山　东	41.67	41.76	33.08	18.33	9.82	1.49	0.23	14.40
河　南	39.59	38.00	29.14	18.16	7.34	1.84	0.73	13.83
湖　北	53.40	35.72	37.45	21.71	10.10	1.10	0.92	54.18
湖　南	50.90	25.71	30.50	15.29	6.90	0.64	0.21	28.56
广　东	28.87	29.70	46.47	22.53	9.18	1.49	6.25	95.39
广　西	61.32	32.77	41.16	17.64	7.28	1.22	0.38	112.19
海　南	19.90	23.20	40.60	11.50	3.90	1.30	…	103.90
四　川	39.23	31.35	37.31	27.65	12.52	1.37	0.47	62.69
贵　州	41.71	25.55	38.56	19.74	8.69	1.55	1.23	68.99
云　南	36.68	36.54	40.36	25.61	14.82	0.92	0.96	134.62
西　藏	7.00	85.00	31.00	35.00	2.00	2.00	1.00	10.00
陕　西	37.80	35.67	31.14	24.25	8.66	0.89	0.89	14.43
甘　肃	43.16	43.33	29.40	20.28	7.59	2.40	0.08	10.45
青　海	21.19	39.34	36.59	24.03	5.56	1.22	0.18	8.24
宁　夏	17.56	36.55	36.88	24.12	10.76	0.39	0.16	70.95
新　疆	32.27	47.23	36.26	23.92	10.41	1.76	0.40	49.79

8-20 农民家庭基本情况

项　　　　目	单位	1980年	1985年	1987年	1988年	1989年	1990年	1991年
调查户数	户	15 914	66 642	66 912	67 186	66 906	66 960	67 410
调查户人口								
1. 常住人口	人	88 090	341 525	334 970	332 016	325 372	321 429	317 816
2. 平均每户常住人口	人	5.54	5.12	5.01	4.94	4.86	4.80	4.71
3. 平均每户整、半劳动力	人	2.45	2.95	2.95	2.95	2.94	2.92	2.83
4. 平均每个劳动力负担人口(含本人)	人	2.26	1.74	1.70	1.68	1.65	1.64	1.67
平均每人全年收入								
1. 总收入	元	216.22	547.31	653.58	785.30	874.97	990.38	1 046.10
2. 纯收入	元	191.33	397.60	462.55	544.94	601.51	686.31	708.55
3. 现金收入	元	113.12	357.39	460.30	586.59	657.68	676.67	736.84
按人均纯收入分组的户数占调查户数比重								
100元以下	%	9.80	0.96	0.87	0.51	0.57	0.22	0.40
100 - 150	%	24.70	3.40	2.38	1.49	1.25	0.51	0.77
150 - 200	%	27.10	7.86	4.99	3.34	2.76	1.29	1.56
200 - 300	%	25.30	25.61	17.51	13.51	10.89	6.57	6.64
300 - 400	%	8.60	24.00	21.34	17.45	15.58	11.99	11.08
400 - 500	%	2.90	15.85	17.21	16.69	15.56	14.37	13.35
500 - 600	%	1.60	9.06	12.00	13.34	13.35	13.99	13.00
600 - 800	%		8.02	12.87	16.45	17.63	20.83	20.90
800 - 1000	%		2.93	5.47	7.81	9.54	12.45	12.83
1000 - 1500	%		1.89	4.10	6.69	8.86	12.20	12.99
1500 - 2000	%		0.26	0.88	1.79	2.55	3.47	3.89
2000元以上	%		0.16	0.38	0.93	1.46	2.11	2.59
平均每人全年支出								
1. 总支出	元	195.52	485.51	603.99	737.26	830.74	903.47	979.64
家庭经营费用支出	元	24.89	121.39	150.59	194.57	221.91	241.09	267.27
生活消费支出	元	162.21	317.42	398.29	476.66	535.37	584.63	619.79
其他非生产性支出	元	8.42	9.57	11.90	14.98	17.71	18.80	23.28
2. 现金支出	元	122.93	389.19	515.47	646.42	736.74	639.06	713.40
生产性费用和开发性生产投资支出	元	14.05	98.93	121.62	163.32	183.98	183.35	215.09
缴纳税金和上交集体承包任务支出	元	0.24	16.35	20.40	23.63	29.70	33.37	36.19
生活消费支出	元	83.83	194.68	263.84	330.90	378.50	374.74	404.74
储蓄借贷支出	元	15.91	57.96	79.12	91.00	99.48	102.11	116.79

注：本表至8-37表为农村住户抽样调查资料。

8-21 农民家庭平均每人总收入和纯收入

单位：元

项　　目	1978年	1980年	1985年	1987年	1988年	1989年	1990年	1991年
一、总 收 入	**151.79**	**216.22**	**547.31**	**653.58**	**785.30**	**874.97**	**990.38**	**1 046.10**
1.从集体统一经营中得到的	88.53	108.37	33.37	42.09	49.72	56.62	60.32	66.09
统一核算收入		97.03	8.64	9.08	9.04	10.08	11.63	13.82
乡村企业收入	3.01	5.94	18.46	26.73	33.39	38.52	39.57	41.56
公益金收入		0.30	0.88	0.79	0.86	0.87	1.13	1.07
集体奖励收入	0.15	1.69	0.88	0.89	1.11	1.31	1.28	1.63
2.从经济联合体得到的收入			3.69	3.49	3.62	3.45	2.44	1.97
3.家庭经营收入	54.01	87.44	472.24	568.94	687.70	764.36	873.51	919.63
4.其他非生产性收入	9.25	20.41	38.01	39.06	44.26	50.54	54.11	58.41
二、纯 收 入	**133.57**	**191.33**	**397.60**	**462.55**	**544.94**	**601.51**	**686.31**	**708.55**
按收入来源分								
1.从集体统一经营中得到的	88.53	108.37	33.37	42.09	49.72	56.62	60.32	66.09
2.从经济联合体得到的收入			3.69	3.49	3.62	3.45	2.44	1.97
3.家庭经营纯收入	35.79	62.55	322.53	383.57	453.40	494.22	576.27	588.52
农业收入	15.15	21.93	191.46	207.80	222.16	240.19	330.11	323.53
林业收入			6.16	6.57	7.75	8.13	7.53	8.48
牧业收入	12.01	25.71	44.36	60.48	84.37	93.15	86.04	94.10
渔业收入			3.59	5.56	7.78	7.35	7.11	8.19
手工业收入	1.42	2.87	8.11	9.74	10.61	10.72	10.89	11.48
采集、猎收入	5.19	5.80	10.13	10.64	12.97	12.11	14.36	14.77
工业收入			2.18	5.40	8.02	8.71	9.15	8.56
建筑业收入			7.41	10.25	12.30	13.50	12.18	11.90
运输业收入			8.47	10.38	12.86	13.97	13.45	13.60
生产性劳务收入	2.02	6.24	26.55	38.07	50.23	59.66	57.72	64.93
商业收入				7.27	9.86	10.65	10.75	10.91
饮食业收入			6.13	1.69	2.16	2.26	1.94	1.72
服务业收入			3.25	4.52	5.43	6.41	6.77	6.98
其他收入			4.73	5.20	6.90	7.41	8.27	9.37
4.其他非生产性收入	9.25	20.41	38.01	33.40	38.20	47.22	47.28	51.97
按收入性质分								
1.生产性收入	122.86	166.39	350.07	418.35	494.02	540.29	623.14	638.89
农业生产性收入	113.47	149.62	263.81	300.79	345.64	371.65	456.04	460.55
非农业生产性收入	9.39	16.77	86.26	117.56	148.38	168.64	167.10	178.34
2.非生产性收入	10.71	24.94	47.53	44.20	50.92	61.22	63.17	69.66

8-22 各地区农民家庭平均每人纯收入

单位：元

地　区	1978年	1980年	1985年	1987年	1988年	1989年	1990年	1991年
全　国	133.57	191.33	397.60	462.55	544.94	601.51	686.31	708.55
北　京	224.80	290.46	775.08	916.38	1 062.55	1 230.74	1 297.05	1 422.37
天　津	178.40	277.92	564.55	749.41	891.16	1 020.25	1 069.04	1 168.53
河　北	91.50	175.78	385.23	444.40	546.62	589.40	621.67	657.38
山　西		155.78	358.32	376.87	438.73	513.57	603.51	567.90
内蒙古	100.30	181.32	360.41	388.77	499.79	477.50	607.15	517.99
辽　宁	165.20	273.02	467.84	599.25	699.58	740.22	836.17	896.71
吉　林	179.20	236.30	413.74	523.09	627.54	623.96	803.52	748.33
黑龙江	167.90	205.38	397.84	474.46	553.26	535.19	759.86	734.80
上　海	290.00	397.35	805.92	1 059.21	1 300.96	1 379.87	1 907.32	2 003.38
江　苏	152.10	217.94	492.60	626.48	796.76	875.70	959.06	920.72
浙　江		219.18	548.60	725.13	902.36	1 010.72	1 099.04	1 210.77
安　徽	101.70	184.82	369.41	429.26	485.53	515.66	539.16	446.05
福　建	134.90	171.74	396.45	484.88	613.41	697.34	764.41	850.05
江　西		180.94	377.31	429.29	488.16	558.64	669.90	702.53
山　东	101.20	194.33	408.12	517.69	583.74	630.56	680.18	764.04
河　南	101.40	160.78	329.37	377.72	401.32	457.06	526.95	539.29
湖　北	106.50	169.88	421.24	460.66	497.84	571.84	670.80	626.92
湖　南	134.40	219.71	395.26	471.30	515.35	558.34	664.24	688.91
广　东	182.30	274.37	495.31	644.71	808.70	955.02	1 043.03	1 143.06
广　西		173.68	302.96	353.95	424.23	483.04	639.45	657.74
海　南					566.60	674.27	696.22	730.08
四　川	116.70	187.90	315.07	369.46	448.85	494.07	557.76	590.21
贵　州	108.00	161.46	287.83	341.84	397.74	430.34	435.14	465.53
云　南	123.90	150.12	338.34	364.57	427.72	477.89	540.86	572.58
西　藏			352.97	348.39	374.41	397.25	649.71	706.67
陕　西		142.49	295.26	329.47	404.14	433.67	530.80	533.96
甘　肃	98.40	153.33	255.22	296.14	339.88	365.89	430.98	446.42
青　海			342.95	392.15	492.82	457.52	559.78	555.56
宁　夏		178.06	321.17	382.71	472.48	521.90	578.13	589.98
新　疆		198.01	394.30	452.72	496.49	545.61	683.47	703.17

8-23 各地区农民家庭平均每人按来源分的纯收入

（1991年） 单位：元

地区	纯收入	从集体统一经营中得到的收入	从经济联合体得到的收入	家庭经营纯收入	其他非生产性收入
全国	708.55	66.09	1.97	588.52	51.97
北京	1 422.37	637.48	1.72	563.50	219.67
天津	1 168.53	337.00	1.96	745.03	84.54
河北	657.38	69.46	8.06	523.53	56.33
山西	567.90	62.32	0.89	447.38	57.31
内蒙古	517.99	14.93		582.49	20.57
辽宁	896.71	119.82	1.18	709.54	66.17
吉林	748.33	27.52	0.03	683.80	36.98
黑龙江	734.80	35.03	0.57	669.87	29.33
上海	2 003.38	1 057.23	2.10	725.86	218.19
江苏	920.72	219.66	0.15	634.31	66.60
浙江	1 210.77	223.54	17.79	871.38	98.06
安徽	446.05	24.15	0.41	389.90	31.59
福建	850.05	49.27	5.87	716.77	78.14
江西	702.53	28.21	1.62	634.53	38.17
山东	764.04	104.49	2.20	604.56	52.79
河南	539.29	22.72	1.06	472.96	42.55
湖北	626.92	37.92	0.07	560.28	28.65
湖南	688.91	33.23	0.43	622.02	33.23
广东	1 143.06	63.30	2.04	973.28	104.44
广西	657.74	2.89	0.86	607.18	46.81
海南	730.08	12.21	5.92	634.22	77.73
四川	590.21	22.28	0.50	520.15	47.28
贵州	465.53	4.42	0.13	425.12	35.86
云南	572.58	11.16	0.10	513.84	47.57
西藏	706.67	1.86		652.30	52.51
陕西	533.96	18.10	0.58	476.81	38.47
甘肃	446.42	15.30	0.24	395.77	35.11
青海	555.56	11.23	0.28	504.07	39.98
宁夏	589.98	13.68	0.07	546.12	30.11
新疆	703.17	13.10	0.16	662.74	27.17

8-24 农民家庭平均每人生活消费支出

单位：元

指　　标	1978年	1980年	1985年	1987年	1988年	1989年	1990年	1991年
生活消费支出	116.06	162.21	317.42	398.29	476.66	535.37	584.63	619.79
（一）生活消费品支出	112.90	157.95	308.35	378.14	449.61	500.08	544.23	571.17
（1）按消费类别分								
1. 食品	78.59	100.19	183.33	219.67	254.57	289.58	339.30	352.30
主食	51.33	60.56	83.24	87.53	93.05	99.49	135.47	132.86
副食	24.67	35.27	73.01	94.21	115.68	135.12	146.09	155.72
其他食品	2.59	4.36	27.08	37.93	45.84	46.58	49.45	54.52
2. 衣着	14.74	19.99	31.34	34.23	41.18	44.38	45.34	50.98
3. 住房	3.67	12.80	39.46	57.76	71.10	77.05	69.30	68.90
4. 燃料	8.28	9.66	18.16	19.29	21.69	23.51	26.46	26.81
5. 用品及其他	7.62	15.31	36.06	47.19	61.07	65.56	63.83	72.18
日用品			20.75	25.82	33.80	34.62	32.18	36.93
文化娱乐用品			6.89	10.09	13.23	13.75	12.11	13.52
书报杂志			1.11	1.67	2.08	2.79	3.20	3.33
医药卫生用品			5.49	7.53	9.46	11.48	13.23	14.93
其他			1.82	2.08	2.50	2.92	3.11	3.47
（2）按消费性质分								
商品性消费								
1. 食品	18.91	31.13	76.46	101.90	126.83	151.52	151.39	159.64
2. 衣着	13.12	19.61	30.70	33.56	40.41	43.35	43.93	49.61
3. 住房	3.49	11.36	38.66	56.80	70.25	76.07	68.50	67.77
4. 燃料	2.64	2.77	3.92	4.46	5.68	6.98	7.05	7.41
5. 用品及其他	6.68	14.75	35.88	47.03	60.80	65.32	63.52	71.87
自给性消费								
1. 食品	59.68	69.06	106.97	117.77	127.74	138.06	187.91	192.66
2. 衣着	1.62	0.38	0.64	0.67	0.77	1.03	1.41	1.37
3. 住房	0.18	1.44	0.80	0.96	0.85	0.98	0.80	1.13
4. 燃料	5.64	6.89	14.24	14.83	16.01	16.53	19.41	19.40
5. 用品及其他	0.94	0.56	0.18	0.16	0.27	0.24	0.31	0.31
（二）非商品支出	3.16	4.26	9.07	20.15	27.05	35.29	40.40	48.62
1. 文化服务			4.36	6.72	10.38	14.07	16.07	19.59
2. 生活服务			4.71	13.43	16.67	21.22	24.33	29.03

8-25 各地区农民家庭平均每人生活消费支出

（1991年）　　单位：元

地　区	生活消费支出合计	1.生活消费品支出	(1)食　品	(2)衣　着	(3)住　房	(4)燃　料	(5)用品及其他	2.非商品支出
全　国	619.79	571.17	352.30	50.98	68.90	26.81	72.18	48.62
北　京	1 100.20	996.47	534.44	118.00	128.89	42.18	172.96	103.73
天　津	795.73	733.20	413.82	80.70	101.19	28.76	108.73	62.53
河　北	558.23	515.93	267.64	58.39	78.99	28.61	82.30	42.30
山　西	495.85	464.30	263.74	63.60	51.87	14.05	71.04	31.55
内蒙古	571.26	522.75	320.79	53.16	47.53	28.12	73.15	48.51
辽　宁	767.16	702.89	397.22	82.24	84.63	37.93	100.87	64.27
吉　林	648.41	597.75	366.51	62.85	71.55	17.53	79.31	50.66
黑龙江	618.60	579.78	356.75	58.22	59.02	37.42	68.37	38.82
上　海	1 539.78	1 410.45	733.83	130.19	296.75	17.39	232.29	129.33
江　苏	877.98	824.70	487.51	65.16	144.25	25.96	101.82	53.28
浙　江	1 026.52	946.17	518.07	70.83	196.79	25.51	134.97	80.35
安　徽	474.62	435.34	274.08	35.57	47.21	27.92	50.56	39.28
福　建	746.99	679.05	440.58	43.71	82.66	36.47	75.63	67.94
江　西	597.00	549.87	377.33	38.71	44.87	34.94	54.02	47.13
山　东	613.00	563.69	327.56	60.44	68.86	29.11	77.72	49.31
河　南	454.68	412.42	242.84	47.81	48.68	19.33	53.76	42.26
湖　北	615.40	562.47	363.94	45.05	56.52	26.72	70.24	52.93
湖　南	655.54	604.46	408.21	41.48	62.95	25.48	66.34	51.08
广　东	942.40	837.95	533.70	40.40	110.33	30.53	122.99	104.45
广　西	580.75	536.69	360.09	29.89	60.61	28.80	57.30	44.06
海　南	559.97	489.73	358.96	34.74	28.10	16.58	51.35	70.24
四　川	552.39	515.05	344.59	41.18	47.11	25.19	56.98	37.34
贵　州	420.44	394.82	283.94	35.03	23.01	22.81	30.03	25.62
云　南	501.36	472.69	315.10	37.69	51.00	18.13	50.77	28.67
西　藏	490.20	482.41	354.39	43.23	15.92	50.41	18.46	7.79
陕　西	486.80	451.14	266.78	44.70	58.33	20.45	60.88	35.66
甘　肃	403.41	371.95	238.21	34.87	26.61	25.94	46.32	31.46
青　海	486.25	458.17	293.31	62.70	24.37	33.67	44.12	28.08
宁　夏	508.32	470.09	291.83	54.36	38.07	16.96	68.87	38.23
新　疆	579.55	536.88	311.26	81.84	54.21	29.22	60.35	42.67

8-26 各地区农民家庭平均每人生活消费现金支出

（1991年） 单位：元

地区	生活消费现金支出	1. 购买生活消费品	(1) 食品	(2) 衣着	(3) 住房	(4) 燃料	(5) 用品及其他	2. 购买非商品
全国	**404.74**	**356.30**	**159.64**	**49.61**	**67.77**	**7.41**	**71.87**	**48.44**
北京	966.90	863.92	411.62	117.66	127.89	34.51	172.24	102.98
天津	600.87	538.52	240.41	78.23	100.99	10.23	108.66	62.35
河北	401.29	359.08	130.33	55.14	78.21	13.15	82.25	42.21
山西	346.98	315.48	120.87	62.66	51.78	9.58	70.59	31.50
内蒙古	322.17	273.65	94.13	53.13	47.22	6.08	73.09	48.52
辽宁	538.23	474.31	202.53	81.23	83.00	7.02	100.53	63.92
吉林	423.47	372.81	157.50	62.85	71.34	1.81	79.31	50.66
黑龙江	377.46	338.67	148.65	58.21	57.07	6.42	68.32	38.79
上海	1 297.89	1 168.56	507.40	129.61	294.22	5.38	231.95	129.33
江苏	593.30	540.06	234.20	57.66	144.06	3.29	100.85	53.24
浙江	827.20	746.85	338.48	69.80	196.48	7.31	134.78	80.35
安徽	299.68	260.48	127.57	34.83	45.07	2.80	50.21	39.20
福建	536.81	469.77	260.30	43.67	82.25	8.60	74.95	67.04
江西	325.83	278.76	136.62	37.98	44.23	6.16	53.77	47.07
山东	430.86	381.67	169.52	57.09	67.42	10.01	77.63	49.19
河南	291.26	249.05	97.62	45.28	45.82	6.75	53.58	42.21
湖北	360.02	307.27	134.18	44.02	55.43	3.69	69.95	52.75
湖南	386.28	335.20	154.84	41.29	62.78	9.98	66.31	51.08
广东	710.94	608.35	329.62	40.13	109.24	7.62	121.74	102.59
广西	333.47	289.42	141.71	29.78	58.80	1.82	57.31	44.05
海南	383.73	313.63	197.68	34.68	28.06	1.89	51.32	70.10
四川	318.57	381.31	134.58	40.60	44.69	5.48	55.96	37.26
贵州	208.60	183.01	86.48	34.95	22.90	8.72	29.96	25.59
云南	300.93	272.27	127.95	37.46	50.57	5.58	50.71	28.66
西藏	192.29	184.52	105.58	43.20	15.91	1.40	18.43	7.77
陕西	298.40	262.75	94.91	43.52	57.83	5.74	60.75	35.65
甘肃	208.01	176.55	62.43	34.83	25.73	7.30	46.26	31.46
青海	258.20	230.12	91.89	58.52	23.91	12.04	43.76	28.08
宁夏	304.53	266.30	95.15	54.10	38.04	10.13	68.88	38.23
新疆	367.64	324.97	114.55	78.63	50.97	20.50	60.32	42.67

8-27 各地区农民家庭平均每人主要食品消费量

(1991年)

单位：公斤

地区	粮食	蔬菜	食油	肉类	家禽	蛋类	鱼虾	食糖	酒
全国	**255.58**	**126.97**	**5.65**	**12.15**	**1.34**	**2.73**	**2.21**	**1.40**	**6.38**
北京	191.79	139.30	7.59	12.63	0.72	5.20	2.34	1.43	11.91
天津	232.36	115.52	9.07	11.16	0.70	6.60	6.27	1.68	7.58
河北	223.77	124.72	4.79	6.06	0.19	2.51	0.66	0.77	3.78
山西	225.62	84.30	4.36	4.41	0.08	2.57	0.08	1.20	1.59
内蒙古	283.86	153.58	5.29	18.78	0.37	2.87	0.23	0.92	5.30
辽宁	251.48	184.96	6.01	14.02	0.54	5.05	2.84	0.51	7.31
吉林	304.03	241.08	6.08	9.67	0.61	4.81	1.92	0.57	7.01
黑龙江	270.80	170.28	7.69	7.95	0.89	3.87	1.52	0.91	7.43
上海	276.23	107.71	7.60	16.65	5.20	10.82	4.96	3.12	11.51
江苏	282.29	117.75	7.03	10.28	2.10	6.96	5.66	1.68	6.89
浙江	267.60	119.77	5.01	13.11	2.61	3.48	9.75	2.68	23.41
安徽	264.05	82.60	5.85	7.44	1.76	2.12	1.82	1.40	3.95
福建	261.38	152.58	4.38	11.51	3.13	1.75	4.85	3.25	9.52
江西	331.08	173.63	6.40	12.57	1.40	2.11	2.05	1.41	4.94
山东	221.14	125.25	7.37	6.70	0.76	4.54	1.30	1.29	6.81
河南	236.63	81.01	3.55	5.36	0.48	2.58	0.16	1.23	2.32
湖北	285.11	189.17	7.44	15.69	1.22	2.57	2.97	1.46	4.94
湖南	311.05	150.12	7.72	17.07	1.98	2.18	2.40	1.40	5.58
广东	248.59	106.10	4.92	16.97	4.72	2.00	9.38	3.48	4.27
广西	245.41	127.64	4.83	12.29	2.79	0.84	1.46	1.25	6.74
海南	227.76	54.14	1.54	11.85	3.07	0.67	9.91	2.09	4.81
四川	253.37	161.70	5.16	22.27	1.21	2.37	0.40	1.50	4.55
贵州	237.49	145.06	4.23	15.88	0.52	0.67	0.13	0.69	4.32
云南	224.51	133.48	4.53	19.63	1.70	1.46	0.55	1.63	4.30
西藏	209.27	22.85	3.78	17.92	0.53	0.54	0.06	0.96	106.70
陕西	235.67	67.56	4.35	6.61	0.15	1.63	0.02	0.81	2.03
甘肃	244.11	41.31	4.70	8.92	0.20	1.36		0.47	1.12
青海	242.17	34.49	6.95	16.54	0.10	0.79	0.05	0.64	1.68
宁夏	279.10	80.00	5.41	10.45	0.50	1.42	0.27	1.20	0.81
新疆	230.56	109.41	7.98	9.20	0.65	2.17	0.27	0.55	0.95

8-28 各地区农民家庭平均每人主要衣着消费量

(1991年)

地区	棉布（米）	化纤布（米）	呢绒（米）	绸缎（米）	毛线及毛线织品（公斤）	胶鞋、球鞋皮鞋（双）
全国	0.90	1.83	0.09	0.05	0.08	0.74
北京	1.09	2.06	0.19	0.05	0.21	0.58
天津	1.70	2.19	0.21	0.08	0.21	0.69
河北	1.52	1.90	0.08	0.07	0.07	0.54
山西	1.28	2.24	0.03	0.10	0.08	0.70
内蒙古	1.14	2.19	0.07	0.05	0.07	0.57
辽宁	1.10	1.93	0.15	0.08	0.08	0.95
吉林	0.70	1.86	0.10	0.03	0.08	1.01
黑龙江	0.67	1.54	0.07	0.05	0.06	0.80
上海	1.66	3.78	0.54	0.32	0.28	0.84
江苏	0.89	2.15	0.11	0.05	0.07	0.69
浙江	0.54	2.51	0.14	0.03	0.15	1.24
安徽	0.61	1.28	0.04	0.01	0.07	0.46
福建	0.55	1.53	0.17	0.01	0.10	0.59
江西	0.68	2.13	0.10	0.01	0.09	1.01
山东	1.63	2.27	0.10	0.04	0.08	0.58
河南	1.10	1.71	0.12	0.05	0.10	0.65
湖北	0.58	1.69	0.06	0.01	0.09	0.82
湖南	0.59	1.88	0.06	0.01	0.08	0.90
广东	0.37	1.70	0.06	0.01	0.02	0.85
广西	0.42	1.53	0.02	0.01	0.02	0.55
海南	0.37	2.16	0.18	0.02		0.73
四川	0.99	1.71	0.06	0.02	0.08	0.76
贵州	0.75	1.34	0.02	0.02	0.06	1.02
云南	0.63	1.39	0.02	0.01	0.07	0.68
西藏	1.47	0.59	0.23	0.03	0.05	1.22
陕西	1.07	2.13	0.08	0.11	0.10	0.36
甘肃	0.76	1.26	0.06	0.06	0.06	0.51
青海	1.11	1.84	0.11	0.17	0.08	0.76
宁夏	0.85	1.98	0.08	0.13	0.12	0.37
新疆	1.30	1.94	0.16	0.44	0.06	0.93

8-29 农民家庭平均每人主要消费品消费量

品　名	单位	1978年	1980年	1985年	1987年	1988年	1989年	1990年	1991年
粮食(原粮)	公斤	248.00	257.00	257.00	259.00	260.00	262.00	262.08	255.58
＃细　粮	公斤	123.00	163.00	209.00	211.00	211.00	213.00	215.02	213.82
蔬　菜	公斤	142.00	127.00	131.00	130.00	130.00	133.00	134.99	126.97
食　油	公斤	1.96	2.49	4.04	4.69	4.76	4.81	5.17	5.65
肉　类	公斤	5.76	7.75	10.97	11.65	10.71	11.00	11.34	12.15
家　禽	公斤	0.25	0.66	1.03	1.15	1.25	1.28	1.26	1.34
蛋　类	公斤	0.80	1.20	2.05	2.25	2.28	2.41	2.41	2.73
鱼　虾	公斤	0.84	1.10	1.64	1.96	1.91	2.10	2.13	2.21
食　糖	公斤	0.73	1.06	1.46	1.70	1.41	1.54	1.50	1.40
酒	公斤	1.22	1.89	4.37	5.48	5.93	5.95	6.14	6.38
棉　布	米	5.63	4.30	2.54	1.57	1.50	1.06	0.90	0.90
棉　花	公斤	0.40	0.38	0.43	0.52	0.32	0.30	0.31	0.33
化纤布	米	0.41	0.94	2.50	2.28	2.14	1.90	1.74	1.83
呢　绒	米	0.02	0.06	0.14	0.12	0.12	0.08	0.08	0.09
绸　缎	米	0.02	0.06	0.07	0.05	0.06	0.04	0.04	0.05
毛线及毛线织品	公斤	0.02	0.05	0.04	0.07	0.06	0.06	0.07	0.08
胶鞋、球鞋、皮鞋	双	0.32	0.51	0.55	0.68	0.69	0.67	0.67	0.74

8-30 农民家庭平均每百户年底耐用消费品拥有量

品　名	单位	1978年	1980年	1985年	1987年	1988年	1989年	1990年	1991年
自行车	辆	30.73	36.87	80.64	98.52	107.49	113.43	118.33	121.64
缝纫机	架	19.80	23.31	43.21	49.79	52.54	53.76	55.19	55.84
钟	只	24.33	30.95	37.32	46.92	47.23	48.13	49.01	47.95
手　表	只	27.42	37.58	136.32	161.22	168.90	171.32	172.22	160.98
＃电子表	只				22.56	25.06	23.49	23.21	20.15
电风扇	台			9.66	19.76	28.09	33.96	41.36	53.30
洗衣机	台			1.90	4.78	6.79	8.15	9.12	10.99
电冰箱	台			0.06	0.31	0.63	0.89	1.22	1.64
摩托车	辆				0.56	0.91	0.95	0.89	1.10
沙　发	个			13.07	22.93	28.12	33.22	36.98	42.77
大衣柜	个			53.37	64.27	68.49	72.99	75.67	78.49
写字台	张			38.21	47.18	51.31	53.75	56.08	62.86
收音机	台	17.44	33.54	54.19	52.98	52.17	48.48	45.15	32.41
黑白电视机	台		} 0.39	10.94	22.04	28.64	33.91	39.72	47.53
彩色电视机	台			0.80	2.34	2.80	3.63	4.72	6.44
收录机	台			4.33	9.68	13.04	16.23	17.83	19.64
照相机	架				0.50	0.63	0.79	0.70	0.87

8-31 各地区农民家庭平均每百户主要耐用消费品拥有量

（1991年底）

地　　区	自行车（辆）	缝纫机（架）	手　表（只）	# 电子表	电风扇（台）	洗衣机（台）	电冰箱（台）
全　国	**121.64**	**55.84**	**160.98**	**20.15**	**53.30**	**10.99**	**1.64**
北　京	231.87	63.07	216.67	26.40	84.27	68.53	35.87
天　津	223.83	81.50	209.50	20.83	77.33	42.33	9.33
河　北	173.98	79.86	163.88	17.88	64.21	26.69	1.24
山　西	121.10	78.43	176.05	53.10	7.95	14.71	0.29
内蒙古	104.67	72.14	137.03	36.65	1.87	13.52	
辽　宁	154.60	65.93	179.37	21.53	12.96	34.92	2.17
吉　林	116.94	64.44	155.63	28.75	1.50	26.63	0.25
黑龙江	92.81	68.57	157.05	33.66	0.90	21.79	0.22
上　海	252.67	80.00	259.67	34.17	212.00	47.83	29.67
江　苏	164.97	53.71	197.62	7.85	112.76	16.68	2.06
浙　江	174.04	75.70	251.78	13.37	145.59	6.52	8.04
安　徽	100.19	44.03	135.71	5.19	59.13	1.26	0.29
福　建	110.71	65.11	223.46	18.08	96.21	5.77	1.65
江　西	106.82	31.43	148.37	12.33	51.06	0.82	0.16
山　东	173.40	69.83	156.86	17.69	66.14	6.83	1.69
河　南	124.14	70.10	116.64	10.43	44.76	6.43	0.43
湖　北	101.70	43.33	137.73	6.52	61.67	10.58	0.09
湖　南	89.08	36.97	132.35	12.35	57.78	2.08	0.24
广　东	196.52	68.13	223.59	9.41	191.91	4.84	1.13
广　西	139.35	69.05	143.33	4.24	78.14	1.34	0.17
海　南	99.79	56.25	107.29	5.42	18.54	0.83	0.21
四　川	53.00	20.42	167.71	11.71	29.62	3.38	0.13
贵　州	18.66	19.38	111.25	17.32	2.05	2.32	0.04
云　南	69.92	38.96	134.38	26.58	1.67	3.46	0.17
西　藏	41.46	18.33	62.50	21.04	0.21		
陕　西	113.78	64.64	145.99	34.86	12.93	7.84	0.14
甘　肃	103.11	56.78	186.11	72.17	1.73	7.72	0.06
青　海	73.00	47.50	160.83	61.67	0.17	8.33	
宁　夏	158.00	69.17	159.00	54.33	7.67	23.50	0.50
新　疆	120.58	55.42	125.87	46.71	3.74	14.90	0.84

8-31 续表　　　　　　　　　　　(1991年底)

地　　区	摩托车(辆)	收音机(台)	黑白电视机(台)	彩色电视机(台)	收录机(台)	照相机(架)
全　　国	**1.10**	**32.41**	**47.53**	**6.44**	**19.64**	**0.87**
北　　京	4.67	32.40	58.13	41.60	47.73	11.47
天　　津	4.17	60.17	74.50	23.50	33.33	1.83
河　　北	2.33	47.50	69.12	9.10	21.48	0.88
山　　西	1.38	51.33	50.81	9.14	20.33	0.57
内 蒙 古	1.43	41.54	48.79	6.21	19.01	0.71
辽　　宁	1.96	35.71	70.05	13.76	26.98	1.11
吉　　林	0.88	44.75	70.19	5.44	24.13	0.94
黑 龙 江	0.80	47.23	65.98	7.59	17.14	0.18
上　　海	0.83	29.17	79.00	25.17	27.33	4.17
江　　苏	1.29	39.50	56.79	8.18	21.97	1.32
浙　　江	1.00	19.07	56.67	10.78	23.52	1.56
安　　徽	0.13	41.71	45.48	1.68	15.58	0.45
福　　建	2.47	17.80	51.10	8.24	22.31	1.04
江　　西	0.53	29.18	42.57	1.43	14.04	0.29
山　　东	1.98	59.71	60.24	9.55	18.48	1.19
河　　南	0.64	46.86	35.14	3.74	13.57	0.38
湖　　北	0.48	20.15	58.45	1.48	17.67	0.55
湖　　南	0.22	12.35	40.05	1.27	11.22	0.27
广　　东	2.11	34.65	44.77	12.42	40.94	1.17
广　　西	0.17	14.94	35.50	0.82	14.72	0.30
海　　南	0.63	23.75	11.04	5.83	25.21	
四　　川	0.49	15.35	41.67	1.64	12.27	0.29
贵　　州	0.04	6.16	15.76	0.89	8.04	0.49
云　　南	0.08	15.13	24.00	3.17	21.08	0.79
西　　藏		37.71	2.50	0.21	21.67	0.42
陕　　西	1.13	38.02	38.78	4.91	15.00	0.99
甘　　肃	1.28	32.72	31.00	7.67	21.11	0.39
青　　海	1.67	31.50	29.33	4.33	28.17	1.33
宁　　夏	1.83	25.67	39.83	21.50	30.67	0.33
新　　疆	1.87	23.03	35.55	7.74	36.13	0.97

8-32 城乡新建住宅面积和居民居住情况

单位：亿平方米

年份	城镇新建住宅面积		农村新建房屋面积	人均居住面积(平方米)	
	全民和城镇集体投资	城镇个人投资		城市	农村
1978	0.38		1.0	3.6	8.1
1979	0.65		4.0	3.7	8.1
1980	0.92		5.0	3.9	9.4
1981	0.98		6.0	4.1	10.2
1982	1.18		6.0	4.4	10.7
1983	1.15	0.25	7.0	4.6	11.6
1984	1.07	0.40	6.0	4.9	13.6
1985	1.25	0.63	7.2	5.2	14.7
1986	1.21	0.72	9.8	6.0	15.3
1987	1.10	0.83	8.8	6.1	16.0
1988	1.08	0.94	8.4	6.3	16.6
1989	0.83	0.78	6.8	6.6	17.2
1990	1.07	0.65	6.9	6.7	17.8
1991	1.17	0.68	7.9	6.9	18.5

注：本表“人均居住面积”城市为建设部统计数字，农村为农村住户抽样调查资料。

8-33 农民家庭房屋使用情况

项目	1980年	1985年	1987年	1988年	1989年	1990年	1991年
年末使用房屋							
1. 使用间数(间/户)	4.06	5.11	5.36	5.45	5.53	5.61	5.46
2. 使用房屋每间价值(元/间)	269.17	465.75	537.21	596.31	666.89	803.06	1 068.47
平均每人年末使用房屋面积(平方米)	11.59	17.34	18.88	19.57	20.32	21.04	21.88
生产用房	2.19	2.64	2.88	2.99	3.11	3.21	3.39
生活用房	9.40	14.70	16.00	16.58	17.21	17.83	18.49
# 砖木结构		7.47	8.55	8.96	9.33	9.84	10.41
钢筋混凝土结构		0.31	0.55	0.70	0.93	1.22	1.59
本年新建房屋							
1. 新建房屋户数(户)		6 264	5 531	4 971	4 501	3 593	3 934
占调查户比重(%)		9.40	8.27	7.40	6.73	5.37	5.84
2. 新建房屋间数(间/户)		0.30	0.27	0.25	0.23	0.19	0.21
占使用间数比重(%)		5.87	5.04	4.59	4.16	3.39	3.85
3. 新建房屋每间价值(元/间)		747.43	1 138.22	1 381.09	1 655.86	1 906.95	2 081.37
每平方米价值(元)		40.70	58.39	71.00	84.27	92.32	101.02
平均每人年内新建房屋面积(平方米)		1.08	1.05	0.97	0.91	0.82	0.91
# 砖木结构		0.70	0.71	0.61	0.55	0.47	0.53
钢筋混凝土结构		0.09	0.16	0.19	0.21	0.23	0.26
生活用房		0.91	0.92	0.81	0.77	0.69	0.77
楼房		0.18	0.23	0.22	0.23	0.24	0.25

注：本表为农村住户抽样调查资料。

主要统计指标解释

城镇居民家庭就业人口 指城镇居民从事社会劳动并取得劳动报酬或经营收入的人口。就业人口包括通过国家统筹规划和指导由劳动部门介绍就业，自愿组织起来就业和自谋职业等方式，在全民所有制、集体所有制、中外合资、中外合作、外资在华独资的企事业单位和私营企业单位工作或从事个体劳动的有固定性职业或临时性职业的人口。被聘用和留用的离退休人员也计入就业人口。本指标可以反映城镇居民的就业情况，是计算就业面、负担系数的重要资料。

城镇居民家庭全部收入 指被调查城镇居民家庭全部的实际现金收入，包括经常或固定得到的收入和一次性收入。不包括周转性收入，如提取银行存款、向亲友借入款、收回借出款以及其他各种暂收款。

城镇居民家庭生活费收入 指被调查的城镇居民家庭全部收入中能用于安排家庭日常生活的实际收入。即城镇居民家庭的全部实际收入扣除“赡养支出”、“赠送支出”和缴纳的各种税款以及被调查户非本家庭人口的经济用饭人口所交的“搭伙费”。

城镇居民家庭生活费支出 指被调查的城镇居民家庭用于日常生活的全部支出，包括购买商品支出和文化生活、服务等非商品性支出。不包括罚未、丢失款和缴纳的各种税款(如个人所得税、牌照税、房产税等)，也不包括个体劳动者生产经营过程中发生的各项费用。

城镇居民家庭购买商品支出 指被调查的城镇居民家庭购买商品的全部支出，包括从商店、工厂、饮食业、工作单位食堂、集市以及直接从农民购买各种商品的开支。共分九类：食品、衣着品、日用品、文化娱乐用品、书报杂志、药及医疗用品、房屋及建筑材料、燃料、其他商品。不论自用的或赠送亲友的都包括在内。

农民家庭纯收入 指农村常住居民家庭总收入中，扣除从事生产和非生产经营费用支出、缴纳税款和上交承包集体任务金额以后剩余的，可直接用于进行生产性、非生产性建设投资、生活消费和积蓄的那一部分收入。它是反映农民家庭实际收入水平的综合性的主要指标。农民家庭纯收入，既包括从事生产性和非生产性的经营收入，又包括取自在外人口寄回带回和国家财政救济、各种补贴等非经营性收入；既包括货币收入，又包括自产自用的实物收入。但不包括向银行、信用社和向亲友借款等属于借贷性的收入。

农民家庭整半劳动力 指农村常住居民家庭成员中有劳动能力并经常参加实际劳动的人员。它是生产的基本要素指标之一，是发展生产增加农民家庭收入的重要源泉。按规定，农村男18周岁至50周岁、女18周岁至45周岁为整劳动力；男16周岁到17周岁、51周岁到60周岁，女16周岁到17周岁、46周岁到55周岁为半劳动力。农民家庭整半劳动力，既包括在上述规定劳动年龄内和在劳动年龄以外有劳动能力并经济参加实际劳动的男女整半劳动力；也包括农民家庭常住人员中属于职工的劳动力。但不包括在劳动年龄内已丧失劳动能力的人员。

农民家庭生活消费支出 指农村常住居民家庭用于日常生活的全部开支。它是用来反映和研究农民家庭实际生活消费水平高低的重要指标。农民家庭生活消费支出，包括用于吃、穿、住、烧、用等生活消费品开支和文化、生活服务费用开支两大部分。

农民家庭商品性生活消费支出　指农村常住居民家庭用其货币收入，在市场上购买食品、衣着、家庭用家具器皿、日用杂品、燃料、耐用消费品，以及文教卫生用品等生活消费总量。包括向国营商店、集体商店和集市贸易市场以及其他流通渠道购买的全部生活消费品。农民家庭商品性生活消费支出，是农民家庭生活消费支出的一个重要组成部分，是用来反映和分析农民家庭生活消费水平的商品化程度，及其由自给性经济向商品经济发展趋势的重要指标，也是研究和预测农民家庭对市场消费品需求，制定商品供应计划的重要依据。

全国城乡储蓄存款余额　全国城乡储蓄存款，包括城镇居民储蓄存款和农民个人储蓄存款两部分。不包括居民的手存现金和工矿企业、部队、机关团体等集团存款。储蓄存款余额，是指城乡居民存入银行及农村信用社储蓄的时点数(存入数扣除取出数的余额)，如月末、季末或年末数额。

九 农业

9-1 农村基层组织情况

指标	单位	1985年	1990年	1991年
一、农村基层组织				
1. 乡政府	个	83 182	44 446	43 660
#民族乡	个	5 854	2 557	2 421
2. 镇政府	个	7 956	11 392	11 882
#民族镇	个	91	230	222
3. 村民委员会	个	940 617	743 278	804 153
二、乡村户数、人口、劳动力				
乡村户数	万户	19 076.5	22 237.2	22 566.2
乡村人口数	万人	84 419.7	89 590.3	90 525.1
乡村劳动力	万人	37 065.1	42 009.5	43 092.5
1. 按性别分				
男劳动力	万人	20 153.2	22 551.8	23 121.9
女劳动力	万人	16 911.9	19 457.7	19 970.6
2. 按行业分				
农林牧副渔业劳动力	万人	30 351.5	33 336.4	34 186.3
工业劳动力	万人	2 741.0	3 228.7	3 257.9
建筑业劳动力	万人	1 130.1	1 522.8	1 533.8
交通运输、邮电通讯业劳动力	万人	434.1	635.3	655.0
商业、公共饮食业、物资供销和仓储业劳动力	万人	462.6	693.2	722.8
房地产管理、公用事业、居民服务和咨询服务业劳动力	万人	88.7	155.6	157.3
卫生、体育和社会福利事业劳动力	万人	122.4	137.2	139.5
教育、文化艺术和广播电视事业劳动力	万人	310.1	310.0	311.3
科学研究和综合技术服务事业劳动力	万人	13.0	19.5	21.6
金融、保险业劳动力	万人	11.3	23.3	25.9
乡经济组织(乡务)管理劳动力	万人	80.9	149.6	131.6
其他劳动力	万人	1 319.1	1 797.9	1 909.5

注：乡村总人口是指户口在乡村的常住人口，本指标是按1964年建镇标准划分的，包括后来的新建制镇人口，故本表数字大于人口篇的乡村人口。

9-2 各地区乡村劳动力

(1991年底)　　单位:万人

地　区	合　计	农、林、牧、副、渔业	工　业	建筑业	交通运输邮电通讯业	商业、饮食、物资供销和仓储业
全　国	43 092.5	34 186.3	3 267.9	1 533.8	655.0	722.8
北　京	182.1	80.3	51.2	10.7	6.1	5.1
天　津	171.0	89.9	51.6	8.4	5.8	5.0
河　北	2 417.2	1 841.3	217.8	101.4	48.3	55.1
山　西	908.0	641.7	94.9	34.8	35.2	19.3
内蒙古	558.7	500.3	13.6	8.5	5.6	4.9
辽　宁	850.5	625.2	91.8	32.1	19.5	23.7
吉　林	620.9	546.6	21.8	9.2	6.5	6.8
黑龙江	566.5	484.0	29.8	10.3	8.2	8.1
上　海	246.4	69.5	125.4	6.2	3.3	4.5
江　苏	2 798.8	1 740.0	506.4	194.0	71.1	50.9
浙　江	2 072.1	1 348.7	377.0	74.4	42.9	48.9
安　徽	2 360.5	1 970.0	116.5	75.2	31.7	38.6
福　建	1 076.4	814.9	76.4	54.3	22.6	27.3
江　西	1 415.8	1 168.3	100.4	35.6	12.1	16.1
山　东	3 479.1	2 647.2	306.7	185.4	60.2	67.2
河　南	3 510.8	2 913.4	176.2	142.2	52.6	56.1
湖　北	1 809.0	1 486.4	104.8	54.4	24.6	29.3
湖　南	2 651.9	2 283.3	116.9	63.4	25.4	33.1
广　东	2 409.5	1 594.3	261.9	141.1	49.4	68.3
广　西	1 818.1	1 618.3	40.4	34.0	13.9	21.3
海　南	195.1	167.1	4.2	5.5	4.0	4.8
四　川	5 059.3	4 333.0	202.1	139.6	35.3	66.2
贵　州	1 444.5	1 322.5	43.6	10.5	8.9	9.9
云　南	1 702.8	1 553.8	37.3	27.9	17.6	12.7
西　藏	91.2	86.0	0.5	0.4	0.9	0.7
陕　西	1 260.9	1 044.5	60.6	40.6	22.5	20.4
甘　肃	834.5	690.2	24.7	25.3	11.5	11.3
青　海	139.8	123.1	4.0	2.8	3.0	1.9
宁　夏	145.5	129.0	3.2	2.9	3.0	1.7
新　疆	295.6	273.5	6.2	2.7	3.3	3.6

9-2 续表　　　　　　　　　　　　(1991年底)　　　　　　　　　　　　单位:万人

地　区	房地产管理、公用事业、居民服务和咨询服务业	卫生、体育和社会福利事业	教育、文化艺术和广播电视事业	科学研究和综合技术服务事业	金融、保险业	乡经济组织管理	其他
全　国	157.3	139.5	311.3	21.6	25.9	161.6	1 909.5
北　京	0.7	0.9	0.5	0.2	0.2	0.9	25.3
天　津	0.5	0.7	0.5	0.1	0.1	1.0	7.4
河　北	4.4	9.1	16.1	1.0	3.3	7.4	112.0
山　西	4.1	4.8	11.1	0.7	1.3	12.1	48.0
内蒙古	0.3	1.6	6.2	0.2	0.2	1.2	16.1
辽　宁	1.1	3.3	8.3	0.4	0.7	8.3	36.1
吉　林	0.3	1.8	5.7	0.2	0.3	6.2	15.5
黑龙江	0.8	2.8	10.6	0.5	0.5	2.4	8.5
上　海	7.3	1.4	1.0	1.4		2.3	24.1
江　苏	10.5	10.4	18.5	1.8	1.7	24.2	169.3
浙　江	63.2	4.1	6.6	1.6	1.1	10.3	93.3
安　徽	4.1	7.1	18.8	1.1	0.9	2.5	94.0
福　建	2.6	3.9	5.7	0.6	0.6	2.3	65.2
江　西	13.1	4.8	11.7	1.0	0.7	7.2	44.8
山　东	3.9	15.1	32.7	1.6	2.1	6.0	151.0
河　南	2.3	14.2	39.2	1.3	2.1	5.3	105.9
湖　北	4.6	6.6	19.0	0.6	1.5	5.8	71.4
湖　南	4.7	6.2	15.6	1.1	2.1	4.6	95.5
广　东	3.5	8.2	16.5	1.3	1.9	10.0	253.1
广　西	1.7	4.3	9.5	0.5	0.7	5.2	68.3
海　南	0.3	0.5	0.5		0.1	0.9	7.2
四　川	13.1	12.3	21.6	2.5	1.5	9.5	222.6
贵　州	1.7	2.5	8.9	0.3	0.4	1.9	33.4
云　南	2.1	3.4	6.2	0.8	0.4	5.8	34.8
西　藏	0.1	0.4	0.3			0.2	1.7
陕　西	1.5	4.6	11.2	0.5	1.1	15.3	38.1
甘　肃	4.2	2.9	5.8	0.1	0.2	0.9	57.4
青　海	0.1	0.4	0.7	0.1		0.2	3.5
宁　夏	0.2	0.4	0.7			0.2	4.2
新　疆	0.3	0.8	1.6	0.1	0.2	1.5	1.8

注:1.本表分行业劳动力是按从事的主行业划分的，如以农业为主、兼营商业的，仍作为农业劳动力。

2.工业劳动力中包括村及村以下办的工业的劳动力。

9-3 各地区耕地面积

(1991年)

单位:万亩

地区	年末实有耕地面积	水田	旱地	年内减少	#国家基建占地	#退耕造林占地	#退耕改牧占地
全国	**143 480.4**	**38 559.7**	**104 920.7**	**732.0**	**107.8**	**194.6**	**84.3**
北京	616.8	50.2	566.6	2.3	1.5		0.6
天津	647.4	79.1	568.3	0.7	0.5		
河北	9 824.6	222.2	9 602.4	11.1	4.7	3.0	0.3
山西	5 531.9	15.6	5 516.3	17.2	2.5	7.1	4.3
内蒙古	7 507.0	130.4	7 376.6	74.7	2.7	31.7	27.7
辽宁	5 190.3	814.4	4 375.9	16.8	5.7	0.6	0.5
吉林	5 906.8	649.6	5 257.2	18.1	1.7	7.0	0.6
黑龙江	13 278.4	1 134.0	12 144.4	60.2	9.0	8.1	3.2
上海	481.4	425.7	55.7	4.2	2.6		
江苏	6 825.0	4 261.3	2 563.7	16.7	7.2	2.1	
浙江	2 572.3	2 136.1	436.2	18.3	3.9	0.5	
安徽	6 530.2	2 847.6	3 682.6	18.9	7.5	2.7	
福建	1 852.0	1 495.9	356.1	6.7	1.2	0.4	0.1
江西	3 515.6	2 982.1	533.5	10.9	2.4	5.5	0.4
山东	10 251.1	235.8	10 015.3	50.5	14.3	22.3	0.4
河南	10 380.0	639.7	9 740.3	32.3	6.8	4.1	0.2
湖北	5 187.7	2 803.8	2 383.9	36.2	6.0	8.5	0.8
湖南	4 965.3	3 946.6	1 018.7	13.9	2.5	2.9	
广东	3 779.7	2 812.0	967.7	35.4	4.3	2.2	0.1
广西	3 919.3	2 374.7	1 544.6	32.1	2.0	16.4	1.0
海南	655.9	382.6	273.3	6.6	0.8	0.6	0.2
四川	9 421.1	4 825.4	4 595.7	40.3	7.0	8.1	1.0
贵州	2 779.3	1 165.6	1 613.7	11.8	1.2	4.5	1.0
云南	4 287.6	1 469.2	2 818.4	66.4	3.2	24.9	15.6
西藏	334.0	9.0	325.0	2.0	0.1	0.2	0.5
陕西	5 281.7	259.8	5 021.9	53.4	2.7	10.7	5.3
甘肃	5 219.0	11.6	5 207.4	5.5	0.5	0.2	0.9
青海	868.8		868.8	4.7	0.1	0.1	1.1
宁夏	1 196.4	261.9	934.5	4.2	1.4	0.4	0.6
新疆	4 673.8	117.8	4 556.0	59.9	1.8	19.8	17.9

注:本表实有耕地面积数字偏小，有待进一步核查。

9-4 农村社会总产值及构成

年　　份	农村社会总产值	农　业	工　业	建筑业	运输业	商业饮食业
绝对数（亿元）						
1980	2 792.12	1 922.60	543.96	179.97	47.14	98.45
1983	4 123.78	2 750.00	826.49	320.88	82.63	143.78
1984	5 067.55	3 214.13	1 161.31	370.58	132.55	188.98
1985	6 340.04	3 619.49	1 750.08	510.49	190.42	269.56
1986	7 554.23	4 013.01	2 380.79	591.93	245.40	323.10
1987	9 431.61	4 675.70	3 284.86	723.31	334.47	413.27
1988	12 534.69	5 865.27	4 781.16	895.33	434.44	558.49
1989	14 480.17	6 534.73	5 886.02	919.17	515.50	624.75
1990	16 619.21	7 662.09	6 719.73	978.47	579.62	679.30
1991	19 004.09	8 157.03	8 266.50	1 142.32	660.76	777.48
构成(以农村社会总产值为100)						
1980	100.00	68.86	19.48	6.45	1.69	3.53
1983	100.00	66.69	20.04	7.78	2.00	3.49
1984	100.00	63.43	22.92	7.31	2.62	3.73
1985	100.00	57.09	27.60	8.05	3.00	4.25
1986	100.00	53.12	31.52	7.84	3.25	4.28
1987	100.00	49.57	34.83	7.67	3.55	4.38
1988	100.00	46.79	38.14	7.14	3.47	4.46
1989	100.00	45.13	40.65	6.35	3.56	4.31
1990	100.00	46.10	40.43	5.89	3.49	4.09
1991	100.00	42.92	43.50	6.01	3.48	4.09

注:本表按当年价格计算。

9-5 各地区农村社会总产值

(1991年)　　　　单位:亿元

地　区	农村社会总产值	农业	工业	建筑业	运输业	商业饮食业
全　国	19 004.09	8 157.03	8 266.50	1 142.32	660.76	777.48
北　京	336.14	76.47	205.43	22.49	15.34	16.41
天　津	321.66	58.05	230.08	11.24	14.12	8.17
河　北	997.10	377.64	496.12	64.74	25.73	32.87
山　西	339.98	112.97	165.05	20.40	27.31	14.25
内蒙古	223.58	164.08	30.54	11.08	10.71	7.17
辽　宁	811.03	302.28	414.63	31.24	28.88	34.00
吉　林	330.19	188.38	82.48	22.58	17.77	18.98
黑龙江	404.12	247.71	87.05	23.37	27.90	18.09
上　海	510.09	73.65	381.04	35.37	5.71	14.32
江　苏	2 312.06	580.93	1 467.37	149.99	50.45	63.32
浙　江	1 408.87	368.64	869.46	106.00	24.22	40.55
安　徽	637.11	317.26	211.13	42.41	31.45	34.86
福　建	542.93	256.74	209.18	27.62	24.48	24.91
江　西	468.54	271.55	129.09	27.09	18.27	22.54
山　东	2 166.71	793.04	1 145.44	124.89	38.81	64.53
河　南	1 158.08	531.05	407.83	84.56	71.63	63.01
湖　北	731.80	405.04	224.01	38.72	26.94	37.09
湖　南	719.11	425.58	190.00	42.41	30.10	31.02
广　东	1 554.73	654.82	651.02	96.79	51.54	100.56
广　西	378.46	278.15	57.66	21.23	7.09	14.33
海　南	88.74	75.78	4.10	3.67	2.24	2.95
四　川	1 205.84	680.13	356.00	63.90	48.63	57.18
贵　州	223.03	165.34	34.97	7.40	7.36	7.96
云　南	305.32	222.93	43.90	17.38	10.55	10.56
西　藏	22.13	20.89	0.16	0.26	0.45	0.37
陕　西	358.27	185.37	106.18	24.12	23.13	19.47
甘　肃	184.60	108.36	42.13	9.22	12.79	12.10
青　海	32.03	25.24	3.49	1.21	1.02	1.07
宁　夏	39.62	26.95	7.17	1.66	2.88	0.96
新　疆	192.22	162.01	13.79	9.28	3.26	3.88

注:本表按当年价格计算。

9-6 农业总产值及构成

年 份	农业总产值	农作物种植业	林 业	牧 业	副 业	渔 业
绝对数（亿元）						
1952	461.00	339.02	7.28	51.72	56.93	6.05
1957	537.00	383.53	17.51	65.41	60.40	10.15
1962	584.00	448.22	13.02	63.77	46.43	12.56
1965	833.00	630.16	22.32	111.54	54.15	14.83
1970	1 021.00	783.41	28.59	136.61	55.03	17.36
1975	1 260.00	970.20	39.18	178.44	50.26	21.92
1978	1 397.00	1 071.64	48.06	209.27	45.96	22.07
1979	1 697.60	1 267.30	60.70	285.60	58.00	26.00
1980	1 922.60	1 378.15	81.38	354.23	75.99	32.85
1981	2 180.62	1 537.35	98.89	402.17	98.52	43.69
1982	2 483.26	1 750.27	110.04	455.80	115.93	51.22
1983	2 750.00	1 941.40	127.20	484.16	134.02	63.22
1984	3 214.13	2 195.12	161.61	586.17	186.18	85.05
1985	3 619.49	2 279.80	188.68	796.94	227.96	126.11
1986	4 013.01	2 498.30	201.19	873.54	275.62	164.36
1987	4 675.70	2 837.93	221.98	1 065.78	325.15	224.86
1988	5 865.27	3 276.88	275.30	1 597.57	393.05	322.47
1989	6 534.73	3 674.46	284.92	1 797.41	429.09	348.85
1990	7 662.09	4 481.74	330.27	1 964.07	475.45	410.56
1991	8 157.03	4 662.76	367.90	2 156.31	486.58	483.48
构成(以农业总产值为100)						
1952	100.00	73.54	1.58	11.22	12.35	1.31
1957	100.00	71.42	3.26	12.18	11.25	1.89
1962	100.00	76.75	2.23	10.92	7.95	2.15
1965	100.00	75.65	2.68	13.39	6.50	1.78
1970	100.00	76.73	2.80	13.38	5.39	1.70
1975	100.00	77.00	3.11	14.16	3.99	1.74
1978	100.00	76.71	3.44	14.98	3.29	1.58
1979	100.00	74.65	3.58	16.82	3.42	1.53
1980	100.00	71.68	4.23	18.42	3.95	1.71
1981	100.00	70.50	4.53	18.44	4.52	2.00
1982	100.00	70.48	4.43	18.35	4.67	2.06
1983	100.00	70.60	4.63	17.61	4.87	2.30
1984	100.00	68.30	5.03	18.24	5.79	2.65
1985	100.00	62.99	5.21	22.02	6.30	3.48
1986	100.00	62.26	5.01	21.77	6.87	4.10
1987	100.00	60.70	4.75	22.79	6.95	4.81
1988	100.00	55.87	4.69	27.24	6.70	5.50
1989	100.00	56.23	4.36	27.51	6.57	5.34
1990	100.00	58.49	4.31	25.63	6.21	5.36
1991	100.00	57.16	4.51	26.43	5.97	5.93

注：本表按当年价格计算。

9-7 农业总产值指数

（以上年为100）

年份	农业总产值	农作物种植业	林业	牧业	副业	渔业
1952	115.2	115.7	138.1	121.6	122.8	130.0
1957	103.6	102.9	105.7	125.7	101.3	170.6
1962	106.2	103.3	104.3	139.5	105.8	98.7
1965	108.3	107.8	115.4	109.0	107.0	109.8
1970	105.8	110.5	114.3	105.0	137.8	101.9
1975	103.1	103.0	102.2	103.5	106.2	103.2
1978	108.1	109.4	105.5	104.9	102.2	100.0
1979	107.5	107.2	101.4	114.6	96.5	96.6
1980	101.4	99.5	112.2	107.0	106.1	107.7
1981	105.8	105.9	104.1	105.9	124.0	104.4
1982	111.3	110.3	108.5	113.2	121.9	112.3
1983	107.8	108.3	110.2	103.9	111.6	108.6
1984	112.3	109.9	119.0	113.4	133.0	117.6
1985	103.4	98.0	104.5	117.2	120.6	118.9
1986	103.4	100.9	96.4	105.5	120.0	120.5
1987	105.8	105.3	99.7	103.2	115.4	118.1
1988	103.9	99.8	102.3	112.7	112.6	111.6
1989	103.1	101.8	100.4	105.6	106.0	107.2
1990	107.6	108.6	103.1	107.0	103.8	110.0
1991	103.7	101.0	108.0	108.9	100.3	107.6

注：本表按可比价格计算。

9-8 农业分项产值

指标	绝对数(亿元)		构成(%)		指数
	1990年	1991年	1990年	1991年	1991年为1990年%
农业总产值	7 662.09	8 157.03	100.0	100.0	103.7
一、农作物种植业	4 481.74	4 662.76	58.5	57.2	101.0
(一)粮食作物产值	2 704.92	2 651.54	35.3	32.5	97.1
主产品	2 409.44	2 369.56	31.4	29.0	97.3
副产品	295.48	281.98	3.9	3.5	94.9
(二)经济作物产值	838.42	961.64	10.9	11.8	112.3
主产品	796.82	912.12	10.4	11.2	112.0
副产品	41.60	49.52	0.5	0.6	118.1
(三)其他作物产值	938.40	1 049.58	12.2	12.9	102.5
蔬菜、瓜类	611.19	666.52	8.0	8.2	100.2
茶、桑、果	254.50	312.72	3.3	3.8	108.8
饲料.绿肥作物	23.94	24.12	0.3	0.3	98.7
其他农作物	48.77	46.22	0.6	0.6	92.6
二、林业产值	330.27	367.90	4.3	4.5	108.0
(一)竹木采伐	141.15	141.14	1.8	1.7	100.2
(二)林产品	85.12	93.74	1.1	1.1	107.6
(三)林木生长	104.00	133.02	1.4	1.6	121.1
三、牧业产值	1 964.07	2 156.31	25.6	26.4	108.9
(一)牲畜繁殖.增长.增重	1 244.29	1 326.69	16.2	16.3	105.7
猪	1 066.96	1 128.69	13.9	13.8	104.7
大牲畜	121.53	133.25	1.6	1.6	106.0
羊	55.80	64.75	0.7	0.8	103.5
(二)家禽饲养	229.75	267.60	3.0	3.3	115.2
(三)活的畜禽产品	412.48	475.37	5.4	5.8	114.3
(四)其他动物饲养	77.55	86.65	1.0	1.1	111.1
四、副业产值	475.45	486.58	6.2	6.0	100.3
(一)采集	171.64	176.15	2.2	2.2	97.3
(二)捕猎	2.93	2.91	0.0	0.0	87.7
(三)农民家庭兼营工业	300.88	307.52	3.9	3.8	102.4
五、渔业产值	410.56	483.48	5.4	5.9	107.6
(一)海水产品	206.75	254.68	2.7	3.1	106.6
(二)淡水产品	203.81	228.80	2.7	2.8	108.4

注:绝对数和构成按当年价格计算，指数按可比价格计算。

9-9 各地区农业总产值

（1991年） 单位：亿元

地区	农业总产值	农作物种植业	林业	牧业	副业	渔业
全国	8 157.0	4 662.8	367.9	2 156.3	486.6	483.5
北京	76.5	38.3	1.5	32.8	1.3	2.6
天津	58.1	32.6	0.3	16.4	4.1	4.7
河北	377.6	242.9	12.4	94.8	16.5	11.1
山西	113.0	70.3	7.9	30.1	2.2	0.6
内蒙古	164.1	91.9	6.7	49.5	14.7	1.4
辽宁	302.3	158.3	6.9	86.6	17.4	33.1
吉林	188.4	129.4	4.4	45.2	6.4	3.1
黑龙江	247.7	170.9	8.2	59.1	4.3	5.2
上海	73.7	30.5	0.4	33.4	0.4	9.0
江苏	580.9	316.2	7.6	168.1	38.5	50.7
浙江	368.6	180.0	17.4	82.1	37.3	51.8
安徽	317.3	189.3	18.7	79.5	17.0	12.8
福建	256.7	117.7	25.4	57.4	15.8	40.4
江西	271.6	143.3	20.8	68.7	26.2	12.6
山东	793.0	471.5	22.2	200.4	20.3	78.7
河南	531.1	340.9	22.2	123.0	40.8	4.2
湖北	405.0	247.0	16.8	102.2	14.0	25.1
湖南	425.6	234.7	24.6	122.6	23.5	20.2
广东	654.8	321.8	29.6	155.2	67.9	80.2
广西	278.2	149.4	20.9	81.8	15.5	10.6
海南	75.8	28.7	18.9	14.9	4.4	8.8
四川	680.1	387.0	25.5	255.0	31.2	11.4
贵州	165.3	94.9	9.4	42.7	17.2	1.1
云南	222.9	130.7	18.7	55.7	16.5	1.4
西藏	20.9	8.3	0.3	11.0	1.3	0.0
陕西	185.4	117.1	10.5	40.2	16.5	1.0
甘肃	108.4	69.3	3.5	28.2	7.0	0.3
青海	25.2	11.6	0.7	11.7	1.3	0.1
宁夏	27.0	18.7	1.3	6.0	0.4	0.5
新疆	162.0	117.6	4.2	32.2	7.0	1.0

注：本表按当年价格计算。

9-10 各地区农业总产值指数

（1991年，以上年为100）

地区	农业总产值	农作物种植业	林业	牧业	副业	渔业
全国	103.7	101.0	108.0	108.9	100.3	107.6
北京	108.9	104.4	133.3	113.5	105.8	115.9
天津	106.9	106.5	81.8	110.1	110.7	99.8
河北	103.6	102.2	104.3	106.7	101.6	111.4
山西	89.2	82.4	98.4	107.4	92.5	109.5
内蒙古	104.0	101.3	104.3	108.8	102.2	113.1
辽宁	106.8	104.1	100.0	113.8	101.4	106.9
吉林	99.5	96.4	101.3	108.8	103.7	110.8
黑龙江	100.9	94.2	100.7	130.1	76.8	110.9
上海	104.8	99.2	110.7	110.2	97.6	105.2
江苏	98.9	96.4	90.0	105.3	92.3	101.2
浙江	103.7	106.8	117.7	104.0	99.6	92.7
安徽	85.0	76.7	109.6	98.4	98.6	109.3
福建	108.7	110.1	106.9	109.7	96.2	109.9
江西	106.1	104.6	115.8	107.3	102.5	109.9
山东	113.6	111.2	106.6	118.9	92.1	121.1
河南	100.5	96.0	112.8	111.6	101.3	106.9
湖北	99.2	95.8	110.0	105.8	104.6	98.1
湖南	105.0	103.5	128.3	105.2	102.1	100.3
广东	106.1	104.5	99.1	108.5	108.9	109.5
广西	104.8	100.1	113.0	112.8	102.0	112.3
海南	111.3	105.1	116.7	111.6	109.1	120.3
四川	104.9	104.1	100.5	107.1	99.9	110.1
贵州	112.8	121.1	109.1	106.4	97.3	108.8
云南	105.6	108.9	102.5	105.3	90.7	107.2
西藏	103.7	109.5	86.1	102.1	104.5	100.0
陕西	104.4	101.9	103.2	110.2	107.0	112.5
甘肃	102.4	99.4	102.0	105.7	122.9	114.3
青海	102.3	101.0	88.2	104.7	100.9	116.7
宁夏	104.9	104.8	101.1	105.7	102.5	116.7
新疆	107.5	109.1	99.5	103.5	106.1	105.5

注：本表按可比价格计算。

9-11 各地区农业物质消耗、净产值占总产值的比重

(1991年)

单位:%

地区	农作物种植业		林业		牧业		副业		渔业	
	物耗	净产值	物耗	净产值	物耗	净产值	物耗	净产值	物耗	净产值
全国	31.3	68.7	21.6	78.4	47.2	52.8	36.4	63.6	31.7	68.3
北京	24.7	75.3	27.6	72.4	59.1	40.9	18.8	81.2	32.6	67.4
天津	39.5	60.5	41.2	58.8	59.3	40.7	47.8	52.2	46.9	53.1
河北	38.2	61.8	31.8	68.2	38.5	61.5	35.5	64.5	51.8	48.2
山西	41.0	59.0	27.1	72.9	37.5	62.5	28.7	71.3	25.9	74.1
内蒙古	32.7	67.3	22.2	77.8	33.7	66.3	20.7	79.3	25.7	74.3
辽宁	33.6	66.4	28.2	71.8	54.5	45.5	40.2	59.8	37.3	62.7
吉林	34.3	65.7	36.4	63.6	40.9	59.1	18.8	81.2	34.3	65.7
黑龙江	32.3	67.7	32.7	67.3	51.3	48.7	11.8	88.2	24.8	75.2
上海	36.6	63.4	43.6	56.4	71.2	28.8	40.0	60.0	57.6	42.4
江苏	30.0	70.0	31.9	68.1	61.9	38.1	64.1	35.9	34.7	65.3
浙江	24.0	76.0	12.3	87.7	45.3	54.7	43.8	56.2	38.5	61.5
安徽	41.4	58.6	17.3	82.7	50.8	49.2	41.0	59.0	15.4	84.6
福建	31.3	68.7	20.8	79.2	45.3	54.7	23.0	77.0	37.6	62.4
江西	29.4	70.6	13.9	86.1	44.5	55.5	33.7	66.3	13.6	86.4
山东	31.0	69.0	19.2	80.8	46.2	53.8	49.0	51.0	25.9	74.1
河南	35.2	64.8	20.9	79.1	42.6	57.4	51.1	48.9	19.0	81.0
湖北	29.9	70.1	25.3	74.7	37.5	62.5	37.7	62.3	17.0	83.0
湖南	26.4	73.6	16.0	84.0	45.5	54.5	23.4	76.6	18.2	81.8
广东	32.6	67.4	18.9	81.1	50.8	49.2	32.0	68.0	36.1	63.9
广西	28.9	71.1	19.5	80.5	39.4	60.6	12.8	87.2	34.5	65.5
海南	29.6	70.4	32.5	67.5	40.6	59.4	35.4	64.6	28.0	72.0
四川	23.9	76.1	17.9	82.1	53.9	46.1	35.0	65.0	18.5	81.5
贵州	28.7	71.3	14.4	85.6	47.2	52.8	25.3	74.7	19.3	80.7
云南	23.0	77.0	27.3	72.7	35.0	65.0	15.6	84.4	35.0	65.0
西藏	29.0	71.0	20.7	79.3	13.8	86.2	24.6	75.4	0.0	100.0
陕西	32.5	67.5	26.1	73.9	51.6	48.4	42.4	57.6	35.9	64.1
甘肃	41.1	58.9	29.7	70.3	38.2	61.8	22.0	78.0	14.8	85.2
青海	37.0	63.0	22.1	77.9	23.0	77.0	25.2	74.8	25.0	75.0
宁夏	36.0	64.0	23.8	76.2	33.1	66.9	34.1	65.9	38.5	61.5
新疆	31.6	68.4	22.4	77.6	38.2	61.8	30.7	69.3	30.3	69.7

注:本表按当年价格计算。

9-12 主要农业机械拥有量

(年底数)

年份	农业机械总动力(万千瓦)	农用大中型拖拉机(混合台)	农用小型拖拉机(台)	大中型拖拉机机引农具(万部)	农用排灌动力机械(万台)
1952	18.0	1 307			
1957	121.0	14 674			
1962	757.0	54 938	919	19.2	36.7
1965	1 099.0	72 599	3 956	25.8	55.8
1978	11 750.0	557 358	1 373 000	119.2	502.6
1979	13 379.0	666 823	1 671 000	131.3	538.4
1980	14 746.0	744 865	1 874 000	136.9	563.0
1981	15 680.0	792 032	2 037 000	139.0	567.2
1982	16 614.0	812 447	2 287 000	137.4	580.3
1983	18 022.0	840 776	2 750 000	130.8	607.7
1984	19 497.0	853 914	3 298 000	123.5	615.0
1985	20 913.0	852 357	3 824 000	112.8	616.3
1986	22 950.0	866 463	4 526 000	100.6	650.7
1987	24 836.0	880 952	5 300 000	103.5	683.9
1988	26 575.0	870 187	5 958 000	97.1	750.8
1989	28 067.0	848 220	6 543 000	99.1	809.7
1990	28 707.7	813 512	6 981 000	97.4	848.6
1991	29 388.6	784 466	7 304 000	99.1	894.0

9-12 续表

(年底数)

年份	农用排灌动力机械(万千瓦)	联合收割机(台)	农用载重汽车(辆)	渔业机动船	
				(艘)	(万千瓦)
1952	9.0	284	280		
1957	41.0	1 789	4 084	1 485	8.0
1962	452.0	5 906	8 239	5 657	33.0
1965	667.0	6 704	11 063	7 789	47.0
1978	4 823.0	18 987	73 770	47 176	214.0
1979	5 238.0	23 026	97 105	52 225	230.0
1980	5 490.0	27 045	137 668	61 022	258.0
1981	5 515.0	31 268	175 126	73 586	293.0
1982	5 641.0	33 904	206 383	95 692	322.0
1983	5 773.0	35 728	274 751	120 167	327.0
1984	5 777.0	35 861	349 261	143 430	335.0
1985	5 755.0	34 573	429 554	172 582	367.0
1986	6 044.0	30 945	499 164	205 923	424.0
1987	6 258.0	33 802	550 192	238 628	486.0
1988	6 568.0	35 004	591 406	265 126	545.0
1989	6 853.0	36 582	625 116	289 205	609.0
1990	7 129.3	38 719	624 384	320 927	696.0
1991	7 264.0	43 996	616 637	329 843	733.4

注:大中型拖拉机包括14.7千瓦及以上的。

9-13 农业机械和农产品加工机械拥有量

机械名称	单位	1990年底	1991年底	1991年为1990年%
农业机械总动力	万千瓦	28 707.7	29 388.6	102.4
农用大中型拖拉机	台	813 512	784 466	96.4
	万千瓦	2 745.5	2 682.4	97.7
小型拖拉机	万台	698.1	730.4	104.6
	万千瓦	6 231.4	6 528.6	104.8
大中型拖拉机机引农具	万部	97.4	99.1	101.7
# 机引犁	万部	36.9	36.4	98.6
机引耙	万部	22.4	22.2	99.1
机引播种机	万部	10.3	10.2	99.0
小型拖拉机机引农具	万部	648.8	732.7	112.9
机耕船	艘	38 666	41 916	108.4
	万千瓦	25.9	32.7	126.3
机动水稻插秧机	部	18 660	20 441	109.5
	万千瓦	4.9	5.9	120.4
农用排灌动力机械	万台	848.6	894.0	105.3
	万千瓦	7 129.3	7 264.0	101.9
# 柴油机	万台	411.1	433.0	105.3
	万千瓦	3 348.5	3 447.1	102.9
电动机	万台	430.8	454.1	105.4
	万千瓦	3 748.8	3 785.9	101.0
农用水泵	万台	723.9	760.9	105.1
喷灌机械	套	393 441	447 084	113.6
联合收割机	台	38 719	43 996	113.6
机动收割机	台	12 001	14 601	121.7
机动脱粒机	万台	493.3	517.6	104.9
种子精选机	台	16 364	21 000	128.3
谷物烘干机	台	2 722	3 489	128.2
磨面机、碾米机	万部	367.2	369.4	100.6
轧花机	万部	18.1	18.0	99.4
榨油机	万部	30.9	33.2	107.4
农用载重汽车	辆	624 384	616 637	98.8
	万千瓦	4 621.0	4 690.5	101.5
机动喷雾(粉)机	万部	44.8	64.7	144.4
	万千瓦	75.0	96.2	128.3
饲料粉碎机	万部	124.6	128.3	103.0
牧草收割机	部	19 000	22 000	115.8
渔用机动船	艘	320 927	329 843	102.8
	万吨	353.1	388.2	109.9
	万千瓦	696.0	733.4	105.4

9-14 各地区主要农业机械和农产品加工机械拥有量

（1991年底）

地区	农业机械总动力（万千瓦）	农用大中型拖拉机（台）	农用大中型拖拉机（万千瓦）	小型拖拉机（万台）	小型拖拉机（万千瓦）	大中型拖拉机机引农具（万部）	#机引犁	#机引耙	#机引播种机
全国	**29 388.6**	**784 466**	**2 682.4**	**730.4**	**6 528.6**	**99.1**	**36.4**	**22.2**	**10.2**
北京	384.8	12 906	59.6	4.5	40.7	2.0	0.5	0.4	0.4
天津	447.8	8 973	39.5	3.0	25.7	1.1	0.4	0.2	0.1
河北	2 849.5	27 737	115.7	63.2	564.8	4.0	1.9	0.4	0.3
山西	1 089.0	30 972	106.9	20.2	193.0	4.0	2.1	0.4	0.1
内蒙古	786.4	41 711	164.4	25.6	255.9	4.3	1.6	1.2	0.6
辽宁	995.7	44 121	165.7	13.9	123.6	5.2	1.5	1.3	0.3
吉林	587.5	37 758	126.9	19.2	166.1	4.1	1.0	1.1	0.5
黑龙江	1 179.5	88 602	357.2	37.7	333.1	19.8	3.5	6.2	3.5
上海	236.3	11 468	42.3	2.4	21.2	2.4	0.3		
江苏	1 966.6	19 952	75.2	72.6	641.0	3.9	1.1	0.6	0.1
浙江	1 264.7	6 439	16.8	27.9	237.7	0.3	0.1		
安徽	1 380.2	12 867	47.3	61.5	503.4	1.2	0.6	0.3	
福建	614.4	5 264	18.3	14.7	129.8	0.1	0.1		
江西	669.3	16 187	42.8	9.3	77.1	0.8	0.3	0.4	
山东	3 304.7	107 972	330.8	55.7	467.1	18.7	9.1	3.4	1.4
河南	2 330.4	48 348	171.8	87.1	805.1	6.8	3.4	1.8	0.3
湖北	1 120.9	85 755	175.5	18.3	155.0	3.0	1.7	0.7	0.1
湖南	1 270.5	8 280	24.7	18.5	159.2	0.2	0.1	0.1	
广东	1 339.7	9 940	31.1	35.4	280.6	0.8	0.3	0.3	
广西	824.4	14 419	43.8	24.0	212.2	0.7	0.4	0.3	
海南	136.8	3 178	11.4	2.8	24.9	0.1	0.1		
四川	1 323.4	12 330	36.1	17.0	179.3	1.0	0.4	0.1	
贵州	303.2	11 507	28.9	3.0	27.7	0.2	0.1	0.1	
云南	710.0	15 545	61.9	16.0	143.0	0.9	0.5	0.1	
西藏	48.5	2 455	10.4	0.9	9.0	0.3	0.1	0.1	
陕西	724.9	21 426	75.9	24.4	250.4	2.4	1.2	0.1	0.2
甘肃	599.0	19 795	71.3	22.8	220.0	1.9	1.1	0.3	0.1
青海	137.0	4 140	15.4	7.1	63.7	0.5	0.2	0.1	0.1
宁夏	202.7	6 200	23.0	9.3	87.3	0.6	0.3	0.2	0.1
新疆	560.8	48 219	191.8	12.4	131.0	7.8	2.4	1.9	1.9

9-14 续表 1　　　　　　　　　　(1991年底)

地　区	小型拖拉机机引农具(万部)	机耕船		机动水稻插秧机		农用排灌动力机械		柴油机	
		(艘)	(万千瓦)	(部)	(万千瓦)	(万台)	(万千瓦)	(万台)	(万千瓦)
全　国	**732.7**	**41 916**	**32.7**	**20 441**	**5.9**	**894.0**	**7 264.0**	**433.0**	**3 447.1**
北　京	1.2			440	0.1	7.3	73.6	0.1	0.6
天　津	2.4	179	0.1	291	0.1	8.8	113.4	1.8	16.6
河　北	64.4	9		221	0.1	184.9	1 455.7	109.3	910.3
山　西	15.7	6				11.5	138.6	1.2	16.3
内蒙古	18.1	62	0.1	814	0.2	16.9	140.9	7.6	60.4
辽　宁	9.7	67	0.1	3 816	1.0	39.6	199.7	4.4	46.2
吉　林	30.6			6 013	1.7	21.1	108.8	13.4	59.6
黑龙江	29.4			3 801	1.3	15.6	139.7	12.2	105.4
上　海	0.7	34		662	0.2	3.9	29.6		0.1
江　苏	122.4			2 083	0.6	40.4	492.9	12.0	132.2
浙　江	22.9	6 267	5.0	269	0.1	29.9	168.1	7.4	38.0
安　徽	78.1	150	0.1	37		50.8	316.7	15.0	126.6
福　建	6.3	1 641	1.4	21		7.4	61.4	4.7	35.6
江　西	7.0	1 071	1.0			13.7	154.5	7.0	70.8
山　东	75.2			941	0.2	168.4	1 346.7	109.0	912.0
河　南	94.8			16		91.1	628.8	34.1	304.4
湖　北	11.9	6 214	5.4	209		23.4	362.9	11.3	104.1
湖　南	4.0	21 828	17.0	3		57.2	352.5	38.9	179.9
广　东	31.5	507	0.4	18		26.0	184.8	7.5	61.5
广　西	20.1	1 949	1.3	11		9.8	83.7	7.0	42.9
海　南	0.1	292	0.2			1.6	11.1	1.4	8.9
四　川	10.5	1 530	0.6	4		26.5	280.9	19.5	134.9
贵　州	0.4	3				6.6	38.2	2.0	12.7
云　南	6.5	6		84		5.7	70.5	2.2	14.3
西　藏	0.6					0.4	3.8	0.3	3.0
陕　西	26.0	43		7		17.3	135.0	1.9	18.5
甘　肃	21.5	2				4.2	94.5	0.7	9.8
青　海	5.5					0.3	7.8		0.5
宁　夏	6.4			303	0.1	1.1	15.0	0.1	1.3
新　疆	8.8	16		372	0.1	2.6	54.2	1.0	19.7

9-14 续表 2　　　　　　　　　　　　(1991年底)

地　区	碾米机 (万　部)	磨面机 (万　部)	轧花机 (万　部)	榨油机 (万　部)	农用载重汽车 (辆)	农用载重汽车 (万千瓦)	挂车（不包括手扶拖拉机挂车）(万辆)
全　国	**210.9**	**158.5**	**18.0**	**33.2**	**616 637**	**4 690.5**	**66.0**
北　京	0.5	0.6			17 820	127.7	0.6
天　津	0.4	0.6		0.1	19 894	160.6	0.8
河　北	7.1	9.2	2.0	2.1	41 250	331.3	2.5
山　西	4.1	7.3	0.7	1.4	43 423	361.0	3.9
内蒙古	3.5	5.1		0.7	12 335	105.9	3.7
辽　宁	5.4	4.3	0.1	0.4	30 331	251.5	4.0
吉　林	6.0	4.0		0.3	6 922	57.1	2.8
黑龙江	4.8	2.5		0.7	10 159	89.4	5.4
上　海	0.5	0.2			4 970	31.4	0.3
江　苏	7.7	6.5	1.0	1.2	15 912	108.9	0.9
浙　江	7.0	6.5	0.5	0.3	13 588	97.0	0.6
安　徽	7.5	8.4	1.5	2.2	26 768	191.1	1.8
福　建	6.1	1.5		0.5	13 956	122.9	0.5
江　西	11.3	1.6	0.6	1.4	19 398	142.9	1.7
山　东	4.0	13.0	2.0	3.4	44 240	327.6	9.5
河　南	6.9	20.3	3.7	5.2	43 278	313.0	4.3
湖　北	13.2	8.2	2.1	2.0	12 971	94.4	8.3
湖　南	24.7	2.8	1.8	3.7	49 934	335.9	0.7
广　东	10.3	0.7		0.8	47 205	333.9	0.7
广　西	19.1	2.1		1.1	15 812	137.4	1.5
海　南	1.4	0.1			3 896	31.3	0.1
四　川	31.4	17.6	0.9	1.1	45 107	324.1	1.4
贵　州	10.5	5.8		0.4	7 810	58.0	1.1
云　南	11.1	8.6		0.2	20 022	165.3	1.1
西　藏	0.0	0.1		0.1	3 223	24.9	
陕　西	4.1	9.8	0.9	1.1	14 640	116.1	1.6
甘　肃	1.0	7.4		1.3	11 212	89.8	1.8
青　海		1.0		0.4	3 972	30.6	0.3
宁　夏	0.7	1.0		0.3	4 055	34.4	0.5
新　疆	0.6	1.7	0.2	0.8	12 531	95.1	3.6

9-14 续表 3　　　　　　　　　　　　(1991年底)

地　区	机动喷雾（粉）机		饲　料粉碎机	牧　草收割机	渔　用　机　动　船		
	(万　部)	(万千瓦)	(万　部)	(万　部)	(艘)	(万　吨)	(万千瓦)
全　国	**64.7**	**96.2**	**128.3**	**2.2**	**329 843**	**388.2**	**733.4**
北　京	1.0	1.2	0.8		43		1.7
天　津	0.1	0.4	0.4		794	3.2	5.5
河　北	5.2	9.1	6.3		7 546	10.7	21.3
山　西	0.5	0.8	1.7		4		
内蒙古	0.2	0.5	2.6	1.4	28	0.1	0.1
辽　宁	1.6	3.5	2.0		25 335	27.9	55.3
吉　林	0.1	0.3	3.8	0.1	299	0.1	0.6
黑龙江	0.1	0.7	3.3	0.1	3 188	0.5	2.1
上　海	2.5	4.1	0.4		2 777	10.7	19.5
江　苏	11.4	16.3	6.6		43 367	43.8	57.0
浙　江	1.8	2.9	3.1		49 090	98.9	190.0
安　徽	3.0	5.1	2.3		8 244	8.3	7.3
福　建	1.0	2.1	2.9		45 801	50.9	83.8
江　西	1.1	1.8	1.6		9 866	2.6	3.5
山　东	9.6	13.8	13.8		37 621	45.5	79.6
河　南	5.5	8.5	9.8		310	0.2	0.2
湖　北	4.6	6.4	5.5		8 450	2.0	3.6
湖　南	2.0	0.8	3.3		5 447	2.0	2.9
广　东	2.2	2.2	5.8		57 994	59.2	151.3
广　西	0.4	1.1	14.0		9 081	9.7	20.0
海　南	0.3	0.8	0.3		10 041	10.1	23.2
四　川	4.7	6.8	19.3		741	0.2	0.5
贵　州	0.2	0.4	1.6		56		
云　南	0.3	0.9	5.6		3 288	1.5	4.0
西　藏	0.1	0.1					
陕　西	2.8	2.2	5.3		30		
甘　肃	1.0	1.3	4.4		18		
青　海	0.2	0.3	0.5		21		0.1
宁　夏	0.1	0.2	0.4		2		
新　疆	1.1	1.6	0.9	0.4	359	0.1	0.3

9-15 各地区农业机械化、电气化情况

(1991年)

地　区	农业机械化情况			农村电气化情况		
	机耕面积	机播面积	机收面积	农村用电量	乡办水电站	
	(万　亩)	(万　亩)	(万　亩)	(亿千瓦小时)	个　数 (个)	发电能力 (万千瓦)
全　国	**75 285.6**	**37 087.1**	**17 436.9**	**963.2**	**49 644**	**456.9**
北　京	459.1	508.0	325.0	20.0	88	2.6
天　津	602.6	217.9	158.1	18.1		
河　北	6 636.2	3 702.7	2 063.8	65.5	180	2.2
山　西	3 065.8	1 102.3	788.1	30.1	157	3.0
内蒙古	4 120.9	2 653.1	573.2	11.7	13	0.2
辽　宁	3 777.4	1 259.0	57.2	54.8	70	2.3
吉　林	2 791.1	2 512.8	20.2	18.2	63	3.4
黑龙江	10 116.6	8 683.7	3 617.6	20.3	26	1.8
上　海	435.8	32.7	159.0	40.0		
江　苏	5 505.0	1 951.8	900.7	121.5	13	0.1
浙　江	1 660.9	9.5	41.1	84.0	2 720	33.5
安　徽	3 240.9	1 119.7	505.5	26.0	787	7.1
福　建	625.9	1.3	5.2	23.4	4 480	52.3
江　西	970.4		0.6	16.8	4 459	22.7
山　东	8 043.3	4 459.3	3 232.0	84.2	106	1.7
河　南	6 864.1	1 792.1	2 625.2	52.1	534	9.7
湖　北	1 800.1	110.0	162.6	27.8	1 666	25.0
湖　南	1 709.4	1.2	0.5	25.8	7 002	39.1
广　东	1 366.3	9.9	26.8	72.8	9 960	105.0
广　西	1 102.7		3.4	15.1	2 536	11.8
海　南	31.3	0.0		1.1	142	1.5
四　川	1 002.3	28.4	8.6	48.0	5 320	69.7
贵　州	64.6	0.2	1.2	4.7	2 901	19.1
云　南	662.9	2.2	5.1	13.9	3 148	28.2
西　藏	34.4	54.4	6.1	1.6	90	0.5
陕　西	2 459.0	1 882.3	421.8	28.6	2 476	5.4
甘　肃	1 471.1	908.0	229.1	19.1	301	2.5
青　海	325.9	285.1	127.6	1.5	52	0.6
宁　夏	535.4	396.2	44.6	4.5		
新　疆	3 804.2	3 403.3	1 326.4	12.0	354	5.8

9-16 各地区农用化肥施用量

（1991年）

单位:万吨

地区	氮肥				磷肥		钾肥		复合肥	
	实物量	#氨水	折纯量	#氨水	实物量	折纯量	实物量	折纯量	实物量	折纯量
全国	**6 784.2**	**69.3**	**1 726.1**	**9.5**	**3 063.9**	**499.6**	**388.7**	**173.9**	**1 013.5**	**405.5**
北京	46.3	0.0	9.8		3.2	0.6	0.9	0.2	9.5	3.8
天津	27.8		5.0		7.3	0.6	0.8	0.2	6.6	1.2
河北	425.1	1.2	98.2	0.2	189.5	30.3	9.7	4.2	62.0	28.0
山西	158.1	0.2	36.0		90.5	14.5	2.5	1.2	17.4	9.0
内蒙古	76.4	0.1	23.7		18.3	6.0	1.5	0.7	18.8	7.3
辽宁	208.0	0.2	61.0		74.5	12.8	3.5	1.6	27.4	9.7
吉林	180.7	0.2	58.6		22.9	3.7	7.2	3.6	37.3	25.7
黑龙江	91.2	0.5	39.2	0.5	59.3	19.2	5.5	2.5	47.2	22.9
上海	80.2	6.6	16.1	0.9	19.5	3.1	0.4	0.2	2.8	0.8
江苏	643.6	2.6	156.5	0.3	205.8	38.6	14.4	6.8	101.9	36.5
浙江	324.2	5.7	68.3	0.6	80.8	14.6	23.3	6.0	36.8	8.1
安徽	397.1	1.5	87.1	0.3	258.8	31.8	13.7	6.6	46.5	18.8
福建	179.6	4.1	43.8	0.5	85.8	13.7	26.6	13.1	27.2	10.1
江西	162.2	0.8	52.0	0.2	91.3	18.9	27.4	14.3	23.4	8.1
山东	673.9	19.7	159.6	2.6	265.3	43.5	25.0	10.3	132.6	58.1
河南	624.9	1.8	145.8	0.1	359.2	60.6	21.3	10.0	55.2	23.3
湖北	411.6	4.6	100.0	0.8	202.9	29.1	21.2	9.3	52.8	16.9
湖南	354.2	0.4	84.4	0.1	166.3	21.6	39.3	19.6	28.9	13.1
广东	288.8	11.0	100.3	1.2	141.0	20.5	64.3	29.4	78.7	24.9
广西	179.6	0.6	47.0	0.1	105.9	16.9	44.6	18.6	39.7	12.8
海南	17.5	0.0	8.0		11.3	2.1	3.2	0.8	6.7	3.4
四川	623.7	2.9	140.5	0.4	279.1	42.5	10.1	5.0	43.1	17.8
贵州	79.8	1.3	30.3	0.2	56.7	9.1	6.9	2.4	17.4	4.1
云南	143.0	0.8	41.2	0.1	80.7	13.4	7.5	3.4	21.0	6.8
西藏	1.8		0.8		0.8	0.4	0.1		1.6	0.7
陕西	224.2	1.7	52.7	0.1	94.8	11.4	4.3	2.2	19.1	9.6
甘肃	60.9	0.4	22.2		55.1	10.0	1.0	0.5	13.7	5.9
青海	6.6		2.7		5.5	1.3	0.5	0.2	3.5	1.6
宁夏	33.5		8.8		9.8	1.4	0.2		5.4	2.4
新疆	59.7	0.3	26.5	0.2	22.0	7.4	1.8	0.8	29.3	14.1

9-17 机耕、灌溉面积、化肥施用量、农村小水电站和农村用电量

年 份	机 耕 面 积（万 亩）	灌 溉 面 积（万 亩）	#机电灌溉	机电灌溉面积占灌溉面积比重(%)
1952	204.0	29 938.5	475.5	1.6
1957	3 954.0	41 008.5	1 803.0	4.4
1962	12 426.0	45 817.5	9 097.5	19.9
1965	23 368.5	49 582.5	12 139.5	24.5
1978	61 005.0	67 447.5	37 342.5	55.4
1979	63 328.5	67 504.5	37 981.5	56.3
1980	61 485.0	67 332.0	37 972.5	56.4
1981	54 715.5	66 861.0	37 846.5	56.6
1982	52 672.5	66 265.5	37 717.5	56.9
1983	50 358.0	66 966.0	37 897.5	56.6
1984	52 383.0	66 679.5	37 593.0	56.4
1985	51 663.0	66 054.0	36 943.5	55.9
1986	54 642.0	66 339.0	37 548.0	56.6
1987	57 589.5	66 604.5	37 237.5	55.9
1988	61 371.0	66 564.0	39 124.5	58.8
1989	63 889.5	67 375.8	39 160.5	58.1
1990	72 382.8	71 104.6	40 722.5	57.3
1991	75 285.6	71 733.1	41 442.7	57.8

9-17 续表

年 份	化 肥 施 用 量（万 吨）	农村小型水电站 个 数（个）	农村小型水电站 发电能力（万千瓦）	农 村 用 电 量（亿千瓦小时）
1952	7.8	98	0.8	0.5
1957	37.3	544	2.0	1.4
1962	63.0	7 436	25.2	16.1
1965	194.2			37.1
1978	884.0	82 387	228.4	253.1
1979	1 086.3	83 224	276.4	282.7
1980	1 269.4	80 319	304.1	320.8
1981	1 334.9	74 017	336.0	369.9
1982	1 513.4	66 256	353.0	396.9
1983	1 659.8	62 328	346.3	428.1
1984	1 739.8	60 062	361.5	464.0
1985	1 775.8	55 754	380.2	508.9
1986	1 930.6	54 136	387.9	586.7
1987	1 999.7	51 978	394.1	658.8
1988	2 141.5	51 558	428.9	712.0
1989	2 357.1	50 862	416.8	790.5
1990	2 590.3	52 387	428.8	844.5
1991	2 805.1	49 644	456.9	963.2

9-18 各地区农田水利情况及沼气池数

(1991年)

地区	农田水利情况				沼气池数
	灌溉面积（万亩）	#机电灌溉	机电灌溉面积占灌溉面积%	机电井数（万眼）	（万个）
全国	71 733.1	41 442.7	57.8	323.5	376.1
北京	486.4	443.1	91.1	4.5	6.7
天津	520.7	518.4	99.6	2.4	0.4
河北	5 759.2	5 264.7	91.4	74.8	4.0
山西	1 723.5	1 274.4	73.9	8.6	
内蒙古	1 983.9	1 259.0	63.5	17.2	0.5
辽宁	1 634.0	1 315.8	80.5	9.9	6.9
吉林	1 385.0	919.8	66.4	5.7	1.2
黑龙江	1 676.7	1 034.7	61.7	8.2	
上海	477.9	477.9	100.0		5.2
江苏	5 775.3	5 170.6	89.5	4.8	40.4
浙江	2 214.3	1 599.5	72.2	0.3	26.2
安徽	4 079.1	2 694.3	66.1	11.5	6.5
福建	1 409.5	240.8	17.1	1.7	2.7
江西	2 772.0	614.3	22.2	0.2	9.8
山东	6 828.5	6 029.7	88.3	77.9	15.8
河南	5 550.7	4 197.8	75.6	72.6	1.0
湖北	3 496.1	1 754.7	50.2	0.8	28.4
湖南	3 919.1	1 770.8	45.2		19.2
广东	2 523.7	683.6	27.1	0.5	7.0
广西	2 252.6	394.7	17.5	0.1	16.0
海南	302.6	30.5	10.1	0.2	
四川	4 239.8	1 066.2	25.1	1.4	163.2
贵州	768.4	80.7	10.5		1.0
云南	1 623.0	242.0	14.9	0.3	7.2
西藏	169.9	5.0	2.9		
陕西	1 924.6	1 279.7	66.5	13.8	5.3
甘肃	1 301.0	404.0	31.1	3.0	1.0
青海	263.0	25.3	9.6		0.2
宁夏	397.8	89.2	22.4	0.7	
新疆	4 274.8	561.5	13.1	2.3	

9-19 灌溉、水库和除涝、治水、治碱情况

项　　目	单　位	1985年	1987年	1988年	1989年	1990年	1991年
年底灌区数	处	5 281	5 343	5 302	5 331	5 363	5 539
# 3.3万公顷以上	处	71	70	71	72	72	73
2.0-3.3万公顷	处	66	71	75	78	76	90
灌区有效灌溉面积	万公顷	2 077.70	2 114.40	2 107.50	2 117.70	2 123.10	2 305.30
# 3.3万公顷以上	万公顷	599.60	601.40	606.60	611.90	604.70	616.80
2.0-3.3万公顷	万公顷	167.00	183.30	187.70	193.30	189.60	218.30
水库	座	83 219	82 870	82 937	82 848	83 387	83 793
大型水库	座	340	353	355	358	366	361
中型水库	座	2 401	2 428	2 462	2 480	2 499	2 524
小型水库	座	80 478	80 089	80 120	80 010	80 522	80 908
水库库容量	亿立方米	4 301	4 475	4 504	4 617	4 660	4 248
大型水库	亿立方米	3 076	3 233	3 252	3 357	3 397	2 971
中型水库	亿立方米	662	672	681	688	690	698
小型水库	亿立方米	564.2	569.7	570.9	572.1	573.0	578.9
水库灌溉面积	万公顷	1 576.0	1 590.2	1 580.1	1 582.6	1 576.9	1 477.2
大型水库	万公顷	640.7	644.9	639.9	640.9	639.1	406.6
中型水库	万公顷	420.6	425.7	420.1	425.4	420.5	387.8
小型水库	万公顷	514.7	519.6	520.1	516.3	517.3	470.4
易涝面积	万公顷	2 420.7	2 433.7	2 434.8	2 442.5	2 446.7	2 442.4
除涝面积	万公顷	1 858.4	1 895.8	1 905.8	1 922.9	1 933.7	1 958.0
占易涝面积比重	%	76.8	77.9	78.3	78.7	79.0	80.2
水土流失面积	万平方公里	129.2	132.0	133.8	134.8	136.0	162.3
治理水土流失面积	万平方公里	46.4	49.5	51.3	52.2	53.0	55.8
占流失面积比重	%	35.9	37.5	38.3	38.7	39.0	34.4
盐碱耕地面积	万公顷	769.3	763.6	767.2	753.9	753.9	761.4
治碱面积	万公顷	456.9	475.6	483.0	488.3	499.5	511.0
占盐碱耕地面积比重	%	59.4	62.3	63.0	64.8	66.3	67.1
堤防长度	万公里	17.7	20.0	20.3	21.7	22.0	23.3
堤防保护面积	万公顷	3 106.0	3 220.4	3 233.0	3 196.6	3 200.0	3 210.0

注：大型水库库容：1亿立方米以上；中型水库库容：1千万至1亿立方米；小型水库库容：10万至1千万立方米。

9-20 各地区水利设施和除涝、治碱面积

(1991年)

地区	水库数（座）	水库总库容量（亿立方米）	除涝面积（万公顷）	除涝面积占易涝面积%	治碱面积（万公顷）	治碱面积占盐碱地面积%
全国	83 793	4 247.76	1 958.0	80.2	511.0	67.1
北京	83	92.67	15.8	93.4	4.2	89.1
天津	93	25.22	40.8	97.8	20.9	88.1
河北	1 176	149.82	156.9	84.1	74.5	73.2
山西	779	39.94	8.8	77.7	19.4	57.4
内蒙古	473	59.44	23.7	66.4	26.3	50.6
辽宁	915	303.64	97.0	96.9	30.3	78.8
吉林	1 332	299.88	96.9	87.9	13.5	49.4
黑龙江	494	69.00	273.3	66.4	19.0	33.5
上海			6.3	92.9	2.6	75.1
江苏	1 140	190.13	271.2	92.7	63.6	86.8
浙江	3 585	337.71	45.3	85.0	0.4	44.6
安徽	4 536	182.60	196.6	82.5	9.5	84.3
福建	2 735	50.42	10.7	50.1	2.1	56.7
江西	9 571	235.15	31.8	67.2		
山东	5 647	152.30	240.9	81.6	82.2	79.4
河南	2 429	148.34	160.6	76.2	63.6	79.6
湖北	5 760	501.34	119.0	86.0		
湖南	13 261	291.18	44.3	84.6		
广东	6 355	372.14	49.4	84.3		
广西	4 479	221.72	18.5	52.8	7.1	26.2
海南	980	75.15	1.0	93.0		
四川	9 181	119.20	8.8	52.6		20.7
贵州	1 850	52.00	3.9	42.7		
云南	4 528	69.66	17.8	72.3	0.3	53.7
陕西	1 336	45.67	13.1	85.4	5.8	70.7
甘肃	285	85.40	1.4	42.0	7.4	58.8
青海	136	2.06			1.0	50.6
宁夏	194	17.52			6.0	69.5
新疆	460	58.47	3.8	51.2	51.2	58.1

9-21 农民家庭平均每户生产性固定资产原值

（1991年底数） 单位：元

指　　标	1985年	1987年	1988年	1989年	1990年	1991年
合　　计	792.53	909.03	1 033.03	1 126.07	1 258.06	1 497.09
1. 役畜、产品畜	339.01	338.49	365.33	385.97	402.36	424.63
2. 大中型铁木农具	48.50	51.37	58.50	61.15	70.32	87.50
3. 农林牧渔业机械	67.65	95.15	124.58	157.05	197.07	267.33
4. 工业机械	16.13	26.40	32.84	37.72	42.12	45.16
5. 运输机械	112.84	155.09	185.96	198.22	215.82	235.16
6. 生产用房	174.33	197.52	212.67	230.99	269.92	360.43
7. 其　　他	34.07	45.02	53.16	54.97	60.45	76.88

注：本表为农村住户抽样调查资料（以下至9-25表同）。

9-22 农民家庭平均每百户拥有生产性固定资产数量

（1991年底数）

指　　标	单 位	1985年	1987年	1988年	1989年	1990年	1991年
汽　　车	辆	0.25	0.28	0.35	0.28	0.28	0.24
大中型拖拉机	台	0.35	0.40	0.48	0.47	0.45	0.51
小型及手扶拖拉机	台	2.71	3.75	4.33	4.84	5.30	6.61
机动脱粒机	台	1.91	2.15	2.24	2.61	3.55	3.85
胶轮大车	辆	5.49	7.05	7.56	7.68	7.89	8.24
胶轮手推车	辆	36.86	41.36	41.32	41.18	40.17	35.21
抽 水 机	台	0.89	1.24	1.72	1.98	1.83	1.99
农用水泵	台	1.69	2.48	3.89	3.81	3.86	4.73
机 动 船	条	0.74	0.27	0.57	0.35	0.28	0.23

9-23 各地区农民家庭平均每户生产性固定资产原值

（1991年底）　　单位：元

地区	合计	1.役畜、产品畜	2.大中型铁木农具	3.农林牧渔业机械	4.工业机械	5.运输机械	6.生产用房	7.其他
全国	**1 497.09**	**424.63**	**87.50**	**267.33**	**45.16**	**235.16**	**360.43**	**76.88**
北京	700.37	128.24	17.61	60.91	7.52	289.19	104.42	92.48
天津	1 410.39	382.19	135.16	236.63	8.96	240.90	376.78	29.77
河北	1 619.96	338.81	65.34	427.48	34.01	497.41	211.15	45.76
山西	1 461.88	419.72	47.93	72.16	46.31	675.63	159.45	40.68
内蒙古	2 436.19	848.20	180.38	644.06	59.12	254.05	337.02	113.36
辽宁	1 510.27	457.80	64.06	223.29	35.54	271.17	384.28	74.13
吉林	2 517.49	781.30	55.33	673.92	25.82	390.52	490.62	99.98
黑龙江	2 550.92	643.01	59.38	1 034.20	35.22	345.86	361.69	71.56
上海	778.81	17.46	39.57	22.74		45.48	499.17	154.39
江苏	1 107.86	102.03	41.98	224.77	39.51	169.45	478.20	51.92
浙江	1 900.18	86.05	83.86	360.55	197.22	183.54	874.69	114.27
安徽	1 335.85	370.66	105.56	355.19	22.92	111.54	295.80	74.18
福建	1 259.10	265.16	105.21	94.31	63.43	113.89	456.92	160.27
江西	1 045.49	370.41	140.69	41.76	26.53	42.95	387.68	35.47
山东	1 240.04	306.25	62.51	339.25	26.65	280.47	163.91	61.00
河南	1 368.87	347.95	85.46	377.71	26.11	235.49	208.17	87.98
湖北	1 068.45	352.04	110.88	82.93	30.67	106.81	349.10	36.02
湖南	947.72	235.01	117.58	103.17	56.15	102.38	299.86	33.57
广东	1 503.11	391.31	136.33	166.85	71.71	296.38	361.44	79.09
广西	1 253.36	557.83	64.76	199.84	61.74	75.34	246.64	47.21
海南	1 995.98	852.94	94.10	473.95	32.80	314.42	42.66	185.11
四川	1 128.94	269.66	102.88	45.23	25.40	59.22	448.67	177.88
贵州	1 060.39	485.52	69.16	10.26	42.34	58.65	376.66	17.80
云南	1 828.21	659.76	28.49	123.05	40.27	176.76	741.31	58.57
西藏	5 579.11	3 250.32	42.57	71.74	27.61	652.05	1 389.55	145.27
陕西	1 087.40	290.14	89.19	102.79	52.56	279.02	225.70	48.00
甘肃	1 430.81	489.63	98.21	295.86	59.30	241.53	191.27	55.01
青海	2 897.68	1 058.30	109.08	897.98	44.90	279.00	364.58	143.84
宁夏	2 227.40	602.04	130.79	496.29	75.05	541.13	334.07	48.03
新疆	3 147.45	1 323.60	133.58	508.74	43.59	728.24	315.24	94.46

9-24 各地区农民家庭平均每百户拥有主要生产性固定资产数量

(1991年底)

地区	汽车(辆)	大中型拖拉机(台)	小型和手扶拖拉机(台)	机动脱粒机(台)	胶轮大车(辆)	胶轮手推车(辆)	抽水机(台)	役畜(头)	产品畜(头)
全国	0.24	0.51	6.61	3.85	8.24	35.21	1.99	53.93	28.73
北京	0.29	0.19	5.95		6.01	48.39		10.21	9.85
天津	1.05	1.08	5.92	3.33	27.35	40.52	3.92	50.37	16.28
河北	0.22	0.52	11.64	6.43	22.18	51.65	4.59	45.29	13.42
山西	1.00	0.60	7.15	1.12	6.75	39.49	0.05	65.69	6.48
内蒙古	0.19	0.49	12.95	1.81	26.08	47.87	1.26	109.87	47.80
辽宁	0.32	0.74	3.70	3.75	31.85	25.77	0.75	58.27	27.34
吉林	0.25	1.16	11.37	3.74	40.34	15.86	2.08	77.89	35.39
黑龙江	0.02	2.45	19.99	1.42	19.95	10.36	1.21	62.95	34.28
上海				2.22		15.33		0.05	1.33
江苏	0.04	0.07	7.77	9.40	7.15	43.59	0.82	8.11	19.26
浙江	0.19	0.21	3.78	22.65	2.89	42.16	1.93	5.49	15.57
安徽	0.10	0.65	9.75	4.04	0.64	44.19	0.99	40.71	7.98
福建	0.43	0.22	2.52	2.92	0.69	31.69	0.87	33.58	35.45
江西	0.14	0.12	0.94	4.56	1.62	28.64	1.48	54.57	18.04
山东	0.18	0.29	5.01	3.68	12.02	73.76	8.50	41.13	10.93
河南	0.24	0.70	10.40	4.00	5.51	65.08	1.74	45.94	10.63
湖北	0.06	0.80	3.80	0.65	5.90	22.51	1.38	44.60	12.64
湖南	0.11	0.19	1.80	1.83	0.27	8.91	3.22	31.92	22.89
广东	0.38	0.17	6.53	4.21	1.78	17.12	2.64	50.96	27.46
广西	0.04	0.11	4.60	0.42	0.74	13.45	1.36	75.79	35.94
海南	0.73		2.92	9.65	2.08	14.58	3.13	97.44	70.56
四川	0.20	0.07	1.49	1.81	0.47	2.38	2.06	32.26	41.35
贵州	0.22	0.27	0.58	0.22	1.61	2.86	0.81	87.54	26.90
云南	0.21	0.17	3.91	2.28	1.80	20.78	0.46	88.60	48.73
西藏	1.79	1.24	5.04	4.25	9.27	17.27		232.21	261.25
陕西	0.16	0.41	6.52	1.97	1.28	63.06	0.20	43.06	17.90
甘肃		0.59	9.90	0.30	1.94	67.71		98.45	14.98
青海	1.33	1.33	21.58	3.27	12.67	57.17		172.08	77.50
宁夏		1.00	18.72	2.15	1.50	78.58		105.77	21.50
新疆	0.45	2.06	10.12	1.16	25.51	64.20	0.32	135.55	177.66

9-25 各地区农民家庭平均每人经营耕地情况

(1991年)

地区	经营耕地面积（市亩）	承包地面积（市亩）	所占比重（%）	自留地面积（市亩）	所占比重（%）
全国	2.18	1.81	83.03	0.16	7.34
北京	0.96	0.86	89.58	0.04	4.17
天津	2.21	1.92	86.88	0.15	6.79
河北	2.03	1.83	90.15	0.16	7.88
山西	3.20	2.70	84.38	0.38	11.88
内蒙古	7.02	5.76	82.05	0.61	8.69
辽宁	2.68	2.27	84.70	0.28	10.45
吉林	4.87	4.27	87.68	0.45	9.24
黑龙江	7.56	6.62	87.57	0.64	8.47
上海	1.10	1.02	92.73	0.07	6.36
江苏	1.36	1.22	89.71	0.10	7.35
浙江	0.92	0.82	89.13	0.08	8.70
安徽	1.48	1.40	94.59	0.06	4.05
福建	0.95	0.82	86.32	0.07	7.37
江西	1.28	1.19	92.97	0.09	7.03
山东	1.44	1.31	90.97	0.01	0.69
河南	1.56	1.47	94.23	0.07	4.49
湖北	1.44	1.32	91.67	0.08	5.56
湖南	1.69	1.00	59.17	0.11	6.51
广东	1.02	0.90	88.24	0.07	6.86
广西	1.16	0.99	85.34	0.10	8.62
海南	1.26	1.13	89.68	0.12	9.52
四川	1.08	0.97	89.81	0.09	8.33
贵州	1.17	0.95	81.20	0.16	13.68
云南	3.74	1.27	33.96	0.18	4.81
西藏	2.00	1.62	81.00	0.08	4.00
陕西	2.66	2.06	77.44	0.20	7.52
甘肃	2.98	2.67	89.60	0.28	9.40
青海	2.42	2.17	89.67	0.20	8.26
宁夏	3.59	3.24	90.25	0.27	7.52
新疆	3.94	3.60	91.37	0.26	6.60

9-25 续表　　　　　　　　　　　　(1991年)

地区	经营山地面积(市亩)	承包山面积(市亩)	所占比重(%)	自留山面积(市亩)	所占比重(%)	# 植树造林面积(市亩)	经营水面面积(市亩)
全　国	**0.33**	**0.18**	**54.55**	**0.13**	**39.39**	**0.06**	**0.02**
北　京	0.16	0.13	81.25	0.01	6.25	0.01	
天　津							
河　北	0.05	0.04	80.00	0.01	20.00	0.04	
山　西	0.13	0.09	69.23	0.04	30.77	0.05	
内蒙古	0.19	0.11	57.89	0.06	31.58	0.09	
辽　宁	0.23	0.11	47.83	0.11	47.83	0.05	
吉　林	0.09	0.02	22.22	0.06	66.67	0.05	
黑龙江	0.03			0.02	66.67	0.01	
上　海							0.01
江　苏	0.01	0.01	100.00				0.17
浙　江	0.55	0.28	50.91	0.24	43.64	0.09	0.01
安　徽	0.38	0.18	47.37	0.18	47.37	0.02	0.01
福　建	0.93	0.52	55.91	0.27	29.03	0.33	0.01
江　西	0.80	0.58	72.50	0.21	26.25	0.10	0.02
山　东	0.01	0.01	100.00				
河　南	0.04	0.03	75.00	0.01	25.00	0.01	
湖　北	0.62	0.20	32.26	0.40	64.52	0.08	0.04
湖　南	0.51	0.28	54.90	0.22	43.14	0.06	0.04
广　东	0.47	0.21	44.68	0.25	53.19	0.12	0.08
广　西	0.36	0.27	75.00	0.07	19.44	0.03	0.01
海　南	0.43	0.30	69.77	0.05	11.63	0.10	0.01
四　川	0.33	0.15	45.45	0.17	51.52	0.06	0.01
贵　州	0.37	0.22	59.46	0.13	35.14	0.05	
云　南	1.02	0.49	48.04	0.41	40.20	0.11	
西　藏							
陕　西	0.55	0.39	70.91	0.13	23.64	0.16	
甘　肃	0.25	0.16	64.00	0.06	24.00	0.05	
青　海	0.08	0.06	75.00				0.05
宁　夏	0.24	0.23	95.83			0.01	
新　疆							

9-26 主要农作物播种面积

单位:万亩

年份	总播种面积	粮食作物		在粮食作物播种面积中				
		播种面积	占总播种面积%	稻谷	小麦	玉米	大豆	薯类
1952	211 884	185 968	87.8	42 573	37 170	18 849	17 519	13 032
1957	235 866	200 450	85.0	48 362	41 313	22 415	19 122	15 742
1962	210 343	182 431	86.7	40 402	36 113	19 226	14 256	18 256
1965	214 936	179 441	83.5	44 737	37 064	23 506	12 889	16 763
1970	215 231	178 901	83.1	48 537	38 187	23 747	11 978	16 076
1975	224 318	181 593	81.0	53 593	41 491	27 897	10 498	16 454
1976	224 584	181 115	80.6	54 326	42 626	28 842	10 036	15 549
1977	224 000	180 600	80.6	53 289	42 098	29 487	10 267	16 843
1978	225 156	180 881	80.3	51 631	43 774	29 942	10 716	17 694
1979	222 715	178 894	80.3	50 809	44 035	30 199	10 870	16 428
1980	219 569	175 851	80.1	50 818	43 842	30 529	10 840	15 230
1981	217 736	172 437	79.2	49 942	42 460	29 137	12 035	14 431
1982	217 132	170 194	78.4	49 607	41 933	27 815	12 628	14 055
1983	215 990	171 071	79.2	49 705	43 575	28 236	11 351	14 103
1984	216 332	169 326	78.3	49 768	44 365	27 805	10 929	13 482
1985	215 439	163 268	75.8	48 105	43 827	26 541	11 577	12 858
1986	216 306	166 399	76.9	48 399	44 424	28 686	12 442	13 027
1987	217 435	166 902	76.8	48 289	43 197	30 318	12 667	13 301
1988	217 303	165 184	76.0	47 981	43 177	29 538	12 180	13 581
1989	219 831	168 307	76.6	49 051	44 762	30 530	12 086	13 645
1990	222 543	170 199	76.5	49 597	46 130	32 102	11 339	13 681
1991	224 379	168 470	75.1	48 885	46 422	32 361	10 562	13 618

9-26 续表

单位:万亩

年份	经济作物		在经济作物播种面积中							
	播种面积	占总播种面积%	棉花	花生	油菜籽	芝麻	黄红麻	甘蔗	甜菜	烤烟
1952	18 741	8.8	8 364	2 706	2 795	1 585	237	274	53	279
1957	21 690	9.2	8 663	3 812	3 462	1 413	214	400	239	533
1962	13 144	6.2	5 246	1 952	2 042	1 074	93	231	125	264
1965	18 815	8.8	7 505	2 769	2 733	995	170	526	256	488
1970	17 569	8.2	7 495	2 564	2 180	832	202	581	298	437
1975	20 099	9.0	7 433	2 816	3 470	801	446	785	454	690
1976	20 584	9.2	7 394	2 761	3 519	842	493	812	535	814
1977	20 298	9.1	7 267	2 531	3 326	835	565	760	528	854
1978	21 660	9.6	7 300	2 652	3 899	857	618	823	496	919
1979	22 151	9.9	6 768	3 112	4 141	1 265	543	768	488	763
1980	23 882	10.9	7 380	3 509	4 266	1 164	471	719	664	595
1981	26 341	12.1	7 778	3 709	5 701	1 227	459	827	654	880
1982	28 191	13.0	8 743	3 624	6 183	1 447	369	980	693	1 333
1983	26 641	12.3	9 116	3 301	5 504	1 184	340	981	816	858
1984	28 932	13.4	10 385	3 632	5 120	1 287	480	1 092	753	1 073
1985	33 567	15.6	7 711	4 978	6 741	1 578	1 487	1 447	841	1 616
1986	30 428	14.1	6 459	4 880	7 374	1 510	517	1 425	781	1 342
1987	31 087	14.3	7 266	4 533	7 901	1 304	408	1 288	747	1 370
1988	32 244	14.8	8 302	4 465	7 405	1 055	416	1 386	1 117	1 956
1989	31 483	14.3	7 805	4 419	7 489	1 084	429	1 439	854	2 255
1990	32 125	14.4	8 382	4 361	8 255	1 003	450	1 513	1 006	2 013
1991	35 208	15.7	9 808	4 320	9 200	1 019	405	1 746	1 175	2 343

9-27 各地区农作物总播种面积

（1991年）　　单位：万亩

地区	农作物总播种面积	粮食作物播种面积	经济作物播种面积	其他农作物播种面积	占总播种面积比重（%） 粮食作物	经济作物	其他农作物
全国	224 378.7	168 470.4	35 207.7	20 700.6	75.1	15.7	9.2
北京	885.3	724.9	24.9	135.5	81.9	2.8	15.3
天津	872.2	686.7	89.3	96.2	78.7	10.2	11.0
河北	13 222.2	10 197.0	2 346.8	678.4	77.1	17.7	5.1
山西	5 956.0	4 799.2	850.7	306.1	80.6	14.3	5.1
内蒙古	7 151.3	5 817.7	1 032.8	300.8	81.4	14.4	4.2
辽宁	5 457.1	4 634.8	386.2	436.1	84.9	7.1	8.0
吉林	6 098.9	5 313.0	474.5	311.4	87.1	7.8	5.1
黑龙江	12 922.3	11 140.3	1 230.2	551.8	86.2	9.5	4.3
上海	939.1	623.2	167.1	148.8	66.4	17.8	15.8
江苏	12 137.6	9 304.2	1 803.7	1 029.7	76.7	14.9	8.5
浙江	6 569.5	4 901.1	639.2	1 029.2	74.6	9.7	15.7
安徽	12 293.4	8 931.8	2 478.3	883.3	72.7	20.2	7.2
福建	4 240.3	3 130.8	383.6	725.9	73.8	9.0	17.1
江西	8 744.5	5 401.0	1 562.5	1 781.0	61.8	17.9	20.4
山东	16 495.5	12 132.2	3 662.7	700.6	73.5	22.2	4.2
河南	18 002.8	13 560.7	3 661.2	780.9	75.3	20.3	4.3
湖北	11 135.9	7 791.8	2 121.6	1 222.5	70.0	19.1	11.0
湖南	12 060.3	8 047.8	1 656.3	2 356.2	66.7	13.7	19.5
广东	8 489.1	5 807.2	1 374.4	1 307.5	68.4	16.2	15.4
广西	7 991.0	5 351.6	1 355.6	1 283.8	67.0	17.0	16.1
海南	1 244.2	853.7	268.9	121.6	68.6	21.6	9.8
四川	19 110.3	14 910.6	2 412.8	1 786.9	78.0	12.6	9.4
贵州	5 711.4	3 937.3	1 110.8	663.3	68.9	19.4	11.6
云南	6 900.5	5 428.4	910.7	561.4	78.7	13.2	8.1
西藏	323.7	287.9	17.5	18.3	88.9	5.4	5.7
陕西	7 322.4	6 132.6	821.4	368.4	83.8	11.2	5.0
甘肃	5 380.5	4 260.1	608.2	512.2	79.2	11.3	9.5
青海	815.2	602.9	176.1	36.2	74.0	21.6	4.4
宁夏	1 352.1	1 093.1	186.3	72.7	80.8	13.8	5.4
新疆	4 554.1	2 666.8	1 393.4	493.9	58.6	30.6	10.8

9-28 各地区主要农作物播种面积

（1991年）　　　　单位：万亩

地　区	粮食作物	#稻　谷	#小　麦	#玉　米	#大　豆	#薯　类	经济作物	#棉　花
全　国	168 470.4	48 885.0	46 421.8	32 361.4	10 561.5	13 617.5	35 207.7	9 807.7
北　京	724.9	51.8	288.0	334.6	14.8	10.5	24.9	5.8
天　津	686.7	86.5	219.2	228.5	73.3	7.3	89.3	44.8
河　北	10 197.0	225.5	3 792.0	3 083.5	646.0	635.7	2 346.8	1 432.8
山　西	4 799.2	14.5	1 539.9	956.6	357.1	419.0	850.7	220.2
内蒙古	5 817.7	132.4	1 788.4	1 217.2	451.5	358.7	1 032.8	0.6
辽　宁	4 634.8	821.6	220.8	2 058.6	489.3	118.2	386.2	83.0
吉　林	5 313.0	650.1	107.1	3 420.2	646.8	110.4	474.5	
黑龙江	11 140.3	1 120.3	2 604.9	3 345.1	3 141.3	303.8	1 230.2	
上　海	623.2	371.5	125.7	15.6	7.0		167.1	20.9
江　苏	9 304.2	3 527.1	3 547.4	639.7	266.7	321.8	1 803.7	825.9
浙　江	4 901.1	3 567.0	477.6	71.3	96.2	233.6	639.2	102.3
安　徽	8 931.8	3 374.7	3 094.9	642.9	470.5	890.0	2 478.3	608.2
福　建	3 130.8	2 238.8	189.1	29.2	138.2	458.4	383.6	
江　西	5 401.0	4 731.0	107.3	48.3	208.4	210.1	1 562.5	171.9
山　东	12 132.2	221.5	6 296.2	3 603.9	604.4	1 038.0	3 662.7	2 343.8
河　南	13 560.7	715.4	7 195.1	3 131.3	772.4	1 061.4	3 661.2	1 789.8
湖　北	7 791.8	3 934.2	2 021.3	592.8	225.9	603.6	2 121.6	692.3
湖　南	8 047.8	6 447.1	334.2	208.0	277.6	544.0	1 656.3	200.0
广　东	5 807.2	4 596.9	130.8	86.5	163.3	746.7	1 374.4	
广　西	5 351.6	3 712.7	25.3	801.4	308.4	393.3	1 355.6	2.8
海　南	853.7	617.0		22.7	11.0	190.6	268.9	
四　川	14 910.6	4 666.0	3 421.0	2 623.9	283.7	2 804.3	2 412.8	221.1
贵　州	3 937.3	1 081.2	727.0	930.4	191.4	646.4	1 110.8	4.0
云　南	5 428.4	1 517.2	873.8	1 467.2	116.0	432.7	910.7	3.1
西　藏	287.9	1.5	65.0	3.9	0.3	1.7	17.5	
陕　西	6 132.6	242.8	2 532.1	1 542.0	430.5	505.6	821.4	202.1
甘　肃	4 260.1	8.0	2 175.1	482.9	90.8	439.2	608.2	11.9
青　海	602.9		326.4			53.0	176.1	
宁　夏	1 093.1	90.8	471.4	118.4	57.4	67.7	186.3	
新　疆	2 666.8	119.9	1 724.8	654.8	21.3	11.8	1 393.4	820.4

地区	#油料	#花生	#油菜籽	#麻类	#黄红麻	#糖料	#甘蔗	#甜菜
全国	**17 294.5**	**4 319.9**	**9 200.0**	**678.8**	**404.5**	**2 920.8**	**1 745.6**	**1 175.2**
北京	18.3	16.9						
天津	38.7	12.9		1.2	1.1			
河北	838.6	448.2	49.1	12.8	10.6	19.2		19.2
山西	560.6	34.4	9.4	1.6		39.3		39.3
内蒙古	826.9	0.3	113.1	6.5		179.1		179.1
辽宁	213.9	138.9		2.4		37.7		37.7
吉林	281.3	13.6		5.5		86.1		86.1
黑龙江	205.5	0.8	97.9	146.4		624.3		624.3
上海	138.7	0.2	138.5			0.7	0.7	
江苏	886.3	154.4	724.2	9.7	6.9	5.9	4.8	1.1
浙江	459.9	11.7	442.4	35.0	34.4	18.7	18.7	
安徽	1 624.6	141.5	1 345.6	106.1	94.2	5.1	5.1	
福建	172.7	134.6	35.4	2.0	0.9	80.1	80.1	
江西	1 201.0	138.0	985.8	20.3	12.4	62.7	62.7	
山东	1 063.3	1 048.4	2.3	11.7	10.2	4.0		4.0
河南	1 344.0	673.7	369.6	107.8	104.9	3.2	3.2	
湖北	1 205.8	92.4	915.2	45.4	30.6	12.7	12.7	
湖南	1 202.6	116.4	1 076.5	22.7	6.0	40.8	40.8	
广东	500.1	472.1	22.8	8.4	8.1	471.6	471.6	
广西	299.5	248.9	29.2	17.8	16.0	599.5	599.5	
海南	65.7	55.7		0.4	0.4	144.3	144.3	
四川	1 597.4	225.9	1 351.8	92.8	67.0	82.6	79.0	3.6
贵州	671.0	38.5	618.0	5.8	0.4	10.0	9.7	0.3
云南	202.8	46.1	140.6	6.1	0.3	212.8	212.4	0.4
西藏	17.5		17.5					
陕西	457.6	54.6	218.3	3.3	0.1	6.1	0.3	5.8
甘肃	462.5	0.4	138.1	3.3		35.5		35.5
青海	175.5		169.7			0.5		0.5
宁夏	153.9		0.2	0.2		27.0		27.0
新疆	408.3	0.4	188.8	3.6		111.3		111.3

地区	#烟叶	#烤烟	其他农作物	#蔬菜	#绿肥	年末实有茶园	年末实有果园
全国	2 706.1	2 343.2	20 700.6	9 819.0	6 612.6	1 590.2	7 976.3
北京	0.1		135.5	109.9	0.8		74.8
天津	0.2		96.2	85.0	0.5		42.7
河北	22.4	14.3	678.4	432.7	13.4		901.5
山西	15.3	15.1	306.1	164.4	7.9		287.9
内蒙古	11.1	6.8	300.8	88.8	30.8		57.9
辽宁	34.5	27.0	436.1	382.5	9.9		585.7
吉林	64.3	43.5	311.4	271.4	0.1		91.2
黑龙江	197.3	185.1	551.8	326.4	52.8		34.2
上海			148.8	113.2	8.1		13.6
江苏	8.3	7.7	1 029.7	529.1	315.5	20.2	151.6
浙江	3.7		1 029.2	373.6	562.6	238.5	338.3
安徽	71.5	69.6	883.3	354.9	397.2	178.3	109.6
福建	68.0	63.2	725.9	404.1	225.5	179.2	532.9
江西	51.8	42.2	1 781.0	408.4	1 238.0	84.4	160.6
山东	129.5	125.3	700.6	590.3	6.4	1.8	920.2
河南	371.4	367.2	780.9	593.4	70.5	21.0	322.6
湖北	139.8	85.3	1 222.5	578.1	550.6	118.3	193.5
湖南	157.9	125.8	2 356.2	567.9	1 448.3	142.8	319.4
广东	81.9	59.3	1 307.5	867.9	200.6	64.1	986.4
广西	55.2	40.8	1 283.8	440.7	602.7	34.9	282.5
海南	0.6	0.6	121.6	93.4	0.2	11.7	51.3
四川	227.3	134.5	1 786.9	1 002.3	218.0	160.6	360.7
贵州	396.3	365.4	663.3	346.9	251.9	49.8	39.4
云南	435.8	420.3	561.4	247.3	196.1	238.1	122.6
西藏			18.3	12.4	0.1	0.2	1.2
陕西	135.0	121.8	368.4	215.6	21.6	45.5	501.5
甘肃	25.3	21.8	512.2	95.5	44.4	0.8	255.1
青海	0.1		36.2	11.0	4.8		9.1
宁夏	0.2	0.2	72.7	26.4	2.3		41.4
新疆	1.3	0.4	493.9	85.5	131.0		186.9

9-29 主要农作物播种面积和产量

指标	1990年		1991年		1991年为1990年%	
	播种面积（万亩）	产量（万吨）	播种面积（万亩）	产量（万吨）	播种面积	产量
一、粮食作物	170 198.8	44 624.3	168 470.4	43 529.3	99.0	97.5
1.小麦	46 129.8	9 822.9	46 421.8	9 595.3	100.6	97.7
2.稻谷	49 596.7	18 933.1	48 885.0	18 381.3	98.6	97.1
3.薯类	13 681.1	2 743.2	13 617.5	2 715.9	99.5	99.0
4.玉米	32 102.2	9 681.9	32 361.4	9 877.3	100.8	102.0
5.高粱	2 317.3	567.5	2 081.6	494.3	89.8	87.1
6.谷子	3 417.7	457.5	3 121.4	342.4	91.3	74.8
7.其他杂粮	11 614.6	1 318.1	8 236.6	875.7	70.9	66.4
8.大豆	11 339.4	1 100.0	10 561.5	971.3	93.1	88.3
二、经济作物	32 125.2		35 207.7		109.6	
1.棉花	8 382.2	450.8	9 807.7	567.5	117.0	125.9
2.油料	16 350.2	1 613.2	17 294.5	1 638.3	105.8	101.6
花生	4 360.6	636.8	4 319.9	630.3	99.1	99.0
油菜籽	8 255.2	695.8	9 200.0	743.6	111.4	106.9
芝麻	1 003.4	46.9	1 019.3	43.5	101.6	92.8
向日葵	1 069.0	133.9	1 185.8	142.2	110.9	106.2
3.麻类	742.7	109.7	678.8	88.4	91.4	80.6
黄红麻	449.8	72.6	404.5	51.3	89.9	70.7
苎麻	120.8	8.9	81.4	5.8	67.4	65.2
亚麻	130.6	24.2	158.3	28.9	121.2	119.4
4.糖料	2 518.7	7 214.5	2 920.8	8 418.7	116.0	116.7
甘蔗	1 513.2	5 762.0	1 745.6	6 789.8	115.4	117.8
甜菜	1 005.5	1 452.5	1 175.2	1 628.9	116.9	112.1
5.烟叶	2 388.9	262.7	2 706.1	303.1	113.3	115.4
烤烟	2 013.2	225.9	2 343.2	267.0	116.4	118.2
6.蚕茧	1 936.7	53.4	2 266.4	58.4	117.0	109.2
桑蚕茧	726.1	48.0	1 064.1	55.1	146.6	114.7
柞蚕茧	1 210.6	5.4	1 202.3	3.3	99.3	61.1
7.茶叶	1 592.0	54.0		54.2		100.3
红毛茶		11.0		8.3		75.5
绿毛茶		33.3		35.7		107.2
8.水果	7 768.1	1 874.4	7 976.3	2 176.1	102.7	116.1
香蕉	163.2	145.6	199.4	198.1	122.2	136.1
苹果	2 449.7	431.9	2 492.2	454.0	101.7	105.1
柑桔	1 591.8	485.5	1 684.1	633.3	105.8	130.4
梨	721.0	235.3	724.3	249.8	100.5	106.2
葡萄	183.9	85.9	170.9	91.6	92.9	106.7
红枣		42.3		44.9		106.1
柿子		62.5		64.2		102.7
三、其他农作物	20 219.4		20 700.6		102.4	
蔬菜	9 507.5		9 819.0		103.3	
青饲料	2 793.3					
绿肥	6 447.6		6 612.6		102.6	

注：茶园面积为当年采摘面积。

9-30 主要农产品产量

单位:万吨

年份	粮食	#稻谷	#小麦	#玉米	#大豆	#薯类
1949	11 318	4 865	1 381		509	985
1950	13 213	5 510	1 450		744	1 239
1951	14 369	6 056	1 723		863	1 400
1952	16 392	6 843	1 813	1 685	952	1 633
1953	16 683	7 127	1 828	1 669	993	1 666
1954	16 952	7 085	2 334	1 714	908	1 698
1955	18 394	7 803	2 297	2 032	912	1 890
1956	19 275	8 248	2 480	2 305	1 024	2 185
1957	19 505	8 678	2 364	2 144	1 005	2 192
1958	20 000	8 085	2 259		867	3 273
1959	17 000	6 937	2 218		876	2 382
1960	14 350	5 973	2 217		639	2 035
1961	14 750	5 364	1 425	1 549	621	2 173
1962	16 000	6 299	1 667	1 626	651	2 345
1963	17 000	7 377	1 848	2 058	691	2 139
1964	18 750	8 300	2 084	2 269	787	2 013
1965	19 453	8 772	2 522	2 366	614	1 986
1966	21 400	9 539	2 528		827	2 253
1967	21 782	9 369	2 849		827	2 243
1968	20 906	9 453	2 746		804	2 229
1969	21 097	9 507	2 729		763	2 412
1970	23 996	10 999	2 919	3 303	871	2 668
1971	25 014	11 521	3 258	3 585	861	2 507
1972	24 048	11 336	3 599	3 210	645	2 452
1973	26 494	12 174	3 523	3 863	837	3 156
1974	27 527	12 391	4 087	4 292	747	2 824
1975	28 452	12 556	4 531	4 722	724	2 857
1976	28 631	12 581	5 039	4 816	664	2 666
1977	28 273	12 857	4 108	4 939	726	2 967
1978	30 477	13 693	5 384	5 595	757	3 174
1979	33 212	14 375	6 273	6 004	746	2 846
1980	32 056	13 991	5 521	6 260	794	2 873
1981	32 502	14 396	5 964	5 921	933	2 597
1982	35 450	16 160	6 847	6 056	903	2 705
1983	38 728	16 887	8 139	6 821	976	2 925
1984	40 731	17 826	8 782	7 341	970	2 848
1985	37 911	16 857	8 581	6 383	1 050	2 604
1986	39 151	17 222	9 004	7 086	1 161	2 534
1987	40 298	17 426	8 590	7 924	1 247	2 820
1988	39 408	16 911	8 543	7 735	1 165	2 697
1989	40 755	18 013	9 081	7 893	1 023	2 730
1990	44 624	18 933	9 823	9 682	1 100	2 743
1991	43 529	18 381	9 595	9 877	971	2 716

9-30 续表 1

单位:万吨

年 份	棉 花	油 料	#花 生	#油 菜 籽	#芝 麻	黄 红 麻
1949	44.4	256.4	126.8	73.4	32.6	1.9
1950	69.2	297.2	173.9	68.3	28.7	4.0
1951	103.1	362.0	209.6	77.8	44.1	12.5
1952	130.4	419.3	231.6	93.2	48.1	15.3
1953	117.5	385.6	212.7	87.9	52.1	6.9
1954	106.5	430.5	276.7	87.8	22.9	6.9
1955	151.8	482.7	292.6	96.9	46.4	12.9
1956	144.5	508.6	333.6	92.3	29.7	12.9
1957	164.0	419.6	257.1	88.8	31.2	15.1
1958	196.9	477.0	285.7	99.9	32.3	13.4
1959	170.9	410.4	220.6	93.6	32.6	11.3
1960	106.3	194.1	80.4	74.6	15.1	10.1
1961	80.0	181.4	104.9	38.0	19.1	6.2
1962	75.0	200.3	110.0	48.8	25.5	6.6
1963	120.0	245.8	142.4	51.8	26.8	9.9
1964	166.3	336.8	174.9	93.9	30.9	11.8
1965	209.8	362.5	192.8	108.9	25.6	14.0
1966	233.7		231.5	90.6	29.0	17.5
1967	235.4		218.9	100.7	29.6	19.9
1968	235.4		191.7	90.5	24.4	19.8
1969	207.9		183.2	87.8	25.6	17.2
1970	227.7	377.2	214.8	96.5	26.3	15.7
1971	210.5	411.3	223.0	123.3	28.0	15.2
1972	195.8	411.8	209.2	139.7	25.9	19.0
1973	256.2	418.6	213.2	135.3	25.7	27.9
1974	246.1	441.4	232.3	138.2	22.6	31.5
1975	238.1	452.1	227.0	153.5	20.8	35.0
1976	205.5	400.8	187.3	134.8	22.9	36.6
1977	204.9	401.7	197.8	117.0	24.1	43.1
1978	216.7	521.8	237.7	186.8	32.2	54.4
1979	220.7	643.5	282.2	240.2	41.7	54.5
1980	270.7	769.1	360.0	238.4	25.9	54.9
1981	296.8	1 020.5	382.6	406.5	51.0	63.0
1982	359.8	1 181.7	391.6	565.6	34.2	53.0
1983	463.7	1 055.0	395.1	428.7	34.9	51.0
1984	625.8	1 191.0	481.5	420.5	47.6	74.6
1985	414.7	1 578.4	666.4	560.7	69.1	206.0
1986	354.0	1 473.8	588.2	588.1	61.8	71.0
1987	424.5	1 527.8	617.1	660.5	52.6	56.9
1988	414.9	1 320.3	569.3	504.4	40.4	54.0
1989	378.8	1 295.2	536.3	543.6	33.8	66.0
1990	450.8	1 613.2	636.8	695.8	46.9	72.6
1991	567.5	1 638.3	630.3	743.6	43.5	51.3

9-30 续表 2 单位:万吨

年份	甘蔗	甜菜	桑蚕茧	柞蚕茧	茶叶	烤烟
1949	264.2	19.1	3.1	1.2	4.1	4.3
1950	313.3	24.5	3.4	2.5	6.5	5.7
1951	462.9	36.0	4.7	2.7	7.9	24.2
1952	711.6	47.9	6.2	6.1	8.2	22.2
1953	720.9	50.5	5.9	1.2	8.5	21.3
1954	859.2	98.9	6.5	2.6	9.2	23.2
1955	811.0	159.6	6.7	6.4	10.8	29.8
1956	865.5	164.6	7.2	6.2	12.1	39.9
1957	1 039.2	150.1	6.8	4.4	11.2	25.6
1958	1 255.3	307.8	7.4	4.4	13.5	38.7
1959	897.9	316.8	7.0	5.4	15.2	33.1
1960	825.8	159.7	6.2	2.7	13.6	18.6
1961	426.8	79.7	3.7	0.5	7.9	9.6
1962	344.3	33.9	3.7	0.8	7.4	12.9
1963	780.1	51.9	4.1	2.8	8.4	23.4
1964	1 216.1	130.4	5.2	4.3	9.2	32.4
1965	1 339.1	198.4	6.5	3.9	10.1	37.2
1966	1 140.8	262.7	7.8	6.1	10.6	57.6
1967	1 264.0	260.1	8.5	3.8	11.3	56.7
1968	1 034.1	215.5	10.5	3.9	11.8	44.1
1969	1 049.7	238.6	11.3	3.5	12.2	44.5
1970	1 345.7	210.3	12.2	4.3	13.6	39.9
1971	1 313.9	212.5	12.3	2.6	15.3	45.8
1972	1 641.6	232.2	13.6	2.5	17.0	52.3
1973	1 696.5	267.8	14.6	5.9	18.2	61.3
1974	1 643.2	228.9	16.3	3.6	19.8	58.8
1975	1 666.7	247.6	15.3	4.1	21.1	70.1
1976	1 663.1	293.2	16.3	3.0	23.3	83.7
1977	1 775.2	245.6	16.8	4.8	25.2	97.1
1978	2 111.6	270.2	17.3	5.4	26.8	105.2
1979	2 150.8	310.6	21.3	5.7	27.7	80.6
1980	2 280.7	630.5	25.0	7.6	30.4	71.7
1981	2 966.8	636.0	25.2	5.9	34.3	127.9
1982	3 688.2	671.2	27.1	4.3	39.7	184.8
1983	3 114.1	918.2	26.8	7.2	40.1	115.1
1984	3 951.9	828.4	30.6	5.0	41.4	154.3
1985	5 154.9	891.9	33.6	3.6	43.2	207.5
1986	5 021.9	830.6	33.6	3.3	46.1	137.4
1987	4 736.3	814.0	36.4	4.9	50.8	163.6
1988	4 906.4	1 281.0	39.4	4.6	54.5	233.7
1989	4 879.5	924.3	43.5	5.3	53.5	240.5
1990	5 762.0	1 452.5	48.0	5.4	54.0	225.9
1991	6 789.8	1 628.9	55.1	3.3	54.2	267.0

9-30 续表 3

单位:万吨

年份	水果	#苹果	#柑桔	#梨	#葡萄	#香蕉
1949	120.0					
1950	132.5					
1951	156.4					
1952	244.3	11.8	20.7	39.4	4.8	11.0
1953	296.9	13.9	25.5	53.1	6.6	
1954	297.8	17.4	32.9	24.1	7.6	
1955	255.0	20.3	28.4	40.9	6.4	
1956	310.5	22.1	31.8	53.6	8.0	
1957	324.7	22.2	32.2	50.4	8.5	7.3
1958	390.0	29.7	41.2	79.7	11.2	
1959	425.0	32.0	41.5	92.5	12.5	
1960	397.7	29.6	31.1	58.7	10.3	
1961	284.1	16.7	16.9	48.1	7.0	
1962	271.2	22.5	20.6	44.3	8.4	3.5
1963	287.6	24.8	17.6	50.0	8.5	
1964				49.9	10.0	
1965	323.9	31.8	25.4	51.1	10.0	14.5
1966						
1967						
1968						
1969						
1970	374.5	79.8	24.2	65.4	8.5	16.6
1971	386.3	85.4	23.9	82.0	10.4	
1972	444.2	85.0	30.8	104.8	10.1	
1973	518.2	130.1	30.5	104.5	11.5	
1974	515.3	115.6	33.7	111.2	10.4	
1975	538.1	158.3	33.6	108.7	12.3	16.5
1976	540.4	173.0	28.1	123.3	11.7	3.2
1977	568.5	210.8	39.8	109.2	9.1	4.2
1978	657.0	227.5	38.3	151.7	10.4	8.5
1979	701.5	286.9	55.5	143.8	12.6	7.4
1980	679.3	236.3	71.3	146.6	11.0	6.1
1981	780.1	300.6	79.8	159.3	14.8	12.6
1982	771.3	243.0	93.9	175.5	18.6	20.1
1983	948.7	354.1	129.6	179.5	24.7	20.7
1984	984.5	294.1	149.9	210.0	29.4	30.0
1985	1 163.9	361.4	180.8	213.7	36.1	63.1
1986	1 347.7	333.7	254.8	234.8	44.2	125.1
1987	1 667.9	426.4	322.4	248.9	64.1	202.9
1988	1 666.1	434.4	256.0	272.1	79.2	183.0
1989	1 831.9	449.9	456.1	256.5	87.4	140.4
1990	1 874.4	431.9	485.5	235.3	85.9	145.6
1991	2 176.1	454.0	633.3	249.8	91.6	198.1

9-31 各地区主要农产品产量

(1991年)

地区	粮食(万吨)	#稻谷	#小麦	#玉米	#大豆	#薯类	棉花(万吨)
全国	**43 529.3**	**18 381.3**	**9 595.3**	**9 877.3**	**971.3**	**2 715.9**	**567.5**
北京	279.7	22.5	108.5	139.4	2.2	2.8	0.3
天津	198.5	33.0	62.0	79.9	8.4	2.3	2.5
河北	2 268.7	89.1	900.4	906.1	56.6	130.6	63.4
山西	742.4	5.7	310.3	234.2	15.9	45.4	11.2
内蒙古	958.5	34.0	280.2	413.7	45.1	46.5	
辽宁	1 532.4	390.9	49.6	822.3	36.3	23.7	4.2
吉林	1 898.9	306.3	14.5	1 400.1	71.7	31.1	
黑龙江	2 164.3	316.2	381.1	1 007.5	309.8	57.3	
上海	241.6	181.4	30.5	5.8	1.1		1.6
江苏	2 988.9	1 632.8	847.5	208.7	26.9	82.2	55.7
浙江	1 678.8	1 433.0	72.1	11.5	11.5	65.7	7.5
安徽	1 781.5	1 058.0	315.4	158.7	27.7	192.2	27.1
福建	889.7	725.7	30.5	3.0	10.2	110.9	
江西	1 625.7	1 552.3	7.5	7.3	16.5	36.0	10.9
山东	3 916.8	111.5	1 889.4	1 353.2	98.3	368.4	135.1
河南	3 010.3	242.9	1 554.3	849.1	66.1	230.9	94.8
湖北	2 244.1	1 553.9	388.7	120.3	20.6	108.2	49.1
湖南	2 682.0	2 473.3	35.1	27.4	24.3	99.1	14.9
广东	1 852.6	1 619.1	22.9	15.1	12.6	175.0	
广西	1 341.0	1 186.8	1.7	107.3	13.5	27.4	0.1
海南	177.7	150.9		2.8	.7	22.4	
四川	4 330.7	2 105.6	714.0	734.1	34.0	567.4	14.6
贵州	885.5	433.0	86.3	228.6	13.5	97.2	0.1
云南	1 093.0	512.5	115.3	293.5	9.7	68.0	0.1
西藏	58.0	0.3	18.3	.9	.1	.2	
陕西	1 047.0	102.7	445.7	357.2	26.2	59.0	9.0
甘肃	657.6	2.4	369.4	138.9	6.2	49.9	1.2
青海	114.6		76.9			8.4	
宁夏	198.2	56.1	81.6	41.5	2.7	4.4	
新疆	670.6	49.4	385.6	209.2	2.9	3.3	63.9

9-31 续表 1　　　　　　　　　　(1991年)

地区	油料（万吨）	#花生	#油菜籽	#芝麻	麻类（万吨）	#黄红麻	甘蔗（万吨）	甜菜（万吨）	烟叶（万吨）	#烤烟
全国	**1 638.3**	**630.3**	**743.6**	**43.5**	**88.4**	**51.3**	**6 789.8**	**1 628.9**	**303.1**	**267.0**
北京	3.3	3.2		0.1						
天津	4.5	2.1		0.3	0.2	0.2				
河北	72.9	60.2	1.7	2.9	2.0	1.8		23.0	2.6	1.5
山西	29.8	2.8	0.6	2.1	0.1			67.8	1.5	1.4
内蒙古	71.8		3.3	0.6	0.8			302.8	1.2	0.7
辽宁	20.3	15.3		0.9	0.2			58.6	3.9	2.9
吉林	43.5	1.5		0.1	0.6			109.6	6.9	4.4
黑龙江	15.2	0.1	7.0		26.8			620.3	18.5	16.8
上海	20.0		19.9				1.8			
江苏	114.1	28.1	85.3	0.5	2.0	1.7	14.8	1.3	0.7	0.7
浙江	45.6	1.4	43.8	0.3	7.1	7.0	68.8		0.4	
安徽	97.1	15.0	76.4	5.5	9.8	8.9	8.8		5.5	5.3
福建	15.6	13.6	1.9	0.1	0.2	0.1	385.4		5.9	5.5
江西	62.2	14.9	44.5	2.8	2.6	2.0	229.9		3.8	3.1
山东	233.1	232.0	0.2	0.8	1.7	1.6		7.3	20.1	19.4
河南	127.6	93.8	21.4	11.7	8.0	7.7	6.7		46.0	45.6
湖北	106.3	11.4	83.8	10.8	6.8	5.9	33.5		14.5	8.6
湖南	84.3	9.8	74.0	0.4	2.6	1.2	159.6		15.4	13.2
广东	57.2	56.1	0.9	0.2	1.5	1.5	2 371.1		8.5	5.8
广西	24.1	22.7	1.0	0.4	2.4	2.3	1 990.7		5.4	4.2
海南	4.7	4.4		0.3	0.1	0.1	403.0			
四川	175.6	28.1	146.5	0.5	11.0	9.0	271.5	1.8	22.5	13.6
贵州	61.8	3.5	57.6		0.2	0.0	22.8		40.8	38.5
云南	17.2	3.1	13.1		0.2	0.0	820.7	0.5	59.2	58.2
西藏	1.8		1.8							
陕西	35.4	6.9	21.1	2.1	0.2		0.6	8.7	15.7	14.4
甘肃	32.5		10.4		0.2			103.6	3.7	3.2
青海	13.2		12.9					0.3		
宁夏	7.2							66.5		
新疆	40.5	0.1	14.6		1.0			256.9	0.3	

9-31 续表 2 (1991年)

地区	蚕茧（吨）	#桑蚕茧	茶叶（吨）	水果（吨）	#苹果	#柑桔	#梨	#葡萄	#香蕉
全国	**583 656**	**550 541**	**541 581**	**21 761 256**	**4 540 445**	**6 332 543**	**2 497 760**	**915 882**	**1 981 170**
北京	51	35		278 423	74 594		68 091	12 784	
天津				125 470	35 850		15 171	17 694	
河北	824	664		1 970 854	530 998		813 950	100 201	
山西	3 250	3 250		396 207	168 297		49 251	18 714	
内蒙古	1 154	1		80 842	23 307		26 635	6 077	
辽宁	23 982	170		1 011 230	570 542		204 839	89 895	
吉林	1 068	14		130 566	12 338		52 889	20 530	
黑龙江	1 427			45 758	21 927		8 038	4 359	
上海	608	608		86 913		17 168	12 807	20 394	
江苏	130 066	130 066	13 161	459 810	83 675	35 351	135 783	22 380	
浙江	119 432	119 432	114 081	1 344 871	475	1 064 175	27 493	24 285	
安徽	23 728	23 724	50 534	228 668	39 822	7 768	95 407	21 636	
福建	230	230	65 322	1 105 282	85	583 930	14 809	3 790	188 950
江西	5 644	5 644	18 554	334 161		269 135	16 279	1 461	
山东	22 217	20 677	665	2 815 749	1 626 545		343 550	131 594	
河南	5 949	2 564	3 366	636 742	380 457	1 882	30 510	23 887	
湖北	10 447	9 976	29 756	464 653	23 712	283 960	72 020	3 043	
湖南	2 702	2 702	72 510	944 599		816 710	19 945	4 274	
广东	35 617	35 607	26 738	3 941 912		1 756 771	15 275		1 365 540
广西	11 821	11 763	15 015	1 139 222		388 736	25 050		309 832
海南	35	35	6 115	138 380		4 746			55 334
四川	164 813	164 813	59 879	1 472 332	66 998	1 031 478	118 845		
贵州	871	855	12 922	171 663	4 362	28 546	34 361	3 846	7 013
云南	3 035	3 027	47 682	367 801	31 266	24 908	110 884	3 773	54 501
西藏			123	4 878	4 005		396		
陕西	10 873	10 873	4 994	800 608	505 200	15 881	35 775	17 671	
甘肃	210	209	164	404 162	184 610	1 398	71 024	6 116	
青海				21 365	14 471		5 148	77	
宁夏				27 164	17 217		1 646	1 801	
新疆	3 602	3 602		810 971	119 692		71 889	355 600	

9-32 主要农产品单位面积产量

（按播种面积计算）　　单位:公斤/亩

年份	粮食	#稻谷	#小麦	#玉米	#大豆	#薯类	棉花
1949	69	126	43		41	94	11
1952	88	161	49	90	55	126	16
1957	98	180	57	96	53	140	19
1962	88	156	46		46	129	15
1965	109	196	68	101	48	119	28
1978	169	265	123	187	71	180	30
1979	189	283	143	199	69	173	33
1980	183	276	126	205	73	189	37
1981	189	288	141	203	78	180	38
1982	209	326	163	218	72	193	41
1983	227	340	187	242	86	208	51
1984	241	358	198	264	89	211	61
1985	232	350	196	240	91	202	54
1986	235	356	203	247	93	194	55
1987	241	361	199	261	98	212	58
1988	239	352	198	262	96	199	50
1989	242	367	203	259	85	200	49
1990	262	382	213	302	97	201	54
1991	258	376	207	305	92	199	58

9-32 续表　　（按播种面积计算）　　单位:公斤/亩

年份	花生	油菜籽	芝麻	黄红麻	甘蔗	甜菜	烤烟
1949	68	33	27	43	1 628	798	47
1952	86	34	31	65	2 597	910	80
1957	88	26	22	71	2 599	628	48
1962	57	24	24	71	1 493	271	49
1965	70	40	26	82	2 548	774	77
1978	90	48	34	88	2 567	545	115
1979	91	58	33	101	2 802	637	106
1980	103	56	22	117	3 171	950	121
1981	103	72	42	137	3 588	973	146
1982	108	92	24	144	3 764	968	139
1983	120	78	30	150	3 174	1 126	134
1984	120	82	30	156	3 619	1 100	144
1985	134	83	44	139	3 562	1 061	128
1986	121	80	41	137	3 524	1 064	102
1987	136	84	40	139	3 676	1 090	119
1988	127	68	38	130	3 541	1 146	120
1989	121	73	31	154	3 390	1 083	107
1990	146	84	47	161	3 808	1 444	112
1991	146	81	43	127	3 890	1 386	114

9-33 各地区主要农产品单位面积产量

（1991年）　　单位:公斤/亩

地区	粮食	棉花	花生	油菜籽	芝麻	黄红麻	甘蔗	甜菜	烤烟
全国	258	58	146	81	43	127	3 890	1 386	114
北京	386	59	189		52				
天津	289	57	164		50	186			
河北	222	44	134	34	34	175		1 197	105
山西	155	51	82	67	36	73		1 724	93
内蒙古	165	77	64	29	26			1 691	96
辽宁	331	51	110	70	39	87		1 554	106
吉林	357		109		82			1 273	101
黑龙江	194		132	72	33			994	91
上海	388	78	232	144			2 407	1 238	
江苏	321	67	182	118	65	252	3 092		84
浙江	343	74	120	99	60	205	3 678		
安徽	200	45	106	57	42	95	1 728	100	77
福建	284		101	53	35	146	4 813		87
江西	301	63	108	45	36	165	3 665		75
山东	323	58	221	89	71	157		1 812	155
河南	222	53	139	58	39	74	2 084	3 400	124
湖北	288	71	124	92	56	191	2 636	705	101
湖南	333	74	84	69	47	193	3 912		105
广东	319		119	38	41	188	5 028		98
广西	251	19	91	34	23	146	3 321		103
海南	208		79		28	205	2 793		63
四川	290	66	125	108	46	135	3 436	498	101
贵州	225	35	91	93	35	79	2 354	143	105
云南	201	17	68	93	33	114	3 864	1 455	138
西藏	201			103					
陕西	171	45	126	96	51	49	2 051	1 494	118
甘肃	155	103	115	75				2 919	145
青海	190			76				534	
宁夏	182			47				2 433	119
新疆	253	78	207	78	61			2 308	119

9-34 主要林产品产量

单位:万吨

年份	橡胶	松脂	生漆	油桐籽	油茶籽	核桃
1952				43.5	24.9	
1957	0.02		0.17	51.8	49.4	10.3
1962	0.51		0.06	18.3	22.3	4.0
1965	1.66		0.19	13.0	35.6	4.8
1970	4.62		0.13	35.7	35.9	5.1
1975	6.86	30.3	0.21	37.0	42.5	6.5
1978	10.16	33.8	0.22	39.1	47.9	11.3
1980	11.30	42.1	0.25	30.3	49.0	11.9
1985	18.79	34.4	0.22	37.9	61.9	12.2
1986	20.97	41.6	0.29	34.6	43.8	13.6
1987	23.76	52.3	0.33	34.2	51.9	14.7
1988	23.98	46.1	0.33	35.9	46.3	17.7
1989	24.28	48.7	0.30	33.5	66.7	16.0
1990	26.42	43.5	0.27	35.1	52.3	15.0
1991	29.64	44.0	0.29	32.8	62.1	15.2

9-35 各地区主要林产品产量

(1991年)

单位:吨

地区	橡胶	松脂	生漆	油桐籽	油茶籽	核桃
全国	296 353	440 431	2 945	327 544	620 727	151 644
北京						5 551
天津						489
河北						12 446
山西						17 002
内蒙古						
辽宁						465
吉林						
黑龙江						
上海						
江苏				40	26	3
浙江		3 388	21	1 826	31 984	6 247
安徽		3 554	38	2 365	4 921	117
福建	1 155	84 151	133	6 180	35 580	1
江西		38 447	19	7 091	159 351	
山东						3 571
河南			67	12 334	3 480	7 292
湖北		678	422	21 492	9 141	1 354
湖南		6 175	50	36 868	235 021	1 241
广东	41 764	91 994		3 396	26 075	5
广西	3 304	188 269	3	33 856	99 335	130
海南	172 659	2 847			13	
四川		4 712	540	93 021	2 987	13 731
贵州		635	727	71 602	9 117	5 225
云南	77 471	15 510	102	17 225	3 302	39 108
西藏		44				507
陕西		27	803	19 971	394	18 153
甘肃			20	277		13 863
青海						59
宁夏						19
新疆						5 065

9-36 大牲畜头数

单位:万头

年 份	大牲畜年底头数	#役畜	牛	马	驴	骡	骆驼
1949	6 002		4 393.6	487.5	949.4	147.1	24.7
1950	6 538		4 810.3	521.7	1 031.7	149.7	24.6
1951	7 041		5 208.8	518.6	1 101.6	155.3	26.6
1952	7 646	5 142	5 660.0	613.0	1 180.6	163.7	28.5
1953	8 076	5 479	6 008.3	651.2	1 221.5	164.5	30.1
1954	8 530	5 724	6 362.3	693.9	1 270.0	171.7	32.0
1955	8 775	5 571	6 595.1	731.2	1 240.2	172.3	35.7
1956	8 773	5 474	6 660.1	737.2	1 168.6	171.1	36.3
1957	8 382	5 368	6 361.2	730.2	1 086.4	167.9	36.5
1958	7 768	4 992	5 906.9	689.3	977.3	157.1	37.3
1959	7 912	4 660	6 109.4	705.8	903.0	154.7	38.7
1960	7 336	4 124	5 744.3	658.5	752.7	142.7	38.1
1961	6 949	3 818	5 500.5	621.1	656.5	133.2	37.8
1962	7 020	4 018	5 571.2	632.0	645.4	132.4	38.6
1963	7 505	4 033	5 968.0	686.5	674.6	135.5	40.2
1964	7 943	4 152	6 315.8	739.4	704.8	140.3	42.5
1965	8 421	4 322	6 695.1	792.1	743.8	144.7	44.8
1966	8 740						
1967	8 982						
1968	9 179						
1969	9 228						
1970	9 436	4 935	7 358.3	964.8	840.0	224.5	48.7
1971	9 537	4 990	7 398.6	992.6	851.3	244.4	50.5
1972	9 576	5 145	7 386.6	1 034.1	835.3	268.2	51.5
1973	9 718	5 140	7 467.6	1 073.0	835.0	292.3	50.0
1974	9 753	5 191	7 455.4	1 110.3	823.3	313.9	50.4
1975	9 686	5 122	7 354.7	1 129.9	812.7	335.4	53.5
1976	9 498	5 042	7 169.3	1 143.8	776.6	353.6	54.5
1977	9 375	4 979	7 039.8	1 144.7	763.0	371.5	56.4
1978	9 389	5 023	7 072.4	1 124.5	748.1	386.8	57.4
1979	9 459	5 029	7 134.6	1 114.5	747.3	402.3	60.4
1980	9 525	5 088	7 167.6	1 104.2	774.8	416.6	61.4
1981	9 764	5 471	7 330.1	1 097.2	841.5	432.5	62.8
1982	10 113	5 833	7 607.3	1 098.1	899.9	446.4	61.0
1983	10 350	6 125	7 808.4	1 080.6	944.9	459.0	56.4
1984	10 839	6 403	8 212.8	1 097.8	996.2	479.0	53.1
1985	11 382	6 646	8 682.0	1 108.1	1 041.5	497.2	53.0
1986	11 896	6 905	9 166.7	1 098.8	1 068.9	511.3	50.4
1987	12 191	7 113	9 465.1	1 069.1	1 084.6	524.8	47.5
1988	12 538	7 219	9 794.8	1 054.0	1 105.2	536.6	47.2
1989	12 805	7 432	10 075.2	1 029.4	1 113.6	539.1	47.5
1990	13 021	7 606	10 288.4	1 017.4	1 119.8	549.4	46.3
1991	13 193	7 682	10 459.2	1 009.4	1 115.8	560.6	44.1

9-37 肉类产量和猪羊头数

年份	猪牛羊肉产量（万吨）	肉猪出栏头数（万头）	猪年底头数（万头）	羊年底只数（万只）	山羊	绵羊
1949	220.0		5 775	4 235	1 613	2 622
1950			6 401	4 673	1 821	2 852
1951			7 440	5 287	2 098	3 189
1952	338.5	6 545	8 977	6 178	2 490	3 688
1953			9 613	7 202	2 920	4 282
1954			10 172	8 130	3 315	4 815
1955			8 792	8 422	3 401	5 021
1956			8 403	9 165	3 855	5 310
1957	398.5	7 131	14 590	9 858	4 515	5 343
1958			13 529	9 568	4 533	5 035
1959			12 042	11 165	4 976	6 188
1960			8 227	11 281	5 117	6 164
1961			7 552	12 387	6 312	6 075
1962	194.0	4 300	9 997	13 465	7 053	6 412
1963			13 180	13 747	6 773	6 974
1964			15 247	13 669	6 224	7 445
1965	551.0	12 167	16 693	13 903	6 077	7 826
1966			19 336	13 808		
1967			19 006	14 433		
1968			17 863	14 421		
1969			17 251	14 021		
1970	596.5	12 593	20 610	14 704	6 141	8 563
1971			25 035	15 011	6 278	8 733
1972			26 368	14 932	6 134	8 798
1973			25 794	15 728	6 410	9 318
1974			26 078	16 087	6 617	9 470
1975	797.0	16 230	28 117	16 337	6 804	9 533
1976	780.5	16 650	28 725	15 817	6 546	9 271
1977	780.0	16 787	29 178	16 136	6 783	9 353
1978	856.3	16 110	30 129	16 994	7 354	9 640
1979	1 062.4	18 768	31 971	18 314	8 057	10 257
1980	1 205.4	19 861	30 543	18 731	8 068	10 663
1981	1 260.9	19 495	29 370	18 773	7 826	10 947
1982	1 350.8	20 063	30 078	18 179	7 522	10 657
1983	1 402.1	20 661	29 854	16 695	6 803	9 892
1984	1 540.6	22 047	30 679	15 840	6 321	9 519
1985	1 760.7	23 875	33 140	15 588	6 167	9 421
1986	1 917.1	25 722	33 719	16 623	6 722	9 901
1987	1 986.0	26 177	32 773	18 034	7 769	10 266
1988	2 193.6	27 570	34 222	20 153	9 096	11 057
1989	2 326.2	29 023	35 281	21 164	9 813	11 351
1990	2 513.5	30 991	36 241	21 002	9 721	11 282
1991	2 723.8	32 897	36 965	20 621	9 536	11 086

9-38 畜牧业生产情况

指　　标	单位	1985年	1987年	1988年	1989年	1990年	1991年
畜产品产量							
一、猪牛羊出栏头数							
当年肉猪出栏头数	万头	23 875.2	26 177.0	27 570.0	29 023.3	30 991.0	32 897.1
当年出售和自宰的肉用牛	万头	456.5	740.3	858.0	943.0	1 088.3	1 303.9
当年出售和自宰的肉用羊	万只	5 081.0	6 052.9	6 827.2	8 122.9	8 931.4	9 816.2
二、当年肉类总产量	**万吨**	**1 926.5**	**2 215.5**	**2 479.5**	**2 628.5**	**2 857.0**	**3 144.4**
#猪肉	万吨	1 654.7	1 834.9	2 017.6	2 122.8	2 281.1	2 452.3
牛肉	万吨	46.7	79.2	95.8	107.2	125.6	153.5
羊肉	万吨	59.3	71.9	80.2	96.2	106.8	118.0
禽肉	万吨	160.2	219.4	274.4	282.0	322.9	395.0
兔肉	万吨	5.6	10.1	11.5	10.3	9.6	10.8
三、其他畜产品产量							
奶类	万吨	289.4	378.8	418.9	435.8	475.1	524.3
#牛　奶	万吨	249.9	330.1	366.0	381.3	415.7	464.4
山羊毛	万吨	1.1	1.3	1.4	1.6	1.7	1.7
绵羊毛	万吨	17.8	20.9	22.2	23.7	23.9	24.0
#细羊毛	万吨	8.6	10.0	11.1	12.0	11.9	10.9
半细羊毛	万吨	3.2	3.7	4.1	4.3	4.4	5.6
羊　绒	万吨	0.3	0.4	0.5	0.5	0.6	0.6
蜂　蜜	万吨	15.5	20.4	19.5	18.9	19.3	20.6
禽　蛋	万吨	534.7	590.2	695.5	719.8	794.6	922.0
牲畜年末头数							
一、大牲畜	**万头**	**11 381.8**	**12 191.1**	**12 537.8**	**12 804.8**	**13 021.3**	**13 192.6**
#役　畜	万头	6 646.4	7 113.1	7 219.1	7 432.0	7 606.0	7 682.1
牛	万头	8 682.0	9 465.1	9 794.8	10 075.2	10 288.4	10 459.2
马	万头	1 108.1	1 069.1	1 054.0	1 029.4	1 017.4	1 009.4
驴	万头	1 041.5	1 084.6	1 105.2	1 113.6	1 119.8	1 115.8
骡	万头	497.2	524.8	536.6	539.1	549.4	560.6
骆　驼	万头	53.0	47.5	47.2	47.5	46.3	44.1
二、猪	**万头**	**33 139.6**	**32 773.3**	**34 221.8**	**35 281.0**	**36 240.8**	**36 964.6**
三、羊	**万只**	**15 588.4**	**18 034.2**	**20 152.7**	**21 164.2**	**21 002.1**	**20 621.0**
山　羊	万只	6 167.4	7 768.7	9 095.6	9 813.4	9 720.5	9 535.5
绵　羊	万只	9 421.0	10 265.5	11 057.1	11 350.8	11 281.6	11 085.5
#细毛羊及改良羊	万只	2 393.6	2 806.4	3 224.5	3 356.2	3 251.4	3 083.5
半细毛羊及改良羊	万只	1 201.6	1 275.4	1 323.5	1 412.2	1 456.2	1 662.9

9-39 各地区牲畜饲养情况

（1991年）

地区	大牲畜年底头数	#役畜（万头）	牛（万头）	#乳牛	马（万头）	驴（万头）	骡（万头）
全国	13 192.6	7 682.1	10 459.2	294.6	1 009.4	1 115.8	560.6
北京	27.9	15.0	13.4	6.6	2.6	5.7	6.2
天津	32.6	25.6	11.8	2.6	2.9	11.8	6.1
河北	528.9	392.4	213.4	16.4	55.0	176.6	83.9
山西	296.1	220.1	181.5	8.7	10.9	49.4	54.3
内蒙古	699.9	252.8	376.5	44.1	154.7	89.8	58.5
辽宁	326.0	220.1	149.4	6.6	46.1	86.6	43.9
吉林	318.5	201.9	199.1	5.3	80.4	14.6	24.4
黑龙江	378.1	204.4	264.7	61.8	100.9	6.2	6.3
上海	8.4	0.9	8.4	7.4			
江苏	93.3	64.5	71.8	4.1	2.2	16.9	2.4
浙江	65.1	44.8	65.1	4.3			
安徽	515.2	376.9	483.7	1.1	7.2	19.6	4.7
福建	131.6	95.3	131.4	2.4	0.1		
江西	334.9	259.5	334.9	1.5			
山东	774.9	573.2	559.9	2.8	32.7	140.8	41.5
河南	1 102.1	782.3	887.5	1.4	37.5	113.0	64.1
湖北	353.6	259.6	348.9	2.7	2.4	2.0	0.3
湖南	406.3	300.1	404.9	1.0	1.0	0.2	0.2
广东	480.0	360.1	480.0	2.5			
广西	755.2	512.6	727.2	0.5	27.0		0.9
海南	126.2	72.4	126.2	0.1			
四川	1 087.2	456.6	1 023.4	4.8	53.9	5.9	4.0
贵州	680.6	465.2	607.9	1.6	71.3	0.1	1.3
云南	931.9	514.9	767.0	5.9	93.9	27.0	44.0
西藏	575.1	111.8	521.8	23.4	34.3	14.1	1.1
陕西	301.9	201.1	239.6	4.8	4.5	40.0	17.8
甘肃	585.2	364.6	338.0	10.2	40.7	143.7	59.2
青海	630.5	65.8	557.4	6.8	42.0	12.1	16.8
宁夏	73.5	55.4	28.1	2.1	2.4	26.8	15.9
新疆	572.2	212.0	336.3	51.1	102.8	112.8	2.7

9-39 续表 (1991年)

地区	骆驼（万头）	肉猪出栏头数（万头）	猪年底头数（万头）	羊年底只数（万只）	山羊	绵羊	养蜂（万箱）
全国	**44.1**	**32 897.1**	**36 964.6**	**20 621.0**	**9 535.5**	**11 085.5**	**754.1**
北京		337.2	241.7	68.9	44.5	24.4	5.4
天津		126.1	84.7	66.9	35.2	31.7	0.4
河北		1 480.8	1 555.8	995.4	517.9	477.5	17.7
山西		340.8	368.2	679.2	288.5	390.7	13.7
内蒙古	20.4	341.1	559.8	2 960.9	946.0	2 014.9	4.3
辽宁		865.0	1 137.7	247.9	73.7	174.2	8.3
吉林		443.6	522.6	228.7	15.3	213.4	7.9
黑龙江		554.0	725.1	304.6	37.5	267.1	8.1
上海		394.6	227.9	35.4	27.1	8.3	1.2
江苏		2 136.2	1 858.9	832.0	780.5	51.5	27.0
浙江		1 306.1	1 332.7	181.3	73.5	107.8	128.6
安徽		1 097.3	1 232.3	341.7	328.0	13.7	22.7
福建		850.3	954.8	62.6	62.6		22.2
江西		1 417.9	1 589.6	15.8	15.7	0.1	27.6
山东		2 108.3	1 923.6	2 165.3	1 652.8	512.5	17.5
河南		1 323.1	1 820.8	1 185.9	1 042.9	143.0	44.0
湖北		1 793.3	2 017.4	132.5	130.3	2.2	42.3
湖南		3 247.9	2 837.5	71.4	70.8	0.6	26.4
广东		1 942.6	2 083.0	14.4	14.4		29.2
广西		1 195.0	1 808.6	84.0	84.0		19.8
海南		143.0	282.3	39.5	39.5		1.9
四川		6 367.3	6 600.9	947.9	594.4	353.5	105.2
贵州		846.8	1 398.1	176.2	139.1	37.1	18.4
云南		963.9	2 096.3	685.7	543.9	141.8	91.8
西藏		8.8	17.8	1 723.7	577.4	1 146.3	
陕西		581.5	838.3	580.6	429.2	151.4	30.1
甘肃	3.6	484.4	597.0	1 019.8	211.0	808.8	25.5
青海	2.2	62.6	93.2	1 670.4	218.3	1 452.1	0.1
宁夏	0.3	59.8	66.8	271.7	81.4	190.3	2.5
新疆	17.6	77.9	91.2	2 830.7	460.1	2 370.6	4.2

9-40 各地区畜产品产量

（1991年）

地　区	猪牛羊肉产量（万　吨）	猪　肉	牛　肉	羊　肉	奶类（万　吨）	#牛　奶
全　国	2 723.8	2 452.3	153.5	118.0	524.3	464.4
北　京	24.8	22.8	1.1	0.9	23.9	23.9
天　津	10.6	9.1	0.5	1.0	8.9	8.8
河　北	131.1	115.6	7.0	8.5	16.3	13.2
山　西	33.3	25.5	3.4	4.4	21.0	19.1
内蒙古	56.6	31.0	9.6	16.1	40.3	38.6
辽　宁	88.8	82.3	5.1	1.4	17.7	16.8
吉　林	46.8	40.9	4.9	1.0	12.7	12.3
黑龙江	55.2	47.0	6.7	1.5	121.2	120.0
上　海	23.3	23.0		0.3	25.6	25.6
江　苏	163.3	153.0	2.3	8.0	10.2	10.0
浙　江	88.5	86.9	0.5	1.1	12.8	12.8
安　徽	100.3	86.8	10.8	2.7	2.5	2.5
福　建	68.9	67.6	0.8	0.5	5.1	5.0
江　西	113.8	111.9	1.7	0.2	2.6	2.6
山　东	207.1	168.8	21.0	17.3	31.6	8.2
河　南	141.3	108.7	24.8	7.8	8.2	3.1
湖　北	147.9	144.6	2.1	1.2	5.6	5.6
湖　南	199.4	197.0	1.9	0.5	1.2	1.2
广　东	162.2	158.0	3.8	0.4	6.1	6.0
广　西	101.5	97.4	3.8	0.4	0.9	0.9
海　南	13.3	12.1	1.0	0.2		
四　川	433.4	421.2	8.3	3.9	28.0	27.5
贵　州	78.2	74.1	2.9	1.2	1.0	1.0
云　南	81.3	76.9	2.8	1.6	8.5	8.1
西　藏	9.1	0.5	4.4	4.2	17.7	14.0
陕　西	50.3	43.6	4.0	2.7	23.7	11.5
甘　肃	41.5	32.2	4.2	5.1	8.2	8.0
青　海	15.5	4.6	5.3	5.6	19.8	19.1
宁　夏	6.6	4.2	0.7	1.7	5.5	5.5
新　疆	29.8	5.0	8.1	16.7	37.5	33.7

9-40 续表 (1991年)

地区	绵羊毛（吨）	#细羊毛	山羊毛（吨）	羊绒（吨）	禽蛋（万吨）	蜂蜜（万吨）
全国	**239 607**	**108 613**	**16 701**	**5 930**	**922.0**	**20.6**
北京	197		138	28	27.9	0.2
天津	332		60	1	21.4	
河北	11 941	4 881	1 804	358	60.6	0.2
山西	5 670	2 402	860	314	19.2	0.5
内蒙古	59 701	32 672	2 155	2 146	13.1	0.3
辽宁	7 196	3 480	289	145	55.3	0.3
吉林	9 124	7 847	48	1	27.4	0.5
黑龙江	10 766	4 281	79	5	39.4	0.2
上海	102		36		17.5	0.3
江苏	1 886		79	1	98.3	1.2
浙江	2 438	2 438	165		21.1	6.8
安徽	571	27	54		34.5	0.8
福建					15.2	0.8
江西	3		3		18.9	0.9
山东	21 574	10 476	3 269	376	156.8	0.8
河南	5 327	3 253	1 190	60	73.8	1.4
湖北	42	18	25		55.4	0.9
湖南	9				29.1	0.4
广东			2		21.9	0.6
广西					8.0	0.3
海南					1.2	
四川	2 798	207	303	4	51.3	1.8
贵州	673	82	11		4.7	0.1
云南	1 573	202	57		5.0	0.4
西藏	8 064	20	765	805	0.1	
陕西	3 934	2 679	932	508	25.5	0.5
甘肃	15 001	4 477	1 101	253	9.4	0.2
青海	17 736	323	492	134	1.1	
宁夏	3 371	302	293	159	2.2	0.1
新疆	49 578	28 534	2 287	632	6.7	0.2

9-41 水产品产量

单位:万吨

年份	水产品	海水产品	#人工养殖	淡水产品	#人工养殖	比重(以水产品总量为100) 海水	淡水
1949	45						
1952	167	106	6	61	14	63.5	36.5
1957	312	194	12	118	57	62.2	37.8
1962	228	150	9	78	31	65.8	34.2
1965	298	201	10	97	51	67.4	32.6
1970	318	228	18	90	58	71.7	28.3
1975	441	335	28	106	75	76.0	24.0
1976	448	342	30	106	74	76.3	23.7
1977	470	362	42	108	77	77.0	23.0
1978	466	360	45	106	76	77.3	22.7
1979	431	319	42	112	82	74.0	26.0
1980	450	326	45	124	90	72.4	27.6
1981	461	323	46	138	102	70.	29.9
1982	516	360	50	156	120	69.8	30.2
1983	546	362	55	184	142	66.3	33.7
1984	619	394	64	225	180	63.7	36.3
1985	705	420	71	285	238	59.6	40.4
1986	824	476	86	348	294	57.8	42.2
1987	955	548	110	407	347	57.4	42.6
1988	1 061	606	142	455	390	57.1	42.9
1989	1 152	661	158	491	417	57.4	42.6
1990	1 237	713	162	524	445	57.7	42.3
1991	1 351	800	190	551	459	59.2	40.8

9-42 水产品分类产量

单位:万吨

品名	1990年	1991年	1991年为1990年%	品名	1990年	1991年	1991年为1990年%
水产品总产量	1 237.0	1 350.8	109.2	小黄鱼	2.3	4.7	204.3
一、海水产品产量	713.3	800.1	112.2	带鱼	49.8	55.9	112.2
按生产性质分				鲐参鱼	58.5	24.3	41.5
天然生产	550.9	609.6	110.7	海带	24.4	35.7	146.3
人工养殖	162.4	190.5	117.3	**二、淡水产品产量**	523.7	550.7	105.1
按类别分				按生产性质分			
鱼类	422.3	466.2	110.4	天然生产	78.3	91.5	116.8
虾蟹类	107.0	119.4	111.5	人工养殖	445.4	459.2	103.1
贝类	147.3	158.6	107.6	按类别分			
藻类	27.5	40.0	145.5	鱼类	504.9	530.4	105.0
其他	8.2	15.9	193.9	虾蟹类	9.5	10.7	113.4
在海水产品中				贝类	7.6	8.5	112.6
大黄鱼	2.5	2.5	100.0	其他	1.8	1.0	55.6

9-43 各地区水产品产量

(1991年)

单位:吨

地区	水产品总产量	海水产品					
			天然生产	人工养殖	#鱼类	#虾蟹类	#贝类
全国	**13 507 755**	**8 000 999**	**6 096 358**	**1 904 641**	**4 662 407**	**1 193 586**	**1 585 776**
北京	55 990	285		285		285	
天津	108 056	31 303	24 703	6 600	15 087	12 873	2 441
河北	236 885	170 474	132 042	38 432	49 575	76 677	14 191
山西	11 273						
内蒙古	32 110						
辽宁	1 140 635	1 063 711	514 277	549 434	294 880	162 296	487 234
吉林	78 620						
黑龙江	163 812						
上海	290 695	182 035	177 951	4 084	159 812	21 747	461
江苏	1 174 511	376 218	340 496	35 722	247 091	66 396	47 017
浙江	1 511 089	1 235 281	1 083 267	152 014	750 440	324 711	147 979
安徽	316 104						
福建	1 357 108	1 248 736	947 769	300 967	836 535	112 566	216 317
江西	339 342						
山东	1 981 169	1 779 214	1 138 436	640 778	769 909	249 593	501 550
河南	107 695						
湖北	696 279						
湖南	531 628						
广东	2 253 140	1 351 065	1 191 858	159 207	1 050 663	130 090	141 458
广西	368 741	234 198	222 279	11 919	182 391	24 713	23 623
海南	198 787	172 479	167 280	5 199	150 024	11 639	3 505
四川	256 818						
贵州	22 889						
云南	49 381						
西藏	268						
陕西	23 397						
甘肃	4 292						
青海	3 943						
宁夏	11 898						
新疆	25 200						
中国水产品联合总公司	156 000	156 000	156 000		156 000		

9-43 续表　　　　(1991年)　　　　单位:吨

地区	#藻　类	淡水产品	天然生产	人工养殖	#鱼　类	#虾蟹类	#贝　类
全　国	400 259	5 506 756	914 850	4 591 906	5 303 796	107 250	85 303
北　京		55 705		55 705	55 705		
天　津		76 753	12 296	64 457	75 159	620	957
河　北		66 411	20 454	45 957	63 058	3 267	40
山　西		11 273	252	11 021	11 257	16	
内蒙古		32 110	15 635	16 475	32 009	101	
辽　宁	83 237	76 924	7 516	69 408	75 954	970	470
吉　林		78 620	29 472	49 148	77 750	400	
黑龙江		163 812	56 404	107 408	163 001	775	36
上　海		108 660	4 779	103 881	107 708	869	83
江　苏	2 404	798 293	200 199	598 094	738 901	29 220	27 304
浙　江	8 216	275 808	28 125	247 683	267 369	2 108	5 704
安　徽		316 104	118 173	197 931	293 305	17 411	5 190
福　建	80 395	108 372	14 526	93 846	101 943	1 697	4 270
江　西		339 342	64 773	274 569	321 510	9 094	8 169
山　东	221 143	201 955	41 772	160 183	192 783	7 613	1 559
河　南		107 695	11 117	96 578	104 815	1 770	453
湖　北		696 279	115 602	580 677	667 693	14 964	10 572
湖　南		531 628	53 321	478 307	517 488	6 052	6 699
广　东	2 680	902 075	46 044	856 031	885 764	4 225	11 753
广　西		134 543	11 423	123 120	132 751	1 030	752
海　南	2 184	26 308	2 626	23 682	25 912	130	128
四　川		256 818	26 283	230 535	256 464	354	
贵　州		22 889	2 617	20 272	22 585	188	74
云　南		49 381	18 730	30 651	43 942	4 348	1 090
西　藏		268	268		268		
陕　西		23 397	707	22 690	23 373	24	
甘　肃		4 292	266	4 026	4 292		
青　海		3 943	3 622	321	3 943		
宁　夏		11 898	348	11 550	11 894	4	
新　疆		25 200	7 500	17 700	25 200		
中国水产品联合总公司							

9-44 农民家庭平均每户饲养、出售的畜禽、其他小动物和渔业生产情况

指　　标	单　位	1990年	1991年	1991年比1990年增长	
				绝　对　数	%
一、生产量					
猪年底存栏头数	头	1.91	1.90	-0.01	-0.52
羊年底存栏只数	只	1.33	1.17	-0.16	-12.03
羊毛产量	公斤	1.55	1.29	-0.26	-16.77
平均每百户年底大牲畜头数	头	81.15	72.35	-8.80	-10.84
牛、羊奶产量	公斤	13.59	15.11	1.52	11.18
年底饲养家禽数	只	10.58	12.00	1.42	13.42
禽蛋产量	公斤	20.02	24.75	4.73	23.63
年底饲养兔数	只	0.17	0.21	0.04	23.53
兔毛产量	公斤	0.04	0.08	0.04	100.00
年末养蜂箱数	箱	0.07	0.14	0.07	100.00
蜂蜜产量	公斤	0.24	0.34	0.10	41.67
蚕茧产量	公斤	2.86	3.15	0.29	10.14
鱼虾产量	公斤	12.21	16.11	3.90	31.94
二、出售量					
肥猪　出售头数	头	0.99	1.06	0.07	7.07
自宰头数	头	0.37	0.37	0.00	0.00
出售和自宰净肉产量	公斤	111.85	123.06	11.21	10.02
菜羊　出售只数	只	0.33	0.29	-0.04	-12.12
自宰只数	只	0.26	0.12	-0.14	-53.85
出售和自宰净肉产量	公斤	5.57	6.15	0.58	10.41
家禽　出售只数	只	4.10	6.04	1.94	47.32
自宰只数	只	3.21	3.23	0.02	0.62
兔　出售只数	只	0.09	0.14	0.05	55.56
自宰只数	只	0.11	0.10	-0.01	-9.09
平均每百户出售大牲畜	头	5.37	7.65	2.28	42.46
出售鱼虾	公斤	9.84	13.79	3.95	40.14
出售禽蛋	公斤	9.06	12.51	3.45	38.08
出售羊毛	公斤	0.94	0.77	-0.17	-18.09
出售兔毛	公斤	0.02	0.03	0.01	50.00
出售牛、羊奶	公斤	8.08	9.01	0.93	11.51
出售蜂蜜	公斤	0.18	0.18	0.00	0.00
出售蚕茧	公斤	2.80	3.07	0.27	9.64

注：本表至9-46表为农村住户抽样调查资料。

9-45 各地区农民家庭平均每户饲养畜禽、其他小动物和渔业生产情况

（1991年）

地区	年底猪头数（头）	#母猪	年底羊只数（只）	羊毛产量（公斤）	平均每百户年底大牲畜头数（头）	牛、羊奶产量（公斤）	平均每百户年底养貂数（只）
全国	**1.90**	**0.15**	**1.17**	**1.29**	**72.35**	**15.11**	**0.41**
北京	0.96	0.09	0.14	0.02	10.35	8.07	
天津	0.83	0.11	0.12		45.02	7.85	
河北	1.09	0.11	0.41	0.72	46.42	5.60	
山西	0.47	0.03	1.35	0.81	71.65	6.76	
内蒙古	2.07	0.20	4.69	12.96	177.43	29.11	
辽宁	1.92	0.12	0.26	0.39	62.89	0.08	3.86
吉林	1.72	0.13	0.57	1.20	103.66	0.50	
黑龙江	1.44	0.15	0.33	1.11	64.64	125.00	
上海	0.84	0.12	0.22	0.12			
江苏	1.35	0.12	0.36	0.02	7.78		
浙江	1.42	0.10	0.21	0.09	4.87	6.67	
安徽	1.19	0.06	0.15		15.51		
福建	2.00	0.16	0.09		28.02	2.00	7.53
江西	2.26	0.17	0.05		23.93		
山东	1.08	0.08	1.08	0.15	55.83	8.44	1.60
河南	0.96	0.07	0.30	0.01	53.99	2.50	
湖北	1.97	0.12	0.04	0.01	46.09		
湖南	2.74	0.22	0.04		36.56	0.25	
广东	2.42	0.25	0.02		57.78	0.20	
广西	3.41	0.35	0.16		124.65		
海南	2.23	0.24	0.27		141.69		
四川	4.15	0.31	0.38	0.10	54.95	5.64	
贵州	2.53	0.16	0.32	0.04	109.08		
云南	4.23	0.28	0.72	0.06	123.97	25.69	
西藏	0.47	0.16	29.23	15.33	667.17	354.84	
陕西	1.09	0.07	1.12	0.92	49.34	32.42	
甘肃	1.32	0.06	2.07	2.27	112.98	0.19	
青海	1.49	0.13	20.85	27.05	621.45	137.14	
宁夏	1.16	0.13	5.57	6.24	123.17	49.61	
新疆	0.26	0.03	8.61	11.79	239.33	77.31	

9-45 续表

(1991年)

地　　区	年底家禽数（只）	禽蛋产量（公斤）	年底养兔数（只）	兔毛产量（公斤）	年底养蜂箱数（箱）	蜂蜜产量（公斤）	蚕茧产量（公斤）	鱼虾产量（公斤）
全　　国	12.00	24.75	0.21	0.08	0.14	0.34	3.15	16.11
北　　京	18.93	56.49	0.07		3.17	0.30		4.90
天　　津	10.57	39.42		0.02			0.01	18.55
河　　北	13.68	48.72	0.11	0.01	0.07	0.23	0.03	2.29
山　　西	8.50	25.82	0.11		0.02	0.36	1.36	0.07
内 蒙 古	10.70	27.53	0.05		0.01	0.39	0.53	0.35
辽　　宁	19.06	54.49	0.03		0.02	0.36	5.06	22.55
吉　　林	14.89	29.29	0.02		0.02	0.44		0.45
黑 龙 江	12.54	34.32	0.01					8.14
上　　海	10.35	17.18	1.04	5.38			0.07	16.98
江　　苏	11.08	40.51	0.11	0.02	0.01	0.24	10.90	14.28
浙　　江	10.25	25.51	0.37	0.14	0.01	0.39	19.93	98.48
安　　徽	12.01	19.27	0.51	0.11	0.02	0.39	5.01	13.99
福　　建	14.59	15.67	1.02	0.01	0.15	2.30	0.01	12.64
江　　西	11.29	13.39	0.12		0.03	0.22	0.81	21.07
山　　东	13.31	41.84	0.39	0.09	0.01	0.14	2.43	1.67
河　　南	11.40	23.51	0.18	0.03	0.02	0.04	0.07	1.96
湖　　北	13.77	23.67	0.05	0.01	0.26	0.12	1.27	15.59
湖　　南	10.04	17.69	0.04		0.02	0.24	0.12	20.36
广　　东	20.96	9.51	0.03		0.01	0.09	6.94	123.41
广　　西	14.91	5.85	0.05		0.06	0.08	1.53	15.16
海　　南	18.59	5.00			0.05	0.47		46.66
四　　川	8.01	18.47	0.65	0.09	0.08	0.62	8.07	3.48
贵　　州	6.32	7.89	0.01		0.02	0.03	0.19	1.52
云　　南	10.61	13.57	0.06	0.02	0.09	0.20	0.20	5.80
西　　藏	14.67	4.54		0.01	7.31			
陕　　西	8.31	20.86	0.08	0.01	0.05	0.40	2.20	0.06
甘　　肃	6.94	12.77	0.33	0.06	0.13	0.38	0.03	
青　　海	3.81	8.40	0.07	0.01				0.56
宁　　夏	8.25	23.06	0.06		0.06	0.98		1.84
新　　疆	19.65	18.20	0.03	0.01	0.01	1.38	2.24	2.14

9-46 各地区农民家庭平均每户畜禽、其他小动物和渔业产品的出售量

（1991年）

地区	肥猪			菜羊			家禽	
	出售头数（头）	自宰头数（头）	出售和自宰净肉产量（公斤）	出售只数（只）	自宰只数（只）	出售和自宰净肉产量（公斤）	出售只数（只）	自宰只数（只）
全国	**1.06**	**0.37**	**123.06**	**0.29**	**0.12**	**6.15**	**6.04**	**3.23**
北京	1.03	0.02	88.37	0.11		2.01	19.20	0.50
天津	0.41	0.03	39.80	0.11	0.02	1.91	4.94	1.07
河北	0.75	0.08	71.73	0.33	0.02	4.87	5.22	0.70
山西	0.43	0.03	39.59	0.60	0.15	12.06	0.90	0.13
内蒙古	0.53	0.90	134.61	0.99	0.68	24.06	1.44	2.65
辽宁	0.93	0.36	146.90	0.09	0.01	1.47	3.37	1.00
吉林	0.48	0.32	75.53	0.03		0.57	1.19	1.76
黑龙江	0.51	0.20	69.44	0.17		2.79	2.59	1.86
上海	1.55	0.03	147.40	0.06	0.05	2.50	41.38	10.17
江苏	1.21	0.15	109.70	0.25	0.01	2.85	7.85	3.48
浙江	1.30	0.36	139.69	0.09	0.02	2.19	9.52	2.03
安徽	0.65	0.14	71.92	0.17	0.01	2.07	5.54	5.35
福建	1.48	0.20	168.27	0.02	0.01	0.70	17.23	7.27
江西	1.74	0.30	175.35	0.01		0.09	4.65	4.31
山东	0.75	0.02	79.36	0.30	0.01	4.36	9.94	2.36
河南	0.63	0.04	65.54	0.29	0.01	3.80	2.27	1.60
湖北	0.96	0.65	144.89	0.03	0.01	0.75	1.65	4.11
湖南	1.87	0.64	189.57	0.02		0.35	4.35	5.49
广东	2.28	0.10	211.32			0.01	18.86	11.35
广西	1.85	0.35	187.37	0.02	0.02	0.69	9.96	6.66
海南	1.20	0.05	116.31	0.20		2.02	12.56	11.12
四川	1.86	1.04	219.36	0.06	0.01	1.01	5.06	2.10
贵州	0.87	0.77	151.46	0.09	0.01	2.10	3.58	1.73
云南	0.99	0.95	179.00	0.14	0.06	3.10	5.42	5.27
西藏	0.07	0.31	21.67	0.51	3.61	61.23	0.06	0.05
陕西	0.63	0.24	76.36	0.41	0.38	7.04	1.60	0.38
甘肃	0.45	0.55	75.11	0.56	0.12	11.41	1.14	0.57
青海	0.48	0.60	88.08	2.56	1.50	66.10	0.42	0.44
宁夏	0.60	0.39	70.54	2.05	0.46	34.39	3.25	2.08
新疆	0.15	0.08	18.23	2.58	1.24	66.45	3.64	2.70

9-46 续表

(1991年)

地区	平均每百户出售大牲畜（头）	平均每百户出售牛肉（公斤）	出售蛋类（公斤）	出售羊毛（公斤）	出售兔毛（公斤）	出售牛、羊奶（公斤）	出售蚕茧（公斤）	出售蜂蜜（公斤）	出售鱼虾（公斤）
全国	**7.65**	**358.22**	**12.51**	**0.77**	**0.03**	**9.01**	**3.07**	**0.18**	**13.79**
北京	1.33	137.60	44.08	0.02		5.19		0.24	4.77
天津	4.67	132.50	32.08			5.20			15.72
河北	3.31	147.36	31.10	0.62		5.59	0.03	0.23	2.26
山西	8.62	419.19	14.96	0.33		6.76	1.36	0.29	0.07
内蒙古	15.33	1 152.91	10.63	8.79		18.21	0.27	0.33	0.28
辽宁	6.08	192.33	32.43	0.38		0.05	4.86	0.25	19.84
吉林	9.00	100.75	5.77	1.15		0.50		0.14	0.37
黑龙江	4.20	476.79	15.39	1.10		117.35			6.32
上海	0.17		0.88		0.57				9.82
江苏	0.84	18.00	15.95		0.02		10.56	0.10	10.32
浙江	0.15	33.22	17.68	0.09	0.13	6.67	19.78	0.39	94.95
安徽	9.10	674.71	9.15		0.11		5.01	0.38	10.94
福建	1.76	133.74	9.57		0.01	1.70	0.01	0.56	8.43
江西	6.08	144.08	4.68				0.81	0.09	16.72
山东	4.52	182.57	21.32	0.05	0.07	7.46	2.26	0.12	1.29
河南	10.07	742.64	9.51		0.03	2.49	0.07		1.43
湖北	15.82	57.33	11.42		0.01		1.17	0.09	9.49
湖南	2.78	93.16	8.60			0.25	0.11	0.24	14.28
广东	20.74	189.69	4.05			0.14	6.83	0.08	114.39
广西	8.35	146.62	1.85				1.53	0.03	12.16
海南	13.54	1 466.25	1.98					0.19	42.06
四川	1.76	94.04	8.43	0.03	0.08	0.95	7.99	0.40	2.71
贵州	6.65	354.15	4.40	0.03			0.19	0.03	0.69
云南	13.33	423.54	6.85	0.03	0.02	25.39	0.19	0.03	4.11
西藏	27.50	2 968.96	0.64	2.47	0.01	1.87			
陕西	4.64	164.14	12.60	0.52		30.51	2.13	0.32	0.06
甘肃	8.11	514.89	5.76	1.08	0.05	0.05	0.03	0.02	
青海	30.50	1 705.17	3.59	18.19	0.01	11.87			0.40
宁夏	7.50	150.83	12.79	4.42		49.19		0.38	1.70
新疆	30.06	2 471.68	5.92	5.77		19.20	1.89	0.17	1.60

9-47 主要农产品产量与解放前最高年产量比较

产 品 名 称	单 位	解放前最高年		指数(以解放前最高年为100)		
		年 份	产 量	1949年	1952年	1991年
粮 食	万吨	1 936	15 000.00	75.45	109.28	290.20
稻 谷	万吨	1 936	5 735.00	84.83	119.32	320.51
小 麦	万吨	1 936	2 330.00	59.27	77.81	411.82
玉 米	万吨	1 936	1 010.00		166.83	977.95
大 豆	万吨	1 936	1 130.00	45.04	84.25	85.96
薯 类	万吨	1 936	635.00	155.12	257.17	427.70
棉 花	万吨	1 936	84.90	52.30	153.59	668.43
花 生	万吨	1 933	317.10	39.99	73.04	198.77
油菜籽	万吨	1 934	190.70	38.49	48.87	389.93
芝 麻	万吨	1 933	99.10	32.90	48.54	43.90
黄红麻	万吨	1 945	5.50	34.55	278.18	932.73
桑蚕茧	万吨	1 931	22.10	14.03	28.05	249.11
柞蚕茧	万吨	1 921	9.40	12.77	64.89	35.13
茶 叶	万吨	1 932	22.50	18.22	36.44	240.70
甘 蔗	万吨	1 940	565.20	46.74	125.90	1 201.31
甜 菜	万吨	1 939	32.90	58.05	145.59	4 951.06
烤 烟	万吨	1 948	17.90	24.02	124.02	1 491.62
苹 果	万吨	1 926	12.10		97.52	3 752.43
柑 桔	万吨	1 926	40.10		51.62	1 579.19
香 蕉	万吨	1 927	10.30		106.80	1 923.47
大牲畜年底头数	万头	1 935	7 151.00	83.93	106.92	184.49
牛	万头	1 935	4 827.00	91.02	117.26	216.68
马	万头	1 935	649.00	75.12	94.45	155.53
驴	万头	1 935	1 215.00	78.14	97.17	91.84
骡	万头	1 935	460.00	31.98	35.59	121.87
猪年底头数	万头	1 934	7 853.00	73.54	114.31	470.71
羊年底只数	万只	1 937	6 252.00	67.74	98.82	329.83
水 产 品	万吨	1 936	150.00	30.00	111.33	900.52

9-48 按人口平均的主要农产品产量

产品名称	单位	1949年	1952年	1957年	1965年	1978年	1980年	1985年	1990年	1991年
粮食	公斤/人	208.9	288.1	306.0	272.0	318.7	326.7	360.7	393.1	378.3
棉花	公斤/人	0.8	2.3	2.6	2.9	2.3	2.8	3.9	4.0	4.9
油料	公斤/人	4.7	7.4	6.6	5.1	5.5	7.8	15.0	14.2	14.2
肉猪	头/人		0.12	0.11	0.17	0.17	0.20	0.23	0.27	0.29
猪牛羊肉	公斤/人	4.1	5.9	6.3	7.7	9.0	12.3	16.8	22.1	23.7
水产品	公斤/人	0.8	2.9	4.9	4.2	4.9	4.6	6.7	10.9	11.7

9-49 农业事业机构和人数

单位:机构:个
人数:人

年份	农业技术推广站		牲畜配种站		畜牧兽医站		种子站、种子公司		国营良种(原种)场	
	机构	人数	机构	人数	机构	人数	机构	人数	机构	人数
1950	10		143		251					
1952	232		389		1 005					
1957	13 669		821		2 930		1 390		1 899	
1979	17 622		1 174		8 495		2 369		2 418	
1980	15 114		533		5 530		2 436		2 404	
1981	15 415	112 948	566	4 149	6 778	76 805	2 370	43 453	2 392	316 255
1982	17 300	114 140	547	4 101	6 358	72 074	2 787	46 845	2 421	320 000
1983	14 694	118 806	669	4 633	7 689	80 118	2 548	45 567	2 271	321 094
1984	14 035	123 163	720	4 007	7 386	79 880	2 545	46 569	2 414	327 266
1985	14 242	121 562	793	5 042	8 020	85 305	2 487	46 529	2 363	300 745
1986	14 425	126 251	552	3 836	7 273	80 660	2 582	48 853	2 356	298 426
1987	15 167	132 450	443	3 357	7 243	75 029	2 644	52 695	2 331	299 856
1988	15 359	134 976	480	3 377	7 437	82 602	2 654	53 020	2 310	297 842
1989	16 211	143 303	397	3 140	7 556	84 157	2 742	54 547	2 377	293 726
1990	17 387	156 864	434	2 841	8 097	90 795	2 775	57 831	2 390	295 392
1991	18 952	167 900	411	2 300	9 556	100 400	3 088	61 900	2 350	297 700

9-50 受灾面积和成灾面积

单位:万公顷

年份	受灾面积	成灾面积	成灾面积占受灾面积%	水灾			旱灾		
				受灾面积	成灾面积	成灾面积占受灾面积%	受灾面积	成灾面积	成灾面积占受灾面积%
1949		853			853				
1952	819	443	54.1	279	184	65.9	424	259	61.1
1957	2 915	1 498	51.4	808	603	74.6	1 721	740	43.0
1962	3 718	1 667	44.8	981	632	64.4	2 081	869	41.8
1965	2 080	1 122	53.9	559	281	50.3	1 363	811	59.5
1970	997	330	33.1	313	123	39.3	572	193	33.7
1975	3 538	1 024	28.9	682	347	50.9	2 483	532	21.4
1976	4 250	1 144	26.9	420	133	31.7	2 749	785	28.6
1977	5 202	1 516	29.1	910	499	54.8	2 985	701	23.5
1978	5 079	2 180	42.9	285	92	32.3	4 017	1 797	44.7
1979	3 937	1 512	38.4	676	287	42.5	2 465	932	37.8
1980	4 453	2 232	50.1	915	503	55.0	2 611	1 249	47.8
1981	3 979	1 874	47.1	862	397	46.1	2 569	1 213	47.2
1982	3 313	1 612	48.7	836	446	53.3	2 070	997	48.2
1983	3 471	1 621	46.7	1 216	575	47.3	1 609	759	47.2
1984	3 189	1 526	47.9	1 063	540	50.8	1 582	702	44.4
1985	4 437	2 271	51.2	1 420	895	63.0	2 299	1 006	43.8
1986	4 714	2 366	50.2	916	558	60.9	3 104	1 476	47.6
1987	4 209	2 039	48.4	869	410	47.2	2 492	1 303	52.3
1988	5 087	2 394	47.1	1 195	613	51.3	3 290	1 530	46.5
1989	4 699	2 445	52.0	1 133	592	52.3	2 936	1 526	52.0
1990	3 847	1 782	46.3	1 180	560	47.5	1 818	781	43.0
1991	5 547	2 781	50.1	2 460	1 461	59.4	2 491	1 056	42.4

注:自然灾害指水、旱、霜、冻、风、雹等灾害。成灾面积指农作物产量比常年减产30%以上的耕地。

9-51 各地区受灾面积和成灾面积

(1991年)

单位:万公顷

地区	受灾面积	成灾面积	成灾面积占受灾面积 %	水灾		旱灾	
				受灾面积	成灾面积	受灾面积	成灾面积
全国	5 547.2	2 781.4	50.1	2 459.6	1 461.4	2 491.4	1 055.9
北京	16.9	7.7	45.6	5.3	1.7	9.3	4.7
天津	9.5	3.7	38.9			5.3	1.0
河北	244.6	98.0	40.1	20.7	9.3	162.1	63.9
山西	265.9	144.0	54.2	22.6	8.9	243.3	135.1
内蒙古	157.5	65.9	41.8	28.4	21.8	109.9	36.6
辽宁	91.4	49.1	53.7	14.9	11.4	60.0	23.3
吉林	149.4	80.5	53.9	90.9	57.5	44.0	16.8
黑龙江	379.5	163.3	43.0	273.3	136.7	106.1	26.7
上海	6.0	0.2	3.3	6.0	0.2		
江苏	464.1	236.5	51.0	464.1	236.5		
浙江	83.3	25.9	31.1	40.1	12.5	30.3	8.7
安徽	502.4	436.3	86.8	502.4	436.3		
福建	71.5	31.7	44.3	13.7	4.3	50.2	23.3
江西	183.5	53.7	29.3	28.1	9.1	107.9	35.9
山东	241.5	120.8	50.0	65.9	42.2	89.9	46.4
河南	524.6	221.3	42.2	180.0	90.0	312.8	113.1
湖北	368.1	171.5	46.6	264.7	155.1	84.1	7.7
湖南	272.7	163.1	59.8	83.2	47.0	168.7	102.9
广东	202.5	90.9	44.9	21.5	15.0	136.6	53.5
广西	150.4	80.0	53.2	14.2	6.7	123.8	69.9
海南	33.3	11.4	34.2	6.0	2.7	13.6	2.4
四川	347.4	161.7	46.5	160.7	84.3	129.3	48.7
贵州	91.7	44.7	48.7	54.7	28.7	28.7	10.7
云南	97.9	46.4	47.4	30.3	18.4	47.7	21.7
西藏	0.3			0.3			
陕西	258.4	121.5	47.0	43.4	13.3	186.7	100.0
甘肃	176.8	79.5	45.0	23.3	11.6	126.7	56.7
青海	25.1	14.9	59.4			20.5	11.7
宁夏	47.1	26.1	55.4	0.4	0.3	18.8	6.9
新疆	83.8	31.1	37.1	0.8		75.1	27.6

9-52 国营农场基本情况

（农垦、司法系统）

指　　标	单　位	1990年	1991年	1991年比 1990年增减	1991年为 1990年%
一、农场数	个	2 335	2 341	6	100.3
职工人数	万　人	548.4	559.1	10.7	102.0
二、耕地面积	万　亩	7 059.4	7 110.2	50.8	100.7
三、农业机械总动力	亿　瓦	104.6	102.8	-1.8	98.3
四、农业机械拥有量					
大中型农用拖拉机	台	68 993	68 875	-118	99.8
小型及手扶拖拉机	台	110 050	114 642	4 592	104.2
农用排灌动力机械	台	78 217	94 085	15 868	120.3
联合收割机	台	17 445	16 623	-822	95.3
农用载重汽车	辆	24 905	23 746	-1159	95.3
五、农用化肥施用量	万　吨	239.2	258.0	18.8	107.9
六、农业总产值	亿　元	240.5	249.9	9.4	103.9
七、农副产品销售额	亿　元	157.1	166.8	9.7	106.2
八、盈利农场数	个	2 231	2 281	50	102.2
盈亏总额	亿　元	10.2	10.2	0.0	100.0
九、农作物总播种面积	万　亩	7 113.5	7 216.0	102.5	101.4
1.粮食作物	万　亩	5 239.7	5 171.7	-68.0	98.7
2.棉　花	万　亩	395.3	495.9	100.6	125.4
3.油　料	万　亩	498.6	515.3	16.7	103.3
4.糖　料	万　亩	237.5	256.0	18.5	107.8
5.麻　类	万　亩	6.6	3.4	-3.2	51.5
6.年底实有茶园面积	万　亩	87.0	86.3	-0.7	99.2
7.年底实有桑园面积	万　亩	1.4	2.1	0.7	150.0
8.年底实有果园面积	万　亩	209.5	215.4	5.9	102.8
9.年底实有橡胶园面积	万　亩	602.1	601.9	-0.2	100.0
十、主要农产品产量					
1.粮食作物	万　吨	1 251.8	1 137.4	-114.4	90.9
2.棉　花	万　吨	28.8	36.1	7.3	125.3
3.油　料	万　吨	39.0	39.9	0.9	102.3
4.糖　料	万　吨	658.7	679.0	20.3	103.1
5.麻　类	万　吨	1.5	0.5	-1.0	33.3
6.茶　叶	万　吨	6.1	5.6	-0.5	91.8
7.桑蚕茧	吨	637	983	346	154.3
8.水　果	万　吨	69.0	72.3	3.3	104.8
9.干　胶	吨	231 391	253 217	21 826	109.4
十一、畜牧业、渔业生产					
1.大牲畜年底头数	万　头	238.5	233.4	-5.1	97.9
2.猪年底头数	万　头	399.2	394.9	-4.3	98.9
3.羊年底只数	万　只	925.8	886.5	-39.3	95.8
# 绵　羊	万　只	777.6	737.0	-40.6	94.8
4.畜产品产量					
猪牛羊肉产量	万　吨	37.8	40.2	2.4	106.3
# 猪肉产量	万　吨	30.1	31.8	1.7	105.6
牛奶产量	万　吨	97.0	105.7	8.7	109.0
禽蛋产量	万　吨	18.7	20.6	1.9	110.2
羊毛产量	万　吨	2.1	2.1	0.0	100.0
5.水产品总产量	万　吨	19.8	21.4	1.6	108.1

注:农业总产值按当年价格计算，速度按可比价格计算。

9-53 农村经济收入分配情况

指标	1990年		1991年		1991年为1990年%
	金额(亿元)	比重(%)	金额(亿元)	比重(%)	
一、总收入	14 230.7	100.0	16 633.0	100.0	116.9
1.乡村企业收入	5 218.6	36.7	6 556.0	39.4	125.6
2.集体统一经营收入	386.9	2.7	499.8	3.0	129.2
3.联户企业收入	458.6	3.2	525.7	3.2	114.6
4.家庭经营收入	8 166.6	57.4	9 051.5	54.4	110.8
二、总费用	7 760.4	100.0	9 531.1	100.0	122.8
1.乡村企业费用	4 105.0	52.9	5 224.3	54.8	127.3
2.集体统一经营费用	233.0	3.0	301.7	3.2	129.5
3.联户企业费用	324.9	4.2	374.3	3.9	115.2
4.家庭经营费用	3 097.5	39.9	3 630.8	38.1	117.2
三、纯收入	6 470.3	100.0	7 101.9	100.0	109.8
1.国家税金	380.0	5.9	427.0	6.0	112.4
2.集体提留	621.5	9.6	827.9	11.7	133.2
3.个人所得	5 468.8	84.5	5 847.0	82.3	106.9
(一)乡村企业	1 113.6	100.0	1 331.7	100.0	119.6
国家税金	206.2	18.5	244.3	18.3	118.5
企业利润	333.1	29.9	492.0	36.9	147.7
工　　资	574.3	51.6	595.4	44.7	103.7
(二)集体统一经营	153.9	100.0	198.1	100.0	128.7
国家税金	12.9	8.4	15.9	8.0	123.3
集体提留	40.0	26.0	44.0	22.2	110.0
个人所得	101.0	65.6	138.2	69.8	136.8
(三)联户企业	133.7	100.0	151.4	100.0	113.2
国家税金	15.0	11.2	17.0	11.2	113.3
集体提留	22.5	16.8	26.8	17.7	119.1
个人所得	96.2	72.0	107.6	71.1	111.9
(四)家庭经营	5 069.1	100.0	5 420.7	100.0	106.9
国家税金	145.9	2.9	149.8	2.8	102.7
集体提留	225.9	4.5	265.1	4.9	117.4
个人所得	4 697.3	92.7	5 005.8	92.3	106.6

9-54 乡镇企业单位数

单位:万 个

年份	合计	乡办	村办	农业	工业	建筑业	交通运输业	商业饮食业
1978	152.42	31.97	120.45	49.46	79.40	4.67	6.51	12.38
1979	148.04	32.05	115.99	44.39	76.71	4.97	8.21	13.76
1980	142.46	33.74	108.22	37.83	75.78	5.08	8.94	14.83
1981	133.75	33.53	100.22	31.90	72.54	4.83	8.89	15.59
1982	136.17	33.79	102.38	29.28	74.92	5.38	9.58	17.01
1983	134.64	33.81	100.83	26.98	74.40	5.70	9.16	18.40
1984	606.52	40.15	146.15	24.84	481.22	8.04	12.96	79.46
1985	1 222.45	41.95	143.04	22.42	493.03	8.26	10.61	688.13
1986	1 515.30	42.55	130.22	23.97	635.50	89.25	261.98	504.60
1987	1 750.24	42.01	116.27	23.12	708.28	90.25	325.24	603.35
1988	1 888.16	42.35	116.65	23.28	773.52	95.58	372.55	623.23
1989	1 868.63	40.57	113.00	22.68	736.47	92.55	379.88	637.05
1990	1 850.40	38.78	106.61	22.40	722.00	90.40	381.40	634.20
1991	1 908.88	38.16	106.01	23.09	742.57	88.81	400.34	654.07

注:1978 —1983年为乡、村两级数，1984年以后为乡镇企业全部数(以下两表同)。

9-55 乡镇企业职工人数

单位:万 人

年份	合计	乡办	村办	农业	工业	建筑业	交通运输业	商业饮食业
1978	2 826.56	1 257.62	1 568.94	608.42	1 734.36	235.62	103.83	144.33
1979	2 909.34	1 314.44	1 594.90	533.00	1 814.38	298.45	116.90	146.61
1980	2 999.67	1 393.81	1 605.86	456.07	1 942.30	334.67	113.56	153.07
1981	2 969.56	1 417.55	1 552.01	379.94	1 980.80	348.83	107.38	152.61
1982	3 112.91	1 495.00	1 617.91	344.00	2 072.81	421.29	112.94	161.87
1983	3 234.64	1 566.95	1 667.69	309.22	2 168.14	482.72	109.71	164.85
1984	5 208.11	1 879.17	2 103.00	283.93	3 656.07	683.49	129.30	455.32
1985	6 979.03	2 111.36	2 215.69	252.38	4 136.70	789.95	114.18	1 685.82
1986	7 937.14	2 274.88	2 266.40	240.80	4 761.96	1 270.37	541.26	1 122.75
1987	8 805.18	2 397.45	2 320.78	244.18	5 266.69	1 373.98	623.14	1 297.19
1988	9 545.45	2 490.42	2 403.52	249.99	5 703.39	1 484.81	684.16	1 423.10
1989	9 366.78	2 383.57	2 336.57	239.30	5 624.10	1 403.73	699.37	1 400.28
1990	9 264.75	2 333.24	2 259.21	236.06	5 571.69	1 346.84	711.22	1 398.94
1991	9 609.11	2 431.01	2 336.02	243.08	5 813.55	1 384.33	732.31	1 435.84

注:1978-1983年为乡、村两级数，1984年以后为乡镇企业全部数(以下两表同)。

9-56 乡镇企业总产值

单位：亿 元

年份	合计	乡办	村办	农业	工业	建筑业	交通运输业	商业饮食业
1978	493.07	281.13	211.94	36.19	385.26	34.80	18.77	18.05
1979	548.41	307.43	240.98	38.46	423.52	46.77	23.06	16.60
1980	656.90	369.44	287.46	39.38	509.41	60.05	24.52	23.44
1981	745.30	428.98	316.32	38.97	579.34	70.28	25.06	31.66
1982	853.08	492.28	360.80	40.06	646.02	100.38	29.27	37.35
1983	1 016.83	591.05	425.78	43.72	757.09	136.20	32.73	47.09
1984	1 709.89	817.51	648.38	52.91	1 245.35	216.54	47.31	147.78
1985	2 728.39	1 138.95	910.54	58.70	1 827.19	310.00	40.99	482.51
1986	3 540.87	1 413.85	1 102.56	68.87	2 413.40	522.73	255.93	279.94
1987	4 764.26	1 825.85	1 411.55	88.72	3 243.88	650.96	360.48	419.87
1988	6 495.66	2 438.51	1 924.19	115.27	4 529.38	827.70	473.46	549.85
1989	7 428.38	2 672.85	2 182.73	126.03	5 244.11	886.46	578.82	592.96
1990	8 461.64	2 987.38	2 441.81	141.80	6 050.25	952.37	647.95	669.27
1991	11 621.69	4 274.54	3 445.28	179.47	8 708.61	1 140.62	766.81	826.18

9-57 乡镇企业主要财务指标

年份	总收入（亿元）	各项费用支出（亿元）	#生产费用	国家税金（亿元）	#所得税	纯利润（亿元）
1978	431.4	308.4	159.7	22.0	7.4	88.1
1979	491.1	364.0	227.7	22.6	7.0	104.5
1980	596.1	452.1	339.0	25.7	7.9	118.4
1981	670.4	523.3	402.0	34.3	9.5	112.8
1982	771.8	610.0	501.2	44.7	12.5	115.5
1983	928.7	752.0	615.7	58.9	18.9	117.8
1984	1 268.2	1 060.8	847.1	79.1	26.3	128.7
1985	1 827.4	1 547.0	1 266.9	108.6	32.7	171.3
1986	2 223.6	1 913.7	1 606.8	137.3	38.6	161.0
1987	2 934.1	2 560.5	2 136.2	168.1	43.9	187.8
1988	4 232.2	3 704.8	3 128.6	236.5	59.8	259.2
1989	4 821.6	4 288.4	3 628.2	272.5	60.9	240.1
1990	5 218.6	4 612.0	3 942.7	275.5	57.1	232.7
1991	6 556.0	5 891.3	5 007.0	333.8	68.1	284.7

9-57 续表

年 份	工资总额（亿元）	银行贷款余额（亿元）	固定资产原值（亿元）	固定资产净值（亿元）	年末占用流动资金（亿元）
1978	86.6	22.0	229.6	181.8	95.0
1979	103.8	35.3	280.2	226.1	132.7
1980	119.4	56.1	326.3	266.0	177.2
1981	130.6	70.3	375.4	304.0	201.0
1982	153.3	81.5	429.3	342.4	230.5
1983	175.8	97.7	475.7	373.0	262.5
1984	239.3	198.0	575.0	445.7	398.7
1985	301.4	277.8	750.4	589.7	590.1
1986	355.5	408.3	946.7	743.2	769.8
1987	427.7	577.1	1 226.6	959.8	1 134.6
1988	541.2	732.4	1 584.3	1 234.5	1 540.6
1989	580.7	865.2	1 920.7	1 486.2	1 890.1
1990	606.8	1 056.1	2 202.0	1 668.7	2 244.7
1991	706.5	1 351.8	2 626.3	1 959.3	2 925.0

注：本表为乡村两级数字(以下三表同)。

9-58 乡镇企业主要经济效益指标

单位:元

年 份	每百元固定资产原值实现利润	每百元资金实现利润	每百元资金实现的利润税金	每百元总收入实现利润	每百元固定资产原值实现总收入	每百元总收入占用的流动资金
1978	38.4	31.8	39.8	20.4	187.9	22.0
1979	37.3	29.1	35.4	21.3	175.3	27.0
1980	36.3	26.7	32.5	19.9	182.7	29.7
1981	30.0	22.3	29.1	16.8	178.6	30.0
1982	26.9	20.2	28.0	15.0	179.8	29.9
1983	24.8	18.5	27.8	12.7	195.2	28.3
1984	22.4	15.2	24.6	10.1	220.6	31.4
1985	22.8	14.5	23.7	9.4	243.5	32.3
1986	17.0	10.6	19.7	7.2	234.9	34.6
1987	15.3	9.0	17.0	6.4	239.2	38.7
1988	16.4	9.3	17.9	6.1	267.1	36.4
1989	12.5	7.1	15.2	5.0	251.0	39.2
1990	10.6	5.9	13.0	4.5	237.0	43.0
1991	10.8	5.8	12.7	4.3	249.6	44.6

9-59 各地区乡村企业基本情况

(1991年)

地区	企业单位数(个)		企业人数(人)		总收入(万元)	
	乡办企业	村办企业	乡办企业	村办企业	乡办企业	村办企业
全国	381 604	1 060 064	24 310 066	23 360 170	36 249 464	30 027 119
北京	4 244	14 190	376 864	554 800	957 181	1 206 558
天津	2 499	9 005	236 211	524 946	488 570	1 010 773
河北	18 561	51 299	972 035	1 344 163	1 245 964	1 579 515
山西	7 325	40 669	446 818	858 848	502 279	750 670
内蒙古	5 776	5 367	202 068	109 160	176 937	90 029
辽宁	12 330	34 058	872 795	993 421	1 282 985	1 661 421
吉林	7 213	12 586	299 058	273 763	342 677	276 324
黑龙江	8 020	16 109	345 352	242 704	386 626	274 285
上海	4 258	9 696	808 565	679 940	2 076 176	1 328 176
江苏	33 754	71 477	3 960 929	2 880 688	7 449 894	4 662 901
浙江	31 900	49 624	2 218 122	1 495 532	4 549 691	2 316 870
安徽	22 483	29 733	1 147 871	602 406	1 025 207	468 301
福建	11 878	42 001	662 565	776 114	920 046	898 107
江西	17 524	38 407	622 147	422 128	523 902	363 716
山东	23 148	130 289	2 192 863	3 463 104	3 486 448	5 305 832
河南	14 356	57 355	962 665	1 719 344	896 600	1 693 124
湖北	18 644	103 990	999 140	1 006 197	1 072 906	980 290
湖南	24 113	80 018	1 237 250	948 272	1 159 698	717 273
广东	23 949	90 891	1 664 947	2 036 432	4 103 725	2 602 604
广西	8 833	15 621	359 187	184 363	354 132	123 262
海南	1 301	991	55 210	13 029	36 536	8 377
四川	44 740	92 916	2 105 644	1 055 974	1 957 998	824 714
贵州	5 229	2 626	205 225	48 289	160 410	27 004
云南	5 801	20 325	349 569	371 428	291 494	278 448
陕西	10 877	30 138	410 564	507 007	354 836	438 283
甘肃	6 242	6 136	340 186	170 219	213 602	88 992
青海	842	761	37 178	22 149	23 061	12 881
宁夏	1 415	1 196	64 847	18 796	56 473	11 584
新疆	4 349	2 590	154 191	36 954	153 410	26 805

9-60 各地区乡村企业主要财务和经济效益指标

(1991年)

地　区	总收入（万　元）	各项费用支出（万　元）	#生产费用	国家税金（万　元）	#所得税	纯利润（万　元）
全　国	**65 559 533**	**58 912 870**	**50 070 163**	**3 337 585**	**680 855**	**2 846 586**
北　京	2 163 739	1 845 302	1 631 492	138 196	53 488	159 250
天　津	1 499 343	1 283 524	1 231 830	109 133	45 445	84 492
河　北	2 825 479	2 406 123	1 914 495	128 192	30 561	260 289
山　西	1 252 949	1 059 570	792 274	83 879	23 081	102 667
内蒙古	266 966	236 802	207 801	12 507	2 136	15 714
辽　宁	2 944 406	2 574 914	2 216 315	201 988	62 739	128 206
吉　林	619 001	541 130	430 929	39 147	8 827	37 567
黑龙江	660 911	592 880	481 975	30 222	5 715	33 505
上　海	3 404 339	3 009 568	2 942 929	180 159	43 549	88 480
江　苏	11 395 755	10 677 721	9 418 656	563 235	81 502	130 933
浙　江	6 866 561	6 229 822	5 285 712	449 779	98 696	127 271
安　徽	1 493 508	1 349 477	1 126 558	68 001	15 427	72 842
福　建	1 818 153	1 622 834	1 374 082	84 741	10 286	110 578
江　西	887 618	791 864	654 121	45 803	5 887	49 951
山　东	8 792 280	7 819 414	6 555 309	393 021	82 120	495 608
河　南	2 589 724	2 259 530	1 729 958	88 532	12 339	241 662
湖　北	2 053 196	1 887 297	1 554 420	81 432	9 875	82 586
湖　南	1 876 971	1 698 863	1 459 450	89 698	12 225	86 384
广　东	6 706 329	6 063 988	4 854 658	276 355	39 810	360 396
广　西	477 394	427 926	358 507	31 059	2 142	18 019
海　南	44 913	38 796	29 797	1 607	70	4 503
四　川	2 782 712	2 582 478	2 225 457	125 811	17 329	52 052
贵　州	187 414	162 843	134 361	12 681	2 066	11 752
云　南	569 942	522 049	414 573	29 399	2 449	16 671
西　藏						
陕　西	793 119	708 512	608 752	39 713	6 882	42 563
甘　肃	302 596	267 167	224 445	17 185	3 755	17 939
青　海	35 942	32 619	27 030	2 078	210	1 245
宁　夏	68 057	59 947	53 601	3 948	526	3 932
新　疆	180 216	159 910	130 676	10 084	1 718	9 529

9-60 续表 1 (1991年)

地区	工资总额（万元）	银行贷款余额（万元）	固定资产原值（万元）	固定资产净值（万元）	年末占用流动资金（万元）
全国	**7 065 301**	**13 518 270**	**26 263 145**	**19 592 575**	**29 250 248**
北京	179 254	392 320	770 589	576 491	789 542
天津	117 661	383 570	546 284	406 519	742 483
河北	339 461	598 053	1 251 264	965 905	1 002 194
山西	206 706	299 535	728 010	572 297	447 592
内蒙古	46 639	52 810	146 123	114 603	122 307
辽宁	299 802	640 986	1 166 321	875 808	1 519 085
吉林	82 323	170 589	289 320	210 446	228 682
黑龙江	92 897	139 749	333 267	250 622	285 849
上海	251 548	743 848	1 337 578	970 344	1 982 572
江苏	844 277	2 193 565	3 938 049	2 893 443	6 574 151
浙江	624 827	1 342 135	2 183 646	1 553 420	3 517 442
安徽	198 699	266 371	595 990	422 361	453 755
福建	268 539	182 752	660 666	503 743	445 977
江西	128 990	187 640	361 214	269 930	299 534
山东	756 838	1 567 516	3 299 773	2 504 321	3 660 109
河南	322 517	407 340	1 150 725	879 762	721 130
湖北	229 040	429 857	891 498	645 125	797 604
湖南	277 084	366 520	744 926	530 747	610 684
广东	1 025 313	1 876 481	3 185 615	2 485 867	2 671 700
广西	69 277	122 453	234 346	187 974	155 863
海南	10 722	14 914	33 884	28 200	10 258
四川	352 217	668 412	1 195 788	820 170	1 360 970
贵州	36 277	37 429	130 546	98 591	48 694
云南	92 374	110 931	319 257	238 383	158 514
西藏					
陕西	105 557	191 251	384 934	287 243	374 292
甘肃	58 921	58 507	179 836	139 988	124 733
青海	7 778	10 222	30 836	22 235	18 552
宁夏	9 757	9 315	49 835	39 988	35 825
新疆	30 006	53 199	123 025	98 049	90 155

9-60 续表 2　　(1991年)

地　区	每百元固定资产原值实现利润（元）	每百元资金实现利润（元）	每百元资金实现的利润税金（元）	每百元总收入实现利润（元）	每百元固定资产原值实现总收入(元)	每百元总收入占用的流动资金（元）
全　国	**10.8**	**5.8**	**12.7**	**4.3**	**249.6**	**44.6**
北　京	20.7	11.7	21.8	7.4	280.8	36.5
天　津	15.5	7.4	16.9	5.6	274.5	49.5
河　北	20.8	13.2	19.7	9.2	225.8	35.5
山　西	14.1	10.1	18.3	8.2	172.1	35.7
内蒙古	10.8	6.6	11.9	5.9	182.7	45.8
辽　宁	11.0	5.4	13.8	4.4	252.5	51.6
吉　林	13.0	8.6	17.5	6.1	214.0	36.9
黑龙江	10.1	6.2	11.9	5.1	198.3	43.3
上　海	6.6	3.0	9.1	2.6	254.5	58.2
江　苏	3.3	1.4	7.3	1.1	289.4	57.7
浙　江	5.8	2.5	11.4	1.9	314.5	51.2
安　徽	12.2	8.3	16.1	4.9	250.6	30.4
福　建	16.7	11.6	20.6	6.1	275.2	24.5
江　西	13.8	8.8	16.8	5.6	245.7	33.7
山　东	15.0	8.0	14.4	5.6	266.5	41.6
河　南	21.0	15.1	20.6	9.3	225.1	27.8
湖　北	9.3	5.7	11.4	4.0	230.3	38.8
湖　南	11.6	7.6	15.4	4.6	252.0	32.5
广　东	11.3	7.0	12.3	5.4	210.5	39.8
广　西	7.7	5.2	14.3	3.8	203.7	32.6
海　南	13.3	11.7	15.9	10.0	132.5	22.8
四　川	4.4	2.4	8.2	1.9	232.7	48.9
贵　州	9.0	8.0	16.6	6.3	143.6	26.0
云　南	5.2	4.2	11.6	2.9	178.5	27.8
西　藏						
陕　西	11.1	6.4	12.4	5.4	206.0	47.2
甘　肃	10.0	6.8	13.3	5.9	168.3	41.2
青　海	4.0	3.1	8.1	3.5	116.6	51.6
宁　夏	7.9	5.2	10.4	5.8	136.6	52.6
新　疆	7.7	5.1	10.4	5.3	146.5	50.0

注:国家税金分省数不等于全国总计。

图 9-1 农村社会总产值构成　图 9-2 农业总产值构成

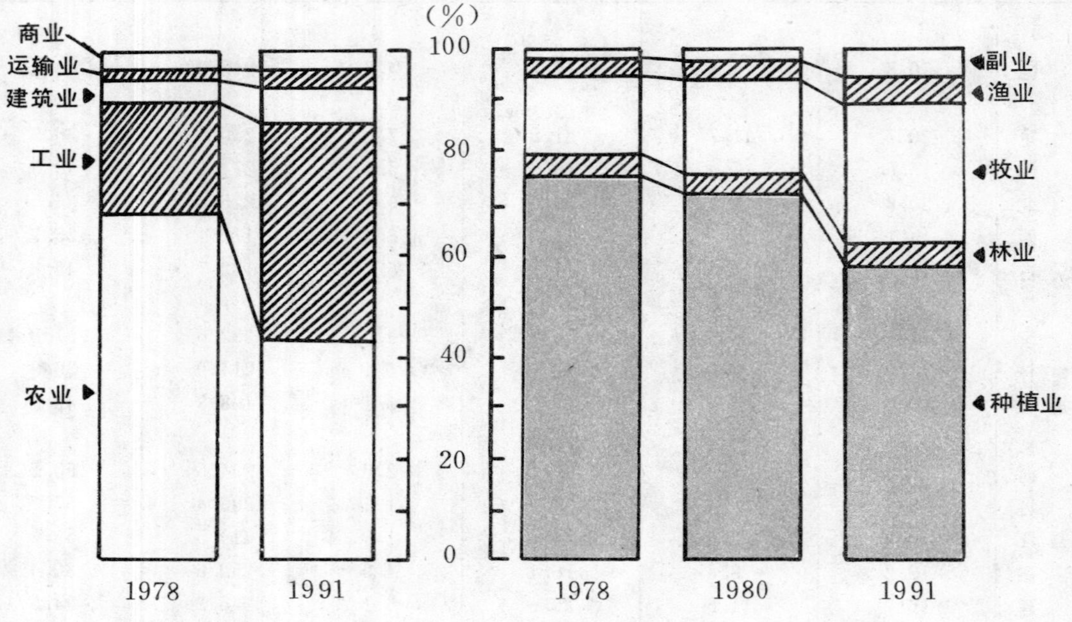

主 要 统 计 指 标 解 释

农村社会总产值　指在一定时期内，农村各物质生产部门生产的以货币表现的全部产品总量。根据我国目前的农村经济现状，农村社会总产值包括：乡、村及村以下各种合作经济组织和农户从事农业、工业、建筑业、运输业、商业、饮食业活动所生产的总产值和国营农场生产的农业总产值两部分。凡是在农村的国营工业、建筑业、运输业、商业、饮食业所生产总产值均不包括在内。县镇及国营农场办的工业、建筑业、运输业、商业和饮食业的总产值，也不包括在内。农村集体和国营联营的企业产值，凡场址在农村，利用农村劳动力、土地或生产用房进行生产的联营企业，其产值由该联营企业所属领导的一方统计，如属县乡镇企业局领导的，应包括在农村社会总值中，否则不包括。

农业总产值　是以货币表现的农、林、牧、副、渔五业全部产品的总量，它反映一定时期内农业生产的总规模和总成果。

农、林、牧、副、渔五业的统计范围是：

(1)农作物种植业　包括粮、棉、油料、糖料、麻类、烟叶、蔬菜、药材、瓜类和其他农作物的种植，以及茶园、桑园、果园的生产经营。

(2)林业　包括林木的栽培(不包括茶园、桑园和果园的栽培、管理和收获等活动)、林产品的采集和村及村以下合作经济组织和农户的竹木采伐。

(3)牧业　包括除渔业养殖以外的一切动物饲养和放牧。

(4)副业　包括采集野生植物、捕猎野兽、野禽及农民家庭兼营工业的商品部分。

(5)渔业　包括水生动物和海藻类植物的养殖和捕捞。

从所有制看,包括全民所有制的各种专业农(林、牧、渔)场以及国家各级机关团体、学校、科研机构、部队经营的农业;集体所有制的乡镇村各级办农场和农村各种经济组织经营的农林牧渔业以及工矿企业家属集体经营的农业;农民家庭自营的农林牧渔业及兼营商品性工业等。

农业总产值的计算方法通常是按农林牧渔业产品及其副产品的产量和副业产品产量,分别乘以各自单位产品价格求得,少数生产周期较长,当年没有产品或产品产量不易统计的,则采用间接方法匡算其产值,然后将五业产品产值相加即为农业总产值。

1957 年以前的农业总产值中包括了厩肥和农民自给性手工业(如农民自制衣服、鞋、袜,自己从事粮食初步加工等)。1958 年及以后的农业总产值,林业中增加了村及村以下竹木采伐产值;牧业中取消了厩肥产值;副业中取消了农民自给性手工业产值,增加了村及村以下办的工业产值;渔业中增加了海洋捕捞水产品产值。1980 年及以后的农业总产值,在副业中增加了农民家庭兼营工业商品部分的产值。从 1984 年起村及村以下办工业产值划归工业。

农村工业总产值　是以货币表现的乡办工业、村办工业和村以下办工业(即组办工业、农民联办工业和个体办工业)企业生产的产品总量。包括成品价值和对外承做的工业性作业价值两部分。出售的半成品的价值也计入总产值。

农村工业总产值按“工厂法”计算,即按每个企业工业生产活动的最终成果计算,在企业内部不允许重复,即不能将企业内部各个车间生产的成果相加。计算工业总值的工业产品必须符合国务院和各省、自治区、直辖市主管部门规定的质量标准或订货合同规定的技术条件。凡不符合产品质量标准的不合格品,一律不准计算产量、产值。工业性作业只恢复或提高原来产品使用价值或只完成成品生产中的个别工序,应按加工费计算总产值,不包括原材料的价值。

农村建筑业总产值　是以货币表现的农村各种合作经济组织的建筑队(组)和个体的专业人员从事建筑生产活动的总成果。建筑生产活动包括各种建筑物的建筑工程、各种机械设备的安装工程(不包括被安装的机械设备本身的价值)、建筑物和房屋修理产值以及与工程项目有关的勘察设计和地质勘探活动。

农村建筑业总产值主要包括兴建房屋、农田水利建设(包括安装工程和地质勘探)及开垦荒地等内容。其产值按兴工动料的全部投资额(但不包括被安装设备本身的价值)计算。

农村运输业总产值　指农村各级合作经济组织和农户从事货物运输活动的产值,包括水运(装卸驳运和堆存活动)、汽车运输、拖拉机运输、兽力车运输、人力车运输和装卸搬运等货物运输活动。其产值按这些农村运输单位的全部货运收入计算。

农村邮电业总产值,数量很少,暂时没有计算。

农村商业总产值　指农村供销合作社及其他各种合作经济组织和农户从事商业活动的产值。其产值按这些农村商业单位的商品附加费(已销售产品购销差价减托运费和装卸搬运费)计算。在搜集资料比较困难的情况下,也可根据这些农村商业单位的零售额乘以毛利率(购销差价率)再减去托运费和装卸搬运费进行估算。

农村饮食业总产值　指农村各种合作经济组织和农户从事饮食业活动的产值。其计算方法按饮食业的营业额计算。

农业净产值　指在一定时期内农业劳动者从事农业(包括农作物种植业、林业、牧业、副业、渔业)生产劳动中新创造的价值。

农业净产值是采用生产法计算的,即先根据农业生产中消耗的各种物质数量,分别乘以各自消耗物质的平均价格,然后加总计算出农业物质消耗,再从农业总产值中扣除农业物质消耗后求得农业净产值。

农业物质消耗的计算范围包括三大部分:

(1)农业生产过程中实际消耗的劳动对象(如种籽、饲料、肥料、燃料、农药、用电量、畜禽育种与防疫费、小农具购置费、副业生产原材料消耗等)。

(2)农业生产过程中使用固定资产的磨损(如各种农机具、设备、役畜和生产用房屋、仓库、畜圈等生产性固定资产,受到磨损而提取的折旧费)。

(3)农业生产过程中劳务费用支出(如农业生产过程中,农机具和设备的修理费、生产管理费和外雇运输费、邮电费及其他生产性劳动服务支出)。

农村经济总收入 指农村集体经济组织和农民家庭当年经营生产性和服务性活动所得到的可以用于抵偿本年开支,并在国家、集体和农民个人之间进行分配的全部收入。包括农林牧副渔业、农村工业、建筑业、运输业、商业、饮食业、服务、劳务等各项经营收入和利息、租金等收入。但不包括那些不能用来分配,属于借贷性质或暂收性质的收入,如贷款收入、预购定金、国家投资、农民投资等。

农村经济总收入和农业总产值是两个不同的概念:第一,两者包括的范围不同。总收入除了包括农林牧副渔五业的收入以外,还包括其他生产性和非生产性事业活动所得到的可以直接支配的全部收入;而农业总产值则不包括后面这些。第二,就农林牧副渔五业而言,总产值要计算当年的全部成果,而总收入只计算当年可用于开支和分配的部分。例如,总产值要计算人造林木的生产量、大小家畜的繁殖、增长和增重的产值,总收入则不包括。第三,计算的价格不同。计算总产值,全部产品都按统一的不变价格或当年价格计算。而计算总收入一般只按当年价格计算(出售部分按实际出售价格计算,自用部分有合同订购价的按合同订购综合平均价计算,没有合同订购价的,按大量上市时的综合平均价计算)。

粮食产量 指全社会的产量。包括全民所有制经营的、集体统一经营的和农民家庭经营的粮食产量,还包括工矿企业家属办的农场和其他生产单位的产量。粮食除包括稻谷、小麦、玉米、高粱、谷子及其他杂粮外,还包括薯类和大豆。其产量计算方法,豆类按去豆荚后的干豆计算;薯类(包括甘薯和马铃薯,不包括芋头和木薯)1963 年以前按每 4 公斤鲜薯折 1 公斤粮食计算,从 1964 年开始及以后改为按 5 公斤鲜薯折 1 公斤粮食计算。其他粮食一律按脱粒后的原粮计算。

油料产量 指全部油料作物的生产量。包括花生、油菜籽、芝麻、向日葵籽、胡麻籽(亚麻籽)和其他油料。不包括大豆,也不包括木本油料和野生油料。花生以带壳干花生计算。

水产品产量 指人工养殖的水产品和天然生长的水产品的捕捞量。包括海水的鱼类、虾蟹类、贝类和藻类以及淡水的鱼类、虾蟹类和贝类,不包括淡水水生植物。

猪、牛、羊肉产量 指当年出栏并已屠宰的猪、牛、羊的肉产量。即屠宰后除去头蹄下水后带骨肉(即胴体重)的重量。

耕地面积 指可以用来种植农作物、经常进行耕锄的田地,除包括熟地、当年新开荒地、连续撂荒未满三年的耕地和当年的休闲地(轮歇地)外,还包括以种植农作物为主并附带种植桑树、茶树、果树和其他林木的土地,以及沿海、沿湖地区已围垦利用的“海涂”、“湖田”等面积。但不包括属于专业性的桑园、茶园、果园、果木苗圃、林地、芦苇地、天然或人工草地面积。

农作物播种面积 指实际播种或移植有农作物的面积。凡是实际种植有农作物的面积，不论种植在耕地上还是种植在非耕地上，均包括在农作物播种面积中，同时还包括因遭灾而重新改种和补种的农作物面积，种一亩算一亩。

灌溉面积 指有效灌溉面积，即具有一定的水源，地块比较平整，灌溉工程或设备已经配套，在一般年景下当年能够进行正常灌溉的耕地面积。

农用化肥施用量 指实际用于农业生产的化肥数量。包括氮肥、磷肥、钾肥和复合肥。化肥施用量分别按实物量和折纯量两种方法计算。折纯法化肥施用量是把氮肥、磷肥和钾肥分别按含氮、含五氧化二磷、含氧化钾的百分之一百成份折算后的数量。复合肥按其所含主要成分折算。

农业机械总动力 指主要用于农、林、牧、副、渔业的各种动力机械的动力总和。包括耕作机械、排灌机械、收获机械、农产品加工机械、运输机械、植物保护机械、牧业机械、林业机械、渔业机械和其他农业机械〔内燃机按引擎马力折成瓦(特)计算，电动机按功率折成瓦(特)计算〕。不包括专门用于乡、镇、村、组办工业、基本建设、非农业运输、科学试验和教学等非农业生产方面用的动力机械与作业机械。

乡镇企业 原来仅指农村人民公社和生产大队两级集体经济举办的社队企业。在农村政社组织管理体制分设以后，除了包括乡、村合作经济组织办企业外，还包括组办、联户办和个体办的企业。1984 年 3 月确定将这类企业统称“乡镇企业”。

乡镇企业单位一般应拥有固定的组织、生产场所、生产设备和人员；有核算制度，承担经济责任和纳税义务；是一个比较稳定的经济实体。

农林牧副渔业劳动力 指直接参加农林牧渔业生产劳动的劳动力和直接从事采集、捕猎、农户家庭兼营(即以农业为主，利用农闲时间进行的)工业生产等副业劳动的劳动力。

役畜年底头数 指专门从事农田生产活动，如耕翻、播种、中耕、浇水、施肥、送粪、拉运农作物等农事劳役的牲畜，到年底实际存活的头数。包括有时或附带参加碾米、磨面、运输等副业劳役，但主要或经常参加农田劳役的牲畜头数。不包括由于年岁太小或已经衰老不能经常参加农事劳役的牲畜，也不包括专门用于副业生产和专业性运输的牲畜头数。

十 工业

10-1 各种经济类型工业企业单位数和总产值

分　　类	1985年	1987年	1988年	1989年	1990年	1991年
一、企业单位数(万个)	518.53	747.41	810.56	798.07	795.78	807.96
全民所有制工业	9.37	9.76	9.91	10.23	10.44	10.47
集体所有制工业	174.21	181.93	185.30	174.70	166.85	157.72
#乡办工业	21.71	23.79	23.77	23.43	22.87	22.96
村办工业	63.26	70.80	73.38	72.16	68.08	67.52
城镇合作经营工业		3.63	3.72	3.54	3.09	2.95
农村合作经营工业	74.17	68.29	68.66	59.41	56.57	48.35
城乡个体工业	334.78	555.33	614.81	612.42	617.60	638.67
城镇个体工业	33.01	49.15	45.28	42.49	43.25	45.06
农村个体工业	301.77	506.18	569.53	569.93	574.35	593.62
其他经济类型工业	0.17	0.39	0.54	0.72	0.88	1.08
二、工业总产值(亿元)	9 716.47	13 812.99	18 225.00	22 017.06	23 924.36	28 248.01
全民所有制工业	6 302.12	8 250.09	10 351.28	12 342.91	13 063.75	14 954.58
集体所有制工业	3 117.19	4 781.74	6 587.49	7 858.05	8 522.73	10 084.75
#乡办工业	760.55	1 284.19	1 846.69	2 193.84	2 441.41	3 001.31
村办工业	662.72	1 165.35	1 703.63	2 117.68	2 394.02	2 934.08
城镇合作经营工业		30.31	39.27	50.03	54.53	69.01
农村合作经营工业	151.75	286.15	400.11	446.27	484.47	500.26
城乡个体工业	179.75	502.39	790.49	1 057.66	1 290.30	1 609.10
城镇个体工业	33.39	50.27	68.48	89.70	107.24	129.28
农村个体工业	146.36	452.12	722.00	967.96	1 183.06	1 479.82
其他经济类型工业	117.41	278.77	495.32	758.44	1 047.56	1 599.58

注：工业总产值按当年价格计算。

10-2 工业分行业职工人数

单位：万人

行　　业	全部工业			全民所有制工业		
	1985年	1990年	1991年	1985年	1990年	1991年
全国总计	**5 557**	**6 378**	**6 551**	**3 815**	**4 364**	**4 472**
总计中：						
中央工业	865	993	1 021	865	993	1 021
地方工业	4 692	3 371	3 451	2 950	3 371	3 451
总计中：						
轻　工　业	2 274	2 652	2 727	1 232	1 484	1 524
重　工　业	3 283	3 726	3 824	2 583	2 880	2 948
总计中：						
采　掘　业	740	910	935	724	812	825
1.矿　业	617	763	792	602	678	694
其中：(1)煤炭采选业	442	539	555	434	477	484
(2)石油天然气开采业	52	76	77	52	74	73
(3)黑色金属矿采选业	21	23	27	20	20	23
(4)有色金属矿采选业	58	71	73	56	62	63
2.木材及竹材采选业	104	119	113	104	108	103
3.自来水生产和供应业	19	28	30	18	26	28
制　造　业	4 212	5 468	5 617	3 091	3 552	3 647
1.食品、饮料和烟草制造业	314	429	452	309	353	372
2.饲料工业	37	14	15	4	11	12
3.纺织业	570	745	756	423	506	511
4.缝纫业	115	165	172	17	21	22
5.皮革、毛皮及其制品业	59	79	84	21	24	24
6.木材加工及竹、藤、棕、草制品业	42	70	76	26	26	29
7.家具制造业	39	42	40	6	7	6
8.造纸及纸制品业	82	120	125	58	73	76
9.印刷业	69	98	102	50	55	56
10.文教体育用品制造业	24	29	30	10	11	11
11.工艺美术品制造业	44	69	73	6	9	9
12.电力、蒸汽、热水生产和供应业	118	164	174	116	157	165
13.石油加工业	31	51	57	30	44	49
14.炼焦、煤气及煤制品业	15	25	28	14	21	22
15.化学工业	294	382	398	259	311	324
16.医药工业	53	81	86	45	64	67
17.化学纤维工业	24	34	36	23	29	31
18.橡胶制品业	57	75	77	37	45	45
19.塑料制品业	67	100	102	18	23	23
20.建筑材料及其他非金属矿物制品业	316	390	401	250	270	281
21.黑色金属冶炼及压延加工业	243	300	307	228	256	258
22.有色金属冶炼及压延加工业	58	86	88	52	69	71
23.金属制品业	140	183	187	51	54	55
24.机械、电气、电子设备制造业	1 327	1 579	1 614	1 009	1 083	1 106
(1)机械工业	855	989	963	682	696	686
(2)交通运输设备制造业		201	229		149	165
(3)电气机械及器材制造业		169	184		96	101
(4)电子及通信设备制造业		157	172		100	111
(5)仪器仪表及其他计量器具制造业		63	66		42	42
25.其他工业	74	158	137	29	30	22

注：1985年全部工业细分类中集体所有制为县(区)级及以上工业，故分项之和不等于总计。

10-3 各地区工业企业职工人数

（1991年底）　　　　单位：万人

地　区	合　计	按经济类型分			按轻重工业分	
		全民所有制单位	城镇集体所有制单位	其他所有制单位	轻工业	重工业
全　国	6 551.2	4 471.8	1 897.7	181.7	2 727.5	3 823.8
北　京	158.9	120.6	32.0	6.3	61.2	97.7
天　津	150.0	103.9	40.9	5.2	77.7	72.3
河　北	310.3	224.2	80.7	5.5	119.9	190.4
山　西	224.5	171.1	52.8	0.5	51.8	172.7
内蒙古	153.9	111.7	41.7	0.6	49.4	104.5
辽　宁	547.1	329.5	197.4	20.2	167.2	379.9
吉　林	253.5	159.7	92.9	1.0	90.9	162.6
黑龙江	424.4	295.1	126.4	2.9	142.5	251.8
上　海	275.0	209.0	55.3	10.7	130.5	144.5
江　苏	454.4	254.4	179.0	21.0	229.0	225.4
浙　江	243.9	125.0	111.9	7.0	140.2	103.8
安　徽	221.8	144.6	76.0	1.3	94.1	127.7
福　建	141.5	81.2	36.2	24.1	84.6	56.9
江　西	172.2	127.1	44.2	1.0	67.9	104.3
山　东	411.0	277.7	126.7	6.6	196.4	214.6
河　南	326.8	240.5	85.3	1.0	128.9	197.9
湖　北	304.7	204.8	97.1	2.7	137.7	167.0
湖　南	243.6	180.3	62.3	0.9	94.0	149.6
广　东	352.1	184.2	113.2	54.6	234.1	117.9
广　西	116.6	93.0	21.8	1.8	55.1	61.5
海　南	17.4	14.0	2.0	1.4	10.2	7.2
四　川	433.9	327.6	104.1	2.2	157.7	276.2
贵　州	93.2	75.7	16.7	0.8	28.8	64.4
云　南	102.9	80.6	21.8	0.5	35.0	67.9
西　藏	1.9	1.5	0.4		1.4	0.5
陕　西	178.2	146.5	31.1	0.6	60.8	117.4
甘　肃	110.5	88.3	22.0	0.3	32.2	78.3
青　海	23.8	19.3	4.4		7.3	16.4
宁　夏	28.2	22.6	5.4	0.2	7.4	20.8
新　疆	74.9	58.2	16.0	0.7	33.3	41.6

10-4 工 业 总 产 值

单位：亿元

年 份	工业总产值	全民所有制工 业	集体所有制工 业	城乡个体工 业	其他经济类型工 业
1949	140.00	36.75	0.70	32.16	70.39
1950	191.00	62.43	1.49	50.25	76.83
1951	264.00	90.97	3.41	60.22	109.40
1952	349.00	144.97	11.38	71.79	120.86
1953	450.00	193.69	17.42	86.67	152.22
1954	515.00	242.69	27.45	92.08	152.78
1955	534.00	273.86	40.48	78.93	140.73
1956	642.00	350.20	109.59	7.58	174.63
1957	704.00	378.54	133.97	5.84	185.65
1958	1 083.00	965.71	117.29		
1959	1 483.00	1 313.20	169.80		
1960	1 637.00	1 483.12	153.88		
1961	1 062.00	939.98	122.02		
1962	920.00	807.76	112.24		
1963	993.00	887.05	105.95		
1964	1 164.00	1 042.25	121.75		
1965	1 402.00	1 262.78	139.22		
1966	1 624.00	1 464.52	159.48		
1967	1 382.00	1 222.52	159.48		
1968	1 285.00	1 136.20	148.80		
1969	1 665.00	1 477.02	187.98		
1970	2 117.00	1 854.70	262.30		
1971	2 414.00	2 073.87	340.13		
1972	2 565.00	2 177.17	387.83		
1973	2 794.00	2 347.52	446.48		
1974	2 792.00	2 300.89	491.11		
1975	3 207.00	2 600.56	606.44		
1976	3 278.00	2 567.66	710.34		
1977	3 725.00	2 869.37	855.63		
1978	4 237.00	3 289.18	947.82		
1979	4 681.30	3 673.60	1 007.70		
1980	5 154.26	3 915.60	1 213.36	0.81	24.49
1981	5 399.78	4 037.10	1 329.38	1.90	31.40
1982	5 811.22	4 326.00	1 442.42	3.40	39.40
1983	6 460.44	4 739.40	1 663.14	7.50	50.40
1984	7 617.30	5 262.70	2 263.09	14.81	76.70
1985	9 716.47	6 302.12	3 117.19	179.75	117.41
1986	11 194.26	6 971.12	3 751.54	308.54	163.06
1987	13 812.99	8 250.09	4 781.74	502.39	278.77
1988	18 224.58	10 351.28	6 587.49	790.49	495.32
1989	22 017.06	12 342.91	7 858.05	1 057.66	758.44
1990	23 924.36	13 063.75	8 522.73	1 290.30	1 047.56
1991	28 248.01	14 954.58	10 084.75	1 609.10	1 599.58

注：本表按当年价格计算。1949-1957年其他经济类型工业为公私合营和私营工业的数字(下表同)。

10-5 工业总产值指数

（上年=100）

年份	工业总产值	全民所有制工业	集体所有制工业	城乡个体工业	其他经济类型工业
1950	136.38	169.84	214.29	156.21	109.08
1951	137.81	145.28	226.67	119.48	142.00
1952	130.28	157.05	329.41	117.47	108.88
1953	130.21	134.92	154.46	121.95	127.17
1954	116.26	127.29	160.12	107.90	101.98
1955	105.58	114.90	150.18	87.30	93.77
1956	128.23	136.39	288.70	10.23	132.37
1957	111.41	109.82	124.23	78.31	107.99
1958	154.83	260.10	85.76		
1959	136.15	135.20	143.98		
1960	111.19	113.76	91.29		
1961	61.78	60.35	75.50		
1962	83.41	82.74	88.56		
1963	108.45	110.33	94.89		
1964	119.65	119.94	117.28		
1965	126.35	127.10	119.93		
1966	120.96	121.11	119.65		
1967	86.20	84.56	101.33		
1968	94.96	94.93	95.23		
1969	134.28	134.72	130.91		
1970	132.60	130.96	145.55		
1971	114.68	114.02	119.32		
1972	106.88	105.59	114.70		
1973	109.48	108.38	115.67		
1974	100.61	98.68	110.77		
1975	115.49	113.71	123.87		
1976	102.44	98.89	117.68		
1977	114.60	112.70	121.48		
1978	113.55	114.44	110.58		
1979	108.81	108.88	108.57		
1980	109.27	105.61	119.24		
1981	104.29	102.53	109.01	234.57	131.60
1982	107.82	107.05	109.54	178.95	127.73
1983	111.19	109.39	115.53	220.59	133.90
1984	116.28	108.92	134.85	197.47	156.81
1985	121.39	112.94	132.69	1 189.60	139.54
1986	111.67	106.18	117.97	167.57	134.16
1987	117.69	111.30	123.24	156.59	166.39
1988	120.79	112.61	128.16	147.34	161.53
1989	108.54	103.86	110.48	123.77	142.68
1990	107.76	102.96	109.02	121.11	139.33
1991	114.52	108.62	117.89	124.00	150.11

注：1.本表按可比价格计算。

2.由于计算过程中小数位取舍原因，个别年份工业总产值指数同综合篇数字略有出入。

10-6 工业总产值构成

（以工业总产值为100） 单位：%

年 份	全民所有制工业	集体所有制工业	城乡个体工业	其他经济类型工业
1949	26.25	0.50	22.97	50.28
1950	32.69	0.78	26.31	40.23
1951	34.46	1.29	22.81	41.44
1952	41.54	3.26	20.57	34.63
1953	43.04	3.87	19.26	33.83
1954	47.12	5.33	17.88	29.67
1955	51.28	7.58	14.78	26.35
1956	54.55	17.07	1.18	27.20
1957	53.77	19.03	0.83	26.37
1958	89.17	10.83		
1959	88.55	11.45		
1960	90.60	9.40		
1961	88.51	11.49		
1962	87.80	12.20		
1963	89.33	10.67		
1964	89.54	10.46		
1965	90.07	9.93		
1966	90.18	9.82		
1967	88.46	11.54		
1968	88.42	11.58		
1969	88.71	11.29		
1970	87.61	12.39		
1971	85.91	14.09		
1972	84.88	15.12		
1973	84.02	15.98		
1974	82.41	17.59		
1975	81.09	18.91		
1976	78.33	21.67		
1977	77.03	22.97		
1978	77.63	22.37		
1979	78.47	21.53		
1980	75.97	23.54	0.02	0.48
1981	74.76	24.62	0.04	0.58
1982	74.44	24.82	0.06	0.68
1983	73.36	25.74	0.12	0.78
1984	69.09	29.71	0.19	1.01
1985	64.86	32.08	1.85	1.21
1986	62.27	33.51	2.76	1.46
1987	59.73	34.62	3.64	2.02
1988	56.80	36.15	4.34	2.72
1989	56.06	35.69	4.80	3.44
1990	54.60	35.62	5.39	4.38
1991	52.94	35.70	5.70	5.66

注：本表按当年价格计算。

10-7 各地区工业企业单位数和工业总产值

（1991年）

地 区	企业单位数（万个）	#乡及乡以上（个）	工业总产值（当年价格）（亿 元）	#乡及乡以上	
				1990年不变价格	当年价格
全 国	**807.96**	**418 869**	**28 248.01**	**22 381.85**	**22 088.68**
北 京	3.40	5 409	880.79	740.85	730.21
天 津	3.04	5 540	764.40	593.32	578.66
河 北	60.76	19 204	1 331.96	892.89	892.38
山 西	13.62	11 127	601.45	501.62	468.74
内 蒙 古	10.30	7 582	299.90	272.15	266.70
辽 宁	24.20	21 379	1 860.57	1 459.47	1 493.73
吉 林	17.40	12 101	614.38	511.80	539.35
黑 龙 江	13.42	14 507	983.73	828.64	888.83
上 海	3.50	10 203	1 947.18	1 776.97	1 747.59
江 苏	53.29	37 004	3 160.33	2 480.84	2 377.85
浙 江	34.52	40 738	1 801.40	1 384.68	1 315.16
安 徽	57.23	20 877	765.95	611.59	602.65
福 建	18.97	12 635	658.86	491.05	475.03
江 西	38.04	14 534	497.94	399.67	390.58
山 东	61.80	22 752	2 599.17	1 788.20	1 761.82
河 南	85.05	16 118	1 222.68	846.45	825.99
湖 北	37.53	19 248	1 136.03	964.44	924.96
湖 南	43.01	20 803	803.72	670.88	654.82
广 东	42.93	25 541	2 524.12	1 964.43	2 018.62
广 西	26.10	9 129	421.47	359.58	354.00
海 南	1.44	886	56.69	43.69	45.74
四 川	80.03	35 609	1 434.15	1 177.26	1 137.46
贵 州	19.40	5 077	246.76	217.42	211.50
云 南	17.66	5 933	393.63	348.55	350.36
西 藏	0.75	217	3.40	2.54	2.91
陕 西	23.23	11 725	508.81	430.65	414.67
甘 肃	9.01	6 032	314.36	287.50	281.55
青 海	1.51	1 223	60.51	57.37	55.56
宁 夏	2.64	1 594	73.10	67.56	62.63
新 疆	4.18	4 142	280.59	209.77	218.61

注：表中乡及乡以上数字为独立核算工业企业数字。

10-8 各地区工业总产值

（1991年，按轻重工业和经济类型分）　　单位：亿元

地区	按轻重工业分		按经济类型分			
	轻工业	重工业	全民所有制工业	集体所有制工业	城乡个体工业	其他经济类型工业
全国	13 800.90	14 447.11	14 954.58	10 084.75	1 609.10	1 599.58
北京	387.63	493.16	527.78	261.93	8.34	82.74
天津	370.09	394.31	436.43	264.97	9.53	53.47
河北	633.01	698.95	638.14	532.63	138.59	22.59
山西	151.79	449.66	367.24	193.27	39.57	1.37
内蒙古	119.84	180.06	232.12	52.20	12.84	2.74
辽宁	574.22	1 286.35	1 121.03	522.40	134.87	82.27
吉林	244.84	369.54	439.47	133.56	38.72	2.62
黑龙江	317.17	666.56	797.54	155.46	25.48	5.26
上海	976.34	970.84	1 263.13	401.60	1.50	280.95
江苏	1 682.42	1 477.91	1 043.35	1 843.73	112.80	160.46
浙江	1 173.69	627.71	530.93	1 097.81	121.68	50.98
安徽	392.83	373.12	437.42	249.39	74.05	5.09
福建	413.29	245.58	268.28	209.81	39.23	141.54
江西	221.54	276.40	313.87	139.14	40.86	4.08
山东	1 326.78	1 272.39	1 038.69	1 332.68	203.50	24.31
河南	555.03	667.65	649.89	412.78	150.90	9.11
湖北	531.26	604.76	717.56	357.10	49.12	12.25
湖南	354.00	449.72	504.36	235.04	59.71	4.61
广东	1 658.58	865.54	973.59	828.68	118.96	602.89
广西	227.05	194.42	300.07	87.45	25.41	8.54
海南	38.05	18.64	40.29	4.99	2.39	9.02
四川	666.75	767.41	898.21	411.63	111.63	12.68
贵州	104.10	142.65	188.64	33.08	19.90	5.14
云南	203.85	189.78	300.45	80.68	10.41	2.09
西藏	1.01	2.39	2.87	0.40	0.13	
陕西	214.41	294.40	348.64	114.40	37.59	8.17
甘肃	85.37	228.98	245.41	55.63	12.90	0.42
青海	17.65	42.86	50.78	8.28	1.42	0.03
宁夏	19.54	53.56	57.70	11.77	2.79	0.84
新疆	138.78	141.81	220.71	52.25	4.30	3.33

注：本表按当年价格计算。

10-9 按各种分组的独立核算工业企业主要指标

（1991年）　　单位：亿元

类　　别	工业企业单位数（个）	工业总产值	工业净产值	产品销售收　入	#产品销售成　本
全国总计	418 869	22 088.68	5 915.10	20 597.45	17 356.61
按经济类型分					
全民所有制工业	75 248	14 371.73	4 019.13	13 933.67	11 656.32
集体所有制工业	333 713	6 177.89	1 551.21	5 254.50	4 523.02
#乡办企业	210 426	2 918.10	697.65	2 327.31	2 000.07
其他经济类型工业	9 908	1 539.06	344.76	1 409.27	1 177.27
按轻重工业分					
轻工业	224 609	10 229.85	2 555.52	9 301.24	7 843.64
以农产品为原料	151 618	7 000.07	1 703.16	6 305.39	5 303.15
以非农产品为原料	72 991	3 229.78	852.36	2 995.85	2 540.49
重工业	194 260	11 858.83	3 359.57	11 296.21	9 512.97
采掘工业	24 555	1 386.98	555.79	1 227.73	1 104.42
原料工业	38 290	4 947.54	1 288.82	4 844.02	3 928.04
制造工业	131 415	5 524.32	1 514.97	5 224.45	4 480.51
按企业规模分					
大型企业	4 257	7 956.64	2 364.40	7 754.72	6 321.38
中型企业	10 687	4 409.49	1 125.47	4 185.70	3 568.88
小型企业	403 925	9 722.56	2 425.23	8 657.03	7 466.35
按工业行业分					
煤炭采选业	9 682	518.86	177.42	538.70	532.43
石油和天然气开采业	35	514.95	230.37	356.09	323.97
黑色金属矿采选业	1 449	47.76	16.25	41.52	32.37
有色金属矿采选业	2 533	113.45	40.18	107.84	87.66
建筑材料及其他非金属矿采选业	9 890	99.43	36.96	83.38	66.09
采盐业	670	42.68	24.98	32.71	22.34
其他矿采选业	30	0.20	0.07	0.17	0.14
木材及竹材采运业	1 055	100.92	57.57	110.97	69.34
自来水生产和供应业	3 487	64.98	25.18	63.23	47.76
食品制造业	39 319	1 473.35	248.65	1 347.60	1 214.88
#粮食加工业	12 104	377.51	48.89	326.61	297.93
饮料制造业	13 263	462.45	152.40	456.70	342.73
烟草加工业	329	547.45	316.27	563.49	260.71
饲料工业	4 024	153.37	19.48	146.26	130.08
纺织业	24 596	2 533.27	502.78	2 199.67	1 978.45
#棉纺织业	9 353	1 374.60	258.89	1 238.12	1 125.30
毛纺织业	2 161	254.98	67.91	207.63	180.79

10-9 续表 1　　(1991年)　　单位：亿元

类　　别	工业企业单位数(个)	工业总产值	工业净产值	产品销售收　入	#产品销售成　本
丝绢纺织业	3 235	379.63	78.30	317.15	278.09
缝纫业	17 499	522.95	122.43	438.13	386.68
皮革、毛皮及其制品业	8 308	253.35	55.55	225.24	205.27
木材加工及竹、藤、棕、草制品业	10 782	122.28	28.11	115.12	103.24
家具制造业	9 252	90.35	24.04	80.07	70.63
造纸及纸制品业	10 875	423.44	98.71	389.13	340.99
印刷业	11 266	216.41	59.30	174.80	143.24
文教体育用品制造业	4 358	117.12	33.14	107.15	87.77
工艺美术品制造业	10 741	219.93	65.53	189.29	162.43
电力、蒸汽、热水生产和供应业	11 309	828.37	284.12	1 001.06	756.22
石油加工业	791	714.85	168.76	705.51	567.58
炼焦、煤气及煤制品业	2 307	84.37	12.21	81.87	77.47
化学工业	19 932	1 625.07	418.27	1 498.12	1 252.67
#基本化学原料制造业	4 823	297.87	81.16	266.81	221.92
有机化学产品制造业	6 775	491.21	129.24	455.87	369.56
日用化学产品制造业	3 074	220.31	65.78	193.43	150.69
医药工业	3 306	453.55	131.26	412.14	333.54
化学纤维工业	616	325.39	94.59	344.24	276.46
橡胶制品业	3 818	317.28	87.85	292.62	242.21
塑料制品业	14 554	439.23	98.20	394.64	346.85
建筑材料及其他非金属矿物制品业	52 179	1 055.40	338.93	978.14	796.09
#水泥制造业	5 374	370.52	115.80	361.48	279.44
黑色金属冶炼及压延加工业	3 432	1 538.50	374.65	1 489.42	1 243.01
有色金属冶炼及压延加工业	2 461	573.55	107.29	423.91	364.87
金属制品业	28 562	615.23	159.34	547.52	473.75
机械工业	42 496	1 995.40	565.00	1 901.76	1 651.41
#工业专用设备制造业	6 616	392.40	119.54	376.49	321.53
日用机械制造业	1 793	207.94	48.76	200.94	176.98
交通运输设备制造业	11 203	975.75	244.92	996.33	845.79
电气机械及器材制造业	14 763	917.12	238.36	841.33	724.28
#日用电器制造业	2 516	280.81	64.89	259.20	226.76
电子及通信设备制造业	4 919	764.69	184.20	709.66	616.17
#日用电子器具制造业	1 019	307.03	57.25	288.69	261.54
仪器仪表及其他计量器具制造业	3 508	136.71	49.51	130.56	107.61

10-9 续表 2 (1991年) 单位：亿元

类别	年底固定资产		定额流动资金年平均余额	提取的折旧基金	利润总额	利税总额	企业留利
	原值	净值					
全国总计	17 156.27	12 019.69	6 784.00	795.21	642.78	2 233.29	320.53
按经济类型分							
全民所有制工业	13 556.75	9 507.19	4 560.39	577.88	402.17	1 661.15	225.96
集体所有制工业	2 686.09	1 919.48	1 869.18	165.26	170.13	450.41	64.34
#乡办企业	1 206.75	874.13	744.75	80.56	101.18	217.57	35.10
其他经济类型工业	913.44	593.02	354.43	52.07	70.49	121.73	30.23
按轻重工业分							
轻工业	5 097.93	3 643.82	3 061.36	249.88	221.24	1 002.52	117.73
以农产品为原料	3 422.96	2 419.03	2 044.72	161.07	103.62	711.52	70.55
以非农产品为原料	1 674.97	1 224.79	1 016.64	88.81	117.62	291.00	47.18
重工业	12 058.34	8 375.87	3 722.64	545.33	421.54	1 230.77	202.80
采掘工业	2 774.35	1 981.72	306.46	105.45	-50.34	21.36	22.21
原料工业	5 489.64	3 920.47	1 059.77	252.77	263.53	747.28	86.46
制造工业	3 794.36	2 473.68	2 356.41	187.11	208.35	462.13	94.13
按企业规模分							
大型企业	8 399.63	5 834.27	2 322.04	373.28	302.98	1 119.34	147.59
中型企业	3 276.06	2 320.27	1 444.14	147.84	93.67	423.47	51.08
小型企业	5 480.59	3 864.65	3 017.82	274.09	246.13	690.48	121.86
按工业行业分							
煤炭采选业	1 179.50	835.53	122.33	53.62	-55.48	-37.81	3.78
石油和天然气开采业	1 122.23	820.78	76.33	31.82	-19.03	18.61	8.16
黑色金属矿采选业	58.10	38.97	12.28	3.39	4.21	5.73	1.76
有色金属矿采选业	165.56	109.84	39.66	7.76	9.22	12.34	4.16
建筑材料及其他非金属矿采选业	92.47	64.33	24.96	4.49	6.63	11.43	2.56
采盐业	52.03	38.34	12.33	2.48	2.97	5.73	1.20
其他矿采选业	0.12	0.08	0.05	0.01	0.02	0.03	
木材及竹材采运业	161.48	116.25	33.24	4.67	5.47	12.79	2.08
自来水生产和供应业	200.27	162.06	5.91	6.11	11.59	13.36	4.43
食品制造业	660.42	496.75	303.40	30.79	36.74	77.67	18.94
#粮食加工业	108.74	83.95	30.84	4.75	18.60	20.91	6.30
饮料制造业	311.57	246.16	185.12	14.72	13.81	80.38	7.57
烟草加工业	129.31	110.20	147.95	5.49	-10.67	293.23	2.23
饲料工业	44.35	36.61	24.29	2.37	6.21	9.41	2.82
纺织业	1 441.99	930.98	826.48	62.82	-0.43	116.26	13.73
#棉纺织业	726.77	529.25	386.96	34.59	-4.92	61.34	5.77
毛纺织业	157.67	117.45	132.35	8.33	-0.18	17.96	1.89

10-9 续表 3　　　　(1991年)　　　　单位：亿元

类别	年底固定资产		定额流动资金年平均余额	提取的折旧基金	利润总额	利税总额	企业留利
	原值	净值					
丝绢纺织业	134.19	97.94	108.37	7.65	8.14	23.68	3.28
缝纫业	151.90	112.39	139.89	9.39	13.90	29.47	5.54
皮革、毛皮及其制品业	93.49	68.32	96.90	5.26	2.08	9.18	1.99
木材加工及竹、藤、棕、草制品业	96.10	72.22	46.33	3.99	-1.09	3.76	1.14
家具制造业	47.80	33.41	37.29	2.48	1.09	4.54	0.90
造纸及纸制品业	269.67	188.71	117.85	13.47	7.76	32.37	4.22
印刷业	127.18	87.97	54.10	6.51	14.43	22.67	5.33
文教体育用品制造业	45.18	31.72	32.47	2.65	6.18	10.71	2.29
工艺美术品制造业	76.65	56.56	78.10	4.53	6.16	16.18	2.24
电力、蒸汽、热水生产和供应业	2 068.24	1 499.97	65.06	90.55	90.70	202.68	18.73
石油加工业	480.41	330.12	88.56	25.88	32.52	130.97	12.44
炼焦、煤气及煤制品业	118.14	96.78	14.34	4.33	-2.35	1.08	2.16
化学工业	1 234.38	866.48	426.66	61.43	64.80	186.78	22.26
#基本化学原料制造业	253.37	180.64	75.71	12.66	9.73	34.39	3.43
有机化学产品制造业	307.12	228.52	124.10	17.02	21.43	70.21	5.69
日用化学产品制造业	83.60	62.33	64.59	4.03	11.48	29.77	4.34
医药工业	195.69	144.48	130.26	10.05	30.75	51.91	12.51
化学纤维工业	280.59	204.43	75.73	17.26	31.97	56.28	5.96
橡胶制品业	123.63	85.00	86.38	6.49	7.55	37.26	3.85
塑料制品业	236.89	174.06	130.33	13.55	11.75	27.62	4.30
建筑材料及其他非金属矿物制品业	965.53	682.73	309.90	48.30	33.55	110.12	14.59
#水泥制造业	408.11	290.82	82.73	20.18	16.77	48.36	5.88
黑色金属冶炼及压延加工业	1 317.88	920.90	424.36	60.02	69.16	208.12	31.74
有色金属冶炼及压延加工业	376.89	252.71	162.43	16.30	17.04	44.42	4.59
金属制品业	281.97	190.94	216.29	15.88	19.03	45.01	6.89
机械工业	1 451.46	903.26	1 039.37	68.33	57.71	145.87	31.77
#工业专用设备制造业	323.47	194.32	238.44	15.34	14.88	34.77	7.04
日用机械制造业	100.41	67.64	71.84	5.12	0.23	12.93	2.23
交通运输设备制造业	581.94	374.99	391.06	27.77	55.61	92.32	23.54
电气机械及器材制造业	409.93	281.48	374.53	22.76	25.93	74.72	10.54
#日用电器制造业	102.84	78.09	108.52	6.55	3.29	16.61	2.95
电子及通信设备制造业	367.14	262.20	319.76	20.52	25.09	49.43	12.78
#日用电子器具制造业	71.30	50.85	124.42	4.57	4.64	13.88	2.40
仪器仪表及其他计量器具制造业	102.75	64.89	85.77	4.81	6.97	13.87	3.68

注：1. 本表指标为乡及乡以上独立核算工业企业的数字(以下10-12至10-24各表同)。

2. 工业总产值按当年价格计算(下表同)。

10-10 各地区按经济类型分的独立核算工业企业单位数和工业总产值

(1991年)

地区	全民所有制工业			集体所有制工业			其他经济类型工业		
	企业单位数(个)	1990年不变价格总产值(亿元)	当年价格总产值(亿元)	企业单位数(个)	1990年不变价格总产值(亿元)	当年价格总产值(亿元)	企业单位数(个)	1990年不变价格总产值(亿元)	当年价格总产值(亿元)
全国	**75 248**	**14 362.55**	**14 371.73**	**333 713**	**6 443.98**	**6 177.89**	**9 908**	**1 575.32**	**1 539.06**
北京	1 206	514.96	508.04	3 973	145.70	142.81	230	80.19	79.36
天津	1 094	426.16	417.97	4 055	113.72	107.52	391	53.44	53.16
河北	3 728	613.76	613.07	15 327	260.55	257.22	149	18.59	22.10
山西	2 500	369.72	358.86	8 597	130.49	108.63	30	1.41	1.25
内蒙古	2 024	225.58	223.11	5 539	43.87	40.88	19	2.70	2.71
辽宁	3 490	1 057.79	1 091.36	17 576	323.99	323.26	313	77.69	79.10
吉林	2 412	404.58	431.13	9 664	104.99	105.84	25	2.22	2.38
黑龙江	3 446	707.21	767.55	11 006	116.12	116.02	55	5.31	5.26
上海	2 581	1 246.69	1 234.31	5 928	247.01	239.38	1 694	283.27	273.90
江苏	3 790	1 033.57	1 014.96	32 530	1 281.85	1 205.38	684	165.42	157.51
浙江	3 209	528.30	515.12	37 003	802.24	749.19	526	54.14	50.85
安徽	2 669	428.61	423.61	18 130	178.42	174.20	78	4.55	4.83
福建	2 289	248.91	247.98	9 062	92.27	90.18	1 284	149.87	136.87
江西	3 529	310.44	306.50	10 957	84.46	80.06	48	4.77	4.03
山东	3 676	1 021.24	1 011.25	18 875	744.21	728.24	201	22.76	22.33
河南	3 559	647.16	634.74	12 519	190.06	182.30	40	9.22	8.95
湖北	3 846	706.46	682.16	15 309	245.96	231.25	93	12.02	11.56
湖南	3 609	496.61	488.04	17 159	169.65	162.32	35	4.62	4.47
广东	4 436	850.69	906.72	17 791	537.27	540.38	3 314	576.47	571.52
广西	2 537	283.68	281.36	6 432	68.10	64.75	160	7.80	7.89
海南	459	33.20	35.27	333	2.52	2.55	94	7.97	7.92
四川	5 214	858.34	838.11	30 157	306.90	287.99	238	12.02	11.36
贵州	1 567	186.40	182.62	3 444	26.63	23.87	66	4.39	5.01
云南	2 066	285.67	292.37	3 822	60.57	56.02	45	2.31	1.97
西藏	136	2.12	2.54	80	0.43	0.37	1		
陕西	2 329	350.79	339.59	9 362	72.26	66.91	34	7.60	8.17
甘肃	1 440	247.32	243.01	4 581	39.74	38.13	11	0.44	0.42
青海	496	50.47	49.25	722	6.88	6.28	5	0.02	0.02
宁夏	441	55.97	52.28	1 139	10.69	9.52	14	0.90	0.84
新疆	1 470	170.14	178.85	2 641	36.43	36.45	31	3.20	3.32

10-11 各地区按轻重工业分的独立核算工业企业单位数和工业总产值

(1991年)

地区	轻工业 企业单位数（个）	轻工业 1990年不变价格总产值（亿元）	轻工业 当年价格总产值（亿元）	重工业 企业单位数（个）	重工业 1990年不变价格总产值（亿元）	重工业 当年价格总产值（亿元）
全　国	**224 609**	**10 657.56**	**10 229.85**	**194 260**	**11 724.29**	**11 858.83**
北　京	2 915	303.17	298.83	2 494	437.69	431.38
天　津	3 155	279.78	266.04	2 385	313.54	312.62
河　北	9 526	391.67	373.06	9 678	501.23	519.32
山　西	4 344	115.73	111.48	6 783	385.88	357.26
内蒙古	3 950	109.36	103.34	3 632	162.79	163.36
辽　宁	8 895	405.93	397.11	12 484	1 053.54	1 096.62
吉　林	6 207	203.28	201.31	5 894	308.51	338.04
黑龙江	7 666	258.17	260.20	6 841	570.47	628.64
上　海	5 824	884.17	861.19	4 379	892.80	886.40
江　苏	19 472	1 350.19	1 259.96	17 532	1 130.65	1 117.89
浙　江	23 556	887.20	831.55	17 182	497.48	483.62
安　徽	11 262	321.55	303.20	9 615	290.03	299.45
福　建	7 601	302.96	286.87	5 034	188.10	188.16
江　西	7 874	180.56	163.44	6 660	219.11	227.14
山　东	12 593	908.03	885.89	10 159	880.18	875.93
河　南	8 198	374.36	350.68	7 920	472.09	475.32
湖　北	10 454	426.54	398.74	8 794	537.90	526.22
湖　南	10 198	289.68	273.70	10 605	381.21	381.13
广　东	16 734	1 304.37	1 291.36	8 807	660.07	727.26
广　西	5 191	197.95	185.23	3 938	161.63	168.77
海　南	497	31.41	31.45	389	12.28	14.29
四　川	19 863	495.76	466.09	15 746	681.50	671.38
贵　州	2 312	84.23	86.86	2 765	133.19	124.64
云　南	3 151	171.53	183.86	2 782	177.02	166.50
西　藏	105	0.70	0.72	112	1.84	2.18
陕　西	5 968	177.03	165.58	5 757	253.62	249.09
甘　肃	3 290	72.31	68.09	2 742	215.19	213.46
青　海	598	16.89	15.11	625	40.47	40.45
宁　夏	826	17.82	16.74	768	49.74	45.89
新　疆	2 384	95.24	92.17	1 758	114.54	126.45

10-12 各地区按企业规模分的独立核算工业企业单位数和工业总产值

（1991年）

地区	大型企业			中型企业			小型企业		
	企业单位数（个）	1990年不变价格总产值（亿元）	当年价格总产值（亿元）	企业单位数（个）	1990年不变价格总产值（亿元）	当年价格总产值（亿元）	企业单位数（个）	1990年不变价格总产值（亿元）	当年价格总产值（亿元）
全国	**4 257**	**7 835.88**	**7 956.64**	**10 687**	**4 505.45**	**4 409.49**	**403 925**	**10 040.52**	**9 722.56**
北京	228	396.26	391.67	284	134.56	130.90	4 897	210.03	207.64
天津	163	253.84	251.72	331	144.52	141.53	5 046	194.96	185.41
河北	183	314.45	321.17	508	176.45	173.04	18 513	402.00	398.17
山西	104	210.66	207.88	167	60.08	58.20	10 856	230.88	202.66
内蒙古	56	98.62	98.87	178	61.79	61.40	7 348	111.74	106.43
辽宁	380	784.84	810.70	679	237.04	245.29	20 320	437.59	437.73
吉林	101	199.97	220.95	249	89.97	91.26	11 751	221.85	227.14
黑龙江	172	462.08	505.05	308	125.98	132.91	14 027	240.58	250.87
上海	379	901.51	898.69	623	300.67	291.83	9 201	574.79	557.07
江苏	263	517.14	509.97	1 167	569.83	541.74	35 574	1 393.87	1 326.14
浙江	146	212.45	211.13	584	240.29	227.67	40 008	931.93	876.37
安徽	81	187.34	192.12	349	129.75	124.16	20 447	294.49	286.37
福建	54	78.47	74.31	212	105.04	98.70	12 369	307.55	302.02
江西	56	64.31	67.91	248	130.27	129.10	14 230	205.10	193.57
山东	218	534.33	529.84	1 134	422.60	412.54	21 400	831.28	819.45
河南	132	272.49	276.55	286	150.64	139.70	15 700	423.32	409.74
湖北	180	371.93	362.13	411	164.47	155.86	18 657	428.04	406.97
湖南	127	220.26	221.42	367	128.18	126.48	20 309	322.44	306.93
广东	337	541.91	581.80	952	465.67	475.22	24 252	956.85	961.61
广西	134	118.28	112.75	233	78.02	78.05	8 762	163.28	163.21
海南	10	6.24	6.62	51	19.44	19.38	825	18.01	19.74
四川	296	399.30	397.61	575	243.81	235.93	34 738	534.16	503.92
贵州	97	96.54	95.89	103	50.66	50.08	4 877	70.23	65.52
云南	71	144.76	158.28	210	85.53	82.93	5 652	118.27	109.16
西藏				4	0.20	0.18	213	2.35	2.72
陕西	167	188.32	183.51	194	71.84	69.58	11 364	170.49	161.59
甘肃	66	146.18	145.97	103	46.62	45.35	5 863	94.70	90.23
青海	16	17.83	17.02	33	14.85	15.67	1 174	24.68	22.87
宁夏	18	26.57	26.07	42	13.04	10.91	1 534	27.95	25.66
新疆	22	68.99	79.05	102	43.67	43.93	4 018	97.12	95.63

10-13 各地区独立核算工业企业主要财务指标

（1991年）

单位：亿元

地区	工业净产值	产品销售收入	# 产品销售成本	年底固定资产	
				原值	净值
全国	**5 915.10**	**20 597.45**	**17 356.61**	**17 156.27**	**12 019.69**
北京	200.48	727.15	579.19	505.23	331.13
天津	136.12	538.50	467.76	379.97	252.86
河北	223.51	819.55	714.47	829.57	603.11
山西	141.92	440.00	369.72	608.98	415.07
内蒙古	82.03	255.39	214.93	332.53	242.30
辽宁	398.53	1 425.60	1 232.40	1 440.02	967.27
吉林	149.13	519.20	450.11	547.18	388.07
黑龙江	316.94	778.66	649.19	956.62	672.87
上海	454.32	1 762.19	1 431.58	982.42	698.11
江苏	539.41	2 150.53	1 869.63	1 199.50	874.77
浙江	312.90	1 181.11	1 013.30	575.49	412.61
安徽	143.19	568.06	487.88	448.45	317.69
福建	129.10	437.36	359.84	288.96	211.52
江西	100.47	368.71	319.44	300.18	204.18
山东	450.79	1 545.11	1 315.75	1 342.53	1 025.09
河南	228.53	776.56	660.28	792.51	577.97
湖北	241.54	850.01	708.99	747.40	511.11
湖南	189.39	632.96	528.58	517.29	347.63
广东	522.21	1 875.02	1 571.32	1 339.04	879.13
广西	102.77	337.39	275.29	272.82	199.46
海南	12.74	42.89	37.06	49.84	38.78
四川	312.20	1 088.91	921.31	980.66	652.29
贵州	73.97	201.54	154.58	220.85	154.53
云南	141.39	344.77	237.17	301.25	214.95
西藏	1.18	2.74	2.11	8.28	5.51
陕西	121.96	391.49	335.38	403.71	279.45
甘肃	89.03	252.04	210.05	328.91	214.13
青海	16.82	51.79	43.59	96.18	65.67
宁夏	18.18	58.41	50.17	81.27	58.29
新疆	64.36	173.81	145.54	278.64	204.16

10-13 续表　　　　(1991年)　　　　单位：亿元

地　区	定额流动资金年平均余额	提取的折旧基金	利润总额	利税总额	企业留利
全　国	**6 784.00**	**795.21**	**642.78**	**2 233.29**	**320.53**
北　京	236.16	24.75	58.34	110.60	26.29
天　津	173.89	17.40	20.30	52.10	11.70
河　北	287.66	39.27	13.21	69.98	11.95
山　西	166.99	28.86	15.56	46.72	7.73
内蒙古	108.97	13.89	4.84	25.17	3.35
辽　宁	490.61	63.12	16.95	127.69	14.87
吉　林	209.75	23.06	9.07	47.42	6.61
黑龙江	306.70	37.93	24.83	88.42	9.32
上　海	479.77	51.54	102.55	228.83	41.23
江　苏	623.90	66.05	49.15	172.74	18.59
浙　江	350.36	32.58	48.81	119.27	17.82
安　徽	169.26	21.48	2.37	54.24	7.61
福　建	122.86	14.16	19.89	52.95	6.39
江　西	132.22	14.11	6.52	31.93	4.90
山　东	501.45	56.20	47.05	158.98	15.94
河　南	274.38	32.48	12.12	87.63	10.75
湖　北	298.14	34.75	31.79	103.46	18.29
湖　南	215.35	25.24	10.27	74.98	5.97
广　东	484.45	67.46	71.83	188.08	28.62
广　西	102.80	12.04	11.91	44.48	4.24
海　南	14.58	1.72	0.72	3.67	0.79
四　川	423.74	47.76	26.54	111.03	19.45
贵　州	85.08	8.97	2.96	36.34	4.00
云　南	107.35	13.80	15.57	95.53	7.47
西　藏	1.30	0.25	0.32	0.40	0.22
陕　西	188.00	16.49	7.06	39.70	7.19
甘　肃	104.66	12.07	7.52	31.72	3.80
青　海	27.50	4.15	0.17	4.79	0.68
宁　夏	26.53	3.39	0.72	5.51	1.10
新　疆	69.58	10.24	3.85	18.95	3.62

10-14 全民所有制独立核算工业企业主要财务指标

(1991年)

类别	企业单位数(个)	工业净产值(亿元)	年底固定资产(亿元) 原值	年底固定资产(亿元) 净值	定额流动资金年平均余额(亿元)	提取的折旧基金(亿元)
总计	75 248	4 019.13	13 556.75	9 507.19	4 560.39	577.88
按轻重工业分						
轻工业	39 422	1 511.51	3 105.00	2 283.16	1 764.46	137.34
重工业	35 826	2 507.61	10 451.75	7 224.03	2 795.93	440.53
按工业行业分						
#煤炭采选业	1 805	134.20	1 119.02	790.03	99.97	49.58
石油和天然气开采业	31	230.36	1 122.22	820.78	76.32	31.82
黑色金属矿采选业	226	10.79	49.78	32.48	8.69	2.87
有色金属矿采选业	766	30.79	147.31	95.44	33.36	6.64
建筑材料及其他非金属矿采选业	879	16.36	66.84	46.73	14.30	2.76
木材及竹材采运业	632	56.61	160.82	115.79	33.02	4.63
自来水生产和供应业	1 806	23.45	190.11	154.28	4.85	5.49
食品制造业	13 544	188.26	522.99	390.69	232.55	22.75
饮料制造业	3 497	115.56	231.87	183.58	139.29	9.78
烟草加工业	268	306.78	124.41	106.09	142.81	5.24
饲料工业	2 090	11.86	30.74	25.77	16.08	1.40
纺织业	4 200	290.45	765.48	544.37	490.96	32.91
木材加工及竹、藤、棕、草制品业	823	9.46	54.59	40.56	24.29	1.74
家具制造业	444	2.85	9.85	7.37	6.18	0.33
电力、蒸汽、热水生产和供应业	3 781	268.11	1 948.67	1 407.73	57.87	82.09
石油加工业	134	163.99	472.07	324.12	84.56	25.36
炼焦、煤气及煤制品业	488	7.82	108.11	88.76	10.67	3.66
化学工业	4 798	308.52	1 054.04	731.19	312.06	49.92
化学纤维工业	189	80.27	244.94	177.11	62.06	14.72
橡胶制品业	559	57.74	79.84	53.81	54.46	3.82
塑料制品业	870	18.68	61.55	45.10	31.08	2.63
建筑材料及其他非金属矿物制品业	6 832	176.41	598.29	427.64	169.38	24.16
黑色金属冶炼及压延加工业	810	338.00	1 227.75	850.66	370.30	54.13
有色金属冶炼及压延加工业	478	87.25	333.03	218.77	134.71	13.63
金属制品业	1 558	39.47	94.01	63.35	65.20	4.09
机械工业	8 906	369.18	1 144.55	700.12	775.97	48.78
交通运输设备制造业	2 371	164.16	480.95	302.94	312.30	21.02
电气机械及器材制造业	2 002	115.44	233.29	152.20	198.35	11.13
电子及通信设备制造业	1 387	106.94	243.32	168.10	228.52	11.95
仪器仪表及其他计量器具制造业	809	30.73	81.06	50.71	61.68	3.50

10-14 续表　　　　　　　　(1991年)

类　　　别	产品销售收入（亿元）	#产品销售成本（亿元）	利润总额（亿元）	利税总额（亿元）	亏损企业亏损总额（亿元）	企业留利（亿元）
总　　计	**13 933.67**	**11 656.32**	**402.17**	**1 661.15**	**367.00**	**225.96**
按轻重工业分						
轻工业	5 400.36	4 476.23	112.92	707.42	123.59	69.90
重工业	8 533.31	7 180.09	289.24	953.73	243.41	156.06
按工业行业分						
#煤炭采选业	451.59	462.30	-62.16	-48.07	75.08	2.07
石油和天然气开采业	356.07	323.96	-19.03	18.61	46.60	8.16
黑色金属矿采选业	27.38	21.57	2.50	3.48	0.41	1.26
有色金属矿采选业	83.37	68.43	6.41	8.76	3.43	3.23
建筑材料及其他非金属矿采选业	36.91	29.55	2.81	5.10	1.33	1.51
木材及竹材采运业	108.92	67.96	5.24	12.36	3.28	2.02
自来水生产和供应业	57.98	43.42	11.16	12.77	3.09	4.26
食品制造业	1 079.25	980.34	27.96	59.87	19.90	14.92
饮料制造业	330.50	250.03	9.21	64.52	7.93	5.01
烟草加工业	545.37	251.46	-11.21	284.70	18.95	2.13
饲料工业	99.98	91.40	3.56	5.04	0.52	1.80
纺织业	1 247.32	1 126.59	-7.72	70.61	37.57	7.37
木材加工及竹、藤、棕、草制品业	50.21	46.88	-1.75	0.09	3.02	0.37
家具制造业	10.77	9.92	-0.32	0.09	0.60	0.11
电力、蒸汽、热水生产和供应业	952.65	713.31	87.39	197.24	16.29	17.68
石油加工业	685.16	550.82	31.15	128.25	0.91	12.14
炼焦、煤气及煤制品业	66.45	64.77	-3.27	-0.53	5.96	1.88
化学工业	1 130.74	953.86	48.35	140.11	15.15	16.41
化学纤维工业	284.89	226.99	27.36	48.63	0.52	4.74
橡胶制品业	193.83	159.32	4.79	26.82	2.31	2.65
塑料制品业	85.29	76.02	2.68	5.84	1.38	0.99
建筑材料及其他非金属矿物制品业	520.51	413.17	18.14	63.15	11.62	7.99
黑色金属冶炼及压延加工业	1 308.51	1 079.20	67.74	198.01	9.93	30.87
有色金属冶炼及压延加工业	343.29	293.44	15.30	38.44	4.90	3.77
金属制品业	141.29	122.86	4.26	11.32	2.58	2.01
机械工业	1 293.87	1 137.29	28.45	87.40	35.54	21.67
交通运输设备制造业	702.86	600.89	32.92	56.85	8.22	16.00
电气机械及器材制造业	392.61	337.98	13.99	38.28	5.80	5.24
电子及通信设备制造业	414.35	364.13	11.17	27.09	7.19	6.76
仪器仪表及其他计量器具制造业	79.01	66.10	3.46	7.70	1.98	2.21

10-15 各地区全民所有制独立核算工业企业主要财务指标

（1991年）

地区	企业单位数（个）	工业净产值（亿元）	产品销售收入（亿元）	#产品销售成本	年底固定资产（亿元）	
					原值	净值
全国	75 248	4 019.13	13 933.67	11 656.32	13 556.75	9 507.19
北京	1 206	146.81	527.41	416.40	421.04	271.01
天津	1 094	95.53	407.79	359.30	314.71	207.30
河北	3 728	155.61	591.40	522.04	682.62	492.64
山西	2 500	106.16	344.52	293.05	539.99	364.47
内蒙古	2 024	67.25	216.82	182.12	306.15	222.42
辽宁	3 490	284.12	1 058.24	918.28	1 244.20	828.33
吉林	2 412	113.97	421.97	368.82	489.48	346.27
黑龙江	3 446	280.19	677.29	561.29	888.55	624.57
上海	2 581	321.42	1 263.10	1 013.77	797.79	565.00
江苏	3 790	240.56	993.81	854.10	702.10	508.12
浙江	3 209	125.98	503.30	426.09	317.74	227.54
安徽	2 669	100.97	417.95	358.86	374.59	264.93
福建	2 289	75.92	247.69	198.54	196.44	142.27
江西	3 529	76.49	298.53	259.37	260.34	176.34
山东	3 676	284.98	962.87	819.49	1 006.11	772.72
河南	3 559	181.07	620.87	526.36	690.72	502.21
湖北	3 846	184.10	665.11	547.85	624.44	423.88
湖南	3 609	145.61	481.56	397.69	426.45	288.76
广东	4 436	254.08	853.62	699.66	612.24	451.04
广西	2 537	82.11	270.83	218.86	232.93	169.88
海南	459	10.41	34.17	29.52	42.21	33.11
四川	5 214	233.78	824.42	693.27	828.94	549.41
贵州	1 567	65.51	175.66	133.64	202.45	140.51
云南	2 066	122.59	289.20	193.35	257.76	182.27
西藏	136	0.99	2.43	1.91	7.94	5.21
陕西	2 329	99.80	326.64	281.19	363.99	250.65
甘肃	1 440	77.44	220.19	183.28	305.19	195.95
青海	496	14.92	46.10	38.68	91.79	62.77
宁夏	441	14.99	49.64	42.62	72.76	51.75
新疆	1 470	55.73	140.53	116.92	255.09	185.87

10-15 续表 (1991年)

地　区	定额流动资金年平均余额（亿元）	提取的折旧基　金（亿元）	利润总额（亿元）	利税总额（亿元）	亏损企业亏损总额（亿元）	企业留利（亿元）
全　国	**4 560.39**	**577.88**	**402.17**	**1 661.15**	**367.00**	**225.96**
北　京	168.15	19.23	40.60	83.76	11.16	22.15
天　津	129.89	13.26	12.27	38.50	8.51	7.69
河　北	198.33	29.14	1.16	47.11	27.91	7.88
山　西	127.72	24.73	9.78	35.98	9.49	6.35
内蒙古	89.52	12.63	3.61	21.65	9.10	2.78
辽　宁	341.79	52.30	6.13	96.12	42.62	10.36
吉　林	162.40	19.96	4.66	36.05	17.91	4.60
黑龙江	254.68	34.18	22.69	80.64	23.06	7.80
上　海	347.71	37.91	71.00	176.34	7.48	27.56
江　苏	260.58	34.72	26.32	94.46	13.05	10.24
浙　江	134.61	15.06	20.41	57.17	6.34	8.28
安　徽	127.47	16.86	-2.22	42.20	16.72	5.14
福　建	77.39	8.15	12.80	37.37	3.72	4.07
江　西	107.68	11.99	4.81	26.35	9.43	3.97
山　东	265.75	35.74	20.75	106.68	24.04	10.18
河　南	213.18	26.67	6.45	73.34	24.29	8.37
湖　北	219.55	28.08	29.27	90.68	11.25	16.25
湖　南	162.02	19.21	7.60	63.67	14.88	3.92
广　东	226.20	29.79	41.67	116.26	12.71	15.28
广　西	84.10	9.39	10.50	38.67	6.50	3.52
海　南	11.27	1.26	0.87	3.38	1.14	0.70
四　川	328.75	37.67	21.25	88.02	26.42	15.91
贵　州	76.70	7.92	2.20	33.42	7.05	3.61
云　南	89.02	11.30	13.97	86.00	4.82	6.79
西　藏	1.17	0.24	0.25	0.32	0.08	0.17
陕　西	162.34	14.13	3.68	32.97	12.19	4.57
甘　肃	90.14	10.71	6.10	28.46	6.92	3.03
青　海	24.22	3.86	0.20	4.40	2.03	0.63
宁　夏	21.33	2.93	0.40	4.64	1.75	0.96
新　疆	56.73	8.84	3.00	16.52	4.43	3.19

10-16 历年全民所有制独立核算工业企业主要财务指标

单位：亿元

年份	固定资产原值	固定资产净值	定额流动资金年平均余额	亏损企业亏损总额	利润总额	利润和税金总额	全部商品产品工厂成本
1952	148.80	100.80	46.00		28.20	37.30	69.70
1953	175.70	120.40	57.60		41.20	54.20	99.70
1954	219.50	151.90	59.80		47.60	64.30	118.90
1955	249.50	171.30	64.80		52.10	70.90	130.60
1956	282.50	197.70	72.50		59.50	86.80	159.60
1957	334.60	239.80	90.50		78.80	114.40	173.90
1958	435.60	330.60	139.00		160.60	218.50	397.80
1959	571.90	447.10	217.40		234.10	323.80	600.60
1960	721.80	570.80	303.70		285.20	381.60	774.70
1961	800.80	624.90	291.60		82.80	145.60	552.80
1962	855.40	657.30	235.30		76.30	135.00	485.30
1963	889.60	670.70	231.40		121.00	185.00	455.24
1964	951.70	709.70	238.60		166.10	243.80	525.50
1965	1 040.00	777.20	260.10		217.00	309.20	634.30
1966	1 120.00	828.90	290.50		271.00	386.40	747.61
1967	1 176.00	854.10	359.70		165.00	263.80	650.46
1968	1 229.00	884.40	407.20		129.00	223.60	626.68
1969	1 294.00	919.10	443.30		219.00	345.00	857.06
1970	1 462.00	1 033.30	511.80		311.00	472.10	1 005.40
1971	1 610.00	1 156.90	582.50		336.10	522.40	1 181.25
1972	1 806.90	1 301.10	673.50	32.25	355.10	546.20	1 251.24
1973	2 033.60	1 459.00	741.10	39.93	369.20	566.80	1 367.03
1974	2 196.10	1 561.20	801.90	61.77	316.30	512.70	1 376.03
1975	2 428.30	1 716.30	852.70	55.07	363.40	582.70	1 724.03
1976	2 621.80	1 846.40	928.00	76.87	317.10	535.50	1 717.77
1977	2 882.20	2 011.30	973.90	60.70	384.50	633.90	1 944.07
1978	3 193.40	2 225.70	1 047.30	42.06	508.80	790.70	2 208.39
1979	3 466.70	2 378.60	1 109.00	36.38	562.80	864.40	2 479.96
1980	3 730.10	2 528.00	1 135.70	34.30	585.40	907.10	2 681.11
1981	4 032.30	2 709.30	1 163.70	45.96	579.70	923.30	2 771.02
1982	4 375.00	2 914.00	1 231.90	47.57	597.70	972.20	3 020.61
1983	4 767.80	3 161.00	1 291.50	32.11	640.90	1 032.80	3 301.54
1984	5 170.00	3 395.50	1 359.60	26.61	706.20	1 152.80	3 717.48
1985	5 956.20	3 980.80	1 623.30	32.44	738.20	1 334.10	4 585.06
1986	6 744.80	4 543.80	1 951.80	54.49	689.90	1 341.40	5 242.43
1987	7 677.90	5 242.40	2 215.00	61.04	787.00	1 514.10	6 246.95
1988	8 795.20	6 040.40	2 563.00	81.92	891.90	1 774.90	7 893.28
1989	10 160.84	7 033.20	3 284.80	180.19	743.01	1 773.14	9 682.25
1990	11 610.27	8 088.31	4 000.33	348.76	388.11	1 503.14	10 430.80
1991	13 556.75	9 507.19	4 560.39	367.00	402.17	1 661.15	11 887.90

注：1.本表1952-1957年资料中包括了当时公私合营和私营工业，以后都改造为全民所有制工业。

2.1958-1960年的利润和税金总额数字不实，有些偏高。

10-17 独立核算工业企业全员劳动生产率

单位：元／人·年

年份	全部工业企业	全民所有制工业	集体所有制工业	其他经济类型工业
1952	2 081	4 200		
1953	2 580	4 540		
1954	2 735	5 104		
1955	2 860	5 608		
1956	3 829	6 672		
1957	4 270	6 376		
1958	3 155	5 834		
1959	3 423	5 397		
1960	4 740	5 880		
1961	3 300	4 188		
1962	3 644	4 830		
1963	4 655	6 121		
1964	5 584	7 350		
1965	6 666	8 995		
1966	7 468	10 171		
1967	6 109	8 222		
1968	5 638	7 633		
1969	7 006	9 035		
1970	7 888	10 167		
1971	7 761	10 080		
1972	7 429	9 537		
1973	7 603	9 853		
1974	7 220	9 347		
1975	7 722	10 035		
1976	7 132	9 172		
1977	7 701	9 914		
1978	8 458	11 131	5 733	
1979	8 706	11 838	5 868	
1980	8 952	12 081	6 549	
1981	8 946	11 863	6 697	
1982	9 364	12 133	6 969	
1983	10 151	13 049	7 611	
1984	11 190	14 070	9 227	
1985	12 372	15 080	8 206	22 752
1986	12 609	15 451	8 600	22 009
1987	13 961	16 671	9 979	26 203
1988	15 835	18 056	12 195	32 893
1989	16 568	18 320	13 170	36 550
1990(80年价)	17 408	18 639	14 258	41 465
1990(90年价)	26 248	30 839	18 171	52 679
1991	28 704	32 304	20 664	67 599

注：1.全员劳动生产率1990年及以前是按指数换算成1980年价格计算的，1991年按1990年不变价格计算的。

2.集体所有制工业全员劳动生产率1984年以前为城镇集体所有制工业的数字，1985年以后为乡以上工业的数字。

10-18 按主要行业分的独立核算工业企业全员劳动生产率

（1991年）　　单位：元／人·年

类别	全部工业企业	#全民所有制工业	#集体所有制工业
总　　计	28 704	32 304	20 664
按轻重工业分			
轻工业	32 316	39 197	22 987
重工业	26 056	28 769	18 123
按工业行业分			
#煤炭采选业	8 609	8 403	9 425
石油和天然气开采业	60 757	60 763	36 178
黑色金属矿采选业	15 033	16 728	12 727
有色金属矿采选业	15 601	15 913	14 582
建筑材料及其他非金属矿采选业	11 734	12 000	11 411
木材及竹材采运业	9 384	9 285	15 685
自来水生产和供应业	21 697	22 097	17 716
食品制造业	43 457	48 562	28 459
饮料制造业	34 078	35 468	23 483
烟草加工业	179 494	184 603	86 939
饲料工业	108 641	116 602	52 983
纺织业	28 240	27 526	27 143
木材加工及竹、藤、棕、草制品业	14 350	18 565	10 827
家具制造业	15 231	16 593	14 048
电力、蒸汽、热水生产和供应业	38 700	41 016	11 099
石油加工业	123 046	133 264	32 454
炼焦、煤气及煤制品业	30 685	35 272	20 955
化学工业	39 732	40 343	32 893
化学纤维工业	78 950	78 955	61 557
橡胶制品业	41 074	55 666	23 558
塑料制品业	32 565	40 931	26 985
建筑材料及其他非金属矿物制品业	14 989	18 660	12 044
黑色金属冶炼及压延加工业	43 762	45 905	31 748
有色金属冶炼及压延加工业	58 270	58 672	50 485
金属制品业	22 141	25 831	19 418
机械工业	21 169	21 705	18 361
交通运输设备制造业	30 101	29 928	19 813
电气机械及器材制造业	35 098	36 521	30 845
电子及通信设备制造业	52 895	50 027	27 662
仪器仪表及其他计量器具制造业	18 235	17 405	16 790

注：本表按1990年不变价格计算。

10-19 各地区独立核算工业企业全员劳动生产率

（1991年）　　　　单位：元／人·年

地区	全部工业企业	#全民所有制工业	#集体所有制工业
全国	28 704	32 304	20 664
北京	42 974	45 897	27 341
天津	38 121	44 054	22 586
河北	24 967	27 734	19 765
山西	20 488	22 315	16 572
内蒙古	18 438	21 696	10 187
辽宁	25 189	31 239	14 571
吉林	20 015	24 694	11 498
黑龙江	21 159	25 195	10 678
上海	49 799	58 116	24 983
江苏	32 579	39 542	27 149
浙江	33 661	42 615	28 934
安徽	22 890	30 111	14 420
福建	31 081	31 720	16 066
江西	19 820	23 177	12 613
山东	33 159	37 548	28 282
河南	23 498	27 286	15 609
湖北	26 250	32 100	17 017
湖南	22 444	27 829	14 147
广东	45 349	48 932	27 771
广西	28 458	32 014	19 070
海南	28 189	27 684	12 380
四川	22 368	26 260	15 648
贵州	23 399	26 376	12 563
云南	31 694	36 380	19 693
西藏	13 277	13 652	11 710
陕西	22 146	24 339	14 566
甘肃	24 113	28 665	12 196
青海	12 384	12 762	10 258
宁夏	23 278	25 963	14 898
新疆	27 870	29 796	21 017

注：本表按1990年不变价格计算。

10-20 独立核算工业企业主要经济效益指标

(1991年)

类　　别	工业净产值占工业总产值的比重 (%)	每百元固定资产原值实现的产值 (元)	每百元固定资产原值实现的利税 (元)	资金利税率 (%)
总　　计	26.78	128.75	13.02	11.88
按轻重工业分				
轻工业	24.98	200.67	19.67	14.95
重工业	28.33	98.35	10.21	10.17
按工业行业分				
#煤炭采选业	34.19	43.99	-3.21	-3.95
石油和天然气开采业	44.74	45.89	1.66	2.07
黑色金属矿采选业	34.02	82.20	9.86	11.18
有色金属矿采选业	35.42	68.53	7.45	8.25
建筑材料及其他非金属矿采选业	37.17	107.53	12.36	12.80
木材及竹材采运业	57.05	62.50	7.92	8.56
自来水生产和供应业	38.75	32.45	6.67	7.95
食品制造业	16.88	223.09	11.76	9.71
饮料制造业	32.95	148.43	25.80	18.64
烟草加工业	57.77	423.36	226.77	113.59
饲料工业	12.70	345.82	21.22	15.45
纺织业	19.85	175.68	8.06	6.62
木材加工及竹、藤、棕、草制品业	22.99	127.24	3.91	3.17
家具制造业	26.61	189.02	9.50	6.42
电力、蒸汽、热水生产和供应业	34.30	40.05	9.80	12.95
石油加工业	23.61	148.80	27.26	31.28
炼焦、煤气及煤制品业	14.47	71.42	0.91	0.97
化学工业	25.74	131.65	15.13	14.44
化学纤维工业	29.07	115.97	20.06	20.09
橡胶制品业	27.69	256.64	30.14	21.74
塑料制品业	22.36	185.42	11.66	9.07
建筑材料及其他非金属矿物制品业	32.11	109.31	11.41	11.09
黑色金属冶炼及压延加工业	24.35	116.74	15.79	15.47
有色金属冶炼及压延加工业	18.71	152.18	11.79	10.70
金属制品业	25.90	218.19	15.96	11.05
机械工业	28.32	137.48	10.05	7.51
交通运输设备制造业	25.10	167.67	15.86	12.05
电气机械及器材制造业	25.99	223.73	18.23	11.39
电子及通信设备制造业	24.09	208.28	13.46	8.49
仪器仪表及其他计量器具制造业	36.22	133.05	13.50	9.21

10-20 续表　　　　　　　　　　(1991年)

类　　　别	产值利税率(%)	每百元销售收入实现的利润(元)	每百元销售成本实现的利润(元)	流动资金周转次数(次/年)
总　　计	10.11	3.12	3.70	3.04
按轻重工业分				
轻工业	9.80	2.38	2.82	3.04
重工业	10.38	3.73	4.43	3.03
按工业行业分				
#煤炭采选业	-7.29	-10.30	-10.42	4.40
石油和天然气开采业	3.61	-5.34	-5.87	4.67
黑色金属矿采选业	12.00	10.14	13.01	3.38
有色金属矿采选业	10.88	8.55	10.52	2.72
建筑材料及其他非金属矿采选业	11.50	7.95	10.03	3.34
木材及竹材采运业	12.67	4.93	7.89	3.34
自来水生产和供应业	20.56	18.33	24.27	10.70
食品制造业	5.27	2.73	3.02	4.44
饮料制造业	17.38	3.02	4.03	2.47
烟草加工业	53.56	-1.89	-4.09	3.81
饲料工业	6.14	4.25	4.77	6.02
纺织业	4.59	-0.02	-0.02	2.66
木材加工及竹、藤、棕、草制品业	3.07	-0.95	-1.06	2.48
家具制造业	5.02	1.36	1.54	2.15
电力、蒸汽、热水生产和供应业	24.47	9.06	11.99	15.39
石油加工业	18.32	4.61	5.73	7.97
炼焦、煤气及煤制品业	1.28	-2.87	-3.03	5.71
化学工业	11.49	4.33	5.17	3.51
化学纤维工业	17.30	9.29	11.56	4.55
橡胶制品业	11.74	2.58	3.12	3.39
塑料制品业	6.29	2.98	3.39	3.03
建筑材料及其他非金属矿物制品业	10.43	3.43	4.21	3.16
黑色金属冶炼及压延加工业	13.53	4.64	5.56	3.51
有色金属冶炼及压延加工业	7.74	4.02	4.67	2.61
金属制品业	7.32	3.48	4.02	2.53
机械工业	7.31	3.03	3.49	1.83
交通运输设备制造业	9.46	5.58	6.57	2.55
电气机械及器材制造业	8.15	3.08	3.58	2.25
电子及通信设备制造业	6.46	3.54	4.07	2.22
仪器仪表及其他计量器具制造业	10.15	5.34	6.48	1.52

10-21 各地区独立核算工业企业主要经济效益指标

（1991年）

地　区	工业净产值占工业总产值的比　重（%）	每百元固定资产原值实现的产　值（元）	每百元固定资产原值实现的利　税（元）	资　金利税率（%）	产　值利税率（%）	每百元销售收入实现的利润（元）	每百元销售成本实现的利润（元）	流动资金周转次数（次/年）
全　国	26.78	128.75	13.02	11.88	10.11	3.12	3.70	3.04
北　京	27.46	144.53	21.89	19.50	15.15	8.02	10.07	3.08
天　津	23.52	152.29	13.71	12.21	9.00	3.77	4.34	3.10
河　北	25.05	107.57	8.44	7.86	7.84	1.61	1.85	2.85
山　西	30.28	76.97	7.67	8.03	9.97	3.54	4.21	2.63
内蒙古	30.76	80.20	7.57	7.17	9.44	1.90	2.25	2.34
辽　宁	26.68	103.73	8.87	8.76	8.55	1.19	1.38	2.91
吉　林	27.65	98.57	8.67	7.93	8.79	1.75	2.02	2.48
黑龙江	35.66	92.91	9.24	9.03	9.95	3.19	3.82	2.54
上　海	26.00	177.89	23.29	19.43	13.09	5.82	7.16	3.67
江　苏	22.68	198.24	14.40	11.53	7.26	2.29	2.63	3.45
浙　江	23.79	228.53	20.72	15.63	9.07	4.13	4.82	3.37
安　徽	23.76	134.39	12.09	11.14	9.00	0.42	0.49	3.36
福　建	27.18	164.39	18.32	15.84	11.15	4.55	5.53	3.56
江　西	25.72	130.12	10.64	9.49	8.18	1.77	2.04	2.79
山　东	25.59	131.23	11.84	10.41	9.02	3.05	3.58	3.08
河　南	27.67	104.22	11.06	10.28	10.61	1.56	1.84	2.83
湖　北	26.11	123.76	13.84	12.78	11.19	3.74	4.48	2.85
湖　南	28.92	126.59	14.49	13.32	11.45	1.62	1.94	2.94
广　东	25.87	150.75	14.05	13.79	9.32	3.83	4.57	3.87
广　西	29.03	129.76	16.30	14.72	12.56	3.53	4.33	3.28
海　南	27.85	91.77	7.36	6.88	8.02	1.68	1.94	2.94
四　川	27.45	115.99	11.32	10.32	9.76	2.44	2.88	2.57
贵　州	34.97	95.77	16.45	15.17	17.18	1.47	1.91	2.37
云　南	40.36	116.30	31.71	29.64	27.27	4.52	6.56	3.21
西　藏	40.55	35.14	4.83	5.87	13.75	11.68	15.17	2.11
陕　西	29.41	102.71	9.83	8.49	9.57	1.80	2.11	2.08
甘　肃	31.62	85.60	9.64	9.95	11.27	2.98	3.58	2.41
青　海	30.27	57.77	4.98	5.14	8.62	0.33	0.39	1.88
宁　夏	29.03	77.06	6.78	6.50	8.80	1.23	1.44	2.20
新　疆	29.44	78.46	6.80	6.92	8.67	2.22	2.65	2.50

10-22 全民所有制独立核算工业企业主要经济效益指标

年份	每百元固定资产原值实现的产值（元）	每百元固定资产原值实现的利税（元）	资金利润率（%）	资金利税率（%）	产值利税率（%）	每百元工业总产值占用流动资金（元）	可比产品成本降低率（%）
1952	134.1	25.1	19.2	25.4	18.7	23.1	2.3
1953	147.4	30.8	23.1	30.4	20.9	22.2	3.1
1954	136.3	29.3	22.5	30.4	21.5	20.0	6.2
1955	131.1	28.4	22.1	30.0	21.7	19.8	7.0
1956	151.4	30.7	22.0	32.1	20.3	17.0	8.8
1957	139.3	34.2	23.9	34.6	24.5	19.4	3.8
1958	179.3	50.2	34.2	46.5	28.0	17.8	8.3
1959	187.7	56.6	35.2	48.7	30.2	20.3	6.6
1960	171.9	52.9	32.6	43.6	30.7	24.5	2.8
1961	91.9	18.2	9.0	15.9	19.8	39.6	-13.9
1962	71.1	15.8	8.5	15.1	22.2	38.7	4.2
1963	75.1	20.8	13.4	20.5	27.7	34.6	9.5
1964	84.3	25.6	17.5	25.7	30.4	29.7	8.6
1965	98.1	29.7	20.9	29.8	30.3	25.5	8.8
1966	110.4	34.5	24.2	34.5	31.3	23.5	8.9
1967	88.7	22.4	13.6	21.7	25.3	34.5	-2.6
1968	81.0	18.2	10.0	17.3	22.5	40.9	-2.5
1969	104.1	26.7	16.1	25.3	25.6	32.9	6.3
1970	117.1	32.3	20.1	30.6	27.6	29.9	9.3
1971	123.2	32.4	19.3	30.0	26.3	29.4	3.5
1972	115.4	30.2	18.0	27.7	26.2	32.3	1.7
1973	110.3	27.9	16.8	25.8	25.3	33.0	0.9
1974	100.8	23.3	13.4	21.7	23.2	36.2	-2.6
1975	105.2	24.0	14.1	22.7	22.8	33.4	3.9
1976	95.9	20.4	11.4	19.3	21.3	36.9	-2.3
1977	95.5	22.0	12.9	21.2	23.0	35.4	4.6
1978	99.3	24.8	15.5	24.2	24.9	33.0	4.6
1979	101.7	24.9	16.1	24.8	24.5	31.5	0.3
1980	100.8	24.3	16.0	24.8	24.1	30.2	-1.1
1981	95.7	22.9	15.0	23.8	23.9	30.2	-1.2
1982	94.5	22.2	14.4	23.4	23.5	29.8	-0.4
1983	94.9	21.7	14.4	23.2	22.8	28.5	0.2
1984	97.8	22.3	14.9	24.2	22.8	26.9	-2.0
1985	102.7	22.4	13.2	23.8	21.8	26.6	-7.7
1986	100.2	19.9	10.6	20.7	19.9	28.9	-7.3
1987	104.2	19.7	10.6	20.3	18.9	27.7	-7.0
1988	113.1	20.2	10.4	20.6	17.8	25.8	-15.6
1989	116.9	17.5	7.2	17.2	14.9	27.7	-22.2
1990	108.3	12.9	3.2	12.4	12.0	31.8	-7.0
1991	106.0	12.3	2.9	11.8	11.6	31.7	-4.8

注：1952年-1976年按1970年不变价格总产值计算，1977年以后按当年价格工业总产值计算。

10-23 全民所有制独立核算工业企业主要经济效益指标

(1991年)

类　　别	工业净产值占工业总产值的比重 (%)	每百元固定资产原值实现的产值 (元)	每百元固定资产原值实现的利税 (元)	资金利税率 (%)
总　计	27.97	106.01	12.25	11.81
按轻重工业分				
轻工业	26.67	182.53	22.78	17.48
重工业	28.81	83.28	9.13	9.52
按工业行业分				
#煤炭采选业	31.93	37.56	-4.30	-5.40
石油和天然气开采业	44.74	45.88	1.66	2.07
黑色金属矿采选业	34.59	62.66	6.99	8.45
有色金属矿采选业	35.51	58.87	5.95	6.80
建筑材料及其他非金属矿采选业	40.86	59.90	7.63	8.36
木材及竹材采运业	57.68	61.02	7.69	8.31
自来水生产和供应业	39.17	31.49	6.72	8.02
食品制造业	16.37	219.87	11.45	9.61
饮料制造业	34.85	143.01	27.83	19.98
烟草加工业	57.97	425.34	228.84	114.38
饲料工业	11.45	336.82	16.40	12.04
纺织业	21.55	176.10	9.22	6.82
木材加工及竹、藤、棕、草制品业	19.56	88.59	0.16	0.14
家具制造业	25.47	113.60	0.91	0.66
电力、蒸汽、热水生产和供应业	34.52	39.86	10.12	13.46
石油加工业	23.68	146.73	27.17	31.38
炼焦、煤气及煤制品业	11.74	61.63	-0.49	-0.53
化学工业	25.75	113.68	13.29	13.43
化学纤维工业	30.68	106.83	19.85	20.33
橡胶制品业	28.03	258.03	33.59	24.77
塑料制品业	21.01	144.42	9.49	7.67
建筑材料及其他非金属矿物制品业	32.99	89.38	10.56	10.58
黑色金属冶炼及压延加工业	25.42	108.29	16.13	16.22
有色金属冶炼及压延加工业	19.45	134.69	11.54	10.87
金属制品业	26.72	157.10	12.04	8.81
机械工业	28.19	114.42	7.64	5.92
交通运输设备制造业	24.55	139.01	11.82	9.24
电气机械及器材制造业	27.85	177.70	16.41	10.92
电子及通信设备制造业	24.68	178.07	11.13	6.83
仪器仪表及其他计量器具制造业	37.78	100.36	9.50	6.85

10-23 续表　　　　　　　　(1991年)

类　　别	产值利税率(%)	每百元销售收入实现的利润(元)	每百元销售成本实现的利润(元)	流动资金周转次数(次/年)	可比产品成本降低率(%)
总　　计	**11.56**	**2.89**	**3.45**	**3.06**	**-4.84**
按轻重工业分					
轻工业	12.48	2.09	2.52	3.06	-1.99
重工业	10.96	3.39	4.03	3.05	-6.53
按工业行业分					
#煤炭采选业	-11.44	-13.76	-13.45	4.52	-6.17
石油和天然气开采业	3.61	-5.34	-5.87	4.67	-15.59
黑色金属矿采选业	11.16	9.13	11.59	3.15	-14.60
有色金属矿采选业	10.10	7.69	9.37	2.50	-7.34
建筑材料及其他非金属矿采选业	12.74	7.61	9.51	2.58	-2.98
木材及竹材采运业	12.59	4.81	7.71	3.30	-13.23
自来水生产和供应业	21.33	19.25	25.70	11.95	-6.60
食品制造业	5.21	2.59	2.85	4.64	-2.61
饮料制造业	19.46	2.79	3.68	2.37	6.07
烟草加工业	53.80	-2.06	-4.46	3.82	-1.75
饲料工业	4.87	3.56	3.89	6.22	2.05
纺织业	5.24	-0.62	-0.69	2.54	-7.38
木材加工及竹、藤、棕、草制品业	0.19	-3.49	-3.73	2.07	-7.94
家具制造业	0.80	-2.97	-3.23	1.74	3.37
电力、蒸汽、热水生产和供应业	25.40	9.17	12.25	16.46	-11.36
石油加工业	18.52	4.55	5.66	8.10	-13.11
炼焦、煤气及煤制品业	-0.80	-4.92	-5.05	6.23	-12.68
化学工业	11.69	4.28	5.07	3.62	-1.06
化学纤维工业	18.58	9.60	12.05	4.59	-1.69
橡胶制品业	13.02	2.47	3.01	3.56	0.06
塑料制品业	6.57	3.14	3.53	2.74	-4.58
建筑材料及其他非金属矿物制品业	11.81	3.49	4.39	3.07	-1.67
黑色金属冶炼及压延加工业	14.89	5.18	6.28	3.53	-12.20
有色金属冶炼及压延加工业	8.57	4.46	5.21	2.55	-2.85
金属制品业	7.66	3.02	3.47	2.17	-3.74
机械工业	6.67	2.20	2.50	1.67	-0.72
交通运输设备制造业	8.50	4.68	5.48	2.25	-2.36
电气机械及器材制造业	9.23	3.56	4.14	1.98	1.16
电子及通信设备制造业	6.25	2.70	3.07	1.81	2.60
仪器仪表及其他计量器具制造业	9.47	4.38	5.23	1.28	1.19

10-24 各地区全民所有制独立核算工业企业主要经济效益指标

(1991年)

地区	工业净产值占工业总产值的比重(%)	每百元固定资产原值实现的产值(元)	每百元固定资产原值实现的利税(元)	资金利税率(%)	产值利税率(%)	每百元销售收入实现的利润(元)	每百元销售成本实现的利润(元)	流动资金周转次数(次/年)	可比产品成本降低率(%)
全国	27.97	106.01	12.25	11.81	11.56	2.89	3.45	3.06	-4.84
北京	28.90	120.66	19.89	19.07	16.49	7.70	9.75	3.14	-8.18
天津	22.86	132.81	12.23	11.42	9.21	3.01	3.41	3.14	-7.38
河北	25.38	89.81	6.90	6.82	7.68	0.20	0.22	2.98	-4.89
山西	29.58	66.46	6.66	7.31	10.03	2.84	3.34	2.70	-7.02
内蒙古	30.14	72.88	7.07	6.94	9.70	1.66	1.98	2.42	-5.37
辽宁	26.03	87.72	7.73	8.21	8.81	0.58	0.67	3.10	-8.63
吉林	26.44	88.08	7.36	7.09	8.36	1.10	1.26	2.60	-7.74
黑龙江	36.50	86.38	9.08	9.17	10.51	3.35	4.04	2.66	-9.74
上海	26.04	154.72	22.10	19.32	14.29	5.62	7.00	3.63	-7.60
江苏	23.70	144.56	13.45	12.29	9.31	2.65	3.08	3.81	-2.27
浙江	24.46	162.12	17.99	15.79	11.10	4.06	4.79	3.74	-1.05
安徽	23.84	113.09	11.27	10.75	9.96	-0.53	-0.62	3.28	-2.82
福建	30.62	126.24	19.02	17.01	15.07	5.17	6.45	3.20	-2.83
江西	24.96	117.73	10.12	9.28	8.60	1.61	1.85	2.77	-2.27
山东	28.18	100.51	10.60	10.27	10.55	2.16	2.53	3.62	-2.49
河南	28.53	91.90	10.62	10.25	11.55	1.04	1.23	2.91	-3.97
湖北	26.99	109.24	14.52	14.09	13.29	4.40	5.34	3.03	-5.44
湖南	29.84	114.44	14.93	14.12	13.05	1.58	1.91	2.97	-2.97
广东	28.02	148.10	18.99	17.17	12.82	4.88	5.96	3.77	-1.56
广西	29.18	120.79	16.60	15.23	13.74	3.88	4.80	3.22	-3.41
海南	29.52	83.56	8.01	7.62	9.58	2.55	2.95	3.03	-1.09
四川	27.89	101.11	10.62	10.02	10.50	2.58	3.07	2.51	-2.55
贵州	35.87	90.20	16.51	15.39	18.30	1.25	1.65	2.29	-2.40
云南	41.93	113.43	33.36	31.70	29.41	4.83	7.23	3.25	-4.83
西藏	38.98	31.99	4.03	5.02	12.60	10.29	13.09	2.08	-9.91
陕西	29.39	93.30	9.06	7.98	9.71	1.13	1.31	2.01	-2.49
甘肃	31.87	79.63	9.33	9.95	11.71	2.77	3.33	2.44	-6.36
青海	30.29	53.66	4.79	5.06	8.93	0.43	0.52	1.90	-13.30
宁夏	28.67	71.85	6.38	6.35	8.88	0.81	0.94	2.33	-10.07
新疆	31.16	70.11	6.48	6.81	9.24	2.13	2.57	2.48	-8.68

10-25 全部独立核算乡办工业分行业主要指标

行业	企业单位数（个）		工业总产值（亿元）		年末全部从业人员（万人）	
	1990年	1991年	1990年	1991年	1990年	1991年
总计	**212 126**	**213 228**	**2 534.40**	**3 163.28**	**1 474.29**	**1 568.92**
按轻重工业分						
轻工业	104 871	105 709	1 370.56	1 738.91	702.57	754.69
重工业	107 255	107 519	1 163.84	1 424.37	771.72	814.23
按工业行业分						
煤炭采选业	7 037	7 168	65.21	71.31	86.18	89.78
石油和天然气开采业	3	3	0.01	0.01	0.02	0.02
黑色金属矿采选业	996	1 141	9.86	13.75	9.40	11.05
有色金属矿采选业	1 541	1 578	16.80	17.60	12.55	12.56
建筑材料及其他非金属矿采选业	7 985	8 107	44.94	50.61	49.43	51.25
采盐业	398	418	4.31	5.45	3.74	3.82
其他矿采选业	23	24	0.10	0.17	0.10	0.12
木材及竹材采运业	387	403	2.04	2.59	1.55	1.63
自来水生产和供应业	1 328	1 459	2.36	3.11	1.52	1.64
食品制造业	19 836	19 410	149.85	187.10	57.71	59.64
饮料制造业	7 457	7 673	45.02	55.67	23.08	24.20
烟草加工业	22	21	0.27	0.25	0.09	0.10
饲料工业	1 559	1 498	12.63	16.73	3.25	3.21
纺织业	11 617	11 587	430.78	525.20	186.39	200.56
缝纫业	6 226	6 318	115.08	156.00	67.52	74.11
皮革、毛皮及其制品业	3 075	3 158	52.91	70.07	26.41	29.73
木材加工及竹、藤、棕、草制品业	6 961	7 163	28.43	34.94	21.97	23.04
家具制造业	4 868	4 644	22.45	26.27	16.29	15.97
造纸及纸制品业	5 301	5 444	64.88	78.09	36.60	39.77
印刷业	2 835	2 952	17.40	22.77	11.42	12.65
文教体育用品制造业	1 649	1 801	20.30	28.83	18.43	20.32
工艺美术品制造业	6 265	6 364	54.93	68.15	63.04	66.36
电力、蒸汽、热水生产和供应业	7 279	7 161	13.98	15.65	11.79	12.33
石油加工业	397	397	7.80	8.53	1.54	1.68
炼焦、煤气及煤制品业	1 283	1 282	9.70	10.36	5.15	5.27
化学工业	9 180	9 496	151.60	200.38	53.76	58.48
医药工业	683	761	16.57	30.98	5.70	6.93
化学纤维工业	232	260	19.42	27.45	3.85	4.82
橡胶制品业	1 410	1 459	28.27	36.68	13.67	15.12
塑料制品业	6 715	6 846	85.70	107.79	40.08	42.99
建筑材料及其他非金属矿物制品业	37 136	36 579	295.31	351.78	301.66	313.13
黑色金属冶炼及压延加工业	1 593	1 628	75.97	90.05	19.34	20.12
有色金属冶炼及压延加工业	1 217	1 257	52.69	62.68	10.15	10.23
金属制品业	15 539	15 425	150.26	185.04	82.12	87.01
机械工业	19 480	19 388	234.43	294.43	132.37	141.59
交通运输设备制造业	3 292	3 446	47.33	66.59	22.50	25.75
电气机械及器材制造业	5 147	5 295	121.89	159.02	41.98	47.31
电子及通信设备制造业	1 237	1 247	32.39	42.07	14.91	16.24
仪器仪表及其他计量器具制造业	826	822	9.29	12.34	5.30	5.93
其他工业	2 111	2 145	21.25	26.80	11.80	12.45

注:工业总产值按当年价格计算。

10-26 村办工业分行业主要指标

行业	企业单位数（个）		工业总产值（亿元）		年末全部从业人员（万人）	
	1990年	1991年	1990年	1991年	1990年	1991年
总计	680 802	675 196	2 394.02	2 934.08	1 765.49	1 832.92
按轻重工业分						
轻工业	391 590	390 074	1 220.21	1 523.55	809.26	854.08
重工业	289 212	285 122	1 173.82	1 410.53	956.23	978.84
按工业行业分						
煤炭采选业	14 635	14 812	58.34	67.28	79.34	83.94
石油和天然气开采业	3	7	0.01	0.01	0.01	0.02
黑色金属矿采选业	2 206	2 421	7.60	10.84	9.01	9.82
有色金属矿采选业	1 699	1 958	8.24	10.76	6.74	8.41
建筑材料及其他非金属矿采选业	31 964	32 795	79.95	93.78	91.63	94.23
采盐业	608	640	1.61	1.98	2.58	2.69
其他矿采选业	522	575	0.93	1.48	1.36	1.57
木材及竹材采运业	3 350	3 768	4.00	4.94	5.16	5.41
自来水生产和供应业	955	1 275	0.45	1.20	0.35	0.83
食品制造业	191 259	185 920	188.65	229.25	116.28	114.42
饮料制造业	11 562	12 390	29.66	34.49	20.38	21.48
烟草加工业	61	51	0.13	0.11	0.31	0.27
饲料工业	4 312	4 292	12.37	17.08	4.32	4.79
纺织业	16 730	17 216	229.37	275.41	104.77	110.76
缝纫业	16 226	16 154	91.05	115.83	77.45	82.32
皮革、毛皮及其制品业	6 121	6 443	41.61	55.87	28.08	32.60
木材加工及竹、藤、棕、草制品业	16 864	16 822	35.30	42.86	27.78	28.25
家具制造业	9 622	9 530	27.06	33.73	17.53	18.81
造纸及纸制品业	11 756	12 055	72.93	90.39	50.71	53.75
印刷业	5 948	6 297	27.90	37.71	19.21	20.44
文教体育用品制造业	2 421	2 799	16.71	22.78	16.26	18.82
工艺美术品制造业	15 009	15 185	49.27	61.71	72.03	75.02
电力、蒸汽、热水生产和供应业	7 539	7 363	2.94	3.18	3.17	3.25
石油加工业	516	551	5.45	7.01	1.48	1.71
炼焦、煤气及煤制品业	2 721	2 820	12.51	15.31	6.09	6.52
化学工业	13 899	14 564	119.33	150.11	48.54	52.41
医药工业	623	630	7.54	12.05	3.20	3.77
化学纤维工业	246	306	3.53	6.14	1.14	1.71
橡胶制品业	2 649	2 754	21.44	26.81	11.46	12.45
塑料制品业	17 852	18 472	94.76	120.84	60.49	64.23
建筑材料及其他非金属矿物制品业	135 953	128 445	369.25	418.81	445.10	441.16
黑色金属冶炼及压延加工业	4 055	4 057	50.91	67.03	19.05	20.36
有色金属冶炼及压延加工业	2 622	2 612	34.54	44.05	10.33	10.34
金属制品业	29 449	29 631	171.94	214.37	98.56	104.70
机械工业	38 774	38 662	235.76	298.17	135.09	140.55
交通运输设备制造业	4 311	4 941	27.60	43.00	16.31	19.35
电气机械及器材制造业	6 421	7 032	70.90	93.24	33.59	36.26
电子及通信设备制造业	2 269	2 529	23.94	30.40	14.97	17.03
仪器仪表及其他计量器具制造业	1 343	1 120	7.43	8.77	4.41	4.83
其他工业	45 727	45 302	151.14	165.31	101.21	103.61

注：工业总产值按当年价格计算。

10-27 全国城乡合作经营工业主要指标

指　　标	单 位	1985年	1987年	1988年	1989年	1990年	1991年
一、城镇合作经营工业							
1.户　数	万户		3.63	3.72	3.54	3.09	2.95
2.从业人数	万人		48.81	51.68	54.15	51.55	51.41
3.工业总产值	亿元		30.31	39.27	50.03	54.53	69.01
轻工业产值	亿元		22.73	30.74	38.98	43.02	54.66
重工业产值	亿元		7.58	8.53	11.05	11.50	14.35
4.上交税金	亿元		1.46	1.91	2.47	2.54	3.00
5.自有资金	亿元		8.86	9.64	11.42	13.18	14.87
二、农村合作经营工业							
1.户　数	万户	74.17	68.29	68.66	59.41	56.57	48.35
2.从业人数	万人	519.12	557.57	573.01	519.72	478.09	442.84
3.工业总产值	亿元	151.75	286.15	400.11	446.27	484.47	500.26
轻工业产值	亿元	95.39	174.11	239.15	265.94	284.89	301.62
重工业产值	亿元	56.36	112.04	160.96	180.33	199.57	198.64
4.上交税金	亿元	9.27	12.15	14.06	15.30	15.13	16.17
5.自有资金	亿元	37.50	52.16	64.08	66.31	69.15	76.84

10-28 城乡个体工业主要指标

指　　标	单 位	1985年	1987年	1988年	1989年	1990年	1991年
一、城镇个体工业							
1.户　数	万户	33.01	49.15	45.28	42.49	43.25	45.06
2.从业人数	万人	137.48	107.61	102.48	108.88	101.02	111.47
3.工业总产值	亿元	33.39	50.27	68.48	89.70	107.24	129.28
轻工业产值	亿元	27.93	40.33	53.26	70.86	82.77	97.48
重工业产值	亿元	5.46	9.94	15.22	18.84	24.47	31.80
4.上交税金	亿元	2.10	2.52	3.27	4.35	4.92	6.29
5.自有资金	亿元	9.08	11.18	15.87	20.21	20.85	23.96
二、农村个体工业							
1.户　数	万户	301.77	506.18	569.53	569.93	574.35	593.62
2.从业人数	万人	694.35	1 246.07	1 482.63	1 539.95	1 584.35	1 735.99
3.工业总产值	亿元	146.36	452.12	722.00	967.96	1 183.06	1 479.82
轻工业产值	亿元	103.22	303.41	477.24	628.38	761.58	954.58
重工业产值	亿元	43.14	148.71	244.76	339.58	421.48	525.25
4.上交税金	亿元	6.28	15.29	21.78	30.31	35.92	44.74
5.自有资金	亿元	34.20	75.79	104.76	138.32	152.15	183.88

10-29 主要工业产品产量

年份	化学纤维（万吨）	纱（万吨）	布（亿米）	毛线（万吨）	呢绒（万米）	麻袋（亿条）	丝（万吨）	机制纸及纸板（万吨）	缝纫机（万架）	自行车（万辆）
1950		43.7	25.2	0.13	488	0.15	0.34	14		2.1
1951		48.7	30.6	0.08	402	0.39	0.47	24		4.4
1952		65.6	38.3	0.20	423	0.67	0.56	37	6.6	8.0
1953		74.5	46.9	0.37	623	0.59	0.66	43	5.4	16.5
1954		83.4	52.3	0.33	782	0.59	0.67	52	15.6	29.8
1955		72.0	43.6	0.37	1 027	0.53	0.77	58	15.3	33.5
1956		95.2	57.7	0.57	1 427	0.79	0.94	73	20.6	64.0
1957	0.02	84.4	50.5	0.57	1 817	0.83	0.99	91	27.8	80.6
1958	0.03	126.2	64.6	1.00	2 674	1.20	1.13	122	64.0	117.2
1959	0.54	153.1	75.7	0.88	3 385	1.07	1.02	170	65.1	133.2
1960	1.06	109.3	54.5	0.95	3 646	0.86	0.83	180	88.0	176.5
1961	0.53	66.9	31.1	0.53	3 092	0.59	0.52	110	61.1	74.4
1962	1.36	54.8	25.3	0.78	3 242	0.44	0.47	112	77.9	137.1
1963	1.89	67.8	33.4	0.80	4 369	0.50	0.47	128	93.1	148.9
1964	3.21	97.0	47.1	0.96	4 809	0.86	0.71	145	102.3	170.5
1965	5.01	130.0	62.8	1.10	4 240	1.25	0.91	173	123.8	183.8
1966	7.58	156.5	73.1	1.25	4 383	1.46	1.18	209	142.4	205.3
1967	5.22	135.2	65.6	1.11	3 577	1.24	1.13	196	126.3	177.1
1968	3.60	137.7	64.3	1.21	3 976	1.08	0.93	177	139.2	201.1
1969	6.66	180.5	82.1	1.70	4 975	1.48	1.30	217	192.2	292.1
1970	10.09	205.2	91.5	2.17	5 776	1.84	1.67	241	235.2	368.8
1971	11.99	190.0	84.2	2.35	6 153	1.81	1.93	263	249.9	412.6
1972	13.73	188.6	83.5	2.21	6 046	1.32	1.95	282	263.2	440.4
1973	14.88	196.7	87.1	2.32	6 211	1.69	2.11	313	293.6	496.8
1974	14.26	180.3	80.8	2.36	6 357	1.68	1.82	299	318.9	519.6
1975	15.48	210.8	94.0	2.66	6 943	1.91	2.31	341	356.7	623.2
1976	14.61	196.0	88.4	2.78	7 072	1.88	2.28	341	363.8	668.1
1977	18.98	223.0	101.5	3.11	7 840	2.45	2.69	377	424.2	742.7
1978	28.46	238.2	110.3	3.78	8 885	2.90	2.97	439	486.5	854.0
1979	32.63	263.5	121.5	4.44	9 017	3.44	2.97	493	586.8	1 009.5
1980	45.03	292.6	134.7	5.73	10 095	4.10	3.54	535	767.8	1 302.4
1981	52.73	317.0	142.7	7.65	11 308	4.29	3.74	540	1 039.1	1 754.3
1982	51.70	335.4	153.5	9.25	12 669	5.00	3.71	589	1 286.0	2 420.0
1983	54.07	327.0	148.8	10.21	14 291	5.51	3.69	661	1 087.2	2 758.2
1984	73.49	321.9	137.0	11.00	18 049	5.48	3.76	756	934.9	2 861.4
1985	94.78	353.5	146.7	12.59	21 816	6.27	4.22	911	991.2	3 227.7
1986	101.73	397.8	164.7	14.91	25 187	7.60	4.72	999	989.4	3 568.3
1987	117.50	436.8	173.0	20.47	26 538	8.59	5.19	1 141	970.0	4 116.7
1988	130.12	465.7	187.9	22.50	28 609	9.31	5.10	1 270	983.2	4 140.1
1989	148.09	476.7	189.2	25.00	27 962	7.84	5.23	1 333	956.3	3 676.8
1990	165.42	462.6	188.8	23.80	29 505	7.41	5.66	1 372	761.0	3 141.6
1991	191.03	460.8	181.7	28.25	31 141	6.51	6.07	1 479	763.8	3 676.8

10-29 续表 1

年份	表（万只）	#手表	日用精铝制品（万吨）	灯泡（亿只）	合成洗涤剂（万吨）	原盐（万吨）	糖（万吨）	卷烟（万箱）	罐头（万吨）	啤酒（万吨）
1950				0.14		246	24	185		
1951				0.21		435	30	200		
1952				0.26		495	45	265	1.3	
1953				0.29		357	64	355	2.8	
1954				0.36		489	69	373	2.4	
1955				0.42		754	72	357	3.0	
1956				0.55		494	81	391	4.9	
1957	0.04	0.04	0.28	0.69		828	86	446	6.2	5
1958	1.65	1.65	0.31	1.24		1 040	90	475	12.9	6
1959	8.44	8.40	0.31	1.79	0.6	1 106	110	550	16.0	11
1960	50.80	50.50	0.32	2.19	1.0	1 287	44	449	11.8	15
1961	64.60	62.20	0.79	2.12	1.1	1 113	39	254	7.2	12
1962	81.80	76.10	0.92	2.20	2.4	994	34	244	7.3	10
1963	91.80	84.10	1.35	2.22	2.2	1 056	44	323	7.3	9
1964	101.50	93.50	1.21	2.02	2.3	501	107	413	10.1	8
1965	108.30	100.80	1.14	1.92	3.0	1 147	146	478	12.2	9
1966	137.40	128.90	1.04	2.37	4.2	998	159	540	14.1	9
1967	145.00	134.50	0.86	1.65	3.7	1 043	148	490	12.2	11
1968	183.80	168.00	1.09	1.65	4.2	1 325	151	521	13.1	12
1969	268.60	246.10	1.55	2.55	6.2	966	121	677	15.2	15
1970	358.10	347.60	1.91	3.86	9.3	1 109	135	783	19.3	16
1971	429.20	422.80	1.03	4.36	10.9	1 235	141	701	20.0	18
1972	491.70	483.80	2.22	4.72	15.2	1 386	155	745	24.1	20
1973	573.20	562.20	2.64	5.03	17.9	1 076	191	846	28.4	23
1974	673.50	656.40	3.23	4.38	19.3	1 456	184	872	32.2	23
1975	809.00	782.20	3.98	5.20	22.3	1 481	174	992	35.1	27
1976	949.60	911.40	4.10	5.03	21.7	1 401	165	982	35.2	30
1977	1 152.80	1 104.30	5.24	6.17	25.7	1 710	182	1 211	44.2	35
1978	1 410.80	1 351.10	5.65	7.59	32.4	1 953	227	1 182	48.8	40
1979	1 750.40	1 707.00	5.49	8.50	39.7	1 477	250	1 303	50.1	52
1980	2 267.50	2 215.50	5.80	9.46	39.3	1 728	257	1 520	57.2	69
1981	2 906.60	2 872.40	5.68	9.66	47.8	1 832	317	1 704	68.4	91
1982	3 313.20	3 301.00	6.01	10.73	56.9	1 638	338	1 885	78.5	117
1983	3 478.10	3 469.00	6.78	12.49	67.7	1 613	377	1 938	84.5	163
1984	3 807.10	3 798.20	7.34	14.12	81.0	1 642	380	2 132	109.0	224
1985	5 447.10	5 431.10	7.26	15.33	1 005.0	1 479	451	2 370	142.5	310
1986	7 332.00	7 317.40	8.79	16.09	117.5	1 761	525	2 596	164.1	413
1987	6 159.40	6 142.40	10.58	16.83	119.2	1 764	506	2 881	161.5	540
1988	6 788.90	6 661.60	8.99	18.27	131.9	2 264	461	3 096	220.9	656
1989	7 559.65	7 275.57	8.22	20.80	146.6	2 829	501	3 195	232.5	643
1990	8 671.32	8 352.64	7.85	24.54	151.4	2 023	582	3 298	157.1	692
1991	7 824.88	7 595.50	8.68	28.00	146.2	2 410	640	3 226	193.0	838

10-29 续表 2

年份	家用电冰箱（万台）	家用洗衣机（万台）	电风扇（万台）	录放音机（万台）	收音机（万台）	电视机（万台）	照相机（万架）	原煤（亿吨）	原油（万吨）	天然气（亿立方米）
1950					0.7			0.43	20	0.07
1951					1.1			0.53	31	0.03
1952					1.7			0.66	44	0.08
1953					2.7			0.70	62	0.11
1954					4.7			0.84	79	0.15
1955					9.1			0.93	97	0.17
1956	0.03				17.1			1.10	116	0.26
1957	0.16			0.1	35.2		0.01	1.31	146	0.70
1958	0.26			0.4	127.4	0.02	2.10	2.70	226	1.10
1959	0.34			3.1	141.9	0.31	10.17	3.69	373	2.90
1960	0.36			4.6	158.7	0.79	17.31	3.97	520	10.40
1961	0.11			0.3	62.0	0.15	7.28	2.78	531	14.70
1962	0.09				90.3	0.36	2.05	2.20	575	12.10
1963	0.14				80.9	0.26	1.22	2.17	648	10.20
1964	0.17			0.1	78.3	0.21	1.08	2.15	848	10.60
1965	0.30			0.5	81.5	0.44	1.72	2.32	1 131	11.00
1966	0.54			0.7	83.7	0.51	2.79	2.52	1 455	13.40
1967	0.59			0.9	91.3	0.51	4.40	2.06	1 388	14.60
1968	0.67			0.9	117.6	0.20	4.45	2.20	1 599	14.00
1969	0.66			1.0	257.0	0.10	4.98	2.66	2 174	19.60
1970	0.52			1.4	323.1	1.05	4.04	3.54	3 065	28.70
1971	0.61			1.5	240.3	1.78	4.48	3.92	3 941	37.40
1972	0.76			1.6	273.9	3.23	5.80	4.10	4 567	48.40
1973	1.00			1.7	502.8	7.58	7.69	4.17	5 361	59.80
1974	1.34			2.4	723.0	10.18	11.10	4.13	6 485	75.30
1975	1.80			3.2	935.6	17.78	18.49	4.82	7 706	88.50
1976	2.12			4.1	969.1	18.45	22.50	4.83	8 716	101.00
1977	2.46			5.0	1 049.4	28.46	24.66	5.50	9 364	121.20
1978	2.80	0.04	137.8	4.7	1 167.7	51.73	17.89	6.18	10 405	137.30
1979	3.18	1.80	233.1	16.5	1 380.7	132.85	23.81	6.35	10 615	145.10
1980	4.90	24.50	723.7	74.3	3 003.8	249.20	37.28	6.20	10 595	142.70
1981	5.56	128.10	1 049.9	154.6	4 057.2	539.41	62.30	6.22	10 122	127.40
1982	9.99	253.30	918.6	347.1	1 723.9	592.01	74.23	6.66	10 212	119.30
1983	18.85	265.90	1 045.7	497.7	1 998.9	684.01	92.56	7.15	10 607	122.10
1984	54.74	578.10	1 770.7	776.4	2 220.3	1 003.81	126.18	7.89	11 461	124.30
1985	144.81	887.20	3 174.6	1 393.1	1 600.3	1 667.66	178.97	8.72	12 490	129.30
1986	225.02	893.40	3 528.7	1 756.8	1 589.5	1 459.40	202.54	8.94	13 069	137.60
1987	401.34	990.20	3 660.7	1 978.0	1 763.8	1 934.37	256.70	9.28	13 414	138.90
1988	757.63	1 046.80	4 495.5	2 540.4	1 548.9	2 505.07	312.26	9.80	13 705	142.60
1989	670.79	825.43	4 991.9	2 349.0	1 834.7	2 766.54	245.18	10.54	13 764	150.49
1990	463.06	662.68	5 799.3	3 023.5	2 103.0	2 684.70	213.22	10.80	13 831	152.98
1991	469.94	687.17	6 219.1	2 873.7	1 969.1	2 691.41	478.18	10.87	14 099	160.73

10-29 续表 3

年 份	发电量(亿千瓦小时)	#水电	生 铁(万吨)	钢(万吨)	成品钢材(万吨)	铁合金(万吨)	水 泥(万吨)	平板玻璃(万重量箱)	木 材(万立方米)	硫 酸(万吨)
1950	46	8	98	61	37	1.4	141	129	664	6.9
1951	57	9	145	90	67	1.8	249	173	764	14.9
1952	73	13	193	135	106	1.7	286	198	1 233	19.0
1953	92	15	223	177	147	2.9	388	233	1 754	26.0
1954	110	22	311	223	172	3.8	460	292	2 221	34.4
1955	123	24	387	285	216	4.8	450	313	2 093	37.5
1956	166	35	483	447	314	7.4	639	284	2 105	51.7
1957	193	48	594	535	415	10.5	686	430	2 787	63.2
1958	275	41	1 369	800	591	18.8	930	484	3 579	74.4
1959	423	44	2 191	1 387	897	54.3	1 227	532	4 518	106.1
1960	594	74	2 716	1 866	1 111	80.5	1 565	567	4 129	133.0
1961	480	74	1 281	870	613	46.8	621	293	2 194	90.4
1962	458	90	805	667	455	19.7	600	367	2 375	96.8
1963	490	87	741	762	533	22.5	806	497	3 250	130.6
1964	560	106	902	964	688	26.2	1 209	539	3 800	170.4
1965	676	104	1 077	1 223	881	33.9	1 634	599	3 978	234.0
1966	825	126	1 334	1 532	1 035	48.7	2 015	719	4 192	290.9
1967	774	131	963	1 029	718	42.5	1 462	578	3 250	198.3
1968	716	115	857	904	666	28.8	1 262	573	2 791	141.5
1969	940	160	1 280	1 333	926	46.6	1 829	807	3 283	234.3
1970	1 159	205	1 706	1 779	1 188	59.5	2 575	928	3 782	291.4
1971	1 384	251	2 100	2 132	1 389	67.0	3 158	1 051	4 067	357.9
1972	1 524	288	2 355	2 338	1 561	75.7	3 547	1 048	4 253	400.5
1973	1 668	389	2 490	2 522	1 684	85.0	3 731	1 042	4 467	468.1
1974	1 668	414	2 062	2 112	1 466	69.1	3 709	1 024	4 607	442.7
1975	1 958	476	2 449	2 390	1 622	76.9	4 626	1 262	4 703	484.7
1976	2 031	456	2 233	2 046	1 466	65.9	4 670	1 261	4 573	450.8
1977	2 234	476	2 505	2 374	1 633	73.2	5 565	1 481	4 967	537.5
1978	2 566	446	3 479	3 178	2 208	93.9	6 524	1 784	5 162	661.0
1979	2 820	501	3 673	3 448	2 497	117.3	7 390	2 083	5 439	699.8
1980	3 006	582	3 802	3 712	2 716	99.4	7 986	2 466	5 359	764.3
1981	3 093	655	3 417	3 560	2 670	79.9	8 290	2 701	4 942	780.7
1982	3 277	744	3 551	3 716	2 902	88.9	9 520	3 154	5 041	817.5
1983	3 514	864	3 738	4 002	3 072	108.8	10 825	3 647	5 232	869.6
1984	3 770	868	4 001	4 347	3 372	127.5	12 302	4 190	6 385	817.2
1985	4 107	924	4 384	4 679	3 693	149.4	14 595	4 942	6 323	676.4
1986	4 495	945	5 064	5 220	4 058	159.7	16 606	5 202	6 502	763.1
1987	4 973	1 000	5 503	5 628	4 386	184.6	18 625	5 803	6 408	983.3
1988	5 452	1 092	5 704	5 943	4 689	208.4	21 014	7 293	6 218	1 111.3
1989	5 848	1 183	5 820	6 159	4 859	238.2	21 029	8 442	5 802	1 153.3
1990	6 212	1 267	6 238	6 635	5 153	244.2	20 971	8 067	5 571	1 196.9
1991	6 775	1 247	6 765	7 100	5 638	246.0	25 261	8 712	5 807	1 332.9

10-29 续表 4

年份	纯碱（万吨）	烧碱（万吨）	农用氮、磷、钾化肥（万吨）	#氮肥	#磷肥	化学农药（万吨）	乙烯（万吨）	电石（万吨）	塑料（万吨）	轮胎外胎（万条）
1950	16.0	2.3	1.5	1.5		0.1		0.8	0.1	7
1951	18.5	4.8	2.8	2.8		0.1		2.4	0.1	23
1952	19.2	7.9	3.9	3.9		0.2		1.1	0.2	42
1953	22.3	8.8	5.0	5.0		0.5		1.7	0.4	49
1954	30.9	11.5	6.7	6.7		1.0		2.7	0.7	70
1955	40.5	13.7	7.9	7.8	0.1	2.6		2.9	0.8	59
1956	47.6	15.6	11.1	9.7	1.4	5.5		3.1	0.9	78
1957	50.6	19.8	15.1	12.9	2.2	6.5		4.9	1.3	88
1958	64.7	27.4	19.4	15.1	4.2	8.6		7.4	1.8	174
1959	80.8	37.2	26.6	16.4	9.0	13.7		13.5	3.8	181
1960	81.5	40.7	40.5	19.6	19.3	16.2	0.07	24.3	5.4	198
1961	48.6	27.7	29.7	17.3	12.2	9.2	0.01	19.5	3.5	122
1962	51.9	29.0	46.4	33.8	12.6	8.8	0.08	19.4	4.0	128
1963	66.4	33.8	64.8	45.8	18.9	10.8	0.18	25.4	4.8	167
1964	69.5	41.1	100.8	67.5	33.2	12.9	0.20	32.6	6.4	202
1965	88.2	55.6	172.6	103.7	68.8	19.3	0.30	44.0	9.7	232
1966	106.6	69.3	240.9	146.1	94.6	26.2	0.54	56.1	13.9	262
1967	91.5	57.8	164.1	101.5	62.2	22.4	0.36	42.3	11.0	238
1968	70.1	49.6	110.0	68.4	42.2	17.1	0.37	36.0	10.6	247
1969	89.4	70.4	174.9	102.3	72.3	26.2	0.51	55.9	15.1	310
1970	107.7	89.2	243.5	152.3	90.7	32.1	1.51	69.6	17.6	425
1971	115.5	105.5	299.4	190.4	107.8	38.7	3.19	78.0	21.6	474
1972	119.7	111.5	370.1	244.4	124.9	40.2	4.44	81.3	24.8	525
1973	120.4	121.0	459.2	299.6	158.9	45.6	5.10	89.6	29.5	578
1974	110.6	112.6	422.2	282.7	139.0	37.1	6.10	91.3	30.4	553
1975	124.3	128.9	524.7	370.9	153.1	42.2	6.47	98.3	33.0	700
1976	111.7	121.5	524.4	381.5	141.8	39.1	13.35	96.3	34.5	676
1977	107.7	138.6	723.8	550.9	170.8	45.7	30.27	98.9	52.4	772
1978	132.9	164.0	869.3	763.9	103.3	53.3	38.03	123.8	67.9	939
1979	148.6	182.6	1 065.4	882.1	181.7	53.7	43.49	140.7	79.3	1 169
1980	161.3	192.3	1 232.1	999.3	230.8	53.7	48.99	152.0	89.8	1 146
1981	165.2	192.3	1 239.0	985.7	250.8	48.4	50.48	151.3	91.6	729
1982	173.5	207.3	1 278.1	1 021.9	253.7	45.7	56.49	167.5	100.3	864
1983	179.3	212.3	1 378.9	1 109.4	266.6	33.1	65.37	180.8	112.1	1 271
1984	188.0	222.2	1 460.2	1 221.0	236.0	29.9	64.80	184.6	118.0	1 569
1985	201.1	235.3	1 322.2	1 143.8	176.0	21.1	65.21	195.3	123.4	1 926
1986	214.6	251.8	1 359.7	1 159.2	234.0	20.3	69.52	215.0	132.1	1 924
1987	236.3	273.9	1 672.2	1 342.3	325.9	16.1	93.72	241.2	152.6	2 333
1988	260.9	300.5	1 740.2	1 365.3	369.2	17.9	123.21	225.6	190.4	2 991
1989	304.2	321.1	1 802.5	1 424.1	372.8	20.8	139.57	246.1	205.8	3 226
1990	379.5	335.4	1 879.7	1 463.6	411.4	22.8	157.21	228.0	227.0	3 209
1991	393.6	354.1	1 979.5	1 510.1	459.7	25.5	176.11	235.8	283.0	3 940

10-29 续表 5

年份	矿山设备（万吨）	发电设备（万千瓦）	金属切削机床（万台）	汽车（万辆）	拖拉机（14.7千瓦及以上）（万台）	小型拖拉机（万台）	铁路机车（台）	铁路客车（辆）	铁路货车（万辆）
1950	0.24		0.33					2	0.07
1951	0.21	0.2	0.59						0.29
1952	0.18	0.6	1.37				20	6	0.58
1953	0.82	2.2	2.05				10	209	0.45
1954	0.87	0.8	1.59				52	443	0.54
1955	1.12	6.2	1.37	0.01			98	541	0.93
1956	3.09	20.1	2.59	0.17			184	311	0.71
1957	5.29	19.8	2.80	0.79			167	454	0.73
1958	9.56	110.0	8.00	1.60	0.10		342	970	1.10
1959	22.98	243.3	11.55	1.96	0.29	0.21	532	422	2.01
1960	25.19	338.8	15.35	2.26	1.16	0.12	804	818	2.61
1961	9.03	67.9	2.67	0.36	0.69	0.05	143	256	0.49
1962	3.45	15.2	2.25	0.97	0.71	0.01	1	70	0.16
1963	2.20	40.4	2.22	2.06	0.87	0.02	20	341	0.14
1964	2.82	44.0	2.81	2.81	0.98	0.09	59	321	0.24
1965	4.00	68.3	3.96	4.05	0.96	0.36	146	160	0.29
1966	5.19	132.3	5.49	5.59	1.18	1.16	353	114	0.50
1967	3.77	61.9	4.07	2.04	0.85	0.97	269	87	0.56
1968	2.93	137.5	4.64	2.51	0.89	1.11	280	117	0.64
1969	6.16	203.1	8.56	5.31	1.34	1.94	397	284	0.99
1970	9.63	291.8	13.89	8.72	3.19	5.14	573	576	1.38
1971	17.33	353.3	14.57	11.10	4.45	8.09	598	674	1.44
1972	19.53	432.5	16.22	10.82	4.93	8.95	595	672	1.35
1973	20.15	501.8	18.33	11.62	5.79	11.93	665	829	1.87
1974	18.99	461.6	16.45	10.48	6.27	13.80	573	635	1.65
1975	19.61	496.5	17.49	13.98	7.84	20.94	526	804	1.57
1976	16.15	400.2	15.70	13.52	7.37	24.00	327	556	0.80
1977	18.45	318.1	19.87	12.54	9.93	32.05	293	538	0.64
1978	24.29	483.8	18.32	14.91	11.35	32.42	521	784	1.70
1979	26.37	621.2	13.96	18.57	12.56	31.75	573	856	1.60
1980	16.25	419.3	13.36	22.23	9.77	21.79	512	1 002	1.06
1981	11.49	139.5	10.26	17.56	5.28	19.89	398	1 159	0.88
1982	15.82	164.5	9.98	19.63	4.03	29.83	486	1 153	1.06
1983	20.16	274.0	12.10	23.98	3.70	49.77	589	1 230	1.58
1984	25.81	467.4	13.35	31.64	3.97	68.86	658	1 200	1.81
1985	31.43	563.6	16.72	43.72	4.50	82.25	746	1 447	1.93
1986	30.06	722.4	16.37	36.98	2.86	77.45	818	1 522	2.06
1987	29.72	941.1	17.22	47.18	3.71	110.60	909	1 791	2.16
1988	38.36	1 109.3	19.17	64.47	4.72	133.57	844	1 980	2.33
1989	32.56	1 174.0	17.87	58.35	3.98	111.81	680	2 000	2.41
1990	31.38	1 225.4	13.45	51.40	3.94	110.14	655	1 866	1.86
1991	33.39	1 164.2	16.39	71.42	5.27	134.78	706	1 674	1.85

10-30 工业产品产量

产品名称	单位	1990年	1991年	1991年为1990年%
化学纤维	万吨	165.42	191.03	115.48
#合成纤维	万吨	143.43	167.03	116.45
纱	万吨	462.58	460.83	99.62
#纯棉纱	万吨	308.35	312.16	101.24
布	亿米	188.76	181.70	96.26
#纯棉布	亿米	108.20	108.60	100.37
针棉织品(折用棉纱线量)	万吨	96.02	94.82	98.75
毛巾	亿条	18.30	21.09	115.25
袜子	万双	112 002	126 844	113.25
毛线	万吨	23.80	28.25	118.70
#纯毛	万吨	3.00	4.80	160.00
呢绒	万米	29 505	31 141	105.54
#纯毛织品	万米	4 424	5 503	124.39
毛毯	万条	2 296	2 400	104.56
麻袋	亿条	7.41	6.51	87.85
丝	万吨	5.66	6.07	107.24
机制纸浆	万吨	834.96	860.59	103.07
机制纸及纸板	万吨	1 372	1 479	107.79
缝纫机	万架	760.96	763.84	100.38
自行车	万辆	3 141.6	3 676.8	117.04
表	万只	8 671.3	7 824.9	90.24
#手表	万只	8 352.6	7 595.5	90.94
钟	万只	3 055.7	3 660.1	119.78
日用搪瓷制品	万吨	16.52	17.45	105.63
#搪瓷面盆	万个	7 674	6 757	88.05
搪瓷口杯	万个	8 098	7 395	91.32
日用陶瓷器	亿件	52.73	59.01	111.91
#出口陶瓷	万件	104 809	135 437	129.22
日用精铝制品	万吨	7.85	8.68	110.57
#铝锅	万口	3 739	4 093	109.47
高压锅	万口	553	641	115.91
日用玻璃制品	万吨	450.03	519.88	115.52
保温瓶	万个	17 591	19 357	110.04
自来水笔	万支	21 439	20 884	97.41
#金笔	万支	168	145	86.31
圆珠笔	万支	42 755	38 521	90.10
铅笔	亿支	44.57	47.22	105.95
灯泡	亿只	24.5	28.0	114.10
合成洗涤剂	万吨	151.39	146.16	96.55

10-30 续表 1

产品名称	单位	1990年	1991年	1991年为1990年%
肥皂	万吨	106.71	90.45	84.76
#香皂	万吨	14.03	14.30	101.92
牙膏	万支	183 848	218 581	118.89
火柴	万件	3 511	3 716	105.84
干电池(折手电池)	亿只	64.49	69.28	107.43
原盐	万吨	2 023	2 410	119.16
糖	万吨	582	640	109.99
卷烟	万箱	3 298	3 226	97.85
罐头	万吨	157.1	193.0	122.79
#肉类罐头	万吨	23.45	28.55	121.75
禽类罐头	万吨	1.10	1.48	134.55
水产罐头	万吨	4.03	3.75	93.05
水果罐头	万吨	58.10	75.43	129.83
蔬菜罐头	万吨	54.60	64.81	118.70
饮料酒(混合量)	万吨	1 386	1 539	111.07
#白酒(商品量)	万吨	514	524	101.97
啤酒	万吨	692	838	121.10
葡萄酒	万吨	26	24	93.75
干蛋品	吨	635	1 279	201.42
代乳品	吨	6 758	5 947	88.00
乳制品	吨	313 662	376 625	120.07
#奶粉	吨	241 525	293 856	121.67
干酪素	吨	1 375	645	46.91
味精	吨	223 082	271 601	121.75
柠檬酸	吨	61 417	54 568	88.85
食用植物油	万吨	544.1	644.3	118.42
化学原料药(24大类药品)	万吨	22.10	24.25	109.73
中成药	万吨	22.58	26.92	119.20
塑料制品	万吨	367	443	120.91
鞣制皮革(折牛皮)	万张	5 152	5 707	110.76
胶鞋	万双	89 758	92 996	103.61
家用电冰箱	万台	463.06	469.94	101.49
家用洗衣机	万台	662.68	687.17	103.70
电风扇	万台	5 799.3	6 219.1	107.24
电熨斗	万个	1 406	1 449	103.12
收音机	万台	2 102.99	1 969.08	93.63
电视机	万台	2 684.70	2 691.41	100.25
#彩色	万台	1 033.04	1 205.06	116.65
录放音机	万台	3 023.51	2 873.70	95.05
照相机	万架	213.22	478.18	224.27
农用氮、磷、钾化肥	万吨	1 879.7	1 979.5	105.31
#氮肥	万吨	1 463.6	1 510.1	103.17
磷肥	万吨	411.4	459.7	111.73

10-30 续表 2

产品名称	单位	1990年	1991年	1991年为1990年%
化学农药	万吨	22.78	25.48	111.85
乙烯	万吨	157.21	176.11	112.02
电石(折合量)	万吨	227.98	235.80	103.43
塑料	万吨	226.99	282.99	124.67
合成橡胶	万吨	31.76	33.64	105.92
轮胎外胎	万条	3 209	3 940	122.76
矿山设备	万吨	31.38	33.39	106.41
石油设备	万吨	20.35	20.12	98.87
化工设备	万吨	20.46	19.06	93.16
发电设备	万千瓦	1 225.4	1 164.2	95.00
交流电动机	万千瓦	3 528	3 825	108.43
金属切削机床	万台	13.45	16.39	121.86
大型机床	台	2 295	3 000	130.72
#重型机床	台	244	324	132.79
高精度机床	台	1 121	1 218	108.65
数控机床	台	2 634	4 051	153.80
汽车	万辆	51.40	71.42	138.95
#载重汽车	万辆	28.97	38.25	132.03
摩托车	万辆	97.85	134.10	137.05
滚动轴承	万套	66 921	73 065	109.18
拖拉机(14.7千瓦及以上)	万台	3.94	5.27	133.76
小型拖拉机	万台	110.14	134.78	122.37
内燃机(商品量)	万千瓦	5 402.32	6 680.23	123.65
联合收割机	台	5 173	10 638	205.64
机动插秧机	台	3 817	4 469	117.08
机动脱粒机	万台	48.78	58.08	119.07
机动饲料粉碎机	万台	28.92	32.21	111.38
手推胶轮车	万轮	815	819	100.59
铁路机车	台	655	706	107.79
#蒸汽机车	台	24	12	50.00
内燃机车	台	466	521	111.80
电力机车	台	165	173	104.85
铁路客车	辆	1 866	1 674	89.71
铁路货车	万辆	1.86	1.85	99.46
电话机(单机)	万部	880.0	1 482.0	168.41
电度表	万只	2 303	2 531	109.88
水表	万只	680	827	121.61
煤气表	万只	136.1	191.6	140.79
电子管(商品量)	万只	4 247	3 677	86.57
#显像管	万只	2 078	2 103	101.19
医疗器械	亿元	17.04	25.71	150.88

10-30 续表 3

产品名称	单位	1990年	1991年	1991年为1990年%
电影机械	台	77 968	76 723	98.40
#放映机	台	9 958	8 084	81.18
电影胶片(折35毫米)	万米	12 878	13 792	107.10
原煤	亿吨	10.80	10.87	100.69
原油	万吨	13 830.6	14 099.2	101.94
汽油	万吨	2 157.1	2 403.7	111.44
柴油	万吨	2 609.4	2 853.3	109.35
润滑油	万吨	209.00	218.02	104.32
天然气	亿立方米	153.0	160.7	105.07
发电量	亿千瓦小时	6 212	6 775	109.07
#水电	亿千瓦小时	1 267	1 247	98.38
生铁	万吨	6 238	6 765	108.45
钢	万吨	6 635	7 100	107.01
成品钢材	万吨	5 153	5 638	109.41
#重轨	万吨	92.23	93.29	101.15
普通大型钢材	万吨	105.13	68.43	65.09
普通中型钢材	万吨	255.55	296.20	115.91
普通小型钢材	万吨	1 218.57	1 370.56	112.47
优质型材	万吨	456.78	492.74	107.87
线材	万吨	998.95	1 099.94	110.11
特厚钢板	万吨	9.90	14.62	147.68
中厚钢板	万吨	674.04	704.54	104.52
薄钢板	万吨	552.40	640.27	115.91
硅钢片	万吨	67.27	60.57	90.04
钢带	万吨	168.87	182.96	108.34
无缝钢管	万吨	211.13	231.36	109.58
铁合金	万吨	244.15	246.00	100.76
焦炭	万吨	7 328	7 352	100.32
#机制焦炭	万吨	5 130	5 396	105.17
水泥	万吨	20 971	25 261	120.46
平板玻璃	万重量箱	8 067	8 712	108.00
木材	万立方米	5 571	5 807	104.24
硫酸	万吨	1 196.9	1 332.9	111.36
纯碱	万吨	379.51	393.64	103.72
烧碱	万吨	335.38	354.12	105.59
合成氨	万吨	2 129.0	2 201.6	103.41

注:1.纱包括纯棉纱、棉混纺纱、纯化纤纱，不包括棉线、代用纤维纱和手工纺纱。

2.布包括纯棉布、棉混纺布、纯化纤布，不包括代用纤维布、手工织布。

3.农用化肥按有效成分100%计算。

4.发电设备指500千瓦以上的,包括水轮发电机组、汽轮发电机和燃气轮发电机。

5.金属切削机床不包括台钻、砂轮机、抛光机。

6.拖拉机是指14.7千瓦及以上的轮式和履带式拖拉机。用本厂自产的拖拉机装配的推土机，只计推土机产量，不计拖拉机产量。

7.原煤包括无烟煤、烟煤、褐煤,不包括石煤。

8.原油包括天然原油和人造原油。

9.成品钢材已剔除重复加工的钢材。

10-31 各地区主要工业产品产量

（1991年）

地区	化学纤维（万吨）	#合成纤维	纱（万吨）	布（亿米）	#化纤布	毛线（万吨）	呢绒（万米）	麻袋（亿条）
全国	191.03	167.03	460.83	181.70	17.95	28.25	31 140.74	6.51
北京	4.00	4.00	7.66	3.15	0.06	0.92	1 425.80	
天津	7.81	7.25	11.23	4.68	0.17	0.58	1 253.00	0.01
河北	2.93	1.87	34.04	12.52	1.03	0.64	778.07	0.11
山西	2.45	1.77	9.70	4.25	0.05	0.18	267.71	0.07
内蒙古	0.75	0.26	2.41	1.08	0.43	0.37	1 119.27	0.01
辽宁	15.77	13.31	19.76	6.37	1.05	0.41	1 781.07	0.24
吉林	3.17	1.46	5.38	1.93	0.27	0.26	639.35	0.27
黑龙江	11.08	9.97	7.57	2.58	0.49	0.17	558.79	0.09
上海	26.59	23.21	35.25	14.63	2.06	2.08	3 049.81	
江苏	48.15	46.88	56.20	27.01	3.56	12.17	8 719.00	0.36
浙江	12.07	9.63	20.31	13.53	4.02	2.30	3 166.00	0.78
安徽	1.59	1.59	18.56	6.66	0.07	0.38	276.46	0.63
福建	3.40	2.86	5.77	2.11	0.28	0.47	109.67	0.06
江西	2.37	0.98	8.67	2.79	0.28	0.13	221.00	0.16
山东	5.29	3.97	60.42	21.13	1.98	2.63	2 069.00	0.92
河南	6.83	4.59	31.95	10.62	0.29	0.45	1 077.61	0.67
湖北	2.89	1.61	36.93	14.12	0.31	0.71	446.77	0.91
湖南	3.99	3.78	14.45	4.29	0.10	0.16	54.73	0.29
广东	15.18	14.44	11.79	4.80	0.45	1.51	264.05	0.12
广西	1.61	1.61	6.96	1.80	0.02	0.18	110.43	0.25
海南	1.65	1.65	0.30	0.04				
四川	5.92	5.34	16.75	8.43	0.37	0.20	533.59	0.47
贵州	0.42	0.42	2.48	0.89		0.06	32.04	0.01
云南	0.58	0.25	4.17	1.73	0.01	0.07	51.00	0.04
西藏							15.52	
陕西	2.14	1.93	15.65	6.98	0.60	0.16	566.54	0.02
甘肃	1.78	1.78	1.87	0.52	0.01	0.59	942.58	0.01
青海			0.54	0.21		0.12	231.50	
宁夏	0.36	0.36	0.48	0.11		0.15	112.88	
新疆	0.26	0.26	13.58	2.79		0.20	1 267.50	

10-31 续表 1 (1991年)

地区	丝（万吨）	机制纸及纸板（万吨）	缝纫机（万架）	自行车（万辆）	表（万只）	#手表	日用精铝制品（万吨）	灯泡（亿只）
全国	6.07	1 478.76	763.84	3 676.81	7 824.88	7 595.50	8.68	28.00
北京		27.20	0.82		131.69	131.69	0.30	0.30
天津		27.18	18.61	474.23	518.91	518.91	0.51	0.31
河北	0.01	101.69	0.47	68.05	38.43	38.23	0.23	0.80
山西	0.04	33.91	10.72	33.24	75.08	75.08	0.11	0.49
内蒙古		15.05		0.77			0.06	0.17
辽宁	0.27	75.10	0.42	85.48	470.71	467.69	0.50	1.46
吉林		60.30		26.53	120.75	120.75	0.13	0.56
黑龙江		50.56	0.10	26.49	37.02	37.02	0.17	0.47
上海	0.04	47.08	327.08	764.21	1 397.33	1 376.89	0.30	3.92
江苏	1.44	80.62	60.54	472.73	372.03	371.33	0.59	3.48
浙江	1.59	92.48	80.89	254.35	28.50	28.34	1.37	2.27
安徽	0.19	42.65	22.00	113.18	140.12	140.12	0.12	0.77
福建		55.06	8.05	66.85	1 228.54	1 028.54	0.24	0.94
江西	0.02	26.36		52.33	84.52	84.52	0.14	0.79
山东	0.25	129.26	25.19	193.81	560.61	560.61	0.68	1.40
河南	0.03	168.28	21.07	104.10	135.69	135.69	0.35	1.20
湖北	0.08	46.29	6.53	167.58	97.42	94.88	0.37	1.50
湖南	0.02	61.32	19.01	90.86	37.10	37.10	0.20	1.07
广东	0.29	115.33	101.96	477.62	2 058.40	2 058.40	1.20	1.60
广西	0.10	42.21	21.06	107.72	65.05	65.03	0.32	0.63
海南		0.63			0.54	0.54		
四川	1.55	81.28	2.04	22.99	62.42	60.12	0.16	1.37
贵州	0.01	6.45			7.90	7.90	0.17	0.18
云南	0.03	17.46	11.28	44.02			0.11	0.41
西藏								
陕西	0.10	44.65	25.90	14.99	156.12	156.12	0.06	1.20
甘肃		11.06	0.10	1.68			0.04	0.35
青海		0.78					0.17	0.15
宁夏		8.35					0.04	
新疆	0.03	10.17		13.00			0.03	0.22

10-31 续表 2　　　　　　　　(1991年)

地　区	合成洗涤剂(万吨)	原盐(万吨)	糖(万吨)	食用植物油(万吨)	罐头(万吨)	饮料酒(万吨)	#啤酒	卷烟(万箱)
全　国	**146.16**	**2 410.26**	**640.08**	**644.32**	**192.95**	**1 538.91**	**838.27**	**3 226.49**
北　京	5.65			2.75	1.03	43.81	36.35	16.52
天　津	9.34	186.42		2.71	2.52	10.75	5.16	20.00
河　北	3.81	228.40	0.77	21.92	9.94	84.70	62.21	117.00
山　西	5.79	0.11	6.32	6.54	2.19	15.24	5.24	21.79
内蒙古	0.95	100.66	23.54	13.64	0.69	28.63	17.22	28.20
辽　宁	4.25	240.35	3.56	27.88	7.55	85.27	64.27	42.84
吉　林	2.03		9.24	23.97	1.95	62.42	43.65	62.64
黑龙江	2.01		70.68	39.43	3.11	86.77	59.77	66.43
上　海	11.50			14.71	4.86	27.13	20.20	82.00
江　苏	15.44	119.76		59.57	8.52	100.63	41.77	79.00
浙　江	2.73	56.37	2.17	24.59	25.65	151.84	77.44	76.43
安　徽	7.88	10.60		43.34	6.81	59.05	22.39	207.93
福　建	0.21	120.23	30.51	2.90	18.97	46.13	38.98	76.93
江　西	2.17	24.35	14.67	12.88	3.83	34.29	15.22	49.58
山　东	12.01	472.50	0.44	105.42	14.91	209.78	107.06	221.27
河　南	8.93	2.16		35.79	5.15	67.57	39.38	293.68
湖　北	9.64	148.84	1.11	49.90	6.78	66.10	35.19	221.44
湖　南	4.45	49.51	8.65	22.35	5.47	29.89	9.54	260.93
广　东	12.25	51.42	180.98	14.32	6.80	80.72	54.62	150.97
广　西	3.76	19.55	139.65	5.78	20.06	26.80	10.84	100.65
海　南	0.12	25.67	28.57	0.26	4.82	1.22	0.05	8.00
四　川	8.31	217.44	18.99	55.00	22.35	122.39	31.65	196.00
贵　州	0.11		1.09	11.61	0.26	26.38	3.05	194.00
云　南	4.88	28.01	60.02	3.24	1.19	18.87	5.33	437.49
西　藏				0.16		0.16	0.16	
陕　西	2.63	10.54	0.75	10.28	1.45	21.89	12.04	147.34
甘　肃	1.62	4.73	7.16	8.63	1.05	10.59	7.77	28.00
青　海	0.83	142.32		3.01	0.11	2.67	1.54	2.51
宁　夏	0.99	0.15	5.09	2.43	0.31	2.92	2.21	4.53
新　疆	1.88	150.17	26.12	19.31	4.62	14.30	7.97	12.39

10-31 续表 3 (1991年)

地区	中成药(吨)	家用电冰箱(万台)	电风扇(万台)	家用洗衣机(万台)	收音机(万台)	录音机(万台)	电视机(万台)	#彩色	照相机(万架)
全国	269 192	469.94	6 219.08	687.17	1 969.08	2 873.70	2 691.41	1 205.06	478.18
北京	11 997	7.05	11.36	21.91	28.03	129.85	91.55	58.23	5.37
天津	3 283	4.53	7.54	38.09	35.64	9.22	140.27	72.63	2.28
河北	7 958	0.10	3.97		11.29	4.54	25.75	10.45	
山西	3 612		0.57	24.38	0.12	0.80	4.51	3.97	
内蒙古	2 362				5.01	1.71	28.61	17.06	
辽宁	6 526	11.80	44.97	29.26	88.82	56.20	59.62	31.11	0.23
吉林	20 946	13.23		28.71	0.34	2.47	21.43	11.21	
黑龙江	5 103	4.78	1.86	0.26	0.66	4.96	13.11	8.27	1.38
上海	8 179	67.93	264.79	92.26	237.78	103.36	458.92	108.13	18.60
江苏	10 436	24.35	1 034.02	16.80	631.82	538.72	510.53	115.75	16.28
浙江	15 484	30.43	431.00	42.29	122.06	123.92	166.91	20.67	0.03
安徽	8 168	49.93	118.18	40.05	32.13	7.73	101.35	15.26	
福建	4 835	2.29	29.74		24.31	20.11	135.63	122.49	1.59
江西	12 078	12.46	44.76		21.09	42.76	48.90	14.15	16.17
山东	10 947	31.51	228.17	61.46	23.77	12.46	75.47	28.91	24.60
河南	12 030	11.38	27.96		20.76	7.49	29.94	10.10	0.48
湖北	15 258	3.13	43.85	26.48	0.21	36.21	27.33	14.18	0.60
湖南	7 890	20.45	54.90	0.98	12.36	37.92	35.23	4.71	
广东	53 985	114.29	3 685.40	172.85	633.83	1 677.72	360.96	322.88	380.27
广西	17 753	0.40	63.43	1.56		9.37	17.66	6.40	
海南	1 295					1.74	11.50	9.49	
四川	15 941	17.12	107.28	29.53	11.94	13.76	142.65	94.14	3.72
贵州	1 266	6.51	3.64	10.69	0.33	1.75	37.33	8.31	
云南	3 588	2.74		3.30			14.97	7.24	
西藏	61								
陕西	3 859	27.53	11.69	19.05	26.78	1.15	102.43	73.94	0.39
甘肃	2 459	6.00		27.26		26.22	17.71	10.89	6.20
青海	230					0.46			
宁夏	854					0.03	0.31		
新疆	809					1.07	10.83	4.49	

10-31 续表 4　　　　(1991年)

地区	原煤(亿吨)	原油(万吨)	天然气(亿立方米)	发电量(亿千瓦小时)	#水电	生铁(万吨)	钢(万吨)	成品钢材(万吨)
全国	10.87	14 099.20	160.73	6 775.47	1 246.68	6 765.27	7 099.97	5 638.25
北京	0.10			131.78	2.21	389.34	499.66	402.91
天津		474.90	3.61	90.27	0.20	152.13	175.43	204.68
河北	0.61	537.73	2.90	410.66	6.32	590.03	420.38	318.48
山西	2.92		0.59	341.38	5.81	492.80	252.00	125.03
内蒙古	0.49	100.06		189.04	1.24	271.27	269.32	179.69
辽宁	0.52	1 374.22	20.55	446.51	40.35	1 227.82	1 262.51	978.84
吉林	0.26	342.30	1.26	199.80	64.30	73.73	83.64	67.45
黑龙江	0.85	5 562.33	22.73	316.34	5.82	59.20	99.65	87.69
上海				304.82		664.04	1 006.92	738.08
江苏	0.25	92.50	0.33	441.20	0.50	156.23	216.03	247.76
浙江	0.01			242.32	58.83	59.30	94.95	92.63
安徽	0.31	3.00		215.52	15.11	296.66	254.81	199.81
福建	0.09			151.76	62.72	63.66	56.47	59.29
江西	0.21			129.96	31.93	84.05	109.68	95.27
山东	0.61	3 355.19	14.38	496.40	0.79	293.50	252.12	173.27
河南	0.90	848.32	13.02	356.49	15.28	176.79	186.12	149.32
湖北	0.08	73.35	0.64	349.49	225.48	503.01	618.84	536.33
湖南	0.33			221.25	107.63	161.31	150.95	136.60
广东	0.09	153.63		394.93	59.17	82.78	128.07	148.37
广西	0.10	13.00		135.55	63.72	64.88	59.14	54.49
海南	0.00			16.47	7.02	2.24	0.19	0.14
四川	0.69	13.78	73.10	379.58	155.06	504.83	540.00	375.10
贵州	0.37		0.34	116.03	44.31	81.30	52.71	31.87
云南	0.22			140.85	93.12	123.98	93.62	83.77
西藏	0.00			3.45	2.50			
陕西	0.33	85.06	0.27	164.31	16.52	48.51	50.67	32.56
甘肃	0.15	161.81	0.68	188.05	93.69	95.57	85.46	50.66
青海	0.03	102.00	0.75	59.81	44.00		36.28	29.48
宁夏	0.14	23.02	0.04	63.11	8.38	5.00	3.78	4.87
新疆	0.21	783.00	5.54	78.34	14.67	41.31	40.57	33.81

10-31 续表 5 (1991年)

地区	铁合金（万吨）	焦炭（万吨）	#机制焦炭	水泥（万吨）	平板玻璃（万重量箱）	木材（万立方米）	硫酸（万吨）	纯碱（万吨）
全国	**246.00**	**7 351.59**	**5 395.62**	**25 260.92**	**8 711.66**	**5 807.33**	**1 332.87**	**393.64**
北京	3.27	338.14	338.14	377.62	339.63	5.98	7.12	
天津	0.90	141.22	141.22	137.24	192.08		8.31	59.68
河北	4.15	462.27	397.46	1 596.97	1 188.04	50.23	65.87	36.24
山西	12.98	1 455.42	477.90	675.23	192.66	21.90	43.51	2.81
内蒙古	4.93	275.33	187.07	270.60	254.92	483.87	5.07	6.43
辽宁	15.91	823.18	821.92	1 312.20	1 022.43	91.12	81.20	71.21
吉林	22.53	117.04	115.73	473.16	192.75	563.15	10.92	0.97
黑龙江	0.71	154.16	148.02	553.57	406.61	1 357.64	7.53	
上海	17.92	514.33	504.76	297.85	483.47		38.68	3.83
江苏	4.61	132.26	126.90	1 823.18	329.56	44.32	129.60	20.33
浙江	11.01	37.06	37.06	1 622.00	228.31	189.39	37.11	10.87
安徽	1.51	260.57	260.57	1 011.11	155.12	53.98	82.30	4.96
福建	2.20	31.36	31.36	646.87	23.57	487.95	25.73	3.79
江西	16.50	145.31	145.31	566.91	31.46	247.34	46.93	0.07
山东	1.37	271.89	214.88	2 405.42	580.16	146.48	81.73	79.73
河南	5.33	219.16	168.23	1 401.82	1 014.20	190.40	48.09	17.24
湖北	9.16	323.16	322.56	1 122.80	146.53	135.09	96.19	25.18
湖南	20.12	195.22	147.53	1 199.40	419.88	264.33	75.43	6.28
广东	1.25	53.35	53.35	2 703.03	529.13	233.62	107.55	0.04
广西	12.34	48.54	42.20	961.52	162.11	237.96	41.07	0.35
海南	0.17			62.75		37.09	2.11	
四川	19.10	536.15	348.87	1 669.00	142.00	430.81	141.44	33.78
贵州	17.59	250.80	67.86	308.13	41.50	64.33	11.36	
云南	9.71	249.07	77.06	565.19	128.32	262.21	48.31	0.54
西藏				13.66		20.57		
陕西	2.79	128.35	80.58	591.66	189.33	72.20	34.76	4.01
甘肃	9.35	82.93	82.79	409.14	259.78	42.21	39.14	5.28
青海	9.26	1.12		57.77		7.47	2.70	
宁夏	8.00	38.93	17.40	97.29		29.97	7.34	0.02
新疆	1.33	65.27	38.89	327.83	58.11	35.72	5.77	

10-31 续表 6 (1991年)

地区	烧碱 (万吨)	农用氮、磷、钾化肥 (万吨)	#氮肥	#磷肥	化学农药 (万吨)	电石 (万吨)	塑料 (万吨)	轮胎外胎 (万条)
全国	**354.12**	**1 979.53**	**1 510.05**	**459.71**	**25.48**	**235.80**	**282.99**	**3 939.67**
北京	11.00	6.94	6.53	0.41	0.05	6.28	42.79	250.41
天津	27.25	7.85	6.64	1.20	2.12	7.10	13.08	54.49
河北	14.13	130.24	112.53	17.71	1.84	11.68	6.54	96.07
山西	7.82	80.11	66.24	13.85	0.24	30.27	1.97	69.65
内蒙古	4.18	12.50	12.46	0.04		8.79	0.59	16.93
辽宁	29.36	60.32	51.38	8.94	1.55	6.83	24.26	223.51
吉林	8.60	29.05	28.70	0.35	0.12	9.29	6.81	113.43
黑龙江	7.44	39.37	37.96	1.41	0.04	8.41	29.20	156.23
上海	32.93	27.84	22.98	4.86	0.77	8.82	33.91	375.31
江苏	34.94	147.33	108.95	38.10	5.36	10.23	36.09	167.32
浙江	16.90	74.88	63.45	11.43	2.90	10.82	6.07	98.67
安徽	7.83	113.97	90.15	23.82	0.60	7.53	3.28	124.75
福建	9.77	44.09	34.63	9.46	0.72	12.66	4.96	65.71
江西	6.12	32.49	18.81	13.68	0.58	5.64	1.98	48.47
山东	37.76	143.78	124.93	18.85	1.70	9.06	34.29	837.43
河南	12.56	156.50	129.62	26.88	0.45	7.82	3.86	281.37
湖北	10.13	135.98	92.78	43.15	1.29	7.32	3.69	133.17
湖南	15.11	125.71	96.55	29.05	2.30	9.19	4.14	49.20
广东	12.57	69.90	45.12	24.78	0.91	2.15	4.83	222.27
广西	6.32	44.34	24.48	19.86	0.65	4.80	1.61	90.70
海南	0.11	0.73		0.73	0.02	0.09		29.34
四川	24.55	187.20	130.52	56.24	0.94	10.76	3.17	168.84
贵州	1.53	51.50	32.51	18.99	0.04	4.77	0.23	60.32
云南	2.45	95.72	52.60	43.12	0.10	6.45	0.87	51.42
西藏								
陕西	5.35	53.92	39.37	14.51	0.02	12.64	1.36	32.80
甘肃	4.19	33.12	19.01	14.11	0.16	7.52	9.64	18.46
青海	0.94	9.89	0.28	0.79	0.01	1.23	1.66	
宁夏	0.61	31.09	28.54	2.55		6.39	0.45	75.62
新疆	1.67	33.17	32.33	0.84		1.26	1.66	27.78

10-31 续表 7　　　　　　　　　　(1991年)

地　区	交　流 电动机 (万千瓦)	金　属 切削机床 (万台)	汽　车 (万辆)	#载重汽车	拖拉机(14.7 千瓦及以上) (万台)	小　型 拖拉机 (万台)	内燃机 商品量 (万千瓦)
全　国	**3 825.19**	**16.39**	**71.42**	**38.25**	**5.27**	**134.78**	**6 680.23**
北　京	156.70	0.62	10.97	2.29		1.06	1 018.10
天　津	73.95	0.09	4.47	2.35	0.78	0.52	127.06
河　北	172.15	0.25	1.68	0.20		14.99	50.92
山　西	152.57	0.20	0.08	0.02		2.01	14.98
内蒙古	53.37	0.08	0.01			1.45	1.60
辽　宁	443.43	1.77	4.20	2.41	0.09	2.21	402.80
吉　林	64.92	0.11	9.23	6.79	0.32	6.35	136.28
黑龙江	119.30	0.23	1.04	0.88	0.03	2.13	39.22
上　海	327.42	1.46	4.44	0.24	1.08		392.35
江　苏	400.33	2.12	6.40	4.45	0.11	13.99	1 160.41
浙　江	127.07	3.25	0.80	0.18	0.14	4.26	291.16
安　徽	89.50	0.42	0.53	0.38	0.02	9.83	209.26
福　建	86.79	0.15	0.18	0.14		2.41	96.04
江　西	97.48	0.47	1.44	1.10		2.16	228.49
山　东	304.88	1.43	1.20	0.59	1.00	27.29	548.76
河　南	171.62	0.20	0.36	0.01	1.14	18.44	322.05
湖　北	97.22	0.53	12.95	8.47	0.56	1.02	187.64
湖　南	199.80	0.22	0.90	0.07		1.96	354.23
广　东	169.78	0.69	2.15	1.08		4.30	94.46
广　西	49.28	0.36	2.38	2.09		5.58	290.00
海　南	0.18		0.02	0.02		0.01	
四　川	167.24	0.60	4.04	3.13		2.24	483.04
贵　州	9.07	0.05	0.42	0.34		1.00	64.46
云　南	61.37	0.51	0.96	0.62		2.23	77.61
西　藏							
陕　西	116.70	0.29	0.49	0.37		1.65	45.03
甘　肃	62.94	0.06	0.01			1.87	21.12
青　海	2.16	0.11	0.05	0.05			6.18
宁　夏	34.20	0.12				1.09	16.98
新　疆	13.77	0.02				2.74	

10-32 重点工业企业产品质量指标

项　　　目	单　位	1985年	1987年	1988年	1989年	1990年	1991年
一、煤炭工业							
商品煤灰分	%	19.78	19.19	18.82	18.01	18.25	19.27
商品煤含矸率	%	0.33	0.19	0.15	0.19	0.08	0.11
洗精煤灰分	%	10.27	10.27	10.15	10.25	10.29	10.14
洗精煤水分	%	11.50	11.36	11.16	10.99	10.99	10.88
二、石油工业							
油田外运原油含水率	%	0.36	0.40	0.43	0.44	0.42	0.35
石油产品质量合格率	%	99.99	100.00	100.00	99.98	99.99	100.00
三、电力工业							
周波合格率	%	99.35	97.87	97.68	94.82	99.58	99.26
四、冶金工业							
高炉生铁合格率	%	99.97	99.79	99.86	99.77	99.78	99.83
平炉钢锭合格率	%	98.77	98.83	98.93	98.89	98.87	98.88
电炉钢锭合格率	%	99.45	98.91	97.42	99.07	99.04	99.08
侧吹转炉钢锭合格率	%	99.14	98.46	98.26	98.67	99.07	
顶吹转炉钢锭合格率	%	99.33	98.85	99.56	99.05	99.13	
钢材合格率	%	98.86	98.36	98.35	98.37	98.27	98.04
焦炭结焦率	%	76.81	77.23	76.81	76.72	76.67	76.83
冶金焦率	%	93.49	92.42	93.79	93.17	93.11	92.83
冶金焦灰分	%	13.94	14.05	14.02	14.52	14.50	14.21
冶金焦硫分	%	0.70	0.70	0.67	0.66	0.65	0.65
五、化学工业							
磷矿石品位	%	28.50	29.09	29.43	29.49	29.69	30.41
硫酸合格率	%	99.99	100.00	100.00	99.89	100.00	100.00
纯碱(氨碱法)合格率	%	100.00	99.97	99.84	100.00	100.00	99.55
尿素合格率	%	99.28	99.82	99.85	99.67	99.53	99.85
电石发气量	升/公斤	295.00	304.00	296.00	291.85	297.00	295.00
聚氯乙烯合格率	%	99.20	99.79	99.52	99.54	99.50	99.80
轮胎外胎综合合格率	%	99.76	99.77	99.75	99.75	99.75	99.79
高压聚乙烯合格率	%	98.87	97.38	99.75	98.45	98.04	98.51
顺丁橡胶一级品率	%	99.29	99.72	99.29	98.71	99.29	99.50
氯丁橡胶一级品率	%	94.20	93.84	95.23	97.57	96.84	97.10
冰醋酸合格率	%	99.97	100.00	99.97	100.00	100.00	100.00
纯苯合格率	%	100.00	100.00	100.00	100.00	100.00	100.00

10-32 续表

项目	单位	1985年	1987年	1988年	1989年	1990年	1991年
六、机械工业							
铸铁件废品率	%	8.88	9.93	9.66	9.88	10.51	7.19
机械加工件综合废品率	%	1.85	1.96	9.60	4.12	1.87	1.87
七、建筑材料工业							
水泥熟料平均标号	号	604.00	618.00	614.00	605.00	604.00	605.00
出厂水泥合格率	%	99.99	100.00	100.00	99.99	100.00	99.99
平板玻璃一级品率	%	82.25	69.49	68.54	70.19	70.10	68.96
八、森林工业							
胶合板一、二等品率	%	86.60	85.90	83.70	82.60	76.60	64.30
纤维板一、二等品率	%	87.50	84.80	87.00	87.10	89.60	90.00
九、纺织工业							
粘胶纤维正品率	%	98.60	98.48	98.13	97.44	97.94	98.88
合成纤维正品率	%	98.91	98.11	98.13	97.64	98.25	98.42
棉纱一等一级以上品率	%	98.49	98.76	99.09	98.72	98.52	99.10
棉布入库一等品率	%	94.89	95.78	96.13	96.02		
印染布入库一等品率	%	84.93	84.56	85.57	85.69		
精纺毛织品入库一等品率	%	93.07	90.87	92.16	91.79	92.41	93.15
毛线入库一等品率	%	94.34	93.95	93.99	93.79	93.95	95.29
桑蚕丝正品率	%	98.36	97.97	98.84	98.77	98.87	99.19
丝织品入库一等品率	%	86.47	76.70	81.54	82.73	84.02	85.14
十、轻工业							
新闻纸成品率	%	92.90	91.90	94.10	94.80	92.00	92.70
凸板纸成品率	%	90.60	89.80	90.10	91.40	90.40	91.00
缝纫机质量分	分	91.86	92.03	91.14	92.22	92.84	93.18
自行车质量分	分	94.18	93.19	90.85	90.98	90.98	91.91
手表质量分	分	114.81	92.78	91.64	93.14	92.70	93.08
普通灯泡综合合格率	%	90.30	88.60	88.20	88.10	88.10	88.50
卷烟合格率	%	99.00	88.90	88.30	88.20	89.80	91.10
出口陶瓷合格率	%	68.10	70.80	70.60	70.50	72.80	71.80
重革合格率	%	99.20	99.50	99.50	99.60	99.50	99.70
轻革合格率	%	98.20	98.30	98.70	98.60	98.90	98.90
精铝锅一级品率	%	70.60	71.20	73.30	75.70	75.10	75.60

注:1985年手表质量分满分为130分。

10-33 重点工业企业单位产品物耗指标

项　　　　目	单　　位	1985年	1990年	1991年
一、煤炭工业				
企业耗坑木	立方米/万吨	71.70	48.53	45.08
原煤生产耗炸药	公斤/万吨	2 970	2 564	2 750
原煤生产耗钢材	吨/万吨	11.30	12.57	12.60
原煤综合耗电	千瓦小时/吨	37.29	40.19	46.97
洗精煤回收率	%	55.01	55.44	51.74
二、石油工业				
油田企业原油自用率	%	1.52	2.01	2.10
油田原油损耗率	%	1.65	1.80	1.80
原油(气)生产耗电	千瓦小时/吨	51.58	87.97	102.62
原油加工耗电	千瓦小时/吨	41.86	49.33	50.25
原油加工耗燃料油	公斤/吨	18.73	20.95	19.86
三、电力工业				
发电耗标准煤(6000KW以上电厂)	克/千瓦小时	398	392	390
供电耗标准煤	克/千瓦小时	431	427	424
发电厂用电率(6000KW以上电厂)	%	6.42	6.90	6.94
火电	%	7.78	8.22	8.13
水电	%	0.28	0.30	0.32
线路损失率(500KW以上电厂)	%	8.18	8.06	8.15
四、冶金工业				
生铁耗铁矿石	公斤/吨	1 820	1 786	
生铁耗燃料(综合焦比)	公斤/吨	568	611	585
生铁耗焦炭(入炉焦比)	公斤/吨	519	577	552
平炉钢耗钢铁料	公斤/吨	1 105	1 123	1 152
生铁	公斤/吨	802	847	850
电炉钢耗钢铁料	公斤/吨	1 040	1 047	
生铁	公斤/吨	155	87	90
侧吹转炉钢耗钢铁料	公斤/吨	1 177	1 198	
生铁	公斤/吨	1 101	964	
顶吹转炉钢耗钢铁料	公斤/吨	1 133	1 131	
生铁	公斤/吨	1 026	1 015	
全焦耗湿煤	公斤/吨	1 440	1 424	
电炉钢冶炼耗电	千瓦小时/吨	626	689	
电解铝耗直流电	千瓦小时/吨	15 047	14 916	14 897
电解铝耗氧化铝	公斤/吨	1 953	1 958	1 951
铜选矿回收率	%	85.80	83.83	84.94
铅选矿回收率	%	83.1	81.0	82.7
锌选矿回收率	%	88.1	86.5	87.6
镍选矿回收率	%	82.2	83.6	87.8
锡选矿回收率	%	58.3	58.4	60.1
钨选矿回收率	%	81.6	83.4	83.4
钼选矿回收率	%	77.7		
粗铜冶炼回收率	%	97.27	97.46	97.39
粗铅冶炼回收率	%	95.1	95.2	93.2
锌冶炼回收率	%	95.62	95.69	95.82
锡冶炼回收率	%	95.91	95.11	93.76
五、化学工业				
合成氨耗焦白煤(入炉84%)	公斤/吨	1 283	1 235	1 297
合成氨耗电	千瓦小时/吨	1 385	1 385	1 363
合成氨耗天然气(30万吨装置)	立方米/吨		1 053	1 075
合成氨耗电(30万吨装置)	千瓦小时/吨	11.79	11.30	9.95
电石耗焦炭	公斤/吨	557	562	569
电石耗电	千瓦小时/吨	3 468	3 448	3 456
电解烧碱耗直流电				
隔膜法液碱	千瓦小时/吨	2 259	2 413	2 431

10-33 续表

项 目	单 位	1985年	1990年	1991年
水银法液碱	千瓦小时/吨	3 307	3 337	3 345
硫酸耗硫铁矿(折含硫35%)	公斤/吨	994	977	973
硫酸耗电	千瓦小时/吨	88	98	100
聚氯乙烯耗电石	公斤/吨	1 449	1 443	1 431
普通过磷酸钙耗磷矿	公斤/吨	3 731	3 740	3 702
普通过磷酸钙耗硫酸	公斤/吨	2 467	2 363	2 355
高压聚乙烯耗乙烯	公斤/吨	1 052	1 054	1 040
聚丙烯耗丙烯	公斤/吨	1 162	1 149	1 136
顺丁橡胶耗丁二烯	公斤/吨	1 035	1 029	1 025
氯丁橡胶耗电石	公斤/吨	3 024	3 007	2 995
冰醋酸耗乙醛	公斤/吨	779	777	780
纯苯耗粗苯	公斤/吨	1 498	1 479	1 511
六、机械工业				
电炉钢冶炼耗电	千瓦小时/吨	818.0	772.2	764.8
化铁炉金属炉料耗焦	公斤/吨	120.7	129.5	125.2
钢材利用率	%	67.5	62.0	65.0
七、建筑材料工业				
水泥熟料烧成耗标准煤	公斤/吨	201.10	185.42	183.46
水泥综合耗电	千瓦小时/吨	103.93	109.90	110.53
平板玻璃耗标准煤	公斤/重量箱	30.76	28.59	27.13
平板玻璃耗纯碱	公斤/重量箱	10.12	10.41	10.49
平板玻璃耗电	千瓦小时/重量箱	5.26	7.32	7.47
玻璃纤维耗电	千瓦小时/吨	4 310	4 072	3 946
八、森林工业				
原条出材率	%	89.4	90.5	90.3
锯材出材率	%	71.4	66.2	
九、纺织工业				
粘胶纤维(短纤)耗标准煤	公斤/吨	2 342	2 280	2 194
粘胶纤维(长丝)耗标准煤	公斤/吨	9 228	9 165	8 693
粘胶纤维(短纤)耗电	千瓦小时/吨	1 967	2 000	1 918
粘胶纤维(长丝)耗电	千瓦小时/吨	9 205	10 440	10 000
粘胶纤维(短纤)耗硫酸	公斤/吨	920	917	916
粘胶纤维(长丝)耗硫酸	公斤/吨	1 336	1 471	1 354
粘胶纤维(短纤)耗烧碱	公斤/吨	649	635	632
粘胶纤维(长丝)耗烧碱	公斤/吨	844	837	840
棉纱通扯净用棉量	公斤/吨	1 064	1 070	1 069
棉纱耗电	千瓦小时/吨	1 983	2 129	2 125
棉布用纱量	公斤/百米	16.17	16.44	17.08
棉布耗电	千瓦小时/米	23.07	25.24	26.32
印染布耗碱	公斤/百米	1.75	2.05	2.12
印染布耗标准煤	公斤/百米	44.43	43.88	45.58
十、轻工业				
本色化学木浆耗木材	立方米/吨	4.6	4.6	4.6
本色化学木浆耗碱	公斤/吨	421	467	465
机械木浆耗木材	立方米/吨	2.5	2.6	2.6
机械木浆耗电	千瓦小时/吨	1 522	1 566	1 530
新闻纸耗电	千瓦小时/吨	556	583	586
家用缝纫机耗生铁	公斤/架	31.6	31.0	30.9
自行车耗钢材(28″载重)	公斤/辆	30	29	29
闹钟耗铜材	公斤/万只	1 650	1 605	1 530
15-40瓦普通灯泡耗钨丝	万米/万只	1.29	1.35	1.35
日用陶瓷耗标准煤	吨/吨	1.2	1.3	1.4
重革耗牛皮	吨/吨	0.89	0.92	0.91
重革耗猪皮	吨/吨	1.93	1.91	1.87

10-34 重点工业企业实物劳动生产率

项目	单位	1985年	1987年	1988年	1989年	1990年	1991年
一、煤炭工业							
原煤全员效率	吨/工	0.939	1.053	1.092	1.157	1.233	1.259
回采工效率	吨/工	4.405	4.881	5.158	5.594	5.873	6.093
掘进工效率	米/工	0.116	0.117	0.118	0.115	0.116	0.123
二、石油工业							
炼油工人	吨/人·年	928	923	931	881	885	831
三、电力工业							
发电工人	万千瓦小时/人.年	157	183				
四、冶金工业							
露天采矿全员效率	吨/人·年	3 902	4 943	5 028	4 878	4 758	4 957
露天采矿工人	吨/人·年	5 661	6 883	6 979	6 588	6 184	6 248
坑下采矿全员效率	吨/人·年	303	348	360	384	399	421
高炉炼铁工人	吨/人·年	1 466	689	737	712	746	758
平炉炼钢工人	吨/人·年	490	577	591	599	600	587
电炉炼钢工人	吨/人·年	220	166	162	158	175	178
侧吹转炉炼钢工人	吨/人·年	261	128	160	158	169	
顶吹转炉炼钢工人	吨/人·年	688	510	530	534	549	
五、化学工业							
硫酸工人	吨/人·年	558	654	590	737	619	663
纯碱(氨碱法)工人	吨/人·年	412	421	413	269	394	333
纯碱(联碱法)工人	吨/人·年	445	480	347	238	559	545
电解烧碱(隔膜液碱100%)工人	吨/人·年	238	278	239	136	260	257
电解烧碱(水银液碱100%)工人	吨/人·年	233	242	251	85	223	227
合成氨工人	吨/人·年	192	231	193	178	196	195
合成氨(30万吨装置)工人	吨/人·年	4 258	3 825	4 050	3 511	3 060	2 882
六、建筑材料工业							
水泥全员效率	吨/人·年	254	255	260	257	261	266
七、纺织工业							
棉纱工人	工/吨	30.48	29.58	29.64	29.97	30.76	30.36
棉布工人	工/万米	97.43	94.64	95.11	95.57	96.68	98.77
八、轻工业							
机制纸及纸板工人	吨/人·年	19.82	19.01	19.75	18.83	17.07	18.16
自行车工人	辆/人·年	302	311	310	249	220	283
家用缝纫机工人	架/人·年	195	179	193	205	190	205
手表工人	只/人·年	575	662	723	778	867	875
原盐工人	吨/人·年	179.29	188.45	216.96	256.50	150.63	184.58
甘蔗糖工人	吨/人·年	31.64	34.21	30.67	29.34	40.57	39.53
甜菜糖工人	吨/人·年	24.46	20.24	20.49	20.98	24.08	31.77
卷烟工人	箱/人·年	200.00	174.00	197.00	195.40	201.10	196.50
合成洗衣粉工人	吨/人·年	56.46	67.66	78.15	81.68	82.88	60.70

10-35 重点工业企业设备利用及其他指标

项　　目	单　　位	1985年	1987年	1988年	1989年	1990年	1991年
一、煤炭工业							
剥采比	立方米/吨	5.36	4.56	7.79	4.05	4.17	4.49
回采工作面平均月产量	吨/个	11 728	13 082	13 941	14 802	15 789	17 126
掘进工作面平均月进度	米/个	104.20	107.07	111.21	115.44	117.11	123.94
生产掘进率	米/万吨	169.01	157.06	152.31	143.68	140.97	144.93
开拓掘进率	米/万吨	20.33	19.45	19.40	16.97	17.70	19.34
二、石油工业							
油井综合利用率	%	86.22	86.67	85.05	85.06	85.14	87.00
三、电力工业(500KW以上电厂)							
发电设备平均利用小时	小时	5 308	5 392	5 313	5 171	5 041	5 030
水电	小时	3 853	3 771	3 710	3 691	3 889	3 675
火电	小时	5 893	6 011	5 907	5 716	5 417	5 451
四、冶金工业							
烧结机利用系数	吨/平方米·台时	1.34	1.35	1.36	1.35	1.35	1.33
烧结机日历作业率	%	79.26	77.69	78.65	78.69	78.12	80.43
高炉利用系数	吨/立方米·昼夜	1.688	1.731	1.830	1.685	1.730	1.750
平炉利用系数	吨/平方米·昼夜	10.40	11.43	11.84	11.61	11.40	11.46
平炉炉顶寿命	炉	363	351	309	285	270	275
平炉平均每炉冶炼时间	时:分	6:00	6:00	6:00	6:20	5:54	5:54
平炉日历作业率	%	80.13	80.38	78.82	78.04	77.30	77.74
电炉利用系数	吨/百万伏安·昼夜	17.32	15.01	14.11	13.96	14.77	14.54
电炉平均每炉冶炼时间	时:分	3:45	3:41	3:39	3:42	3:41	3:43
电炉日历作业率	%	82.91	71.83	69.11	70.62	74.28	73.95
侧吹转炉利用系数	吨/公称吨·昼夜	31.12	20.95	22.30	21.81	25.00	
侧吹转炉炉衬寿命	炉	246	176	62	69	102	
侧吹转炉平均每炉冶炼时间	分	53		39	32		
侧吹转炉日历作业率	%	68.55	46.59	44.99	35.90	38.72	
顶吹转炉利用系数	吨/公称吨·昼夜	19.82	22.30	22.59	22.60	23.54	
顶吹转炉炉衬寿命	炉	606	357	374	377	438	
顶吹转炉平均每炉冶炼时间	分	34	34	34	34	34	
顶吹转炉日历作业率	%	52.08	51.16	50.21	49.46	50.75	
五、化学工业							
硫酸(100%)触媒容积利用系数	吨/立方米·日	3.42	3.70	3.43	2.96	3.36	3.35
纯碱(氨碱法)炭化塔容积利用系数	吨/立方米·日	0.79	0.75	0.74	0.75	0.77	0.73

10-35 续表

项　　　目	单　　位	1985年	1987年	1988年	1989年	1990年	1991年
纯碱(联碱法)炭化塔容积利用系数	吨/立方米·日	0.55	0.48	0.50	0.51	0.53	0.55
合成氨造气炉利用系数	立方米/平方米·日	16 840	21 810	14 271	21 859	18 508	15 298
合成氨触媒容积利用系数	吨/立方米·日	33	26	24	31	30	29
尿素合成塔利用系数	吨/立方米·日	7.54	7.74	7.52	7.36	7.69	7.69
六、机械工业							
每吨锻锤能力产量	吨	244	242	209	290	282	257
金属切削机床利用率	%	50.3	49.6	49.9	49.4	47.4	49.4
七、建筑材料工业							
回转窑小时产量	吨/小时	3 027	3 636	3 769	3 925	4 253	4 455
水泥磨小时产量	吨/小时	4 993	5 849	6 188	6 369	6 746	6 747
回转窑运转率	%	84.1	80.8	78.4	78.8	79.5	79.6
平板玻璃熔窑熔化能力	公斤/平方米·日	1 342	1 369	1 359	1 422	1 460	1 495
八、森林工业							
平均每台拖拉机年集材量	立方米	4 284	4 261	4 070	3 981	3 627	3 350
平均每辆汽车年运材量	立方米	4 804	4 654	4 456	4 367	4 375	3 802
平均每台森铁机车年运材量	立方米	26 442	27 446	24 813	22 912	21 976	19 854
九、纺织工业							
每千锭时平均产纱量(混合数)	公斤	23.93	22.48	22.24	21.11	19.88	19.92
棉纺锭设备利用率	%	96.36	99.45	96.09	93.25	91.15	88.05
棉布织机每台时产量(混合数)	米	3.57	3.57	3.53	3.47	3.38	3.32
棉布织机设备利用率	%	97.54	96.84	94.17	93.50	91.52	87.76
棉布织机设备运转率	%	93.89	93.85	93.58	92.91	92.04	92.09
毛线精纺锭千锭时产量	公斤	61.52	55.67	54.87	49.42	45.09	45.29
精梳毛织机每台时产量	米	2.15	2.08	2.02	1.99		
粗梳毛织机每台时产量(不包括素毛毯)	米	2.79	2.63	2.61	2.64	2.70	2.46
长毛绒织机每台时产量	米	3.08	3.33				
驼绒织机每台时产量	米	12.92	12.09				
提花毛毯织机每台时产量	条	1.23	1.20	1.18	1.17	1.20	1.11
麻袋织机每台时产量(混合数)	米	23.51	23.76	23.40	20.85	20.85	21.39
苎麻织机每台时产量	米	2.86	2.64	2.32	2.29	2.45	2.28
丝织机每台时产量	米	2.10	2.11	2.09	2.00	2.21	2.25

图 10-1 工业总产值构成

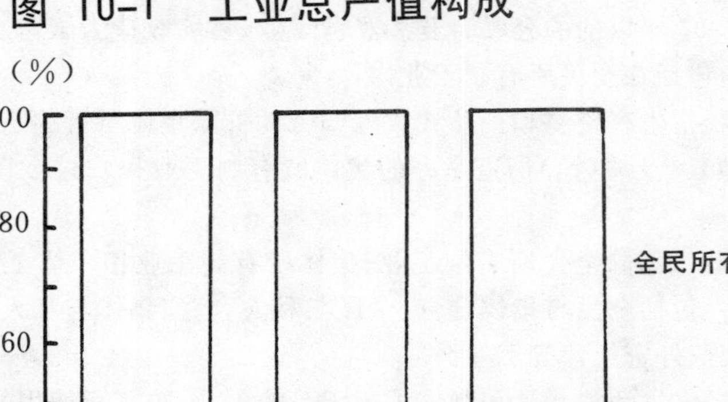

主 要 统 计 指 标 解 释

工业 指从事自然资源的开采,对采掘品和农产品进行加工和再加工的物质生产部门。具体包括:(1)对自然资源的开采,如采矿、晒盐、森林采伐等(但不包括禽兽捕猎和水产捕捞);(2)对农副产品的加工、再加工,如粮油加工、食品加工、轧花、缫丝、纺织、制革等;(3)对采掘品的加工、再加工,如炼铁、炼钢、化工生产、石油加工、机器制造、木材加工等,以及电力、自来水、煤气的生产和供应等;(4)对工业品的修理、翻新,如机器设备的修理、交通运输工具(包括小卧车)的修理等。

1984年以前农村的村及村以下办工业归属农业,1984年及以后划归工业。

独立核算工业企业和非独立核算工业生产单位 是按行政和财务核算是否独立划分的工业统计单位。

独立核算工业企业,应同时具备下列三个条件:(1)行政上有独立的组织形式;(2)经济独立核算,自负盈亏,编制独立的资金平衡表(或资产负债表);(3)有权与其他单位签订合同,并在银行设有独立户头。独立核算工业企业不论是单一性生产或联合性生产的企业,均以整个企业作为一个基本填报单位。

非独立核算工业生产单位,是指不具备独立核算工业企业三个条件,附设于其他企业、事业、机关、团体、学校、科研机构、部队等单位的工作生产单位。但必须同时具备下列三个条件:

(1)有固定的生产场所和生产设备;(2)有固定的生产工人和学徒在十人以上;(3)一般单位常年生产,季节性生产的单位全年开工时间在三个月以上。

全民所有制工业(即国营工业) 指生产资料和产品或收入归全民所有的工业企业(单位)。包括中央和地方各级国家机关、部队、科研机构、学校、人民团体和国营企事业单位等举办的全民所有制工业。1957 年以前的公私合营和私营工业,后均改造为国营工业,这部分工业的资料不单独分列时,均包括在全民所有制工业内。

集体所有制工业 指生产资料和产品或收入归劳动群众集体所有的工业企业(单位)。包括城市、县、镇(建制镇)以及城(镇)街道举办的集体所有制工业和农村乡镇办工业、村办工业等。

其他经济类型工业 指除全民所有制工业、集体所有制工业和个体工业以外的其他经济类型工业企业(单位)。包括全民与集体合营、全民与私人合营、集体与私人合营、中外合营、华侨或港澳工商业者经营、外资经营等工业。

轻工业 指主要提供生活消费品和制作手工工具的工业。按其所使用的原料不同,可分为两大类:(1)以农产品为原料的轻工业,是指直接或间接以农产品为基本原料的轻工业。主要包括食品制造、饮料制造、烟草加工、纺织、缝纫、皮革和毛皮制作、造纸以及印刷等工业;(2)以非农产品为原料的轻工业,是指以工业品为原料的轻工业。主要包括文教体育用品、化学药品制造、合成纤维制造、日用化学制品、日用玻璃制品、日用金属制品、手工工具制造、医疗器械制造、文化和办公用机械制造等工业。

重工业 是指为国民经济各部门提供物质技术基础的主要生产生产资料的工业。按其生产性质和产品用途,可以分为下列三类:(1)采掘(伐)工业,是指对自然资源的开采,包括石油开采、煤炭开采、金属矿开采、非金属矿开采和木材采伐等工业;(2)原材料工业,指向国民经济各部门提供基本材料、动力和燃料的工业。包括金属冶炼及加工、炼焦及焦炭化学、化工原料、水泥、人造板以及电力、石油和煤炭加工等工业;(3)加工工业,是指对工业原材料进行再加工制造的工业。包括装备国民经济各部门的机械设备制造工业、金属结构、水泥制品等工业,以及为农业提供的生产资料如化肥、农药等工业。

根据上述划分原则,修理业中以重工业产品为修理作业对象的划为重工业,否则划为轻工业。

工业总产值 是以货币表现的工业企业在一定时期内生产的工业产品总量,它反映工业生产的总规模和总水平。它包括:在本企业内不再进行加工,经检验,包装入库的成品价值,工业性作业价值,自制半成品、在制品期末期初差额价值(生产周期较长的企业计算)。工业总产值采用"工厂法"计算,即以工业企业作为一个整体,按企业工业生产活动的最终成果来计算,企业内部不允许重复计算,不能把企业内部各个车间(分厂)生产的成果相加。但在企业之间、行业之间、地区之间存在着重复计算。

轻重工业总产值的划分也是按"工厂法"计算的,即一个工业企业在正常情况下生产的主要产品的性质属于轻工业,则该企业的全部总产值作为轻工业总产值;一个工业企业生产的主要产品的性质属于重工业,则该企业的全部总产值作为重工业总产值。

工业净产值 是工业企业在一定时期内工业生产活动新创造的价值。各个工业企业净产值的总和就是工业行业所创造的国民收入。

工业净产值的统计范围是全部独立核算的工业企业,非独立核算的工业生产单位不计算工业净产值。

工业净产值的计算方法有两种：一种是生产法，是从工业总产值中扣除物质消耗价值求得的净产值。另一种是分配法，是根据工业生产新创造价值中属于国民收入初次分配的各项要素相加求得的净产值。初次分配项目包括：应得产品销售利润和应缴纳的产品销售税金、工资、提取的职工福利基金、利息支出和其他费用。

固定资产原值 是指工业企业购买和建筑各种固定资产时所实际支付的金额，以及以后改建或扩建所追加投资金额的合计。固定资产的来源包括解放后接收的原有固定资产，通过基本建设完成交付使用的固定资产，通过更新改造措施而增加的固定资产等等。

固定资产净值 是指固定资产原值减去历年已提折旧额后的净额。

定额流动资金 是指工业企业的储备资金、生产资金、成品资金以及超储积压物资和待处理流动资产损失五项之和。由于对这几项资金实行定额管理，所以称为定额流动资金。

利税总额 指工业企业的产品销售税金、教育费附加、资源税和利润总额四项之和。不包括企业计入生产成本的各项税金。

全部商品产品工厂成本 是指企业在一定时期内生产全部商品产品所支出的成本总额，但不包括销售及其他费用。全部商品产品是指企业生产的主要产品和次要产品的全部商品产品，包括可比产品和不可比产品。全部商品产品工厂成本的构成分为：“原材料”、“燃料和动力”、“工资及福利费”、“车间经费”、“企业管理费”等五个项目。全部商品产品工厂成本是反映企业工作质量和经济效益的一个综合性指标。

资金利税率 指在一定时期内已实现的利润、税金总额占同期全部资金（固定资产净值与定额流动资金之和）平均余额的百分比。计算公式：

$$\text{资金利税率(\%)}=\frac{\text{利润税金总额}}{\text{固定资产净值平均余额}+\text{定额流动资金平均余额}}\times 100\%$$

资金利税率反映每单位（通常是每万元）资金所提供的利润税金额。它是考察和评价部门或企业生产经营活动效果的一个综合性指标。

产值利税率 指在一定时期内部门或企业已实现的利润税金额占同期全部工业总产值的百分比。计算公式：

$$\text{产值利税率(\%)}=\frac{\text{利润税金总额}}{\text{工业总产值}}\times 100\%$$

产值利税率表明每单位工业总产值可提供的利润税金额，利用产值利税率指标进行动态对比，可以反映一定时期内经济效果的大小。

可比产品成本降低率 可比产品指上年正式生产过、本年继续生产的产品。产品的可比性是按产品的牌号、规格和性能决定的。某些产品经过改革，虽然工艺操作、技术条件比过去有所改变，但其牌号、规格和性能相同，则仍算为可比产品。可比产品总成本就是企业为生产可比产品所支出的成本总额，它是企业产品总成本的一个组成部分。计算可比产品成本降低率，一般是将本年可比产品总成本和本年可比产品产量按上年实际单位成本计算的总成本相对比求得。即：

$$\text{可比产品成本降低率(\%)}=\left(1-\frac{\text{本年可比产品总成本}}{\text{本年可比产品按上年实际平均单位成本计算的总成本}}\right)\times 100\%$$

如果所得结果为正数，表示可比产品成本降低，如结果为负数，则表示可比产品成本升高。

工业成本利润率 指在一定时期内实现的利润总额与同期全部商品产品工厂成本之比，反映降低成本的经济效益。计算公式：

$$工业成本利润率(\%)=\frac{利润总额}{全部商品产品工厂成本}\times 100\%$$

工业净产值率 指在一定时期内工业净产值与同期工业总产值之比，反映降低物化劳动消耗的经济效益。计算公式：

$$工业净产值率(\%)=\frac{工业净产值(现价)}{工业总产值(现价)}\times 100\%$$

流动资金周转次数 指在一定时期内流动资金一共周转了多少次，反映流动资金的周转速度，是从资金占用角度研究经济效益的指标。计算公式：

$$流动资金周转资数=\frac{产品销售收入}{定额流动资金平均余额}$$

产品销售收入 指企业产成品、自制半成品和工业性作业等商品产品的销售收入。

产品销售工厂成本 指企业已销售的商品产品的实际工厂成本。

全员劳动生产率 指根据产品的价值量指标计算的平均每一个职工在单位时间内的产品生产量。是考核企业经济活动的重要指标，是企业生产技术水平、经营管理水平，职工技术熟练程度和劳动积极性的综合表现。目前我国的全员劳动生产率是将工业企业的工业总产值除以同一时期全部职工的平均人数来计算的。计算公式：

$$全员劳动生产率=\frac{工业总产值}{全部职工平均人数}$$

为了使各年度的全员劳动生产率数字可以比较，1981 年以前各年的全员劳动生产率均按指数换算成 1980 年不变价格。

实物劳动生产率 指根据某种产品实物量计算的平均每个职工（或工人）在单位时间内生产的产品数量。这是通过产品实物来反映劳动者在生产中的劳动效率指标。我国目前有全员实物劳动生产率（通常简称全员效率）和工人实物劳动生产率两个指标。计算公式：

$$全员实物劳动生产率(全员效率)=\frac{产品产量}{全部职工平均人数}$$

$$工人实物劳动生产率=\frac{产品产量}{生产工人(包括学徒)平均人数}$$

计算实物劳动生产率的产品产量，是指报告期生产的，并经检验符合质量标准或合同规定的技术要求的合格产品产量。不包括不合格品和废品的数量。

十一
能源和物资

11-1 能源生产和消费总量及构成

年份	能源生产总量（万吨标准煤）	占能源生产总量的%				能源消费总量（万吨标准煤）	占能源消费总量的%			
		原煤	原油	天然气	水电		煤炭	石油	天然气	水电
1949	2 374	96.3	0.7	…	3.0					
1950	3 174	96.8	0.9	…	2.3					
1951	3 903	97.0	1.1	…	1.9					
1952	4 871	96.7	1.3	…	2.0					
1953	5 192	96.3	1.7	…	2.0	5 411	94.3	3.8	…	1.8
1954	6 262	95.8	1.8	…	2.4	6 234	93.5	4.3	…	2.2
1955	7 295	95.9	1.9	…	2.2	6 968	92.9	4.9	…	2.1
1956	8 242	95.3	2.0	…	2.7	8 800	92.7	4.8	…	2.4
1957	9 861	94.9	2.1	0.1	2.9	9 644	92.3	4.6	0.1	3.0
1958	19 845	97.1	1.6	0.1	1.2	17 599	94.6	3.9	0.1	1.4
1959	27 161	97.0	2.0	0.1	0.9	23 926	94.7	4.1	0.1	1.1
1960	29 637	95.6	2.5	0.5	1.4	30 188	93.9	4.1	0.5	1.5
1961	21 224	93.5	3.6	0.9	2.0	20 390	91.3	5.5	0.9	2.3
1962	17 185	91.4	4.8	0.9	2.9	16 540	89.2	6.6	0.9	3.2
1963	17 009	91.1	5.4	0.8	2.7	15 567	88.9	7.2	0.8	3.1
1964	17 232	89.1	7.0	0.8	3.1	16 637	88.0	8.0	0.7	3.3
1965	18 824	88.0	8.6	0.8	2.6	18 901	86.5	10.3	0.9	2.7
1966	20 833	86.4	10.0	0.8	2.8	20 269	86.2	10.2	0.7	2.9
1967	17 494	84.1	11.3	1.1	3.5	18 328	84.8	10.9	0.8	3.5
1968	18 715	83.9	12.2	1.0	2.9	18 405	83.8	12.1	0.8	3.4
1969	23 104	82.2	13.5	1.1	3.2	22 730	81.9	13.8	0.8	3.5
1970	30 990	81.6	14.1	1.2	3.1	29 291	80.9	14.7	0.9	3.5
1971	35 289	79.3	16.0	1.4	3.3	34 496	79.2	16.0	1.4	3.4
1972	37 785	77.5	17.3	1.7	3.5	37 273	77.5	17.2	1.7	3.6
1973	40 013	74.4	19.2	2.0	4.4	39 109	74.8	18.6	2.0	4.6
1974	41 626	70.8	22.3	2.4	4.5	40 144	72.1	20.7	2.5	4.7
1975	48 754	70.6	22.6	2.4	4.4	45 425	71.9	21.1	2.5	4.6
1976	50 340	68.5	24.7	2.7	4.1	47 831	69.9	23.0	2.8	4.3
1977	56 396	69.6	23.7	2.9	3.8	52 354	70.3	22.6	3.1	4.1
1978	62 770	70.3	23.7	2.9	3.1	57 144	70.7	22.7	3.2	3.4
1979	64 562	70.2	23.5	3.0	3.3	58 588	71.3	21.8	3.3	3.6
1980	63 735	69.4	23.8	3.0	3.8	60 275	72.2	20.7	3.1	4.0
1981	63 227	70.2	22.9	2.7	4.2	59 447	72.7	20.0	2.8	4.5
1982	66 778	71.3	21.8	2.4	4.5	62 067	73.7	18.9	2.5	4.9
1983	71 270	71.6	21.3	2.3	4.8	66 040	74.2	18.1	2.4	5.3
1984	77 855	72.4	21.0	2.1	4.5	70 904	75.3	17.4	2.4	4.9
1985	85 546	72.8	20.9	2.0	4.3	76 682	75.8	17.1	2.2	4.9
1986	88 124	72.4	21.2	2.1	4.3	80 850	75.8	17.2	2.3	4.7
1987	91 266	72.6	21.0	2.0	4.4	86 632	76.2	17.0	2.1	4.7
1988	95 801	73.1	20.4	2.0	4.5	92 997	76.2	17.0	2.1	4.7
1989	101 639	74.1	19.3	2.0	4.6	96 934	76.0	17.1	2.0	4.9
1990	103 922	74.2	19.0	2.0	4.8	98 703	76.2	16.6	2.1	5.1
1991	104 844	74.1	19.2	2.0	4.7	102 300	76.0	17.0	2.0	5.0

11-2 综合能源平衡表

单位:万吨标准煤

项　　　　目	1980年	1985年	1987年	1988年	1989年	1990年
可供消费的能源总量	61 557	77 603	87 145	93 235	95 326	96 138
一次能源生产量	63 735	85 546	91 266	95 801	101 639	103 922
进口量	261	340	661	912	1 765	1 310
出口量(-)	3 058	5 774	5 795	5 767	5 746	5 875
年初年末库存差额	619	-2509	1 013	2 289	-2332	-3219
能源消费总量	60 275	76 682	86 632	92 997	96 934	98 703
在总量中：						
（一）物质生产部门	48 857	60 894	69 556	74 317	78 012	79 431
1.农、林、牧、渔、水利业	3 471	4 045	4 471	4 709	4 742	4 852
2.工　业	41 010	51 068	58 792	63 040	66 291	67 578
3.建筑业	956	1 302	1 260	1 159	1 271	1 213
4.交通运输和邮电通讯业	2 902	3 713	4 126	4 327	4 499	4 541
5.商业、饮食、物资供销和仓储业	518	766	907	1 082	1 209	1 247
（二）非物质生产部门	1 835	2 470	2 753	3 146	3 339	3 473
（三）生活消费	9 583	13 318	14 323	15 534	15 583	15 799
在总量中：						
（一）终端消费	57 508	73 586	83 005	89 234	92 914	94 289
#工业	38 293	48 021	55 211	59 328	62 324	63 239
（二）加工转换损失量	1 358	1 491	1 828	1 823	1 972	2 264
#炼焦	645	572	711	711	808	905
炼油	113	110	167	181	218	326
（三）损失量	1 409	1 605	1 799	1 940	2 048	2 150
#油田原油损失量	375	328	323	375	354	305
输变电损失量	1 003	1 211	1 434	1 507	1 633	1 712
平衡差额	1 282	921	513	238	-1608	-2565

注：1. 村办工业包括在工业中(下同)。

2. 电力按等价热值折算,因此加工转换损失量中不包括发电、供热损失量。

11-3 煤炭平衡表

单位：万吨

项目	1980年	1985年	1987年	1988年	1989年	1990年
可供量	62 601.0	82 776.6	93 261.7	99 667.8	101 262.4	102 221.0
生产量	62 015.0	87 228.4	92 796.5	97 987.6	105 414.3	107 988.3
进口量	199.0	230.7	194.1	169.3	229.0	200.3
出口量(-)	632.0	777.0	1 353.0	1 564.6	1 533.8	1 729.0
年初年末库存差额	1 019.0	-3905.5	1 624.1	3 075.5	-2847.1	-4238.5
消费量	61 009.5	81 603.0	92 799.0	99 353.9	103 427.0	105 523.0
在消费量中：						
（一）物质生产部门	48 344.3	64 399.1	74 581.6	79 921.6	84 505.9	86 842.9
1. 农、林、牧、渔、水利业	1 550.3	2 208.6	2 286.7	2 377.5	2 180.5	2 095.2
2. 工　业	43 848.4	58 613.3	68 774.9	73 907.2	78 564.4	81 090.9
轻工业		8 522.2	10 529.6	11 169.8	11 555.0	11 543.2
重工业		50 091.1	58 245.3	62 737.4	67 009.4	69 547.7
3. 建筑业	556.0	531.9	453.4	445.2	452.5	437.6
4. 交通运输和邮电通讯业	1 934.4	2 307.1	2 241.5	2 259.4	2 284.1	2 160.9
5. 商业、饮食、物资供销和仓储业	455.2	738.2	825.1	932.3	1 024.4	1 058.3
（二）非物质生产部门	1 091.2	1 579.5	1 731.2	1 907.0	1 877.8	1 980.4
（三）生活消费	11 574.0	15 624.4	16 486.2	17 525.3	17 043.3	16 699.7
在消费量中：						
（一）终端消费	38 804.2	52 704.4	57 872.7	61 538.6	62 023.1	60 205.9
#工　业	21 643.1	29 715.0	33 849.0	36 091.9	37 160.5	35 773.8
（二）中间消费(用于加工转换)	19 461.6	25 397.4	31 172.3	34 108.4	37 536.5	41 257.8
发　电	12 648.4	16 440.7	20 289.1	22 833.9	25 150.7	27 204.3
供　热		1 462.3	1 893.4	2 116.0	2 385.6	2 995.5
炼　焦	6 682.2	7 303.8	8 766.0	8 879.3	9 631.1	10 697.6
制　气	131.0	190.6	223.8	279.2	369.1	360.4
（三）洗选损耗	2 743.7	3 501.2	3 754.0	3 706.9	3 867.4	4 059.3
平衡差额	1 591.5	1 173.6	462.7	313.9	-2164.6	-3302.0

注：生产量为原煤产量。

11-4 石 油 平 衡 表

单位:万吨

项　　　　目	1980年	1985年	1987年	1988年	1989年	1990年
可供量	8 794.5	9 193.7	10 349.6	11 101.6	11 585.9	11 435.0
生产量	10 594.6	12 489.5	13 414.0	13 704.6	13 764.1	13 830.6
进口量	82.7	90.0	323.4	508.4	1 065.1	755.6
出口量(-)	1 806.2	3 630.4	3 293.8	3 142.3	3 106.4	3 110.4
年初年末库存差额	-76.6	244.6	-94.0	30.9	-136.9	-40.8
消费量	8 757.4	9 168.8	10 312.2	11 092.5	11 583.7	11 485.6
在消费量中:						
(一) 物质生产部门	8 133.8	8 436.8	9 484.3	10 126.4	10 497.5	10 443.3
1. 农、林、牧、渔、水利业	814.9	758.7	883.5	929.0	969.2	1 033.6
2. 工　业	6 203.2	6 171.4	6 674.5	7 234.4	7 474.1	7 321.6
3. 建筑业	175.2	292.2	389.8	322.5	327.5	327.3
4. 交通运输和邮电通讯业	911.5	1 176.4	1 476.5	1 557.2	1 634.6	1 683.2
5. 商业、饮食、物资供销和仓储业	29.0	38.1	60.0	83.3	92.1	77.6
(二) 非物质生产部门	481.7	506.1	555.5	689.6	790.6	757.8
(三) 生活消费	141.9	225.9	272.4	276.5	295.6	284.5
在消费量中:						
(一) 终端消费	6 311.0	7 063.3	8 216.4	8 774.6	9 323.8	9 304.7
#工　业	3 780.3	4 462.0	4 606.2	4 944.7	5 244.5	5 180.4
(二) 中间消费(用于加工转换)	2 102.1	1 745.6	1 695.9	1 873.7	1 827.0	1 630.4
发　电	}2 065.4	1 425.5	1 374.9	1 512.8	1 445.7	1 234.4
供　热		285.6	284.0	323.4	339.5	356.3
制　气	36.7	34.5	37.0	37.5	41.8	39.7
(三) 炼油损失量	81.5	112.9	171.9	180.9	181.9	295.8
(四) 损失量	262.8	247.0	228.0	263.3	251.0	254.7
平衡差额	37.1	24.9	37.4	9.1	2.2	-50.6

注:1. 生产量为原油产量。

2. 进口量包括我国飞机、轮船在国外加油量;出口量包括外国飞机、轮船在我国加油量。

11-5 电力平衡表

单位:亿千瓦小时

项　　目	1980年	1985年	1987年	1988年	1989年	1990年
可供量	3 006.3	4 117.6	4 985.2	5 466.8	5 865.3	6 230.4
生产量	3 006.3	4 106.9	4 972.7	5 452.1	5 848.1	6 212.0
水　电	582.1	923.7	1 000.1	1 091.5	1 183.9	1 267.2
火　电	2 424.2	3 183.2	3 972.6	4 360.6	4 664.2	4 944.8
进口量		11.1	12.9	15.1	17.7	19.3
出口量(-)		0.4	0.4	0.4	0.5	0.9
消费量	3 006.3	4 117.6	4 985.2	5 466.8	5 865.3	6 230.4
在消费量中:						
(一) 物质生产部门	2 832.3	3 773.4	4 549.6	4 958.2	5 289.6	5 547.2
1. 农、林、牧、渔、水利业	270.0	317.4	359.6	378.9	410.5	426.8
2. 工　业	2 471.9	3 283.4	4 005.8	4 364.6	4 646.5	4 873.3
3. 建筑业	47.1	71.2	58.4	62.7	65.2	65.0
4. 交通运输和邮电通讯业	26.5	63.4	76.7	89.5	98.7	105.9
5. 商业、饮食、物资供销和仓储业	16.8	38.0	49.1	62.5	68.7	76.2
(二) 非物质生产部门	68.8	121.7	149.1	165.3	180.5	202.4
(三) 生活消费	105.2	222.5	286.5	343.3	395.2	480.8
在消费量中:						
(一) 终端消费	2 763.4	3 813.3	4 624.0	5 087.3	5 452.0	5 795.8
#工　业	2 229.0	2 979.1	3 644.6	3 985.1	4 233.2	4 438.7
(二) 输配损失量	242.9	304.3	361.2	379.5	413.3	434.6

11-6 分行业能源消费总量和构成

行业	1985年		1989年		1990年	
	消费量（万吨标准煤）	构成（%）	消费量（万吨标准煤）	构成（%）	消费量（万吨标准煤）	构成（%）
消费总量	76 682	100.0	96 934	100.0	98 703	100.0
一、物质生产部门	60 894	79.4	78 012	80.5	79 431	80.5
（一）农、林、牧、渔、水利业	4 045	5.3	4 742	4.9	4 852	4.9
（二）工业	51 068	66.6	66 291	68.4	67 578	68.5
1. 按轻重工业分						
轻工业	10 156	13.2	13 588	14.0	13 719	13.9
重工业	40 912	53.4	52 703	54.4	53 859	54.6
2. 按行业分						
采掘业	5 752	7.5	7 351	7.6	7 778	7.9
#煤炭采选业	3 002	3.9	3 815	3.9	4 159	4.2
石油和天然气开采业	1 530	2.0	1 825	1.9	1 930	2.0
制造业	43 460	56.7	56 667	58.5	57 454	58.2
#食品、饮料和烟草制造业	2 394	3.1	3 281	3.4	3 279	3.3
纺织业	2 381	3.1	3 015	3.1	3 034	3.1
造纸及纸制品业	1 295	1.7	1 697	1.8	1 694	1.7
电力、蒸汽、热水生产和供应业	2 512	3.3	3 657	3.8	3 867	3.9
石油加工业	1 008	1.3	1 610	1.7	1 706	1.7
炼焦、煤气及煤制品业	644	0.8	870	0.9	802	0.8
化学工业	8 099	10.6	10 946	11.3	10 986	11.1
医药工业	444	0.6	646	0.7	653	0.7
化学纤维工业	515	0.7	729	0.8	749	0.8
建筑材料及其他非金属矿物制品业	8 020	10.5	10 206	10.5	9 722	9.8
黑色金属冶炼及压延加工业	7 640	10.0	9 980	10.3	10 555	10.7
有色金属冶炼及压延加工业	1 371	1.8	1 797	1.9	1 891	1.9
机械、电气、电子设备制造业	4 157	5.4	4 575	4.7	4 523	4.6
（三）建筑业	1 302	1.7	1 271	1.3	1 213	1.2
（四）交通运输和邮电通讯业	3 713	4.8	4 499	4.6	4 541	4.6
（五）商业、饮食、物资供销和仓储业	766	1.0	1 209	1.2	1 247	1.3
二、非物质生产部门	2 470	3.2	3 339	3.4	3 473	3.5
三、生活消费	13 318	17.4	15 583	16.1	15 800	16.0

注：1. 工业能源消费量中包括村办工业。采掘业和制造业及工业分行业数字中不包括其他石油制品和其他焦化产品，但工业合计中包括。

2. 生产消费量中不包括商业、饮食、服务业用能以及乡村小煤矿零售给集体和个体商业的数量。以下同。

11-7 分行业煤炭消费量和构成

行业	1985年		1989年		1990年	
	消费量（万吨）	构成（%）	消费量（万吨）	构成（%）	消费量（万吨）	构成（%）
消费总量	81 603.0	100.0	103 427.0	100.0	105 523.0	100.0
一、物质生产部门	64 399.1	78.9	84 505.9	81.7	86 842.9	82.3
（一）农、林、牧、渔、水利业	2 208.6	2.7	2 180.5	2.1	2 095.2	2.0
（二）工业	58 613.3	71.8	78 564.4	76.0	81 090.9	76.8
1. 按轻重工业分						
轻工业	8 522.2	10.4	11 555.0	11.2	11 543.2	10.9
重工业	50 091.1	61.4	67 009.4	64.8	69 547.7	65.9
2. 按行业分						
采掘业	6 316.0	7.7	8 040.0	7.8	8 822.0	8.4
#煤炭采选业	5 495.0	6.7	6 997.0	6.8	7 856.0	7.4
石油和天然气开采业	92.0	0.1	121.0	0.1	132.0	0.1
制造业	52 297.0	64.1	70 525.0	68.2	72 269.0	68.5
#食品、饮料和烟草制造业	2 449.0	3.0	3 321.0	3.2	3 325.0	3.2
纺织业	1 868.0	2.3	2 370.0	2.3	2 359.0	2.2
造纸及纸制品业	1 251.0	1.5	1 644.0	1.6	1 640.0	1.6
电力、蒸汽、热水生产和供应业	16 619.0	20.4	24 904.0	24.1	27 059.0	25.6
石油加工业	44.0	0.1	249.0	0.2	298.0	0.3
炼焦、煤气及煤制品业	3 215.0	3.9	4 549.0	4.4	4 504.0	4.3
化学工业	5 190.0	6.4	7 393.0	7.1	7 241.0	6.9
医药工业	370.0	0.5	552.0	0.5	548.0	0.5
化学纤维工业	315.0	0.4	438.0	0.4	448.0	0.4
建筑材料及其他非金属矿物制品业	8 614.0	10.6	10 670.0	10.3	9 963.0	9.4
黑色金属冶炼及压延加工业	6 548.0	8.0	7 793.0	7.5	8 090.0	7.7
有色金属冶炼及压延加工业	641.0	0.8	756.0	0.7	815.0	0.8
机械、电气、电子设备制造业	2 748.0	3.4	3 039.0	2.9	2 933.0	2.8
（三）建筑业	531.9	0.7	452.5	0.4	437.6	0.4
（四）交通运输和邮电通讯业	2 307.1	2.8	2 284.1	2.2	2 160.9	2.0
（五）商业、饮食、物资供销和仓储业	738.2	0.9	1 024.4	1.0	1 058.3	1.0
二、非物质生产部门	1 579.5	1.9	1 877.8	1.8	1 980.4	1.9
三、生活消费	15 624.4	19.1	17 043.3	16.5	16 699.7	15.8

11-8 分行业焦炭消费量和构成

行业	1985年		1989年		1990年	
	消费量（万吨）	构成（%）	消费量（万吨）	构成（%）	消费量（万吨）	构成（%）
消费总量	4 689.7	100.0	6 368.4	100.0	6 914.7	100.0
一、物质生产部门	4 664.7	99.5	6 333.0	99.4	6 885.9	99.6
（一）农、林、牧、渔、水利业	20.8	0.4	53.5	0.8	60.1	0.9
（二）工业	4 627.7	98.7	6 257.1	98.3	6 808.8	98.5
1. 按轻重工业分						
轻工业	126.9	2.7	221.7	3.5	204.9	3.0
重工业	4 500.8	96.0	6 035.4	94.8	6 603.9	95.5
2. 按行业分						
采掘业	71.7	1.5	102.8	1.6	104.1	1.5
#煤炭采选业	15.0	0.3	39.8	0.6	37.9	0.5
石油和天然气开采业	4.9	0.1	0.7	0.0	0.4	0.0
制造业	4 556.0	97.1	6 154.3	96.6	6 704.7	97.0
#食品、饮料和烟草制造业	12.3	0.3	20.9	0.3	22.6	0.3
纺织业	7.1	0.2	11.6	0.2	10.7	0.2
造纸及纸制品业	0.9	0.0	2.7	0.0	2.5	0.0
电力、蒸汽、热水生产和供应业	3.1	0.1	2.6	0.0	1.2	0.0
石油加工业	4.1	0.1	2.2	0.0	1.1	0.0
炼焦、煤气及煤制品业	14.1	0.3	49.3	0.8	76.6	1.1
化学工业	721.9	15.4	892.6	14.0	946.2	13.7
医药工业	0.3	0.0	0.6	0.0	3.1	0.0
化学纤维工业	10.0	0.2	17.6	0.3	14.6	0.2
建筑材料及其他非金属矿物制品业	93.5	2.0	176.8	2.8	182.2	2.6
黑色金属冶炼及压延加工业	3 237.2	69.0	4 340.6	68.2	4 809.7	69.6
有色金属冶炼及压延加工业	73.1	1.6	115.6	1.8	112.0	1.6
机械、电气、电子设备制造业	260.1	5.5	369.1	5.8	375.4	5.4
（三）建筑业	7.8	0.2	9.1	0.1	5.2	0.1
（四）交通运输和邮电通讯业	5.7	0.1	4.6	0.1	4.1	0.1
（五）商业、饮食、物资供销和仓储业	2.7	0.1	8.7	0.1	7.7	0.1
二、非物质生产部门	2.0	0.0	4.1	0.1	1.9	0.0
三、生活消费	23.0	0.5	31.3	0.5	26.9	0.4

11-9 分行业原油消费量和构成

行业	1985年		1989年		1990年	
	消费量（万吨）	构成（%）	消费量（万吨）	构成（%）	消费量（万吨）	构成（%）
消费总量	9 509.5	100.0	11 607.1	100.0	11 762.2	100.0
一、物质生产部门	9 509.1	100.0	11 605.9	100.0	11 761.6	100.0
（一）农、林、牧、渔、水利业	0.8	0.0	0.8	0.0	0.2	0.0
（二）工业	9 389.9	98.7	11 508.2	99.1	11 653.8	99.1
1. 按轻重工业分						
轻工业	232.0	2.4	298.0	2.6	365.0	3.1
重工业	9 157.9	96.3	11 210.2	96.6	11 288.8	96.0
2. 按行业分						
采掘业	752.4	7.9	995.4	8.6	1 068.0	9.1
#煤炭采选业						
石油和天然气开采业	752.4	7.9	995.4	8.6	1 068.0	9.1
制造业	8 637.5	90.8	10 512.8	90.6	10 585.8	90.0
#食品、饮料和烟草制造业	1.9	0.0	2.5	0.0	1.8	0.0
纺织业	5.9	0.1	2.0	0.0	2.4	0.0
造纸及纸制品业	2.7	0.0	1.4	0.0	1.2	0.0
电力、蒸汽、热水生产和供应业	340.8	3.6	185.8	1.6	144.0	1.2
石油加工业	7 019.6	73.8	8 761.6	75.5	8 603.8	73.1
炼焦、煤气及煤制品业						
化学工业	988.6	10.4	1 242.1	10.7	1 445.3	12.3
医药工业	1.3	0.0	0.5	0.0	0.5	0.0
化学纤维工业	207.6	2.2	269.0	2.3	344.8	2.9
建筑材料及其他非金属矿物制品业	16.0	0.2	23.1	0.2	18.9	0.2
黑色金属冶炼及压延加工业	20.2	0.2	16.8	0.1	16.5	0.1
有色金属冶炼及压延加工业	19.6	0.2	1.5	0.0	0.1	0.0
机械、电气、电子设备制造业	8.4	0.1	4.7	0.0	5.2	0.0
（三）建筑业	74.0	0.8	50.8	0.4	55.2	0.5
（四）交通运输和邮电通讯业	44.3	0.5	45.5	0.4	52.1	0.4
（五）商业、饮食、物资供销和仓储业	0.1	0.0	0.6	0.0	0.3	0.0
二、非物质生产部门	0.4	0.0	1.2	0.0	0.6	0.0
三、生活消费						

11-10 分行业燃料油消费量和构成

行　　业	1985年		1989年		1990年	
	消费量（万吨）	构成（%）	消费量（万吨）	构成（%）	消费量（万吨）	构成（%）
消费总量	2 837.4	100.0	3 390.6	100.0	3 367.8	100.0
一、物质生产部门	2 831.4	99.8	3 377.9	99.6	3 351.7	99.5
（一）农、林、牧、渔、水利业	3.1	0.1	4.6	0.1	2.9	0.1
（二）工业	2 662.2	93.8	3 139.0	92.6	3 091.7	91.8
1. 按轻重工业分						
轻工业	296.0	10.4	332.1	9.8	332.3	9.9
重工业	2 366.2	83.4	2 806.9	82.8	2 759.4	81.9
2. 按行业分						
采掘业	61.7	2.2	81.8	2.4	143.1	4.2
#煤炭采选业			0.1	0.0	0.1	0.0
石油和天然气开采业	48.2	1.7	73.1	2.2	134.4	4.0
制造业	2 600.5	91.7	3 057.2	90.2	2 948.6	87.6
#食品、饮料和烟草制造业	15.2	0.5	10.8	0.3	11.9	0.4
纺织业	30.0	1.1	20.1	0.6	21.6	0.6
造纸及纸制品业	31.7	1.1	20.4	0.6	21.1	0.6
电力、蒸汽、热水生产和供应业	953.6	33.6	930.8	27.5	816.2	24.2
石油加工业	252.6	8.9	451.6	13.3	434.2	12.9
炼焦、煤气及煤制品业	59.9	2.1	36.1	1.1	33.4	1.0
化学工业	402.7	14.2	544.9	16.1	547.6	16.3
医药工业	14.5	0.5	12.6	0.4	11.9	0.4
化学纤维工业	104.5	3.7	101.5	3.0	120.2	3.6
建筑材料及其他非金属矿物制品业	250.2	8.8	317.0	9.3	311.4	9.2
黑色金属冶炼及压延加工业	308.0	10.9	420.0	12.4	432.6	12.8
有色金属冶炼及压延加工业	31.1	1.1	61.7	1.8	61.5	1.8
机械、电气、电子设备制造业	95.7	3.4	87.2	2.6	82.3	2.4
（三）建筑业	18.9	0.7	31.6	0.9	47.3	1.4
（四）交通运输和邮电通讯业	144.1	5.1	199.8	5.9	208.2	6.2
（五）商业、饮食、物资供销和仓储业	3.1	0.1	2.9	0.1	1.6	0.0
二、非物质生产部门	6.0	0.2	12.7	0.4	16.1	0.5
三、生活消费						

11-11 分行业汽油消费量和构成

行业	1985年		1989年		1990年	
	消费量（万吨）	构成（%）	消费量（万吨）	构成（%）	消费量（万吨）	构成（%）
消费总量	**1 396.3**	**100.0**	**1 853.6**	**100.0**	**1 899.5**	**100.0**
一、物质生产部门	**1 147.4**	**82.2**	**1 423.1**	**76.8**	**1 490.8**	**78.5**
（一）农、林、牧、渔、水利业	122.3	8.8	134.2	7.2	145.9	7.7
（二）工业	451.3	32.3	553.3	29.9	589.3	31.0
1. 按轻重工业分						
轻工业	139.1	10.0	171.9	9.3	189.8	10.0
重工业	312.2	22.4	381.4	20.6	399.5	21.0
2. 按行业分						
采掘业	98.4	7.0	119.7	6.5	129.2	6.8
#煤炭采选业	25.9	1.9	36.5	2.0	39.5	2.1
石油和天然气开采业	31.2	2.2	36.2	2.0	39.4	2.1
制造业	352.9	25.3	433.6	23.4	460.1	24.2
#食品、饮料和烟草制造业	28.7	2.1	42.6	2.3	47.1	2.5
纺织业	21.4	1.5	28.4	1.5	30.1	1.6
造纸及纸制品业	7.4	0.5	10.6	0.6	11.5	0.6
电力、蒸汽、热水生产和供应业	9.0	0.6	12.4	0.7	13.7	0.7
石油加工业	7.9	0.6	5.7	0.3	5.3	0.3
炼焦、煤气及煤制品业	2.7	0.2	3.0	0.2	3.3	0.2
化学工业	47.3	3.4	55.5	3.0	57.7	3.0
医药工业	4.2	0.3	6.1	0.3	6.5	0.3
化学纤维工业	1.1	0.1	3.8	0.2	3.4	0.2
建筑材料及其他非金属矿物制品业	44.9	3.2	53.7	2.9	54.2	2.9
黑色金属冶炼及压延加工业	18.4	1.3	26.4	1.4	28.4	1.5
有色金属冶炼及压延加工业	6.0	0.4	9.0	0.5	9.6	0.5
机械、电气、电子设备制造业	92.2	6.6	104.8	5.7	108.4	5.7
（三）建筑业	73.0	5.2	95.5	5.2	89.5	4.7
（四）交通运输和邮电通讯业	477.4	34.2	591.9	31.9	620.1	32.6
（五）商业、饮食、物资供销和仓储业	23.4	1.7	48.2	2.6	46.0	2.4
二、非物质生产部门	**238.3**	**17.1**	**419.1**	**22.6**	**390.7**	**20.6**
三、生活消费	**10.6**	**0.8**	**11.4**	**0.6**	**18.0**	**0.9**

11-12 分行业煤油消费量和构成

行业	1985年		1989年		1990年	
	消费量（万吨）	构成（%）	消费量（万吨）	构成（%）	消费量（万吨）	构成（%）
消费总量	385.5	100.0	360.8	100.0	350.9	100.0
一、物质生产部门	81.0	21.0	100.3	27.8	119.0	33.9
（一）农、林、牧、渔、水利业	3.3	0.9	3.8	1.1	3.1	0.9
（二）工业	20.1	5.2	21.9	6.1	20.6	5.9
1. 按轻重工业分						
轻工业	5.1	1.3	6.1	1.7	5.7	1.6
重工业	15.0	3.9	15.8	4.4	14.9	4.2
2. 按行业分						
采掘业	2.7	0.7	2.8	0.8	3.6	1.0
#煤炭采选业	1.8	0.5	1.9	0.5	2.7	0.8
石油和天然气开采业	0.4	0.1	0.2	0.1	0.4	0.1
制造业	17.4	4.5	19.1	5.3	17.0	4.8
#食品、饮料和烟草制造业	0.5	0.1	0.5	0.1	0.3	0.1
纺织业	0.8	0.2	0.9	0.2	0.7	0.2
造纸及纸制品业	0.1	0.0	0.2	0.1	0.2	0.1
电力、蒸汽、热水生产和供应业	0.1	0.0	0.1	0.0	0.1	0.0
石油加工业	1.1	0.3	0.2	0.1	0.1	0.0
炼焦、煤气及煤制品业			0.1	0.0		
化学工业	1.5	0.4	3.0	0.8	2.0	0.6
医药工业	0.1	0.0	0.1	0.0	0.2	0.1
化学纤维工业	0.2	0.1	0.2	0.1	0.3	0.1
建筑材料及其他非金属矿物制品业	1.7	0.4	2.5	0.7	2.2	0.6
黑色金属冶炼及压延加工业	0.4	0.1	0.5	0.1	0.4	0.1
有色金属冶炼及压延加工业	0.2	0.1	0.5	0.1	0.3	0.1
机械、电气、电子设备制造业	8.9	2.3	7.3	2.0	7.3	2.1
（三）建筑业	1.3	0.3	1.5	0.4	1.3	0.4
（四）交通运输和邮电通讯业	56.2	14.6	72.2	20.0	93.4	26.6
（五）商业、饮食、物资供销和仓储业	0.1	0.0	0.9	0.2	0.6	0.2
二、非物质生产部门	182.9	47.4	132.2	36.6	127.3	36.3
三、生活消费	121.6	31.5	128.3	35.6	104.6	29.8

11-13 分行业柴油消费量和构成

行业	1985年		1989年		1990年	
	消费量（万吨）	构成（%）	消费量（万吨）	构成（%）	消费量（万吨）	构成（%）
消费总量	1 939.4	100.0	2 748.0	100.0	2 691.7	100.0
一、物质生产部门	1 863.6	96.1	2 527.8	92.0	2 474.5	91.9
（一）农、林、牧、渔、水利业	629.2	32.4	825.8	30.1	881.5	32.7
（二）工业	644.1	33.2	796.1	29.0	728.1	27.0
1. 按轻重工业分						
轻工业	116.9	6.0	155.5	5.7	158.5	5.9
重工业	527.2	27.2	640.6	23.3	569.6	21.2
2. 按行业分						
采掘业	83.6	4.3	129.3	4.7	148.2	5.5
#煤炭采选业	15.9	0.8	26.6	1.0	27.9	1.0
石油和天然气开采业	28.1	1.4	57.0	2.1	63.6	2.4
制造业	560.5	28.9	666.8	24.3	579.9	21.5
#食品、饮料和烟草制造业	32.4	1.7	39.1	1.4	37.1	1.4
纺织业	24.0	1.2	37.1	1.4	32.1	1.2
造纸及纸制品业	5.6	0.3	7.9	0.3	8.1	0.3
电力、蒸汽、热水生产和供应业	129.9	6.7	234.7	8.5	133.8	5.0
石油加工业	7.2	0.4	14.8	0.5	13.3	0.5
炼焦、煤气及煤制品业	0.9	0.0	1.8	0.1	3.1	0.1
化学工业	150.0	7.7	49.7	1.8	68.7	2.6
医药工业	0.8	0.0	2.8	0.1	3.2	0.1
化学纤维工业	1.0	0.1	2.6	0.1	2.4	0.1
建筑材料及其他非金属矿物制品业	59.1	3.0	79.4	2.9	84.6	3.1
黑色金属冶炼及压延加工业	17.3	0.9	28.4	1.0	31.5	1.2
有色金属冶炼及压延加工业	6.7	0.3	10.4	0.4	10.9	0.4
机械、电气、电子设备制造业	79.8	4.1	91.9	3.3	84.7	3.1
（三）建筑业	125.0	6.4	146.9	5.3	133.0	4.9
（四）交通运输和邮电通讯业	454.4	23.4	721.0	26.2	709.4	26.4
（五）商业、饮食、物资供销和仓储业	10.9	0.6	38.0	1.4	22.5	0.8
二、非物质生产部门	74.0	3.8	219.0	8.0	217.0	8.1
三、生活消费	1.8	0.1	1.2	…	0.2	…

11-14 分行业天然气消费量和构成

行业	1985年		1989年		1990年	
	消费量（亿立方米）	构成（%）	消费量（亿立方米）	构成（%）	消费量（亿立方米）	构成（%）
消费总量	129.3	100.0	150.3	100.0	152.5	100.0
一、物质生产部门	124.5	96.3	132.5	88.2	132.7	87.0
（一）农、林、牧、渔、水利业						
（二）工业	109.6	84.8	117.8	78.4	120.2	78.8
1. 按轻重工业分						
轻工业	9.0	7.0	8.7	5.8	8.7	5.7
重工业	100.6	77.8	109.1	72.6	111.5	73.1
2. 按行业分						
采掘业	37.1	28.7	39.6	26.3	37.8	24.8
#煤炭采选业	0.2	0.2	0.8	0.5	0.7	0.5
石油和天然气开采业	34.2	26.5	38.5	25.6	35.9	23.5
制造业	72.5	56.1	78.2	52.0	82.4	54.0
#食品、饮料和烟草制造业	0.3	0.2	0.3	0.2	0.3	0.2
纺织业	0.4	0.3	0.2	0.1	0.2	0.1
造纸及纸制品业	0.3	0.2	0.2	0.1	0.2	0.1
电力、蒸汽、热水生产和供应业	5.8	4.5	3.6	2.4	2.8	1.8
石油加工业	5.3	4.1	8.7	5.8	9.9	6.5
炼焦、煤气及煤制品业			0.1	0.1	0.1	0.1
化学工业	41.4	32.0	47.3	31.5	48.5	31.8
医药工业	0.4	0.3	0.3	0.2	0.3	0.2
化学纤维工业	1.8	1.4	3.3	2.2	3.5	2.3
建筑材料及其他非金属矿物制品业	1.8	1.4	2.4	1.6	2.6	1.7
黑色金属冶炼及压延加工业	5.2	4.0	7.3	4.9	9.5	6.2
有色金属冶炼及压延加工业			0.4	0.3	0.3	0.2
机械、电气、电子设备制造业	5.9	4.6	3.5	2.3	3.7	2.4
（三）建筑业	14.1	10.9	14.0	9.3	10.6	7.0
（四）交通运输和邮电通讯业	0.8	0.6	0.7	0.5	1.9	1.2
（五）商业、饮食、物资供销和仓储业						
二、非物质生产部门	0.5	0.4	1.0	0.7	1.2	0.8
三、生活消费	4.3	3.3	16.8	11.2	18.6	12.2

11-15 分行业电力消费量和构成

行　　业	1985年		1989年		1990年	
	消费量(亿千瓦小时)	构成(%)	消费量(亿千瓦小时)	构成(%)	消费量(亿千瓦小时)	构成(%)
消费总量	4 117.6	100.0	5 865.3	100.0	6 230.0	100.0
一、物质生产部门	3 773.4	91.6	5 289.6	90.2	5 547.2	89.0
(一) 农、林、牧、渔、水利业	317.4	7.7	410.5	7.0	426.8	6.9
(二) 工业	3 283.4	79.7	4 646.5	79.2	4 873.3	78.2
1. 按轻重工业分						
轻工业	655.7	15.9	951.5	16.2	995.8	16.0
重工业	2 627.7	63.8	3 695.0	63.0	3 878.0	62.2
2. 按行业分						
采掘业	432.9	10.5	644.7	11.0	675.1	10.8
#煤炭采选业	215.0	5.2	286.8	4.9	299.6	4.8
石油和天然气开采业	85.2	2.1	130.8	2.2	144.6	2.3
制造业	2 850.5	69.2	4 001.8	68.2	4 198.2	67.4
#食品、饮料和烟草制造业	108.6	2.6	182.2	3.1	182.3	2.9
纺织业	185.7	4.5	243.4	4.1	246.6	4.0
造纸及纸制品业	80.9	2.0	114.4	2.0	119.8	1.9
电力、蒸汽、热水生产和供应业	588.1	14.3	846.5	14.4	887.7	14.2
石油加工业	40.2	1.0	64.4	1.1	71.5	1.1
炼焦、煤气及煤制品业	8.6	0.2	13.9	0.2	15.9	0.3
化学工业	513.5	12.5	707.1	12.1	735.1	11.8
医药工业	23.2	0.6	38.8	0.7	42.3	0.7
化学纤维工业	33.4	0.8	55.0	0.9	59.2	1.0
建筑材料及其他非金属矿物制品业	221.6	5.4	327.0	5.6	330.8	5.3
黑色金属冶炼及压延加工业	363.2	8.8	515.8	8.8	555.7	8.9
有色金属冶炼及压延加工业	173.9	4.2	255.1	4.3	269.9	4.3
机械、电气、电子设备制造业	320.3	7.8	364.9	6.2	366.0	5.9
(三) 建筑业	71.2	1.7	65.2	1.1	65.0	1.0
(四) 交通运输和邮电通讯业	63.4	1.5	98.7	1.7	105.9	1.7
(五) 商业、饮食、物资供销和仓储业	38.0	0.9	68.7	1.2	76.2	1.2
二、非物质生产部门	121.7	3.0	180.5	3.1	202.4	3.2
三、生活消费	222.5	5.4	395.2	6.7	480.8	7.7

11-16 能源生产弹性系数

年份	能源生产比上年增长（%）	电力生产比上年增长（%）	国民收入比上年增长（%）	能源生产弹性系数	电力生产弹性系数
1980	-1.3	6.6	6.4		1.03
1981	-0.8	2.9	4.9		0.59
1982	5.6	6.0	8.2	0.69	0.73
1983	6.7	7.3	10.0	0.67	0.73
1984	9.2	7.3	13.6	0.68	0.53
1985	9.9	8.9	13.5	0.73	0.66
1986	3.0	9.5	7.7	0.39	1.23
1987	3.6	10.6	10.2	0.35	1.04
1988	5.0	9.6	11.3	0.44	0.85
1989	6.1	7.3	3.7	1.65	1.96
1990	2.2	6.2	5.1	0.44	1.22
1991	0.9	9.1	7.6	0.12	1.19

注：国民收入增长速度按可比价格计算。

11-17 能源消费弹性系数

年份	能源消费比上年增长（%）	电力消费比上年增长（%）	国民收入比上年增长（%）	能源消费弹性系数	电力消费弹性系数
1980	2.9	6.6	6.4	0.45	1.03
1981	-1.4	3.0	4.9		0.61
1982	4.4	6.0	8.2	0.54	0.73
1983	6.4	7.3	10.0	0.64	0.73
1984	7.4	7.4	13.6	0.54	0.54
1985	8.1	9.0	13.5	0.60	0.67
1986	5.4	9.5	7.7	0.71	1.23
1987	7.2	10.6	10.2	0.70	1.04
1988	7.3	9.7	11.3	0.65	0.85
1989	4.2	7.3	3.7	1.14	1.97
1990	1.8	6.2	5.1	0.36	1.22
1991	3.6	9.2	7.6	0.48	1.21

注：国民收入增长速度按可比价格计算。

11-18 能源加工转换效率

单位：%

年份	总效率	发电及电站供热	炼焦	炼油
1980	69.54	36.02	88.68	99.00
1981	69.28	36.68	90.89	99.06
1982	69.20	36.78	90.51	99.13
1983	69.93	36.94	91.18	99.16
1984	69.16	36.95	90.08	99.17
1985	68.29	36.85	90.79	99.10
1986	68.32	36.69	90.63	99.04
1987	67.48	36.75	90.46	98.81
1988	66.54	36.34	90.77	98.76
1989	66.51	36.74	90.30	98.57
1990	66.48	37.34	91.28	90.19

注：总效率中不包括原煤洗选加工；发电及电站供热投入量不包括余热、余气、甘蔗渣发电的投入量，因此，效率偏高。

11-19 平均每天各种能源消费量

能源品种	单位	1980年	1985年	1987年	1988年	1989年	1990年
合计	**万吨标准煤**	165.1	210.1	237.3	254.8	265.6	270.4
煤炭	万吨	167.1	223.6	254.2	272.2	283.4	289.1
焦炭	万吨	11.8	12.8	15.7	16.5	17.4	18.9
原油	万吨	25.2	26.1	29.3	30.7	31.8	32.2
燃料油	万吨	8.4	7.8	8.6	8.9	9.3	9.2
汽油	万吨	2.7	3.8	4.5	4.9	5.1	5.2
煤油	万吨	1.0	1.1	1.0	1.0	1.0	1.0
柴油	万吨	4.6	5.3	6.3	7.1	7.5	7.4
天然气	亿立方米	0.4	0.4	0.4	0.4	0.4	0.4
电力	亿千瓦小时	8.2	11.3	13.7	15.0	16.1	17.1

11-20 分品种生活能源年消费总量

能源品种	单位	1980年	1985年	1987年	1988年	1989年	1990年
总计	**万吨标准煤**	9 583	13 318	14 323	15 534	15 583	15 800
煤炭	万吨	11 574	15 624	16 486	17 525	17 043	16 700
煤油	万吨	99	122	128	120	128	105
液化石油气	万吨	43	91	124	132	154	159
天然气	亿立方米	2	4	8	15	17	19
煤气	亿立方米	14	13	17	17	27	29
热力	万百万千焦	1 092	5 651	7 816	7 729	8 367	8 972
电力	亿千瓦小时	105	223	287	343	395	481

11-21 每人年平均生活用能源

年份	平均每人生活消费能源（千克标准煤/人）	煤炭（千克）	电力（千瓦小时）	煤油（千克）	液化石油气（千克）	天然气（立方米）	煤气（立方米）
1980	97.7	118.0	10.7	1.0	0.4	0.2	1.4
1981	101.3	121.6	11.9	1.2	0.5	0.2	1.4
1982	102.2	123.5	12.0	1.0	0.5	0.2	1.5
1983	106.6	127.7	13.4	1.2	0.6	0.1	1.5
1984	113.5	134.9	15.3	1.4	0.6	0.5	1.5
1985	126.7	148.7	21.2	1.2	0.9	0.4	1.2
1986	127.3	148.3	23.2	1.3	1.1	0.7	1.3
1987	132.1	152.1	26.4	1.2	1.1	0.7	1.6
1988	141.0	159.1	31.2	1.1	1.2	1.4	1.5
1989	139.3	152.4	35.3	1.1	1.4	1.5	2.4
1990	139.2	147.1	42.4	0.9	1.4	1.6	2.5

注：按年平均人口数计算。

11-22 各地区工业部门能源消费量

单位：万吨标准煤

地　区	1989年 合　计	重工业	轻工业	1990年 合　计	重工业	轻工业
全　国	**66 291**	**52 703**	**13 588**	**67 578**	**53 859**	**13 719**
北　京	1 700	1 459	241	1 686	1 437	249
天　津	1 325	902	423	1 356	928	428
河　北	4 182	3 467	715	4 170	3 442	728
山　西	3 475	3 081	394	3 485	3 123	362
内蒙古	1 427	1 166	261	1 562	1 294	268
辽　宁	5 895	5 043	852	5 879	5 115	764
吉　林	2 201	1 710	491	2 282	1 775	507
黑龙江	3 155	2 595	560	3 180	2 544	636
上　海	2 380	1 667	713	2 445	1 720	725
江　苏	4 235	3 091	1 144	4 165	3 067	1 098
浙　江	1 870	1 212	658	1 897	1 242	655
安　徽	1 998	1 665	333	2 070	1 716	354
福　建	941	648	293	970	693	277
江　西	1 281	1 003	278	1 264	997	267
山　东	4 583	3 702	881	4 854	3 961	893
河　南	3 203	2 587	616	3 325	2 680	645
湖　北	3 013	2 524	489	2 983	2 493	490
湖　南	2 719	2 133	586	2 752	2 222	530
广　东	2 868	1 781	1 087	2 855	1 836	1 019
广　西	944	665	279	1 000	744	256
海　南				52	31	21
四　川	4 276	3 021	1 255	4 216	3 046	1 170
贵　州	1 183	1 064	119	1 220	1 101	119
云　南	1 149	981	168	1 346	1 158	188
西　藏						
陕　西	1 374	1 092	282	1 429	1 144	285
甘　肃	1 406	1 261	145	1 440	1 291	149
青　海	363	339	24	372	347	25
宁　夏	448	412	36	516	461	55
新　疆	1 013	807	206	1 154	919	235

注：本表统计范围为村及村以上工业企业。

11-23 各地区工业部门电力消费量

单位：亿千瓦小时

地　区	1989年 合　计	重工业	轻工业	1990年 合　计	重工业	轻工业
全　国	**4 646.50**	**3 695.00**	**951.50**	**4 873.30**	**3 877.50**	**995.80**
北　京	112.59	94.97	17.62	122.40	103.82	18.58
天　津	94.54	63.79	30.75	97.78	65.65	32.13
河　北	265.85	219.10	46.75	270.06	221.54	48.52
山　西	205.35	181.58	23.77	210.33	182.08	28.25
内蒙古	88.79	77.87	10.92	95.28	83.82	11.46
辽　宁	372.97	315.43	57.54	385.56	324.31	61.25
吉　林	145.08	119.07	26.01	150.59	127.34	23.25
黑龙江	217.19	183.40	33.79	217.64	186.70	30.94
上　海	207.36	149.31	58.05	220.97	161.47	59.50
江　苏	308.07	216.67	91.40	320.17	227.27	92.90
浙　江	168.98	114.43	54.55	179.01	119.87	59.14
安　徽	139.52	110.78	28.74	145.58	116.28	29.30
福　建	92.48	62.74	29.74	97.71	69.76	27.95
江　西	97.06	77.64	19.42	99.05	78.74	20.31
山　东	329.93	262.13	67.80	353.30	280.30	73.00
河　南	264.96	217.95	47.01	269.50	220.83	48.67
湖　北	216.31	170.37	45.94	223.84	176.98	46.86
湖　南	176.03	136.24	39.79	180.55	144.78	35.77
广　东	231.15	146.54	84.61	266.66	162.85	103.81
广　西	85.68	64.94	20.74	96.30	72.59	23.71
海　南	4.38	2.80	1.58	8.18	5.21	2.97
四　川	265.09	216.72	48.37	273.82	224.32	49.50
贵　州	83.14	78.30	4.84	83.40	77.89	5.51
云　南	86.03	72.96	13.07	97.14	82.63	14.51
西　藏	0.36	0.29	0.07	0.34	0.27	0.07
陕　西	122.03	100.11	21.92	126.07	102.68	23.39
甘　肃	138.07	126.51	11.56	142.67	132.61	10.06
青　海	35.53	33.46	2.07	37.80	35.89	1.91
宁　夏	42.41	40.05	2.36	46.08	43.56	2.52
新　疆	44.20	35.32	8.88	49.06	38.86	10.20

注：本表统计范围为村及村以上工业企业。

11-24 各地区每亿元工业总产值能源、电力消费量

（1990年）

地　区	能源消费量（万吨标准煤）			电力消费量（万千瓦小时）		
	工 业	重工业	轻工业	工 业	重工业	轻工业
全　国	2.93	4.55	1.22	2 110	3 272	886
北　京	2.18	3.30	0.74	1 586	2 385	552
天　津	1.92	2.69	1.18	1 382	1 906	884
河　北	4.54	6.82	1.76	2 939	4 391	1 171
山　西	6.12	7.06	2.84	3 693	4 117	2 218
内蒙古	5.72	7.91	2.44	3 487	5 124	1 045
辽　宁	3.53	4.55	1.41	2 314	2 885	1 130
吉　林	4.45	5.84	2.43	2 937	4 190	1 114
黑龙江	3.74	4.40	2.33	2 557	3 229	1 134
上　海	1.42	2.07	0.81	1 284	1 945	668
江　苏	1.58	2.60	0.75	1 213	1 923	637
浙　江	1.40	2.62	0.74	1 318	2 532	669
安　徽	3.41	5.89	1.12	2 397	3 990	927
福　建	1.79	3.52	0.80	1 802	3 539	810
江　西	3.16	4.60	1.46	2 477	3 631	1 110
山　东	2.97	5.02	1.06	2 164	3 550	866
河　南	3.63	5.30	1.57	2 939	4 363	1 185
湖　北	2.91	4.52	1.04	2 185	3 206	992
湖　南	3.73	5.49	1.59	2 448	3 574	1 076
广　东	1.62	3.29	0.85	1 515	2 917	864
广　西	2.96	5.16	1.32	2 851	5 033	1 225
海　南	1.29	2.76	0.72	2 022	4 639	1 017
四　川	3.17	4.36	1.86	2 060	3 212	785
贵　州	5.68	8.60	1.37	3 886	6 085	636
云　南	0.39	6.53	1.11	280	4 657	855
西　藏						
陕　西	3.32	4.59	1.58	2 933	4 119	1 300
甘　肃	5.14	6.30	1.99	5 097	6 467	1 344
青　海	6.59	8.77	1.44	6 699	9 068	1 098
宁　夏	7.22	8.61	3.08	6 451	8 131	1 412
新　疆	5.09	8.10	2.07	2 163	3 427	899

注：本表统计范围为村及村以上工业企业，工业总产值按1990年不变价格计算。

11-25 主要物资资源和消费

年份	钢材（万吨）				橡胶（万吨）	
	新增资源	国内消费			新增资源	国内消费
			生产用	基建用		
1953	240	190	120	70	7.54	3.57
1954	251	227	138	89	6.84	4.12
1955	297	267	164	103	5.25	3.90
1956	386	395	241	154	11.86	4.96
1957	485	395	251	144	12.78	6.13
1958	743	786	520	266	17.10	10.93
1959	983	914	626	288	18.86	11.36
1960	1 196	1 070	747	323	13.76	13.78
1961	638	549	426	123	10.44	8.87
1962	476	439	366	73	10.63	9.30
1963	558	538	428	110	12.79	10.45
1964	729	698	513	185	16.94	11.93
1965	957	872	642	230	16.89	14.25
1966	1 173	988	730	258	24.36	16.91
1967	877	807	637	170	21.40	15.40
1968	833	738	603	135	25.47	16.70
1969	1 111	1 025	802	223	34.65	22.23
1970	1 448	1 316	962	354	27.07	25.95
1971	1 608	1 539	1 146	393	29.21	27.79
1972	1 791	1 561	1 210	351	30.76	31.72
1973	2 087	1 765	1 387	378	36.00	34.30
1974	1 835	1 726	1 346	380	32.40	30.90
1975	2 018	1 960	1 520	440	38.80	35.70
1976	1 971	1 902	1 496	406	34.60	34.90
1977	2 148	2 013	1 608	405	43.80	38.70
1978	3 037	2 446	1 858	588	44.30	42.40
1979	3 311	2 737	2 075	662	49.20	46.30
1980	3 207	2 825	2 146	679	51.60	47.50
1981	3 003	2 609	2 043	566	40.90	43.20
1982	3 315	3 194	2 444	750	48.70	48.50
1983	4 031	3 515	2 636	879	60.20	57.00
1984	4 653	4 320	3 261	1 059	59.70	60.40
1985	5 496	4 983	3 696	1 287	60.50	68.00
1986	5 895	5 193	3 805	1 388	69.30	72.90
1987	5 626	5 634	4 147	1 487	87.10	77.10
1988	5 602	5 796	4 269	1 527	97.80	81.30
1989	5 818	5 360	4 047	1 313	96.20	83.70
1990	5 577	5 087	3 813	1 274	96.20	85.50
1991	5 996	5 730	4 274	1 456	102.20	94.00

11-25 续表 1

年份	生铁（万吨）		水泥（万吨）				
	新增资源	国内消费	新增资源	国内消费			
					生产用	基建用	农村用
1953	223	208	389	357	31	305	21
1954	311	262	461	406	34	354	18
1955	387	300	452	420	35	368	17
1956	483	472	684	548	35	491	22
1957	594	556	704	574	54	471	49
1958	1 373	1 327	946	798	85	681	32
1959	2 192	2 102	1 243	1 113	90	986	37
1960	2 716	2 684	1 586	1 462	129	1 316	17
1961	1 282	1 202	634	602	115	469	18
1962	805	690	608	490	141	308	41
1963	741	663	822	698	198	433	67
1964	902	765	1 236	1 062	223	679	160
1965	1 079	1 024	1 665	1 512	294	954	264
1966	1 339	1 371	2 032	1 876	385	1 139	352
1967	965	937	1 472	1 347	300	737	310
1968	859	1 017	1 270	1 122	262	575	285
1969	1 282	1 238	1 843	1 771	363	1 010	398
1970	1 724	1 727	2 583	2 591	493	1 516	582
1971	2 187	2 131	3 172	3 077	627	1 682	768
1972	2 454	2 429	3 565	3 438	794	1 656	988
1973	2 604	2 628	3 757	3 646	846	1 650	1 150
1974	2 173	2 279	3 742	3 614	796	1 627	1 191
1975	2 511	2 636	4 669	4 483	901	1 934	1 648
1976	2 276	2 390	4 698	4 546	987	1 848	1 711
1977	2 623	2 720	5 594	5 175	1 166	2 037	1 972
1978	3 617	3 382	6 589	6 056	1 339	2 549	2 168
1979	3 746	3 537	7 567	6 963	1 525	3 034	2 404
1980	3 837	3 655	8 118	7 525	1 709	3 181	2 635
1981	3 418	3 442	8 563	7 835	1 720	2 747	3 368
1982	3 551	3 605	9 704	8 980	1 954	3 573	3 453
1983	3 813	3 782	11 074	10 178	2 111	4 037	4 030
1984	4 113	4 135	12 594	11 788	3 654	4 457	3 677
1985	4 632	4 502	14 961	13 960	4 087	5 135	4 738
1986	5 343	5 080	16 961	15 688	4 720	5 508	5 460
1987	5 651	5 546	18 836	17 643	5 187	6 050	6 406
1988	5 791	5 673	21 166	19 927	5 740	6 500	7 687
1989	5 889	5 745	21 152	19 213	5 490	5 767	7 956
1990	6 369	6 073	21 011	19 037	5 364	5 718	7 955
1991	6 802	6 502	25 277	22 505	6 346	6 663	9 496

11-25 续表 2

年份	硫酸（万吨）		纯碱（万吨）			
	新增资源	国内消费	新增资源	国内消费		
					生产建设用	生活用
1953	26.0	25.0	24.6	21.5	18.1	3.4
1954	34.5	33.6	30.9	25.7	21.8	3.9
1955	37.7	37.3	40.5	30.7	26.3	4.4
1956	51.7	53.2	47.6	36.7	31.7	5.0
1957	63.2	63.0	50.6	44.3	38.8	5.5
1958	74.4	74.2	64.7	55.8	50.8	5.0
1959	106.1	105.2	80.8	73.5	68.4	5.1
1960	133.0	131.7	81.5	74.0	68.7	5.3
1961	90.4	87.5	48.6	47.6	42.7	4.9
1962	96.8	100.4	52.3	47.2	42.5	4.7
1963	130.6	128.9	67.2	55.1	48.7	6.4
1964	170.4	169.5	69.5	65.4	58.1	7.3
1965	234.0	230.0	88.2	83.2	75.8	7.4
1966	290.9	290.0	106.6	99.3	91.5	7.8
1967	198.3	192.7	91.5	86.4	77.6	8.8
1968	141.5	141.5	70.1	68.6	60.8	7.8
1969	234.3	234.9	89.4	90.9	82.3	8.6
1970	291.4	293.1	107.7	104.5	95.5	9.0
1971	357.9	358.7	115.5	109.5	100.5	9.0
1972	400.5	393.6	119.7	112.2	102.7	9.5
1973	468.1	471.0	120.4	116.7	106.6	10.1
1974	442.7	440.4	110.6	110.0	99.8	10.2
1975	484.7	486.4	127.6	119.3	108.1	11.2
1976	450.8	452.8	122.0	114.5	101.2	13.3
1977	537.5	529.6	117.6	133.4	120.1	13.3
1978	661.0	653.5	162.2	150.7	136.0	14.7
1979	699.8	698.7	165.2	163.0	141.9	21.1
1980	764.0	764.8	191.2	107.2	151.0	19.2
1981	780.7	774.7	186.4	183.9	162.5	21.4
1982	819.4	813.3	198.1	211.7	189.4	22.3
1983	884.8	877.9	239.3	222.8	200.9	21.9
1984	827.6	809.0	267.6	254.7	230.8	23.9
1985	678.2	685.1	306.8	286.6	261.6	25.0
1986	763.0	785.5	337.1	316.9	287.1	29.8
1987	986.5	975.7	320.8	331.4	299.4	32.0
1988	1 117.5	1 102.7	343.2	352.4	322.4	30.0
1989	1 154.0	1 138.7	401.1	366.3	339.2	27.1
1990	1 197.2	1 200.4	400.6	358.2	341.8	16.4
1991	1 332.9	1 328.8	399.0	395.7	376.7	19.0

11-25 续表 3

年份	烧碱（万吨）		木材（万立方米）				
	新增资源	国内消费	新增资源	国内消费			
					生产用	基建用	农村用
1953	11.2	9.2	1 756	1 527	838	628	61
1954	12.5	10.6	2 223	1 785	957	690	138
1955	13.7	9.4	2 096	1 815	988	680	147
1956	15.7	10.9	2 087	2 746	1 511	1 060	175
1957	19.8	12.7	2 790	2 531	1 515	882	134
1958	27.4	22.0	3 584	3 657	2 158	1 256	243
1959	37.2	33.4	4 530	4 279	2 397	1 679	203
1960	40.7	35.5	4 140	4 135	2 426	1 475	234
1961	27.7	23.9	2 214	2 639	1 857	553	229
1962	29.0	25.9	2 318	2 366	1 767	349	250
1963	33.8	31.1	2 667	2 451	1 664	493	294
1964	41.1	37.1	3 060	2 861	1 847	698	316
1965	55.6	49.9	3 453	3 210	2 022	813	375
1966	69.3	62.9	3 506	3 552	2 314	858	380
1967	57.8	56.1	2 836	2 904	1 932	587	385
1968	49.6	50.1	2 657	2 608	1 841	467	300
1969	70.4	69.8	2 905	2 939	1 928	691	320
1970	89.2	87.5	3 265	3 413	2 210	903	300
1971	105.5	101.9	3 440	3 542	2 228	1 014	300
1972	111.5	108.2	3 774	3 621	2 301	1 025	295
1973	121.0	116.0	3 954	3 813	2 460	1 003	350
1974	112.6	113.9	4 071	4 017	2 500	1 067	450
1975	128.9	131.5	4 062	4 120	2 652	1 008	460
1976	121.5	127.7	4 118	4 167	2 773	909	485
1977	138.6	146.3	4 339	4 207	2 835	843	529
1978	175.9	161.8	4 575	4 571	2 915	1 037	619
1979	199.5	180.9	4 743	4 757	2 992	1 094	671
1980	203.0	194.8	4 852	4 586	2 918	1 083	585
1981	197.3	199.3	4 395	4 213	2 716	928	524
1982	212.7	210.2	4 818	4 583	2 938	1 040	605
1983	237.6	215.4	5 131	4 921	3 013	1 063	845
1984	243.2	229.4	5 655	5 596	3 833	1 091	672
1985	257.8	252.7	6 285	6 181	4 149	1 197	835
1986	280.3	266.3	6 134	6 214	3 911	1 161	1 142
1987	304.4	285.8	6 032	6 074	3 994	1 092	988
1988	323.7	302.7	6 241	6 009	3 929	1 042	1 038
1989	339.9	316.0	5 634	5 463	3 655	860	948
1990	339.5	309.4	5 524	5 736	3 698	779	1 259
1991	354.5	317.2	5 658	6 029	3 823	870	1 336

11-26 工业产品销售与库存总值

(1991年)

按工业行业分组	销售总值(亿元)	产销率(%)	年初库存总值(亿元)	年末库存总值(亿元)
合计	15 821.74	99.0	1 896.51	1 983.14
轻工业	7 400.71	98.5	1 011.15	1 110.41
重工业	8 421.03	99.5	885.35	872.72
(一)采掘业	1 074.35	96.9	91.76	102.16
#矿业	971.58	96.3	71.98	84.42
#煤炭采选业	383.86	95.2	30.19	38.18
石油和天然气开采业	400.15	96.6	6.50	7.92
黑色金属矿采选业	31.44	97.3	3.54	4.38
有色金属矿采选业	81.21	98.6	10.84	12.05
建筑材料及其他非金属矿采选业	44.91	94.7	10.31	12.65
#化学矿采选业	14.36	91.0	2.96	4.15
(二)制造业	14 747.39	99.2	1 804.75	1 880.97
1.食品、饮料和烟草制造业	2 085.29	98.8	211.18	236.31
2.纺织业	1 763.45	98.1	298.25	330.40
3.石油加工业	584.71	99.0	13.99	17.44
4.化学工业	1 386.72	98.4	128.63	136.37
5.医药工业	367.88	97.5	52.69	61.23
6.化学纤维工业	273.39	99.0	14.30	16.37
7.橡胶制品业	261.91	99.2	33.66	34.91
8.塑料制品业	274.74	98.9	44.56	47.15
9.黑色金属冶炼及压延加工业	1 326.86	99.5	64.24	61.08
10.有色金属冶炼及压延加工业	420.77	97.8	36.72	34.48
11.金属制品业	324.76	98.6	52.95	57.97
12.机械、电气、电子设备制造业	3 585.57	101.0	570.35	538.92
#日用机械制造业	189.27	102.2	24.81	22.10
日用电器制造业	233.12	99.3	44.71	45.15
日用电子器具制造业	274.14	100.1	50.37	47.18
13.其他工业	165.62	99.2	22.81	23.84

注：本表及以下各表统计范围均为县及县以上独立核算工业企业，销售总值、库存总值均按现价计算。制造业和重工业中不包括电力、蒸汽、热水生产和供应业。

11-27 工业产品销售与库存

(1991年)

产品名称	单位	销售量 合计	销售量 #企业自销	企业自用量及其他	年初库存量	年末库存量
生铁	万吨	1 709.2	934.9	4 750.6	107.5	138.6
#炼钢生铁	万吨	774.8	363.4	4 348.9	33.9	44.9
铸造生铁	万吨	920.3	553.6	240.5	73.3	93.6
钢材	万吨	5 356.4	2 475.3	123.4	163.9	122.2
1.重轨	万吨	101.9	18.0	0.6	2.2	1.0
2.轻轨	万吨	22.4	4.7	0.4	0.8	0.4
3.大型型钢	万吨	62.5	21.1	2.1	1.7	1.2
4.中型型钢	万吨	292.0	122.8	4.7	7.0	5.8
5.小型型钢	万吨	1 297.8	718.4	20.4	45.0	33.2
6.带钢	万吨	154.1	79.8	2.4	7.3	5.0
7.线材	万吨	997.2	486.8	52.2	17.1	12.7
8.特厚钢板	万吨	13.8	2.3	0.4	0.4	0.5
9.中厚钢板	万吨	703.9	321.7	19.3	23.6	15.0
10.薄钢板	万吨	649.3	240.7	5.6	16.6	11.2
11.硅钢片	万吨	58.8	23.1	0.1	1.7	0.7
12.优质型材	万吨	462.6	209.9	5.1	13.7	13.7
13.无缝钢管	万吨	226.4	104.4	2.3	9.6	8.0
14.焊接钢管	万吨	246.2	102.2	1.4	14.7	12.1
15.其他钢材	万吨	67.6	19.2	6.5	2.4	2.1
金属制品	万吨	148.2	82.6	2.0	10.5	11.4
硫酸	万吨	611.4	375.3	635.1	36.4	39.5
浓硝酸	万吨	30.9	14.6	3.1	0.6	0.3
烧碱	万吨	305.4	150.4	36.5	12.3	16.9
纯碱	万吨	368.8	204.9	23.4	16.2	11.9
橡胶	万吨	32.7	16.8	0.1	0.7	0.4
轮胎内胎	万条	3 722.0	2 511.6	3.4	542.5	595.2
轮胎外胎	万条	3 642.4	2 091.3	2.3	368.1	363.9
水泥	万吨	17 266.5	12 774.5	231.3	1 118.0	1 087.3
平板玻璃	万重量箱	8 129.5	6 944.0	88.3	821.8	797.3
平板玻璃	万平方米	47 818.2	40 955.7	412.9	4 951.6	4 907.9
原木	万立方米	2 978.0	1 292.2	235.7	615.8	543.3
锯材	万立方米	464.9	202.4	34.7	100.6	99.9
煤炭	万吨	66 183.3	14 634.3	6 309.5	5 326.0	6 961.9
洗精煤	万吨	7 349.0	580.0	438.9	60.2	74.8
其他洗煤	万吨	3 501.5	471.0	215.0	225.3	265.4
焦炭	万吨	2 090.2	1 012.2	3 467.0	193.2	231.6
原油	万吨	13 087.4	199.6	744.6	187.9	194.2

11-27 续表 (1991年)

产品名称	单位	销售量		企业自用量及其他	年初库存量	年末库存量
		合计	#企业自销			
燃料油	万吨	2 640.3	492.5	529.5	68.4	65.8
汽油	万吨	2 299.8	591.1	77.7	62.8	56.5
煤油	万吨	402.0	15.9	0.3	15.1	12.2
柴油	万吨	2 707.7	585.3	94.1	55.6	52.6
润滑油	万吨	190.1	52.8	1.8	15.3	15.9
汽车	万辆	73.1	41.2		5.1	2.7
#载重汽车	万辆	39.5	21.5		3.6	1.5
金属切削机床	万台	14.4	11.2		3.3	2.3
交流电动机	万千瓦	3 748.0	3 052.9	6.0	796.0	641.5
大中型拖拉机	万辆	5.8	3.4		0.2	0.3
小型拖拉机	万辆	131.5	79.4		8.9	10.6
自行车	万辆	3 787.4	2 546.5	3.4	361.5	192.6
家用缝纫机	万架	726.4	476.6	0.3	80.7	52.6
表	万只	6 342.4	4 900.1	1.1	1 395.6	1 479.4
电视机	万部	2 657.7	2 110.8	1.5	454.2	331.8
#彩色电视机	万部	1 174.0	960.4	0.3	159.2	141.8
收音机	万部	1 404.1	1 167.8	0.3	302.7	307.2
录音机	万部	2 272.0	1 992.8	3.3	342.5	317.6
#双卡录音机	万部	994.2	819.9	1.2	125.4	116.9
家用洗衣机	万台	703.0	482.6		107.9	84.7
#双缸洗衣机	万台	592.7	401.1		82.4	61.4
照相机	万架	478.2	216.0		105.3	105.4
电风扇	万台	3 296.0	2 334.5	4.2	739.5	759.4
家用电冰箱	万台	483.2	369.1	5.9	125.8	116.5
#双门电冰箱	万台	423.1	317.4	5.9	92.6	87.1
布	万米	1 415 176.2	843 613.6	42 800.8	211 313.2	210 890.8
#纯化纤布	万米	122 545.4	78 260.9	2 125.0	23 077.2	22 694.6
呢绒	万米	21 522.9	17 777.4	72.2	6 484.5	6 692.5
毛线	万吨	11.5	9.0	0.3	2.6	2.4
麻袋	万条	55 006.8	49 696.7	10.4	11 746.8	8 389.3
皮鞋	万双	21 046.1	14 398.0	13.0	4 981.3	4 182.3
卷烟	万箱	3 248.8	716.1	8.1	101.1	41.4
机制纸及纸板	万吨	859.4	651.8	16.4	105.5	102.6
合成洗涤剂	万吨	138.9	103.9	0.5	10.2	8.9
灯泡	万只	216 432.1	167 182.1	254.7	18 542.2	25 082.8

11-28 钢材资源和使用平衡表

单位：万吨

项　　目	1987年	1988年	1989年	1990年	1991年
一、资源总计	5 738	5 928	5 818	5 577	6 267
1.新增资源合计	5 626	5 602	5 818	5 577	5 996
生产量	4 386	4 689	4 859	5 153	5 638
进口量	1 240	913	948	424	358
2.其他资源	112	326			271
二、使用总计	5 738	5 928	5 818	5 577	6 267
1.国内消费	5 634	5 796	5 360	5 087	5 730
生产用	4 147	4 269	4 047	3 813	4 274
基本建设用	1 487	1 527	1 313	1 274	1 456
2.出　口	38	81	82	216	283
3.其　他	66	51	376	274	248
三、在生产用中：					
县以上单位用	3 311	3 362	3 097	2 909	3 160
#重工业用	2 493	2 562	2 387	2 275	2 489
轻工业用	605	593	525	464	492
#采掘业用	199	219	216	230	223
制造业用	2 900	2 932	2 696	2 509	2 758
#用于农业、农业机械制造及维修	481	514		464	482
用于轻工市场	434	393		323	319
用于机械制造	1 088	1 137		943	1 058
用于经营维修	601	598		545	547
县以下单位用	836	907	950	904	1 114

11-29 木材资源和使用平衡表

单位：万立方米

项　　目	1987年	1988年	1989年	1990年	1991年
一、资源总计	6 074	6 241	5 634	5 744	6 042
1.新增资源合计	6 032	6 241	5 634	5 524	5 658
生产量	5 386	5 194	5 037	5 109	5 261
进口量	646	1 047	597	415	397
2.其他资源	42			220	384
二、使用总计	6 074	6 241	5 634	5 744	6 042
1.国内消费	6 074	6 009	5 463	5 736	6 029
生产用	3 994	3 929	3 655	3 698	3 823
基本建设用	1 092	1 042	860	779	870
农村用	988	1 038	948	1 259	1 336
2.其　他		232	171	8	13
三、在生产用中：					
县以上单位用	2 710	2 586	2 416	2 341	2 315
#重工业用	1 327	1 261	1 200	1 176	1 154
轻工业用	1 181	1 140	1 062	1 020	1 030
#采掘业用	648	599	596	610	575
制造业用	1 860	1 801	1 666	1 586	1 609
#用于农业、农业机械制造及维修	414	436		415	414
用于轻工市场	1 044	1 047		954	980
用于机械制造	72	71		54	50
用于经营维修	605	550		441	492
县以下单位用	1 284	1 343	1 239	1 357	1 508

注：本表生产量为原木产量。

11-30 分行业生产用钢材和木材消费量

(县及县以上独立核算单位)

行　　业	钢　材(吨)		木　材(立方米)	
	1990年	1991年	1990年	1991年
总　　计	29 087 219	31 600 173	23 405 476	23 150 000
一、农、林、牧、渔、水利业	185 114	216 579	171 206	187 935
二、工业	27 390 397	29 811 177	21 956 671	21 840 502
轻工业	4 639 537	4 921 715	10 196 601	10 299 915
重工业	22 750 860	24 889 462	11 760 070	11 540 587
(一)采掘业	2 300 136	2 230 551	6 097 460	5 751 100
1. 矿业	2 207 984	2 141 455	5 343 247	4 942 558
#(1)煤炭采选业	1 492 926	1 368 658	4 848 774	4 464 981
(2)石油和天然气开采业	434 467	488 179	96 054	97 374
(3)黑色金属矿采选业	50 431	53 088	34 491	36 055
(4)有色金属矿采选业	152 609	135 996	239 215	217 996
(5)建筑材料及其他非金属矿采选业	49 652	42 675	69 723	59 061
2. 木材及竹材采选业	44 449	43 453	748 357	803 890
3. 自来水生产和供应业	47 703	45 643	5 856	4 652
(二)制造业	25 090 261	27 580 626	15 859 211	16 089 402
1. 食品、饮料和烟草制造业	342 313	392 629	121 575	108 713
2. 饲料工业	4 435	6 442	3 128	3 970
3. 纺织业	158 069	149 643	134 564	135 748
4. 缝纫业	12 463	12 464	7 800	6 489
5. 皮革、毛皮及其制品业	12 574	12 005	13 193	15 697
6. 木材加工及竹、藤、棕、草制品业	37 196	35 771	2 824 911	3 160 839
7. 家具制造业	218 575	212 550	1 555 520	1 460 060
8. 造纸及纸制品业	73 738	81 659	5 710 279	5 731 715
9. 印刷业	33 086	36 491	12 172	11 166
10. 文教体育用品制造业	67 899	73 247	261 172	270 515
11. 工艺美术品制造业	15 408	13 868	99 790	93 626
12. 电力、蒸汽、热水生产和供应业	264 253	290 931	83 751	86 402
13. 石油加工业	221 180	248 393	58 209	59 241
14. 炼焦、煤气及煤制品业	43 904	48 062	16 919	15 324
15. 化学工业	775 087	780 593	745 696	707 256
16. 医药工业	47 795	60 414	41 481	35 105
17. 化学纤维工业	40 719	43 559	419 862	459 854
18. 橡胶制品业	47 035	47 756	15 771	17 461
19. 塑料制品业	43 121	52 187	24 019	21 273
20. 建筑材料及其他非金属矿物制品业	867 839	981 185	666 942	648 880
21. 黑色金属冶炼及压延加工业	2 468 679	2 743 182	360 531	355 620
22. 有色金属冶炼及压延加工业	289 035	338 963	178 652	188 602
23. 金属制品业	3 981 575	4 174 398	118 961	116 346
24. 机械、电气、电子设备制造业	14 383 174	16 088 602	1 883 267	1 889 213
(1)机械工业	9 052 607	9 854 313	1 079 214	1 088 264
#日用机械制造业	913 932	979 404	131 441	126 740
(2)交通运输设备制造业	3 633 788	4 270 943	514 700	486 287
(3)电气机械及器材制造业	1 331 712	1 574 945	203 838	226 109
#日用电器制造业	330 727	392 669	17 269	16 833
(4)电子及通信设备制造业	212 771	218 633	50 677	51 198
#日用电子器具制造业	28 057	35 858	4 875	4 506
(5)仪器仪表及其他计量器具制造业	152 247	169 582	34 692	37 354
25. 其他工业	641 109	655 632	501 046	490 289
三、交通运输、邮电通讯业	962 699	988 143	819 414	728 303
(一)交通运输业	940 677	968 308	794 011	701 211
(二)邮电通讯业	22 022	19 835	25 402	24 093
四、商业、公共饮食业、物资供销和仓储业	91 109	110 782	124 651	103 761
五、房地产管理、公用事业、居民服务和咨询服务业	201 089	203 180	145 604	143 318
六、卫生、体育和社会福利事业	10 252	9 017	10 180	10 636
七、教育、文化艺术和广播电视事业	50 383	58 834	60 096	55 438
八、科学研究和综合技术服务事业	73 413	88 960	46 017	40 419
九、其他行业	122 763	113 501	71 637	58 704

11-31 主要物资国内生产量与国家合同供货量

物资名称	1982年		1983年		1984年		1985年		1986年	
	国内生产量	国家合同供货量	国内生产量	国家合同供货量	国内生产量	国家合同供货量	国内生产量	国家合同供货量	国内生产量	国家合同供货量
煤炭	66 633	34 307	71 453	36 531	78 923	38 307	87 228	40 025	89 404	40 585
焦炭	4 019	337	4 220	356	4 557	420	4 802	390	5 276	402
生铁	3 551	565	3 738	582	4 001	675	4 384	643	5 064	624
钢材	2 902	1 550	3 072	1 785	3 372	1 885	3 693	1 881	4 058	1 941
重轨	63	58	78	63	85	80	87	86	88	86
轻轨	27	23	28	23	29	25	25	21	22	18
大型型钢	89	54	65	59	62	51	85	64	79	64
中型型钢	295	183	270	186	266	187	273	169	321	185
小型型钢	691	250	743	279	835	300	940	272	1 022	277
带钢	80	48	81	59	79	51	81	52	97	56
线材	414	139	445	154	510	157	598	145	632	137
中厚钢板	362	252	388	267	428	284	437	288	493	296
薄钢板	308	209	317	225	352	236	375	255	391	273
硅钢片	36	19	44	30	50	32	49	38	56	38
优质型材	250	113	295	193	323	205	351	199	405	204
无缝钢管	101	64	115	81	128	85	139	91	146	89
焊接钢管	150	95	160	99	172	109	182	113	229	127
烧碱	207	143	212	140	222	142	235	141	252	137
纯碱	173	156	179	156	188	154	201	153	215	152
硫酸	818	323	870	311	817	303	676	261	763	239
浓硝酸	25	19	26	21	26	22	27	21	28	18
水泥	9 520	2 286	10 825	2 383	12 302	2 527	14 595	2 420	16 606	2 410
木材	5 041	3 298	5 232	3 512	6 385	3 973	6 323	1 881	6 502	1 853

11-31 续表

物资名称	1987年		1988年		1989年		1990年		1991年	
	国内生产量	国家合同供货量	国内生产量	国家合同供货量	国内生产量	国家合同供货量	国内生产量	国家合同供货量	国内生产量	国家合同供货量
煤炭	92 808	40 258	97 988	40 798	105 414	42 666	107 988	45 519	108 741	45 660
焦炭	5 795	394	6 108	365	6 624	341	7 328	400	7 352	361
生铁	5 503	575	5 704	496	5 820	394	6 238	394	6 765	422
钢材	4 386	1 896	4 689	74	4 859	1 656	5 153	1 580	5 638	1 631
重轨	96	87	99	90	101	86	92	82	93	74
轻轨	24	17	25	16	25	13	34	14	30	16
大型型钢	87	63	87	67	91	61	105	64	68	44
中型型钢	323	181	280	185	264	168	256	139	296	122
小型型钢	1 079	281	1 119	264	1 138	204	1 219	209	1 371	209
带钢	121	62	139	65	151	62	169	53	183	48
线材	692	136	798	132	882	122	999	111	1 100	134
中厚钢板	568	308	590	248	641	243	674	224	705	263
薄钢板	394	256	516	292	524	212	552	216	640	272
硅钢片	68	27	60	28	64	22	67	24	61	24
优质型材	448	167	486	166	480	150	457	137	493	126
无缝钢管	163	101	178	112	194	103	211	96	231	96
焊接钢管	245	120	224	119	214	111	221	106	262	92
烧碱	274	139	301	133	321	103	335	101	354	98
纯碱	236	93	261	132	304	128	380	162	394	144
硫酸	983	291	1 111	281	1 153	216	1 197	185	1 333	186
浓硝酸	29	21	30	19	33	16	32	16	34	17
水泥	18 625	2 356	21 014	238	21 029	2 122	20 971	2 125	25 261	2 004
木材	6 408	1 650	6 218	1 374	5 802	1 434	5 109	1 425	5 807	1 128

注：1. 计量单位木材为万立方米，其余品种为万吨。
2. 酸、碱为纯量。

11-32 各地区物资系统职工人数和销售网点

地区	职工人数（万人）			销售网点（个）		
	1985年	1990年	1991年	1985年	1990年	1991年
全国	**84.33**	**110.54**	**116.09**	**32 466**	**44 297**	**51 165**
一、地方物资系统合计	**81.45**	**105.97**	**111.55**	**32 370**	**44 201**	**49 138**
北京	1.47	1.57	1.57	213	433	454
天津	3.29	2.97	2.92	647	678	715
河北	4.39	6.12	6.54	1 890	2 909	3 141
山西	1.74	2.55	2.84	914	1 167	1 264
内蒙古	2.18	3.57	3.78	907	1 239	1 489
辽宁	9.24	10.63	11.11	2 593	3 380	3 398
吉林	4.17	5.32	5.49	1 091	1 617	1 760
黑龙江	6.70	8.73	9.13	2 128	2 563	2 662
上海	3.45	3.54	3.53	2 140	2 156	2 177
江苏	8.38	10.28	10.70	3 807	4 060	4 260
浙江	2.85	4.59	4.94	1 455	2 073	2 439
安徽	2.08	3.41	3.70	1 202	1 624	1 911
福建	1.05	1.22	1.27	439	550	609
江西	0.96	1.43	1.58	407	645	825
山东	4.93	7.57	8.16	3 008	3 989	4 395
河南	5.30	7.79	8.23	1 285	2 715	3 052
湖北	3.77	5.23	5.48	1 616	1 932	2 185
湖南	1.94	2.69	2.86	731	1 314	1 606
广东	3.29	3.44	3.64	1 292	1 715	1 877
广西	1.12	1.30	1.10	558	768	1 120
海南		0.31	0.32		204	193
四川	2.73	3.62	3.84	1 357	2 225	2 797
贵州	0.71	1.11	1.09	386	708	845
云南	0.90	1.06	1.15	494	588	646
西藏	0.08	0.09	0.09		20	20
陕西	2.45	3.04	3.29	847	1 437	1 671
甘肃	1.04	1.26	1.56	444	787	837
青海	0.36	0.43	0.44	80	105	134
宁夏	0.32	0.40	0.43	150	231	257
新疆	0.56	0.70	0.77	289	369	399
二、物资部直属单位	**2.88**	**4.57**	**4.54**	**96**	**96**	**2 027**

注：本表统计范围为行政关系隶属于物资部和省、地、市、县物资局的公司、供应站、门市部等物资供销企业。

11-33 各地区物资系统购进额和销售额

单位：亿元

地　　区	购进额			销售额		
	1985年	1990年	1991年	1985年	1990年	1991年
全　　国	1 037.58	2 196.37	2 940.50	1 089.86	2 398.34	3 171.73
一、地方物资系统合计	907.85	2 067.51	2 639.64	984.92	2 255.98	2 844.97
北　京	27.38	41.92	50.80	25.32	45.01	53.78
天　津	19.77	27.21	34.84	20.57	30.82	40.45
河　北	43.31	120.25	159.66	47.32	130.98	171.70
山　西	23.91	50.24	54.10	26.33	54.00	58.98
内蒙古	15.48	24.93	29.31	16.79	28.19	34.19
辽　宁	62.50	135.07	176.93	67.57	148.93	193.33
吉　林	19.36	36.62	42.52	23.54	40.50	47.08
黑龙江	32.38	47.20	59.87	36.36	52.87	66.55
上　海	94.17	145.13	172.29	102.98	168.95	192.85
江　苏	97.74	359.22	422.96	107.56	381.43	448.13
浙　江	56.80	156.28	230.55	60.30	166.85	238.28
安　徽	24.75	44.23	61.85	27.18	50.67	67.80
福　建	18.43	33.41	44.44	19.72	36.26	47.32
江　西	14.80	28.85	37.29	15.78	31.30	40.17
山　东	63.55	224.36	303.89	69.39	243.26	323.14
河　南	33.44	73.67	93.15	36.58	81.00	100.96
湖　北	42.12	102.13	128.42	46.02	110.80	138.80
湖　南	29.79	53.80	69.05	30.89	58.47	74.43
广　东	58.33	103.84	148.02	63.60	113.82	158.12
广　西	15.80	38.30	54.14	16.73	42.12	57.90
海　南		3.69	4.96		4.47	6.31
四　川	36.63	87.31	106.72	39.70	92.20	115.34
贵　州	9.14	14.12	16.94	9.78	15.45	18.31
云　南	16.15	27.88	34.20	17.85	30.99	37.26
西　藏	1.51	2.35	2.35	2.44	2.82	2.82
陕　西	20.94	35.94	41.13	22.67	39.82	45.96
甘　肃	11.36	20.67	23.71	11.70	21.79	26.00
青　海	4.69	5.52	5.88	5.12	6.38	6.86
宁　夏	3.90	6.71	7.56	4.42	7.27	8.54
新　疆	9.72	16.66	22.11	10.71	18.56	23.61
二、物资部直属单位	129.73	128.86	300.86	104.94	142.36	326.76

11-34 各地区物资系统库存额和周转天数

地区	库存额（亿元）			周转天数（天）		
	1985年	1990年	1991年	1985年	1990年	1991年
全国	184.49	351.31	388.93	62.	53	45
一、地方物资系统合计	133.12	297.84	304.15	49	48	39
北京	4.70	8.99	8.11	68	73	55
天津	3.75	6.69	5.94	67	79	54
河北	6.62	17.94	18.42	51	50	39
山西	4.38	10.69	10.61	61	72	66
内蒙古	3.06	6.00	5.85	66	78	62
辽宁	8.34	19.01	18.74	45	47	35
吉林	3.65	7.09	11.06	57	64	86
黑龙江	4.40	10.17	10.97	44	70	60
上海	12.46	23.80	22.78	44	51	43
江苏	11.38	31.81	32.50	39	30	26
浙江	6.80	17.40	21.23	41	38	33
安徽	3.25	6.53	7.49	44	47	40
福建	2.51	4.91	5.18	46	49	40
江西	2.19	4.17	4.15	51	49	38
山东	8.04	21.20	21.01	42	32	24
河南	5.57	13.85	15.13	56	62	55
湖北	5.95	14.56	14.23	47	48	37
湖南	4.75	7.31	6.82	56	46	33
广东	7.50	16.51	16.82	43	53	39
广西	2.96	5.94	5.88	65	51	37
海南		1.96	1.46		160	84
四川	5.44	12.76	12.03	50	51	38
贵州	1.51	2.52	2.39	56	60	48
云南	2.78	4.62	5.08	57	54	50
西藏	0.69	1.35	1.35	103	175	175
陕西	3.40	6.76	6.53	55	62	52
甘肃	3.02	5.67	5.01	94	95	70
青海	1.19	1.83	1.56	85	105	83
宁夏	0.89	1.95	1.57	73	98	67
新疆	1.94	3.85	4.25	66	76	66
二、物资部直属单位	51.37	53.47	84.78	179	137	95

图 11-1 能源生产总量和能源消费总量

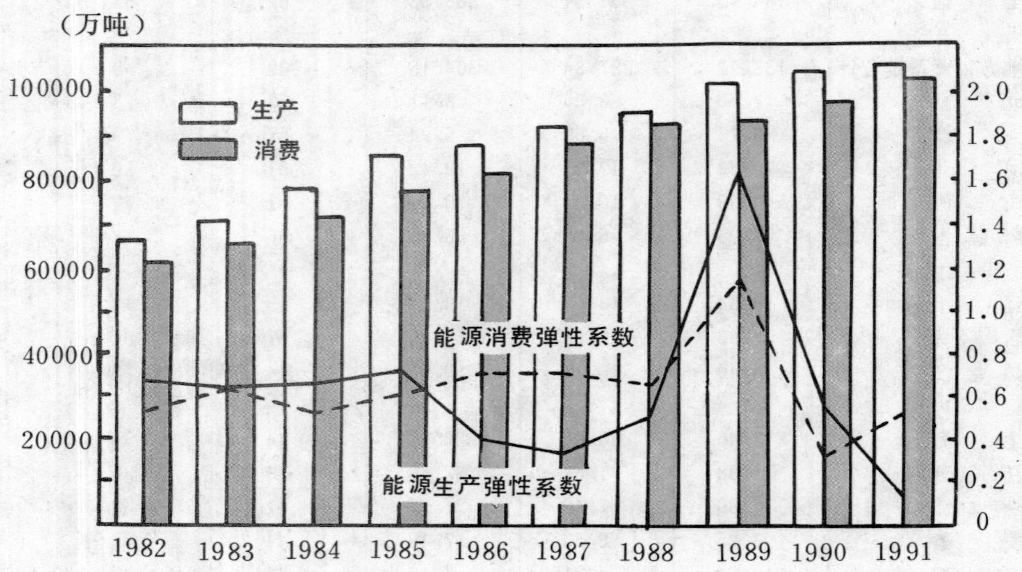

主 要 统 计 指 标 解 释

能源生产总量 指一定时期内全国(地区)一次能源生产量的总和,是观察全国(地区)能源生产水平、规模、构成和发展速度的总量指标。一次能源生产量包括原煤、原油、天然气、水电及其他动力能(如风能、地热能等)发电量。不包括低热值燃料生产量、生物质能、太阳能等的利用和由一次能源加工转换而成的二次能源产量。

能源消费总量 指一定时期内全国(地区)物质生产部门、非物质生产部门和生活消费的各种能源的总和,是观察能源消费水平、构成和增长速度的总量指标。能源消费总量包括原煤和原油及其制品、天然气、电力。不包括低热值燃料、生物质能和太阳能等的利用。能源消费总量分为三部分,即终端能源消费量、能源加工转换损失量和损失量。

(1)终端能源消费量 指一定时期内全国(地区)物质生产部门、非物质生产部门和生活消费的各种能源在扣除了用于加工转换二次能源消费量和损失量以后的数量。

(2)能源加工转换损失量 指一定时期内全国(地区)投入加工转换的各种能源数量之和与产出各种能源产品之和的差额。它是观察能源在加工转换过程中损失量变化的指标。

(3)能源损失量 指一定时期内能源在输送、分配、储存过程中发生的损失和由于客观原因造成的各种损失量。不包括各种气体能源放空、放散量。

能源生产弹性系数 是研究能源生产量的增长与国民经济增长之间关系的指标。计算公式：

$$能源生产弹性系数=\frac{能源生产总量年平均增长速度}{国民经济年平均增长速度}$$

国民经济年平均增长速度，可根据不同的目的或需要，用国民生产总值，国民收入等指标来计算，本资料是采用国民收入指标计算的。

电力生产弹性系数 是研究电力生产量的增长与国民经济增长之间关系的指标。一般来说，电力的发展应当快于国民经济的发展，也就是说电力应超前发展。计算公式：

$$电力生产弹性系数=\frac{电力生产量年平均增长速度}{国民经济年平均增长速度}$$

能源消费弹性系数 是反映能源消费增长速度与国民经济增长速度之间比例关系的指标。计算公式：

$$能源消费弹性系数=\frac{能源消费量年平均增长速度}{国民经济年平均增长速度}$$

电力消费弹性系数 是反映电力消费增长速度与国民经济增长速度之间比例关系的指标。计算公式：

$$电力消费弹性系数=\frac{电力消费量年平均增长速度}{国民经济年平均增长速度}$$

能源加工转换效率 指一定时期内能源经过加工转换后，产出的各种能源产品的数量与同期内投入加工转换的各种能源数量的比率。它是观察能源加工转换装置和生产工艺先进与落后、管理水平高低等的重要指标。计算公式：

$$能源加工转换效率=\frac{加工转换产出量}{加工转换投入量}\times 100\%$$

新增物资资源 指一定时期内某种物资的资源总量，主要包括本期的生产量和进口量。

生产量是指某种物资的本期国内生产量。

进口量是指某种物资的本期海关进口量。

主要物资国内消费量 指一定时期内生产、建设单位实际消耗某种物资的数量，包括生产消费量和基本建设消费量。它是观察某种物资的消费规模、水平、构成的总量指标。

国内消费的统计原则是：谁消费谁统计。其核算方法是：物资投入生产、建设的第一道工序后，改变了原来的形态、性能，或已构成了工程实体，即作消费量统计。

生产消费量 指一定时期内生产企业、事业单位实际消耗某种物资的数量，主要包括产品生产消费、经营维修消费和更新改造措施消费。

产品生产消费是指直接用于产品生产过程中的工艺性消耗和构成新产品实体的消耗数量。

经营维修消费是指生产企业、事业单位对生产性、非生产性的固定资产、设备等的维护修理以及经营管理部门等的用料。

更新改造措施消费是指以内涵性扩大再生产为主要目的，对现有企业、事业单位原有设施进行技术改造（包括固定资产更新）以及相应配套的辅助性生产、生活福利设施等工程和有关工作用料。不包括建筑安装企业承包的更新改造措施工程用料。这一部分包括在“基本建设消费量”中。

基本建设消费量 指一定时期内从事基本建设活动的建设单位、施工单位、地质勘探单位在基本建设工程、更新改造措施工程、预制构件等方面实际消耗某种物资的数量,包括基本建设消费和更新改造措施消费。

基本建设消费是指以外延性扩大再生产为主要目的的新建、扩建工程及有关工作用料。

更新改造措施消费专指建筑安装企业承包的更新改造措施工程用料和建安企业自身的更新改造措施用料。

工业产品销售量 指一定时期内县及县以上独立核算的工业企业向需用单位、供销企业及个人消费者销售的产品数量,包括国家合同销售、地方组织销售、企业自销等。

工业产品销售量的核算方法分送货方式和提货方式两种:

(1)采用送货方式销售的产品是指工业企业根据合同规定,办理产品出库和托运手续,将产品发给需用单位的交货方式。

(2)采用提货方式销售的产品是指需要单位派人来工业企业办理货款结算手续,领取提货单到本单位仓库自行提取产品和办理运输手续的交货方式。

工业产品库存量 指县及县以上独立核算的工业企业在某一时点实际结存的合格产品的数量。包括:本单位仓库所存的产品;采用送货方式销售已运往车站、码头,还没有办妥托运手续的产品;因需修理暂时出库返修(不办理出入库手续)的产品。不包括:已产出但尚未验收入库的产品;采取提货方式销售已开出提货单尚未提取代为保管的产品。

工业产品销售总值 指用货币表现的工业产品的销售总量。它反映在一定时期内工业品销售的总规模和总成果,是观察工业产品销售结构的重要指标,是计算产销率,研究产销衔接程度的依据。

工业产品库存总值 指用货币表现的工业产品库存总量。它反映在某一时点上可供销售的产品资源,是分析工业产品库存的规模、构成、分布、周转及合理程度等的重要指标。

国家合同供货量 指一定时期内国家合同的实际供货总量。国家合同指根据国家物资分配计划指标,由供需双方签订的供货合同,包括专业订货、分区订货、通讯订货、定点定量供货等各种形式的供货合同,还包括由中央临时分配任务而签订的补充供货合同和根据国家物资分配计划规定自产自用的数量。国家合同供货量包括交付本年合同、补交上年合同、预付下年合同的供货数量,不包括上年预交本年合同的供货数量。

十二
运输和邮电

12-1 各地区全民所有制单位交通运输、邮电通讯业职工人数

（1991年底）　　　　　　　　　　　　　　　　　　　　单位:万人

地区	铁路运输业	公路运输业	管道运输业	水上运输业	航空运输业	装卸搬运业	邮电通讯业
全　国	**211.6**	**221.1**	**3.6**	**73.4**	**8.4**	**10.9**	**95.4**
北　京	7.7	4.5	...	0.5	1.4	...	3.7
天　津	3.3	2.9		1.5	0.2	2.2	1.5
河　北	12.0	9.4	1.1	2.2	0.1	...	4.4
山　西	11.1	7.7	...	...	0.2	...	2.8
内蒙古	11.0	5.4		...	0.2	...	2.9
辽　宁	16.1	11.1	0.6	2.2	0.5	2.5	4.8
吉　林	11.8	5.6	0.2	0.2	0.1	...	3.1
黑龙江	18.2	8.7	0.1	1.2	0.2	0.4	4.5
上　海	3.4	5.3	...	11.9	0.8	0.6	3.2
江　苏	6.5	9.8	0.9	9.9	0.2	0.5	5.1
浙　江	3.2	6.8		4.5	0.2	0.2	4.0
安　徽	5.4	7.8		2.6	0.1		2.9
福　建	3.3	6.6		2.1	0.2	0.1	2.4
江　西	5.1	6.6		1.4	0.1	0.2	2.4
山　东	9.4	11.1	0.3	3.4	0.2	1.5	5.0
河　南	14.3	12.4	0.1	0.2	0.2	...	4.4
湖　北	7.9	11.5	0.1	6.8	0.2	0.6	4.2
湖　南	9.0	9.5		1.7	0.2	0.1	3.9
广　东	5.7	11.6	...	12.1	1.0	0.5	7.4
广　西	6.5	5.9	...	2.6	0.2	...	2.5
海　南	0.3	1.2		1.3	0.1	0.1	0.7
四　川	9.4	19.6	...	4.6	0.6	1.0	6.2
贵　州	4.1	4.7		0.3	0.1	0.1	1.9
云　南	4.5	10.4		0.1	0.2		2.9
西　藏		1.7			...	...	0.3
陕　西	8.7	5.9		0.1	0.6	...	2.9
甘　肃	6.7	4.7		...	0.3		1.8
青　海	1.9	1.9		...	...		0.6
宁　夏	1.2	0.1	0.1	...	...		0.5
新　疆	3.6	9.7			0.2	...	2.2

12-2 运输线路长度

（年底数）　　　　单位：万公里

年　份	铁路营业里程	#电气化里程	公　路	内　河	民　航	#国际航线	管　道
1949	2.18		8.07	7.36			
1950	2.22		9.96	7.36	1.13		
1951	2.23		11.44	7.36	1.12		
1952	2.29		12.67	9.50	1.31	0.51	
1953	2.38		13.71	9.50	1.40	0.50	
1954	2.45		14.61	9.50	1.52	0.50	…
1955	2.56		16.73	9.99	1.55	0.30	…
1956	2.65		22.63	10.36	1.91	0.49	…
1957	2.67		25.46	14.41	2.64	0.43	…
1958	3.02		42.18	15.20	3.30	0.43	0.02
1959	3.23		50.79	16.30	3.72	0.53	0.02
1960	3.39		51.00	17.00	3.81	0.53	0.02
1961	3.45		47.70	17.20	3.91	0.45	0.02
1962	3.46	0.01	46.35	16.19	3.53	0.44	0.02
1963	3.50	0.01	47.51	15.72	3.58	0.44	0.03
1964	3.53	0.01	47.92	15.69	3.85	0.44	0.03
1965	3.64	0.01	51.45	15.77	3.94	0.45	0.04
1966	3.78	0.01	54.36	14.72	3.94	0.45	0.07
1967	3.86	0.01	55.75	14.78	4.45	0.38	0.08
1968	3.88	0.01	57.17	14.78	4.00	0.44	0.09
1969	3.93	0.01	60.06	14.81	3.99	0.44	0.10
1970	4.10	0.03	63.67	14.84	4.06	0.44	0.12
1971	4.28	0.03	67.54	14.16	4.21	0.44	0.20
1972	4.39	0.03	69.99	14.06	4.25	0.44	0.23
1973	4.43	0.03	71.56	13.88	4.53	0.44	0.34
1974	4.51	0.03	73.79	13.74	8.13	3.71	0.42
1975	4.60	0.07	78.36	13.56	8.42	3.71	0.53
1976	4.63	0.07	82.34	13.74	9.78	4.09	0.63
1977	4.74	0.10	85.56	13.74	13.21	4.09	0.67
1978	4.86	0.10	89.02	13.60	14.89	5.53	0.83
1979	4.98	0.10	87.58	10.78	16.00	5.13	0.91
1980	4.99	0.17	88.33	10.85	19.53	8.12	0.87
1981	5.02	0.17	89.75	10.87	21.82	8.28	0.97
1982	5.05	0.18	90.70	10.86	23.27	9.99	1.04
1983	5.16	0.23	91.51	10.89	22.91	9.99	1.08
1984	5.17	0.30	92.67	10.93	26.02	10.74	1.10
1985	5.21	0.42	94.24	10.91	27.72	10.60	1.17
1986	5.25	0.44	96.28	10.94	32.43	10.76	1.30
1987	5.26	0.46	98.22	10.98	38.91	14.89	1.38
1988	5.28	0.57	99.96	10.94	37.38	12.83	1.43
1989	5.32	0.64	101.43	10.90	47.19	16.64	1.51
1990	5.34	0.69	102.83	10.92	50.68	16.64	1.59
1991	5.34	0.78	104.11	10.97	55.91	17.74	1.62

注：表中1979年公路和内河数为1979年10月底的普查数。

12-3 各地区运输线路长度

（1991年底） 单位:公里

地区	中央铁路		内河	公路					
	营业里程	正线延展里程	航道里程	里程	有路面里程	高级次高级	中级	低级	无路面里程
全国	53 414.8	68 013.0	109 703	1 041 136	905 933	279 155	322 966	303 812	135 203
北京	1 011.4	1 586.4		10 259	9 982	5 641	2 190	2 151	277
天津	470.4	802.2	89	4 068	3 632	3 513	26	93	436
河北	2 977.2	4 812.8	75	45 464	36 429	29 178	1 700	5 551	9 035
山西	2 332.0	3 395.8	170	31 040	23 478	9 841	5 642	7 995	7 562
内蒙古	5 081.5	5 745.3	602	43 396	33 427	6 607	6 261	20 559	9 969
辽宁	3 562.6	4 940.3	508	40 195	38 308	11 471	8 683	18 154	1 887
吉林	3 472.7	3 799.0	1 114	27 110	20 545	5 756	3 044	11 745	6 565
黑龙江	4 997.2	6 520.1		47 188	42 419	5 852	18 618	17 949	4 769
上海	259.0	388.9	2 100	3 165	3 165	2 042	1 123		
江苏	748.4	1 292.3	23 670	24 929	24 026	8 946	13 381	1 699	903
浙江	871.3	1 149.7	10 617	29 218	29 218	6 035	23 183		
安徽	1 544.5	2 101.5	5 528	30 448	29 015	9 893	13 636	5 486	1 433
福建	1 015.2	1 028.0	3 888	41 745	37 411	6 687	18 489	12 235	4 334
江西	1 581.6	1 847.0	4 937	33 222	33 181	5 023	16 176	11 982	41
山东	2 042.1	3 034.0	1 861	41 937	39 212	25 597	3 377	10 238	2 725
河南	2 084.9	3 798.0	1 110	44 199	35 665	22 690	6 550	6 425	8 534
湖北	1 690.1	2 153.0	7 907	47 661	38 172	12 349	15 389	10 434	9 489
湖南	2 271.3	2 900.0	10 110	57 693	56 724	9 780	36 519	10 425	969
广东	684.4	1 188.0	10 857	55 307	47 161	13 268	10 189	23 704	8 146
广西	1 665.8	1 809.0	4 521	36 660	35 532	9 065	10 245	16 222	1 128
海南	219.0	238.0	264	12 922	6 099	1 566	1 009	3 524	6 823
四川	2 876.6	2 878.0	7 904	98 122	91 407	12 375	52 465	26 567	6 715
贵州	1 419.4	1 481.0	1 773	31 588	31 588	3 351	22 344	5 893	
云南	1 625.2	1 640.0	1 130	58 123	53 939	10 937	20 991	22 011	4 184
西藏				21 842	7 685	868		6 817	14 157
陕西	1 826.1	2 184.0	843	38 193	26 806	11 023	4 689	11 094	11 387
甘肃	2 219.4	2 352.0	219	34 776	27 668	10 522	3 037	14 109	7 108
青海	1 094.7	1 105.0		16 769	14 249	3 435	629	10 185	2 520
宁夏	428.5	447.0	397	8 200	7 744	2 574		5 170	456
新疆	1 342.5	1 399.0		25 697	22 046	13 270	3 381	5 395	3 651
不分地区			7 509						

12-4 运输线路质量

指标	单位	1952年	1957年	1978年	1990年	1991年
铁路营业里程	公里	22 876	26 708	48 618	53 378	53 415
#复线里程	公里	1 410	2 203	7 630	13 024	13 380
复线里程比重	%	6.2	8.2	15.7	24.4	25.0
#自动闭塞里程	公里	339	641	5 981	10 370	10 937
自动闭塞里程比重	%	1.5	2.4	12.3	19.4	20.5
公路线路里程	公里	126 675	254 624	890 236	1 028 348	1 041 136
#有路面里程	公里	55 300	121 100	651 068	883 464	905 933
有路面里程比重	%	43.7	47.6	73.1	85.9	87.0
内河航道里程	公里	95 025	144 101	135 952	109 192	109 703
#水深一米以上	公里			57 408	60 538	60 336
水深一米以上比重	%			42.2	55.4	55.0

12-5 客 运 量

单位:万人

年 份	客运量总 计	铁 路	中 央	地 方	公 路	#交通部门	水 运	#交通部门	民用航空
1949	13 695	10 297	10 297		1 809	1 809	1 562	1 562	27.00
1950	20 370	15 691	15 691		2 301	2 301	2 377	2 377	1.04
1951	22 334	16 037	16 037		3 350	3 350	2 945	2 945	2.39
1952	24 518	16 352	16 352		4 559	4 559	3 605	3 605	2.22
1953	35 627	22 861	22 861		7 439	7 439	5 324	5 324	2.84
1954	37 465	23 290	23 290		8 648	8 648	5 523	5 523	4.21
1955	36 764	20 801	20 801		10 312	10 312	5 646	5 646	4.86
1956	50 621	25 211	25 211		18 224	18 224	7 177	7 177	8.84
1957	63 821	31 262	31 262		23 772	23 772	8 780	8 780	6.85
1958	75 136	34 569	34 569		31 063	31 063	9 492	9 492	12.35
1959	91 183	47 972	47 972		32 569	32 569	10 626	10 626	15.96
1960	106 700	61 822	61 822		32 524	32 524	12 333	12 333	20.73
1961	119 835	77 062	77 062		27 601	27 601	15 152	15 152	20.20
1962	122 154	75 003	74 067	936	30 737	30 737	16 397	16 397	16.88
1963	97 538	51 985	51 478	507	32 857	32 857	12 678	12 678	17.60
1964	94 300	45 085	44 618	467	37 313	37 313	11 878	11 828	23.58
1965	96 334	41 245	40 708	537	43 693	43 693	11 369	11 369	27.21
1966	108 656	41 413	40 830	583	54 437	54 437	12 780	12 780	26.29
1967	114 067	46 614	45 982	632	53 874	53 874	13 548	13 548	30.56
1968	111 182	49 994	49 308	686	47 125	47 125	14 038	14 038	24.97
1969	123 859	52 040	51 296	744	56 266	56 266	15 531	15 531	21.64
1970	130 056	52 455	51 646	809	61 812	61 812	15 767	15 767	21.73
1971	142 931	56 032	55 182	850	71 227	71 227	15 638	15 638	33.63
1972	160 828	62 809	61 220	1 589	80 676	80 676	17 297	17 297	46.48
1973	174 805	65 704	64 781	923	89 771	89 771	19 270	19 270	60.01
1974	182 146	66 924	66 040	884	95 481	95 481	19 647	19 647	94.19
1975	192 969	70 465	69 648	817	101 350	101 350	21 015	21 015	138.99
1976	201 411	71 249	70 489	760	108 718	108 718	21 298	21 298	146.31
1977	225 007	79 471	78 662	809	122 919	122 919	22 542	22 542	164.57
1978	253 993	81 491	80 729	762	149 229	149 229	23 042	23 042	230.91
1979	289 665	86 389	85 611	778	178 618	178 618	24 360	24 360	297.98
1980	341 785	92 122	91 246	958	222 799	222 799	26 439	26 439	343.12
1981	384 844	95 219	94 239	1 061	261 559	261 559	27 584	27 584	401.29
1982	428 964	99 922	98 888	1 034	300 610	300 610	27 987	27 987	445.23
1983	470 614	106 044	104 946	1 098	336 965	336 965	27 214	27 214	391.45
1984	530 217	113 353	112 265	1 088	390 336	390 336	25 974	25 974	554.17
1985	620 206	112 110	110 913	1 197	476 486	427 233	30 863	27 002	746.79
1986	688 212	108 579	107 358	1 221	544 259	440 994	34 377	25 285	997.00
1987	746 422	112 479	111 414	1 065	593 682	460 010	38 951	24 114	1 310.00
1988	809 592	122 645	121 595	1 050	650 473	459 295	35 032	24 287	1 442.00
1989	791 375	113 805	112 798	1 009	644 508	434 960	31 778	21 902	1 283.00
1990	772 682	95 712	94 888	824	648 085	423 041	27 225	18 806	1 659.60
1991	806 048	95 081	94 208	872	682 681	441 237	26 109	18 624	2 178.00

12-6 旅客周转量

单位:亿人公里

年份	旅客周转量总计	铁路	中央	地方	公路	#交通部门	水运	#交通部门	民用航空
1949	155	130.01	130.01		7.96	7.96	15.17	15.17	1.85
1950	240	212.36	212.36		12.75	12.75	14.72	14.72	0.10
1951	269	230.47	230.47		17.19	17.19	21.66	21.66	0.23
1952	248	200.64	200.64		22.64	22.64	24.50	24.50	0.24
1953	350	281.68	281.68		33.82	33.82	34.12	34.12	0.33
1954	377	294.67	294.67		41.33	41.33	34.38	34.38	0.51
1955	353	267.42	267.42		50.26	50.26	35.20	35.20	0.57
1956	465	343.79	343.79		78.21	78.21	42.29	42.29	1.04
1957	496	361.30	361.30		88.07	88.07	46.38	46.38	0.80
1958	572	409.22	409.22		116.14	116.14	45.75	45.75	1.19
1959	712	517.21	517.21		139.71	139.71	53.35	53.35	1.43
1960	883	674.02	674.02		146.01	146.01	61.90	61.90	1.62
1961	1 105	895.63	895.63		128.83	128.83	79.49	79.49	1.38
1962	1 085	859.01	857.26	1.75	141.46	141.46	83.92	83.92	1.17
1963	726	532.11	531.17	0.94	134.25	134.25	58.80	58.80	1.40
1964	686	486.16	485.22	0.94	146.34	146.34	51.32	51.32	1.99
1965	697	478.99	477.81	1.18	168.20	168.20	47.37	47.37	2.48
1966	779	504.94	503.60	1.34	207.48	207.48	64.32	64.32	2.19
1967	864	595.35	593.82	1.53	200.00	200.00	65.96	65.96	2.44
1968	936	680.58	678.84	1.74	185.84	185.84	67.76	67.76	2.07
1969	1 071	772.06	770.08	1.98	222.21	222.21	74.71	74.71	1.71
1970	1 031	718.19	715.94	2.25	240.06	240.06	71.01	71.01	1.79
1971	1 107	762.52	760.13	2.39	268.07	268.07	73.35	73.35	2.95
1972	1 236	851.91	849.02	2.89	302.48	302.48	77.10	77.10	4.19
1973	1 325	902.58	899.87	2.71	333.28	333.28	83.61	83.61	5.73
1974	1 376	925.50	922.84	2.66	354.88	354.88	86.87	86.87	9.32
1975	1 435	954.09	952.59	1.50	374.48	374.48	90.59	90.59	15.39
1976	1 469	957.08	954.70	2.38	402.51	402.51	94.29	94.29	15.74
1977	1 587	1 022.73	1 020.15	2.58	448.12	448.12	97.48	97.48	18.34
1978	1 743	1 093.22	1 090.81	2.41	521.30	521.30	100.63	100.63	27.91
1979	1 968	1 216.17	1 213.73	2.44	603.29	603.29	114.01	114.01	34.99
1980	2 281	1 382.98	1 380.37	2.79	729.50	729.50	129.12	129.12	39.56
1981	2 500	1 472.63	1 469.87	2.93	839.00	839.00	137.81	137.81	50.16
1982	2 743	1 574.84	1 572.00	2.84	963.86	963.86	144.54	144.54	59.51
1983	3 095	1 776.51	1 773.39	3.12	1 105.61	1 105.61	153.93	153.93	58.96
1984	3 620	2 046.38	2 043.15	3.23	1 336.94	1 336.94	153.53	153.53	83.50
1985	4 437	2 416.14	2 412.51	3.63	1 724.88	1 573.00	178.65	173.88	116.72
1986	4 897	2 586.71	2 583.11	3.60	1 981.74	1 686.14	182.06	171.09	146.31
1987	5 411	2 843.06	2 840.00	3.06	2 190.43	1 848.90	195.92	178.64	182.05
1988	6 209	3 260.31	3 257.31	3.01	2 528.24	1 971.65	203.92	190.51	216.95
1989	6 075	3 037.41	3 034.38	3.04	2 662.11	1 968.00	188.27	176.51	186.79
1990	5 628	2 612.63	2 610.10	2.53	2 620.32	1 898.31	164.91	152.99	230.48
1991	6 178	2 828.10	2 824.84	3.21	2 871.74	2 089.83	177.20	163.38	301.32

12-7 货　运　量

单位:万吨

年份	货运量总计	铁路	中央	地方	公路	#交通部门	水运	#远洋运输	民用航空	管道输油(气)量
1949	16 097	5 589	5 589		7 963	7 963	2 543		2.4	
1950	21 554	9 983	9 983		8 887	8 887	2 684		0.1	
1951	25 331	11 083	11 083		10 388	10 388	3 860	8	0.2	
1952	31 516	13 217	13 217		13 158	13 158	5 141	14	0.2	
1953	43 416	16 131	16 131		20 048	20 048	7 237	20	0.4	
1954	52 142	19 288	19 288		22 690	22 690	10 163	28	0.5	
1955	56 891	19 376	19 376		25 799	25 799	11 715	46	0.5	
1956	75 026	24 605	24 605		36 695	36 695	13 726	69	0.8	
1957	80 365	27 421	27 421		37 505	37 505	15 438	60	0.8	
1958	112 292	38 109	38 109		53 085	53 085	21 096	50	1.5	
1959	149 916	54 410	54 410		66 932	66 932	28 571	65	2.6	
1960	170 563	67 219	67 219		70 786	70 786	32 555	75	3.2	
1961	110 573	44 988	44 988		43 038	43 038	22 544	85	2.9	
1962	85 521	35 261	34 598	663	32 794	32 794	17 464	79	1.8	
1963	88 154	36 418	35 953	465	34 602	34 602	17 132	88	2.1	
1964	104 320	41 786	41 230	556	42 358	42 358	20 174	151	2.2	
1965	121 083	49 100	48 358	742	48 987	48 987	22 993	246	2.7	
1966	131 454	54 951	54 150	801	52 531	52 531	23 969	272	3.3	
1967	110 833	43 089	42 140	949	47 066	47 066	20 674	233	3.9	
1968	103 240	42 095	40 970	1 125	42 166	42 166	18 976	264	3.0	
1969	123 923	53 120	51 787	1 333	49 115	49 115	21 685	345	3.3	
1970	150 359	68 132	66 552	1 580	56 779	56 779	25 444	499	3.7	
1971	169 106	76 471	74 190	2 281	63 080	63 080	28 398	783	3.3	1 154
1972	178 721	80 873	78 833	2 040	65 409	65 409	30 174	972	3.0	2 262
1973	186 527	83 111	81 294	1 817	68 489	68 489	32 159	1 270	2.8	2 765
1974	180 961	78 772	76 973	1 799	66 860	66 860	31 535	1 741	3.5	3 791
1975	202 478	88 955	86 746	2 209	72 499	72 499	34 987	2 424	4.7	6 032
1976	201 757	84 066	82 116	1 950	74 256	74 256	35 528	2 382	5.3	7 902
1977	223 915	95 309	92 711	2 598	80 833	80 833	38 861	2 553	5.3	8 907
1978	248 946	110 119	107 492	2 627	85 182	85 182	43 292	3 659	6.4	10 347
1979	537 508	111 893	109 495	2 398	371 036	81 556	43 229	4 249	8.0	11 342
1980	546 537	111 279	108 584	2 695	382 048	76 017	42 676	4 292	8.9	10 525
1981	523 764	107 673	104 836	2 837	363 663	71 504	41 490	4 530	9.4	10 929
1982	548 242	113 495	111 048	2 484	379 205	78 777	44 329	4 606	10.2	11 166
1983	576 887	118 784	116 070	2 714	401 413	79 078	45 058	4 759	11.6	11 620
1984	716 907	124 074	121 215	2 859	533 382	78 868	46 892	5 545	15.0	12 544
1985	745 763	130 709	127 516	3 193	538 062	76 227	63 322	6 627	19.5	13 650
1986	853 557	135 635	132 219	3 416	620 113	78 549	82 962	7 228	22.4	14 825
1987	948 229	140 653	136 949	3 704	711 424	79 134	80 979	7 984	29.9	15 143
1988	982 195	144 948	140 553	4 395	732 315	76 509	89 281	8 530	32.8	15 618
1989	988 435	151 489	146 804	4 685	733 781	69 740	87 493	9 027	31.0	15 641
1990	970 602	150 681	146 209	4 472	724 040	64 664	80 094	9 408	37.0	15 751
1991	985 793	152 893	147 898	4 995	733 907	66 696	83 370	10 567	45.2	15 578

注：从1979年起，总计中的公路运输包括社会车辆完成数量，从1984年起，还包括私营运输完成的数量。

12-8 货物周转量

单位:亿吨公里

年份	总计	铁路			公路		水运		民用航空	管道输油(气)量
			中央	地方		#交通部门		#远洋运输		
1949	255	184.00	184.00		8.14	8.14	63.12		0.21	
1950	455	394.06	394.06		9.35	9.35	51.31		0.01	
1951	631	515.55	515.55		11.45	11.45	103.51	17	0.02	
1952	762	601.60	601.60		14.49	14.49	145.75	28	0.02	
1953	990	781.39	781.39		23.33	23.33	185.64	41	0.04	
1954	1 203	932.40	932.40		29.09	29.09	241.73	37	0.06	
1955	1 320	981.51	981.51		34.07	34.07	303.98	70	0.05	
1956	1 591	1 203.51	1 203.51		44.36	44.36	342.87	66	0.08	
1957	1 810	1 345.90	1 345.90		47.98	47.98	415.58	77	0.08	
1958	2 450	1 855.25	1 855.25		77.48	77.48	517.22	75	0.13	
1959	3 272	2 476.32	2 476.32		106.74	106.74	688.95	96	0.22	
1960	3 667	2 766.88	2 766.88		132.47	132.47	767.77	118	0.26	
1961	2 627	2 007.71	2 007.71		76.08	76.08	542.81	117	0.24	
1962	2 236	1 721.08	1 719.08	2.00	62.13	62.13	452.59	113	0.15	
1963	2 348	1 815.95	1 814.59	1.36	64.25	64.25	467.97	131	0.17	
1964	2 751	2 126.03	2 124.49	1.54	74.24	74.24	550.33	181	0.20	
1965	3 464	2 698.69	2 696.39	2.30	95.06	95.06	670.24	237	0.25	
1966	3 902	3 018.92	3 016.27	2.65	116.36	116.36	765.96	280	0.32	
1967	3 050	2 268.78	2 265.74	3.04	101.49	101.49	679.69	264	0.38	
1968	3 109	2 238.77	2 235.27	3.50	84.42	84.42	785.73	355	0.32	
1969	3 754	2 783.33	2 779.31	4.02	110.34	110.34	860.34	365	0.33	
1970	4 566	3 495.97	3 491.35	4.62	138.05	138.05	931.34	419	0.35	
1971	5 204	3 765.94	3 759.55	6.39	153.79	153.79	1 275.70	707	0.32	9
1972	5 644	3 913.20	3 905.09	8.11	164.31	164.31	1 509.76	901	0.29	57
1973	6 294	4 082.18	4 074.80	7.38	175.70	175.70	1 949.24	1 277	0.30	87
1974	6 314	3 812.89	3 805.77	7.12	174.75	174.75	2 162.83	1 471	0.42	163
1975	7 296	4 255.65	4 246.14	9.51	202.65	202.65	2 574.67	1 757	0.60	262
1976	6 904	3 869.52	3 860.72	8.80	209.56	209.56	2 467.15	1 612	0.73	357
1977	7 969	4 568.84	4 557.33	11.51	251.31	251.31	2 761.70	1 741	0.76	387
1978	9 829	5 345.19	5 333.46	11.73	274.14	274.14	3 779.16	2 487	0.97	430
1979	11 385	5 598.71	5 588.68	10.03	745.00	268.26	4 564.20	3 171	1.23	476
1980	12 026	5 716.87	5 707.32	9.55	764.00	255.06	5 052.76	3 532	1.41	491
1981	12 143	5 712.01	5 701.34	10.67	780.00	252.99	5 149.89	3 643	1.70	499
1982	13 049	6 119.86	6 109.02	10.84	949.00	303.13	5 477.12	3 769	1.98	501
1983	14 054	6 646.53	6 634.45	12.08	1 084.00	335.11	5 787.62	3 977	2.29	534
1984	15 694	7 247.64	7 234.76	12.88	1 536.00	353.85	6 335.01	4 374	3.11	572
1985	18 126	8 125.66	8 111.60	14.06	1 693.00	354.09	7 699.90	5 329	4.15	603
1986	20 148	8 764.78	8 750.09	14.69	2 117.99	369.04	8 647.87	5 948	4.81	612
1987	22 228	9 471.49	9 455.65	15.84	2 660.39	390.84	9 465.06	6 576	6.50	625
1988	23 825	9 877.59	9 860.19	17.40	3 220.39	421.00	10 070.38	6 966	7.30	650
1989	25 591	10 394.18	10 372.95	21.23	3 374.80	405.50	11 186.80	7 689	6.90	629
1990	26 207	10 622.38	10 601.20	21.18	3 358.10	359.81	11 591.90	8 141	8.20	627
1991	27 986	10 972.00	10 948.07	23.93	3 428.00	365.50	12 955.40	8 990	10.10	621

注：从1979年起，总计中的公路运输包括社会车辆完成数量，从1984年起，还包括私营运输完成的数量。

12-9 按经济类型分的货物运输量

项目	单位	1985年	1987年	1988年	1989年	1990年	1991年
货运量	**万吨**	270 570	289 857	295 281	294 154	285 007	292 447
1. 全民所有制	万吨	210 031	226 769	231 740	236 183	232 163	238 213
铁路	万吨	130 708	140 653	144 948	151 489	150 681	152 893
公路	万吨	38 597	40 168	38 471	35 236	32 326	33 899
水运	万吨	27 056	30 775	32 670	33 786	33 369	35 798
民用航空	万吨	20	30	33	31	37	45
管道	万吨	13 650	15 143	15 618	15 641	15 750	15 578
2. 集体所有制	万吨	58 843	61 315	61 500	55 764	50 782	52 014
公路	万吨	35 971	37 226	36 034	32 340	30 326	30 629
水运	万吨	22 872	24 089	25 466	23 424	20 456	21 385
3. 其他经济类型	万吨	1 696	1 773	2 041	2 207	2 062	2 220
公路	万吨	1 659	1 740	2 004	2 164	2 012	2 168
水运	万吨	37	33	37	43	50	52
货物周转量	**亿吨公里**	16 671	19 756	21 317	22 392	23 003	24 694
1. 全民所有制	亿吨公里	16 174	19 174	20 673	21 759	22 451	24 104
铁路	亿吨公里	8 126	9 472	9 878	10 394	10 622	10 972
公路	亿吨公里	228	244	260	253	227	229
水运	亿吨公里	7 213	8 827	9 878	10 476	10 967	12 272
民用航空	亿吨公里	4	6	7	7	8	10
管道	亿吨公里	603	625	650	629	627	621
2. 集体所有制	亿吨公里	492	575	636	623	541	579
公路	亿吨公里	121	141	154	144	126	129
水运	亿吨公里	371	434	482	479	415	450
3. 其他经济类型	亿吨公里	5.0	7.0	7.6	9.9	10.8	11.3
公路	亿吨公里	5.0	6.0	7.0	8.3	7.6	8.1
水运	亿吨公里		1.0	0.6	1.6	3.2	3.2

注：本表仅包括交通系统运输部门，不包括社会车辆及私人经营的运输量。

12-10 货物运输平均运距

单位:公里

年份	总计	铁路	公路	水运	管道	民用航空
1949	159	329	10	248		848
1952	242	452	11	284		1 188
1957	225	502	13	269		1 034
1962	263	488	19	259		836
1965	286	549	19	291		924
1970	304	513	24	366		954
1975	360	478	28	736	434	1 292
1978	395	485	32	873	416	1 521
1979	212	500	20	1 056	420	1 539
1980	220	514	20	1 184	467	1 573
1981	232	530	21	1 241	457	1 809
1982	238	539	25	1 236	449	1 961
1983	244	559	19	1 285	459	1 983
1984	219	584	22	1 351	456	2 074
1985	243	636	31	1 216	442	2 128
1986	236	646	34	1 042	413	2 143
1987	234	673	37	1 174	413	2 183
1988	243	681	44	1 128	416	2 226
1989	258	686	46	1 281	402	2 226
1990	270	705	46	1 447	398	2 218
1991	284	718	46	1 554	399	2 234

12-11 各地区全社会货运量

(1991年)　　单位:万吨

地区	铁路	公路	#汽车	水运	#轮驳船
全国	**152 893**	**733 907**	**615 218**	**83 370**	**81 998**
北京	3 048	30 185	29 184		
天津	2 290	17 902	16 057	59	59
河北	11 623	44 890	39 789	345	345
山西	23 503	36 150	31 856	74	68
内蒙古	7 100	18 215	15 495		
辽宁	14 623	55 553	49 431	325	325
吉林	6 373	23 485	21 711	24	24
黑龙江	13 479	21 635	19 827	169	169
上海	1 311	25 171	25 171	3 211	3 211
江苏	4 078	26 404	17 568	12 662	12 583
浙江	1 733	23 889	14 450	8 714	8 669
安徽	4 501	28 734	22 681	3 715	3 715
福建	1 988	22 289	15 595	1 233	1 146
江西	2 607	10 637	7 514	929	892
山东	8 399	37 158	27 513	886	886
河南	9 289	29 319	23 512	244	244
湖北	4 110	38 736	30 367	2 873	2 871
湖南	4 787	29 903	24 503	3 177	3 105
广东	4 734	69 784	59 236	12 673	12 344
广西	2 730	14 134	12 468	1 403	1 364
海南	356	6 699	5 925	448	379
四川	6 592	46 417	39 565	2 598	2 025
贵州	2 365	12 515	11 805	91	84
云南	2 149	28 160	23 374	91	91
西藏		540	540		
陕西	2 995	10 103	10 055	26	22
甘肃	2 544	10 707	8 205	43	20
青海	502	2 462	1 965		
宁夏	1 420	2 316	1 825	3	3
新疆	1 663	10 053	7 819		
不分地区		212	212	27 354	27 354

12-12 各地区全社会货物周转量

（1991年）

单位:亿吨公里

地区	铁路	公路	#汽车	水运	#轮驳船
全国	**10 972.0**	**3 428.0**	**3 230.3**	**12 955.4**	**12 947.1**
北京	251.6	60.5	58.7		
天津	240.5	45.8	43.9	2.1	2.0
河北	1 318.5	248.7	240.6	15.0	45.0
山西	488.8	201.8	190.1	…	…
内蒙古	515.7	94.9	89.4		
辽宁	980.1	161.8	151.9	43.4	43.4
吉林	387.6	82.7	79.0	1.4	1.4
黑龙江	730.6	95.8	92.8	4.1	4.1
上海	38.8	39.1	39.1	30.4	30.4
江苏	301.7	166.2	154.9	233.6	232.8
浙江	150.0	116.4	105.9	177.3	177.3
安徽	446.4	148.0	139.7	81.9	81.9
福建	113.0	100.0	85.8	81.0	80.5
江西	211.4	56.4	51.6	25.6	25.6
山东	597.1	215.0	187.1	48.1	48.1
河南	1 065.1	169.5	156.5	7.1	7.1
湖北	455.7	133.4	123.9	103.6	103.6
湖南	610.4	148.7	141.6	44.3	44.2
广东	198.5	386.5	371.8	116.2	112.6
广西	255.2	93.2	90.8	50.7	50.1
海南	1.9	22.4	20.3	3.8	2.4
四川	397.6	207.5	196.5	59.1	57.9
贵州	187.0	46.6	45.9	3.5	3.2
云南	96.5	136.2	129.2	0.5	0.5
西藏		6.3	6.3		
陕西	351.8	58.9	58.9	0.2	0.2
甘肃	361.8	55.1	53.7	…	…
青海	33.0	18.5	17.7		
宁夏	59.3	12.8	12.1	…	…
新疆	126.4	97.4	92.5		
不分地区		2.1	2.1	11 792.6	11 792.6

12-13 营业铁路基本情况

指　　标	单位	1978年	1980年	1985年	1987年	1988年	1989年	1990年	1991年
(一)铁路营业里程	公里	48 618	49 940	52 119	52 611	52 767	53 187	53 378	53 415
正式营业	公里	45 539	46 182	49 433	49 437	49 616	50 205	50 310	50 347
临时营业	公里	3 079	3 758	2 686	3 174	3 151	2 982	3 068	3 068
正式营业里程比重	%	93.7	92.5	94.8	94.0	94.0	94.4	94.3	94.3
(二)复线里程	公里	7 630	8 119	9 989	11 186	11 771	12 528	13 024	13 380
占营业里程比重	%	15.7	16.3	19.2	21.3	22.3	23.6	24.4	25.0
(三)电气化线路里程	公里	1 030	1 667	4 151	4 643	5 738	6 372	6 941	7 804
占营业里程比重	%	2.1	3.3	8.0	8.8	10.9	12.0	13.0	14.6
(四)内燃牵引线路里程	公里	6 550	7 401	10 822	14 048	14 335	15 086	16 097	16 571
占营业里程比重	%	13.5	14.8	20.8	26.7	27.2	28.4	30.2	31.0
(五)调度集中里程	公里		786	1 307	1 437	1 457	1 139	1 169	1 122
占营业里程比重	%		1.6	2.5	2.7	2.8	2.1	2.2	2.1
(六)自动闭塞里程	公里	5 981	6 044	6 921	8 110	8 629	9 259	10 370	10 937
占营业里程比重	%	12.3	12.1	13.3	15.4	16.4	17.4	19.4	20.5
(七)半自动闭塞里程	公里	34 759	37 591	42 625	42 675	39 679	42 306	38 832	41 528
占营业里程比重	%	71.5	75.3	81.8	81.1	75.2	79.5	72.7	77.7
(八)无缝线路里程	公里	6 530	8 139	10 439	11 804	12 028	12 995	14 644	16 198
占正线里程比重	%	12.2	14.6	16.7	18.2	18.3	19.4	21.7	23.8
(九)有电气集中的车站	个	1 336	1 551	2 320	2 756	2 988	3 230	3 535	3 757
占营业车站比重	%	27.7	31.6	46.9	49.6	53.8	57.9	62.9	66.8

12-14 铁路机车年末数

单位：台

指　　标	1978年	1980年	1985年	1987年	1988年	1989年	1990年	1991年
一、中央铁路	**9 854**	**10 278**	**11 772**	**12 729**	**13 163**	**13 366**	**13 592**	**13 906**
#准轨	9 707	10 119	11 655	12 613	13 048	13 247	13 471	13 784
1.蒸汽机车	7 828	7 801	7 674	7 381	7 130	6 686	6 279	5 986
#准轨	7 685	7 694	7 659	7 367	7 117	6 675	6 268	5 975
#前进型	2 772	3 405	4 429	4 544	4 501	4 337	4 188	4 019
解放型	2 019	1 876	1 403	765	597	503	400	337
建设型	1 092	1 078	1 216	1 556	1 697	1 680	1 644	1 620
胜利型	428	354	196	59	119	57	20	3
2.内燃机车	1 805	2 190	3 511	4 400	4 836	5 250	5 680	6 111
#准轨	1 801	2 138	3 409	4 298	4 734	5 142	5 570	6 000
#东风 1 型	672	672	796	847	865	876	888	872
东风 2 型	130	129	131	131	131	130	130	130
东风 3 型	225	225	122	62	44	25	11	6
东风 4 型	326	404	955	1 399	1 705	2 007	2 351	2 697
北　京	60	130	285	343	359	359	349	368
ND2		102	238	284	284	282	282	282
ND5			219	420	420	415	415	413
3.电力机车	221	287	587	948	1 197	1 430	1 633	1 809
#韶山 1 型	154	222	505	716	816	816	816	815
二、地方铁路	**325**	**405**	**368**	**369**	**361**	**355**	**378**	**389**
1.蒸汽机车	211	279	239	247	233	233	253	264
2.内燃机车	114	126	129	122	128	122	125	125

12-15 铁路客货车拥有量

指标	1978年	1980年	1985年	1987年	1988年	1989年	1990年	1991年
客　车(辆)	14 844	16 157	20 872	23 474	24 917	26 304	27 261	27 612
软卧车	435	676	679	738	861	1 007	1 061	1 122
硬卧车	2 155	2 395	2 633	2 990	3 250	3 828	4 351	5 095
软座车	78	203	260	285	285	285	330	365
硬座车	8 888	9 577	13 700	15 599	16 543	17 152	17 503	17 059
软硬座车	131	115	114	100	87	77	63	54
餐　车	820	972	1 221	1 370	1 436	1 466	1 520	1 503
行李邮政车	1 149	1 265	1 498	1 653	1 660	1 686	1 686	1 641
公务车	85	84	87	89	86	83	77	85
简易及代用客车	528	322	79	68	101	75	42	39
其　他	575	548	601	582	608	645	628	649
货　车(辆)	250 138	266 376	300 886	328 146	340 299	353 041	364 966	370 054
按车型分								
棚　车	40 054	40 441	52 667	55 482	58 020	62 163	66 668	70 317
敞　车	150 745	165 364	185 684	209 851	219 173	226 791	232 999	231 109
平　车	20 747	20 816	18 753	17 843	18 236	18 546	18 726	19 302
毒品车				2 611	1 858	1 156	1 229	1 393
罐　车	33 045	33 474	31 837	32 098	32 511	33 313	33 646	34 124
保温车	2 439	2 508	3 991	4 257	4 417	4 682	5 150	5 558
其　他	3 108	3 773	7 944	6 004	6 084	6 390	6 548	8 251
按载重量分								
20吨及以下	1 400	1 267	1 476	980	975	950	949	1 131
25-40吨	44 409	42 166	21 520	13 821	10 734	8 936	8 699	3 174
50吨	106 792	106 270	104 456	105 305	101 934	96 577	92 442	85 520
50-60吨	18 068	18 057	16 544	14 759	14 750	14 750	15 500	18 560
60吨	72 453	91 736	153 198	184 574	203 159	223 135	238 680	260 612
65吨	3 380	3 410	1 571	6 820	6 820	6 813	6 825	123
73吨及以上	294	298	306	309	317	323	329	382
其他	3 342	3 172	1 815	1 577	1 590	1 557	1 542	552
货车总载重量(万吨)	1 230.2	1 337	1 612.5	1 805.2	1 890.9	1 978.4	2 055.3	2 104.1
平均每辆车载重量(吨)	49.8	50.8	53.9	55.3	55.8	56.3	56.6	56.9

12-16 铁路运输固定资产情况

单位:万元

指　　标	1985年	1987年	1988年	1989年	1990年	1991年
固定资产原值	7 915 487	9 455 670	10 331 415	11 481 554	12 538 713	13 855 718
#1.生产用固定资产	7 146 309	8 449 444	9 181 635	10 231 162	11 160 507	12 325 060
#机车车辆	1 720 871	2 166 312	2 449 153	2 793 384	3 120 876	3 586 823
线　　路	4 083 422	4 494 850	4 748 269	5 153 626	5 451 963	5 977 817
通信线路	124 408	153 016	160 276	170 854	194 595	201 440
通信信号设备	186 258	238 345	268 296	316 000	354 072	429 659
房屋及建筑物	569 179	766 669	842 072	953 750	1 073 975	1 157 035
机械动力设备	286 038	342 836	374 379	426 128	476 535	387 992
传导设备	134 880	199 252	233 928	293 278	346 443	423 022
2.非生产用固定资产	597 005	785 185	885 233	962 445	1 067 911	1 226 611
3.未使用固定资产	126 799	161 009	200 848	222 099	244 959	249 606
4.不需用固定资产	6 866	7 278	7 521	9 123	9 916	7 452
5.封存及租出固定资产	35 518	49 655	48 406	46 782	44 367	29 357
6.土　　地	2 990	3 099	3 147	3 134	3 120	3 061
固定资产净值	5 894 919	6 884 929	7 439 356	8 232 868	8 892 724	9 285 560
固定资产折旧	2 020 568	2 570 741	2 892 059	3 248 686	3 645 989	3 678 875

12-17 铁路货物运输量

(按货类分)

项　　目	1990年			1991年		
	货　运　量(万吨)	货物周转量(百万吨公里)	平均运距(公里)	货　运　量(万吨)	货物周转量(百万吨公里)	平均运距(公里)
总　　计	146 210	1 060 121	725	147 898	1 094 807	740
煤	62 870	344 640	548	62 603	341 418	545
焦　　炭	2 548	19 458	764	2 420	18 061	746
石　　油	6 534	42 003	643	6 553	43 769	668
钢　　铁	8 304	80 595	971	8 311	80 622	970
金属矿石	8 674	44 278	510	8 869	42 945	484
非金属矿石	7 862	41 578	529	7 817	40 081	513
矿建材料	12 480	44 172	354	11 970	43 664	365
水　　泥	3 475	15 410	443	3 706	16 367	442
木　　材	3 653	53 638	1 469	3 497	51 524	1 473
化肥和农药	3 368	26 813	796	3 750	32 207	859
粮　　食	5 432	56 548	1 041	6 216	66 862	1 076
棉　　花	124	2 324	1 869	139	2 827	2 030
盐	1 118	12 455	1 114	1 115	13 397	1 201
其　　他	19 768	276 209	1 397	20 932	301 063	1 438
#日用工业品	3 532			3 814		
农副土特产品	1 464			1 548		
鲜活易腐货物	1 487			1 669		
磷矿石	1 377			1 460		

注：本表统计范围为中央铁路。

12-18 铁路平均每日装车数

单位:车

年份	合计	#煤	#石油	#钢铁	#矿物性建筑材料	#粮食
1952	12 334	3 911	116	450	1 719	1 251
1957	21 259	6 973	254	709	3 740	1 217
1962	23 893	11 145	615	792	1 795	1 136
1965	32 784	11 299	1 013	1 485	4 537	1 342
1970	42 264	14 685	2 370	1 912	5 088	1 249
1975	51 789	17 376	3 685	2 495	7 595	1 263
1976	48 541	16 051	3 424	2 307	7 540	1 173
1977	54 234	18 753	3 350	2 496	8 378	1 382
1978	62 234	21 595	3 641	3 425	9 301	1 335
1979	62 789	21 917	3 521	3 671	8 946	1 502
1980	61 298	21 627	3 294	3 399	8 256	1 590
1981	58 620	21 176	2 965	3 060	7 167	1 768
1982	61 300	22 262	3 010	3 230	8 269	1 773
1983	63 149	23 008	3 214	3 418	8 106	1 803
1984	64 856	23 965	3 333	3 653	7 839	1 796
1985	67 228	25 333	3 448	3 963	7 765	2 247
1986	68 911	25 744	3 694	4 446	7 268	2 285
1987	70 004	25 874	3 863	4 376	7 056	2 649
1988	70 398	26 513	3 774	4 035	7 044	2 580
1989	72 919	28 479	3 785	4 010	6 936	2 490
1990	72 368	29 323	3 811	4 165	5 858	2 530
1991	72 911	29 103	3 823	4 127	5 628	2 878

12-19 铁路货车平均静载重

单位:吨/车

年份	合计	#煤	#石油	#钢铁	#矿物性建筑材料	#粮食
1952	28.9	32.5	27.3	27.8	32.5	32.0
1957	34.7	38.3	35.0	37.2	38.8	39.2
1962	39.0	42.3	39.5	41.4	43.0	40.5
1965	39.8	44.6	40.4	42.6	44.0	43.7
1970	42.5	46.9	42.8	43.5	47.2	45.5
1975	45.4	49.4	44.3	46.3	48.6	47.8
1976	45.8	49.9	46.6	46.6	49.1	47.9
1977	46.4	50.3	46.1	47.1	49.6	49.0
1978	46.9	50.6	46.3	47.5	49.9	50.3
1979	47.4	51.2	46.2	47.9	50.8	51.4
1980	48.0	52.5	46.3	49.0	52.6	54.2
1981	48.6	52.9	46.1	49.6	52.7	52.8
1982	49.2	53.6	46.1	50.2	53.2	53.3
1983	49.9	54.4	46.1	50.4	53.8	53.8
1984	50.6	55.1	46.1	51.0	54.5	54.2
1985	51.6	55.7	46.2	51.9	55.3	54.6
1986	52.2	56.2	46.3	52.8	56.0	55.3
1987	53.2	57.2	46.5	53.6	56.7	56.6
1988	54.1	57.9	46.7	54.2	57.4	57.3
1989	54.8	58.3	46.8	54.6	57.6	57.8
1990	55.0	58.5	47.0	55.0	57.9	58.3
1991	55.2	58.7	46.7	55.6	58.0	58.5

12-20 铁路主要干线客货运输量

线路名称	客运量（万人）		旅客周转量（百万人公里）		货运量（万吨）		货物周转量（百万吨公里）	
	1990年	1991年	1990年	1991年	1990年	1991年	1990年	1991年
京　沈	6 446	5 496	20 655	21 826	4 224	4 180	85 848	88 640
哈　大	9 084	9 127	14 515	14 975	3 945	4 069	55 493	58 294
津　沪	9 230	9 405	35 891	38 472	3 590	3 598	91 986	91 688
京　广	12 356	12 649	43 117	49 283	7 681	7 932	156 350	163 378
南北同蒲	1 069	990	3 408	3 526	7 007	7 125	18 564	19 059
太焦新焦	415	397	979	967	4 172	4 092	8 525	8 487
焦　枝	564	540	2 501	2 675	1 654	1 750	20 568	21 925
枝　柳	390	406	728	795	451	477	9 933	10 656
滨　洲	1 649	1 687	2 582	2 791	2 668	2 816	16 839	17 289
滨　绥	1 380	1 374	2 026	2 152	996	1 032	14 115	14 092
京　包	1 421	1 450	3 899	4 261	2 092	2 296	40 490	41 899
石　太	1 091	1 160	2 038	2 168	3 559	3 531	15 398	15 575
石　德	252	230	1 302	1 237	269	275	9 749	9 624
浙　赣	1 881	1 885	10 685	11 742	2 126	2 111	25 203	25 179
陇　海	3 771	3 813	21 680	23 639	4 699	4 639	70 629	72 415
胶　济	1 192	1 152	3 912	4 103	2 461	2 397	17 044	17 847
京　秦	140	132	1 224	1 258	620	614	10 641	11 574
兖　石	60	68	111	131	253	293	3 528	3 833
荷　兖	85	93	155	181	130	132	1 797	1 719
新　荷	23	26	163	176	6	9	1 784	1 724

12-21 铁路主要干线客货运输密度

线路名称	客运线路里程（公里）	客运密度（万人公里/公里）		货运线路里程（公里）	货运密度（万吨公里/公里）	
		1990年	1991年		1990年	1991年
京　沈	844	2 447.3	2 586.0	828	10 368.1	10 705.3
哈　大	944	1 537.6	1 586.3	941	5 897.2	6 194.9
津　沪	1 323	2 712.8	2 907.9	1 318	6 979.2	6 956.6
京　广	2 313	1 864.1	2 130.7	2 283	6 848.4	7 156.3
南北同蒲	865	394.0	407.6	827	2 244.7	2 304.6
太焦新焦	497	197.0	194.6	460	1 853.3	1 845.0
焦　枝	798	313.4	335.2	798	2 577.4	2 747.5
枝　柳	850	85.6	93.5	847	1 172.7	1 258.1
滨　洲	935	276.1	298.5	960	1 754.1	1 800.9
滨　绥	554	365.7	388.4	554	2 547.8	2 543.7
京　包	827	471.5	515.2	810	4 998.8	5 172.7
石　太	231	882.3	938.5	251	6 134.7	6 205.2
石　德	181	719.3	683.4	180	5 416.1	5 346.7
浙　赣	947	1 128.3	1 239.9	947	2 661.4	2 658.8
陇　海	1 759	1 232.5	1 343.9	1 756	4 022.2	4 123.9
胶　济	567	689.9	723.6	571	2 984.9	3 125.6
京　秦	293	417.7	429.4	280	3 800.4	4 133.6
兖　石	321	34.6	40.8	323	1 092.3	1 186.7
荷　兖	115	134.8	157.4	117	1 535.9	1 469.2
新　荷	166	98.2	106.0	166	1 074.7	1 038.6

12-22 铁路主要站旅客发送量

单位:万人

车站名称	1990年	1991年	1991年比1990年	
			增减数	增减(%)
沈阳	2 298	1 612	-686	-29.9
鞍山	412	382	-30	-7.3
本溪	984	982	-2	-0.2
锦州	540	486	-54	-10.0
吉林	442	421	-21	-4.8
北京	2 127	2 331	204	9.6
北京南	584	636	52	8.9
天津	877	884	7	0.8
石家庄	816	789	-27	-3.3
太原	678	709	31	4.6
郑州	957	983	26	2.7
武昌	634	655	21	3.3
洛阳	312	310	-2	-0.6
西安	854	907	53	6.2
济南	606	639	33	5.4
徐州	530	560	30	5.7
蚌埠	362	365	3	0.8
镇江	379	359	-20	-5.3
常州	479	523	44	9.2
无锡	731	770	39	5.3
苏州	611	657	46	7.5
上海	1 933	2 066	133	6.9
杭州	869	890	21	2.4
南昌	398	423	25	6.3
广州	891	1 029	138	15.5
深圳	681	846	165	24.2
柳州	344	363	19	5.5
成都	851	914	63	7.4
重庆	419	456	37	8.8
贵阳	336	348	12	3.6

12-23 铁路主要站货物发送量

单位:万吨

车站名称	1990年	1991年	1991年比1990年	
			增减数	增减(%)
七台河	998	1 007	9	0.9
恒山	661	628	-33	-5.0
竣德	627	608	-19	-3.0
鹤岗	889	838	-51	-5.7
双鸭山	962	746	-216	-22.5
大官屯	1 083	1 070	-13	-1.2
灵山	1 289	1 302	13	1.0
干井子	574	576	2	0.3
大连港	736	707	-29	-3.9
本溪	480	514	34	7.1
阜新	630	624	-6	-1.0
白云鄂博	773	805	32	4.1
石景山南	358	358	0	0.0
古冶	847	800	-47	-5.5
唐山	516	476	-40	-7.8
沙河驿镇	780	763	-17	-2.2
秦皇岛南	368	311	-57	-15.5
白羊墅	834	777	-57	-6.8
云岗	733	797	64	8.7
云岗西	768	756	-12	-1.6
新高山	662	695	33	5.0
介休	510	523	13	2.5
鹤壁北	428	409	-19	-4.4
晋城北	1 224	1 182	-42	-3.4
长治北	632	648	16	2.5
蜜县	605	646	41	6.8
平顶山东	1 734	1 740	6	0.3
武昌东	606	575	-31	-5.1
邹县	447	443	-4	-0.9
青龙山	468	476	8	1.7
茂名	470	503	33	7.0

12-24 铁路运输技术经济主要指标

指标	单位	1985年	1987年	1988年	1989年	1990年	1991年
货运机车日产量	万吨公里	77.4	82.1	82.9	85.3	86.0	87.7
蒸汽机车	万吨公里	75.4	71.0	68.6	66.1	62.8	61.9
内燃机车	万吨公里	80.6	96.1	98.7	103.6	105.4	106.6
电力机车	万吨公里	85.3	97.7	97.9	99.5	98.6	98.5
货运机车平均牵引总重	吨	2 211	2 343	2 365	2 409	2 414	2 444
蒸汽机车	吨	2 192	2 207	2 191	2 155	2 097	2 104
内燃机车	吨	2 216	2 460	2 489	2 563	2 578	2 591
电力机车	吨	2 378	2 577	2 597	2 639	2 634	2 639
货运机车日车公里	公里	412	414	412	415	418	419
客运机车日车公里	公里	463	485	490	489	486	483
蒸汽机车每万吨公里耗煤	公斤	106.0	110.9	113.7	120.3	125.1	124.9
内燃机车每万吨公里耗油	公斤	28.8	25.9	25.2	24.4	24.4	24.3
电力机车每万吨公里耗电	千瓦小时	121.5	112.5	112.6	110.2	111.0	112.6
货物列车出发正点率	%	93.5	91.9	91.7	92.9	93.2	93.6
货物列车运行正点率	%	91.3	90.6	90.9	92.6	92.5	93.2
旅客列车出发正点率	%	99.3	99.2	98.9	99.0	99.1	99.2
旅客列车运行正点率	%	94.8	94.7	93.3	94.7	92.9	92.8
旅客列车技术速度	公里/小时	55.1	56.2	56.2	56.4	56.6	57.2
旅客列车旅行速度	公里/小时	43.9	45.3	45.4	45.7	46.3	47.0
每一旅客列车编成辆数	辆	15.1	14.8	15.5	15.5	15.6	15.5
客运列车密度	列/日	14.0	14.5	15.1	15.3	15.3	15.7
客运密度	万人/公里	479.4	543.3	617.3	570.5	489.0	528.8
每万名旅客拥有座卧车数	辆	0.16	0.18	0.18	0.20	0.25	0.25
每百万旅客人公里拥有座卧车数	辆	0.07	0.07	0.07	0.07	0.09	0.08
货物列车技术速度	公里/小时	43.3	43.6	43.6	43.9	44.0	44.2
货物列车旅行速度	公里/小时	28.1	28.3	28.3	28.9	29.2	29.5
成组、直达货物列车比重	%	73.5	73.0	72.7	74.5		
#直达货物列车比重	%	45.0	45.7	45.7	46.4	46.5	46.8
货物列车密度	列/日	32.1	33.4	34.4	35.3	35.8	36.4
货运密度	万吨/公里	1 612.0	1 809.1	1 868.6	1 950.3	1 986.1	2 049.6
每万吨货运量拥有货车数	辆	2.36	2.40	2.41	2.40	2.50	2.50
每百万货物吨公里拥有货车数	辆	0.37	0.35	0.36	0.34	0.34	0.34
货车周转时间	天	3.48	3.77	3.92	3.97	4.09	4.20
一次货物作业时间	小时	14.2	15.1	15.7	16.0	16.9	17.3
每车中转停留时间	小时	3.7	3.8	4.0	4.0	4.1	4.3
货车静载重(准轨)	吨	51.6	53.2	54.1	54.8	55.0	55.2
货车载重力利用率	%	95.4	96.2	97.0	97.3	97.2	97.0

12-25 铁路运输主要财务指标

单位:万元

指 标	1985年	1987年	1988年	1989年	1990年	1991年
运输总收入	2 139 053	2 621 210	2 806 195	3 160 701	4 110 545	4 444 932
客运收入	454 545	556 337	638 074	766 546	1 109 038	1 218 043
货运收入	1 576 291	1 918 638	1 924 375	2 148 273	2 721 310	2 914 262
行李包裹收入	37 645	53 712	61 780	68 108	85 769	93 074
邮运收入	5 925	6 176	6 292	6 347	10 449	16 186
其他收入	64 647	86 348	175 674	171 427	183 979	203 367
运输总成本	1 114 838	1 586 631	1 845 976	2 289 019	2 539 475	2 939 705
工 资	157 102	289 653	344 415	390 503	427 709	556 556
材 料	136 091	182 008	259 791	286 990	325 779	377 230
燃 料	201 454	264 352	307 540	338 276	384 569	435 071
电 力	23 875	38 878	53 006	74 015	89 680	102 254
折 旧	502 043	662 896	682 794	979 836	1 088 384	1 214 184
其 他	94 273	148 844	198 430	219 399	223 354	254 410
营业外收支净额	100 309	142 365	184 596	209 185	241 333	290 084
应缴税金		140 457	148 728	167 517	215 803	249 867
#应缴营业税	329 030	132 506	140 310	158 035	205 527	233 521
实现利润	639 517	753 216	670 873	545 897	1 131 036	986 214
#建设基金		560 000	473 000	221 000	600 000	411 084

注：1986年铁路实行大包干后，建设基金由利润中拨给。

12-26 民用车辆拥有量

单位:万辆

指　　标	1978年	1980年	1985年	1987年	1988年	1989年	1990年	1991年
一、全社会民用汽车拥有量	135.84	178.29	321.12	408.07	464.39	511.32	551.36	606.11
1.载客汽车	25.90	35.08	79.45	111.46	130.38	146.43	162.19	185.24
#大　型	8.79	11.30		27.36	29.94	31.19	33.30	35.05
小　型	17.11	23.78		84.10	100.44	115.24	128.89	150.19
2.载货汽车	100.17	129.90	223.20	281.21	317.85	346.37	368.48	398.62
#普通载货汽车				272.60	308.89	336.43	357.57	386.67
专用载货汽车				8.61	8.96	9.94	10.91	11.94
3.其他专用汽车				7.16	7.25	7.61	8.38	9.21
4.特种汽车				8.24	8.91	10.91	12.31	13.05
二、轮胎式运输用拖拉机			178.35	374.74	391.61	410.41	462.58	494.53
#手扶拖拉机				231.82	251.27	252.32	264.81	270.80
三、摩托车			94.60	247.76	302.39	359.33	421.28	505.15
#两轮摩托车				135.84	213.60	267.00	310.58	379.58
四、其他机动车				30.46	31.82	37.47	41.05	51.87
五、载货挂车	10.44	14.22	33.80	42.61	44.74	47.45	49.90	50.26
六、交通运输部门								
营运汽车拥有量	18.15	19.95	27.73	30.32	30.69	30.85	31.30	31.67
载客汽车	3.34	4.07	8.32	9.63	10.16	10.49	10.76	11.53
#大　型				9.20	9.65	9.93	10.17	10.73
小　型				0.43	0.51	0.56	0.59	0.80
载货汽车	14.81	15.88	19.41	20.54	20.26	20.09	20.22	19.83
#专用载货汽车				0.29	0.33	0.36	0.40	0.47
其他专用汽车				0.15	0.23	0.27	0.32	0.31
七、私人汽车拥有量			28.49	42.29	60.42	73.12	81.62	96.04
载客汽车			1.93	7.34	15.29	20.28	24.07	30.36
普通载货汽车			26.48	34.43	44.80	52.50	57.30	65.42
专用载货汽车				0.48	0.26	0.29	0.18	0.19
其他专用汽车				0.02	0.06	0.02	0.04	0.05

注:交通运输部门和私人汽车拥有量已包括在全社会民用汽车拥有量中。

12-27 各地区民用汽车拥有量

（1991年底）

地区	民用汽车总计（辆）	载客汽车		载货汽车			
		辆数	客位	辆数	#普通载货汽车	吨位	#普通载货汽车
全国	6 061 149	1 852 407	26 315 598	3 986 172	3 866 729	1 633 112	15 726 711
北京	296 985	123 777	1 242 721	164 407	160 457	540 442	500 626
天津	140 484	36 390	507 295	98 986	93 549	343 257	334 067
河北	398 152	105 629	1 574 360	282 806	271 364	1 390 700	1 310 606
山西	259 157	53 122	659 896	196 157	192 971	800 973	787 242
内蒙古	141 239	41 081	476 469	95 489	92 249	468 870	452 670
辽宁	407 621	124 813	2 103 736	265 424	253 250	1 141 253	1 078 871
吉林	157 714	49 479	701 851	102 576	99 435	391 918	378 707
黑龙江	273 279	77 845	1 714 165	188 783	169 838	885 209	800 904
上海	158 227	62 180	732 874	83 623	80 695	339 071	319 823
江苏	304 931	108 515	1 461 625	185 657	183 340	778 689	767 129
浙江	171 971	54 650	465 119	111 602	106 899	410 259	406 744
安徽	168 866	48 250	792 344	114 398	112 262	419 052	416 046
福建	121 247	42 267	662 563	73 997	73 081	592 745	585 892
江西	113 032	32 617	446 515	74 060	74 037	294 210	294 070
山东	426 608	119 706	1 492 193	290 459	282 669	1 079 918	1 031 883
河南	333 841	93 477	1 242 578	230 569	224 387	1 001 004	967 294
湖北	215 218	70 375	897 020	136 090	132 046	529 478	510 059
湖南	203 538	57 546	973 377	140 256	138 963	527 736	517 326
广东	476 170	167 132	2 217 243	299 456	298 026	1 007 595	1 000 977
广西	132 645	43 345	562 384	82 935	81 863	342 252	336 672
海南	36 600	18 239	217 280	17 770	17 710	72 484	72 214
四川	342 008	98 148	1 698 994	233 090	228 729	842 107	822 598
贵州	101 943	31 550	458 386	66 210	64 108	266 889	261 246
云南	167 501	44 062	608 147	116 702	114 004	451 510	440 097
西藏	24 821	7 002	80 367	17 142	16 966	82 830	81 840
陕西	150 067	46 799	605 032	93 476	90 424	357 882	344 931
甘肃	115 292	35 091	738 881	74 197	74 105	290 469	290 056
青海	43 195	11 600	180 245	27 895	27 376	136 332	129 643
宁夏	33 363	9 510	147 678	22 570	21 955	92 958	89 963
新疆	145 434	38 210	654 260	99 390	89 971	453 029	396 515
直属企业							

12-27 续表　　　　　　　　　　　　(1991年底)

地区	公路部门营运汽车（辆）	载客汽车		普通载货汽车		私人汽车（辆）	载客汽车		普通载货汽车	
		辆数	客位	辆数	吨位		辆数	客位	辆数	吨位
全　国	**316 716**	**115 283**	**4 973 505**	**193 590**	**1 265 373**	**960 399**	**303 601**	**3 516 570**	**654 166**	**2 814 533**
北　京	5 571	224	4 598	4 943	35 436	34 857	20 331	128 248	14 526	42 126
天　津	4 815	104	4 397	4 347	33 297	4 936	3 041	28 308	1 885	22 584
河　北	18 419	3 945	181 122	14 139	88 339	89 588	31 225	423 585	58 251	316 864
山　西	10 782	2 186	102 988	8 577	62 635	53 313	13 738	133 925	39 330	191 643
内蒙古	6 046	2 107	99 980	3 883	22 371	22 054	5 271	53 584	16 712	89 644
辽　宁	13 658	3 460	202 681	9 135	67 173	70 769	31 088	344 567	39 601	174 985
吉　林	7 982	2 544	116 634	5 127	32 851	25 839	13 938	110 603	11 845	47 459
黑龙江	6 808	2 669	129 738	4 023	25 392	49 313	19 648	370 791	28 990	147 795
上　海	7 679	287	10 877	6 552	59 471	3 814	1 556	5 362	2 258	4 927
江　苏	17 684	6 869	344 726	10 417	84 458	15 657	8 449	78 460	7 199	24 804
浙　江	11 331	5 304	233 021	5 741	43 674	27 216	11 931	117 309	15 266	60 745
安　徽	14 644	5 616	240 832	8 838	58 875	32 888	7 920	110 116	24 924	99 509
福　建	8 483	4 261	156 472	4 159	26 288	28 004	8 336	95 611	19 554	85 327
江　西	6 453	3 675	157 935	2 743	15 222	15 850	3 902	44 150	11 941	57 396
山　东	26 132	5 883	278 420	19 582	127 678	29 213	10 879	128 468	18 309	80 887
河　南	19 468	7 804	348 825	11 325	68 212	81 243	23 747	260 850	57 496	268 224
湖　北	15 049	6 115	266 956	8 732	50 582	13 573	3 720	44 716	9 823	37 532
湖　南	11 970	6 574	293 553	5 117	28 195	42 053	8 965	110 732	33 063	128 391
广　东	14 626	11 036	316 570	3 168	23 268	109 513	29 142	297 508	80 241	262 357
广　西	5 754	3 531	156 302	2 208	12 537	30 361	7 527	115 353	22 719	98 753
海　南	697	592	26 534	105	598	13 281	2 515	45 088	10 766	45 154
四　川	29 210	13 672	565 853	15 289	82 352	43 399	8 123	88 626	34 851	126 338
贵　州	5 784	2 338	100 196	3 411	19 664	16 888	4 065	85 953	12 791	66 042
云　南	14 922	4 742	201 907	9 774	56 623	28 628	5 234	48 951	23 377	85 471
西　藏	2 660	192	8 043	2 465	16 365	5 214	307	3 492	4 894	20 707
陕　西	8 406	3 251	144 197	4 884	27 883	29 450	9 121	98 210	20 329	81 447
甘　肃	6 366	2 454	108 336	3 907	19 290	13 320	2 666	49 181	10 522	46 081
青　海	2 898	582	24 630	2 289	12 795	7 342	1 434	15 182	5 877	25 205
宁　夏	1 643	638	29 323	990	4 798	6 695	1 343	20 446	5 346	24 001
新　疆	10 138	2 572	115 770	7 410	54 511	16 128	4 439	59 195	11 480	52 135
直属企业	638	56	2 089	310	4 540					

12-28 公路运输技术经济主要指标

指　　标	单　位	1985年	1987年	1988年	1989年	1990年	1991年
一、直属企业							
载货汽车完好率	%	88.9	86	84	83.8	81.6	83.7
载货汽车工作率	%	56.3	57.5	61.1	62.1	54.2	57.9
载货汽车实载率	%	50.3	45.5	53.2	58.8	56.9	59.1
载货汽车车吨年产量	吨公里	18 604	13 685	20 013	23 304	19 119	19 711
载货汽车单年车产量	吨公里	294 336	317 425	387 717	425 496	357 700	383 521
二、地方企业							
载客汽车完好率	%	89.7	89	87.6	86.9	88.5	88.7
载客汽车工作率	%	82.3	80.2	78.1	75.8	77.6	78.4
载客汽车实载率	%	86.7	83.8	84.5	82.2	74.7	73.5
载客汽车车座年产量	人公里	50 558	48 603	48 801	46 359	42 848	44 907
载客汽车单车年产量	人公里	2 185 246	2 158 612	2 192 034	2 095 828	1 893 516	2 028 576
每百车公里耗汽油	升	30	30.3	30.9	30.7	29.8	29.3
每百车公里耗柴油	升	26.9	25	25.2	27.9	24.1	23.4
每百吨公里耗汽油	升	8	8.2	8.2	8.1	8.7	8.7
每百吨公里耗柴油	升	6.1	6.2	6.4	6.5	7.2	7.2
载货汽车完好率	%	87.1	86.6	86.3	86	86	86
载货汽车工作率	%	68.7	67.7	68.1	66.3	61.1	60.9
载货汽车实载率	%	63.7	64.1	65.7	66.1	65	65.6
载货汽车车吨年产量	吨公里	34 731	34 017	35 469	34 634	29 773	29 471
载货汽车单年车产量	吨公里	195 225	204 844	221 001	220 223	192 668	196 248
每百车公里耗汽油	升	36	37.3	37.3	37.5	37	36.8
每百车公里耗柴油	升	32.7	34.8	35.4	35.5	35.8	35.6
每百吨公里耗汽油	升	7.7	7.6	7.2	7.1	7.1	7
每百吨公里耗柴油	升	5.3	5.1	4.9	4.7	4.8	4.7

12-29 全民所有制公路运输企业主要财务成本指标

指　　标	单位	1985年	1986年	1987年	1988年	1989年	1990年
营业收入	万元	854 226	902 349	980 493	1 117 598	1 337 497	1 473 393
货运收入	万元	431 952	452 642	476 228	520 232	595 600	572 255
客运收入	万元	327 323	362 466	399 754	441 266	510 901	651 828
营业成本	万元	700 080	780 386	867 210	993 822	1 181 624	1 317 986
营业税金	万元	26 300	27 633	30 082	34 560	41 142	45 372
利润总额	万元	100 156	71 165	53 279	47 822	61 747	51 471
汽车运输总成本	万元	631 076	714 472	784 432	889 871	1 015 050	1 124 302
车辆费用	万元	536 362	604 494	662 744	752 265	853 145	929 485
工资及附加费	万元	44 729	48 747	60 032	70 541	81 374	90 150
燃　料	万元	157 037	169 494	183 800	205 685	226 292	236 448
轮　胎	万元	34 901	38 528	41 204	46 716	58 136	61 501
保修费	万元	83 382	97 815	105 010	120 349	147 527	163 129
大修费	万元	47 974	52 414	54 399	58 303	62 721	69 994
折旧费	万元	41 909	48 062	55 018	61 536	65 315	71 566
养路费	万元	100 969	112 930	121 365	131 862	141 771	156 560
其　他	万元	25 461	36 504	41 916	66 278	70 009	80 137
企业管理费	万元	94 714	109 978	121 689	137 606	161 905	194 816
汽车运输单位成本（每万换算吨公里）	元	1 810.7	1 926.3	2 011.3	2 102	2 485	2 944.5
年底固定资产原值	万元	1 076 308	1 190 214	1 313 261	1 400 336	1 496 110	1 669 763

12-30 民用运输船舶拥有量

（年底数）

指　　标	单位	1980年	1985年	1987年	1988年	1989年	1990年	1991年
总　　计								
1. 机动船	艘	64 307	260 296	319 563	352 478	351 450	325 858	307 127
净载重量	吨	12 789 410	20 898 230	24 356 898	25 902 613	27 290 103	29 090 082	29 959 203
载客量	客位	545 042	877 963	1 076 389	1 000 286	1 095 018	1 138 937	1 169 982
拖船功率	千瓦	1 514 998	1 665 030	1 895 839	1 626 481	1 759 366	1 750 351	1 845 705
2. 驳　船	艘	119 464	132 682	119 673	93 678	88 903	82 482	78 410
净载重量	吨	5 951 401	8 670 224	8 483 471	8 695 906	8 958 617	9 066 738	9 588 216
载客量	客位	100 312	99 643	88 800	58 226	52 459	62 926	61 526
3. 帆　船	艘	113 031	82 022	36 674	28 350	19 175	17 564	15 057
净载重量	吨	1 204 001	758 541	390 773	286 393	202 640	184 269	148 500
交通运输部门								
1. 机动船	艘	29 588	46 214	48 501	48 962	49 849	50 378	48 599
净载重量	吨	12 207 808	17 359 190	18 349 949	19 502 369	20 401 753	21 889 891	22 741 857
载客量	客位	455 454	527 264	548 091	544 120	551 411	552 515	559 006
拖船功率	千瓦	914 083	1 017 088	1 080 243	1 078 559	1 080 911	1 090 275	1 078 389
2. 驳　船	艘	71 604	61 093	54 755	50 711	48 542	46 247	43 953
净载重量	吨	4 743 905	6 309 501	6 892 357	6 963 987	7 032 842	7 139 389	7 206 545
载客量	客位	89 584	69 124	50 327	45 476	40 377	34 974	30 331
3. 帆　船	艘	43 060	8 829	3 865	3 140	2 588	1 973	1 705
净载重量	吨	526 755	135 685	53 891	48 189	41 238	32 663	29 933
非交通运输部门								
1. 机动船	艘	34 719	214 082	271 062	303 516	301 601	275 510	258 528
净载重量	吨	581 602	3 539 040	6 006 949	6 400 244	6 888 350	7 200 191	7 217 346
载客量	客位	89 588	350 699	528 298	456 166	543 607	586 422	610 976
拖船功率	千瓦	600 915	647 942	815 596	547 922	678 455	660 076	767 316
2. 驳　船	艘	47 860	71 589	64 918	42 967	40 361	36 235	34 457
净载重量	吨	1 207 496	2 360 723	1 591 114	1 731 919	1 925 775	1 927 349	2 381 671
载客量	客位	10 728	30 519	38 473	12 750	12 082	27 952	31 195
3. 帆　船	艘	69 971	73 193	32 809	25 210	16 587	15 591	13 352
净载重量	吨	677 246	622 856	336 882	238 204	161 402	151 606	118 567

12-31 各地区民用运输船舶拥有量

（1991年底）

地区	机动船				驳船			帆船	
	艘数	净载重量（吨）	载客量（客位）	拖船功率（千瓦）	艘数	净载重量（吨）	载客量（客位）	艘数	净载重量（吨）
全国	307 127	29 959 203	1 169 982	1 845 705	78 410	9 588 216	61 526	15 057	148 500
北京									
天津	191	113 265	692	128 952	493	74 949			
河北	943	178 392	17 786	7 719	38	24 695		936	5 557
山西	289	4 098	535					26	252
内蒙古	189	3 021	1 195	2 743	23	2 517	26		
辽宁	627	381 678	3 434	12 120	86	20 995			
吉林	189	476	8 149	9 299	103	22 720	26		
黑龙江	284	3 598	7 588	37 415	248	89 551			
上海	6 548	143 142	13 339	79 590	5 426	207 262		13	105
江苏	118 573	2 991 009	81 109	375 010	31 301	1 978 649	18 192	683	12 658
浙江	58 886	1 251 239	153 824	69 671	10 283	441 417	11 773	291	2 661
安徽	28 688	1 428 509	59 617	69 550	4 523	593 339	2 335		
福建	5 034	719 110	40 135	18 667	182	26 857		1 012	12 866
江西	7 275	306 471	14 019	18 630	587	80 646		656	2 067
山东	3 519	340 571	45 500	54 888	4 632	407 133	9 159	301	3 941
河南	3 311	229 898	6 740	5 306	349	33 399			
湖北	6 032	260 058	60 738	145 638	3 171	859 142		440	587
湖南	12 290	329 165	51 043	35 487	3 798	202 278	84	315	1 080
广东	35 683	1 562 723	143 001	122 078	5 475	554 652	5 670	173	7 820
广西	10 039	495 813	79 764	30 720	556	119 718	220	416	10 085
海南	1 122	224 083	23 154	17 796	232	19 384	1 851	206	14 094
四川	3 915	69 043	149 995	247 954	4 097	1 010 173	9 586	6 898	64 569
贵州	681	8 072	8 341	7 997	273	34 920	1 070	2 218	7 758
云南	555	4 563	8 668	4 799	76	14 718			
西藏									
陕西	500	4 798	6 525	3 201	18	2 142		173	1 979
甘肃	164	591	6 857	771	1	8		300	421
青海									
宁夏	103	1 004	4 112	1 816	9	510	330		
新疆									
直属合计	1 497	18 904 813	174 122	337 888	2 430	2 766 442	1 204		

12-32 各地区私人运输船舶拥有量

（1991年底）

地区	机动船				驳船			帆船	
	艘数	净载重量（吨）	载客量（客位）	拖船功率（千瓦）	艘数	净载重量（吨）	载客量（客位）	艘数	净载重量（吨）
全国	**200 357**	**4 517 888**	**312 280**	**54 028**	**11 673**	**519 506**	**9 075**	**12 194**	**106 465**
北京									
天津	10	10	329	282	15	450			
河北	761	815	14 404	12					
山西	259	3 377						538	285
内蒙古	116	307	860					16	52
辽宁	153	5 869	285	837	4	666			
吉林	24	287	264	97					
黑龙江	43	234	454	1 008	6	491			
上海	3 066	42 823			756	11 015			
江苏	83 055	2 004 263	14 448	6 172	4 507	81 120		99	1 180
浙江	49 901	793 775	49 615	824	609	8 346		269	2 528
安徽	14 398	506 294	34 259		12	876	20		
福建	1 705	35 245	10 281		22	88		788	7 722
江西	3 308	85 275	5 458					656	2 067
山东	3 115	141 686	23 137	31 336	3 478	282 134	7 681	285	3 648
河南	79	834	2 630						
湖北	3 002	121 425	13 641	6 914	192	25 078		206	287
湖南	6 841	104 692	12 274	1 870	762	6 218		315	1 080
广东	20 693	477 847	34 673	1 956	960	78 707	1 064	166	7 716
广西	5 650	138 883	51 645					329	6 332
海南	426	752	5 506		47	4 475		206	14 094
四川	2 246	41 076	23 764	2 161	199	16 309		5 844	52 831
贵州	520	4 479	3 268		94	2 808	310	2 166	6 257
云南	464	3 642	1 946	559	10	725			
西藏									
陕西	340	2 718	2 068					77	269
甘肃	91	276	3 309					234	117
青海									
宁夏	91	1 004	3 762						
新疆									

12-33 各地区水运部门客、货运输量

(1991年)

地区	客运量(万人)	#轮驳船	旅客周转量(万人公里)	#轮驳船	货运量(万吨)	#轮驳船	货物周转量(万吨公里)	#轮驳船
全国总计	18 624	18 623	1 633 778	1 633 768	57 235	57 070	127 254 122	127 236 785
地方合计	15 052	15 051	663 128	663 118	29 881	29 716	9 327 857	9 310 520
北京								
天津					59	59	20 445	20 445
河北					319	319	447 076	447 076
山西	71	71	260	260	74	68	265	248
内蒙古								
辽宁	25	25	1 894	1 894	251	251	431 293	431 293
吉林	20	20	832	832	21	21	11 996	11 996
黑龙江	35	35	406	406	127	127	33 694	33 694
上海	738	738	46 118	46 118	2 114	2 114	212 262	212 262
江苏	901	901	40 935	40 935	5 854	5 784	1 735 225	1 727 185
浙江	2 637	2 637	108 953	108 953	4 218	4 215	1 461 670	1 461 637
安徽	341	341	5 781	5 781	1 177	1 177	548 540	548 540
福建	734	734	21 833	21 833	984	964	769 385	767 658
江西	179	179	7 433	7 433	377	377	204 704	204 704
山东	405	405	9 642	9 642	607	607	398 851	398 851
河南	119	119	3 717	3 717	244	244	71 087	71 087
湖北	1 589	1 589	30 434	30 434	2 135	2 135	905 787	905 787
湖南	1 126	1 126	33 346	33 346	1 949	1 949	384 509	384 509
广东	1 541	1 541	142 455	142 455	7 226	7 226	680 036	680 026
广西	398	398	53 142	53 142	908	901	425 917	423 845
海南	200	200	6 009	6 009	96	88	23 468	20 991
四川	3 765	3 764	143 751	143 741	1 049	999	529 270	526 640
贵州	67	67	1 726	1 726	69	68	26 874	26 543
云南	87	87	3 003	3 003	15	15	3 929	3 929
西藏								
陕西	60	60	1 063	1 063	8	8	1 557	1 557
甘肃	14	14	395	395			17	17
青海								
宁夏								
新疆								
直属合计	3 572	3 572	970 650	970 650	27 354	27 354	117 926 265	117 926 265

12-34 水运部门运输船舶燃料消耗

指标	单位	1985年	1987年	1988年	1989年	1990年	1991年
部直属远洋、沿海船舶燃油消耗	**公斤/千吨海里**	8.6	8.1	8.0	8.1	8.2	7.5
沿海合计	**公斤/千吨海里**			9.1	9.1	8.8	8.5
大连轮船公司	公斤/千吨海里	30.2	32.5	28.8	28.8	26.6	24.6
上海海运局	公斤/千吨海里	10.0	9.5	9.5	9.5	9.2	8.8
广州海运局	公斤/千吨海里	7.7	7.9	7.6	7.6	7.4	7.3
远洋合计	**公斤/千吨海里**	8.2	7.6	7.5	7.6	8.0	7.1
中远总公司	公斤/千吨海里	8.2	7.6	7.5	7.6	8.0	7.1
部直属内河船舶燃油消耗	**公斤/千吨公里**	7.0	6.8	6.7	6.6	6.7	6.8
长江轮船总公司	公斤/千吨公里			6.6	6.5	6.9	6.7
黑龙江航运局	公斤/千吨公里			9.8	9.7	9.4	9.3
地方机动船耗油	**公斤/千吨公里**	10.3	9.8	9.4	9.4	9.6	9.1
	公斤/千千瓦小时	181.8	172.6	166.3	168.5	158.9	154.6
内河船	公斤/千吨公里	10.0	9.4	9.2	9.5	9.9	9.4
	公斤/千千瓦小时	197.0	191.9	193.5	190.1	182.6	182.3
沿海船	公斤/千吨公里	8.6	7.8	8.3	7.7	7.8	7.7
	公斤/千千瓦小时	170.6	161.8	154.0	157.6	151.4	144.0
远洋船	公斤/千吨公里	13.1	13.4	11.6	11.3	11.9	11.0
	公斤/千千瓦小时	162.9	154.7	143.4	152.0	138.3	140.3

12-35 交通部直属水运企业主要财务成本指标

指标	单位	1985年	1986年	1987年	1988年	1989年	1990年
营业收入	万元	254 484	285 560	384 225	358 007	401 143	492 931
#运输收入	万元	209 406	232 892	247 934	283 363	328 795	391 263
营业成本	万元	171 048	202 744	270 554	266 203	292 901	365 633
营业税金	万元	7 232	7 917	11 583	8 550	10 221	13 992
利润总额	万元	75 068	73 291	94 383	70 271	77 310	109 725
运输总成本	万元	142 494	169 551	190 800	218 208	232 097	293 153
1.船舶费用	万元	138 363	164 477	182 416	209 406	224 881	281 814
工资及附加费	万元	9 596	13 349	16 360	23 099	25 698	35 078
燃　料	万元	33 714	33 734	37 263	37 705	42 655	48 239
润　料	万元	2 590	3 055	3 030	4 124	5 168	7 005
材　料	万元	3 693	4 214	5 442	5 487	6 177	9 392
基本折旧	万元	23 599	28 374	32 681	39 564	43 260	52 606
修理基金提存	万元	25 447	27 765	28 923	33 074	37 068	53 466
港口费	万元	30 433	42 473	26 390	26 791	29 887	32 340
保险费	万元	1 995	2 500	2 755	2 628	2 978	3 836
事故损失	万元	584	928	719	460	1 162	1 119
其　他	万元	6 712	8 085	28 853	36 475	30 828	38 733
2.企业管理费及其他费用	万元	5 049	6 115	8 447	11 292	13 660	16 060
3.扣除与运输成本无关费用	万元	918	1 040	1 663	2 490	2 605	2 882
每万换算吨公里成本	元	72.6	80.1	84.8	143.4	141.3	176.1
年末固定资产原值	万元	847 294	1 068 093	1 340 114	1 009 200	1 115 430	1 278 949

12-36 交通部直属水运分货类、分单位运输量

项目	1990年			1991年		
	货运量（万吨）	货物周转量（百万吨公里）	平均运距（公里）	货运量（万吨）	货物周转量（百万吨公里）	平均运距（公里）
总计	25 172	1 054 868	4 191	27 354	1 179 263	4 311
按货类分：						
煤炭	7 843	159 326	2 031	8 000	183 500	2 294
石油	5 674	91 341	1 610	6 405	109 868	1 715
金属矿石	3 124	136 710	4 376	3 339	145 173	4 348
钢铁	780	53 654	6 879	801	55 227	6 895
矿建材料	1 067	8 841	829	1 185	9 127	770
水泥	187	5 595	2 992	223	6 957	3 120
木材	219	8 245	3 765	198	7 378	3 726
非金属矿石	849	55 382	6 523	973	58 548	6 017
化肥和农药	598	73 847	12 349	757	102 717	13 569
盐	218	2 762	1 267	194	2 454	1 265
粮食	1 851	234 349	12 661	1 883	208 399	11 067
其他	2 762	224 816	8 140	3 396	289 915	8 537
按单位分：						
长江轮船总公司	5 951	37 574	631	6 346	40 328	635
黑龙江航运局	368	1 211	329	378	1 213	321
大连轮船公司	380	2 282	600	458	3 311	723
上海海运局	6 971	119 750	1 718	7 234	127 955	1 769
广州海运局	3 167	91 670	2 895	3 713	120 161	3 236
中远总公司	8 334	802 381	9 627	9 225	886 293	9 608

12-37 沿海主要港口货物吞吐量

单位：万吨

港口	1952年	1957年	1965年	1978年	1980年	1985年	1990年	1991年
总计	1 440	3 727	7 181	19 834	21 731	31 154	48 321	53 220
大连	151	588	1 057	2 864	3 263	4 381	4 952	5 472
营口	18	32	29	33	24	98	237	383
秦皇岛	181	283	479	2 219	2 641	4 419	6 945	7 236
天津	74	284	549	1 131	1 192	1 856	2 063	2 378
烟台	26	48	98	458	506	689	668	833
青岛	175	221	448	2 002	1 708	2 611	3 034	3 055
石臼							925	1 080
连云港	46	105	265	594	739	929	1 137	1 213
上海	656	1 649	3 194	7 955	8 483	11 291	13 959	14 679
宁波					326	1 040	2 554	3 390
汕头	35	130	181	153	176	201	279	355
广州	47	186	470	1 050	1 210	1 772	4 163	4 668
湛江	12	79	220	947	1 075	1 231	1 557	1 667
海口	16	35	64	76	72	170	288	321
八所		11	99	307	278	388	431	350
三亚	3	76	29	45	38	78	37	37
其他中型港口							5 092	6 103

12-38 沿海主要港口码头泊位数

（1991年底）

名称	总计 码头长度（米）	总计 泊位个数（个）	总计 #万吨级	生产用 码头长度（米）	生产用 泊位个数（个）	生产用 #万吨级	非生产用 码头长度（米）	非生产用 泊位个数（个）
总计	**122 339**	**1 211**	**296**	**106 292**	**965**	**298**	**16 407**	**243**
#大连	14 192	75	28	10 045	55	28	4 147	20
营口	2 671	22	7	2 590	19	7	81	3
秦皇岛	6 153	35	22	5 517	24	22	636	11
天津	9 706	58	33	8 997	51	33	709	7
烟台	3 524	26	9	3 324	24	9	200	2
青岛	7 500	40	17	6 827	36	17	673	4
石臼	2 147	16	5	1 827	9	5	320	7
连云港	4 107	24	15	3 726	20	15	381	4
上海	21 038	213	62	17 801	134	62	3 237	79
宁波	5 244	49	13	4 471	34	13	773	15
汕头	1 264	15		1 215	12		49	3
广州	11 141	131	22	9 552	101	22	1 589	30
湛江	3 803	32	18	2 982	23	18	821	9
海口	1 442	13		1 212	13		230	4
八所	1 012	6	3	1 012	8	6		
三亚	715	7		602	5		113	2

12-39 民用航空航线及飞机架数

指标	单位	1985年	1987年	1988年	1989年	1990年	1991年
(一)民用航空航线条数	条	268	327	350	378	437	452
国际航线	条	27	39	40	44	44	49
地区航线	条	8	8	8	8	8	8
国内航线	条	233	280	302	326	385	395
(二)民用航空航线里程	公里	277 217	389 097	373 824	471 862	506 762	559 127
国际航线	公里	105 959	148 870	128 332	166 350	166 350	177 397
地区航线	公里	10 935	10 935	11 224	9 148	10 919	11 406
国内航线	公里	160 323	229 292	234 268	296 364	329 493	370 324
(三)民用航班飞行机场	个	82	83	96	88	94	96
#可降波音737以上机型	个	10	34	35	47	47	47
(四)民用飞机架数	架	404	402	410	413	421	438
#波音747	架	6	7	7	8	11	11
波音737	架	15	21	21	21	21	38
波音707	架	10	10	10	10	9	9
波音767	架	2	4	5	6	6	6
MD-82	架	5	7	11	17	25	30
A310	架	2	5	5	3	2	2
图154	架	2	11	13	17	20	20
波音757	架		3	5	7	9	15
伊尔18	架	9	5	2	2		
B-146	架		10	10	10	10	10
三叉	架	22	21	16	12	7	
安12	架	2	2	2		2	2
安24	架	28	26	26	24	23	20
运7	架	13	25	28	40	45	61
肖特360	架	7	7	7	7	7	7

注：民航机场1989年仅包括民航专用机场，不包括军民合用机场。

12-40 民用航空运输量及通用飞行时间

指　　标	单　位	1985年	1987年	1988年	1989年	1990年	1991年
(一)客运量	万人	747	1 310	1 442	1 283	1 660	2 178
国际航线	万人	75	95	115	86	114	153
地区航线	万人	77	106	157	136	200	228
国内航线	万人	595	1 109	1 171	1 061	1 346	1 797
(二)旅客周转量	万人公里	1 169 463	1 819 950	2 169 543	1 867 931	2 304 797	3 013 185
国际航线	万人公里	381 769	451 800	567 502	441 193	516 910	644 647
地区航线	万人公里	79 302	108 883	165 120	149 669	211 333	251 132
国内航线	万人公里	706 092	1 308 847	1 436 921	1 277 069	1 576 554	2 117 406
(三)货(邮)运量	吨	195 059	298 758	328 052	309 699	369 722	451 985
国际航线	吨	37 922	57 231	63 435	65 123	81 102	103 724
地区航线	吨	22 895	29 970	37 810	35 946	49 153	59 299
国内航线	吨	134 242	211 557	226 807	208 630	239 467	288 962
(四)货邮周转量	万吨公里	41 513	65 236	73 081	69 342	81 825	100 954
国际航线	万吨公里	21 990	34 360	38 417	36 450	43 830	55 424
地区航线	万吨公里	3 118	4 040	4 923	4 827	6 348	7 727
国内航线	万吨公里	16 405	26 836	29 741	28 065	31 647	37 803
(五)总周转量	万吨公里	127 102	202 833	231 212	205 602	249 950	320 663
国际航线	万吨公里	50 615	68 245	80 980	69 539	82 595	103 772
地区航线	万吨公里	9 064	12 206	17 307	16 052	22 199	26 562
国内航线	万吨公里	67 423	122 382	132 925	120 011	145 156	190 329
(六)通用飞行时间	小时	43 022	45 749	38 268	34 451	34 919	49 016
#农林业飞行	小时	14 841	33 730	24 231	23 342	22 540	28 478
航空探矿	小时	5 310	2 685	3 026	2 039	2 337	1 725
航空护林	小时	3 785	6 256	5 051	4 370	3 573	3 782
播种造林	小时	6 547	6 273	6 791	4 626	4 605	4 379

注:通用飞行统计仅包括民航直属企业完成数。

12-41 民用航空主要财务成本指标

单位:万元

指　　标	1985年	1986年	1987年	1988年	1989年	1990年
业务收入	209 292	282 435	426 920	566 998	591 099	844 683
国内航线运输收入	72 531	102 968	156 190	222 136	263 526	407 720
国际航线运输收入	112 629	152 818	208 493	265 197	233 960	368 698
专业飞行收入	7 506	5 982	6 562	6 519	6 448	7 302
航站服务收入	8 451	11 861	43 907	60 801	71 291	54 831
其他业务收入	8 174	8 807	11 769	12 345	15 874	6 132
业务成本	137 210	207 427	305 629	372 294	401 742	607 984
#直接飞行费用		128 257	173 354	202 193	209 549	427 397
油料消耗		58 758	70 675	76 444	76 568	97 740
飞机发动机折旧大修费		31 060	39 835	47 322	51 546	80 308
飞机租赁费		26 128	43 252	53 362	60 666	104 042
飞行服务费		21 820	38 195	54 051	71 375	114 014
税　　金	6 399	8 868	12 813	17 339	17 535	27 174
利润总额	59 489	60 441	98 171	151 091	168 691	215 660
营业外收入	763	538		480	782	11 745
营业外支出	975	1 413	2 073	4 724	6 666	8 441
年底固定资产原值	400 982	564 113	1 047 381	1 166 719	1 431 878	1 781 599

12-42 输油(气)管道长度和运输量

(1991年底)

项目	条数	输油(气)里程(公里)	输油(气)延展里程(公里)	输油(气)量(万吨、千万立方米)	输油(气)周转量(万吨公里、千万立方米公里)
总计	457	16 207.7	18 025.7	15 578.0	6 209 081.2
#输油管	230	8 902.6	10 614.6	14 561.3	6 075 874.1
输气管	227	7 305.1	7 411.1	1 016.7	133 207.1
一、输原油管道	76	7 895.0	9 607.0	13 044.0	6 064 283.0
石油部管道局	15	4 521.0	5 347.0	7 682.0	5 594 366.0
大庆石油管理局	7	109.0	150.0	760.0	7 275.0
新疆石油管理局	6	849.0	1 438.0	689.0	125 434.0
江汉石油管理局	3	118.0	118.0	65.0	4 114.0
胜利油田	7	442.0	442.0	960.0	64 940.0
吉林省油田管理局	6	84.0	84.0	170.0	1 595.0
华北石油管理局	5	582.0	691.0	222.0	35 544.0
大港石油管理局	4	81.0	121.0	318.0	7 589.0
玉门石油管理局	5	35.0	42.0	86.0	449.0
辽河石油勘探局	7	345.0	345.0	1 070.0	102 847.0
青海石油管理局	4	451.0	451.0	102.0	36 178.0
河南石油勘探局	3	93.0	93.0	226.0	9 855.0
茂名石油工业公司	1	105.0	115.0	634.0	73 278.0
长庆石油勘探局	2	76.0	76.0	50.0	782.0
中原石油管理局	1	4.0	4.0	10.0	37.0
二、成品油管道	154	1 007.6	1 007.6	1 517.3	11 591.1
燕山石化公司	21	92.9	92.9	239.1	1 423.3
天津石化公司	6	22.6	22.6	89.8	696.6
沧州炼油厂	3	10.4	10.4	12.5	50.8
抚顺石化公司	11	90.2	90.2	63.4	668.7
锦州石化公司	5	93.9	93.9	2.1	56.4
鞍山炼油厂	3	38.1	38.1	76.4	540.1
大连石化公司	2	10.5	10.5	33.3	173.2
大庆石化总厂	18	122.6	122.6	115.9	1 011.4
上海高桥石化公司	4	13.0	13.0	25.5	70.2
金陵石化公司	7	43.8	43.8	55.0	353.6
镇海石化总厂	5	44.4	44.4	28.3	219.0
九江炼油厂	5	19.2	19.2	10.1	46.8
齐鲁石化公司	13	87.0	87.0	154.8	1 389.2
荆门炼油厂	4	8.4	8.4	9.5	20.5
武汉石化厂	4	15.5	15.5	61.2	245.3
吉林化学工业公司	2	10.8	10.8	80.4	407.5
安庆石化总厂	7	8.3	8.3	42.4	48.0
长岭炼油厂	6	108.5	108.5	28.2	777.2
广州石化总厂	8	73.3	73.3	241.0	2 901.4

12-42 续表　　　　　　　　(1991年底)

项　　目	条　数	输油(气)里　程(公里)	输油(气)延展里程(公里)	输油(气)量(万吨、千万立方米)	输油(气)周转量(万吨公里、千万立方米公里)
茂名石油工业公司	4	21.7	21.7	81.3	179.0
兰州炼油厂	9	36.2	36.2	38.0	182.4
中朝线	1	11.0	11.0		
辽河沥青厂	3	10.8	10.8	19.6	55.6
吉林省油田管理局	1	10.8	10.8	5.8	62.0
三、天然气管道	**177**	**6 948.0**	**7 054.0**	**923.1**	**132 422.0**
石油部管道局	1	362.0	362.0	27.0	9 867.0
四川石油管理局	110	4 573.0	4 622.0	625.0	109 192.0
大庆石油管理局	6	157.0	211.0	67.0	1 871.0
胜利油田	1	143.0	143.0	33.0	4 049.0
华北石油管理局	6	103.0	103.0	10.0	614.0
辽河石油勘探局	20	799.0	799.0	85.0	2 303.0
大港石油管理局	2	132.0	132.0	27.0	1 639.0
中原石油管理局	12	387.0	387.0	15.0	1 231.0
吉林省油田管理局	7	81.0	81.0	4.0	118.0
滇黔桂石油勘探局	3	6.0	6.0	3.0	2.0
江汉石油管理局	3	12.0	12.0	4.0	16.0
新疆石油管理局	2	119.0	119.0	20.0	1 468.0
青海石油管理局	3	16.0	16.0	3.0	45.0
四、其他气体管道	**50**	**357.1**	**357.1**	**93.6**	**785.1**
燕山石化公司	6	29.6	29.6	14.3	50.7
天津石化公司	1	3.6	3.6	3.5	12.7
沧州炼油厂	1	0.5	0.5	1.0	0.5
大连石化公司	1	2.8	2.8	3.7	10.2
鞍山炼油厂	2	3.3	3.3	1.2	3.2
抚顺石化公司	4	38.8	38.8	11.8	221.4
锦州石化公司	1	3.0	3.0	1.1	3.3
金陵石化公司	5	51.4	51.4	11.9	97.3
上海高桥石化公司	3	10.5	10.5	3.5	12.2
镇海石化总厂	3	17.6	17.6	2.6	13.7
齐鲁石化公司	6	29.0	29.0	11.6	37.8
安庆石化总厂	3	2.9	2.9	11.9	13.7
武汉石化厂	2	22.6	22.6	2.9	41.7
长岭炼油厂	3	39.0	39.0	5.5	70.3
茂名石油工业公司	2	3.9	3.9	1.0	2.0
兰州炼油厂	1	2.0	2.0	0.5	1.0
荆门炼油厂	1	3.0	3.0	0.9	2.6
石家庄炼油厂	2	36.5	36.5	2.6	70.3
广州石化总厂	2	0.5	0.5	0.2	0.1

注：输油(气)里程及延展里程为年底数。

12-43 邮电通信网

（年底数）

年份	邮电局、所（万处）	#设在农村的	邮路及农村投递路线总长度（万公里）	#航空邮路	长话电路（路）	电报电路（路）
1949	2.63		70.60	0.14		
1952	4.59		128.97	1.03	3 777	4 460
1957	4.54	3.83	222.26	3.94	4 684	4 964
1962	4.45	3.91	266.54	4.36	9 380	5 922
1965	4.38	3.85	349.28	5.25	9 913	6 955
1970	4.50	3.91	397.71	6.53	11 696	6 498
1975	4.87	4.21	479.63	13.68	15 981	7 809
1976	4.89	4.27	483.60	12.82	17 072	8 223
1977	4.96	4.33	486.02	14.54	17 810	8 403
1978	4.96	4.31	486.33	14.65	18 801	8 430
1979	4.96	4.30	481.23	16.16	20 307	8 785
1980	4.95	4.28	473.71	16.33	22 011	8 803
1981	4.96	4.26	466.02	15.85	23 909	8 808
1982	4.97	4.26	467.63	16.19	25 961	9 178
1983	5.02	4.37	472.09	15.55	28 637	9 467
1984	5.15	4.38	483.06	17.78	32 354	9 685
1985	5.31	4.50	498.21	22.65	37 551	9 916
1986	5.28	4.45	504.20	28.83	44 085	10 150
1987	5.29	4.43	503.30	29.23	53 416	10 564
1988	5.29	4.38	500.08	30.94	68 460	11 764
1989	5.31	4.40	491.54	29.15	87 137	11 391
1990	5.36	4.43	498.31	39.34	112 437	11 687
1991	5.40	4.43	497.48	39.26	151 779	11 933

12-44 邮电业务量

年份	邮电业务总量（亿元）	函件（亿件）	报刊期发数（万份）	电报（万份）	长途电话（万张）	市内电话（万户）	农村电话（万户）
1949	0.97	5.99		1 129	902	21.77	
1952	1.64	8.09	1 363	1 204	1 628	29.53	5.84
1957	2.94	16.41	3 264	1 533	2 090	46.45	20.00
1962	6.38	22.75	2 492	6 891	7 123	69.95	85.26
1965	6.28	21.76	5 621	5 277	8 869	77.11	49.22
1970	6.87	23.70	3 307	6 541	8 570	78.41	52.74
1975	9.58	27.34	7 823	11 234	15 151	103.28	65.92
1976	10.62	27.79	8 806	11 757	15 756	107.90	68.24
1977	11.14	28.50	8 707	12 619	16 709	112.73	70.65
1978	11.65	28.35	11 250	12 748	18 574	119.15	73.39
1979	12.55	30.80	12 680	13 495	20 587	127.02	76.28
1980	13.34	33.13	16 431	14 663	21 404	134.17	79.90
1981	19.52	33.88	18 124	15 938	22 049	142.64	79.45
1982	20.41	33.94	19 598	16 071	23 574	153.87	80.38
1983	22.26	35.21	22 933	18 075	26 556	168.86	81.90
1984	25.03	39.48	28 141	17 414	31 553	191.07	86.36
1985	29.60	46.78	30 172	21 898	38 254	218.96	83.07
1986	32.86	49.59	28 731	21 109	42 303	250.51	99.87
1987	38.84	54.79	31 005	25 027	51 525	293.04	97.68
1988	54.00	59.77	27 443	31 224	64 617	362.30	110.39
1989	64.81	57.28	17 704	29 730	85 300	439.62	128.42
1990	81.65	54.87	20 078	26 818	116 771	538.45	146.58
1991	204.38	52.11	23 277	27 068	172 921	670.83	174.23

注：邮电业务总量，1991年按1990年不变价格计算，1981年-1990年按1980年不变价格计算，以前各年按1970年不变价格计算。

12-45 各地区邮电局所数及邮电线路

（1991年底）

地区	邮电局所（处）	#设在农村的	邮路及农村投递路线总长度（公里）	#汽车邮路	#铁路邮路	长话电路（路）	电报电路（路）
全国	54 006	44 333	4 974 768	685 759	185 872	151 779	11 933
北京	485	203	70 671	10 583	22 893	11 057	341
天津	280	132	44 935	3 917	5 763	3 248	111
河北	2 411	2 012	176 635	18 986	3 192	7 362	551
山西	1 817	1 437	147 487	10 929	4 860	2 874	465
内蒙古	1 645	1 415	175 279	37 235	6 772	2 349	403
辽宁	1 610	1 226	181 930	20 362	9 601	9 566	350
吉林	1 057	898	128 864	13 347	9 116	5 986	328
黑龙江	1 618	1 233	196 658	23 921	18 349	4 792	384
上海	528	250	181 476	8 499	17 146	12 807	233
江苏	2 991	2 501	291 476	25 467	3 893	16 058	1 041
浙江	3 393	3 084	165 549	20 302	4 101	11 844	887
安徽	2 608	2 220	179 809	18 430	3 358	5 135	445
福建	2 180	1 533	167 587	22 472	3 042	7 068	389
江西	1 888	1 635	169 648	31 769	5 713	4 078	330
山东	2 672	2 247	269 308	19 607	9 308	12 675	562
河南	2 830	2 319	227 068	18 718	3 716	5 551	508
湖北	2 309	1 894	257 629	26 050	6 443	6 593	378
湖南	2 585	2 228	286 053	40 100	3 386	3 997	477
广东	2 619	2 164	242 223	48 757	3 009	27 220	733
广西	1 428	1 202	163 222	38 305	3 486	2 408	367
海南	412	363	71 927	7 403		1 247	99
四川	6 750	5 859	443 119	45 203	6 204	7 259	934
贵州	1 339	1 094	113 611	17 339	6 417	1 400	225
云南	1 710	1 508	226 378	31 846	5 103	2 061	613
西藏	120	26	70 160	13 707		144	100
陕西	1 774	1 488	189 996	14 903	7 333	4 064	405
甘肃	1 122	938	154 723	17 625	3 903	1 945	343
青海	240	135	25 978	9 011	1 047	650	150
宁夏	248	173	15 846	2 643	140	555	95
新疆	1 337	916	116 836	29 885	8 578	1 501	345
邮电部直属			38 438	38 438			

12-46 各地区邮运工具拥有量

（1991年底）　　单位：辆

地区	火车邮厢	邮运汽车	摩托车	机动船	自行车
全国	**591**	**13 045**	**8 177**	**12**	**131 899**
北京	62	555	101		3 416
天津	19	138	168		1 783
河北	8	634	1 115		5 520
山西	25	346	347		3 901
内蒙古	19	378	481		3 432
辽宁	26	451	233		6 874
吉林	20	271	116		4 730
黑龙江	62	426	129		5 559
上海	48	480	143		4 215
江苏	18	689	238	2	8 894
浙江	16	649	403		5 755
安徽	6	334	90		4 607
福建	11	320	161		3 172
江西	16	267	158		4 327
山东	29	651	394	2	6 829
河南	21	652	248		7 673
湖北	18	401	251	1	6 930
湖南	15	501	287		7 117
广东	23	665	802		9 242
广西	10	389	308		5 083
海南		101	146		1 303
四川	22	1 075	527	2	4 606
贵州	13	212	242		1 700
云南	12	500	195		3 439
西藏		176	80		291
陕西	26	332	182		4 622
甘肃	15	303	201		3 752
青海	6	171	89		511
宁夏		84	94		542
新疆	25	561	248		2 074
邮电部直属		333		5	

12-47 各地区邮电通信工具拥有量

(1991年底)

地　区	载波电报机(部)	电传打字机(部)	传真机(部)	电话交换机容量(门)	#农村电话	电话机(部)	#农村电话
全　国	5 090	29 287	6 183	14 672 272	4 590 330	14 989 787	2 833 005
北　京	493	1 789	253	639 000	27 090	1 020 709	19 112
天　津	47	366	34	304 038	37 162	351 281	22 998
河　北	119	1 184	191	680 607	220 379	624 457	106 214
山　西	104	991	31	331 572	109 648	363 962	42 886
内蒙古	140	786	111	291 155	77 415	329 689	45 916
辽　宁	249	1 181	290	782 958	166 458	878 908	121 950
吉　林	144	557	76	465 365	115 453	491 839	92 245
黑龙江	218	455	61	492 854	97 654	594 727	70 637
上　海	177	1 343	375	833 970	162 240	925 854	102 160
江　苏	280	1 941	790	1 102 152	388 150	1 081 331	306 745
浙　江	432	1 651	417	1 007 554	463 170	803 674	279 261
安　徽	95	644	200	386 303	131 283	348 935	57 198
福　建	128	1 217	196	549 780	143 960	396 060	63 539
江　西	154	579	172	283 350	97 950	259 165	56 802
山　东	209	1 429	557	893 934	361 206	843 741	185 201
河　南	103	1 031	119	536 522	164 041	511 537	68 113
湖　北	155	1 207	313	483 331	192 131	518 922	108 463
湖　南	81	742	155	473 148	205 518	402 061	113 746
广　东	443	2 787	521	2 183 885	900 548	2 014 435	622 701
广　西	123	808	126	255 030	86 624	244 204	49 094
海　南	71	227	3	104 288	19 288	85 573	12 939
四　川	503	1 599	498	582 627	158 397	647 295	104 347
贵　州	56	641	153	103 698	39 498	146 391	23 893
云　南	93	1 065	58	244 237	72 447	200 572	53 590
西　藏	14	81	13	12 940	930	16 214	329
陕　西	252	925	102	264 182	78 582	352 472	45 811
甘　肃	75	821	206	140 504	35 264	207 881	21 043
青　海	45	249	49	38 162	4 162	64 314	2 970
宁　夏	27	252	4	40 578	5 712	58 935	3 952
新　疆	60	739	109	164 548	27 970	204 649	29 150

注:电话交换机容量中不包括用户交换机容量。

12-48 各地区邮电业务量

（1991年）

地　区	邮电业务总量（万元）	函件（万件）	包件（万件）	邮政快件（万件）	特快专递（千件）	报刊期发数（万份）
全　国	2 043 832.1	521 081.0	9 590.9	31 116.9	5 667	23 277.4
北　京	157 417.7	34 129.3	646.2	652.8	396	801.2
天　津	44 527.4	6 269.7	125.7	471.9	119	244.2
河　北	72 836.5	22 653.1	816.4	1 213.8	58	979.4
山　西	32 285.0	10 066.9	161.3	672.5	36	619.0
内蒙古	25 096.3	7 799.2	106.9	325.2	34	419.4
辽　宁	108 122.3	19 454.1	363.0	1 126.5	282	1 123.3
吉　林	51 394.5	13 150.9	264.3	777.1	198	378.0
黑龙江	58 227.9	15 498.2	338.1	1 107.1	153	766.5
上　海	131 623.0	31 411.6	585.7	646.0	510	893.0
江　苏	134 774.2	32 601.5	757.0	2 858.5	379	1 620.7
浙　江	114 607.3	32 522.3	604.7	1 558.7	167	793.0
安　徽	42 824.6	14 331.3	312.9	1 142.5	71	1 115.9
福　建	95 134.6	17 433.6	259.3	949.6	352	627.7
江　西	36 299.7	15 265.8	257.9	985.2	102	522.6
山　东	103 321.9	28 001.4	435.0	1 801.4	145	1 173.7
河　南	59 323.9	17 335.0	395.1	2 187.7	77	1 053.2
湖　北	61 904.6	20 801.9	359.8	1 449.4	120	1 413.7
湖　南	57 066.5	19 369.7	502.5	1 868.7	103	2 046.1
广　东	388 894.5	57 156.7	706.4	1 450.9	1 812	1 417.4
广　西	33 253.7	15 143.0	206.5	978.1	40	653.5
海　南	15 810.0	3 723.2	40.7	224.7	84	112.7
四　川	79 591.2	36 315.6	551.9	2 380.7	131	1 518.7
贵　州	15 814.0	5 434.6	73.1	827.6	31	307.6
云　南	26 266.8	9 430.0	127.8	846.4	44	597.3
西　藏	2 120.7	753.2	8.3	66.8	1	27.2
陕　西	37 812.5	14 799.2	277.2	903.9	73	1 116.1
甘　肃	20 849.3	8 668.6	131.3	602.5	25	325.9
青　海	6 223.4	2 073.6	20.8	116.9	25	68.8
宁　夏	5 278.5	2 033.1	16.3	111.3	6	85.0
新　疆	21 445.0	7 454.6	138.8	812.6	95	456.7
邮电部直属	3 684.6					

12-48 续表 1　　　　　　　　　(1991年)

地　区	电　报（万 份）	传　真（份）	长途电话（万　张）	年末长途直拨有权用户（户）	#直拨国际及港澳的（户）	年末市内电话（户）
全　国	27 068.2	968 834	172 921.0	2 624 353	1 018 739	6 708 301
北　京	639.8	148 664	6 867.0	88 599	32 996	393 046
天　津	234.9	10 992	2 895.0	66 761	4 416	173 547
河　北	1 219.9	14 934	6 934.0	104 833	14 483	252 755
山　西	670.3	15 877	2 391.0	24 758	470	136 420
内蒙古	634.0	20 598	1 722.0	14 498	341	163 414
辽　宁	960.2	169 917	10 469.0	217 578	65 722	415 809
吉　林	625.1	16 738	4 904.0	123 534	27 871	250 396
黑龙江	1 147.5	6 486	4 697.0	48 707	1 808	307 171
上　海	646.2	69 670	7 781.0	141 791	67 617	486 333
江　苏	1 956.9	57 874	14 379.0	252 076	21 120	420 615
浙　江	1 689.5	36 890	11 971.0	147 111	10 958	354 981
安　徽	870.6	6 376	3 472.0	59 780	2 469	169 270
福　建	815.9	43 700	7 524.0	108 138	76 674	239 270
江　西	673.7	39 051	2 883.0	56 998	31 550	123 860
山　东	1 651.1	15 042	8 901.0	93 590	7 436	329 425
河　南	1 463.1	14 050	3 933.0	84 274	4 632	217 085
湖　北	1 137.2	23 017	4 440.0	110 260	11 042	199 632
湖　南	1 157.4	31 125	3 504.0	46 074	2 759	155 480
广　东	2 165.2	135 519	45 791.0	693 980	613 919	979 228
广　西	863.4	12 256	2 021.0	8 473	4 685	110 094
海　南	215.1	4 888	1 564.0	8 614	7 607	52 278
四　川	1 908.6	24 251	5 131.0	44 621	3 186	261 326
贵　州	399.9	2 858	945.0	4 972	358	64 313
云　南	729.8	4 321	1 582.0	23 540	1 202	92 802
西　藏	124.0		44.0	328	328	10 052
陕　西	797.3	18 616	2 791.0	21 637	1 868	112 896
甘　肃	543.3	8 055	1 472.0	11 670	601	86 364
青　海	175.3	592	380.0	1 651	78	27 332
宁　夏	128.5	2 751	451.0	2 100	90	27 034
新　疆	824.5	13 726	1 082.0	13 407	453	96 073
邮电部直属						

12-48 续表 2 (1991年)

地　区	#私人户、个体工商户	#住宅电话	年末无线寻呼电话用户（户）	年末移动电话用户（户）	年末农村电话（户）
全　国	**1 786 758**	**2 390 038**	**873 812**	**47 544**	**1 742 329**
北　京	82 484	120 930	55 767	6 343	1 791
天　津	54 106	64 514	10 003	1 419	1 473
河　北	36 538	50 669	13 420	608	43 604
山　西	9 795	22 272	8 669		15 915
内蒙古	21 650	41 193	3 799	70	21 442
辽　宁	57 399	126 876	44 774	1 906	87 000
吉　林	87 934	109 664	11 998		56 297
黑龙江	95 992	127 064	34 183		41 282
上　海	224 501	250 501	60 530	4 755	79 564
江　苏	88 511	159 935	38 581		99 943
浙　江	100 674	126 170	36 484		156 472
安　徽	29 723	47 948	4 909		36 097
福　建	106 676	97 905	45 765	1 468	51 121
江　西	20 249	31 726	5 547		27 126
山　东	38 583	82 992	30 763	1 421	81 162
河　南	44 281	60 210	13 798	672	56 000
湖　北	11 743	33 354	12 747		75 052
湖　南	23 742	31 135	17 600		51 974
广　东	546 925	646 870	349 669	27 474	544 110
广　西	15 824	26 691	13 018		37 777
海　南	13 393	20 154	7 544		4 978
四　川	23 091	39 488	28 436	1 371	65 791
贵　州	2 361	6 490	2 469		16 663
云　南	5 720	10 253	7 785		38 389
西　藏	132	1 303	175		307
陕　西	14 901	16 386	7 343	17	23 377
甘　肃	14 947	10 489	2 966		12 758
青　海	2 600	3 521	296		1 726
宁　夏	2 272	4 307	150		2 023
新　疆	10 011	19 028	4 624		11 115
邮电部直属					

12-49 邮电通信企业主要财务指标

单位:万元

指　　标	1985年	1987年	1988年	1989年	1990年	1991年
全部邮电企业						
业务收入	382 128.6	585 547.6	820 730.6	1 033 275.5	1 382 067.6	1 967 265.9
业务支出	285 436.9	417 914.2	590 404.3	711 387.1	910 874.9	1 305 947.0
营业外损益净额	8 037.9	-15626.1	-19071.8	-14198.4	-38533.6	-36237.8
税　　金	12 101.8	18 355.8	25 632.4	32 182.5	43 963.0	62 276.4
教育附加费			237.5	414.6	696.1	1 033.4
收支差额	92 627.8	147 358.7	185 384.6	275 094.2	387 989.9	606 402.9
1.中央邮电企业						
业务收入	334 730.3	507 311.7	718 864.2	907 223.7	1 226 676.0	1 764 145.4
业务支出	245 446.4	357 381.7	510 973.0	615 781.0	793 561.5	1 154 380.8
营业外损益净额	9 505.6	-12927.3	-16753.0	-12199.7	-32595.7	-29249.2
税　　金	10 645.9	15 950.0	22 499.3	28 283.7	39 142.5	55 949.7
教育附加费			231.5	410.6	696.1	1 033.4
收支差额	88 143.6	134 759.9	168 407.4	250 548.7	360 681.1	554 848.6
2.地方电话企业						
业务收入	47 398.3	78 235.9	101 866.4	126 051.8	155 391.6	203 120.5
业务支出	39 990.5	60 532.5	79 431.3	95 606.1	117 313.4	151 566.2
营业外损益净额	-1467.7	-2698.8	-2318.8	-1998.7	-5937.9	-6988.6
税　　金	1 455.9	2 405.8	3 133.1	3 898.8	4 820.5	6 326.7
收支差额	4 484.2	12 598.8	16 977.2	24 545.5	27 308.8	51 554.3

12-50 邮电通信质量

指　　标	单位	1985年	1987年	1988年	1989年	1990年	1991年
总包邮件损失率	万分比	0.012	0.075	0.003	0.007	0.005	0.005
给据邮件损失率	万分比	0.015	0.016	0.007	0.012	0.008	0.005
电报投递逾限率	%	0.527	0.297	0.353	0.289	0.265	0.232
电报服务差错率	%	0.002	0.006	0.004	0.004	0.003	0.003
长途电话逾限率	%	19.45	16.30	14.88	13.01	14.91	14.76
长途电话有效接通率	%	85.49	86.90	86.83	87.45	87.46	87.34
市内电话接通率	%	70.58	64.60	56.96	56.42	60.03	55.22
长途电话载波电路合格率	%			89.85	90.50	89.55	93.17
农村电话有效接通率	%	97.85	97.90	97.89	98.38	98.43	97.11

12-51 邮电通信水平

指　　标	单位	1980年	1985年	1988年	1989年	1990年	1991年
全国邮电通信水平							
平均每人每年发函件数	件	3.4	4.5	5.5	5.2	4.8	4.5
平均每百人每年订报刊数	份	16.7	28.7	25.0	15.9	17.4	20.1
平均每百人拥有电话机部数	部	0.43	0.6	0.86	0.98	1.11	1.29
省会城市平均每百人拥有电话机部数	部	2.1	3.2	5.0	5.5	5.9	7.7
首都到省会平均长话电路	路	27.1	43.7	82.2	102.4	156.0	232.0
县以上城市装有自动电话交换机的比重	%	38.4	40.3	54.6	61.0	70.0	77.0
农村邮电通信水平							
设有邮电局、所乡(镇)的比重	%	66.4	64.8	67.2	67.3	69.0	69.5
通邮路的乡(镇)比重	%	99.6	99.6	99.7	98.5	99.7	98.9
通邮路的行政村比重	%	96.5	96.3	95.7	96.2	96.4	96.4
每天投递一次的乡(镇)比重	%	80.9	78.5	76.4	75.5	76.9	77.1
每天投递一次的行政村比重	%	63.1	62.2	56.7	56.0	55.5	55.5
当天看到省报的市县比重	%	41.9	39.9	33.2	33.1	35.1	34.4
开通自动、半自动长途电路的地(市)比重	%		*80.5	92.4	93.9	96.6	89.6
开通自动、半自动长途电路的县(市)比重	%		*38.3	54.4	63.2	69.8	45.4
已装电话交换机的乡(镇)比重	%	74.6	69.6	71.0	70.6	72.4	73.7
已通电话的乡(镇)比重	%	95.5	94.8	95.9	95.8	97.6	97.2
已通电话的行政村比重	%	62.8	45.4	44.3	43.6	43.3	43.4

注：带*号为1986年数字。

主 要 统 计 指 标 解 释

铁路营业里程 指办理客货运输业务的铁路正线总长度。凡是全线或部分建成双线及以上的线路，以第一线的实际长度计算；复线、站线、段管线、岔线和特别用途线以及不计算运费的联络线都不计算营业里程。铁路营业里程是反映铁路运输业基础设施发展水平的重要指标，也是计算客货周转量、运输密度和机车车辆运用效率等指标的基础资料。

铁路正线延展里程 是作为计算铁路线上钢轨、枕木及路基砂石需要量的主要依据。正线延展里程是正线第一线、第二线、第三线和其他正线建筑里程之和，不包括站线、段管线、岔线及特殊用途线的延展里程。

铁路电气化里程 是指在全部铁路营业里程中已安装了供电线路及设备，可以供电力机车牵引列车运行的区段的总里程。电气化里程占铁路营业里程的比重是反映铁路现代化的重要标志。

铁路自动闭塞里程 在铁路列车运行中，在一个区间，同一时间内，一般只允许一个列车运行。保证列车在这个区间安全间隔运行的技术方法称为"闭塞"，自动闭塞里程是指装有列车自动完成闭塞作用设备的铁路里程。自动闭塞里程占铁路营业里程的比重也是反映铁路现代化的重要标志之一。

公路里程 也称"公路通车里程"，是反映公路建设发展规模的重要指标，也是计算运输网密度等指标的基础资料；是指实际达到交通部制定的公路工程技术标准规定的等级的公路长度。它包括大中城市的郊区公路以及通过小城镇街道的公路里程，也包括桥梁、渡口的长度，但不包括城市的街道以及厂矿、林区和农业生产用道的里程。两条或多条公路共同经由同一路段，只计算一次，不得重复计算里程长度。

内河航道里程 也称"内河通航里程"，是反映内河水运网规模、水平和发展情况的主要指标；是指在枯水季节水深在 0.3 米及以上，能通航运输船舶及排筏的天然河流、湖泊水库、运河及通航渠道的长度。包括全年季节性通航累计三个月以上的航道，但不包括仅供零散流放竹、木排的河道。

民用航空航线里程 指民航运输定期班机飞行的航线长度的总和。航线长度按机场之间的距离计算，通常有两种计算方法：将每条航线长度相加称为重复计算航线里程；如将两条或两条以上航线经过同一区段里程，只计算一次航线长度称为不重复计算航线里程。一般常用的是后者，它能确切反映民航运输网的规模，表明民航事业为国民经济服务和方便人民生活程度的主要指标。

输油(气)管道长度 也称"输油(气)里程"，是反映管道运输发展规模和水平和主要指标；是指油品(或天然气)的实际输送距离，一般按输油(气)管道的单线长度计算。若包括复线和备用线长度则称为输油(气)管道延展长度，是指管道铺设的实际长度。我们通常使用的是不包括复线的"输油(气)管道里程"。

货(客)运量 指运输业实际运送的货物(旅客)数量。是反映运输业为国民经济和人民生活的数量指标，也是制定和检查运输生产计划，研究运输发展规模和速度的重要指标。货运按吨计算,客运按人计算。货物不论运输距离长短,货物类别,均按实际重统计;旅客不论行程远近或票价多少,均按一人一次作为客运量统计。半价票、小孩票也安一人统计。

货(客)运密度 是指在一定时期内某种运输方式运输线路的某一区段平均每公里线路通过的货物(或旅客)运输周转量。计算单位是吨(人)公里/公里。计算公式:

$$货(客)运密度=\frac{货物(旅客)周转量}{营业线路长度}$$

货(客)运密度是反映交通运输线路上货(客)运输量运输繁忙程度的主要指标。是平衡运输线路运输能力和通过能力,规划线路建设及改造、配备技术设备,研究运输网布局的重要依据。

货物(旅客)周转量 指运输业运送的货物(旅客)数量与其相应运输距离的乘积之总和。是反映运输业生产总成果的重要指标,也是编制和检查运输生产计划、计算运输效率、劳动生产率以及核算运输单位成本的主要基础资料。通常以吨公里和人公里为计算单位。计算货物周转量通常按发出站与到达站之间的最短距离,也就是计费距离计算。

铁路货车静载重 指铁路货车在始发站静止状态下平均每车装载的货物重量。静载重的多少取决于运送货物的性质、种类、车辆的类型和装载技术的高低。根据货车的平均载重能力和静载重进行对比,可以反映货车载重能力的利用程度。计算公式:

$$货车静载重=\frac{货物发送吨数}{装车数}$$

铁路货运机车日产量 指平均每台货运机车在一昼夜内所完成的总重吨公里数。它既包括载运货物的重量,也包括车辆本身的自重,它从时间和牵引能力两方面反映了机车运用效率。计算公式:

$$货运机车日产量=\frac{货运总重吨公里数}{货运机车台日数}$$

沿海主要港口货物吞吐量 指由水运进出沿海主要港区范围,并经过装卸的货物数量。货物吞吐量的货种分类及其主要流向流量,反映了港口在国内外物资交流和对外贸易运输中的地位和作用。吞吐量可以分为进口、出口,又可以分为国内贸易和对外贸易。

邮电业务总量 指以货币表现的邮电部门用于传递信息和提供其他邮电服务的总量。它综合反映了一定时期邮电工作的总成果,是研究邮电业务量构成和发展趋势的重要指标。它用各种邮电分类业务量,如函件件数、电报份数、长话张数、市内电话和农村电话的年均户数、订销报刊累计份数等,分别乘以相应的平均单价(不变价),加总后再加上出租电路和设备的收入、代用户维护电话交换机和线路等设备的收入、其他业务收入求得。

十三
建筑业

13-1 建筑施工企业概况

年份	总计	全民所有制合计	建筑安装企业	自营施工单位	城镇集体所有制建筑施工企业	农村建筑队
一、企业单位数（个）						
1980	57 404	1 996			4 608	50 800
1981	55 627	2 586			4 741	48 300
1982	61 684	2 808			5 076	53 800
1983	66 653	2 885	2 215	670	6 768	57 000
1984	90 141	3 017	2 338	679	6 724	80 400
1985	93 750	3 385	2 586	799	7 765	82 600
1986	88 771	3 608	2 752	856	8 977	76 186
1987	87 474	3 788	2 972	816	9 837	73 849
1988	87 224	3 798	2 929	869	10 336	73 090
1989	80 106	3 927	2 991	936	9 179	67 000
1990	74 145	4 275	3 223	1 052	9 052	60 818
1991	73 094	4 638	3 378	1 260	9 187	59 269
二、从业人员（万人）						
1980	982.7	481.8			166.2	334.7
1981	1 034.0	509.3			175.9	348.8
1982	1 154.3	532.9			200.1	421.3
1983	1 285.3	544.5	482.2	62.3	258.1	482.7
1984	1 531.2	554.2	493.5	60.7	293.5	683.5
1985	1 701.4	576.7	514.3	62.4	334.8	789.9
1986	1 800.6	617.3	537.2	80.1	376.4	806.9
1987	1 852.5	618.2	539.4	78.8	405.9	828.4
1988	1 899.4	623.5	546.9	76.6	421.3	854.6
1989	1 773.4	614.7	538.1	76.6	390.1	768.6
1990	1 716.7	621.0	536.8	84.2	389.7	706.0
1991	1 783.3	638.9	552.0	86.9	419.4	725.0
三、总产值（亿元）						
1980	346.98	220.90			66.03	60.05
1981	352.58	213.70			68.60	70.28
1982	445.71	258.03			87.30	100.38
1983	555.74	298.54	264.36	34.18	121.00	136.20
1984	733.69	371.56	330.87	40.69	145.59	216.54
1985	985.10	474.51	426.00	48.51	200.59	310.00
1986	1 330.80	566.83	498.29	68.54	241.24	522.73
1987	1 603.61	660.11	583.29	76.82	292.54	650.96
1988	1 959.42	776.96	688.68	88.28	354.69	827.77
1989	2 169.48	878.57	774.57	104.00	404.41	886.50
1990	1 947.58	935.19	813.07	122.12	409.82	602.56
1991	2 284.78	1 062.48	923.63	138.85	501.85	720.45

注：本表资料系根据现行建筑业统计制度规定的范围汇总的。

13-2 建筑施工企业主要经济指标

指　　标	单　位	1990年			1991年		
		合　计	全民所有制	城镇集体所有制	合　计	全民所有制	城镇集体所有制
施工企业〔或单位〕个数	个	13 327	4 275	9 052	13 825	4 638	9 187
年底全部职工实有人数	万　人	1 010.69	620.99	389.70	1 058.27	638.91	419.36
全部职工年平均人数	万　人	1 026.03	644.55	381.48	1 061.18	657.03	404.15
年底自有固定资产原值	亿　元	675.21	554.04	121.17	746.04	609.36	136.68
年底自有固定资产净值	亿　元	468.20	382.33	85.88	520.10	424.58	95.51
年底自有机械设备台数	万　台	243.4	147.3	96.1	252.8	152.0	100.8
年底自有机械设备原值	亿　元	380.6	314.5	66.0	422.2	348.7	73.5
年底自有机械设备净值	亿　元	249.3	203.5	45.8	272.2	221.4	50.9
年底自有机械设备总功率	万千瓦	3 999.5	3 061.3	938.2	4 250.2	3 248.9	1 001.3
总　产　值	亿　元	1 345.0	935.2	409.8	1 564.3	1 062.5	501.9
#施工产值	亿　元	1 286.2	890.3	396.0	1 524.4	1 034.7	489.7
净　产　值	亿　元	386.4	271.0	115.4	471.4	326.9	144.5
利润	亿　元	29.6	20.9	8.7	35.1	23.4	11.7
税金	亿　元	43.3	28.4	14.9	52.1	33.5	18.5
工资	亿　元	222.6	151.2	71.4	258.9	172.5	86.4
职工福利基金	亿　元	19.2	13.4	5.8	21.3	14.5	6.8
利息	亿　元	13.9	11.0	3.0	15.0	11.8	3.2
其他	亿　元	57.8	46.1	11.6	89.1	71.2	17.9
固定资产折旧	亿　元	39.2	30.9	8.3	38.7	30.6	8.1
施工面积	万平方米	37 922.9	20 303.2	17 619.7	41 054.2	21 395.4	19 658.8
竣工面积	万平方米	19 552.6	9 361.7	10 190.9	20 256.3	9 566.2	10 690.1
利润总额	亿　元	25.7	16.6	9.1	28.5	15.9	12.6
上缴税金	亿　元	42.7	27.5	15.1	50.6	32.1	18.5
全员劳动生产率							
按总产值计算	元/人	13 109	14 509	10 743	14 741	16 171	12 417
按施工产值计算	元/人	12 536	13 812	10 380	14 366	15 748	12 117
技术装备率	元/人	2 467	3 277	1 176	2 572	3 465	1 213
动力装备率	千瓦/人	4.0	4.9	2.4	4.0	5.1	2.4
房屋建筑面积竣工率	%	51.6	46.1	57.8	49.3	44.7	54.4
工程质量优良品率	%	32.3	44.0	19.9	31.5	41.5	20.8
产值利润率	%	1.9	1.8	2.2	1.8	1.5	2.5

13-3 全民所有制建筑施工企业总产值和施工产值

（1991年）

单位：万元

地区及部门	总产值	施工产值				建安附属生产外销构件产值	建安附属勘察设计产值
			建筑安装产值	房屋构筑物修理产值	非标准设备制造产值		
全　　国	10 624 792	10 347 107	10 052 678	171 019	123 410	270 097	7 588
一、地方所属单位合计	6 324 271	6 150 653	5 950 293	136 794	63 566	169 112	4 506
北　京	529 584	521 329	498 862	22 038	429	8 118	137
天　津	197 282	194 644	187 091	5 589	1 964	2 625	13
河　北	261 461	253 324	246 921	1 904	4 499	8 097	40
山　西	192 985	189 886	184 961	3 318	1 607	3 025	74
内蒙古	153 635	151 391	149 532	1 362	497	2 233	11
辽　宁	561 731	549 096	509 484	26 730	12 882	12 309	326
吉　林	281 034	275 541	265 804	5 847	3 890	5 349	144
黑龙江	363 524	353 174	343 611	7 996	1 567	10 217	133
上　海	410 981	395 326	367 926	24 227	3 173	15 266	389
江　苏	260 414	248 925	245 516	1 521	1 888	11 125	364
浙　江	161 843	155 415	151 572	2 273	1 570	6 117	311
安　徽	113 948	110 790	109 375	605	810	3 102	56
福　建	122 812	119 711	117 042	167	2 502	3 058	43
江　西	94 210	91 201	89 015	1 119	1 067	2 971	38
山　东	203 755	197 443	192 279	2 238	2 926	6 290	22
河　南	181 551	175 134	171 081	1 667	2 386	6 357	60
湖　北	196 819	191 647	187 057	3 130	1 460	4 970	202
湖　南	136 202	133 268	130 064	2 376	828	2 879	55
广　东	560 779	539 796	531 322	7 424	1 050	20 296	687
广　西	146 355	138 338	134 890	1 317	2 131	7 981	36
海　南	42 429	41 537	39 914	1 580	43	730	162
四　川	439 480	429 902	420 390	6 037	3 475	8 637	941
贵　州	51 971	51 244	49 877	560	807	726	1
云　南	165 605	160 936	157 369	2 188	1 406	4 456	186
西　藏	18 238	17 899	17 761	138		339	
陕　西	120 112	118 724	115 102	1 137	2 485	1 375	13
甘　肃	118 381	115 433	113 346	465	1 622	2 894	54
青　海	55 205	53 922	53 507	196	219	1 278	5
宁　夏	59 065	57 533	56 780	521	232	1 529	3
新　疆	122 880	118 117	112 842	1 124	4 151	4 763	
二、中央部直属单位合计	4 300 521	4 196 454	4 102 385	34 225	59 844	100 985	3 082
#中国建筑工程总公司	339 970	336 578	333 424	944	2 180	3 422	
冶金部	334 085	313 735	302 458	7 964	3 313	19 706	644
有色金属总公司	191 459	187 898	178 337	2 977	6 584	2 867	694
中国石油化工总公司	88 424	82 893	78 509	1 816	2 563	5 531	
能源部	1 814 357	1 785 942	1 758 413	5 237	22 291	27 918	493
化学工程总公司	106 986	105 485	97 861	348	7 276	1 381	120
水利部	3 379	3 137	3 130	7		223	19
机械电子工业部	16 417	15 609	13 506		2 103	808	
林业部	16 231	16 178	15 991	187		34	19
国家建筑材料工业局	10 985	10 985	10 985				
铁道部	962 223	951 029	948 516	2 371	142	11 006	188
交通部	210 630	204 246	192 178	152	11 916	5 137	1 247
邮电部	18 199	16 524	16 524			1 295	380

13-4 城镇集体所有制建筑施工企业总产值和施工产值

(1991年)　　　　单位：万元

地　　区	总产值	施工产值				建筑附属生产外销构件产值	建安附属勘察设计产值
			建筑安装产值	房屋构筑物修理产值	非标准设备制造产值		
全　国	5 018 501	4 897 282	4 662 333	223 067	11 882	117 876	3 343
北　京	331 430	327 349	293 840	33 368	141	4 079	
天　津	24 405	23 810	23 317	493		595	
河　北	214 608	210 149	206 895	3 118	136	4 428	31
山　西	50 415	48 776	47 344	1 150	282	1 636	3
内蒙古	146 105	143 871	137 226	6 610	35	2 224	10
辽　宁	624 433	615 385	566 269	45 891	3 225	8 563	485
吉　林	134 841	133 185	126 698	5 835	652	1 615	41
黑龙江	278 117	274 500	253 273	20 820	407	3 552	65
上　海	215 604	209 163	181 682	27 179	302	6 440	1
江　苏	343 498	325 086	315 230	8 081	1 775	18 381	31
浙　江	272 431	262 483	252 490	8 892	1 101	9 682	266
安　徽	100 195	95 374	90 468	4 881	25	4 819	2
福　建	104 710	103 454	101 678	1 776		1 208	43
江　西	105 579	103 533	100 298	3 161	74	2 046	
山　东	236 300	227 304	221 238	4 760	1 306	8 938	58
河　南	118 235	113 300	110 808	2 175	317	4 909	26
湖　北	139 320	133 658	127 956	5 610	92	5 614	48
湖　南	147 532	143 392	139 268	3 962	162	4 139	1
广　东	684 046	676 726	667 419	9 289	18	5 315	2 005
广　西	72 218	70 080	66 818	3 246	16	2 096	42
海　南	32 973	32 935	32 339	210	386	38	
四　川	313 365	302 161	290 655	10 442	1 064	11 090	114
贵　州	63 272	62 369	58 641	3 725	3	888	15
云　南	50 696	49 683	47 527	2 087	69	1 013	
西　藏	2 072	2 037	1 988	49		35	
陕　西	55 614	54 676	54 219	422	35	933	5
甘　肃	46 488	45 324	43 539	1 610	175	1 123	41
青　海	11 444	11 367	10 794	573		77	
宁　夏	27 976	27 312	26 599	713		661	3
新　疆	70 579	68 840	65 817	2 939	84	1 739	

13-5 全民所有制建筑施工企业产品销售收入和劳务收入

（1991年） 单位：万元

地区及部门	产品销售收入和劳务收入	工程价款收入	产品销售收入	作业销售收入	材料销售收入与成本差额	其他劳务收入
全国	10 753 476	9 717 299	607 362	293 527	53 748	81 540
一、地方所属单位合计	6 334 046	5 687 727	377 993	194 557	32 424	41 345
北京	590 686	516 882	35 520	26 609	8 497	3 178
天津	189 235	182 219	3 440	3 369	166	41
河北	256 811	236 428	13 611	5 780	240	752
山西	202 373	186 616	7 683	5 382	70	2 622
内蒙古	155 421	142 368	8 085	3 747	26	1 195
辽宁	559 839	507 606	26 639	17 157	4 703	3 734
吉林	283 808	262 820	10 668	8 372	736	1 212
黑龙江	368 085	340 306	18 619	6 386	844	1 930
上海	402 835	343 848	30 013	22 164	2 406	4 404
江苏	241 790	203 603	21 433	8 446	2 146	6 162
浙江	162 343	148 158	8 657	3 646	710	1 172
安徽	120 035	107 274	9 394	2 686	405	276
福建	131 165	111 181	14 769	3 789	229	1 197
江西	90 444	79 390	8 204	2 368	149	333
山东	207 330	187 060	13 050	5 349	757	1 114
河南	173 351	154 346	12 994	5 051	571	389
湖北	197 046	176 863	12 655	6 112	976	440
湖南	136 372	124 219	7 693	3 590	582	287
广东	519 070	479 671	23 287	11 581	2 354	2 177
广西	121 729	102 487	14 046	4 356	638	202
海南	42 245	41 251	532	107	33	322
四川	440 111	399 082	25 656	10 067	1 618	3 688
贵州	52 054	48 916	1 540	1 136	214	248
云南	166 769	147 658	6 804	7 622	2 126	2 559
西藏	17 387	16 172	663	272	214	66
陕西	130 927	117 162	9 760	3 786	126	93
甘肃	119 474	109 618	5 880	3 265	213	498
青海	54 160	48 723	2 785	2 397	211	44
宁夏	59 269	53 775	3 301	1 212	116	865
新疆	141 882	112 025	20 612	8 753	347	145
二、中央部直属单位合计	4 419 430	4 029 572	229 369	98 970	21 324	40 195
#中国建筑工程总公司	345 188	323 921	10 831	9 713	395	328
冶金部	383 895	306 854	52 435	9 089	1 462	14 055
有色金属总公司	195 571	176 658	10 230	5 095	2 807	781
中国石油化工总公司	89 622	80 310	7 900	1 343	69	0
能源部	1 890 072	1 732 354	108 854	29 661	6 789	12 414
化学工程总公司	112 696	15 695	5 999	5 311	326	143
水利部	3 062	2 709	211	92	0	50
机械电子工业部	17 425	15 695	1 482	112	136	0
林业部	17 276	15 189	1 247	646	8	186
国家建筑材料工业局	14 679	7 178	6 996	483	11	11
铁道部	1 048 697	958 765	41 599	25 988	11 160	11 185
交通部	241 815	210 837	14 526	15 473	347	632
邮电部	14 150	11 795	1 479	498	19	359

13-6 城镇集体所有制建筑施工企业产品销售收入和劳务收入

(1991年)

单位：万元

地区	产品销售收入和劳务收入	工程价款收入	产品销售收入	作业销售收入	材料销售收入与成本差额	其他劳务收入
全国	**4 841 621**	**4 504 285**	**179 415**	**50 535**	**29 865**	**77 521**
北京	325 376	308 031	4 587	1 502	2 044	9 212
天津	25 322	23 392	1 260	611		59
河北	190 446	181 038	4 867	1 631	152	2 758
山西	43 336	40 664	1 880	245	134	413
内蒙古	145 076	137 089	4 395	1 107	115	2 370
辽宁	646 500	589 173	26 857	7 848	1 839	11 783
吉林	134 937	128 779	2 861	1 278	382	1 637
黑龙江	261 176	248 290	6 681	1 537	231	4 437
上海	238 081	215 026	10 220	5 008	2 299	5 528
江苏	356 003	304 031	28 359	5 971	7 008	10 634
浙江	257 802	230 059	16 261	4 337	3 220	3 925
安徽	89 689	83 055	4 371	944	350	969
福建	99 026	98 447	229	160	65	125
江西	92 674	87 612	2 561	1 276	400	825
山东	225 856	207 129	11 681	4 619	1 391	1 036
河南	108 850	100 182	5 732	828	438	1 670
湖北	119 642	109 977	6 359	1 209	583	1 514
湖南	138 570	129 326	1	1 259	565	1 419
广东	655 390	632 213	6 293	2 997	5 796	8 091
广西	66 170	63 074	2 353	263	110	370
海南	31 289	31 001		77	8	203
四川	281 326	254 515	15 953	3 452	2 172	5 234
贵州	60 517	59 297	823	154	23	220
云南	45 266	43 327	1 118	358	119	344
西藏	2 185	1 726	272			187
陕西	51 709	49 471	870	572	82	714
甘肃	43 693	40 865	1 884	546	80	318
青海	11 092	10 663	178	52	2	197
宁夏	25 489	24 312	774	85	35	283
新疆	69 133	63 521	3 735	609	222	1 046

13-7 建筑施工企业房屋建筑面积

(1991年)

单位：万平方米

地区	合计		全民所有制		城镇集体所有制	
	施工面积	竣工面积	施工面积	竣工面积	施工面积	竣工面积
全国	**41 054.2**	**20 256.3**	**21 395.4**	**9 566.2**	**19 658.8**	**10 690.1**
北京	2 494.8	1 187.3	1 521.0	621.0	973.8	566.3
天津	582.7	295.4	505.2	246.1	77.5	49.3
河北	2 152.2	1 071.2	1 241.3	531.1	910.9	540.2
山西	1 016.6	404.2	762.3	286.4	254.3	117.8
内蒙古	853.7	462.8	406.0	197.9	447.8	264.8
辽宁	2 996.9	1 634.0	1 466.4	706.0	1 530.4	928.1
吉林	1 120.8	644.2	797.7	412.6	323.1	231.6
黑龙江	1 511.3	905.7	806.4	465.8	704.9	439.8
上海	1 704.0	775.6	1 175.3	475.7	528.7	299.9
江苏	1 921.8	979.8	778.7	361.3	1 143.1	618.5
浙江	1 453.7	732.2	343.8	163.0	1 110.0	569.2
安徽	1 214.2	549.8	688.1	298.9	526.1	251.0
福建	916.1	421.1	370.8	146.4	545.3	274.7
江西	1 166.4	545.5	526.4	210.2	640.1	335.3
山东	1 651.7	804.3	735.3	328.1	916.4	476.2
河南	1 614.7	701.3	916.2	354.6	698.5	347.0
湖北	1 839.9	852.4	1 103.3	474.9	736.6	377.5
湖南	1 282.7	653.2	577.2	269.5	705.5	383.7
广东	4 813.0	2 200.1	1 458.2	594.3	3 354.8	1 605.9
广西	859.9	421.6	465.0	206.7	394.9	214.8
海南	210.3	130.5	107.0	62.4	103.2	68.1
四川	3 289.2	1 653.7	1 709.1	742.2	1 580.1	911.5
贵州	739.0	334.9	386.5	151.6	352.5	183.3
云南	735.2	375.9	496.5	246.9	238.8	129.0
西藏	31.1	23.4	25.8	17.1	5.3	6.3
陕西	865.2	360.9	577.2	223.8	288.0	137.0
甘肃	662.4	316.9	470.1	210.4	192.3	106.5
青海	183.5	100.3	141.3	74.5	42.2	25.7
宁夏	209.7	140.0	125.9	78.5	83.8	61.4
新疆	961.2	577.5	711.7	408.2	249.5	169.4

13-8 全民所有制建筑施工企业个数及职工人数

（1991年）

地区及部门	施工企业个数（个）	年底全部职工人数（万人）	#工人	全部职工平均人数（万人）	#扣除其他人员	扣除其他人员后的职工占全部职工比重（%）
全国	4 638	638.91	467.29	657.03	608.06	92.5
一、地方所属单位合计	3 581	391.18	291.75	406.57	379.81	93.4
北京	85	27.59	19.95	28.73	27.62	96.1
天津	40	10.28	6.26	11.58	10.23	88.3
河北	178	17.69	13.45	19.25	18.16	94.3
山西	113	13.16	9.70	14.30	13.36	93.4
内蒙古	118	10.45	7.56	11.57	10.90	94.2
辽宁	254	31.30	22.94	33.62	31.70	94.3
吉林	261	16.59	12.74	19.13	17.61	92.1
黑龙江	450	25.11	18.89	27.34	24.77	90.6
上海	55	13.99	9.09	18.13	17.16	94.6
江苏	147	15.80	11.58	15.84	14.80	93.4
浙江	110	8.39	6.22	8.59	8.12	94.5
安徽	81	10.03	7.54	11.21	9.12	81.4
福建	43	6.95	5.01	6.76	6.36	94.1
江西	117	8.43	6.39	7.64	7.28	95.3
山东	66	10.74	7.93	11.32	10.80	95.4
河南	127	14.86	11.30	14.38	13.69	95.2
湖北	137	16.15	12.11	15.50	14.52	93.7
湖南	93	10.62	7.97	10.02	9.44	94.2
广东	143	23.30	18.38	22.02	21.22	96.4
广西	59	9.86	7.48	9.06	8.71	96.1
海南	67	2.73	2.37	3.09	2.88	93.2
四川	318	34.43	26.81	33.56	31.27	93.2
贵州	53	5.52	4.58	5.09	4.84	95.1
云南	114	12.09	9.26	11.10	10.39	93.6
西藏	14	0.79	0.60	0.85	0.79	92.9
陕西	61	10.35	7.23	9.86	9.04	91.7
甘肃	63	8.62	6.86	9.26	8.46	91.4
青海	40	3.12	2.32	4.03	3.87	96.0
宁夏	92	4.23	3.36	4.49	4.20	93.5
新疆	82	8.01	5.86	9.26	8.50	91.8
二、中央部直属单位合计	1 057	247.72	175.54	250.46	228.25	91.1
#中国建筑工程总公司	60	18.10	12.56	17.78	16.77	94.3
冶金部	13	22.82	14.24	22.33	20.00	89.6
有色金属总公司	30	14.75	10.39	14.33	13.10	91.4
中国石油化工总公司	5	3.23	2.05	3.22	2.95	91.6
能源部	334	104.84	74.27	107.67	96.97	90.1
化学工程总公司	13	6.50	4.06	6.32	5.69	90.0
水利部	3	0.28	0.22	0.27	0.26	96.3
机械电子工业部	11	0.90	0.62	0.84	0.78	92.9
林业部	18	1.82	1.27	1.89	1.61	85.2
国家建筑材料工业局	1	0.58	0.37	0.54	0.52	96.3
铁道部	42	59.12	38.70	59.62	51.34	86.1
交通部	9	8.83	5.78	9.11	8.59	94.3
邮电部	6	0.63	0.38	0.73	0.69	94.5

13-9 城镇集体所有制建筑施工企业个数及职工人数

(1991年)

地区	施工企业个数（个）	年底全部职工人数（万人）	#工人	全部职工平均人数（万人）	#扣除其他人员	扣除其他人员后的职工占全部职工比重(%)
全国	9 187	419.36	358.58	404.15	382.75	94.7
北京	63	24.92	22.04	22.62	22.12	97.8
天津	18	1.44	1.18	1.45	1.39	95.9
河北	310	19.19	17.12	18.61	17.80	95.6
山西	186	4.97	4.28	5.09	4.76	93.5
内蒙古	453	11.58	10.06	13.06	12.60	96.5
辽宁	1 207	52.07	45.05	52.52	50.00	95.2
吉林	336	10.43	9.17	11.34	10.69	94.3
黑龙江	988	23.79	20.30	24.94	23.57	94.5
上海	42	12.45	10.90	11.96	10.53	88.0
江苏	209	28.81	21.81	25.46	24.02	94.3
浙江	438	20.32	17.35	19.23	17.84	92.8
安徽	214	11.66	9.82	10.85	10.20	94.0
福建	169	8.01	6.59	7.94	7.27	91.6
江西	400	11.59	9.82	11.06	9.88	89.3
山东	187	16.67	13.86	15.89	15.28	96.2
河南	310	13.41	11.95	12.85	12.25	95.3
湖北	418	14.27	12.40	13.36	12.74	95.4
湖南	368	13.43	11.44	13.00	12.13	93.3
广东	528	44.98	38.12	40.78	39.30	96.4
广西	155	6.72	6.01	6.42	6.20	96.6
海南	75	3.44	2.92	3.04	2.97	97.7
四川	932	33.17	29.09	31.06	29.77	95.8
贵州	318	8.29	7.25	7.71	7.33	95.1
云南	236	4.89	4.21	4.25	3.87	91.1
西藏	20	0.32	0.29	0.32	0.29	90.6
陕西	141	5.84	4.81	5.72	5.25	91.8
甘肃	161	4.71	3.98	4.61	4.35	94.4
青海	38	1.25	1.10	1.39	1.34	96.4
宁夏	99	1.96	1.64	2.39	2.28	95.4
新疆	168	4.81	4.04	5.23	4.73	90.4

13-10 全民所有制建筑施工企业劳动生产率

(1991年)

地区及部门	按总产值计算的劳动生产率(元/人)		按施工产值计算的劳动生产率(元/人)		人均竣工面积
	全部职工	扣除其他人员	全部职工	扣除其他人员	(平方米/人)
全　　国	**16 171**	**17 473**	**15 748**	**17 017**	**14.6**
一、地方所属单位合计	**15 555**	**16 651**	**15 812**	**16 194**	**18.8**
北　京	18 433	19 175	18 146	18 876	18.3
天　津	17 040	19 290	16 812	19 032	16.4
河　北	13 581	14 394	13 159	13 946	20.5
山　西	13 494	14 450	13 278	14 218	13.3
内蒙古	13 275	14 089	13 081	13 883	13.5
辽　宁	16 708	17 719	16 333	17 321	18.1
吉　林	14 687	15 958	14 400	15 646	19.4
黑龙江	13 299	14 675	12 920	14 257	14.1
上　海	22 673	23 943	21 810	23 031	23.8
江　苏	16 444	17 593	15 719	16 817	20.3
浙　江	18 836	19 935	18 088	19 143	17.9
安　徽	10 167	12 492	9 885	12 146	20.2
福　建	18 175	19 317	17 716	18 830	18.7
江　西	12 331	12 942	11 937	12 529	22.1
山　东	18 003	18 858	17 445	18 274	19.4
河　南	12 626	13 266	12 180	12 797	19.1
湖　北	12 698	13 552	12 364	13 196	21.9
湖　南	13 599	14 423	13 306	14 112	20.3
广　东	25 463	26 422	24 510	25 434	24.4
广　西	16 156	16 809	15 271	15 888	21.3
海　南	13 748	14 749	13 459	14 438	19.9
四　川	13 096	14 055	12 811	13 748	18.3
贵　州	10 206	10 747	10 063	10 597	17.8
云　南	14 915	15 941	14 497	15 494	19.3
西　藏	21 434	23 165	21 035	22 735	20.1
陕　西	12 187	13 292	12 046	13 139	17.0
甘　肃	12 784	13 993	12 465	13 644	17.6
青　海	13 694	14 270	13 376	13 938	17.2
宁　夏	13 145	14 048	12 804	13 683	16.9
新　疆	13 266	14 458	12 751	13 897	17.6
二、中央部直属单位合计	**17 170**	**18 841**	**16 755**	**18 385**	**7.7**
#中国建筑工程总公司	19 117	20 269	18 924	20 065	18.7
冶金部	14 959	16 707	14 048	15 689	6.1
有色金属总公司	13 362	14 614	13 114	14 343	10.0
中国石油化工总公司	27 466	30 003	25 748	28 126	5.5
能源部	16 851	18 712	16 587	18 419	5.3
化学工程总公司	16 923	18 787	16 685	18 523	4.3
水利部	12 727	12 882	11 815	11 960	5.9
机械电子工业部	19 514	21 227	18 553	20 182	0.0
林业部	8 587	10 074	8 559	10 042	7.5
国家建筑材料工业局	20 395	21 314	20 395	21 314	0.0
铁道部	16 138	18 743	15 951	18 525	4.9
交通部	23 112	24 532	22 421	23 788	1.2
邮电部	25 009	26 429	22 707	23 997	0.0

13-11 城镇集体所有制建筑施工企业劳动生产率

（1991年）

地区	按总产值计算的劳动生产率（元/人）		按施工产值计算的劳动生产率（元/人）		人均竣工面积
	全部职工	扣除其他人员	全部职工	扣除其他人员	（平方米/人）
全　国	**12 418**	**13 112**	**12 118**	**12 795**	**26.5**
北　京	14 654	14 985	14 474	14 801	25.0
天　津	16 835	17 547	16 424	17 120	34.0
河　北	11 533	12 058	11 293	11 807	29.0
山　西	9 895	10 601	9 574	10 257	23.1
内蒙古	11 190	11 591	11 018	11 414	20.3
辽　宁	11 888	12 489	11 716	12 308	17.7
吉　林	11 889	12 609	11 743	12 454	20.4
黑龙江	11 150	11 801	11 005	11 648	17.6
上　海	18 031	20 471	17 492	19 859	25.1
江　苏	13 493	14 301	12 770	13 535	24.3
浙　江	14 168	15 271	13 651	14 714	29.6
安　徽	9 231	9 825	8 787	9 352	23.1
福　建	13 180	14 406	13 021	14 233	34.6
江　西	9 549	10 686	9 364	10 479	30.3
山　东	14 874	15 464	14 308	14 875	30.0
河　南	9 201	9 651	8 817	9 248	27.0
湖　北	10 428	10 936	10 004	10 492	28.3
湖　南	11 352	12 161	11 034	11 820	29.5
广　东	16 772	17 407	16 593	17 221	39.4
广　西	11 254	11 644	10 921	11 299	33.5
海　南	10 831	11 100	10 818	11 087	22.4
四　川	10 088	10 527	9 727	10 150	29.3
贵　州	8 212	8 633	8 095	8 510	23.8
云　南	11 922	13 090	11 684	12 828	30.4
西　藏	6 547	7 086	6 436	6 966	19.7
陕　西	9 727	10 597	9 563	10 418	24.0
甘　肃	10 086	10 679	9 834	10 411	23.1
青　海	8 237	8 512	8 182	8 455	18.5
宁　夏	11 690	12 291	11 413	11 999	25.7
新　疆	13 502	14 928	13 170	14 560	32.4

13-12 全民所有制建筑施工企业工程质量

（1991年）

地区及部门	竣工产值（万元）	验收鉴定的单位工程（个）	#优良品	验收鉴定的单位工程优良品率（%）	验收鉴定的房屋建筑面积（万平方米）	#优良品	验收鉴定的房屋建筑面积优良品率（%）
全国	8 043 036	114 741	47 602	41.5	9 270.9	3 427.7	37.0
一、地方所属单位合计	4 911 842	72 739	22 025	30.3	7 563.9	2 652.3	35.1
北京	473 471	3 778	675	17.9	512.9	218.4	42.6
天津	125 942	1 328	348	26.2	185.8	82.8	44.6
河北	202 681	4 444	1 415	31.8	394.6	130.8	33.1
山西	117 974	2 217	660	29.8	192.1	57.7	30.0
内蒙古	93 632	1 941	472	24.3	155.5	41.2	26.5
辽宁	459 659	4 883	1 524	31.2	603.1	253.6	42.0
吉林	229 995	3 211	703	21.9	364.9	106.7	29.2
黑龙江	295 723	5 023	1 208	24.0	379.9	149.0	39.2
上海	295 840	2 688	1 325	49.3	389.0	182.0	46.8
江苏	202 320	3 955	1 627	41.1	318.6	160.0	50.2
浙江	120 676	2 035	543	26.7	159.8	59.8	37.4
安徽	87 869	1 862	379	20.4	225.7	27.0	12.0
福建	92 054	1 642	574	35.0	126.1	29.4	23.3
江西	65 802	1 750	228	13.0	167.5	40.2	24.0
山东	149 600	1 636	567	34.7	219.7	99.0	45.1
河南	150 051	2 295	644	28.1	269.5	77.8	28.9
湖北	152 809	2 061	402	19.5	327.7	72.7	22.2
湖南	120 038	2 176	602	27.7	198.3	50.4	25.4
广东	372 983	3 318	2 023	61.0	519.4	234.0	45.1
广西	106 064	1 809	495	27.4	192.7	72.3	37.5
海南	53 136	1 842	328	17.8	59.4	18.8	31.6
四川	397 949	5 062	1 636	32.3	599.0	213.4	35.6
贵州	40 930	756	152	20.1	98.9	29.0	29.3
云南	116 499	4 502	2 075	46.1	214.2	77.8	36.3
西藏	11 296	222	69	31.1	60.0	37.0	61.7
陕西	100 007	916	223	24.3	162.5	31.0	19.1
甘肃	87 159	1 208	441	36.5	160.8	44.7	27.8
青海	39 485	761	118	15.5	69.2	10.7	15.5
宁夏	53 902	1 447	162	11.2	74.6	11.9	16.0
新疆	96 296	1 971	407	20.6	162.5	33.2	20.4
二、中央部直属单位合计	3 131 194	42 002	25 577	60.9	1 707.1	775.4	45.4
#中国建筑工程总公司	244 619	1 525	582	38.2	332.9	167.8	50.4
冶金部	305 747	1 385	1 133	81.8	101.0	64.7	64.1
有色金属总公司	137 947	1 717	802	46.7	96.7	57.3	59.3
中国石油化工总公司	92 380	796	740	93.0	15.7	12.8	81.5
能源部	1 311 433	13 315	8 249	62.0	495.0	229.5	46.4
化学工程总公司	66 623	749	577	77.0	22.6	10.1	44.7
水利部	2 270	43	13	30.2	1.6	0.0	0.0
机械电子工业部	10 677	508	317	62.4			
林业部	13 456	346	78	22.5	14.1	6.6	46.8
国家建筑材料工业局	2 936	39	34	87.2			
铁道部	520 622	12 549	11 151	88.9	242.2	168.9	69.7
交通部	176 890	545	457	83.9	9.3	5.7	61.3
邮电部	10 864	254	254	100.0			

13-13 城镇集体所有制建筑施工企业工程质量

（1991年）

地区	竣工产值（万元）	验收鉴定的单位工程（个）	#优良品	验收鉴定的单位工程优良品率（%）	验收鉴定的房屋建筑面积（万平方米）	#优良品	验收鉴定的房屋建筑面积优良品率（%）
全国	**3 947 706**	**107 563**	**22 422**	**20.8**	**10 520.8**	**2 946.4**	**28.0**
北京	253 926	3 512	583	16.6	562.8	160.4	28.5
天津	19 411	305	45	14.8	50.0	13.5	27.0
河北	158 228	5 040	1 144	22.7	548.0	164.0	29.9
山西	34 364	2 087	519	24.9	105.9	21.1	19.9
内蒙古	114 710	4 338	865	19.9	253.8	65.0	25.6
辽宁	515 184	14 520	2 672	18.4	916.7	314.5	34.3
吉林	117 235	3 892	686	17.6	217.8	59.4	27.3
黑龙江	211 445	5 531	1 337	24.2	426.2	150.5	35.3
上海	152 804	2 792	497	17.8	258.1	76.1	29.5
江苏	242 297	6 953	2 315	33.3	609.4	226.7	37.2
浙江	205 370	6 563	1 263	19.2	539.9	150.1	27.8
安徽	74 538	2 499	199	8.0	279.9	24.5	8.8
福建	85 025	1 726	286	16.6	274.8	53.3	19.4
江西	77 954	3 084	433	14.0	338.1	50.2	14.8
山东	179 881	4 166	1 151	27.6	473.7	153.5	32.4
河南	88 849	2 391	556	23.3	328.9	81.3	24.7
湖北	101 192	3 057	460	15.0	372.1	73.2	19.7
湖南	122 284	3 799	391	10.3	378.9	59.8	15.8
广东	598 607	8 409	2 605	31.0	1 586.4	534.1	33.7
广西	53 239	2 327	185	8.0	212.9	27.5	12.9
海南	31 515	826	330	40.0	66.5	28.4	42.7
四川	254 374	8 051	2 251	28.0	927.0	302.8	32.7
贵州	45 186	1 917	198	10.3	181.5	34.8	19.2
云南	36 530	2 077	207	10.0	125.3	21.6	17.2
西藏	1 943	150	51	34.0	6.1	2.3	37.7
陕西	41 366	1 169	253	21.6	134.0	38.2	28.5
甘肃	36 791	1 739	310	17.8	100.1	23.1	23.1
青海	10 821	385	36	9.4	23.8	2.6	10.9
宁夏	23 450	1 118	105	9.4	59.4	10.6	17.8
新疆	59 187	3 140	489	15.6	162.8	22.9	14.1

13-14 全民所有制建筑施工企业净产值

（1991年）　　　　单位：万元

地区及部门	合计	净产值及其构成					
		利润	税金	工资	职工福利基金	利息	其他
全国	3 268 635	234 174	335 266	1 724 685	144 664	118 301	711 545
一、地方所属单位合计	1 880 979	110 978	200 223	1 006 324	85 066	75 586	402 802
北京	154 969	9 864	18 683	79 457	5 685	5 217	36 063
天津	42 149	-755	4 301	26 440	1 407	653	10 103
河北	70 925	4 034	7 990	40 224	3 458	2 360	12 859
山西	60 340	1 297	8 053	31 194	3 005	3 741	13 050
内蒙古	47 262	1 107	5 419	26 975	2 415	2 602	8 744
辽宁	170 963	11 137	16 808	88 006	7 244	7 548	40 220
吉林	83 103	9 048	9 354	44 315	3 978	4 539	11 869
黑龙江	114 852	11 631	11 132	59 689	6 051	5 138	21 211
上海	83 803	-9044	12 235	49 307	2 628	3 328	25 149
江苏	77 995	7 188	8 617	42 104	3 629	1 805	14 652
浙江	41 776	2 398	4 292	23 604	2 301	507	8 674
安徽	32 643	-1091	3 245	19 905	1 402	1 511	7 671
福建	39 591	3 093	4 179	22 102	1 239	1 716	7 262
江西	30 548	2 106	3 385	16 364	1 118	1 492	6 083
山东	65 671	7 650	8 013	30 405	2 501	2 319	14 783
河南	55 030	4 396	4 933	27 864	2 284	2 621	12 932
湖北	66 706	1 466	5 396	32 158	2 573	3 684	21 429
湖南	48 216	3 340	4 644	25 247	2 000	2 245	10 740
广东	159 293	17 247	17 610	84 680	8 766	3 531	27 459
广西	46 548	5 360	4 712	23 945	1 913	1 778	8 840
海南	12 500	2 216	1 043	6 865	697	95	1 584
四川	142 444	9 647	13 892	78 596	7 056	4 088	29 165
贵州	17 974	403	1 396	10 277	775	741	4 382
云南	49 106	3 655	4 375	26 558	2 437	921	11 160
西藏	4 880	582	457	3 057	474	88	222
陕西	41 706	-346	4 099	20 443	2 155	3 650	11 795
甘肃	41 036	1 623	3 785	23 007	1 840	2 463	8 318
青海	17 282	418	1 774	9 795	906	1 318	3 071
宁夏	17 095	487	1 487	10 048	848	1 101	3 124
新疆	44 573	821	4 914	23 693	2 081	2 876	10 188
二、中央部直属单位合计	1 387 656	123 196	135 043	718 361	59 598	42 175	308 743
#中国建筑工程总公司	114 561	5 868	12 278	55 514	3 304	4 286	33 311
冶金部	126 303	13 201	12 379	63 428	4 958	3 681	28 656
有色金属总公司	73 020	5 000	7 044	35 719	3 332	3 322	18 603
中国石油化工总公司	28 215	4 981	4 620	12 757	1 018	306	4 533
能源部	613 592	54 602	57 638	327 243	27 312	16 285	130 512
化学工程总公司	38 821	5 369	5 042	17 966	1 314	679	845
水利部	1 026	-21	109	538	47	27	326
机械电子工业部	5 721	884	639	2 402	224	256	1 316
林业部	7 436	537	380	4 143	544	288	1 544
国家建筑材料工业局	4 290	601	698	1 795	181	125	890
铁道部	283 431	12 408	22 284	161 027	10 697	11 062	65 953
交通部	65 759	6 763	7 888	35 562	2 084	714	12 748
邮电部	5 593	902	415	2 666	179	82	1 349

13-15 城镇集体所有制建筑施工企业净产值

（1991年）

单位 万元

地区	合计	净产值及其构成					
		利润	税金	工资	职工福利基金	利息	其他
全国	**1 445 477**	**116 897**	**185 421**	**863 838**	**68 339**	**31 545**	**179 437**
北京	99 780	12 552	14 126	57 860	4 012	887	10 343
天津	4 925	152	801	3 139	184	172	477
河北	56 878	4 641	7 903	35 632	2 766	1 176	4 760
山西	13 746	463	1 651	8 805	704	634	1 489
内蒙古	41 350	1 861	4 988	27 010	2 363	776	4 352
辽宁	202 463	20 411	26 284	116 857	9 467	3 406	26 038
吉林	38 852	2 746	4 764	24 920	2 197	800	3 425
黑龙江	78 398	4 726	9 606	48 909	4 701	1 733	8 723
上海	65 525	7 513	8 102	38 517	2 750	1 104	7 539
江苏	105 555	8 830	12 689	60 582	5 687	1 369	16 398
浙江	73 675	6 918	9 387	44 350	2 986	1 134	8 900
安徽	26 530	407	2 959	16 804	1 756	865	3 739
福建	29 385	2 126	4 109	17 663	950	216	4 321
江西	26 967	1 041	3 400	17 506	1 412	784	2 824
山东	69 027	7 941	9 463	33 208	3 106	2 374	12 935
河南	29 521	2 283	3 867	17 505	1 555	971	3 340
湖北	34 854	2 234	4 192	20 634	1 901	1 540	4 353
湖南	41 768	2 842	5 050	24 947	2 064	1 366	5 499
广东	194 572	14 526	26 636	115 385	7 857	5 415	24 753
广西	19 049	1 416	3 065	11 753	782	245	1 788
海南	9 379	1 103	1 148	5 860	297	192	779
四川	89 932	6 177	9 933	56 510	3 831	1 810	11 671
贵州	17 918	612	2 125	12 019	1 040	181	1 941
云南	13 327	729	1 684	8 737	594	299	1 284
西藏	1 108	242	57	636	23	2	148
陕西	15 249	-452	1 814	9 497	689	1 128	2 573
甘肃	14 176	635	1 614	8 799	746	427	1 955
青海	3 924	-86	339	3 100	196	103	272
宁夏	6 864	386	955	4 181	489	195	658
新疆	20 780	1 922	2 710	12 513	1 234	241	2 160

13-16 按主管系统分的全民所有制建筑施工企业个数、人数和产值

(1991年)

系统	施工单位个数(个)	年末全部职工人数(万人)	总产值(万元)	#施工产值	#建安附属生产外销构件产值	#建安附属勘察设计产值	净产值(万元)
全国总计	4 638	638.91	10 624 792	10 347 107	270 097	7 588	3 268 635
建设部系统	1 868	298.50	5 013 074	4 876 834	134 036	2 204	1 492 488
冶金系统	124	49.40	762 047	724 663	36 290	1 094	266 743
有色系统	47	15.44	203 862	200 372	3 329	161	76 213
煤炭系统	220	39.56	525 418	511 658	13 709	51	186 519
石油系统	66	14.11	395 355	381 791	13 423	141	112 512
化工系统	70	11.64	198 212	194 370	3 706	136	66 779
石化系统	27	6.72	186 796	174 816	11 980		55 186
水电系统	422	68.23	1 180 977	1 161 092	19 056	829	384 892
机械系统	59	2.37	40 169	38 215	1 702	252	12 574
林业系统	204	9.43	95 890	94 288	1 567	35	35 404
国防系统	35	6.18	84 269	82 518	1 718	32	28 581
建材系统	51	1.94	28 259	27 778	432	49	7 745
轻纺系统	51	2.10	26 310	25 436	513	361	8 704
铁道系统	172	46.93	831 693	821 616	9 670	407	239 571
交通系统	212	23.98	505 404	498 348	6 378	678	136 396
邮电系统	46	1.87	70 554	68 410	1 570	574	15 127
农牧系统	653	28.97	323 568	315 336	8 071	161	100 037
商业系统	57	1.41	23 859	23 271	587	1	6 234
广播系统	2	0.04	749	682	67		254
公安系统	45	2.55	25 967	25 095	698	174	6 227
其　　他	207	7.54	102 360	100 518	1 595	248	30 449

13-17 按主管系统分的城镇集体所有制建筑施工企业个数、人数和产值

(1991年)

系统	施工单位个数(个)	年末全部职工人数(万人)	总产值(万元)	施工产值	建安附属生产外销构件产值	建安附属勘察设计产值	净产值(万元)
全国总计	9 187	419.36	5 018 501	4 897 282	117 876	3 343	1 445 477
建设部系统	5 421	293.04	3 600 767	3 510 932	87 203	2 632	1 014 513
冶金系统	239	11.29	113 707	112 226	1 346	135	41 600
有色系统	42	1.65	15 747	15 389	358		6 011
煤炭系统	150	6.11	57 293	53 925	3 361	7	18 220
石油系统	41	1.23	20 324	19 569	755		6 809
化工系统	67	2.37	33 781	33 332	421	28	10 098
石化系统	19	1.46	26 723	26 628	95		9 026
水电系统	284	8.73	127 446	122 717	4 521	208	38 694
机械系统	125	4.21	38 209	37 004	1 201	4	12 905
林业系统	68	1.42	11 952	11 924	28		3 950
国防系统	42	1.37	11 880	11 286	585	9	3 241
建材系统	55	1.44	17 266	16 838	428		4 447
轻纺系统	329	11.11	122 208	115 422	6 714	72	34 080
铁道系统	263	8.23	85 643	84 430	1 107	106	25 723
交通系统	123	2.89	28 752	28 307	432	13	8 109
邮电系统	15	0.21	3 427	3 427			793
农牧系统	211	20.30	269 368	265 673	3 695		76 482
商业系统	120	2.28	27 997	27 764	233		7 323
广播系统	2	0.02	376	376			88
公安系统	11	0.22	2 497	2 477	20		845
其　　他	1 560	39.78	403 138	397 636	5 373	129	122 520

13-18 全民所有制建筑施工企业技术装备

（1991年）

地区及部门	年底自有机械设备总功率（万千瓦）	年底自有机械设备价值		技术装备率（元/人）		动力装备率（千瓦/人）	
		原值（万元）	净值（万元）	全部职工	工人	全部职工	工人
全国	3 248.9	3 486 828	2 213 621	3 465	4 737	5.1	7.0
一、地方所属单位合计	1 587.1	1 544 884	984 849	2 518	3 376	4.1	5.4
北京	103.2	122 597	70 292	2 548	3 523	3.7	5.2
天津	41.9	47 718	27 722	2 697	4 428	4.1	6.7
河北	81.6	65 671	41 143	2 326	3 059	4.6	6.1
山西	56.9	53 636	33 984	2 582	3 504	4.3	5.9
内蒙古	45.4	40 011	27 391	2 621	3 623	4.3	6.0
辽宁	137.4	140 815	92 007	2 940	4 011	4.4	6.0
吉林	76.1	71 222	47 010	2 834	3 690	4.6	6.0
黑龙江	103.0	79 671	53 316	2 123	2 822	4.1	5.5
上海	66.3	96 145	56 945	4 070	6 265	4.7	7.3
江苏	64.0	68 426	45 006	2 848	3 887	4.1	5.5
浙江	43.8	46 830	31 290	3 729	5 031	5.2	7.0
安徽	34.3	33 258	20 914	2 085	2 774	3.4	4.5
福建	26.4	25 251	15 871	2 284	3 168	3.8	5.3
江西	24.9	18 395	11 929	1 415	1 867	3.0	3.9
山东	40.6	45 764	30 446	2 835	3 839	3.8	5.1
河南	72.8	47 105	32 987	2 220	2 919	4.9	6.4
湖北	54.9	50 174	32 222	1 995	2 661	3.4	4.5
湖南	36.4	37 419	23 935	2 254	3 003	3.4	4.6
广东	96.0	102 820	64 411	2 764	3 504	4.1	5.2
广西	39.8	34 502	22 379	2 270	2 992	4.0	5.3
海南	7.7	9 487	6 906	2 530	2 914	2.8	3.2
四川	112.7	110 048	72 124	2 095	2 690	3.3	4.2
贵州	16.4	15 372	10 092	1 828	2 203	3.0	3.6
云南	46.6	40 523	23 854	1 973	2 576	3.9	5.0
西藏	6.7	7 814	4 380	5 544	7 300	8.5	11.2
陕西	39.0	36 847	22 909	2 213	3 169	3.8	5.4
甘肃	38.9	32 670	20 777	2 410	3 029	4.5	5.7
青海	18.1	13 416	8 313	2 664	3 583	5.8	7.8
宁夏	18.7	14 531	10 605	2 507	3 156	4.4	5.6
新疆	41.6	36 746	23 689	2 957	4 042	5.2	7.1
二、中央部直属单位合计	1 661.8	1 941 944	1 228 772	4 960	7 000	6.7	9.5
#中国建筑工程总公司	68.4	75 418	41 881	2 314	3 334	3.8	5.4
冶金部	109.1	138 208	79 443	3 481	5 579	4.8	7.7
有色金属总公司	68.0	65 740	38 951	2 641	3 749	4.6	6.5
中国石油化工总公司	14.9	22 541	13 336	4 129	6 505	4.6	7.3
能源部	829.9	903 838	595 828	5 683	8 022	7.9	11.2
化学工程总公司	29.4	38 740	20 846	3 207	5 134	4.5	7.2
水利部	4.0	3 351	2 607	9 311	11 850	14.3	18.2
机械电子工业部	4.7	4 432	3 058	3 398	4 932	5.2	7.6
林业部	12.9	9 688	5 832	3 204	4 592	7.1	10.2
国家建筑材料工业局	6.2	7 360	4 348	7 497	11 751	10.7	16.8
铁道部	334.8	339 154	228 626	3 867	5 908	5.7	8.7
交通部	127.1	344 562	198 917	22 527	34 415	14.4	22.0
邮电部	2.3	2 616	1 595	2 532	4 197	3.7	6.1

13-19 城镇集体所有制建筑施工企业技术装备

(1991年)

地区	年底自有机械设备总功率(万千瓦)	年底自有机械设备价值		技术装备率(元/人)		动力装备率(千瓦/人)	
		原值(万元)	净值(万元)	全部职工	工人	全部职工	工人
全国	1 001.3	735 433	508 530	1 213	1 418	2.4	2.8
北京	38.8	41 983	27 907	1 120	1 266	1.6	1.8
天津	4.3	3 230	1 708	1 186	1 447	3.0	3.6
河北	53.8	35 445	27 296	1 422	1 594	2.8	3.1
山西	12.3	8 445	5 853	1 178	1 368	2.5	2.9
内蒙古	33.3	20 684	14 037	1 212	1 395	2.9	3.3
辽宁	157.1	111 631	78 136	1 501	1 734	3.0	3.5
吉林	26.8	20 851	14 747	1 414	1 608	2.6	2.9
黑龙江	65.0	47 638	33 935	1 426	1 672	2.7	3.2
上海	22.7	25 075	15 642	1 256	1 435	1.8	2.1
江苏	71.4	46 368	32 725	1 136	1 500	2.5	3.3
浙江	40.1	37 120	26 720	1 315	1 540	2.0	2.3
安徽	18.8	12 782	8 755	751	892	1.6	1.9
福建	19.8	10 191	6 079	759	922	2.5	3.0
江西	20.9	12 851	8 719	752	888	1.8	2.1
山东	40.7	36 291	24 256	1 455	1 750	2.4	2.9
河南	29.3	18 671	12 941	965	1 083	2.2	2.5
湖北	34.4	20 034	13 473	944	1 087	2.4	2.8
湖南	28.9	18 800	11 572	862	1 012	2.2	2.5
广东	119.9	94 172	66 558	1 480	1 746	2.7	3.1
广西	13.4	8 636	5 777	860	961	2.0	2.2
海南	10.2	6 598	5 237	1 522	1 793	3.0	3.5
四川	60.2	47 390	32 429	978	1 115	1.8	2.1
贵州	10.4	7 152	5 186	626	715	1.3	1.4
云南	10.2	7 232	4 594	939	1 091	2.1	2.4
西藏	0.3	348	220	688	759	0.9	1.0
陕西	15.5	9 626	6 464	1 107	1 344	2.7	3.2
甘肃	15.9	9 370	6 145	1 305	1 544	3.4	4.0
青海	3.6	2 018	1 424	1 139	1 295	2.9	3.3
宁夏	4.5	3 127	2 179	1 112	1 329	2.3	2.7
新疆	18.9	11 674	7 816	1 625	1 935	3.9	4.7

13-20 按主管系统分的全民所有制建筑施工企业技术装备情况

(1991年)

系统	年底自有机械设备价值(万元)		年底自有机械设备总功率(万千瓦)	#施工机械设备功率	全部职工技术装备率(元/人)	全部职工动力装备率(千瓦/人)
	原值	净值				
全国总计	3 486 828	2 213 621	3 248.9	2 036.3	3 465	5.1
建设部系统	1 003 992	606 874	991.6	459.7	2 033	3.3
冶金系统	301 039	180 505	255.6	180.6	3 654	5.2
有色系统	70 171	42 313	110.2	52.1	2 740	7.1
煤炭系统	179 189	112 925	246.6	203.0	2 855	6.2
石油系统	149 029	89 260	152.8	62.0	6 326	10.8
化工系统	66 147	37 389	56.6	33.5	3 212	4.9
石化系统	45 297	27 927	33.8	16.2	4 156	5.0
水电系统	721 566	493 909	597.0	426.6	7 239	8.7
机械系统	11 208	7 299	12.1	8.1	3 080	5.1
林业系统	37 770	24 691	54.5	43.0	2 618	5.8
国防系统	29 110	18 581	31.4	17.5	3 007	5.1
建材系统	9 142	5 894	9.5	6.0	3 038	4.9
轻纺系统	10 966	7 231	9.3	5.6	3 443	4.4
铁道系统	272 750	183 516	283.2	233.3	3 910	6.0
交通系统	479 799	309 348	275.9	206.3	12 900	11.5
邮电系统	6 976	4 586	7.3	5.4	2 452	3.9
农牧系统	56 521	36 105	78.3	48.8	1 246	2.7
商业系统	4 352	3 226	5.7	3.5	2 288	4.0
广播系统	124	80	0.2	0.1	2 000	5.0
公安系统	5 250	3 620	6.5	4.1	1 420	2.5
其他	26 430	18 342	30.8	20.9	2 433	4.1

13-21 按主管系统分的城镇集体所有制建筑施工企业技术装备情况

(1991年)

系统	年底自有机械设备价值(万元)		年底自有机械设备总功率(万千瓦)	#施工机械设备功率	全部职工技术装备率(元/人)	全部职工动力装备率(千瓦/人)
	原值	净值				
全国总计	735 433	508 530	1 001.3	744.2	1 213	2.4
建设部系统	487 423	334 057	674.3	500.4	1 140	2.3
冶金系统	21 642	14 640	29.8	21.0	1 297	2.6
有色系统	3 599	2 352	4.2	3.1	1 425	2.5
煤炭系统	11 867	7 857	18.2	12.9	1 286	3.0
石油系统	6 226	3 890	9.7	5.5	3 163	7.9
化工系统	6 747	4 662	8.4	6.8	1 967	3.5
石化系统	4 999	3 192	5.5	4.8	2 186	3.8
水电系统	26 254	19 681	41.6	29.8	2 254	4.8
机械系统	10 316	6 897	13.1	8.5	1 638	3.1
林业系统	2 776	2 085	4.8	4.2	1 468	3.4
国防系统	3 068	2 097	4.2	2.9	1 531	3.1
建材系统	2 884	2 105	4.4	3.8	1 462	3.1
轻纺系统	18 274	12 003	23.2	18.2	1 080	2.1
铁道系统	14 675	10 368	19.8	14.7	1 260	2.4
交通系统	8 064	5 534	10.2	8.0	1 915	3.5
邮电系统	337	280	1.8	1.4	1 333	8.6
农牧系统	37 117	26 075	32.9	26.7	1 284	1.6
商业系统	3 548	2 729	4.3	3.5	1 197	1.9
广播系统	40	32			1 600	
公安系统	557	405	0.8	0.7	1 841	3.6
其他	65 020	47 589	90.1	67.3	1 196	2.3

13-22 全民所有制建筑施工企业固定资产和流动资金

（1991年）

地区与部门	年底拥有固定资产（万元）		定额流动资金平均占用额	每百元产值占用定额流动资金	资金利润率
	原值	净值	（万元）	（元）	（%）
全国	6 093 634	4 245 837	3 674 945	34.6	2.0
一、地方所属单位合计	2 860 259	2 000 113	2 329 426	36.8	1.6
北京	208 039	134 505	221 463	41.8	2.1
天津	135 879	107 786	69 608	35.3	-1.0
河北	112 602	80 181	85 958	32.9	2.1
山西	99 484	68 647	90 622	47.0	0.3
内蒙古	75 834	54 368	53 642	34.9	0.5
辽宁	256 806	181 610	221 113	39.4	2.3
吉林	137 395	98 152	96 787	34.4	5.2
黑龙江	156 656	109 460	100 163	27.6	4.1
上海	139 538	89 026	136 946	33.3	-6.9
江苏	129 828	92 425	103 031	39.6	3.0
浙江	80 150	59 045	47 651	29.4	1.8
安徽	59 680	39 157	45 132	39.6	-2.4
福建	46 923	32 756	49 069	40.0	4.1
江西	35 319	24 228	43 501	46.2	2.9
山东	97 163	71 572	65 154	32.0	4.8
河南	86 731	63 010	65 791	36.2	1.4
湖北	90 430	62 980	84 419	42.9	-0.1
湖南	71 259	48 422	60 053	44.1	0.9
广东	169 537	117 019	236 323	42.1	6.0
广西	58 780	41 112	47 800	32.7	4.9
海南	16 368	12 243	11 925	28.1	5.1
四川	195 765	136 821	135 128	30.7	1.3
贵州	26 457	18 447	16 008	30.8	-1.5
云南	75 223	49 312	43 592	26.3	1.0
西藏	9 806	6 143	2 718	14.9	6.3
陕西	66 365	43 827	53 827	44.8	-4.1
甘肃	70 584	49 895	43 480	36.7	1.2
青海	29 671	19 579	29 052	52.6	-0.6
宁夏	35 741	27 321	17 185	29.1	1.5
新疆	86 246	61 064	52 286	42.6	-1.6
二、中央部直属单位合计	3 233 375	2 245 724	1 345 519	31.3	2.5
#中国建筑工程总公司	130 762	84 004	94 475	27.8	3.4
冶金部	266 351	175 674	115 085	34.4	0.8
有色金属总公司	133 164	90 223	76 945	40.2	-0.2
中国石油化工总公司	63 860	47 963	24 585	27.8	9.8
能源部	1 462 420	1 034 544	609 637	33.6	2.5
化学工程总公司	82 314	54 703	27 421	25.6	5.8
水利部	4 887	3 834	1 523	45.1	-0.9
机械电子工业部	9 207	6 277	4 839	29.5	6.8
林业部	20 268	14 069	11 184	68.9	-2.0
国家建筑材料工业局	13 079	8 722	3 811	34.7	6.3
铁道部	757 492	569 715	340 406	35.4	1.0
交通部	442 454	274 685	64 310	30.5	1.4
邮电部	8 200	5 618	2 599	14.3	10.9

13-23 全民所有制建筑施工企业工程成本构成

指　　标	单　位	1985 年	1987年	1988年	1989年	1990年	1991年
工程成本							
预　算	万元	4 165 001	5 808 649	6 675 034	7 362 664	7 859 336	9 085 196
实　际	万元	3 896 900	5 564 411	6 461 427	7 230 355	7 825 736	9 044 446
降低额	万元	268 101	244 238	213 607	132 309	33 600	40 750
降低率	%	6.4	4.2	3.2	1.8	0.4	0.4
一、直接费							
预　算	万元	3 581 352	5 000 392	5 753 329	6 368 401	6 827 209	7 984 200
实　际	万元	3 313 987	4 722 564	5 457 091	6 090 042	6 576 132	7 715 563
降低额	万元	267 365	277 828	296 238	278 359	251 077	268 637
降低率	%	7.5	5.6	5.1	4.4	3.7	3.4
人工费							
预　算	万元	403 138	544 445	639 562	692 363	759 127	957 021
实　际	万元	416 147	597 114	733 526	827 392	916 359	1 153 061
降低额	万元	-13009	-52669	-93964	-135029	-157232	-196040
降低率	%	-3.2	-9.7	-14.7	-19.5	-20.7	-20.5
材料费							
预　算	万元	2 664 738	3 752 366	4 307 097	4 775 022	5 077 751	5 808 409
实　际	万元	2 438 755	3 470 600	3 969 943	4 399 290	4 696 408	5 379 302
降低额	万元	225 983	281 766	337 154	375 732	381 343	429 107
降低率	%	8.5	7.5	7.8	7.9	7.5	7.4
机械使用费							
预　算	万元	357 382	502 044	552 260	608 779	675 485	807 046
实　际	万元	315 263	464 818	514 638	583 590	657 003	786 981
降低额	万元	42 119	37 226	37 622	25 189	18 482	20 065
降低率	%	11.8	7.4	6.8	4.1	2.7	2.5
其他直接费							
预　算	万元	156 094	201 537	254 410	292 237	314 846	411 724
实　际	万元	143 822	190 032	238 984	279 770	306 362	396 219
降低额	万元	12 272	11 505	15 426	12 467	8 484	15 505
降低率	%	7.9	5.7	6.1	4.3	2.7	3.8
二、施工管理费							
预　算	万元	583 649	808 257	921 705	994 263	1 032 127	1 100 996
实　际	万元	582 913	841 847	1 004 336	1 140 313	1 249 604	1 329 083
降低额	万元	736	-33590	-82631	-146050	-217477	-228087
降低率	%	0.1	-4.2	-9.0	-14.7	-21.1	-20.7

注：本表带“负”号的数字即为超支数

13-24 全民所有制建筑施工企业利润和税金

(1991年)

地区及部门	利润总额(万元)	#工程成本降低额(万元)	税后利润(万元)	上缴税金(万元)	工程成本降低率(%)	产值利润率(%)
全国	158 965	40 750	194 783	320 875	0.4	1.5
一、地方所属单位合计	69 923	-23587	101 797	193 072	-0.4	1.1
北京	7 567	-3943	6 896	15 423	-0.8	1.4
天津	-1848	-5305	717	4 226	-3.0	-0.9
河北	3 409	-1872	3 978	12 925	-0.8	1.3
山西	423	-3081	1 259	6 553	-1.7	0.2
内蒙古	544	68	2 279	5 092	0.1	0.4
辽宁	9 105	-1762	8 842	15 231	-0.4	1.6
吉林	10 089	4 572	6 567	8 943	1.9	3.6
黑龙江	8 660	2 819	7 728	9 981	0.9	2.4
上海	-15532	-22267	3 205	13 957	-7.0	-3.8
江苏	5 825	934	5 605	8 448	0.5	2.2
浙江	1 951	90	4 274	4 400	0.1	1.2
安徽	-2002	-2663	1 022	2 695	-2.7	-1.8
福建	3 366	-741	2 956	4 461	-0.8	2.7
江西	1 987	994	1 557	2 404	1.2	2.1
山东	6 599	2 928	5 191	8 550	1.7	3.2
河南	1 853	-1011	1 871	4 718	-0.7	1.0
湖北	-138	-2636	2 461	3 812	-1.5	-0.1
湖南	1 019	1 461	1 794	4 281	1.2	0.7
广东	21 373	10 821	13 757	19 400	2.3	3.8
广西	4 317	2 846	3 100	4 290	3.0	2.9
海南	1 227	127	1 546	1 013	0.3	2.9
四川	3 515	2 470	6 577	12 955	0.6	0.8
贵州	-522	-663	352	1 282	-1.5	-1.0
云南	967	1 956	2 696	4 144	1.4	0.6
西藏	562	326	157	471	1.9	3.1
陕西	-4049	-3995	1 062	3 282	-3.7	-3.4
甘肃	1 111	-1503	1 489	3 487	-1.5	0.9
青海	-311	-999	843	1 735	-2.1	-0.6
宁夏	660	456	650	1 507	0.9	1.1
新疆	-1804	-4014	1 366	3 406	-3.8	-1.5
二、中央部直属单位合计	89 042	64 337	92 968	127 803	1.7	2.1
#中国建筑工程总公司	6 045	-660	5 082	11 956	-0.2	1.8
冶金部	2 370	4 680	3 238	11 200	1.7	0.7
有色金属总公司	-338	193	2 176	6 737	0.1	-0.2
中国石油化工总公司	7 100	5 346	5 554	4 520	7.3	8.0
能源部	40 502	35 202	53 553	52 602	2.2	2.2
化学工程总公司	4 772	3 659	3 940	4 938	4.1	4.5
水利部	-49	-58		97	-2.2	-1.5
机械电子工业部	758	1 079	567	665	7.4	4.6
林业部	-504	127	53	218	0.9	-3.1
国家建筑材料工业局	788	879	436	698	8.5	7.2
铁道部	9 365	5 039	7 958	23 104	0.6	1.0
交通部	4 620	4 861	3 354	8 114	2.5	2.2
邮电部	896	101	806	347	0.6	4.9

13-25 城镇集体所有制建筑施工企业固定资产、利润和税金

（1991年）

地区	年底拥有固定资产（万元）		利润总额（万元）	税后利润（万元）	上缴税金（万元）	工程成本降低率（%）	产值利润率（%）
	原值	净值					
全国	**1 366 761**	**955 113**	**125 582**	**84 532**	**184 917**	**1.4**	**2.5**
北京	59 547	39 047	15 340	10 097	13 984	2.7	4.6
天津	5 940	3 506	135	85	855	0.9	0.6
河北	57 274	42 696	4 724	3 073	8 044	2.0	2.2
山西	14 835	10 058	512	341	1 580	0.2	1.0
内蒙古	38 629	27 191	1 790	1 865	4 766	1.0	1.2
辽宁	187 416	130 376	22 443	13 660	27 241	2.6	3.6
吉林	35 452	25 362	2 752	1 652	4 936	1.0	2.0
黑龙江	86 364	61 336	5 062	4 055	9 115	0.7	1.8
上海	39 250	24 829	7 162	4 147	8 296	1.8	3.3
江苏	93 008	65 367	6 735	3 510	12 667	2.3	2.0
浙江	75 460	56 692	5 930	7 063	9 872	-2.7	2.2
安徽	27 384	19 418	518	730	2 761	0.3	0.5
福建	23 258	16 501	2 148	1 694	3 921	1.7	2.1
江西	30 303	20 661	1 022	3 408	3 374	1.1	1.0
山东	73 471	50 842	8 548	4 730	9 642	3.6	3.6
河南	36 397	25 996	3 115	1 418	3 845	1.6	2.6
湖北	44 795	30 730	2 604	1 750	3 887	1.9	1.9
湖南	45 896	27 363	3 466	2 125	4 997	1.3	2.3
广东	174 446	126 242	18 001	9 837	26 123	1.8	2.6
广西	20 250	14 210	1 571	971	3 091	1.0	2.2
海南	12 763	10 192	1 524	643	1 068	2.7	4.6
四川	85 361	60 327	6 489	4 236	9 439	-0.7	2.1
贵州	14 762	10 968	654	629	2 107	0.7	1.0
云南	13 941	9 198	707	711	1 645	0.9	1.4
西藏	1 400	1 161	242	59	55	0.1	11.7
陕西	18 805	13 268	-476	267	1 530	-2.0	-0.9
甘肃	15 703	10 969	424	333	1 560	0.4	0.9
青海	8 653	2 635	-63	32	346	0.0	-0.6
宁夏	7 110	5 442	513	290	990	-0.7	1.8
新疆	18 888	12 530	1 990	1 121	3 180	0.7	2.8

13-26 按主管系统分的全民所有制建筑施工企业固定资产、利润及税金

(1991年)

系　　统	年底自有固定资产(万元)		定额流动资金(万元)	利润总额(万元)	税后利润(万元)	上缴税金(万元)	产值利润率(%)	资金利润率(%)
	原　值	净　值						
全国总计	6 093 634	4 245 837	3 674 945	158 965	194 783	320 875	1.5	2.0
建设部系统	1 915 982	1 299 210	1 935 445	45 294	70 816	161 431	0.9	1.4
冶金系统	510 872	339 795	245 538	9 351	10 136	22 220	1.2	1.6
有色系统	139 612	95 650	82 649	155	2 353	7 164	0.1	0.1
煤炭系统	358 307	250 603	164 099	2 890	9 840	14 363	0.6	0.7
石油系统	318 462	222 837	94 026	22 054	17 630	8 029	5.6	7.0
化工系统	129 862	85 303	55 336	7 178	6 475	8 199	3.6	5.1
石化系统	103 797	73 264	50 989	10 840	8 299	7 598	5.8	8.7
水电系统	981 904	703 046	416 251	25 895	29 562	36 875	2.2	2.3
机械系统	20 551	14 233	13 015	957	994	1 608	2.4	3.5
林业系统	74 427	53 121	32 004	1 067	1 521	2 245	1.1	1.3
国防系统	44 575	31 137	30 150	623	1 241	2 621	0.7	1.0
建材系统	16 352	11 330	12 905	-94	476	897	-0.3	-0.4
轻纺系统	25 755	18 184	11 013	-66	337	847	-0.3	-0.2
铁道系统	582 908	436 654	268 351	8 376	10 757	20 282	1.0	1.2
交通系统	674 215	474 720	115 467	11 277	10 216	11 786	2.2	1.9
邮电系统	20 204	14 384	7 764	3 696	3 464	1 407	5.2	16.7
农牧系统	103 512	69 233	88 405	6 314	7 203	8 405	2.0	4.0
商业系统	9 945	7 270	12 680	569	493	937	2.4	2.9
广播系统	385	238	549	90	43	52	12.0	11.4
公安系统	15 224	11 449	7 368	-412	720	799	-1.6	-2.2
其　　他	46 783	34 176	30 941	2 911	2 207	3 110	2.8	4.5

13-27 按主管系统分的城镇集体所有制建筑施工企业固定资产、利润、税金及工程成本

(1991年)

系　　统	年底自有固定资产(万元)		利润总额(万元)	上缴税金(万元)	产值利润率(%)	工程成本(万元)		
	原　值	净　值				预　算	实　际	降低率(%)
全国总计	1 366 761	955 113	125 582	184 917	2.5	4 406 459	4 344 600	1.4
建设部系统	942 407	655 540	75 237	129 227	2.1	3 134 003	3 104 413	0.9
冶金系统	33 413	22 354	5 383	5 173	4.7	105 908	98 406	7.1
有色系统	5 741	3 964	558	670	3.5	14 344	14 118	1.6
煤炭系统	21 139	14 900	334	2 171	0.6	48 822	48 807	0.0
石油系统	8 661	5 766	1 244	779	6.1	18 652	17 448	6.5
化工系统	9 627	6 537	755	1 465	2.2	29 947	28 944	3.3
石化系统	8 004	5 274	1 904	1 515	7.1	24 573	22 670	7.7
水电系统	55 227	41 198	5 877	5 916	4.6	109 844	108 002	1.7
机械系统	15 082	10 143	860	1 553	2.3	33 945	33 598	1.0
林业系统	5 140	3 801	228	350	1.9	11 515	11 443	0.6
国防系统	8 389	3 183	-173	448	-1.5	10 446	10 708	-2.5
建材系统	5 312	3 985	357	507	2.1	15 986	15 426	3.5
轻纺系统	35 848	24 128	1 977	4 078	1.6	102 440	101 403	1.0
铁道系统	24 504	17 354	3 079	3 482	3.6	76 519	74 149	3.1
交通系统	13 310	9 264	1 428	778	5.0	25 142	24 938	0.8
邮电系统	721	582	113	140	3.3	3 050	2 916	4.4
农牧系统	55 985	39 369	12 782	10 219	4.7	247 257	237 536	3.9
商业系统	6 513	5 114	553	910	2.0	25 780	25 490	1.1
广播系统	57	47	20	14	5.3	276	259	6.2
公安系统	904	706	97	77	3.9	2 328	2 275	2.3
其　　他	110 777	81 904	12 969	15 445	3.2	365 682	361 651	1.1

主 要 统 计 指 标 解 释

建筑施工企业 指从事房屋、构筑物建造和设备安装活动的生产单位，包括建筑安装企业和自营施工单位。建筑安装企业是指行政上有独立组织，经济上实行独立核算的企业〔如建筑公司、安装公司、工程公司、工程局(处)等〕。自营施工单位是指附属于现有企业、事业或行政单位内部，主要为建造和修理本单位房屋构筑物的机构或单位。自营施工单位要同时具备下述条件：(1)对内独立核算；(2)有固定组织和施工队伍；(3)全年施工期在半年以上。

农村建筑队 指有固定组织和人员，从事房屋、构筑物修建及设备安装的农村专业队、组。农村建筑队应具备的条件：有固定组织；有核算制度；全年施工期在 3 个月以上并持有当地工商行政管理部门颁发的营业执照。

建筑业总产值 指建筑施工企业在一定时期内所完成的以货币表现的生产总量。是反映建筑业生产规模、水平和成果的综合指标。它包括施工产值、建筑安装附属生产外销构件产值、建筑安装附属勘察设计产值和其他产值等四部分。

(1)**施工产值** 指建筑施工企业自行完成的按工程进度计算的建筑安装生产总值。它包括建筑工程产值，设备安装工程产值，房屋、构筑物修理产值，非标准设备制造产值。

(2)**建筑安装附属生产外销构件产值** 指内部核算的结构件厂、车间为对外销售而生产的预制构件价值。主要包括：围绕建筑施工需要而生产的木、钢门窗、金属构件、混凝土构件、商品混凝土等建筑制品和半成品。

(3)**建筑安装附属勘察设计产值** 指企业内勘察设计机构对外承包完成的科研、勘察、设计等工作而取得的劳务收入。

建筑业净产值 指建筑施工企业在生产活动中新创造的价值。是从建筑业总产值中扣除原材料、燃料、结构件、固定资产折旧等物质消耗以后的价值。现行净产值是用“分配法”计算的，即将利润、税金、工资、职工福利基金、利息和其他费用等相加，来求得建筑业净产值。

年底自有机械设备价值 指年底本单位自有施工机械、生产设备、运输设备的价值，分别按原值和净值计算，不包括非生产用的机械设备价值。

利润总额 指建筑施工企业在一定时期内所实现的利润。它包括工程结算利润、产品销售利润、作业销售利润、材料销售利润及其他销售利润、营业外收支差额。

定额流动资金 指在财务计划中按照计划任务和实际需要确定其正常占用的那部分流动资金，包括建筑材料、结构件、机械配件、其他材料、低值易耗品、未完施工及其应收工程款等。

资金利润率 指在一定时期内建筑施工企业已实现的利润总额和资金占用额的比率。计算方法是：利润总额除以固定资产期末净值和定额流动资金平均占用额之和。资金利润率反映每百元资金所提供的利润额。它是考察和评价部门或建筑施工企业经营活动效果的一个综合性指标。

产值利润率 指在一定时期内建筑施工企业已实现的利润与其总值的比率。计算方法是：利润总额除以总值。产值利润率表明每百元产值可提供的利润额。利用这个指标进行动态对比，可以反映一定时期内建筑施工企业经济效果的大小。

产品销售收入和劳务收入　指建筑施工企业在一定时期内为社会提供物质产品和劳务活动总成果的货币表现。它包括工程价款收入、产品销售收入、作业销售收入、材料销售收入与成本差额、其他劳务收入。

(1)工程价款收入　是指建筑安装企业和自营施工单位按工程的分部分项自行完成的建筑产品价值并向建设单位办理结算手续的工程价款收入。

(2)产品销售收入　是指建筑安装企业内部附属的工业生产单位销售的建筑制品、建筑机具和工业性作业价值。

(3)作业销售收入　是指建筑安装企业内部附属的运输单位、机械单位完成的属于流通领域的运输服务收入和施工机械租赁价值。

(4)材料销售收入与成本差额　是指建筑安装企业内部附属的材料供应部门销售材料所得的销售收入减去销售成本后的余额。

(5)其他劳务收入　是指建筑安装企业内部附属的其他生产单位提供的科研和技术以及其他劳务收入。

十四
商业

14-1 社会商业、饮食业、服务业机构和人员

（年底数）

项　　目	1957年	1965年	1978年	1980年	1985年	1989年	1990年	1991年
一、机构（万个）	282.0	147.6	151.7	236.9	1 114.5	1 193.0	1 241.3	1 317.3
（一）商业	207.0	107.1	131.0	181.0	825.8	896.2	926.3	980.8
1. 企业管理机构	2.0	3.7	7.0	8.4	11.9	13.7	14.0	14.3
#兼营业务的			2.9	3.5	5.4	5.8	5.9	5.9
2. 企业经营机构	204.3	101.9	122.1	170.4	811.7	879.9	909.7	963.9
（1）农副产品采购机构	9.0	9.0	12.1	15.1	22.1	22.6		
（2）工业品批发机构		3.3	3.7	4.5	6.7	9.9		
（3）零售机构	195.3	88.1	104.8	146.3	778.3	841.3	871.0	924.1
（4）其他机构		1.5	1.5	4.5	4.6	6.1		
3. 仓储运输机构	0.7	1.5	1.9	2.2	2.2	2.6	2.6	2.6
（二）饮食业	47.0	21.7	11.7	29.9	135.3	143.6	151.1	160.5
（三）服务业	28.0	18.8	9.0	26.0	153.4	153.2	163.9	176.0
二、人员（万人）	871.5	707.3	937.8	1 395.9	3 138.1	3 543.1	3 638.9	3 819.5
（一）商业	679.0	531.3	777.4	1 106.8	2 407.9	2 746.7	2 821.4	2 954.7
1. 企业管理机构		60.6	118.3	170.1	231.9	240.4	246.8	255.0
#兼营业务的			45.3	69.2	89.2	93.9	95.9	95.3
2. 企业经营机构	668.4	447.2	608.0	881.8	2 113.6	2 437.2	2 502.8	2 624.8
（1）农副产品采购机构	99.5	48.5	88.5	130.3	165.8	187.9		
（2）工业品批发机构		43.3	69.7	70.9	106.7	155.0		
（3）零售机构	568.9	335.9	447.4	637.7	1 796.0	2 033.0	2 091.5	2 198.7
（4）其他机构		19.5	2.4	42.9	45.1	61.3		
3. 仓储运输机构	10.6	23.5	51.1	54.9	62.4	69.1	71.8	74.9
（二）饮食业	115.5	102.0	104.4	176.5	376.4	407.6	414.8	438.5
（三）服务业	77.0	74.0	56.0	112.6	353.8	388.9	402.7	426.3

注：1. 本表商业企业管理机构和人员包括饮食、服务业。

2. 1957年工业品批发机构包括在农副产品采购机构内。

14-2 社会零售商业、饮食业、服务业分经济类型机构和人员

（年底数）

项　　目	1952年	1957年	1965年	1978年	1980年	1985年	1989年	1990年	1991年
一、机构（万个）	**550.0**	**270.3**	**128.6**	**125.5**	**202.2**	**1 067.0**	**1 138.0**	**1 186.0**	**1 260.6**
1. 零售商业	420.0	195.3	88.1	104.8	146.3	778.3	841.3	871.0	924.1
（1）全民所有制	2.9	12.0	8.6	4.9	12.7	22.9	26.7	28.0	29.0
（2）集体所有制	10.1	123.3	50.9	89.1	95.8	136.2	125.1	119.5	117.6
（3）合营		18.70			0.03	0.30	0.20	0.20	0.20
（4）个体	407.0	41.3	28.6	10.8	37.8	618.9	689.2	723.2	777.3
2. 饮食业	85.0	47.0	21.7	11.7	29.9	135.3	143.6	151.1	160.5
（1）全民所有制	0.1	0.1	1.3	2.8	2.4	3.0	3.0	3.1	3.1
（2）集体所有制		31.9	9.7	5.3	11.0	14.9	13.0	12.1	11.8
（3）合营		3.20			0.02	0.04	0.04	0.04	0.05
（4）个体	84.9	11.8	10.7	3.6	16.5	117.4	127.5	135.9	145.5
3. 服务业	45.0	28.0	18.8	9.0	26.0	153.4	153.2	163.9	176.0
（1）全民所有制	1.0	3.3	2.9	2.6	2.4	3.4	3.7	3.8	3.9
（2）集体所有制		9.7	7.3	3.0	9.3	15.9	14.7	13.7	13.3
（3）合营					0.02	0.10	0.10	0.10	0.10
（4）个体	44.0	15.0	8.6	3.4	14.3	134.0	134.7	146.3	158.7
二、人员（万人）	**952.9**	**761.4**	**511.9**	**607.8**	**926.8**	**2 526.2**	**2 829.4**	**2 908.9**	**3 063.6**
1. 零售商业	709.5	568.9	335.9	447.4	637.7	1 796.0	2 033.0	2 091.5	2 198.7
（1）全民所有制	49.3	179.4	103.2	97.6	193.7	290.8	351.7	370.7	388.3
（2）集体所有制	70.7	258.6	199.2	336.2	396.4	665.4	684.6	668.7	672.3
（3）合营		84.2			0.3	2.9	3.4	3.4	3.6
（4）个体	589.5	46.7	33.5	13.6	47.3	836.9	993.3	1 048.6	1 134.5
2. 饮食业	145.4	115.5	102.0	104.4	176.5	376.4	407.6	414.8	438.5
（1）全民所有制	0.4	6.4	26.0	60.6	54.6	52.3	52.8	52.0	54.2
（2）集体所有制		73.4	63.5	36.5	97.1	116.2	102.6	92.6	90.6
（3）合营		21.8			0.2	2.1	4.3	4.2	4.7
（4）个体	145.0	13.9	12.5	7.3	24.6	205.8	247.9	266.0	289.0
3. 服务业	98.0	77.0	74.0	56.0	112.6	353.8	388.9	402.7	426.3
（1）全民所有制	7.0	23.4	25.7	40.5	40.0	58.3	72.3	76.7	80.3
（2）集体所有制		35.9	38.3	10.2	54.6	112.7	120.8	112.5	110.7
（3）合营					0.2	3.8	11.2	12.3	13.9
（4）个体	91.0	17.7	10.0	5.3	17.8	179.1	184.5	201.2	221.4

注：本表集体所有制中均包括供销合作社；合营1957年是公私合营，1980年以后包括各种不同经济类型的合营和中外合营；个体1952年、1957年包括私营。

14-3 社会商业分经济类型机构和人员

单位：机构：万个
人员：万人

（1991年底）

项目	合计		市		县		县以下	
	机构	人员	机构	人员	机构	人员	机构	人员
总计	**979.8**	**2 944.9**	**231.5**	**1 113.4**	**148.1**	**573.2**	**600.2**	**1 258.3**
一、企业管理机构	**13.3**	**245.1**	**3.4**	**96.3**	**4.6**	**83.4**	**5.3**	**65.4**
（一）全民所有制	6.4	151.5	1.8	69.4	3.0	58.4	1.6	23.7
#兼营业务的	2.9	59.6	0.7	23.9	1.3	23.7	0.9	11.9
（二）集体所有制	6.9	93.6	1.6	26.8	1.6	25.1	3.7	41.7
#兼营业务的	3.0	35.7	0.4	7.9	0.7	10.1	1.9	17.7
1. 供销合作社	4.7	80.1	0.7	19.3	1.1	21.8	2.9	39.0
#兼营业务的	3.0	35.7	0.4	7.9	0.7	10.1	1.9	17.7
2. 其他集体所有制	2.2	13.5	0.9	7.5	0.9	3.3	0.7	2.7
二、企业经营机构	**963.9**	**2 624.8**	**227.3**	**973.8**	**142.6**	**471.5**	**594.0**	**1 179.5**
（一）全民所有制	45.5	663.7	15.2	339.7	12.6	177.0	17.7	147.0
1. 农副产品采购机构	10.2	139.8	1.0	30.7	1.3	24.2	7.9	84.9
2. 工业品批发机构	4.6	102.0	1.6	59.6	2.0	34.1	1.0	8.3
3. 零售机构	29.0	388.3	12.0	232.4	8.7	106.8	8.3	49.1
#国家所有、集体经营	2.7	42.1	1.1	23.8	1.0	13.5	0.6	4.8
#租赁给经营者经营	0.9	10.3	0.5	7.5	0.3	2.0	0.1	0.8
4. 其他经营机构	1.8	33.6	0.6	17.1	0.7	11.8	0.5	4.7
（二）集体所有制	136.4	816.3	33.7	371.7	13.2	121.5	89.5	323.1
按集体所有制类别分：								
1. 供销合作社	63.0	325.4	5.6	70.5	5.2	57.4	52.2	197.5
（1）农副产品采购机构	6.3	45.7	0.6	11.0	0.7	11.8	5.0	22.9
（2）工业品批发机构	3.9	35.6	0.6	11.1	1.0	12.8	2.3	11.6
（3）零售机构	48.6	213.6	3.7	36.1	2.8	25.3	42.1	152.2
（4）其他经营机构	4.2	30.5	0.7	12.2	0.6	7.4	2.9	10.9
2. 其他集体所有制	73.4	490.8	28.0	301.1	8.1	64.1	37.3	125.6
#零售机构	68.9	490.8	26.3	301.1	7.5	64.1	35.1	125.6
#由全民转为集体所有制	0.10	1.90	0.07	1.60	0.03	0.20		0.10
#农村代购代销店	14.60	18.20	0.50	1.00	0.10	0.20	14.00	17.00
（三）合营	0.30	4.90	0.20	4.10		0.50	0.10	0.30
#中外合营	0.03	1.20	0.03	1.20		0.00		0.00
#零售机构	0.20	3.60	0.10	3.20		0.20	0.10	0.20
（四）个体	781.7	1 139.8	178.3	258.4	116.7	172.4	486.7	709.0
三、仓储运输机构	**2.6**	**74.9**	**0.8**	**43.3**	**0.9**	**18.2**	**0.9**	**13.4**
（一）全民所有制	1.5	62.4	0.5	36.4	0.6	14.6	0.4	11.4
（二）集体所有制	1.1	12.5	0.3	7.0	0.3	3.6	0.6	1.9
1. 供销合作社	1.0	9.3	0.2	4.4	0.3	3.2	0.5	1.7
2. 其他集体所有制	0.1	3.1	0.1	2.5	0.0	0.4		0.2

14-4 各地区社会商业机构

(1991年底)

单位：个

地　区	合　计	全民所有制	集体所有制	#供销合作社	合　营	个　体
全　国	9 797 708	534 145	1 443 617	686 710	2 492	7 817 454
北　京	91 254	8 060	12 338	4 451	62	70 794
天　津	74 717	5 459	10 173	3 803	50	59 035
河　北	512 356	18 338	52 400	31 566	20	441 598
山　西	210 699	13 257	39 515	24 826	5	157 922
内蒙古	148 699	11 004	29 789	16 890	0	107 906
辽　宁	378 816	18 100	43 692	18 423	19	317 005
吉　林	212 764	10 814	28 690	12 117	4	173 256
黑龙江	249 522	13 789	37 062	11 602	4	198 667
上　海	92 306	10 472	24 249	6 491	646	56 939
江　苏	592 401	23 090	111 292	32 752	38	457 981
浙　江	580 679	16 606	63 936	29 868	51	500 086
安　徽	407 930	22 828	70 672	30 963	270	314 265
福　建	276 733	14 766	42 041	21 931	34	219 656
江　西	282 051	17 233	42 799	26 510	32	221 985
山　东	850 530	27 094	96 542	41 661	1	726 862
河　南	524 490	32 028	90 122	45 533	1	402 339
湖　北	413 634	37 915	73 275	44 288	5	302 443
湖　南	505 321	26 958	74 844	41 008	844	403 514
广　东	809 962	47 471	99 459	43 965	40	662 188
广　西	409 806	16 228	37 436	25 796	35	356 102
海　南	79 713	4 460	7 324	5 377	34	67 894
四　川	1 076 726	59 778	211 694	78 330	18	805 220
贵　州	206 684	15 315	22 214	16 989	1	169 137
云　南	247 310	19 887	34 601	26 527	7	192 821
西　藏	23 786	1 595	947	710	7	21 237
陕　西	215 442	15 032	42 643	17 712	88	157 679
甘　肃	137 472	11 060	22 212	13 130	0	104 200
青　海	29 622	2 528	3 021	1 393	8	24 065
宁　夏	31 860	2 497	3 859	2 391	0	25 504
新　疆	124 423	10 483	14 776	9 707	10	99 154

14-5 各地区社会商业人员

（1991年底） 单位：人

地区	合计	全民所有制	集体所有制	#供销合作社	合营	个体
全国	29 448 967	8 777 286	9 224 026	4 149 590	49 453	11 398 202
北京	517 481	261 528	162 874	551 379	1 509	91 570
天津	368 138	139 654	153 327	549 174	625	74 532
河北	1 558 886	360 842	439 060	261 304	1 248	757 736
山西	678 770	220 713	232 217	119 187	74	225 766
内蒙古	632 492	249 173	237 229	108 559	0	146 090
辽宁	1 553 204	582 905	551 220	231 524	726	418 353
吉林	978 313	390 524	357 209	136 922	2 091	228 489
黑龙江	1 264 124	538 241	468 074	141 951	55	257 754
上海	612 641	249 692	279 550	82 903	12 040	71 359
江苏	1 819 070	443 624	754 067	304 620	1 356	620 023
浙江	1 264 991	238 587	350 493	172 240	3 399	672 512
安徽	1 222 947	321 197	430 576	167 526	2 490	468 684
福建	699 004	172 857	182 593	88 972	4 471	339 083
江西	902 891	228 528	245 084	118 273	376	428 903
山东	2 477 691	510 188	714 163	338 547	511	1 252 829
河南	1 682 670	537 510	567 934	273 670	24	577 202
湖北	1 387 787	499 338	426 292	264 796	108	462 049
湖南	1 369 116	376 970	387 837	213 071	530	603 779
广东	2 410 736	696 321	664 563	248 277	11 983	1 037 869
广西	856 936	205 100	180 493	107 966	1 008	470 335
海南	197 048	61 272	34 414	23 466	396	100 966
四川	2 267 916	603 270	684 337	282 177	444	979 865
贵州	436 823	133 596	85 161	51 696	176	217 890
云南	572 123	175 190	128 857	83 846	9	268 067
西藏	46 112	17 834	1 922	1 432	30	26 326
陕西	760 235	245 194	261 219	89 399	3 534	250 288
甘肃	394 011	126 253	117 902	58 036	0	149 856
青海	83 439	33 181	18 421	7 766	102	31 735
宁夏	88 390	30 689	25 181	12 764	0	32 520
新疆	344 982	127 315	81 757	48 646	138	135 772

14-6 社会零售商业分行业机构和人员

（年底数）

项　　　目	1980年	1985年	1987年	1988年	1989年	1990年	1991年
一、机构（万个）	**146.3**	**778.3**	**881.4**	**928.1**	**841.3**	**871.0**	**924.1**
#粮油商店	3.4	4.7	5.4	5.8	6.0	6.3	6.6
副食品商店	18.8	15.9	17.0	17.2	16.7	16.2	16.6
其他食品商店	13.4	11.0	11.3	11.6	11.1	10.9	11.7
纺织品商店	1.9	3.6	3.6	3.8	3.8	3.6	3.8
百货商店	16.4	14.9	16.1	16.9	15.9	15.9	16.0
医药商店	1.8	2.3	2.5	2.6	2.7	2.7	2.8
书店	1.2	2.4	2.5	2.6	2.6	2.6	2.7
日用杂品商店	8.7	6.1	6.6	6.8	6.5	6.6	6.7
煤炭商店	1.2	1.3	1.3	1.4	1.4	1.4	1.5
五金、交电、化工商店	1.6	4.3	5.9	7.0	7.1	7.2	8.0
农业生产资料商店	5.1	6.7	7.9	8.4	8.6	8.8	9.5
综合性商店	32.1	80.1	67.3	66.2	61.9	57.2	52.6
个体有证商业	37.8	618.9	727.6	770.5	689.2	723.2	777.3
二、人员（万人）	**637.7**	**1 796.0**	**2 012.5**	**2 164.6**	**2 033.0**	**2 091.5**	**2 198.7**
#粮油商店	34.3	46.0	55.0	59.5	60.4	64.7	68.5
副食品商店	116.2	115.7	118.2	120.2	116.1	116.2	117.5
其他食品商店	64.7	77.4	76.0	78.0	75.4	73.3	78.6
纺织品商店	11.6	22.0	22.2	23.3	23.8	24.7	25.9
百货商店	109.7	145.5	160.3	174.1	172.4	179.3	188.2
医药商店	13.4	17.9	19.4	22.8	21.2	21.0	21.7
书店	5.4	10.6	11.5	12.7	12.2	12.7	13.4
日用杂品商店	28.4	33.5	34.3	36.5	34.4	34.4	35.4
煤炭商店	13.3	14.5	15.2	15.9	16.5	16.7	17.6
五金、交电、化工商店	14.4	43.7	58.3	67.6	69.3	71.5	79.0
农业生产资料商店	24.3	31.4	36.8	40.2	41.6	43.6	46.0
综合性商店	131.4	356.0	327.9	342.0	330.8	315.1	294.8
个体有证商业	47.3	836.9	1 018.2	1 106.2	993.3	1 048.6	1 134.5

14-7 各地区社会零售商业机构和人员

（1991年底）

单位：机构：个
人员：人

地区	合计		市		县		县以下	
	机构	人员	机构	人员	机构	人员	机构	人员
全国	**9 240 968**	**21 987 186**	**2 202 435**	**8 108 185**	**1 356 352**	**3 638 067**	**5 682 181**	**10 240 934**
北京	88 525	383 177	58 237	299 355	5 620	29 610	24 668	54 212
天津	70 918	246 913	32 841	181 601	36 446	56 497	1 631	8 815
河北	489 344	1 196 011	88 314	341 893	55 537	169 656	345 493	684 462
山西	196 953	499 144	50 436	217 773	37 150	104 511	109 367	176 860
内蒙古	138 348	448 543	53 810	233 213	29 364	104 226	55 174	111 104
辽宁	362 901	1 081 669	175 687	615 895	51 060	190 906	136 154	274 868
吉林	203 185	676 385	105 193	387 255	36 907	122 279	61 085	166 851
黑龙江	239 743	897 344	124 219	521 378	50 096	223 901	65 428	152 065
上海	87 223	438 371	47 158	313 941	5 552	33 592	34 513	90 838
江苏	524 430	1 338 567	94 882	441 250	31 764	142 566	397 784	754 751
浙江	560 267	1 020 203	80 433	232 114	36 900	81 583	442 934	706 506
安徽	381 152	926 023	74 244	286 422	66 879	183 036	240 029	456 565
福建	261 678	544 324	72 707	188 979	50 356	106 426	138 615	248 919
江西	263 759	705 876	48 835	203 004	49 815	135 508	165 109	367 364
山东	818 916	1 962 482	131 324	507 592	60 345	215 954	627 247	1 238 936
河南	489 423	1 179 434	101 325	381 921	89 931	253 691	298 167	543 822
湖北	374 948	944 287	80 902	304 031	37 005	119 709	257 041	520 547
湖南	474 828	1 032 302	90 859	310 812	63 902	170 722	320 067	550 768
广东	776 476	1 919 035	195 440	685 606	142 745	352 881	438 291	880 548
广西	394 528	689 307	67 128	179 569	74 073	134 153	253 327	375 585
海南	76 500	154 653	10 409	37 576	21 873	44 404	44 218	72 673
四川	1 014 885	1 675 449	197 552	458 005	140 395	276 127	676 938	941 317
贵州	193 716	319 455	45 609	107 729	37 797	62 307	110 310	149 419
云南	229 931	411 229	32 608	89 275	42 964	86 502	154 359	235 452
西藏	22 388	35 252	6 623	10 773	6 458	12 179	9 307	12 300
陕西	201 978	589 083	52 469	284 101	37 001	92 100	112 508	212 882
甘肃	127 622	297 083	31 587	127 087	21 017	50 365	75 018	119 631
青海	28 339	63 669	9 419	28 506	7 504	16 693	11 416	18 470
宁夏	30 087	68 076	9 593	32 991	4 778	12 285	15 716	22 800
新疆	117 977	243 840	32 592	98 538	25 118	53 698	60 267	91 604

14-8 各地区社会饮食业机构和人员

单位：机构：个
人员：人

(1991年底)

地区	合计		市		县		县以下	
	机构	人员	机构	人员	机构	人员	机构	人员
全国	1 604 675	4 385 216	505 644	1 881 770	281 433	757 347	817 598	1 604 675
北京	16 309	83 055	12 064	65 331	1 320	7 322	2 925	16 309
天津	17 693	59 390	9 542	41 886	8 042	16 827	109	677
河北	82 798	240 312	18 998	73 345	12 112	40 237	51 688	126 730
山西	36 015	92 675	11 912	42 115	7 224	17 263	16 879	33 297
内蒙古	23 406	87 588	12 630	55 725	5 379	18 667	5 397	13 196
辽宁	55 555	196 377	33 028	128 446	8 324	31 055	14 203	36 876
吉林	30 046	113 981	19 325	78 437	5 581	18 645	5 140	16 899
黑龙江	35 145	171 814	19 540	112 438	9 235	38 509	6 370	20 867
上海	19 881	107 056	11 848	83 274	1 306	6 756	6 727	17 026
江苏	91 607	264 253	28 743	114 766	6 671	24 015	56 193	125 472
浙江	87 624	178 075	17 120	50 670	7 556	17 199	62 948	110 206
安徽	73 562	183 926	24 422	74 816	15 349	36 159	33 791	72 951
福建	36 458	85 031	11 830	35 296	7 632	18 423	16 996	31 312
江西	46 083	144 081	9 533	43 990	11 045	32 742	25 505	67 349
山东	134 576	410 096	31 203	129 082	11 161	39 648	92 212	241 366
河南	107 108	253 764	32 512	95 941	22 480	53 766	52 116	104 057
湖北	76 447	189 353	22 443	69 153	8 280	22 124	45 724	98 076
湖南	58 932	146 386	17 258	54 276	12 024	31 401	29 650	60 709
广东	79 814	360 811	22 006	164 261	15 784	68 166	42 024	128 384
广西	65 685	122 440	15 307	40 371	16 123	30 385	34 255	51 684
海南	8 406	35 586	1 302	15 483	2 591	9 251	4 513	10 852
四川	189 191	364 814	49 703	116 807	35 519	73 668	103 969	174 339
贵州	31 719	54 690	14 282	28 664	7 222	11 739	10 215	14 287
云南	49 670	105 555	9 678	31 228	11 998	24 799	27 994	49 528
西藏	2 125	4 657	1 285	2 359	466	1 267	374	1 031
陕西	55 545	131 932	16 379	54 594	12 045	27 403	27 121	49 935
甘肃	32 060	70 223	11 256	32 134	5 941	11 883	14 863	26 206
青海	8 959	18 596	3 999	9 439	2 241	4 583	2 719	4 574
宁夏	8 813	19 880	4 048	10 615	1 384	3 088	3 381	6 177
新疆	43 443	88 819	12 448	26 828	9 398	20 357	21 597	41 634

14-9 社会服务业分行业机构和人员

（年底数）

项　　目	1980年	1985年	1987年	1988年	1989年	1990年	1991年
一、机构（万个）	26.0	153.4	169.4	176.4	153.2	163.9	176.0
旅馆业	3.9	12.1	17.1	18.7	16.8	17.1	18.1
理发业	5.1	20.2	31.7	35.7	35.5	42.2	47.8
浴池业	0.4	0.5	0.6	0.6	0.6	0.7	0.7
洗染业	0.4	1.0	1.3	0.9	0.8	0.8	0.8
摄影业	2.2	7.6	9.6	10.7	8.7	8.9	9.5
日用品修理业		69.3	77.2	78.8	64.1	66.9	73.0
其他服务业	14.0	42.7	31.9	31.0	26.7	27.4	26.1
二、人员（万人）	112.6	353.8	392.2	420.8	388.9	402.7	426.3
旅馆业	30.5	80.7	111.2	124.3	125.9	130.8	136.8
理发业	22.2	41.4	55.3	59.9	58.7	67.0	73.2
浴池业	5.2	5.6	6.1	6.3	5.9	6.3	6.6
洗染业	3.0	4.6	5.1	4.6	4.2	4.2	4.1
摄影业	11.1	18.6	21.6	23.4	20.4	20.5	21.5
日用品修理业		108.5	111.9	115.2	97.0	100.4	108.4
其他服务业	40.6	94.5	81.0	87.1	76.7	73.5	75.7

注：1980年日用品修理业包括在其他服务业中。

14-10 各地区社会服务业机构和人员

（1991年底）

单位：机构：个
人员：人

地区	合计		市		县		县以下	
	机构	人员	机构	人员	机构	人员	机构	人员
全国	1 760 174	4 263 267	481 909	2 109 899	282 309	650 479	995 956	1 502 889
北京	23 579	153 311	15 265	133 633	1 681	7 818	6 633	11 860
天津	14 100	58 669	6 539	47 979	7 512	10 553	49	137
河北	74 033	162 721	17 560	60 843	12 296	28 260	44 177	73 618
山西	29 186	77 986	8 123	41 740	7 092	16 291	13 971	19 955
内蒙古	37 005	90 426	17 090	54 193	9 861	21 393	10 054	14 840
辽宁	74 485	194 399	37 409	126 974	11 846	31 147	25 230	36 278
吉林	37 017	103 068	21 649	69 625	7 476	18 694	7 892	14 749
黑龙江	50 262	201 058	27 093	147 911	13 404	36 720	9 765	16 427
上海	25 258	122 284	12 151	101 641	1 409	3 913	11 698	16 730
江苏	126 088	274 325	27 102	123 356	7 628	23 150	91 358	127 819
浙江	111 068	198 856	18 025	67 726	8 137	18 413	84 906	112 717
安徽	65 275	180 580	17 363	75 278	13 327	36 076	34 585	69 226
福建	40 714	86 244	13 538	40 354	8 461	18 213	18 715	27 677
江西	63 128	144 543	11 130	47 749	12 083	27 001	39 915	69 793
山东	142 312	324 615	28 935	113 545	11 511	34 332	101 866	176 738
河南	83 973	198 899	21 902	93 153	18 658	42 258	43 413	63 488
湖北	77 136	175 053	16 426	58 204	9 044	23 360	51 666	93 489
湖南	77 123	152 679	17 252	55 304	14 639	30 031	45 232	67 344
广东	113 730	367 897	33 777	211 314	22 047	52 815	57 906	103 768
广西	57 399	135 843	12 064	70 561	12 846	22 795	32 489	42 487
海南	7 645	20 942	1 545	9 100	2 584	6 567	3 516	5 275
四川	255 494	454 034	52 527	181 378	26 621	53 235	176 346	219 421
贵州	26 829	51 588	8 741	26 756	7 419	11 157	10 669	13 675
云南	34 808	75 044	6 384	29 238	8 542	18 302	19 882	27 504
西藏	1 291	2 361	570	920	377	879	344	562
陕西	46 808	126 010	11 231	61 861	11 617	29 491	23 960	34 658
甘肃	21 679	49 512	5 227	22 209	5 014	10 820	11 438	16 483
青海	6 532	12 357	3 049	7 141	1 875	3 145	1 608	2 071
宁夏	9 032	18 291	3 157	9 637	1 269	2 599	4 606	6 055
新疆	27 185	49 672	9 085	20 576	6 033	11 051	12 067	18 045

14-11 各地区社会服务业分行业机构

(1991年底)　　　　单位：个

地　区	总　计	旅馆业	理发业	浴池业	洗染业	摄影业	日用品修理业	其他服务业
全　国	1 760 174	180 976	478 594	6 697	7 740	94 685	730 271	261 211
北　京	23 579	1 853	4 222	77	476	1 106	13 344	2 501
天　津	14 100	808	2 308	57	48	754	4 666	5 459
河　北	74 033	8 303	17 116	338	439	5 096	32 827	9 914
山　西	29 186	4 480	7 024	133	100	2 473	9 732	5 244
内蒙古	37 005	6 407	8 459	114	272	2 441	14 693	4 619
辽　宁	74 485	5 137	18 266	277	894	4 268	30 976	14 667
吉　林	37 017	4 051	10 493	118	234	2 564	13 456	6 101
黑龙江	50 262	7 599	14 820	318	686	3 102	19 503	4 234
上　海	25 258	1 907	5 433	162	271	809	8 649	8 027
江　苏	126 088	9 933	30 269	1 458	342	4 147	60 230	19 709
浙　江	111 068	8 423	31 876	132	371	4 229	51 150	14 887
安　徽	65 275	10 081	14 438	889	393	3 518	28 103	7 853
福　建	40 714	3 325	11 783	75	50	2 123	18 005	5 353
江　西	63 128	5 399	14 895	17	88	2 788	25 579	14 362
山　东	142 312	9 210	31 666	299	430	9 640	68 597	22 470
河　南	83 973	9 419	20 608	740	373	6 765	35 291	10 777
湖　北	77 136	7 536	24 742	51	213	3 558	32 730	8 306
湖　南	77 123	9 851	23 448	119	150	3 820	32 068	7 667
广　东	113 730	6 553	41 052	23	196	6 580	43 570	15 756
广　西	57 399	7 706	14 577	3	107	2 433	20 254	12 319
海　南	7 645	608	2 734	5	25	664	2 215	1 394
四　川	255 494	24 756	79 240	285	846	9 148	105 080	36 139
贵　州	26 829	6 022	6 847	207	280	1 715	7 532	4 226
云　南	34 808	6 406	8 660	304	78	2 221	12 896	4 243
西　藏	1 291	46	236	15	7	127	402	458
陕　西	46 808	6 276	13 954	169	82	3 599	18 960	3 768
甘　肃	21 679	3 911	6 835	115	64	1 801	5 513	3 440
青　海	6 532	899	1 560	14	30	424	2 536	1 069
宁　夏	9 032	918	3 194	34	79	429	3 250	1 128
新　疆	27 185	3 153	7 839	149	116	2 343	8 464	5 121

14-12 各地区社会服务业分行业人员

（1991年底）　　单位：人

地　区	总　计	旅馆业	理发业	浴池业	洗染业	摄影业	日用品修理业	其他服务业
全　国	4 263 267	1 368 229	732 240	65 617	40 953	215 254	1 084 324	756 650
北　京	153 311	85 878	9 119	2 309	2 174	5 141	32 791	15 899
天　津	58 669	15 182	4 390	2 395	835	2 381	15 961	17 525
河　北	162 721	40 652	27 285	2 242	1 987	10 397	51 785	28 373
山　西	77 986	21 620	11 867	1 616	781	5 992	14 054	22 056
内蒙古	90 426	31 357	14 450	1 744	1 485	6 021	23 140	12 229
辽　宁	194 399	67 484	26 656	5 910	3 427	11 386	45 126	34 410
吉　林	103 068	37 306	16 431	2 965	1 029	6 187	19 981	19 169
黑龙江	201 058	62 820	21 885	4 891	4 278	9 458	33 496	64 230
上　海	122 284	50 584	12 821	3 452	4 555	3 506	14 007	33 359
江　苏	274 325	76 368	43 607	11 075	1 772	10 878	83 795	46 830
浙　江	198 856	54 184	38 711	1 683	1 294	8 056	62 592	32 336
安　徽	180 580	64 608	26 543	6 671	1 550	8 531	45 090	27 587
福　建	86 244	25 348	17 353	1 005	346	4 115	25 375	12 702
江　西	144 543	34 009	25 928	152	341	5 980	47 871	30 262
山　东	324 615	78 531	53 961	3 665	1 989	20 891	111 090	54 488
河　南	198 899	68 853	32 729	5 808	1 955	13 824	50 791	24 939
湖　北	175 053	46 186	41 191	656	1 703	9 197	46 509	29 611
湖　南	152 679	47 668	32 442	229	533	8 178	45 364	18 265
广　东	367 897	128 560	77 899	352	3 085	16 648	68 836	72 517
广　西	135 843	52 424	19 381	21	324	4 878	26 141	32 674
海　南	20 942	7 289	4 375	43	83	1 379	3 859	3 914
四　川	454 034	146 913	98 842	1 164	1 985	16 210	122 852	66 068
贵　州	51 588	18 659	9 339	809	682	2 715	11 026	8 358
云　南	75 044	29 374	11 960	1 010	445	4 405	18 053	9 797
西　藏	2 361	411	411	48	15	234	566	676
陕　西	126 010	41 298	24 448	2 115	941	9 432	33 920	13 856
甘　肃	49 512	14 413	10 795	615	366	3 740	9 620	9 963
青　海	12 357	3 248	2 393	168	183	778	3 617	1 970
宁　夏	18 291	5 199	4 164	267	395	834	5 030	2 402
新　疆	49 672	11 803	10 864	537	415	3 882	11 986	10 185

14-13 社会零售商业、饮食业、服务业的服务情况

项　　　目	1952年	1957年	1965年	1978年	1980年	1985年	1989年	1990年	1991年
一、平均每一机构服务的人口数(人)									
零售商业	137	331	823	919	675	136	134	131	125
饮 食 业	676	1 376	3 343	8 227	3 301	782	785	756	722
服 务 业	1 277	2 309	3 858	10 695	3 796	690	736	698	658
二、平均每一机构的零售额(万元)									
零售商业	0.50	2.05	6.75	13.01	12.08	4.20	7.14	7.04	7.47
饮 食 业	0.17	0.51	1.44	4.68	2.68	1.46	2.82	2.78	3.07
三、平均每一人员服务的人口数(人)									
零售商业	81	114	216	215	155	59	55	55	53
饮 食 业	395	560	711	922	559	281	277	276	264
服 务 业	587	840	980	1 719	877	299	290	284	272
四、平均每一人员的零售额(万元)									
零售商业	0.30	0.70	1.77	3.05	2.77	1.82	2.96	2.93	3.14
饮 食 业	0.10	0.21	0.31	0.52	0.45	0.52	0.99	1.01	1.12

14-14 社会商品购买力来源、分配及构成

指　　标	绝　对　额　(亿元)				
	1987年	1988年	1989年	1990年	1991年
一、货币收入总额	7 573.0	9 603.0	10 817.6	11 904.4	13 615.5
1. 全民所有制单位职工工资	1 459.3	1 807.0	2 050.3	2 324.1	2 594.9
2. 城镇集体所有制单位职工工资	409.1	487.6	534.4	581.0	658.6
3. 各种合营单位职工工资	12.7	21.5	33.9	46.0	70.4
4. 城镇个体劳动者净货币收入	155.0	220.0	264.0	301.0	367.2
5. 其他职业者收入	70.8	81.1	98.2	118.4	132.2
6. 农民从集体统一经营中得到的收入	404.0	555.0	635.8	668.8	759.1
7. 农民从经济联合体得到的收入	29.0	31.0	29.8	21.9	19.7
8. 农民出售农副产品的收入	2 260.0	2 860.0	3 230.2	3 524.0	3 940.3
9. 农民从事工业和手工业的净货币收入	115.0	145.0	142.0	125.5	120.5
10. 农民劳务净收入	630.0	835.0	915.2	906.0	953.1
11. 居民从国家财政得到的收入	116.5	122.0	135.5	147.5	187.6
12. 银行和信用社农贷净增加额	96.7	41.2	43.7	112.6	129.6
13. 居民其他货币收入	1 210.6	1 672.3	1 961.5	2 224.3	2 706.9
14. 外宾购买消费品的货币	28.3	33.3	17.6	37.1	53.1
15. 社会集团购买公用消费品的货币	553.0	665.0	697.8	741.2	887.2
16. 村(队)购买农业生产资料的货币	23.0	26.0	27.7	25.0	35.1
二、货币支出总额	6 548.0	8 343.0	9 327.0	9 766.4	11 117.8
1. 购买商品支出	5 820.0	7 440.0	8 101.4	8 300.1	9 415.6
2. 居民文化生活服务支出	316.0	416.0	519.7	629.7	746.7
3. 居民向国家缴纳的各种税金	55.0	62.3	84.0	93.8	96.9
4. 银行和信用社农贷净减少额					
5. 居民其他货币支出	357.0	424.7	621.9	742.8	858.6
三、年末结余购买力总额	4 234.6	5 494.6	6 985.2	9 123.2	11 620.9
1. 居民储蓄存款	3 073.3	3 801.5	5 135.0	7 034.0	9 110.3
2. 居民手存现金	1 161.3	1 693.1	1 850.2	2 089.2	2 510.6

14-14 续表

指　　标	构　　成　　(%)				
	1987年	1988年	1989年	1990年	1991年
一、货币收入总额	100.0	100.0	100.0	100.0	100.0
1. 全民所有制单位职工工资	19.3	18.8	19.0	19.5	19.1
2. 城镇集体所有制单位职工工资	5.4	5.1	4.9	4.9	4.8
3. 各种合营单位职工工资	0.2	0.2	0.3	0.4	0.5
4. 城镇个体劳动者净货币收入	2.0	2.3	2.4	2.5	2.7
5. 其他职业者收入	0.9	0.8	0.9	1.0	1.0
6. 农民从集体统一经营中得到的收入	5.3	5.8	5.9	5.6	5.6
7. 农民从经济联合体得到的收入	0.4	0.3	0.3	0.2	0.1
8. 农民出售农副产品的收入	29.8	29.8	29.9	29.6	28.9
9. 农民从事工业和手工业的净货币收入	1.5	1.5	1.3	1.1	0.9
10. 农民劳务净收入	8.3	8.7	8.5	7.6	7.0
11. 居民从国家财政得到的收入	1.5	1.3	1.3	1.2	1.4
12. 银行和信用社农贷净增加额	1.3	0.4	0.4	0.9	1.0
13. 居民其他货币收入	16.0	17.4	18.1	18.7	19.9
14. 外宾购买消费品的货币	0.4	0.3	0.2	0.3	0.4
15. 社会集团购买公用消费品的货币	7.3	6.9	6.5	6.2	6.5
16. 村(队)购买农业生产资料的货币	0.3	0.3	0.3	0.2	0.3
二、货币支出总额	100.0	100.0	100.0	100.0	100.0
1. 购买商品支出	88.9	89.2	86.9	85.0	84.7
2. 居民文化生活服务支出	4.8	5.0	5.6	6.4	6.7
3. 居民向国家缴纳的各种税金	0.8	0.7	0.9	1.0	0.9
4. 银行和信用社农贷净减少额					
5. 居民其他货币支出	5.5	5.1	6.7	7.6	7.7
三、年末结余购买力总额	100.0	100.0	100.0	100.0	100.0
1. 居民储蓄存款	72.6	69.2	73.5	77.1	78.4
2. 居民手存现金	27.4	30.8	26.5	22.9	21.6

注：1987年-1991年　有关农村收支指标只包括农民生产、消费性收支，不包括村（队）生产性收支，与1985年以前数字不可比。

14-15 社会商业商品购、销、存总额

单位：亿元

年份	国内纯购进总额				国内纯销售总额	年末库存		
		工业品	农副产品	废旧物资		总额	内贸部门	外贸部门
1952	175.0	84.5	90.1	0.4	176.5	116.5	112.0	4.5
1953	244.5	131.3	112.6	0.6	264.6	154.8	149.8	5.0
1954	319.8	170.2	148.1	1.5	369.0	208.6	201.8	6.8
1955	355.8	196.1	158.0	1.7	395.2	263.2	254.4	8.8
1956	357.0	205.0	148.7	3.3	482.9	246.0	236.3	9.7
1957	428.1	247.6	176.5	4.0	495.2	289.2	276.4	12.8
1958	574.1	346.3	211.7	16.1	687.4	326.9	307.9	19.0
1959	784.1	496.0	271.9	16.2	885.6	427.7	398.7	29.0
1960	758.5	531.2	206.2	21.1	972.6	428.0	397.6	30.4
1961	509.3	338.9	162.4	8.0	690.2	405.4	373.4	32.0
1962	497.2	329.7	161.7	5.8	637.6	383.6	352.5	31.1
1963	535.9	330.6	199.9	5.4	648.1	418.1	390.2	27.9
1964	627.1	382.0	238.6	6.5	727.8	426.0	389.5	36.5
1965	710.5	430.2	274.2	6.1	790.1	458.3	412.4	45.9
1966	811.5	496.2	308.7	6.6	864.0	518.2	467.6	50.6
1967	769.0	458.0	305.0	6.0	873.0	502.0	446.0	56.0
1968	727.0	423.7	298.0	5.3	850.0	542.0	480.0	62.0
1969	821.0	529.5	285.0	6.5	905.0	562.0	508.0	54.0
1970	933.0	611.8	314.0	7.2	997.0	632.0	583.0	49.0
1971	957.9	619.4	330.9	7.6	1 102.6	705.7	650.7	55.0
1972	1 047.0	702.8	335.8	8.4	1 213.3	730.8	661.8	69.0
1973	1 223.5	827.4	386.3	9.8	1 313.4	834.4	751.7	82.7
1974	1 245.1	840.9	394.1	10.1	1 380.9	880.5	770.9	109.6
1975	1 397.4	971.9	414.6	10.9	1 505.6	948.8	831.8	117.0
1976	1 378.6	967.8	399.5	11.3	1 570.2	932.0	827.2	104.8
1977	1 566.3	1 139.2	413.3	13.8	1 705.4	1 045.6	923.1	122.5
1978	1 739.7	1 263.4	459.9	16.4	1 872.2	1 183.1	1 052.2	130.9
1979	1 992.4	1 389.2	586.8	16.4	2 089.3	1 320.6	1 171.2	149.4
1980	2 263.0	1 567.6	677.0	18.4	2 351.0	1 441.7	1 258.0	183.7
1981	2 469.0	1 685.1	764.7	19.2	2 501.4	1 596.8	1 392.4	204.4
1982	2 622.5	1 746.2	855.6	20.7	2 661.5	1 724.4	1 477.8	246.6
1983	2 875.7	1 871.6	980.6	23.5	2 883.5	1 811.6	1 597.7	213.9
1984	3 103.3	2 019.8	1 055.9	27.6	3 246.9	1 789.0	1 627.7	161.3
1985	3 532.5	2 462.3	1 033.2	37.0	3 698.1	1 892.4	1 675.9	216.5
1986	4 033.4	2 825.3	1 169.9	38.2	4 080.5	2 088.4	1 762.3	326.1
1987	5 305.2	3 810.3	1 444.1	50.8	5 626.8	2 709.2	2 355.8	353.4
1988	6 861.3	4 985.5	1 794.2	81.6	7 342.8	3 198.2	2 763.3	434.9
1989	7 606.0	5 468.7	2 053.7	83.6	8 136.2	3 674.0	3 160.2	513.8
1990	8 221.2	5 871.2	2 258.6	91.4	8 358.1	4 087.6	3 447.2	640.4
1991	9 347.9	6 767.2	2 453.2	127.5	9 194.0	4 237.9	3 749.5	488.4

注：1952-1986年为全民所有制商业和供销合作社数字(下同)。

14-16 各地区社会商业商品购、销、存总额

(1991年)　　　　单位：亿元

地区	国内纯购进总额	工业品	农副产品	废旧物资	国内纯销售总额	年末库存总额	内贸部门	外贸部门
全　国	9 347.9	6 767.2	2 453.2	127.5	9 194.0	4 237.9	3 749.5	488.4
北　京	314.4	274.0	36.3	4.1	372.1	134.0	110.4	23.6
天　津	210.0	184.2	19.5	6.3	208.2	106.3	79.3	27.0
河　北	384.1	254.6	123.4	6.1	393.2	182.8	162.2	20.6
山　西	164.3	121.4	41.3	1.6	192.2	106.7	100.3	6.4
内蒙古	112.6	68.7	41.3	2.6	155.9	93.3	87.8	5.5
辽　宁	517.2	396.1	109.3	11.9	509.6	203.7	175.0	28.7
吉　林	229.1	137.9	88.3	2.9	233.2	149.3	136.9	12.4
黑龙江	372.8	269.1	95.3	8.4	379.3	184.9	173.9	11.0
上　海	666.7	583.0	73.0	10.7	496.1	230.1	152.7	77.4
江　苏	888.6	700.0	179.7	8.9	762.4	312.2	263.4	48.8
浙　江	549.4	417.4	124.9	7.1	504.9	181.4	147.2	34.2
安　徽	266.8	178.6	86.6	1.6	277.4	143.3	133.9	9.4
福　建	219.2	157.9	60.3	1.0	232.5	70.7	60.4	10.3
江　西	156.2	92.9	61.6	1.7	168.0	115.1	107.9	7.2
山　东	719.0	464.2	249.0	5.8	675.8	296.1	258.1	37.9
河　南	459.4	282.0	172.6	4.8	421.4	217.9	203.8	14.1
湖　北	369.7	240.0	124.4	5.5	383.5	200.2	190.3	9.9
湖　南	335.2	229.5	103.2	2.5	354.0	170.0	159.9	10.1
广　东	826.6	631.5	183.0	12.1	807.4	278.1	241.6	36.5
广　西	192.6	134.9	55.7	2.0	220.2	88.2	80.7	7.5
海　南	27.3	17.3	9.5	0.5	34.4	13.9	13.8	0.1
四　川	539.8	354.8	178.0	7.0	585.7	263.1	250.8	12.3
贵　州	116.1	82.4	33.3	0.4	117.6	57.2	57.0	0.2
云　南	228.7	182.8	45.2	0.7	192.0	101.1	96.1	5.0
西　藏	4.0	1.8	2.2		14.2	14.3	13.1	1.2
陕　西	176.5	127.6	47.4	1.5	182.5	105.9	89.4	16.5
甘　肃	105.1	76.5	27.3	1.3	110.6	64.2	60.3	3.9
青　海	20.2	14.0	6.0	0.1	32.4	20.1	17.8	2.3
宁　夏	25.6	18.1	7.2	0.3	29.9	17.9	16.5	1.4
新　疆	150.5	74.4	68.1	8.0	147.5	115.5	108.8	6.7

14-17 社会农副产品收购总额

单位：亿元

年份	社会农副产品收购总额	按商品来源分		按部门分			
		购自农民	购自其他生产部门	商业部门收购	#外贸	工业和其他部门收购	非农业居民向农民购买
1952	140.8	131.3	9.5	90.1		38.9	11.8
1957	217.5	208.1	9.4	176.5		27.8	13.2
1962	211.0	203.0	8.0	161.7		22.3	27.0
1965	307.1	299.3	7.8	274.2		19.9	13.0
1970	347.8	337.7	10.1	314.0		16.8	17.0
1975	478.6	457.3	21.3	414.6		39.0	25.0
1976	469.8	448.8	21.0	399.5		48.3	22.0
1977	494.6	478.0	16.6	413.3		59.5	21.8
1978	557.9	530.1	27.8	459.9	10.0	66.9	31.1
1979	713.6	677.6	36.0	586.8	12.8	79.3	47.5
1980	842.2	797.7	44.5	677.0	19.7	96.2	69.0
1981	955.0	908.0	47.0	764.7	20.7	100.9	89.4
1982	1 083.0	1 031.0	52.0	855.6	24.1	116.6	110.8
1983	1 265.0	1 206.0	59.0	980.6	27.8	151.4	133.0
1984	1 440.0	1 371.0	69.0	1 070.3	29.0	200.3	169.4
1985	1 680.0	1 600.0	80.0	1 072.0	58.2	326.0	282.0
1986	1 990.0	1 894.0	96.0	1 258.0	85.2	374.0	358.0
1987	2 369.2	2 261.7	107.5	1 444.1	96.4	487.1	438.0
1988	2 998.0	2 860.1	137.9	1 794.2	125.7	633.8	570.0
1989	3 386.0	3 230.2	155.8	2 053.7	143.2	657.3	675.0
1990	3 711.0	3 524.0	187.0	2 258.6	149.9	704.6	747.8
1991	4 161.9	3 940.3	221.6	2 453.2	209.3	799.9	908.8

14-18 社会农副产品收购量

年份	粮食（万吨）	食用植物油（万吨）	肥猪（万头）	菜牛（万头）	菜羊（万头）	鲜蛋（万吨）
1952	3 903.0	98.0	3 742.7	125.8	522.7	19.4
1957	4 597.0	133.8	4 050.0	243.9	966.9	39.0
1962	3 242.0	52.3	1 929.8	62.6	1 087.8	21.9
1965	3 922.0	103.6	7 859.5	124.4	1 267.4	48.8
1970	4 649.0	89.0	7 562.1	165.1	1 127.6	45.3
1975	5 261.5	100.3	10 281.0	169.7	1 057.9	46.1
1976	4 914.5	88.4	10 350.6	161.0	1 013.5	45.0
1977	4 767.0	86.8	10 416.6	150.0	1 112.2	46.9
1978	5 072.5	110.5	10 936.5	140.8	998.3	56.0
1979	6 009.5	150.5	13 545.5	190.3	1 343.9	98.5
1980	6 129.0	191.0	14 250.0	221.6	1 680.2	99.1
1981	6 845.5	272.0	13 723.8	241.4	2 068.2	98.9
1982	7 805.5	308.0	14 463.3	234.1	1 819.7	108.6
1983	10 248.5	273.0	14 314.7	271.6	2 172.5	117.7
1984	11 724.5	314.0	15 238.7	396.5	2 633.4	149.6
1985	10 762.8	409.8	16 020.8	463.8	2 839.3	192.2
1986	11 516.2	427.0	17 350.5	532.0	2 938.7	206.6
1987	12 092.0	441.1	18 044.5	665.0	3 264.9	232.4
1988	11 995.3	395.3	17 232.5	755.3	3 395.5	255.6
1989	12 138.1	380.7	17 583.0	758.3	3 696.4	267.5
1990	13 995.2	470.3	18 504.5	909.5	4 033.3	282.4
1991	13 635.5	477.0	21 054.1	1 018.5	4 432.6	350.5

14-18 续表 1

年份	水产品（万吨）	茶叶（万吨）	甘蔗（万吨）	甜菜（万吨）	棉花（万吨）	黄红麻（万吨）
1952	91.8	7.7	369.7	39.0	108.7	11.4
1957	171.7	10.0	557.0	130.4	141.2	13.3
1962	148.0	6.8	293.8	18.3	63.2	6.3
1965	183.1	9.4	1 071.4	178.7	195.6	13.2
1970	199.2	12.7	1 104.7	198.6	203.0	14.9
1975	255.5	19.4	1 315.0	222.9	222.7	35.1
1976	260.6	21.5	1 297.5	280.4	188.6	34.6
1977	269.6	22.9	1 353.2	215.4	198.0	41.6
1978	269.2	24.3	1 557.9	255.3	209.6	53.4
1979	252.6	24.2	1 633.6	270.2	208.1	55.6
1980	239.3	26.2	1 584.0	554.1	261.0	54.4
1981	244.0	32.3	1 726.1	572.9	287.2	61.2
1982	287.9	35.3	2 248.7	610.9	341.6	60.0
1983	270.5	33.9	2 805.3	826.3	458.6	48.0
1984	308.0	34.4	2 650.9	786.4	521.2	70.0
1985	334.2	39.5	3 687.5	806.4	431.9	120.3
1986	369.6	41.8	3 466.3	751.6	379.4	110.5
1987	426.9	48.9	3 497.5	765.1	407.1	82.9
1988	437.6	55.6	3 601.0	1 168.8	377.8	70.6
1989	467.1	53.4	3 395.9	776.3	330.6	73.4
1990	575.3	49.2	4 619.0	1 402.8	409.1	81.3
1991	652.4	52.2	4 728.5	1 556.6	529.0	58.2

14-18 续表 2

年　份	苎　麻（万吨）	烤　烟（万吨）	桑蚕茧（万吨）	柞蚕茧（万吨）	羊　毛（万吨）	牛　皮（万张）
1952	3.2	19.1	4.6	5.1	3.2	272.0
1957	3.6	28.6	5.1	3.2	5.0	671.0
1962	1.4	12.4	3.3	0.8	5.4	198.2
1965	2.4	34.3	6.3	3.7	8.2	313.7
1970	2.7	41.1	11.6	3.5	9.7	446.9
1975	2.6	68.3	14.8	3.7	13.7	510.3
1976	2.2	80.1	15.9	2.6	13.6	535.1
1977	2.2	95.2	16.3	4.7	13.8	488.5
1978	2.3	105.3	17.1	5.5	14.6	509.0
1979	3.2	79.0	20.9	5.7	15.7	426.0
1980	3.8	69.8	24.3	7.2	16.9	430.3
1981	4.6	125.9	22.1	6.2	17.6	378.0
1982	5.6	176.1	25.9	5.9	18.7	379.0
1983	3.9	110.4	23.7	8.0	18.5	449.4
1984	4.2	148.8	30.2	4.8	16.0	583.0
1985	7.2	177.9	36.1	2.4	22.4	581.0
1986	15.7	123.2	35.6	2.2	22.5	588.0
1987	30.1	139.8	35.0	3.6	21.2	665.0
1988	28.9	211.3	32.6	1.9	20.0	837.0
1989	17.8	204.8	36.7	4.6	15.6	569.0
1990	10.9	194.3	42.0	2.8	20.0	804.0
1991	9.4	238.3	50.8	2.1	17.8	1 262.0

14-18 续表 3

年　份	山羊皮（万张）	绵羊皮（万张）	猪　鬃（万箱）	猪肠衣（万根）	毛　竹（万根）	桐　油（万吨）
1952	502.3	176.6	10.0	2 843.0	8 238.8	8.0
1957	1 048.0	744.3	7.8	3 946.0	12 684.8	14.0
1962	2 884.7	927.5	2.5	1 600.0	6 501.0	5.5
1965	2 081.0	1 180.0	13.1	6 006.7	7 031.0	9.3
1970	1 572.9	1 351.0	11.0	4 960.7	6 958.0	11.3
1975	2 067.7	1 505.6	15.4	8 120.5	7 872.0	13.6
1976	2 408.2	1 619.5	14.2	7 473.0	8 904.8	8.0
1977	2 327.1	1 325.0	15.6	7 861.4	9 035.1	11.8
1978	2 903.0	1 395.0	17.6	8 363.0	9 892.4	12.4
1979	3 167.0	1 297.0	20.8	11 168.4	11 794.0	9.0
1980	3 901.0	1 469.6	20.8	10 722.2	8 315.3	10.5
1981	4 606.0	1 821.0	21.4	9 383.0	9 178.6	10.1
1982	4 400.0	1 983.0	19.8	8 296.5	10 323.5	9.3
1983	3 898.0	1 818.5	21.7	8 082.0	10 911.9	10.5
1984	4 498.0	1 732.0	20.1	8 331.0	10 684.4	10.2
1985	4 326.0	1 802.0	26.8	9 190.0	10 519.8	11.2
1986	2 830.0	1 789.0	32.2	15 185.0	8 583.5	10.1
1987	2 648.9	1 703.1	38.8	12 345.4	7 725.2	7.3
1988	3 476.0	1 977.3	48.4	12 868.0	7 124.2	9.0
1989	3 266.0	1 229.0	33.8	13 107.0	6 251.7	10.6
1990	2 436.0	1 442.0	31.7	13 570.0	6 224.7	11.5
1991	3 118.0	1 765.0	26.2	17 033.0	8 301.2	10.0

注：1. 本表均按日历年度计算。

2. 粮食是贸易粮；食用植物油包括油料折油、加工豆油、米糠油和玉米胚油；水产品是干、鲜混合品；黄红麻是熟麻；桑蚕茧和柞蚕茧是鲜茧；羊毛包括绵羊毛和山羊毛。

14-19 粮食、食用植物油和棉花收购量占产量的比重

单位：万吨

年 份	粮 食		食用植物油		棉 花	
	收购量	占产量%	收购量	占产量%	收购量	占产量%
1952	3 327.0	20.3				
1953	4 746.0	28.4	116.5	80.6	101.2	86.1
1954	5 181.0	30.6	147.5	97.0	83.0	77.9
1955	5 074.5	27.6	158.0	86.6	128.2	84.5
1956	4 544.0	23.6	138.5	75.1	108.4	75.0
1957	4 804.0	24.6	134.5	78.8	141.9	86.5
1958	5 876.0	29.4	124.0	63.1	179.8	91.3
1959	6 740.5	39.7	145.0	82.4	147.3	86.2
1960	5 105.0	35.6	77.5	84.7	96.3	90.6
1961	4 047.0	27.4	59.5	78.3	65.1	81.4
1962	3 814.5	23.8	48.5	61.3	66.1	88.1
1963	4 396.5	25.9	64.0	62.1	107.0	89.2
1964	4 742.5	25.3	94.5	67.7	152.1	91.5
1965	4 868.5	25.0	105.9	66.4	202.1	96.3
1966	5 158.5	24.1	105.5	63.4	218.9	93.7
1967	4 935.5	22.7	94.5	57.1	214.1	91.0
1968	4 869.5	23.3	89.5	58.1	213.3	90.6
1969	4 667.5	22.1	82.5	56.5	185.9	89.4
1970	5 443.5	22.7	89.5	55.4	204.2	89.7
1971	5 302.0	21.2	97.0	56.6	189.9	90.2
1972	4 829.5	20.1	90.0	52.5	178.9	91.4
1973	5 612.0	21.2	94.5	51.4	237.9	92.9
1974	5 807.0	21.1	98.0	52.0	229.3	93.2
1975	6 086.0	21.4	99.9	53.1	221.0	92.8
1976	5 825.0	20.3	82.8	50.8	191.7	93.3
1977	5 661.5	20.0	87.5	52.8	192.7	94.0
1978	6 174.0	20.3	115.5	55.8	204.3	94.3
1979	7 198.5	21.7	153.0	62.1	215.9	97.8
1980	7 298.5	22.8	195.3	71.1	268.1	99.0
1981	7 805.5	24.2	279.1	76.4	291.0	98.0
1982	9 186.0	25.9	308.0	71.9	349.7	97.2
1983	11 985.5	30.9	262.5	65.4	448.1	96.6
1984	14 169.0	34.8	322.5	67.4	600.1	95.9
1985	10 762.8	30.5	409.8	68.4	431.9	104.1
1986	11 516.2	33.8	427.0	74.9	379.4	107.2
1987	12 092.0	34.4	441.1	74.6	407.1	95.9
1988	11 995.3	34.9	395.3	74.1	377.8	91.1
1989	12 138.1	34.4	380.7	73.0	330.6	87.3
1990	13 995.2	36.6	470.3	72.4	409.1	90.7
1991	13 635.5	36.6	477.0	72.3	529.0	93.2

注：1. 收购量是社会收购量。

2. 1985年以前收购量是生产年度数（粮食、食用植物油是当年4月至下年3月，棉花是当年9月至下年8月），1986年以后按日历年度计算。

3. 粮食1985年以前为原粮，1986年以后为贸易粮。

14-20 社会商业工业品收购量

年份	棉布 （亿米）	棉花化纤混纺布 （亿米）	化纤布 （亿米）	呢绒 （万米）	绸缎 （万米）	针织内衣裤 （亿件）	各种服装 （亿件）	肥皂 （万箱）	洗衣粉 （万吨）	缝纫机 （万架）
1952	18.3			114.3	797.5	0.2		219.2		6.0
1957	31.1			1 735.4	5 318.0	2.1		1 058.4		27.8
1962	20.4		1.2	3 631.8	16 817.6	0.7		845.9	2.2	80.8
1965	53.9		2.9	4 766.7	26 936.9	3.4		1 461.2	1.7	122.2
1970	76.2		4.6	4 689.8	24 952.2	6.2		2 275.7	7.3	208.0
1975	69.1		10.1	5 517.9	26 331.6	5.8		2 864.4	17.0	309.5
1976	62.5		10.5	5 321.2	26 039.9	5.4		2 502.5	17.0	312.3
1977	72.2		12.5	6 629.6	29 889.9	6.5	2.1	2 378.6	19.2	362.7
1978	72.7		16.8	7 314.8	33 008.4	7.2	2.2	2 624.3	25.6	432.3
1979	74.4		21.6	6 953.5	32 045.3	7.6	2.5	3 235.7	31.3	488.8
1980	87.7		37.0	9 945.5	62 643.2	11.0	2.4	3 612.0	32.5	625.0
1981	82.0	33.7	12.5	10 308.6	60 705.5	12.9	1.8	4 121.5	39.7	787.6
1982	90.2	31.2	9.1	11 701.6	66 912.8	13.5	1.4	3 572.7	46.1	975.0
1983	72.8	32.9	9.0	11 912.3	63 350.2	11.8	6.2	3 578.2	52.3	846.7
1984	49.1	29.7	10.2	16 733.6	79 028.1	12.3	6.1	3 897.2	61.2	792.6
1985	58.8	29.8	10.7	20 877.3	82 109.2	12.8	6.6	3 833.9	71.6	838.3
1986	67.3	29.7	9.6	21 479.5	93 319.4	13.4	7.3	4 243.7	77.7	833.7
1987	69.3	33.0	10.7	21 190.8	91 216.8	14.7	10.4	5 123.9	82.1	812.3
1988	70.9	34.8	10.2	20 907.0	86 056.3	15.6	10.9	4 657.8	85.0	754.2
1989	56.1	27.9	8.3	15 147.6	67 270.3	14.5	9.4	4 091.6	89.2	562.1
1990	49.9	29.6	12.6	16 345.3	68 220.4	14.5	9.8	4 193.9	96.6	440.5
1991	48.9	29.8	8.9	17 627.1	62 387.7	12.8	11.7	3 083.2	94.0	491.5

14-20 续表

年份	手表 （万只）	自行车 （万辆）	电风扇 （万台）	洗衣机 （万台）	电冰箱 （万台）	电视机 （万架）	#彩电	半导体收音机 （万架）	录音机 （万架）	市场用煤 （万吨）
1952		9.6								3 057.0
1957	19.6	80.4								5 412.0
1962	75.9	136.8								7 518.0
1965	100.0	183.6								7 394.0
1970	320.8	338.0						49.6		7 529.0
1975	743.5	562.6				0.6		258.3		8 782.0
1976	862.3	607.7				16.3		722.3		8 304.7
1977	1 005.7	680.3				16.0		737.6		9 626.9
1978	1 167.4	816.7				24.2		812.6		10 034.0
1979	1 331.2	874.3				44.9		900.7		10 539.2
1980	1 655.1	1 122.8				94.2		1 181.3		11 349.0
1981	2 199.9	1 378.4				131.4		2 209.7	26.3	11 899.2
1982	2 973.2	1 870.4	223.8			216.6		2 768.1	50.0	12 955.7
1983	3 103.5	2 184.7	320.0	144.4		287.5		1 201.3	101.6	13 337.3
1984	3 544.8	2 315.6	731.4	290.2	19.8	439.0	58.8	1 379.1	191.0	14 706.2
1985	4 543.7	2 568.2	1 812.9	465.1	62.2	667.0	140.0	1 492.9	340.0	14 965.3
1986	4 352.7	2 828.7	1 954.7	545.1	112.5	906.2	235.9	1 178.3	669.9	15 362.3
1987	4 030.3	3 170.5	2 281.6	684.8	256.0	874.6	375.8	1 133.7	757.4	16 633.2
1988	3 840.5	3 031.2	2 011.4	728.4	348.7	1 305.5	368.6	1 239.6	879.0	16 083.7
1989	3 417.5	2 463.5	2 138.3	485.2	286.1	1 381.9	347.1	934.8	998.7	17 848.9
1990	3 302.9	2 308.2	2 865.4	437.3	283.1	1 228.9	488.2	891.8	681.7	16 698.1
1991	2 513.8	2 839.0	3 797.5	536.7	333.0	1 402.2	633.4	936.6	640.2	25 177.2

注：1986年及以前各年为全民所有制商业和供销合作社收购量。

14-21 社会商品零售总额

（按用途和对象、城乡分）　　单位：亿元

年份	社会商品零售总额	按用途和对象分				按城乡分	
		消费品	售给居民	售给社会集团	农业生产资料	城镇	乡村
1952	276.8	262.7	237.9	24.8	14.1	125.6	151.2
1953	348.0	328.8	294.0	34.8	19.2	168.2	179.8
1954	381.1	356.1	317.5	38.6	25.0	178.6	202.5
1955	392.2	364.0	325.1	38.9	28.2	183.2	209.0
1956	461.0	424.0	371.0	53.0	37.0	227.0	234.0
1957	474.2	441.6	395.3	46.3	32.6	238.4	235.8
1958	548.0	481.2	425.2	56.0	66.8	255.9	292.1
1959	638.0	556.5	488.0	68.5	81.5	322.8	315.2
1960	696.9	595.4	513.6	81.8	101.5	370.1	326.8
1961	607.7	537.7	483.7	54.0	70.0	351.1	256.6
1962	604.0	543.7	500.4	43.3	60.3	318.5	285.5
1963	604.5	544.8	501.6	43.2	59.7	304.9	299.6
1964	638.2	572.7	522.4	50.3	65.5	323.0	315.2
1965	670.3	590.1	537.1	53.0	80.2	338.9	331.4
1966	732.8	632.8	574.8	58.0	100.0	362.8	370.0
1967	770.5	679.1	615.6	63.5	91.4	382.0	388.5
1968	737.3	649.2	595.0	54.2	88.1	373.2	364.1
1969	801.5	698.2	634.2	64.0	103.3	393.5	408.0
1970	858.0	728.8	666.7	62.1	129.2	400.0	458.0
1971	929.2	776.9	692.7	84.2	152.3	436.7	492.5
1972	1 023.3	853.5	754.8	98.7	169.8	495.6	527.7
1973	1 106.7	917.7	810.1	107.6	189.0	531.3	575.4
1974	1 163.6	967.4	859.2	108.2	196.2	560.2	603.4
1975	1 271.1	1 046.4	922.8	123.6	224.7	606.9	664.2
1976	1 339.4	1 099.0	965.9	133.1	240.4	645.4	694.0
1977	1 432.8	1 174.3	1 036.6	137.7	258.5	687.9	744.9
1978	1 558.6	1 264.9	1 121.2	143.7	293.7	748.2	810.4
1979	1 800.0	1 476.0	1 311.7	164.3	324.0	815.2	984.8
1980	2 140.0	1 794.0	1 608.0	186.0	346.0	950.3	1 189.7
1981	2 350.0	2 002.5	1 798.5	204.0	347.5	1 026.0	1 324.0
1982	2 570.0	2 181.5	1 956.1	225.4	388.5	1 090.0	1 480.0
1983	2 849.4	2 426.1	2 169.5	256.6	423.3	1 179.4	1 670.0
1984	3 376.4	2 899.2	2 574.5	324.7	477.2	1 377.1	1 999.3
1985	4 305.0	3 801.4	3 391.4	410.0	503.6	1 788.0	2 517.0
1986	4 950.0	4 374.0	3 912.0	462.0	576.0	2 094.0	2 856.0
1987	5 820.0	5 115.0	4 562.0	553.0	705.0	2 470.0	3 350.0
1988	7 440.0	6 534.6	5 869.6	665.0	905.4	3 217.6	4 222.4
1989	8 101.4	7 074.2	6 376.4	697.8	1 027.2	3 533.9	4 567.5
1990	8 300.1	7 250.3	6 509.1	741.2	1 049.8	3 735.0	4 565.1
1991	9 415.6	8 245.7	7 358.5	887.2	1 169.9	4 371.2	5 044.4

14-22 社会商品零售总额

（按经济类型分）　　　　单位：亿元

年　份	全民所有制	集体所有制	合　营	个　体	农民对非农业居民零售
1952	45.0	50.3	1.1	168.6	11.8
1953	60.6	84.4	1.9	190.3	10.8
1954	79.8	153.4	11.0	126.7	10.2
1955	110.4	135.2	32.5	102.3	11.8
1956	156.9	172.8	96.1	23.4	11.8
1957	176.3	195.8	76.0	12.9	13.2
1958	399.9	71.3	59.1	10.1	7.6
1959	537.0	79.0		18.5	3.5
1960	585.0	83.4		20.5	8.0
1961	496.2	67.0		14.5	30.0
1962	306.7	256.0		14.3	27.0
1963	306.9	265.6		12.7	19.3
1964	338.8	272.9		12.2	14.3
1965	355.5	289.3		12.5	13.0
1975	708.3	536.0		1.8	25.0
1976	746.0	569.3		2.1	22.0
1977	777.4	631.3		2.3	21.8
1978	851.0	674.4		2.1	31.1
1979	971.8	776.4		4.3	47.5
1980	1 100.7	954.9	0.4	15.0	69.0
1981	1 171.5	1 050.6	1.1	37.4	89.4
1982	1 251.6	1 131.4	1.6	74.6	110.8
1983	1 338.8	1 189.5	3.6	184.5	133.0
1984	1 537.9	1 337.2	7.6	323.7	170.0
1985	1 740.0	1 600.3	12.7	661.0	291.0
1986	1 951.0	1 804.0	15.2	804.8	375.0
1987	2 249.0	2 079.6	18.8	1 011.6	461.0
1988	2 935.9	2 557.9	27.2	1 324.0	595.0
1989	3 167.8	2 689.7	36.3	1 509.6	698.0
1990	3 285.9	2 631.0	40.3	1 569.6	773.3
1991	3 783.7	2 826.2	51.5	1 844.4	909.8

注：1. 供销合作社零售额1958-1961年包括在全民所有制零售额中，其他各年包括在集体所有制零售额中。

2. 合营零售额1952-1958年是公私合营，1980年以后包括各种不同经济类型的合营和中外合营。

3. 个体零售额1952-1957年包括私营。

14-23 社会商品零售总额

（按行业分）　　　　单位：亿元

年份	商业	饮食业	工业	其他行业	农民对非农业居民零售
1952	211.3	14.1	37.9	1.7	11.8
1953	277.2	15.9	42.2	1.9	10.8
1954	315.0	17.5	35.8	2.6	10.2
1955	323.2	19.6	34.4	3.2	11.8
1956	384.3	22.7	38.7	3.5	11.8
1957	399.5	24.2	33.9	3.4	13.2
1958	474.9	25.3	36.4	3.8	7.6
1959	573.7	28.9	28.6	3.3	3.5
1960	631.1	27.0	26.6	4.2	8.0
1961	512.5	31.7	25.5	8.0	30.0
1962	502.1	39.1	27.9	7.9	27.0
1963	516.4	37.0	25.2	6.6	19.3
1964	560.0	33.5	24.2	6.2	14.3
1965	594.6	31.2	24.2	7.3	13.0
1966	655.1	31.9	24.0	7.0	14.8
1967	688.0	30.1	25.4	8.5	18.5
1968	658.0	27.3	24.0	8.8	19.2
1969	718.1	28.9	25.6	10.4	18.5
1970	769.3	29.6	27.4	14.7	17.0
1971	825.5	33.2	34.4	18.4	17.7
1972	906.8	37.5	41.0	19.9	18.1
1973	979.9	40.1	45.7	20.2	20.8
1974	1 027.0	41.8	51.2	22.0	21.6
1975	1 113.9	45.5	61.6	25.1	25.0
1976	1 175.6	47.0	67.7	27.1	22.0
1977	1 256.5	50.4	73.0	31.1	21.8
1978	1 363.7	54.8	73.2	35.8	31.1
1979	1 540.5	63.7	103.6	44.7	47.5
1980	1 768.0	80.0	165.0	58.0	69.0
1981	1 915.4	87.6	195.4	62.2	89.4
1982	2 068.1	98.4	216.8	75.9	110.8
1983	2 269.1	112.1	249.7	85.5	133.0
1984	2 645.5	137.1	314.1	109.7	170.0
1985	3 272.2	196.9	400.7	144.2	291.0
1986	3 717.8	232.8	457.6	166.8	375.0
1987	4 343.5	283.0	537.1	195.4	461.0
1988	5 544.6	366.5	686.1	247.8	595.0
1989	6 009.5	405.1	720.3	268.5	698.0
1990	6 127.4	419.8	699.1	280.5	773.3
1991	6 903.9	492.0	788.0	321.9	909.8

14-24 各地区社会商品零售总额

（1991年，按用途和对象分）　　单位：亿元

地区	社会商品零售总额	消费品			农业生产资料
			对居民	对社会集团	
全国	9 415.60	8 245.70	7 358.50	887.20	1 169.90
北京	357.75	339.92	286.26	53.66	17.83
天津	169.19	159.44	138.06	21.38	9.75
河北	434.36	351.35	316.32	35.03	83.01
山西	206.59	179.42	158.12	21.30	27.17
内蒙古	163.17	145.52	130.83	14.69	17.65
辽宁	511.11	467.33	402.56	64.77	43.78
吉林	255.35	223.69	199.90	23.79	31.66
黑龙江	388.54	352.24	311.11	41.13	36.30
上海	402.15	382.06	315.92	66.14	20.09
江苏	665.64	578.12	515.35	62.77	87.52
浙江	468.78	404.01	365.01	39.00	64.77
安徽	299.47	247.50	226.53	21.00	51.97
福建	258.78	230.99	219.85	11.14	27.79
江西	201.45	169.19	155.42	13.77	32.26
山东	663.40	536.03	485.95	50.08	127.37
河南	442.08	352.51	317.46	35.05	89.57
湖北	413.18	362.26	328.06	34.20	50.92
湖南	389.70	334.95	307.52	27.43	54.75
广东	857.58	786.64	728.12	58.52	70.94
广西	236.31	200.23	188.12	12.10	36.08
海南	44.97	41.97	39.19	2.78	3.00
四川	621.84	538.50	484.29	54.21	83.34
贵州	105.42	92.92	84.30	8.62	12.50
云南	187.77	163.75	148.90	14.85	24.02
西藏	15.11	13.85	9.57	4.28	1.26
陕西	203.37	176.60	152.68	23.92	26.77
甘肃	120.85	106.17	90.42	15.75	14.68
青海	34.13	31.99	28.69	3.30	2.14
宁夏	33.56	28.15	24.71	3.44	5.41
新疆	137.11	121.52	107.80	13.72	15.59

注：各地区数字之和小于全国总计，原因是部分地区对其他集体所有制、个体和农民对非农业居民零售额统计不全（下同）。

14-25 各地区社会商品零售总额

（1991年，按经济类型分）　　　　单位：亿元

地　区	社会商品零售总额	全民所有制	集体所有制	#供销合作社	合营	个体	农民对非农业居民零售
全　国	9 415.60	3 783.70	2 826.20	1 366.60	51.50	1 844.40	909.80
北　京	357.75	191.80	122.87	25.43	2.63	20.45	20.00
天　津	169.19	74.87	45.47	15.08	0.65	36.05	12.15
河　北	434.36	187.52	128.60	76.27	1.09	84.19	32.96
山　西	206.59	98.15	59.04	31.44	0.01	31.71	17.68
内蒙古	163.17	79.42	49.64	26.18	0.00	22.93	11.18
辽　宁	511.11	225.81	129.43	51.21	1.33	108.78	45.76
吉　林	255.35	106.28	70.96	37.47	1.63	50.45	26.03
黑龙江	388.54	192.59	98.45	40.96	0.15	75.54	21.81
上　海	402.15	206.29	149.36	54.66	2.72	18.69	25.09
江　苏	665.64	234.36	286.04	124.56	1.95	89.20	54.09
浙　江	468.78	149.07	147.18	73.87	3.38	113.93	55.22
安　徽	299.47	110.41	102.34	44.45	0.69	53.51	32.52
福　建	258.78	81.38	60.95	29.23	5.00	86.31	25.14
江　西	201.45	74.56	57.46	36.13	0.13	38.45	30.85
山　东	663.40	253.32	252.19	130.13	0.49	121.92	35.48
河　南	442.08	186.46	146.91	77.51	0.26	78.51	29.94
湖　北	413.18	172.47	121.97	68.05	0.02	65.35	53.37
湖　南	389.70	135.37	114.00	65.48	0.31	86.33	53.69
广　东	857.58	329.94	170.20	79.89	25.49	235.39	96.56
广　西	236.31	84.33	60.53	42.55	0.45	67.07	23.93
海　南	44.97	15.57	5.70	3.77	1.23	15.88	6.59
四　川	621.84	206.77	207.27	99.24	1.46	140.12	66.22
贵　州	105.42	39.73	25.98	17.06	0.18	26.84	12.69
云　南	187.77	85.53	56.16	37.39	0.00	28.81	17.27
西　藏	15.11	9.33	1.87	0.63	0.00	3.61	0.30
陕　西	203.37	85.09	69.00	29.68	0.11	29.45	19.72
甘　肃	120.85	57.47	32.18	21.07		21.39	9.81
青　海	34.13	19.13	6.22	2.79	0.04	6.82	1.92
宁　夏	33.56	16.25	8.93	5.72		4.78	3.60
新　疆	137.11	74.47	31.11	18.67	0.12	20.83	10.58

14-26 社会消费品零售额

年份	社会消费品零售额	食品类	衣着类	日用品类	文化娱乐用品	书报杂志类	药和医疗用品类	燃料类
一、绝对额（亿元）								
1952	262.7	148.3	50.8	39.5	6.7	2.0	6.8	8.6
1957	441.6	241.0	82.6	65.3	12.7	4.9	16.7	18.4
1962	543.7	280.7	79.9	106.4	17.9	4.2	26.1	28.5
1965	590.1	327.1	112.5	68.7	17.3	6.4	27.8	30.3
1970	728.8	389.0	170.2	76.4	18.5	3.2	36.5	35.0
1975	1 046.4	554.2	219.4	127.0	29.3	9.8	57.1	49.6
1976	1 099.0	577.9	237.1	134.2	30.3	10.4	60.1	49.0
1977	1 174.3	618.5	255.9	140.3	31.9	10.7	64.9	52.1
1978	1 264.9	655.8	278.5	156.3	42.2	12.1	64.7	55.3
1979	1 476.0	760.2	339.2	187.2	55.4	16.4	58.5	59.1
1980	1 794.0	918.1	413.7	231.8	73.5	23.1	65.8	68.0
1981	2 002.5	1 022.3	463.0	264.4	85.5	25.0	70.8	71.5
1982	2 181.5	1 153.0	465.9	290.5	97.2	27.6	73.0	74.3
1983	2 426.1	1 307.5	491.5	323.6	107.4	29.8	86.0	80.3
1984	2 899.2	1 546.6	570.3	394.5	165.0	34.2	96.7	91.9
1985	3 801.4	2 003.5	717.4	380.0	292.9	46.2	106.2	108.3
1986	4 374.0	2 340.1	772.6	614.9	339.6	56.8	124.3	125.7
1987	5 115.0	2 760.8	882.3	736.8	370.1	65.6	156.9	142.5
1988	6 534.6	3 539.9	1 108.8	965.6	464.6	77.5	207.9	170.3
1989	7 074.2	3 858.5	1 152.2	749.0	472.0	97.2	240.1	202.5
1990	7 250.3	4 014.2	1 182.2	993.9	443.0	106.0	292.0	219.0
1991	8 245.7	4 537.5	1 356.3	1 121.6	492.0	132.4	352.9	253.0
二、构成（%）								
1952	100.0	56.5	19.3	15.0	2.6	0.8	2.6	3.3
1957	100.0	54.6	18.7	14.8	2.9	1.1	3.8	4.2
1962	100.0	51.6	14.7	19.6	3.3	0.8	4.8	5.2
1965	100.0	55.4	19.1	11.6	2.9	1.1	4.7	5.1
1970	100.0	53.4	23.4	10.5	2.5	0.4	5.0	4.8
1975	100.0	53.0	21.0	12.1	2.8	0.9	5.5	4.7
1976	100.0	52.6	21.6	12.2	2.8	0.9	5.5	4.5
1977	100.0	52.7	21.8	11.9	2.7	0.9	5.5	4.4
1978	100.0	51.8	22.0	12.4	3.3	1.0	5.1	4.4
1979	100.0	51.5	23.0	12.7	3.8	1.1	4.0	4.0
1980	100.0	51.2	23.1	12.9	4.1	1.3	3.7	3.8
1981	100.0	51.1	23.1	13.2	4.3	1.2	3.5	3.6
1982	100.0	52.9	21.4	13.3	4.5	1.3	3.3	3.4
1983	100.0	53.9	20.3	13.3	4.4	1.2	3.5	3.3
1984	100.0	53.3	19.7	13.6	5.7	1.2	3.3	3.2
1985	100.0	52.7	18.9	10.0	7.7	1.2	2.8	2.9
1986	100.0	53.5	17.7	14.1	7.8	1.3	2.8	2.9
1987	100.0	54.0	17.2	14.4	7.2	1.3	3.1	2.8
1988	100.0	54.2	17.0	14.8	7.1	1.2	3.2	2.6
1989	100.0	54.5	16.3	10.6	6.7	1.4	3.4	2.9
1990	100.0	55.4	16.3	13.7	6.1	1.5	4.0	3.0
1991	100.0	55.0	16.4	13.6	6.0	1.6	4.3	3.1

注：日用品类中包括了房屋和建筑材料类。

14-27 社会消费品零售量

年份	粮食（万吨）	食用植物油（万吨）	猪和猪肉 万头	猪和猪肉 折肉（万吨）	鲜蛋（万吨）	水产品（万吨）	食糖（万吨）
1952	2 961.0	76.5	3 442.5	170.4	13.2	77.9	47.1
1957	3 723.5	103.0	3 716.0	176.5	25.9	142.4	87.9
1962	3 295.0	39.0	1 505.7	52.7	12.7	114.6	102.0
1965	3 682.0	74.0	6 857.0	277.7	33.9	137.5	112.2
1970	3 657.0	71.0	6 762.0	287.4	30.4	135.3	160.4
1975	4 196.5	83.0	9 432.0	425.9	29.9	187.1	199.4
1976	4 444.5	86.5	9 656.3	417.6	34.4	214.4	206.7
1977	4 681.0	82.0	9 300.0	399.0	35.1	192.7	265.1
1978	4 750.0	87.5	10 500.0	467.5	45.9	219.0	315.6
1979	4 902.5	104.5	12 580.6	598.0	75.9	191.5	333.0
1980	5 497.0	126.0	13 976.0	704.5	83.7	202.9	363.5
1981	6 107.0	172.5	13 300.0	710.0	82.5	201.5	395.0
1982	6 730.5	221.5	13 377.0	752.5	90.6	227.8	430.0
1983	7 095.0	260.0	14 046.0	797.5	103.0	225.4	443.9
1984	8 634.5	316.0	14 818.5	844.5	155.2	245.9	490.0
1985	9 011.6	349.1	15 324.6	916.4	192.7	268.4	572.5
1986	9 440.9	364.5	16 300.8	956.0	224.3	304.7	630.3
1987	9 331.2	410.6	17 115.8	992.7	234.5	339.1	699.6
1988	9 691.7	455.8	17 467.4	1 066.7	263.4	355.0	663.2
1989	9 347.4	411.6	18 576.9	1 131.3	269.2	395.5	530.8
1990	9 289.1	441.6	20 078.5	1 246.9	304.9	401.4	541.6
1991	9 242.6	467.2	21 035.2	1 316.8	336.9	427.7	547.6

14-27 续表 1

年份	卷烟（万箱）	酒（万吨）	食盐（万吨）	茶叶（万吨）	各种布（亿米）	棉布	化纤布
1952	246.5	64.6	314.1	3.7	30.8	30.8	
1957	430.8	86.7	398.1	6.1	42.9	42.9	
1962	257.2	75.9	507.2	5.0	24.2	23.8	0.4
1965	464.6	93.7	494.2	4.4	44.4	41.9	2.5
1970	672.0	123.3	636.9	6.1	66.4	62.2	4.2
1975	961.5	199.5	741.1	9.6	69.8	60.2	9.6
1976	1 056.4	232.8	735.0	10.1	73.1	62.6	10.5
1977	1 149.2	236.7	860.0	11.3	73.2	61.2	12.0
1978	1 179.8	246.0	798.7	11.0	76.9	63.7	13.2
1979	1 352.2	289.2	785.0	14.0	86.8	66.8	20.0
1980	1 593.2	334.2	780.0	16.6	98.4	71.9	26.5
1981	1 750.0	439.2	773.0	16.7	102.5	71.0	31.5
1982	1 759.3	528.8	765.0	18.4	100.8	67.0	33.8
1983	2 004.3	592.7	809.5	18.9	105.4	61.0	44.4
1984	2 285.0	679.0	855.7	22.6	111.4	63.5	47.9
1985	2 548.3	799.6	864.3	25.3	121.2	71.3	49.9
1986	2 726.7	956.7	942.7	27.5	117.8	68.6	49.2
1987	2 846.8	1 126.8	949.1	28.9	121.3	74.0	47.3
1988	3 083.5	1 257.8	1 178.8	31.0	132.5	82.3	50.2
1989	3 127.3	1 267.5	1 188.4	28.0	127.8	80.5	47.3
1990	3 246.0	1 309.7	1 026.1	30.8	120.3	78.4	41.9
1991	3 261.6	1 373.0	1 011.9	31.8	118.5	75.5	43.0

14-27 续表 2

年份	呢绒（万米）	绸缎（万米）	针织内衣裤（亿件）	毛线（万公斤）	鞋（万双）	火柴（万件）	肥皂（万箱）
1952	362.6	3 092.3	0.3	163.2	10 330.8	816.0	630.0
1957	709.4	7 090.8	2.0	498.4	20 231.8	1 100.0	1 165.0
1962	1 469.2	8 127.3	1.2	515.4	29 201.4	1 070.3	799.5
1965	2 444.0	9 666.0	2.3	720.3	32 768.0	1 266.0	1 357.0
1970	3 303.0	20 474.0	4.2	1 705.5	48 755.1	1 393.4	2 330.4
1975	5 679.0	22 516.0	6.0	1 912.9	70 810.3	1 631.5	3 224.1
1976	5 913.6	23 703.1	6.2	2 358.9	75 046.0	1 717.0	3 151.1
1977	7 856.0	27 562.0	6.5	2 415.8	77 505.7	1 729.0	2 956.6
1978	8 097.9	26 802.6	7.0	2 740.6	86 929.9	1 784.4	3 204.2
1979	10 599.0	35 321.0	9.1	3 717.0	93 284.2	1 937.6	3 676.0
1980	14 221.0	44 159.0	9.7	4 471.4	105 632.0	2 134.0	4 043.0
1981	17 000.0	48 714.4	10.8	4 950.5	112 405.0	2 364.0	4 700.0
1982	18 411.0	50 020.0	11.7	5 146.0	115 454.5	2 265.4	4 850.0
1983	20 804.4	57 626.3	12.1	6 137.9	122 563.6	2 530.5	5 403.4
1984	26 423.0	74 799.0	13.1	7 964.1	140 307.9	2 685.5	5 836.2
1985	30 640.0	89 758.8	14.3	9 638.0	153 586.4	2 766.1	5 877.1
1986	29 556.0	90 278.0	14.4	10 918.3	166 163.4	2 851.4	6 068.8
1987	29 703.7	93 257.2	14.8	13 331.2	169 866.8	2 914.1	5 851.7
1988	31 795.0	98 199.8	15.0	15 397.5	183 081.2	3 336.6	6 613.0
1989	27 760.3	78 559.8	12.3	12 333.4	185 024.3	2 902.8	5 521.9
1990	26 540.6	72 589.2	11.2	8 880.0	180 209.5	2 293.2	5 357.0
1991	30 102.0	78 037.0	9.4	9 455.9	190 078.9	2 506.5	4 487.6

14-27 续表 3

年份	洗衣粉（万吨）	保温瓶（万个）	缝纫机（万架）	手表（万只）	自行车（万辆）	电视机（万台）	收音机（万台）	煤炭（万吨）
1952		840.0	10.0	38.5	33.5		2.0	2 361.1
1957		2 770.8	25.1	107.6	84.7		26.4	5 413.4
1962	1.6	3 094.2	62.8	99.1	83.2		94.3	7 299.0
1965	2.3	3 277.0	89.7	189.1	176.2		83.6	7 500.0
1970	7.0	4 256.8	218.7	254.1	335.2	0.7	170.1	8 120.0
1975	17.6	4 594.6	302.7	819.9	561.4	12.1	714.4	9 350.0
1976	18.3	4 919.9	322.9	1 051.7	620.0	23.2	840.7	8 900.0
1977	19.6	6 560.0	380.7	1 149.7	682.1	28.6	994.1	9 627.0
1978	25.0	8 169.2	439.8	1 388.1	809.6	55.1	1 388.9	10 063.0
1979	30.9	9 112.0	540.0	1 944.4	954.5	180.7	1 639.5	10 600.0
1980	35.0	10 051.0	665.0	2 534.0	1 186.0	364.0	2 722.0	12 574.0
1981	42.0	10 812.5	926.6	2 890.0	1 582.0	635.0	3 074.9	13 388.8
1982	51.2	11 015.4	1 140.0	3 576.0	2 214.0	751.0	3 625.0	14 756.5
1983	64.8	11 820.9	1 019.1	3 898.0	2 620.7	843.0	3 074.5	15 494.3
1984	75.4	13 319.4	1 083.3	4 923.0	2 867.6	1 128.5	2 827.8	16 782.9
1985	89.5	15 283.9	1 103.0	6 166.2	3 111.2	2 156.9	2 516.8	18 978.0
1986	105.5	15 674.9	1 123.7	5 683.4	3 509.3	2 198.2	2 050.0	19 711.0
1987	115.5	15 345.7	1 002.7	5 452.5	3 592.0	2 325.7	1 671.2	20 376.0
1988	129.3	15 437.7	1 014.7	5 831.8	4 137.5	2 662.9	1 518.6	20 980.0
1989	105.6	13 122.0	710.0	4 963.7	3 348.7	2 173.8	1 668.6	19 950.0
1990	109.5	12 295.3	530.4	4 065.6	2 760.3	1 923.0	1 618.5	20 083.0
1991	103.6	10 523.3	550.3	4 026.2	3 097.8	2 096.1	1 350.8	18 084.0

注：粮食是贸易粮；食用植物油包括油料折油；肥猪包括鲜、冻猪肉和猪肉制品；鲜蛋包括冰蛋和再制蛋；水产品是干、鲜混合品；化纤布包括棉花化纤混纺布和化纤布；针织内衣裤包括汗衫背心、棉毛衫裤和卫生衫裤；鞋包括皮鞋、胶鞋、布鞋和全塑料鞋；收音机包括电子管收音机和半导体收音机。

14-28 社会消费品零售数量和金额

金额单位：亿元

品名	单位	1985年		1990年		1991年	
		数量	金额	数量	金额	数量	金额
总 额			3 801.40		7 250.30		8 245.70
一、食品类			2 003.54		4 014.20		4 537.48
#粮 食	万吨	9 011.6	372.81	9 289.1	484.33	9 242.6	603.41
食用植物油	万吨	349.1	83.78	441.6	148.05	467.2	188.27
猪和猪肉	万头	15 324.6	272.17	20 078.5	642.51	21 035.2	678.51
折猪肉	万吨	916.4		1 246.9		1 316.8	
牛和牛肉	万头	376.2	12.39	607.7	32.51	666.9	35.93
羊和羊肉	万头	2 664.8	8.84	3 400.3	19.72	3 602.6	22.82
家 禽	万只	59 430.0	25.85	85 110.2	75.32	89 025.3	82.35
鲜 蛋	万吨	192.7	52.51	304.9	137.54	336.9	143.31
水产品	万吨	268.4	70.81	401.4	204.71	427.7	249.10
干鲜菜	亿元		109.40	216.7	216.65	222.5	222.50
干鲜果	亿元		59.40	135.1	135.13	139.8	139.83
食 糖	万吨	572.5	87.44	541.6	140.92	547.6	158.48
奶 粉	万吨	9.0	5.59	9.2	10.30	9.4	11.28
糖 果	万吨	101.5	28.42	58.8	29.40	47.7	26.24
糕 点	万吨	258.2	46.47	101.1	41.45	87.2	39.33
罐 头	万箱	3 092.1	12.49	2 612.2	25.86	2 091.1	24.47
卷 烟	万箱		287.86		688.74		767.48
酒	万吨	799.6	197.40	1 309.7	536.97	1 373.0	641.74
食 盐	万吨	864.3	26.79	1 026.1	80.65	1 011.9	60.83
茶 叶	万吨	25.3	25.85	30.8	40.89	31.8	56.29
二、衣着类			717.43		1 182.20		1 356.37
#棉 布	亿米	71.3	124.35	78.4	245.00	75.5	274.90
棉花化纤混纺布	亿米	36.0	101.02	29.8	140.83	30.1	146.52
化纤布	亿米		69.50		101.98		138.41
呢 绒	万米	30 640.0	69.96	26 540.6	107.49	30 102.0	119.97
绸 缎	万米	89 758.8	40.43	72 589.2	76.80	78 037.0	97.18
毛 巾	万条	94 966.9	10.42	70 498.7	14.87	43 803.0	10.44
锦纶袜	万双	92 826.4	12.81	75 032.0	18.82	67 903.9	16.67
针织内衣裤	亿件	14.3	44.58	11.2	67.20	9.4	59.72
床褥单	万条	8 907.6	10.89	7 416.5	17.81	7 438.8	19.22
毛 毯	万条	1 517.0	7.59	1 461.5	23.38	1 632.5	32.40
毛 线	万公斤	9 638.0	29.44	8 880.0	50.62	9 455.9	51.48
皮 鞋	万双	26 182.0	45.79	35 096.7	108.93	43 176.2	167.70
胶 鞋	万双	60 721.2	33.64	62 317.8	72.88	66 225.2	76.93
布 鞋	万双	33 285.4	14.43	60 810.0	39.78	59 055.3	40.80

14-28 续表 金额单位：亿元

品名	单位	1985年		1990年		1991年	
		数量	金额	数量	金额	数量	金额
全塑料鞋	万双	26 683.2	7.95	21 985.0	10.30	21 622.2	9.92
三、日用品类			**379.96**		**993.90**		**1 121.60**
#火柴	万件	2 766.1	7.99	2 293.2	13.57	2 506.5	15.74
肥皂	万箱	5 877.1	15.81	5 357.0	29.41	4 487.6	29.03
洗衣粉	万吨	89.5	15.51	109.5	40.31	103.6	40.91
香皂	亿块	12.3	5.92	11.7	15.92	10.0	15.78
牙膏	亿支	13.2	5.41	15.2	12.16	17.0	18.70
保温瓶	万个	15 283.9	10.59	12 295.3	17.41	10 523.3	15.00
搪瓷口杯	万个	10 980.8	1.23	6 006.8	2.22	5 225.9	1.77
搪瓷面盆	万个	9 636.7	3.17	6 996.0	7.04	5 946.6	5.63
铁锅	万口	7 870.0	1.99	8 497.4	4.21	8 047.0	5.13
日用陶瓷器	亿个	34.2	9.92	31.4	34.54	34.2	38.34
钟	万个	1 835.1	5.74	2 626.7	14.55	2 469.1	14.47
手表	万只	6 166.2	40.39	4 065.6	27.97	4 026.2	29.83
手电池	亿个	45.7	11.24	41.6	22.17	44.8	41.71
自行车	万辆	3 111.2	51.96	2 760.3	71.77	3 097.8	86.80
普通灯泡	亿个	16.6	8.85	16.8	14.33	18.6	16.83
电风扇	万台	2 057.2	31.45	2 793.6	69.28	2 861.8	65.45
洗衣机	万台	1 098.1	31.49	924.9	45.96	984.1	53.08
电冰箱	万台	220.0	21.99	436.0	78.27	465.7	81.27
房屋和建筑材料			146.87		314.95		379.40
四、文化娱乐用品类			**292.89**		**443.00**		**491.99**
#电视机	万台	2 156.9	152.67	1 923.0	265.59	2 096.1	297.92
录音机	万台	1 324.3	60.07	1 204.9	47.64	1 218.8	48.84
收音机	万台	2 516.8	8.16	1 618.5	4.74		4.22
照相机	万架	198.2	2.97	186.0	7.25	186.1	7.32
机制纸	万吨	40.8	7.82	17.9	6.71	19.9	7.85
土纸	万吨	23.8	3.09	18.1	5.61	18.0	5.92
钢笔	万支	17 492.9	3.86	19 473.7	7.17	19 513.0	8.46
铅笔	亿支	27.3	1.74	19.8	2.84	20.2	3.00
五、书报杂志类			**46.20**		**106.00**		**132.38**
六、药和医疗用品类			**106.17**		**291.95**		**352.90**
七、燃料类			**108.34**		**219.00**		**252.96**
#煤油	万吨	155.6	11.11	182.2	17.02	172.3	16.44
煤炭	万吨	18 978.0	66.42	20 083.0	138.35	18 084.0	162.86

14-29 各地区主要消费品社会零售量

（1991年）

地　　区	粮　食（万吨）	食用植物油（万吨）	猪和猪肉（万头）	鲜　蛋（万吨）	水产品（万吨）	食　糖（万吨）	卷　烟（万箱）	酒（万吨）
北　京	252.2	12.6	394.3	10.6	5.2	2.8	27.3	12.3
天　津	106.2	11.5	231.0	7.8	5.9	1.9	13.9	7.8
河　北	320.4	19.2	415.6	5.5	8.7	15.0	103.6	26.6
山　西	252.1	14.5	205.6	5.1	1.6	3.9	49.6	5.2
内蒙古	235.4	6.7	137.4	1.3	3.5	3.4	33.0	15.1
辽　宁	589.3	21.8	553.6	15.4	28.9	9.9	84.7	35.7
吉　林	441.6	16.2	253.9	4.6	10.8	2.7	32.1	22.3
黑龙江	596.9	24.0	266.8	15.8	12.3	5.1	71.3	64.9
上　海	284.4	14.2	632.5	12.2	20.0	5.5	52.7	23.1
江　苏	506.9	24.8	1 146.1	14.0	35.4	15.5	115.0	50.0
浙　江	290.6	13.8	835.3	7.9	39.8	16.0	84.4	80.0
安　徽	432.5	15.6	571.4	7.0	14.7	11.3	83.9	25.8
福　建	228.2	9.2	405.8	5.2	23.4	10.4	66.8	24.7
江　西	239.6	9.7	493.6	6.1	10.6	8.4	25.1	18.4
山　东	727.8	38.1	493.7	9.1	24.0	23.1	171.2	65.1
河　南	624.0	30.2	738.8	11.3	5.1	16.5	224.5	33.4
湖　北	426.3	22.3	933.6	10.4	23.9	11.5	118.5	24.5
湖　南	306.9	10.2	1 144.9	8.5	14.7	15.0	125.3	22.5
广　东	557.8	26.5	1 823.4	19.8	72.0	23.2	66.7	17.5
广　西	244.5	5.3	782.2	3.5	6.8	14.6	62.1	10.2
海　南	32.6	0.9	158.2	0.8	6.3	2.0	4.0	1.7
四　川	599.3	26.2	1 920.5	12.1	9.7	21.6	227.9	60.5
贵　州	133.2	5.2	208.9	2.1	1.5	2.2	71.5	9.6
云　南	150.9	3.2	342.5	2.3	1.6	8.1	58.5	8.3
西　藏	16.2	0.3	19.2	0.0		0.2	4.6	0.1
陕　西	255.1	11.6	168.6	4.5	3.3	8.3	87.5	8.6
甘　肃	149.8	4.8	177.9	1.1	1.4	1.6	18.8	3.5
青　海	44.1	1.8	33.6	0.4	0.3	0.7	8.9	1.4
宁　夏	36.9	1.3	26.2	0.8	0.8	1.0	9.5	1.0
新　疆	184.2	9.5	80.0	2.4	2.8	5.4	15.7	6.9

14-29 续表 1 (1991年)

地　　区	棉　布（万米）	化纤布（万米）	呢　绒（万米）	绸　缎（万米）	皮　鞋（万双）	火　柴（万件）	肥　皂（万箱）	缝纫机（万台）
北　京	4 795.3	6 560.8	958.0	1 575.2	934.4	17.0	71.7	3.2
天　津	4 459.2	4 697.2	783.3	1 496.5	511.4	13.8	57.5	3.3
河　北	11 476.7	8 321.4	745.3	1 389.7	452.4	139.1	245.8	23.4
山　西	5 355.4	3 031.0	468.0	831.6	561.9	64.5	90.6	12.2
内蒙古	3 587.7	2 197.4	465.3	813.4	511.1	50.3	45.0	5.7
辽　宁	6 833.4	4 691.0	1 138.9	2 065.5	1 806.5	62.3	160.0	7.6
吉　林	5 077.9	2 616.6	511.1	952.1	703.8	44.1	80.7	7.9
黑龙江	7 339.1	5 894.9	1 392.1	1 665.6	1 528.6	90.2	171.2	11.8
上　海	3 202.1	2 486.4	1 018.8	2 225.6	1 783.6	47.7	145.1	5.8
江　苏	14 176.0	17 238.8	1 504.3	3 877.3	1 704.3	136.5	81.6	33.6
浙　江	9 994.7	13 720.5	1 700.3	4 623.6	774.4	106.8	200.2	25.3
安　徽	11 614.7	7 730.6	378.2	852.3	415.1	104.1	115.3	19.9
福　建	3 225.6	3 527.4	485.5	465.0	377.6	21.0	85.0	9.7
江　西	4 330.9	4 896.7	296.0	391.9	372.9	52.0	172.5	16.5
山　东	19 010.5	10 396.4	1 359.7	3 069.7	1 682.5	110.4	176.2	40.2
河　南	13 542.7	8 517.1	425.6	1 251.8	718.5	173.8	286.4	45.2
湖　北	7 399.9	7 995.1	689.1	1 487.9	654.8	161.9	205.1	16.2
湖　南	7 959.1	9 544.2	712.9	1 141.7	1 287.0	90.4	293.0	20.3
广　东	10 897.5	8 248.4	387.0	425.7	706.6	108.1	183.5	23.7
广　西	4 556.5	4 982.7	104.5	189.5	318.8	41.2	87.6	20.3
海　南	451.3	645.0	29.5	54.1	18.2	19.4	61.8	1.0
四　川	15 923.2	12 620.2	995.7	1 729.5	1 907.3	210.3	336.7	16.2
贵　州	3 345.5	3 400.0	165.1	306.4	267.0	18.4	55.8	5.1
云　南	4 693.0	1 619.6	111.2	249.4	341.3	31.7	56.0	15.1
西　藏	410.0	43.9	13.5	22.0	10.4	4.2	14.6	0.2
陕　西	7 166.4	5 157.7	394.7	956.7	346.3	53.9	123.3	13.4
甘　肃	2 954.0	2 445.5	295.6	602.9	184.6	54.0	60.8	7.5
青　海	1 059.5	617.3	108.2	238.8	95.4	7.7	7.8	0.8
宁　夏	776.5	586.6	87.5	141.1	97.3	3.3	9.8	1.8
新　疆	4 735.4	1 890.0	449.1	850.1	616.9	50.8	54.2	6.0

14-29 续表 2　　(1991年)

地　　区	手　　表（万只）	自行车（万辆）	电风扇（万台）	洗衣机（万台）	电冰箱（万台）	电视机（万台）	录音机（万台）	半导体收音机（万台）
北　京	138.6	42.5	33.1	12.3	10.9	22.2	45.7	47.3
天　津	63.7	34.0	17.7	7.3	8.9	18.2	17.6	28.1
河　北	125.4	125.1	140.3	30.6	16.4	74.6	36.4	49.6
山　西	73.3	50.4	18.4	18.1	7.7	40.9	17.3	12.8
内蒙古	43.4	42.7	5.9	10.0	4.5	25.2	13.6	7.8
辽　宁	193.9	103.9	32.0	28.8	29.4	66.9	49.3	65.7
吉　林	78.4	59.1	8.1	16.1	6.6	36.0	22.5	22.3
黑龙江	101.8	67.6	10.0	24.2	13.8	59.2	38.2	26.9
上　海	126.3	54.4	82.0	15.6	18.6	34.4	43.5	35.7
江　苏	192.8	206.4	269.8	48.2	26.8	109.3	76.9	81.4
浙　江	141.4	137.2	166.7	16.7	24.0	72.6	38.1	21.5
安　徽	85.9	75.3	93.6	14.3	11.3	52.0	26.4	31.6
福　建	65.0	44.7	37.5	10.5	9.8	21.3	10.4	9.5
江　西	63.4	64.6	57.8	7.6	7.5	40.9	14.3	11.2
山　东	171.9	200.7	236.2	22.5	34.7	124.0	55.5	69.2
河　南	187.1	148.7	200.4	29.9	16.3	103.6	28.7	76.2
湖　北	167.8	98.7	170.2	24.6	14.7	62.4	34.4	41.2
湖　南	142.8	84.4	144.8	20.7	13.9	67.7	26.9	13.0
广　东	214.2	198.8	298.9	34.9	20.3	45.0	52.1	41.2
广　西	81.0	95.5	92.7	8.8	6.1	39.1	11.4	9.5
海　南	9.9	6.0	5.2	0.9	0.5	2.0	1.2	1.3
四　川	252.7	102.5	189.5	31.2	20.5	98.5	37.1	35.6
贵　州	36.7	7.7	6.5	9.3	3.4	9.8	5.1	5.1
云　南	59.6	41.6	4.9	9.5	3.2	27.8	13.6	11.5
西　藏	7.9	0.8		0.0	0.1	0.2	0.2	0.1
陕　西	60.9	44.9	37.3	14.1	8.3	32.9	14.3	18.0
甘　肃	47.3	25.5	4.5	5.5	3.3	12.1	11.2	13.1
青　海	9.0	4.9		1.9	1.1	3.9	3.9	4.2
宁　夏	8.8	10.5	3.7	2.6	1.3	4.6	2.6	3.8
新　疆	44.5	34.5	6.6	7.0	5.5	18.2	16.9	12.1

14-30 全民所有制商业和供销合作社农业生产资料销售量

年　份	化学肥料(万吨)		化学农药 (万吨)	大中型拖拉机 (万千瓦)	手扶拖拉机 (万千瓦)	农用动力机械 (万千瓦)	农药械 (万架)
	标准量	折纯量					
1952	29.5	7.8	1.5				25.1
1957	179.4	37.3	14.9				64.7
1962	310.5	63.0	21.3			62.2	38.3
1965	972.0	194.2	54.3			118.6	185.6
1970	1 744.8	351.2	102.3			321.0	297.3
1975	2 415.6	489.0	148.4	179.3	142.8	891.1	341.4
1976	2 616.0	528.8	135.3	159.2	183.4	905.5	289.3
1977	2 940.8	595.9	134.8	230.0	235.3	948.6	293.4
1978	4 087.5	829.4	146.4	281.7	256.5	1 037.1	355.8
1979	4 948.3	1 014.9	151.4	358.1	277.3	925.6	438.2
1980	5 531.1	1 192.2	152.7	258.2	186.4	639.8	541.6
1981	5 811.9	1 232.2	151.2	154.3	146.0	532.4	673.7
1982	6 790.7	1 382.5	158.2	130.5	206.2	567.7	1 002.9
1983	6 908.0	1 461.0	122.8	113.6	301.8	670.2	1 010.1
1984	6 774.0	1 485.6	82.6	136.1	239.0	677.6	1 015.8
1985	6 231.8	1 378.9	65.3	111.9	235.3	723.4	730.0
1986	7 571.6	1 649.0	65.9	110.1	247.0	810.5	780.8
1987	8 055.2	1 746.6	77.4	149.6	310.9	957.8	931.2
1988	8 761.4	1 911.9	73.6	154.6	351.7	1 221.0	914.3
1989	9 378.7	2 063.4	63.7	115.0	270.4	1 014.6	748.0
1990	10 023.6	2 195.2	61.5	141.9	302.2	898.1	699.2
1991	10 702.2	2 357.0	62.6	188.2	331.0	1 153.1	782.9

注：化肥折纯量按有效成分100%计算。

14-31 农民对非农业居民零售数量和金额

金额单位：亿元

品　　名	单 位	1978年		1985年		1990年		1991年	
		数　量	金　额	数　量	金　额	数　量	金　额	数　量	金　额
总　　额			31.10		291.00		773.30		909.80
一、食品类			28.00		269.00		735.53		866.94
#粮　食	万吨	120.0	8.30	550.0	28.08	604.3	49.99	710.1	58.23
食用植物油	万吨	2.0	0.80	22.5	7.24	55.5	24.78	62.4	29.75
猪和猪肉	万头	150.0	2.30	3 631.0	65.10	5 150.7	180.02	5 864.1	202.68
牛和牛肉	万头	14.0	0.40	175.0	4.14	309.9	16.68	353.3	19.97
羊和羊肉	万头	100.0	0.60	1 280.0	4.24	1 828.7	10.64	2 041.0	13.28
家　禽	万只	4 000.0	1.35	39 980.0	14.99	58 131.1	51.74	63 049.0	63.68
鲜　蛋	万吨	4.5	1.45	90.0	26.82	146.0	72.12	161.5	84.56
水产品	万吨	15.0	3.50	119.0	38.08	195.9	99.99	220.2	129.25
干鲜菜	亿元		6.00		46.50		133.87		163.36
干鲜果	亿元		1.70		22.00		82.99		95.97
#苹果	万吨			81.0	7.94	110.1	26.53	130.6	24.96
柑桔	万吨			45.0	5.67	86.7	20.46	106.3	25.09
茶　叶	万吨	0.1	0.07	1.0	1.10	2.0	2.98	2.7	4.24
蜂　蜜	万吨			0.2	0.06	0.6	0.31	0.5	0.25
甘　蔗	万吨			50.0	0.80	41.4	1.33	57.8	2.22
二、日用杂品类			1.00		14.50		24.90		27.72
三、燃料类			2.10		7.50		12.87		15.14

14-32 城乡集市贸易情况

项　　目	1985年	1987年	1988年	1989年	1990年	1991年
一、集市数（个）	61 337	69 683	71 359	72 130	72 579	74 675
1. 城　市	8 013	10 908	12 181	13 111	13 106	13 891
2. 乡　村	53 324	58 775	59 178	59 019	59 473	60 784
二、集市贸易成交额（亿元）	632.3	1 157.0	1 621.3	1 973.6	2 168.2	2 622.2
按城乡分						
城　市	120.7	347.1	545.3	723.6	837.8	1 079.2
乡　村	511.6	810.8	1 076.0	1 250.0	1 330.4	1 542.9
按商品类别分						
#粮油类	49.6	84.7	108.1	142.7	146.8	164.7
肉禽蛋类	140.1	320.3	460.0	570.6	618.8	705.5
水产品类	33.2	85.4	123.0	158.0	182.4	224.2
蔬菜类	48.8	131.1	193.0	238.2	264.2	331.9
干鲜果类	25.5	83.1	122.9	161.0	183.5	233.4
农业生产资料类	13.9	15.8	18.3	22.2	23.0	24.5
大牲畜类	32.6	32.6	38.2	38.9	38.3	43.6

注：1980、1985年商品分类数字为乡村集市数，1986年及以后为城乡集市数。

14-33 全民所有制商业和供销合作社主要经济效益指标

单位：亿元

年份	商品销售总额	实现利润总额	亏损企业亏损额	年末固定资产原值
1983	6 284.40	66.21	72.46	583.90
1984	6 633.34	60.62	91.38	643.07
1985	7 239.90	92.64	81.29	734.56
1986	7 716.21	72.60	94.74	840.15
1987	9 087.04	87.55	102.10	969.46
1988	11 194.12	115.09	141.28	1 120.17
1989	11 784.08	18.87	230.54	1 296.63
1990	11 882.41	-134.88	336.73	1 507.05
1991	13 196.11	-144.66	319.72	1 747.14

14-33 续表

单位：亿元

年份	年末全部流动资金	全部流动资金周转天数(天)	每销售百元商品实现的利润（元）	每百元流动资金实现的利润(元)
1983	2 097.65	107	1.05	3.16
1984	2 300.16	111	0.91	2.64
1985	2 685.04	120	1.28	3.45
1986	2 927.91	124	0.94	2.48
1987	3 306.67	116	0.96	2.65
1988	4 108.48	112	1.03	2.80
1989	4 835.68	126	0.16	0.39
1990	5 821.78	149	-1.14	-2.32
1991	6 711.85	158	-1.10	-2.16

注：本表数据均为国合商业各系统商业企业合计数。

14-34 全民所有制商业和供销合作社商业企业主要财务指标

（按管理系统分）

项　　目	1985年	1987年	1988年	1989年	1990年	1991年
一、固定资产原值（亿元）						
各系统商业企业合计	550.57	721.63	823.99	932.06	1 090.35	1 262.36
商业系统	152.40	188.22	213.29	244.31	281.35	337.47
供销合作社系统	160.27	207.97	236.12	267.62	304.43	341.19
粮食系统	163.71	210.19	238.19	255.98	296.29	350.67
医药商业系统	17.68	24.90	29.61	33.12	39.27	47.28
水产供销系统	6.57	7.70	12.78	9.16	18.96	20.42
烟草公司系统	2.58	17.38	22.96	32.64	40.73	49.20
石化销售公司系统	31.58	42.67	46.60	59.11	75.97	77.69
农机公司系统	8.16	11.86	12.53	16.11	16.92	19.70
汽车销售公司系统	1.89	2.78	3.14	3.64	4.10	4.71
新华书店系统	5.73	7.96	8.77	10.37	12.33	14.03
二、全部流动资金（亿元）						
各系统商业企业合计	2 537.37	2 976.91	3 813.66	4 452.03	5 389.77	6 194.92
商业系统	755.37	843.09	1 117.90	1 190.46	1 336.38	1 452.81
供销合作社系统	875.27	1 000.57	1 169.58	1 297.00	1 493.76	1 679.28
粮食系统	649.29	725.94	981.80	1 321.51	1 794.74	2 187.32
医药商业系统	105.54	137.54	179.64	186.54	207.78	258.04
水产供销系统	12.90	22.35	33.67	19.81	30.79	37.63
烟草公司系统	36.51	102.87	154.95	222.58	253.74	285.60
石化销售公司系统	39.25	65.57	85.86	114.79	167.41	173.54
农机公司系统	34.29	42.67	48.65	53.03	54.00	61.03
汽车销售公司系统	12.28	18.46	20.14	18.50	21.28	26.37
新华书店系统	16.67	17.85	21.47	27.81	29.89	33.30
三、实现利税总额（亿元）						
各系统商业企业合计	164.13	176.56	246.75	141.69	12.36	-15.39
商业系统	91.74	82.20	107.32	56.44	39.93	21.72
供销合作社系统	53.91	57.61	75.43	66.71	44.86	49.01
粮食系统	-34.15	-42.38	-56.88	-107.33	-204.01	-226.58
医药商业系统	11.49	18.97	29.56	20.83	18.63	22.93
水产供销系统	1.69	2.19	3.18	2.47	1.57	1.63
烟草公司系统	5.53	14.29	36.68	46.58	52.62	60.29
石化销售公司系统	24.81	34.55	38.76	42.33	46.89	42.29
农机公司系统	2.85	2.99	5.10	4.82	2.96	3.60
汽车销售公司系统	2.73	2.37	3.13	3.20	2.44	2.52
新华书店系统	3.53	3.77	4.47	5.64	6.47	7.20

注：粮食系统商业企业实现利税总额不包括超购加价补贴。

图 14-1 社会商品零售总额指数

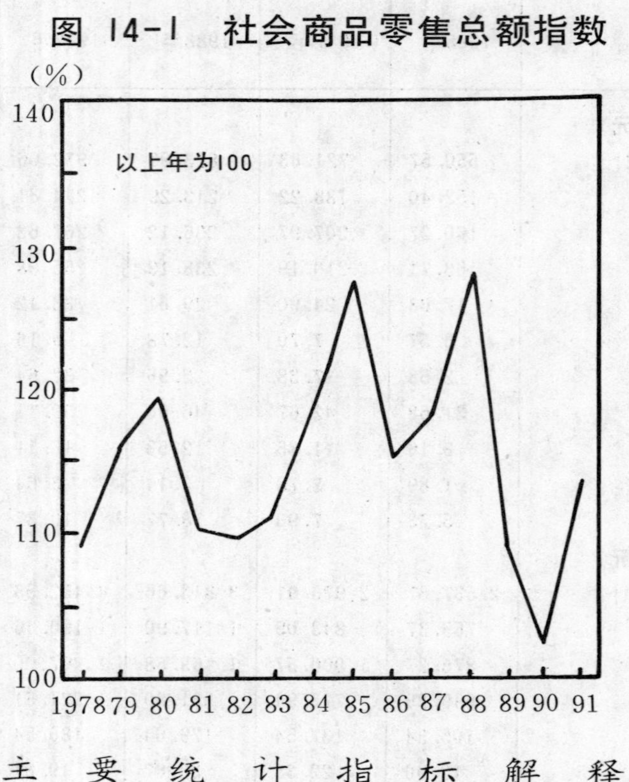

主 要 统 计 指 标 解 释

社会商业机构 指专门从事工农业产品买卖的各种经济类型的商业企业管理机构、经营机构和仓储运输机构。不包括各级商业行政管理部门和商业部门所属的加工厂、学校等。

社会饮食业机构 指从事食品的烹饪、调制并直接售给居民饮食的各种经济类型的饮食业机构,包括中西餐馆、饭馆、食堂、各种小吃店、冷饮店、酒馆、茶室等。不包括铁路餐车、轮船餐厅和旅店、招待所附设不对外营业的旅客食堂和机关、团体、企事业单位的食堂。

社会服务业机构 指提供劳务为居民生活服务的机构,包括旅店、理发、浴池、摄影、洗染、日用品修理、租赁和誊写等各种经济类型的服务行业。不包括旅游业、咨询服务业和缝纫业。

社会商业中的工业品批发机构、县以上的农副产品采购(供应)机构、仓储运输机构均指独立或半独立核算的单位;零售机构、基层农副产品采购机构、饮食业及服务业机构,不论机构的大小,不论独立核算还是非独立核算,均按自然网点计算。

社会商业、饮食业、服务业人员是指在社会商业、饮食业、服务业机构中工作的人员。

社会商品购买力 指一定时期城乡居民和机关、团体、部队、企业、事业单位在零售市场购买商品的货币支付能力。它包括居民消费品购买力,社会集团消费品购买力,农民的农业生产资料购买力。社会商品购买力分为已实现的购买力和未实现的购买力(又称结余购买力)。已实现的社会商品购买力是指一定时期居民和社会集团在零售市场实际购买消费品和农业生产资料的货币支出，即社会商品零售总额；未实现的购买力，体现为居民期末储蓄存款和手存现金比期初增加额。社会商品购买力是研究零售市场容量，商品供需平衡，商业、银行等部门编制商品流转计划、组织货源、安排市场和现金收支计划的重要依据，也是研究人民生活和市场货币流通情况的重要参考资料。

目前，统计上对社会商品购买力的计算方法是在编制居民（包括非农业居民和农业居民）货币收支平衡表的基础上，补充外宾购买消费品的货币、社会集团用于购买公用消费品的货币和村（队）购买农业生产资料货币等资料，编制出社会商品购买力总表，以反映社会商品购买力形成和实现的全面情况。

社会商品零售总额 指各种经济类型的商业、饮食业、工业和其他行业的零售额和农民对非农业居民的零售额的总和。这个指标可以反映通过各种商品流通渠道向居民和社会集团供应了多少生活消费品来满足他们生活需要以及向农民〔包括村（队）〕供应了多少农业生产资料来发展农业生产，是研究人民生活、社会商品购买力、货币流通等问题的重要指标。社会商品零售总额包括：(1)各种经济类型的商业、饮食业、工业、农业、交通运输业、建筑业、服务业和物资供应部门直接售给城乡居民和社会集团的消费品；(2)国营农场直接售给职工和职工食堂的产品；(3)国家物资部门从国家统一分配物资中拨给国家机关、团体、部队、学校、企业、事业单位的非生产（经营）用的公用消费品（如小轿车、面包车、工具车、卡车等）；(4)报社、出版社直接售给居民和社会集团的报纸、图书、杂志，集邮公司（包括邮局集邮专柜）出售的新、旧（盖销的）纪念邮票、特种邮票、首日封、集邮册、集邮工具等；(5)旧货寄售商店（信托商店）自购、自销的商品；(6)煤气公司、液化石油气站售给居民和社会集团的煤气灶具和罐装液化石油气；(7)城市建设、房产管理等部门售给居民的商品房；(8)农民售给非农业居民和社会集团的商品；(9)各种经济类型的商业、工业和物资分配部门直接售给农民〔包括村（队）〕的各种农业生产资料。不包括售给国民经济各部门企业、事业单位（包括全民所有制农场）生产经营用的各种原材料、燃料、设备、工具等和售给商业部门作为转卖用的商品、旧货寄售商店受托寄售卖出的商品、公用事业的营业收入、邮局出售邮票的收入、自来水、电力、煤气生产（供应）单位的产品供应收入，也不包括农民之间的商品销售。

社会消费品零售量 指某一种消费品由各种经济类型的商业、饮食业、工业和其他行业售给居民生活用和社会集团公共消费用以及农民售给非农业居民的数量总和。不包括该种消费品在农民之间以及农民自产自用的销售（消费）量、工业生产用量和服务行业用量。

计算全社会某种消费品零售量有两种不同口径：一是只计算某种消费品的直接零售量，如零售市场直接零售的粮食、猪肉和棉布等；二是除消费品的直接零售量外，还包括零售其加工品中所含的该消费品数量，如粮食零售量要包括零售的糕点、豆腐，饮食业零售的米饭、馒头所耗用的粮食；棉布零售量要包括零售的布制服装、鞋、帽中所含的棉布数量。用前一种口径计算零售量可以反映市场上某种消费品的直接零售情况，用后一种口径计算零售量，可以综合反映某种消费品的实际消费水平，便于研究产消平衡。本年鉴中公布的各项消费品零售量均按后一种口径计算。

社会商业商品购、销、存 指以各种经济类型的商业（包括全民、集体、合营、个体商业）为总体的商品购、销、存。

社会商业国内纯购进 指全民、集体、合营、个体商业从商业部门以外的单位和个人以各种价格购进作为转卖或加工后转卖的商品。它反映商业部门从国内市场购进多少商品来满足国内市场和供应出口的需要。社会商业国内纯购进包括:(1)从工农业生产部门和个人购进的商品;(2)从工农业生产部门附属的供销机构和国家物资供销机构购进的商品;(3)从出版社、报社等出版部门购进的图书、杂志和报纸;(4)从其他非商业部门购进的商品。如从机关、团体、企业购进的剩余物资、清仓物资和废旧物资,从海关、市场管理部门购进的缉私和罚没的商品,从归国华侨购进的其从境外带入的商品,从居民购进的废旧物资等;(5)通过货币作价以一种商品与商业以外的单位和个人换购的另一种商品,如以化肥换购粮食等。不包括从各种经济类型的商业企业购进或调入的商品、用外汇直接进口的或从外贸部门购进的国外产品、为了本单位自用和未通过买卖行为而收入的商品以及销货退回、商品升溢等。

社会商业国内纯销售　指全民、集体、合营、个体商业以各种价格对商业部门以外的单位和个人出售的商品。它反映商业部门在国内市场供应多少商品来满足工农业生产和城乡居民生活的需要。社会商业国内纯销售包括:(1)售给居民和社会集团消费用的商品;(2)售给工农业、建筑业、交通运输业、商业、饮食业、服务业、公用事业作为生产和经营服务用的商品。不包括售给各种经济类型的商业企业作为转卖用的商品、供应出口和直接出口的商品、出售本单位自用的废旧包装用品(废旧物资)、未通过买卖行为付出的商品、购货退出的商品以及商品损耗和损失等。

社会商业期末库存　指期末各种经济类型的商业企业已取得所有权的商品。它反映各地区、各商业企业的商品库存情况,和对市场商品供应的保证程度。期末库存包括:(1)存放在商业经营单位(如门市部、批发站、采购站、经营处)的仓库、货场、货柜和货架中的商品;(2)挑选、整理、包装中的商品;(3)已记入购进而尚未运到本单位的商品,即发货单或银行承兑凭证已到而货未到部分;(4)已发出但未办妥银行收款手续,或采取送货制,尚未取得运输凭证的商品;(5)寄放他处的商品,如因购货方拒绝承付而暂时存放在购货方的商品和已办完加工成品收回手续而未提回的商品;(6)委托其他单位代销(未作销售或调出)尚未售出的商品;(7)代其他单位购进尚未交付的商品;(8)外贸部门作出口和内销用的库存商品;(9)代国务院各商业部门储备的商品。不包括所有权不属于本单位的商品、拨付除商业部门以外的其他单位所属独立核算加工厂等加工生产尚未收回成品的商品、代国家物资储备部门保管的商品等。期末库存总额计算方法是:农副产品采购单位按购进价计算,批发单位按进货价计算,零售单位按什么价格核算就按什么价格计算。

贸易粮　粮食的收购量和零售量都是按贸易粮计算的。贸易粮包括小麦、大米、大豆、玉米等和薯类,计算时按规定标准将稻谷和谷子折合成大米和小米,其他品种的粮食按原粮计算。

城乡集市贸易成交额　指在农村集市和城市集市上买卖双方(包括农民、非农业居民、机关、团体、工商企业、个体商贩)成交的全部商品金额,是反映集市贸易规模的综合性指标。

社会农副产品收购　指国民经济各部门(包括商业、饮食业、工业和其他部门)以及非农业居民直接从农民、国营农场、劳改农场、机关和部门农场等农业生产者收购的农、林、牧、渔业产品,以及从农业生产者收购的这些产品的加工品,如土糖、土纸、草席等。不包括农业生产者之间相互购买的农副产品。它反映农业向工业提供了多少生产原料,向居民提供了多少生活消费品。

十五
对外经济贸易和旅游

15-1 进出口贸易总额

年份	按人民币计算（亿元）				按美元计算（亿美元）			
	进出口总额	出口总额	进口总额	差额（- 入超）	进出口总额	出口总额	进口总额	差额（- 入超）
1950	41.5	20.2	21.3	-1.1	11.3	5.5	5.8	-0.3
1951	59.5	24.2	35.3	-11.1	19.6	7.6	12.0	-4.4
1952	64.6	27.1	37.5	-10.4	19.4	8.2	11.2	-3.0
1953	80.9	34.8	46.1	-11.3	23.7	10.2	13.5	-3.3
1954	84.7	40.0	44.7	-4.7	24.4	11.5	12.9	-1.4
1955	109.8	48.7	61.1	-12.4	31.4	14.1	17.3	-3.2
1956	108.7	55.7	53.0	2.7	32.1	16.5	15.6	0.9
1957	104.5	54.5	50.0	4.5	31.0	16.0	15.0	1.0
1958	128.7	67.0	61.7	5.3	38.7	19.8	18.9	0.9
1959	149.3	78.1	71.2	6.9	43.8	22.6	21.2	1.4
1960	128.4	63.3	65.1	-1.8	38.1	18.6	19.5	-0.9
1961	90.7	47.7	43.0	4.7	29.4	14.9	14.5	0.4
1962	80.9	47.1	33.8	13.3	26.6	14.9	11.7	3.2
1963	85.7	50.0	35.7	14.3	29.2	16.5	12.7	3.8
1964	97.5	55.4	42.1	13.3	34.7	19.2	15.5	3.7
1965	118.4	63.1	55.3	7.8	42.5	22.3	20.2	2.1
1966	127.1	66.0	61.1	4.9	46.2	23.7	22.5	1.2
1967	112.2	58.8	53.4	5.4	41.6	21.4	20.2	1.2
1968	108.5	57.6	50.9	6.7	40.5	21.0	19.5	1.5
1969	107.0	59.8	47.2	12.6	40.3	22.0	18.3	3.7
1970	112.9	56.8	56.1	0.7	45.9	22.6	23.3	-0.7
1971	120.9	68.5	52.4	16.1	48.4	26.4	22.0	4.4
1972	146.9	82.9	64.0	18.9	63.0	34.4	28.6	5.8
1973	220.5	116.9	103.6	13.3	109.8	58.2	51.6	6.6
1974	292.2	139.4	152.8	-13.4	145.7	69.5	76.2	-6.7
1975	290.4	143.0	147.4	-4.4	147.5	72.6	74.9	-2.3
1976	264.1	134.8	129.3	5.5	134.3	68.5	65.8	2.7
1977	272.5	139.7	132.8	6.9	148.0	75.9	72.1	3.8
1978	355.0	167.6	187.4	-19.8	206.4	97.5	108.9	-11.4
1979	454.6	211.7	242.9	-31.2	293.3	136.6	156.7	-20.1
1980	570.0	271.2	298.8	-27.6	381.4	181.2	200.2	-19.0
1981	735.3	367.6	367.7	-0.1	440.3	220.1	220.2	-0.1
1982	771.3	413.8	357.5	56.3	416.1	223.2	192.9	30.4
1983	860.1	438.3	421.8	16.5	436.2	222.3	213.9	8.4
1984	1 201.0	580.5	620.5	-40.0	535.5	261.4	274.1	-12.7
1985	2 066.7	808.9	1 257.8	-448.9	696.0	273.5	422.5	-149.0
1986	2 850.4	1 082.1	1 498.3	-416.2	738.5	309.4	429.0	-119.6
1987	3 084.2	1 470.0	1 614.2	-144.2	826.5	394.4	432.2	-37.8
1988	3 822.0	1 766.7	2 055.3	-288.6	1 027.9	475.2	552.8	-77.6
1989	4 155.9	1 956.0	2 199.9	-243.9	1 116.8	525.4	591.4	-66.0
1990	5 560.1	2 985.8	2 574.3	411.5	1 154.4	620.9	533.5	87.5
1991	7 229.3	3 830.6	3 398.7	431.9	1 357.0	719.1	637.9	81.2

注：本表1979年以前为外贸业务统计数，1980年以后为海关进出口统计数。

15-2 海关历年出口商品分类金额

单位：亿美元

年 份	总 额	初级产品	食品及主要供食用的活动物	饮料及烟类	非食用原料	矿物燃料、润滑油及有关原料	动、植物油脂及蜡
1980	181.19	91.14	29.85	0.78	17.11	42.80	0.60
1981	220.07	102.48	29.24	0.60	19.48	52.28	0.88
1982	223.21	100.50	29.08	0.97	16.53	53.14	0.78
1983	222.26	96.20	28.53	1.04	18.92	46.66	1.05
1984	261.39	119.34	32.32	1.10	24.21	60.27	1.44
1985	273.50	138.28	38.03	1.05	26.53	71.32	1.35
1986	309.42	112.72	44.48	1.19	29.08	36.83	1.14
1987	394.37	132.31	47.81	1.75	36.50	45.44	0.81
1988	475.16	144.06	58.90	2.35	42.57	39.50	0.74
1989	525.38	150.78	61.45	3.14	42.12	43.21	0.86
1990	620.91	158.86	66.09	3.42	35.37	52.37	1.61
1991	719.10	162.12	72.26	5.29	34.86	48.21	1.50

15-2 续表

单位：亿美元

年 份	工业制成品	化学品及有关产品	轻纺产品、橡胶制品、矿冶产品及其制品	机械及运输设备	杂项制品	未分类的其他商品
1980	90.05	11.20	39.99	8.43	28.36	2.07
1981	117.59	13.42	47.06	10.87	37.25	8.99
1982	122.71	11.96	43.02	12.63	37.05	18.05
1983	126.06	12.51	43.65	12.21	38.04	19.65
1984	142.05	13.64	50.54	14.93	46.97	15.97
1985	135.22	13.58	44.93	7.72	34.86	34.13
1986	196.70	17.33	58.86	10.94	49.48	60.09
1987	262.06	22.35	85.70	17.41	62.73	73.87
1988	331.10	28.97	104.89	27.69	82.68	86.87
1989	374.60	32.01	108.97	38.74	107.55	87.33
1990	462.05	37.30	125.76	55.88	126.86	116.25
1991	556.98	38.18	144.56	71.49	166.20	136.55

15-3 海关历年进口商品分类金额

单位：亿美元

年　份	总　额	初级产品	食品及主要供食用的活动物	饮料及烟类	非食用原料	矿物燃料、润滑油及有关原料	动、植物油脂及蜡
1980	200.17	69.59	29.27	0.36	35.54	2.03	2.39
1981	220.15	80.44	36.22	2.13	40.27	0.83	0.99
1982	192.85	76.34	42.01	1.30	30.12	1.83	1.08
1983	213.90	58.08	31.22	0.46	24.59	1.11	0.70
1984	274.10	52.08	23.31	1.16	25.42	1.39	0.80
1985	422.52	52.89	15.53	2.06	32.36	1.72	1.22
1986	429.04	56.49	16.25	1.72	31.43	5.04	2.05
1987	432.16	69.15	24.43	2.63	33.21	5.39	3.49
1988	552.75	100.68	34.76	3.46	50.90	7.87	3.69
1989	591.40	117.54	41.92	2.02	48.35	16.50	8.75
1990	533.45	98.53	33.35	1.57	41.07	12.72	9.82
1991	637.91	108.35	27.99	2.00	50.03	21.14	7.19

15-3 续表

单位：亿美元

年　份	工业制成　品	化学品及有关产品	轻纺产品、橡胶制品、矿冶产品及其制品	机械及运输设备	杂项制品	未分类的其他商品
1980	130.58	29.09	41.54	51.19	5.42	3.34
1981	139.71	26.06	40.35	58.66	5.58	9.06
1982	116.51	29.36	39.06	32.04	4.86	11.19
1983	155.82	31.83	62.89	39.88	7.82	13.40
1984	222.02	42.37	73.18	72.45	11.82	22.20
1985	369.63	44.69	118.98	162.39	19.02	24.55
1986	372.55	37.71	111.92	167.81	18.77	36.34
1987	363.01	50.08	97.30	146.07	18.78	50.78
1988	452.07	91.39	104.10	166.97	19.82	69.79
1989	473.86	75.56	123.35	182.07	20.73	72.15
1990	434.92	66.48	89.06	168.45	21.03	89.90
1991	529.56	92.77	104.92	196.01	24.39	111.47

15-4 海关出口商品分类金额及构成

单位：亿美元

商品类别	绝对额			构成（%）		
	1985年	1990年	1991年	1985年	1990年	1991年
出口总额	**273.50**	**620.91**	**719.10**	**100.0**	**100.0**	**100.0**
一、初级产品	**138.28**	**158.86**	**162.12**	**50.6**	**25.6**	**22.5**
食品及主要供食用的活动物	38.03	66.09	72.26	13.9	10.6	10.0
# 主要供食用的活动物	3.04	4.30	4.39	1.1	0.7	0.6
肉及肉制品	4.48	7.91	9.06	1.6	1.3	1.3
鱼、甲壳及软体类动物及其制品	2.83	13.70	11.81	1.0	2.2	1.6
谷类及其制品	10.65	6.14	11.69	3.9	1.0	1.6
蔬菜及水果	8.25	17.59	19.46	3.0	2.8	2.7
咖啡、茶、可可、调味品及其制品	4.35	5.34	4.91	1.6	0.9	0.7
饮料及烟类	1.05	3.42	5.29	0.4	0.6	0.7
# 饮料	0.70	1.71	2.18	0.3	0.3	0.3
非食用原料	26.53	35.37	34.86	9.7	5.7	4.8
# 生皮及未硝毛皮	1.22	1.53	0.77	0.4	0.2	0.1
油籽及含油果实	4.87	6.19	7.41	1.8	1.0	1.0
纺织纤维(毛条除外)及其废料	11.45	10.96	11.25	4.2	1.8	1.6
动、植物原料	3.98	8.09	7.05	1.5	1.3	1.0
矿物燃料、润滑油及有关原料	71.32	52.37	48.21	26.1	8.4	6.7
# 煤、焦炭及煤砖	3.49	7.55	8.29	1.3	1.2	1.2
石油、石油产品及有关原料	67.77	44.72	39.75	24.8	7.2	5.5
动、植物油、脂及蜡	1.35	1.61	1.50	0.5	0.3	0.2
# 植物油	1.34	1.55	1.44	0.5	0.2	0.2
二、工业制成品	**135.22**	**462.05**	**556.98**	**49.4**	**74.4**	**77.5**
化学品及有关产品	13.58	37.30	38.18	5.0	6.0	5.3
# 有机化学品	3.09	8.38	9.11	1.1	1.3	1.3
无机化学品	2.87	8.43	9.13	1.0	1.4	1.3
医药品	2.97	6.22	7.43	1.1	1.0	1.0
轻纺产品、橡胶制品、矿冶产品及其制品	44.93	125.76	144.56	16.4	20.3	20.1
# 纺纱、织物、制成品及有关产品	32.43	69.99	77.34	11.9	11.3	10.8
非金属矿产制品	2.27	13.16	16.68	0.8	2.1	2.3
金属制品	4.26	14.37	17.04	1.6	2.3	2.4
机械及运输设备	7.72	55.88	71.49	2.8	9.0	9.9
# 动力机械及设备	0.49	2.71	3.65	0.2	0.4	0.5
特种工业专用机械	1.53	5.36	5.97	0.6	0.9	0.8
电讯器材、收音、录音及重放装置设备	0.93	17.38	20.22	0.3	2.8	2.8
电力机械、电器及配件	1.18	12.19	16.80	0.4	2.0	2.3
其他运输设备	2.11	2.52	3.47	0.8	0.4	0.5
杂项制品	34.86	126.86	166.20	12.7	20.4	23.1
# 服装及衣着用品	20.50	68.47	89.98	7.5	11.0	12.5
鞋类	2.57	16.07	23.20	0.9	2.6	3.2
摄影器材、光学物品及钟表	0.64	5.58	6.12	0.2	0.9	0.9
其他杂项制品	8.69	26.46	33.27	3.2	4.3	4.6
未分类的其他商品	34.13	116.25	136.55	12.5	18.7	19.0

15-5 海关进口商品分类金额及构成

单位：亿美元

商品类别	绝对额			构成（%）		
	1985年	1990年	1991年	1985年	1990年	1991年
进口总额	**422.52**	**533.45**	**637.91**	**100.0**	**100.0**	**100.0**
一、初级产品	**52.89**	**98.53**	**108.35**	**12.5**	**18.5**	**17.0**
食品及主要供食用的活动物	15.53	33.35	27.99	3.7	6.3	4.4
# 谷类及其制品	9.82	23.53	16.48	2.3	4.4	2.6
糖、糖制品及蜂蜜	2.74	3.90	2.70	0.6	0.7	0.4
饮料及烟类	2.06	1.57	2.00	0.5	0.3	0.3
# 烟草及其制品	1.84	1.30	1.63	0.4	0.2	0.3
非食用原料	32.36	41.07	50.03	7.7	7.7	7.8
# 橡胶	2.20	3.65	4.11	0.5	0.7	0.6
软木及木材	8.66	5.08	5.10	2.0	1.0	0.8
纺织纤维（毛条除外）及其废料	5.49	18.41	22.05	1.3	3.5	3.5
金属矿砂及金属废料	11.18	9.50	12.20	2.6	1.8	1.9
矿物燃料、润滑油及有关原料	1.72	12.72	21.14	0.4	2.4	3.3
# 煤、焦炭及煤砖	0.63	0.74	0.47	0.1	0.1	0.1
石油、石油产品及有关原料	0.50	10.54	18.47	0.1	2.0	2.9
动、植物油、脂及蜡	1.22	9.82	7.19	0.3	1.8	1.1
# 植物油	0.88	9.47	6.90	0.2	1.8	1.1
二、工业制成品	**369.63**	**434.92**	**529.56**	**87.5**	**81.5**	**83.0**
化学品及有关产品	44.69	66.48	92.77	10.6	12.5	14.5
# 有机化学品	6.89	11.31	18.84	1.6	2.1	3.0
无机化学品	3.19	2.15	2.09	0.8	0.4	0.3
制成肥料	15.05	26.03	32.29	3.6	4.9	5.1
人造树脂、塑胶材料、纤维素酯及醚	14.35	14.99	23.78	3.4	2.8	3.7
化学原料及产品	2.54	4.74	6.11	0.6	0.9	1.0
轻纺产品、橡胶制品、矿冶产品及其制成品	118.98	89.06	104.92	28.2	16.7	16.4
# 纸、纸板及其制品	4.28	7.45	9.68	1.0	1.4	1.5
纺纱、织物、制成品及有关产品	16.07	27.49	36.89	3.8	5.2	5.8
非金属矿产制品	3.25	4.53	4.43	0.8	0.8	0.7
钢铁	71.20	28.52	26.94	16.9	5.3	4.2
有色金属	16.47	5.79	8.16	3.9	1.1	1.3
机械及运输设备	162.39	168.45	196.01	38.4	31.6	30.7
# 特种工业专用机械	50.62	50.00	59.59	12.0	9.4	9.3
办公用机械及自动数据处理设备	10.38	7.06	9.02	2.5	1.3	1.4
电讯器材、收音、录音及重放装置设备	25.23	18.78	20.91	6.0	3.5	3.3
电力机械、电器及配件	13.25	20.50	26.32	3.1	3.8	4.1
陆路车辆	31.98	12.78	18.41	7.6	2.4	2.9
其他运输设备	14.53	16.80	16.35	3.4	3.1	2.6
杂项制品	19.02	21.03	24.39	4.5	3.9	3.8
# 专业、科学及控制用仪器和装置	8.78	7.88	9.10	2.1	1.5	1.4
摄影器材、光学物品及钟表	3.96	3.62	4.41	0.9	0.7	0.7
其他杂项制品	5.29	7.59	8.92	1.3	1.4	1.4
未分类的其他商品	24.55	89.90	111.47	5.8	16.9	17.5

15-6 我国同各国(地区)海关进出口总额

单位：万美元

国　　别 (地区)	进出口总额		出口总额		进口总额	
	1990年	1991年	1990年	1991年	1990年	1991年
总　　计	11 543 654	13 570 154	6 209 141	7 191 016	5 334 513	6 379 138
亚洲	7 355 034	9 090 610	4 455 190	5 331 230	2 899 844	3 759 380
# 阿富汗	2 258	2 707	2 239	2 556	19	151
巴林	828	1 083	828	1 055		28
孟加拉国	17 109	21 315	15 328	20 391	1 781	924
文莱	1 183	1 310	812	1 076	371	234
缅甸	32 762	39 209	22 354	28 617	10 408	10 592
柬埔寨	324	265	306	217	18	48
塞浦路斯	3 995	6 344	3 851	6 099	144	245
朝鲜民主主义人民共和国	48 274	61 045	35 816	52 478	12 458	8 567
香港	4 090 446	4 960 024	2 665 006	3 213 719	1 425 440	1 746 305
印度	26 411	26 482	16 676	14 448	9 735	12 034
印度尼西亚	118 226	188 448	37 902	48 114	80 324	140 334
伊朗	36 196	31 369	31 843	29 318	4 353	2 051
伊拉克	11 816	36	3 785	8	8 031	28
日本	1 659 900	2 028 313	901 103	1 025 158	758 797	1 003 155
约旦	10 936	9 673	7 509	4 912	3 427	4 761
科威特	11 925	1 939	7 659	1 931	4 266	8
老挝	1 619	1 337	997	1 115	622	222
黎巴嫩	2 789	4 715	2 785	4 704	4	11
澳门	66 681	69 787	50 588	52 634	16 093	17 153
马来西亚	118 307	133 189	34 079	52 789	84 228	80 400
马尔代夫	54	52	25	48	29	4
蒙古	4 102	4 603	2 981	2 596	1 121	2 007
尼泊尔	4 714	3 363	4 191	3 219	523	144
阿曼	13 327	40 914	778	953	12 549	39 961
巴基斯坦	58 488	68 731	49 480	59 809	9 008	8 922
菲律宾	29 513	38 397	21 010	25 349	8 503	13 048
卡塔尔	2 720	8 630	588	640	2 132	7 990
沙特阿拉伯	41 856	52 566	33 735	38 742	8 121	13 824
新加坡	282 524	307 673	197 466	201 419	85 058	106 254
韩国	194 352	324 488	125 945	217 871	68 398	106 617
斯里兰卡	10 232	12 293	10 046	11 808	186	485
叙利亚	13 721	7 934	13 292	7 548	429	386
泰国	119 446	126 947	82 345	84 781	37 101	42 166
土耳其	9 020	10 399	4 926	5 538	4 094	4 861
阿拉伯联合酋长国	31 008	47 737	27 227	40 804	3 781	6 933
也门共和国	7 384	7 126	7 212	7 103	172	23
台湾	257 462	423 385	31 965	59 484	225 497	363 901
越南	723	3 223	386	2 140	337	1 083
非洲	166 451	142 556	129 691	99 999	36 760	42 557
# 阿尔及利亚	8 993	3 998	8 180	3 146	813	852
安哥拉	2 980	729	2 895	723	85	6
贝宁	1 243	1 903	1 243	1 846		57
布隆迪	544	985	544	985		
喀麦隆	4 909	2 339	687	477	4 222	1 862
加那利群岛	980	1 068	977	1 068	3	0
中非	161	215	87	41	74	174
塞卜泰(休达)	550	494	549	494	1	0
刚果	129	671	115	277	14	394

15-6 续表 1　　　　　　　　　　　　　　　　　　　　　　　　单位：万美元

国　　别（地区）	进出口总额		出口总额		进口总额	
	1990年	1991年	1990年	1991年	1990年	1991年
吉布提	754	977	740	977	14	0
埃及	9 141	13 075	8 546	12 687	595	388
埃塞俄比亚	2 682	420	2 682	420		
加蓬	2 062	5 005	161	113	1 901	4 892
冈比亚	3 031	3 606	3 031	3 604		2
加纳	1 826	2 458	1 584	2 155	242	303
几内亚	784	1 317	784	1 311		6
几内亚(比绍)	36	43	36	20		23
科特迪瓦	1 296	1 567	667	1 406	629	161
肯尼亚	2 229	2 625	2 119	2 559	110	66
利比里亚	4 136	290	3 810	290	326	
利比亚	3 964	11 105	3 640	6 528	324	4 577
马达加斯加	1 856	642	1 029	445	827	197
马里	2 127	4 929	555	1 007	1 572	3 922
毛里塔尼亚	2 238	861	2 236	861	2	
毛里求斯	2 306	3 112	2 306	3 111		1
摩洛哥	10 107	14 234	8 456	10 348	1 651	3 886
莫桑比克	7 251	5 987	1 260	1 263	5 991	4 724
尼日尔	432	282	432	269		13
尼日利亚	4 129	5 497	3 439	4 886	690	611
留尼汪	387	373	387	373		
卢旺达	699	358	331	358	368	
塞内加尔	1 778	2 596	1 755	2 192	23	404
塞舌尔	139	61	139	61		
塞拉利昂	429	522	429	522		
索马里	885	122	833	53	52	69
苏丹	10 326	10 669	3 370	9 873	6 956	796
坦桑尼亚	2 091	2 839	1 725	2 795	366	44
多哥	3 434	5 126	3 268	4 512	166	614
突尼斯	5 306	4 715	2 506	2 238	2 800	2 477
乌干达	482	1 674	482	1 670		4
布基纳法索	98	3 793	98	416		3 377
扎伊尔	47 677	6 832	46 682	6 324	995	508
赞比亚	280	772	252	241	28	531
津巴布韦	6 806	7 326	2 954	2 772	3 852	4 554
欧洲	**2 216 006**	**2 210 352**	**931 772**	**940 002**	**1 284 234**	**1 270 350**
# 比利时	65 797	83 254	32 676	41 730	33 121	41 524
丹麦	26 300	25 068	12 678	15 241	13 622	9 827
英国	202 693	166 918	64 304	72 756	138 389	94 162
德意志联邦共和国	497 110	540 431	203 439	235 559	293 671	304 872
法国	230 843	230 476	64 540	73 293	166 303	157 183
爱尔兰	2 534	3 391	1 654	1 898	880	1 493
意大利	190 483	238 992	83 503	93 161	106 980	145 831
卢森堡	1 657	790	41	33	1 616	757
荷兰	130 737	149 204	90 827	106 274	39 910	42 930
希腊	11 677	8 588	6 613	6 737	5 064	1 851
葡萄牙	7 565	5 954	4 089	3 544	3 476	2 410
西班牙	50 682	61 005	18 681	23 666	32 001	37 339
奥地利	33 353	41 856	4 588	5 955	28 765	35 901
保加利亚	14 699	11 868	3 974	2 390	10 725	9 478

15-6 续表 2　　　　　　　　　　　　　　　　　　　　　　　　单位：万美元

国　　别　（地区）	进出口总额		出口总额		进口总额	
	1990年	1991年	1990年	1991年	1990年	1991年
捷克和斯洛伐克	61 729	17 766	34 143	2 693	27 586	15 073
芬兰	22 992	27 286	7 140	7 682	15 852	19 604
直布罗陀	347	464	317	445	30	19
匈牙利	14 345	5 560	2 388	2 020	11 957	3 540
冰岛	168	175	122	162	46	13
马耳他	379	872	379	837		35
挪威	22 688	33 080	4 655	8 865	18 033	24 215
波兰	32 194	14 443	7 432	5 628	24 762	8 815
罗马尼亚	44 147	28 225	22 677	8 321	21 470	19 904
瑞典	40 656	51 275	14 103	17 286	26 553	33 989
瑞士	57 091	60 790	15 969	16 897	41 122	43 893
苏联	437 911	390 425	223 919	182 338	213 992	208 087
南斯拉夫	10 224	10 050	4 003	2 820	6 221	7 230
拉丁美洲	**229 428**	**235 779**	**78 105**	**79 470**	**151 323**	**156 309**
# 阿根廷	33 029	35 717	1 195	5 172	31 834	30 545
巴巴多斯	105	161	105	160		1
玻利维亚	601	446	601	446		
巴西	63 266	41 384	10 668	6 803	52 598	34 581
智利	10 143	20 119	6 714	9 420	3 429	10 699
哥伦比亚	622	748	268	503	354	245
多米尼加联邦	179	393	179	393		
古巴	57 815	42 605	27 194	22 440	30 621	20 165
库腊索岛	63	72	61	71	2	1
多米尼加共和国	530	951	530	951		
厄瓜多尔	1 067	1 515	819	1 405	248	110
危地马拉	491	1 111	491	1 088		23
洪都拉斯	602	481	602	453		28
牙买加	386	509	386	506		3
墨西哥	21 097	23 495	11 057	8 625	10 040	14 870
尼加拉瓜	1 332	78	79	78	1 253	
巴拿马	9 545	8 790	9 545	8 733		57
巴拉圭	3 163	3 654	955	1 672	2 208	1 982
秘鲁	10 894	32 572	2 352	3 131	8 542	29 441
波多黎各	975	559	596	314	379	245
萨尔瓦多	320	529	319	506	1	23
苏里南	168	216	168	216		
特立尼达和多巴哥	599	831	257	403	342	428
乌拉圭	7 117	12 864	540	1 051	6 577	11 813
委内瑞拉	4 097	3 891	1 258	3 274	2 839	617
北美洲	**1 367 651**	**1 640 278**	**560 981**	**674 870**	**806 670**	**965 408**
加拿大	190 872	220 128	43 035	55 503	147 837	164 625
美国	1 176 779	1 420 150	517 946	619 367	658 833	800 783
大洋洲及太平洋岛屿	**201 679**	**238 961**	**53 184**	**64 634**	**148 495**	**174 327**
# 澳大利亚	180 865	211 053	45 509	55 417	135 356	155 636
斐济	1 047	1 520	1 041	973	6	547
新西兰	17 610	23 470	5 035	6 554	12 575	16 916
巴布亚新几内亚	1 555	1 976	1 028	967	527	1 009
其　他	**7 405**	**11 618**	**218**	**811**	**7 187**	**10 807**

注：1. 1990年阿拉伯也门共和国与也门民主人民共和国合并为也门共和国，我对其进出口额亦合并。

2. 1990年德意志民主共和国并入德意志联邦共和国，我对其进出口额已包括在联邦德国内。

15-7 海关出口主要商品数量和金额

金额单位：万美元

品名	单位	1985年		1990年		1991年	
		数量	金额	数量	金额	数量	金额
活猪	万头	296	17 941	300	27 090	285	27 635
活家禽	万只	3 451	5 559	4 784	8 454	4 752	8 204
鲜冻牛肉	吨	31 652	4 519	96 593	15 874	132 040	20 385
鲜冻猪肉	吨	111 436	16 050	124 236	21 547	116 635	18 566
冻鸡	吨	12 571	1 542	37 813	7 439	45 395	9 584
冻家兔肉	吨	24 211	3 179	17 520	3 008	11 742	2 611
鲜蛋	百万个	101 800	3 638	60 100	2 861	60 500	2 782
水产品	吨	119 595	27 470	357 544	131 611	377 856	118 116
粮食	万吨	932	136 213	583	101 914	1 086	158 144
# 大米	万吨	101	22 676	33	8 413	69	15 183
大豆	万吨	114	26 790	94	22 830	111	26 221
蔬菜	吨	512 008	22 574	982 775	59 209	1 036 656	66 396
# 鲜蔬菜	吨	341 247	8 237	543 604	17 220	818 105	41 126
金针菜	吨	1 627	213	2 849	278	2 487	240
干香菇	吨	1 011	731	6 698	4 793	7 596	4 291
黑木耳	吨	972	803	1 860	1 000	2 172	1 018
榨菜	吨	11 723	415	12 911	443	16 208	667
水果	吨	214 115	7 898	226 382	10 286	159 756	7 551
# 桔、柑、橙	吨	52 308	2 201	65 618	3 108	43 414	2 260
苹果	吨	55 188	1 967	62 425	2 559	24 082	979
苦杏仁	吨	6 649	882	8 180	979	9 102	1 040
核桃	吨	11 844	919	5 247	544	4 992	497
核桃仁	吨	8 212	1 631	8 712	1 850	8 245	1 928
栗子	吨	30 991	3 969	36 022	6 222	33 939	6 310
食糖	吨	184 025	3 033	570 493	22 991	343 315	12 065
天然蜂蜜	吨	54 790	3 881	88 005	7 171	69 958	6 139
茶叶	吨	136 784	29 413	195 471	41 270	184 872	37 606
辣椒干	吨	40 368	3 263	40 722	3 760	26 853	2 966
罐头	吨	389 873	39 591	565 748	69 901	663 586	79 594
猪肉罐头	吨	98 583	13 830	90 906	15 288	128 409	19 346
蔬菜罐头	吨	233 768	20 529	332 709	36 131	340 265	36 416
水果罐头	吨	40 697	2 752	77 825	7 086	105 028	8 472
其他罐头	吨	16 825	2 480	64 308	11 396	89 885	15 360
啤酒	吨	28 019	917	35 223	1 957	43 634	2 592
烤烟	吨	17 777	3 067	27 510	4 937	60 937	11 804
山羊板皮	万张	1 779	5 881	914	3 408	241	837
未硝毛皮	万张	482	5 219	466	2 911	162	1 514
# 貂皮	万张	198	4 130	272	2 415	85	1 105
黄狼皮	万张	87	359	20	63	13	52
棉花	吨	347 026	43 307	167 282	30 054	199 980	36 096
厂丝	吨	10 893	25 085	7 608	36 228	7 919	33 658
山羊绒	吨	2 079	8 712	1 413	14 173	2 020	16 386
兔毛	吨	4 450	17 645	4 703	9 679	6 419	10 522
食盐	万吨	107	1 962	48	1 823	21	1 112
氟石	吨	734 182	5 882	1 094 046	8 355	933 694	6 584
重晶石	吨	972 899	3 232	1 442 877	4 058	1 124 726	3 340
滑石	吨	521 420	3 099	869 755	5 208	948 196	5 036
铝矿砂	吨	112 314	733	680 315	4 415	541 554	3 008
钨矿砂	吨	21 267	10 194	16 450	4 635	6 071	1 420

15-7 续表 1　　　　金额单位：万美元

品　名	单　位	1985年		1990年		1991年	
		数　量	金　额	数　量	金　额	数　量	金　额
猪鬃	吨	9 018	7 264	12 105	7 108	7 357	3 400
绵羊肠衣	吨	962	1 171	780	1 624	1 094	2 165
山羊肠衣	吨	516	347	726	2 168	757	899
盐渍猪肠衣	吨	10 746	3 807	17 423	6 608	16 389	6 249
鸡、鸭、鹅毛	吨	8 001	4 509	21 830	14 265	26 808	15 972
药材	吨	53 990	13 499	106 920	29 586	177 242	24 427
煤	万吨	777	31 447	1 729	65 415	2 000	74 848
焦炭、半焦炭	万吨	37	3 450	130	10 021	108	8 038
原油	万吨	3 003	523 637	2 399	340 186	2 260	295 679
成品油	万吨	621	145 014	526	87 737	481	82 293
石蜡	吨	102 162	4 374	184 715	8 662	181 242	8 426
石油焦	吨	175 434	1 187	163 404	1 456	183 455	1 446
食用油籽	吨	409 604	20 086	515 523	35 220	536 145	44 108
# 花生、花生仁	吨	163 354	11 096	387 322	27 112	427 640	36 027
食用植物油	吨	161 618	11 193	139 477	9 542	99 334	7 654
桐油	吨	11 457	1 445	16 069	1 510	14 485	1 966
糠醛	吨	29 845	2 470	33 136	2 888	32 856	3 157
碳酸钡	吨	34 472	881	75 401	1 682	81 056	1 717
合成有机染料	吨	11 418	4 244	45 919	23 118	50 261	21 598
医药品			18 197		38 776		48 906
中式成药			7 451		11 287		12 668
医用敷料			4 076		12 161		12 746
香皂			444		1 722		1 246
洗衣粉	吨	33 274	1 809	51 893	2 978	35 253	2 121
鞭炮烟花			8 401		13 362		14 212
蚊香	吨	12 822	953	15 076	1 025	12 654	959
松香	吨	156 467	6 272	189 040	9 542	227 851	11 232
皮褥子	万条	282	2 632	111	1 247	135	1 665
轮胎	万套	37	2 454	166	6 726	201	7 383
纸及纸板(未切成形)	吨	185 095	10 906	247 949	14 270	232 763	14 176
棉纱	吨	154 776	29 442	176 156	39 020	187 035	45 985
人造棉纱	吨	15 431	2 762	19 580	5 196	14 431	3 944
棉布	万米	167 343	99 425	222 155	160 235	237 210	173 900
涤棉布	万米	73 574	35 652	114 916	67 609	134 067	79 826
人丝绸缎	万米	2 014	2 235	2 565	3 380	2 659	2 439
人棉布	万米	14 241	5 019	33 369	22 291	46 723	30 025
真丝绸缎	万米	11 472	31 254	17 369	76 959	15 002	63 341
呢绒	万米	837	3 827	976	5 900	1 328	7 641
麻袋	万条	17 705	8 092	11 523	3 790	9 559	3 037
毛毯	万条	16	393	75	2 255	33	941
地毯	万平方米	508	20 169	829	39 017	947	42 798
水泥	万吨	14	591	683	25 735	1 074	44 289
平板玻璃	万平方米	225	323	3 286	8 779	4 194	9 330
玻璃制品			2 405		6 734		9 174
家用陶瓷器			11 028		40 698		52 372
珍珠			1 698		3 653		3 246
钢坯及粗锻件	吨	7 272	165	513 116	12 732	819 403	19 716
钢材	万吨	16	5 185	199	69 968	214	72 921
钢铁丝	吨	66 841	2 838	169 237	8 065	231 439	10 679

15-7 续表 2

金额单位：万美元

品名	单位	1985年		1990年		1991年	
		数量	金额	数量	金额	数量	金额
铸铁管	吨	21 993	550	31 804	1 021	29 530	981
铜材	吨	4 213	750	25 229	7 952	33 655	10 810
铝材	吨	5 692	1 103	17 764	4 084	27 300	5 566
锌及锌合金	吨	2 368	207	16 711	2 272	6 284	688
锡及锡合金	吨	7 249	8 155	10 135	6 483	15 692	8 710
钨	吨	156	173	335	260	420	284
锑	吨	15 988	4 337	33 368	5 696	29 373	4 744
农林用手工具			1 889		3 514		3 638
煤油炉	万只	210	514	385	952	356	901
搪瓷器			2 501		4 288		4 706
锁	万打	1 407	4 946	2 620	12 101	2 993	16 292
钨材及钨制品			67		208		168
缝纫机(包括工业用)	万架	33	1 098	209	7 087	197	7 732
纺织机械			1 639		12 170		11 696
粮食加工机械			322		691		602
机床	台	17 198	1 671	624 898	22 171	926 554	20 182
轴承			1 138		18 275		11 391
电扇	万台	89	1 260	1 485	19 451	1 804	24 252
干电池	万打	2 028	1 443	16 686	10 141	18 887	12 399
汽车用蓄电池	个	319 958	2 159	325 969	2 554	271 518	1 003
石墨电极	吨	4 366	436	6 374	942	7 464	900
汽车和拖拉机的零件			441		8 623		10 509
自行车	万辆	54	2 039	378	14 492	729	35 838
手电筒	万个	5 277	1 880	8 955	3 161	9 795	3 262
家具			4 365		30 983		44 561
人造革衣箱	万个	18	179	114	960	82	748
服装(针织、钩织除外)	万件	36 262	119 839	96 413	395 155	129 532	541 493
毛制针织、钩织服装	万件	1 112	8 487	2 464	22 030	3 507	30 366
棉制针织、钩织服装	万件	24 117	22 174	118 140	96 365	152 888	118 120
其他针织、钩织服装	万件	12 774	18 573	26 234	56 970	27 985	64 000
塑料拖鞋	万双	7 004	2 815	12 492	5 925	11 734	5 492
皮鞋	万双	797	3 936	6 671	42 791	10 131	69 100
橡胶或塑料底布鞋(包括球鞋)	万双	8 358	10 597	31 379	54 002	38 383	62 258
医疗仪器及器械			475		4 753		5 826
电工仪表	万个	18	126	234	1 230	232	815
照相机	万架	8	106	419	4 107	826	5 538
手表	万只	479	1 514	7 062	16 642	5 880	15 603
日用钟	万只	617	1 627	1 608	4 038	3 040	7 065
抽纱、刺绣品			19 869		38 845		35 149
玩具			7 891		57 407		81 070
足球、篮球、排球	万个	350	894	928	1 914	952	2 017
铅笔			1 632		2 814		3 133
伞	万把	712	751	8 359	7 328	10 097	9 386
藤编结品			2 625		2 469		3 009
草席及草编结品			4 109		8 752		11 491
柳编结品			3 653		7 665		7 911
鬃刷	万打	873	2 267	1 377	3 028	1 399	2 977
热水瓶	万个	1 757	2 811	2 367	5 995	2 204	3 990

15-8 海关进口主要商品数量和金额

金额单位：万美元

品　　名	单位	1985年		1990年		1991年	
		数　量	金　额	数　量	金　额	数　量	金　额
粮食	万吨	600	99 710	1 372	235 297	1 345	164 274
# 小麦	万吨	541	88 598	1 253	215 653	1 237	145 954
大麦	吨	31 503	420	652 429	10 909	751 910	11 024
玉米	吨	90 933	1 288	368 787	4 758	502	13
干豆	吨	40 926	1 764	30 289	872	24 043	675
大豆	吨	562	20	907	32	801	26
食糖	万吨	191	27 290	113	37 880	101	25 627
咖啡及咖啡精	吨	518	290	987	632	1 933	677
可可豆	吨	6 324	1 549	10 074	1 190	30 262	3 484
天然橡胶	吨	163 313	13 169	335 414	28 553	306 161	26 124
合成橡胶	吨	72 404	8 048	44 504	6 687	84 252	12 797
原木	万立方米	969	80 975	415	46 056	397	45 431
纸浆	吨	547 334	21 040	341 751	23 627	1 291 077	45 323
棉花(原棉)	吨	163	13	416 733	71 079	370 524	63 065
黄(红)麻	吨	2 500	182			4 472	228
纺织用合成纤维	吨	489 682	70 950	375 748	55 442	502 486	79 868
# 锦纶纤维	吨	2 735	456	1 638	342	3 084	779
涤纶纤维	吨	258 421	35 252	153 533	19 027	161 285	19 297
腈纶纤维	吨	225 917	34 658	216 356	35 286	331 187	58 392
合成纤维纱线	吨	300 252	71 130	115 722	29 341	118 013	32 979
# 锦纶长丝	吨	33 968	10 654	10 850	4 355	12 256	6 360
涤纶长丝	吨	252 409	56 149	62 283	12 328	50 681	9 825
纺织用再生纤维	吨	46 293	5 142	114 855	41 186	118 216	39 265
再生纤维长丝和纱	吨	19 059	5 835	1 975	692	1 358	388
# 人造丝	吨	18 997	5 793	1 281	427	651	142
羊毛	吨	113 375	35 013	33 329	14 606	106 243	35 048
硫磺	吨	163 247	2 882	92	7	26 290	329
工业用钻石	克拉	551 052	1 021	52 373	155	86 058	329
铁矿砂	万吨	1 006	25 716	1 434	39 413	1 855	56 586
铬矿砂	吨	364 719	4 136	641 267	9 831	544 648	7 170
药材	吨	5 308	3 913	3 475	2 158	7 701	2 471
煤	万吨	231	6 221	200	7 415	137	4 720
动物油脂	吨	66 641	3 432	93 483	3 765	80 012	2 915
食用植物油	吨	34 777	2 195	1 122 832	52 829	611 887	28 909
其他植物油	吨	109 540	6 613	1 189 692	41 904	1 091 734	40 114

15-8 续表　　　　　　　　　　　　　　　　　　　　　　金额单位：万美元

品　　名	单　位	1985年		1990年		1991年	
		数　量	金　额	数　量	金　额	数　量	金　额
油籽及含油果实(大豆除外)	吨			31 364	2 040	40 236	1 996
己内酰胺	吨	45 507	6 086	65 417	10 882	121 964	22 013
烧碱	吨	224 523	5 163	40 536	1 805	3 631	213
纯碱	吨	1 056 775	14 461	210 520	4 192	54 220	1 044
合成有机染料	吨	8 044	4 620	8 763	6 456	15 343	10 266
医药品			9 663		36 381		45 156
化肥(自然吨)	万吨	761	150 471	1 626	260 313	1 818	322 949
# 硫酸铵	吨	50 607	536	163 607	1 131	253 203	1 678
尿素	万吨	382	72 631	813	115 412	701	121 643
原形聚乙烯	吨	740 510	47 025	358 968	29 905	653 367	55 173
原形聚丙烯	吨	410 722	30 248	218 107	18 570	562 094	47 422
原形聚苯乙烯	吨	129 904	10 679	142 990	16 574	272 402	28 224
原形聚氯乙烯	吨	61 101	4 360	78 457	7 629	137 668	11 861
农药	吨	16 138	10 320	28 487	17 713	32 042	19 129
纸及纸板			41 687		66 611		87 666
# 新闻纸	吨	269 311	10 569	16 221	869	21 095	1 174
钢材	万吨	2 005	627 523	419	250 813	356	253 484
钢铁丝	吨	65 643	3 752	42 925	2 846	21 749	2 326
铜及铜合金	吨	355 649	51 667	40 251	10 265	113 966	25 926
铝及铝合金	吨	487 862	56 950	71 771	12 775	43 711	6 637
锌及锌合金	吨	268 628	24 171	4 141	570	11 705	1 431
机床	台	13 006	18 803	42 243	49 284	59 564	52 397
电子计算器	万台	1 563	6 076	32	77	103	147
电视机	万台	509	99 390	67	10 346	33	5 620
录音机和收录两用机	万台	150	9 415	193	6 343	28	1 252
汽车和汽车底盘	辆	353 493	263 480	62 686	75 227	98 454	107 730
# 小轿车	辆	105 775	47 858	34 063	24 207	54 409	38 997
卡车	辆	111 492	98 267	15 392	17 172	18 578	20 075
自卸车	辆	10 929	21 255	2 529	10 787	2 158	8 044
装有引擎的底盘	辆	2 617	4 909	1 239	3 924	864	3 996
汽车和拖拉机的零件			28 513		43 187		56 883
船舶	艘	1 760	55 853	2 533	46 823	4 193	28 745
医疗仪器及器械			21 483		21 004		26 701
手表	万只	521	2 613	280	1 675	428	2 443

15-9 人民币对主要外币年平均汇价

外币名称	外币单位	1985年		1990年		1991年	
		买价（人民币元）	卖价（人民币元）	买价（人民币元）	卖价（人民币元）	买价（人民币元）	卖价（人民币元）
澳大利亚元	100	205.58	206.60	372.68	374.55	413.19	415.26
奥地利先令	100	14.33	14.41	42.14	42.36	45.65	45.88
加拿大元	100	214.44	215.52	408.44	410.49	462.19	464.51
瑞士法郎	100	120.91	121.51	345.71	347.44	371.68	373.54
德国马克	100	100.73	101.24	296.42	297.90	320.88	322.48
丹麦克朗	100	27.94	28.08	77.35	77.74	83.25	83.67
芬兰马克	100	45.99	46.23	124.98	125.60	132.15	132.81
法国法郎	100	32.98	33.14	88.00	88.44	94.40	94.87
荷兰盾	100	89.28	89.72	263.02	264.34	284.94	286.37
挪威克朗	100	34.34	34.52	76.41	76.79	82.12	82.53
新加坡元	100	133.36	134.02	263.59	264.92	306.97	308.51
瑞典克朗	100	34.30	34.48	80.77	81.17	87.98	88.42
英镑	100	380.94	382.84	852.32	856.59	938.13	942.83
美元	100	292.94	294.40	477.18	479.57	530.94	533.60
港元	100	37.48	37.66	61.24	61.54	68.27	68.62
意大利里拉	10000	15.45	15.53	39.96	40.15	42.91	43.13
日元	100000	1 242.62	1 248.84	3 314.97	3 331.59	3 950.31	3 970.11
比利时法郎	10000	498.56	501.06	1 433.07	1 440.24	1 558.84	1 566.66

15-10 我国利用外资概况

年份	总计 项目（个）	总计 金额（亿美元）	对外借款 项目（个）	对外借款 金额（亿美元）	外商直接投资 项目（个）	外商直接投资 金额（亿美元）	外商其他投资 项目（个）	外商其他投资 金额（亿美元）
签订利用外资协议(合同)额								
1979-1991	**42 779**	**1 216.60**	**752**	**639.94**	**42 027**	**523.37**		**53.30**
1979-1982	949	205.48	27	135.49	922	60.10		9.89
1983	522	34.30	52	15.13	470	17.32		1.85
1984	1 894	47.91	38	19.16	1 856	26.51		2.24
1985	3 145	98.67	72	35.34	3 073	59.31		4.02
1986	1 551	117.37	53	84.07	1 498	28.34		4.96
1987	2 289	121.36	56	78.17	2 233	37.09		6.10
1988	6 063	160.04	118	98.13	5 945	52.97		8.94
1989	5 909	114.79	130	51.85	5 779	56.00		6.94
1990	7 371	120.86	98	50.99	7 273	65.96		3.90
1991	13 086	195.83	108	71.61	12 978	119.77		4.45
实际利用外资额								
1979-1991		**796.29**		**527.43**		**233.48**		**35.38**
1979-1982		124.57		106.90		11.66		6.01
1983		19.81		10.65		6.36		2.80
1984		27.05		12.86		12.58		1.61
1985		46.47		26.88		16.61		2.98
1986		72.58		50.14		18.74		3.70
1987		84.52		58.05		23.14		3.33
1988		102.26		64.87		31.93		5.46
1989		100.59		62.86		33.93		3.81
1990		102.89		65.35		34.87		2.68
1991		115.54		68.88		43.66		3.00

注：1. 1979-1990年对外借款项目及总计项目中包括重复签约项目94个。

2. 由于汇总所使用单位和位数取舍不同，有的年份分项之和不等于总计。

15-11 对外签订利用外资协议（合同）额

指标	1985年 项目（个）	1985年 金额（万美元）	1990年 项目（个）	1990年 金额（万美元）	1991年 项目（个）	1991年 金额（万美元）
总计	**18 134**	**1 532 032**	**22 247**	**2 049 461**	**25 903**	**2 122 429**
（一）对外借款	72	424 786	98	700 405	108	761 858
政府贷款	59	102 053	82	71 937	93	224 325
国际金融机构贷款	13	113 151	16	189 300	15	212 710
其他		138 217		248 700		279 052
（二）外商直接投资	3 073	1 009 192	7 273	1 261 202	12 978	1 317 335
合资经营	1 412	202 970	4 091	270 395	8 395	608 005
合作经营	1 611	349 615	1 317	125 410	1 778	213 783
合作开发	4	35 959	5	19 425	10	9 199
独资经营	46	4 566	1 860	244 381	2 795	366 695
（三）外商其他投资		97 639		88 724		45 678
补偿贸易		26 034		20 265		26 649
加工装配		14 177		13 648		14 815
国际租赁				5 108		3 027

注：外商其他投资是指外商在开展补偿贸易和加工装配业务中作价提供的设备以及融资性租赁中提供的设备。

15-12 实际利用外资额

(按国别、地区分)　　单位：万美元

国别（地区）	1990年				1991年			
	总计	对外借款	外商直接投资	外商其他投资	总计	对外借款	外商直接投资	外商其他投资
总计	**1 028 939**	**653 452**	**348 711**	**26 776**	**1 155 417**	**688 756**	**436 634**	**30 027**
港澳	243 168	31 320	191 342	20 506	292 496	26 315	248 687	17 494
台湾	22 426		22 240	186	47 189		46 641	548
印度尼西亚	100		100		218		218	
日本	302 070	250 022	50 338	1 710	189 405	128 453	53 250	7 702
菲律宾	167		167		585		585	
泰国	752		672	80	1 973		1 962	11
马来西亚	64		64		196		196	
新加坡	7 585	2 257	5 043	285	6 821	1 000	5 821	
土耳其								
阿联酋	23		23					
沙特阿拉伯					688		13	675
科威特	2 812	412	2 400		3 112	3 088	24	
朝鲜	50		50		4		4	
苏丹	16		16					
德意志联邦共和国	39 848	32 910	6 425	513	24 494	8 322	16 112	60
法国	57 934	55 590	2 106	238	85 322	84 152	988	182
意大利	12 539	11 727	410	402	13 221	9 091	2 821	1 309
荷兰	5 019	2 841	1 598	580	2 952	2 285	667	
比利时	4 273	3 473	800		3 153	3 143	10	
卢森堡	324	324			1 435	1 435		
芬兰	6 152	6 002	150		7 672	7 672		
英国	51 957	49 967	1 333	657	22 734	18 946	3 539	249
爱尔兰					250		250	
丹麦	1 547	508	1 039		2 283	2 283		
瑞典	6 160	6 149	11		7 780	7 703	77	
瑞士	5 809	5 651	148	10	9 906	8 675	1 231	
奥地利	20 380	19 596	138	646	15 626	15 384	4	238
挪威	1 606	1 383	223		2 037	1 432	605	
西班牙	10 969	10 244	725		21 863	21 769	94	
原苏联	1 054	1 054			2 951	2 835	116	
巴拿马	676		676		356		356	
加拿大	24 096	23 203	804	89	40 334	39 194	1 076	64
美国	59 614	13 493	45 599	522	44 399	11 333	32 320	746
澳大利亚	6 126	3 611	2 487	28	3 172	1 681	1 491	
新西兰	888		888		80		80	
世界银行	101 061	101 061			117 266	117 266		
农业发展基金	434	434			1 499	1 499		
亚洲开发银行	5 064	5 064			17 712	17 712		
其他	26 176	15 156	10 696	324	164 233	146 088	17 396	749

15-13 实际利用外资额

（按省市、部门分） 单位：万美元

省市、部门	1990年				1991年			
	总计	对外借款	外商直接投资	外商其他投资	总计	对外借款	外商直接投资	外商其他投资
总计	1 028 939	653 452	348 711	26 776	1 155 417	688 756	436 634	30 027
一、省市合计	549 378	205 763	316 841	26 774	673 916	231 333	412 556	30 027
北京	39 202	11 307	27 695	200	29 960	5 465	24 482	13
天津	9 856	6 163	3 493	200	26 089	12 828	13 216	45
河北	9 780	5 333	3 935	512	9 628	3 972	4 437	1 219
山西	777	437	340		3 076	2 696	380	
内蒙古	1 064		1 064		242	76	110	56
辽宁	72 739	47 008	24 373	1 358	64 518	28 279	34 888	1 351
吉林	3 085	1 325	1 760		5 449	2 285	1 800	1 364
黑龙江	4 695	1 859	2 449	387	2 953	868	943	1 142
上海	32 104	14 703	17 401		33 025	18 506	14 519	
江苏	24 769	11 372	12 416	981	31 471	9 549	21 232	690
浙江	12 777	7 863	4 843	71	14 381	5 152	9 162	67
安徽	4 228	2 874	961	393	2 512	1 445	954	113
福建	42 684	10 695	29 002	2 987	57 049	9 933	46 629	487
江西	3 587	2 836	621	130	5 065	3 116	1 949	
山东	23 045	4 475	15 084	3 486	37 308	15 669	17 950	3 689
河南	3 412	2 276	1 049	87	7 544	3 745	3 791	8
湖北	9 391	6 215	2 900	276	14 114	9 450	4 643	21
湖南	14 029	12 614	1 116	299	10 274	7 731	2 276	267
广东	201 541	43 310	146 000	12 231	258 375	64 087	182 286	12 002
广西	6 260	2 697	2 866	697	8 654	5 469	2 532	653
海南	11 698	1 396	10 302		21 244	3 572	17 616	56
四川	6 318	3 881	1 604	833	15 439	7 348	2 439	5 652
贵州	1 110	52	468	590	1 634	225	734	675
云南	1 216	478	261	477	2 137	1 786	296	55
西藏								
陕西	7 364	2 633	4 191	540	3 574	398	3 159	17
甘肃	124		85	39	478		93	385
宁夏	25		25		303	285	18	
新疆	2 498	1 961	537		7 420	7 398	22	
二、部门合计	479 561	447 689	31 870	2	481 501	457 423	24 078	
对外经济贸易部	21 157	20 427	730		8 049	6 788	1 261	
财政部	499	499			10 878	10 878		
纺织工业部	27		27					

15-13 续表　　　　　　（按省市、部门分）　　　　　　单位：万美元

省市、部门	1990年				1991年			
	总　计	对外借款	外商直接投　资	外商其他投　资	总　计	对外借款	外商直接投　资	外商其他投　资
铁道部	21 097	21 097			30 803	30 803		
机械电子工业部	143	37	106		16	16		
交通部	43 797	43 797			26 057	26 057		
农业部	14 982	14 982			16 905	16 905		
港澳办公室	1 755		1 755					
地质矿产部	2 306	2 306			595	595		
能源部	69 239	69 213	26		33 473	33 473		
建设部	6 646	6 646			2 036	2 036		
林业部	3 310	3 310			4 712	4 712		
文化部	630		630					
国家教育委员会	5 680	5 680			5 973	5 973		
邮电部	3 938	3 912	26		1 839	1 839		
化学工业部	4 473	4 473			3 292	3 292		
中国民用航空局	800		800					
卫生部	8 773	8 773			7 452	7 452		
中国科学院	146		146					
体育运动委员会	3		3					
经济信息中心	231	231			146	146		
石油化工总公司	8 000	8 000			3 000	3 000		
核工业总公司	116		116					
海洋石油总公司	32 531	8 100	24 431		17 355	851	16 504	
工艺进出口总公司	2			2				
国际信托投资公司					20 054	18 845	1 209	
北方工业集团公司	166		166					
华能电力公司	3 951	3 951			2 396	2 396		
石油天然气总公司	11 358	11 358			11 515	11 115	400	
汽车工业公司					4 704		4 704	
中国人民银行	5 064	5 064						
中国银行	187 121	187 121			237 080	237 080		
中国投资银行	13 754	13 754			19 179	19 179		
中国农业银行	1 789	1 789			9 992	9 992		
中国交通银行	3 169	3 169			4 000	4 000		
其　他	2 908		2 908					

15-14 我国对外承包工程和劳务合作

单位：亿美元

年份	签订合同的国家地区数（个）	合同数(份)	合同金额	完成营业额
总计	**157**	**24 247**	**190.20**	**120.07**
1976-1978	2	7	0.02	
1979	8	36	0.51	1.70
1980	16	172	1.85	
1981	36	363	5.04	
1982	38	314	5.07	3.48
1983	40	460	9.24	4.52
1984	52	740	17.37	6.23
1985	71	923	12.65	8.35
1986	83	944	13.59	9.73
1987	95	1 449	18.89	12.60
1988	103	2 126	21.72	14.30
1989	124	3 100	22.12	16.86
1990	122	5 175	26.04	18.67
1991	147	8 438	36.09	23.63
一、对外承包工程		**6 316**	**153.30**	**100.68**
1976-1978		6	0.02	
1979		27	0.33	1.23
1980		138	1.40	
1981		250	2.76	
1982		195	3.46	1.89
1983		280	7.99	3.15
1984		344	15.38	4.94
1985		465	11.16	6.63
1986		486	11.89	8.19
1987		616	16.48	11.14
1988		642	18.13	12.53
1989		776	17.81	14.84
1990		920	21.25	16.44
1991		1 171	25.24	19.70
二、对外劳务合作		**17 931**	**36.89**	**19.39**
1976-1978		1		
1979		9	0.18	
1980		34	0.45	0.47
1981		113	2.28	
1982		119	1.61	1.59
1983		180	1.25	1.37
1984		396	1.99	1.29
1985		458	1.49	1.72
1986		458	1.70	1.54
1987		833	2.41	1.46
1988		1 484	3.59	1.77
1989		2 324	4.31	2.02
1990		4 255	4.78	2.23
1991		7 267	10.85	3.93

15-15 旅游事业发展情况

指　　标	1980年	1985年	1987年	1988年	1989年	1990年	1991年
一、旅游人数总计（万人）	570.25	1 783.31	2 690.23	3 169.48	2 450.14	2 746.18	3 334.98
外国人	52.91	137.05	172.78	184.22	146.10	174.73	271.01
华　侨	3.44	8.48	8.71	7.93	6.85	9.11	13.34
港澳和台湾同胞	513.90	1 637.78	2 508.74	2 977.33	2 297.19	2 562.34	3 050.63
在旅游人数总计中：							
国际旅行社接待的	21.87	46.88	50.50	52.62	13.78	11.02	48.79
中国旅行社接待的	69.47	77.33	84.77	110.39	84.31	106.46	106.59
二、旅游外汇收入总额（亿美元）	6.17	12.50	18.62	22.47	18.60	22.18	28.45

15-16 接待外国旅游人数

（按国别分）

单位：万人

国　别	1985年		1990年		1991年	
	人　数	比重（%）	人　数	比重（%）	人　数	比重（%）
总　　计	137.05	100.0	174.73	100.0	271.01	100.0
#日　本	47.05	34.3	46.33	26.5	64.09	23.6
美　国	23.96	17.5	23.32	13.3	31.41	11.6
英　国	7.14	5.2	7.89	4.5	11.46	4.2
澳大利亚	7.81	5.7	5.02	2.9	6.51	2.4
菲律宾	5.79	4.2	7.89	4.5	10.48	3.9
新加坡	4.65	3.4	7.17	4.1	9.81	3.6
德　国	4.31	3.1	5.62	3.2	9.24	3.4
加拿大	3.52	2.6	4.76	2.7	6.92	2.6
法　国	3.90	2.8	5.07	2.9	8.60	3.2
泰　国	2.46	1.8	6.79	3.9	8.86	3.3
朝鲜民主主义人民共和国	2.23	1.6	2.79	1.6	7.78	2.9
原苏联	1.77	1.3	10.98	6.3	28.49	10.5
意大利	1.88	1.4	2.63	1.5	4.54	1.7
瑞　士	1.24	0.9	1.15	0.7	1.87	0.7
荷　兰	0.95	0.7	1.38	0.8	2.05	0.8
新西兰	0.75	0.5	1.00	0.6	1.21	0.4

注：1985年和1989年德国旅游人数不包括原民主德国旅游者。

15-17 接待外国旅游人数

（按性别、年龄和职业分）　　　　单位：万人

指　　标	1985年		1990年		1991年	
	人　数	比 重（%）	人　数	比 重（%）	人　数	比 重（%）
总　计	137.05	100.0	174.73	100.0	271.01	100.0
按性别分						
男	88.60	64.6	112.17	64.2	182.74	67.4
女	48.45	35.4	62.56	35.8	88.27	32.6
按年龄分						
16岁及以下	8.83	6.4	14.84	8.5	11.12	4.1
17-30岁	28.95	21.1	45.42	26.0	66.79	24.6
31-50岁	55.63	40.6	73.43	42.0	119.74	44.2
51岁及以上	43.64	31.8	41.04	23.5	73.76	27.2
按职业分						
专业技术人员	20.54	15.0	31.50	18.0	35.95	13.3
行政管理人员	29.05	21.2	30.66	17.5	26.37	9.7
商　　人	17.07	12.5	36.96	21.2	57.42	21.2
办 事 员					25.50	9.4
服务人员					12.71	4.7
工人、农民	38.18	27.9	33.34	19.1	50.31	18.6
其他职业人员	16.43	12.0	23.27	13.3	35.49	13.1
无职业人员	15.78	11.5	19.00	10.9	27.26	10.1

15-18 重点城市接待旅游人数

单位：万人次

地区	1985年		1990年		1991年	
	总计	#外国人	总计	#外国人	总计	#外国人
总计	764.00	343.18	931.67	272.25	1 070.52	379.35
北京	93.65	73.96	100.07	63.75	132.15	91.39
天津	3.48	2.54	5.60	3.55	6.27	3.84
石家庄	0.80	0.53	0.73	0.41	0.88	0.47
秦皇岛	0.74	0.54	0.97	0.69	1.33	0.85
承德	0.88	0.62	1.14	0.87	2.25	1.45
太原	0.99	0.84	1.35	0.72	1.61	1.00
大同	1.15	1.04	1.19	0.81	1.52	1.08
呼和浩特	1.11	0.36	0.91	0.58	1.62	0.83
沈阳	3.04	2.19	4.19	2.63	5.01	2.96
大连	4.86	4.25	5.20	3.58	7.30	5.21
长春	1.25	0.82	2.48	1.61	3.00	1.77
吉林	1.13	0.22	0.95	0.25	1.61	0.34
哈尔滨	4.29	1.84	5.04	2.67	6.79	3.90
上海	60.23	48.94	89.30	46.06	98.18	61.27
南京	15.24	11.43	26.33	7.29	22.13	9.68
无锡	8.98	6.86	14.29	3.85	11.64	5.70
苏州	15.56	12.62	26.16	8.07	22.77	11.63
南通			0.96	0.51	1.10	0.62
连云港			0.24	0.15	0.26	0.15
杭州	23.84	15.63	38.83	8.66	39.02	13.68
宁波			2.56	0.91	3.12	1.28
温州			0.68	0.11	1.11	0.23
黄山					10.45	1.92
福州	7.50	3.00	15.90	2.70	14.81	3.47
厦门	8.47	3.16	21.08	4.17	20.51	6.68
泉州	3.89	0.30	23.90	0.96	23.66	0.73
漳州	1.15	0.21	1.38	0.14	1.03	0.16
九江	1.14	0.20	0.77	0.19	0.85	0.20
济南	0.98	0.63	2.06	1.27	2.56	1.47
青岛	2.25	1.41	5.24	2.23	6.09	2.66
烟台			1.04	0.53	2.00	1.09
郑州	2.37	1.05	4.13	0.95	4.45	1.08
洛阳	3.70	3.22	2.82	1.79	3.37	2.45
武汉	11.54	9.30	8.54	2.29	8.96	2.82
长沙	1.75	0.82	2.84	0.76	3.30	0.85
广州	257.81	52.78	189.10	32.45	203.44	44.46
深圳	58.97	4.04	148.24	9.32	182.98	10.84
珠海	73.29	14.30	37.71	1.08	46.03	2.41
汕头	8.53	3.05	17.67	5.88	19.83	7.67
湛江			1.76	0.29	2.68	0.32
南宁	1.39	0.29	0.79	0.23	1.75	0.58
桂林	33.64	24.99	48.49	14.77	42.91	19.92
北海			0.32	0.07	0.26	0.06
海口					11.81	1.90
三亚					5.64	0.75
成都	6.48	4.39	13.13	4.42	13.95	5.33
重庆	4.69	3.79	6.26	1.87	7.31	2.68
贵阳	0.67	0.25	1.98	0.57	2.68	0.70
昆明	7.22	4.66	14.82	4.98	16.02	5.75
西安	21.15	19.08	25.88	15.40	31.01	23.78
兰州	2.21	1.68	2.70	1.95	4.07	3.01
乌鲁木齐	1.99	1.35	3.95	3.26	5.44	4.28

注：连云港、南通、宁波、温州、烟台、湛江、北海等七市1985年尚未列入重点旅游城市，黄山、海口、三亚等三市1985年、1990年尚未列入重点旅游城市，无接待人数统计资料。

15-19 各地区按经济类型分的涉外饭店个数

（1991年）　　　　　　　　　　　　　　　　单位：个

地　区	涉外饭店个数	全　民	合　营	外商独资	中外合资	中外合作	集　体	个　体
全　国	**2 130**	**1 528**	**8**	**4**	**202**	**215**	**171**	**2**
北　京	203	114			53		36	
天　津	22	9			12	1		
河　北	64	62					2	
山　西	22	21				1		
内蒙古	16	15				1		
辽　宁	73	48			19	2	4	
吉　林	36	33		1	2			
黑龙江	36	36						
上　海	85	59	3	1	12	7	3	
江　苏	49	38			5	5	1	
浙　江	64	45	1		9	2	7	
安　徽	51	44			2		5	
福　建	87	62		1	8	15	1	
江　西	48	42			2	3	1	
山　东	76	62			5	2	7	
河　南	20	16			2		2	
湖　北	81	75			2		4	
湖　南	38	33			5			
广　东	685	419			35	155	74	2
广　西	57	34			15	4	4	
海　南	44	29	4	1	4	4	2	
四　川	90	78			6	1	5	
贵　州	13	11			2			
云　南	40	27			2		11	
西　藏	12	10				1	1	
陕　西	23	12				11		
甘　肃	26	25					1	
青　海	7	7						
宁　夏	13	13						
新　疆	49	49						

15-20 各地区按规模分的涉外饭店个数

(1991年)　　单位：个

地　区	涉外饭店个数	客房总数500间以上	客房总数300-499间	客房总数200-299间	客房总数100-199间	客房总数99间以下
全　国	**2 130**	**61**	**172**	**275**	**670**	**952**
北　京	203	21	32	33	59	58
天　津	22	1	3	5	6	7
河　北	64	2	5	11	25	21
山　西	22		3	3	10	6
内蒙古	16		1	4	4	7
辽　宁	73		5	10	25	33
吉　林	36		1	1	14	20
黑龙江	36		4	4	13	15
上　海	85	13	13	17	25	17
江　苏	49	1	5	9	18	16
浙　江	64	1	4	5	23	31
安　徽	51			7	20	24
福　建	87		5	14	28	40
江　西	48		2	7	21	18
山　东	76		4	17	26	29
河　南	20		3	4	4	9
湖　北	81		6	10	36	29
湖　南	38		4	8	15	11
广　东	685	13	37	56	165	414
广　西	57	1	11	14	13	18
海　南	44		1	5	20	18
四　川	90	1	9	19	35	26
贵　州	13		1	2	7	3
云　南	40		1	4	20	15
西　藏	12	1			2	9
陕　西	23	5	5	2	7	4
甘　肃	26	1	3	1	9	12
青　海	7		2	1	1	3
宁　夏	13		1		4	8
新　疆	49		1	2	15	31

主 要 统 计 指 标 解 释

进出口总额 海关进出口总额指实际进出我国国境的货物总金额。包括对外贸易实际进出口货物,来料加工装配进出口货物,国家间、联合国及国际组织无偿援助物资和赠送品,华侨、港澳台同胞和外籍华人捐赠品,租赁期满归承租人所有的租赁货物,进料加工进出口货物,边境地方贸易及边境地区小额贸易进出口货物(边民互市贸易除外),中外合资经营企业、中外合作经营企业、外商独资经营企业进出口货物和公用物品,到、离岸价格在规定限额以上的进出口货样和广告品(无商业价值、无使用价值和免费提供出口的除外),从保税仓库提取在中国境内销售的进口货物,以及其他进出口货物。进出口总额用以观察一个国家在对外贸易方面的总规模。我国规定出口货物按离岸价格统计,进口货物按到岸价格统计。

利用外资 指我国各级政府、部门、企业和其他经济组织通过对外借款、吸收外商直接投资以及用其他方式筹措的境外现汇、设备、技术等。

对外借款 是我国利用外资的主要部分。包括我国通过外国政府贷款,国际金融组织贷款,外国银行商业贷款,出口信贷以及对外发行债券,股票等方式,从境外筹措的资金。

外商直接投资 是指外国企业和经济组织或个人(包括华侨、港澳台同胞以及我国在境外注册的企业)按我国有关政策、法规,用现汇、实物、技术等在我国境内开办外商独资企业、与我国境内的企业或经济组织共同举办中外合资经营企业、合作经营企业或合作开发资源的投资(包括外商投资收益的再投资)以及经政府有关部门批准的项目投资总额内,企业从境外借入的资金。

对外承包工程 包括各对外承包公司以招标议标承包方式承揽的下列业务(1)承包国外工程建设项目;(2)承包我国对外经援项目;(3)承包我国驻外机构的工程建设项目;(4)承包我国境内利用外资进行建设的工程项目;(5)与外国承包公司合营或联合承包工程项目时我国公司分包部分;(6)以服务成果向业主收费的技术服务项目(包括承担地形地貌测绘;地质资源勘探与普查;建设区域规划;提供设计文件、图纸、生产工艺技术资料和工程技术经济咨询;工程项目的可行性考察、研究和评估;进行技术指导和培训人员等);(7)对外承包兼营的房屋开发业务。对外承包工程的营业额是以货币表现的本期内完成的对外承包工程的工作量,包括以前年度签订的合同和本年度新签订的合同在报告期完成的工作量。

对外劳务合作 指以收取工资的形式向业主或承包商提供技术和劳动服务的活动。我国对外承包公司在境外开办的合营企业,中国公司同时又提供劳务的,其劳务部分也纳入劳务合作统计。劳务合作营业额按报告期内向雇主提交的结算数(包括工资、加班费和奖金等)统计。

旅游人数 指来我国参观、访问、旅行、探亲、访友、休养、考察、参加会议和从事经济、科技、文化、教育、体育、宗教等活动的外国人、华侨、港澳和台湾同胞的人数。不包括外国在我国的常驻机构,如使领馆、通讯社、企业办事处的工作人员;来我国常住的外国专家、留学生以及在岸逗留不过夜人员。

旅游外汇收入 指国内各部门为来我国旅游的外国人、华侨、港澳和台湾同胞提供商品和劳务而获得的外汇收入。包括供应商品、饮食和提供住宿、交通、邮电、文化娱乐、导游等各项服务所得到的全部外汇收入。

十六
金融和保险

16-1 银行保险系统机构、人员数

(1991年底)

项　　目	合　计	中国人民银行	中国工商银行	中国农业银行	中国银行	中国人民建设银行	交通银行	中国人民保险公司
一、机构总数〔个〕	**126 728**	**2 531**	**30 834**	**55 614**	**6 362**	**27 586**	**418**	**3 383**
总行(公司)	7	1	1	1	1	1	1	1
省级分行	190	30	29	29	30	30	12	30
计划单列市分行	84	14	14	14	13	14		15
地(市)分支行	1 771	315	307	307	140	341	57	304
县支行、办事处	11 514	2 059	2 065	2 156	788	2 364		2 082
城市(郊区)办事处	2 741	19	1 205	486	91	277	124	539
分理处、集镇办事处	11 507		6 207		1 806	3 420	74	
储蓄所	64 868		20 280	20 951	3 493	20 036	108	
营业所	31 256			30 927				329
其　他	2 787	93	726	740		1 103	42	83
二、职工人数〔人〕	**1 592 617**	**166 309**	**504 554**	**483 763**	**87 626**	**238 789**	**18 182**	**93 394**
总行(公司)	7 591	2 405	628	703	1 990	835	288	742
省级分行	62 099	10 498	7 558	6 432	18 668	9 355	3 595	5 993
计划单列市	23 499	4 548	4 924	2 123	4 696	4 570		2 638
地(市)分支行	208 425	39 778	36 786	24 371	21 263	60 392	7 525	18 310
县支行、办事处	528 109	74 727	145 459	116 152	38 260	107 790		45 721
城市(郊区)办事处	184 113	737	116 066	22 801	2 749	23 697	3 835	14 228
分理处、集镇办事处	94 072		81 639			11 553	880	
储蓄所	126 629		95 355	30 866			408	
营业所	258 169			256 876				1 293
其　他	99 911	33 616	16 139	23 439		20 597	1 651	4 469

注:职工人数中一些专业银行部分项目分不出来,归入"其他"项。

16-2 农村信用社机构、人员数

(年底数)

项　　目	1985年	1987年	1988年	1989年	1990年
一、机构数(个)	**406 518**	**391 439**	**398 061**	**343 446**	**103 834**
独立核算机构	58 603	60 872	60 897	57 918	57 885
乡镇信用社	57 156	56 238	55 359	54 667	55 525
联村信用社	1 267	1 722	2 385	3 031	1 080
村信用社	180	2 390	2 247	220	93
非独立核算机构	347 915	330 567	337 164	285 528	45 949
信用分社	27 983	28 531	29 543	30 118	30 796
储蓄所	7 557	11 661	14 649	14 276	15 153
信用站	312 375	290 375	292 972	241 134	265 702
二、信用社脱产职工人数(人)	**370 345**	**433 866**	**471 910**	**484 537**	**539 226**
固定职工	274 496	273 779	274 337	266 988	269 115
合同职工	95 849	160 087	197 573	217 549	270 111
三、不脱产信用站业务员人数(人)	**319 295**	**305 107**	**294 826**	**287 917**	**280 386**

注：1989年统计数字不包括西藏。

16-3 国家银行信贷资金平衡表(资金来源)

(年末余额) 单位：亿元

项目	1984年	1985年	1986年	1987年	1988年	1989年	1990年	1991年
资金来源合计	5 079.51	6 430.87	8 205.97	9 976.17	11 541.25	13 617.90	16 837.88	20 613.90
各项存款	3 386.13	4 273.03	5 381.87	6 572.05	7 425.62	9 013.85	11 644.83	14 864.08
企业存款	1 414.31	2 071.53	2 643.36	3 125.55	2 936.58	3 084.85	3 997.68	4 918.10
财政存款	165.88	368.37	311.45	306.98	270.88	437.99	380.40	485.76
基本建设存款	333.43							
机关团体存款	323.46	325.76	395.97	449.20	392.67	483.97	614.78	752.78
城镇储蓄存款	776.62	1 057.81	1 471.45	2 064.30	2 659.16	3 734.80	5 192.58	6 790.33
农村存款	372.43	449.56	559.64	626.30	669.55	716.32	850.26	1 172.47
其他存款					496.78	555.92	609.13	744.64
债　　券					75.55	69.91	91.99	134.06
对国际金融机构负债	62.23	78.18	124.23	185.63	148.63	138.70	185.71	184.67
流通中货币	792.11	987.83	1 218.36	1 454.48	2 134.03	2 344.02	2 644.37	3 177.80
银行自有资金	599.45	777.82	861.65	940.02	1 073.81	1 196.93	1 315.83	1 481.70
当年结益	39.43	70.30	78.37	121.56	123.12	118.90	165.87	453.78
其　　他	200.16	243.71	540.49	702.43	560.49	735.59	789.28	317.81

注：1991年"当年结益"为初步数。

16-4 国家银行信贷资金平衡表(资金运用)

(年末余额) 单位：亿元

项目	1984年	1985年	1986年	1987年	1988年	1989年	1990年	1991年
资金运用合计	5 079.51	6 430.87	8 205.97	9 976.17	11 541.25	13 617.90	16 837.88	20 613.90
各项贷款	4 419.57	5 905.51	7 590.40	9 032.35	10 551.33	12 409.27	15 166.36	18 043.95
工业生产企业贷款	883.83	1 160.08	1 649.85	2 043.61	2 085.09	2 724.63	3 559.43	4 235.76
工业供销企业及物资部门贷款	310.03	380.83	477.05	493.47	520.96	582.15	652.95	696.77
商业企业贷款	2 272.80	2 649.30	3 092.42	3 506.14	4 100.61	4 775.07	5 768.48	6 691.19
建筑企业贷款		267.07	369.41	466.52	494.71	601.26	671.45	715.01
城镇集体企业及个体工商户贷款	295.17	321.28	425.54	550.03	656.21	708.55	831.26	950.26
农业贷款	368.08	416.63	570.37	685.83	814.21	895.05	1 038.08	1 209.48
固定资产贷款	289.66	705.32	1 005.76	1 286.75	1 559.23	1 775.96	2 245.75	3 044.36
其他贷款					320.31	346.60	398.96	501.12
黄金占款	12.04	12.04	12.04	12.04	12.04	12.04	12.04	12.04
外汇占款	263.56	93.10	77.12	182.08	158.44	264.54	599.46	1 228.11
在国际金融机构资产	67.84	88.69	100.43	178.81	187.05	191.56	258.96	261.96
财政借款	260.78	275.05	370.05	514.96	576.46	684.56	801.06	1 067.84
其他支出	55.72	56.48	55.93	55.93	55.93	55.93	55.92	

16-5 国家银行现金收入

单位：亿元

项　　目	1980年	1985年	1987年	1988年	1989年	1990年	1991年
收入总计	2 033.2	5 499.1	8 779.6	12 810.5	15 057.6	17 171.1	21 465.1
商品销售收入	1 365.3	2 863.7	3 895.7	5 216.3	5 482.5	5 690.6	6 602.1
服务事业收入	142.7	321.6	491.2	651.0	786.9	958.9	1 200.6
税款收入	6.3	36.1	59.0	80.2	110.2	126.8	156.3
农村信用社收入	123.0	580.4	896.4	1 049.9	1 113.2	1 353.6	1 662.7
乡镇企事业收入		84.2	151.5	229.4	237.1	270.6	359.6
个体经营收入		36.1	70.8	110.7	115.3	138.6	191.9
储蓄存款收入	291.6	1 242.0	2 567.0	4 336.1	5 726.7	6 910.5	8 996.2
其他金融机构收入			72.6	138.4	206.7	281.4	404.9
汇兑收入	37.3	82.5	128.7	187.5	225.0	293.3	405.8
其他收入	67.0	252.5	446.7	811.0	1 054.0	1 146.7	1 485.0

16-6 国家银行现金支出

单位：亿元

项　　目	1985年	1985年	1987年	1988年	1989年	1990年	1991年
支出总计	2 111.7	5 694.8	9 015.7	13 490.0	15 267.6	17 471.4	21 998.5
工资及对个人其他支出	896.6	1 786.5	2 512.4	3 178.7	3 680.1	4 177.5	4 863.6
农副产品采购支出	272.4	834.8	1 189.0	1 496.1	1 535.0	1 744.3	1 874.2
行政企业管理费支出	133.6	364.8	530.0	796.8	925.1	1 100.2	1 392.8
农村信用社支出	457.9	1 094.8	1 524.8	1 934.3	1 805.2	1 946.7	2 438.1
乡镇企事业支出		169.3	323.6	458.5	460.4	508.1	667.6
个体经营支出		57.0	112.7	181.8	191.5	216.8	292.7
储蓄存款支出	225.0	1 008.9	2 106.1	4 057.3	5 025.5	5 817.9	7 948.7
其他金融机构支出			67.8	188.0	226.6	264.9	344.0
汇兑支出	47.1	93.2	135.8	198.6	231.9	272.9	361.0
其他支出	79.1	285.5	513.5	999.9	1 186.3	1 422.1	1 816.0

16-7 国家银行现金投放回笼差额

单位：亿元

年　份	现金收入	现金支出	投　放	回　笼
1953	296.3	308.2	11.9	
1954	340.0	341.8	1.8	
1955	381.9	381.0		0.9
1956	470.6	487.6	17.0	
1957	516.7	512.2		4.5
1958	596.0	611.0	15.0	
1959	747.4	754.7	7.3	
1960	759.9	780.7	20.8	
1961	667.2	697.0	29.8	
1962	633.2	614.0		19.2
1963	597.5	580.9		16.6
1964	639.2	629.3		9.9
1965	675.7	686.5	10.8	
1966	725.1	742.8	17.7	
1967	757.8	771.2	13.4	
1968	725.1	737.3	12.2	
1969	793.3	796.3	3.0	
1970	812.8	799.3		13.5
1971	872.0	884.6	12.6	
1972	966.3	981.3	15.0	
1973	1 032.4	1 047.3	14.9	
1974	1 074.1	1 084.6	10.5	
1975	1 128.2	1 134.2	6.0	
1976	1 162.0	1 183.4	21.4	
1977	1 242.2	1 233.6		8.6
1978	1 336.0	1 352.6	16.6	
1979	1 626.4	1 682.1	55.7	
1980	2 033.2	2 111.7	78.5	
1981	2 402.2	2 452.3	50.1	
1982	2 819.6	2 862.4	42.8	
1983	3 428.7	3 519.4	90.7	
1984	4 207.6	4 469.9	262.3	
1985	5 499.1	5 694.8	195.7	
1986	6 613.3	6 843.9	230.6	
1987	8 779.6	9 015.7	236.1	
1988	12 810.5	13 490.0	679.5	
1989	15 057.6	15 267.6	210.0	
1990	17 171.1	17 471.4	300.4	
1991	21 465.1	21 998.5	533.4	

16-8 农村信用社各项存款、贷款余额

单位：亿元

年份	存款合计	集体农业存款	乡镇企业存款	农户储蓄存款	其他存款	贷款合计	集体农业贷款	乡镇企业贷款	农户贷款
1978	166.0	93.8		55.7	16.5	45.1	21.8	12.1	11.2
1979	215.9	98.3	21.9	78.4	17.3	47.5	22.4	14.2	10.9
1980	272.3	105.5	29.5	117.0	20.3	81.6	34.5	31.1	16.0
1981	319.6	113.2	29.7	169.6	7.1	96.4	35.7	35.5	25.2
1982	389.9	121.1	33.7	228.1	7.0	121.2	34.8	42.3	44.1
1983	487.4	91.8	62.3	319.9	13.4	163.7	28.2	60.1	75.4
1984	624.9	89.9	81.1	438.1	15.8	354.5	38.4	135.0	181.1
1985	724.9	71.9	72.1	564.8	16.1	400.0	41.4	164.4	194.2
1986	962.3	83.9	91.7	766.1	20.6	568.5	44.6	265.9	258.0
1987	1 225.2	89.9	104.7	1 005.7	24.9	771.4	64.5	359.3	347.6
1988	1 399.8	98.4	128.3	1 142.3	30.8	908.6	80.1	456.1	372.4
1989	1 669.5	92.3	126.2	1 412.1	38.9	1 094.9	107.3	571.9	415.7
1990	2 144.9	106.5	149.9	1 841.6	47.0	1 413.0	134.1	760.7	518.2
1991	2 709.3	135.9	191.7	2 316.7	65.2	1 808.6	169.9	1 007.3	631.4

16-9 黄金和外汇储备

年份	黄金储备（万盎司）	外汇储备（亿美元）	国家外汇库存	中国银行外汇结存
1952	500	1.39		
1957	500	1.28		
1965	500	2.82		
1970	700	1.91		
1975	1 280	8.99		
1978	1 280	15.57		
1979	1 280	21.54	8.40	13.14
1980	1 280	22.62	-12.96	35.58
1981	1 267	47.73	27.08	20.65
1982	1 267	111.25	69.86	41.39
1983	1 267	143.42	89.01	54.41
1984	1 267	144.20	82.20	62.00
1985	1 267	119.13	26.44	92.69
1986	1 267	105.14	20.72	84.42
1987	1 267	152.36	29.23	123.13
1988	1 267	175.48	33.72	141.76
1989	1 267	170.22	55.50	114.72
1990	1 267	285.94	110.93	175.01
1991	1 267	426.65	217.12	209.53

16-10 国际收支概况

单位：亿美元

项　　目	1985年	1987年	1988年	1989年	1990年
一、经常项目差额	-114.17	3.16	-38.02	-43.17	119.97
(一)对外贸易差额	-131.23	-16.61	-53.15	-56.20	91.65
1. 出口	251.08	347.34	410.54	432.20	515.19
2. 进口	382.31	363.95	463.69	488.40	423.54
(二)非贸易往来差额	14.63	17.53	10.94	9.23	25.58
1. 货运收入	8.67	11.55	16.53	13.94	21.63
货运支出	12.92	13.28	16.01	25.69	22.33
2. 港口供应与劳务收入	3.60	2.89	3.04	3.00	2.89
港口供应与劳务支出	3.00	4.56	8.89	3.70	11.06
3. 旅游收入	12.50	18.62	22.47	18.60	22.18
旅游支出	3.14	3.87	6.33	4.28	4.70
4. 投资收支差额	8.41	-2.15	-1.61	2.29	10.56
(1) 利润收入	0.06	0.10		0.06	
利润支出	0.14	0.02	0.08	0.07	0.46
(2) 利息收入	4.84	1.77	4.27	2.47	6.68
利息支出	0.68	4.57	6.44	3.94	3.80
(3) 银行收入	8.97	7.89	10.42	16.41	23.50
银行支出	4.64	7.32	9.78	12.64	15.36
5. 其他非贸易往来收入	6.68	11.48	6.55	10.49	11.84
其他非贸易往来支出	6.17	3.15	4.80	5.42	5.43
(三)资金转让差额	2.43	2.24	4.19	3.80	2.74
1. 侨汇收入	1.80	1.66	1.29	0.75	1.24
侨汇支出	0.03	0.03	0.04	0.03	0.05
2. 无偿援助捐赠收入	1.96	0.71	0.79	1.10	0.59
无偿援助捐赠支出	1.45	1.20	1.18	0.49	0.76
3. 国际组织往来收入	0.62	0.58	0.61	1.20	0.84
国际组织往来支出	0.41	0.34	0.19	0.38	0.15
4. 居民其他收支差额	-0.06	0.86	2.91	1.65	1.03
二、资本往来项目差额	66.87	60.02	71.32	37.21	82.04
(一)长期资本往来差额	44.16	57.90	70.56	52.40	59.62
长期资本流入	72.46	97.40	111.14	121.33	116.11
长期资本流出	28.30	39.50	40.58	68.93	56.49
1. 外国在华直接投资	16.59	23.14	31.94	33.92	34.87
我国在海外直接投资	6.29	6.45	8.50	7.80	8.30

16-10 续表 单位：亿美元

项　　目	1985年	1987年	1988年	1989年	1990年
2. 外国在华证券投资	7.64	11.91	12.16	1.40	
我国在海外证券投资	0.22	1.40	3.40	3.20	2.41
3. 外国政府贷款	4.86	7.76	13.05	9.54	14.41
偿还外国政府贷款		11.87	1.65	1.48	5.78
4. 国际组织贷款	5.31	7.10	8.61	12.46	13.11
偿还国际组织贷款		0.90	1.65	2.17	7.04
5. 银行对外借款	26.92	19.65	10.28	11.42	13.46
银行偿还借款	5.21	3.00	3.57	32.21	8.99
6. 延期付款差额	-1.62	-0.47	-1.89	0.11	2.42
7. 延期收款差额	-7.03	-1.02	-0.51	-0.15	-0.51
8. 地方、部门对外借款	2.41	15.83	27.26	38.85	21.36
地方、部门偿还借款	0.39	6.34	6.67	10.22	9.69
9."三来一补"外商提供设备	2.70	3.13	3.72	3.17	2.37
偿还"三来一补"设备款	0.71	0.85	2.28	2.57	2.10
10. 国际租赁应付设备款	0.27	0.19	1.61	6.19	6.19
国际租赁偿付租金	0.03	0.03	0.65	3.65	2.59
11. 我国对外提供贷款	0.23	2.39	2.21	1.93	1.95
收回对外贷款本金	2.25	0.21	0.28	0.37	0.48
12. 其他资本往来差额	0.98	3.71	-5.36	0.35	0.31
(二)短期资本往来差额	22.71	2.12	0.76	-15.19	22.42
1. 延期付款差额	0.29	-1.06	1.70	-2.31	0.72
2. 延期收款差额	-2.93	0.34		-0.93	-0.64
3. 银行借还款差额	25.17	2.19	4.37	5.82	26.78
4. 地方、部门借还款差额	0.68	-1.12	1.98	0.50	-1.15
5. 其他资本往来差额	-0.50	1.77	-7.29	-6.63	-3.29
三、误差与遗漏	**1.21**	**-14.66**	**-10.94**	**-0.17**	**-31.26**
四、储备资产增减额	**46.09**	**-48.52**	**-22.36**	**6.13**	**-170.75**
(一)外汇	47.63	-47.22	-23.12	5.27	-170.17
(二)在国际货币基金储备	-0.77	-0.59	0.22		
(三)特别提款权	-0.77	-0.71	0.54	0.24	-0.58
(四)信托基金				0.62	

注：1. 进出口皆为离岸价。

2. 储备资产增加为"－"。

16－11　主要存款项目利率表

（1990—1991年）　　　　单位:年利率％

项　　目	1990.1.1	1990.4.15	1990.8.21	1991.4.21
一、城乡居民储蓄存款				
（一）活　期	2.88	2.88	2.16	1.80②
（二）定　期				
1. 整存整取				
三个月	7.56	6.30	4.32	3.24
半　年	9.00	7.74	6.48	5.40
一　年	11.34	10.08	8.64	7.56
二　年	12.24	10.98	9.36	7.92
三　年	13.14	11.88	10.08	8.28
五　年	14.94	13.68	11.52	9.00
八年及八年以上	17.64	16.20	13.68	10.08
2. 零存整取、整存零取、存本取息				
一　年	9.54	8.28	7.20	6.12
三　年	11.34	10.08	8.64	6.84
五　年	13.14	11.88	10.08	7.56
3. 定活两便	按同期定期整存整取储蓄存款利率打九折计息	同前	同前	同前
二、华侨人民币储蓄存款				
一　年	13.14	11.88	10.08	8.28
三　年	14.94	13.68	11.52	9.00
五　年	16.74	15.48	13.68	9.90
三、单位（企事业单位、机关团体）个体工商户存款				
（一）活　期	2.88	2.88	2.16	1.80
（二）定　期				
三个月	7.56	6.30	4.32	3.24
半　年	9.00	7.74	6.48	5.40
一　年	11.34	10.08	8.64	7.56
二　年	12.24	10.98	9.36	7.92
三　年	13.14	11.88	10.08	8.28
五　年	14.94	13.68	11.52	9.00
八年及八年以上	17.64	16.20	13.68	10.08

注：①本利率表为法定存款利率表。

②城乡居民储蓄活期存款利率从1991年7月1日起执行，企业活期存款利率从1991年4月21日起执行。

16—12 主要贷款项目利率表

(1990—1991年)　　　　单位：年利率%

项目	1990. 1. 1	1990. 3. 21	1990. 8. 21	1991. 4. 21
一、一般流动资金				
三个月	11.34	7.92	7.92	取　消
六个月	11.34	9.00	8.64	8.10
一　年	11.34	10.08	9.36	8.64
二、个体工、商户贷款	在11.34%基础上上浮30%	在10.08%基础上上浮20%	在9.36基础上上浮20%	在8.64%基础上上浮20%
三、技术改造贷款	同基本建设贷款利率	10.08	9.36	8.46
四、基本建设贷款				
一年以内（含一年）	11.34	10.08	9.36	8.46
一年以上至三年（含三年）	12.78	10.80	10.08	9.00
三年以上至五年（含五年）	14.40	11.52	10.80	9.54
五年以上至十年（含十年）	19.26	11.88	11.16	9.72
十年以上	按一年期复利确定	11.88	11.16	②

注：①本利率表为法定贷款利率表.

②自1991年4月21日以后，固定资产贷款5年期以上的利率均按五年期以上档次利率执行。

16—13 优惠贷款利率表

(1990—1991年)　　　　单位：年利率%

项目	1990. 1. 1	1990. 3. 21	1990. 8. 21	1991. 4. 21
1. 粮、棉、油贷款	10.08	9.00	8.28	7.74
2. 外贸出口产品收购贷款	9.00	7.92—9.00	7.92—8.28	7.74
3. 老少边穷地区发展经济贷款	7.02	5.76	5.76	5.76
4. 贫困县办工业贷款	7.02	5.76	5.76	5.76
5. 民族贸易及民族用品生产贷款	8.46	7.20	6.48	5.76
6. 扶贫贴息专项贷款（含牧区）	2.88	2.88	2.88	2.88
7. 特区、开发区差别利率开发贷款				
五年期以下	2.88	2.88	2.88	2.88
五年期以上	4.32	4.32	4.32	4.32

16-14 保险业务经济技术指标

项目	单位	1985年	1987年	1988年	1989年	1990年	1991年
一、国内业务							
（一）承保额	亿元	6 895	11 406	13 786	16 734	19 366	22 976
企业财产	亿元	5 668	8 870	10 423	12 791	14 705	17 102
运输工具	亿元	724	1 227	1 809	2 011	2 337	2 952
家庭财产	亿元	503	1 309	1 554	1 932	2 324	2 922
（二）保费	万元	257 297	671 375	947 623	1 229 086	1 557 614	2 097 054
企业财产险	万元	100 569	161 674	196 058	238 243	278 483	324 456
家庭财产险	万元	7 760	21 418	26 707	60 654	92 981	151 243
运输工具及责任险	万元	90 984	173 902	239 253	328 470	409 479	506 748
货物运输险	万元	12 079	51 292	58 442	86 148	137 038	145 610
养老金险	万元	17 650	79 369	126 907	150 591	232 551	331 378
人身意外伤害险	万元	14 816	47 342	61 264	82 643	95 557	118 982
简易人身险	万元	8 747	107 374	154 310	166 645	162 689	181 344
农业险	万元	4 330	10 028	11 569	12 966	19 248	45 504
其他险	万元	344	18 976	73 113	102 726	129 588	291 789
（三）赔案件数	件	1 578 488	4 243 792	3 595 779	4 556 794	3 028 866	
已决	件	1 472 079	4 095 683	3 446 872	4 384 609	2 777 726	18 477 441
未决	件	106 409	148 109	148 907	172 185	251 140	
（四）已决赔款	万元	125 371	276 590	369 880	485 119	683 047	1 142 860
企业财产险	万元	47 449	64 069	77 895	93 633	97 858	252 704
家庭财产险	万元	4 948	14 810	18 341	23 919	46 822	103 492
运输工具及责任险	万元	64 245	121 142	151 520	208 980	230 364	314 025
货物运输险	万元	1 312	6 319	8 472	16 884	27 975	40 490
养老金险	万元	24	34 742	62 259	52 860	131 161	161 874
人身意外伤害险	万元	1 880	16 468	23 206	31 064	37 656	47 329
简易人身险	万元	180	4 135	4 265	6 903	57 699	95 422
农业险	万元	5 264	12 604	9 236	10 748	16 722	54 194
其他险	万元	69	2 301	14 686	40 128	36 790	73 330
二、国外业务							
（一）承保额	亿美元		207.00	292.00	432.25	599.00	590.00
进口货物运输	亿美元		63.00	101.00	137.73	198.00	194.00
出口远洋货运	亿美元		67.00	78.00	116.54	144.00	166.00

16-14 续表

项目	单位	1985年	1987年	1988年	1989年	1990年	1991年
出口港澳货运	亿美元		50.00	58.00	84.13	99.00	111.00
船舶	亿美元		27.00	55.00	93.85	158.00	119.00
（二）保费	万美元	23 472	32 233	39 629	42 090	42 318	46 321
进口货物运输险	万美元	7 323	7 088	8 998	9 677	6 272	6 892
出口远洋货物运输险	万美元	4 450	9 226	10 462	9 340	10 394	11 125
出口港澳货物险	万美元	1 719	3 165	3 530	3 632	3 861	4 248
船舶险	万美元	3 213	2 530	2 763	3 215	3 518	4 208
海上石油险	万美元	1 442	851	1 115	1 197	952	973
飞机险	万美元		2 029	1 763	1 355	1 555	2 275
其他险	万美元	80	7 344	10 998	13 674	15 766	16 600
（三）赔案件数	件	17 930	34 319	40 011	46 254	58 201	
已决	件	16 707	32 012	38 616	44 029	55 278	46 060
未决	件	1 223	2 307	1 395	2 225	2 923	
（四）已决赔款	万美元	5 555	8 053	15 733	16 221	24 520	14 721
进口货物运输险	万美元	1 639	1 887	7 758	5 283	3 453	2 633
出口远洋货物运输险	万美元	1 150	2 295	3 371	3 166	3 173	3 668
出口港澳货物运输险	万美元	161	320	604	588	660	743
船舶险	万美元	634	1 430	1 235	1 809	4 372	2 102
海上石油险	万美元	1 355	403	466	563	199	426
飞机险	万美元		6	30	124	8 467	-365
其他险	万美元	69	1 712	2 269	4 688	4 196	5 514
三、当年结案率							
国内业务	%	93.3	96.5	95.9	96.2	91.7	
国外业务	%	93.2	93.3	96.5	95.2	95.0	
四、赔付率							
国内业务	%	48.7	41.2	39.0	39.5	43.9	54.5
国外业务	%	23.7	25.0	39.7	38.5	57.9	31.8
五、年内平均职工人数	人	38 826	33 408	69 427	74 479	82 078	87 966
六、年末实有职工人数	人	46 665	66 250	72 384	77 974	84 750	93 394
七、年内费用支出	万元	11 535	54 970	98 763	113 770	163 093	215 682
八、增加值	万元	88 575	170 595	223 154	325 429	385 759	367 620

主 要 统 计 指 标 解 释

信贷资金 国家银行用于发放贷款的资金叫信贷资金。中国人民银行信贷资金的来源有各项存款、对国际金融机构负债、流通中货币、银行自有资金及当年结益等。信贷资金的运用有各项贷款、黄金占款、外汇占款、财政借款及在国际金融机构中的资产等。

存款 企业、机关、团体或居民根据可以收回的原则,把货币资金存入银行或其他信用机构保管并取得一定利息的一种信用活动形式。根据存款对象的不同可划分为企业存款、财政存款、机关团体存款、基本建设存款、城镇储蓄存款、农村存款等科目。它是银行信贷资金的主要来源。

贷款 银行或其他信用机构根据必须归还的原则,按一定利率,为企业、个人等提供资金的一种信用活动形式。我国银行贷款,分流动资金贷款、固定资产贷款、城乡个体工商户贷款以及农户贷款等科目。

承保额 又叫保险金额。它是保险人对被保险人负担损失补偿或约定给付的金额。它是保险合同上的最高责任额,也是计算保费的依据。

保费 又叫保险费。是保险人根据保险合同的有关规定,为被保险人取得因约定危险事故发生所造成的经济损失补偿(或给付)权利,付给保险人的代价。包括财产险和人身险储金收入。

赔款 保险事故发生后,经查证确属保险责任范围以内的保险标的损失,保险人根据保险合同的规定履行赔偿义务,给予被保险人的款项叫做赔款。赔款可分为已决赔款和未决赔款两种。

十七
城市概况

17-1 城市社会经济主要指标及在全国所占比重

（1991年 479个城市）

指标	单位	全国总计	479个城市合计		占全国比重(%)	
			地区	市区	地区	市区
1.人口劳动力						
年底人口数	万人	115 823	72 751.4	34 602.1	62.8	29.9
#非农业人口	万人	24 693	19 980.0	15 463.5	80.9	62.6
社会劳动者人数	万人	58 360.4	38 236.9	19 124.4	65.5	32.8
#职工人数	万人	14 508.4	12 009.4	9 278.3	82.8	64.0
按三次产业分						
第一产业	万人	34 876	19 459.9	6 964.2	55.8	20.0
第二产业	万人	12 469	10 683.7	7 292.3	85.7	58.5
第三产业	万人	11 015	8 093.8	4 868.3	73.5	44.2
2.土地面积	万平方公里	960.0	290.4	122.2	30.2	12.7
3.农业						
农业总产值(当年价格)	亿元	8 157	5 508.3	2 087.4	67.5	25.6
农业总产值(1990年不变价格)	亿元	8 451.8	5 557.2	2 111.7	65.8	25.0
乡村劳动力	万人	43 092.5	25 761.0	7 512.1	59.8	17.4
年末实有耕地面积	万公顷	143 480.4	79 176.5	28 906.8	55.2	20.1
主要农产品产量						
粮食	万吨	43 529.3	28 664.0	10 344.0	65.8	23.8
水果	万吨	2 176.1	1 490.3	568.4	68.5	26.1
猪肉	万吨	2 452.3	1 581.8	564.0	64.5	23.0
牛羊肉	万吨	271.5	111.0	43.2	40.9	15.9
水产品	万吨	1 350.8	1 130.2	509.2	83.7	37.7
4.工业						
工业企业单位数(乡及乡以上)	万个	50.5	38.6	22.0	76.4	43.6
#全民所有制	万个	10.5	7.6	4.8	72.4	45.8
集体所有制	万个	38.9	30.0	16.5	77.0	42.4
工业总产值(当年价格)	亿元	28 248	25 567.0	18 679.5	90.5	66.1
#乡及乡以上工业总产值	亿元	23 136	21 131.7	16 492.1	91.3	71.3
轻工业	亿元	10 869	9 817.4	7 134.7	90.3	65.6
重工业	亿元	12 267	11 314.3	9 357.3	92.2	76.3
工业总产值(1990年不变价格)	亿元	28 586	25 850.7	18 839.3	90.4	65.9
独立核算工业企业财务						
产品销售收入	亿元	20 597.5	18 790.7	14 903.0	91.2	72.4
利税总额	亿元	2 233.3	2 074.9	1 711.7	92.9	76.6
资金总额	亿元	18 803.7	17 015.0	13 835.9	90.5	73.6
固定资产原值	亿元	17 156.3	15 041.2	12 484.3	87.7	72.8
每百元资金提供利税	元	11.9	12.2	12.4		
每百元固定资产原值实现的产值	元	130.0	134.5	127.4		
5.运输、邮电、电力						
客运量(发送)	万人	806 048	720 868.0	524 355.0	89.4	65.1
货运量(发送)	万吨	985 798	679 214.1	527 752.9	68.9	53.5

17-1 续表　　　　　　　　　　(1991年 479个城市)

指　　　标	单　位	全国总计	479个城市合计		占全国比重(%)	
			地　区	市　区	地 区	市 区
年底邮电局所数	万　个	5.4	3.4	1.7	63.1	31.3
邮电业务总量(1990年不变价格)	亿　元	204.4	178.0	144.3	87.1	70.6
年末电话机数	万　部	1 499	1 325.6	1 084.8	88.4	72.4
全年用电量	亿千瓦小时	6 799.8	5 279.7	3 879.3	77.6	57.1
6.固定资产投资						
固定资产投资总额	亿　元	5 508.8	3 016.8	2 539.7	54.8	46.1
#住宅	亿　元	1 417.4	406.5	313.9	28.7	22.1
#全民所有制单位	亿　元	3 628.1	2 724.7	2 350.7	75.1	64.8
城镇集体所有制单位	亿　元	203.8	184.1	131.0	90.3	64.3
新增固定资产	亿　元					
#全民所有制单位	亿　元	2 733.8	2 124.1	1 862.0	77.7	68.1
城镇集体所有制单位	亿　元	172.7	154.9	110.3	89.7	63.8
7.商业						
社会商品零售总额	亿　元	9 415.6	7 661.7	5 339.7	81.4	56.7
城乡集市贸易成交额	亿　元	2 622.2	1 987.3	1 279.6	75.8	48.8
零售商业,饮食业,服务业机构数	万　个	1 312.8	887.0	474.0	67.6	36.1
零售商业.饮食业.服务业人员数	万　人	3 814.3	2 525.0	1 520.8	66.2	39.9
8.利用外资和旅游收汇						
实际利用外资金额	亿美元	115.5	78.1	68.6	67.6	59.3
旅游外汇收入总额	外汇券万元	1 526 271	1 461 924.1		95.8	
9.教育、科技、卫生						
在校学生数						
普通高等学校	万　人	204.4		204.2		99.9
中等专业学校	万　人	227.7	207.1	189.1	91.0	83.0
普通中学	万　人	4 683.5	3 182.9	1 583.6	68.0	33.8
农业、职业中学	万　人	315.6	227.8	140.1	72.2	44.4
技工学校	万　人	142.2	127.5	115.3	89.7	81.1
小学	万　人	12 164.2	7 318.2	3 318.3	60.2	27.3
成人高等学校	万　人	147.3		137.1		93.1
自然科学技术人员数	万　人	1 716.8	980.7	807.3	57.1	47.0
#中级技术职称以上人员	万　人		315.1	273.3		
卫生机构数	个	209 036	149 285.0	101 945.0	71.4	48.8
#医院	个	63 101	35 758.0	17 150.0	56.7	27.2
医院床位数	万　张	268.9	231.7	165.6	86.2	61.6
卫生技术人员	万　人	398.5	313.3	228.5	78.6	57.4
#医生	万　人	178	138.0	101.0	77.5	56.7
10.工资和储蓄存款						
职工工资总额	亿　元	3 323.9	2 824.0	2 288.8	85.0	68.9
年底全国城乡储蓄存款余额	亿　元	9 110.3	7 750.7	5 390.6	85.1	59.2

17-2 城市社会经济主要指标

（1991年 479个城市，不包括市辖县）

指标	单位	200万以上人口城市	100-200万人口城市	50-100万人口城市	20-50万人口城市	20万以下人口城市
城市个数	个	9	22	30	121	297
土地面积	平方公里	20 278	31 272	53 781	219 870	896 620
#建成区土地面积	平方公里	1 932	2 240	1 967	3 652	4 000
1.年底人口和劳动力						
年底总人口数	万人	4 108.5	3 899.1	2 677.4	8 388.3	15 528.7
#非农业人口	万人	3 475.8	2 858.7	2 030.2	3 736.2	3 323.6
非农业人口占总人口比重	%	84.60	73.32	75.83	44.54	21.40
年出生人口	人	333 670	383 463	288 970	1 118 030	2 212 635
年死亡人口	人	237 738	191 156	115 884	402 558	850 935
出生率	‰	8.16	9.87	10.85	13.43	14.36
死亡率	‰	5.81	4.92	4.35	4.84	5.52
自然增长率	‰	2.35	4.95	6.50	8.60	8.84
人口密度	人/平方公里	2 026.08	1 246.84	497.84	381.51	173.19
年底总户数	万户	1 290	1 133	791	2 308	4 132
社会劳动者人数	万人	2 456	2 404	1 605	4 653	8 006
#职工人数	万人	2 151	1 747	1 243	2 256	1 881
个体劳动者人数	人	496 906	616 900	500 339	1 005 149	1 241 293
按三次产业分组的劳动者人数						
第一产业	万人	166	336	195	1 602	4 665
第二产业	万人	1 324	1 264	911	1 915	1 878
第三产业	万人	965	805	500	1 136	1 463
城镇待业人数	人	330 045	429 942	285 989	666 643	640 969
城镇待业率	%	1.30	1.80	1.80	1.40	0.80
2.国内生产总值和国民收入						
国内生产总值(当年价格)	亿元	2 422.24	1 687.92	1 174.36	2 546.02	2 746.60
第一产业	亿元	55.10	75.71	47.87	344.11	824.50
第二产业	亿元	1 378.96	1 017.59	799.77	1 483.49	1 231.77
第三产业	亿元	988.18	594.61	326.72	718.43	690.33
人均国内生产总值	元/人	5 895.70	4 328.96	4 386.14	3 035.20	1 768.72
国民收入(当年价格)	亿元	1 800.32	1 273.03	932.38	2 066.45	2 348.27
人均国民收入	元/人	4 403.00	3 275.65	3 502.28	2 483.17	1 524.45
社会劳动生产率	元/人	9 864.08	7 020.88	7 316.13	5 471.45	3 430.58
第一产业	元/人	3 313.00	2 252.00	2 458.00	2 148.00	1 768.00
第二产业	元/人	10 411.00	8 050.00	8 783.00	7 745.00	6 560.00
第三产业	元/人	10 242.00	7 390.00	6 537.00	6 326.00	4 718.00
3.农业产值						
农业总产值(当年价格)	亿元	110.29	130.63	75.50	518.89	1 252.06
农业总产值(1990年不变价格)	亿元	105.00	139.18	70.80	512.13	1 284.58
每名第一产业劳动者提供农业总产值	元/人	6 632	3 885	3 877	3 239	2 684
4.工业						
工业总产值(当年价格)	亿元	4 372.41	3 218.83	2 338.40	4 643.62	4 106.19
工业总产值(1990年不变价格)	亿元	4 375.37	3 228.75	2 329.39	4 680.27	4 225.53
独立核算工业企业财务指标						
固定资产原值	亿元	2 657.58	2 302.86	1 800.00	3 488.01	2 235.87
资金总额	亿元	3 117.29	2 476.47	1 914.84	3 748.13	2 579.19
利税总额	亿元	470.50	352.57	231.89	356.10	300.60
每百元资金提供利税	元	15.09	14.24	12.11	9.50	11.65
每名职工拥有固定资产原值	元	26 224	25 687	26 017	25 935	15 807

17-2 续表　　　　　　(1991年 479个城市，不包括市辖县)

指　　　标	单　位	200万以上人口城市	100-200万人口城市	50-100万人口城市	20-50万人口城市	20万以下人口城市
每名职工提供净产值(当年价格)	元	10 358.09	8 679.09	9 192.94	7 870.62	5 452.43
每名职工提供总产值(1990年不变价)	元	39 463	31 285	30 683	29 881	21 735
5.货运量	万吨	126 854	99 531	59 512	127 215	114 641
6.固定资产投资						
固定资产投资总额	亿元	639.34	432.64	328.13	695.51	444.05
#非生产性建设	亿元	214.85	115.82	73.02	156.98	119.98
#住宅	亿元	83.00	45.68	38.66	78.83	67.71
全民和集体所有制单位新增固定资产	亿元	507.83	328.34	271.78	528.15	336.14
全民和集体固定资产交付使用率	%	125.09	129.98	118.24	128.76	124.44
7.商业						
社会商品零售总额	亿元	1 321.96	885.55	569.23	1 230.00	1 332.98
外贸收购总额(按实际价格计算)	亿元	524.88	245.09	339.15	532.82	213.49
8.利用外资						
实际利用外资金额	万美元	266 212	104 990	83 941	244 401	81 420
#外商直接投资	万美元	83 231	44 787	55 583	160 413	68 787
9.地方财政预算内收入	亿元	428.67	277.39	151.61	297.67	229.78
10.教育、科技、卫生						
在校学生数						
普通高等学校	万人	68.11	62.54	21.50	33.16	18.90
中等专业学校	万人	32.69	38.58	24.46	47.78	45.57
普通中学	万人	169.12	184.53	133.44	410.68	685.84
农业.职业中学	万人	18.21	22.71	16.25	36.67	46.29
技工学校	万人	21.12	22.55	16.02	34.48	21.13
小学	万人	356.56	324.46	246.70	807.76	1 582.86
成人高等学校	万人	46.11	29.96	12.45	26.32	22.24
每万人口拥有高等学校在校学生数	人	167	161	81	40	12
每万职工拥有成人高等学校在校学生数	人	217	174	102	120	121
自然科学技术人员数	万人	256.20	158.04	90.98	158.07	144.02
#中级技术职称以上人员	万人	92.15	58.87	33.40	50.08	38.68
每万职工拥有自然科学技术人员数	人	1 191	905	732	701	766
#每万职工中拥有中级技术职称以上人员	人	428	337	269	222	206
影剧院数	座	591	517	352	1 517	2 730
每万人拥有影剧院	座	0.14	0.13	0.13	0.18	0.18
图书馆数	座	124	99	91	200	361
每万人拥有图书馆	座	0.03	0.03	0.03	0.02	0.02
卫生机构数	个	20 215	15 552	11 559	25 087	29 532
#医院	个	1 659	1 958	1 372	4 064	8 099
医院床位数	万张	25.70	27.20	17.80	35.50	38.60
医生数	万人	21.50	19.10	11.80	23.40	25.20
每万人拥有医院床位	张	62.94	70.01	66.91	42.63	25.04
每万人拥有医生	人	52.24	48.93	44.07	27.93	16.23
社会福利床位数	万张	1.46	1.16	0.93	2.63	3.75
11.其他						
职工工资总额	亿元	618.30	430.00	300.10	542.30	398.00
交通事故件数	件	2 843	3 178	1 906	5 452	8 347
交通事故死亡人数	人	31 552	20 444	11 742	34 179	38 181
每十万人交通事故死伤人数	人	4.62	3.45	3.14	2.73	1.98

注：外贸收购总额包括辖县数字。

17-3 城市市政建设主要指标

（1991年 479个城市，不包括市辖县）

指　　　　标	单　位	200　万 以　上 人口城市	100-200 万人口 城　市	50-100 万人口 城　市	20-50 万人口 城　市	20　万 以　下 人口城市
1.居住						
年底实有住宅使用面积	万平方米	33 684.8	28 071.3	19 528.6	37 213.6	38 648.4
年底实有住宅居住面积	万平方米	24 141.4	19 083.0	13 379.1	25 272.5	26 071.9
平均每人使用面积	平方米	9.5	10.1	9.6	10.5	11.7
平均每人居住面积	平方米	6.8	6.9	6.5	7.1	7.9
2.自来水						
水厂综合生产能力(包括自备水厂)	万吨/日	3 221.5	2 161.9	2 056.6	4 715.0	3 575.6
年底供水管道长度	公里	24 808	19 832	14 118	26 256	31 181
全年供水总量	万吨	868 187	641 744	600 568	1 139 377	692 660
#生活用水量	万吨	468 757	459 097	452 325	847 732	504 795
人均生活用水量	吨	106.8	59.6	68.8	74.6	56.3
自来水普及率	%	99.0	94.7	93.2	83.8	75.3
3.用电						
全年用电量	亿千瓦小时	615.2	817.9	611.1	1 053.5	781.8
#工业用电	亿千瓦小时	482.6	675.6	527.4	833.2	578.5
居民生活用电	亿千瓦小时	51.5	53.2	33.9	80.5	82.6
4.邮电通信						
年底邮电局所数	处	1 944	1 842	1 824	3 747	7 510
计费邮电业务总量(1990年不变价)	万元	461 576	242 345	152 332	348 434	238 183
人均邮电业务量	元	112.4	62.2	56.9	41.5	15.3
年底电话机数	万部	335.1	196.4	131.6	239.9	181.8
每百人拥有电话机	部	8.16	5.04	4.91	2.86	1.17
5.城市交通						
年底实有铺装道路面积	万平方米	14 236	13 898	9 498	22 756	26 865
人均铺装道路面积	平方米	3.47	3.56	3.55	2.71	1.73
年底实有公共汽(电)车营运车量	辆	21 410	15 147	6 942	13 913	7 223
每万人拥有公共汽(电)车营运车量	辆	5.21	3.88	2.59	1.66	0.47
全年公共汽(电)车运客总数	万人次	1 430 764	731 668	249 230	323 107	95 553
年底实有出租汽车数	辆	51 496	29 392	12 765	33 143	11 601
每万人拥有出租汽车数	辆	12.53	7.54	4.77	3.95	0.75
6.燃气						
煤气(人工,天然气)供气总量	万立方米	627 790	304 621	78 605	585 339	218 398
#家庭用量	万立方米	160 700	105 727	36 190	90 686	18 714
家庭用煤气用气户数	万户	402.3	214.4	82.4	117.1	32.4
液化石油气供气总量	吨	629 115	354 863	481 776	523 011	451 225
#家庭用量	吨	455 800	330 156	250 584	387 457	278 008
家庭用液化石油气用气户数	万户	328.0	261.5	144.8	284.3	227.6
家庭然气普及率	%	56.6	42.0	28.7	17.4	6.3
7.排水						
城市下水道总长度	公里	13 352	11 202	9 395	14 220	13 172
每万人拥有下水道总长度	公里	3.25	2.87	3.51	1.70	0.85
8.清洁卫生						
城市清洁卫生工作人员数	人	84 584	64 793	43 047	68 668	59 770
每万人拥有清洁卫生工作人员	人	20.6	16.6	16.1	8.2	3.9
工业废水处理率	%	63.4	59.8	55.1	53.5	47.2
9.园林绿化						
建成区园林绿化面积	公顷	55 195	65 843	45 179	79 132	69 332
建成区道路绿化覆盖面积	公顷	38 301	53 721	33 388	56 973	45 709
建成区绿化覆盖率	%	19.8	24.0	17.0	15.6	11.4

17-4 主要城市社会经济指标

（1991年，不包括市辖县）

指　　　标	单　位	沿海开放城市合计	四个经济特区城市合计	计划单列城市合计	省会城市合　计	北　京
1.人口						
年底总人口数	万人	2 873.7	219.8	3 475.5	4 838.1	705.0
# 非农业人口	万人	2 240.1	157.8	2 677.6	3 746.3	583.2
2.土地面积	平方公里	16 646	1 783	19 682	33 756	4 568
3.产值						
国内生产总值(1990年不变价格)	亿元	1 737.2	282.8	1 756.7	2 129.0	482.7
国民收入(1990年不变价格)	亿元	1 368.1	204.0	1 330.6	1 577.2	355.5
工业总产值(当年价格)	亿元	3 451.4	475.5	3 298.8	3 834.0	637.4
#乡及乡以上工业总产值	亿元	3 106.3	450.9	2 953.1	3 437.7	583.3
轻工业	亿元	1 579.9	329.9	1 321.6	1 533.1	215.9
重工业	亿元	1 631.0	132.2	1 730.8	2 025.1	388.3
工业总产值(1990年不变价格)	亿元	3 461.0	489.9	3 261.9	3 845.8	643.6
4.独立核算工业企业财务						
产品销售收入	亿元	2 991.8	422.2	2 841.6	3 315.8	603.4
利税总额	亿元	353.4	47.8	303.1	389.9	87.7
固定资产原值	亿元	1 874.2	234.3	1 964.1	2 471.6	429.8
资金总额	亿元	2 248.0	293.8	2 363.4	2 902.5	468.3
每百元固定资产原值实现的产值	元	165.7	192.4	150.4	139.1	135.7
每百元资金提供利税	元	15.7	16.3	12.8	13.4	18.7
5.运输						
铁路货运量(发送量)	万吨	9 053	351	11 396	23 368	2 983
公路货运量	万吨	54 432	2 284	68 600	76 845	26 099
民航货邮运量	吨	212 377	19 668	166 637	189 643	119 100
沿海港口货物吞吐量	万吨	44 029	2 721	17 354	3 699	
6.固定资产投资						
全民所有制单位固定资产投资	亿元	469.7	103.1	431.6	492.6	139.1
城镇集体所有制单位固定资产投资	亿元	15.3	3.3	15.0	16.3	5.2
竣工住宅建筑面积	万平方米	1 122.1	197.7	1 562.0	2 042.7	330.4
7.商业						
社会商品零售总额	亿元	884.5	151.9	1 005.3	1 239.1	301.2
城乡集市贸易成交额	亿元	137.9	49.8	234.2	287.7	25.0
外贸收购总额(按实际价格计算)	亿元	603.7	52.8	296.9	272.6	56.3
外贸口岸出口总额(海关数)	亿美元	391.5	151.3	334.8	154.1	12.4
8.利用外资						
利用外资新签协议合同数	个	1 881	1 840	2 485	2 012	459
#外商直接投资	个	1 794	1 698	2 320	1 974	448
协议合同外资金额	万美元	282 822	243 817	334 243	199 666	37 421
#外商直接投资	万美元	212 989	224 993	284 879	160 001	17 914
实际利用外资金额	万美元	243 884	104 941	210 093	121 754	34 812
#外商直接投资	万美元	108 903	86 336	121 612	71 450	24 482
9.财政金融						
地方财政预算内收入	亿元	331.7	49.1	308.8	341.6	68.6
年底城乡居民储蓄存款余额	亿元	891.1	127.6	1 030.2	1 335.7	247.3
10.劳动工资						
年底职工人数	万人	1 310.1	134.1	1 673.4	2 304.8	439.8
职工工资总额	亿元	402.6	53.5	455.2	582.8	125.3

17-4 续表 1　　　　　　(1991年，不包括市辖县)

指　　标	单位	天　津	石家庄	秦皇岛	太　原	呼和浩特
1.人口						
年底总人口数	万人	508.9	133.7	51.4	198.3	89.6
# 非农业人口	万人	461.1	108.2	37.6	154.9	66.0
2.土地面积	平方公里	4 276	307	363	1 460	2 054
3.产值						
国内生产总值(1990年不变价格)	亿元	276.3	59.5	31.3	82.5	28.0
国民收入(1990年不变价格)	亿元	229.8	48.4	23.7	57.7	19.3
工业总产值(当年价格)	亿元	623.3	155.2	30.2	142.5	37.7
#乡及乡以上工业总产值	亿元	527.2	136.8	28.1	133.1	34.7
轻工业	亿元	235.6	71.2	11.2	32.3	21.6
重工业	亿元	310.1	68.1	17.9	100.7	13.9
工业总产值(1990年不变价格)	亿元	639.8	154.0	31.8	149.3	40.0
4.独立核算工业企业财务						
产品销售收入	亿元	502.7	125.7	26.8	128.9	32.2
利税总额	亿元	48.8	13.4	2.3	13.1	4.7
固定资产原值	亿元	361.9	118.0	28.7	148.0	23.4
资金总额	亿元	400.9	127.0	32.6	128.7	30.1
每百元固定资产原值实现的产值	元	145.7	116.0	97.7	89.9	148.0
每百元资金提供利税	元	6.9	11.7	14.6	5.7	19.6
5.运输						
铁路货运量(发送量)	万吨	1 697	500	665	2 623	103
公路货运量	万吨	14 537	572	384	4 163	716
民航货邮运量	吨	3 000	288		8 424	816
沿海港口货物吞吐量	万吨	2 378		7 236		
6.固定资产投资						
全民所有制单位固定资产投资	亿元	105.6	15.4	13.5	21.7	7.4
城镇集体所有制单位固定资产投资	亿元	1.2	0.9	0.2	0.4	0.1
竣工住宅建筑面积	万平方米	142.8	34.6	17.7	71.8	32.2
7.商业						
社会商品零售总额	亿元	147.8	34.9	11.0	39.2	16.7
城乡集市贸易成交额	亿元	14.6	17.4	1.8	7.8	0.1
外贸收购总额(按实际价格计算)	亿元	76.7	17.3	2.4	2.7	2.0
外贸口岸出口总额(海关数)	亿美元	46.5	0.3	13.0		
8.利用外资						
利用外资新签协议合同数	个	356	37	24	30	36
#外商直接投资	个	354	37	24	30	36
协议合同外资金额	万美元	22 456	1 559	1 833	606	1 014
#外商直接投资	万美元	19 656	1 559	1 833	606	1 014
实际利用外资金额	万美元	48 144	344	630	341	122
#外商直接投资	万美元	9 388	344	731	341	122
9.财政金融						
地方财政预算内收入	亿元	53.7	10.3	3.5	9.1	4.4
年底城乡居民储蓄存款余额	亿元	152.2	49.3	19.1	53.8	19.1
10.劳动工资						
年底职工人数	万人	276.3	74.0	25.2	103.9	41.1
职工工资总额	亿元	76.5	17.7	6.5	25.9	8.4

17-4 续表 2 （1991年，不包括市辖县）

指　　　标	单位	沈　阳	大　连	长　春	哈尔滨	上　海
1.人口						
年底总人口数	万人	457.6	241.6	213.2	284.4	786.2
# 非农业人口	万人	365.4	174.2	170.3	245.7	752.8
2.土地面积	平方公里	3 495	2 415	1 116	1 637	750
3.产值						
国内生产总值(1990年不变价格)	亿元	192.7	143.1	62.0	108.5	582.3
国民收入(1990年不变价格)	亿元	154.7	116.1	44.6	76.9	476.0
工业总产值(当年价格)	亿元	370.2	271.2	149.0	179.8	1 269.9
#乡及乡以上工业总产值	亿元	308.8	219.0	134.0	163.2	1 227.2
轻工业	亿元	94.3	71.0	44.7	73.5	594.3
重工业	亿元	214.5	157.7	93.3	100.9	661.6
工业总产值(1990年不变价格)	亿元	377.3	265.2	138.1	179.7	1 281.7
4.独立核算工业企业财务						
产品销售收入	亿元	293.5	209.2	158.4	148.6	1 235.5
利税总额	亿元	19.9	21.4	17.6	9.6	172.1
固定资产原值	亿元	237.8	167.1	97.2	125.7	722.3
资金总额	亿元	289.2	182.8	120.4	168.8	876.8
每百元固定资产原值实现的产值	元	129.9	131.1	138.0	129.8	169.9
每百元资金提供利税	元	12.2	10.5	7.2	10.2	15.6
5.运输						
铁路货运量(发送量)	万吨	571	2 035	646	531	1 311
公路货运量	万吨	11 030	9 259	3 066	4 064	8 888
民航货邮运量	吨	5 282	9 323	2 153	5 000	85 963
沿海港口货物吞吐量	万吨					14 679
6.固定资产投资						
全民所有制单位固定资产投资	亿元	41.8	37.2	18.0	21.5	166.5
城镇集体所有制单位固定资产投资	亿元	0.9	1.3	0.5	0.4	2.5
竣工住宅建筑面积	万平方米	212.2	32.8	39.6	54.1	321.4
7.商业						
社会商品零售总额	亿元	111.4	70.2	44.4	83.5	302.5
城乡集市贸易成交额	亿元	36.3	8.4	15.5	15.7	19.7
外贸收购总额(按实际价格计算)	亿元	16.1	33.2	7.3	14.1	254.4
外贸口岸出口总额(海关数)	亿美元	1.4	64.4		2.9	101.5
8.利用外资						
利用外资新签协议合同数	个	172	236	39	122	266
#外商直接投资	个	168	213	39	122	216
协议合同外资金额	万美元	20 915	36 306	1 472	5 733	81 987
#外商直接投资	万美元	14 299	31 298	1 472	5 733	36 031
实际利用外资金额	万美元	25 135	44 314	303	3 500	85 488
#外商直接投资	万美元	3 248	26 111	303	1 743	16 420
9.财政金融						
地方财政预算内收入	亿元	29.5	29.0	12.6	20.0	137.8
年底城乡居民储蓄存款余额	亿元	129.5	84.8	54.6	84.8	222.2
10.劳动工资						
年底职工人数	万人	218.7	103.8	106.0	162.3	414.6
职工工资总额	亿元	54.9	30.2	23.2	30.5	141.4

17-4 续表 3 (1991年，不包括市辖县)

指　　标	单位	南京	连云港	南通	杭州	宁波
1. 人口						
年底总人口数	万人	252.2	53.1	53.9	135.0	109.5
# 非农业人口	万人	211.6	36.4	37.8	111.2	56.2
2. 土地面积	平方公里	947	830	224	430	1 033
3. 产值						
国内生产总值(1990年不变价格)	亿元	144.1	22.2	33.9	98.6	61.2
国民收入(1990年不变价格)	亿元	108.4	17.7	27.7	73.9	51.5
工业总产值(当年价格)	亿元	297.3	31.3	84.3	198.7	129.5
#乡及乡以上工业总产值	亿元	282.8	29.0	79.3	175.7	113.6
轻工业	亿元	67.8	17.3	47.1	114.0	54.2
重工业	亿元	221.7	13.3	33.8	67.4	62.1
工业总产值(1990年不变价格)	亿元	295.7	33.5	83.0	204.9	132.1
4. 独立核算工业企业财务						
产品销售收入	亿元	274.9	25.6	74.0	169.0	95.9
利税总额	亿元	30.4	1.2	5.6	20.8	12.8
固定资产原值	亿元	224.8	23.9	55.4	72.3	59.4
资金总额	亿元	244.9	27.2	62.9	103.2	70.4
每百元固定资产原值实现的产值	元	125.8	121.5	143.0	243.1	191.2
每百元资金提供利税	元	12.4	4.5	8.9	20.2	18.1
5. 运输						
铁路货运量(发送量)	万吨	904	312		261	348
公路货运量	万吨	2 046	2 637	338	444	1 645
民航货邮运量	吨	5 000	94		8 300	1 630
沿海港口货物吞吐量	万吨		1 213			3 389
6. 固定资产投资						
全民所有制单位固定资产投资	亿元	40.3	5.2	7.6	12.3	17.6
城镇集体所有制单位固定资产投资	亿元	1.1	0.2	0.7	1.4	1.4
竣工住宅建筑面积	万平方米	135.6	43.2	23.0	16.8	14.0
7. 商业						
社会商品零售总额	亿元	67.6	11.9	11.3	53.8	29.4
城乡集市贸易成交额	亿元	12.2	1.6	3.9	15.7	6.6
外贸收购总额(按实际价格计算)	亿元	11.4	7.0	33.0	30.7	37.8
外贸口岸出口总额(海关数)	亿美元	7.4	4.4	3.1	1.4	8.5
8. 利用外资						
利用外资新签协议合同数	个	145	17	21	48	95
#外商直接投资	个	145	16	21	46	91
协议合同外资金额	万美元	10 369	1 028	5 502	3 295	14 900
#外商直接投资	万美元	9 680	866	5 502	2 821	14 489
实际利用外资金额	万美元	2 764	1 103	3 401	1 687	3 554
#外商直接投资	万美元	2 361	150	2 092	2 129	2 680
9. 财政金融						
地方财政预算内收入	亿元	18.6	2.8	4.9	15.8	8.7
年底城乡居民储蓄存款余额	亿元	55.4	9.9	11.9	45.2	24.7
10. 劳动工资						
年底职工人数	万人	129.0	23.1	27.3	78.6	37.8
职工工资总额	亿元	33.8	5.0	6.7	20.9	9.7

17-4 续表 4　　(1991年，不包括市辖县)

指　　标	单位	温州	合肥	福州	厦门	南昌
1.人口						
年底总人口数	万人	56.6	102.4	130.8	61.4	137.1
# 非农业人口	万人	40.5	75.3	89.1	39.8	110.6
2.土地面积	平方公里	187	458	1 043	555	617
3.产值						
国内生产总值(1990年不变价格)	亿元	21.4	38.6	56.2	54.7	46.5
国民收入(1990年不变价格)	亿元	20.2	29.3	42.2	46.3	35.4
工业总产值(当年价格)	亿元	43.4	83.8	109.6	95.5	84.1
#乡及乡以上工业总产值	亿元	34.4	75.2	94.2	90.9	74.2
轻工业	亿元	20.9	42.9	58.0	65.6	35.1
重工业	亿元	14.5	35.9	38.6	27.7	40.4
工业总产值(1990年不变价格)	亿元	47.3	88.0	118.4	102.2	85.3
4.独立核算工业企业财务						
产品销售收入	亿元	32.7	75.8	81.6	78.4	70.0
利税总额	亿元	2.2	9.1	8.5	9.6	8.9
固定资产原值	亿元	12.1	46.2	45.0	44.9	48.3
资金总额	亿元	19.6	60.0	59.6	59.5	60.6
每百元固定资产原值实现的产值	元	284.9	162.7	209.3	202.6	153.4
每百元资金提供利税	元	11.4	15.1	14.3	16.2	14.7
5.运输						
铁路货运量(发送量)	万吨		106	169	191	135
公路货运量	万吨	302	457	426	533	1 289
民航货邮运量	吨	1 424	1 127	8 198	10 568	
沿海港口货物吞吐量	万吨	366		63	570	
6.固定资产投资						
全民所有制单位固定资产投资	亿元	3.3	10.4	19.5	11.6	6.9
城镇集体所有制单位固定资产投资	亿元	0.4	0.4	0.2	0.5	0.4
竣工住宅建筑面积	万平方米	1.4	53.2	21.3	13.2	24.7
7.商业						
社会商品零售总额	亿元	21.9	27.2	35.1	31.1	23.6
城乡集市贸易成交额	亿元	8.2	8.6	10.7	4.9	9.1
外贸收购总额(按实际价格计算)	亿元	8.5	8.0	7.5	25.4	4.1
外贸口岸出口总额(海关数)	亿美元	0.9	0.3	6.5	12.7	4.9
8.利用外资						
利用外资新签协议合同数	个	23	30	220	316	55
#外商直接投资	个	23	30	220	213	50
协议合同外资金额	万美元	1 205	826	22 171	57 726	1 703
#外商直接投资	万美元	1 205	826	22 171	51 975	1 110
实际利用外资金额	万美元	584	656	16 734	18 285	1 448
#外商直接投资	万美元	766	681	13 813	13 256	1 138
9.财政金融						
地方财政预算内收入	亿元	3.4	6.1	8.4	11.3	9.1
年底城乡居民储蓄存款余额	亿元	17.3	19.8	44.8	20.4	30.1
10.劳动工资						
年底职工人数	万人	25.5	51.9	56.8	29.2	73.7
职工工资总额	亿元	5.2	11.1	13.8	10.4	14.7

17-4 续表 5　　(1991年，不包括市辖县)

指　　标	单位	济　南	青　岛	烟　台	威　海	郑　州
1.人口						
年底总人口数	万人	234.6	207.2	81.6	26.5	173.2
# 非农业人口	万人	151.2	146.9	46.5	13.0	118.0
2.土地面积	平方公里	2 119	1 103	835	408	1 010
3.产值						
国内生产总值(1990年不变价格)	亿元	99.3	105.5	38.2	17.1	56.7
国民收入(1990年不变价格)	亿元	73.5	84.0	29.1	13.5	44.2
工业总产值(当年价格)	亿元	186.5	221.9	69.1	36.4	104.7
#乡及乡以上工业总产值	亿元	155.4	188.8	57.4	31.7	91.6
轻工业	亿元	74.4	116.4	33.6	19.2	45.9
重工业	亿元	90.6	76.5	25.9	12.8	49.8
工业总产值(1990年不变价格)	亿元	185.5	228.5	69.9	39.4	111.4
4.独立核算工业企业财务						
产品销售收入	亿元	139.6	178.8	48.8	20.2	88.8
利税总额	亿元	16.7	19.5	4.4	1.7	12.1
固定资产原值	亿元	93.5	97.4	40.0	14.7	70.0
资金总额	亿元	119.8	123.4	50.1	29.6	77.1
每百元固定资产原值实现的产值	元	166.2	193.8	143.7	215.1	130.9
每百元资金提供利税	元	13.9	15.8	8.8	5.8	15.7
5.运输						
铁路货运量(发送量)	万吨	567	684	407		1 134
公路货运量	万吨	4 252	5 132	899	686	4 968
民航货邮运量	吨	343	3 080	8 676		1 575
沿海港口货物吞吐量	万吨		3 194	833		
6.固定资产投资						
全民所有制单位固定资产投资	亿元	18.1	23.4	6.9	4.1	27.5
城镇集体所有制单位固定资产投资	亿元	1.0	2.7	0.7	1.3	0.4
竣工住宅建筑面积	万平方米	105.2	98.7	28.4	18.1	75.3
7.商业						
社会商品零售总额	亿元	47.2	49.9	16.5	7.7	35.8
城乡集市贸易成交额	亿元	9.5	8.8	4.2	1.2	4.5
外贸收购总额(按实际价格计算)	亿元	10.9	36.1	25.1	2.5	7.7
外贸口岸出口总额(海关数)	亿美元	0.4	33.3	4.0		8.7
8.利用外资						
利用外资新签协议合同数	个	101	84	119	21	48
#外商直接投资	个	101	83	116	21	47
协议合同外资金额	万美元	6 986	13 316	11 775	906	6 604
#外商直接投资	万美元	6 986	12 643	11 139	906	1 193
实际利用外资金额	万美元	2 345	6 183	3 800	269	2 969
#外商直接投资	万美元	1 835	4 647	5 291	269	2 134
9.财政金融						
地方财政预算内收入	亿元	13.5	24.4	4.7	1.2	7.8
年底城乡居民储蓄存款余额	亿元	47.1	47.9	24.9	8.7	49.4
10.劳动工资						
年底职工人数	万人	82.8	78.4	29.4	10.2	60.1
职工工资总额	亿元	19.4	20.9	7.3	2.0	14.3

17-4 续表 6　　　　(1991年，不包括市辖县)

指　　标	单位	武　汉	长　沙	广　州	湛　江	深　圳
1.人口						
年底总人口数	万人	379.2	135.0	362.0	108.0	43.2
# 非农业人口	万人	331.8	113.4	295.3	40.9	38.7
2.土地面积	平方公里	1 627	367	1 444	1 460	328
3.产值						
国内生产总值(1990年不变价格)	亿元	148.9	59.4	301.0	39.4	131.8
国民收入(1990年不变价格)	亿元	117.2	43.5	199.7	30.0	90.2
工业总产值(当年价格)	亿元	284.9	89.5	472.9	50.0	237.4
#乡及乡以上工业总产值	亿元	269.0	78.3	428.9	41.1	236.1
轻工业	亿元	103.0	48.2	268.0	27.1	164.5
重工业	亿元	171.3	34.9	186.3	18.4	72.9
工业总产值(1990年不变价格)	亿元	289.2	91.6	434.2	47.5	223.6
4.独立核算工业企业财务						
产品销售收入	亿元	260.2	76.6	411.2	38.6	229.2
利税总额	亿元	36.8	11.5	46.5	4.5	29.6
固定资产原值	亿元	205.8	48.0	216.2	24.8	120.0
资金总额	亿元	222.4	60.7	278.0	34.9	145.5
每百元固定资产原值实现的产值	元	130.7	162.9	198.4	165.9	196.7
每百元资金提供利税	元	16.5	18.9	16.7	13.0	20.4
5.运输						
铁路货运量(发送量)	万吨	2 188	243	986	439	160
公路货运量	万吨	5 430	431	7 414	2 173	944
民航货邮运量	吨	3 775	400	90 426	556	
沿海港口货物吞吐量	万吨			3 315	1 656	1 414
6.固定资产投资						
全民所有制单位固定资产投资	亿元	33.7	11.0	48.2	9.2	68.9
城镇集体所有制单位固定资产投资	亿元	0.7	0.9	1.8	0.1	0.9
竣工住宅建筑面积	万平方米	155.9	43.1	341.2	15.4	151.1
7.商业						
社会商品零售总额	亿元	95.9	41.5	140.0	25.7	69.6
城乡集市贸易成交额	亿元	12.7	5.6	36.8	10.0	29.3
外贸收购总额(按实际价格计算)	亿元	15.7	6.3	59.4	8.0	6.1
外贸口岸出口总额(海关数)	亿美元	3.5	8.6	97.5	6.6	98.6
8.利用外资						
利用外资新签协议合同数	个	83	35	317	52	705
#外商直接投资	个	67	35	315	52	699
协议合同外资金额	万美元	9 652	1 285	63 214	4 420	87 814
#外商直接投资	万美元	3 117	1 285	49 581	4 420	82 776
实际利用外资金额	万美元	10 206	815	26 695	1 910	51 252
#外商直接投资	万美元	1 507	815	23 161	2 233	39 875
9.财政金融						
地方财政预算内收入	亿元	30.7	7.9	43.3	4.8	25.6
年底城乡居民储蓄存款余额	亿元	77.8	37.3	190.5	27.4	63.9
10.劳动工资						
年底职工人数	万人	201.6	71.0	172.8	23.4	55.5
职工工资总额	亿元	48.0	16.2	69.0	7.0	27.2

17-4 续表 7　　　　(1991年，不包括市辖县)

指　　标	单位	珠海	汕头	南宁	北海	海口
1. 人口						
年底总人口数	万人	27.9	87.3	108.6	20.6	38.7
# 非农业人口	万人	19.8	59.6	73.6	11.6	29.7
2. 土地面积	平方公里	654	246	1 834	275	218
3. 产值						
国内生产总值(1990年不变价格)	亿元	59.0	37.4	38.0	8.2	21.2
国民收入(1990年不变价格)	亿元	34.7	32.7	27.8	6.9	13.6
工业总产值(当年价格)	亿元	66.4	76.2	51.5	8.6	22.2
#乡及乡以上工业总产值	亿元	60.2	63.7	47.4	6.6	17.4
轻工业	亿元	47.3	52.5	32.3	6.0	15.8
重工业	亿元	13.7	18.0	17.5	1.7	5.6
工业总产值(1990年不变价格)	亿元	80.1	84.1	54.3	8.9	20.3
4. 独立核算工业企业财务						
产品销售收入	亿元	53.5	61.0	44.9	6.5	20.3
利税总额	亿元	4.7	3.8	5.9	0.6	0.3
固定资产原值	亿元	35.2	34.3	28.3	5.2	22.0
资金总额	亿元	43.2	45.6	32.9	6.2	24.9
每百元固定资产原值实现的产值	元	171.2	185.9	167.2	126.8	79.4
每百元资金提供利税	元	11.0	8.4	17.8	9.6	1.0
5. 运输						
铁路货运量(发送量)	万吨			199		
公路货运量	万吨	704	103	1 139	123	896
民航货邮运量	吨		9 100	745	7	5 514
沿海港口货物吞吐量	万吨	257	480		121	321
6. 固定资产投资						
全民所有制单位固定资产投资	亿元	10.4	12.2	5.4	1.9	15.3
城镇集体所有制单位固定资产投资	亿元	0.7	1.3	0.1	0.7	0.3
竣工住宅建筑面积	万平方米	13.2	20.3	36.1	2.8	64.4
7. 商业						
社会商品零售总额	亿元	23.7	27.5	27.4	4.6	15.3
城乡集市贸易成交额	亿元	7.1	8.5	6.7	2.1	3.1
外贸收购总额(按实际价格计算)	亿元	2.4	18.8	3.8	2.1	2.8
外贸口岸出口总额(海关数)	亿美元	21.5	18.5	1.1	0.8	1.9
8. 利用外资						
利用外资新签协议合同数	个	524	295	13	19	339
#外商直接投资	个	496	290	11	19	336
协议合同外资金额	万美元	54 834	43 443	805	1 088	31 115
#外商直接投资	万美元	49 599	40 643	540	1 088	28 219
实际利用外资金额	万美元	15 660	19 744	555	851	17 347
#外商直接投资	万美元	13 433	19 772	456	412	12 768
9. 财政金融						
地方财政预算内收入	亿元	5.4	6.9	5.8	1.2	3.2
年底城乡居民储蓄存款余额	亿元	20.8	22.5	21.3	4.8	22.2
10. 劳动工资						
年底职工人数	万人	12.5	36.9	42.5	5.6	17.1
职工工资总额	亿元	5.6	10.2	10.1	1.4	5.4

17-4 续表 8　　　　(1991年，不包括市辖县)

指　　标	单　位	成　都	重　庆	贵　阳	昆　明	拉　萨
1.人口						
年底总人口数	万人	284.2	301.0	156.1	155.7	12.4
# 非农业人口	万人	174.2	228.8	104.0	116.0	11.0
2.土地面积	平方公里	1 382	1 534	2 406	2 081	544
3.产值						
国内生产总值(1990年不变价格)	亿元	114.8	102.5	48.2	78.3	
国民收入(1990年不变价格)	亿元	83.0	88.1	37.4	60.3	
工业总产值(当年价格)	亿元	184.6	236.7	78.3	131.5	
#乡及乡以上工业总产值	亿元	164.2	207.9	73.1	120.7	
轻工业	亿元	59.4	75.8	34.4	62.3	
重工业	亿元	112.0	147.7	40.9	60.7	
工业总产值(1990年不变价格)	亿元	188.7	234.2	80.3	123.9	
4.独立核算工业企业财务						
产品销售收入	亿元	160.2	203.2	71.8	114.9	
利税总额	亿元	19.5	18.7	16.7	31.5	
固定资产原值	亿元	112.4	133.2	63.0	74.0	
资金总额	亿元	139.2	168.0	71.4	90.6	
每百元固定资产原值实现的产值	元	146.1	156.1	116.0	163.0	
每百元资金提供利税	元	14.0	11.1	23.4	34.8	
5.运输						
铁路货运量(发送量)	万吨	1 503	388	187	667	
公路货运量	万吨	6 218	8 302	3 902	7 165	
民航货邮运量	吨	20 000		1 603	5 897	
沿海港口货物吞吐量	万吨					
6.固定资产投资						
全民所有制单位固定资产投资	亿元	26.2	23.7	13.0	16.9	
城镇集体所有制单位固定资产投资	亿元	0.8	0.9	0.2	1.4	
竣工住宅建筑面积	万平方米	102.1	129.1	79.0	86.6	
7.商业						
社会商品零售总额	亿元	71.4	72.1	23.2	37.8	
城乡集市贸易成交额	亿元	19.3	20.2	8.8	4.9	
外贸收购总额(按实际价格计算)	亿元	6.4	20.8	5.6	5.1	
外贸口岸出口总额(海关数)	亿美元	1.2	1.9		1.3	
8.利用外资						
利用外资新签协议合同数	个	60	86		18	
#外商直接投资	个	60	80		15	
协议合同外资金额	万美元	2 313	9 262		3 560	
#外商直接投资	万美元	2 313	4 252		1 007	
实际利用外资金额	万美元	718	16 087		1 213	
#外商直接投资	万美元	702	921		286	
9.财政金融						
地方财政预算内收入	亿元	16.3	26.5	13.7	19.8	
年底城乡居民储蓄存款余额	亿元	59.8	46.5	20.5	37.3	
10.劳动工资						
年底职工人数	万人	118.7	136.6	60.0	67.9	
职工工资总额	亿元	30.1	33.0	12.8	17.7	

17-4 续表 9　　　　　　　(1991年，不包括市辖县)

指　　　标	单 位	西　安	兰　州	西　宁	银　川	乌鲁木齐
1.人口						
年底总人口数	万人	278.9	153.2	65.6	49.1	117.5
# 非农业人口	万人	198.8	122.0	55.7	36.5	106.9
2.土地面积	平方公里	1 066	1 632	350	1 277	835
3.产值						
国内生产总值(1990年不变价格)	亿元	86.0	63.0	15.6	18.4	63.2
国民收入(1990年不变价格)	亿元	69.8	46.6	13.4	13.8	42.6
工业总产值(当年价格)	亿元	167.9	126.5	26.4	25.4	73.6
#乡及乡以上工业总产值	亿元	146.0	119.9	24.9	20.1	68.3
轻工业	亿元	63.4	30.7	8.1	7.0	24.8
重工业	亿元	86.4	90.5	17.4	18.0	48.1
工业总产值(1990年不变价格)	亿元	173.3	139.2	26.3	25.3	71.9
4.独立核算工业企业财务						
产品销售收入	亿元	139.8	115.7	24.0	18.5	70.9
利税总额	亿元	11.1	14.4	2.0	2.2	6.8
固定资产原值	亿元	122.3	113.5	25.0	18.0	72.9
资金总额	亿元	151.0	112.2	32.1	21.8	76.0
每百元固定资产原值实现的产值	元	119.4	105.7	99.3	112.0	93.7
每百元资金提供利税	元	7.3	12.9	6.3	10.2	8.9
5.运输						
铁路货运量(发送量)	万吨	261	763	113	81	1 039
公路货运量	万吨	3 517	1 250	114	554	1 322
民航货邮运量	吨	10 400		75	192	4 110
沿海港口货物吞吐量	万吨					
6.固定资产投资						
全民所有制单位固定资产投资	亿元	19.5	14.7	3.7	5.3	18.8
城镇集体所有制单位固定资产投资	亿元	1.0	0.4	0.1	0.2	0.1
竣工住宅建筑面积	万平方米	82.6	53.9	28.0	24.7	68.7
7.商业						
社会商品零售总额	亿元	68.8	37.0	16.0	10.4	34.3
城乡集市贸易成交额	亿元	7.4	13.1	2.3	1.9	2.0
外贸收购总额(按实际价格计算)	亿元	7.1	9.3	3.7	0.9	6.8
外贸口岸出口总额(海关数)	亿美元	1.1	2.5		0.2	0.3
8.利用外资						
利用外资新签协议合同数	个	25	25		7	7
#外商直接投资	个	25	25		7	7
协议合同外资金额	万美元	1 251	2 314		122	782
#外商直接投资	万美元	1 251	2 314		122	782
实际利用外资金额	万美元	1 097	448		18	4 294
#外商直接投资	万美元	1 097	448		18	
9.财政金融						
地方财政预算内收入	亿元	12.3	9.3	2.6	2.2	9.3
年底城乡居民储蓄存款余额	亿元	89.5	33.5	15.9	11.0	36.1
10.劳动工资						
年底职工人数	万人	123.0	75.6	30.3	22.4	63.2
职工工资总额	亿元	28.2	19.4	7.9	4.8	18.3

注：1. 海南经济特区资料请查阅本年鉴各分省资料表。

2. 外贸收购总额和外贸口岸出口总额包括辖县数字。

17-5 城市公用事业基本情况

项　　目	单　位	1957年	1965年	1978年	1980年	1985年	1990年	1991年
自来水全年供水总量	亿　吨	9.6	26.3	78.8	88.3	128.0	382.3	408.4
#生活用水量	亿　吨	5.5	10.3	27.6	33.9	51.9	100.1	115.9
平均每人生活用水	吨	16.2	19.7	44.0	46.8	55.1	67.9	71.8
用水普及率	%	56.6	74.0	81.0	81.4	81.0	89.2	90.6
公共车辆(汽车、电车)总数	辆	6 174	11 060	25 839	32 098	45 155	62 215	66 093
平均每万人拥有	辆	1.0	1.6	3.3	3.5	3.9	4.8	5.4
铺装道路长度	公　里	18 259	24 000	26 966	29 485	38 282	94 820	88 791
平均每万人拥有	公　里	3.0	3.4	3.4	3.3	3.3	6.4	6.0
铺装道路面积	万平方米	14 422	21 000	22 539	25 255	35 872	89 160	85 340
平均每万人拥有	万平方米	2.4	3.0	2.9	2.8	3.1	6.0	5.7
下水道长度	公　里	10 107	12 855	19 556	21 860	31 556	57 787	61 601
平均每万人拥有	公　里	1.4	2.0	2.5	2.4	2.7	3.9	4.1
公用煤气、液化气								
人工煤气全年供气量	万立方米	20 475	69 628	172 541	195 491	249 754	1 747 065	1 258 088
#家庭用量	万立方米	12 696	32 000	66 593	83 281	107 060	274 127	311 430
煤气管道长度	公　里	2 137	2 412	4 717	5 619	10 567	16 312	18 181
天然气全年供气量	万立方米		...	69 078	58 937	162 099	642 289	754 616
液化气家庭用量	万　吨		...	17.6	27.0	54.7	142.8	154.3
用气普及率	%	1.5	3.0	13.9	16.8	22.4	42.2	47.1
城市绿化								
绿地面积	公　顷	...	26 080	81 735	85 543	159 291	474 613	500 273
平均每万人绿地面积	公　顷	...	4.3	10.6	9.6	13.7	32.2	33.5
公园、动物园个数	个	...	585	616	679	1 026	1 970	2 182
公园、动物园面积	公　顷	...	13 903	15 229	16 192	21 896	40 081	41 533
清洁卫生								
清运垃圾	万　吨	...	...	...	3 132	4 477	6 767	7 636
清运粪便	万　吨	...	...	...	1 643	1 731	2 385	2 764
每万人拥有公共厕所	座				6.6	5.8	6.6	7.0

注：1.1988-1991年各项数字是按全社会范围计算的，1985年以前各项指标只按城建部门管理的范围计算。

2.人均拥有指标按城市人口中非农业人口计算。

17-6 城市房屋建筑及住房情况

(1991年)

城市名称	建成区面积(平方公里)	国家建设征用土地(平方公里)	市区人口密度(人/平方公里)	年末全市实有房屋建筑面积(万平方米)	年末全市实有住宅建筑面积(万平方米)	年末全市住房居住面积(万平方米)	解决缺房户(户)
北京	397.4	9.4	2 331	18 285	9 115	4 492.8	94 989
天津	335.6	11.6	1 327	11 476	5 723	3 097.9	45 387
石家庄	72.0	2.6	5 134	3 190	1 498	725.6	11 000
秦皇岛	60.2	0.5	1 415	1 504	575	307.9	1 346
太原	170.8	2.0	1 370	4 450	2 207	1 168.0	5 000
呼和浩特	73.3	0.3	436	1 761	888	442.1	1 004
沈阳	185.7	10.2	1 306	8 106	4 099	2 130.0	10 386
大连	137.2		1 000	4 596	2 233	1 104.9	16 639
长春	114.0	0.6	1 910	3 767	2 001	1 000.0	15 860
哈尔滨	156.0	4.2	1 737	5 618	2 784	1 420.0	13 057
上海	253.7	46.3	10 483	17 727	9 184	5 087.9	61 133
南京	130.7	2.8	2 662	5 977	2 978	1 543.5	1 637
连云港	43.9	0.2	602	1 102	502	251.3	773
南通	29.5	0.7	3 617	1 153	453	205.2	185
杭州	71.6	3.1	3 140	3 925	1 642	858.2	1 855
宁波	62.7	1.9	1 043	2 080	1 257	572.4	656
温州	27.6	0.8	3 028	1 469	972	408.2	910
合肥	71.9	2.4	2 238	2 301	1 116	574.9	1 950
福州	50.8	1.0	1 254	3 191	1 667	696.0	3 900
厦门	44.9	4.1	1 107	1 596	742	267.4	634
南昌	65.0	0.1	2 443	2 772	1 309	652.0	1 172
济南	104.8	1.3	1 107	4 418	2 319	950.8	850
青岛	94.7	0.5	1 880	3 798	1 856	913.0	14 356
烟台	40.2	1.4	1 005	1 203	603	280.9	522
威海	16.4	1.7	650	446	184	86.5	2 857
郑州	117.2	1.7	1 714	3 889	1 689	896.5	5 941
武汉	190.7	1.4	2 355	8 788	4 401	2 070.2	2 017
长沙	101.0	0.5	3 678	3 262	1 610	725.0	10 400
广州	188.1	7.8	2 493	7 879	4 163	1 565.1	2 531
湛江	44.4	5.4	740	1 169	632	239.4	4 492
深圳	71.6	32.0	1 319	2 868	1 322	544.1	16 725
珠海	41.3	0.3	633	612	359	132.2	1 796
汕头	32.5	3.4	3 556	1 688	926	344.1	6 558
南宁	70.0	0.4	592	2 567	1 208	424.6	4 524
北海	14.2		749	528	280	98.0	522
海口	29.3	0.7	343	898	481	264.2	6 600
成都	84.9	2.4	2 056	5 353	2 609	1 345.0	22 399
重庆	99.3	1.3	1 962	4 865	2 344	1 195.4	37 380
贵阳	85.7	0.5	641	2 752	1 318	738.4	2 463
昆明	98.2	5.3	757	3 688	1 632	930.0	7 400
拉萨	40.0		142	295	142	77.8	
西安	140.5	2.7	2 616	5 507	2 459	1 254.0	15 400
兰州	162.5	1.4	938	3 773	1 741	842.0	3 949
西宁	51.6	0.1	1 874	1 499	676	371.9	90
银川	39.3		337	1 146	520	272.3	421
乌鲁木齐	65.0	1.5	1 408	3 248	1 593	791.0	20 046

17-7 城市自来水情况

(1991年)

城市名称	年末自来水生产能力(万吨/日)	年末供水管道长度(公里)	全年供水总量(万吨)	#生活用水	#生产用水	用水人口(万人)	人均日生活用水量(升)
北京	412.1	5 282	88 886	51 219	30 577	522.0	268.8
天津	212.1	3 541	62 518	23 868	34 873	514.0	127.2
石家庄	159.9	851	34 143	8 089	19 111	142.0	156.1
秦皇岛	37.6	356	7 926	3 342	3 880	51.4	178.1
太原	84.3	576	28 092	7 331	19 904	167.3	120.1
呼和浩特	28.7	243	9 990	4 674	4 922	61.4	208.6
沈阳	191.6	2 379	57 214	24 487	27 925	346.0	193.9
大连	65.0	3 225	23 078	8 110	10 925	203.2	109.3
长春	50.6	800	18 494	10 792	6 588	170.3	173.6
哈尔滨	87.5	761	28 140	14 455	12 379	261.5	151.4
上海	750.9	3 663	310 025	156 108	139 509	801.3	533.7
南京	333.0	2 108	108 416	21 389	82 842	240.0	244.2
连云港	24.8	549	9 550	2 291	6 841	39.1	160.5
南通	85.9	596	10 602	2 354	7 712	43.6	147.9
杭州	101.8	1 277	33 672	13 712	19 833	125.0	300.5
宁波	82.7	617	16 887	5 598	9 689	73.5	208.7
温州	21.3	250	6 117	2 472	3 112	54.6	124.0
合肥	84.3	340	16 640	5 745	9 901	84.2	186.9
福州	73.5	840	26 618	12 247	11 510	120.4	278.7
厦门	30.1	501	8 995	2 852	5 123	38.0	205.6
南昌	81.7	701	28 105	10 938	15 645	125.4	239.0
济南	109.0	1 009	27 864	7 776	18 311	139.0	153.3
青岛	61.8	908	13 865	4 990	8 232	135.9	100.6
烟台	26.8	616	6 043	2 277	3 478	51.1	122.1
威海	6.0	242	1 587	581	909	11.1	143.4
郑州	74.0	610	27 721	8 027	18 543	142.4	154.4
武汉	298.9	2 887	87 835	36 138	35 716	361.7	273.7
长沙	64.0	785	27 525	13 109	12 479	125.0	287.3
广州	818.4	3 028	265 173	57 371	204 425	340.3	461.9
湛江	42.5	237	11 863	4 683	6 068	47.1	272.4
深圳	62.2	408	18 579	6 244	9 199	113.0	151.4
珠海	18.0	333	5 936	4 598	1 008	17.6	715.8
汕头	32.0	355	10 065	4 960	4 267	77.6	175.1
南宁	68.6	380	24 980	11 688	11 746	79.9	400.8
北海	9.5	129	2 707	1 071	1 544	11.9	246.6
海口	47.4	154	8 547	4 775	2 871	28.5	459.0
成都	143.7	690	38 307	13 493	22 521	171.7	215.3
重庆	118.4	1 159	33 937	10 980	19 040	231.9	129.7
贵阳	90.3	507	32 440	8 087	18 651	116.7	189.9
昆明	43.0	1 694	13 055	5 924	6 031	130.0	124.8
拉萨	6.8	123	1 380	459	500	13.3	94.6
西安	87.8	1 074	35 039	11 243	18 593	250.1	123.2
兰州	146.0	412	37 777	7 169	29 939	131.0	149.9
西宁	34.4	300	12 619	3 287	8 474	64.7	139.2
银川	27.5	272	7 650	2 644	4 603	44.8	161.7
乌鲁木齐	29.0	290	10 341	6 617	3 601	105.0	172.7

17-8 城市煤气、液化石油气、天然气情况

(1991年)

城市名称	人工煤气生产能力(万立方米/日)	输气管道长度(公里)		全年供气总量			用气人口(万人)		
		人工煤气	天然气	人工煤气(万立方米)	液化石油气(吨)	天然气(万立方米)	人工煤气	液化石油气	天然气
北京		1 447	713	65 841	173 091	5 062	139.6	285.0	51.9
天津	101.0	1 582	2 245	14 452	50 490	23 908	100.4	103.0	173.7
石家庄				9 529	30 570		15.0	73.6	
秦皇岛					7 366			21.3	
太原	50.5	993		15 352	766		91.1	4.9	
呼和浩特	16.4	172		1 096	1 922		9.7	5.8	
沈阳	63.2	90	985	6 804	36 970	13 077	3.4	88.3	170.5
大连	60.0	1 474		20 751	36 300		99.5	63.0	
长春	59.8	1 032		18 925	22 040		70.2	52.3	
哈尔滨	22.6	197		4 729	63 868		32.0	175.0	
上海	438.0	2 893		223 766	64 584		393.2	97.4	
南京	26.0	322		132 052	152 454		55.6	85.0	
连云港		12		420	2 296		0.8	4.8	
南通	6.0	85		1 350	3 643		8.6	7.3	
杭州				11 783	20 838		1.3	41.6	
宁波					12 448			20.4	
温州				170	5 799		1.7	20.2	
合肥	11.8	193		3 231	1 265		21.4	2.5	
福州					9 285			27.5	
厦门					10 731			23.1	
南昌		103		504	8 134		14.1	14.2	
济南		95		703	15 342		13.0	56.0	
青岛	31.0	339		3 439	17 963		18.8	57.4	
烟台	17.0	223		1 463	6 168		15.2	15.3	
威海					1 823		7.8		
郑州			821		12 839		24.3	54.0	
武汉	25.0	327		67 906	33 801		50.0	69.2	
长沙					18 018			49.2	
广州	8.0	133		515	53 887		12.5	113.3	
湛江					12 721			22.5	
深圳					35 580			38.3	
珠海					11 284			15.4	
汕头					70 436			41.6	
南宁					9 936			38.6	
北海					1 632			3.3	
海口					6 919			12.7	
成都			542		4 416	104 456		11.4	
重庆						173 140			
贵阳									
昆明	19.0	142		5 668			28.0		
拉萨									
西安	5.0	182		9 595	15 774		24.4	45.7	
兰州				9 668	18 133			40.0	
西宁									
银川					2 472			10.8	
乌鲁木齐					36 166			88.0	

17-9 城市集中供热情况

（1991年）

城市名称	供应能力		供热总量		管道长度（公里）		供热面积
	蒸汽（吨/小时）	热水（百万大卡/小时）	蒸汽（吨/年）	热水（百万千卡/年）	蒸汽	热水	（万平方米）
北京	1 006	1 978	5 521 840	16 522 855	34	177	2 496
天津	190	251	335 053	2 575 968	3	223	634
石家庄	285		3 230 000	1 320 349			224
秦皇岛	137	188	132 303	724 152		35	194
太原		103		1 336 531		33	83
呼和浩特		374		3 357 246		45	238
沈阳		241		2 069 680		419	852
大连	770	698	2 470 220	1 215 219	15	10	1 458
长春	565	596	2 824 581	5 661 176		50	847
哈尔滨	806	684	3 825 822	5 158 297	16	34	1 298
上海							
南京							
连云港	63		123 500				32
南通							
杭州	207		1 390 948				
宁波							
温州							
合肥							
福州	25		753 647			12	15
厦门							
南昌							
济南	435		1 182 424	138 534	23	30	178
青岛	81	89	89 320	12 025			69
烟台	230		660 000	265 275		28	58
威海	163	115	78 330	336 757			129
郑州	492		2 716 624		8		70
武汉							
长沙							
广州	160		440 918				16
湛江							
深圳							
珠海							
汕头							
南宁							
北海							
海口							
成都							
重庆							
贵阳							
昆明							
拉萨							
西安	340	85	1 275 862	643 707		13	281
兰州	1 060	210	4 846 000	2 184 496		7	332
西宁	8	12		140 085	1	4	16
银川		147		1 550 958		20	147
乌鲁木齐		301		812 572		18	102

17-10 城市市政工程情况

(1991年)

城市名称	年末实有铺装道路长度(公里)	年末实有铺装道路面积(万平方米)	城市桥梁(座)	城市下水道总长度(公里)	城市污水日处理能力(万吨)	城市路灯(盏)
北京	2 817	2 620	473	2 485	30.4	73 735
天津	2 950	3 107	493	2 684	28.4	72 743
石家庄	616	555	126	441	1.5	12 608
秦皇岛	498	505	91	406	6.0	9 596
太原	944	855	92	515	19.0	16 336
呼和浩特	285	303	15	320	10.2	8 194
沈阳	1 701	1 678	113	1 628	14.0	34 013
大连	769	756	163	662	6.0	20 477
长春	729	742	29	883	2.5	20 764
哈尔滨	1 476	1 184	97	765	2.0	22 825
上海	1 653	1 802	563	1 942	545.5	68 179
南京	1 006	962	209	833	70.5	21 300
连云港	451	314	66	187		4 155
南通	189	178	94	179		7 360
杭州	531	490	246	514	38.0	17 424
宁波	530	426	352	547	4.0	10 818
温州	185	172	165	140		6 891
合肥	357	339	45	205	18.0	8 480
福州	752	1 720	196	580	0.7	13 211
厦门	393	546	83	145	13.4	7 364
南昌	274	307	51	286		8 800
济南	1 083	1 231	283	702	20.0	12 418
青岛	673	821	155	649	1.3	11 925
烟台	515	736	23	306		6 272
威海	219	229	92	119	1.5	2 642
郑州	442	487	60	510	8.2	9 633
武汉	1 239	1 111	62	1 381	36.0	50 407
长沙	604	470	46	366	6.0	10 693
广州	951	1 093	277	1 245	15.0	40 799
湛江	159	229	15	219		4 968
深圳	288	635	38	559	12.0	15 800
珠海	148	383	28	172	1.8	8 138
汕头	252	226	18	384	0.7	9 079
南宁	313	318	33	201	14.9	8 433
北海	161	174	15	126	0.4	2 022
海口	150	233	31	116		3 906
成都	634	659	174	674		16 528
重庆	1 201	789	139	389	0.4	31 103
贵阳	268	211	62	374	5.7	11 547
昆明	324	329	44	355	5.5	11 876
拉萨	69	91	16	78		1 500
西安	1 080	1 042	50	743	8.0	16 743
兰州	420	450	104	540	10.0	11 821
西宁	199	220	38	122		5 426
银川	195	214	16	115		5 115
乌鲁木齐	425	447	45	225		6 112

17-11 城市公共汽(电)车、出租汽车情况

(1991年)

城市名称	年末实有公共汽(电)车(辆)				营运线路长度(公里)				运客总数(万人次)	出租汽车(辆)
	公共汽车	无轨电车	有轨电车	地铁	公共汽车	无轨电车	有轨电车	地铁		
北京	4 366	511		305	2 568	147		40	344 526	14 354
天津	1 945	53		22	2 985	17		7	67 360	2 199
石家庄	418				686				14 752	674
秦皇岛	148				162				3 096	1 096
太原	354	97			778	46			25 296	1 597
呼和浩特	207				319				6 457	472
沈阳	1 700	558			3 660	193			74 970	3 829
大连	1 180	117	98		385	15	15		110 596	3 541
长春	462	137	67		680	36	18		31 992	1 452
哈尔滨	752	275			779	108			52 344	3 169
上海	4 811	934			5 391	186			543 613	12 308
南京	1 054	116			1 290	36			63 750	1 881
连云港	89				258				2 082	68
南通	117				171				5 209	257
杭州	783	121			551	56			55 430	1 987
宁波	244				1 561				9 715	294
温州	152				509				3 898	4 200
合肥	348				316				25 148	131
福州	301	25			641	8			13 843	2 262
厦门	170				550				5 938	1 883
南昌	286	79			927	36			17 214	40
济南	531	75			1 158	38			28 987	442
青岛	1 236	136			892	30			67 552	1 070
烟台	152				435				5 726	306
威海	37				103				678	36
郑州	406	85			359	40			11 973	1 245
武汉	1 712	260			1 209	70			153 064	2 504
长沙	540				414				27 309	772
广州	1 869	106			2 575	54			69 058	10 862
湛江	887				933				4 555	420
深圳	713				554				24 163	4 082
珠海	106				172				3 768	1 037
汕头	82				97				1 665	550
南宁	213				530				8 209	274
北海	42				50				725	43
海口	606				359				5 901	1 780
成都	1 231	108			2 047	40			34 098	1 500
重庆	1 230	144			4 034	47			87 976	1 975
贵阳	1 299				1 727				30 499	1 150
昆明	550				1 583				24 788	1 690
拉萨	27				640				36	56
西安	708	175			673	56			40 486	4 494
兰州	446	80			546	29			29 212	86
西宁	290				500				17 738	492
银川	167				325				5 065	464
乌鲁木齐	562				642				52 605	1 104

17-12 城市园林绿化情况

(1991年)

城市名称	城市园林绿地面积(公顷)	# 公共绿地	公园(个)	公园面积(公顷)	年游人量(万人次)	全年植树(万株)
北　　京	13 458	3 683	53	2 596	9 564	336
天　　津	1 943	1 068	123	647	3 805	166
石 家 庄	984	251	10	114	630	2
秦 皇 岛	2 876	180	4	130	212	20
太　　原	4 061	420	10	324	586	66
呼和浩特	1 480	179	7	161	319	2
沈　　阳	17 822	2 793	22	1 262	2 565	46
大　　连	6 398	557	19	302	1 682	36
长　　春	3 917	1 286	9	342	217	92
哈 尔 滨	3 351	793	20	491	2 060	38
上　　海	3 110	814	66	552	8 001	30
南　　京	9 170	1 475	40	1 408	2 927	140
连 云 港	842	92	5	33	70	43
南　　通	319	105	6	40	235	46
杭　　州	1 000	423	33	249	3 684	56
宁　　波	637	75	35	63	924	27
温　　州	207	113	5	72	312	16
合　　肥	1 672	550	4	504	296	5
福　　州	1 438	408	22	382	524	110
厦　　门	1 083	217	19	183	443	245
南　　昌	1 266	295	18	214	655	18
济　　南	2 776	576	11	296	1 200	44
青　　岛	2 321	500	27	413	2 173	23
烟　　台	1 261	246	7	126	182	14
威　　海	473	152	4	115	193	16
郑　　州	2 908	352	8	253	1 074	5
武　　汉	4 469	782	22	409	2 176	57
长　　沙	6 497	366	6	523	820	23
广　　州	32 324	1 212	26	1 036	6 462	86
湛　　江	1 565	262	8	258	308	20
深　　圳	2 505	1 379	20	1 105	352	3
珠　　海	1 492	297	7	184	167	2
汕　　头	1 482	186	5	46	1 080	33
南　　宁	2 342	347	8	333	544	105
北　　海	281	35	2	21	77	3
海　　口	478	108	2	27	107	3
成　　都	1 897	334	36	338	2 746	171
重　　庆	2 319	215	15	206	451	143
贵　　阳	3 403	1 417	9	1 214	570	38
昆　　明	1 810	371	15	338	1 165	64
拉　　萨	1 171	272	12	149	24	20
西　　安	1 636	367	16	310	1 050	4
兰　　州	2 103	245	9	167	371	36
西　　宁	519	107	3	49	250	12
银　　川	515	94	4	74	237	7
乌鲁木齐	2 304	480	5	222	425	85

17-13 城市清洁卫生情况

(1991年)

城市名称	清扫面积 (万平方米)	生活垃圾 清运量 (万吨)	粪便 清运量 (万吨)	环卫机械		公共厕所 (座)
				总数 (辆)	总功率 (千瓦)	
北京	3 361	363	199	1 922	147 172	6 366
天津	4 475	223	24	841	84 517	2 369
石家庄	729	40	14	179	15 650	434
秦皇岛	368	31	3	126	8 751	317
太原	1 367	96	14	246	18 711	305
呼和浩特	430	44	4	139	9 997	374
沈阳	3 623	209	76	651	48 508	1 619
大连	1 475	71	17	337	28 976	159
长春	1 540	119	29	419	43 079	2 900
哈尔滨	3 612	164	38	398	49 750	4 751
上海	2 498	296	229	2 123	139 452	1 033
南京	442	66	22	285	20 673	908
连云港	99	15	2	66	6 997	645
南通	78	9	4	56	4 187	439
杭州	851	48	26	252	21 528	455
宁波	287	24	23	169	11 349	349
温州	60	25	17	57	5 965	118
合肥	258	19	2	75	4 859	206
福州	314	28	18	108	8 628	251
厦门	205	24	2	211	9 550	129
南昌	129	21	2	121	7 051	234
济南	880	52	17	188	13 859	551
青岛	656	54	13	234	18 182	556
烟台	499	16	3	8	5 800	82
威海	175	5	1	38	1 775	47
郑州	832	72	10	191	17 514	356
武汉	1 841	133	45	469	35 225	975
长沙	331	38	8	156	9 760	457
广州	2 187	125	34	693	67 841	587
湛江	218	20	3	55	19 216	88
深圳	739	51	3	234	19 216	58
珠海	277	12	4	78	7 271	72
汕头	226	26	5	162	9 186	75
南宁	442	18	4	158	10 913	192
北海	106	6	4	36	2 429	119
海口	165	17	3	69	4 907	42
成都	649	75	27	317	26 074	672
重庆	587	53	14	287	32 639	841
贵阳	229	50	11	179	25 401	398
昆明	603	44	26	273	13 639	289
拉萨	78	2	1	33		49
西安	951	67	10	281	38 125	431
兰州	1 166	79	10	230	29 970	302
西宁	185	30	2	77	6 216	158
银川	233	23	8	106	8 271	136
乌鲁木齐	347	75	1	180	15 220	380

17-14 城市设施水平

（1991年）

城市名称	人均居住面积（平方米）	城市人口用水普及率（%）	城市煤气普及率（%）	每万人拥有公共汽（电）车辆（标台）	人均拥有铺装道路面积（平方米）	人均公共绿地面积（平方米）	每万人拥有公共厕所（座）
北京	7.8	87.6	85.1	12.1	4.7	6.4	11.4
天津	6.8	100.0	82.5	5.0	6.8	2.3	5.2
石家庄	7.7	100.0	87.8	5.1	5.5	2.5	4.3
秦皇岛	8.0	100.0	56.6	4.9	13.4	4.8	8.4
太原	7.3	94.3	61.1	3.4	5.4	2.7	1.9
呼和浩特	7.1	90.5	23.5	3.9	4.6	2.7	5.7
沈阳	5.8	92.2	71.7	7.7	4.6	7.6	4.4
大连	6.5	98.2	93.3	11.6	4.3	3.2	1.0
长春	6.0	100.0	71.9	6.1	4.4	7.6	17.0
哈尔滨	5.8	96.9	84.2	6.3	4.8	3.2	19.3
上海	6.7	100.0	65.2	11.7	2.4	1.1	1.4
南京	7.3	100.0	66.4	7.4	4.5	7.0	4.3
连云港	6.9	94.8	15.4	2.8	8.6	2.5	17.7
南通	5.7	99.7	44.4	4.2	5.0	2.9	12.3
杭州	7.9	97.6	38.6	10.9	4.4	3.8	4.1
宁波	8.9	89.7	36.3	5.1	7.6	1.3	6.2
温州	8.1	99.8	54.1	4.4	4.2	2.8	2.9
合肥	7.5	98.0	31.7	6.5	4.5	7.3	2.7
福州	7.8	96.4	31.2	4.4	6.1	4.6	2.8
厦门	8.0	87.9	58.0	4.7	11.1	5.5	3.2
南昌	7.1	100.0	25.6	4.7	2.8	2.7	2.1
济南	7.6	100.0	49.8	5.8	8.9	4.2	4.0
青岛	7.0	96.6	56.7	11.2	6.1	3.7	4.1
烟台	7.6	96.6	73.9	4.5	17.8	6.0	2.0
威海	9.1	97.9	82.1	5.1	24.1	16.0	4.9
郑州	7.6	98.3	66.4	5.0	4.1	3.0	3.0
武汉	6.2	96.0	35.9	9.1	3.3	2.4	2.9
长沙	6.9	91.6	43.3	6.5	4.1	3.2	4.0
广州	5.3	100.0	42.6	8.2	3.7	4.1	2.0
湛江	6.2	98.3	55.0	14.3	5.6	4.9	2.2
深圳	8.5	96.1	98.7	18.9	16.4	35.5	1.5
珠海	8.7	94.4	86.5	5.1	21.5	16.7	4.0
汕头	6.1	99.8	69.8	1.4	3.8	3.1	1.3
南宁	5.8	100.0	52.4	3.6	4.3	4.7	2.6
北海	7.0	99.1	28.4	4.1	15.0	3.0	10.3
海口	8.9	92.3	42.8	12.9	7.8	3.6	1.4
成都	7.7	95.7	68.1	7.4	3.8	1.9	3.9
重庆	5.2	90.0	72.0	7.5	3.4	0.9	3.7
贵阳	7.1	92.8		14.6	2.0	13.6	3.8
昆明	8.0	100.0	24.1	5.9	2.8	3.2	2.5
拉萨	6.3	71.0		2.3	8.5	15.2	4.6
西安	6.3	96.8	35.3	6.4	5.2	1.8	2.2
兰州	6.9	95.9	32.8	5.9	3.7	2.0	2.5
西宁	6.7	98.7		6.1	3.9	1.9	2.8
银川	7.5	92.6	29.6	6.0	5.9	2.6	3.7
乌鲁木齐	7.5	92.0	82.3	7.2	4.2	4.5	3.6

主 要 统 计 指 标 解 释

年底自来水生产能力 指年底城建部门管理的自来水厂和社会单位自备水源的取水、净化、送水、出厂输水干管等环节的实际生产能力。

年底供水管道长度 指从送水泵至用户水表之间所有管道的长度。

全年供水总量 指公用自来水厂和社会单位自备水源全年的供水总量,包括有效供水量及损失水量。

生活用水量 指居民日常生活与公共福利设施的用水量。包括饮食店、旅馆、医院、理发店、浴池、洗衣店、游泳池、商店、学校、机关、部队等单位的用水量。

城市人口用水普及率 指城市用水的非农业人口数(不包括临时人口和流动人口)与城市非农业人口总数之比。计算公式:

$$\text{用水普及率}=\frac{\text{城市用水的非农业人口数}}{\text{城市非农业人口数}}\times 100\%$$

人工煤气生产能力 指城市煤气厂制气、净化、输送等环节的综合实际生产能力。

输气管道长度 指由压缩机、鼓风机、储气罐的出口到用户立管之间的全部管道长度。

煤气供气总量 指售给各类用户的全部煤气量。包括工业用量、家庭用量和其他用量。

城市煤气普及率 指使用煤气(包括人工煤气、液化石油气、天然气)的城市非农业人口数(不包括临时人口和流动人口)与城市非农业人口总数之比。计算公式:

$$\text{城市煤气普及率}=\frac{\text{城市用气的非农业人口数}}{\text{城市非农业人口总数}}\times 100\%$$

城市供热能力 指热电厂、热力公司和达到标准的集中采暖锅炉房向城市输送的供热源的设计能力。每小时向城市输送的蒸汽、热水能力。

城市供热总量 指热电厂、热力公司和达到标准的集中采暖锅炉房全年向城市输送的全部蒸汽、热水量。

城市供热管道长度 指热电厂、热力公司和达到标准的集中采暖锅炉房管理的集中供热热源到用户之间的全部供气、供热水的管道长度。

年底实有铺装道路长度 指除土路外,路面经过铺装宽度在3.5米以上的道路,包括高级、次高级道路和普通道路。

城市桥梁 指城市范围内,修建在河道上的桥梁和道路与道路立交、道路跨越铁路的立交桥,以及人行天桥。包括永久性桥和半永久性桥,不包括临时性桥、铁路桥、涵洞。

城市下水道总长度 指所有排水总管、干管、支管及暗渠、检查井、连接井进出水口等长度之和。

城市污水日处理能力 指污水处理厂每昼夜处理污水量的设计能力。

年底实有公共汽(电)车辆 指年底可参加营运的全部车辆数,包括年底营运车辆数和库存查封未参加营运的车辆,不包括非营运车辆,如架线车、油罐车、工程车、货车及其他专用车辆和借入的客运车辆。

营运线路长度　指设置的固定营运线路长度，包括郊区营运线路长度。不包括临时行驶的线路长度。

城市园林绿地面积　指城市公共绿地、专用绿地、生产绿地、防护绿地、郊区风景名胜区的全部面积。

公共绿地　指供游览休息的各种公园、动物园、植物园、陵园以及花园、游园和供游览休息用的林荫道绿地、广场绿地。不包括一般栽植的行道树及林荫道的面积。

十八
教育、科技和文化

18-1 各级各类学校数

单位:所

年份	普通高等学校	中等学校				普通中学
			中等专业学校	中等技术学校	中等师范学校	
1952	201	6 059	1 710	794	916	4 298
1957	229	12 474	1 320	728	592	11 096
1962	610	24 756	1 514	956	558	19 521
1965	434	80 993	1 265	871	394	18 102
1970	434	106 041	1 087	685	402	104 954
1975	387	125 718	2 213	1 326	887	123 505
1976	392	194 595	2 443	1 461	982	192 152
1977	404	203 753	2 485	1 457	1 028	201 268
1978	598	165 105	2 760	1 714	1 046	162 345
1979	633	147 266	3 033	1 980	1 053	144 233
1980	675	124 760	3 069	2 052	1 017	118 377
1981	704	112 505	3 132	2 170	962	106 718
1982	715	107 829	3 076	2 168	908	101 649
1983	805	105 045	3 090	2 229	861	96 474
1984	902	104 017	3 301	2 293	1 008	93 714
1985	1 016	104 848	3 557	2 529	1 028	93 221
1986	1 054	104 936	3 782	2 741	1 041	92 967
1987	1 063	105 151	3 913	2 854	1 059	92 857
1988	1 075	104 468	4 022	2 957	1 065	91 492
1989	1 075	102 732	3 984	2 940	1 044	89 575
1990	1 075	100 777	3 982	2 956	1 026	87 631
1991	1 075	99 348	3 925	2 977	948	85 851

18-1 续表

单位:所

年份	高中	初中	农业中学 职业中学	小学	幼儿园	盲、聋哑学校
1952	1 181	3 117		526 964	6 531	
1957	2 184	8 912		547 306	16 420	66
1962	4 434	15 087	3 715	668 318	17 564	261
1965	4 112	13 990	61 626	1 681 939	19 226	266
1970				961 131		
1975	39 120	84 385		1 093 317	171 749	246
1976	60 535	131 617		1 044 274	442 650	269
1977	64 903	136 365		982 291	261 936	286
1978	49 215	113 130		949 323	163 952	292
1979	40 289	103 944		923 532	165 629	289
1980	31 300	87 077	3 314	917 316	170 419	292
1981	24 447	82 271	2 655	894 074	130 296	302
1982	20 874	80 775	3 104	880 516	122 107	312
1983	18 876	77 598	5 481	862 165	136 306	318
1984	17 847	75 867	7 002	853 740	166 526	326
1985	17 318	75 903	8 070	832 309	172 262	350
1986	17 111	75 856	8 187	820 846	173 376	387
1987	16 930	75 927	8 381	807 406	176 775	414
1988	16 524	74 968	8 954	793 261	171 845	446
1989	16 050	73 525	9 173	777 244	172 634	483
1990	15 678	71 953	9 164	766 072	172 322	555
1991	15 243	70 608	9 572	729 158	164 465	651

注:中等学校不包括技工学校和工读学校,1962年以前的中等学校合计数中包括工农中学及预科(以下同)。

18-2 各级各类学校教职工数

单位:万人

年 份	普通高等学校	中 等 学 校	中等专业学校	中等技术学校	中等师范学校
1952	7.2	26.0	8.1	3.9	4.2
1957	15.5	53.4	13.6	10.6	3.0
1962	33.5	77.8	13.7	11.1	2.6
1965	33.3	110.5	12.2	10.1	2.1
1970	31.2	153.3	7.9	5.6	2.3
1975	40.8	282.1	17.7	12.8	4.5
1976	44.0	355.7	19.7	13.9	5.8
1977	47.2	409.6	21.0	15.1	5.9
1978	51.8	415.4	23.7	17.6	6.1
1979	57.4	413.4	26.2	19.4	6.8
1980	63.2	423.6	29.8	22.3	7.5
1981	66.6	411.7	32.6	24.9	7.7
1982	73.0	399.7	35.2	27.2	8.0
1983	76.3	396.4	36.4	28.4	8.0
1984	80.4	400.7	37.9	29.4	8.5
1985	87.1	417.6	40.3	31.3	9.0
1986	93.1	437.7	43.6	33.9	9.7
1987	96.9	455.3	45.9	35.7	10.2
1988	99.4	468.1	47.6	37.0	10.6
1989	100.4	473.9	48.2	37.6	10.6
1990	100.6	482.6	49.2	38.5	10.7
1991	100.9	490.6	49.4	38.8	10.6

18-2 续表

单位:万人

年 份	普通中学	农业中学 职业中学	小 学	幼儿园	盲、聋哑学校
1952	17.6		152.8	1.9	
1957	39.4		198.1	10.1	0.1
1962	62.2	2.0	262.0	16.1	0.3
1965	67.7	30.6	407.5	16.2	0.4
1970	145.4		390.9		
1975	264.4		554.3	37.8	0.6
1976	336.0		564.1	76.3	0.6
1977	388.6		559.0	54.5	0.7
1978	391.7		562.0	46.9	0.7
1979	387.2		587.5	53.3	0.7
1980	389.7	4.1	605.4	61.0	0.8
1981	374.5	4.6	616.5	59.9	0.9
1982	358.2	6.3	611.3	63.7	0.9
1983	348.8	11.2	606.0	67.4	1.0
1984	346.6	16.2	603.0	73.7	1.0
1985	355.7	21.6	602.1	79.8	1.1
1986	368.9	25.2	606.5	88.1	1.2
1987	381.3	28.1	608.5	94.1	1.3
1988	389.7	30.8	614.2	97.9	1.4
1989	393.1	32.6	619.5	101.2	1.5
1990	399.1	34.3	624.0	105.2	1.6
1991	405.4	35.8	619.4	106.2	1.9

18-3 各级各类学校教师数

单位:万人

年份	普通高等学校	中等学校	中等专业学校	中等技术学校	中等师范学校	普通中学
1952	2.7	13.0	3.5	1.5	2.0	9.4
1957	7.0	29.4	5.8	4.3	1.5	23.4
1962	14.4	47.3	6.1	4.7	1.4	39.9
1965	13.8	70.9	5.5	4.4	1.1	45.7
1970	12.9	121.3	3.9	2.6	1.3	117.4
1975	15.6	216.5	7.3	4.8	2.5	209.2
1976	16.7	280.9	8.0	5.2	2.8	272.9
1977	18.6	327.4	8.7	5.8	2.9	318.7
1978	20.6	328.1	9.9	6.9	3.0	318.2
1979	23.7	319.1	11.3	7.9	3.4	307.8
1980	24.7	317.1	12.8	9.1	3.7	302.0
1981	25.0	300.9	13.6	9.8	3.8	284.4
1982	28.7	287.1	15.0	11.0	4.0	268.1
1983	30.3	282.6	15.6	11.6	4.0	259.7
1984	31.5	282.2	16.1	11.9	4.3	255.7
1985	34.4	296.7	17.4	12.8	4.6	265.2
1986	37.2	311.5	19.3	14.3	5.0	275.8
1987	38.5	326.6	21.0	15.6	5.4	287.0
1988	39.3	338.9	22.5	16.8	5.7	296.0
1989	39.7	342.3	22.9	17.1	5.8	298.0
1990	39.5	349.2	23.4	17.6	5.8	303.3
1991	39.1	355.7	23.2	17.5	5.7	309.0

18-3 续表

单位:万人

年份	高中	初中	农业中学 职业中学	小学	幼儿园	盲、聋哑学校
1952	1.3	8.1		143.5	1.4	
1957	4.0	19.4		188.4	5.0	0.1
1962	8.1	31.8	1.3	251.1	7.0	0.2
1965	7.8	37.9	19.7	385.7	6.2	0.3
1970				361.2		
1975	53.0	156.2		520.4	23.7	0.3
1976	69.4	203.5		528.9	51.4	0.4
1977	82.6	236.1		522.6	33.5	0.4
1978	74.1	244.1		522.6	27.7	0.4
1979	66.8	241.0		538.2	29.5	0.5
1980	57.1	244.9	2.3	549.9	41.1	0.5
1981	49.4	235.0	2.9	558.0	40.1	0.5
1982	46.6	221.5	4.0	550.5	41.5	0.5
1983	45.1	241.6	7.3	542.5	43.3	0.6
1984	45.9	209.7	10.4	537.0	49.1	0.6
1985	49.2	216.0	14.1	537.7	55.0	0.7
1986	51.8	223.9	16.4	541.4	60.5	0.7
1987	54.4	232.7	18.5	543.4	65.1	0.8
1988	55.7	240.3	20.3	550.1	67.0	0.9
1989	55.4	242.7	21.4	554.4	70.9	0.9
1990	56.2	247.0	22.4	558.2	75.0	1.1
1991	57.3	251.7	23.5	553.2	76.9	1.2

18-4 各级各类学校在校学生数

单位:万人

年份	普通高等学校	中等学校				
			中等专业学校	中等技术学校	中等师范学校	普通中学
1949	11.7	126.8	22.9	7.7	15.2	103.9
1950	13.7	156.6	25.7	9.8	15.9	130.5
1951	15.3	196.4	38.3	16.3	22.0	156.8
1952	19.1	314.5	63.6	29.0	34.5	249.0
1953	21.2	362.9	66.8	29.9	36.9	293.3
1954	25.3	424.6	60.8	30.0	30.8	358.7
1955	28.8	447.3	53.7	31.8	21.9	390.0
1956	40.3	600.9	81.2	53.9	27.3	516.5
1957	44.1	708.1	77.8	48.2	29.6	628.1
1958	66.0	1 199.8	147.0	108.4	38.6	852.0
1959	81.2	1 290.3	149.5	95.5	54.0	917.8
1960	96.2	1 487.3	221.6	137.7	83.9	1 026.0
1961	94.7	1 034.4	120.3	74.1	46.2	851.8
1962	83.0	833.5	53.5	35.3	18.2	752.8
1963	75.0	837.6	45.2	32.1	13.1	761.6
1964	68.5	1 019.5	53.1	39.7	13.4	854.1
1965	67.4	1 431.8	54.7	39.2	15.5	933.8
1966	53.4	1 296.8	47.0	33.6	13.4	1 249.8
1967	40.9	1 254.5	30.8	22.4	8.4	1 223.7
1968	25.9	1 405.1	12.8	9.8	3.0	1 392.3
1969	10.9	2 025.3	3.8	2.3	1.5	2 021.5
1970	4.8	2 648.3	6.4	3.2	3.2	2 641.9
1971	8.3	3 149.4	21.8	9.8	12.0	3 127.6
1972	19.4	3 616.7	34.2	14.7	19.5	3 582.5
1973	31.4	3 494.7	48.2	26.4	21.8	3 446.5
1974	43.0	3 713.7	63.4	34.9	28.5	3 650.3
1975	50.1	4 536.8	70.7	40.5	30.2	4 466.1
1976	56.5	5 905.5	69.0	38.6	30.4	5 836.5
1977	62.5	6 848.8	68.9	39.1	29.8	6 779.9
1978	85.6	6 637.2	88.9	52.9	36.0	6 548.3
1979	102.0	6 024.9	119.9	71.4	48.4	5 905.0
1980	114.4	5 677.8	124.3	76.1	48.2	5 508.1
1981	127.9	5 014.6	106.9	63.2	43.7	4 859.6
1982	115.4	4 702.8	103.9	62.8	41.1	4 528.5
1983	120.7	4 634.7	114.3	68.8	45.5	4 397.8
1984	139.6	4 860.9	132.3	81.1	51.1	4 554.2
1985	170.3	5 092.6	157.1	100.9	56.2	4 706.0
1986	188.0	5 321.6	175.7	114.6	61.1	4 889.9
1987	195.9	5 403.1	187.4	122.3	65.1	4 948.1
1988	206.6	5 246.1	205.2	136.8	68.3	4 761.5
1989	208.2	5 054.0	217.7	149.3	68.5	4 554.0
1990	206.3	5 105.4	224.4	156.7	67.7	4 586.0
1991	204.4	5 226.8	227.7	161.6	66.1	4 683.5

18-4 续表

单位：万人

年份			农业中学 职业中学	小学	幼儿园	盲、聋哑学校
	高中	初中				
1949	20.7	83.2		2 439.1		
1950	23.8	106.7		2 892.4	14.0	
1951	18.4	138.4		4 315.4	38.2	
1952	26.0	223.0		5 110.0	42.4	
1953	36.0	257.3		5 166.4	43.0	0.5
1954	47.8	310.9		5 121.8	48.4	0.5
1955	58.0	332.0		5 312.6	56.2	0.5
1956	78.4	438.1		6 346.6	108.1	0.7
1957	90.4	537.7		6 428.3	108.8	0.8
1958	117.9	734.1	200.0	8 640.3	2 950.1	1.0
1959	143.5	774.3	219.0	9 117.9	2 172.2	1.8
1960	167.5	858.5	230.2	9 379.1	2 933.1	2.7
1961	153.3	698.5	61.2	7 578.6	289.6	2.0
1962	133.9	618.9	26.7	6 923.9	144.6	1.8
1963	123.5	638.1	30.8	7 157.5	147.2	1.8
1964	124.7	729.4	112.3	9 294.5	158.9	2.0
1965	130.8	803.0	443.3	11 620.9	171.3	2.3
1966	137.3	1 112.5		10 341.7		
1967	126.5	1 097.2		10 244.3		
1968	140.8	1 251.5		10 036.3		
1969	189.1	1 832.4		10 066.8		
1970	349.7	2 292.2		10 528.0		
1971	558.7	2 568.9		11 211.2		
1972	858.1	2 724.4		12 549.2		
1973	923.3	2 523.2		13 570.4	245.0	2.5
1974	1 002.7	2 647.6		14 481.4	263.8	2.6
1975	1 163.7	3 302.4		15 094.1	620.0	2.7
1976	1 483.6	4 352.9		15 005.5	1 395.5	2.9
1977	1 800.0	4 979.9		14 617.6	896.8	3.0
1978	1 553.1	4 995.2		14 624.0	787.7	3.1
1979	1 292.0	4 613.0		14 662.9	879.2	3.2
1980	969.8	4 538.3	45.4	14 627.0	1 150.8	3.3
1981	715.0	4 144.6	48.1	14 332.8	1 056.2	3.3
1982	640.5	3 888.0	70.4	13 972.0	1 113.1	3.4
1983	629.0	3 768.8	122.0	13 578.0	1 140.3	3.6
1984	689.8	3 864.3	174.5	13 557.1	1 294.7	3.6
1985	741.1	3 964.8	229.5	13 370.2	1 479.7	3.8
1986	773.4	4 116.6	256.0	13 182.5	1 629.0	4.1
1987	773.7	4 174.4	267.6	12 835.9	1 807.8	4.3
1988	746.0	4 015.5	279.4	12 535.8	1 854.5	4.5
1989	716.1	3 837.9	282.3	12 373.1	1 847.7	4.7
1990	717.3	3 868.7	295.0	12 241.4	1 972.2	5.1
1991	722.9	3 960.6	315.6	12 164.2	2 209.3	5.6

18-5 各级各类学校招生数

单位:万人

年份	普通高等学校	中等学校	中等专业学校	中等技术学校	中等师范学校	普通中学
1952	7.9	174.6	35.1	16.9	18.2	138.3
1957	10.6	261.6	12.3	6.0	6.3	249.3
1962	10.7	298.8	3.9	2.6	1.3	280.0
1965	16.4	673.0	20.8	14.6	6.2	345.7
1970	4.2	1 420.7	5.4	2.5	2.9	1 415.3
1975	19.1	2 478.0	34.4	18.4	16.0	2 443.6
1976	21.7	3 240.2	34.8	19.3	15.5	3 205.4
1977	27.3	3 397.4	36.6	20.9	15.8	3 360.8
1978	40.2	2 743.6	44.7	26.8	17.9	2 698.9
1979	27.5	2 391.0	49.2	26.5	22.6	2 341.9
1980	28.1	2 011.8	46.8	25.3	21.5	1 934.3
1981	27.9	1 810.5	43.3	23.8	19.5	1 740.5
1982	31.5	1 726.9	41.9	24.1	17.9	1 642.4
1983	39.1	1 700.4	47.8	28.6	19.1	1 576.9
1984	47.5	1 713.4	54.6	35.1	19.5	1 564.9
1985	61.9	1 789.8	66.8	45.2	21.6	1 606.9
1986	57.2	1 824.4	67.7	45.0	22.7	1 643.9
1987	61.7	1 834.2	71.5	48.5	23.0	1 649.5
1988	67.0	1 781.9	77.6	54.1	23.6	1 584.8
1989	59.7	1 743.3	73.5	50.8	22.7	1 551.5
1990	60.9	1 815.8	73.0	50.3	22.7	1 619.6
1991	62.0	1 871.0	78.0	55.1	22.9	1 655.2

18-5 续表

单位:万人

年份	高中	初中	农业中学 职业中学	小学	盲、聋哑学校
1952	14.1	124.2		1 149.3	
1957	32.3	217.0		1 249.2	
1962	41.7	238.3	14.9	1 586.3	
1965	45.9	299.8	306.5	3 296.0	
1970	239.0	1 176.3		2 831.8	
1975	633.1	1 810.5		3 352.1	0.5
1976	861.1	2 344.3		3 161.1	0.5
1977	993.1	2 367.7		3 111.5	0.6
1978	692.9	2 006.0		3 315.4	0.6
1979	614.1	1 727.8		3 101.7	0.6
1980	383.4	1 550.9	30.7	2 942.3	0.6
1981	327.8	1 412.7	26.7	2 749.2	0.6
1982	279.3	1 363.1	42.6	2 671.7	0.6
1983	259.8	1 317.1	75.7	2 544.0	0.6
1984	262.3	1 302.5	93.9	2 472.9	0.7
1985	257.5	1 349.4	116.1	2 298.2	0.7
1986	257.3	1 386.6	112.8	2 258.2	0.9
1987	255.2	1 394.3	113.2	2 094.6	0.9
1988	244.3	1 340.5	119.5	2 123.3	0.9
1989	242.1	1 309.4	118.3	2 151.5	0.9
1990	249.8	1 369.9	123.2	2 064.0	1.0
1991	243.8	1 411.3	137.8	2 072.7	1.2

18-6 各级各类学校毕业生数

单位:万人

年份	普通高等学校	中等学校	中等专业学校	中等技术学校	中等师范学校
1949	2.1	35.2	7.1	2.4	4.8
1950	1.8	37.1	7.5	2.2	5.3
1951	1.9	34.1	5.7	2.2	3.5
1952	3.2	28.9	6.8	4.1	2.7
1953	4.8	57.4	11.8	5.8	6.0
1954	4.7	81.7	16.9	7.1	9.8
1955	5.5	121.1	23.5	9.7	13.8
1956	6.3	111.3	17.4	7.5	9.9
1957	5.6	145.2	14.6	9.6	5.0
1958	7.2	152.6	19.1	10.1	9.0
1959	7.0	210.0	28.9	17.1	11.8
1960	13.6	212.9	26.8	16.3	10.5
1961	15.1	277.2	34.0	21.6	12.4
1962	17.7	237.5	30.5	15.9	14.6
1963	19.9	217.6	19.6	10.7	8.9
1964	20.4	196.7	16.5	10.3	6.2
1965	18.6	232.5	9.1	7.3	1.8
1966	14.1	201.9	12.0	8.0	3.9
1967	12.5	230.2	17.0	11.8	5.2
1968	15.0	618.1	19.7	13.5	6.2
1969	15.0	409.7	10.3	8.2	2.1
1970	10.3	689.3	2.8	1.7	1.1
1971	0.6	944.3	8.9	3.8	5.1
1972	1.7	1 260.9	9.5	3.6	5.9
1973	3.0	1 491.0	12.2	3.8	8.4
1974	4.3	1 495.1	16.6	7.8	8.8
1975	11.9	1 519.5	24.8	12.3	12.4
1976	14.9	1 757.1	33.9	19.0	14.8
1977	19.4	2 178.4	34.0	17.9	16.1
1978	16.5	2 398.5	23.2	11.9	11.3
1979	8.5	2 402.5	18.1	7.9	10.2
1980	14.7	1 629.9	41.0	20.1	20.9
1981	14.0	1 710.2	60.5	36.5	24.0
1982	45.7	1 400.4	44.6	24.2	20.4
1983	33.5	1 254.5	37.5	23.0	14.5
1984	28.7	1 205.6	37.6	23.8	13.8
1985	31.6	1 279.1	42.9	26.1	16.8
1986	39.3	1 388.5	49.6	32.1	17.5
1987	53.2	1 496.9	57.8	38.9	18.9
1988	55.3	1 548.4	59.6	39.2	20.4
1989	57.6	1 520.9	59.1	36.5	22.6
1990	61.4	1 497.5	66.1	42.8	23.4
1991	61.4	1 477.0	74.0	49.6	24.4

18-6 各级各类学校毕业生数

单位:万人

年份	普通高等学校	中等学校	中等专业学校	中等技术学校	中等师范学校
1949	2.1	35.2	7.1	2.4	4.8
1950	1.8	37.1	7.5	2.2	5.3
1951	1.9	34.1	5.7	2.2	3.5
1952	3.2	28.9	6.8	4.1	2.7
1953	4.8	57.4	11.8	5.8	6.0
1954	4.7	81.7	16.9	7.1	9.8
1955	5.5	121.1	23.5	9.7	13.8
1956	6.3	111.3	17.4	7.5	9.9
1957	5.6	145.2	14.6	9.6	5.0
1958	7.2	152.6	19.1	10.1	9.0
1959	7.0	210.0	28.9	17.1	11.8
1960	13.6	212.9	26.8	16.3	10.5
1961	15.1	277.2	34.0	21.6	12.4
1962	17.7	237.5	30.5	15.9	14.6
1963	19.9	217.6	19.6	10.7	8.9
1964	20.4	196.7	16.5	10.3	6.2
1965	18.6	232.5	9.1	7.3	1.8
1966	14.1	201.9	12.0	8.0	3.9
1967	12.5	230.2	17.0	11.8	5.2
1968	15.0	618.1	19.7	13.5	6.2
1969	15.0	409.7	10.3	8.2	2.1
1970	10.3	689.3	2.8	1.7	1.1
1971	0.6	944.3	8.9	3.8	5.1
1972	1.7	1 260.9	9.5	3.6	5.9
1973	3.0	1 491.0	12.2	3.8	8.4
1974	4.3	1 495.1	16.6	7.8	8.8
1975	11.9	1 519.5	24.8	12.3	12.4
1976	14.9	1 757.1	33.9	19.0	14.8
1977	19.4	2 178.4	34.0	17.9	16.1
1978	16.5	2 398.5	23.2	11.9	11.3
1979	8.5	2 402.5	18.1	7.9	10.2
1980	14.7	1 629.9	41.0	20.1	20.9
1981	14.0	1 710.2	60.5	36.5	24.0
1982	45.7	1 400.4	44.6	24.2	20.4
1983	33.5	1 254.5	37.5	23.0	14.5
1984	28.7	1 205.6	37.6	23.8	13.8
1985	31.6	1 279.1	42.9	26.1	16.8
1986	39.3	1 388.5	49.6	32.1	17.5
1987	53.2	1 496.9	57.8	38.9	18.9
1988	55.3	1 548.4	59.6	39.2	20.4
1989	57.6	1 520.9	59.1	36.5	22.6
1990	61.4	1 497.5	66.1	42.8	23.4
1991	61.4	1 477.0	74.0	49.6	24.4

18-7 全国研究生数

单位：人

年份	在学人数	招生数	毕业生数
1952	2 763	1 785	627
1957	3 178	334	1 723
1962	6 130	1 287	1 019
1965	4 546	1 456	1 665
1978	10 934	10 708	9
1979	18 830	8 110	140
1980	21 604	3 616	476
1981	18 848	9 363	11 669
1982	25 847	11 080	4 058
1983	37 166	15 642	4 497
1984	57 566	23 181	2 756
1985	87 331	46 871	17 004
1986	110 371	41 310	16 950
1987	120 191	39 017	27 603
1988	112 776	35 645	40 838
1989	101 339	28 569	37 232
1990	93 018	29 649	35 440
1991	88 128	29 679	32 537

18-8 派出国和毕业回国留学生数

单位：人

年份	派出国的留学生数	毕业回国的留学生数	年份	派出国的留学生数	毕业回国的留学生数
			1973	259	
1950	35		1974	180	70
1951	380		1975	245	186
1952	231				
			1976	277	189
1953	675	16	1977	220	270
1954	1 518	22	1978	860	248
1955	2 093	104	1979	1 777	231
1956	2 401	258	1980	2 124	162
1957	529	347			
			1981	2 922	1 143
1958	415	670	1982	2 326	2 116
1959	576	1 380	1983	2 633	2 303
1960	441	2 217	1984	3 073	2 920
1961	124	1 403	1985	4 888	1 424
1962	114	980			
			1986	4 676	1 388
1963	62	426	1987	4 703	1 605
1964	650	191	1988	3 786	3 000
1965	454	199	1989	3 329	1 753
			1990	2 950	1 593
1972	36		1991	2 900	2 069

18-9 高等学校分科在校学生数

单位：人

年份	合计	工科	农科	林科	医药	师范
1952	191 147	66 583	13 262	2 209	24 752	31 551
1957	441 181	163 026	33 823	6 065	49 107	114 795
1962	829 699	345 247	66 863	13 862	108 470	137 561
1965	674 436	295 273	53 447	9 793	82 861	94 268
1970	47 815	11 623	1 090	330	13 235	9 140
1975	500 993	186 298	36 137	6 085	86 336	97 362
1976	564 715	198 079	50 529	8 612	98 381	109 731
1977	625 319	209 004	53 631	7 194	93 822	165 105
1978	856 322	287 648	53 712	7 915	112 990	249 940
1979	1 019 950	345 430	58 399	10 997	127 400	311 168
1980	1 143 712	383 520	70 494	11 681	139 569	338 197
1981	1 279 472	461 265	78 837	13 618	158 986	321 444
1982	1 153 956	398 214	64 327	11 472	164 038	289 448
1983	1 206 823	418 545	67 951	13 501	140 051	313 339
1984	1 395 656	479 527	77 497	15 128	143 855	361 827
1985	1 703 115	580 168	88 535	17 499	157 388	425 047
1986	1 879 994	645 117	93 218	19 171	170 317	481 831
1987	1 958 725	686 319	92 209	19 466	182 154	507 963
1988	2 065 923	727 722	93 677	19 828	191 527	531 511
1989	2 082 111	740 109	90 339	19 494	199 305	532 333
1990	2 062 695	745 613	87 615	19 042	201 789	519 637
1991	2 043 662	747 947	84 272	19 654	202 344	519 375

18-9 续表

单位：人

年份	文科	理科	财经	政法	体育	艺术
1952	13 511	9 563	21 974	3 830	325	3 587
1957	19 643	28 660	12 048	8 245	3 252	2 517
1962	40 098	88 433	12 096	3 796	6 334	6 939
1965	46 038	62 232	18 119	4 144	4 026	4 235
1970	7 240	4 357	90			710
1975	37 115	33 888	7 092	269	6 880	3 531
1976	42 379	39 285	6 569	410	5 843	4 397
1977	35 038	41 817	7 992	576	6 357	4 783
1978	46 153	64 170	18 190	1 299	8 643	5 662
1979	57 244	70 036	21 597	3 315	9 048	5 316
1980	58 054	83 651	37 082	6 029	9 412	6 023
1981	69 076	99 840	47 895	9 944	11 241	7 326
1982	59 663	81 132	55 980	14 635	9 505	5 540
1983	67 909	79 848	71 100	18 286	10 027	6 266
1984	89 146	86 894	97 405	25 237	11 639	7 501
1985	126 826	97 707	147 543	36 129	13 629	12 644
1986	128 091	102 153	169 384	43 178	14 359	13 175
1987	113 423	106 564	180 398	42 034	14 183	14 012
1988	111 683	108 717	206 088	43 654	14 831	16 685
1989	104 713	100 861	219 110	41 948	14 699	19 200
1990	98 804	95 156	220 494	41 634	13 975	18 936
1991	94 173	88 975	215 562	40 741	12 837	17 782

18-10 高等学校分科招生数

单位：人

年份	合计	工科	农科	林科	医药	师范
1952	78 865	33 952	3 676	816	6 547	18 145
1957	105 581	35 725	6 985	1 381	9 861	33 065
1962	106 777	40 928	8 947	1 603	12 709	20 041
1965	164 212	67 444	13 743	2 566	20 044	25 329
1970	41 870	10 450	1 030	330	8 620	9 140
1975	190 779	69 870	16 617	2 479	33 785	39 712
1976	217 048	71 618	25 728	3 416	35 324	44 167
1977	272 971	79 619	18 104	2 662	34 932	94 586
1978	401 521	135 741	20 709	3 390	47 320	123 996
1979	275 099	91 869	14 797	2 676	31 569	97 481
1980	281 230	92 387	16 168	2 803	31 277	99 046
1981	278 777	91 261	16 170	2 728	29 241	88 207
1982	315 135	102 825	18 313	3 201	29 486	97 177
1983	390 800	131 331	21 345	4 477	31 831	113 889
1984	475 171	158 925	24 978	4 810	35 863	134 494
1985	619 235	201 004	28 926	5 906	42 919	162 549
1986	572 055	184 958	27 353	5 513	40 647	170 071
1987	616 822	200 542	27 484	5 824	43 699	189 454
1988	669 731	219 532	27 179	5 786	48 135	203 446
1989	597 113	201 425	22 922	5 117	46 245	183 797
1990	608 850	208 285	24 920	5 692	46 772	182 467
1991	619 874	214 532	25 020	6 146	48 943	183 715

18-10 续表

单位：人

年份	文科	理科	财经	政法	体育	艺术
1952	3 831	5 433	4 700	1 271	40	454
1957	3 844	7 944	3 240	1 691	1 268	577
1962	6 358	11 414	3 084	460	627	606
1965	13 461	12 266	5 726	1 298	1 272	1 063
1970	7 240	4 260	90			710
1975	14 335	11 922	2 834	100	1 858	1 267
1976	15 961	13 846	2 453	179	2 383	1 973
1977	14 781	19 838	3 389	256	2 977	1 827
1978	21 765	30 261	11 960	995	2 926	2 458
1979	14 984	18 053	8 143	2 041	2 470	1 016
1980	12 863	18 539	11 973	2 838	2 095	1 241
1981	12 763	18 914	12 405	3 751	1 889	1 448
1982	16 048	20 573	18 274	4 982	2 646	1 610
1983	24 537	21 880	29 385	6 923	3 206	1 996
1984	34 715	25 661	39 702	9 509	3 853	2 661
1985	53 289	30 833	67 017	16 164	4 477	6 151
1986	35 983	27 778	58 112	13 526	4 101	4 013
1987	34 747	29 185	63 444	13 139	4 145	5 159
1988	34 687	29 485	76 041	14 191	4 817	6 432
1989	25 977	21 313	68 519	11 119	4 206	6 473
1990	27 756	24 034	67 446	11 675	4 142	5 661
1991	28 336	24 501	67 118	11 888	3 837	5 838

18-11 高等学校分科毕业生数

单位：人

年份	合计	工科	农科	林科	医药	师范
1952	32 002	10 213	2 361	796	2 636	3 077
1957	56 180	17 162	3 104	824	6 200	15 948
1962	177 255	58 573	16 588	2 974	18 335	53 832
1965	185 521	80 294	15 665	3 237	22 027	28 966
1970	102 672	60 307	5 594	935	13 259	2 516
1975	118 955	48 240	6 490	810	20 760	20 516
1976	149 154	51 448	12 492	1 717	23 154	32 153
1977	194 426	73 562	12 706	2 119	34 860	37 038
1978	164 581	56 512	13 929	2 605	27 459	35 430
1979	85 085	21 362	9 748	1 281	13 483	24 331
1980	146 635	44 164	4 009	1 249	17 656	61 942
1981	139 640	12 199	7 902	933	9 512	103 422
1982	457 244	172 236	32 562	5 488	25 963	129 463
1983	335 344	111 405	16 661	2 674	55 490	90 147
1984	286 937	97 546	15 551	2 965	31 899	84 821
1985	316 384	97 672	17 315	3 403	29 190	94 113
1986	392 792	119 213	21 896	4 119	27 907	117 403
1987	531 930	156 065	26 357	4 984	32 124	163 366
1988	553 466	173 585	25 073	5 228	38 153	179 120
1989	576 242	186 582	25 585	5 385	38 366	182 427
1990	613 614	195 841	27 679	5 734	42 881	190 914
1991	614 267	206 268	25 450	5 376	46 028	186 609

18-11 续表

单位：人

年份	文科	理科	财经	政法	体育	艺术
1952	1 676	2 215	7 263	1 403	79	283
1957	4 294	3 524	3 651	385	526	562
1962	6 830	13 603	2 575	802	1 820	1 323
1965	8 252	20 668	2 079	857	1 876	1 600
1970	6 217	12 410	647	123		664
1975	11 298	8 167	905	160	618	991
1976	11 891	10 008	1 922	49	3 089	1 231
1977	13 992	11 693	4 589	294	2 135	1 438
1978	11 808	12 743	1 627	99	1 256	1 113
1979	5 421	5 682	1 904		1 498	375
1980	6 213	8 421	1 268	109	1 010	594
1981	1 210	1 989	2 079		73	321
1982	27 449	40 747	13 143	1 238	5 647	3 308
1983	17 839	21 008	13 040	3 113	2 716	1 251
1984	14 414	17 907	14 976	3 103	2 421	1 334
1985	22 452	18 531	24 139	5 367	2 569	1 633
1986	34 599	21 567	32 740	7 329	3 549	2 470
1987	49 237	24 663	53 933	12 639	4 230	4 332
1988	34 681	25 664	51 273	12 490	4 219	3 980
1989	32 543	27 058	56 754	13 030	4 109	4 403
1990	33 652	28 937	66 380	12 094	4 260	5 242
1991	30 401	27 345	65 206	11 894	3 802	5 888

18-12 高等学校分科毕业生累计数

单位：万人

项　　目	1949-1991年合计	1949-1965年	1966-1978年	1979-1991年
合　计	799.58	155.44	139.19	504.96
工　科	266.78	53.06	54.31	159.41
农　林	57.79	14.71	12.61	30.46
医　药	78.31	16.66	20.79	40.87
师　范	224.47	39.20	24.46	160.81
文　科	49.78	8.26	10.51	31.01
理　科	49.30	11.24	11.10	26.95
财　经	49.60	7.13	2.79	39.68
政　法	11.03	2.30	0.48	8.24
体　育	6.63	1.41	1.21	4.01
艺　术	5.91	1.46	0.94	3.51

18-13 高等学校分科专任教师数

(1991年)

单位：人

项　目	合　计	教　授	副教授	讲　师	教　员	助　教
合　计	390 771	15 706	83 788	150 511	23 652	117 114
工科	107 271	5 125	26 142	44 636	5 782	25 586
农科	14 896	795	3 574	5 400	951	4 176
林科	2 870	146	671	990	125	938
医药	34 377	2 937	6 974	11 895	2 748	9 823
教育	5 244	115	698	1 440	468	2 523
文科	88 413	2 343	16 560	32 337	6 152	31 021
理科	80 746	2 927	19 965	32 754	3 527	21 573
财经	19 334	620	2 882	6 643	1 377	7 812
政法	5 802	167	932	2 053	382	2 268
体育	20 700	218	3 390	8 571	978	7 543
艺术	11 118	313	2 000	3 792	1 162	3 851

18-14 中等专业学校分科在校学生数

单位：人

年份	合计	中等技术学校	工科	农科	林科	医药
1952	635 609	290 446	111 413	58 446	8 176	59 407
1957	777 939	482 155	259 478	84 845	14 288	81 079
1962	534 911	352 692	187 892	46 753	6 155	76 836
1965	547 447	392 443	177 609	46 417	7 364	88 972
1970	63 976	31 668	7 434	5 323	1 454	10 688
1975	707 318	405 030	138 451	64 635		139 113
1976	689 877	385 521	117 282	69 015		137 638
1977	689 202	391 320	120 584	71 825		133 118
1978	889 209	529 289	131 463	86 478		158 673
1979	1 198 676	714 182	242 915	110 401	11 327	210 194
1980	1 243 388	761 280	263 045	113 800	12 188	224 695
1981	1 068 955	632 051	203 387	82 796	11 067	183 230
1982	1 039 444	628 063	215 743	77 134	13 204	163 253
1983	1 143 299	688 438	233 917	78 217	13 723	163 280
1984	1 322 507	811 118	274 570	85 986	16 382	182 283
1985	1 571 083	1 008 659	337 786	98 811	19 207	220 693
1986	1 757 213	1 145 913	389 651	107 951	27 530	245 430
1987	1 873 869	1 222 607	406 240	105 735	22 317	274 575
1988	2 051 713	1 368 478	461 450	115 660	24 295	300 061
1989	2 177 480	1 492 853	525 517	125 724	26 946	306 506
1990	2 244 373	1 567 091	565 130	139 341	27 059	306 405
1991	2 277 354	1 615 999	590 229	147 287	27 474	296 783

18-14 续表

单位：人

年份	财经	政法	体育	艺术	其他	中等师范学校
1952	52 277		91	589	47	345 163
1957	31 588		5 263	4 635	979	295 784
1962	18 125		1 610	10 341	4 980	182 219
1965	56 673		744	11 324	3 340	155 004
1970	3 441		628	1 570	1 130	32 308
1975	45 580		3 922	9 408	3 921	302 288
1976	45 919		2 552	8 434	4 681	304 356
1977	50 292		2 246	9 360	3 895	297 882
1978	75 382		3 662	12 192	11 439	359 920
1979	105 480		5 127	12 979	15 759	484 494
1980	107 535		6 190	15 576	18 251	482 108
1981	106 836	17 486	6 622	15 497	5 130	436 904
1982	109 714	22 069	6 916	15 186	4 844	411 381
1983	145 581	27 402	6 791	16 830	2 697	454 861
1984	182 102	35 796	7 628	19 343	7 028	511 389
1985	243 494	48 049	10 402	23 983	5 964	562 424
1986	263 387	49 619	13 883	26 774	21 688	611 300
1987	294 681	46 048	19 460	28 575	24 976	651 262
1988	338 216	46 095	24 806	31 547	26 348	683 235
1989	374 758	44 133	29 874	33 611	25 784	684 627
1990	387 806	43 858	34 313	37 134	26 045	677 282
1991	400 758	45 740	35 302	41 893	30 533	661 355

注：1975-1978年农科数为农、林科合计。（以下同）

18-15 中等专业学校分科招生人数

单位：人

年份	合计	中等技术学校	工科	农科	林科	医药
1952	350 825	168 869	69 446	30 922	5 890	28 518
1957	123 155	59 926	27 062	7 607	1 776	19 373
1962	38 719	25 992	13 623	1 575	21	7 826
1965	208 476	146 370	63 727	15 830	2 453	36 604
1970	53 940	24 522	6 121	4 423	1 031	8 092
1975	343 854	184 263	53 852	35 485		66 890
1976	348 125	193 112	56 011	39 028		67 420
1977	366 312	208 764	69 172	35 928		67 443
1978	447 039	267 953	93 386	46 283		75 377
1979	491 551	265 386	83 806	41 966	4 519	79 125
1980	467 624	252 900	83 298	34 166	4 723	65 719
1981	433 179	238 098	85 303	25 840	5 352	54 128
1982	419 476	240 821	85 044	27 031	5 381	50 728
1983	477 763	286 383	91 203	29 362	5 271	61 684
1984	546 077	350 906	112 233	34 963	7 655	69 680
1985	668 271	451 928	144 829	38 847	7 965	87 925
1986	676 500	449 540	149 843	40 353	9 193	86 854
1987	715 227	484 976	161 333	39 016	7 442	96 818
1988	776 382	540 526	178 189	41 623	8 174	109 504
1989	734 861	507 662	170 239	40 575	8 083	93 142
1990	730 097	502 802	168 786	43 026	7 332	91 818
1991	779 955	550 680	189 400	48 829	8 585	94 745

18-15 续表

单位：人

年份	财经	政法	体育	艺术	其他	中等师范学校
1952	33 776		50	267		181 956
1957	2 233		1 066	809		63 229
1962	2 261			686		12 727
1965	23 708		379	2 439	1 230	62 106
1970	2 783		349	1 063	660	29 418
1975	22 455		1 090	2 811	1 680	159 591
1976	23 884		688	3 374	2 707	155 013
1977	30 321		1 272	2 625	2 003	157 548
1978	38 936		1 831	4 766	7 374	179 086
1979	43 596		2 153	3 283	6 938	226 165
1980	48 223		2 350	4 340	10 081	214 724
1981	49 583	9 897	2 154	3 934	1 908	195 081
1982	54 063	11 591	1 969	3 167	1 847	178 655
1983	76 559	15 095	1 740	3 749	1 720	191 380
1984	93 445	20 550	2 503	5 903	3 974	195 171
1985	127 906	26 632	4 517	9 305	4 002	216 343
1986	117 832	22 832	5 361	8 195	9 077	226 960
1987	133 108	21 182	7 452	8 346	10 279	230 251
1988	152 090	21 363	9 270	10 044	10 269	235 856
1989	147 043	19 324	9 768	9 834	9 654	227 199
1990	141 005	20 743	10 341	10 815	8 936	227 295
1991	151 349	21 967	9 985	13 871	11 949	229 275

18-16 中等专业学校分科毕业生数

单位：人

年　　份	合　　计	中等技术学校	工　　科	农　　科	林　　科	医　　药
1952	68 146	40 758	9 498	4 361	347	15 840
1957	146 100	95 707	50 753	12 258	2 512	22 984
1962	304 895	159 100	72 361	29 149	3 786	44 264
1965	91 388	73 359	40 750	6 409	1 376	12 927
1970	28 131	16 815	3 126	3 908	782	4 690
1975	247 709	123 328	39 606	18 548		46 138
1976	338 629	190 231	62 341	31 865		68 361
1977	339 706	178 678	56 562	28 067		65 485
1978	231 990	119 335	31 294	27 055		43 884
1979	180 859	78 518	24 175	11 397	1 572	25 220
1980	410 337	201 187	57 769	29 083	3 237	53 523
1981	604 920	364 804	138 283	58 803	6 198	93 548
1982	445 663	241 905	68 543	35 384	3 596	70 244
1983	375 353	229 901	65 133	25 185	4 054	62 652
1984	375 864	237 705	77 179	26 968	4 928	51 324
1985	428 680	261 168	84 066	26 539	4 672	51 636
1986	496 055	321 014	104 359	32 982	6 992	59 664
1987	577 800	388 832	129 825	35 771	6 954	70 362
1988	595 737	392 219	115 613	31 499	6 549	85 653
1989	590 876	364 696	98 612	28 111	5 934	82 783
1990	661 262	427 573	128 829	29 989	6 257	94 024
1991	740 270	496 395	157 821	41 381	7 090	104 356

18-16 续表

单位：人

年　　份	财　　经	政　　法	体　　育	艺　　术	其　　他	中等师范学校
1952	10 535			96	81	27 388
1957	6 247		681	272		50 393
1962	5 524		1 540	2 033	443	145 795
1965	8 835		174	2 283	605	18 029
1970	2 345		156	1 652	156	11 316
1975	15 524		405	1 369	1 738	124 381
1976	22 331		1 255	1 675	2 403	148 398
1977	24 737		785	1 489	1 553	161 028
1978	13 924		248	2 221	709	112 655
1979	12 924		387	1 912	931	102 341
1980	47 060		1 006	2 125	7 384	209 150
1981	53 803	6 937	1 298	3 698	2 236	240 116
1982	50 131	7 743	1 434	2 832	1 998	203 758
1983	57 588	9 763	1 686	3 111	729	145 452
1984	59 230	12 017	1 301	3 586	1 172	138 159
1985	71 927	14 797	1 574	5 279	678	167 512
1986	86 058	20 648	1 677	4 573	4 061	175 041
1987	109 073	23 392	1 981	5 246	6 228	188 968
1988	113 439	21 192	2 951	6 267	9 056	203 518
1989	109 151	20 520	4 541	6 491	8 553	226 180
1990	126 070	20 318	6 152	7 517	8 417	233 689
1991	139 187	19 742	7 415	9 253	10 150	243 875

18-17 中等专业学校分科毕业生累计数

单位：万人

项　　目	1949-1991年合计	1949-1965年	1966-1978年	1979-1991年
合　　计	1 169.02	295.85	224.80	648.37
工　　科	241.72	73.76	42.94	125.02
农　　林	102.17	34.14	19.92	48.11
师　　范	485.02	135.89	101.36	247.78
医　　药	168.03	37.02	40.51	90.50
财　　经	130.43	11.99	14.88	103.56
政　　法	17.71	0.00	0.00	17.71
体　　育	4.65	0.93	0.38	3.34
艺　　术	9.65	1.45	2.01	6.19
其　　他	9.63	0.67	2.80	6.16

18-18 中等专业学校分类别专任教师数

单位：人

项　　目	1952年	1978年	1985年	1987年	1988年	1989年	1990年	1991年
合　　计	34 944	99 591	173 984	209 775	225 336	228 536	234 476	232 259
中等技术学校	14 848	69 320	128 018	155 904	167 691	170 925	176 020	175 068
工业学校	6 371	27 678	48 358	60 095	63 607	65 526	67 888	67 853
农业学校	3 544	10 380	16 459	19 397	20 302	20 447	21 136	20 990
林业学校	413		2 315	2 940	3 133	3 330	3 366	3 395
医药学校	1 842	18 505	26 236	29 209	31 005	31 325	31 821	30 637
财经学校	2 617	7 112	18 943	24 214	27 719	27 557	28 590	28 021
政法学校			4 131	5 246	5 208	5 861	5 666	5 799
体育学校		551	2 531	3 856	5 064	5 357	6 206	6 052
艺术学校	42	4 115	7 132	7 759	8 127	8 116	8 478	8 368
其他学校	15	979	1 823	3 187	3 526	3 406	2 869	3 953
中等师范学校	20 096	30 271	45 966	53 872	57 645	57 611	58 456	57 191

18-19 技工学校数和学生数

年份	学校数（所）	在校学生数（万人）	毕业生数（万人）	招生数（万人）	教职工数（万人）
1982	3 367	51.2	32.3	20.3	17.8
1983	3 443	52.5	26.9	27.4	18.7
1984	3 465	62.8	18.5	31.1	18.9
1985	3 548	74.2	22.6	35.5	21.5
1986	3 765	89.2	23.3	39.4	24.4
1987	3 952	103.1	26.5	42.3	26.2
1988	3 996	116.1	31.1	46.1	28.0
1989	4 102	125.8	36.8	47.0	29.6
1990	4 184	133.2	41.3	50.6	30.8
1991	4 269	142.2	45.4	54.4	32.5

18-20 各类技工学校情况

（1991年）

指标	单位	合计	国务院各部门	省、自治区、直辖市
学校数	所	4 269	975	3 294
学生数	万人	142.2	36.9	105.3
#两年制	万人	16.2	4.3	11.9
三年制	万人	125.7	32.6	93.1
教职工数	万人	32.5	10.3	22.3
#文化技术理论课指导教师	万人	10.8	3.3	7.5
生产实习课指导教师	万人	3.5	1.2	2.3

18-21 初中毕业生和小学毕业生升学率

年份	初中毕业生升学率			小学毕业生升学率		
	初中毕业生数（万人）	高级中等学校招生数（万人）	升学率（%）	小学毕业生数（万人）	初级中等学校招生数（万人）	升学率（%）
1952	18.5	31.2	168.6	149.0	143.0	96.0
1957	111.2	44.2	39.7	498.0	219.9	44.2
1962	158.4	47.5	30.0	559.0	253.3	45.3
1965	173.8	121.6	70.0	667.6	550.7	82.5
1970	618.9	239.0	38.6	1 652.5	1 176.3	71.2
1975	1 047.7	633.1	60.4	1 999.4	1 810.5	90.6
1978	1 692.6	692.9	40.9	2 287.9	2 006.0	87.7
1980	964.7	442.8	45.9	2 053.3	1 557.6	75.9
1981	1 154.2	364.1	31.5	2 075.7	1 417.6	68.3
1982	1 032.2	333.4	32.3	2 068.9	1 370.1	66.2
1983	960.3	340.5	35.5	1 980.7	1 333.8	67.3
1984	950.4	364.5	38.4	1 995.0	1 321.1	66.2
1985	998.3	416.2	41.7	1 999.9	1 367.0	68.4
1986	1 057.0	429.2	40.6	2 016.1	1 402.0	69.5
1987	1 117.3	437.0	39.1	2 043.0	1 410.9	69.1
1988	1 157.2	439.6	38.0	1 930.3	1 359.0	70.4
1989	1 134.3	434.6	38.3	1 857.1	1 328.4	71.5
1990	1 109.1	450.4	40.6	1 863.1	1 389.2	74.6
1991	1 085.5	462.9	42.6	1 846.7	1 435.1	77.7

18-22 小学学龄儿童入学率

年份	学龄儿童数（万人）	已入学学龄儿童数（万人）	入学率（%）
1952	6 642.4	3 268.1	49.2
1957	8 077.7	4 986.6	61.7
1962	10 836.0	6 082.0	56.1
1965	11 603.2	9 829.1	84.7
1975	12 261.9	11 868.5	96.8
1978	12 131.3	11 585.4	95.5
1980	12 219.6	11 478.2	93.9
1981	12 018.5	11 175.5	93.0
1982	11 762.7	10 958.0	93.2
1983	11 251.2	10 577.8	94.0
1984	10 669.0	10 169.8	95.3
1985	10 362.3	9 942.8	96.0
1986	10 067.5	9 702.1	96.4
1987	9 750.9	9 477.2	97.2
1988	9 623.9	9 351.4	97.2
1989	9 699.1	9 450.7	97.4
1990	9 740.7	9 529.7	97.8
1991	9 806.6	9 594.8	97.8

18-23 平均每万人口在校学生数和大中小学学生构成

年份	各级学校在校学生数占全国人口%	平均每万人口中			大中小学学生占学生总数%		
		大学生（人）	中学生（人）	小学生（人）	大学生	中学生	小学生
1949	4.76	2.2	23	450	0.5	4.9	94.6
1952	9.47	3.3	55	889	0.4	5.8	93.9
1957	11.11	6.8	110	994	0.6	9.9	89.5
1965	18.09	9.3	197	1 602	0.5	10.9	88.6
1978	22.18	8.9	690	1 519	0.4	31.1	68.5
1979	21.31	10.5	618	1 503	0.5	29.0	70.5
1980	20.69	11.6	575	1 482	0.6	27.8	71.6
1981	19.46	12.8	501	1 432	0.7	25.7	73.6
1982	18.48	11.4	463	1 374	0.6	25.0	74.4
1983	17.80	11.7	450	1 318	0.7	25.3	74.1
1984	17.78	13.4	466	1 299	0.8	26.2	73.1
1985	17.60	16.1	481	1 263	0.9	27.3	71.8
1986	17.39	17.5	495	1 226	1.0	28.5	70.5
1987	16.87	17.9	494	1 174	1.1	29.3	69.6
1988	16.20	18.6	473	1 129	1.1	29.2	69.7
1989	15.65	18.5	448	1 098	1.2	28.7	70.2
1990	15.35	18.0	447	1 071	1.2	29.1	69.7
1991	15.19	17.6	451	1 050	1.2	29.7	69.1

18-24 各级学校教师负担学生数

年份	高等学校		中等学校		小学	
	教师数（万人）	平均每个教师负担学生数（人）	教师数（万人）	平均每个教师负担学生数（人）	教师数（万人）	平均每个教师负担学生数（人）
1949	1.6	7.3	12.3	10.3	81.1	30.1
1952	2.7	7.1	13.0	24.2	143.5	35.6
1957	7.0	6.3	29.4	24.1	188.4	34.1
1965	13.8	4.9	70.9	20.2	385.7	30.1
1978	20.6	4.2	328.1	20.2	522.6	28.0
1979	23.7	4.3	319.1	18.9	538.2	27.2
1980	24.7	4.6	317.1	17.9	549.9	26.6
1981	25.0	5.1	300.9	16.7	558.0	25.7
1982	28.7	4.0	287.1	16.4	550.5	25.4
1983	30.3	4.0	282.6	16.4	542.5	25.0
1984	31.5	4.4	282.2	17.2	537.0	25.2
1985	34.4	5.0	296.7	17.2	537.7	24.9
1986	37.2	5.1	311.5	17.1	541.4	24.3
1987	38.5	5.1	326.6	16.5	543.4	23.6
1988	39.3	5.3	338.9	15.5	550.1	22.8
1989	39.7	5.2	342.3	14.8	554.4	22.3
1990	39.5	5.2	349.2	14.6	558.2	21.9
1991	39.1	5.2	355.7	14.7	553.2	22.0

18-25 各级学校女学生和女教师数

单位：万人

项目	1978年	1980年	1985年	1989年	1990年	1991年
一、女学生数	**9 336.0**	**8 778.3**	**8 086.5**	**7 858.9**	**7 880.8**	**7 967.8**
高等学校	20.7	26.8	51.1	70.2	69.5	68.2
中等专业学校	29.4	39.2	60.7	98.8	102.0	103.8
普通中学	2 715.5	2 180.1	1 893.1	1 887.3	1 920.1	1 997.6
农业、职业中学		14.8	95.4	125.7	133.7	143.6
小　学	6 570.4	6 517.4	5 986.2	5 676.9	5 655.5	5 654.6
二、女学生占学生总数%	**43.7**	**43.0**	**43.4**	**44.6**	**44.9**	**45.3**
高等学校	24.2	23.4	30.0	33.7	33.7	33.4
中等专业学校	33.1	31.5	38.6	45.4	45.4	45.6
普通中学	41.5	39.6	40.2	41.4	41.9	42.7
农业、职业中学		32.6	41.6	44.5	45.3	45.5
小　学	44.9	44.6	44.8	45.9	46.2	46.5
三、女教师数	**283.1**	**288.9**	**305.6**	**353.7**	**367.6**	**370.6**
高等学校	5.2	6.3	9.2	11.4	11.5	11.6
中等专业学校	2.7	3.4	5.7	8.4	8.9	9.0
普通中学	77.5	75.0	74.4	91.4	95.6	100.0
农业、职业中学		0.3	3.5	6.5	10.7	7.7
小　学	197.7	203.9	212.8	236.0	240.9	242.3
四、女教师占教师总数%	**32.5**	**32.4**	**35.2**	**37.8**	**38.8**	**39.1**
高等学校	25.2	25.5	26.7	28.7	29.1	29.7
中等专业学校	27.3	26.6	32.8	36.7	38.0	38.8
普通中学	24.4	24.8	28.1	30.7	31.5	32.4
农业、职业中学		13.0	24.8	30.4	47.8	32.8
小　学	37.8	37.1	39.6	42.6	43.2	43.8

18-26 各级各类成人学校在校学生数

单位：万人

各类学校	1982年	1985年	1987年	1988年	1989年	1990年	1991年
成人高等学校	**66.2**	**172.5**	**185.8**	**172.8**	**174.1**	**166.6**	**147.3**
广播电视大学	25.8	67.4	56.6	45.4	32.6	31.4	28.2
职工、农民高等学校	14.4	26.1	33.9	28.9	25.5	23.1	21.9
管理干部学院		4.0	5.6	6.2	6.3	5.4	5.2
教育学院	5.2	24.7	25.1	27.6	28.0	25.3	18.6
独立函授学院		1.0	3.3	1.2	1.6	1.6	1.3
普通高等学校办函授部或夜大学		49.3	61.3	63.5	67.1	69.3	65.0
电大、函大、夜大普通专科班					13.0	10.5	7.1
成人中等学校	**1 080.4**	**547.0**	**1 047.0**	**1 231.1**	**1 541.1**	**1 529.4**	**3 423.6**
中等专业学校	445.4	134.7	168.2	179.8	170.6	158.8	168.0
中学	635.0	412.3	142.5	118.3	102.0	88.5	89.9
技术培训学校			736.3	933.0	1 268.5	1 282.2	3 165.7
成人初等学校	**756.6**	**833.8**	**1 351.8**	**1 609.5**	**1 946.1**	**2 282.1**	**853.6**
职工初等学校	50.7	11.6	16.2	29.2	46.7	47.2	34.7
农民初等学校	705.9	822.2	1 335.6	1 580.3	1 899.4	2 234.9	819.0
#扫盲班	386.3	519.0	247.8	203.1	395.6	559.8	562.9

注：成人高等学校的学生数是本、专科学生数；成人中等专业学校1985-1991年的学生数是经批准列入招生计划，学制二年以上的学生数。

18-27 各级各类成人学校基本情况

(1991年)

项　　目	学校数（所）	毕业生数（万人）	招生数（万人）	在校学生数（万人）	教职工数（万人）	#专任教师	兼任教师（人）
总　　计	396 793			4 424.51	85.92	37.51	1 255 310
一、成人高等学校	1 256	62.04	46.58	147.31	20.45	8.92	23 487
广播电视大学	42	13.30	8.62	28.24	3.55	1.41	11 985
职工、农民高等学院	781	9.15	8.65	21.93	8.10	3.70	8 968
管理干部学院	175	2.56	2.48	5.19	4.05	1.43	1 139
教育学院	254	10.48	6.03	18.56	4.66	2.33	948
独立函授学院	4	0.47	0.34	1.31	0.09	0.05	447
普通高等学院办函授部或夜大学		22.05	18.56	65.03			
电大、函大、业大普通专科班		4.03	1.90	7.05			
二、成人中等学校	240 076	4 393.51	3 609.00	3 423.60	50.74	23.34	681 222
中等专业学校	4 721	61.83	65.20	168.04	19.08	9.73	38 826
广播电视中等专业学校	103	16.79	18.34	46.72	1.09	0.48	13 490
干部中等专业学校	271	1.60	2.55	5.07	1.18	0.53	965
职工中等专业学校	1 869	13.39	19.70	43.85	7.69	3.69	13 910
农民中等专业学校	375	3.96	5.32	11.54	1.32	0.76	2 934
函授中等专业学校	42	6.05	5.18	14.54	0.63	0.25	5 390
教师进修学校	2 061	20.04	14.11	46.32	7.18	4.03	2 137
成人中学	6 731	71.01	76.17	89.87	4.55	2.52	37 276
职工中学	2 787	34.16	41.71	48.16	3.25	1.71	22 267
农民中学	3 944	36.85	34.46	41.71	1.31	0.81	15 009
成人技术培训学校	228 624	4 260.67	3 467.63	3 165.69	27.11	11.09	605 120
职工技术培训学校	11 150	603.20	396.72	377.86	8.25	4.10	103 086
农民技术培训学校	217 474	3 657.47	3 070.91	2 787.83	18.87	7.00	502 034
三、成人初等学校	155 461	800.62	710.91	853.60	14.73	5.25	550 601
职工初等学校	2 171	31.25	28.43	34.65	0.58	0.32	10 690
农民初等学校	153 290	769.37	682.48	818.95	14.15	4.93	539 911
#扫盲班	110 746	530.34	448.05	562.90	10.84	3.71	439 635

18-28 各地区高等学校分类别学校数

(1991年)

单位：所

地区	合计	综合大学	理工院校	农业院校	林业院校	医药院校	师范院校	语文院校	财经院校	政法院校	体育院校	艺术院校	其他院校
全国	1 075	50	286	59	11	122	257	14	80	25	16	30	125
北京	67	3	22	2	1	5	3	7	7	5	1	8	3
天津	22	1	6	1	0	3	3	1	3	0	1	2	1
河北	50	1	15	2	1	6	13	0	3	0	1	0	8
山西	26	1	5	1	0	4	10	0	3	0	0	0	2
内蒙古	19	1	2	2	1	3	6	0	1	0	0	0	3
辽宁	62	3	19	3	0	6	14	1	4	2	1	2	7
吉林	42	3	14	3	1	4	8	0	4	1	1	1	2
黑龙江	42	1	14	2	1	5	10	0	4	0	1	0	4
上海	50	2	23	2	0	5	5	1	6	3	1	2	0
江苏	70	3	26	3	1	9	10	0	3	1	1	1	12
浙江	37	2	6	2	1	3	10	1	3	2	0	1	6
安徽	37	1	8	1	0	5	12	0	4	0	0	0	6
福建	36	1	5	2	1	2	9	0	2	1	1	0	12
江西	30	1	7	2	0	5	8	0	1	1	0	0	5
山东	49	3	13	2	0	9	15	0	2	1	1	1	2
河南	47	2	10	4	0	5	14	0	4	0	1	0	7
湖北	58	2	18	2	0	7	9	0	3	2	1	2	12
湖南	47	2	17	1	1	4	13	0	4	1	0	0	4
广东	45	5	6	5	0	5	11	1	3	0	1	2	6
广西	23	1	3	1	0	4	7	0	2	0	1	1	3
海南	4	1	0	1	0	0	2	0	0	0	0	0	0
四川	60	2	18	5	0	5	17	1	4	1	1	2	4
贵州	24	1	2	1	0	4	10	0	2	0	0	1	3
云南	26	1	3	1	1	3	11	0	1	2	0	1	2
西藏	3	1	0	1	0	0	0	0	0	0	0	0	1
陕西	47	1	17	1	1	3	10	1	4	1	1	2	5
甘肃	18	1	3	1	0	2	6	0	1	1	0	0	3
青海	7	1	0	1	0	1	3	0	0	0	0	0	1
宁夏	6	1	1	1	0	1	2	0	0	0	0	0	0
新疆	21	1	3	3	0	4	6	0	2	0	0	1	1

18-29 各地区高等学校教职工数

（1991年）

单位：人

地　区	教职工总数	校本部教职工	专任教师	教辅人员	行政人员	工勤人员
全　国	**1 008 898**	**831 595**	**390 771**	**118 477**	**170 945**	**151 402**
北　京	97 757	79 105	35 523	12 336	15 965	15 281
天　津	28 686	22 713	10 704	3 840	4 253	3 916
河　北	34 644	28 733	13 226	3 766	6 270	5 471
山　西	21 759	19 314	9 143	2 316	3 819	4 036
内蒙古	14 577	12 929	6 562	1 843	2 283	2 241
辽　宁	58 277	49 943	23 384	7 265	11 251	8 043
吉　林	38 277	31 347	14 664	4 746	6 149	5 788
黑龙江	42 291	33 780	15 823	4 549	6 750	6 658
上　海	69 599	53 060	24 501	8 096	10 418	10 045
江　苏	70 185	57 428	27 551	8 346	11 569	9 962
浙　江	27 004	23 052	11 208	3 568	4 476	3 800
安　徽	27 091	23 183	11 586	3 237	4 467	3 893
福　建	20 710	17 897	8 892	2 306	3 654	3 045
江　西	25 651	19 224	9 073	2 268	4 130	3 753
山　东	46 839	38 991	17 825	5 601	8 872	6 693
河　南	37 441	31 141	14 551	4 071	6 833	5 686
湖　北	65 038	52 246	24 763	7 745	10 615	9 123
湖　南	37 198	30 982	14 225	4 184	6 527	6 046
广　东	38 416	32 069	15 470	4 915	6 710	4 974
广　西	16 516	14 045	6 737	1 859	3 072	2 377
海　南	2 947	2 489	1 236	291	556	406
四　川	65 468	55 034	24 652	8 013	11 369	11 000
贵　州	12 401	11 333	5 371	1 449	2 398	2 115
云　南	17 142	15 345	7 628	1 953	3 309	2 455
西　藏	1 763	1 605	741	155	382	327
陕　西	51 284	41 120	19 434	5 812	8 136	7 738
甘　肃	15 570	12 848	5 971	1 781	2 464	2 632
青　海	2 952	2 825	1 437	276	655	457
宁　夏	3 586	3 083	1 621	319	602	541
新　疆	17 829	14 731	7 269	1 571	2 991	2 900

18-30 各地区中等专业学校数

(1991年)　　　　单位：所

地　区	合　计	中等技术学校	工　业学　校	农　业学　校	林　业学　校	医　药学　校	财　经学　校	政　法学　校	体　育学　校	艺　术学　校	其　他学　校	中等师范学校
全　国	**3 925**	**2 977**	**906**	**377**	**51**	**557**	**558**	**137**	**153**	**140**	**98**	**948**
北　京	118	98	32	1	1	39	9	3	6	6	1	20
天　津	73	62	25	3	1	8	11	3	5	4	2	11
河　北	230	133	32	22	1	21	29	8	6	6	8	97
山　西	124	100	26	16	1	15	21	4	5	10	2	24
内蒙古	101	80	26	11	2	16	14	5	1	3	2	21
辽　宁	167	136	49	12	1	21	20	8	14	7	4	31
吉　林	117	94	24	9	3	13	15	6	5	2	17	23
黑龙江	110	80	24	12	5	15	16	4	3	1	0	30
上　海	106	95	38	3	1	27	12	3	3	6	2	11
江　苏	194	159	67	10	1	21	31	5	12	10	2	35
浙　江	141	112	33	11	2	21	22	8	3	5	7	29
安　徽	136	91	30	12	2	19	19	3	2	3	1	45
福　建	104	79	25	12	2	14	15	4	2	3	2	25
江　西	102	72	25	10	2	13	11	5	3	2	1	30
山　东	243	174	58	14	1	29	35	7	17	10	3	69
河　南	172	128	29	14	3	22	30	7	8	12	3	44
湖　北	225	190	60	23	5	35	31	11	8	12	5	35
湖　南	140	108	34	22	1	17	20	2	3	4	5	32
广　东	223	177	50	18	2	35	34	8	12	11	7	46
广　西	124	98	27	18	3	22	18	4	1	2	3	26
海　南	26	18	3	5		3	5		1	1	0	8
四　川	285	175	55	28	1	38	34	5	3	5	6	110
贵　州	110	81	21	14	2	14	20	3	2	2	3	29
云　南	139	111	24	24	1	18	29	5	4	2	4	28
西　藏	15	10	1	1		4	1	1	1	1	0	5
陕　西	109	88	26	12	3	14	16	6	6	4	1	21
甘　肃	115	93	31	13	2	14	14	2	10	2	5	22
青　海	38	23	7	2		7	3	2	0	1	1	15
宁　夏	26	22	5	3	1	3	5	2	1	1	1	4
新　疆	112	90	19	22	1	19	8	3	6	2	0	22

18-31 各地区中等专业学校教职工数

(1991年)

单位：人

地 区	教职工总数	校本部教职工	专任教师	教辅人员	行政人员	工勤人员
全 国	493 936	457 759	232 259	42 987	96 786	85 727
北 京	14 884	13 845	6 525	1 441	3 142	2 737
天 津	10 086	9 413	4 627	873	2 135	1 778
河 北	24 175	22 824	11 957	2 002	4 641	4 224
山 西	17 257	16 392	8 386	1 425	3 552	3 029
内蒙古	15 488	14 742	7 374	1 616	3 116	2 636
辽 宁	24 832	23 266	11 703	2 202	5 297	4 064
吉 林	16 596	15 470	7 880	1 343	3 399	2 848
黑龙江	17 256	15 370	7 022	1 566	3 288	3 494
上 海	14 631	13 587	6 373	1 589	2 694	2 931
江 苏	24 663	22 794	11 847	2 231	4 579	4 137
浙 江	15 168	13 902	7 195	1 294	2 919	2 494
安 徽	15 702	14 756	7 853	1 332	3 131	2 440
福 建	11 429	10 730	6 022	873	2 313	1 522
江 西	13 809	12 080	6 209	1 075	2 432	2 364
山 东	31 842	29 657	15 617	2 572	6 490	4 978
河 南	25 388	23 613	12 167	2 214	5 080	4 152
湖 北	28 081	26 303	14 217	2 205	5 317	4 564
湖 南	20 868	18 671	9 107	1 947	3 986	3 631
广 东	20 314	19 464	10 123	1 937	3 972	3 432
广 西	16 001	13 968	7 105	1 199	2 797	2 867
海 南	2 298	2 233	1 111	160	391	571
四 川	37 381	33 521	16 209	3 589	7 174	6 549
贵 州	11 595	11 093	5 768	824	2 461	2 040
云 南	13 965	13 656	7 105	1 266	2 541	2 744
西 藏	1 237	1 211	631	64	289	227
陕 西	17 491	14 956	7 036	1 538	3 543	2 839
甘 肃	12 371	11 747	5 947	998	2 357	2 445
青 海	3 057	3 026	1 565	222	638	601
宁 夏	2 996	2 876	1 444	250	586	596
新 疆	13 075	12 593	6 134	1 140	2 526	2 793

18-32 各地区高等学校和中等专业学校学生数

(1991年)　　单位：人

地　区	高等学校			中等专业学校		
	毕业生数	招生数	在校学生数	毕业生数	招生数	在校学生数
全　国	**614 267**	**619 874**	**2 043 662**	**740 270**	**779 955**	**2 277 354**
北　京	37 702	37 700	136 940	17 515	16 790	55 718
天　津	15 059	14 523	49 898	12 264	11 074	37 203
河　北	23 406	23 701	74 349	36 590	39 256	109 718
山　西	15 888	16 103	51 516	28 031	28 461	87 002
内蒙古	9 951	9 687	31 107	15 356	18 021	52 090
辽　宁	33 530	36 094	124 777	33 223	33 803	104 269
吉　林	21 338	21 584	72 536	20 166	23 459	68 662
黑龙江	23 653	23 949	79 340	22 650	22 437	67 740
上　海	33 943	32 609	116 925	20 164	19 679	60 092
江　苏	44 176	44 099	144 734	43 041	46 055	141 778
浙　江	18 175	18 651	59 822	22 924	24 116	67 725
安　徽	19 086	19 734	61 986	30 539	27 643	78 981
福　建	17 970	17 310	54 243	19 331	20 140	59 435
江　西	17 317	17 267	56 383	24 336	23 525	61 474
山　东	34 500	36 067	107 093	45 259	52 092	155 092
河　南	27 241	27 584	81 790	45 327	52 420	144 130
湖　北	37 437	38 611	129 889	47 525	52 415	150 103
湖　南	26 300	27 454	88 626	35 438	35 173	98 504
广　东	32 627	30 541	92 655	40 287	43 320	123 782
广　西	11 688	11 002	36 868	24 357	24 637	72 024
海　南	2 296	2 525	7 631	3 376	4 473	11 177
四　川	40 891	41 694	141 329	51 489	55 759	157 660
贵　州	7 569	7 590	25 741	17 342	19 074	54 777
云　南	13 175	13 423	43 095	23 378	23 578	73 545
西　藏	543	552	1 961	895	1 117	4 385
陕　西	26 943	27 169	94 300	19 931	21 108	61 595
甘　肃	9 812	10 483	33 048	16 086	16 148	49 702
青　海	1 854	1 739	6 037	3 981	3 423	10 405
宁　夏	2 386	2 326	7 898	3 898	3 857	11 457
新　疆	7 811	8 103	31 145	15 571	16 902	47 129

18-33 各地区普通中学分城乡学校数

(1991年)

单位：所

地　区	合计	#高中	城市	#高中	县镇	#高中	农村	#高中
全　国	85 851	15 243	11 641	4 940	15 298	5 990	58 912	4 313
北　京	691	282	286	192	143	55	262	35
天　津	697	170	266	87	102	47	329	36
河　北	5 321	634	647	236	1 152	316	3 522	82
山　西	3 823	404	384	139	494	154	2 945	111
内蒙古	2 032	410	311	149	520	227	1 201	34
辽　宁	2 478	387	702	199	368	134	1 408	54
吉　林	1 947	333	427	141	619	181	901	11
黑龙江	2 797	578	689	242	720	251	1 388	85
上　海	718	244	369	141	93	50	256	53
江　苏	5 588	995	529	204	1 398	428	3 661	363
浙　江	3 381	535	228	124	1 098	361	2 055	50
安　徽	4 373	619	442	190	297	172	3 634	257
福　建	1 401	408	157	92	343	195	901	121
江　西	2 798	561	333	156	541	264	1 924	141
山　东	6 310	650	693	208	451	128	5 166	314
河　南	7 369	854	755	243	901	268	5 713	343
湖　北	4 560	623	797	273	481	147	3 282	203
湖　南	5 177	857	560	259	912	329	3 705	269
广　东	3 822	826	481	259	381	206	2 960	361
广　西	2 772	442	172	72	414	188	2 186	182
海　南	474	179	27	14	60	40	387	125
四　川	6 168	1 153	735	374	1 598	637	3 835	142
贵　州	1 632	389	221	94	265	156	1 146	139
云　南	2 068	497	215	124	533	258	1 320	115
西　藏	60	19	13	9	46	10	1	
陕　西	2 974	617	464	227	625	270	1 885	120
甘　肃	1 570	480	222	155	224	158	1 124	167
青　海	486	210	79	67	144	94	263	49
宁　夏	449	135	67	41	77	48	305	46
新　疆	1 915	752	370	229	298	218	1 247	305

18-34 各地区普通中学按城乡和主办部门分的教职工数

(1991年)　　　　单位：人

地　区	合　计	按城乡分			按主办部门分		
		城　市	县　镇	农　村	教育部门办	其他部门办	集体办
全　国	**4 054 482**	**986 477**	**1 023 497**	**2 044 508**	**3 221 830**	**454 543**	**378 109**
北　京	66 566	40 821	11 889	13 856	62 617	3 949	
天　津	50 076	27 926	7 906	14 244	46 287	3 712	77
河　北	201 388	46 642	63 393	91 353	167 351	17 206	16 831
山　西	141 771	31 860	34 238	75 673	107 636	19 338	14 797
内蒙古	108 506	30 321	39 613	38 572	70 448	21 749	16 309
辽　宁	187 373	72 788	35 648	78 937	140 578	19 881	26 914
吉　林	120 457	43 049	44 720	32 688	85 988	21 039	13 430
黑龙江	177 879	60 607	55 891	61 381	100 821	60 850	16 208
上　海	67 940	40 360	9 627	17 953	65 345	2 595	
江　苏	245 312	49 560	77 583	118 169	189 193	8 224	47 895
浙　江	118 748	22 169	51 544	45 035	111 013	2 557	5 178
安　徽	167 999	32 269	24 764	110 966	141 594	11 252	15 153
福　建	95 073	16 857	34 759	43 457	87 619	3 259	4 195
江　西	133 845	25 889	40 196	67 760	110 510	18 469	4 866
山　东	329 927	60 515	38 463	230 949	246 037	16 701	67 189
河　南	286 955	53 572	56 753	176 630	215 425	19 890	51 640
湖　北	206 295	59 546	31 306	115 443	172 452	22 561	11 282
湖　南	204 377	39 644	51 966	112 767	169 091	20 051	15 235
广　东	182 901	41 268	31 777	109 856	158 835	10 489	13 577
广　西	111 071	13 919	27 895	69 257	93 342	10 335	7 394
海　南	26 054	2 239	6 725	17 090	17 754	8 038	262
四　川	317 871	57 071	105 378	155 422	273 907	32 927	11 037
贵　州	72 836	13 826	18 726	40 284	59 868	11 122	1 846
云　南	94 948	14 739	33 707	46 502	81 834	12 412	702
西　藏	3 179	1 192	1 965	22	3 007	172	
陕　西	128 134	32 267	37 777	58 090	96 625	21 060	10 449
甘　肃	76 559	18 843	17 206	40 510	59 521	12 506	4 532
青　海	20 317	5 697	7 560	7 060	15 700	4 514	103
宁　夏	21 070	4 936	5 864	10 270	16 838	3 969	263
新　疆	89 055	26 085	18 658	44 312	54 594	33 716	745

18-35 各地区普通中学按城乡和主办部门分的专任教师数

(1991年)

单位：人

地区	合计	按城乡分			按主办部门分		
		城市	县镇	农村	教育部门办	其他部门办	集体办
全国	**3 089 921**	**684 916**	**753 282**	**1 651 723**	**2 486 053**	**326 396**	**277 472**
北京	41 337	23 636	7 910	9 791	38 820	2 517	
天津	34 727	17 594	5 781	11 352	31 918	2 762	47
河北	158 092	33 876	47 119	77 097	132 525	12 048	13 519
山西	109 390	22 835	24 958	61 597	83 226	14 414	11 750
内蒙古	79 467	21 710	28 007	29 750	53 706	15 581	10 180
辽宁	135 487	48 162	24 719	62 606	106 686	14 525	14 276
吉林	86 460	28 410	31 881	26 169	62 487	15 292	8 681
黑龙江	130 661	42 980	40 177	47 504	76 175	40 557	13 929
上海	42 574	24 265	5 890	12 419	40 994	1 580	
江苏	176 613	30 690	55 650	90 273	143 906	5 741	26 966
浙江	92 356	14 066	39 481	38 809	88 207	1 964	2 185
安徽	130 708	24 193	17 798	88 717	111 079	8 468	11 161
福建	74 326	12 016	27 029	35 281	70 663	2 343	1 320
江西	109 632	20 508	32 377	56 747	92 251	14 436	2 945
山东	253 428	42 482	27 349	183 597	185 710	12 065	55 653
河南	235 358	38 026	44 009	153 323	172 368	14 468	48 522
湖北	160 528	43 770	24 070	92 688	138 054	16 814	5 660
湖南	163 110	28 647	39 925	94 538	136 620	15 445	11 045
广东	138 827	29 604	23 356	85 867	122 425	7 105	9 297
广西	83 600	10 228	19 803	53 569	70 011	7 491	6 098
海南	17 993	1 661	4 435	11 897	12 925	5 005	63
四川	245 671	40 442	76 388	128 841	211 325	24 512	9 834
贵州	57 074	10 384	13 703	32 987	46 986	8 549	1 539
云南	72 478	10 450	24 573	37 455	63 059	8 883	536
西藏	2 344	854	1 477	13	2 247		97
陕西	98 641	23 281	28 803	46 557	74 500	15 667	8 474
甘肃	61 466	13 969	12 736	34 761	49 133	9 254	3 079
青海	16 196	4 040	5 907	6 249	12 740	3 367	89
宁夏	16 454	3 672	4 306	8 476	13 369	2 950	135
新疆	64 923	18 465	13 665	32 793	41 938	22 496	489

18-36 各地区普通中学分城乡在校学生数

(1991年)

单位：万人

地　区	合　计		城　市		县　镇		农　村	
		#高　中		#高　中		#高　中		#高　中
全　国	**4 683.5**	**722.9**	**849.8**	**218.6**	**1 135.2**	**344.5**	**2 698.5**	**159.7**
北　京	43.2	9.4	22.8	6.0	9.7	2.6	10.7	0.8
天　津	36.7	6.6	17.0	3.5	6.7	2.0	13.0	1.1
河　北	222.1	31.8	41.2	9.0	66.2	19.4	114.7	3.5
山　西	143.4	23.4	27.0	6.9	34.4	12.1	81.9	4.4
内蒙古	106.1	19.9	25.1	7.7	39.2	11.4	41.8	0.9
辽　宁	188.8	26.4	60.2	12.5	34.1	11.2	94.5	2.6
吉　林	124.0	17.8	36.1	8.1	45.3	9.2	42.6	0.4
黑龙江	179.0	27.3	53.1	12.1	57.6	12.7	68.2	2.5
上　海	51.7	10.1	25.0	6.2	7.8	2.8	19.0	1.1
江　苏	288.6	41.6	40.2	7.9	90.2	21.3	158.2	12.5
浙　江	180.7	24.3	21.1	6.2	74.0	16.2	85.7	1.9
安　徽	223.4	27.4	30.7	6.7	28.1	10.6	164.6	10.2
福　建	113.1	16.6	15.6	4.2	41.4	9.4	56.1	2.9
江　西	186.0	26.7	27.7	7.6	54.0	15.2	104.2	3.9
山　东	373.0	48.2	57.3	15.7	39.3	13.7	276.4	18.9
河　南	357.7	48.8	50.0	12.2	64.9	22.2	242.8	14.3
湖　北	219.7	33.8	53.6	13.3	31.9	10.4	134.2	10.1
湖　南	257.0	43.9	37.2	10.1	60.5	20.4	159.3	13.5
广　东	238.3	36.0	44.1	12.1	39.9	13.6	154.3	10.3
广　西	149.1	22.6	14.4	3.4	32.1	12.4	102.6	6.7
海　南	24.8	5.6	2.3	0.8	7.5	2.9	15.0	1.9
四　川	383.2	55.2	42.4	12.5	112.1	34.0	228.7	8.7
贵　州	100.2	13.5	13.2	3.5	21.9	7.5	65.1	2.6
云　南	128.8	18.4	14.6	4.2	41.8	11.4	72.4	2.7
西　藏	2.2	0.5	.8	0.3	1.3	0.2		0.0
陕　西	135.1	30.5	29.0	8.8	40.3	16.6	65.8	5.1
甘　肃	96.0	20.1	18.6	5.7	20.2	8.9	57.2	5.5
青　海	21.8	5.6	5.0	1.7	7.9	2.8	8.9	1.1
宁　夏	29.1	6.1	4.7	1.4	7.6	3.0	16.8	1.6
新　疆	80.7	24.7	19.7	8.3	17.3	8.4	43.7	8.1

18-37 各地区普通中学分城乡招生数

(1991年) 单位：万人

地　区	合　计	#高　中	城　市	#高　中	县　镇	#高　中	农　村	#高　中
全　国	**1 655.2**	**243.8**	**290.5**	**72.4**	**388.4**	**115.7**	**976.2**	**55.7**
北　京	16.0	2.9	8.4	1.8	3.5	0.8	4.1	0.3
天　津	13.7	2.2	6.3	1.1	2.5	0.7	5.0	0.4
河　北	83.3	10.6	14.7	2.9	24.1	6.5	44.5	1.2
山　西	48.4	7.9	9.0	2.3	11.3	3.9	28.3	1.7
内蒙古	36.3	6.7	8.5	2.6	13.0	3.8	14.8	0.3
辽　宁	69.7	9.0	22.8	4.2	12.3	3.9	34.6	0.9
吉　林	45.0	6.0	13.3	2.7	15.8	3.2	15.8	0.1
黑龙江	62.6	9.3	18.8	4.1	19.6	4.4	24.3	0.8
上　海	18.1	3.5	8.4	2.1	2.8	1.0	6.9	0.4
江　苏	100.5	14.2	13.2	2.7	31.2	7.3	56.1	4.2
浙　江	66.0	7.6	7.2	1.9	26.1	5.1	32.7	0.6
安　徽	79.5	9.0	10.6	2.2	9.4	3.4	59.5	3.4
福　建	42.2	6.2	5.3	1.4	15.1	3.5	21.9	1.3
江　西	65.2	8.8	8.7	2.5	17.8	5.0	38.7	1.3
山　东	129.2	16.4	19.1	5.3	13.3	4.7	96.8	6.4
河　南	125.5	16.5	16.1	4.1	21.7	7.3	87.7	5.1
湖　北	81.4	11.9	18.8	4.9	11.3	3.4	51.2	3.6
湖　南	91.4	14.9	12.6	3.4	21.0	6.8	57.9	4.7
广　东	87.9	12.1	15.4	3.9	14.3	4.5	58.3	3.7
广　西	54.5	7.8	4.7	1.1	11.1	4.2	38.7	2.5
海　南	9.0	1.8	0.9	0.2	2.4	0.9	5.6	0.7
四　川	127.8	19.1	13.1	4.3	37.9	11.8	78.1	3.0
贵　州	34.9	4.8	4.4	1.2	7.4	2.7	23.1	0.9
云　南	45.2	6.4	4.8	1.4	14.4	4.0	25.9	1.0
西　藏	0.8	0.2	0.3	0.1	0.5	0.1		0.0
陕　西	48.8	10.3	9.7	2.9	13.8	5.5	25.1	1.9
甘　肃	31.6	6.3	6.2	1.8	6.3	2.7	19.2	1.8
青　海	7.4	1.8	1.7	0.5	2.6	0.9	3.1	0.4
宁　夏	9.5	2.0	1.6	0.5	2.4	1.0	5.4	0.5
新　疆	24.0	7.8	5.9	2.6	5.3	2.8	12.9	2.4

18-38 各地区普通中学分城乡毕业生数

(1991年)

单位：万人

地区	合计	#高中	城市	#高中	县镇	#高中	农村	#高中
全国	**1 308.5**	**222.9**	**249.3**	**68.8**	**324.9**	**105.4**	**734.3**	**48.8**
北京	12.7	3.4	6.5	2.2	3.0	0.9	3.2	0.3
天津	9.8	2.1	4.8	1.2	1.8	0.6	3.2	0.3
河北	58.8	9.8	11.0	2.8	18.0	5.9	29.7	1.1
山西	45.9	7.1	8.9	2.2	10.7	3.7	26.4	1.2
内蒙古	31.6	6.3	7.9	2.5	11.8	3.5	11.9	0.3
辽宁	53.8	8.2	16.7	4.0	10.2	3.4	27.0	0.8
吉林	34.3	5.7	9.8	2.6	13.0	2.9	11.5	0.2
黑龙江	51.3	8.1	15.8	3.7	17.4	3.7	18.1	0.8
上海	13.5	3.0	6.1	1.9	2.0	0.8	4.7	0.3
江苏	79.9	12.7	11.7	2.4	25.3	6.5	42.9	3.8
浙江	46.0	7.9	5.8	2.1	19.1	5.3	21.2	0.6
安徽	63.0	8.6	8.9	2.1	8.4	3.4	45.7	3.0
福建	25.2	4.6	4.2	1.3	9.9	2.6	11.2	0.6
江西	51.2	8.5	8.5	2.3	15.9	4.9	26.9	1.3
山东	115.3	15.4	19.1	5.0	12.2	4.2	84.0	6.2
河南	98.8	16.0	14.4	3.8	19.2	7.5	65.2	4.7
湖北	57.3	11.2	14.3	4.2	8.5	3.5	34.6	3.5
湖南	62.7	13.0	9.5	2.9	15.8	6.2	37.5	3.9
广东	70.5	11.3	13.6	4.0	12.0	4.1	45.0	3.2
广西	37.8	5.9	3.7	1.0	8.8	3.4	25.8	1.6
海南	7.5	1.7	0.7	0.3	2.3	0.8	4.4	0.6
四川	107.2	15.4	14.0	3.5	32.3	9.5	60.8	2.4
贵州	27.3	4.1	3.9	1.1	6.4	2.3	17.0	0.7
云南	33.3	5.6	4.4	1.3	11.5	3.4	17.6	0.8
西藏	0.6	0.1	0.2	0.1	0.3	0.1		0.0
陕西	41.7	8.9	8.7	2.8	12.4	4.8	20.5	1.3
甘肃	28.8	6.6	5.6	1.8	6.4	3.0	16.8	1.7
青海	6.4	1.8	1.7	0.6	2.3	0.9	2.4	0.3
宁夏	8.6	2.1	1.5	0.5	2.3	1.0	4.9	0.6
新疆	27.5	8.0	7.1	2.6	5.9	2.7	14.5	2.7

18-39 各地区农业中学和职业中学基本情况

（1991年）

单位：人

地区	学校数（所）	毕业生数	招生数	在校学生数	教职工数	#专任教师
全国	9 572	945 391	1 378 206	3 155 521	358 382	234 658
北京	176	19 964	16 781	47 742	9 361	5 361
天津	95	9 108	10 532	27 474	3 854	2 611
河北	385	38 691	60 654	141 144	17 523	11 940
山西	372	35 769	41 692	89 235	10 924	7 296
内蒙古	366	34 224	51 672	125 863	15 532	10 619
辽宁	613	49 550	58 782	151 572	21 253	13 464
吉林	335	55 791	63 767	144 345	15 275	9 724
黑龙江	462	43 023	60 281	142 415	20 314	12 267
上海	78	15 803	21 122	39 666	4 816	2 374
江苏	402	48 779	72 587	170 385	18 775	12 158
浙江	343	34 708	44 652	100 491	9 932	6 687
安徽	572	47 482	68 653	170 379	15 631	11 063
福建	281	24 173	38 680	79 690	9 214	6 285
江西	379	33 860	57 526	127 500	13 033	8 114
山东	562	79 815	120 287	276 294	33 497	20 664
河南	539	52 599	82 803	177 690	19 130	13 370
湖北	491	34 956	55 960	137 997	17 389	12 077
湖南	577	40 306	60 615	135 783	14 974	10 023
广东	550	71 246	82 877	214 169	19 612	14 638
广西	221	16 917	34 121	78 548	7 067	4 829
海南	44	3 552	5 031	11 843	1 507	1 038
四川	596	50 378	85 017	199 863	26 278	16 043
贵州	230	15 230	26 053	59 194	5 376	3 713
云南	216	22 136	58 022	94 262	6 511	4 357
西藏	2	102	61	279	41	41
陕西	256	28 306	37 767	75 498	9 353	5 595
甘肃	187	12 847	21 759	47 098	5 234	3 431
青海	67	4 521	5 258	7 458	675	470
宁夏	35	4 050	5 840	13 184	1 079	826
新疆	140	17 505	29 354	68 460	5 177	3 580

18-40 各地区小学按城乡和主办部门分的教职工数

(1991年)　　　　单位：人

地　区	合　计	按城乡分			按主办部门分		
		城　市	县　镇	农　村	教育部门办	其他部门办	集体办
全　国	**6 193 519**	**848 899**	**856 204**	**4 488 416**	**3 516 735**	**421 116**	**2 255 668**
北　京	69 426	35 658	12 748	21 020	66 635	2 791	0
天　津	58 307	28 797	7 688	21 822	53 559	3 791	957
河　北	294 223	44 343	43 247	206 633	164 469	15 799	113 955
山　西	182 231	26 737	23 255	132 239	89 105	18 082	75 044
内蒙古	172 921	23 957	30 623	118 341	79 920	23 045	69 956
辽　宁	248 415	64 397	25 678	158 340	160 138	21 875	66 402
吉　林	179 756	36 472	37 305	105 979	102 900	20 514	56 342
黑龙江	251 356	50 764	43 743	156 849	119 711	61 776	69 869
上　海	76 180	39 053	7 665	29 462	73 019	3 161	0
江　苏	308 260	42 957	76 887	188 416	185 980	8 159	114 121
浙　江	149 695	16 787	50 032	82 876	122 591	2 237	24 867
安　徽	294 908	29 672	19 051	246 185	147 154	12 323	135 431
福　建	174 977	13 795	28 056	133 126	142 497	3 832	28 648
江　西	240 043	16 913	44 349	178 781	127 923	14 676	97 444
山　东	447 368	52 492	32 062	362 814	179 894	13 020	254 454
河　南	406 325	42 514	41 916	321 895	152 330	17 104	236 891
湖　北	334 667	55 142	28 541	250 984	141 714	21 501	171 452
湖　南	328 005	33 580	50 339	244 086	172 807	17 987	137 211
广　东	336 576	41 952	29 427	265 197	213 484	11 743	111 349
广　西	227 491	15 214	22 203	190 074	153 691	13 186	60 614
海　南	47 642	2 288	5 206	40 148	29 846	13 164	4 632
四　川	480 138	43 020	86 821	350 297	305 732	23 090	151 316
贵　州	185 082	12 925	15 435	156 722	107 739	9 022	68 321
云　南	191 296	9 132	26 742	155 422	146 452	10 870	33 974
西　藏	9 396	994	3 155	5 250	6 147	392	2 860
陕　西	194 719	28 214	30 284	136 221	91 283	14 412	89 024
甘　肃	133 429	15 396	10 498	107 535	61 625	10 263	61 541
青　海	28 351	3 807	6 018	18 526	17 556	3 575	7 220
宁　夏	29 983	4 048	3 945	21 990	21 008	3 685	5 290
新　疆	112 350	17 879	13 285	81 186	79 826	26 041	6 483

18-41 各地区小学按城乡和主办部门分的专任教师数

(1991年)

单位：人

地区	合计	按城乡分			按主办部门分		
		城市	县镇	农村	教育部门办	其他部门办	集体办
全国	5 532 252	712 128	748 429	4 071 695	3 011 613	351 162	2 169 477
北京	56 443	28 502	10 503	17 438	54 134	2 309	0
天津	47 762	22 514	6 510	18 738	43 871	3 066	825
河北	272 475	38 401	39 206	194 868	147 215	13 212	112 048
山西	166 558	22 632	20 686	123 240	77 871	15 166	73 521
内蒙古	153 443	20 550	25 020	107 873	68 469	18 663	66 311
辽宁	211 353	51 776	21 531	138 046	131 909	17 774	61 670
吉林	147 729	27 585	28 252	91 892	78 657	16 276	52 796
黑龙江	216 342	40 334	35 310	140 698	101 739	47 390	67 213
上海	59 015	28 828	5 726	24 461	56 663	2 352	0
江苏	270 042	36 477	67 550	166 015	158 761	7 000	104 281
浙江	134 953	14 600	44 510	75 843	108 979	2 018	23 956
安徽	270 066	26 637	17 022	226 407	127 973	10 831	131 262
福建	152 815	12 146	24 201	116 468	121 596	3 336	27 883
江西	224 131	15 325	41 136	167 670	116 169	13 254	94 708
山东	414 924	45 186	29 169	340 569	156 509	11 114	247 301
河南	379 312	36 312	38 354	304 646	133 077	14 349	231 886
湖北	295 177	47 148	25 015	223 014	122 689	18 238	154 250
湖南	305 729	29 958	46 704	229 067	156 456	15 989	133 284
广东	283 465	35 628	25 307	222 530	166 834	9 723	106 908
广西	199 811	13 374	19 413	167 024	129 796	11 179	58 836
海南	40 656	2 063	4 339	34 254	25 192	11 083	4 381
四川	426 052	35 787	75 792	314 473	258 426	19 748	147 878
贵州	168 364	11 249	13 699	143 416	93 539	7 566	67 259
云南	174 411	8 014	23 668	142 729	131 555	9 351	33 505
西藏	8 408	835	2 620	4 953	5 219	334	2 855
陕西	177 956	24 014	27 317	126 625	79 682	12 327	85 947
甘肃	126 070	13 658	9 527	102 885	56 482	9 008	60 580
青海	26 373	3 502	5 489	17 382	16 191	3 165	7 017
宁夏	26 852	3 444	3 428	19 980	18 875	2 950	5 027
新疆	95 565	15 649	11 425	68 491	67 085	22 391	6 089

18-42 各地区小学分城乡学校数和在校学生数

(1991年)

地　区	学校数(所)	城　市	县　镇	农　村	在校学生数(万人)	城　市	县　镇	农　村
全　国	729 158	28 105	60 335	640 718	12 164.2	1 380.0	1 533.0	9 251.1
北　京	3 482	742	692	2 048	101.3	50.2	19.3	31.9
天　津	3 232	503	368	2 361	86.5	41.2	11.0	34.3
河　北	48 414	1 946	4 273	42 195	724.3	81.1	90.6	552.6
山　西	41 942	1 141	2 571	38 230	301.5	40.9	37.0	223.6
内蒙古	14 505	628	940	12 937	234.1	34.5	38.2	161.4
辽　宁	15 540	1 454	749	13 337	391.5	111.7	39.5	240.4
吉　林	10 708	867	1 128	8 713	267.2	58.8	52.9	155.5
黑龙江	16 890	1 142	1 148	14 600	387.1	81.0	62.3	243.8
上　海	2 511	754	139	1 618	112.5	60.6	10.4	41.6
江　苏	29 770	1 669	6 987	21 114	594.8	69.2	144.1	381.5
浙　江	29 674	576	7 127	21 971	362.6	31.9	118.0	212.7
安　徽	34 794	1 072	1 072	32 650	617.3	50.8	34.3	532.3
福　建	19 387	425	1 158	17 804	342.6	24.3	53.6	264.7
江　西	27 612	531	3 658	23 423	430.3	24.6	79.1	326.6
山　东	59 976	2 187	2 510	55 279	815.1	84.9	51.7	678.6
河　南	42 555	1 659	2 539	38 357	944.0	69.1	83.0	791.9
湖　北	31 710	2 483	1 733	27 494	615.5	88.8	49.3	477.4
湖　南	48 343	1 513	4 955	41 875	687.6	55.7	99.9	532.1
广　东	24 633	1 498	1 075	22 060	778.9	84.3	71.9	622.8
广　西	15 798	526	764	14 508	577.6	27.0	40.6	510.0
海　南	4 659	117	147	4 395	101.1	5.2	10.7	85.2
四　川	73 621	1 298	8 039	64 284	881.6	61.7	147.6	672.3
贵　州	20 597	507	639	19 451	433.8	20.8	25.4	387.9
云　南	30 231	293	1 947	27 991	442.6	13.5	48.4	380.7
西　藏	2 652	40	132	2 480	16.8	1.8	3.7	11.4
陕　西	36 963	1 334	2 492	33 137	364.0	47.3	56.3	260.3
甘　肃	24 196	507	434	23 255	243.1	23.7	18.6	200.8
青　海	3 610	114	338	3 158	46.9	6.2	9.4	31.3
宁　夏	4 021	110	109	3 802	66.1	6.5	6.6	53.0
新　疆	7 132	469	472	6 191	195.5	23.1	19.8	152.6

18-43 各地区小学分城乡招生数和毕业生数

(1991年)　　单位：万人

地　区	招生数	城　市	县　镇	农　村	毕业生数	城　市	县　镇	农　村
全　国	2 072.7	222.8	255.8	1 594.1	1 846.7	211.4	253.1	1 382.3
北　京	14.8	7.3	2.8	4.8	13.3	6.6	2.5	4.2
天　津	13.2	7.0	1.5	4.7	11.8	5.2	1.7	4.9
河　北	125.3	12.0	15.4	98.0	90.7	11.7	12.5	66.5
山　西	57.9	7.4	7.3	43.2	50.0	6.4	5.7	37.9
内蒙古	44.4	6.4	7.0	31.0	38.0	5.5	6.5	25.9
辽　宁	52.3	17.1	5.4	29.9	66.0	18.0	7.0	41.1
吉　林	40.1	9.0	8.0	23.1	44.4	9.9	9.8	24.7
黑龙江	60.4	12.9	9.8	37.6	62.6	13.7	11.3	37.6
上　海	16.2	10.3	1.4	4.6	14.7	6.3	1.5	6.9
江　苏	89.5	9.4	20.7	59.4	102.5	10.6	26.2	65.7
浙　江	57.9	5.5	19.1	33.3	65.6	4.8	21.2	39.6
安　徽	100.8	8.1	5.9	86.8	104.4	8.3	6.4	89.6
福　建	59.3	4.2	9.5	45.6	51.5	3.6	9.0	38.9
江　西	79.3	4.7	14.9	59.6	85.4	5.5	16.4	63.4
山　东	157.0	14.7	10.4	131.9	143.8	13.8	9.3	120.8
河　南	164.7	11.1	15.1	138.5	161.9	12.1	14.7	135.0
湖　北	102.3	14.2	8.4	79.7	91.8	14.7	8.1	69.0
湖　南	114.1	8.6	16.2	89.2	100.9	9.1	15.1	76.8
广　东	133.7	14.3	12.3	107.1	87.7	11.5	8.7	67.7
广　西	106.4	4.4	7.1	94.9	72.6	3.5	6.4	62.6
海　南	17.8	0.9	1.7	15.1	9.1	0.7	1.3	7.0
四　川	133.8	9.0	22.1	102.8	153.9	7.8	23.7	122.4
贵　州	85.0	3.8	4.4	76.9	52.3	3.2	4.1	45.0
云　南	81.7	2.1	8.8	70.9	61.9	2.8	8.3	50.8
西　藏	4.2	0.3	0.6	3.3	0.9	0.2	0.4	0.3
陕　西	66.0	8.5	10.6	46.9	44.8	6.8	7.7	30.3
甘　肃	42.2	4.0	3.2	35.0	30.6	4.2	2.8	23.6
青　海	7.1	0.8	1.5	4.8	6.4	1.1	1.5	3.8
宁　夏	10.8	1.1	1.1	8.7	9.0	1.1	1.1	6.8
新　疆	34.4	4.0	3.6	26.8	18.3	3.0	2.1	13.3

18-44 各地区幼儿园基本情况

(1991年)

地区	园数(所)	班数(个)	幼儿数(万人)	教职工数(人)	#教师
全国	164 465	669 361	2 209.3	1 062 362	768 927
北京	3 761	14 714	40.3	49 472	18 788
天津	296	4 749	14.7	8 962	4 606
河北	2 725	40 891	131.5	51 596	41 573
山西	5 835	30 761	85.3	39 135	30 801
内蒙古	1 179	14 054	39.7	16 864	9 464
辽宁	5 669	32 162	94.9	71 213	40 128
吉林	2 536	15 317	45.3	32 679	20 163
黑龙江	1 991	21 674	58.4	40 503	25 200
上海	4 460	15 140	43.6	37 724	25 118
江苏	21 329	54 417	187.7	88 981	74 837
浙江	11 242	28 308	85.7	41 706	34 425
安徽	1 678	17 072	59.9	20 944	17 644
福建	9 753	24 717	80.5	34 646	30 588
江西	4 141	12 312	39.4	20 013	15 780
山东	38 512	81 791	231.9	114 303	96 129
河南	13 923	36 450	131.6	30 468	19 753
湖北	3 060	26 115	92.3	51 591	34 505
湖南	3 686	37 510	104.2	47 761	38 371
广东	6 335	44 322	165.7	68 626	45 115
广西	1 565	26 236	97.4	27 688	20 852
海南	306	3 122	10.9	5 158	3 628
四川	14 966	58 656	190.9	81 025	65 534
贵州	1 286	7 883	22.8	11 844	9 817
云南	1 097	10 880	34.2	16 509	12 372
西藏	31	92	0.3	288	161
陕西	932	24 246	67.0	24 102	17 974
甘肃	554	7 475	26.7	9 887	6 066
青海	240	1 592	4.9	2 367	1 481
宁夏	224	1 540	5.4	3 619	1 642
新疆	1 153	5 163	16.1	12 688	6 412

18-45 各地区特殊教育情况

（1991年）

单位：人

地　区	学校数（所）	毕业生数	招生数	在校学生数	教职工数	#专任教师
全　国	886	5 819	19 804	85 008	23 358	16 011
北　京	18	330	567	2 815	778	576
天　津	14	157	366	3 280	553	381
河　北	51	154	1 033	2 815	676	485
山　西	23	267	595	2 689	746	508
内蒙古	13	59	291	1 060	323	259
辽　宁	77	518	1 317	7 154	2 209	1 577
吉　林	30	342	611	4 507	1 464	1 024
黑龙江	67	688	1 082	6 096	2 244	1 521
上　海	29	271	603	3 494	1 172	680
江　苏	112	641	3 029	12 523	3 063	1 983
浙　江	46	142	784	3 963	847	639
安　徽	23	164	418	2 186	453	315
福　建	22	78	622	1 870	434	326
江　西	12	118	333	1 369	286	218
山　东	99	739	2 297	9 194	2 690	1 728
河　南	60	124	1 229	3 743	975	671
湖　北	45	183	955	2 778	865	569
湖　南	14	82	628	1 616	502	364
广　东	19	113	622	2 352	469	328
广　西	8	19	261	751	179	145
海　南	1	45	45	28	13	
四　川	54	64	757	3 021	848	663
贵　州	9	33	229	778	214	172
云　南	9	147	373	1 523	305	225
西　藏						
陕　西	11	112	242	1 294	367	251
甘　肃	7	58	200	870	233	155
青　海	2	12	52	235	60	38
宁　夏	5	45	148	335	94	52
新　疆	6	159	115	652	281	45

注：特殊教育指盲、聋、哑和弱智儿童的教育。

18-46 各地区盲、聋哑学校基本情况

(1991年)　　　　单位:人

地　区	学校数(所)	毕业生数	招生数	在校学生数	教职工数	#专任教师
全　国	651	4 684	11 843	55 627	18 507	11 868
北　京	7	160	210	1 062	372	238
天　津	5	110	185	642	299	193
河　北	40	142	734	2 029	557	379
山　西	15	244	400	2 006	617	394
内蒙古	10	54	127	725	258	200
辽　宁	53	419	836	4 769	1 686	1 152
吉　林	24	327	500	3 883	1 344	918
黑龙江	62	653	886	5 401	2 141	1 426
上　海	21	176	272	1 639	941	514
江　苏	64	454	1 290	6 840	2 197	1 206
浙　江	37	125	673	3 440	721	534
安　徽	16	162	333	1 826	401	269
福　建	11	65	196	1 175	284	191
江　西	7	67	120	697	177	116
山　东	77	461	1 086	5 175	2 042	1 189
河　南	46	97	970	2 930	820	546
湖　北	41	163	705	2 128	776	486
湖　南	14	82	542	1 530	498	360
广　东	9	84	257	1 073	295	185
广　西	3	19	51	280	88	60
海　南	1	45	45	28	13	
四　川	48	56	415	1 793	597	431
贵　州	3	33	82	441	133	98
云　南	7	147	215	1 063	244	170
西　藏						
陕　西	11	110	238	1 134	351	235
甘　肃	7	58	177	754	223	145
青　海	2	12	52	208	57	35
宁　夏	4	45	131	295	81	42
新　疆	6	159	115	641	279	143

18-47 全国科技活动主要基本情况

指　　标	1989年	1990年	1991年	为上年(%)	
				1990年	1991年
一、科技机构数(个)	17 410	18 772	22 591	107.82	120.34
#科研单位	8 456	8 990	8 188	106.32	91.08
大中型工业企业	7 215	8 116	8 792	112.49	108.33
高等院校	1 739	1 666	5 611	95.80	336.79
二、科技活动人员数(万人)			232.92		
#科学家、工程师			134.99		
三、科技活动经费收入总额(亿元)	343.49	403.26	425.77	117.40	105.58
上级拨款	114.44	124.08	118.60	108.42	95.58
自筹资金	146.71	174.43	181.08	118.89	103.81
银行贷款	40.87	49.04	64.67	119.99	131.87
其他收入	41.47	55.71	61.42	134.34	110.25
四、科技活动经费支出总额(亿元)	334.70	369.13	368.81	110.29	99.91
#内部支出	318.72	340.52	358.83	106.84	105.38
#劳务费			57.68		
业务费			122.22		
管理费			25.07		
固定资产购建支出			83.26		
研究与发展经费支出	112.31	125.43	142.30	111.68	113.45
五、研究与发展经费支出					
占国民生产总值(%)	0.70	0.71	0.72		

18-48 全国县级以上政府部门属研究与开发机构及情报文献机构数

（1991年） 单位：个

地区	合计	自然科学技术领域	社会、人文科学领域	科技情报和文献机构
全国	**5 879**	**5 127**	**336**	**416**
北京	469	375	52	42
天津	159	142	6	11
河北	154	140	1	13
山西	214	173	27	14
内蒙古	145	119	12	14
辽宁	372	334	22	16
吉林	181	147	21	13
黑龙江	273	238	19	16
上海	264	229	21	14
江苏	333	298	19	16
浙江	168	151	4	13
安徽	206	178	9	19
福建	135	115	5	15
江西	129	115	1	13
山东	317	286	10	21
河南	197	169	13	15
湖北	272	248	11	13
湖南	190	175	2	13
广东	297	270	13	14
广西	166	138	8	20
海南	45	37	2	6
四川	310	263	14	33
贵州	115	103	2	10
云南	168	148	15	5
西藏	14	12	1	1
陕西	213	196	4	13
甘肃	135	120	7	8
青海	49	43	4	2
宁夏	60	50	6	4
新疆	129	115	5	9

18-49 全国县级以上政府部门属研究与开发机构及情报文献机构人员数

（1991年）　　　　单位：人

地区	合计	自然科学技术领域		社会、人文科学领域		科技情报和文献机构	
		职工人数	#科学家、工程师	职工人数	#科学家、工程师	职工人数	#科学家、工程师
全国	**1 077 637**	**1 030 063**	**427 545**	**20 793**	**13 899**	**26 781**	**14 591**
北京	201 346	183 657	92 913	5 942	4 384	11 747	6 735
天津	37 472	35 572	14 916	548	320	1 352	688
河北	24 714	23 876	10 755	304	181	534	302
山西	21 869	20 730	8 087	766	493	373	230
内蒙古	14 979	14 137	5 370	428	253	414	204
辽宁	55 916	54 283	23 345	829	612	804	449
吉林	32 027	30 713	12 251	914	603	400	199
黑龙江	27 229	25 920	11 276	870	566	439	248
上海	94 769	91 617	37 579	1 586	1 084	1 566	713
江苏	55 698	54 355	23 274	609	399	734	414
浙江	19 580	18 978	8 585	232	165	370	203
安徽	19 719	18 970	8 147	344	239	405	266
福建	9 464	8 734	4 298	290	207	440	244
江西	18 725	18 072	5 144	259	171	394	248
山东	33 801	32 396	11 895	591	391	814	410
河南	33 581	32 535	12 910	599	325	447	210
湖北	49 107	47 898	18 585	612	350	597	255
湖南	29 064	28 515	10 728	258	138	291	189
广东	32 993	31 752	12 583	709	463	532	274
广西	17 337	16 654	6 218	261	200	422	246
海南	6 041	5 875	569	54	20	112	49
四川	100 019	97 217	33 716	1 102	742	1 700	832
贵州	11 047	10 499	4 314	246	153	302	163
云南	17 814	17 106	7 044	522	355	186	111
西藏	797	647	203	121	78	29	13
陕西	71 255	70 286	26 698	425	241	544	217
甘肃	21 623	20 777	8 461	523	246	323	157
青海	4 104	3 849	1 838	195	82	60	34
宁夏	5 768	5 357	1 693	264	189	147	95
新疆	9 779	9 086	4 150	390	249	303	193

18-50 全国县级以上政府部门属研究与开发机构及情报文献机构经费收入总额

（1991年）

单位：万元

地 区	合 计	自然科学技术领域		社会、人文科学领域		科技情报和文献机构	
		经费收入总额	#政府拨款	经费收入总额	#政府拨款	经费收入总额	#政府拨款
全 国	**2 115 574**	**2 042 703**	**878 046**	**26 443**	**23 917**	**46 428**	**33 237**
北 京	528 919	495 294	236 017	8 301	7 778	25 324	17 680
天 津	61 291	58 711	22 052	656	517	1 924	1 620
河 北	40 027	39 258	17 645	310	310	459	383
山 西	37 939	36 954	12 958	661	604	324	274
内蒙古	18 385	17 723	8 759	311	310	351	340
辽 宁	116 086	113 255	42 276	1 136	1 091	1 695	1 281
吉 林	51 029	49 858	20 606	870	807	301	253
黑龙江	36 750	34 757	16 993	1 288	887	705	495
上 海	228 671	224 183	74 378	1 531	1 323	2 957	2 100
江 苏	113 736	111 725	43 076	782	735	1 229	726
浙 江	38 722	37 740	16 143	410	389	572	392
安 徽	28 081	27 430	11 406	281	256	370	284
福 建	15 604	14 570	7 437	458	458	576	492
江 西	18 819	18 346	8 256	186	186	287	243
山 东	65 609	63 371	21 366	941	933	1 297	878
河 南	52 880	51 713	18 661	794	484	373	327
湖 北	72 262	70 881	36 672	551	522	830	662
湖 南	52 677	51 684	17 168	417	409	576	219
广 东	91 477	88 689	25 380	1 456	1 233	1 332	698
广 西	26 969	26 025	7 836	276	274	668	381
海 南	4 656	4 313	1 752	184	184	159	151
四 川	170 756	167 594	95 250	1 244	1 183	1 918	1 598
贵 州	11 008	10 455	8 024	254	254	299	265
云 南	27 742	26 657	12 276	712	629	373	198
西 藏	1 410	1 015	975	365	278	30	30
陕 西	139 256	138 437	64 840	396	396	423	342
甘 肃	40 336	39 069	15 810	706	578	561	495
青 海	5 153	4 882	3 515	206	206	65	60
宁 夏	7 048	6 706	3 618	174	169	168	133
新 疆	12 276	11 408	6 901	586	534	282	237

18-51 全国县级以上政府门属研究与开发机构及情报文献机构经费支出总额

（1991年）　　　　　　　　　　　　　　　　　　　　单位：万元

地区	合计	自然科学技术领域		社会、人文科学领域		科技情报和文献机构	
		经费支出总额	#基本建设支出	经费支出总额	#基本建设支出	经费支出总额	#基本建设支出
全国	**1 929 626**	**1 856 149**	**188 013**	**26 354**	**3 514**	**47 123**	**8 327**
北京	466 150	430 921	48 261	8 155	1 358	27 074	6 600
天津	55 047	52 596	3 745	626	12	1 825	356
河北	38 162	37 300	4 030	362	109	500	66
山西	29 665	28 624	2 660	696	1	345	
内蒙古	17 317	16 648	1 015	300		369	61
辽宁	109 945	107 144	9 757	1 120	87	1 681	470
吉林	48 470	47 281	4 531	826		363	
黑龙江	34 583	32 920	2 432	1 158	295	505	
上海	214 099	209 918	22 647	1 550	2	2 631	6
江苏	106 255	104 371	9 332	768	14	1 116	195
浙江	35 345	34 374	6 779	411	89	560	
安徽	25 514	24 907	1 835	280		327	
福建	14 357	13 330	1 386	458	86	569	32
江西	17 145	16 665	1 130	184		296	10
山东	61 405	59 174	6 943	978	168	1 253	166
河南	46 680	45 427	3 913	849	181	404	3
湖北	70 307	69 002	8 181	520	40	785	6
湖南	45 256	44 245	4 021	483	120	528	3
广东	82 514	79 818	8 401	1 485	363	1 211	70
广西	21 410	20 574	1 027	273		563	30
海南	4 525	4 225	520	136		164	26
四川	160 491	157 099	15 816	1 363	108	2 029	199
贵州	10 719	10 231	695	253	32	235	
云南	26 778	25 825	2 658	674	60	279	
西藏	1 449	1 052	140	367	29	30	
陕西	127 516	126 674	10 084	430	60	412	
甘肃	36 265	34 975	4 236	717	95	573	13
青海	5 024	4 787	450	183		54	
宁夏	5 509	5 159	366	187		163	
新疆	11 724	10 883	1 022	562	205	279	15

18-52 中国科协系统机构情况

(1991年)　　单位：个

项目	机构数	直属单位	咨询机构	院校	厂矿科协
一、科协合计	**364**	**876**	**317**	**103**	**8 593**
中国科协	1	20	1	2	
省科协	30	197	32	18	1 769
地(市)科协	333	659	284	83	6 824
二、学会合计	**3 357**	**636**	**448**	**77**	
全国性学会	159	44	21	6	
省学会	3 198	592	427	71	

18-53 中国科协系统人员数

(1991年)　　单位：人

项目	科协职工人数						厂矿科协会员人数
	合计	机关	#科学家与工程师	直属单位	#咨询机构	#院校	
合计	**18 206**	**6 940**	**3 002**	**11 266**	**1 986**	**1 186**	**1 903 266**
中国科协	1 275	216	144	1 059	32	58	
省科协	6 250	1 658	774	4 592	491	397	305 160
地(市)科协	10 681	5 066	2 084	5 615	1 463	731	1 598 106

18-54 中国科协学会人员数

(1991年)　　单位：人

项目	会员人数	#科学家与工程师	#理事人数	#高级职称	#外国会员	专职学会干部	院校人数
合计	**6 599 212**	**4 880 133**	**157 418**	**101 220**	**1 245**	**7 136**	**2 024**
全国性学会	2 943 469	2 274 751	15 914	13 156	473	1 919	347
省学会	3 655 743	2 605 382	141 504	88 064	772	5 217	1 677

18-55 中国科协系统科技活动情况

(1991年)

项目	单位	科协合计	中国科协	省科协	地(市)科协	学会合计	全国性学会	省学会
一、学术活动								
1. 国内学术会议								
次数	次	2 843	37	278	2 528	20 693	2 669	18 024
参加人数	人次	225 411	1 664	24 980	198 767	1 577 295	228 727	1 348 568
交流论文数	篇	32 740	1 252	4 844	26 644	466 507	146 450	320 057
2. 国内举行的国际学术会议								
次数	次	137	6	41	90	791	233	558
参加人数	人次	12 438	929	2 045	9 464	79 191	31 085	48 106
交流论文数	篇	4 467	95	1 397	2 975	27 783	16 506	11 277
3. 赴国外参加国际学术会议								
次数	次	66	2	8	56	1 015	274	741
派出人数	人次	123	2	38	83	2 745	1 166	1 579
交流论文数	篇	72	2	30	40	2 467	925	1 542
4. 科学考察								
国内次数	次	985	11	91	883	3 020	129	2 891
国内参加人数	人次	11 314	110	1 609	9 595	28 803	1 301	27 502
国际次数	次	188	9	87	92	728	149	579
国际参加人数	人次	734	19	308	407	2 397	555	1 842
二、科技培训								
1. 院校培训人数	人次	37 612		4 495	33 117	67 491	29 397	38 094
2. 培训班培训人数	人次	923 319	1 984	87 849	833 486	1 643 814	421 513	1 222 301
3. 外派研修生人数	人	765	2	488	275	455	165	290
三、科普活动								
1. 讲座次数	次	27 743	32	456	27 255	34 625	1 189	33 436
参加人数	千人次	3 396	2	843	2 551	32 668	26 494	6 175
2. 展览次数	次	3 690	9	397	3 284	2 818	799	2 019
参加人数	千人次	13 751	265	2 549	10 937	47 697	41 095	6 603
3. 青少年科技竞赛								
次数	次	1 781		110	1 671	2 048	33	2 015
获奖数	项	10 427		5 451	4 976	35 405	8 455	26 950
四、咨询活动								
1. 参加咨询的科技人员数	人次	654 292	298	175 025	478 969	163 613	3 837	159 776
2. 完成合同	项							
#直接组织	项	72 505	126	14 144	58 235	11 212	592	10 620
决策咨询	项	3 870	2	1 140	2 728	1 054	45	1 009
3. 合同实现金额	万元	79 946	53	40 023	39 869	17 494	785	16 709
上缴税金	万元	1 932	5	520	1 407	266	20	246
净收入	万元	4 450	8	1 005	3 437	1 291	160	1 131
五、出版								
1. 科技期刊总数	种	154	6	51	97	1 878	549	1 329
2. 学术论著发行量	千册	26 680	311	17 290	9 080	81 841	48 200	33 642
3. 论文集种数	种	144	9	33	102	2 317	682	1 635
发行量	册	140 382	25 800	45 850	68 732	1 545 079	394 490	1 150 589
4. 科技报纸种数	种	155		36	119	253	18	235

18-56 高等学校研究与发展人员及经费

（1991年）

学科分类	研究与发展人员（人）	科学家和工程师	其他技术人员	收入总额（万元）	支出总额（万元）
合　计	268 693	252 393	16 300	163 567	138 742
理、工、农、医学科领域	217 344	202 330	15 014	159 291	135 350
自然科学	42 844	40 981	1 863		
工程科学	95 311	88 650	6 661		
医　学	51 748	47 410	4 338		
农　学	17 333	16 065	1 268		
其他科学	10 108	9 224	884		
人文、社会科学领域	51 349	50 063	1 286	4 276	3 392

注：高等学校中研究与发展(R&D)人员是指本年度从事研究与发展工作时间占本人教学、科研工作总时间10％以上的人员。

18-57 高等学校理、工、农、医学科研究与发展机构及人员

（1991年）

学科分类	机构（个）	研究与发展人员（人）	科学家和工程师	其他技术人员
合　计	1 676	32 530	29 442	3 088
自然科学	270	5 043	4 654	389
工程科学	669	17 064	15 399	1 665
医　学	446	7 278	6 489	789
农　学	244	2 561	2 347	214
其他科学	47	584	553	31

注：研究与发展机构中的研究与发展人员是高等学校研究与发展人员的一部分，均已折合为全时人员，即本年度从事研究与发展工作时间占本人教学、科研工作总时间90％以上的人员。

18-58 大中型工业企业技术开发机构与人员

(1991年)

地区	有技术开发机构的企业		技术开发机构数(个)	企业技术开发人员总计(人)		技术开发机构中的人数(人)	
	绝对数(个)	占全部企业的比重(%)			#科学家和工程师		#科学家和工程师
全国	**7 899**	**52.86**	**8 792**	**828 861**	**334 207**	**351 499**	**159 646**
北京	288	56.25	331	53 960	21 872	14 050	7 598
天津	280	56.68	304	24 326	10 347	10 873	4 804
河北	437	63.24	483	25 205	10 375	14 263	6 294
山西	153	56.46	175	16 078	8 046	6 468	3 226
内蒙古	90	38.46	101	8 266	3 153	4 771	2 002
辽宁	600	56.66	670	95 854	37 087	38 348	17 651
吉林	211	60.29	234	19 033	8 186	10 664	4 532
黑龙江	308	64.17	343	36 458	15 194	20 257	9 241
上海	372	37.13	416	63 169	25 541	21 433	9 591
江苏	781	54.62	900	71 395	27 895	29 501	13 711
浙江	404	55.34	420	19 768	7 261	9 224	4 097
安徽	255	59.30	279	15 678	6 106	7 416	3 200
福建	140	52.63	149	8 228	3 275	3 415	1 789
江西	170	55.92	190	18 642	8 226	7 540	3 834
山东	694	51.33	738	47 431	17 627	23 555	8 997
河南	269	64.35	312	31 625	12 927	16 977	7 214
湖北	420	71.07	448	39 129	14 677	19 748	8 271
湖南	307	62.15	327	29 518	11 808	10 359	4 409
广东	464	36.00	492	24 410	9 188	10 582	4 835
广西	128	34.88	136	8 160	3 706	3 615	1 843
海南	7	11.48	7	335	142	74	48
四川	470	53.96	549	76 439	32 033	28 777	13 938
贵州	89	44.50	102	15 090	5 873	3 107	1 482
云南	119	42.35	131	9 410	3 830	4 545	2 296
西藏							
陕西	236	65.37	297	32 107	14 857	15 462	8 234
甘肃	106	62.72	146	22 615	8 932	10 432	3 992
青海	28	57.14	28	6 570	2 410	1 268	617
宁夏	26	43.33	26	2 426	1 061	1 204	592
新疆	47	37.90	58	7 536	2 572	3 571	1 308

18-59 大中型工业企业技术开发经费收支情况

（1991年）

单位：万元

地　区	筹集总额	#上级拨款	#企业自筹	支出总额	#开发新产品用款	技术开发经费支出占产品销售收入的比重（%）
全　国	1 931 089.1	136 489.9	1 216 102.0	1 659 933.7	713 507.0	1.39
北　京	100 139.2	14 089.5	50 035.8	85 653.2	23 033.7	1.66
天　津	46 653.2	1 939.6	32 628.7	34 739.0	13 870.7	0.90
河　北	55 132.4	3 820.5	35 794.8	47 584.1	24 852.7	1.01
山　西	34 889.6	2 651.8	19 183.0	29 660.9	7 478.6	1.14
内蒙古	12 143.1	3 625.9	4 980.9	11 176.4	3 415.5	0.75
辽　宁	200 303.6	11 599.0	122 144.3	183 046.0	75 192.8	1.80
吉　林	38 886.9	4 091.0	26 615.5	34 356.9	15 501.6	1.06
黑龙江	47 321.3	4 629.0	35 384.5	49 463.1	22 178.5	0.89
上　海	177 627.6	6 454.3	122 541.8	144 594.1	49 828.8	1.19
江　苏	173 329.6	8 720.5	131 225.0	143 279.0	74 176.0	1.47
浙　江	70 378.9	1 061.4	52 149.7	45 011.7	16 103.5	1.08
安　徽	34 578.2	7 072.1	15 836.3	26 527.6	13 823.6	0.84
福　建	28 762.0	577.5	13 498.5	25 802.2	6 658.8	1.47
江　西	28 878.5	1 959.4	14 928.3	22 285.7	8 786.5	1.15
山　东	149 464.1	5 592.2	88 350.1	141 491.8	70 048.4	1.62
河　南	62 929.3	6 145.2	34 827.4	57 734.2	19 178.9	1.40
湖　北	93 717.3	2 162.8	65 653.8	75 698.0	31 241.3	1.45
湖　南	60 393.0	5 575.8	32 861.4	51 761.1	20 341.9	1.50
广　东	110 484.2	1 756.7	64 211.8	96 568.1	53 487.6	0.96
广　西	24 402.0	518.4	15 877.5	19 815.5	9 412.7	1.17
海　南	303.7	6.3	218.4	230.4	82.5	0.93
四　川	197 762.4	18 619.4	130 478.3	174 020.8	80 960.7	2.77
贵　州	24 967.2	2 958.1	14 317.4	21 651.6	10 088.5	1.55
云　南	25 677.5	722.2	18 402.7	20 507.9	4 965.0	0.88
西　藏						
陕　西	69 096.5	8 485.7	38 471.1	61 603.3	41 219.3	2.48
甘　肃	30 224.7	8 183.2	17 215.3	26 769.0	7 590.8	1.39
青　海	6 736.7	381.1	2 899.7	4 912.9	2 396.6	1.60
宁　夏	8 409.4	1 236.8	5 309.8	7 715.1	4 891.2	2.13
新　疆	17 497.0	1 854.5	10 060.2	16 274.1	2 700.3	1.81

18-60 大中型工业企业技术开发项目情况

(1991年)

单位：项

地区	项目数合计	#上级计划	#企业自选	#新产品项目	项目当年投资（万元）	已完成项目	已投入生产（使用）项目
全国	42 213	17 587	22 026	19 376	914 715.7	22 534	19 888
北京	2 036	903	1 010	911	38 297.6	873	745
天津	1 093	503	520	577	15 354.6	562	450
河北	2 308	853	1 346	974	45 634.8	1 081	963
山西	903	340	519	314	21 985.3	494	447
内蒙古	344	177	155	159	7 809.6	183	158
辽宁	3 528	1 503	1 775	1 851	81 346.4	2 081	1 900
吉林	1 176	303	823	464	16 967.2	514	395
黑龙江	1 305	596	640	550	24 108.2	767	744
上海	3 348	2 066	1 071	1 658	86 048.3	1 610	1 177
江苏	4 330	1 743	2 236	2 128	76 351.9	2 476	2 170
浙江	1 620	598	932	811	21 927.3	921	860
安徽	988	348	577	441	17 348.5	579	545
福建	639	209	414	325	10 516.4	382	333
江西	802	349	405	360	12 282.1	438	393
山东	3 022	1 376	1 519	1 384	99 890.0	1 909	1 772
河南	1 306	439	799	522	30 446.3	693	619
湖北	1 674	557	933	816	41 809.6	904	819
湖南	1 486	543	836	630	24 094.1	834	786
广东	2 022	650	1 274	974	66 760.1	1 089	1 003
广西	599	282	302	311	11 975.5	343	235
海南	20	5	15	18	125.8	20	20
四川	3 165	1 226	1 667	1 502	83 168.1	1 652	1 428
贵州	545	267	235	194	11 376.3	250	221
云南	612	208	373	171	12 958.1	314	282
西藏							
陕西	1 428	664	669	661	30 580.2	626	575
甘肃	1 089	500	562	402	10 314.0	511	439
青海	180	75	96	76	2 469.2	89	89
宁夏	240	66	159	90	4 178.4	144	134
新疆	405	238	164	102	8 591.8	195	186

注：本表所列项目均为累计投资万元以上项目。

18-61 全民所有制企事业单位专业技术人员数

项　　目	单位	1952年	1978年6月30日	1980年	1985年	1987年	1988年	1989年	1990年	1991年
一、专业技术人员总计	**万人**	**42.5**	**434.5**	**527.6**	**781.7**	**889.4**	**966.1**	**1 035.1**	**1 080.9**	**1 716.8**
工程技术人员	万人	16.4	157.1	186.2	340.4	401.2	437.5	480.7	510.1	502.4
农业技术人员	万人	1.5	29.4	31.1	45.1	48.8	50.2	53.2	55.1	46.3
卫生技术人员	万人	12.6	127.6	153.0	216.1	232.5	246.8	262.5	272.0	275.8
科学研究人员	万人	0.8	31.0	32.3	33.6	31.4	30.7	29.7	29.1	34.2
教学人员	万人	11.2	89.4	125.0	146.5	175.5	200.9	209.1	214.6	858.1
二、平均每万职工中										
专业技术人员	**人**	**269.0**	**593.3**	**657.9**	**869.5**	**921.3**	**967.7**	**1 024.0**	**1 044.7**	**1 609.9**
工程技术人员	人	103.8	214.5	232.2	378.7	415.6	438.2	475.5	493.0	471.1
农业技术人员	人	9.5	40.2	38.8	50.1	50.6	50.3	52.6	53.3	43.4
卫生技术人员	人	79.7	174.2	190.8	240.4	240.8	247.2	259.6	262.9	258.6
科学研究人员	人	5.1	42.3	40.3	37.4	32.5	30.7	29.4	28.1	32.1
教学人员	人	70.9	122.1	155.8	162.9	181.8	201.2	206.9	207.4	804.6

注：1990年以前为全民所有制自然科学技术人员数，1991年起专业技术人员包括企事业单位(不含行政机关)人员数，教学人员包括社会和自然科技领域及小学教师人数。

18-62 全民所有制企事业单位分行业专业技术人员数

(1991年)　　单位：万人

行业分类	合计	工程技术人员	农业技术人员	卫生技术人员	科学研究人员	教学人员
全国总计	**1 716.8**	**502.4**	**46.3**	**275.8**	**34.2**	**858.1**
(一) 农、林、牧、渔、水利业	85.3	37.5	40.2	2.5	0.2	4.9
(二) 工业	333.9	259.9	1.1	33.9	0.8	38.2
(三) 地质普查和勘探业	19.5	16.7		1.1	0.1	1.6
(四) 建筑业	61.0	53.1	0.1	4.6	0.1	3.1
(五) 交通运输、邮电通讯业	44.9	39.4		2.6		2.9
(六) 商业、公共饮食业、物资供销和仓储业	25.6	16.4	2.4	5.3	0.1	1.4
(七) 房地产管理、公用事业、居民服务和咨询服务业	15.0	12.8	0.3	1.2		0.7
(八) 卫生、体育和社会福利	217.7	1.5	0.1	213.3	0.5	2.3
(九) 教育、文化艺术和广播电视事业	831.0	17.9	0.5	7.6	5.5	799.5
(十) 科学研究和综合技术服务事业	71.6	40.5	1.4	2.3	26.3	1.1
(十一) 金融、保险业	4.3	3.3		0.2	0.1	0.7
(十二) 其他行业	7.0	3.4	0.2	1.2	0.5	1.7

18-63 各地区全民所有制企事业单位专业技术人员数

(1991年)　　单位：人

地　　区	合　　计	工程技术人员	农业技术人员	卫生技术人员	科学研究人员	教学人员
全　　国	17 168 413	5 024 000	463 050	2 757 993	341 934	8 581 436
北　　京	676 573	288 756	5 899	101 323	76 707	203 888
天　　津	368 370	151 817	2 151	62 472	12 756	139 174
河　　北	766 723	197 561	17 337	117 107	9 560	425 158
山　　西	519 631	155 281	11 339	81 659	6 194	265 158
内 蒙 古	384 347	102 919	17 974	59 693	3 407	200 354
辽　　宁	1 027 179	391 078	18 662	176 161	17 043	424 235
吉　　林	570 127	171 848	16 783	91 561	10 420	279 515
黑 龙 江	813 865	264 946	30 141	141 726	8 364	368 688
上　　海	605 458	282 464	3 934	93 597	23 360	202 103
江　　苏	974 842	319 692	18 357	143 991	20 953	471 849
浙　　江	522 160	134 527	13 950	83 981	7 656	282 046
安　　徽	569 678	135 257	16 979	83 230	8 752	325 460
福　　建	421 815	103 624	13 543	48 337	3 868	252 443
江　　西	473 657	110 799	10 653	84 890	3 371	263 944
山　　东	1 032 090	261 740	30 922	170 813	10 961	557 654
河　　南	787 034	185 383	21 590	139 437	11 474	429 150
湖　　北	868 449	248 491	20 286	167 463	15 022	417 187
湖　　南	750 246	184 108	19 619	105 518	12 794	428 207
广　　东	755 046	207 656	14 181	106 931	10 566	415 712
广　　西	523 697	114 539	18 712	87 619	5 220	297 607
海　　南	89 566	14 423	3 126	15 590	711	55 716
四　　川	1 322 057	362 367	34 171	207 786	22 020	695 713
贵　　州	374 923	93 039	18 077	60 238	3 541	200 028
云　　南	495 787	107 937	23 479	85 069	6 792	272 510
西　　藏	21 750	4 077	1 458	6 499	429	9 287
陕　　西	548 565	191 581	15 063	80 593	14 210	247 118
甘　　肃	319 189	94 397	10 507	48 825	7 912	157 548
青　　海	92 614	26 882	4 400	17 138	1 746	42 448
宁　　夏	98 044	25 373	5 651	16 311	1 109	49 600
新　　疆	394 931	91 438	24 106	72 435	5 016	201 936

18-64 集体所有制单位自然科学技术人员数

(1991年)　　单位：人

部　门	合　计	工程技术人员	农业技术人员	卫生技术人员	科学研究人员	教学人员
总　计	**690 790**	**317 677**	**33 149**	**304 897**	**9 953**	**25 114**
工交基建	325 551	290 839	2 098	25 414	638	6 562
农　林	31 921	3 869	26 036	1 342	200	474
文教卫生	294 705	2 733	314	273 832	685	17 141
商　业	12 867	8 254	1 233	2 616	304	460
其　他	25 746	11 982	3 468	1 693	8 126	477

注：本表数字包括县(市)及县(市)以上各部门所属集体所有制单位(不包括乡、镇、城市街道所属的集体所有制单位)的人员。

18-65 重大科学技术研究成果和国家科技奖励数

单位：项

项　目	1980年	1985年	1987年	1988年	1989年	1990年	1991年
重大科学技术成果	2 687	10 476	11 800	16 552	20 278	26 829	32 653
获国家发明奖	109	185	225	217	150	224	209
获国家科技进步奖		1 761	806	515	504	505	502

18-66 全国技术市场成交额

单位：万元

地　区	1988年	1989年	1990年	1991年
全　国	**724 881**	**814 639**	**750 969**	**948 054**
北　京	221 912	278 856	202 697	224 344
天　津	28 519	29 275	29 938	34 260
河　北	10 306	9 569	19 699	27 190
山　西	16 055	7 640	8 300	11 118
内蒙古	589	3 440	2 049	3 075
辽　宁	83 871	81 586	76 025	96 707
吉　林	13 113	12 051	12 196	22 687
黑龙江	22 171	23 032	18 624	33 774
上　海	66 276	60 678	51 500	93 311
江　苏	42 647	41 820	34 481	47 895
浙　江	9 227	11 787	13 623	16 236
安　徽	1 847	3 547	3 854	6 997
福　建	2 070	3 749	4 354	6 485
江　西	4 567	3 942	6 721	8 907
山　东	37 260	41 640	43 099	47 621
河　南	22 947	36 904	36 396	48 231
湖　北	26 775	26 763	45 168	30 447
湖　南	32 900	32 700	24 530	42 871
广　东	19 735	13 957	20 261	32 081
广　西	2 741	2 845	3 419	4 208
海　南			95	505
四　川	33 644	69 428	60 671	72 110
贵　州	2 102			
云　南	4 105	4 878	10 243	8 137
西　藏	495			
陕　西	12 033	11 041	18 561	24 443
甘　肃	2 273	1 017	1 397	1 589
青　海	347	440	345	361
宁　夏	2 555	599	927	422
新　疆	1 799	1 455	1 796	2 042

18-67 “七五”期间国家重点科技攻关情况

指　　　　标	单 位	1986年	1987年	1988年	1989年	1990年
实际签订的专题合同	个	2 779	3 889	4 513	4 696	4 718
#上报统计报表的专题合同	个	2 759	3 820	4 372	4 663	4 664
专题人员	人	58 468	104 371	120 465	131 887	124 636
专题收入	万元	57 685	146 801	155 845	137 075	139 454
#国家科技攻关拨款	万元	31 720	74 278	65 273	62 987	54 522
专题支出	万元	40 069	139 126	155 952	134 253	123 627
#外汇支出	万美元	2 073	6 054	5 636	2 536	1 334
专题年度计划执行情况						
按计划正常进行	个	2 466	3 287	3 280	3 171	2 968
提前	个	38	140	195	192	157
拖延	个	255	393	827	1 031	947
实际最终完成的专题合同	个	26	60	152	533	3 545
专题成果	项	23	640	1 360	2 092	5 321
专利	件		14	61	64	159
试验生产线	条	4	54	305	251	647
工业试验基地	个	5	64	213	141	392
农、林试验基地	个		788	770	187	645
专题成果获奖情况						
国家自然科学奖	项			3		3
国家发明奖	项		1	3	7	16
国家科学技术进步奖	项		13	16	33	60
部级奖	项		28	72	200	318
省、自治区、直辖市级奖	项		37	52	142	278
专题成果转让情况						
专题成果转让合同	项		20	292	416	596
专题成果转让的成交额	万元		94	1 448	3 228	4 595
专题成果转让的实现金额	万元		62	418	1 587	2 921
已实际应用的专题成果	项		71	585	1 069	2 071
应用专题成果的生产单位	个		424	1 287	983	1 565
农、林应用专题成果的推广面积	万亩		12 545	22 090	63 944	90 287
应用专题成果而新增加的固定资产投资	万元		2 790	53 516	15 095	121 846
专题成果的直接经济效益	万元		184 650	334 087	1 155 840	2 377 134
#在商品化生产中获得的直接经济效益	万元				63 545	430 462

18-68 测绘部门生产完成情况

(1991年)

地 区	大地测量		测图		地图
	三角测量 (点)	水准测量 (公里)	合 计 (幅)	#1：5千 -1：1万	印 刷 (色 令)
全 国	263	15 521	23 049	22 517	162 192
北 京		634	422		6 560
天 津		1 498	968	968	14
河 北		33	809	809	2 198
山 西		277	770	770	2 368
内蒙古		220	364	328	828
辽 宁			490	490	3 727
吉 林			1 098	1 098	2 700
黑龙江		2 330	1 596	1 596	36 586
上 海			1 287	1 287	6 687
江 苏		377	589	589	10 485
浙 江	5	1 260	696	696	8 539
安 徽			353	353	2 466
福 建			957	957	3 024
江 西			377	377	291
山 东		30	848	848	4 143
河 南			671	671	7 392
湖 北			782	777	1 428
湖 南		509	821	821	6 820
广 东		1 894	2 020	2 020	18 226
广 西		287	1 555	1 555	1 593
海 南					
四 川	33	2 565	1 352	1 220	23 590
贵 州			273	273	1 967
云 南		125	503	503	1 456
西 藏					
陕 西		2 090	1 960	1 733	7 775
甘 肃			274	274	
青 海			538	420	
宁 夏		34	60	60	4
新 疆	225	1 358	616	602	1 325

18-69 各地区测绘资料提供情况

（1991年）

地　区	地形图合计（张）	#1：1万	#1：2.5-1：10万	航空照片（片）	大地成果（点）	1：100万以下交通图和挂图（张）
全　国	1 180 768	545 044	417 646	406 545	89 634	482 198
北　京	74 491	10 300	10 578		4 569	28 077
天　津	14 455	1 738	1 477		6 940	1 253
河　北	21 846	5 889	14 011	8 598	1 366	29 108
山　西	83 056	7 454	8 111	5 513	1 230	14 442
内蒙古	33 886	4 965	26 117	4 790	1 880	5 865
辽　宁	53 452	39 224	13 479	4 812	6 788	53 583
吉　林	27 925	15 133	11 359	3 117	1 915	2 408
黑龙江	30 104	8 152	17 706	1 397	2 978	11 217
上　海	2 398	2 298	93	403	1 243	9 903
江　苏	18 671	11 487	6 326	1 328	3 514	4 798
浙　江	35 913	28 218	6 911	9 846	772	6 990
安　徽	18 288	12 985	5 000	13 336	4 035	7 217
福　建	18 948	14 080	4 137	12 514	429	565
江　西	19 539	13 557	5 561	19 804	2 879	850
山　东	64 536	15 741	7 195	10 005	6 361	1 278
河　南	19 436	11 526	7 310	3 690	6 248	7 136
湖　北	18 731	10 668	7 657	34 873	2 937	31 541
湖　南	56 389	48 395	7 245	56 610	1 068	4 401
广　东	53 315	39 220	13 775	17 173	1 465	12 545
广　西	44 927	32 328	11 316	21 293	334	32 749
海　南	5 680	3 747	1 833		278	744
四　川	91 742	63 036	23 676	62 091	5 935	1 731
贵　州	91 797	80 851	10 321	53 485	328	2 587
云　南	40 132	15 012	23 975	25 060	3 260	85 261
西　藏	8 770	174	8 039		238	19 780
陕　西	37 832	19 362	17 286	13 147	4 208	3 400
甘　肃	35 620	8 872	25 392	13 594	1 906	51 436
青　海	4 522	290	3 665	3 420	1 438	3 604
宁　夏	8 960	5 239	3 577	1 440	1 294	11 351
新　疆	51 638	15 103	33 707	5 206	4 490	35 855
测绘资料中心	93 769		80 811		7 290	523

18-70 气象台站数和卫星云图接收、使用情况

（1991年）

地区和单位	气象台站总数（个）	气象台	气象站	独立农区气象试验站	卫星云图接收站点数（个）	#极轨卫星	#同步卫星	接收卫星云图图片总数（张）	使用卫星云图资料单位数（个）
全　国	**2 586**	**322**	**2 204**	**60**	**79**	**53**	**44**	**230 009**	**94**
北　京	23	1	22		1	1		1 260	3
天　津	16	2	14		1	1	1	2 212	
河　北	148	12	136		2		2	2 687	
山　西	115	10	105		1	1	1	1 588	2
内蒙古	129	12	111	6	7	7	1	8 629	7
辽　宁	63	14	46	3	1		1	5 070	1
吉　林	64	8	53	3	2	1	1	3 530	11
黑龙江	87	10	74	3	2	2	1	1 067	5
上　海	14	1	13		1		1	9 642	3
江　苏	79	11	66	2	3	1	2	4 830	
浙　江	70	12	57	1	5	1	4	10 200	
安　徽	82	15	66	1	1	1	1	7 730	2
福　建	74	12	59	3	1		1	8 960	
江　西	91	17	73	1	2	1	2	8 628	6
山　东	119	13	105	1	3	1	2	2 502	1
河　南	127	18	106	3	1	1	1	5 750	
湖　北	85	10	73	2	1	1	1	2 060	
湖　南	104	13	87	4	1		1	1 460	3
广　东	94	15	78	1	2	1	1	18 495	1
广　西	104	10	89	5	5	4	2	7 460	1
海　南					1		1	1 200	
四　川	199	17	180	2	7	6	1	34 786	2
贵　州	89	9	79	1	4	3	1	14 180	
云　南	136	17	115	4	3	3	1	1 643	1
西　藏	39	7	32		2	2		2 370	
陕　西	104	10	91	3	3	3	1	8 815	
甘　肃	96	12	80	4	1	1	1	2 708	1
青　海	56	9	46	1	1	1	1	5 600	1
宁　夏	24	4	19	1	2	2	1	3 650	1
新　疆	111	15	92	4	3	3	2	4 906	
大连市	8	1	7		1		1	1 460	1
宁波市	9	1	8		1		1	8 100	
青岛市	7	1	6		1		1	1 500	9
厦门市	2	1	1		1		1	7 296	2
重庆市	16	1	15		1	1	1	3 995	
国家气象中心	1	1							
国家卫星气象中心					3	2	2	12 540	5
气象科学研究院	1			1	1			1 500	25

18-71 农气观测站和农业气象预报台站数

（1991年）　　　　单位：个

地区和单位	农气观测站点数					农业气象预报台站
	开展农气观测站数	#国家农气基本站	农作物观测点	土壤湿度测定点	物候观测点	
全　国	1 285	402	844	943	641	1 008
北　京	5	2	5	5	5	2
天　津	7	2	7	7	7	
河　北	147	17	27	145	30	37
山　西	35	14	31	35	31	31
内蒙古	37	20	19	30	33	28
辽　宁	47	13	24	47	24	56
吉　林	46	15	27	46	27	3
黑龙江	40	24	40	40	40	38
上　海	10	1	10		1	
江　苏	52	16	35	45	17	11
浙　江	20	9	14	1	3	9
安　徽	24	12	24	15	24	25
福　建	23	11	16	1	23	29
江　西	77	14	77	3	14	88
山　东	108	16	33	108	16	103
河　南	119	15	43	119	30	77
湖　北	28	16	28	28	28	9
湖　南	27	16	27		27	28
广　东	25	12	25	1	25	90
广　西	31	15	31	13	22	70
海　南	6	4	6	1	6	1
四　川	87	26	82	54	61	94
贵　州	21	12	21	4	14	9
云　南	32	17	32	7	19	26
西　藏	4	4	4	4		1
陕　西	61	17	39	61	18	22
甘　肃	56	16	31	56	25	22
青　海	23	13	17	15	12	17
宁　夏	17	5	9	17	7	17
新　疆	37	20	35	16	35	36
大连市	5	2	2	5	2	5
宁波市	7	3	7	1		8
青岛市	6	1	1	6	1	7
重庆市	14	2	14	6	14	9
气象科学研究院	1		1	1		

18-72 三种专利申请受理量

单位：项

指　　标	1985年	1987年	1988年	1989年	1990年	1991年
申请受理量合计	14 372	26 077	34 011	32 905	41 469	50 040
1. 发　明	8 558	8 059	9 652	9 659	10 137	11 423
国　内	4 065	3 975	4 780	4 749	5 832	7 372
职　务	2 545	2 057	2 260	2 157	2 482	3 053
大专院校		553	648	562	509	718
科研单位		716	777	689	805	831
工矿企业		564	568	595	816	958
机关团体		224	267	311	352	546
非职务	1 520	1 918	2 520	2 592	3 350	4 319
国　外	4 493	4 084	4 872	4 910	4 305	4 051
职　务	4 111	3 721	4 430	4 516	4 018	3 768
非职务	382	363	442	394	287	283
2. 实用新型	5 174	16 706	22 400	20 727	27 615	33 282
国　内	5 077	16 605	22 190	20 553	27 488	33 157
职　务	1 711	4 817	5 687	5 397	7 424	8 409
大专院校		798	848	649	811	975
科研单位		1 110	1 411	1 286	1 521	1 476
工矿企业		2 154	2 435	2 443	3 830	4 172
机关团体		755	993	1 019	1 262	1 786
非职务	3 366	11 788	16 503	15 156	20 064	24 748
国　外	97	101	210	174	127	125
职　务	74	66	111	104	55	68
非职务	23	35	99	70	72	57
3. 外观设计	640	1 312	1 959	2 519	3 717	5 335
国　内	269	1 083	1 612	2 065	3 265	4 866
职　务	77	474	718	919	1 713	2 610
大专院校		9	17	9	13	11
科研单位		18	30	40	64	78
工矿企业		360	513	687	1 310	1 890
机关团体		87	158	183	326	631
非职务	192	609	894	1 146	1 552	2 256
国　外	371	229	347	454	452	469
职　务	325	204	285	382	418	411
非职务	46	25	62	72	34	58

注：1985年是从4月1日开始统计的(下同)。

18-73 三种专利申请批准量

单位：项

指　　标	1985年	1987年	1988年	1989年	1990年	1991年
批准量合计	138	6 811	11 947	17 129	22 588	24 616
1. 发　明	40	422	1 025	2 303	3 838	4 122
国　内	38	311	617	1 083	1 149	1 311
职　务	32	263	498	882	908	937
大专院校	18	119	208	320	326	295
科研单位	11	108	209	362	331	365
工矿企业	3	33	67	167	206	217
机关团体		3	14	33	45	60
非职务	6	48	119	201	241	374
国　外	2	111	408	1 220	2 689	2 811
职　务	1	110	385	1 140	2 496	2 618
非职务	1	1	23	80	193	193
2. 实用新型	60	5 768	10 191	13 508	16 952	17 327
国　内	56	5 677	10 114	13 373	16 744	17 200
职　务	32	1 758	3 303	4 463	5 100	5 639
大专院校	21	322	594	731	698	638
科研单位	6	511	849	1 120	1 280	1 255
工矿企业	5	844	1 633	2 149	2 249	2 708
机关团体		81	227	463	873	1 038
非职务	24	3 119	6 811	8 910	11 644	11 561
国　外	4	91	77	135	208	127
职　务	3	66	49	67	132	62
非职务	1	25	28	68	76	65
3. 外观设计	38	621	731	1 318	1 798	3 167
国　内	17	413	562	1 024	1 411	2 667
职　务	5	177	254	534	751	1 492
大专院校		2	3	19	7	16
科研单位	2	5	13	19	35	49
工矿企业	3	167	223	471	598	1 120
机关团体		3	15	25	111	307
非职务	12	236	308	490	660	1 175
国　外	21	208	169	294	387	500
职　务	20	196	154	241	336	440
非职务	1	12	15	53	51	60

18-74 各地区三种专利申请受理和批准量

(1991年)

单位：项

地区	申请受理量合计	发明	实用新型	外观设计	批准量合计	发明	实用新型	外观设计
全国	**45 395**	**7 372**	**33 157**	**4 866**	**21 178**	**1 311**	**17 200**	**2 667**
北京	4 624	1 023	3 324	277	2 369	263	1 917	189
天津	1 362	258	1 023	81	607	63	488	56
河北	2 010	326	1 555	129	918	49	792	77
山西	787	157	589	41	380	33	311	36
内蒙古	431	86	310	35	153	6	131	16
辽宁	3 423	564	2 586	273	1 894	105	1 627	162
吉林	1 304	208	1 034	62	546	34	474	38
黑龙江	1 626	251	1 309	66	667	43	588	36
上海	1 778	293	1 274	211	1 025	95	761	169
江苏	3 547	521	2 650	376	1 482	50	1 256	176
浙江	2 571	300	1 965	306	1 217	49	1 006	162
安徽	688	123	519	46	255	20	215	20
福建	672	102	512	58	277	21	206	50
江西	825	131	579	115	300	20	248	32
山东	3 348	447	2 396	505	1 569	78	1 280	211
河南	1 571	308	1 193	70	595	40	538	17
湖北	1 302	260	986	56	671	64	565	42
湖南	2 536	337	1 988	211	1 174	39	1 026	109
广东	2 997	322	1 371	1 304	1 348	30	661	657
广西	815	122	634	59	347	19	280	48
海南	81	26	43	12	32		24	8
四川	2 436	422	1 847	167	1 232	82	1 064	86
贵州	373	101	234	38	130	15	94	21
云南	576	112	379	85	310	20	246	44
西藏	2		2		4		4	
陕西	1 323	207	1 054	62	566	44	484	38
甘肃	391	81	302	8	190	22	159	9
青海	96	15	77	4	45	2	41	2
宁夏	145	25	110	10	62	1	59	2
新疆	402	64	302	36	135	2	124	9
台湾	1 353	180	1 010	163	678	2	531	145

18-75 按国别(地区)分的三种专利申请受理量及批准量

(1991年)　　　　单位：项

国别(地区)	受理量				批准量			
	合计	发明	实用新型	外观设计	合计	发明	实用新型	外观设计
总计	4 645	4 051	125	469	3 438	2 811	127	500
亚洲	1 419	1 026	102	291	1 208	900	104	204
日本	956	878	14	64	973	881	29	63
马来西亚	13	3		10	3		3	
新加坡	6	2	2	2	3	2	1	
巴基斯坦	1	1						
泰国	10	1		9				
澳门	1		1		1		1	
香港	291	35	63	193	217	15	64	138
约旦	1	1						
朝鲜	2	2						
南朝鲜	137	102	22	13	9	1	5	3
菲律宾					1		1	
塞普路斯	1	1						
斯里兰卡					1	1		
非洲	2	2			1	1		
津巴布韦					1	1		
南非	1	1						
塞内加尔	1	1						
欧洲	1 466	1 350	13	103	1 256	1 077	8	171
联邦德国	355	341	4	10	369	292	1	76
荷兰	157	134		23	166	151	1	14
英国	207	195	1	11	106	88		18
瑞士	177	136	5	36	138	113	2	23
丹麦	18	18			17	13		4
匈牙利	28	28			15	15		
奥地利	41	40		1	18	18		
比利时	34	34			15	15		
冰岛					1	1		
法国	217	211		6	174	166		8

18-75 续表 (1991年) 单位：项

国别(地区)	受理量 合计	发明	实用新型	外观设计	批准量 合计	发明	实用新型	外观设计
挪威	8	6		2	8	8		
原苏联	20	20			49	42	1	6
卢森堡	8	8			19	19		
列支敦士登	11	11			3	3		
西班牙	22	13	3	6	9	3		6
南斯拉夫	6	6						
捷克斯洛伐克	2	2						
波兰					2	2		
爱尔兰	1	1			1	1		
芬兰	17	17			34	28		6
保加利亚					3	3		
意大利	81	78		3	59	49	3	7
瑞典	55	50		5	50	47		3
希腊	1	1						
拉丁美洲	18	17		1	7	7		
巴拿马	1	1			2	2		
墨西哥	6	6			3	3		
古巴	3	2		1				
巴西	6	6			2	2		
委内瑞拉	1	1						
多米尼亚	1	1						
北美洲	1 677	1 604	9	64	923	790	15	118
美国	1 620	1 547	9	64	880	752	15	113
加拿大	57	57			43	38		5
大洋洲及太平洋岛屿	63	52	1	10	43	36		7
新西兰	4	4			2	2		
澳大利亚	59	48	1	10	41	34		7

18-76 按国际专利标准分类的发明、实用新型专利申请量和批准量

单位：项

分类	申请量		批准量	
	1990年	1991年	1990年	1991年
合计	35 683	42 398	20 790	21 449
A部(人类生活需要)	8 774	10 594	4 349	4 784
农、林、牧、渔	1 118	1 229	439	532
烘烤、食用面团	104	103	62	72
屠宰、加工	23	26	16	17
食品、食物及处理	438	521	142	160
烟类及用品	179	219	91	81
服装	286	363	115	176
帽类制品	94	111	61	41
鞋类	276	321	135	145
男用服饰用品、珠宝	110	113	40	51
手携及旅行用品	532	611	257	315
刷类用品	122	165	85	65
家具、家庭日用品或设备	2 397	2 917	1 259	1 283
医学、兽医学、卫生学	2 268	2 833	1 146	1 350
救生、消防	115	184	72	80
医学、游戏、娱乐活动	712	878	429	416
B部(作业、运输)	7 732	9 475	4 895	4 815
物理或化学的方法或装置	499	585	325	401
破碎、研磨、粉碎	140	187	105	104
分选、分离	83	100	69	82
离心装置、离心机	66	69	34	34
喷射、雾化	145	170	93	88
机械振动的产生和传递	8	16	5	5
固体分离、分选	78	104	56	47
清洁	74	103	41	55
固体废料的处理	11	15	4	8
金属加工、冲裁		247		164
铸造、粉末冶金	125	177	116	101
机床、其他金属加工	677	604	466	453
磨削、抛光	122	138	87	101
简单工具	352	383	201	213
手工、切割工具、切断	170	201	108	89
木材加工、保存、钉钉机	145	154	84	74
加工水泥、粘土和石料	88	134	71	63
塑料制品的加工	177	243	107	137
压力机	83	46	41	43
纸品制作、纸的加工	25	28	35	17
叠层产品	56	96	33	25
印刷、打字机、印刷机	154	206	85	81
装订、图册、文件夹	169	260	61	87
绘图具、办公附属用品	640	872	321	330
装饰艺术	155	224	50	63

18-76 续表 1

单位：项

分类	申请量		批准量	
	1990年	1991年	1990年	1991年
一般车辆	840	1 115	612	553
铁　路	146	186	98	88
无轨陆用车牌	794	961	485	464
船舶、船只、有关设备	98	127	74	69
飞行器、航空、宇宙航行	35	21	12	17
输送、包装、存贮、搬运	971	1 268	543	505
卷扬、提升、牵引	252	302	234	189
液体的贮运	111	120	64	64
鞍具、室内装璜	2	13	4	1
C部(化学、冶金)	3 124	3 395	1 101	1 266
无机化学	185	180	112	119
水、废污水、泥浆的处理	192	259	89	153
玻璃、石棉和渣棉	83	99	51	58
水泥、陶瓷等、隔音材料	157	240	47	47
肥料及制造	59	66	5	18
炸药、火柴	38	47	11	10
有机化学	715	719	144	203
有机高分子化合物	394	375	157	156
染料、涂料、抛光剂等	296	287	66	56
石油、煤气及炼焦工业	237	216	93	91
动植物油、脂类	109	182	24	27
生化、酒、醋、酶、遗传工程	179	217	50	49
糖或淀粉工业	8	6	3	7
大小原皮、毛皮、皮革	35	19	5	17
黑色冶金	89	79	63	73
冶金学、合金或有色合金	155	157	74	72
金属加工涂料、防腐防锈	107	124	38	42
电解电泳方法及设备	59	95	62	59
晶体生长	27	28	7	9
D部(纺织、造纸)	797	880	480	483
线、纤维、纺纱	216	181	121	125
纺纱、整经或络经	25	16	14	16
织　造	70	111	61	57
编带、花边、针织、整理	68	83	45	39
缝纫、锈花、簇绒	48	71	46	37
织物等的处理、洗涤	249	292	123	154
绳、除电缆外的缆绳	11	15	6	6
造纸、纤维素的生产	110	111	64	49
E部(固定建筑物)	2 646	3 178	1 493	1 746
道路、铁路和桥梁的建筑	175	170	71	117
水利工程、基础、运土	124	152	93	97
给水、排水	348	420	207	241
建筑物	416	491	220	270

18-76 续表 2

单位：项

分类	申请量		批准量	
	1990年	1991年	1990年	1991年
锁、钥匙、门窗、保险箱	804	960	393	471
一般门、窗、百叶窗、梯子	350	394	157	185
钻进、采矿	429	591	352	365
F部(机械工程)	5 228	6 473	3 572	3 346
一般机器、发动机、蒸汽机	176	209	125	123
内燃机等	382	450	279	241
液力机械和其他发动机	123	116	47	59
液体变容机械、泵	672	838	523	469
液压调节器、液压技术	54	62	64	43
工程元件或部件	1 362	1 591	946	850
气体或液体的贮藏或分配	54	91	24	25
照　明	289	302	161	153
蒸汽的生产	90	114	66	68
燃烧设备、燃烧技术	296	368	184	217
采暖、炉灶、通风	1 144	1 542	688	714
制冷气体的液化和固化	159	248	133	71
干　燥	44	55	49	48
炉、窑、灶、罐	120	150	94	106
一般热交换	132	183	89	95
武　器	76	85	71	36
弹药、爆破	55	69	29	28
G部(物理)	3 999	4 358	2 618	2 796
测量、测试	1 573	1 782	1 077	1 176
光学技术	230	242	154	163
照相术、电影术、电刻术	276	330	148	151
测时技术	226	206	105	129
控制、调节技术	180	165	131	145
计算、推算、计数技术	406	402	269	256
核算装置	55	75	35	28
信号装置	218	272	159	174
教育、密码、显示、广告等	437	528	278	293
乐器、声学	120	109	53	70
信息的存储	210	195	176	177
仪器的零部件	36	24	17	10
核物理、核工程	32	28	16	24
H部(电学)	3 383	4 045	2 282	2 213
基本电器元件	1 309	1 603	954	959
电力的发电、变电或配电	811	963	617	564
基本电子电路	163	182	122	105
电信技术	673	775	337	338
其他类不包括的电技术	427	522	252	247

18-77 文化事业机构和人员数

(1991年)

单位：机构：个
人数：人

机构类别	总计		文化部门				其他部门	
			全民所有制		集体所有制			
	机构数	人数	机构数	人数	机构数	人数	机构数	人数
总计	**67 640**	**510 719**	**21 785**	**390 803**	**1 111**	**47 421**	**44 744**	**72 495**
艺术事业	4 840	217 101	3 851	171 997	962	41 636	27	3 468
图书馆事业	2 535	42 037	2 535	42 037				
群众文化事业	55 224	139 346	10 507	70 319			44 717	69 027
教育事业	224	19 127	224	19 127				
文物事业	2 927	47 593	2 927	47 593				
其他文化事业	1 890	45 515	1 741	39 730	149	5 785		

18-78 文化艺术、文物事业单位数

单位：个

年份	电影放映单位	艺术表演团体	文化馆	公共图书馆	博物馆
1949	646	1 000	896	55	21
1952	2 285	2 084	2 430	83	35
1957	9 965	2 884	2 748	400	72
1962	18 483	3 320	2 514	541	230
1965	20 363	3 458	2 598	577	214
1970	26 569	2 541	2 303	382	182
1975	59 661	2 836	2 589	629	242
1976	86 088	2 906	2 609	768	263
1977	102 214	2 941	2 644	842	300
1978	115 946	3 150	2 748	1 256	349
1979	122 121	3 482	2 892	1 651	344
1980	125 462	3 533	2 912	1 732	365
1981	130 827	3 483	2 803	1 787	383
1982	143 650	3 460	2 925	1 889	409
1983	162 153	3 444	2 946	2 038	467
1984	178 387	3 397	3 016	2 217	618
1985	182 948	3 317	2 965	2 344	711
1986	173 857	3 195	2 993	2 406	777
1987	166 472	3 094	2 973	2 440	827
1988	161 777	2 985	2 975	2 485	903
1989	152 300	2 850	2 955	2 512	967
1990	146 184	2 805	2 955	2 527	1 013
1991	139 639	2 772	2 894	2 535	1 075

18-79 艺术事业机构和人员数

(1991年)

单位：机构:个
人数:人

机构类别	总计		文化部门				其他部门	
			全民所有制		集体所有制			
	机构数	人数	机构数	人数	机构数	人数	机构数	人数
(一)艺术表演团体	2 772	170 337	1 900	126 828	860	40 432	12	3 077
1.话剧、儿童剧、滑稽剧团	92	8 642	81	7 889	10	473	1	280
2.歌剧、舞剧、歌舞剧团	293	29 274	261	27 392	30	1 502	2	380
3.乐团、合唱团	21	2 201	19	1 918	1	32		251
4.文工团、文宣队、乌兰牧骑	432	15 559	394	12 214	31	1 214	7	2 130
5.戏曲剧团	1 707	103 454	1 024	68 815	682	34 603	1	36
6.曲、杂、木、皮团	227	11 203	121	8 600	106	2 603		0
(二)艺术表演场所	2 068	46 758	1 951	45 163	102	1 204	15	391
#剧场、影剧院	2 024	46 056	1 915	44 582	94	1 083	15	391
(三)艺术创作机构	394	3 062						
(四)艺术研究机构	166	3 076						
(五)艺术展览机构	30	1 052						
(六)演出公司	226	2 001						
(七)其他艺术机构	145	3 267						

18-80 电影事业机构和人员数

(1991年)

单位：机构:个
人数:人

机构类别	总计		文化及广播电视部门		工矿及其他部门		集体经营	
	机构数	人数	机构数	人数	机构数	人数	机构数	人数
总计	**145 720**	**510 313**	**16 133**	**209 264**	**18 597**	**86 339**	**110 990**	**214 710**
电影制片厂	35	20 376	27	14 355	8	6 021		
洗印厂	4	2 508	4	2 508				
电影发行放映管理机构	5 992	69 291	4 592	66 677	35	273	1 365	2 341
电影院	14 639	113 320	5 831	74 129	296	2 954	8 512	36 237
影剧院	2 079	44 386	1 690	39 632	194	3 117	195	1 637
开放礼堂、俱乐部	3 053	32 545	203	2 224	2 831	29 999	19	322
放映队	109 688	191 306	3 669	6 979	5 155	10 213	100 864	174 114
对内礼堂、俱乐部	10 191	32 380	87	310	10 069	32 011	35	59
电影机械生产修配机构	39	4 201	30	2 450	9	1 751		

注：本表电影制片厂中包括省办厂。

18-81 出版、发行、文物、图书馆、群众文化事业机构和人员数

(1991年)

项目	机构数(个)	人数(人)	项目	机构数(个)	人数(人)
出版、发行事业	13 059	356 219	(三)文物商店	99	3 084
(一)出版社	465	37 549	图书馆事业	2 535	42 037
(二)书刊印刷厂	345	209 004	群众文化事业	55 224	139 346
(三)书店	12 249	109 666	(一)群众艺术馆	371	12 085
文物事业	2 927	47 593	(二)文化馆	2 894	45 202
(一)博物馆	1 075	24 116	(三)文化站	51 959	82 059
(二)文物机构	1 753	20 393	#乡镇文化站	47 904	70 758

18-82 图书出版分类构成情况

(1991年)

类别	种数(种)	印数(万册、张)	印张(亿印张)	类别	种数(种)	印数(万册、张)	印张(亿印张)
总计	89 615	613 940	266.1	N. 自然科学总论	256	594	0.5
(一)使用“中国标准书号”合计	83 275	593 445	257.1	O. 数学科学、化学	1 590	1 964	2.2
A. 马列主义、毛泽东思想	158	4 095	0.5	P. 天文学、地理科学	659	626	0.3
B. 哲学	1 150	1 220	1.2	Q. 生物科学	396	178	0.2
C. 社会科学总论	1 044	948	1.0	R. 医学、卫生	3 141	3 357	4.7
D. 政治、法律	4 144	10 569	8.3	S. 农业科学	2 348	2 784	1.8
E. 军事	268	367	0.3	T. 工业技术	7 990	8 309	11.6
F. 经济	5 197	5 856	7.0	U. 交通运输	573	1 052	1.0
G. 文化科学、教育、体育	30 609	508 532	175.9	V. 航空、航天	111	46	0.1
H. 语言文学	2 207	6 080	8.0	X. 环境科学	175	71	0.1
I. 文学	9 163	14 246	13.6	Z. 综合性图书	2 716	4 511	4.8
J. 艺术	5 775	13 163	4.8	(二)不使用“中国标准书号”图书	6 340	20 495	5.9
K. 历史地理	3 605	4 877	4.7	#年画	5 031	16 152	3.0

18-83 图 书 出 版 数 量

年 份	种 数 (种)	#新出版	印 数 (亿册、亿张)	印张数 (亿印张)
1952	13 692	7 940	7.9	17.0
1957	27 571	18 660	12.8	35.0
1962	16 548	8 305	10.9	30.7
1965	20 143	12 352	21.7	56.2
1970	4 889	3 870	17.9	37.0
1975	13 716	10 633	35.8	101.8
1976	12 842	9 727	29.1	90.0
1977	12 886	10 179	33.1	117.7
1978	14 987	11 888	37.7	135.4
1979	17 212	14 007	40.7	172.5
1980	21 621	17 660	45.9	195.7
1981	25 601	19 854	55.8	217.7
1982	31 784	23 445	58.8	222.0
1983	35 700	25 826	58.0	232.4
1984	40 072	28 794	62.5	260.6
1985	45 603	33 743	66.7	282.7
1986	51 789	39 426	52.0	220.3
1987	60 213	42 854	62.5	261.2
1988	65 961	46 774	62.2	269.0
1989	74 973	55 475	58.6	243.6
1990	80 224	55 254	56.4	232.1
1991	89 615	58 467	61.4	266.1

18-84 杂 志 出 版 数 量

年 份	种 数 (种)	每期平均印数 (万 册)	总 印 数 (亿 册)	总印张数 (亿印张)
1952	354	1 194.7	2.0	2.8
1957	634	1 910.9	3.2	6.9
1962	483	1 267.3	2.0	4.2
1965	790	2 882.5	4.4	9.4
1970	21	537.1	0.7	3.8
1975	476	3 657.3	4.4	14.7
1976	542	4 549.1	5.6	18.1
1977	628	4 351.6	5.6	18.8
1978	930	6 200.1	7.6	22.7
1979	1 470	7 960.2	11.8	30.1
1980	2 191	10 298.4	11.2	36.7
1981	2 801	13 095.6	14.6	45.6
1982	3 100	13 885.2	15.1	46.0
1983	3 415	15 995.4	17.7	52.5
1984	3 907	20 440.2	21.8	64.3
1985	4 705	23 952.0	25.6	77.3
1986	5 248	21 980.0	24.0	73.0
1987	5 687	24 375.0	25.9	72.7
1988	5 865	23 275.0	25.5	71.2
1989	6 078	17 145.0	18.4	50.7
1990	5 751	16 156.0	17.9	48.1
1991	6 056	18 215.0	20.6	54.4

18-85 报纸出版数量

年份	种数（种）	每期平均印数（万份）	总印数（亿份）	总印张数（亿印张）
1952	296	737.2	16.1	13.3
1957	364	1 130.7	24.4	23.8
1962	273	1 158.9	25.8	22.1
1965	343	2 476.6	47.4	40.3
1970	42	1 300.9	46.5	50.3
1975	180	3 203.0	109.7	96.4
1976	182	3 573.3	124.3	112.3
1977	180	3 581.4	123.7	109.1
1978	186	4 280.1	127.8	113.5
1979	69	4 761.5	130.8	123.0
1980	188	6 236.0	140.4	141.7
1981	242	7 152.2	140.7	133.6
1982	277	8 074.3	140.0	129.1
1983	340	9 611.3	155.1	142.7
1984	458	16 246.2	180.8	162.3
1985	698	19 107.0	199.8	174.0
1986	791	14 627.7	193.9	172.2
1987	850	15 524.4	204.9	183.2
1988	829	15 170.2	207.2	189.7
1989	852	11 574.6	156.2	143.6
1990	773	11 595.0	160.5	148.7
1991	812	12 433.0	176.6	165.6

注：1970、1979-1991年为省、自治区、直辖市级以上报纸的数字，其他年份均包括专区级报纸的数字。

18-86 艺术表演团体演出情况

(1991年)

种类	演出场数（万场）	#到农村演出	观众人数（万人次）
总计	**44.63**	**28.90**	**46 411**
国营剧团	25.31	13.90	26 894
集体经营剧团	19.32	15.00	19 517
按剧种分：			
话剧、儿童剧、滑稽剧团	1.24	0.24	1 121
歌舞剧团	3.40	1.00	3 218
文工团、宣传队、乌兰牧骑	3.30	1.94	2 881
乐团	0.15	0.00	132
戏曲剧团	28.50	22.30	35 705
#京剧	1.10	0.36	1 704
曲、杂、木、皮团	8.10	3.40	3 353

注：歌舞剧团包括歌剧、舞剧、歌舞剧团、歌舞团和轻音乐团。(下表同)

18-87 艺术表演团体收支情况

(1991年)

种　　类	补贴团数 (个)	国家经费补贴 (万元)	业务及其他收入 (万元)	#演出收入	总支出 (万元)	第三产业增加值 (万元)	经费自给率 (%)
总　　计	2 657	42 638	29 118	17 798	76 065	41 314	38.3
国营剧团	1 874	37 317	21 434	12 341	62 512	33 770	34.3
集体经营剧团	783	5 322	7 684	5 457	13 553	7 544	56.7
按剧种分：							
话剧、儿童剧、滑稽剧团	88	3 586	2 192	1 024	5 659	2 761	38.7
歌舞剧团	285	9 059	4 342	2 316	14 320	7 868	30.3
文工团、宣传队、乌兰牧骑	412	3 755	1 108	653	5 305	3 065	20.9
乐团	20	766	434	171	1 243	681	35.0
戏曲剧团	1 650	22 533	17 395	11 134	42 995	23 694	40.5
#京　剧	121	4 096	1 938	742	6 921	3 890	28.0
曲、杂、木、皮团	202	2 940	3 648	2 500	6 544	3 245	55.7

18-88 群众艺术馆、文化馆业务活动及经费情况

(1991年)

项　　目	单　位	总　计	群众艺术馆	文　化　馆	文　化　站
单位数	个	10 507	371	2 894	7 242
举办展览	个	35 498	2 158	16 086	17 254
组织文艺演出、故事会	次	116 618	5 429	52 000	59 189
举办训练班					
班　　次	次	39 568	4 209	20 401	14 958
结业人次	万人次	148.80	17.10	76.30	55.40
群众艺术馆、文化馆负责指导单位					
农村集镇文化中心	个	11 407	169	11 238	
文化户	户	223 773	2 506	221 267	
民间职业剧团	个	5 746	157	5 589	
群众业余演出团(队)	个	51 979	754	51 225	
总支出	万元	43 559	9 327	28 426	5 806
#预算内	万元	29 951	6 864	19 958	3 129
#业务费	万元	7 250	1 508	4 636	1 107
修缮费	万元	4 569	946	2 710	913
第三产业增加值	万元	19 556	3 629	13 701	2 226

注：本表各项指标仅指文化部系统内的。

18-89 公共图书馆业务活动及经费情况

(1991年)

项目	单位	总计	#省级公共图书馆	#县级公共图书馆
藏书	万册	30 614	8 010	11 758
书架总长度	万米	767.6	267.1	278.3
发放借书证数	万个	603.8	73.3	343.2
图书流通情况				
人次	万人次	79 491	387	5 346
册次	万册次	13 325	798	8 736
为读者服务举办各种活动				
次数	次	30 836	6 172	17 557
参加人数	万人次	997	118	622
总支出	万元	3 439	7 410	12 844
#预算内	万元	31 357	7 126	11 359
#购书费	万元	8 927	2 918	1 733
本年新购图书	万册	771	128	330
第三产业增加值	万元	13 969	2 444	7 095
公用房屋建筑面积	万平方米	349.0	49.3	191.3
#书库	万平方米	104.2	24.1	45.6
阅览室座席	万个	33.9	1.7	23.8

18-90 博物馆、文物机构业务活动及经费情况

(1991年)

项目	单位	博物馆	文物机构	文物保护管理机构	其他文物机构
藏品	件	8 026 956	2 511 513	1 906 438	605 075
#一级品	件	113 855	15 862	14 886	976
业务活动					
陈列展览	个	4 292			
参观人数	万人次	14 357.0	7 963.0	7 963.0	
经费支出	万元	24 290	19 506	15 224	4 282
#预算内	万元	18 145	8 535	6 677	1 858
#业务费	万元	4 208	2 942	2 010	932
#考古发掘费	万元	276	924	678	246
维修费	万元	3 511	4 079	3 428	651
第三产业增加值	万元	7 797	5 339	4 343	996

18-91 摄制电影片产量

年份	电影制片厂（个）	故事片（部）	美术片（本）	科学教育片（本）	纪录片（本）
1949-1991年累计		2 243	850	7 511	11 084
1952	4	4	2	41	157
1957	11	40	5	84	272
1962	16	34	17	94	133
1965	16	52	21	240	378
1975	15	27	11	214	313
1978	12	46	26	289	
1979	17	65	25	349	317
1980	17	82	32	337	269
1981	19	105	33	277	276
1982	19	112	33	284	259
1983	19	127	37	343	299
1984	20	144	37	387	337
1985	20	127	45	357	419
1986	20	134	46	383	417
1987	22	146	45	353	347
1988	22	158	38	344	350
1989	22	136	53	334	259
1990	22	134	51	326	296
1991	22	130	51	351	283

注：本表电影制片厂只包括国务院批准的厂。

18-92 电影放映情况

项目	单位	1985年	1987年	1988年	1989年	1990年	1991年
放映单位	个	182 948	166 472	161 777	152 300	146 184	139 639
放映场数	万场	3 131	3 233	2 973	2 881	2 902	2 757.9
观众人数	万人次	2 175 637	2 130 913	1 872 983	1 687 769	1 610 731	1 442 837
放映总收入	万元	135 733	156 827	180 576	204 877	222 491	236 510
发行收入	万元	67 115	76 006	86 804	98 067	105 426	109 986

18-93 广播、电视事业发展情况

项目	单位	1990年	1991年	1991年为1990年%
职工人数	人	353 939	370 531	104.69
广播电台	座	635	724	114.02
发射台及转播台	座	687	706	102.77
发射机功率	架			
	千瓦	37 291	37 744.7	101.22
县、市有线广播站	座	2 466	2 464	99.92
广播人口覆盖率	%	75	75.0	100.00
电视台	座	509	543	106.68
电视发射及转播台	座	24 713	28 479	115.24
发射机功率	架			
	千瓦	5 564	6 014.47	108.10
电视人口覆盖率	%	79	80.5	101.39

18-94 广播、电视宣传基本情况

(1991年)

项目	节目套数(套)	平均每日(周)播出时间(小时)	自办节目时间(小时)	#新闻节目	#教育节目	#文艺节目
无线广播合计	848	7 125 :00	5 202 :00	742:28	300:47	2 658 :26
#中央人民广播电台	6	106:25	106:25	22:05	2:20	52:15
国际广播电台		146:00	146:00	38:55	3:21	23:54
电视播映合计	596	23 815 :00	9 593 :00	9 731 :26	405:05	6 265 :08
#中央电视台	3	219:18	219:18	20:48	40:54	84:24
第一套节目	1	99:24	99:24	9:24	25:06	25:42
第二套节目	1	96:18	96:18	11:24	14:24	39:06
第三套节目	1	23:36	23:36			19:36

注：自办节目时间，无线广播为平均每日，电视播映为平均每周。

主 要 统 计 指 标 解 释

普通高等学校 指按照国家规定的审批程序批准举办，通过全国统一招生考试，招收高级中等学校毕业生和具有同等学历者，实施高等教育，培养高等专门人才的学校。包括大学、专门学院、专科学校和短期职业大学。

成人高等学校 指按照国家规定的审批程序批准举办，招收在职高中毕业或同等学历者，利用多种形式对成人实施高等教育，培养相当普通高等学校专科或本科毕业水平的专门人才的学校。包括广播电视大学、职工高等学校、农民高等学校、干部管理学院、教育学院、独立函授学院以及普通高等学校举办的函授、夜大学等。

小学学龄儿童入学率 指调查范围内已入小学学习的学龄儿童占校内外学龄儿童总数（包括弱智儿童在内，但不包括盲聋哑儿童）的比重。计算公式：

$$小学学龄儿童入学率=\frac{已入学的小学学龄儿童数}{校内外小学学龄儿童总数}\times 100\%$$

独立研究与开发机构 指有明确的任务和研究方向，有一定学术水平的业务骨干和一定数量的研究人员，具有研究、开发、开展学术工作的基本条件，主要进行科学研究与技术开发活动，并且在行政上有独立的组织形式，财务上独立核算盈亏，有权与其他单位签订合同，在银行有单独户头的单位。包括国务院各部门、中国科学院、中国社会科学院和各省、自治区、直辖市以及地（市）以上〔含地（市）〕各部门所属的全民所有制独立的科学研究与技术开发机构。

独立研究与开发机构职工 指在科学研究与技术开发机构工作，并由其支付工资的各种人员。包括固定职工、合同制职工、其他职工、不包括编制以外的离休、退休人员和停薪留职人员，但包括招聘人员。

研究与发展经费支出 指报告期内科技经费中用于研究与试验发展课题活动（基础研究、应用研究、试验发展）的全部实际支出。包括用于研究与发展课题活动的直接支出，还包括间接用于研究与发展活动的一切支出（院、所管理费、维持院所正常运转的必需费用和与研究发展有关的基本建设支出）。

科学家和工程师 指大学毕业及以上文化程度和其他具有高、中级职称的从事科技活动人员。

其他科技人员 指中专、大学毕业和具有初级职称的从事科技活动人员。

自然科学技术人员 指已取得科学技术职称，或大学、中专的理、工、农、医科系毕业，以及国民经济各部门从工作实践中提拔，从事理、工、农、医等自然科学技术的研究、教学、生产的专业人员和在机关、企业、事业中从事科学技术业务管理工作的专业人员。

工程技术人员 指在国民经济各行业从事工程技术工作的自然科学技术专业人员，包括：高级工程师、工程师、助理工程师、技术员和未评定职称的技术人员。

农业技术人员 指在国民经济各行业从事农业技术工作的自然科学技术专业人员，包括：高级农艺师、农艺师、助理农艺师、技术员和未评定职称的技术人员。

卫生技术人员 指在国民经济各行业从事卫生医务工作的自然科学技术专业人员，包括：

正副主任医师、主治医师、医师、医(护)士和未评定职称的技术人员。

科学研究人员 指在国民经济各行业从事科学技术活动的自然科学技术专业人员,包括:正副研究员、助理研究员、研究实习员、技术员和未评定职称的技术人员。

教学人员 指在国民经济各行业从事自然科学技术方面教学活动的专业人员,包括:正副教授、讲师、助教、教师和在中学从事自然科学技术方面教学活动的人员。

发明 专利法及其实施细则所称的发明是指对有关产品、方法或其改进所提出的新的技术方案。

实用新型 专利法及其实施细则所称的实用新型是指对产品的形状、构造或者其结合所提出的适于实用的新的技术方案。

外观设计 专利法及其实施细则所称的外观设计是指对产品的形状、图案、色彩或者其结合所作出的富有美感并适于工业上应用的新设计。

文化事业机构 指从事专业文化工作和为专业文化工作服务的单独核算、独立建制的单位。不包括文化主管部门直属单位举办的其他行业和各部门的业余文化组织。

艺术表演团体 指从事戏曲、音乐、舞蹈、杂技等专业艺术表演,有独立帐户,实行单独核算的团体。不包括半工半艺、半农半艺的业余剧团。

电影放映单位 指具有放映机器设备、固定或不固定的放映场所与专职或兼职的放映技术人员,经有关部门登记批准,经常为一定的观众对象放映电影的机构。包括经批准对外开放进行营业,并与电影发行放映管理机构分帐的专用放映单位和军委系统租片单位。

电影观众人数(人次) 指各类型放映单位及军委系统租片单位映出的观众人次数。一个观众连续看了一部长片和短片专场规定的短片,为二人次。

艺术表演观众人数(人次) 指售票、包场演出或民族地区免费演出的艺术表演观众人次数。不包括彩排审查和内部观摩演出的观看人次数。

十九
体育、卫生、社会福利和其他

19-1 体委系统职工人数

(1991年)　　　　单位：人

人员分类	合计	#体育运动学校	#重点业余体校	#体育中学	#业余体校	#训练基地	#公共体育场馆
总计	131 336	11 544	8 170	2 329	15 912	2 774	13 594
专职教练员	26 405	3 174	4 440	898	11 920	86	233
运动员	18 926						
管理人员	40 707	2 620	1 401	332	1 663	687	4 634
专职教师	9 285	3 354	872	772	680	3	1
科技人员	1 852	14	17	6	1	100	34
医务人员	1 724	279	98	32	54	57	101
其他	32 437	2 103	1 342	289	1 594	1 841	8 591

19-2 等级运动员、裁判员分项发展人数

（1991年）

单位：人

运动项目	等级运动员	国际级运动健将	运动健将	一级	二级	三级	少年级	等级裁判员
总　计	68 305	37	1 297	2 028	8 208	27 284	29 451	47 136
#田　径	50 878	4	324	300	3 555	21 127	25 568	14 596
游　泳	3 384		93	194	689	1 309	1 099	1 426
跳　水	63		7	19	22	12	3	19
水　球	55		11	23	21			8
举　重	1 085	5	84	73	178	423	322	472
体　操	398		61	36	112	184	5	249
射　击	811	5	41	126	227	284	128	408
射　箭	109		36	45	21	3	4	83
摔　跤	540		28	98	146	180	88	205
柔　道	371		20	83	119	66	83	206
自行车	114		18	23	10	40	23	79
击　剑	109		22	27	39	21		45
赛　艇	101		24		64	7	6	58
皮划艇	119		13	4	44	56	2	85
帆　船	9		9					12
帆　板	40	2	4	15	17	2		20
马　术	2		1	1				6
滑　雪	72		21				51	78
冰　球	24		7		17			25
速度滑冰	489		6	3	89	196	195	307
花样滑冰	13		13					9
篮　球	2 752	2	31	77	627	1 326	689	12 466
排　球	1 089	1	43	78	500	418	49	1 864
足　球	944		63	71	462	238	110	2 189
乒乓球	1 703	4	12	119	378	517	673	2 956
羽毛球	297		19	61	97	80	40	768
网　球	70		2	29	25	10	4	169
手　球	125		49	42	34			46
棒　球	100			34	27	18	21	28
垒　球	114	13	24	10	49		18	9
曲棍球	70		24	32	14			21
技　巧	170		30	34	64	24	18	43
国际象棋	69			7	7	55		138
中国象棋	233			15	62	119	37	1 117
围　棋	171		2	27	45	75	22	711
桥　牌	9					9		438
武　术	664		23	82	164	280	115	1 267
摩托车								15
无线电测向	108		4	25	44	35		71
蹼　泳	69		15	31	22	1		40
航海模型	183	1	62	35	40	29	16	94

19-3 新建体育场地数

单位：个

项目	1985年	1987年	1988年	1989年	1990年	1991年
体育场	47	29	77	24	27	23
甲级	5	3	2	3	1	2
乙级	1	7	12	3	4	4
丙级	9	8	28	10	9	7
丁级	32	11	35	8	13	10
体育馆	29	44	86	19	34	36
甲级	1	2	5		2	3
乙级	2	1	7	1	1	6
丙级	15	22	42	11	15	14
丁级	11	19	32	7	16	13
游泳池	135	162	366	70	105	87
有固定看台灯光球场	137	73	220	61	60	44

注：1988年为全国普查数，其他年份为年报数。

19-4 我国运动员历年创世界纪录情况

（1956-1991年）

单位:项、人、次

年份	项数	#女子	人数	#女子	次数	#女子
总计	183	83	330	128	495	247
1956	1		1		3	
1957	3	1	3	1	3	1
1963	13	7	14	6	20	13
1965	28	12	66	28	41	20
1970	1		1		1	
1975	6	6	7	7	12	12
1976	3	3	3	3	3	3
1977	3	3	7	7	7	7
1978	3	3	6	6	3	3
1979	13	3	32	5	26	3
1980	7		17		15	
1981	8	2	15	3	18	3
1982	11	4	16	8	15	4
1983	13	1	25	1	18	1
1984	12	6	17	10	17	10
1985	5	1	6	1	9	1
1986	7	4	12	4	12	6
1987	22	6	28	6	41	12
1988	33	20	16	13	34	29
1989	36	25	25	14	47	35
1990	14	9	17	10	16	9
1991	31	26	29	24	50	44

注：总计的项数和人数中剔除了历年重复数(以下同)。

19-5 我国运动员分项创世界纪录情况

(1991年)

单位:项、人、次

项目	项数	#女子	人数	#女子	次数	#女子
总计	31	26	29	24	50	44
田径	1	1	1	1	1	1
举重	21	19	15	13	36	34
短道速滑	1	1	1	1	1	1
蹼泳	5	5	9	9	8	8
航海模型	3		3		4	

19-6 我国运动员历年获得世界冠军情况

单位:项、人、个

年份	项数	#女子	人数	#女子	个数	#女子
1959-1991年总计	187	106.5	435	226	583	320
1959	1		1		1	
1961	3	1	6	1	3	1
1963	4		7		4	
1965	5	2	9	4	5	2
1971	4	2	7	2	4	2
1973	3	2	4	2	3	2
1975	2	1	9	4	2	1
1977	4	2	10	5	4	2
1978	4	2	4	2	4	2
1979	12	6.5	20	11	12	6.5
1980	3		3		3	
1981	25	12.5	53	32	25	12.5
1982	12	2	31	15	13	2
1983	37	15	50	24	39	17
1984	33	10	46	26	37	10
1985	42	20	70	41	46	23
1986	26	14	56	34	26	14
1987	64	39	72	34	69	41.5
1988	54	36.5	59	30	54	36.5
1989	80	49	83	48	82	50
1990	54	33.5	61	30	54	33.5
1991	88	57.5	86	51	93	61.5

注：男女混合运动项目，女子按半项和半个计算。

19-7 我国运动员分项获得世界冠军情况

(1959-1991年)　　单位:项、人、个

项目	项数	#女子	人数	#女子	个数	#女子
总计	187	106.5	435	226	583	320
#跳水	8	4.5	28	17	39	25
举重	36	26	38	25	141	113
体操	10	2	13	3	37	4
赛艇	1	1	7	7	3	3
乒乓球	7	3.5	69	32	72	35
羽毛球	7	3.5	51	26	62	36.5
技巧	19	9	60	25	58	20.5
无线电	3	3	4	4	3	3
跳伞	3	2	9	4	8	5
航空模型	7		19		12	
航海模型	19		34		49	

19-8 我国运动员分项目创世界纪录情况

(1956-1991年)　　单位:项、人、次

项目	项数	#女子	人数	#女子	次数	#女子
总计	183	83	330	128	495	247
田径	5	4	10	8	18	14
游泳	2	1	4	1	6	1
举重	39	25	36	20	140	90
射击	34	14	62	29	70	43
射箭	13	11	13	12	41	40
自行车	1	1	1	1	1	1
速度滑冰	1		2		2	
短跑道速滑	3	3	3	3	4	4
蹼泳	13	9	19	15	28	23
跳伞	25	13	79	37	46	29
航空模型	32	1	66	1	73	1
航海模型	13		32		63	
弓弩	1	1	1	1	1	1
摩托艇	1		2		2	

19-9 我国运动员分项创全国纪录情况

(1991年)　　单位:项、人、队、次

项　　目	项　数	#女　子	人　数	#女　子	队　数	#女　子	次　数	#女　子
总　　计	127	70	123	72	30	16	212	128
田　　径	19	8	18	7	9	5	35	13
室 内 田 径	5	4	9	8			9	8
游　　泳	4	3	3	1	2	2	5	3
短 池 游 泳	21	12	20	11	4	4	32	20
举　　重	36	25	41	31			73	58
射　　击	13	2	6	1	7	1	13	2
射　　箭	3	1	4	2			4	2
自　行　车	4	4	3	3	1	1	7	7
速　　滑	2	2	1	1			2	2
室内短跑道速滑	6	2	4	1	4	1	12	3
蹼　　泳	9	7	9	6	2	2	14	10
跳　　伞	2		1		1		2	
航 海 模 型	2		2				2	
滑　　水	1		2				2	

注：人数栏中是指个人单项创全国纪录的运动员人数，队数是集体项目创全国纪录的队数，队中人数未计算在人数中。

19-10 我国与外国体育活动交往情况

项　　目	单　位	1985年	1987年	1988年	1989年	1990年	1991年
来我国的体育团体							
次数	次	466	324	244	211	364	518
人数	人　次	3 537	2 849	2 049	4 128	3 171	5 437
我国派出的体育团体							
次数	次	476	554	563	597	607	876
人数	人　次	5 381	5 526	6 785	5 685	5 227	6 826

19-11 群众体育活动情况

项　　目	单　位	1985年	1987年	1988年	1989年	1990年	1991年
《国家体育锻炼标准》达标人数	万人	4 362.2	6 038.9	6 534.5	7 223.9	7 178.4	8 210.1
优 秀 级	万人	647.4	1 076.3	1 182.1	1 335.7	1 413.6	1 328.7
良 好 级	万人	1 553.4	2 193.2	2 375.7	2 649.9	2 745.5	2 730.9
及 格 级	万人	2 161.4	2 769.4	2 976.7	3 238.3	3 319.3	4 150.5
县以上体委举办运动会次数	次	26 949.0	27 552.0	26 238.0	30 186.0	30 158.0	29 633.0
参加运动会的运动员人数	万人	741.6	936.8	855.7	1 048.6	1 076.2	952.4

19-12 卫 生 机 构 数

单位：个

年 份	总 计	医 院	#县及县以上医院	疗养院、所	门诊部、所	专科防治所、站
1949	3 670	2 600	2 600	30	769	11
1952	38 987	3 540	3 540	270	29 050	188
1957	122 954	4 179	4 179	835	102 262	626
1962	217 985	34 379	5 300	1 266	172 708	678
1965	224 266	42 711	5 445	887	170 430	822
1970	149 823	64 822	6 030	359	79 600	607
1975	151 733	62 425	7 757	297	80 739	683
1976	157 959	63 184	7 952	317	85 616	737
1977	164 199	63 952	8 550	342	90 285	795
1978	169 732	64 421	8 841	389	94 395	887
1979	176 793	65 009	9 254	440	99 643	1 066
1980	180 553	65 450	9 478	470	102 474	1 138
1981	190 126	65 911	9 825	538	111 189	1 197
1982	193 438	66 149	10 073	593	113 916	1 272
1983	196 017	66 662	10 466	606	115 826	1 326
1984	198 256	67 169	10 935	599	117 028	1 458
1985	200 866	59 614	11 497	640	126 604	1 566
1986	203 139	59 693	11 940	638	127 575	1 635
1987	204 960	60 429	12 348	652	128 459	1 697
1988	205 988	61 383	12 795	652	128 422	1 727
1989	206 724	61 929	13 248	651	128 112	1 747
1990	208 734	62 454	13 489	650	129 332	1 781
1991	209 036	63 101	13 638	642	128 665	1 818

19-12 续表

单位：个

年 份	卫生防疫站	妇幼保健所、站	药品检验所、室	医学科学研究机构	其他卫生机构
1949		9	1	3	247
1952	147	2 379	12	3	3 398
1957	1 626	4 599	28	38	8 761
1962	2 208	2 636	93	171	3 746
1965	2 499	2 795	131	94	3 897
1970	1 714	1 058	98	72	1 493
1975	2 912	2 025	310	141	2 201
1976	2 973	2 239	356	162	2 375
1977	2 990	2 353	493	170	2 819
1978	2 989	2 459	844	219	3 129
1979	3 047	2 559	1 159	295	3 575
1980	3 105	2 610	1 213	282	3 811
1981	3 202	2 630	1 182	285	3 992
1982	3 271	2 645	1 186	294	4 112
1983	3 274	2 649	1 191	301	4 182
1984	3 339	2 716	1 258	307	4 382
1985	3 410	2 724	1 420	323	4 565
1986	3 475	2 775	1 534	333	5 481
1987	3 512	2 792	1 647	340	5 432
1988	3 532	2 793	1 756	332	5 391
1989	3 591	2 796	1 854	328	5 716
1990	3 618	2 820	1 892	337	5 850
1991	3 652	2 854	1 927	335	6 042

19-13 卫生机构的人员数

单位：万人

年 份	总 计	卫生技术人员	#医 生	中 医	西医师	西医士	#护师、护士	每千人口医生数（人）
1949	54.1	50.5	36.3	27.6	3.8	4.9	3.3	0.67
1952	81.9	69.0	42.5	30.6	5.2	6.7	6.1	0.74
1957	125.4	103.9	54.7	33.7	7.4	13.6	12.8	0.85
1962	168.5	141.4	68.8	34.4	12.0	22.4	20.0	1.02
1965	187.2	153.2	76.3	32.1	18.9	25.3	23.5	1.05
1970	179.3	145.3	70.2	22.5	22.1	25.6	29.5	0.85
1975	259.4	205.7	87.8	22.9	29.3	35.6	38.0	0.95
1976	278.0	220.6	93.0	23.6	30.8	38.6	41.3	0.99
1977	294.2	234.1	97.8	24.0	32.9	40.9	40.5	1.03
1978	310.6	246.4	103.3	25.1	35.9	42.3	40.7	1.07
1979	334.4	264.2	108.8	25.8	39.5	43.5	42.1	1.12
1980	353.5	279.8	115.3	26.2	44.7	44.4	46.6	1.17
1981	379.6	301.1	124.4	29.0	51.6	43.6	52.5	1.24
1982	395.8	314.3	130.7	30.3	55.7	44.5	56.4	1.29
1983	409.0	325.3	135.3	31.3	58.8	45.0	59.6	1.31
1984	421.4	334.4	138.1	32.4	59.7	45.8	61.6	1.32
1985	431.3	341.1	141.3	12.0	60.2	47.3	63.7	1.33
1986	444.6	350.7	144.4	34.1	61.9	48.2	68.1	1.34
1987	456.4	360.9	148.2	12.9	64.5	48.7	71.8	1.36
1988	467.8	372.4	161.7	19.2	89.9	35.2	82.9	1.46
1989	478.7	380.9	171.8	23.0	102.3	32.1	92.2	1.52
1990	490.6	389.8	176.3	24.0	105.8	33.1	97.5	1.54
1991	502.5	398.5	178.0	24.1	106.5	34.7	101.2	1.54

注：1981-1987年医生数中，均包括了中西医结合高级医师0.2万人。
1988-1991年年医生数中包括了中西医结合高级医师0.5万人。

19-14 卫生机构床位数

单位：万张

年 份	总 计	医 院	#县及县以上医院	疗养院、所	其他卫生机构	每千人口医院床位数（张）
1949	8.5	8.0	8.0	0.4	0.1	0.15
1952	23.1	16.0	16.0	2.0	5.1	0.28
1957	46.2	29.5	29.5	6.9	9.8	0.46
1962	93.3	69.0	57.7	10.5	13.8	1.03
1965	103.3	76.6	62.1	9.8	16.9	1.06
1970	126.2	110.5	71.2	4.8	10.9	1.33
1975	176.4	159.8	94.8	3.7	12.9	1.73
1976	186.2	168.7	98.6	4.0	13.5	1.80
1977	195.4	177.7	105.0	4.5	13.2	1.87
1978	204.2	185.6	109.3	5.1	13.5	1.93
1979	212.8	193.2	114.8	6.0	13.6	1.98
1980	218.4	198.2	119.2	6.8	13.4	2.01
1981	223.4	201.7	123.9	8.3	13.4	2.02
1982	228.0	205.4	128.5	8.8	13.8	2.02
1983	234.2	211.0	134.7	9.2	14.0	2.05
1984	241.2	216.6	141.5	9.5	15.1	2.08
1985	248.7	222.9	148.7	10.6	15.2	2.11
1986	256.3	229.7	155.9	11.1	15.5	2.14
1987	268.5	240.5	164.8	11.9	16.2	2.20
1988	279.5	250.3	173.1	12.2	16.9	2.25
1989	286.7	256.8	179.7	12.3	17.6	2.28
1990	292.5	262.4	184.7	12.3	17.8	2.30
1991	299.2	268.9	190.1	12.5	17.8	2.32

19-15 按市县分的医院床位和专业卫生技术人员

年　份	医院床位（万张）		专业卫生技术人员(万人)		#医　生		#护师、护士	
	市	县	市	县	市	县	市	县
1952	12.1	3.9	22.5	46.5	8.1	34.3	4.3	1.8
1957	22.1	7.4	38.2	65.7	13.8	40.8	10.0	2.8
1962	43.7	25.3	57.1	84.3	21.4	47.4	15.5	4.5
1965	45.8	30.8	65.2	88.0	26.9	49.4	17.6	5.9
1970	51.0	59.5	59.6	85.7	24.1	46.1	18.0	11.6
1975	63.7	96.1	95.7	110.0	36.7	51.0	24.0	14.0
1980	76.8	121.4	131.3	148.5	52.7	62.6	30.0	16.6
1985	96.2	126.7	167.7	173.4	70.9	70.4	39.2	24.5
1986	103.3	126.4	177.4	173.3	74.9	69.5	42.9	25.2
1987	112.7	127.7	188.2	172.6	79.3	68.9	46.1	25.7
1988	125.5	124.8	202.8	169.6	88.6	73.2	53.7	29.2
1989	133.5	123.3	212.1	168.8	95.0	76.8	59.9	32.2
1990	138.7	123.7	218.5	171.3	97.8	78.5	63.4	34.1
1991	144.8	124.0	226.4	172.1	100.3	77.7	66.6	34.6

19-16 医院平均每院床位和人员数

项　目	1985年			1990年			1991年		
	床位（张）	人员（人）	#卫生技术人员	床位（张）	人员（人）	#卫生技术人员	床位（张）	人员（人）	#卫生技术人员
全国各级各类医院	37.3	50.3	39.6	42.0	55.5	44.2	42.6	79.6	45.2
县及县以上医院	129.4	178.6	134.5	136.9	186.3	143.0	139.4	190.8	146.5
农村乡卫生院	15.2	19.1	16.5	15.1	18.6	16.3	15.1	18.9	16.6
其他医院	29.4	55.1	45.5	44.5	52.9	42.6	44.4	53.0	42.5

19-17 各地区卫生机构、床位、人员数

(1991年)

地　　区	机构合计（个）	#医　院	床位合计（万张）	#医　院	人员合计（万人）	#卫生技术人　员
全　国	209 036	63 101	299.2	268.9	502.5	398.5
北　京	4 970	525	6.2	5.9	16.1	11.4
天　津	3 397	300	3.8	3.5	8.9	6.9
河　北	10 647	3 600	14.8	12.9	22.4	18.3
山　西	6 121	2 602	10.8	10.1	16.0	13.3
内蒙古	5 172	1 927	6.3	5.9	12.4	9.8
辽　宁	7 736	1 979	20.1	17.6	30.5	22.9
吉　林	4 369	1.352	9.3	8.4	16.3	12.4
黑龙江	8 878	1 675	12.5	11.3	23.3	17.8
上　海	7 554	463	0.7	6.3	16.0	11.9
江　苏	12 377	2 495	16.8	14.8	28.6	22.2
浙　江	8 983	3 379	9.9	9.0	16.7	13.5
安　徽	7 359	3 158	11.1	9.9	16.9	13.8
福　建	4 867	1 206	6.9	6.2	10.6	8.9
江　西	5 632	2 308	9.3	8.3	14.6	11.8
山　东	11 141	2 861	18.2	16.5	30.8	24.1
河　南	8 639	2 834	18.5	16.6	27.9	23.0
湖　北	10 509	2 111	16.5	13.4	27.5	21.5
湖　南	10 557	4 219	14.9	13.5	21.3	17.8
广　东	9 032	1 906	13.0	11.9	25.0	19.9
广　西	5 865	1 492	7.7	7.1	13.7	11.1
海　南	3 154	427	2.1	2.1	3.7	3.0
四　川	20 403	8 389	24.7	22.0	39.0	31.5
贵　州	6 908	3 630	5.9	5.4	10.5	8.8
云　南	6 708	1 928	8.7	7.8	12.9	10.4
西　藏	1 197	479	0.5	0.5	1.0	0.8
陕　西	6 433	2 577	9.0	8.2	14.8	12.0
甘　肃	4 178	1 550	5.1	4.8	8.9	7.4
青　海	1 184	472	1.6	1.5	2.5	2.0
宁　夏	1 129	154	1.1	1.1	2.5	2.0
新　疆	3 937	1 073	6.8	6.2	10.5	8.3

19-18 卫生机构、床位、人员数

（1991年）

机构类别	机构数（个）	床位数（万张）	人员合计（万人）	卫生技术人员	其他技术人员	管理人员	工勤人员
总计	209 036	299.2	502.5	398.5	9.1	40.9	54.0
（一）医院合计	63 101	268.9	358.5	285.3	2.9	29.2	41.2
1.县及县以上医院小计	13 638	190.1	260.3	199.9	2.7	22.0	35.7
综合医院	9 817	137.6	190.5	147.1	1.7	15.6	26.1
中医医院	2 199	17.2	25.0	20.1	0.2	2.2	2.5
医学院校附属医院	194	10.3	18.2	13.7	0.4	1.4	2.7
传染病院	138	2.7	3.0	2.0		0.3	0.6
精神病院	449	8.9	6.5	4.5	0.1	0.8	1.2
结核病院	110	2.8	2.6	1.7	0.1	0.3	0.6
妇幼保健院	333	3.3	5.7	4.4	0.1	0.6	0.7
儿童医院	34	0.9	1.7	1.3		0.2	0.3
麻疯病院	49	1.1	0.3	0.2			0.1
职业病院	49	0.7	0.7	0.5		0.1	0.1
肿瘤医院	46	1.3	1.8	1.3	0.1	0.2	0.3
其他专科医院	311	3.5	4.3	3.2		0.1	0.2
2.农村乡卫生院	48 140	72.9	91.3	79.8	0.2	6.6	4.7
3.其他医院	1 323	5.9	7.0	5.6		0.6	0.7
（二）疗养院、所	642	12.5	5.6	2.8	0.1	0.9	1.8
（三）门诊部、所	128 665	9.2	60.1	55.3	0.2	2.4	2.2
（四）专科防治所、站	1 818	3.2	5.7	4.3	0.1	0.2	0.6
#结核病防治所、站	602	0.4	1.6	1.2			0.2
职业病防治所、站	115	0.3	0.7	0.5		0.1	0.1
（五）卫生防疫站	3 652	0.1	18.5	14.8	0.4	1.7	1.7
（六）妇幼保健所、站	2 854	1.5	6.9	5.8		0.7	0.4
（七）药品检验所、室	1 927		2.2	1.6	0.1	0.3	0.2
（八）医学科学研究机构	335	0.6	3.7	2.2	0.5	0.4	0.5
（九）其他卫生机构	6 042	3.2	20.6	11.5	4.8	4.7	5.3
（十）个体开业			14.9	14.9			

19-19 卫生机构各类人员数

单位：万人

人员分类	1985年	1987年	1988年	1989年	1990年	1991年
一、总　计	**431.3**	**456.4**	**467.8**	**478.7**	**490.6**	**502.5**
卫生技术人员	341.1	360.9	372.4	380.9	389.8	398.5
其他技术人员	4.6	5.7	6.5	7.4	8.6	9.1
管理人员	35.9	37.1	36.8	38.5	39.7	40.9
工勤人员	49.7	52.7	52.0	51.9	52.6	54.0
二、卫生技术人员	**341.1**	**360.9**	**372.4**	**380.9**	**389.8**	**398.5**
中医师	12.0	12.9	19.2	23.0	24.0	24.1
西医师	60.2	64.5	89.9	102.3	105.8	106.5
中西医结合高级医师	0.2	0.3	0.5	0.5	0.5	0.5
护师	6.8	9.0	32.4	40.9	43.2	43.9
中药师	1.4	1.6	4.2	5.6	6.0	5.9
西药师	3.3	3.7	8.0	10.0	10.4	10.4
检验师	2.4	2.8	6.4	7.7	8.1	8.3
其他技师	2.1	2.7	5.6	6.5	6.8	6.9
中医士	15.0	15.0	10.9	9.5	9.1	8.9
西医士	47.3	48.7	35.2	32.1	33.1	34.7
护士	56.9	62.7	50.5	51.2	54.3	57.3
助产士	7.6	8.0	6.1	5.9	5.8	5.9
中药剂士	5.5	5.7	6.3	7.1	7.2	7.3
西药剂士	9.0	9.2	8.2	8.8	9.0	9.2
检验士	7.5	8.0	6.5	6.8	7.0	7.3
其他技士	5.8	6.2	5.8	6.0	6.0	6.9
其他中医	6.6	6.7	6.1	4.5	3.8	3.8
护理员	25.9	25.7	18.5	13.5	12.7	12.7
中药剂员	8.2	8.6	6.2	4.2	3.8	3.7
西药剂员	9.1	9.3	6.6	4.5	4.2	4.3
检验员	4.7	4.9	3.2	2.1	2.0	2.2
其他初级卫生技术人员	43.6	44.4	36.1	28.3	27.1	28.6
三、平均每千人口有卫生技术人员(人)	**3.22**	**3.30**	**3.35**	**3.38**	**3.41**	**3.44**
#医生	1.33	1.36	1.46	1.52	1.54	1.54

19-20 医院诊疗人次及入院人数

(1991年)

医院类别	诊疗人次（亿人次）	#门、急诊	入院人数（万人）	每百诊次的入院人数（人）	每百门、急诊次的入院人数（人）
总　　计	26.14	24.93	5 292	2.0	2.1
县及县以上医院合计	14.39	13.53	3 218	2.2	2.4
卫生部门	8.88	8.64	2 433	2.7	2.8
工业及其它部门	5.09	4.48	735	1.4	1.6
集体所有制	0.42	0.41	50	1.2	1.2
农村乡卫生院	10.82	10.53	2 016	1.9	1.9
其他医院	0.93	0.87	58	0.6	0.7

注：本表不包括全国12.9万个门诊部、所（各种门诊机构）及80.4万个农村卫生室和15.9万个体开业人员的诊疗人次数。

19-21 县及县以上医院病床使用情况

年份	医院类别	病床周转次数（次）	病床工作日（日）	病床使用率（%）	出院者平均住院日（日）
1985	合计	18.1	302.0	82.7	15.8
	卫生部门	19.8	320.9	87.9	15.4
	工业及其他部门	14.2	253.6	69.5	16.5
1986	合计	18.0	302.4	82.8	15.9
	卫生部门	19.7	320.6	87.8	15.6
	工业及其他部门	14.3	256.6	70.3	16.8
1987	合计	18.4	307.9	84.3	15.9
	卫生部门	20.1	327.9	89.8	15.6
	工业及其他部门	14.3	257.1	70.4	16.8
	集体所有制	14.8	288.8	79.1	17.6
1988	合计	18.6	309.4	84.5	15.8
	卫生部门	20.2	328.9	89.9	15.6
	工业及其他部门	14.6	261.2	71.3	16.5
	集体所有制	15.5	277.7	75.9	16.1
1989	合计	18.0	299.1	81.7	15.7
	卫生部门	19.5	315.6	86.2	15.4
	工业及其他部门	14.2	259.0	70.8	16.7
	集体所有制	13.9	254.6	69.6	16.5
1990	合计	17.6	296.1	80.9	15.9
	卫生部门	19.2	313.1	85.6	15.5
	工业及其他部门	13.8	255.3	69.8	17.0
	集体所有制	13.8	254.2	69.5	16.9

19-22 全国法定报告传染病的发病及死亡情况

(1991年)

病　　名	发病率 (1/10万)	死亡率 (1/10万)	病死率 (%)	病　　名	发病率 (1/10万)	死亡率 (1/10万)	病死率 (%)
总计	287.4180	0.8466	0.295	流脑	0.6944	0.0480	6.908
鼠疫	0.0029	0.0010	33.333	猩红热	2.7833	0.0012	0.044
霍乱	0.0186	0.0000	0.000	出血热	4.3667	0.1169	2.677
病毒性肝炎	118.1455	0.1445	0.122	狂犬病	0.1861	0.1857	99.810
痢疾	116.6440	0.1027	0.088	钩端螺旋体病	2.6043	0.0535	2.056
伤寒副伤寒	10.5716	0.0307	0.290	布氏杆菌病	0.0707	0.0003	0.494
艾滋病	0.0000	0.0000	0.000	炭疽	0.2386	0.0089	3.739
淋病	7.3587	0.0001	0.001	斑疹伤寒	0.3852	0.0002	0.046
梅毒	0.0721	0.0000	0.000	乙脑	2.1511	0.1059	4.924
脊髓灰质炎	0.1701	0.0054	3.167	黑热病	0.0285	0.0001	0.310
麻疹	10.9027	0.0311	0.285	疟疾	8.9788	0.0040	0.044
百日咳	0.9432	0.0019	0.197	登革热	0.0797	0.0003	0.333
白喉	0.0204	0.0043	21.212				

19-23 城市前十位疾病死亡原因及构成

(1991年)

顺位	合计		男性		女性	
	死亡原因	占死亡总人数的%	死亡原因	占死亡总人数的%	死亡原因	占死亡总人数的%
1	恶性肿瘤	22.39	恶性肿瘤	25.46	脑血管病	21.56
2	脑血管病	21.05	脑血管病	20.63	恶性肿瘤	18.62
3	心脏病	14.88	呼吸系病	14.56	心脏病	16.65
4	呼吸系病	15.21	心脏病	13.45	呼吸系病	16.01
5	损伤和中毒	7.12	损伤和中毒	7.73	损伤和中毒	6.36
6	消化系病	4.07	消化系病	4.31	消化系病	3.78
7	内分泌、营养和代谢疾病及免疫疾病	1.82	肺结核病	1.51	内分泌、营养和代谢疾病及免疫疾病	2.48
8	泌尿、生殖系病	1.57	泌尿、生殖系病	1.47	泌尿、生殖系病	1.70
9	新生儿病	1.35	新生儿病	1.43	精神病	1.34
10	肺结核病	1.15	内分泌、营养和代谢疾病及免疫疾病	1.29	新生儿病	1.25
	十种死因合计	90.61	十种死因合计	91.84	十种死因合计	89.75

19-24 农村前十位疾病死亡原因及构成

(1991年)

顺位	合计		男性		女性	
	死亡原因	占死亡总人数的%	死亡原因	占死亡总人数的%	死亡原因	占死亡总人数的%
1	呼吸系病	24.95	呼吸系病	23.52	呼吸系病	26.68
2	恶性肿瘤	16.11	恶性肿瘤	18.67	脑血管病	16.21
3	脑血管病	15.49	脑血管病	14.89	恶性肿瘤	13.00
4	心脏病	10.71	损伤和中毒	12.62	心脏病	11.86
5	损伤和中毒	12.04	心脏病	9.76	损伤和中毒	11.35
6	消化系病	5.34	消化系病	5.59	消化系病	5.05
7	肺结核病	2.25	肺结核病	2.70	新生儿病	2.05
8	新生儿病	2.10	新生儿病	2.15	传染病(肺结核除外)	1.69
9	传染病(肺结核除外)	1.78	传染病(肺结核除外)	1.86	泌尿和生殖系病	1.31
10	泌尿和生殖系病	1.41	泌尿和生殖系病	1.49	肺结核病	1.72
	十种死因合计	92.18	十种死因合计	93.25	十种死因合计	90.92

19-25 历届全国人民代表大会的代表人数

单位：人

项目	一届 1954年	二届 1959年	三届 1964年	四届 1975年	五届 1978年	六届 1983年	七届 1988年
代表总数	1 226	1 226	3 040	2 885	3 497	2 978	2 978
在代表总数中							
女代表	147	150	542	653	742	632	634
占代表总数%	12.0	12.2	17.8	22.6	21.2	21.2	21.3
在代表总数中							
少数民族代表	178	179	372	270	381	403	445
占代表总数%	14.5	14.6	12.2	9.4	10.9	13.5	14.9

19-26 历届全国政治协商会议的委员人数

单位：人

项目	一届 1949年	二届 1954年	三届 1959年	四届 1965年	五届 1978年	六届 1983年	七届 1988年
委员总数	198	729	1 071	1 199	1 988	2 039	2 083
在委员总数中							
中国共产党代表		40	60	61	76	76	90
占代表总数%		5.5	5.6	5.1	3.8	3.7	4.3
在委员总数中							
少数民族代表	19	61	78	81	143	185	225
占代表总数%	9.6	8.4	7.3	6.8	7.2	9.1	10.8

19-27 工会组织情况

年份	工会基层组织数（万个）	全国已建工会组织的基层单位的职工与会员人数（万人）				工会专职工作人员人数（万人）
		职工人数	#女职工	会员人数	#女会员	
1952	20.7	1 393.2		1 002.3		5.3
1957	16.5	2 158.3		1 746.7		
1962	16.5	2 667.1		1 922.0		8.6
1979	32.9	6 897.2	2 171.7	5 147.3		17.9
1980	37.6	7 448.2	2 518.6	6 116.5		24.3
1981	41.1	8 183.0	2 902.0	6 843.9	2 412.8	29.1
1982	43.3	8 586.6	3 065.9	7 331.6	2 629.3	32.2
1983	44.7	8 845.7	3 191.8	7 693.4	2 771.4	33.7
1984	46.6	9 243.9	3 370.3	8 029.1	2 950.3	41.9
1985	46.5	9 643.0	3 596.7	8 525.8	3 149.2	38.1
1986	50.2	9 949.6	3 664.3	8 908.5	3 309.2	45.9
1987	53.6	10 411.8	3 900.4	9 336.5	3 486.9	47.0
1988	56.4	10 747.4	4 434.9	9 628.9	3 647.0	47.4
1989	58.9	10 998.6	4 178.7	9 909.2	3 777.7	48.8
1990	60.6	11 156.9	4 291.0	10 135.6	3 897.7	55.6
1991	61.4	11 351.4	4 394.8	10 389.1	3 991.6	58.0

19-28 社会福利事业、企业单位和工作人员数

(1991年)

项目	机构（个）			工作人员（人）		
	1985年	1990年	1991年	1985年	1990年	1991年
全国总计	46 735	85 209	89 322	827 041	1 773 351	1 896 639
(一) 社会福利事业单位	29 100	40 583	42 266	110 147	155 875	163 095
民政部门办	1 584	1 925	1 985	43 695	53 017	54 641
社会集体办	27 516	38 658	40 281	66 452	102 858	108 454
(二) 社会福利企业单位	15 066	41 784	44 218	683 975	1 578 756	1 694 176
民政部门办	2 214	5 208	6 329	235 146	333 684	352 112
社会集体办	12 554	36 517	37 889	448 829	1 245 072	1 342 064
(三) 烈士纪念建筑物管理单位	579	632	630	4 474	5 810	6 151
(四) 收容遣送单位	636	666	691	9 296	10 080	10 433
(五) 殡葬事业单位	1 354	1 544	1 517	19 149	22 830	22 784

19-29 社会福利事业单位基本情况

(1991年)

项目	院数（个）	工作人员（人）	床位（张）	年末收养人数（人）
全国总计	42 266	163 095	827 705	530 498
(一) 民政部门办社会福利事业单位	1 985	54 641	148 765	112 716
优抚休、疗养院	828	19 056	44 482	30 788
城市福利院	1 157	35 585	104 283	81 928
(二) 城镇集体办光荣院、福利院	10 837	33 423	207 787	161 154
光荣院	84	281	1 981	1 683
福利院	10 753	33 142	205 806	159 471
(三) 农村集体办光荣院、敬老院	29 444	75 031	471 153	369 344
光荣院	377	1 332	9 833	8 804
敬老院	29 067	73 699	461 320	360 540

19-30 社会福利救济主要费用情况

单位：万元

项目	1985年	1987年	1988年	1989年	1990年	1991年
全国总计	218 349.0	283 594.6	317 033.8	389 047.2	426 771.9	450 095.1
国家支出	71 097.0	99 641.9	111 621.5	179 237.8	202 455.8	211 894.3
集体供给	147 252.0	183 952.7	205 412.3	209 809.4	224 316.1	238 200.8
一、优抚对象补助金额	106 982.6	138 030.8	150 644.4	213 910.4	242 732.1	250 561.3
国家支出	35 327.6	56 251.3	62 883.5	121 741.2	141 163.1	144 206.9
集体供给	71 655.0	81 779.5	87 760.9	92 169.2	101 569.0	106 354.4
二、困难户得救济金额	28 688.3	38 533.1	46 003.1	39 691.5	38 743.7	37 372.3
国家支出	11 852.6	12 604.7	12 812.4	18 098.4	18 649.5	18 740.9
集体供给	16 862.7	25 928.4	33 190.7	21 593.1	20 094.2	18 631.4
三、社会散居孤老残幼供养金	55 195.5	65 955.0	75 070.9	82 972.3	85 051.5	91 248.7
国家支出	6 692.9	8 408.2	9 943.7	12 044.9	11 850.7	13 133.3
集体供给	48 502.6	57 546.8	65 127.2	70 927.4	73 200.8	78 115.4
四、城乡各种福利院支出	27 482.6	41 075.7	45 315.4	52 473.0	60 244.6	70 912.8
1.光荣院	3 039.7	3 938.0	4 010.3	5 424.2	6 212.7	6 816.4
国家支出	2 910.7	3 764.7	3 788.2	5 125.3	5 920.0	6 443.8
集体供给	129.0	173.3	222.1	298.9	292.7	372.6
2.城乡社会福利院	24 442.9	37 137.7	41 305.1	47 048.8	54 031.9	64 096.4
国家支出	14 340.2	18 613.0	22 193.7	22 228.0	24 872.5	29 369.4
集体供给	10 102.7	18 524.7	19 111.4	24 820.8	29 159.4	34 727.0

19-31 享受补助、救济人员情况

项目	单位	1985年	1987年	1988年	1989年	1990年	1991年
农村贫困户得到救济人数	万人	3 800.4	3 703.3	3 450.8	3 447.3	2 631.7	2 956.0
农村散居五保户人数	万人	274.7	255.7	250.1	287.2	250.6	248.4
#得到国家定期定量救济人数	万人	22.6	21.4	22.1	21.9	21.8	20.7
#得到集体给予补助人数	万人	197.6	187.6	174.7	187.9	173.3	167.9
城镇困难户得到救济和补助人数	万人	376.9	657.7	720.0	492.0	632.7	690.5
#得到国家定期定量救济人数	万人	18.2	16.2	17.6	16.2	16.4	16.1
精减退职老弱残职工得到救济人数	万人	53.4	52.6	54.3	54.9	56.4	17.6
享受原工资40%救济人数	万人	24.5	24.8	25.3	25.4	25.1	8.5
享受定期定量救济人数	万人	28.9	27.8	29.0	29.6	31.3	9.0
本年“双扶”户数	万户	857.0	1 064.9	1 106.8	938.6	755.8	692.6
#本年脱贫户数	万户	214.2	311.0	320.2	316.7	261.4	213.6

19-32 各地区城镇社区服务设施和农村社会保障网络基本情况

(1991年)　　单位：个

地区	城镇社区服务设施数	# 老年人服务设施	# 残疾人服务设施	#优抚对象服务设施	农村社会保障网络：建立社会保障网络的乡镇数	社会保障基金会	社会保障基金会资金额(万元)
全　国	93 218	21 534	7 154	13 728	13 322	186 631	166 991
北　京	472	191	83	78	228	338	2 360
天　津	2 762	480	219	234	20	73	564
河　北	8 800	923	244	1 865	312	5 021	6 054
山　西	2 579	436	199	845	130	903	3 540
内蒙古	710	166	61	81	33	87	544
辽　宁	3 052	823	533	74	858	1 413	4 745
吉　林	6 234	1 347	845	502	741	2 741	6 572
黑龙江	5 609	1 996	538	1 528	202	2 162	2 724
上　海	1 236	642	254	48	85	93	3 386
江　苏	3 520	1 177	337	547	1 602	2 273	9 382
浙　江	5 662	845	548	1 035	503	2 207	5 727
安　徽	2 877	278	79	860	316	6 200	7 544
福　建	1 484	455	106	101	99	381	1 629
江　西	1 242	316	191	294	1 213	20 763	17 183
山　东	7 762	1 820	685	734	2 083	28 202	16 733
河　南	3 776	425	296	1 033	1 554	21 468	15 292
湖　北	7 488	2 398	514	1 041	940	9 190	3 315
湖　南	2 910	737	106	328	524	37 920	16 586
广　东	7 527	2 763	621	415	367	7 663	11 363
广　西	486	255	21	97	41	813	640
海　南	4	1			3	187	274
四　川	6 733	1 454	309	652	813	6 007	11 023
贵　州	436	123	13	42		4 733	1 917
云　南	618	266	23	243	72	6 189	6 414
西　藏						266	1 256
陕　西	2 194	481	145	400	292	6 796	3 177
甘　肃	5 307	603	142	344	185	7 976	4 772
青　海	772	75	23		1	1	
宁　夏	812	57	17	277	67	3 384	269
新　疆	154	1	2	30	38	1 181	2 007

19-33 社会福利企业基本情况

(1991年)

年份	民政部门办				社会办			
	单位(个)	职工(人)	#残疾职工	产值(亿元)	单位(个)	职工(人)	#残疾职工	产值(亿元)
1985	2 214	219 189	83 051	17.4	12 554	448 829	151 250	29.6
1986	2 551	236 371	89 421	19.2	17 211	637 747	225 708	49.0
1987	2 976	250 329	96 605	26.0	24 714	875 974	337 944	88.0
1988	3 692	282 947	106 095	41.0	36 701	1 180 589	875 974	164.4
1989	4 595	310 345	119 626	47.3	36 864	1 192 179	494 182	213.2
1990	5 208	325 461	124 630	52.6	36 517	1 245 072	512 941	247.9
1991	6 329	352 112	136 183	72.3	37 889	1 342 064	565 139	343.5

19-34 婚姻登记和离婚情况

年份	准予登记结婚(对)	初婚(人)	再婚(人)	离婚(对)	离婚率‰
1980	7 197 860	13 903 379	492 341	340 998	0.7
1985	8 312 837	16 118 979	506 695	457 938	0.9
1986	8 839 786	17 106 622	572 950	505 675	0.9
1987	9 267 456	17 918 352	616 560	581 484	1.1
1988	8 991 771	17 321 736	661 806	658 551	1.2
1989	9 372 304	17 928 312	816 296	752 914	1.3
1990	9 510 632	18 233 452	787 812	800 037	1.4
1991	9 509 849	18 203 226	816 472	829 449	1.4

19-35 各地区婚姻登记和离婚情况

(1991年)

地区	准予登记结婚（对）	初婚（人）	再婚（人）	离婚（对）
全国	9 509 849	18 203 226	816 472	829 449
北京	90 970	165 454	18 486	15 297
天津	79 110	137 890	20 330	6 969
河北	446 801	858 537	35 065	38 092
山西	211 166	405 501	16 831	20 850
内蒙古	155 499	300 418	10 580	19 506
辽宁	340 245	628 962	51 528	59 313
吉林	234 696	440 917	28 475	39 211
黑龙江	279 308	517 584	41 032	57 393
上海	96 870	168 894	24 846	17 117
江苏	546 794	1 068 204	25 384	30 786
浙江	342 979	663 510	22 448	22 978
安徽	505 636	992 424	18 848	21 019
福建	396 681	784 431	8 931	12 713
江西	260 930	508 551	13 309	17 375
山东	737 301	1 429 785	44 817	38 288
河南	727 315	1 410 480	44 150	46 802
湖北	424 708	820 092	29 324	33 625
湖南	568 288	1 094 094	42 482	37 015
广东	510 098	997 997	22 199	27 128
广西	288 100	552 271	23 929	21 872
海南	30 829	60 511	1 147	2 508
四川	1 046 121	2 000 584	91 658	85 256
贵州	214 882	403 118	26 646	22 707
云南	300 247	576 927	23 567	24 783
西藏	4 753	9 078	428	836
陕西	266 361	509 954	22 768	25 864
甘肃	164 313	318 712	9 914	15 010
青海	29 776	55 690	3 862	5 556
宁夏	37 073	71 222	2 924	3 825
新疆	170 999	251 434	90 564	59 755

19-36 律师、公证、调解工作基本情况

	单位	1985年	1987年	1988年	1989年	1990年	1991年
一、律师工作							
律师事务所	个	3 131	3 291	3 473	3 646	3 716	3 748
律师	人	13 403	19 459	31 410	43 715	34 379	41 639
专职律师	人	6 830	10 487	21 051	23 606	23 727	19 919
兼职律师	人	6 573	8 972	10 359	20 109	10 652	10 662
聘请担任常年法律顾问的单位	处	39 453	59 478	88 108	109 609	111 899	128 921
民事诉讼代理	件	108 236	208 627	265 326	365 197	330 672	382 679
刑事辩护	件	101 707	154 485	170 194	232 206	252 344	230 967
非诉讼法律事务	件	41 136	55 061	71 618	133 226	110 139	236 707
涉外法律事件	件	4 324	5 320	8 412	14 594	9 980	11 214
解答法律询问	万件	122.4	190.4	241.1	262.6	275.7	244.2
代写法律事务文书	万件	31.6	41.6	53.5	56.8	51.7	49.86
二、公证工作							
公证处	个	2 674	2 820	2 884	2 914	2 921	2 933
公证人员	人	10 369	13 094	15 111	15 961	15 786	15 972
#公证员	人	3 205	7 458	9 214	9 408	9 210	9 253
公证员助理	人	1 274	1 394	2 151	2 515	2 599	2 569
办理公证文书	万件	279.7	288.4	424.9	514.9	636.5	990.7
三、人民调解工作							
专职司法助理员	人	41 919	42 615	43 618	45 105	47 399	52 534
人民调解委员会	万个	97.7	98	100.3	100.6	102.1	104
调解人员	万人	473.9	620.6	637	593.7	625.6	991.4
调解民间纠纷	万件	633.3	696.6	725.5	734.1	740.9	712.6

19-37 国内公证文书分类

(1991年)

分类	办证件数(件)	比重(%)	分类	办证件数(件)	比重(%)
经济公证			**民事法律关系公证**		
合计	4 304 619	100.00	合计	4 663 442	100.00
购销	46 518	1.08	收养	26 177	0.56
联营	6 960	0.16	解除收养	1 819	0.04
拍卖	8 755	0.20	继承权	41 456	0.89
贷款	342 211	7.95	遗嘱	15 301	0.33
担保	16 857	0.39	产权	207 218	4.44
招标、投标	6 089	0.14	亲属关系	6 422	0.14
科技协作	7 649	0.18	死亡	1 926	0.04
供用电	40 944	0.95	房屋买卖	116 973	2.51
劳务合同	592 944	13.77	房屋租赁	64 276	1.38
建筑工程承包	22 595	0.52	留学协议	6 865	0.15
工商服务业承包	21 306	0.49	遗赠扶养协议	12 979	0.28
农林牧副渔业承包	1 639 969	38.10	其他民事协议	560 110	12.01
乡镇企业承包	16 632	0.39	委托书	19 680	0.42
财产租赁	18 423	0.43	赠与书	31 188	0.67
企业租赁	5 774	0.13	声明书	29 384	0.63
资产经营责任制	13 258	0.31	现场监督	65 459	1.40
其他经济合同	210 147	4.88	执行许可证明	1 363	0.03
法人(代表人)资格	30 380	0.71	副本等与原本相符	5 617	0.12
法人委托书	52 018	1.21	宅基地使用权	294 194	6.31
公司章程	3 612	0.08	证据保全	8 332	0.18
执行许可证明	3 070	0.07	其他	3 146 703	67.48
提存	1 066	0.02			
其他	1 197 442	27.82			

19-38 涉外公证文书分类

(1991年)

分类	办证件数（件）	比重（%）	分类	办证件数（件）	比重（%）
合计	939 255	100.00	声明书	7 769	0.83
收养	1 823	0.19	委托书	4 297	0.46
遗嘱	996	0.11	营业证书	379	0.04
出生	170 922	18.20	公司章程	389	0.04
死亡	4 940	0.53	其他法律文书	20 080	2.14
生存、居住	1 443	0.15	职称	3 537	0.38
学历	131 497	14.00	法人资格	2 475	0.26
经历	28 451	3.03	商标注册	474	0.05
国籍	6 105	0.65	贷款	2 663	0.28
婚姻状况	97 286	10.36	担保	1 306	0.14
亲属关系	90 200	9.60	其他经济合同	1 926	0.21
继承权	5 368	0.57	副本等与原本相符	59 001	6.28
受、未受刑事处分	101 573	10.81	其他	194 355	20.69

19-39 调解民间纠纷分类

项目	调解纠纷（件）		各类纠纷所占比重(%)	
	1990年	1991年	1990年	1991年
合计	7 409 220	7 125 524	100.00	100.00
婚姻	1 222 214	1 333 026	16.50	18.71
继承	284 979	308 822	3.85	4.33
赡、抚、扶养	445 963	488 323	6.02	6.85
家庭	1 167 792	723 154	15.76	10.15
房屋、宅基地	894 349	859 857	12.07	12.07
债务	498 564	455 051	6.73	6.39
生产经营	751 651	744 818	10.14	10.45
邻里	989 827	1 074 351	13.36	15.08
损害赔偿	528 148	531 927	7.13	7.47
其他	625 735	606 195	8.45	8.51

19-40 职工保险福利费用总额

单位：亿元

年份	合计	全民所有制单位	单位支付	民政部门支付	城镇集体所有制单位	其他所有制单位	保险福利费用总额相当于工资总额的%
1978	78.1	69.1	66.9	2.2	9.0		13.7
1979	107.3	94.9	92.1	2.8	12.4		16.6
1980	136.4	119.3	116.0	3.3	17.1		17.7
1981	154.9	135.7	132.4	3.3	19.2		18.9
1982	180.5	157.0	153.8	3.2	23.5		20.5
1983	212.5	182.7	179.5	3.2	29.8		22.7
1984	257.7	213.4	210.4	3.0	43.4	0.9	22.7
1985	331.6	273.6	269.9	3.7	56.8	1.2	24.0
1986	420.1	343.9	340.0	3.9	74.1	2.1	25.3
1987	508.7	415.9	411.8	4.1	89.8	3.0	27.0
1988	653.1	537.6	533.4	4.2	110.8	4.7	28.2
1989	768.0	635.5	628.0	7.5	126.5	6.0	29.3
1990	937.9	777.3	770.1	7.2	152.9	7.7	31.8
1991	1 094.7	912.5	904.9	7.6	171.8	10.4	32.9

19-41 全民所有制单位在职职工分行业保险福利费

(1991年)

单位：亿元

行业	费用总额	医疗卫生费	职工死亡丧葬费及抚恤费	职工生活困难补助	文娱体育宣传费
全国总计	452.7	188.5	7.2	8.8	12.3
农、林、牧、渔、水利业	19.9	7.7	0.4	0.5	0.5
工业	192.2	78.9	2.9	3.5	4.9
地质普查和勘探业	6.1	2.3	0.1	0.1	0.2
建筑业	24.7	10.1	0.5	0.5	0.6
交通运输、邮电通讯业	28.0	10.1	0.4	0.6	0.9
商业、公共饮食业、物资供销和仓储业	48.8	22.2	0.5	0.9	1.0
房地产管理、公用事业、居民服务和咨询服务业	14.2	5.9	0.1	0.2	0.3
卫生、体育和社会福利事业	18.3	8.3	0.2	0.3	0.6
教育、文化艺术和广播电视事业	37.8	14.7	0.9	1.0	1.2
科学研究和综合技术服务事业	9.6	4.2	0.1	0.1	0.3
金融、保险业	8.9	3.7	0.1	0.2	0.3
国家机关、政党机关和社会团体	43.7	20.4	0.8	0.9	1.4
其他	0.5	0.2			

19-41 续表 (1991年) 单位：亿元

行业	集体福利事业补贴费	集体福利设施费	计划生育补贴	上下班交通费补贴	洗理卫生费	其他
全国总计	35.9	38.4	13.5	25.4	63.3	41.6
农、林、牧、渔、水利业	1.5	1.5	0.8	0.6	3.0	2.3
工业	17.7	19.0	5.6	10.6	23.6	18.4
地质普查和勘探业	0.7	0.4	0.2	0.2	0.8	0.8
建筑业	2.4	2.1	0.7	1.8	2.9	2.2
交通运输、邮电通讯业	2.6	3.0	0.9	1.5	4.2	2.6
商业、公共饮食业、物资供销和仓储业	3.0	3.5	1.5	2.7	7.0	4.4
房地产管理、公用事业、居民服务和咨询服务业	1.0	1.3	0.4	1.0	2.0	1.4
卫生、体育和社会福利事业	1.1	1.3	0.5	1.0	2.7	1.5
教育、文化艺术和广播电视事业	2.4	2.0	1.0	2.1	7.7	3.2
科学研究和综合技术服务事业	0.8	1.0	0.2	0.7	1.3	0.7
金融、保险业	0.5	0.7	0.3	0.6	1.3	0.9
国家机关、政党机关和社会团体	2.1	2.5	1.3	2.6	6.6	3.2
其他					0.1	

19-42 全民所有制单位非在职职工保险福利费

单位:亿元

项目	1987年	1988年	1989年	1990年	1991年
总计	196.4	252.2	302.2	375.2	452.1
离休金	21.3	25.4	28.2	32.4	36.1
退休金	112.1	136.9	158.3	190.0	224.6
退职生活费	2.6	3.0	3.2	3.5	4.0
医疗卫生费	23.4	38.3	50.9	62.7	79.0
护理费	0.8	1.2	1.3	1.5	1.8
生活补贴	20.7	20.7	24.3	26.1	28.7
交通费补贴	1.0	1.5	2.1	2.9	3.7
丧葬抚恤救济费	3.7	4.9	6.2	6.5	7.8
其他	10.8	20.3	27.7	49.6	28.8

注:总计中未含民政部门支付的离退休人员保险福利费用。

19-43 离休、退休、退职职工人数

（年底数）

年份	合计（万人）	全民所有制单位（万人）	单位支付	民政部门支付	城镇集体所有制单位（万人）	其他所有制单位（万人）	离休、退休、退职职工人数与在职职工人数之比（以离休、退休、退职职工为1）			
							合计	全民所有制单位	城镇集体所有制单位	其他所有制单位
1978	314	284	238	46	30		30.3	26.2	68.3	
1979	596	473	427	46	123		16.7	16.3	18.5	
1980	816	638	591	47	178		12.8	12.6	13.6	
1981	950	740	692	48	210		11.5	11.3	12.2	
1982	1 113	865	820	44	248		10.1	10.0	10.7	
1983	1 292	1 015	975	40	277		8.9	8.6	9.9	
1984	1 478	1 062	1 021	41	412	4	8.0	8.1	7.8	9.3
1985	1 637	1 165	1 127	38	467	5	7.5	7.7	7.1	8.8
1986	1 805	1 303	1 266	37	496	6	7.1	7.2	6.9	9.2
1987	1 968	1 424	1 392	32	538	6	6.7	6.8	6.5	12.0
1988	2 115	1 539	1 511	28	568	8	6.4	6.5	6.2	12.1
1989	2 201	1 629	1 598	31	562	10	6.2	6.2	6.2	13.2
1990	2 301	1 742	1 693	31	566	11	6.1	6.0	6.3	14.9
1991	2 433	1 833	1 804	30	588	13	6.0	5.8	6.2	17.3

19-44 离休、退休、退职职工保险福利费用总额

年份	费用总额（亿元）	全民所有制单位（亿元）	单位支付	民政部门支付	城镇集体所有制单位（亿元）	其他所有制单位（亿元）	平均每人（元）	全民所有制单位	城镇集体所有制单位	其他所有制单位
1978	17.3	16.3	14.1	2.2	1.0		551	574	333	
1979	32.5	28.9	26.1	2.8	3.6		714	764	471	
1980	50.4	43.4	40.1	3.3	7.0		714	781	465	
1981	62.3	53.3	50.0	3.3	9.0		706	774	464	
1982	73.1	62.1	58.9	3.2	11.0		709	774	480	
1983	87.3	74.0	70.8	3.2	13.3		726	787	507	
1984	106.1	84.6	81.6	3.0	21.2	0.3	766	815	615	750
1985	149.8	119.2	115.5	3.7	30.2	0.4	961	1 070	687	888
1986	194.7	161.6	157.7	3.9	32.5	0.6	1 131	1 310	675	1 090
1987	238.4	200.5	196.4	4.1	37.1	0.8	1 263	1 470	718	1 333
1988	320.6	256.4	252.2	4.2	62.5	1.7	1 571	1 731	1 173	2 429
1989	382.6	309.7	302.2	7.5	71.1	1.8	1 773	1 955	1 258	2 000
1990	472.4	382.4	375.2	7.2	87.8	2.2	2 099	2 281	1 557	2 095
1991	554.4	459.7	452.1	7.6	99.4	2.9	2 342	2 529	1 723	2 417

注：1985年及以前各年离、退休人员费用总额中的医疗费用部分统计在在职职工中，故数字偏小。

19-45 分地区离休、退休、退职人员人数

（1991年底）

地区	截至本年末止人数（万人）				#全民所有制单位				离休、退休、退职人员与职工之比
	合计	离休人员	退休人员	退职人员	合计	离休人员	退休人员	退职人员	
全国	**2 433.5**	**193.4**	**2 156.8**	**83.3**	**1 833.3**	**179.7**	**1 599.1**	**54.5**	6.0
北京	91.4	9.0	81.3	1.1	73.6	8.8	64.1	0.8	5.1
天津	59.7	3.1	54.7	1.9	45.3	2.9	41.5	0.9	4.9
河北	91.8	14.0	75.9	1.8	72.6	12.7	58.7	1.2	7.3
山西	60.0	7.7	50.8	1.5	48.7	7.1	40.7	0.8	7.5
内蒙古	44.0	4.9	38.5	0.7	36.7	4.6	31.6	0.5	8.7
辽宁	203.5	17.2	174.5	11.7	139.2	15.9	117.3	6.1	5.1
吉林	70.7	7.6	60.9	2.1	53.7	7.2	45.1	1.5	7.5
黑龙江	126.7	12.3	110.1	4.3	105.8	11.8	91.3	2.7	6.9
上海	162.2	4.2	155.2	2.8	117.0	4.0	112.0	1.0	3.2
江苏	157.6	10.9	139.3	7.3	96.0	9.8	82.8	3.5	5.7
浙江	86.5	4.6	78.9	3.1	53.7	4.2	47.7	1.9	5.7
安徽	77.4	7.1	67.5	2.8	55.7	6.6	47.6	1.5	6.4
福建	48.2	2.7	43.9	1.7	35.3	2.5	31.5	1.3	6.7
江西	61.2	3.0	56.5	1.7	50.1	2.9	46.1	1.1	6.5
山东	126.5	19.0	99.4	8.0	91.1	16.8	68.8	5.5	6.4
河南	100.2	11.9	86.3	2.1	80.9	11.2	68.3	1.4	7.2
湖北	104.4	6.3	95.0	3.1	79.8	5.9	71.7	2.2	6.9
湖南	109.1	4.5	101.7	2.9	80.1	4.2	73.8	2.1	5.2
广东	133.5	7.5	123.5	2.5	90.8	6.7	82.3	1.8	6.2
广西	48.5	3.2	43.9	1.3	39.1	3.0	35.0	1.1	6.7
海南	19.8	0.9	17.1	1.9	17.9	0.8	15.2	1.8	5.4
四川	191.4	6.9	179.5	5.0	143.2	6.6	133.2	3.4	5.0
贵州	33.4	2.8	30.0	0.6	28.9	2.6	25.8	0.5	6.9
云南	52.4	4.3	46.5	1.7	45.7	4.1	40.1	1.5	5.8
西藏	2.4	0.1	2.3	...	2.4	0.1	2.3	...	6.8
陕西	60.8	5.9	51.3	3.7	48.8	5.5	40.4	2.8	6.4
甘肃	33.3	3.1	27.8	2.4	29.6	2.9	24.6	2.1	7.4
青海	11.7	1.3	10.0	0.5	10.5	1.2	8.8	0.4	5.7
宁夏	9.5	0.8	8.2	0.5	8.4	0.8	7.2	0.4	7.4
新疆	55.5	6.5	46.3	2.7	52.9	6.4	43.9	2.6	5.6

注：1. 含由民政部门管理的离休、退休、退职人员人数。

2. 最后一列以离休、退休、退职人数为 1。

19-46 交通事故发生情况

(1991年)

项目	单位	合计	按事故发生程度分			按事故发生地区分	
			特大	重大	一般	城市	郊区、县
发生	起	264 596	2 978	52 350	209 268	87 627	176 969
死亡	人	53 204	4 064	48 720	420	12 296	40 908
受伤	人	161 962	6 480	17 989	137 493	46 515	115 447
损失折款	万元	42 757.6	6 380.7	8 978.0	27 398.9	12 089.9	30 667.8
平均每起事故损失	元	1 616.0	21 426.1	1 715.0	1 309.3	1 379.7	1 732.9

注:损失折款指直接损失(下表同)。

19-47 火灾事故发生情况

(1991年)

项目	单位	合计	按事故发生程度分		
			特大	重大	一般
发生	起	45 020	124	1 282	43 614
死亡	人	2 039	147	483	1 409
受伤	人	3 746	207	554	2 985
损失折款	万元	51 813.3	16 653.7	16 809.0	18 350.6
平均每起事故损失	元	11 509.0	1 343 040.3	131 115.4	4 207.5

19—48 各地区环保系统人员基本情况

（1991年） 单位：人

地区	合计	科学技术业务人员	#高级职称	#中级职称	行政干部	工人
全国总计	**71 361**	**39 184**	**1 758**	**10 118**	**15 815**	**16 362**
北京	1 412	934	119	339	293	185
天津	1 310	824	42	333	270	216
河北	2 893	1 541	49	496	569	783
山西	3 409	1 267	83	365	896	1 246
内蒙古	1 896	1 073	44	214	378	445
辽宁	5 095	3 002	186	844	1 275	818
吉林	2 603	1 394	69	347	645	564
黑龙江	3 162	1 551	74	394	886	725
上海	2 030	1 072	82	332	652	306
江苏	3 994	2 599	106	842	720	675
浙江	2 415	1 602	70	398	402	411
安徽	1 860	1 271	71	293	228	361
福建	1 568	951	28	273	293	324
江西	1 863	954	30	205	452	457
山东	5 632	2 743	74	496	1 359	1 530
河南	4 553	1 867	33	340	1 008	1 678
湖北	3 368	1 779	68	329	762	827
湖南	3 666	2 272	127	630	638	756
广东	3 663	1 938	75	506	795	930
广西	1 646	1 121	42	316	263	262
海南	605	283	13	50	153	169
四川	4 351	2 655	99	719	808	888
贵州	1 237	818	35	249	241	178
云南	1 512	1 041	38	251	271	200
西藏	45	10	1		12	23
陕西	2 090	823	24	199	592	675
甘肃	1 380	535	32	104	555	290
青海	399	239	9	45	107	53
宁夏	597	286	7	72	100	211
新疆	1 107	739	28	137	192	176

19—49 各地区环保系统科研、教育等工作情况

(1991 年)

地　　区	教育工作情况		获奖科研成果数（项）	因污染来信、来访情况	
	举办各种环保培训班(个)	培训人次（人　次）		来　信　数（封）	来　访　数（人次）
全国总计	**5 950**	**461 057**	**424**	**55 775**	**82 056**
北　京	172	11 380	8	2 648	652
天　津	115	14 375	1	912	886
河　北	175	6 138	17	1 723	6 533
山　西	231	35 352	18	1 112	2 655
内 蒙 古	80	3 280	6	579	951
辽　宁	1 510	73 171	35	3 256	5 088
吉　林	293	30 800	4	996	2 686
黑 龙 江	365	78 939	22	1 803	3 626
上　海	14	5 040	6	3 241	1 429
江　苏	513	53 220	61	5 475	5 309
浙　江	139	6 157	7	4 054	5 197
安　徽	97	5 377	12	1 116	1 213
福　建	141	6 904	3	1 305	2 399
江　西	162	6 274	3	1 024	2 547
山　东	355	32 815	24	3 316	4 884
河　南	306	14 987	26	1 705	5 374
湖　北	271	20 626	7	1 519	2 673
湖　南	312	15 206	33	2 504	6 787
广　东	130	8 274	50	8 363	5 099
广　西	84	4 415	5	1 604	3 516
海　南	8	227		204	500
四　川	190	12 043	21	3 610	4 777
贵　州	38	2 717	9	1 147	3 300
云　南	48	2 474	13	550	946
西　藏			1		
陕　西	95	4 979	9	1 184	2 050
甘　肃	62	3 577	13	370	431
青　海	6	331	1	23	41
宁　夏	8	443		159	221
新　疆	30	1 536	9	273	286

19—50 全国企事业单位"三废"治理情况

项目	单位	1985年	1987年	1988年	1989年	1990年	1991年
一、废水							
废水排放总量	万吨	3 415 420	3 486 094	3 672 611	3 534 527	3 537 991	3 362 054
#工业废水	万吨	2 574 009	2 637 531	2 683 886	2 520 945	2 486 861	2 356 608
工业废水处理量	万吨	568 188	678 389	723 415	753 934	802 382	1 558 888
工业废水达标量	万吨	987 015	1 207 153	1 238 928	1 203 299	1 246 092	1 182 031
工为废水处理排放达标量	万吨	319 696	404 211	415 675	434 832	463 873	423 310
二、废气							
废气排放总量	亿标立方米	73 970	77 275	82 380	83 065	85 380	101 416
燃料燃烧过程中废气排放量	亿标立方米	45 373	52 624	56 417	57 613	59 478	69 941
#经过消烟除尘的	亿标立方米	24 738	32 387	36 877	40 378	43 902	
生产工艺过程中废气排放量	亿标立方米	28 597	24 651	25 963	25 452	25 902	
#经过净化处理的	亿标立方米	16 904	12 488	13 576	14 583	16 052	
二氧化硫排放量	万吨	1 325	1 412	1 523	1 565	1 494	1 622
烟尘排放量	万吨	1 295	1 445	1 436	1 398	1 324	1 314
工业粉尘排放量	万吨	1 305	1 004	1 125	840	781	579
工业粉尘回收量	万吨	1 431	1 603	1 861	1 786	1 987	2 161
三、废物							
工业固体废物产生量	万吨	52 590	52 916	56 132	57 173	57 797	58 759
工业固体废物排放量	万吨		8 719	8 545	5 265	4 767	3 376
历年工业固体废物堆存总量	万吨	545 508	607 972	658 646	674 892	648 173	596 254
工业固体废物占地面积	万平方米	56 128	56 999	53 795	55 404	58 390	50 539
#占农田面积	万平方米	6 728	4 163	3 822	3 574	4 040	5 209
工业固体废物处理量	万吨	15 496	5 855	6 496	5 448	4 884	
工业固体废物处置量	万吨		25 713	27 349	30 989	32 026	11 696
工业固体废物贮存量	万吨						27 588
工业固体废物综合利用量	万吨	12 187	13 712	14 715	16 137	16 943	22 285
"三废"综合利用产品产值	万元	282 013	500 083	500 458	581 417	642 454	1 054 666
"三废"综合利用产品利润	万元	64 525	122 645	157 174	190 804	181 054	266 878

19—50续表

项目	单位	1985年	1987年	1988年	1989年	1990年	1991年
四、污染治理							
1.资金来源合计	万元	220 927	359 707	424 079	435 408	454 465	597 307
基建资金	万元	50 900	76 965	96 125	95 436	109 214	140 087
更改资金	万元	60 356	98 857	121 270	139 586	134 647	172 050
综合利用利润留成	万元	6 109	11 379	11 712	10 699	11 353	21 321
环保补助资金	万元	48 512	66 940	65 939	62 985	68 282	101 748
贷款	万元	32 155	72 006	82 706	75 342	75 208	56 436
其他	万元	22 895	33 560	46 327	51 360	55 761	162 093
2.资金使用合计	万元	222 126	359 433	424 079	435 408	454 465	597 306
治理废水	万元	99 737	156 553	186 400	197 369	216 256	292 139
治理废气	万元	72 821	124 199	152 820	157 666	147 991	197 377
治理固体废物	万元	19 177	39 799	42 758	39 589	51 093	67 227
治理噪声	万元	5 456	11 034	12 303	12 777	11 759	18 395
其他	万元	24 935	27 848	29 798	28 007	27 366	22 406
五、排污收费和污染赔(罚)款							
排污费交纳单位	个	88 712	133 626	159 557	182 490	186 370	206 965
排污费征收额	万元	91 994	141 572	161 811	166 627	173 713	200 597
排污费支出额	万元	76 310	114 709	133 601	132 634	147 624	152 057
污染事故	次	2 716	3 617	3 699	3 332	3 462	3 038
污染赔款总额	万元	5 069	6 782	8 263	9 069	9 743	4 109
污染罚款总额	万元	926	1 272	3 569	2 606	1 602	505

注:1."三废"排放统计范围,1991年为7万多个县及县以上有污染的工业企业单位。1990年前的"三废"排放统计范围为8万多个县及县以上企事业单位。

2.1991年,工业废水处理量中包括经处理后回用的部分,与以前年度不可比。

3.1991年,工业固体废物占农田面积改为占耕地面积,与以前年度不可比。

4.1991年,工业固体废物处置量指以填埋、焚烧等方式最终处理的工业固体废物量,与以前年度不可比。指标"工业固体废物处理量"自1991年后取消。

5.1991年,污染治理资金来源中的贷款是环保补助资金中的拨改贷部分。1990年前的污染治理资金来源中的贷款是指用于环境污染治理的各种贷款,故1991年与以前年度不可比。

19－51 各地区企事业单位废水处理设施情况

(1991年)

地　　区	汇总企事业单位数(个)	处理设施数(套)	总投资(万元)	废水处理量(万吨)	废水处理回用量(万吨)	废水处理排放达标量(万吨)
全国总计	**29 982**	**44 769**	**1 568 801**	**1 667 332**	**868 627**	**477 909**
北　京	372	789	45 050	49 744	39 324	7 892
天　津	619	1 094	34 115	36 639	20 584	13 466
河　北	845	1 479	66 639	104 214	66 770	23 813
山　西	550	1 127	57 412	76 129	33 501	12 025
内蒙古	325	427	18 502	31 154	23 691	4 454
辽　宁	918	2 457	113 632	142 435	82 273	35 309
吉　林	706	750	59 623	35 450	12 797	11 828
黑龙江	2 532	1 216	80 014	63 136	39 102	9 281
上　海	1 988	3 270	116 605	111 397	63 671	35 294
江　苏	2 277	2 869	103 931	81 961	25 022	36 812
浙　江	1 249	2 144	62 947	47 902	12 556	14 749
安　徽	991	1 140	42 118	60 129	36 979	12 177
福　建	1 825	1 105	50 760	29 680	10 401	10 102
江　西	966	1 253	34 352	40 881	19 770	15 428
山　东	1 288	2 116	129 630	114 016	83 900	16 941
河　南	849	1 860	63 381	88 019	61 460	20 917
湖　北	1 113	1 976	55 717	85 692	43 371	29 167
湖　南	1 794	3 544	71 120	96 867	32 555	37 420
广　东	2 483	3 884	109 667	85 499	19 634	33 674
广　西	710	1 343	28 306	65 378	25 813	32 365
海　南	101	159	7 714	5 532	2 360	2 094
四　川	2 780	4 167	85 751	90 508	38 213	25 934
贵　州	482	1 054	19 902	18 414	13 993	6 551
云　南	479	934	25 841	35 897	23 403	4 918
西　藏	3	3	1 018	2		
陕　西	954	1 340	33 919	31 187	16 525	13 484
甘　肃	347	680	24 615	22 046	11 059	6 197
青　海	57	108	2 300	1 397	270	1 062
宁　夏	162	151	2 568	2 984	1 547	1 417
新　疆	217	330	21 653	13 041	8 081	3 138

19—52 各地区工业废水排放及处理情况

(1991 年)　　　　单位:万吨

地　区	废水排放总量	#工业废水	工业废水排放达标量	工业废水处理量	工业废水处理排放达标量
全国总计	**3 362 054**	**2 356 608**	**1 182 031**	**1 558 888**	**423 310**
北　京	84 170	39 469	25 727	49 524	7 713
天　津	42 560	22 601	12 560	26 009	3 473
河　北	116 164	90 117	55 413	103 730	22 671
山　西	59 428	45 129	22 484	43 889	7 168
内蒙古	42 038	26 878	8 578	28 221	3 724
辽　宁	211 106	151 622	90 092	142 092	34 998
吉　林	88 097	55 335	30 212	30 549	11 688
黑龙江	125 256	80 343	30 695	61 942	8 831
上　海	195 808	132 510	86 594	98 630	23 754
江　苏	293 954	239 625	145 547	74 831	31 142
浙　江	135 284	102 049	63 515	40 449	14 308
安　徽	129 312	97 676	39 579	59 742	11 896
福　建	91 444	65 704	20 420	27 196	7 703
江　西	99 185	76 028	31 333	40 591	15 199
山　东	137 051	88 728	37 922	111 528	16 227
河　南	146 660	95 468	40 149	87 857	20 792
湖　北	265 510	153 420	86 688	84 326	29 009
湖　南	204 773	177 343	82 252	95 144	34 120
广　东	251 090	139 224	67 456	81 200	31 699
广　西	139 949	92 856	49 827	63 376	30 417
海　南	17 572	8 293	3 052	5 418	1 950
四　川	228 061	195 661	77 854	84 344	24 530
贵　州	47 081	29 719	12 149	22 562	6 091
云　南	59 800	43 507	14 604	32 779	4 776
西　藏	795	141		2	
陕　西	58 120	39 519	22 080	27 087	9 458
甘　肃	46 905	37 196	13 603	19 228	4 612
青　海	9 615	5 890	2 721	1 396	1 061
宁　夏	10 414	7 791	4 371	2 839	1 275
新　疆	25 087	16 764	4 555	12 407	3 025

19—53 工业各行业工业废水排放情况

（1991 年）

行业	汇总工业企业数（个）	工业废水排放总量（万吨）	#直接排入江河湖库	#直接排入海的	#直接排入污水集中处理厂的	工业废水排放达标量（万吨）
工业合计	**71 858**	**2 356 608**	**1 583 861**	**56 080**	**62 659**	**1 182 031**
矿业	3 146	170 967	107 073	3 245	619	89 968
食品、饮料和烟草制造业	11 572	199 833	138 947	4 384	2 902	58 982
纺织业	6 499	140 353	75 888	2 272	6 774	74 576
皮革、毛皮及其制品业	1 328	6 257	3 699	66	181	1 345
造纸及纸制品业	2 264	218 672	171 650	2 353	2 519	28 476
印刷业	1 318	3 408	1 751	18	207	1 586
电力、蒸气、热水生产和供应业	892	210 264	151 260	4 890	873	121 652
石油加工业	223	34 076	13 479	8 522	1 660	27 836
炼焦、煤气及煤制品业	329	20 192	11 019	193	46	10 631
化学工业	5 878	598 294	419 994	22 855	18 495	281 122
医药工业	1 673	50 988	27 908	191	2 598	14 491
化学纤维工业	232	51 883	38 769	121	6 999	32 253
橡胶制品业	976	17 571	8 328	268	434	12 965
塑料制品业	1 434	6 508	3 749	93	210	4 347
建筑材料及其他非金属矿物制品业	6 843	57 915	36 534	388	939	34 866
#水泥制造业	1 994	22 842	15 688	37	60	15 393
黑色金属冶炼及压延加工业	1 253	305 291	239 475	753	2 637	224 015
有色金属冶炼及压延加工业	768	44 207	29 702	777	2 059	29 348
金属制品业	3 247	10 828	5 487	136	1 135	6 195
机械、电气、电子设备制造业	14 591	143 455	72 033	1 678	8 526	100 130
其他	7 392	65 646	27 116	2 876	2 844	27 246

说明："其他"行业包括：木材及竹材采运业、自来水生产和供应业、饲料工业、缝纫业、木材加工及竹藤棕草制品业、家具制造业、文教体育用品制造业、工艺美术制造业、其他工业。

19－54　各地区废气排放及处理情况

（1991年）

地　区	废　气 排放总量 （亿标立方米）	二氧化硫 排放量 （万吨）	烟　尘 排放量 （万吨）
全国总计	**101 415**	**1 622**	**1 314**
北　京	3 062	37	39
天　津	1 501	18	19
河　北	6 191	889	67
山　西	5 005	65	61
内蒙古	3 987	58	92
辽　宁	8 958	107	101
吉　林	3 704	25	55
黑龙江	5 144	29	114
上　海	4 617	48	22
江　苏	6 555	149	77
浙　江	4 676	42	23
安　徽	2 685	38	39
福　建	1 589	16	21
江　西	1 816	33	27
山　东	7 148	204	121
河　南	4 626	52	59
湖　北	3 892	48	45
湖　南	2 919	52	30
广　东	4 615	48	24
广　西	1 617	56	29
海　南	117	2	1
四　川	5 819	189	86
贵　州	2 481	64	30
云　南	1 537	23	27
西　藏	8		
陕　西	2 094	62	45
甘　肃	2 300	34	21
青　海	382	2	8
宁　夏	898	12	8
新　疆	1 472	22	23

19—54 续表 1　　(1991 年)　　单位:亿标立方米

地　区	工业废气排放总量	燃料燃烧过程中废气排放量	#经过消烟除尘的	生产工艺过程中废气排放量	#经过净化处理的
全国总计	**84 734**	**53 649**	**45 761**	**31 085**	**20 088**
北　京	2 481	1 447	1 231	1 035	826
天　津	1 358	1 114	830	243	151
河　北	5 503	3 357	2 935	2 146	1 646
山　西	4 134	2 942	2 679	1 192	892
内蒙古	2 888	2 162	1 820	726	388
辽　宁	7 830	4 507	3 531	3 323	2 339
吉　林	2 926	2 277	2 095	649	244
黑龙江	4 080	3 547	2 816	533	314
上　海	4 000	2 052	1 826	1 948	1 693
江　苏	5 766	3 765	3 510	2 001	950
浙　江	2 524	1 400	1 247	1 124	618
安　徽	2 316	1 495	1 370	821	522
福　建	1 339	745	683	594	387
江　西	1 703	1 147	993	556	290
山　东	5 254	3 753	3 280	1 500	1 070
河　南	4 185	2 954	2 515	1 231	713
湖　北	3 406	1 717	1 494	1 689	1 224
湖　南	2 877	1 661	1 475	1 216	905
广　东	4 615	2 552	2 048	2 064	1 421
广　西	1 435	874	792	560	372
海　南	112	93	87	19	11
四　川	4 761	2 679	1 914	2 082	1 282
贵　州	2 051	890	696	1 162	475
云　南	1 192	648	509	544	395
西　藏	7	3		4	
陕　西	1 635	1 168	1 061	467	248
甘　肃	2 035	1 009	871	1 026	455
青　海	310	175	140	135	92
宁　夏	733	603	518	130	365
新　疆	1 276	914	794	363	129

19—54 续表 2　　(1991 年)　　单位:万吨

地　　区	工业二氧化硫排放量	工业二氧化硫去除量	工业烟尘排放量	工业烟尘去除量	工业粉尘排放量	工业粉尘回收量
全国总计	**1 165**	**173**	**845**	**6 525**	**579**	**2 161**
北　京	21	1	10	135	7	61
天　津	15	…	9	94	4	16
河　北	74	3	43	527	42	213
山　西	51	3	42	275	20	96
内蒙古	44	2	53	190	15	41
辽　宁	80	11	70	640	56	281
吉　林	17	1	34	371	11	52
黑龙江	22	1	67	410	13	38
上　海	34	4	15	256	7	89
江　苏	88	8	66	398	29	83
浙　江	34	3	17	165	16	45
安　徽	32	11	27	166	34	63
福　建	11	2	8	98	12	34
江　西	28	2	25	109	26	43
山　东	126	7	52	466	44	160
河　南	41	7	42	306	26	111
湖　北	44	13	31	208	31	108
湖　南	50	19	30	187	28	87
广　东	43	21	22	359	38	128
广　西	51	12	23	221	18	80
海　南	1	…	1	12	1	1
四　川	89	9	57	266	40	98
贵　州	39	5	16	129	14	58
云　南	20	9	12	54	12	61
西　藏	…		…	…	1	…
陕　西	51	4	37	270	14	27
甘　肃	28	14	13	63	10	55
青　海	2	…	4	22	1	11
宁　夏	12	…	7	96	4	3
新　疆	16	2	13	32	8	18

19—55 工业各行业工业废气排放及处理情况

（1991 年）

行业	工业废气排放总量（亿标立方米）	燃料燃烧过程中废气排放量	#经过消烟除尘的	生产工艺过程中废气排放量	#经过净化处理的
工业合计	**84 734**	**53 649**	**45 761**	**31 050**	**20 088**
矿业	3 438	2 449	1 806	989	610
食品、饮料和烟草制造业	2 828	2 617	2 239	211	179
纺织业	2 139	1 818	1 634	340	321
皮革、毛皮及其制品业	112	96	81	16	6
造纸及纸制品业	2 084	1 612	1 438	473	116
印刷业	85	65	32	20	7
电力、蒸气、热水生产供应业	26 962	26 721	25 439	241	136
石油加工业	1 300	909	611	391	251
炼焦、煤气及煤制品业	523	340	229	183	51
化学工业	7 880	4 303	3 676	3 574	1 782
医药工业	700	592	487	108	49
化学纤维工业	1 857	493	381	1 363	521
橡胶制品业	676	332	297	343	144
塑料制品业	188	88	76	100	62
建筑材料及其他非金属矿物制品业	11 108	2 885	1 655	8 223	5 373
#水泥制造业	7 016	980	688	6 038	4 047
黑色金属冶炼及压延加工业	12 199	4 120	2 575	8 078	6 848
有色金属冶炼及压延加工业	3 973	581	529	3 392	1 801
金属制品业	375	258	164	117	68
机械、电气、电子设备制造业	4 749	2 169	1 603	2 580	1 576
其他	1 558	1 200	809	343	189

行业	工业二氧化硫排放量（万吨）	工业二氧化硫去除量（万吨）	工业烟尘排放量（万吨）	工业烟尘去除量（万吨）	工业粉尘排放量（万吨）	工业粉尘回收量（万吨）
工业合计	**1 165**	**173**	**845**	**6 525**	**579**	**2 161**
矿业	46	3	42	109	18	54
食品、饮料和烟草制造业	64	3	55	155	5	12
纺织业	42	2	25	92	2	2
皮革、毛皮及其制品业	2	…	2	4	…	…
造纸及纸制品业	27	1	23	75	3	5
印刷业	1	…	1	2	…	…
电力、蒸气、热水生产和供应业	528	31	418	5 302	4	5
石油加工业	7	3	3	4	1	6
炼焦、煤气及煤制品业	8	1	7	5	5	5
化学工业	108	41	63	267	24	59
医药工业	11	1	7	26	…	…
化学纤维工业	9	1	5	30	…	…
橡胶制品业	7	1	4	21	…	…
塑料制品业	2	…	1	4	…	…
建筑材料及其他非金属矿物制品业	108	5	74	89	386	1 140
#水泥制造业	56	3	26	47	289	922
黑色金属冶炼及压延加工业	70	4	44	143	102	661
有色金属冶炼及压延加工业	54	74	10	50	11	179
金属制品业	5	…	5	5	1	1
机械、电气、电子设备制造业	40	2	31	100	8	16
其他	24	1	26	41	7	15

19—56 各地区工业固体废物产生及处理利用情况

（1991 年）　　　　单位:万吨

地　区	工业固体废物产生量	工业固体废物综合利用量	工业固体废物贮存量	工业固体废物处置量	工业固体废物排放量
全国总计	**58 759**	**22 285**	**27 588**	**11 696**	**3 376**
北　京	701	444	65	3	216
天　津	398	274	46	74	6
河　北	5 327	1 810	3 190	1 037	56
山　西	3 687	1 337	1 827	444	353
内蒙古	1 997	346	1 253	446	256
辽　宁	6 959	1 904	3 966	1 027	75
吉　林	1 601	723	742	117	28
黑龙江	3 780	1 660	1 109	1 671	72
上　海	1 090	911	30	161	15
江　苏	2 366	1 601	624	187	61
浙　江	888	590	327	71	21
安　徽	2 416	1 286	1 139	279	117
福　建	710	275	286	287	31
江　西	2 984	458	1 880	1 271	61
山　东	3 837	2 169	1 310	870	35
河　南	2 290	1 111	1 001	796	91
湖　北	1 844	994	797	360	50
湖　南	2 033	691	1 067	376	74
广　东	1 784	762	820	315	42
广　西	1 312	433	550	245	111
海　南	128	53	85	1	…
四　川	3 941	1 143	1 776	750	406
贵　州	994	172	446	167	232
云　南	1 902	286	1 043	80	519
西　藏	…	…	…		…
陕　西	1 374	362	804	208	130
甘　肃	1 401	285	899	162	94
青　海	280	45	119	5	114
宁　夏	335	50	279	19	3
新　疆	399	109	109	266	108

19—56 续表 1 (1991 年)

地　区	工业固体废物历年累计堆存量（万吨）	工业固体废物占地面积（万平方米）	#占耕地面积	"三废"综合利用产品产值（万元）	"三废"综合利用产品利润（万元）
全国总计	**596 254**	**50 539**	**5 209**	**1 054 666**	**266 878**
北　京	9 097	190	…	26 874	6 552
天　津	1 159	726		7 446	1 786
河　北	55 005	3 662	343	32 088	12 106
山　西	29 789	2 362	477	19 583	5 187
内蒙古	17 915	3 030	242	9 725	2 615
辽　宁	119 516	5 158	1 486	110 708	30 674
吉　林	15 034	1 590	14	42 737	13 053
黑龙江	28 185	2 235	346	103 228	10 904
上　海	359	266	1	26 685	6 018
江　苏	10 334	3 016	143	59 192	18 208
浙　江	4 159	947	11	23 779	6 024
安　徽	20 506	2 043	22	21 745	4 880
福　建	3 775	557	4	24 255	8 136
江　西	71 852	2 301	81	36 544	22 194
山　东	28 771	2 007	395	88 192	18 379
河　南	15 686	5 241	422	30 676	6 509
湖　北	10 337	998	140	46 842	12 248
湖　南	23 909	1 899	58	64 094	15 133
广　东	24 562	1 606	259	63 466	23 593
广　西	11 032	708	5	41 040	6 389
海　南	1 755	308	76	2 357	987
四　川	30 769	3 350	94	95 453	17 675
贵　州	8 926	580	32	9 515	1 562
云　南	24 003	1 773	80	17 900	3 425
西　藏	8	…			
陕　西	10 181	369	79	7 566	1 911
甘　肃	13 555	2 140	1	14 788	3 001
青　海	844	131		1 684	251
宁　夏	3 611	116	2	2 314	516
新　疆	1 618	1 232	397	24 192	6 962

19—57 工业各行业工业固体废物产生及处理利用情况

(1991年)

行业	工业固体废物产生量(万吨)	工业固体废物综合利用量(万吨)	工业固体废物贮存量(万吨)	工业固体废物处置量(万吨)	工业固体废物排放量(万吨)
工业合计	**58 759**	**22 285**	**27 588**	**11 696**	**3 376**
矿业	27 243	6 048	15 845	5 885	1 624
食品、饮料和烟草制造业	2 203	1 809	79	225	115
纺织业	605	454	23	106	30
皮革、毛皮及其制品业	42	28	2	9	3
造纸及纸制品业	499	303	32	137	43
印刷业	13	7	1	3	2
电力、蒸气、热水生产供应业	8 892	3 321	5 155	2 756	490
石油加工业	413	191	195	20	6
炼焦、煤气及煤制品业	426	237	65	73	66
化学工业	3 777	2 552	732	580	203
医药工业	245	180	6	39	21
化学纤维工业	176	80	41	41	17
橡胶制品业	110	83	2	20	5
塑料制品业	30	18	2	7	2
建筑材料及其他非金属矿物制品业	940	614	71	236	85
#水泥制造业	203	161	8	39	8
黑色金属冶炼及压延加工业	9 213	5 100	3 655	808	290
有色金属冶炼及压延加工业	2 007	318	1 419	191	106
金属制品业	130	50	60	16	8
机械、电气、电子设备制造业	1 226	626	108	394	149
其他	559	265	87	149	110

行业	工业固体废物历年累计堆存量(万吨)	工业固休废物占地面积(万平方米)	“三废”综合利用产品产值(万元)	“三废”综合利用产品利润(万元)
工业合计	**596 254**	**50 539**	**1 054 666**	**266 878**
矿业	432 381	24 339	103 406	37 032
食品、饮料和烟草制造业	710	146	132 877	32 407
纺织业	87	33	9 954	2 903
皮革、毛皮及其制品业	3	2	3 379	1 314
造纸及纸制品业	830	118	81 724	15 075
印刷业	1	…	1 114	439
电力、蒸气、热水生产和供应业	44 240	14 781	14 496	2 391
石油加工业	13 706	819	45 215	15 795
炼焦、煤气及煤制品业	855	23	4 093	1 126
化学工业	7 794	1 882	200 687	44 552
医药工业	168	23	11 216	4 546
化学纤维工业	266	119	31 404	7 448
橡胶制品业	24	3	5 988	550
塑料制品业	2	9	4 174	401
建筑材料及其他非金属矿物制品业	2 764	333	102 722	14 798
#水泥制造业	1 912	73	44 399	7 729
黑色金属冶炼及压延加工业	55 170	3 943	154 782	58 056
有色金属冶炼及压延加工业	33 957	3 228	72 487	10 226
金属制品业	351	20	2 075	745
机械、电气、电子设备制造业	2 192	374	53 185	13 924
其他	753	344	19 688	3 150

19—58 各地区环境污染事故情况

(1991年)

地区	环境污染与破坏事故次数(次)	水污染	大气污染	固体废物污染	噪声与振动危害	其他	污染事故罚款总额(万元)	污染事故赔款总额(万元)
全国合计	**3 038**	**1 816**	**962**	**85**	**24**	**146**	**505**	**4 109**
北京	9	8	1				14	124
天津	14	9	3		2		4	
河北	195	78	103	11	1	2	25	466
山西	83	51	27	4	1		22	27
内蒙古	18	11	5			3	7	24
辽宁	155	56	83	2	2	12	18	816
吉林	30	20	7	2		1	24	159
黑龙江	16	11	5				3	12
上海	35	19	14	2			41	140
江苏	490	374	96		1	19	41	378
浙江	219	123	88		2	6	46	211
安徽	125	101	21	3			29	55
福建	60	35	24		1		3	19
江西	97	62	28	4	1	2	12	110
山东	204	79	49	4		72	84	271
河南	105	58	42	1	1	3	30	115
湖北	111	72	30	6	2	1	7	71
湖南	179	117	52	8	—	2	16	159
广东	227	164	53	2	6	2	11	280
广西	188	110	53	23		2	18	97
海南	10	8	2				3	15
四川	239	137	86	8	2	6	18	245
贵州	73	30	33	1	1	8	5	77
云南	54	37	13	1	1	2	1	72
西藏								
陕西	34	12	18	2		2	5	91
甘肃	39	20	18			1	12	52
青海	6	3						7
宁夏	2	1		1			4	—
新疆	21	13	8	—	—	—	2	8

主 要 统 计 指 标 解 释

等级运动员人数 指经考核正式批准授予等级运动员称号的人数。运动员等级分为国际级运动健将、运动健将、一级运动员、二级运动员、三级运动员、少年级运动员。

等级裁判员人数 指经考核正式批准授予等级裁判员称号的人数。裁判员等级分为国际裁判、国家级裁判、一级裁判、二级裁判、三级裁判。

体育场 指有400米跑道(中心含足球场),有固定道牙,跑道6条以上,并有固定看台的室外田径场地。以看台容纳观众人数分:甲级25000人以上,乙级15000—25000人,丙级5000—15000人,丁级5000人以下。

体育馆 指有固定看台,可供篮球、排球、羽毛球、乒乓球、体操等项目训练比赛活动用的室内运动场地。以看台容纳观众人数分:甲级6000人以上,乙级4000—6000人,丙级2000—4000人,丁级2000人以下。

医院 指名称为医院,设有固定床位能收容病人住院并能为病人提供医疗、护理服务的医疗机构。包括县及县以上医院、农村乡卫生院、其他医院三部分。按所属性质分为卫生部门、工业及其他部门,集体所有制三类。其中县及县以上医院按业务性质分为综合医院和专科医院。

卫生技术人员 指卫生事业机构支付工资的全部固定职工和合同制职工中现任职务为卫生技术工作的专业人员。包括中医师、西医师、中西医结合高级医师、护师、中药师、西药师、检验师、其他技师、中医士、西医士、护士、助产士、中药剂士、西药剂士、检验士、其他技士、其他中医、护理员、中药剂员、西药剂员、检验员,其他实级卫生技术人员。

医生 指经卫生部门审查合格,从事医疗工作的专业人员。分为中医医生和西医医生。包括卫生技术人员中的中医师、西医师、中西结合高级医师、中医士、西医士和其他中医。

社会福利事业单位 指集中收养社会孤老、残、幼的机构。包括由民政部门管理的社会福利院、儿童福利院、精神病人福利院和城镇集体办的福利院,以及农村集体举办的敬老院。

社会福利事业单位收养人数 包括民政部门管理的和城镇及农村集体举办的社会福利事业单位中收养的老人、少年儿童、缺乏生活自理能力的残疾人员和精神病人。

社会福利企业单位 指以安置城镇有一定劳动能力的盲、聋、哑和肢体残疾人员就业为目的,享受国家减免税待遇的全民或集体所有制企业。包括福利工厂、福利商业服务业、假肢厂和安置农场等单位。

农村五保户 指农村中既无劳动能力,又无经济来源的老、弱、孤、残的农民生活由集体供养,实行保吃、保穿、保住、保医、保葬(孤儿保教),简称“五保”。享受五保待遇的家庭叫五保户。

双扶户 包括被扶持的优抚户和贫困户。主要是对具有一定劳动能力且生活困难的两户给予一定的救济金以扶持其通过生产自救达到脱贫的目的。

律师工作者 指受聘参加法律顾问处工作,担任法律顾问、刑(民)事代理人、刑事辩护人,办理非诉讼事件、解答法律询问,代写法律事务文书等主要从事律师业务的专职法律工作者和兼职律师。

公证人员 指在国家公证机关依法办理公证事务的司法人员、包括公证员。助理公证员和在公证处工作的其他人员。

办理公证文书　指公证处在一定时期内办结的公证文书件数。公证文书系按司法部规定或批准的格式制作。包括国内公证和涉外公证两部分。其中国内公证分为经济合同公证和民事法律关系公证两大类。

调解人员　在人民调解委员会担负调解民间一般民事纠纷和轻微违法行为所引起的纠纷的工作人员。包括调解委员会的委员和调解小组的调解员。

调解民间纠纷　指调解委员会依照法律规定，根据自愿原则，用说服教育的方法调解民间发生的有关民事权利和义务的争执，促成当事双方达到协议和谅解，解决纠纷。包括婚姻家庭纠纷，财产权益纠纷等。不包括法院受理调解的民事案件数。

保险福利费用总额　指各单位实际支付给职工和离休、退休、退职人员，以及用于集体的劳动保险和福利的费用。

(1)职工保险福利费用具体包括：

①**医疗卫生费**　指职工的医疗费、住院费、职工供养直系亲属的医疗补助费，职工因工负伤就医路费，住院伙食补助费，包括各企业、事业、机关单位的医疗机构医务经费。

②**丧葬抚恤救济费**　指职工因工死亡，因病或因非工死亡丧葬费，丧葬补助费和所遗供养直系亲属的抚恤费，救济费，生活补助费以及职工供养直系亲属死亡时的丧葬补助费等。

③**生活困难补助**　指对生活困难的职工，实际支付的定期补助和临时性的补助。

④**文体宣传费**　指企业、事业及机关实际支付的文娱体育宣传费，不包括学习费。

⑤**集体福利事业补贴费**　指对职工浴室、理发室、洗衣房、哺乳室、托儿所等集体福利设施各项支出与收入相抵后的差额补助费。

⑥**集体福利设施费**　指按照国家规定开支的集体福利设施费用，如职工食堂炊事用具的购置、修理费用，职工宿舍的修缮费用等，不包括由企业、事业、机关自筹经费开支的职工福利设施的基本建设费用。

⑦**计划生育补贴**　指发给职工的独生子女补贴费、保健费。

⑧**上下班交通费补贴**　指对宿舍离工作单位较远，需要乘公共电、汽车或自行车上、下班的职工，发给的交通费补贴。

⑨**洗理卫生费**　指发给职工的洗澡、理发费和卫生费。

⑩**其他**　指探亲路费等。

(2)离休、退休、退职人员保险福利费用具体包括：

①**离休费**　指发给离休人员的离休费和按1982年国务院《关于发布老干部离职休养制度的几项规定的通知》发给符合规定的离休人员相当于1－2个月标准工资的生活补贴。

②**退休费**　指发给退休人员的退休费。

③**退职生活费**　指按国发(1978)104号文件规定发给退职人员的退职生活费。

④**医疗卫生费**　指离休、退休、退职人员的医疗、住院费，因工负伤就医路费，因工负伤伙食补助费等。

⑤**护理费**　指因工致残，饮食起居需人扶助的离休、退休人员的护理费，以及因病生活不能自理的离休干部护理费。

⑥**生活补贴**　指按1985年国务院《关于发给离休、退休人员生活补贴费的通知》规定，发给离休、退休人员的生活补贴费。

⑦**交通费补贴** 指按月发给离休人员的交通费补贴。

⑧**丧葬抚恤救济费** 指离休、退休、退职人员死亡的丧葬费，丧葬补助费以及所遗供养直系亲属的抚恤费，救济费和死亡丧葬补助费。

⑨**其他** 包括易地安置的离休、退休、退职人员安家补贴费，生活困难补助以及书报费，洗理费、副食品价格补贴、房贴、水电贴，少数民族补贴以及由于肉、蛋、糖、蔬菜等调价发给的价格补贴等。

废水排放总量 包括生产废水和生活污水。生产废水指企、事业单位在生产、科研过程中向外环境排放的所有排放口的废水量总和。生活污水指城镇居民区和企、事业单位职工集中居住区排放的污水量。

工业废水排放量 指经过工业企业所有排放口排到企业外的生产废水总量，包括外排的直接冷却水和矿区超标排放的有毒有害矿井地下水，但不包括外排的间接冷却水(清污不分流的应计算在内)。

工业废水达标量 指全面达到国家排放标准的外排工业废水量(包括经过处理和未经处理的)，但不包括虽经处理仍未达到国家排放标准的工业废水。国家尚未正式颁布标准的，以地方制订的标准为准。

工业废水处理量 指经过各种水处理装置净化处理后的外排工业废水量(包括虽经处理仍未达到国家或地方标准的外排工业废水量)。

废气排放总量 指燃料燃烧和生产工艺过程中排放的各种废气总量，以标准状态下每年万标立方米表示。

燃料燃烧过程中废气排放量 指燃煤、油、气锅炉及工业窑炉在燃烧过程中所排废气的总量。

消烟除尘的废气量 指经过消烟除尘装置处理的烟气量。

净化处理的废气量 指生产工艺过程中排放的废气经过各种处理装置净化、处理的量。

工业粉尘排放量 指生产工艺过程中排放的固体粉状物重量。

工业粉尘回收量 指经过各种回收处理装置回收的工业粉尘和尘泥量(包括干法和湿法)。

工业固体废物产生量 指工矿企业、事业单位在生产(试验)过程中产生的工业固体废弃物总量，不包括矿山开采的剥离废石和掘进废石(煤矸石除外)。

工业固体废物处理量 指以填埋、焚烧等方式最终处理的工业固体废物量。

工业固体废物综合利用量 指已用作农业肥料、造田、生产建筑材料，以及其他方式综合利用的工业固体废物量(不包括填埋和焚烧量)。

“三废”综合利用产品产值 指企业利用“三废”作为主要原料生产和回收利用的产品产值。

“三废”综合利用利润 指企业利用“三废”作为主要原料生产和回收利用的产品出售后所得的利润额。

污染事故 指由于某种原因引起的、偶然的、突发性的向环境排放污染物，从而造成环境污染和损害，其直接经济损失在千元以上的事件。

附录一
台湾省主要经济指标

附录1-1 人口和自然增长率

单位:万人

年份	年底人口数			自然增长率(‰)
		男	女	
1981	1 814	945	869	18.1
1982	1 846	961	885	17.3
1983	1 873	974	899	15.7
1984	1 901	988	913	14.8
1985	1 926	1 000	926	13.2
1986	1 945	1 009	936	11.0
1987	1 967	1 019	948	11.1
1988	1 990	1 030	960	12.1
1989	2 011	1 040	971	10.6
1990	2 035	1 052	983	11.4
1991	2 054	1 061	993	12.2

附录1-2 国民生产总值

年份	国民生产总值		平均每人国民生产总值	
	新台币(亿元)	指数(上年=100)	新台币(元)	美元
1982	18 992.9	103.3	103 803	2 653
1983	21 032.6	108.6	113 103	2 823
1984	23 684.8	111.6	125 496	3 167
1985	25 150.5	105.6	131 430	3 297
1986	29 257.7	112.6	151 148	3 993
1987	32 889.7	111.9	168 114	5 275
1988	35 852.9	107.8	181 185	6 333
1989	39 689.8	107.3	198 389	7 512
1990	43 269.6	105.0	213 888	7 954
1991	48 290.9	107.3	236 139	8 815

注:绝对数按当年价格计算,指数按1986年固定价格计算。

附录1-3 国民生产总值用途

(按当年价格计算)

单位:新台币亿元

年份	国民生产总值	消费	固定资产形成	存货增加	货品及劳务输出净额	国外要素所得净额
1981	17 642.8	12 078.8	4 940.4	357.9	362.2	-96.5
1982	18 992.9	13 299.5	4 909.2	-117.0	978.0	-6.8
1983	21 032.6	14 257.2	4 784.3	144.3	1 814.3	32.6
1984	23 684.8	15 612.8	4 962.8	230.9	2 624.3	254.0
1985	25 150.5	16 609.4	4 663.4	50.2	3 414.8	412.6
1986	29 257.7	17 893.5	5 174.6	-168.1	5 651.8	705.9
1987	32 889.7	20 017.0	6 201.0	397.5	5 614.4	659.8
1988	35 852.9	22 951.7	7 249.0	911.5	3 857.3	883.4
1989	39 689.8	26 897.6	8 552.9	298.7	3 036.2	904.3
1990	43 269.6	30 457.8	9 474.8	-16.4	2 303.8	1 049.5
1991	48 290.9	33 838.8	10 500.2	303.0	2 482.6	1 166.3

附录1-4 国　民　收　入

年　份	国民收入(新台币亿元)		国民收入指数	人均国民收入	
	当年价格	1986年固定价格	(以上年为100)	新台币(元)	美　元
1982	17 317.6		103.3	93 953	2 402
1983	19 171.1		109.2	101 617	2 537
1984	21 611.6	21 685.7	112.0	114 511	2 890
1985	22 823.9	22 883.0	105.5	119 272	2 992
1986	26 711.2	26 711.2	116.7	137 992	3 646
1987	30 084.2	30 292.6	113.4	153 773	4 825
1988	32 825.1	32 497.6	107.3	165 884	5 798
1989	36 398.2	34 891.9	107.4	181 936	6 889
1990	39 631.5	36 424.8	104.4	195 876	7 285
1991	44 284.8	39 406.8	108.5	216 550	8 083

注:1.国民收入指数按1986年固定价格计算。
2.人均国民收入按当年价格计算。

附录1-5 重　要　财　经　指　标

单位：新台币亿元

年　份	赋税收入	关　税	所得税	货物税	营业税	土地税	公卖利益(应缴库数)
1982	3 381	563	655	482	242	411	376
1983	3 424	556	650	482	253	411	399
1984	3 834	676	680	545	288	472	402
1985	3 948	669	759	546	307	461	417
1986	4 018	638	794	495	390	471	448
1987	4 615	763	913	518	622	654	461
1988	5 580	786	1 231	661	737	902	464
1989	6 774	894	1 571	799	778	1 239	477
1990	8 447	819	2 258	851	1 119	1 056	529
1991	8 086	793	1 937	858	1 224	1 216	601

附录1-6 农　业　生　产　指　数

(1986年=100)

年　份	总指数	农　业	林　业	畜　业	渔　业
1982	90.8	107.2	98.1	74.7	82.9
1983	94.4	104.0	116.0	85.6	85.3
1984	97.4	104.7	100.3	90.6	90.4
1985	100.3	105.5	90.3	96.8	94.3
1986	100.0	100.0	100.0	100.0	100.0
1987	108.0	104.2	92.7	109.0	113.6
1988	109.7	105.6	60.1	110.0	118.2
1989	109.4	105.1	42.5	115.3	112.3
1990	111.8	100.2	36.3	124.0	119.3
1991	112.7	102.8	36.9	129.8	111.7

附录1-7 主要农产品产量

单位:吨

年份	米	小麦	玉米	大豆	甘薯
1982	2 482 602	2 314	118 419	12 043	741 442
1983	2 485 197	1 570	143 165	8 592	559 960
1984	2 244 175	2 360	189 855	9 546	424 353
1985	2 173 536	2 125	226 010	12 211	369 461
1986	1 973 823	3 693	271 660	14 890	324 042
1987	1 900 475	4 702	306 902	18 043	344 816
1988	1 844 785	2 957	321 194	14 641	254 791
1989	1 864 590	3 039	328 543	10 956	205 979

附录 1-7 续表 1

单位:吨

年份	花生	茶叶	甘蔗	烟叶	香蕉
1982	82 832	24 051	8 274 913	25 570	202 942
1983	62 546	24 308	7 070 084	22 722	196 255
1984	86 994	24 365	6 545 276	26 491	203 281
1985	89 105	23 203	6 823 094	25 358	198 596
1986	77 150	23 890	6 001 871	24 322	150 730
1987	111 700	25 578	5 162 920	24 005	204 486
1988	83 335	23 557	6 767 465	20 206	228 725
1989	64 770	22 131	6 627 973	18 484	198 442

附录 1-7 续表 2

单位:吨

年份	菠萝	柑桔	蔬菜	猪牛羊肉	水产品
1982	144 900	391 281	3 044 099	760 264	922 520
1983	115 194	379 486	3 018 741	812 086	930 582
1984	123 609	354 004	3 416 382	895 063	1 002 599
1985	149 745	418 863	3 243 364	1 013 172	1 037 721
1986	157 941	386 819	3 127 869	1 058 328	1 094 587
1987	193 337	522 865	3 283 889	1 142 766	1 236 170
1988	228 127	559 526	3 137 060	1 111 302	1 360 868
1989	230 118	568 659	2 994 270	1 119 609	1 371 681

附录1-8 工 业 生 产 指 数

(1986年=100)

年　份	总指数	矿　业	制造业	公用事业	房屋建筑业
1982	67.90	123.93	66.21	70.52	103.63
1983	76.51	120.46	75.35	78.43	98.42
1984	85.55	116.45	84.71	84.36	109.99
1985	87.83	106.99	86.87	89.86	110.38
1986	100.00	100.00	100.00	100.00	100.00
1987	110.69	96.84	111.19	110.71	96.96
1988	115.59	94.77	115.39	120.33	114.94
1989	119.53	83.47	118.96	129.11	122.58
1990	118.12	73.54	116.72	137.80	123.30
1991	126.67	59.10	125.27	149.74	128.83

附录1-9 主 要 工 业 产 品 产 量

年　份	棉纱 (万吨)	棉布 (亿米)	聚脂加工丝 (万吨)	缝纫机 (万台)	洗衣机 (万台)	自行车 (万辆)
1982	16.13	6.55	12.41	244.40	29.93	321.33
1983	16.48	6.66	16.05	262.49	35.44	526.64
1984	18.13	5.38	22.66	290.21	33.92	653.94
1985	19.18	6.18	31.51	231.55	31.21	771.54
1986	22.39	7.56	33.59	257.53	37.34	976.78
1987	24.63	7.29	39.15	264.91	33.51	1 022.72
1988	25.25	7.45	40.58	227.27	31.68	734.96
1989	26.62	7.86	40.75	231.82	28.03	721.33
1990	20.39	7.29	45.63	251.47	23.59	708.63
1991	20.64	6.09	50.13	348.05	23.00	746.60

附录 1-9 续表 1

年　份	电冰箱 (万台)	冷暖风机 (万台)	微型电脑 (万台)	电话机 (万台)	彩色电视机 (万台)	照相机 (万台)
1982	48.33	15.21	7.55	344.88	119.75	522.03
1983	46.00	24.06	14.59	2 598.94	190.53	511.97
1984	42.28	36.41	73.19	1 178.35	256.63	699.53
1985	36.35	27.55	90.87	1 150.28	263.61	783.71
1986	40.74	25.06	121.75	2 228.83	398.78	952.74
1987	46.38	48.47	203.18	2 141.71	444.78	1 395.14
1988	44.73	93.49	256.15	1 832.42	374.32	1 594.96
1989	42.14	133.93	206.99	1 652.24	371.28	1 335.50
1990	36.72	89.98	243.70	1 399.24	240.31	1 176.10
1991	38.88	103.88	246.56	981.44	245.64	1 216.38

附录 1-9 续表 2

年份	煤 （万吨）	天然气 （亿立方米）	发电量 （亿千瓦小时）	生铁 （万吨）	钢 （万吨）	水泥 （万吨）
1982	238.36	12.32	409.00	16.11	171.23	1 343.21
1983	223.61	12.37	455.17	18.36	179.26	1 480.98
1984	201.08	12.66	492.86	21.35	182.80	1 423.44
1985	185.79	11.25	525.53	22.57	199.39	1 441.77
1986	172.50	10.23	590.28	19.75	204.02	1 480.61
1987	149.92	10.57	655.14	8.72	208.12	1 566.34
1988	122.55	11.57	716.43	2.51	253.39	1 728.08
1989	78.44	11.58	769.12	2.99	272.86	1 804.32
1990	47.21	11.29	823.49	5.96	299.79	1 845.84
1991	40.26	7.66	896.39	1.85	307.25	1 939.86

附录 1-9 续表 3

年份	硫酸 （万吨）	液碱 (32-45%) （万吨）	聚氯乙烯 （万吨）	平板玻璃 （万标准箱）	纸板 （万吨）	小汽车 （万辆）
1982	68.50	36.52	46.23	333.24	107.22	12.59
1983	67.79	29.59	53.04	385.44	125.22	14.83
1984	76.18	35.16	63.96	409.19	140.75	16.23
1985	73.30	39.16	59.89	433.53	148.74	14.92
1986	72.13	33.51	72.41	531.56	189.16	17.09
1987	74.18	29.49	77.31	558.67	202.02	24.73
1988	66.38	30.99	77.93	748.38	216.15	26.85
1989	76.79	16.72	80.54	710.45	227.42	31.63
1990	65.76	22.34	92.10	781.87	250.88	35.39
1991	77.63	24.41	97.84	850.35	285.60	39.94

附录1-10 固　定　资　本　形　成

项　　目	1985年	1987年	1988年	1989年	1990年	1991年
绝对数(新台币亿元)	4 663.41	6 200.98	7 249.04	8 552.92	9 474.77	10 500.20
一、按产业用途分						
农林畜牧及渔猎业	125.79	189.75	258.19	291.47	250.01	255.35
矿业及采石业	13.07	26.09	10.79	14.94	12.97	16.07
制造业	1 268.23	2 084.17	2 316.94	2 415.95	2 475.19	2 523.54
建筑业	70.79	85.37	96.42	106.65	104.39	105.12
电力、瓦斯及自来水供给业	506.38	498.05	512.89	720.91	946.33	867.69
运输、仓储及交通业	508.52	587.70	682.23	819.76	995.61	1 241.81
批发及零售商业	255.84	384.47	460.44	497.81	463.86	468.59
银行、金融保险及房地产工商服务业	870.97	1 025.30	1 246.24	1 683.00	1 664.34	1 839.91
社会服务及个人服务业	115.99	185.49	251.70	280.98	314.52	357.45
政府服务	885.20	1 069.37	1 325.62	1 696.49	2 225.14	2 801.47
其他服务	42.63	65.18	87.58	24.96	22.41	23.20
二、按资本形态分						
住宅	720.86	887.59	1 038.88	1 251.20	1 195.05	1 159.89
非住宅用房屋	884.33	1 031.18	1 146.50	1 390.81	1 464.69	1 569.54
营建与工程	767.10	1 003.88	1 272.18	1 400.63	1 857.12	2 402.18
运输工具	463.16	545.42	688.98	864.33	849.60	948.92
机器及其他设备	1 781.04	2 665.74	3 016.66	3 548.90	4 028.46	4 336.56
三、按购买主体分						
民营事业	2 645.98	3 747.28	4 536.70	5 170.05	4 899.61	5 109.92
公营事业	1 120.18	1 365.82	1 364.98	1 661.42	2 327.61	2 565.61
政府	855.20	1 069.37	1 325.62	1 696.49	2 225.14	2 801.47
家庭及其他民间非营利团体	12.05	18.51	21.74	24.96	22.41	23.20

附录1-11 铁路客货运量

年份	客运量（万人）	客运周转量（万人公里）	货运量（万吨）	货物周转量（万吨公里）
1982	13 029	820 404	2 831	227 689
1983	13 039	853 307	3 083	258 097
1984	13 059	845 813	2 989	249 289
1985	13 127	830 929	2 973	229 984
1986	13 178	831 632	2 865	236 546
1987	13 437	845 851	3 121	249 021
1988	13 232	823 304	3 040	227 804
1989	12 797	814 490	3 087	211 150
1990	13 239	832 257	2 805	187 726
1991	13 778	862 101	2 626	196 058

附录1-12 公路客货运量

年份	客运量（万人）	客运周转量（万人公里）	货运量（万吨）	货物周转量（万吨公里）
1982	205 647	2 982 549	17 987	880 040
1983	205 568	2 971 814	18 951	892 931
1984	208 736	3 078 919	19 055	919 077
1985	210 636	3 141 871	18 973	922 339
1986	208 034	3 048 684	20 022	935 941
1987	200 761	2 973 980	22 672	1 058 642
1988	188 878	2 812 120	24 028	1 134 033
1989	175 419	2 640 236	24 439	1 149 393
1990	162 081	2 616 896	24 580	1 154 312
1991	156 034	2 613 842	25 436	1 183 846

附录1-13 邮电业务量

项目	单位	1985年	1987年	1988年	1989年	1990年	1991年
国内电信							
电报	万通	87.78	79.94	75.52	63.23	36.57	21.60
长途电话	万次	996	914	811	917	1 890	1 921
市内电话	万户	423	491	533	582	630	685
国际电信							
电报	万通	15.13	8.60	5.80	6.20	7.42	7.14
电话	万分钟	5 802	10 563	14 263	18 386	24 193	29 762
邮政(投递数)							
函件	亿封	13.64	15.40	16.70	19.52	19.85	20.08
包裹	万件	925	944	1 023	1 056	1 127	1 327

注:"电报"包括船舶电报。

附录1-14 商业性初级能源供应

单位:折石油万吨

项目	1985年	1987年	1988年	1989年	1990年	1991年
总计	3 951.2	4 582.9	5 140.9	5 245.1	5 792.2	5 790.5
国内生产合计	444.6	417.2	390.7	374.0	384.6	274.2
煤	128.0	103.3	84.4	54.0	32.5	27.7
水电	172.1	176.8	152.9	166.0	203.4	136.8
天然气	132.7	122.3	139.5	140.5	130.4	98.7
原油	11.8	14.8	14.0	13.5	18.2	11.0
进口合计	3 506.6	4 165.7	4 750.2	4 871.1	5 407.7	5 516.2
原油	1 883.7	2 023.3	2 133.4	2 413.0	2 468.4	2 433.3
石油产品	178.2	305.8	591.2	535.5	687.0	651.6
煤	731.1	1 013.6	1 264.2	1 220.2	1 342.4	1 327.0
核能	713.6	822.9	761.4	702.4	816.4	876.6
液化天然气					93.5	227.8

附录1-15 商业性能源最终需求

单位:折石油万吨

项目	1985年	1987年	1988年	1989年	1990年	1991年
总计	3 951.2	4 582.9	5 140.9	5 245.2	5 792.2	5 790.5
国内消费合计	3 444.8	4 055.0	4 492.1	4 794.2	5 072.7	5 436.1
电力	1 279.0	1 589.0	1 745.6	1 945.0	2 085.8	2 320.1
煤及其制品	424.5	477.5	634.9	660.1	672.8	719.7
石油产品	1 628.2	1 882.9	1 996.8	2 074.1	2 157.9	2 171.9
天然气	113.1	105.6	114.8	115.0	119.2	138.7
液化天然气					37.0	85.7
出口合计	269.4	251.4	256.2	335.5	261.9	280.3
石油产品	268.8	250.5	256.0	335.3	261.9	280.3
煤及其制品	0.6	1.0	0.2	0.2		

附录1-16 进出口贸易总额

年份	按新台币计算(亿元)			按美元计算(亿美元)		
	进出口总额	出口额	进口额	进出口总额	出口额	进口额
1982	16 008.32	8 647.48	7 360.84	410.92	222.04	188.88
1983	18 193.26	10 054.22	8 139.04	454.10	251.23	202.87
1984	20 755.58	12 046.97	8 708.61	524.51	304.56	219.59
1985	20 248.66	12 230.19	8 018.47	508.28	307.26	201.02
1986	24 240.77	15 070.44	9 170.33	640.30	398.62	241.81
1987	28 214.79	17 076.08	11 138.71	886.62	536.79	349.83
1988	31 549.05	17 318.04	14 231.01	1 103.40	606.67	496.73
1989	31 335.20	17 478.00	13 857.20	1 185.69	663.04	522.65
1990	32 745.86	18 027.83	14 718.03	1 219.30	672.14	547.16
1991	37 314.85	20 406.86	16 907.99	1 390.35	761.74	628.61

附录1-17 进口贸易分类额

单位:新台币亿元

年份	进口额	农林牧渔狩猎产品	矿产品	制造业产品	水电煤气	其他商品
1982	7 360.84	916.96	1 776.57	4 444.40	0.01	222.90
1983	8 139.04	959.90	1 929.07	5 047.50	...	202.57
1984	8 708.61	1 012.49	1 802.42	5 705.10	...	188.60
1985	8 018.47	894.64	1 671.58	5 234.67	...	217.58
1986	9 170.33	849.71	1 113.22	6 969.11	...	238.29
1987	11 138.71	885.26	1 114.42	8 870.38	...	268.65
1988	14 231.01	949.01	1 029.61	11 881.00	...	371.39
1989	13 857.20	843.75	1 101.57	11 258.71	...	653.17
1990	14 718.03	810.67	1 323.59	10 935.76	...	1 648.01
1991	16 907.99	894.77	1 382.30	12 541.16	...	2 089.76

附录1-18 出口贸易分类额

单位:新台币亿元

年份	出口额	农林牧渔狩猎产品	矿产品	制造业产品	水电煤气	其他商品
1982	8 647.48	188.27	2.80	8 431.47	...	24.94
1983	10 054.22	212.71	2.62	9 798.56	...	40.33
1984	12 046.97	225.51	2.78	11 788.11	...	30.57
1985	12 230.19	212.09	2.79	11 980.65	...	34.66
1986	15 070.44	253.10	3.18	14 784.55	...	29.61
1987	17 076.08	240.73	13.69	16 792.82	...	28.84
1988	17 318.04	282.95	6.73	16 999.64	...	28.72
1989	17 478.00	167.04	7.24	16 935.66	...	368.06
1990	18 027.83	148.69	6.63	16 808.05	...	1 064.46
1991	20 406.86	180.75	6.58	18 894.39	...	1 325.14

附录1-19 旅 游 人 数

单位:万人

项 目	1985年	1986年	1987年	1988年	1989年	1990年	1991年
总 计	145.1	161.0	176.1	193.5	200.5	193.4	185.4
华 侨	119.5	133.3	151.1	169.7	176.9	171.3	162.9
外国人	25.6	27.7	25.0	23.8	23.6	22.1	22.5

附录1-20 劳动力和就业人数

年 份	劳动力总数(万人)	男	女	就业人数(万人)	男	女	失业人数(万人)	失业率(%)
1982	695.9	460.5	235.4	681.1	450.9	230.1	14.9	2.1
1983	726.6	468.6	258.0	707.0	456.1	250.9	19.7	2.7
1984	749.1	477.8	271.3	730.8	466.1	264.7	18.3	2.4
1985	765.1	486.0	279.0	742.8	471.9	270.9	22.2	2.9
1986	794.5	495.7	298.8	773.3	482.1	291.2	21.2	2.7
1987	818.3	506.5	311.8	802.2	496.6	305.7	16.1	2.0
1988	824.7	513.1	311.6	810.8	504.3	306.4	13.9	1.7
1989	839.0	523.1	315.9	825.8	514.9	311.0	13.2	1.6
1990	842.3	526.3	316.0	828.3	517.5	310.8	14.0	1.7
1991	856.9	535.5	321.4	843.9	527.4	316.5	13.0	1.5

注:绝对数为年平均人数(下表同)。

附录1-21 各部门就业人数

单位:万人

年份	总计	农林牧渔狩猎业	矿业及采掘业	制造业	水、电、煤气业	建筑业	商业	邮电、运输及仓储业	金融、保险业	服务业
1982	681.1	128.4	5.1	216.9	3.1	55.7	115.8	38.9	16.6	100.5
1983	707.0	131.7	4.6	230.5	3.3	52.3	122.9	38.4	17.4	105.9
1984	730.8	128.6	4.1	249.4	3.4	52.1	128.0	37.8	18.2	109.2
1985	742.8	129.7	3.5	248.8	3.4	52.1	133.6	38.8	19.0	111.4
1986	773.3	131.7	3.3	261.4	3.4	52.5	138.2	40.7	21.2	120.8
1987	802.2	122.6	3.1	281.0	3.5	55.4	143.5	42.9	22.9	127.5
1988	810.8	111.3	2.8	279.8	3.5	58.8	153.9	43.1	26.9	130.8
1989	825.8	106.5	2.4	280.3	3.5	62.5	161.3	45.0	31.0	133.2
1990	828.3	106.4	2.0	264.7	3.6	68.2	163.0	45.9	35.5	139.0
1991	843.9	109.2	2.1	261.1	3.7	71.9	172.5	45.7	36.0	141.7

附录1-22 各种物价指数

(以1986年价格为100)

年份	城市消费者物价指数				农民出售农畜产品价格指数	农民购买工业品价格指数
	总指数	食物类	衣着类	居住类		
1982	96.98	99.69	104.62	95.27	105.76	102.78
1983	98.77	101.95	106.14	97.45	107.67	102.89
1984	98.96	99.35	107.28	98.62	98.25	101.85
1985	99.32	97.83	105.56	99.50	93.11	99.87
1986	100.00	100.00	100.00	100.00	100.00	100.00
1987	99.95	100.45	96.77	100.30	100.99	98.80
1988	101.04	101.63	98.81	100.37	104.15	99.40
1989	106.11	108.07	98.17	106.36	111.06	103.85
1990	111.39	111.84	99.13	114.47		
1991	116.25	113.42	96.89	123.02		

附录二
我国经济、社会统计指标
同世界主要国家和地区比较

附录 2—1 国土面积和人口

国家和地区	国土面积（万平方公里）	1990 年年中人口数（万人）	人口年平均增长率（%）		1990 年人口密度（人/平方公里）
			1971—1980 年	1981—1990 年	
世界总计①	13 584.0②	529 200.0	1.9	1.7	39
亚洲	2 760.0	311 275.6	2.0	1.9	113
中　　国③	960.0	114 333.0	1.7	1.5	119
日　　本	37.8	12 354.0	1.2	0.6	327
印　　度④	297.5	81 879.8	2.3	2.1	273
印度尼西亚	190.5	17 930.0	1.9	2.0	94
菲 律 宾	30.0	6 148.0	2.7	2.4	205
泰　　国	51.3	5 720.0	2.5	2.0	112
马来西亚	32.9	1 786.0	2.4	2.7	54
新 加 坡	0.1	300.0	1.5	2.2	3 000
巴基斯坦	79.6	11 205.0	3.1	3.1	141
缅　　甸	67.7	4 167.0	2.2	2.2	62
孟加拉国	14.4	11 559.0	2.7	2.7	803
土 耳 其	78.1	5 610.0	2.3	2.8	75
蒙　　古	156.7	220.0	3.1	2.8	1
朝　　鲜	22.2	6 456.0	2.2		291
南半部	9.9	4 279.0	2.0	1.2	432
北半部	12.3	2 177.0	2.6	1.9	177
越　　南	33.0	6 623.0	2.2	2.1	201
非洲	3 030.0	64 211.2	3.1	2.9	21
埃　　及	100.2	5 315.0	2.4	2.4	53
尼日利亚	92.4	10 854.0	3.6	3.0	117
欧洲⑤	490.0	50 017.7	0.5	0.3	102
德　　国					
前联邦德国	24.8	6 323.0	0.1	0.3	255
前民主德国	10.8	1 665.0	—0.2	—0.1	154
英　　国	24.4	5 741.0	0.2	0.2	235
法　　国	55.2	5 644.0	0.6	0.5	102
意 大 利	30.1	5 766.0	0.5	0.2	192
捷克斯洛伐克	12.8	1 566.0	0.7	0.2	122
波　　兰	31.3	3 818.0	0.9	0.7	122
匈 牙 利	9.3	1 055.0	0.3	—0.2	113
罗马尼亚	23.8	2 320.0	0.9	0.4	97
保加利亚	11.1	898.0	0.5	0.2	81
南斯拉夫	25.6	2 381.0	0.9	0.7	93
北美洲	2 420.0	42 722.8	1.6	1.3	18
美　　国	936.3	24 997.0	1.1	0.9	27
加 拿 大	997.1	2 660.0	1.2	1.0	3
墨 西 哥	197.3	8 615.0	3.1	2.1	44
南美洲	1 780.0	29 671.6	2.4	2.2	17
巴　　西	851.2	15 037.0	2.7	2.2	18
阿 根 廷	277.7	3 232.0	1.7	1.4	12
大洋洲	850.0	2 666.7	1.8	1.6	3
澳大利亚	768.2	1 709.0	1.6	1.5	2
新 西 兰	26.8	335.0	1.0	0.7	13
原 苏 联	2 240.2	28 934.0	0.9	0.8	13

注：①各大洲人口因资料来源不同，其和与世界总计略有出入。②是指有定居人口的各大洲面积，未包括尚无定居人口的南极洲。如包括南极洲，则全世界陆地面积为 14950 万平方公里。原资料各大洲数用百万平方公里为单位，其和与世界总计略有出入。③中国为平均人口。④不包括查谟、克什米尔等地区。⑤不包括原苏联。

国外资料来源：联合国《统计年鉴》1987 年；联合国《统计月报》1992 年 2 月；联合国粮农组织《生产年鉴》1990 年。

附录2—2 自然资源

(1989年)

国家和地区	耕地面积(万公顷)	森林面积(万公顷)	森林覆盖率(%)	林木蓄积量①(亿立方米)	草原面积(万公顷)
世界总计	137 331	408 669	31.3	3 100.0	330 416
中国	9 566	12 465	13.0	91.4	22 434
美国	18 788	29 390	32.1	201.4②	24 147
日本	415	2 511	66.7	28.6	64
德国					
前联邦德国	727	740	30.3	10.2	441
前民主德国	468	298	28.4	5.4	126
英国	669	236	9.8	1.6	1 120
法国	1 790	1 478	26.9	16.0	1 160
意大利	904	674	22.9	3.5	488
加拿大	4 588	35 800	38.8	230.0	3 300
澳大利亚	4 876	10 600	13.9	10.5	41 799
原苏联	22 610	94 600	42.5	859.0	37 110
捷克斯洛伐克	498	462	36.8	9.0	164
波兰	1 441	875	28.7	11.8	405
匈牙利	505	169	18.3	2.8	120
罗马尼亚	990	637	26.9	13.5	441
保加利亚	385	387	35.0	3.1	202
南斯拉夫	704	933	36.5	10.0	635
印度	16 532	6 674	22.4	41.6	1 204
印度尼西亚	1 580	11 343	62.6	196.3	1 180
菲律宾	455	1 055	35.4	7.4	124
泰国	1 900	1 424	27.9	18.3	77
马来西亚	104	1 910	58.1	27.8	3
巴基斯坦	2 029	350	4.5	0.9	500
缅甸	954	3 242	49.3	31.0	36
孟加拉国	902	195	15.0	3.0	60
土耳其	2 487	2 020	26.2	9.1	860
蒙古	137	1 392	8.9	12.7	12 416
越南	570	980	30.1	13.0	34
埃及	231	3	0.03		
尼日利亚	2 880	1 220	13.4	7.1	4 000
墨西哥	2 315	4 300	22.5	31.2	7 450
巴西	6 650	55 313	65.4	584.5	17 000
阿根廷	2 600	5 930	21.7	5.3	14 230

注:①最新年份数字。 ②仅指用材林。

国外资料来源:联合国粮农组织《生产年鉴》1990年。

附录 2—3 人口自然增长率和平均预期寿命

(1990 年)

国家和地区	人口自然增长率(‰)	人口出生率(‰)	人口死亡率(‰)	平均预期寿命(岁)①	
				男	女
世界总计	17.4	26.4	9.0	61	61
中　　国	14.4	21.1	6.7	66②	69②
美　　国	8.1	16.7	8.6	72	79
日　　本	3.8	9.9	6.1	76	82
德　　国				72	79
前联邦德国	0.2	11.4	11.2		
前民主德国①	—0.4	12.0	12.4		
英　　国	2.7	13.9	11.2	73	79
法　　国	4.2	13.5	9.3	73	81
意 大 利	0.4	9.8	9.4	73	80
加 拿 大	4.9	12.9	8.0	74	81
原 苏 联	8.4	15.4	7.0	73	80
捷克斯洛伐克	6.7	16.7	10.0	65	74
波　　兰	1.7	13.4	11.7	68	75
匈 牙 利	4.1	14.3	10.2	67	75
罗马尼亚	—2.0	12.1	14.1	67	74
保加利亚	2.9	13.6	10.7	68	73
南斯拉夫	0.2	12.2	12.0	70	75
印　　度	5.0	14.0	9.0	69	75
印度尼西亚	20.7	31.5	10.8	58	59
菲 律 宾	18.6	27.6	9.0	60	63
泰　　国	24.4	31.8	7.4	62	66
马来西亚	15.3	22.3	7.0	64	68
新 加 坡	24.4	29.8	5.4	68	72
巴基斯坦	11.8	17.0	5.2	71	77
缅　　甸	33.4	44.4	11.0	55	55
孟加拉国	21.0	30.2	9.2	59	63
土 耳 其	26.7	41.4	14.7	52	51
蒙　　古	27.0	35.3	8.3	61	63
南 朝 鲜	22.2	31.1	8.9	64	69
越　　南	10.6	16.4	5.8	67	73
埃　　及	21.8	30.8	9.0	61	64
尼日利亚	32.5	46.5	14.0	49	54
墨 西 哥	21.6	26.6	5.0	66	73
巴　　西	18.1	26.1	8.0	63	69
阿 根 廷	11.3	20.3	9.0	68	74

注:①1989 年数字。②1981 年数字。

国外资料来源:联合国《统计月报》1992 年 4 月;联合国《世界资源》1992—1993 年;世界银行《1991 年世界发展报告》;亚太经社会《亚太统计数字》1991 年。

附录2—4 人口的年龄构成和城乡构成

（1990年） 单位:%

国家和地区	年龄构成①			城乡构成	
	0—14岁	15—64岁	65岁及以上	城市	乡村
中国	27.2	66.9	5.9	26.4	73.6
美国	21.6	66.1	12.3	75.0	25.0
日本	19.0	69.3	11.7	77.0	23.0
德国					
前联邦德国	15.1	69.5	15.4	87.4	12.6
前民主德国	19.5	67.3	13.2	77.2	22.8
英国	19.0	65.5	15.5	89.1	10.9
法国	20.3	66.1	13.6	74.3	25.7
意大利	17.0	68.7	14.3	68.9	31.1
加拿大	21.1	67.9	11.0	77.1	22.9
澳大利亚	22.4	66.9	10.7	85.5	14.5
原苏联	25.4	65.5	9.1	65.8	34.2
捷克斯洛伐克	23.4	64.9	11.7	77.5	22.5
波兰	25.1	65.1	9.8	61.8	38.2
匈牙利	19.7	66.9	13.4	61.3	38.7
罗马尼亚	23.5	66.2	10.3	52.7	47.3
保加利亚	19.4	64.5	16.1	67.7	32.3
南斯拉夫	23.1	67.7	9.2	56.1	43.9
印度	37.1	58.6	4.3	27.0	73.0
印度尼西亚	36.8	59.3	3.9	30.5	69.5
菲律宾	40.1	56.4	3.5	42.6	57.4
泰国	33.4	61.9	4.7	22.6	77.4
新加坡	23.4	70.8	5.8	100	0
巴基斯坦	45.3	52.2	2.5	32.0	68.0
南朝鲜	26.4	68.7	4.9	72.0	28.0
埃及	39.2	56.5	4.3	46.7	53.3
墨西哥	38.1	58.3	3.6	72.6	27.4
巴西	35.5	60.1	4.4	74.9	25.1
阿根廷	29.9	61.1	9.0	86.3	13.7

注:①1989年数字。

国外资料来源:联合国《统计提要》1990年;联合国《世界资源》1992—1993年;世界银行《1991年世界发展报告》。

附录 2—5 就业人数

(1989 年)

国家和地区	就业人数(万人)	就业人数占全国人口的比重(%)	就业人数构成(%)					
			农业	工业	建筑业	商业	运输邮电	其他
中国①	55 329	49	60	17	4	5	3	11
美国	11 734	47	3	20	7	21	6	43
日本	6 128	50	8	25	9	23	6	29
德国								
前联邦德国	2 774	45	4	33	7	15	6	35
前民主德国②	795	48	4	45	7	11	8	25
英国	2 668	47	2	22	7	20	6	43
法国	2 176	39	6	22	7	17	6	42
意大利	2 115	37	9	23	9	21	5	33
加拿大	1 249	48	4	20	6	23	7	40
澳大利亚	773	46	5	19	8	21	7	40
原苏联	12 706	44	18	27	10	8	8	29
捷克斯洛伐克	843	54	11	37	8	11	6	27
波兰	1 837	49	26	30	8	10	7	19
匈牙利	505	48	19	29	7	10	8	27
罗马尼亚	1 095	47	28	38	7	6	7	14
保加利亚③	408	45	21	35	9	9	7	19
南斯拉夫	670	28	5	43	8	14	8	22
印度	2 599⑥	3	6	32	5	2	12	43
印度尼西亚	7 391	41	56	9		15		20
菲律宾	2 185	36	45	12	4	14	5	20
泰国②	2 946	54	66	9	2	10	2	11
新加坡	128	48	0.5	30	7	23	9	30.5
巴基斯坦	2 990⑤	28	51	13	6	12	5	13
缅甸	1 609⑤	39	65	9	2	10	3	11
南朝鲜	1 751⑤	41	20	29	7	14	5	25
埃及④	1 182⑤	25	41	15	5	9	5	25
巴西②	5 873⑤	41	24	17	6	12	4	37
阿根廷④	390⑤	13	1	25	6	16	6	46

注:①为社会劳动者人数,包括全民所有制单位、城镇集体所有制单位、合营和私营企业职工,城镇个体劳动者,农村集体和个体劳动者。②1988 年数字。③1987 年数字。④1984 年数字。⑤由于部分国外劳动力未统计在内,这些国家的就业人数偏低。⑥只包括国营部门和 10 人及 10 人以上的非农业私人企业。

国外资料来源:国际劳工组织《劳工统计年鉴》1991 年。

附录 2—6 国内生产总值和指数

国家和地区	货币名称	1990 年国内生产总值(现价,亿本币)	指数(以上年为 100)								
			1983 年	1984 年	1985 年	1986 年	1987 年	1988 年	1989 年	1990 年	1991 年⑤
中国④	人民币元	17 681	110.4	114.7	112.9	108.5	111.1	111.3	104.3	103.9	107.7
美国	美元	54 234	103.7	106.8	103.5	102.8	103.4	104.4	102.5	100.0	99.2
日本	日元	4 257 350	103.2	105.1	105.1	102.7	104.3	106.3	104.7	105.7	104.5
德国③	西德马克	24 034	101.5	102.8	101.9	102.3	101.6	103.7	103.7	104.4	103.1
英国	英镑	5 439	103.7	101.8	103.7	104.0	104.7	104.2	102.3	100.9	97.8
法国	法郎	63 939	100.7	101.3	101.9	102.5	102.2	104.2	103.9	102.8	101.1
意大利	里拉	13 068 300	101.1	103.0	102.5	102.9	103.1	104.1	103.0	102.0	100.8
加拿大	加元	6 779	103.7	106.1	104.8	103.3	104.3	104.6	102.5	100.5	98.9
澳大利亚	澳元	3 785	100.8	107.6	104.6	102.2	104.6	103.6	104.2	101.5	98.0
捷克斯洛伐克⑥	克朗	8 190	102.3	103.5	103.0	102.6	102.1	102.3	100.7	98.0	84.0
匈牙利	福林	20 809	100.7	103.5	99.7	102.4	103.8	102.7	103.8	96.0	92.0
罗马尼亚	列伊	8 440	106.0	105.9	99.9	102.3	100.8	99.5	94.2	92.6	86.5
南斯拉夫	新第纳尔	2 823①	99.0	102.0	100.5	103.6	99.0	98.0	—	91.5	84.0
波兰	兹罗提	6 067 260								88.4	91.0
原苏联	卢布	10 000	104.5	104.0	102.3	103.3	102.9	105.5	103.0	98.0	83.0
印度	卢比	44 277①	108.6	103.4	105.5	104.6	104.9	109.7	105.0	105.0	102.0
印度尼西亚	盾	1 977 210	104.2	106.7	102.5	105.9	110.5	100.5	107.5	107.4	101.0
菲律宾	比索	10 663	100.9	94.0	92.9	104.1	105.2	107.2	105.6	103.7	100.0
泰国	铢	20 512	107.1	107.1	103.5	104.9	109.5	113.2	112.0	110.0	108.6
马来西亚	林吉特	1 146	106.3	107.8	99.0	101.0	105.4	109.1	108.6	109.8	108.5
新加坡	新加坡元	627	108.2	108.3	98.3	101.9	109.4	111.1	109.2	108.3	107.0
香港	港元	5 532	105.9	112.0	100.8	100.0	114.5	108.3	102.8	103.0	103.9
巴基斯坦	卢比	8 625	106.8	105.1	107.6	105.5	106.5	107.6	105.0	105.3	105.5
缅甸	缅元	711②	104.4	105.6	103.2	98.9	96.0	88.6	107.4	105.1	105.3
孟加拉国	塔卡	6 564①	103.6	104.2	103.7	104.7	104.0	102.6	102.5	106.2	104.5
土耳其	里拉	2 831 870	103.3	106.0	105.1	108.1	107.4	103.4	101.9	109.1	
南朝鲜	南朝鲜圆	1 697 010	111.8	109.4	111.0	116.3	116.5	119.0	112.5	119.2	108.3
埃及	埃镑	789	106.4	106.0	112.1	109.1	106.4	103.9	103.0	102.6	102.3
尼日利亚	奈拉	2 473	95.9	93.3	109.4	103.1	99.5	109.9	105.3	105.1	
墨西哥	比索	4 940 550①	94.7	103.7	102.7	96.3	101.0	92.0	102.9	99.3	105.0
巴西	克鲁赛罗	323 530	96.6	105.0	108.0	107.5	103.6	99.9	103.3	95.9	
阿根廷	奥斯特拉尔	255 130①	103.0	102.6	95.6	105.6	102.5	97.5	95.5	100.4	105.0

注:①1989 年数字。②1988 年数字。③1991 年以前数字仅指原联邦德国。④国民生产总值。⑤初步数。⑥指数按物质生产净值计算。

国外资料来源:国际货币基金组织《统计年鉴》1991 年;联合国《统计月报》1992 年 2 月。

附录 2－7　国内生产总值部门构成

单位：%

国家和地区	年份	农业①	工业②	#制造业	建筑业	商业	运输邮电	其他
美国	1987	2.0	24.3	19.3	4.9	17.1	6.2	45.5
日本	1988	2.6	32.8	29.2	8.4	13.2	6.0	37.0
德国(前联邦德国)	1989	1.6		31.1	5.2	8.9	5.8	47.4
英国	1987	1.4	26.6	20.9	5.2	11.8	6.3	48.7
法国	1989	3.5	23.9	21.3	5.3	15.4	5.7	46.2
意大利	1988	3.7	28.1⑤	23.2	5.5	18.8	6.0	37.8
加拿大	1987	2.9	21.4	17.3	6.0	12.6	6.1	51.0
澳大利亚	1988	4.2	24.3	16.9	7.2	18.4	7.2	38.7
印度	1988	29.1	20.0	16.1	5.1	11.2	6.1	28.5
印度尼西亚	1989	23.4	32.1	18.4	5.3	17.0	5.5	16.7
菲律宾	1989	23.5	29.0	25.0	4.4	20.9	5.0	17.2
泰国	1989	15.2	31.2	25.4	6.6	22.0	6.9	19.1
马来西亚	1985	21.0	32.0	20.3③	5.0	12.0	6.0	24.0
新加坡	1989	0.3	31.8	29.7	5.1	17.6	13.4	31.8
巴基斯坦	1989	23.6	18.6	15.3	3.7	15.4	7.1	31.6
缅甸	1987	50.6	10.6	9.2	1.6	22.2	4.0	11.0
孟加拉国	1989	42.7	7.2	7.1	5.5	7.8	9.6	27.2
土耳其	1988	16.1	33.0	26.9	3.9	17.4	9.8	19.8
南朝鲜	1989	10.2	34.3	31.3	9.7	11.9	7.0	26.9
埃及	1985	18.9	24.2④		5.1	22.1	7.8	21.7
尼日利亚	1983	25.0	26.0	4.9	7.0	22.0	4.0	16.0
墨西哥	1989	7.6	28.6	24.6	3.6	27.2	7.6	25.4
巴西	1989	7.8	30.7	27.0	8.4	7.1	5.1	41.9
阿根廷	1983	13.0	37.0	30.8	6.0	16.0	6.0	22.0

注：①包括农、林、牧、渔业。②包括采掘业、制造业和水、电、煤气。③1984年数字。④不包括制造业。⑤不包括采掘业。

国外资料来源：联合国《统计月报》1991年7月。

附录2—8 国内生产总值使用构成

单位:%

国家和地区	年 份	政府消费	个人消费	固定资本投 资	库存变动	出口净额(出口减进 口)
美 国	1989	17.9	66.7	16.6	0.5	—1.8
日 本	1988	9.4	57.3	30.5	0.4	2.3
德 国(前联邦德国)	1989	18.7	54.2	20.5	1.3	5.3
英 国	1988	19.9	63.1	19.2	0.9	—3.5
法 国	1989	18.3	60.0	20.8	0.7	0.3
意大利	1988	17.2	61.2	19.9	1.5	0.3
加拿大	1989	18.7	58.1	22.2	0.6	0.1
澳大利亚	1988	16.8	57.1	25.8	1.1	—2.0
印 度	1988	11.9	65.2	20.5	3.9	
印度尼西亚	1989	9.4	53.4	27.4	7.3	2.5
菲律宾	1989	9.2	73.1	17.3	1.3	—1.1
泰 国	1989	9.9	58.9	30.5	0.6	—2.3
马来西亚	1989	14.0	52.1	29.8	—0.2	4.3
新加坡	1989	10.7	46.6	37.3	—1.9	
巴基斯坦	1989	14.9	73.4	16.5	1.6	—6.4
缅 甸	1987	88.8		17.2	—2.7	—3.3
孟加拉国	1988	9.0	89.1	11.5	0.2	—9.8
土耳其	1988	11.6	61.4	25.2	0.9	0.9
南朝鲜	1989	10.3	53.2	31.5	3.1	2.8
埃 及	1985	16.0	71.3	20.3	1.0	—8.6
尼日利亚	1983	11.4	69.6	18.3	0.8	—0.1
墨西哥	1989	7.9	68.2	18.1	4.9	0.9
巴 西	1989	14.3	57.6	24.9		3.2
阿根廷	1983	12.9	64.3	17.8	0.1	4.9

国外资料来源:联合国《统计月报》1991年7月。

附录 2—9　工业生产指数

(1980 年=100)

国家和地区	1981 年	1984 年	1985 年	1986 年	1987 年	1988 年	1989 年	1990 年	1991 年
世界总计	99.3	105.4	108.4	111.6	115.7	122.2	127.0	127.2	
中　　国①	104	145	176	197	232	280	304	328	374
美　　国	102	110	112	113	119	125	125	130	127
日　　本	101	114	118	118	122	134	142	149	
德　　国									
前联邦德国	98	99	104	107	107	111	117	123	126
前民主德国	105	114	119	123	126	130	133		
英　　国	96	103	108	111	114	118	119	118	
法　　国	98	100	101	101	103	108	113	114	114
意 大 利	98	95	97	100	104	110	114	114	
加 拿 大	101	109	115	115	121	127	128	122	118
澳大利亚	101	108	115	114	121	129			
原 苏 联	103	115	119	125	129	134	136	135	124
捷克斯洛伐克	102	111	115	119	121	124	125	120	90
波　　兰	87	95	99	103	106	111	110	81	
匈 牙 利	103	109	110	112	116	115	111	102	79
罗马尼亚	103	116	122	131	137	142			
保加利亚	105	120	124	129	134	141	139		
南斯拉夫	104	111	114	119	120	119	120		
印　　度	109	128	140	149	165	178	188	210	
印度尼西亚③	109	121	130	145	162	185	208	209	
马来西亚	103	142	138	152	164	186	205	231	255
新 加 坡③	110	116	107	116	136	162	178	196	
巴基斯坦③	116	143	154	165	179	183	192	203	
孟加拉国	101	105	103	112	112	117	120	121	
南 朝 鲜	113	158	164	199	237	269	277	302	327
墨 西 哥②	109	102	108	103	107	109	114	120	
巴　　西	90	91	99	110	111	107	110	100	
阿 根 廷②	85	94	86	96	95	85	79		

注:①工业总产值指数。②包括建筑业。③制造业生产指数。

国外资料来源:联合国《统计月报》1992 年 4 月。

附录 2—10 主要工业产品产量

(1990 年)

钢		煤　　炭④		原　　油	
国　家	产　量 (万吨)	国　家	产　量 (万吨)	国　家	产　量 (万吨)
原苏联	15 442	中　国	108 000	原苏联	57 043
日　本	11 033	美　国	94 404	美　国	36 636
美　国	8 890	原苏联	62 810	沙特阿拉伯	32 287
中　国	6 635	德国(前民主德国)	28 000	伊　朗	15 678
德国(前联邦德国)	3 844	印　度	22 334	中　国	13 831
意大利	2 545	波　兰	21 527	墨西哥	13 308
南朝鲜	2 447	澳大利亚	20 567	委内瑞拉	11 201
加拿大	2 168	德国(前联邦德国)	18 389	阿拉伯联合酋长国	10 196
巴　西	2 058	南　非	17 478	伊拉克	10 050
法　国	1 700	捷克斯洛伐克	10 830	英　国	8 791
世界总计	68 500	世界总计	474 000	世界总计	296 500

电		水　　泥		硫　　酸①	
国　家	发电量 (亿千瓦小时)	国　家	产　量 (万吨)	国　家	产　量 (万吨)
美　国	30 053	中　国	20 971	美　国	3 928
原苏联	17 279	原苏联	13 733	原苏联	2 828
日　本	8 573	日　本	8 444	中　国	1 153
中　国	6 212	美　国	7 094	日　本	689
加拿大	4 804	印　度	4 572	法　国	419
德国(前联邦德国)	4 492	意大利	4 079	德国(前联邦德国)	403
法　国	4 050	南朝鲜	3 361	加拿大	356
英　国	3 172	德国(前联邦德国)	3 043	西班牙	331
印　度	2 643	西班牙	2 809	印　度	329
巴　西	2 222	法　国	2 651	波　兰	312
世界总计	111 790	世界总计	114 000	世界总计	14 228

化　　肥①		合成橡胶		汽　　车③	
国　家	产　量 (万吨)	国　家	产　量 (万吨)	国　家	产　量 (万辆)
原苏联	3 343	美　国	211	日　本	1 350
美　国	2 311	日　本	143	美　国	977
中　国	1 803	法　国	52	德国(前联邦德国)	497
加拿大	1 042	德国(前联邦德国)	52	法　国	344
印　度	858	中　国	32	意大利	213
德国(前民主德国)	483	意大利	30	原苏联	212
法　国	362	英　国	30	西班牙	204
德国(前联邦德国)	339	巴　西	25	加拿大	175
印度尼西亚	292	荷　兰	24	英　国	157
罗马尼亚	268	加拿大	21	南朝鲜	128
世界总计	15 288	世界总计		中　国	51
				世界总计	4 814

船舶		化学纤维		棉布	
国家	产量（万吨位）	国家	产量（万吨）	国家	产量（亿米）
日本	653	美国	398	中国	189
南朝鲜	330	日本	175	印度	91①
德国（前联邦德国）	65	中国	165	原苏联	78
南斯拉夫	46	原苏联	148	美国	
中国⑥	45	德国（前联邦德国）	101	日本	18
丹麦	41	意大利	77	意大利	
西班牙	38	印度	47②	德国（前联邦德国）	10
意大利	35	英国	39	法国	8
德国（前民主德国）	21	法国	24	捷克斯洛伐克	7
荷兰	16	罗马尼亚	24	南朝鲜	6
世界总计	1 468				

纸及纸板		糖		电视机①⑤	
国家	产量（万吨）	国家	产量（万吨）	国家	产量（万部）
美国	7 197	印度	1 195	中国	2 767
日本	2 809	原苏联	913	南朝鲜	1 547
加拿大	1 647	古巴	805	美国	1 472
中国	1 372	巴西	790	日本	1 258
德国（前联邦德国）	1 187	美国	589	原苏联	994
原苏联	1 066	中国	582	德国（前联邦德国）	324
芬兰	878	法国	460	英国	303
瑞典	843	泰国	364	巴西	292
法国	701	澳大利亚	357	法国	245
意大利	558	德国（前联邦德国）	340	意大利	239
世界总计	23 824	世界总计	10 972	世界总计	12 016

注：①1989 年数字。②1988 年数字。③包括乘用车和商用车。④中国为原煤，国外为商品煤。⑤包括彩色和黑白电视机。美国为交货量。⑥联合国估算数。

国外资料来源：联合国《统计月报》1992 年 4 月、《工业统计年鉴》1989 年；联合国粮农组织《生产年鉴》1990 年、《肥料年鉴》1990 年、《林产品年鉴》1990 年。

附录 2—11　我国工业主要产品产量居世界位次的变化

产品名称	1949 年	1957 年	1965 年	1978 年	1980 年	1985 年	1990 年	1991 年
钢	26	9	8	5	5	4	4	4
煤	9	5	5	3	3	2	1	1
原油	27①	23	12	8	6	6	5	5
发电量	25	13	9	7	6	5	4	4
水泥		8	8	4	4	1	1	1
硫酸		14	3	3	3	3		
化肥		33	8	3	3	3	3	
化学纤维		26②		7	5	4	3	3
棉布		3	3	1	1	1	1	1
糖			8	8	10	6	6	6
电视机				8	5	3	1	1

注：①1950 年数字。②1960 年数字。

国外资料来源：同附录 2—10。

附录 2—12　主要工业产品人均产量

（1990 年）

国家和地区	钢（公斤）	发电量（度）	水泥（公斤）	电视机①（部/千人）	纸和纸板（公斤）	糖（公斤）	布（米）
世界总计	129	2 112	215	22	45	21	
中　　国	58	543	183	25		5	16.5
美　　国	356	12 025	284	100	288	24	
日　　本	893	6 939	684	102	227	8	14.3
德国（前联邦德国）	608	7 104	481	61	188	54	17.1
英　　国	287	5 525		53	87	24	2.9
法　　国	300	7 140	467	33	124	81	14.2
意 大 利	441	3 762	645	44	97	27	
加 拿 大	815	18 060	416		619	4	
澳大利亚	391	9 045	414	11②	165	209	2.2
原 苏 联	545	6 098	485	34	38	32	27.7
印　　度		320	56	1.2③	3	14	11.2①
印度尼西亚			87	3.3③	8	12	
马来西亚		1 416	331	72②	14	6	12.6
巴基斯坦		340	67	2.3②	2	18	2.6
南 朝 鲜	571	2 204	784	415	106		14.2
墨 西 哥	95	1 422	284	8.4②	33	40	
巴　　西	137	1 478	172	18②	32	53	
阿 根 廷		1 454	111	14②	28	42	

注：①1989 年数字。②1988 年数字。③1987 年数字。
国外资料来源：联合国《统计月报》1992 年 4 月；联合国粮农组织《生产年鉴》1990 年、《林产品年鉴》1990 年。

附录 2—13　制造业增加值的部门构成

（1989 年，以制造业为 100）

	美国	日本	德国①④	英国①	法国	原苏联③	匈牙利	南斯拉夫	印度②	南朝鲜①	墨西哥②
食　　品	8.5	7.7	4.9	9.3	10.4	17.7	7.4	12.9	9.3	5.7	6.6
饮　　料	1.6	1.2	2.2	2.6	1.8	1.6	1.8	2.2	1.0	2.2	9.5
烟　　草	1.4	0.2	2.3	0.9	0.7	0.5	0.5	1.1	1.8	3.5	3.1
纺　　织	2.7	3.2	2.3	3.1	3.3	10.0	4.6	9.5	14.1	9.6	3.6
服　　装	1.9	1.4	1.1	1.9	2.4	3.8	2.6	5.3	0.7	4.0	0.9
皮革制品	0.2	0.2	0.2	0.2	0.4	0.8	0.6	1.3	0.3	1.1	
制　　鞋	0.2	0.2	0.3	0.6	0.6	0.9	1.1	3.4	0.3	0.6	1.3
木材制品	1.7	1.6	1.1	1.4	1.3	1.4	1.0	2.6	0.5	0.8	0.2
家具、装饰	1.3	1.0	1.5	1.8	1.4	1.3	1.6	3.4	0.1	0.8	0.4
纸及纸制品	4.5	2.6	2.4	3.3	2.5	1.0	1.7	2.5	1.9	2.3	2.6
印刷、出版	7.5	5.3	1.8	7.4	5.0	0.3	2.0	2.5	1.9	2.2	0.8
基本化学	5.6	4.5	7.7	6.3	4.6	4.9	7.3	3.7	7.4	3.8	9.7
石油提炼	1.7	0.7	3.5	1.2	6.3	2.7	3.8	0.9	4.6	2.6	
橡胶制品	1.0	1.2	1.3	1.2	1.4	1.1	1.4	1.5	2.8	3.2	2.1
塑料制品	2.8	3.5	2.8	2.9	2.4	0.3	1.9	1.3	0.9	2.7	1.4
陶　　瓷	0.1	0.3	0.3	0.6		0.1	0.8	0.5	0.2	0.3	0.3
玻璃及其制品	0.8	1.0	0.9	0.9	1.3	0.4	1.1	0.7	0.5	0.8	1.8
非金属制品	1.9	3.1	2.3	3.9	3.1	3.7	2.8	2.3	4.0	3.2	3.1
钢　　铁	2.5	5.7	3.9	3.7	3.4	4.9	6.4	4.4	9.8	5.9	8.5
有色金属	1.4	1.4	1.5	1.3	2.4	3.3	4.3	3.1	0.7	1.3	3.6
金属制品	5.4	6.8	6.8	5.4	7.0		4.0	4.3	2.5	4.9	3.3
一般机械	11.3	13.4	14.7	11.5	9.7	15.3	10.7	7.8	8.4	6.3	3.7
电气机械	8.5	15.3	13.8	9.6	9.4	8.4	11.5	8.7	7.9	15.2	7.1
运输设备	12.4	10.1	12.5	10.2	11.8	6.7	6.5	7.9	9.1	8.1	19.8
其　　他	13.1	8.4	7.9	8.8	7.4	8.9	12.6	6.2	9.3	8.9	6.6

注：①1988 年数字。②1986 年数字。③制造业总产值。④前联邦德国。
国外资料来源：联合国《工业统计年鉴》1989 年。

附录 2－14　能源生产和消费

单位:标准煤万吨

国家和地区	生产量				消费量			
	1980 年	1985 年	1988 年	1989 年	1980 年	1985 年	1988 年	1989 年
世界总计	**926 462**	**951 379**	**1 046 721**	**1 061 108**	**854 434**	**919 488**	**1 001 289**	**1 017 664**
中　　国	63 735	85 546	95 801	101 639	60 275	76 682	92 997	96 934
美　　国	204 568	201 942	206 383	205 575	236 446	228 279	246 975	250 466
日　　本	4 226	4 908	4 746	4 712	43 483	45 686	48 009	49 590
德　　国								
前联邦德国	16 342	16 073	15 020	14 846	35 941	35 035	33 965	32 947
前民主德国	8 363	9 931	9 792	9 461	12 178	13 062	12 716	12 448
英　　国	28 016	32 392	31 666	28 018	27 099	27 511	28 544	28 816
法　　国①	5 030	6 398	6 712	6 658	23 725	22 189	20 898	22 090
意 大 利②	2 627	2 856	3 194	3 201	17 486	19 655	20 979	21 776
加 拿 大	28 088	32 418	36 801	36 951	25 416	25 170	27 608	28 706
澳大利亚	11 297	16 504	18 408	19 299	9 119	10 518	11 340	12 060
原 苏 联	193 591	215 986	242 521	235 677	147 313	171 891	194 678	187 523
捷克斯洛伐克	6 644	6 680	6 692	6 384	9 745	9 736	9 624	9 313
波　　兰	17 384	17 535	18 004	16 763	17 676	17 242	17 996	17 312
匈 牙 利	2 198	2 218	2 129	2 076	4 056	4 114	4 166	3 876
罗马尼亚	8 571	9 065	8 295	7 874	10 001	10 389	10 512	10 390
保加利亚	1 706	1 804	1 958	1 802	4 732	5 167	4 415	4 403
南斯拉夫	2 858	3 463	3 655	3 610	4 804	5 360	5 898	6 043
印　　度	11 353	18 126	22 178	23 610	13 938	19 200	23 613	25 688
印度尼西亚	13 404	13 145	14 000	13 870	3 466	4 552	4 758	4 958
菲 律 宾	169	270	271	276	1 672	1 354	1 664	1 798
泰　　国	64	952	1 328	1 421	1 729	2 189	3 016	3 499
马来西亚	1 978	4 149	5 493	6 035	1 223	1 634	2 196	2 407
新 加 坡					899	1 082	1 278	1 340
巴基斯担	1 126	1 562	1 987	2 047	1 665	2 421	3 014	3 174
缅　　甸	284	350	278	291	217	274	252	253
孟加拉国	162	374	512	541	385	574	735	773
土 耳 其	1 440	2 331	2 275	2 191	3 193	4 467	4 888	5 248
蒙　　古	171	247	330	312	261	344	437	399
南 朝 鲜	1 291	1 732	2 099	1 974	5 234	6 544	8 741	9 311
越　　南	535	553	627	632	656	704	732	717
埃　　及	4 597	7 023	7 057	7 309	2 014	3 076	3 484	3 827
尼日利亚	15 377	11 011	10 219	12 783	1 098	1 470	1 966	2 019
墨 西 哥	19 810	25 497	24 985	25 089	11 861	13 281	14 112	14 649
巴　　西	3 450	7 104	7 458	7 910	9 249	9 616	11 263	11 761
阿 根 廷	5 113	5 621	6 419	6 499	4 930	5 002	6 222	6 186

注:①包括摩纳哥。②包括圣马力诺。

国外资料来源:联合国《能源统计年鉴》1989 年。

附录 2—15　能源生产构成

单位：标准煤万吨

国家和地区	1988年					1989年				
	合　计	固　体	液　体	气　体	水电、核电	合　计	固　体	液　体	气　体	水电、核电
世界总计	**1 046 721**	**325 966**	**438 952**	**232 856**	**48 947**	**1 061 108**	**326 629**	**444 591**	**240 540**	**49 349**
中　国	95 801	67 537	19 529	1 897	1 341	101 639	74 211	19 636	1 999	1 345
美　国	206 383	72 392	66 708	57 814	9 470	205 575	74 649	62 268	58 608	10 049
日　本	4 746	987	87	283	3 389	4 712	896	79	271	3 465
德　国										
前联邦德国	15 020	10 492	807	1 713	2 008	14 846	10 352	772	1 682	2 039
前民主德国	9 792	9 336	6	285	166	9 461	9 058	7	227	170
英　国	31 666	8 377	16 408	6 016	865	28 018	8 089	13 165	5 884	879
法　国①	6 712	1 410	537	414	4 352	6 658	1 360	523	414	4 362
意大利②	3 194	39	692	1 925	538	3 201	42	672	2 028	459
加拿大	36 801	5 852	13 313	12 840	4 796	36 951	5 859	12 946	13 585	4 561
澳大利亚	18 408	12 258	3 906	2 059	186	19 299	13 461	3 531	2 120	188
原苏联	242 521	59 944	88 370	88 740	5 467	235 677	51 475	86 899	91 949	5 353
捷克斯洛伐克	6 692	6 230	21	101	340	6 384	5 916	21	93	354
波　兰	18 044	17 436	29	528	52	16 763	16 200	29	489	46
匈牙利	2 129	792	354	815	167	2 076	759	353	791	173
罗马尼亚	8 295	2 493	1 418	4 216	167	7 874	2 552	1 388	3 780	155
保加利亚	1 958	1 717	11	1	229	1 802	1 725	10	1	66
南斯拉夫	3 655	2 254	693	299	409	3 610	2 370	559	290	391
印　度	22 178	15 944	4 564	888	783	23 610	16 787	4 872	1 077	874
印度尼西亚	14 000	274	9 460	4 162	105	13 870	455	9 162	4 145	108
菲律宾	271	90	44		137	276	92	38		146
泰　国	1 328	271	350	661	46	1 421	332	333	688	68
马来西亚	5 493	2	3 648	1 774	69	6 035		4 052	1 907	77
巴基斯担	1 987	185	314	1 280	208	2 047	177	328	1 333	209
缅　甸	278	4	109	153	12	291	5	127	144	15
孟加拉国	512		18	485	8	541		18	514	9
土耳其	2 275	1 539	366	13	356	2 191	1 536	4 110	23	221
蒙　古	330	330				312	312			
南朝鲜	2 099	1 562			536	1 974	1 337			638
越　南	627	550	50		27	632	540	64		28
埃　及	7 057		6 335	648	75	7 309		6 373	857	79
尼日利亚	10 219	13	12 168	575	27	12 783	13	12 168	575	27
墨西哥	24 985	756	20 557	3 357	315	25 089	755	20 630	3 359	345
巴　西	7 458	496	4 097	413	2 453	7 910	431	4 372	453	2 654
阿根廷	6 419	43	3 465	2 646	265	6 499	44	3 522	269	254

注：①包括摩纳哥。②包括圣马力诺。

国外资料来源：联合国《能源统计年鉴》1989 年。

附录 2—16　农业生产指数①

（1979—1981 年＝100）

国家和地区	1984 年	1985 年	1986 年	1987 年	1988 年	1989 年	1990 年	1991 年
世界总计	111. 4	114. 5	115. 5	116. 4	118. 5	122. 7	125. 4	124. 0
中　　国②	139. 4	141. 9	144. 7	151. 6	155. 8	160. 1	173. 2	179. 0
美　　国	101. 8	106. 6	99. 9	99. 6	94. 0	101. 8	105. 1	103. 9
日　　本	106. 6	107. 1	106. 2	101. 6	97. 5	99. 1	99. 4	100. 3
德　　国								
前联邦德国	112. 2	108. 0	115. 7	110. 2	114. 0	112. 8	112. 5	113. 7
前民主德国	106. 2	117. 3	117. 0	119. 7	114. 1	115. 4	121. 3	99. 9
英　　国	115. 0	110. 3	110. 1	109. 1	106. 1	109. 8	109. 0	112. 3
法　　国	109. 8	107. 1	106. 0	109. 7	106. 5	103. 6	106. 6	106. 6
意大利	99. 7	102. 0	100. 6	103. 9	100. 4	104. 2	96. 8	103. 6
加拿大	108. 3	113. 2	124. 4	115. 7	102. 8	113. 6	126. 9	124. 6
澳大利亚	109. 0	109. 7	110. 9	108. 7	115. 2	114. 9	123. 4	119. 1
原苏联	109. 6	110. 5	117. 6	117. 2	117. 1	120. 4	120. 0	106. 5
捷克斯洛伐克	119. 9	117. 7	118. 8	120. 8	124. 5	127. 2	125. 9	124. 8
波　　兰	106. 8	109. 5	117. 1	110. 7	113. 6	115. 5	115. 6	103. 9
匈牙利	112. 8	106. 8	108. 1	108. 5	114. 8	113. 4	105. 6	107. 1
罗马尼亚	116. 8	109. 8	108. 8	96. 3	102. 1	101. 8	92. 8	95. 2
保加利亚	107. 1	94. 1	104. 1	98. 9	97. 6	98. 7	93. 3	90. 6
南斯拉夫	108. 2	100. 1	111. 9	105. 6	100. 1	103. 6	95. 0	92. 3
印　　度	120. 5	123. 4	123. 0	122. 3	137. 7	146. 7	147. 6	150. 2
印度尼西亚	122. 8	126. 4	136. 4	137. 6	144. 4	149. 0	160. 1	163. 1
菲律宾	100. 1	98. 9	103. 6	103. 1	105. 1	109. 9	114. 3	114. 9
泰　　国	114. 5	123. 5	114. 4	114. 2	127. 2	132. 0	123. 6	134. 0
马来西亚	121. 1	131. 9	144. 3	151. 2	162. 1	169. 4	172. 8	177. 7
巴基斯坦	116. 9	123. 6	133. 2	135. 5	140. 6	150. 0	155. 4	161. 6
缅　　甸	130. 6	138. 3	140. 1	140. 1	129. 9	117. 2	119. 4	123. 5
孟加拉国	107. 3	112. 9	114. 5	112. 6	111. 3	126. 0	126. 4	120. 7
土耳其	105. 5	108. 7	114. 0	114. 7	120. 9	112. 9	120. 7	119. 4
蒙　　古	104. 2	106. 7	111. 8	108. 2	106. 6	114. 5	114. 2	108. 9
南朝鲜	109. 5	112. 7	113. 5	104. 1	111. 4	108. 9	112. 6	105. 1
越　　南	120. 3	120. 8	129. 7	135. 1	138. 5	149. 4	158. 4	164. 7
埃　　及	115. 3	125. 9	132. 8	136. 6	136. 9	140. 4	147. 6	143. 2
尼日利亚	108. 1	118. 2	125. 6	128. 4	137. 9	148. 8	151. 3	155. 3
墨西哥	108. 6	112. 6	111. 4	111. 1	118. 5	117. 2	118. 6	123. 5
巴　　西	109. 1	120. 3	110. 5	127. 7	130. 4	137. 6	128. 4	131. 0
阿根廷	98. 5	96. 7	96. 5	98. 3	108. 8	108. 6	105. 5	103. 1

注：①国外农业生产指数只包括种植业、畜牧业和农产品的初步加工，它按农业增加值计算。

②以 1980 年为基期的农业总产值指数，包括种植业和畜牧业，不包括林业、渔业和副业。

国外资料来源：联合国粮农组织《统计季报》1991 年第 4 季度。

附录 2—17 主要农产品产量比较

谷物			猪、牛、羊肉		
国 家	产 量（万吨）		国 家	产 量（万吨）	
	1990年	1991年		1990年	1991年
中 国	40 780	39 842	中 国	2 514	2 724
美 国	31 273	28 041	美 国	1 759	1 810
印 度	19 537	19 355	原苏联	1 628	1 450
原苏联	22 721	17 200	德国（前联邦德国）	519	468
法 国	5 502	5 945	巴 西	400	404
加拿大	5 888	5 658	法 国	380	393
印度尼西亚	5 195	4 966	阿根廷	293	297
巴 西	3 245	3 762	墨西哥	261	264
土耳其	3 018	3 111	意大利	258	256
孟加拉国	2 842	2 858	西班牙	254	253
世界总计	197 068	186 492	世界总计	13 273	13 215

棉花			大豆		
国 家	产 量（万吨）		国 家	产 量（万吨）	
	1990年	1991年		1990年	1991年
中 国	451	568	美 国	5 234	5 339
美 国	338	397	巴 西	1 989	1 477
原苏联	263	248	阿根廷	1 100	1 030
印 度	199	219	中 国	1 100	971
巴基斯坦	164	170	印 度	215	230
巴 西	66	74	意大利	185	153
土耳其	65	59	巴拉圭	150	130
澳大利亚	31	38	印度尼西亚	143	129
埃 及	30	29	加拿大	129	123
阿根廷	26	27	原苏联	88	76
世界总计	1 886	2 003	世界总计	10 814	10 222

花生			油菜籽		
国 家	产 量（万吨）		国 家	产 量（万吨）	
	1990年	1991年		1990年	1991年
印 度	740	780	中 国	696	744
中 国	637	630	印 度①	412	530
美 国	163	224	加拿大	328	416
尼日利亚	117	122	法 国	197	236
印度尼西亚	92	95	德国（前联邦德国）	172	191
塞内加尔	70	68	英 国	123	133
缅 甸	46	51	波 兰	121	112
扎伊尔	43	44	德国（前民主德国）	37	88
苏 丹	37	43	丹 麦	79	76
阿根廷	32	34	捷克斯洛伐克	38	39
世界总计	2 323	2 400	世界总计	2 445	2 751

甘蔗		
国家	产量（万吨）	
	1990年	1991年
巴西	26 261	27 035
印度	22 000	23 000
古巴	7 623	7 400
中国	5 762	6 790
泰国	3 356	4 030
墨西哥	3 489	3 600
巴基斯坦	3 549	3 599
印度尼西亚	3 095	3 256
美国	2 552	2 815
哥伦比亚	2 447	2 713
世界总计	103 837	107 164

甜菜		
国家	产量（万吨）	
	1990年	1991年
原苏联	8 120	7 900
法国	3 174	2 900
美国	2 498	2 556
德国（前联邦德国）	2 331	2 360
中国	1 453	1 629
意大利	1 192	1 530
土耳其	1 399	1 410
波兰	1 670	1 350
英国	800	785
荷兰	862	750
世界总计	30 706	29 802

茶叶		
国家	产量（万吨）	
	1990年	1991年
印度	72	72
中国	54	54
斯里兰卡	23	23
肯尼亚	20	20
印度尼西亚	15	16
土耳其	12	14
原苏联	12	12
日本	9	9
伊朗	5	5
阿根廷	4	5
世界总计	251	255

烟叶		
国家	产量（万吨）	
	1990年	1991年
中国	263	303
美国	74	73
印度	56	51
巴西	44	43
原苏联	26	24
意大利	22	22
土耳其	29	20
津巴布韦	14	17
印度尼西亚	15	16
希腊	13	12
世界总计	714	705

家禽肉		
国家	产量（万吨）	
	1990年	1991年
美国	1 096	1 151
中国	323	395
原苏联	328	300
巴西	242	261
日本	142	144
法国	138	139
英国	103	113
意大利	110	111
西班牙	84	84
墨西哥	80	80
世界总计	4 009	4 112

牛奶		
国家	产量（万吨）	
	1990年	1991年
原苏联	10 870	9 600
美国	6 726	6 808
印度	2 750	2 700
法国	2 656	2 660
德国（前联邦德国）	2 367	2 350
波兰	1 617	1 550
巴西	1 500	1 530
英国	1 520	1 502
荷兰	1 120	1 122
中国	416	464
世界总计	47 824	46 213

国家	鸡蛋 产量（万吨）		国家	羊毛③ 产量（万吨）	
	1990年	1991年		1990年	1991年
中国②	795	922	澳大利亚	110	111
原苏联	454	428	原苏联	47	47
美国	402	406	新西兰	31	30
日本	240	242	中国	26	26
巴西	130	140	阿根廷	13	12
印度	128	136	南非	10	10
墨西哥	101	110	乌拉圭	9	10
法国	90	92	英国	8	8
意大利	70	71	巴基斯坦	6	7
英国	66	69	阿尔及利亚	5	5
世界总计	3 658	3 711	世界总计	333	335

注：①包括芥籽产量。②包括各种家禽蛋。③未洗羊毛。

国外资料来源：联合国粮农组织《统计季报》1991年第4季度。

附录2—18　我国农业主要产品产量居世界位次的变化

	1949年	1957年	1965年	1978年	1980年	1985年	1990年	1991年
谷物		3	2	2	1	2	1	1
猪、牛、羊肉	3	2	3	3	3	2	1	1
棉花	4	2	2	3	2	1	1	1
大豆	2	2	2	3	3	3	3	4
花生	2	2	3	2	2	2	2	2
油菜籽	2	2	2	2	2	1	1	1
甘蔗		3		9	9	4	4	4
茶叶	3	3	3	2	2	2	2	2

国外资料来源：联合国粮农组织《统计季报》1991年第4季度。

附录 2—19 主要农产品人均产量

（1990 年） 单位：公斤/人

国家和地区	谷物	猪、牛、羊肉	棉花	油菜籽	牛奶	鸡蛋
世界总计	372	25	4	5	90	7
中国	357	22	4	6	4	7①
美国	1 251	70	14	0	269	16
日本	117	17		0	66	19
德国						
前联邦德国	405	82		27	374	11
前民主德国	700	86		22	499	21
英国	393	40		21	265	12
法国	970	67		35	471	16
意大利	302	45		1	180	12
加拿大	2 214	78		123	297	12
澳大利亚	1 365	154	18	6	377	11
原苏联	785	56	9	2	376	16
捷克斯洛伐克	798	84		24	443	18
波兰	736	66		32	424	11
匈牙利	1 191	112		9	272	23
罗马尼亚	741	53		0	140	16
保加利亚	877	68			235	16
南斯拉夫	595	52		3	183	10
印度	236	4	2	5	33	2
印度尼西亚	290	4	0			2
巴基斯坦	187	10	15	2	30	
孟加拉国	246	2		3	6	1
南朝鲜	193	12		0		
墨西哥	294	30	2	0	73	12
巴西	216	27	4		100	7
阿根廷	602	91	8	0	201	10

注：①人均家禽蛋数。

国外资料来源：联合国粮农组织《统计季报》1991 年第 4 季度。

附录 2—20　每人每天食物热值、蛋白质及脂肪含量

(1987—1989 年)

国家和地区	食物热值（大卡）		食物蛋白质含量（克）		食物脂肪含量（克）	
	植物类食物	动物类食物	植物类食物	动物类食物	植物类食物	动物类食物
世界总计	2 275	428	45. 7	24. 7	35. 5	32. 4
美　　国	2 430	1 246	36. 4	73. 2	73. 0	93. 9
日　　本	2 321	588	42. 0	52. 2	43. 4	35. 6
德　　国						
前联邦德国	2 199	1 265	35. 7	63. 8	46. 1	101. 9
前民主德国	2 469	1 362	43. 0	71. 0	36. 7	109. 2
英　　国	2 062	1 118	35. 6	53. 9	54. 1	90. 3
法　　国	2 057	1 391	35. 7	76. 1	47. 8	111. 3
意 大 利	2 611	897	49. 0	57. 3	78. 9	67. 2
加 拿 大	2 333	1 129	37. 0	62. 7	64. 7	87. 2
澳大利亚	2 036	1 149	31. 7	65. 7	44. 9	85. 9
原 苏 联	2 444	935	50. 1	56. 1	34. 7	69. 7
捷克斯洛伐克	2 402	1 207	45. 2	63. 2	40. 8	97. 0
波　　兰	2 293	1 171	45. 8	56. 1	26. 9	97. 1
匈 牙 利	2 291	1 348	47. 6	55. 5	34. 4	117. 0
罗马尼亚	2 506	746	55. 7	42. 9	46. 1	55. 9
保加利亚	2 774	909	57. 9	52. 2	53. 3	71. 0
南斯拉夫	2 787	833	58. 9	40. 4	52. 0	67. 6
印　　度	2 048	148	45. 6	7. 6	28. 7	10. 1
印度尼西亚	2 622	86	50. 9	8. 8	34. 0	5. 1
菲 律 宾	2 092	250	31. 7	21. 3	20. 0	16. 3
泰　　国	2 116	197	34. 1	14. 9	25. 0	13. 9
马来西亚	2 336	418	31. 7	26. 2	60. 5	27. 0
巴基斯坦	1 939	258	45. 4	14. 7	33. 9	16. 8
缅　　甸	2 364	111	55. 0	9. 0	33. 1	7. 4
孟加拉国	1 941	54	38. 2	4. 7	14. 3	3. 2
土 耳 其	2 911	259	66. 8	18. 0	66. 9	17. 4
蒙　　古	1 519	929	31. 8	55. 8	7. 4	70. 9
南 朝 鲜	2 492	361	51. 8	25. 0	33. 4	25. 6
埃　　及	3 058	268	68. 7	15. 2	57. 7	21. 6
尼日利亚	2 248	58	43. 6	5. 9	42. 7	3. 4
墨 西 哥	2 497	551	46. 9	31. 1	48. 2	41. 5
巴　　西	2 308	414	35. 9	24. 5	46. 8	29. 2
阿 根 廷	2 145	965	36. 5	63. 8	40. 2	68. 5

国外资料来源：联合国粮农组织《生产年鉴》1990 年。

附录 2—21　铁路运输旅客、货物周转量

单位：货运：亿吨公里；客运：亿人公里

国家和地区	1980 年		1985 年		1989 年		1990 年	
	客运	货运	客运	货运	客运	货运	客运	货运
中国	1 383	5 717	2 416	8 126	3 037	10 394	2 613	10 622
美国		12 654	177	12 804	94	14 820	99	15 138
日本	3 133	393	3 285	221	3 696	248	3 837	267
德国								
前联邦德国	414	653	435	639	574	570	423	617
前民主德国	231	564	225	692	238	590		
英国	317	176	297	160	341	151	341	158
法国	545	965	621	558	633	533	636	515
意大利	395	184	374	180	443	209	455	213
加拿大	29	2 281	23	2 320				
澳大利亚		364		450				
原苏联	3 422	34 399	3 740	37 184	4 107	38 517	4 174	37 170
捷克斯洛伐克	181	726	198	736	197	720	193	643
波兰	463	1 347	520	1 206	559	1 102	504	835
匈牙利	124	239	105	218	96	194	114	168
罗马尼亚	232	650	311	742	355	811	306	573
保加利亚	71	177	78	182	76	170	78	141
南斯拉夫	103	250	120	287	117	258	111	244
印度	2 086	1 571	2 406	1 966	2 636	2 266	2 773	2 333
印度尼西亚	61	10	68	13	84	29	93	32
菲律宾	4	0. 4	1. 4	0. 1	2. 4	0. 6	2. 6	0. 4
泰国	91	28	91	27	112	33	118	31
马来西亚	16	12	14	10	17	14	18	14
巴基斯坦	173	86	178	72	205	81	201	66
缅甸	34	6	38	6	39	5	44	5
土耳其	60	50	65	80	68	76	64	79
南朝鲜	216	105	226	123	251	135	299	135
墨西哥	53	413	60	454	60	381	60	364
阿根廷	127	95	107	95	105	82		

国外资料来源：联合国《统计月报》1992 年 4 月。

附录2—22 海运装货量和卸货量

单位：万吨

国家和地区	1980年		1985年		1989年		1990年	
	装货量	卸货量	装货量	卸货量	装货量	卸货量	装货量	卸货量
中　国	3 435	4 087	6 964	7 112	7 930	8 240	9 234	7 417
美　国	36 394	44 264	31 746	35 765	38 110	49 386	37 205	49 524
日　本	8 353	61 272	9 382	60 328	8 112	70 324	8 431	71 161
德国（前联邦德国）	3 505	11 404	4 447	9 187	4 726	9 296	4 430	9 750
英　国	10 084	13 254	14 384	13 990	11 483	16 834	12 438	17 009
法　国	5 412	21 960	5 503	17 086	6 014	17 854	6 181	17 704
意大利	3 500	22 543	3 530	19 340	3 816	21 305	4 183	22 669
澳大利亚	18 778	2 622	24 493	2 311	27 616	3 496	28 793	3 120
南斯拉夫	524	2 306	666	2 400	810	2 526	730	2 677
印度尼西亚		1 903	15 026	1 734	10 421	2 821	10 956	3 084
菲律宾	1 538	2 352	1 274	1 693	1 303	2 867	1 411	3 166
泰　国	1 246	1 855	1 852	1 738				
马来西亚	1 069	1 656	1 110	1 780	1 838	2 720	1 871	2 930
新加坡	3 241	4 855	4 031	5 923	7 561	9 731	8 156	10 622
巴基斯坦	340	1 126	284	1 355	469	1 932	474	1 972
缅　甸	121	48	72	72	64	22	58	61
孟加拉国	97	750	94	894	142	894	134	779
土耳其	2 216	2 110	5 471	3 692	13 816	4 348	6 334	5 510
南朝鲜	2 268	7 135	3 190	10 111	5 092	15 299	4 751	17 227
埃　及	882	1 150	1 212	3 294	1 130	2 387	1 060	2 381
墨西哥	5 042	1 456	6 954	1 096	11 280	4 474	13 234	4 486
巴　西	10 171	7 343	14 636	4 886	16 085	5 720		
阿根廷	2 065	1 057	3 773	538	2 560	744		

国外资料来源：联合国《统计月报》1992年4月。

附录 2—23　航空运输旅客、货物周转量

单位：客运：亿人公里；货运：亿吨公里

国家和地区	1980 年		1985 年		1989 年		1990 年	
	客运	货运	客运	货运	客运	货运	客运	货运
中国	40.0	1.4	117.0	4.2	187.0	6.9	230.0	8.2
美国	3 895.2	102.4	5 848.0	120.8	6 939.4	174.0		
日本	512.2	19.8	640.3	32.3	932.9	54.0	613.7	
德国								
前联邦德国	210.5	15.8	244.3	25.0	361.7	39.9	421.4	41.4
前民主德国	20.5	0.7	25.4	0.7				
英国	501.6	13.7	513.1	17.6	700.1	23.5	817.3	26.9
法国	341.3	20.9	395.6	29.8	513.7	39.4	433.7	41.3
意大利	124.0	5.4	176.5	7.8	214.9	11.5	227.5	12.0
加拿大	330.8	7.6	356.9	11.2	503.9	14.7	461.3	15.2
澳大利亚	255.0	5.2	282.4	8.8	261.8	12.0	276.8	11.9
原苏联	1 610.0	30.9	1 876.1	32.0	2 267.4	32.0	2 407.8	30.8
捷克斯洛伐克	18.1	0.4	18.5	0.2	22.0	0.2	20.3	0.2
波兰	27.1	0.3	28.6	0.2	37.3	0.3		
匈牙利	10.8	0.3	12.8	0.1	13.8	0.1	15.0	0.1
罗马尼亚	27.9	0.7	14.6	0.1	16.4	0.1	18.4	0.1
保加利亚	26.7	0.4	32.3	0.4				
印度	107.6	4.0	148.8	5.2	170.3	7.1	165.2	6.9
印度尼西亚	59.0	1.3	93.6	1.6	139.1	4.5	139.3	4.7
菲律宾	59.0	1.6	86.2	2.3	106.0	3.4	103.9	3.3
泰国	62.8	2.5	107.8	4.4	188.3	6.5	197.5	7.0
马来西亚	40.8	1.2	62.6	2.1	100.6	4.2	118.7	5.9
新加坡	147.2	5.6	217.4	10.2	304.7	16.9	316.0	16.9
巴基斯坦	57.0	2.4	70.2	3.2	91.3	4.3	93.8	4.3
南朝鲜	108.4	8.5	121.1	13.1	181.7	24.1	187.1	24.9
埃及	28.7	0.3	44.3	1.0	61.9	1.4	60.0	1.5
尼日利亚	18.7	0.1	23.4	0.3	10.1	0.2		0.3
墨西哥	138.7	1.4	177.7	1.7	160.6	1.2	183.8	1.5
巴西	105.2	5.0	184.9	9.4	278.5	11.8	278.4	11.1
阿根廷	79.3	2.1	73.6	2.0	92.5	2.1	84.4	2.0

国外资料来源：联合国《统计月报》1992 年 4 月。

附录 2—24 建成的住宅面积

单位：万平方米

国家和地区	1980 年	1985 年	1987 年	1988 年	1989 年	1990 年
中　　国	69 444①	90 972	107 697	104 801	83 197	86 289
美　　国	20 430	174. 0③	164. 4③		138. 0③	118. 8③
日　　本②	11 610	10 313	14 692	15 128	15 242	15 587
德　　国						
前联邦德国	4 064	31. 2③	21. 7③	20. 8③		25. 7③
前民主德国	725	721	696	677	590	
英　　国③	25. 2	19. 2	20. 3	21. 6	18. 5	18. 3
法　　国③	37. 8	25. 5	25. 1	28. 7	26. 9	25. 6
加 拿 大③	17. 9	14. 5	21. 8	21. 7		38. 7
澳大利亚	1 922	14. 5③	11. 5③	13. 5③	16. 1③	14. 5③
原 苏 联	10 498	11 301	13 152	13 236	12 890	7 680
捷克斯洛伐克	958	9. 8③	7. 7③	8. 0③	8. 7③	6. 9③
波　　兰	1 390	1 318	1 386	1 406	1 160	
匈 牙 利	597	572	464	432	453	
南斯拉夫③		4. 1	4. 9	3. 8	1. 1	0. 9
罗马尼亚	1 125	607	663	638	378	
保加利亚	439	6. 5③	6. 2③	6. 3③	4. 1③	2. 6③
南 朝 鲜		2 060	2 164	2 914		7 093
土 耳 其③	14. 4	12. 1	19. 1	20. 5		
新 加 坡③	2. 6	6. 7				
香　　港		164	156	140		
巴　　西	1 500	1 207	2 009			
阿 根 廷		126		91		

注：①1981 年数字。②施工建筑面积。③万套。

国外资料来源：联合国《建筑统计年鉴》1985 年；联合国《统计月报》1992 年 5 月；经互会《统计年鉴》1990 年。

附录 2—25　消费物价指数

(1980 年＝100)

国家和地区	总指数				其中:食品			
	1988 年	1989 年	1990 年	1991 年	1988 年	1989 年	1990 年	1991 年
中　国①	159.7	188.2	192.1	192.1	186.4	216.5	217.2	219.4
美　国	143.6	150.5	158.6	165.3	136.3	144.1	152.3	157.8
日　本	116.2	118.7	122.4	126.4	114.5	116.9	121.7	127.5
德　国⑥	122.8	126.2	129.5	134.0	117.3	120.0	123.5	127.0
英　国	159.9	172.3	188.6	199.7	144.7	152.9	165.2	177.9
法　国	171.8	178.0	184.0	189.9	169.9	177.2	184.4	190.0
意大利	221.7	235.5	250.8	266.9	206.1	219.1	232.6	248.2
加拿大	161.8	169.9	178.1	188.1	151.3	156.7	163.2	170.9
澳大利亚	189.0	203.3	218.0	225.0	180.0	195.8	204.2	211.2
原苏联	109.8	111.8	117.6		121.4	122.3	125.2	
捷克斯洛伐克	111.2	112.7	124.0	195.7	114.0	114.1	126.8	184.1
波　兰	928.7	33 倍	223 倍	381 倍	985.7	39 倍	250 倍	377 倍
匈牙利	183.8	215.0	277.1		175.0	206.0	278.5	
南斯拉夫	85 倍	1 151 倍	7 834 倍		86 倍	1 129 倍	7 482 倍	
印　度②	201.8	216.2	235.1	268.0	202.7	214.7	234.3	272.3
印度尼西亚	198.6	211.3	112.5	123.0	203.2	219.5	109.5	118.3
菲律宾	288.7	319.3	359.8	423.4	286.2	323.2	356.8	405.9
泰国(曼谷)	139.2	148.0	157.8	166.2	124.6	137.3	150.5	160.1
马来西亚	129.9	133.7	137.8	143.9	126.4	131.1	136.6	143.0
新加坡	118.1	120.8	124.9	129.3	115.3	117.2	118.1	119.8
巴基斯坦③	140.6	151.6	165.3	184.8	143.6	156.1	169.6	187.5
缅　甸	195.4	248.6	292.3	386.7	195.8	251.5	299.9	412.3
土耳其④	173.7	283.6	454.6	754.4	183.2	310.1	509.6	851.7
南朝鲜	159.9	169.1	183.6	201.4	162.3	173.5	190.9	211.4
埃　及	337.1	408.8	477.3	571.5	377.6	473.3	548.3	638.9
尼日利亚	379.2	534.1				578.0		
墨西哥	99 倍	119 倍	151 倍	185 倍	93 倍	112 倍	140 倍	169 倍
巴西(圣保罗)⑤	100.0	13 倍	390 倍	1 994 倍	100.0	14 倍	381 倍	
阿根廷(布宜诺斯艾利斯)⑤	103.6	33 倍	795 倍		101.2	32 倍	710 倍	

注:①全国零售物价总指数。②产业工人。③1982 年＝100。④1987 年＝100。⑤1988 年＝100。⑥1991 年以前数字仅指原联邦德国。　国外资料来源:联合国《统计月报》1992 年 5 月。

附录 2—26 政府财政收支

单位:亿本币

国家和地区	货币名称	1980年		1985年		1989年		1990年	
		财政收入	财政支出	财政收入	财政支出	财政收入	财政支出	财政收入	财政支出
中国	人民币元	1 085	1 213	1 866	1 845	2 948	3 040	3 313	3 452
美国	美元	8 618	8 875	13 170	14 496	17 623	18 584		
德国(前联邦德国)	西德马克	6 766	7 220	8 619	8 854	10 311	10 297	10 815	11 144
英国	英镑	958	1 044	1 547	1 628	2 111	2 071		
法国	法郎	12 218	12 247	21 956	23 352	28 276	29 106	30 043	31 199
加拿大	加元	1 213	1 309	1 923	2 289	2 652	2 887		
澳大利亚	澳元	391	433	770	839	1 263	1 215	1 383	1 348
原苏联	卢布	2 926	2 946	3 726	3 865	4 019	4 826		
捷克斯洛伐克	克朗	3 063	3 042	3 597	3 580	5 279	5 428	5 337	5 872
波兰	兹罗提	12 202	12 462	40 434	40 786	301 085	336 871		
匈牙利	福林	4 475	4 520	6 201	6 326	10 463	10 874	12 042	11 941
罗马尼亚	列伊	3 084	3 041	3 994	3 755	4 196	3 527	3 412	3 325
保加利亚	列弗	133	132	188	187	301	295		
南斯拉夫	新第纳尔	0.52	0.54	3.06	2.96	627	628		
印度	卢比	2 330	2 695	5 133	6 207	6 806②	8 575②		
印度尼西亚	卢比	106 580	109 910	208 740	209 990	298 640	336 640		
泰国	铢	1 002	1 293	1 732	2 261	3 331	2 786	4 221	3 222
埃及①	埃镑	·		137	149	226	239		
墨西哥	比索	8 406	9 342	94 470③	134 640③	397 500②	656 510②		
巴西	克鲁赛罗	0.04	0.04	4.67	6.46	12 242	14 382		

注:①中央政府财政。②1987年数字。③1984年数。

国外资料来源:国际货币基金组织《政府财政统计年鉴》1991年;经互会《统计年鉴》1990年。

附录 2—27 政府财政收入构成

（占财政收入的百分比）

国家和地区	年份	所得税 合计	所得税 个人所得税	社会保障税	财产税	国内商品和劳务税	其他税	非税收入
美国	1989	38.2	30.8	20.6	8.9	13.1	1.0	18.2
德国（前联邦德国）	1990	27.1	19.7	34.4	2.2	21.3	1.3	13.7
英国	1989	34.5	23.6	14.0	10.9	26.3	3.8	10.5
法国①	1990	17.3	11.5	43.7	2.1	28.2	1.5	7.2
加拿大	1989	40.8	32.4	11.5	7.8	23.4	2.8	13.7
澳大利亚	1990	46.5	36.2		7.1	20.7	8.2	17.5
匈牙利	1990	22.9	11.5	23.7	0.1	28.8	6.3	18.2
罗马尼亚	1990	18.6	0.3	19.8	0.6	29.9	20.8	10.0
南斯拉夫	1989	21.5	13.2	49.9	0.2	17.7	6.0	4.7
印度	1987	9.7	4.7		0.6	50.0	23.8	15.9
印度尼西亚	1989	56.1	5.6		2.9	25.3	6.9	8.8
泰国	1990	23.2	9.2		3.8	42.7	22.2	8.1
埃及①	1989	15.0	1.7	13.4	0.9	11.2	25.7	33.8
墨西哥	1987	20.0	9.8	8.8	0.2	53.6	3.8	13.6
巴西	1989	4.6	0.2	5.2	0.2	8.7	0.6	80.7

注：①中央政府财政。

国外资料来源：国际货币基金组织《政府财政统计年鉴》1991 年。

附录 2—28 政府财政支出构成

（占财政支出的百分比）

国家和地区	年份	公共服务	国防	教育	卫生	社会保障、福利、住宅、社团服务	文化、宗教事务	农、林渔、猎	运输、邮电	其他
美国	1989	9.9	15.8	14.3	12.5	22.9	1.0	1.7	4.4	17.5
德国（前联邦德国）	1988	6.4	5.2	7.6	16.5	42.2	1.7	2.2	4.4	13.8
英国	1989	8.6	10.4	12.3	12.5	35.1	1.7	1.3	3.6	14.5
法国	1985	7.4	5.6	9.3	19.1	40.2	1.6	0.6	2.5	13.7
加拿大	1989	11.3	3.7	11.8	13.8	28.1	1.9	2.7	5.9	20.8
澳大利亚	1990	15.7	5.9	13.2	14.6	23.1	2.7	2.0	6.3	16.5
匈牙利	1990	17.1	3.3	12.0	8.6	32.5	3.0	4.4	5.4	13.7
罗马尼亚	1990	2.0	9.0	7.8	7.6	31.9	1.0	10.8	4.8	25.1
南斯拉夫	1989	13.2	9.8	14.7	18.5	35.9	2.7			5.2
印度	1987	12.7	14.0	13.9	3.7	9.8		13.7	3.9	28.3
印度尼西亚	1989	33.6	7.8	12.7	2.5	1.9	0.8	8.3	9.8	22.6
泰国	1982	9.3	19.1	19.3	4.9	5.5	0.9	10.2	8.3	22.5
埃及①	1988	2.9	14.4	11.9	2.5	17.6	6.4	4.4	4.0	35.9

注：①中央政府财政。

国外资料来源：国际货币基金组织《政府财政统计年鉴》1991 年。

附录 2—29　政府财政收入占国内生产总值比重

单位:%

国家和地区	1980 年	1983 年	1984 年	1985 年	1986 年	1987 年	1988 年	1989 年	1990 年
中　　国	24.3	21.5	21.6	21.8	23.3	21.0	18.7	18.4	18.4
美　　国	32.9	32.9	32.7	33.7	33.7	34.9	34.3	34.6	
日　　本	18.3	18.4	17.5	17.1	17.1	17.9	17.7		
德国(前联邦德国)	45.6	46.7	46.5	46.9	46.2	46.1	45.3	45.9	44.5
英　　国	41.2	43.1	43.2	43.4	43.3	41.6	42.1	41.4	
法　　国	43.5	45.5	46.5	46.7	46.2	46.9	46.4	46.1	46.3
加 拿 大	37.8	39.6	39.6	39.6	39.9	40.5	39.7	40.4	
澳大利亚	31.7	34.8	33.9	35.6	36.2	36.7	36.9	37.1	37.2
匈 牙 利		60.9	60.8	60.0	63.2	60.3	63.7	61.3	
罗马尼亚	50.0	35.3	39.8	48.9	50.3	51.4	46.2	52.6	40.8
南斯拉夫	30.2	28.2	26.4	26.4	29.3	29.0	27.6	22.2	
印　　度	17.1	17.8	18.6	19.6	20.3	20.5			
印度尼西亚	21.9	19.7	21.0	21.2	20.3	19.7	16.7	17.1	
泰　　国	15.9	17.1	17.0	17.3	17.0	17.2	18.3	19.5	21.3
马来西亚	31.1	31.2	30.3	35.0	35.4	30.9	31.1	29.9	32.1
新 加 坡	25.3	31.2	29.4	38.0	37.8	31.1	28.2	29.9	
缅　　甸	16.0	15.3	14.4	13.6	12.4	10.9	9.1		
埃　　及		44.2	44.3	42.1	43.0	37.1	36.5	34.9	
墨 西 哥	19.6	22.2	20.4	20.7	19.3	20.6			
巴　　西	27.7	32.9	30.0	33.8	30.8	42.2	51.2	96.7	

国外资料来源:国际货币基金组织《政府财政统计年鉴》1991 年。

附录2—30　国际储备和黄金储备

（年底数）

国家和地区	国际储备(不包括黄金,亿美元)				黄　金(万盎司)			
	1980年	1985年	1990年	1991年	1980年	1985年	1990年	1991年
中　　国	25.5	127.3	295.9	430.6③	1 280	1 267	1 267	1 267
美　　国	156.0	321.0	722.6	666.6	26 432	26 265	26 191	26 191
日　　本	246.4	267.2	785.0	720.6	2 423	2 423	2 423	2 423
德　　国⑤	485.9	443.8	679.0	630.0	9 518	9 518	9 518	9 518
英　　国	206.5	128.6	358.5	418.9	1 884	1 903	1 894	1 890
法　　国	273.4	265.9	367.8	321.8	8 185	8 185	8 185	8 185
意大利	231.3	156.0	629.3	486.8	6 667	6 667	6 667	6 667
加拿大	30.4	25.0	178.5	162.5	2 098	2 011	1 476	1 296
澳大利亚	16.9	57.7	162.6	165.3	793	793	793	793
捷克斯洛伐克		8.5	11.0	30.1		381	249	279
匈牙利	20.9	21.5	10.7	33.0③	207	233	30	27③
罗马尼亚	3.2	2.0	5.2	3.8	371	382	221	224
南斯拉夫	13.8	11.0	54.7	26.8	185	186	191	192
印　　度	69.4	64.2	15.2	36.3	859	940	1 069	1 128
印度尼西亚	53..9	49.7	74.6	92.6	239	310	311	311
菲律宾	28.5	6.2	9.2	32.5	192	148	289	337
泰　　国	15.6	21.9	133.1	175.2	249	249	248	248
马来西亚	43.9	49.1	97.5	102.2③	232	234	235	235③
新加坡	65.7	128.5	277.5	328.8③				
巴基斯坦	5.0	8.1	3.0	5.2	182	190	195	195
缅　　甸	2.6	0.3	3.1	2.3①	25	25	25	25①
孟加拉国	3.0	3.4	6.3	12.8	5	6	8	8
土耳其	10.8	10.6	60.5	51.4	377	386	409	416
南朝鲜	29.3	28.7	147.9	137.0	30	31	32	32
埃　　及	10.5	7.9	26.8	48.1③	243	243	243	243
尼日利亚	102.4	16.7	38.6	44.4	69	69	69	69
墨西哥	29.6	49.1	98.6	173.0④	206	236	92	95④
巴　　西	57.7	106.1	74.4	61.8②	188	310	457	203③
阿根廷	67.2	32.7	45.9	43.1①	437	437	423	412①

注：①1991年7月数。②1991年9月数。③1991年11月数。④1991年10月数。

⑤1991年以前数字仅指原联邦德国。

国外资料来源：联合国《统计月报》1992年4月。

附录2—31 货 币 汇 率①

(年末中间价、一美元合该国货币数)

国家和地区	货币名称	1984年	1985年	1986年	1987年	1988年	1989年	1990年	1991年
中国	人民币元	2.80	3.20	3.72	3.72	3.72	3.77	4.78	5.32
美国	美元	1.00	1.00	1.00	1.00	1.00	1.00	1.00	1.00
日本	日元	251.10	200.50	159.10	123.50	125.85	143.45	134.40	125.20
德国									1.52
前联邦德国	西德马克	3.15	2.46	1.94	1.58	1.78	1.70	1.49	
前民主德国	马克	3.05	2.60	2.00	1.65	1.87	1.79	1.50	
英国	英镑	0.87	0.69	0.68	0.53	0.55	0.62	0.52	0.54
法国	法郎	9.59	7.56	6.46	5.34	6.06	5.79	5.13	5.18
意大利	里拉	1 935.9	1 678.5	1 358.1	1 169.2	1 305.80	1 270.50	1 130.10	1 151.1
加拿大	加元	1.32	1.40	1.38	1.30	1.19	1.16	1.16	1.16
澳大利亚	澳元	1.21	1.47	1.50	1.38	1.17	1.26	41.29	1.32
原苏联	卢布	0.85	0.77	0.68	0.60	0.61	0.63	1.65	1.70
捷克斯洛伐克	克朗	12.11	11.42	9.71	9.40	9.40	10.00	23.60	28.90
波兰	兹罗提	122.00	151.00	196.00					
匈牙利	福林	51.20	47.35	45.93	46.39	52.54	62.54	61.45	75.62
罗马尼亚	列伊	17.79	15.73	15.28	13.74	14.37	14.49	34.71	189.00
保加利亚	列弗	0.98	1.00	1.23	1.31	1.70	2.14	2.80	18.30
南斯拉夫	新第纳尔	0.021	0.031	0.046	0.124	0.521	11.816	10.657	19.735
印度	卢比	12.45	12.17	13.12	12.88	14.95	17.04	18.07	25.83
印度尼西亚	卢比	1 074.0	1 125.0	1 641.0	1 650.0	1 731.00	1 797.00	1 901.0	1 992.0
菲律宾	比索	19.76	19.03	20.53	20.80	21.34	22.44	28.0	26.65
泰国	铢	27.15	26.65	26.13	25.07	25.24	25.69	25.29	25.28
马来西亚	林吉特	2.43	2.43	2.60	2.49	2.72	2.70	2.70	2.72
新加坡	新加坡元	2.18	2.11	2.18	2.00	1.95	1.89	1.74	1.63
巴基斯坦	卢比	15.36	15.98	17.25	17.45	18.65	21.42	21.90	24.72
缅甸	缅元	8.75	7.84	7.04	6.11	6.41	6.49	6.08	6.01
孟加拉国	塔卡	26.00	31.00	30.80	31.20	32.27	32.27	35.79	38.58
土耳其	里拉	444.74	476.86	757.79	1 020.9	1 814.8	2 313.7	2 930.1	5 079.9
蒙古	图格里克	3.79	3.60	3.00	2.84	3.00	3.00	5.60	40.00
南朝鲜	南朝鲜圆	827.4	890.2	861.4	792.3	684.1	679.6	716.4	760.8
越南	盾	1.05	18.00	18.00	225.00	900.00	4 300.0	6 500.0	9 200.0②
埃及	埃镑	0.70	0.70	0.70	0.70	0.70	1.10	2.00	3.33
尼日利亚	奈拉	0.81	1.00	3.32	4.14	5.35	7.65	9.00	9.86
墨西哥	比索	192.56	371.70	923.50	2 209.7	2 281.00	2 641.0	2 945.4	3 089.0
巴西	新克鲁扎多	0.003	0.01	0.015	0.072	0.765	11.36	177.06	840.4②
阿根廷	奥斯特拉尔	0.00	0.00	0.00	0.00	0.00	0.18	0.56	1.00

注:①原苏联、前民主德国、捷克斯洛伐克、波兰、保加利亚、蒙古为非贸易汇率。②11月份数。

国外资料来源:联合国《统计月报》1992年5月。

附录 2—32 进出口贸易额

单位:亿美元

国家和地区	1980年		1985年		1990年		1991年	
	进口	出口	进口	出口	进口	出口	进口	出口
世界总计	20 466.3	19 964.8	20 062.3	19 305.8	35 271.4	33 862.9	36 347.0	35 247.5
中国	200.2	181.2	422.5	273.5	533.5	620.9	637.9	719.1
美国	2 569.8	2 257.2	3 616.3	2 188.3	5 169.9	3 935.9	5 093.2	4 218.5
日本	1 405.2	1 298.1	1 294.8	1 756.8	2 348.0	2 869.5	1 750.4②	2 295.2②
德国①	1 880.0	1 929.3	1 585.5	1 840.1	3 426.2	3 984.4	3 901.3	4 031.0
英国	1 155.7	1 101.6	1 092.7	1 099.9	2 249.4	1 859.8	2 100.2	1 852.1
法国	1 350.8	1 111.1	1 089.1	976.4	2 332.3	2 101.7	2 308.1	2 133.7
意大利	996.4	776.4	909.9	789.6	1 778.3	1 645.3	1 341.4②	1 226.5②
加拿大	592.3	651.2	764.1	847.8	1 167.2	1 274.2	1 181.2	1 268.3
澳大利亚	203.4	220.3	234.5	228.8	388.0	396.1	386.1	419.0
原苏联	685.2	764.5	831.4	872.8	1 206.5	1 041.8	669.7③	737.0③
捷克斯洛伐克④	151.5	148.9	111.5	115.1	131.1	118.8	71.4②	74.5②
波兰	190.9	170.0	108.0	114.9	95.3	143.2	142.6	144.6
匈牙利	92.4	86.8	79.2	82.5	87.6	97.1		
罗马尼亚	118.6	100.5	84.0	101.7	91.2	58.7	56.0	41.2
保加利亚	96.5	103.7	136.6	133.5	130.9	134.3		
南斯拉夫	150.6	89.8	121.6	106.4	188.9	143.1	103.7	87.8
印度	140.9	83.8	155.9	87.5	232.7	176.5	149.6②	131.8②
印度尼西亚	108.3	239.5	102.6	185.9	219.3	256.8	175.1③	187.5③
菲律宾	83.0	57.9	54.5	46.3	130.4	81.9	63.6③	41.7②
泰国	92.1	65.1	92.4	71.2	333.8	230.7	188.9③	131.5③
马来西亚	107.8	129.5	126.0	157.6	292.6	294.2	272.0②	250.1②
新加坡	235.9	193.8	262.9	228.1	607.9	527.3	496.7②	441.1②
巴基斯坦	53.5	25.9	58.9	27.2	73.6	55.2	84.3	64.7
缅甸	3.5	4.7	2.8	3.3	2.6	3.3	4.8②	3.2②
孟加拉国	19.7	7.4	21.7	9.3	31.1	15.1	18.1③	8.1③
土耳其	79.4	29.1	113.4	79.6	222.3	129.1	149.1②	94.9②
南朝鲜	222.9	175.1	311.4	302.8	698.4	650.2	815.6	719.0
埃及	48.6	30.5	55.0	18.4	92.0	25.8	31.9③	16.5③
尼日利亚	150.3	250.0	62.1	131.1		136.5		
墨西哥	194.3	153.1	137.6	216.6	299.9	265.2	175.5③	135.0③
巴西	229.6	201.3	131.5	256.4	201.7	314.3	149.3②	239.9②
阿根廷	105.4	80.2	38.1	84.0	40.8	122.7		

注:①1991 年以前数字仅指原联邦德国。②1—9 月份数。③1—6 月份数。④由于存在货币转换问题,1985 年以前数字不可比。

国外资料来源:联合国《统计月报》1992 年 4 月。

附录 2—33 居民文化程度构成

单位：%

<table>
<tr><th rowspan="2">国家和地区</th><th rowspan="2">年份</th><th rowspan="2">25岁和25岁以上人口总计（万人）</th><th rowspan="2">大学</th><th colspan="2">中学</th><th colspan="2">小学</th><th rowspan="2">文盲及文化程度不明确者</th></tr>
<tr><th>初中</th><th>高中</th><th>肄业</th><th>毕业</th></tr>
<tr><td>美国</td><td>1981</td><td>13 289.9</td><td>32.2</td><td colspan="2">64.6</td><td>④</td><td>⑤</td><td>3.3</td></tr>
<tr><td>日本</td><td>1980</td><td>7 336.9</td><td>14.3</td><td>②</td><td>39.7</td><td>④</td><td>45.3</td><td>0.4</td></tr>
<tr><td>德国</td><td></td><td></td><td></td><td></td><td></td><td></td><td></td><td></td></tr>
<tr><td>前联邦德国</td><td>1970</td><td>3 855.9</td><td>4.3</td><td>④</td><td>18.0</td><td>④</td><td>④</td><td>77.7</td></tr>
<tr><td>前民主德国</td><td>1981</td><td>1 071.5</td><td>17.3</td><td colspan="2">52.6</td><td colspan="2">30.1</td><td>—</td></tr>
<tr><td>英国①</td><td>1976</td><td></td><td>11.0</td><td>④</td><td>④</td><td>④</td><td>④</td><td>89.0</td></tr>
<tr><td>意大利</td><td>1981</td><td>3 559.7</td><td>4.1</td><td>18.0</td><td>11.2</td><td colspan="2">47.4</td><td>19.3</td></tr>
<tr><td>加拿大</td><td>1981</td><td>1 397.1</td><td>37.4</td><td colspan="2">36.8</td><td>14.2</td><td>9.5</td><td>2.0</td></tr>
<tr><td>澳大利亚</td><td>1971</td><td>687.8</td><td>21.5</td><td colspan="2">48.3</td><td colspan="2">29.3</td><td>0.9</td></tr>
<tr><td>原苏联</td><td>1989</td><td>17 040.5</td><td>13.9</td><td>②</td><td>63.3</td><td>④</td><td>14.9</td><td>7.9</td></tr>
<tr><td>捷克斯洛伐克</td><td>1980</td><td>927.5</td><td>6.0</td><td colspan="2">45.9</td><td colspan="2">47.6</td><td>0.4</td></tr>
<tr><td>波兰</td><td>1978</td><td>2 027.2</td><td>5.7</td><td colspan="2">33.9</td><td>12.7</td><td>44.9</td><td>2.8</td></tr>
<tr><td>匈牙利</td><td>1980</td><td>690.4</td><td>7.0</td><td>57.0</td><td>23.6</td><td>8.0</td><td>3.2</td><td>1.3</td></tr>
<tr><td>罗马尼亚</td><td>1977</td><td>1 262.3</td><td>4.6</td><td colspan="2">39.8</td><td colspan="2">④</td><td>55.6</td></tr>
<tr><td>南斯拉夫</td><td>1981</td><td>1 308.4</td><td>6.8</td><td colspan="2">23.4</td><td colspan="2">53.9</td><td>15.8</td></tr>
<tr><td>印度</td><td>1981</td><td>28 060.0</td><td>2.5</td><td colspan="2">13.7</td><td colspan="2">11.3</td><td>72.5</td></tr>
<tr><td>印度尼西亚</td><td>1980</td><td>5 844.1</td><td>0.8</td><td>4.7</td><td>4.9</td><td>31.6</td><td>16.8</td><td>41.1</td></tr>
<tr><td>菲律宾</td><td>1980</td><td>1 786.5</td><td>15.2</td><td colspan="2">18.9</td><td>31.3</td><td>22.8</td><td>11.7</td></tr>
<tr><td>泰国</td><td>1980</td><td>1 749.1</td><td>2.9</td><td>4.5</td><td>2.3</td><td>67.3</td><td>2.4</td><td>20.5</td></tr>
<tr><td>马来西亚</td><td>1970</td><td>1 031.9</td><td>3.0</td><td>8.8</td><td>5.1</td><td>30.0</td><td>12.6</td><td>43.4</td></tr>
<tr><td>新加坡</td><td>1980</td><td>117.6</td><td>3.4</td><td>9.6</td><td>5.0</td><td colspan="2">38.3</td><td>43.4</td></tr>
<tr><td>巴基斯坦</td><td>1981</td><td>3 070.7</td><td>1.9</td><td colspan="2">10.5</td><td colspan="2">8.7</td><td>78.9</td></tr>
<tr><td>缅甸</td><td>1983</td><td>1 394.9</td><td>2.0</td><td colspan="2">14.5</td><td colspan="2">27.7</td><td>55.8</td></tr>
<tr><td>孟加拉国</td><td>1981</td><td>3 159.3</td><td>1.3</td><td>7.4</td><td>4.2</td><td colspan="2">16.7</td><td>70.4</td></tr>
<tr><td>土耳其</td><td>1980</td><td>1 827.7</td><td>3.6</td><td colspan="2">8.7</td><td colspan="2">35.3</td><td>52.4</td></tr>
<tr><td>南朝鲜</td><td>1985</td><td>1 976.0</td><td>11.7</td><td>②</td><td>45.3</td><td>④</td><td>27.6</td><td>15.4</td></tr>
<tr><td>埃及</td><td>1976</td><td>1 464.2</td><td>3.4</td><td colspan="2">5.7</td><td colspan="2">4.7</td><td>86.3</td></tr>
<tr><td>墨西哥</td><td>1980</td><td>2 431.0</td><td>5.3</td><td colspan="2">11.8</td><td>31.4</td><td>17.2</td><td>34.2</td></tr>
<tr><td>巴西</td><td>1980</td><td>4 831.1</td><td>5.0</td><td colspan="2">6.9</td><td>50.4</td><td>4.9</td><td>32.9</td></tr>
<tr><td>阿根廷</td><td>1980</td><td>1 491.4</td><td>6.1</td><td colspan="2">20.4</td><td>33.4</td><td>33.0</td><td>7.1</td></tr>
</table>

注：①25—69 岁人口的文化构成。②包括在“小学毕业”栏内。③包括在“高中”栏内。④包括在“文盲及文化程度不明确者”栏内。⑤包括在“中学”栏内。

国外资料来源：联合国教科文组织《统计年鉴》1991 年。

附录 2—34 教师及学生人数

单位:万人

国家和地区	大学①			中学②			小学		
	年份	教师	学生	年份	教师	学生	年份	教师	学生
世界总计	1989	436.7		1989	1 774.8		1989	2 272.9	
中国	1990	39.5	206.3	1990	349.2	5 105.4	1990	558.2	12 241.4
美国	1989	70.1③	1 382.5	1986	104.2④	1 391.3	1986	137.1④	2 711.7
日本	1989	27.1	368.3	1989	65.2	1 114.4	1989	45.4	960.7
德国									
前联邦德国	1988	19.8	168.7	1988	44.4	621.9	1989	13.6⑤	247.4
前民主德国	1988	4.3	43.9	1988	15.8	141.8	1988	5.7	95.6
英国	1988	8.5	111.3	1988		436.6	1988	22.5	441.5
法国	1989		158.7	1989	43.4	539.9	1989	26.6	416.3
意大利	1989	5.4	135.8	1989	57.2	524.5	1989	25.8	314.0
加拿大	1989	6.0	132.3	1989	15.9	225.5	1989	15.0	234.5
澳大利亚	1989	2.5	44.1	1989	10.1	127.7	1989	9.3	155.5
原苏联	1989	40.4	527.3	1989		2 112.4	1989	300.4⑧	2 504.0
捷克斯洛伐克	1989	2.5	18.6	1989	8.7	85.7	1989	9.8	196.2
波兰	1989		50.6	1989	16.2⑤	183.0	1989	32.6⑤	514.1
匈牙利	1989	1.6	10.1	1989		48.7	1989	9.1	118.4
罗马尼亚	1989	1.2	16.5	1989	4.4	165.2	1989	13.9	289.2
保加利亚	1989	2.1	15.8	1989	2.8	39.7	1989	6.1	99.2
南斯拉夫	1989	2.7	34.3	1989	13.9	236.2	1989	6.2	140.7
印度	1985	30.3	447.1	1988	226.5⑦	4 944.1⑦	1989	160.2	9 731.8
印度尼西亚	1984	7.6	98.0	1988	78.9	1 169.3	1988	127.9	3 013.1
菲律宾	1988	7.0	158.0	1989	11.2⑤	396.2	1989	31.5	1 028.5
泰国	1989	5.2	95.2	1988	12.3	207.1	1990	33.8	667.7
马来西亚	1988	0.8	10.8	1989	7.2	148.0	1989	11.2	239.8
新加坡	1983	0.3	3.5	1989	0.9⑦	19.9⑦	1989	1.0	25.8
巴基斯坦	1987	0.8③	31.6	1989	18.8	363.7	1989	21.0	861.5
缅甸	1987	0.9	20.2	1987	6.1	135.9	1987	11.7	504.6
孟加拉国	1989	2.1⑤	37.1	1988	12.5	334.0	1989	18.7	1 128.5
土耳其	1989	3.2	68.6	1989	15.6	362.1	1989	22.5	684.8
蒙古	1986	0.3	3.9	1986	1.2⑦	26.8⑦	1990	0.6	16.6
南朝鲜	1990	4.3	169.1	1990	18.1	456.0	1990	13.7	486.9
越南	1989	2.1	11.4	1985	17.7⑦	402.3⑦	1989	39.9	1 104.8
埃及	1988	3.2④	76.4	1989	23.0⑥	499.9	1989	24.1	615.5
尼日利亚	1987	1.5	26.7③	1989	13.7	272.4	1989	34.4	1 271.2
墨西哥	1989	13.3	131.4	1990	40.2	670.5	1989	46.7	1 449.4
巴西	1989	12.8	151.9	1989	23.9	344.1	1989	120.1	2 764.0
阿根廷	1987	7.5	95.9	1987	24.9	186.2	1988	26.0	499.9

注:①包括大学、专门学院和相当于专门学院的各种专科学校。②包括普通中学、中等师范学校、中等专业学校和职业中学。③1986 年数。④1985 年数。⑤1988 年数。⑥1987 年数。⑦为普通中学。⑧包括部分普通中学。

国外资料来源:联合国教科文组织《统计年鉴》1991 年。

附录 2—35　公共教育经费占国民生产总值比重①

单位：%

国家和地区	1980 年	1985 年	1986 年	1987 年	1988 年	1989 年
世界总计	5.5	5.6	5.5		5.5	
中国	3.3	3.6	3.7	3.4	3.2	
美国	6.7	6.7	6.8	6.8		
日本	5.8	5.1	5.0	4.9	4.8	
德国						
前联邦德国	4.7	4.5	4.4	4.4	4.4	
前民主德国②	5.3	5.4				
英国	5.6	4.9	5.0	4.9	4.7	
法国	5.0	5.8	5.6	5.5	5.3	
意大利	4.4④	5.0	5.0			
加拿大	7.3	7.0	7.5	7.3	7.2	7.0
澳大利亚	5.9	5.9	5.7	5.5		
原苏联③	7.3	7.0	7.2	7.5	7.8	7.9
捷克斯洛伐克③	4.8	5.1	5.2	5.3	5.4	
波兰	3.3	4.9	4.8	4.6	3.6	4.6
匈牙利	4.7	5.4	5.7	5.5	5.4	6.0
罗马尼亚	3.3	2.1				
保加利亚	4.5	5.5		5.4	5.4	5.5
南斯拉夫	4.7	3.4	3.8	4.2	3.6	4.4
印度	2.8	3.3	3.5	3.2		
印度尼西亚	1.7				0.9	
菲律宾	1.6	1.3	1.7	2.0	2.2	2.9
泰国	3.4	3.9	3.8	3.6	3.2	
马来西亚	6.0	6.6	7.8	6.9		5.6
新加坡	2.8	4.4	4.1	3.8	3.4	
巴基斯坦	2.0	2.7	3.0	3.1	2.6	2.6
孟加拉国	1.5	1.9	2.2	2.0	2.1	2.2
土耳其	2.8	2.3	2.1	1.6	1.8	1.8
南朝鲜	3.7	4.5	4.2	3.9	3.3	3.6
埃及	5.0	6.3	5.8	5.7	5.7	6.8
尼日利亚	5.5⑤	1.0	1.5			
墨西哥	4.2⑤	3.8	3.8	3.4	3.3	3.8
巴西	3.5	3.7	4.6		3.7	
阿根廷	3.6	2.0	1.8	1.9		1.5

注：①公共教育经费包括公共教育支出和政府对私人教育补助支出。教育经费包括日常经费和投资支出。②日常教育经费占物质生产净值的比重。③教育经费占物质生产净值的比重。④1979 年数。⑤1981 年数。

国外资料来源：联合国教科文组织《统计年鉴》1991 年。

附录 2—36 科技人员数

单位:人

国家和地区	年份	科学家和工程师人数①	# 女	技术人员数②	# 女
中国	1990	10 808 572③			
美国	1988	5 286 400⑥			
日本④	1987	8 672 000	1 228 000	4 955 000	3 069 000
德国					
前联邦德国	1987	2 782 000	787 000	1 982 000	363 000
前民主德国	1988	626 100	247 700	1 094 700	696 800
法国	1975	1 251 610	409 910		
意大利	1981	1 175 418	420 694	3 527 943	1 436 119
加拿大	1986	1 623 045	638 035	3 063 745	1 433 685
澳大利亚	1986	521 027	184 827	317 112	158 908
原苏联	1987	15 530 862	8 470 356	20 161 646	13 146 876
捷克斯洛伐克	1980	542 706	191 256		
波兰	1984	1 423 000	629 000	4 841 000	2 671 000
匈牙利	1984	487 300	201 650	2 193 250	892 850
保加利亚	1986	323 575	161 918	690 501	391 789
南斯拉夫	1988	563 312		432 380	
印度⑤	1990	2 471 400		639 300	
印度尼西亚	1980	193 262		1 664 416	
菲律宾	1980	1 770 762	1 006 402		
泰国	1975	20 288		47 344	
马来西亚	1982	26 000	3 562		
新加坡	1980	38 259	10 246	25 920	4 769
巴基斯坦	1990	287 000		210 000	100 000
孟加拉国	1973	23 500		40 000	
土耳其	1980	708 000	163 000	830 000	285 000
南朝鲜	1981	94 171		1 931 468	
埃及	1976	492 470	96 200		
尼日利亚	1980	22 050		79 550	
巴西	1980	1 362 206	668 911		
阿根廷	1988	695 000	278 000	245 000	200 000

注:①科学家和工程师指在自然科学、工程、农业、医学和社会科学方面受完大学教育,接受过科学和技术训练,达到专业水平的人。②技术人员指初中学生经过三年以上科学和技术训练,能担任科学和技术工作的助理人员。③全民所有制单位受过高等教育的自然科学技术人员数。④仅指有酬受雇人员。⑤未包括社会科学和人文学科的科学家。⑥未包括法律、人文学科和教育方面的科学家。

国外资料来源:联合国教科文组织《统计年鉴》1991年。

附录 2—37　研究与开发经费

国家和地区	年　份	货币名称	研究与开发经费占国民生产总值的%	按人口平均的研究与开发费用(单位本币)	每一研究人员年平均费用(单位本币)
美国	1988	美元	2.6	514.7	156 400
日本	1987	日元	2.8	80 825.0	15 998 300
德国					
前联邦德国	1987	西德马克	2.8	941.6	345 600
前民主德国	1988	马克	4.6①	716.6	92 200
英国	1986	英镑	2.3	154.7	
法国	1987	法郎	2.3	2 188.8	1 109 400
意大利	1987	里拉	1.2	204 308.3	165 769 500
加拿大	1987	加元	1.4	286.5	127 700
澳大利亚	1987	澳元	1.3	219.7	101 100
原苏联	1988	卢布	6.2①	133.8	24 800
捷克斯洛伐克	1988	克朗	4.5①	1 667.8	388 300
波兰	1988	兹罗提	1.2	9 350.1	10 300 400
匈牙利	1988	福林	2.4	3 066.3	1 512 200
保加利亚	1987	列弗	3.3①	103.0	18 300
南斯拉夫	1988	第纳尔	1.2	66 210.2	45 612 300
印度	1986	卢比	0.9	34.1	312 700
印度尼西亚	1988	卢比	0.2	1 482.0	8 093 000
菲律宾	1984	比索	0.1	11.4	127 000
泰国	1987	铢	0.2	50.0	481 100
新加坡	1987	新加坡元	0.9	143.5	111 500
巴基斯坦	1987	卢比	1.0	50.6	840 500②
土耳其	1985	里拉	0.7	3 822.9	17 068 600
南朝鲜	1988	南朝鲜圆	1.9	55 013.8	41 506 800
埃及	1982	埃镑	0.2	0.9	2 000
墨西哥	1984	比索	0.6	2 051.5	9 552 800
巴西	1985	克鲁赛罗	0.4	39 763.8	101 971 900
阿根廷	1988	奥斯特拉尔	0.5	110.0	312 700

注:①研究与开发经费占物质生产净值的比重。②估计数。

国外资料来源:联合国教科文组织《统计年鉴》1990年。

附录2—38　平均每一医生服务人口数

单位:人

	1975年	1980年	1982年	1986年	1987年
中　　国	1 053	856	777	738	729
美　　国	610	549			
日　　本	845	748		635	
德　　国					
前联邦德国	500	442	431		
前民主德国	618	494	483①	425	
英　　国	677②	626③			
法　　国	650	580②	480		
意大利	502④	346③			
加拿大	580⑤	550③			
澳大利亚	656	559	524①		
原苏联	306	265		232	
捷克斯洛伐克	420⑤	363	345		
波　　兰	620	574③	541		
匈牙利	389	347	390		
罗马尼亚	760⑤	678			
保加利亚	460	407	394		
南斯拉夫	810	679	672①		
印　　度	3 039⑤	2 569		2 596	
印度尼西亚	16 387	11 408		7 746	
菲律宾⑥		6 656		6 413	6 505
南朝鲜	2 100	1 689	1 441①	1 303	1 216
泰　　国	8 270	6 755	6 852①	5 564	5 596
马来西亚	2 744	3 563		2 980	2 853
新加坡	1 395	1 220	1 111	931	888
巴基斯坦	4 023	3 482			
孟加拉国	12 689	8 195	7 270	6 886	6 219
埃　　及	1 147⑤	815①	760		
尼日利亚	17 630	9 591			
墨西哥	1 820②	1 260	1 210①	1 242⑦	
巴　　西	1 510	1 139			
阿根廷	530	420②			

注:①1981年数字。②1977年数字。③1979年数字。④1973年数字。⑤1976年数字。⑥以公共医院医生数计算。
⑦1984年数字。

国外资料来源:联合国《世界统计摘要》1988年、《亚太统计摘要》1991年。